2021 | 全国勘察设计注册工程师
考试辅导用书

Zhuce Daolu Gongchengshi Zhiye Zige
Zhuanye Kaoshi Yingshi Fudao

注册道路工程师执业资格
专业考试应试辅导

注册工程师考试辅导用书编委会◇编

张 铭 丁静声 张宝玉◇主编

人民交通出版社股份有限公司
北 京

内 容 提 要

本书根据新版考试大纲、近两年考题和现行标准、规范进行编写。全书共分 10 章:路线设计、路基工程、路面工程、桥涵工程、隧道工程、交叉工程、交通工程及沿线设施、公路勘测与工程地质勘察、公路项目安全性评价、道路工程施工组织与概预算。每章均包含思维导图、相关规范、必备知识、考点分析、典型例题(含 2019 年和 2020 年部分考题)、自测模拟等内容。本书内容实用、重点突出,编排符合考生的阅读习惯,可帮助考生在有限的备考时间内掌握考试所需知识,提高解题速度和准确率。

本书适合参加注册土木工程师(道路工程)专业考试的考生复习使用,也可供道路工程从业人员及高等院校相关专业师生参考。

图书在版编目(CIP)数据

2021 注册道路工程师执业资格专业考试应试辅导 / 张铭,丁静声,张宝玉主编. — 北京 : 人民交通出版社股份有限公司, 2021.5

ISBN 978-7-114-17209-0

Ⅰ. ①2… Ⅱ. ①张… ②丁… ③张… Ⅲ. ①道路工程—资格考试—自学参考资料 Ⅳ. ①U41

中国版本图书馆 CIP 数据核字(2021)第 061449 号

全国勘察设计注册工程师考试辅导用书

书　　名:**2021 注册道路工程师执业资格专业考试应试辅导**

著 作 者:张　铭　丁静声　张宝玉

责任编辑:李　坤

责任校对:刘　芹

责任印制:张　凯

出版发行:人民交通出版社股份有限公司

地　　址:(100011)北京市朝阳区安定门外外馆斜街 3 号

网　　址:http://www.ccpcl.com.cn

销售电话:(010)59757973

总 经 销:人民交通出版社股份有限公司发行部

经　　销:各地新华书店

印　　刷:北京市密东印刷有限公司

开　　本:787×1092　1/16

印　　张:65.5

字　　数:1520 千

版　　次:2021 年 5 月　第 1 版

印　　次:2021 年 5 月　第 1 次印刷

书　　号:ISBN 978-7-114-17209-0

定　　价:218.00 元

(有印刷、装订质量问题的图书由本公司负责调换)

前　言

　　注册土木工程师(道路工程)考试于 2019 年 10 月首次举办,就此拉开了道路工程领域勘察设计工程师考试、注册、执业的序幕。考试的举办,对从事道路工程规划、勘察、设计等工作的工程技术人员,大有裨益。复习备考的过程,是道路工程技术人员重新学习、梳理、拓展自己专业知识的过程,也是提升专业素养的过程。通过考试的筛选,让合格的工程师承担相应的技术工作,有助于提升工程建设质量和效率,对整个道路工程行业具有重大意义。

　　为帮助广大考生有效复习,人民交通出版社股份有限公司特组织相关高校和工程单位的专家编写了一套复习辅导用书,主要包括:《基础考试应试辅导》《基础考试复习题集》《专业考试应试辅导》《专业考试复习题集》和《专业考试案例一本通》。后续将根据考生实际需求开发新的辅导资料。

　　本书《专业考试应试辅导》,以新版考试大纲为依据,就道路路线设计到施工组织与概预算编制全过程,对考试大纲要求的知识点,逐一进行阐释,力求必要够用、重点突出。在本书编写过程中,编者参阅了近年来国家及交通运输部颁发的新版法规、标准和规范,并参考了 2019年、2020 年道路专业考试真题及同类考试的命题模式,认真构思,精心组织,力求为考生提供有效的复习指导。

　　本书共分 10 章,包括:路线设计、路基工程、路面工程、桥涵工程、隧道工程、交叉工程、交通工程及沿线设施、公路勘测与工程地质勘察、公路项目安全性评价、道路工程施工组织与概预算。每章均包含思维导图、相关规范、必备知识、考点分析、典型例题(含 2019 年和 2020 年部分考题)、自测模拟等内容。精心设置章节内容结构,亦在提供一种有效的复习思路。本书主要特色如下:

　　(1)每章起始即给出本章的思维导图,使考生大体了解本章的知识框架,做到心中有数。

　　(2)每节均列出本节涉及的规范(标准)纲目,可指导考生在复习中精准查阅相关资料。

　　(3)详细阐述重点知识,包括概念、原理、图、表和公式,并采用灰色突出核心知识点。

　　(4)对考点进行归纳,与思维导图呼应。之后给出例题和习题,强化考生对知识的掌握。

　　本书由重庆交通大学和长沙理工大学主持编写,招商局重庆交通科研设计院有限公司、重庆市市政设计研究院有限公司、林同棪国际工程咨询(中国)有限公司、四川省公路规划勘察设计研究院有限公司、重庆市交通规划和技术发展中心、重庆交通大学工程设计研究院有限公司等单位有关人员参与编写。

本书由张铭、丁静声统稿。参与本书编写的主要人员有：

第一章：李松青、张铭、王梅、王明刚、杨航卓、罗周宇晓；

第二章：丁静声、陈云勇、黄万坦、曾榕彬、赵礼昭、王修云；

第三章：丁静声、刘燕燕、宋少贤、谢远勇、蒋科、杨有辉；

第四章：李学文、代玉华、包立新、邹毅松、喻梅、孟彩侠；

第五章：吴从师、代玉华、李明、李孟洁、万芸、张春霞；

第六章：张宝玉、王小飞、陶艳、唐阳阳、周红军；

第七章：张宝玉、李松青、王钰中、叶晓露、胡鑫；

第八章：李松青、丁静声、李庆节、张晓可、曹聪、潘兴兰；

第九章：张铭、张宝玉、陶艳、孔港、梅蒙召、郑为民；

第十章：魏道升、陈旭、邓春春、张力平、李圆浩。

人民交通出版社股份有限公司李坤、刘彩云、王霞等编辑为本书的出版提供了诸多有益的建议，并付出了辛勤劳动。

本书力求理论联系实际，注重针对性和实用性，是值得考生信任的考前辅导和培训用书。但限于编者水平和编写时间，不足之处在所难免，恳请广大读者批评指正。

为更有效地帮助考生复习，提高考试通过率，我们不仅提供《专业考试应试辅导》《专业考试复习题集》《专业考试案例一本通》等纸质辅导资料，也将提供视频课程、电子书、题库和线上线下培训。请考生扫描封面和封底的二维码，关注微信公众号，及时了解考试动态和信息，免费/付费获取相关资源和服务。

考生在使用本书及相关数字资源备考时，还应注意参阅考试指定的各类标准、规范(规程)、大纲及教材，真正做到：考前胸中有丘壑，临场下笔如有神。

预祝各位考生取得好成绩！

注册工程师考试辅导用书编委会

2021 年 3 月

目　录

第一章
Chapter 1

路 线 设 计

思维导图

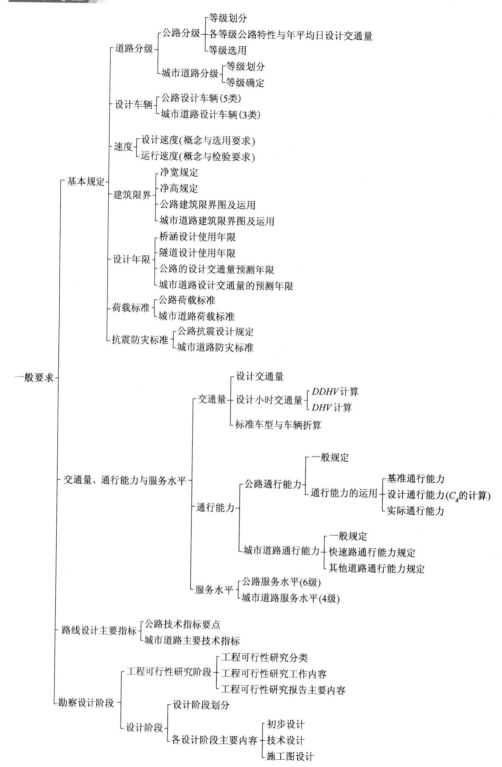

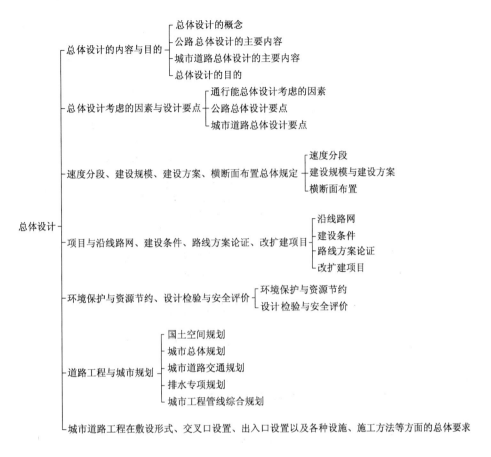

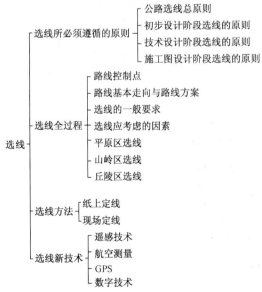

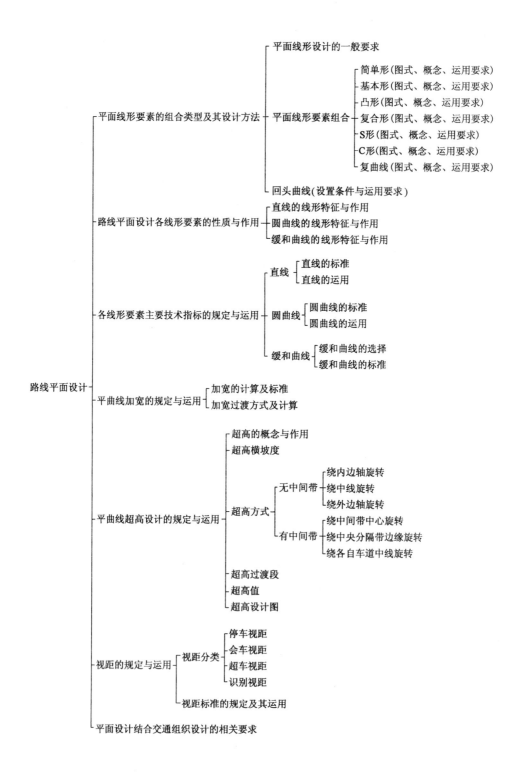

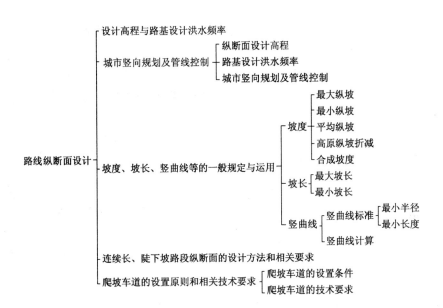

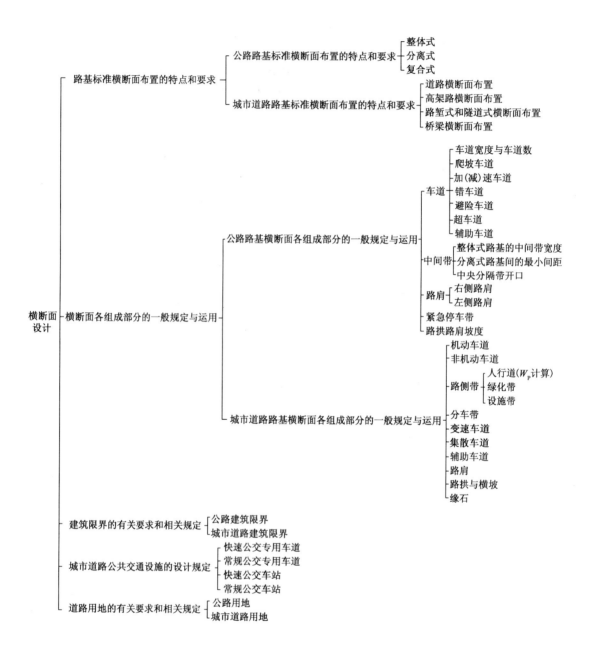

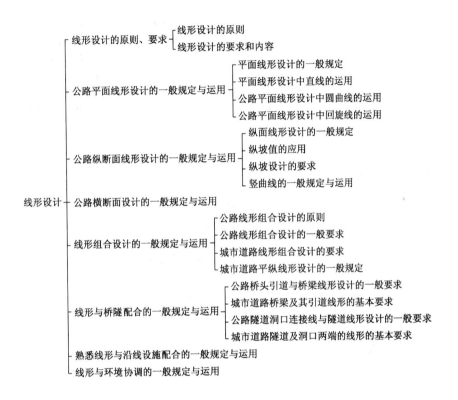

线形设计
├─ 线形设计的原则、要求 ┬ 线形设计的原则
│　　　　　　　　　　　　└ 线形设计的要求和内容
├─ 公路平面线形设计的一般规定与运用 ┬ 平面线形设计的一般规定
│　　　　　　　　　　　　　　　　　├ 平面线形设计中直线的运用
│　　　　　　　　　　　　　　　　　├ 公路平面线形设计中圆曲线的运用
│　　　　　　　　　　　　　　　　　└ 公路平面线形设计中回旋线的运用
├─ 公路纵断面线形设计的一般规定与运用 ┬ 纵面线形设计的一般规定
│　　　　　　　　　　　　　　　　　　├ 纵坡值的应用
│　　　　　　　　　　　　　　　　　　├ 纵坡设计的要求
│　　　　　　　　　　　　　　　　　　└ 竖曲线的一般规定与运用
├─ 公路横断面设计的一般规定与运用
├─ 线形组合设计的一般规定与运用 ┬ 公路线形组合设计的原则
│　　　　　　　　　　　　　　　　├ 公路线形组合设计的一般要求
│　　　　　　　　　　　　　　　　├ 城市道路线形组合设计的要求
│　　　　　　　　　　　　　　　　└ 城市道路平纵线形设计的一般规定
├─ 线形与桥隧配合的一般规定与运用 ┬ 公路桥头引道与桥梁线形设计的一般要求
│　　　　　　　　　　　　　　　　　├ 城市道路桥梁及其引道线形的基本要求
│　　　　　　　　　　　　　　　　　├ 公路隧道洞口连接线与隧道线形设计的一般要求
│　　　　　　　　　　　　　　　　　└ 城市道路隧道及洞口两端的线形的基本要求
├─ 熟悉线形与沿线设施配合的一般规定与运用
└─ 线形与环境协调的一般规定与运用

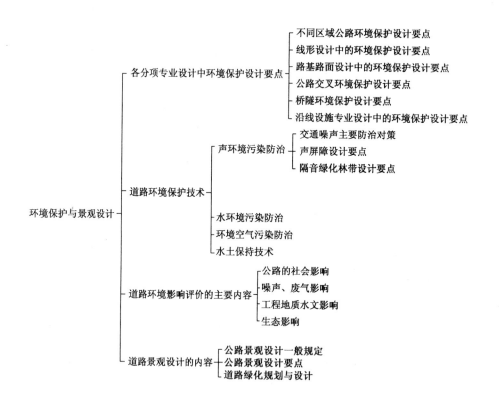

第一节　一般要求

依据规范

《公路工程技术标准》(JTG B01—2014)

   3.1　公路分级

   3.2　设计车辆

   3.3　交通量

   3.4　服务水平

   3.5　速度

   3.6　建筑限界

   3.7　抗震

《公路路线设计规范》(JTG D20—2017)

   2　公路分级与等级选用

   3　公路通行能力

《城市道路工程设计规范》(CJJ 37—2012)(2016 年版)

   3.1　道路分级

   3.2　设计速度

   3.3　设计车辆

   3.4　道路建筑限界

   3.5　设计年限

   3.7　防灾标准

   4　通行能力和服务水平

《城市道路路线设计规范》(CJJ 193—2012)

   3　基本规定

《城市地下道路工程设计规范》(CJJ 221—2015)

   3.3　设计速度

《公路建设项目可行性研究报告编制办法》(〔2010〕178 号)

   1　公路建设项目预可行性研究报告文本格式及内容要求

   2　公路建设项目工程可行性研究报告文本格式及内容要求

《公路工程基本建设项目设计文件编制办法》(交公路发〔2007〕358 号)

   2　设计阶段

   3　初步设计

   4　技术设计

   5　施工图设计

《公路工程抗震规范》(JTG B02—2013)

1　总则

3　基本规定

重点知识

道路是一条三维空间的实体,它是由路基、路面、桥梁、涵洞、隧道和沿线设施所组成的线形构造物。一般所说的路线,是指道路中线的空间位置。路线设计是指确定路线空间位置及各部分几何尺寸的工作,是道路设计方案的核心。本节知识点主要是一些基本规定与事关路线部分的全局性指标要求,是路线设计的重要依据。

一、熟悉公路和城市道路分级

1. 公路等级的划分

1)公路分级

公路分为高速公路、一级公路、二级公路、三级公路及四级公路五个技术等级,见表1-1-1。

公路分级　　　　　　　　　　　　　　　表1-1-1

公路等级	公 路 特 性	年平均日设计交通量(辆小客车)
高速公路	专供汽车分方向、分车道行驶并应全部控制出入的多车道公路	>15000
一级公路	供汽车分方向、分车道行驶,可根据需要控制出入的多车道公路	>15000
二级公路	供汽车行驶的双车道公路	5000~15000
三级公路	供汽车、非汽车交通混合行驶的双车道公路	2000~6000
四级公路	供汽车、非汽车交通混合行驶的双车道公路或单车道公路	<2000(双) <400(单)

2)公路等级的选用

公路技术等级选用应在论证确定公路功能的基础上,结合项目所在地区的综合运输体系、远景发展规划及设计交通量论证确定,并应遵循下列原则:

(1)主要干线公路作为公路网中结构层次最高的主通道,应选用高速公路。

(2)次要干线公路作为主要干线公路的补充,应选用二级及二级以上公路。

①设计交通量达到15000辆小客车/日时,宜选用一级及一级以上公路。

②设计交通量达到10000辆小客车/日,且沿线纵横向干扰较大时,宜选用一级公路。

③设计交通量低于10000辆小客车/日时,可选用二级公路;当货车混入率较高时,宜间隔设置超车车道,减小纵向干扰。

(3)主要集散公路连接干线公路与支线公路,宜选用一级、二级公路。

①设计交通量达到15000辆小客车/日时,可选用一级公路。

②设计交通量在5000~15000辆小客车/日时,可选用二级公路;设计交通量达到10000辆小客车/日,且沿线纵横向干扰较大时,宜选用一级公路。

③设计交通量低于5000辆小客车/日时,宜选用二级公路。

（4）次要集散公路服务于县乡区域交通,宜选用二级、三级公路。

①设计交通量达到 5000 辆小客车/日时,宜选用二级公路。

②设计交通量低于 5000 辆小客车/日时,宜选用三级公路。

（5）支线公路宜选用三级公路、四级公路。当设计交通量达到 5000 辆小客车/日时,宜选用二级公路。

（6）当既有公路不能满足功能需要时,应结合公路网发展规划,有计划地进行改建。

一条公路可分段选用不同的公路等级。同一公路等级可分段选用不同的设计速度、路基宽度(车道数)。但不同公路等级、设计速度、路基宽度的路段间的过渡应顺适,衔接应协调。

设计车速相同的路段应为同一设计路段,高速公路设计路段不宜小于 15km,一级、二级公路设计路段不宜小于 10km。

2. 城市道路等级的划分

1）城市道路分级

城市道路按道路在道路网中的地位、交通功能以及对沿线的服务功能等,分为快速路、主干路、次干路和支路四个等级,见表 1-1-2。

城 市 道 路 分 级

表 1-1-2

城市道路等级	道路在道路网中的地位与要求	功　　能
快速路	快速路应中央分隔、全部控制出入、控制出入口间距及形式,应实现交通连续通行,单向设置不应少于两条车道,并应设有配套的交通安全与管理设施。快速路两侧不应设置吸引大量车流、人流的公共建筑物的出入口	交通功能
主干路	主干路应连接城市各主要分区,两侧不宜设置吸引大量车流、人流的公共建筑物的出入口	交通功能为主
次干路	次干路应与主干路结合组成干路网	集散交通的功能为主,兼有服务功能
支路	支路宜与次干路和居住区、工业区、交通设施等内部道路相连接	解决局部地区交通,以服务功能为主

2）城市道路等级的确定

道路等级是道路设计的先决条件,是选择设计速度的基本条件。每条道路在路网中承担的作用应由整个路网决定。道路等级一般在规划阶段确定。在规划阶段确定道路等级后,在设计阶段,当遇到特殊情况需变更级别时,应进行技术经济论证,并报规划审批部门批准。

二、熟悉设计车辆、设计速度、建筑限界、设计年限、荷载标准、抗震防灾的规定

1. 设计车辆

设计车辆是指道路几何设计所采用的代表车型,其外廓尺寸、载质量和动力性能是确定道路几何参数的主要依据。

1) 公路设计车辆

公路设计所采用的设计车辆包括小客车、大型客车、铰接客车、载重汽车、铰接列车,外廓尺寸规定见表 1-1-3。

表 1-1-3

公路设计车辆外廓尺寸

车辆类型	总长(m)	总宽(m)	总高(m)	前悬(m)	轴距(m)	后悬(m)
小客车	6	1.8	2	0.8	3.8	1.4
大型客车	13.7	2.55	4	2.6	6.5 + 1.5	3.1
铰接客车	18	2.5	4	1.7	5.8 + 6.7	3.8
载重汽车	12	2.5	4	1.5	6.5	4
铰接列车	18.1	2.55	4	1.5	3.3 + 11	2.3

2) 城市道路设计车辆

城市道路机动车设计车辆包括小客车、大型车、铰接车,其外廓尺寸应符合表 1-1-4 的规定。非机动车设计车辆的外廓尺寸应符合表 1-1-5 的规定。

表 1-1-4

城市道路机动车设计车辆及其外廓尺寸

车辆类型	总长(m)	总宽(m)	总高(m)	前悬(m)	轴距(m)	后悬(m)
小客车	6	1.8	2.0	0.8	3.8	1.4
大型车	12	2.5	4.0	1.5	6.5	4.0
铰接车	18	2.5	4.0	1.7	5.8 + 6.7	3.8

注:1. 总长:车辆前保险杠至后保险杠的距离。

2. 总宽:车厢宽度(不包括后视镜)。

3. 总高:车厢顶或装载顶至地面的高度。

4. 前悬:车辆前保险杠至前轴轴中线的距离。

5. 轴距:双轴车时,为从前轴轴中线到后轴轴中线的距离;铰接车时分别为前轴轴中线至中轴轴中线、中轴轴中线至后轴轴中线的距离。

6. 后悬:车辆后保险杠至后轴轴中线的距离。

表 1-1-5

非机动车设计车辆及其外廓尺寸

车辆类型	总长(m)	总宽(m)	总高(m)
自行车	1.93	0.60	2.25
三轮车	3.40	1.25	2.25

2. 速 度

1) 设计速度

(1) 设计速度的概念

设计速度是指当气候条件良好、交通密度小、汽车运行只受道路本身条件(几何要素、路面、附属设施等)的影响时,中等驾驶技术的驾驶员能保持安全、顺适行驶的最大行驶速度。

设计速度是确定公路设计指标并使其相互协调的设计基准速度,是决定道路几何形状的基本依据。道路的曲线半径、超高、视距等直接与设计速度有关。同时也影响车道宽度、中间带宽度、路肩宽度等指标的确定。

（2）设计速度的选用

①公路设计速度及其选用

公路设计速度应符合表1-1-6的规定。设计速度的选用应根据公路的功能与技术等级，结合地形、工程经济、预期的运行速度和沿线土地利用性质等因素综合论证确定。

公 路 设 计 速 度　　　　　　　　　　　表1-1-6

公路等级	高速公路			一级公路			二级公路		三级公路		四级公路
设计速度（km/h）	120	100	80	100	80	60	80	60	40	30	30	20

a.高速公路设计速度不宜低于100km/h，受地形、地质等条件限制时，可以选用80km/h。

b.作为干线公路的一级公路，设计速度宜采用100km/h；受地形、地质等条件限制，可采用80km/h。作为集散公路的一级公路，设计速度宜采用80km/h；受地形、地质等条件限制，可采用60km/h。

c.高速公路和作为干线公路的一级公路的特殊困难的局部路段，且因新建工程可能诱发工程地质病害时，经论证，该局部路段的设计速度可采用60km/h，但长度不宜大于15km，或仅限于相邻两互通式立体交叉之间的路段。

d.作为干线公路的二级公路，设计速度宜采用80km/h；受地形、地质等条件限制，可采用60km/h。作为集散的二级公路，设计速度宜采用60km/h；受地形、地质等条件限制，可采用40km/h。

e.三级公路设计速度宜采用40km/h；受地形、地质等条件限制，可采用30km/h。

f.四级公路设计速度宜采用30km/h；受地形、地质等条件限制，可采用20km/h。

②各级城市道路的设计速度及其运用

各级城市道路的设计速度应符合表1-1-7的规定。

各级城市道路的设计速度　　　　　　　　　　　表1-1-7

道路等级	快速路			主干路			次干路			支路		
设计速度（km/h）	100	80	60	60	50	40	50	40	30	40	30	20

快速路和主干路的辅路设计速度宜为主路的0.4~0.6倍。在立体交叉范围内，主路设计速度应与路段一致，匝道及集散车道设计速度宜为主路的0.4~0.7倍。平面交叉口内的设计速度宜为路段的0.5~0.7倍。

③各级城市地下道路的设计速度及其运用

城市地下道路设计速度取值宜与两端衔接的地面道路采用相同的设计速度，条件困难时，可降低一个等级。除短距离地下道路外，设计速度不应大于80km/h。城市地下道路匝道的设计速度宜为主线的0.4~0.7倍。

2）运行速度

运行速度是路面平整、潮湿、自由流状态下，行驶速度累计分布曲线上对应于85%分位值的速度。

公路设计应采用运行速度进行检验。相邻路段运行速度之差应小于20km/h，同一路段运行速度与设计速度之差宜小于20km/h。

3. 建筑限界

1）建筑限界的概念

道路建筑限界又称净空,由净高和净宽两部分组成。它是为保证道路上各种车辆、人群的正常通行与安全,在一定高度和宽度范围内不允许有任何障碍物侵入的空间界线。

净高即净空高度,是指道路在横断面范围内保证安全通行所必须满足的竖向高度。净高应考虑汽车装载高度、安全高度及路面铺装等因素确定。一条公路应采用同一净高。高速公路、一级公路、二级公路的净高应为 5.00m;三级公路、四级公路的净高应为 4.50m;人行道、自行车道、检修道与行车道分开设置时,其净高应为 2.50m。城市道路最小净高应符合表 1-1-8 的规定。

城市道路最小净高
表 1-1-8

道 路 种 类	行驶车辆类型	最小净高（m）
机动车道	各种机动车	4.5
	小客车	3.5
非机动车道	自行车、三轮车	2.5
人行道	行人	2.5

净宽指道路在横断面范围内保证安全通行所必须满足的横向宽度。净宽包括行车带、路肩、中间带、绿带等的宽度。

路肩是在净空范围之内,因此道路上各种设施(标志、护栏等)均应设置在右路肩以外的保护性路肩上,而且必须保证其伸入部分在净高以上。设于中间带和路肩上的桥墩或门式支柱不应紧靠建筑限界设置,应留有设置防护栏位置的余地。

2）应用图示

公路与城市道路建筑限界范围内不得有任何障碍物侵入。设计时应充分研究组成路幅要素的相互关系及道路各种设施的设置规划,在有限空间内做出合理的安排。公路标志、护栏、照明灯柱、电杆、管线、绿化、行道树以及跨线桥的梁底、桥台、桥墩等的任何部位也不得侵入公路建筑限界。

（1）各级公路建筑限界规定如图 1-1-1 所示。

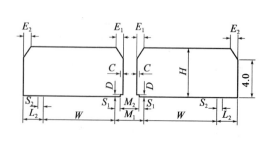 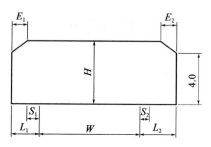

a)高速公路、一级公路(整体式)　　　b)高速公路、一级公路(分离式)

图　1-1-1

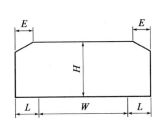

c)二级、三级、四级公路

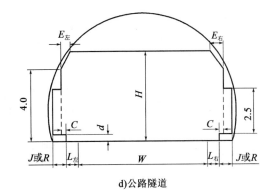

d)公路隧道

图 1-1-1　公路建筑限界(尺寸单位:m)

图 1-1-1 中各变量含义如下:

W——行车道宽度。

L_1——左侧硬路肩宽度。

L_2——右侧硬路肩宽度。

S_1——左侧路缘带宽度。

S_2——右侧路缘带宽度。

L——侧向宽度。二级公路的侧向宽度为硬路肩宽度,三级、四级公路的侧向宽度为路肩宽度减去 0.25m。设置护栏时,应根据护栏需要的宽度加宽路基。

$L_左$——隧道内左侧侧向宽度。

$L_右$——隧道内右侧侧向宽度。

C——当设计速度大于 100km/h 时为 0.5m,小于或等于 100km/h 时为 0.25m。

D——路缘石高度,小于或等于 0.25m。一般情况下,高速公路可不设路缘石。

M_1——中间带宽度。

M_2——中央分隔带宽度。

J——检修道宽度。

R——人行道宽度。

d——检修道或人行道高度。

E——建筑限界顶角宽度,当 $L \leqslant 1m$ 时,$E = L$;当 $L > 1m$ 时,$E = 1m$。

E_1——建筑限界顶角宽度,当 $L_1 < 1m$、$E_1 = L_1$ 或 $S_1 + C < 1m$ 时,$E_1 = S_1 + C$;当 $L_1 \geqslant 1m$ 或 $S_1 + C \geqslant 1m$ 时,$E_1 = 1m$。

E_2——建筑限界顶角宽度,$E_2 = 1m$。

$E_左$——建筑限界左顶角宽度,当 $L_左 \leqslant 1m$ 时,$E_左 = L_左$;当 $L_左 > 1m$ 时,$E_左 = 1m$。

$E_右$——建筑限界右顶角宽度,当 $L_右 \leqslant 1m$ 时,$E_右 = L_右$;当 $L_右 > 1m$ 时,$E_右 = 1m$。

H——净空高度。

(2)城市道路建筑限界规定如图 1-1-2 所示。

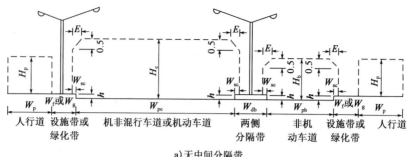

a) 无中间分隔带

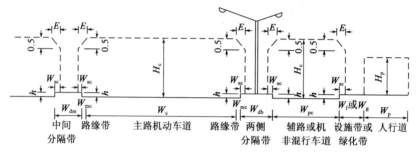

b) 有中间分隔带

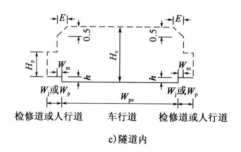

c) 隧道内

图 1-1-2　城市道路建筑限界(尺寸单位:m)

4. 设计使用年限

设计使用年限是在正常设计、正常施工、正常使用和正常养护条件下,路面、桥涵、隧道结构或结构构件不需进行大修或更换,即可按其预定目的使用的年限。

公路路面结构设计使用年限不小于表 1-1-9 的规定。

公路路面结构设计使用年限 　　　　　　　　　　　　　　　　　　表 1-1-9

公路等级		高速公路	一级公路	二级公路	三级公路	四级公路
设计使用年限(年)	沥青混凝土路面	15	15	12	10	8
	水泥混凝土路面	30		20	15	10

桥涵主体结构和可更换部件的设计使用年限应符合表 1-1-10 的规定。

16

桥涵设计使用年限　　表1-1-10

公路等级	主体结构			可更换部件	
	特大桥、大桥	中桥	小桥、涵洞	斜拉索、吊索、系杆等	栏杆、伸缩缝、支座等
高速公路、一级公路	100	100	50	20	15
二级、三级公路	100	50	30		
四级公路	100	50	30		

隧道设计使用年限应符合表1-1-11的规定。

隧道设计使用年限　　表1-1-11

名称	衬砌、洞门等主体结构				可更换、修复构件
类别	特长隧道	长隧道	中隧道	短隧道	特长、长、中、短隧道
高速公路,一级、二级公路	100	100	100	100	30
三级公路	100	100	100	50	
四级公路	100	50	50	50	

注:可更换、修复构件为隧道内边水沟、电缆沟槽、盖板等。

高速公路和一级公路的设计交通量预测年限为20年,二级、三级公路设计交通量预测年限为15年,四级公路可根据实际情况确定。

各级城市道路设计交通量的预测年限:快速路、主干路应为20年,次干路应为15年,支路宜为10～15年。

5.荷载标准

1)公路荷载标准

路面结构设计标准轴载为双轮组单轴100kN,轮胎压力0.7MPa。重载交通路段可根据实际调查的轴载谱采用分向、分道方式进行路面结构设计。

公路桥涵等结构物的汽车荷载分为公路—Ⅰ级和公路—Ⅱ级两个等级,由车道荷载和车辆荷载组成。车道荷载由均布荷载和集中荷载组成,用于桥梁结构整体分析计算。车辆荷载用于桥梁结构局部分析计算和涵洞、桥台、挡土墙土压力等的分析计算。车道荷载与车辆荷载的作用不得相互叠加。各级公路桥涵设计的汽车荷载等级应符合表1-1-12的规定。

汽车荷载等级　　表1-1-12

公路技术等级	高速公路	一级公路	二级公路	三级公路	四级公路
汽车荷载等级	公路—Ⅰ级	公路—Ⅰ级	公路—Ⅱ级	公路—Ⅱ级	公路—Ⅱ级

注:1.二级公路作为集散公路且交通量小、重型车辆少时,其桥涵设计可采用公路—Ⅱ级荷载。

2.对交通组成中重载交通比重较大的公路,宜采用与该公路交通组成相适应的汽车荷载模式进行结构整体和局部验算。

公路—Ⅰ级车道荷载的均布荷载标准值为 $q_k = 10.5kN/m$。集中荷载标准值 P_k 按下列规定选取:

（1）桥涵计算跨径小于或等于 5m 时，$P_k=270$kN。

（2）桥涵计算跨径大于或等于 50m 时，$P_k=360$kN。

（3）桥涵计算跨径大于 5m、小于 50m 时，P_k 值采用直线内插求得。

（4）计算剪力效应时，集中荷载标准值应乘以 1.2 的系数。

公路—Ⅱ级车道荷载的均布荷载标准值 q_k 和集中荷载标准值 P_k 为公路—Ⅰ级车道荷载的 0.75 倍。

2）城市道路荷载标准

道路路面结构设计应以双轮组单轴载 100kN 为标准轴载。对有特殊荷载使用要求的道路，应根据具体车辆确定路面结构计算荷载。

城市桥梁汽车设计荷载应分为城—A 级和城—B 级两个等级。根据道路的功能、等级和发展要求等具体情况选用设计汽车荷载。桥梁的设计汽车荷载应根据表 1-1-13 选用。

桥梁设计汽车荷载等级

表 1-1-13

城市道路等级	快速路	主干路	次干路	支路
设计汽车荷载等级	城—A 级或城—B 级	城—A 级	城—A 级或城—B 级	城—B 级

注：1. 快速路、次干路上如重型车辆行驶频繁时，设计汽车荷载应选用城—A 级汽车荷载。

  2. 小城市中的支路上如重型车辆较少时，设计汽车荷载采用城—B 级车道荷载的效应乘以 0.8 的折减系数，车辆荷载的效应乘以 0.7 的折减系数。

  3. 小型车专用道路，设计汽车荷载可采用城—B 级车道荷载的效应乘以 0.6 的折减系数，车辆荷载的效应乘以 0.5 的折减系数。

桥梁设计采用的作用应按永久作用、可变作用、偶然作用分类。除可变作用中的设计汽车荷载与人群荷载外，作用与作用效应组合均应按行业标准《公路桥涵设计通用规范》（JTG D60—2015）的有关规定执行。

桥梁设计时，汽车荷载的计算图式、荷载等级及其标准值、加载方法和纵横向折减等应符合下列规定：

（1）汽车荷载应由车道荷载和车辆荷载组成。车道荷载应由均布荷载和集中荷载组成。桥梁结构的整体计算应采用车道荷载，桥梁结构的局部加载、桥台和挡土墙压力等的计算应采用车辆荷载。车道荷载与车辆荷载的作用不得叠加。

（2）城—A 级车道荷载的均布荷载标准值 q_k 应为 10.5kN/m。集中荷载标准值 P_k 的选取：当桥梁计算跨径小于或等于 5m 时，$P_k=180$kN；当桥梁计算跨径大于或等于 50m 时，$P_k=360$kN；当桥梁计算跨径在 5~50m 之间时，P_k 值应采用直线内插求得。当计算剪力效应时，集中荷载标准值 P_k 应乘以 1.2 的系数。

（3）城—B 级车道荷载的均布荷载标准值 q_k 和集中荷载标准值 P_k 应按城—A 级车道荷载的 75% 采用。

作用在桥上人行道栏杆扶手上的竖向荷载应为 1.2kN/m，水平荷载应为 2.5kN/m。两者应分别计算，且不应与其他可变作用叠加。立柱柱顶推力应为扶手水平荷载集度与柱间距的乘积。

防撞护栏的防撞等级及相应作用于桥梁护栏上的碰撞荷载大小应按国家标准《城市道路交通设施设计规范》（GB 50688—2011）（2019 年版）和行业标准《公路交通安全设施设计规范》（JTG D81—2017）的规定确定。

6. 抗震防灾

1) 公路抗震设计要求

（1）地震动峰值加速度系数小于或等于 0.05 地区的公路工程，除有特殊要求外，可采用简易设防。

（2）地震动峰值加速度系数大于 0.05、小于 0.4 地区的公路工程，应进行抗震设计。

（3）地震动峰值加速度系数大于或等于 0.40 地区的公路工程，应进行专门的抗震研究和设计。

（4）做过地震小区划地区的公路工程，应按主管部门审批的地震动峰值加速度系数进行抗震设计。

2) 公路抗震设计一般规定

（1）桥梁工程抗震设防标准

①桥梁工程抗震设防类别应按表 1-1-14 确定。

桥梁工程抗震设防类别　　　　　　　　　　　　　　　　　　表 1-1-14

桥梁工程抗震设防类别	桥 梁 特 征
A 类	单跨跨径超过 150m 的特大桥
B 类	单跨跨径不超过 150m 的高速公路、一级公路上的桥梁，单跨跨径不超过 150m 的二级公路上的特大桥、大桥
C 类	二级公路上的中桥、小桥，单跨跨径不超过 150m 的三级、四级公路上的特大桥、大桥
D 类	三级、四级公路上的中桥、小桥

②桥梁工程抗震措施设防烈度应按表 1-1-15 确定。

桥梁工程抗震措施设防烈度　　　　　　　　　　　　　　　表 1-1-15

地震基本烈度		6	7		8		9
对应设计基本地震动峰值加速度		≥0.05g	0.10g	0.15g	0.20g	0.30g	≥0.40g
桥梁类别	A 类	7	8	8	9	更高，专门研究	
	B 类	7	8	8	9	9	≥9
	C 类	6	7	7	8	8	9
	D 类	6	7	7	8	8	9

（2）其他公路工程构筑物抗震设防标准

其他公路工程构筑物抗震设防目标应为：

①高速公路、一级公路及二级公路工程构筑物，在 E1 地震作用时，位于抗震有利地段的，经一般整修即可正常使用；位于抗震不利地段的，经短期抢修即可恢复使用；位于抗震危险地段的挡土墙、隧道等重要构筑物不发生严重破坏。

②三级公路、四级公路工程构筑物，在 E1 地震作用时，位于抗震有利地段的，经短期抢修即可恢复使用；位于抗震不利地段的挡土墙、隧道等重要构筑物不发生严重破坏。

（3）抗震设计计算

①设计基本地震动峰值加速度大于或等于 0.10g 地区的 B 类和 C 类桥梁，应按 E1 地震

作用进行弹性抗震设计计算,按 E2 地震作用进行延性抗震设计计算,并应采取相关抗震措施。

②设计基本地震动峰值加速度大于或等于 0.10g 地区的 D 类桥梁,应按 E1 地震作用进行弹性抗震设计计算,并宜采取相关抗震措施。

③A 类桥梁应在专门研究的基础上,按照本规范的抗震设防规定进行抗震设计。

④设计基本地震动峰值加速度大于或等于 0.10g 地区的其他公路工程构筑物,宜按地震基本动峰值加速度进行弹性抗震设计计算,并宜采取相关抗震措施。

⑤设计基本地震动峰值加速度小于 0.10g 地区的 B 类、C 类、D 类桥梁和其他公路工程构筑物,可仅根据抗震措施要求进行抗震设计,不进行抗震设计计算。

3)城市道路防灾标准

(1)道路工程应按国家规定工程所在地区的抗震标准进行设防。

(2)城市桥梁设计宜采用百年一遇的洪水频率,对特别重要的桥梁可提高到三百年一遇。

(3)道路应避开泥石流、滑坡、崩塌、地面沉降、塌陷、地震断裂活动带等自然灾害易发区;当不能避开时,必须提出工程和管理措施,保证道路的安全运行。

三、熟悉交通量、通行能力与服务水平

交通量是指单位时间内通过道路某一断面的车辆数,又叫交通流量。交通量可以年、日或小时计。

通行能力是指道路设施在正常的道路条件、交通条件和驾驶行为等情况下,在一定的时段(通常取 1h)内可能通过设施的最大车辆数。将这些条件用服务水平标准来衡量时,就得到各级服务水平下的服务交通量。道路通行能力反映了道路设施所能疏导交通流的能力,是道路规划、设计和运营管理的重要参数。

道路服务水平是指在被规定的道路与交通条件下,根据交通量、车速、舒适、方便、经济和安全等指标,道路可向使用者(主要指汽车驾驶员)提供的综合效果。不同的效果反映不同的服务水平。服务水平所描述的范围是从驾驶员可自由选择行驶车速的最高服务水平起,直至路上车辆拥塞,迫使驾驶员不得不停停开开的最低服务水平为止的各种运行条件。所以,服务水平的高低可以反映出一定条件下,道路上不同车流状态和与之相应的通行能力以及驾驶员驾车的自由程度。

1. 交通量

1)设计交通量

(1)设计交通量是指拟建道路到预测年限时所能达到的年平均日交通量(辆/日),其值根据交通量预测得到,见式(1-1-1)。

$$N_d = N_0 (1 + \gamma)^{n-1} \tag{1-1-1}$$

式中:N_d——设计交通量(pcu/d);

$\quad N_0$——起始年平均日交通量(pcu/d);

$\quad \gamma$——年平均增长率(%);

$\quad n$——预测年限(年)。

年平均日交通量是一年的总交通量除以 365d,是我国统计的公路交通量的通用单位。

高速公路、一级公路远景年不同服务水平下的年平均日交通量,按式(1-1-2)计算:

$$AADT = \frac{C_D N}{KD} \qquad (1\text{-}1\text{-}2)$$

式中：$AADT$——年平均日交通量（pcu/d）；

　　　C_D——设计服务水平下单车道服务交通量；

　　　K——设计小时交通量系数，由当地交通量观测数据确定；

　　　D——方向不均匀系数；

　　　N——单方向车道数。

二级、三级、四级公路设计小时交通量应按整个断面交通量，因此其年平均日设计交通量应按式（1-1-3）计算：

$$AADT = C_D \frac{R_D}{K} \qquad (1\text{-}1\text{-}3)$$

式中：$AADT$——年平均日交通量；

　　　C_D——二级、三级、四级公路的设计通行能力；

　　　R_D——二级、三级、四级公路的方向分布修正系数；

　　　K——设计小时交通量系数，由当地交通量观测数据确定。

（2）各级道路设计交通量的预测应符合以下规定：

①设计交通量预测年限的起算年为该项目的计划通车年。

②设计交通量的预测应充分考虑走廊带范围内远期社会、经济的发展规划和综合运输体系的影响。

设计交通量对确定道路等级、计算道路的计划费用或各项结构设计等有重要作用，但不宜直接用于道路几何设计。一年中的每月、每日、每小时交通量都在变化，在某些季节、某些时段可能高出年平均日交通量数倍，因此其不宜作为具体设计的依据。

2）设计小时交通量

小时交通量（veh/h）是以小时为计算时段的交通量，是确定车道数和车道宽度或评价服务水平的依据。

公路设计小时交通量宜采用年第30位小时交通量，也可根据当地公路小时交通量的变化特征，采用年第20～40位小时之间最为经济合理时位的交通量。

高速公路、一级公路的设计小时交通量（$DDHV$）应按式（1-1-4）计算：

$$DDHV = AADT \times D \times K \qquad (1\text{-}1\text{-}4)$$

二级、三级公路设计小时交通量（DHV）应按式（1-1-5）计算：

$$DHV = AADT \times K \qquad (1\text{-}1\text{-}5)$$

式中：$DDHV$——单向设计小时交通量（veh/h）；

　　　DHV——设计小时交通量（veh/h）；

　　　$AADT$——预测年度的年平均日交通量（veh/d）；

　　　D——方向不均匀系数（%），宜取50%～60%，也可根据当地交通量观测资料确定；

　　　K——设计小时交通量系数（%），为选定时位的小时交通量与年平均日交通量的比值。

3）标准车型与车辆折算系数

标准车型：为使交通量具有可比性，通常将公路上实际的不同车型的交通量换算成标准车型交通量。交通量换算采用小客车为标准车型。各汽车代表车型及车辆折算系数规定见表 1-1-16 与表 1-1-17。拖拉机和非机动车等交通量换算应符合下列规定：

（1）畜力车、人力车、自行车等非机动车按路侧干扰因素计。

（2）公路上行驶的拖拉机每辆折算为 4 辆小客车。

（3）公路通行能力分析所要求的车辆折算系数应针对路段、交叉口等形式，按不同的地形条件和交通需求，采用相应的折算系数。

公路各汽车代表车型及车辆折算系数 表 1-1-16

汽车代表车型	车辆折算系数	说　　明
小客车	1.0	座位 ≤19 座的客车和载质量 ≤2t 的货车
中型车	1.5	座位 >19 座的客车和 2t < 载质量 ≤7t 的货车
大型车	2.5	7t < 载质量 ≤20t 的货车
汽车列车	4.0	载质量 >20t 的货车

城市道路车辆换算系数 表 1-1-17

车辆类型	小客车	大型客车	大型货车	铰接车
换算系数	1.0	2.0	2.5	3.0

2. 公路通行能力

1）一般规定

公路设计应进行通行能力和服务水平的分析与评价，使服务水平保持协调均衡，并应符合下列规定：

（1）高速公路、一级公路的路段和互通式立体交叉的匝道、分合流区段、交织区及收费站等设施必须进行通行能力和服务水平的分析与评价。

（2）二级、三级公路的路段和一级、二级干线公路的平面交叉，应进行通行能力和服务水平的分析与评价。

（3）二级集散公路、三级公路的平面交叉，宜进行通行能力和服务水平的分析与评价。

（4）高速公路、一级公路的通行能力和服务水平分析评价应分方向进行，二级、三级公路应按双向整体交通流进行。三级及三级以上公路的连续上坡路段，应单独进行通行能力和服务水平的分析与评价。

2）通行能力的运用

（1）基准通行能力

基准通行能力是在基准的道路、交通、控制和环境条件下，均匀路段的一条车道或特定横断面上，特定时段内所能通过的最大小时流率，通常以 pcu/（h·ln）[辆标准小客车/（小时·车道）]或 pcu/h（辆标准小客车/小时）为单位。

基准通行能力是计算各种通行能力的基础。基准通行能力的计算可采用"车头时距"或"车头间距"求得。车头时距是指连续两车通过车道或道路上同一地点的时间间隔，车头间距是指交通流中连续两车之间的距离。

（2）设计通行能力

设计通行能力是在预计的道路、交通、控制和环境管制条件下，条件基本一致的一条车道或特定横断面上，在所选用的设计服务水平下，特定时段内所能通过的最大小时流率，通常以 pcu/(h·ln) 或 pcu/h 为单位。因此，设计通行能力与选取的服务水平级别有关。我国按照车流运行状态，把从小交通量的自由流至交通量达到可能状态的受限制车流这一运行范围划分为六级服务水平（城市道路划分为四级服务水平），与每一级服务水平相应的交通量称为服务交通量。

高速公路、一级公路路段的设计通行能力应按式(1-1-6)计算：

$$C_d = MSF_i \times f_{HV} \times f_P \times f_f \tag{1-1-6}$$

式中：C_d——设计通行能力[veh/(h·ln)]；

MSF_i——设计服务水平下的最大服务交通量[pcu/(h·ln)]；

f_{HV}——交通组成修正系数，按(1-1-7)计算；

$$f_{HV} = \frac{1}{1 + \sum P_i (E_i - 1)} \tag{1-1-7}$$

P_i——车型 i 的交通量占总交通量的百分比；

E_i——车型 i 的车辆折算系数，按《公路路线设计规范》(JTG D20—2017)表3.4.2-2选取；

f_P——驾驶员总体特征修正系数，通过调查确定，通常在0.95~1.00之间；

f_f——路侧干扰修正系数，高速公路取1，一级公路路侧干扰等级可按《公路路线设计规范》(JTG D20—2017)表3.1.4确定，路侧干扰修正系数可按《公路路线设计规范》(JTG D20—2017)表3.4.2-1选用。

二级、三级公路的设计通行能力应按式(1-1-8)计算：

$$C_d = MSF_i \times f_{HV} \times f_d \times f_w \times f_f \tag{1-1-8}$$

式中：C_d——设计通行能力[veh/(h·ln)]；

MSF_i——设计服务水平下的最大服务交通量(pcu/h)；

f_{HV}——交通组成修正系数，按式(1-1-7)计算；式中车辆折算系数 E_i 按《公路路线设计规范》(JTG D20—2017)表3.6.2-1取值；

f_d——方向分布修正系数，按《公路路线设计规范》(JTG D20—2017)表3.6.2-2取值；

f_w——车道宽度、路肩宽度修正系数，按《公路路线设计规范》(JTG D20—2017)表3.6.2-3取值；

f_f——路侧干扰修正系数，按《公路路线设计规范》(JTG D20—2017)表3.6.2-4取值，路侧干扰等级可按《公路路线设计规范》(JTG D20—2017)表3.1.1确定。

（3）实际通行能力

实际通行能力是在实际或预计的道路、交通、控制和环境条件下，已知公路设施的某车道或特定横断面上，特定时段内所能通过的最大小时流率，通常以 veh/(h·ln)[辆自然车/(小时×车道)]或 veh/h(辆自然车/小时)为单位。其含义是设计或评价某一具体路段时，根据该设施具体的公路几何构造、交通条件以及交通管理水平，对不同服务水平下的服务交通量（如基准通行能力或设计通行能力）按实际公路条件、交通条件等进行相应修正后的小时流率。

3.城市道路通行能力

1）一般规定

（1）快速路的路段、分合流区、交织区段及互通式立体交叉的匝道,应分别进行通行能力分析,使其全线服务水平均衡一致。

（2）主干路的路段和与主干路、次干路相交的平面交叉口,应进行通行能力和服务水平分析。

（3）次干路、支路的路段及其平面交叉口,宜进行通行能力和服务水平分析。

2）快速路通行能力

快速路应根据交通流行驶特征分为基本路段、分合流区和交织区,应分别采用相应的通行能力和服务水平。快速路基本路段一条车道的基本通行能力和设计通行能力应符合表 1-1-18 的规定。

快速路基本路段一条车道的通行能力　　　　　表 1-1-18

设计车速（km/h）	100	80	60
基本通行能力（pcu/h）	2200	2100	1800
设计通行能力（pcu/h）	2000	1750	1400

3）其他等级道路通行能力

其他等级道路根据交通流特性和交通管理方式,可分为路段、信号交叉口、无信号交叉口等,应分别采用相应的通行能力和服务水平。

其他等级道路路段一条车道的基本通行能力和设计通行能力应符合表 1-1-19 的规定。

其他等级道路路段一条车道的通行能力　　　　　表 1-1-19

设计车速（km/h）	60	50	40	30	20
基本通行能力（pcu/h）	1800	1700	1650	1600	1400
设计通行能力（pcu/h）	1400	1350	1300	1300	1100

自行车道与人行设施的通行能力与服务水平详见《城市道路工程设计规范》（CJJ 37—2012）（2016 年版）第 4.4 节与第 4.5 节。

4.公路服务水平

公路的服务水平分为六级,各级公路设计采用的服务水平规定见表 1-1-20。

各级公路设计服务水平　　　　　表 1-1-20

公路等级	高速公路	一级公路	二级公路	三级公路	四级公路
服务水平	三级	三级	四级	四级	—

（1）一级公路用作集散公路时,设计服务水平可降低一级。

（2）长隧道及特长隧道路段、非机动车及行人密集路段、互通式立体交叉的分合流区段以及交织区段,设计服务水平可降低一级。

（3）一级服务水平,交通流处于完全自由流状态。交通量小,速度高,行车密度小,驾驶员能自由地按自己的意愿选择所需速度,行驶车辆不受或基本不受交通流中其他车辆的影响。

在交通流内驾驶的自由度很大,为驾驶员、乘客或行人提供的舒适度和方便性非常优越。较小的交通事故或行车阻碍的影响容易消除,在事故路段不会产生停滞排队现象,很快就能恢复到一级服务水平。

(4)二级服务水平,交通流状态处于相对自由流的状态,驾驶员基本上可按照自己的意愿选择行驶速度,但是开始要注意到交通流内有其他使用者,驾驶员身心舒适水平很高,较小的交通事故或行车阻碍的影响容易消除,在事故路段的运行服务情况比一级差些。

(5)三级服务水平,交通流处于稳定流的上半段,车辆间的相互影响变大,选择速度受到其他车辆的影响,变换车道时驾驶员要格外小心,较小的交通事故仍能消除,但事故发生路段的服务质量大大降低,严重的阻塞后面形成排队车流,驾驶员心情紧张。

(6)四级服务水平,交通流处于稳定流范围下限,但是车辆运行明显地受到交通流内其他车辆的相互影响,速度和驾驶的自由度受到明显限制。交通量稍有增加就会导致服务水平的显著降低,驾驶员身心舒适水平降低,即使较小的交通事故也难以消除,会形成很长的排队车流。

(7)五级服务水平,为交通流拥堵流的上半段,其下是达到最大通行能力时的运行状态。对于交通流的任何干扰,例如车流从匝道驶入或车辆变换车道,都会在交通流中产生一个干扰波,交通流不能消除它,任何交通事故都会形成长长的排队车流,车流行驶灵活性极端受限,驾驶员身心舒适水平很差。

(8)六级服务水平,是拥堵流的下半段,是通常意义上的强制流或阻塞流。这一服务水平下,交通设施的交通需求超过其允许的通过量,车流排队行驶,队列中的车辆出现停停走走现象,运行状态极不稳定,可能在不同交通流状态间发生突变。

5.城市道路服务水平

城市道路服务水平分为四个等级,新建道路应按三级服务水平设计。

快速路基本路段服务水平分级指标应符合表1-1-21的规定,新建道路应按三级服务水平设计。

快速路基本路段服务水平分级   表1-1-21

设计速度 (km/h)	服务水平等级		密度 [pcu/(km·ln)]	平均速度 (km/h)	负荷度 V/C	最大服务交通量 [pcu/(h·ln)]
100	一级(自由流)		≤10	≥88	0.40	880
	二级(稳定流上段)		≤20	≥76	0.69	1520
	三级(稳定流)		≤32	≥62	0.91	2000
	四级	(饱和流)	≤42	≥53	≈1.00	2200
		(强制流)	>42	<53	>1.00	—
80	一级(自由流)		≤10	≥72	0.34	720
	二级(稳定流上段)		≤20	≥64	0.61	1280
	三级(稳定流)		≤32	≥55	0.83	1750
	四级	(饱和流)	≥50	≥40	≈1.00	2100
		(强制流)	<50	<40	>1.00	—

续上表

设计速度 （km/h）	服务水平等级		密度 [pcu/(km·ln)]	平均速度 （km/h）	负荷度 V/C	最大服务交通量 [pcu/(h·ln)]
60	一级（自由流）		≤10	≥55	0.30	590
	二级（稳定流上段）		≤20	≥50	0.55	990
	三级（稳定流）		≤32	≥44	0.77	1400
	四级	（饱和流）	≤57	≥30	≈1.00	1800
		（强制流）	>57	<30	>1.00	—

四、熟悉路线设计的主要技术指标

1. 公路技术标准

《公路工程技术标准》(JTG B01—2014)是法定的技术要求,反映了我国公路建设的技术方针,适用于新建和改扩建公路,公路设计时都应当遵守。公路建设应按地区特点、交通特性、路网结构综合分析确定公路的功能,根据功能结合交通量、地形条件等选用技术等级和主要技术指标。

公路建设项目应做好总体设计,使主体工程与交通工程及沿线设施相互协调配套,充分发挥各自功能和项目的整体功能。

公路分期修建必须遵照统筹规划、分期实施的原则进行总体设计,并应符合下列规定:

(1)前期工程应在后期仍能充分利用。

(2)高速公路整体式断面路段不得横向分幅分期修建。

(3)高速公路分离式断面路段可采用分幅分期修建,先期建成的一幅按双向交通通车时,应按二级公路通车条件进行管理。

公路改扩建时,应对改扩建方案和新建方案进行论证比选。采用改扩建方案时,应符合下列规定:

(1)公路改扩建时机应根据实际服务水平论证确定,高速公路、一级公路服务水平宜在降低到三级服务水平下限之前,二级、三级公路服务水中宜在降低到四级服务水平下限之前,四级公路可根据具体情况确定。

(2)利用现有公路局部路段因地形地物限制,提高设计速度将诱发工程地质病害、大幅增加工程造价或对保护环境、文物有较大影响时,该局部路段的设计可维持原设计速度,但其长度高速公路不宜大于15km,一级、二级公路不宜大于10km。

(3)高速公路改扩建应在进行交通组织设计、交通安全评价等基础上做出具体实施方案设计。在工程实施中,应减少对既有公路的干扰,并应有保证通行的安全措施。维持通车路段的服务水平可降低一级,设计速度不宜低于60km/h。

(4)一级、二级、三级公路改扩建时,应做保通设计方案。

(5)沙漠、戈壁、草原等小交通量地区的高速公路分离式断面段利用现有二级公路改建为一幅时,其设计洪水频率可维持原标准不变,设计速度不宜大于80km/h。

非机动车、行人密集路段宜考虑非机动车和行人等的交通需求,可根据交通组成情况设置非机动车道和人行道。

二级及二级以上干线公路应在设计时进行交通安全评价,其他公路在有条件时也可进行交通安全评价。

有救灾通道功能需求的二级及二级以下公路,可相应提高抗震及设计洪水频率标准。

各级公路的具体标准由各项技术指标体现(表1-1-22)。

各级公路主要技术指标 表1-1-22

公路等级		高速公路			一级公路			二级公路		三级公路		四级公路	
设计速度(km/h)		120	100	80	100	80	60	80	60	40	30	30	20
车道宽度(m)		3.75	3.75	3.75	3.75	3.75	3.5	3.75	3.5	3.5	3.25	3.25	3.00
车道数(条)		≥4			≥4			2		2		2(1)	
圆曲线最小半径(m)	最大超高10%	570	360	220	360	220	115	220	115	—	—	—	—
	最大超高8%	650	400	250	400	250	125	250	125	60	30	30	15
	最大超高6%	710	440	270	440	270	135	270	135	60	35	35	15
	最大超高4%	810	500	300	500	300	150	300	150	65	40	40	20
不设超高最小半径(m)	路拱≤2.0%	5500	4000	2500	4000	2500	1500	2500	1500	600	350	350	150
	路拱>2.0%	7500	5250	3350	5250	3350	1900	3350	1900	800	450	50	200
停车视距(m)		210	160	110	160	110	75	110	75	40	30	30	20
最大纵坡(%)		3	4	5	4	5	6	5	6	7	8	8	9

注:本表仅为简单汇总,所列各项指标应按有关条文规定选用。

2. 城市道路主要技术指标

城市道路工程建设应以城市总体规划为指导,以控制性详细规划、城市交通规划为依据,并应与环境保护规划和防灾规划等专项规划相协调。

城市道路工程应根据环境条件进行耐久性设计,道路工程的主要结构及构筑物应明确设计使用年限;当达到设计使用年限或遭遇重大灾害后,应进行技术鉴定,确定满足使用要求后方可继续使用。

当道路为货运、防洪、消防、旅游等专用道路使用时,除应满足相应道路等级的技术要求外,还应满足专用道路及通行车辆的特殊要求。各级城市道路主要技术指标见表1-1-23。

各级城市道路主要技术指标 表1-1-23

道路等级	快速路			主干路			次干路			支路		
设计车速(km/h)	100	80	60	60	50	40	50	40	30	40	30	20
横断面形式	应采用两幅路或四幅路			宜采用四幅路或三幅路			宜采用单幅路或两幅路			宜采用单幅路		
大型车或混行车道宽(m)	3.75	3.75	3.50	3.50	3.50	3.50	3.50	3.50	3.50	3.50	3.50	3.50
小客车专用车道宽(m)	3.5	3.5	3.25	3.25	3.25	3.25	3.25	3.25	3.25	3.25	3.25	3.25
极限最小半径(m)	400	250	150	150	100	70	100	70	40	70	40	20
不设超高最小半径(m)	1600	1000	600	600	400	300	400	300	150	300	150	70
停车视距(m)	160	110	70	70	60	40	60	40	30	40	30	20
最大纵坡(%)	4	5	6	6	6	7	6	7	8	7	8	8

五、了解道路勘测设计的阶段和任务

1. 工程可行性研究阶段

公路建设项目可行性研究,是对项目建设的必要性、技术可行性、经济合理性和实施可能性进行综合性研究论证的工作,是公路建设项目前期工作的重要组成部分,是建设项目决策的主要依据。

1)公路工程可行性研究的分类

公路建设项目可行性研究,按其工作阶段分预可行性研究和工程可行性研究。编制预可行性研究报告,应以项目所在地区域经济社会发展规划、交通发展规划和其他相关规划为依据;编制工程可行性研究报告,原则上以批准的项目建议书为依据。

2)公路工程可行性研究的工作内容

(1)公路建设项目预可行性研究,要求通过实地踏勘和调查,重点研究项目建设的必要性和建设时机,初步确定建设项目的通道或走廊带,并对项目的建设规模、技术标准、建设资金、经济效益等进行必要的分析论证,编制研究报告,作为项目建议书的依据。

(2)公路建设项目工程可行性研究,要求进行充分的调查研究,通过必要的测量和地质勘探,对可能的建设方案从技术、经济、安全、环境等方面进行综合比选论证,研究确定项目起、终点,提出推荐方案,明确建设规模,确定技术标准,估算项目投资,分析投资效益,编制研究报告。工程可行性研究报告一经批准,即为初步设计应遵循的依据。

3)公路建设项目可行性研究报告的主要内容

公路建设项目可行性研究报告的主要内容应包括项目影响区域社会经济及交通运输的现状与发展、交通量预测、建设的必要性、技术标准、建设条件、建设方案及规模、投资估算及资金筹措、经济评价、实施安排、土地利用评价、工程环境影响分析、节能评价、社会评价等,特殊复杂的重大项目,还应进行风险分析。

(1)公路建设项目预可行性研究报告内容:概述;经济社会及交通运输发展现状及规划;交通量分析及预测;建设的必要性;建设条件、技术标准及建设方案;投资估算及资金筹措;经济评价;节能评价;社会评价;风险分析;问题与建议。

(2)公路建设项目工程可行性研究报告内容:概述;经济社会和交通运输发展现状及规划;交通量分析及预测;技术标准;建设方案;投资估算及资金筹措;经济评价;实施方案;土地利用评价;工程环境影响因素;节能评价;社会评价;风险分析;问题与建议。

2. 设计阶段

1)设计阶段的划分

《公路工程基本建设项目设计文件编制办法》(交公路发〔2007〕358 号)规定,公路工程基本建设项目可以采用一阶段设计、两阶段设计或三阶段设计。

公路工程基本建设项目一般采用两阶段设计,即初步设计和施工图设计。对于技术简单、方案明确的小型建设项目,可采用一阶段设计,即施工图设计;技术复杂、基础资料缺乏和不足的建设项目或建设项目中的特大桥、长隧道、大型地质灾害治理等,必要时采用三阶段设计,即初步设计、技术设计和施工图设计。

高速公路、一级公路必须采用两阶段设计。

2）各设计阶段主要内容

（1）初步设计

两阶段和三阶段设计中的初步设计，应根据批复的可行性研究报告、测设合同和初测、初勘资料编制。

初步设计阶段的目的是基本确定设计方案。必须根据批复的可行性研究报告、测设合同的要求，拟定修建原则，选定设计方案、拟定施工方案，计算工程数量及主要材料数量，编制设计概算，提供文字说明及图表资料。经审查批复后的初步设计文件，则为订购主要材料、机具、设备，安排重大科研试验项目，联系征用土地、拆迁，进行施工准备，编制施工图设计文件和控制建设项目投资等的依据。采用三阶段设计时，经审查批复的初步设计为编制技术设计文件的依据。

初步设计在选定方案时，应对路线的走向、控制点和方案进行现场核查，征求沿线地方政府、建设单位及规划、土地、环保等相关部门的意见，基本落实路线布设方案。对建设条件复杂地段的路线、路基、路面、特大桥、大桥、特长及长隧道、互通式立体交叉、服务设施，一般应选择两个或两个以上的方案进行同深度、同精度的测设工作和方案比选，提出推荐方案。

初步设计文件由十二篇和附件组成，见表1-1-24。

设 计 文 件 组 成 表 1-1-24

设 计 篇 目	设 计 阶 段		备　　注
	初步设计	施工图设计	
第一篇	总体设计	总体设计	
第二篇	路线	路线	
第三篇	路基、路面	路基、路面	
第四篇	桥梁、涵洞	桥梁、涵洞	
第五篇	隧道	隧道	
第六篇	路线交叉	路线交叉	
第七篇	交通工程及沿线设施	交通工程及沿线设施	
第八篇	环境保护与景观设计	环境保护与景观设计	
第九篇	其他工程	其他工程	
第十篇	筑路材料	筑路材料	
第十一篇	施工方案	施工组织计划	
第十二篇	设计概算	施工图预算	
附件	基本资料	基本资料	

（2）技术设计

三阶段设计中的技术设计，应根据批复的初步设计、测设合同和定测、详勘资料编制。

技术设计阶段的目的是对重大、复杂的技术问题通过科学试验、专题研究，加深勘探调查及分析比较,解决初步设计中未解决的问题,落实技术方案,计算工程数量,提出修正的施工方案,修正设计概算,批准后则为编制施工图设计的依据。

公路工程建设项目技术设计文件,应根据技术设计的目的与要求以及工程需要解决的技术问题,参照有关规定编制。

(3)施工图设计

两阶段设计中的施工图设计,应根据批复的初步设计、测设合同和定测、详勘(含补充定测、详勘)资料编制。三阶段设计中的施工图设计,应根据批复的技术设计、测设合同和补充定测、补充详勘资料编制。

施工图设计阶段的目的是根据初步设计(或技术设计)批复意见、测设合同,进一步对所审定的修建原则、设计方案、技术决定加以具体和深化,最终确定各项工程数量,提出文字说明和适应施工需要的图表资料以及施工组织计划,并编制施工图预算。

一阶段施工图设计应根据可行性研究报告批复意见、测设合同的要求,拟定修建原则,确定设计方案和工程数量,提出文字说明和图表资料以及施工组织计划,编制施工图预算,满足审批的要求,适应施工的需要。

施工图设计文件由十二篇和附件组成,见表 1-1-24。

考点分析

本节是道路路线设计中特别重要的一节,主要有以下考点:

(1)道路分级的依据与等级　主要掌握分级是等级划分的条件与指标,以及如何确定道路的等级,熟悉等级选用原则,应明确一条公路可分段选用不同的公路等级。同一公路等级可分段选用不同的设计速度、路基宽度(车道数)。

(2)基本概念与相关规定　需要熟悉设计车辆、交通量、设计速度、通行能力与服务水平、建筑限界、设计荷载、防灾标准等,特别是建筑限界的规定与净宽计算应重点熟悉。

(3)交通量、通行能力与服务水平　需要熟悉设计交通量与设计小时交通量的概念及其使用区别,熟悉通行能力与服务水平的分析的条件,熟悉基准通行能力、设计通行能力、实际通行能力的概念及其区别与联系,特别是交通量、通行能力、服务水平的计算应重点掌握。在路线设计中运用通行能力与服务水平是本节的难点。

例题解析

例 1　[2020 年单选题]下列关于公路技术等级与设计速度方面的描述,不符合标准规范规定的是(　　)。

(A)三级公路设计速度宜根据实际情况采用 30～40km/h

(B)集散二级公路设计速度宜根据实际情况采用 40～50km/h

(C)干线二级公路设计速度宜根据实际情况采用 60～80km/h

(D)一级公路设计速度宜根据实际情况采用 100～60km/h

分析

根据《公路路线设计规范》(JTG D20—2017)第2.2.3条第4款,作为干线的二级公路,设计速度宜采用80km/h;受地形、地质等条件限制时,可采用60km/h。作为集散的二级公路,设计速度宜采用60km/h;受地形、地质等条件限制时,可采用40km/h。集散二级公路设计速度宜根据实际情况采用40~50km/h。故本题选B。

例2 [2020年案例题] 某省网高速公路,设计速度为120km/h,双向六车道,采用三级服务水平。交通量预测分析结果折算后的年交通量为1450pcu/(h·ln),中型车比例为30%,大型车为4%,汽车列车为2%,驾驶员修正系数为1.0,根据《公路路线设计规范》(JTG D20—2017),该公路单向设计通行能力是(　　)。

(A)974veh/h
(B)1337veh/h
(C)2921veh/h
(D)4010veh/h

分析

(1)根据《公路路线设计规范》(JTG D20—2017)表3.4.2-2,车辆折算系数,中型车为2.5,大型车为4.5,汽车列车为6.0,则

$$f_{HV} = \frac{1}{1 + \sum P_i(E_i - 1)} = \frac{1}{1 + 30\% \times (2.5 - 1) + 40\% \times (4.5 - 1) + 2\% \times (6 - 1)} = 0.59$$

(2)查《公路路线设计规范》(JTG D20—2017)表3.4.1,$MSF_i = 1650$pcu/(h·ln);根据式(3.4.2-1),设计通行能力为:

$$C_d = MSF_i \times f_{HV} \times f_p \times f_f = 1650 \times 0.59 \times 1.0 \times 1.0 = 973.5\text{veh/h}(取整为974veh/h)$$

(3)该公路单向设计通行能力为973.5×3=2921veh/h。故本题选C。

例3 [2019年单选题]设计速度为100km/h的一级公路,在五级服务水平下最大服务交通量是(　　)。

(A)1400pcu/(h·ln)
(B)1800pcu/(h·ln)
(C)2000pcu/(h·ln)
(D)2200pcu/(h·ln)

分析

根据《公路工程技术标准》(JTG B01—2014)附录A中表A.0.1-2,一级公路路段服务水平分级,可得五级服务水平下最大服务交通量是2000pcu/(h·ln)。故本题选C。

例4 [2019年单选题] 在公路工程设计时,应进行交通安全评价的是(　　)。

(A)乡村公路
(B)三级公路
(C)四级公路
(D)二级及二级以上的干线公路

分析

根据《公路工程技术标准》(JTG B01—2014)第1.0.10条,二级及二级以上干线公路应在设计时进行交通安全评价,其他公路在有条件时也可进行交通安全评价。根据《公路路线设计规范》(JTG D20—2017)第4.5.2条,高速公路、一级公路和二级干线公路应在设计时进行

交通安全性评价,其他公路在有条件时也可进行交通安全性评价。故本题选 D。

例 5 [2019 年单选题]城市快速路、主干路、次干路道路交通量达到饱和状态时的道路设计年限应分别为( )。

(A)20 年、20 年、15 年   (B)20 年、15 年、15 年
(C)20 年、15 年、10 年   (D)15 年、15 年、10 年

分析

根据《城市道路工程设计规范》(CJJ 37—2012)(2016 年版)第 3.5.1 条,道路交通量达到饱和状态时的道路设计年限为:快速路、主干路应为 20 年;次干路应为 15 年;支路宜为 10 ~ 15 年。故本题选 A。

例 6 [2019 年多选题]公路技术等级选用应遵循一定的原则。其中,次要干线公路应选用( )。

(A)三级公路   (B)二级公路
(C)一级公路   (D)高速公路

分析

根据《公路工程技术标准》(JTG B01—2014)第 3.1.2 条,次要干线公路应选用二级及二级以上公路。故本题选 BCD。

例 7 [2019 年多选题]根据交通流行驶特征,城市快速路应分为( )。

(A)基本路段   (B)分合流区
(C)交织区   (D)匝道

分析

根据《城市道路工程设计规范》(CJJ 37—2012)(2016 年版)第 4.2.1 条,快速路应根据交通流行驶特征分为基本路段、分合流区和交织区,应分别采用相应的通行能力和服务水平。故本题选 ABC。

例 8 [2019 年案例题]某双向六车道高速公路,设计速度 100km/h, 其设计服务水平下单车道服务交通量 $C_D = 1600 \, \text{pcu}/(\text{h} \cdot \text{ln})$, 设计小时交通量系数 $K = 0.13$, 方向不均匀系数 $D = 0.55$, 该高速公路年平均日设计交通量是( )。

(A)44755pcu/d   (B)67133pcu/d
(C)73846pcu/d   (D)134265pcu/d

分析

根据《公路工程技术标准》(JTG B01—2014)第 3.1.1 条条文说明,单方向为 3 条车道,则

$$AADT = \frac{C_D N}{KD} = \frac{1600 \times 3}{0.13 \times 0.55} = 67133 \text{pcu/d}$$

故本题选 B。

例 9 [2019 年案例题]位于重要地区的城市主干路,不考虑其他因素的干扰,预测路段单侧人行交通量为 6000 人/h。该路段单侧需要的最小人行道宽度应定为( )。(计算结果取整数)

(A)2m   (B)3m

(C)4m   (D)5m

分析

根据《城市道路工程设计规范》(CJJ 37—2012)(2016 年版)第 5.3.4 条条文说明:人行道宽度指专供行人通行的部分,应满足行人通行的安全和顺畅。查表 4.5.1,行人较多的重要区域设计通行能力宜采用低值,N_W 取 1800 人/(h·m)。人行道宽度按下式计算:

$W_P = N_W/N_{W1} = 6000/1800 = 3.33$m ,取整为 4m

故本题选 C。

例 10 公路等级划分时,设计交通量指的是( )。

(A)各种车辆折合成中型载重汽车的远景设计年限年平均昼夜交通量

(B)各种车辆折合成小客车的远景设计年平均日设计交通量

(C)混合车辆的年平均日设计交通量

(D)各种车辆折合成半挂车的远景设计年限年平均昼夜交通量

分析

根据《公路工程技术标准》(JTG B01—2014),各等级公路的年平均日设计交通量均采用小客车。故本题选 B。

例 11 某高速公路设计时,根据实际情况需要分段选用不同的设计速度,其分段长度不宜小于( )。

(A)10km   (B)15km

(C)20km   (D)30km

分析

根据《公路工程技术标准》(JTG B01—2014),设计车速相同的路段应为同一设计路段,高速公路设计路段不宜小于 15km,一级、二级公路设计路段不宜小于 10km。故本题选 B。

例 12 关于设计车辆的说法,错误的是( )。

(A)公路设计所采用的设计车辆包括小客车、大型客车、铰接客车、载重汽车共四种车辆类型

(B)城市道路机动车设计车辆包括小客车、大型车、铰接车三种车辆类型

(C)设计车辆是指道路几何设计所采用的代表车型

(D)城市道路非机动车设计车辆的外廓尺寸有明确规定

分析

公路设计所采用的设计车辆包括小客车、大型客车、铰接客车、载重汽车、铰接列车共五种车辆类型,而非四种。故本题选 A。

例13 确定车道数和车道宽度或评价服务水平,依据的交通量是( )。

(A)年平均日交通量 (B)设计交通量

(C)高峰小时交通量 (D)设计小时交通量

分析

年平均日交通量是一年的总交通量除以365d,是我国统计的公路交通量的通用单位。

设计交通量是指拟建道路到预测年限时所能达到的年平均日交通量,设计交通量对确定道路等级、计算道路的计划费用或各项结构设计等有重要作用,但不宜直接用于道路几何设计。采用高峰小时交通量作为确定车道数和车道宽度或评价服务水平的依据则太浪费。设计小时交通量是以小时为计算时段的交通量,是确定车道数和车道宽度或评价服务水平的依据。故本题选 D。

例14 道路设计时,决定道路几何形状(如道路的曲线半径、超高)的基本依据是( )。

(A)设计荷载 (B)设计车辆

(C)设计速度 (D)设计交通量

分析

设计荷载用于结构设计。设计车辆是确定道路几何参数的主要依据,如车道宽度等。设计交通量对确定道路等级、计算道路的计划费用或各项结构设计等有重要作用,但不宜直接用于道路几何设计。设计速度是决定道路几何形状的基本依据。道路的曲线半径、超高、视距等直接与设计速度有关。同时设计速度也影响车道宽度、中间带宽度、路肩宽度等指标的确定。故本题选 C。

例15 在预计的道路、交通、控制和环境管制条件下,条件基本一致的一条车道或特定横断面上,在所选用的设计服务水平下,特定时段内所能通过的最大小时流率是( )。

(A)基准通行能力 (B)实际通行能力

(C)设计通行能力 (D)基本通行能力

分析

设计通行能力是在预计的道路、交通、控制和环境管制条件下,条件基本一致的一条车道或特定横断面上,在所选用的设计服务水平下,特定时段内所能通过的最大小时流率,通常以 pcu/(h·ln) 或 pcu/h 为单位。因此,设计通行能力与选取的服务水平级别有关。我国按照车流运行状态,把从小交通量的自由流至交通量达到可能状态的受限制流运行范围划分为六级服务水平(城市道路划分为四级服务水平),与每一级服务水平相应的交通量称为服务交通量。

故本题选 C。

例16 公路建设项目前期工作正确的程序是( )。

(A)项目建议书→预可行性研究→工程可行性研究

(B)预可行性研究→工程可行性研究→项目建议书

（C）工程可行性研究→预可行性研究→项目建议书

（D）预可行性研究→项目建议书→工程可行性研究

分析

根据《公路建设项目可行性研究报告编制办法》（交规划发〔2010〕178号）规定,公路建设项目预可行性研究作为项目建议书的依据,编制工程可行性研究报告,原则上以批准的项目建议书为依据。故本题选D。

例17　设计单位在编制设计文件时,编制概算的设计阶段是（　　）。

（A）工程可行性研究阶段　　　　　　（B）施工图设计阶段

（C）技术设计阶段　　　　　　　　　（D）初步设计阶段

分析

工程可行性研究阶段应编制估算,初步设计阶段应编制概算,技术设计阶段应编制修正概算,施工图设计阶段应编制预算。故本题选D。

例18　关于城市道路机动车设计车辆的说法,正确的有（　　）。

（A）城市道路机动车设计车辆包括小客车、大型车、铰接车

（B）所有设计车辆的长度都不同

（C）所有设计车辆的宽度都相同

（D）在设计过程中,设计车辆是确定车道宽度等道路几何参数的主要依据

分析

小客车宽度为1.8m,大型车宽度为2.5m,铰接车宽度为2.5m,故选项C错误。选项ABD均符合《城市道路工程设计规范》（CJJ 37—2012）（2016年版）的规定。故本题选ABD。

例19　某二级公路,无隧道,无大型地质灾害,桥梁最大跨径（多孔跨径总长）680m,其设计阶段中应包括（　　）。

（A）初步设计　　　　　　　　　　　（B）技术设计

（C）施工图设计　　　　　　　　　　（D）方案设计

分析

根据《公路工程基本建设项目设计文件编制办法》（交公路发〔2007〕358号）,公路工程基本建设项目一般采用两阶段设计,即初步设计和施工图设计。对于技术简单、方案明确的小型建设项目,可采用一阶段设计,即施工图设计;技术复杂、基础资料缺乏和不足的建设项目或建设项目中的特大桥、长隧道、大型地质灾害治理等,必要时采用三阶段设计,即初步设计、技术设计和施工图设计。根据本项目实际情况,应按二阶段进行设计。故本题选AC。

自 测 模 拟

(第 1~9 题为单选题,第 10、11 题为多选题)

1. 公路技术等级选用应是在论证确定(　　　　)的基础上,并结合项目所在地区的综合运输体系、远景发展规划及设计交通量论证确定的。
　　(A)公路功能　　　　　　　　　　(B)公路性质
　　(C)公路任务　　　　　　　　　　(D)地形条件

2. 城市道路分为快速路、主干路、次干路和支路四个等级,其等级划分的依据是 (　　　　)。
　　(A)按道路在道路网中的地位、交通功能以及对沿线的服务功能
　　(B)按道路设计交通量、交通功能以及对沿线的服务功能
　　(C)按道路在道路网中的地位、交通功能以及红线宽度
　　(D)按道路的任务和交通量以及道路在道路网中的地位

3. 城市道路主干路在道路交通量达到饱和状态时的道路设计年限为(　　　　)。
　　(A)10 年　　　　　　　　　　　　(B)15 年
　　(C)20 年　　　　　　　　　　　　(D)30 年

4. 设计交通量预测的起算年为(　　　　)。
　　(A)该项目可行性研究报告中的计划通车年
　　(B)该项目可行性研究报告中设计完成年
　　(C)该项目开始实施当年
　　(D)该项目计划竣工年

5. 西南地区某山区高速公路设计,应采用服务水平等级应为(　　　　)。
　　(A)一级　　　　　　　　　　　　(B)二级
　　(C)三级　　　　　　　　　　　　(D)高速级

6. 关于道路建筑限界的说法,错误的选项是(　　　　)。
　　(A)道路建筑限界又称净空,由净高和净宽两部分组成
　　(B)二级公路的路肩宽度在净空范围之外
　　(C)一条公路应采用同一净高
　　(D)高速公路、一级公路、二级公路的净高应为 5.00m

7. 关于公路通行能力和服务水平的说法,不符合标准规范规定的是(　　　　)。

（A）主干路的路段和平面交叉口,应进行通行能力和服务水平分析

（B）新建道路应按三级服务水平进行设计

（C）快速路应根据交通流行驶特征分为基本路段、分合流区和交织区,应分别采用相应的通行能力和服务水平

（D）路段自行车服务水平宜采用三级服务水平进行设计

8. 设计单位在编制设计文件时,编制预算的设计阶段是( )。

（A）工可研阶段　　　　　　　　　（B）施工图设计阶段

（C）技术设计阶段　　　　　　　　（D）初步设计阶段

9. 某公路分车型交通量观测数据见下表,该公路交通量折算为小客车,合计是( )。

观 测 数 据

第9题表

车 型		分车型交通量（pcu/d）
客车	座位≤19座	300
	座位>19座	150
货车	载质量≤2t	250
	2t<载质量≤7t	220
	7t<载质量≤20t的货车	100
	载质量>20t的货车	20
拖拉机	载质量<2t	20

（A）1060pcu/d　　　　　　　　　（B）1435pcu/d

（C）1515pcu/d　　　　　　　　　（D）1800pcu/d

10. 某高速公路 $8 \times 40m$ 的大桥,跨越地震动峰值加速度大于或等于 $0.20g$ 地区的发震断裂带,其抗震设计应包括( )。

（A）按 E1 地震作用进行弹性抗震设计计算

（B）按 E2 地震作用进行延性抗震设计计算

（C）按 E3 地震作用进行抗震设计验算

（D）震后保通预案和修复预案

11. 编制公路建设项目预可行性研究报告的依据包括( )。

（A）项目建议书　　　　　　　　　（B）项目所在地区域经济社会发展规划

（C）交通发展规划　　　　　　　　（D）其他相关规划

参考答案

1. A 　　 2. A 　　 3. C 　　 4. A 　　 5. C 　　 6. B 　　 7. A 　　 8. B

9. C 　　 10. ABD 　　 11. BCD

第二节　总　体　设　计

依据规范

《公路路线设计规范》(JTG D20—2017)
　　4.1　一般规定
　　4.2　公路功能与技术标准
　　4.3　建设规模与建设方案
　　4.4　环境保护与资源节约
《城市道路路线设计规范》(CJJ 193—2012)
　　4.1　总体设计一般规定
　　4.2　总体设计要点

重 点 知 识

　　道路工程具有覆盖面广、系统性强、协调量大、影响因素多等特点。在进行总体设计时,除了要制定设计原则;明确道路性质、功能定位、服务对象;确定道路的主要技术标准、建设规模、工程范围等内容外,还应使道路工程整体协调、与周边场地相适应、与相邻工程互相衔接,设计方案安全可靠、经济合理。道路工程总体设计一般由道路专业负责,其他专业配合完成。进行总体设计需道路专业会同其他专业收集与项目相关的基础资料,在设计过程中做好项目外部的衔接及项目内部各专业之间的协调工作。

一、掌握总体设计的内容和目的

1. 总体设计的概念

　　总体设计是在综合考虑建设规模、设计标准的前提下,运用先进的科学技术理论和方法,对全线总体布局以及各专业设计的配套协调方面做出的综合设计。

　　各级公路应做好总体设计,正确处理公路与相关路网、交通节点的关系。合理设置各类出入口、交叉和构造物。各类构造物的造型与布置应合理、适用、经济。

　　城市道路快速路、主干路、大桥和特大桥、隧道、交通枢纽应进行总体设计,其他道路可根据相关因素、重要程度进行总体设计。快速路(如采用高架、隧道、路堑、地面等道路形式)、主干路(如采用主辅路断面布置、快捷路交通管理等形式)、大桥及特大桥、隧道、交通枢纽等项目,系统性强、设计面广、协调量大、工程较复杂,项目与各专业及旁邻工程的关联性较强,该类工程应进行总体设计,做好总体布置方案,并要在设计文件中,以一定形式表达出来。其他道路若涉及与轨道交通、地下空间、大型地下管线、城市景观等的协调,以及需要分段、分期设计的道路,可按相关因素进行总体设计。

2. 公路总体设计的主要内容

1) 可行性研究阶段总体设计应完成的主要工作内容

(1) 根据总体设计应考虑的主要因素,结合项目建设条件和特点,提出总体设计指导思想,有针对性地制定项目总体设计原则。

(2) 根据预测交通量和建设条件综合确定项目的技术标准、道路等级及建设规模。

(3) 根据项目区域的地形、地质、水文、气象等自然条件,确定路线走向和走廊带方案,拟定重大工程方案。

(4) 根据公路在区域路网中的作用,确定路线起终点、主要控制点及与其他相交公路的连接关系。

(5) 提出设计阶段应进一步深化研究的总体设计问题。

2) 设计阶段总体设计应完成的主要工作内容

(1) 在充分研究可行性研究报告批复意见的基础上,根据总体设计的主要影响因素,结合项目建设条件和特点,有针对性地制定总体设计原则;分析项目的重点、难点,提出相应的可行性对策。

(2) 路线起、终点及与其他公路(含规划公路)的衔接方式应符合路网规划的要求,起、终点位置及建设方案应考虑为后续项目接线和具体工程实施预留足够的长度,至少应延伸至路线两个平曲线以上,并达到初步设计的工作深度。

(3) 应根据公路功能、设计交通量、沿线地形、地质条件等论证确定公路等级、设计速度和设计路段;不同设计路段的衔接位置应适应衔接路段的过渡及前后一定长度范围内的线形设计;不同设计路段的衔接点宜选择在平面交叉或互通式立体交叉的交通量变化处,也可选择在平纵线形良好、视野开阔的路段;高速公路、一级公路应分别对左、右路幅进行线形设计,通过渐变中央分隔带宽度完成过渡。

(4) 总体设计应对路线方案进行综合比选。不同地形条件路线方案比选要点如下:

① 平原微丘区路线方案比选应考虑项目与区域路网的关系,路线控制点应以交通源及交通枢纽为基础,路线宜尽可能近捷,同时应考虑占地、拆迁、噪声及景观等因素。

② 山岭重丘区路线方案比选应考虑路线与地形、地质、水文、生态、水资源等自然条件的关系,路线控制点的选择应以安全和环境保护为原则,对整体式与分离式路基、高路堤与高架桥、深路堑与隧道等典型工程方案,根据其特点、适用性和内在联系,及其对路线方案和平纵面布置、路基土石方数量、环境保护、道路景观、工程可靠度、工程造价等的影响,从定性、定量两个方面综合比选。

(5) 公路路线平、纵、横面设计的合理性应采用运行速度进行检验;公路安全设施应根据运行速度的检验结果有针对性地设置;工程设计方案应根据建设条件合理确定,应采取必要的工程措施,确保工程设计的可靠度。

(6) 一般路段和特殊路段的横断面应根据交通量和交通组成合理确定,其要点如下:

① 高速公路、一级公路应根据设计交通量论证确定车道数;具有集散功能的一级公路、二级公路应根据混合交通量及其交通组成论证设置慢车道的条件,并确定设置方式、横断面形式和宽度。

② 高速公路、一级公路一般情况下应按照减小工程量、节省占地并方便交通运营管理等原

则采用整体式路基,位于丘陵、山区时,应结合地形、地质、生态等自然条件和桥梁、隧道方案的布设,并考虑降低工程造价、保护自然环境等因素,论证采用分离式路基的可行性。

③对于设置爬坡车道、避险车道等特殊路段,应从路线平纵面布设、交通量及交通组成、通行能力及工程设置合理性等方面综合论证其设置位置和横断面宽度及组成参数。

(7)大型桥梁、隧道、交叉、管理养护等设施的位置、间距及其设计方案应根据其功能合理确定,其要点如下:

①大型设施的间距应满足相关要求,各个设施之间的过渡应顺畅,必要时应采取切实可行的措施,确保交通安全。

②大型设施的设计方案应考虑与其他设施之间的相互联系,做到全面协调、总体可行。

③大型桥梁、隧道工程应做好两端接线设计;平面交叉、互通式立交设施应做好连接线设计;管理养护及服务设施的设置位置及规模应与区域路网中的服务设施相匹配。

④交叉工程应根据沿线居民的生产、生活方式现状及其发展趋势,论证确定实施和预留方案,并正确处理沿线交叉工程与其他运输方式的关系。

⑤路线布设及平面交叉、互通式立体交叉的设置应有利于与其他运输方式形成综合运输网络;与铁路、水路、管道等运输方式的交叉工程应满足相关设施正常运营和发展规划的要求。

(8)平原区公路应尽量降低路基高度,采用低路堤设计方案,减小取土数量,节省公路占地,合理确定工程取土、弃土方案;山岭区公路不宜采用高填深挖路基,应结合路线布设合理确定工程设施、取土及弃土场和植被恢复设计方案,防止发生水土流失等次生灾害。

(9)路线平纵面设计及工程方案的确定应以节省占地为原则,基本农田区的路段应采取必要的工程措施节约耕地;山岭、丘陵区的路段宜根据弃土情况提出造地还田方案。

(10)路线平纵面设计应充分考虑沿线环境及景观因素,合理确定路基、防护、排水、取土、弃土等设计方案,防止水土流失,保护自然环境。

(11)收费公路应充分论证收费制式,合理确定收费方式、主线收费站位置及其与被交公路的交叉方式等;高速公路的收费方案应考虑与区域路网收费体系的配合。

(12)分期修建的公路工程,必须按远期规划的技术标准做出总体设计,制订分期修建方案,做出相应设计。

3. 城市道路总体设计的主要内容

(1)制定设计原则。

(2)明确道路性质、功能定位、服务对象。

(3)确定技术标准、建设规模、主要技术指标。

(4)确定工程范围、总体方案和道路用地,并协调与相邻工程的衔接。

(5)提出交通组织设计方案。

(6)落实节能环保、风险控制措施。

4. 总体设计的目的

公路总体设计应协调公路工程项目外部与内部各专业间的关系,确定本项目及其各分项的技术标准、建设规模、主要技术指标和设计方案,使之成为完整的系统工程,符合安全、环保、可持续发展的总体目标,保障用者的安全,提高公路交通的服务质量。

城市道路设计的各个阶段均应贯穿有总体设计,系统、全面地协调道路工程项目外部与内部各专业间的关系,确定本项目及其各分项的技术标准、建设规模、主要技术指标和设计方案,并应符合安全、环保、可持续发展的总体目标。

二、熟悉总体设计应考虑的因素与设计要点

1. 总体设计应考虑的因素

(1)根据路线在路网中的位置、功能,综合考虑路线走廊带范围的远期社会、经济发展,城市、工矿企业的现状与规划,铁路、水路、航空、管道的布局,自然资源状况等,确定本项目起讫点、主要控制点以及与之相互平行、交叉等项目的衔接关系。

(2)科学确定技术标准,合理运用技术指标,注意地区特性与差异,精心做好路线设计,必要时宜进行安全性评价,以保障行车安全。因条件受限制而采用上限(或下限)技术指标值或对线形组合设计有难度的路段,应采用运行速度进行检验,并采取相应技术对策。

(3)应在查明路线走廊带的自然环境、地形、地质等条件的基础上,认真研究路线方案或工程建设同生态环境、资源利用的关系,采取工程防护与生态防护相结合等技术措施,减少对生态环境的影响程度,加强恢复力度,最大限度地保护环境。

(4)做好同综合运输体系、农田与水利建设、城市规划等的协调与配合,充分利用线位资源,合理确定建设规模,切实保护耕地,使走廊带的自然资源得以充分利用,公路建设得以可持续发展。

(5)总体协调公路工程各专业间、相邻行业间和社会公众间的关系,其设计界面、接口等应符合相关法规、标准、规范的要求或规定,并注意听取社会公众意见。

(6)路线方案比选应对设计、施工、养护、营运、管理的各阶段,根据安全、环保、可持续发展理念,运用全寿命周期成本分析方法进行论证,采用综合效益最佳、服务质量最好的设计方案。

2. 公路总体设计的要点

(1)路线起、终点应符合路网规划要求。确定起讫点位置时,应为后续项目预留一定长度的接线方案,或拟定具体实施设计方案。

(2)根据公路功能、设计交通量、沿线地形与自然条件等,论证并确定公路等级、设计速度和设计路段。恰当选择不同设计路段的衔接地点,处理好衔接处的过渡及其前后一定长度范围内的线形设计。

(3)高速公路、一级公路应根据设计交通量论证并确定车道数;具集散功能的一级公路、二级公路应根据混合交通量及其交通组成论证设置慢车道的条件,并确定其设置方式、横断面形式与宽度。

(4)高速公路、一级公路一般情况下宜采用整体式路基;位于丘陵、山区时,应结合地形、地质条件以及桥梁、隧道的布设等论证采用分离式路基的可行性。

(5)路线设计应合理确定路堤高度,减小对沿线生态环境的影响,并做好防护、排水、取土、弃土等设计,防止水土流失,保护环境,使公路工程建设融入自然。当出现高填、深挖时,应同架桥、建隧方案进行比选论证。

(6)由面到带(走廊带)、由带到线(沿路线)查明工程地质、水文情况,重大自然灾害、地

质病害的分布、范围、状态及其对工程的影响程度,论证并确定绕越、避让或整治病害的方案与对策。

(7)确定同作为控制点的城市、工矿企业、特大桥、特长隧道等的连接位置、连接方式。

(8)收费公路应在论证收费制式的基础上,确定收费方式、主线收费站位置及其同被交公路的交叉形式等。

(9)综合拟定互通式立体交叉、服务区、停车区、公共汽车停靠站等重要设施的位置、规模和间距,以符合功能、安全、服务所需的最小(或最大)距离。

(10)确定交通工程及沿线设施的建设规模与技术标准。

(11)拟分期修建的工程,必须在按远期规划的技术标准做出总体设计的基础上,制订分期修建方案,并做出相应的设计。

3. 城市道路总体设计要点

(1)路线走向应符合城市路网总体规划。确定工程起终点位置时,应有利于相邻工程及后续项目的衔接,或拟定具体实施设计方案。

(2)设计速度应根据道路等级、功能定位和交通特性,并结合沿线地形、地质与自然条件等因素,经论证确定。当不同设计速度衔接时,路段前后的线形技术指标应协调与配合。

(3)快速路、主干路应根据预测交通量进行通行能力和服务水平评价,并结合定性分析,确定机动车车道数规模。非机动车车道数、人行道宽度也可根据预测交通量和使用要求,按通行能力论证确定。

(4)横断面布置应根据道路等级、红线宽度、交通组织和建设条件等,划分机动车道、非机动车道、人行道、分车带、设施带、绿化带等宽度,并应满足地下管线综合布置要求;特殊断面还应包括停车带、港湾式公交停靠站、路肩和排水沟的宽度。

(5)高架路或隧道的设置应根据道路等级、相交道路或铁路的间距、交通组织以及道路用地、地形地质、沿线环境等实施条件,经多方案比选和技术经济论证,确定总体设计方案以及布设长度、横断面布置、匝道和出入口布置、结构形式、衔接段设计等。

(6)交叉口节点设置应根据相交道路等级、使用要求、交通流量流向、车流运行特征、控制条件以及社会经济效益、环境等因素,合理确定交叉口的位置、间距、分类、选型、交通组织和交叉口用地范围等;并应在交叉口范围内提出行人、非机动车系统和公交站点的布置方案。

(7)跨江、跨河桥梁应结合航道或水利部门提出的通航、排洪等控制要求,进行总体布置以及环境景观、附属设施的配套设计。

(8)人行过街设施应根据道路等级、横断面形式、车流量、行人过街流量和流线确定,可分别采用人行横道、人行天桥或人行地道的形式,并应提出设置行人过街设施的规模及配套要求。

(9)公共交通设施应结合公交线网规划设计,提出公交专用道、公交站点的布置形式。

(10)道路设计应分别对路段、交叉口、出入口提出机动车、非机动车、行人以及客车、公交车、货车的交通组织设计方案。

(11)交通安全和管理设施应按主体工程的技术标准、建设规模及项目交通特性,确定其相应的技术标准、设施等级、设置内容和设计方案,并应协调各设施间的衔接与配合。

(12)分期修建的道路工程,应按远期规划的技术标准进行总体设计,并应制订分期修建的设计方案,应近远期工程相结合。

三、熟悉速度分段、建设规模、建设方案、横断面布置等总体方面的规定

1.速度分段

各级公路可根据项目沿线地形、地质与自然条件变化,分段选用设计速度,并应符合下列规定:

(1)同一设计速度的路段长度不宜过短,同一公路中不同设计速度的变化不应频繁。

(2)不同技术等级、不同设计速度路段相互衔接的位置或地点,应选择在大型构造物、互通式立体交叉、平面交叉、沿线主要村镇节点的前后,或路侧环境条件明显变化处。

2.建设规模与建设方案

(1)应根据公路路网和公路功能,综合考虑路线走廊带范围的铁路、水路、航空、管道等综合交通运输体系的布局与规划,城市、工矿企业的现状与发展规划,自然资源开发利用状况等,研究路线起终点、主要控制点、路线长度、交叉数量、管理与服务设施配置等,确定建设规模。

(2)应根据项目的总体建设规模、控制性工程施工条件、交通量发展需求和项目资金筹措情况等相关因素,论证确定项目的建设方式。采用分期修建方式时,应符合下列要求:

①必须在综合分析论证的基础上做出总体设计和分期实施计划,分修建的项目应使前期工程在后期仍能充分利用,并为后期工程的修建留有余地和创造有利条件。

②在论证采用分期建设方式时,除考虑交通量发展需求和项目资金条件外,还应充分考虑整个施工期内项目建设对周边环境、沿线群众出行、交通组织、安全等的影响。

③高速公路根据路网规划、交通量等因素,可采用纵向分段或按工程项目分段或按工程项目分期修建的方式。高速公路整体式路基路段,不得采用分期分幅的建设方式。高速公路和一级公路分离式路基路段经论证可采用分期分幅的建设方式,先期建成的一幅按双向交通通行时,应按二级公路通车条件进行管理,且限制速度不应超过80km/h。

3.横断面布置

(1)高速公路和一级公路应根据沿线地形、地质等条件,选用整体式路基断面形式或分离式路基断面形式。必要时,应对采用整体式与分离式路基、高低路堤、半桥半隧等路线方案进行比选论证。

(2)在戈壁、沙漠和草原等地区,高速公路和一级公路宜选择宽中央分隔带、低路基、缓边坡、宽浅边沟等形式。

(3)二级、三级、四级公路应选择整体式路基断面形式。

(4)一级、二级公路应根据功能、混合交通量及其交通组成论证设置慢车道的条件,并确定其设置方式、横断面形式与宽度。

(5)公路不同断面形式及宽度变化应设置必要的过渡段,其位置宜选择在城镇、交叉等节点。

(6)公路路基横断面布置应满足交通工程和安全设施等设置的需求。

四、熟悉项目与沿线路网、建设条件、路线方案论证、改扩建项目等在总体方面的要求

1. 沿线路网

（1）公路与邻近铁路、管线的相互布置关系，应在调查掌握铁路及各类管线设施的走向、位置的基础上合理确定，并应符合下列要求：

①应合理减少公路与铁路、管线等的交叉次数。必须交叉时，应论证确定交叉位置和方式，采用较大的交叉角度，同时确保铁路、管线及其附属设施不得侵入公路建筑限界，不得影响公路视距。

②当公路与铁路和管线设施平行相邻时，应保持必要的距离，且保证铁路、管线及其附属设施不得进入公路两侧建筑控制区范围。

（2）公路项目与沿线相关公路的交叉方式，应根据公路功能、等级及交通组织方式综合确定，并应符合下列要求：

①承担干线功能的公路，应充分结合既有路网条件，通过合并、分流、设置辅道等措施，减少各类交叉数量，加大交叉间距，提高公路通行的效率和安全性。

②高速公路与其他等级公路交叉时，必须采用立体交叉方式。应根据交通流转换需求论证采用互通式立体交叉或分离式立体交叉。

③一级公路与其他一级及一级以下公路交叉时，应根据其所承担的主要功能确定交叉方式。承担干线功能时，与交通量大的公路相交宜采用立体交叉方式；承担集散功能时，应控制平面交叉间距，减少平面交叉的数量。

④二级、三级、四级公路与其他二级及二级以下公路交叉时，可采用平面交叉方式。

⑤一级及一级以下公路穿越或靠近城镇路段，应根据沿线实际情况考虑设置必要的隔离设施。

2. 建设条件

城市道路的路线走向与路线设计首先应符合城市规划，包括沿线土地利用规划；在地形条件起伏、工程地质复杂的地区，应对自然条件和建设条件进行调查，对可行的路线走向进行必要的比选，合理确定路线线位和主要平纵线形技术指标。

建设规模应根据预测交通量和建设条件综合确定，满足交通发展需求。在确定工程技术指标时，应注意地区特性与差异，精心做好路线设计；在总体设计中，选用设计速度和主要技术标准、横断面布置、行人过街设施布置、立体交叉布置等均应考虑建设条件。

3. 路线方案论证

路线方案应由面到带、由带到线考虑各类影响因素，通过综合论证确定，并应符合下列要求：

（1）应查明沿线地质、水文情况，重大自然灾害、地质病害的分布、范围、状态及其对工程的影响程度。对路线方案选择有重大影响的地质灾害，应进行综合评估，并对绕避、穿越及处治方案进行比选论证。

（2）应研究特大桥、特长隧道等布置方案对路线走廊带及线位布局的影响，并进行方案比

选论证。一般桥梁和隧道,其布设宜服从路线总体走向和几何线形设计等要求。

(3)对于公路路基高填深挖的路段,应进行高填路基与桥梁、深挖路堑与隧道方案的综合比选论证。

4.改扩建项目

改扩建公路应遵循利用与改造相结合的原则,应在原有公路交通安全性评价,以及原有路基、桥梁、隧道检测与评价的基础上,综合论证对既有路线和构造物等的利用原则和利用方案,合理、充分地利用原有工程,并应符合下列要求:

(1)对于改扩建期间维持交通的项目,应基于相关路网条件,分析提出项目建设期间交通流组织与疏导方案,最大限度减少项目施工对既有交通出行的影响,保证交通安全。高速公路改扩建项目维持通车路段,服务水平可降低一级,设计速度不宜低于60km/h。

(2)沙漠、戈壁、草原等小交通量地区的高速公路分离式断面路段利用现有二级公路改建为一幅时,其设计洪水频率可维持原标准不变,并应根据需要设置区域交通出行的辅道。

(3)公路改扩建项目应充分利用公路废旧材料,节约工程建设资源。

五、熟悉项目在环境保护与资源节约、设计检验与安全评价方面的相关要求

1.环境保护与资源节约

(1)应坚持保护优先、以防为主、以治为辅、综合治理的原则,严格执行工程建设项目环境影响评价、水土保持方案编制和环境保护"三同时"制度,在总体设计中落实环境保护相关措施和意见,结合项目实际协调好公路建设与环境的关系,减少对环境的不利影响。

(2)应加强路线走廊带、路线方案的综合比选,将土地压占、矿产压覆等资源占用和高边坡开挖、压占河道等环境影响作为方案选择的重要指标,优先选择资源占用少、环境影响小的方案。

(3)应合理设置取土场,路侧取土不宜距离路基过近,取土场避免直接开挖路侧山坡坡体。当路基、隧道弃方或弃渣量大时,应结合项目施工组织设计最大限度利用弃方和弃渣;难以利用时,应合理设置弃土、弃渣场地,做好专项设计,保证其稳定,防止水土流失。

(4)应加强对路域施工范围及取、弃土场地的表土收集与利用,做好对取土及弃土场、施工便道等临时用地的植被保护与恢复。

(5)应加强服务区、停车区等公路附属设施生产、生活污水处理能力,采用先进工艺,保证污水达标回用或集中收集存放,达到水资源循环利用;在公路运营、管理与服务设施设计中,应合理利用风能、太阳能、地热能等可再生能源。

(6)应加强对钢材、复合材料等的循环利用;推进粉煤灰、建筑废料等在公路路基填筑及混凝土浇筑中的综合利用;倡导对沥青、水泥混凝土路面及结构物拆除构件等的再生利用。

2.设计检验与安全评价

(1)公路设计应运用运行速度方法,对路线设计、几何指标和线形组合设计进行分析检验,检验运行速度的协调性和一致性。

(2)高速公路、一级公路和二级干线公路应在设计时进行交通安全性评价,其他公路在有条件时也可进行交通安全性评价。应根据交通安全性评价结论,对线形设计、几何指标取用等

进行调整优化,对交通安全设施及管理措施进行检查完善,并应符合下列要求:

①对连续长陡纵坡路段的上坡方向,应重点依据交通量、车型组成和运行速度变化,分析评价其上坡路段的通行能力和服务水平,提出交通组织与管理措施方案,必要时论证增设爬坡车道。

②对连续长陡纵坡路段的下坡方向,应重点依据交通量、车型组成和主要货车车型的综合性能条件,分析评价车辆连续下坡的交通安全性,并应完善和加强路段交通工程和路侧安全设施,提出路段交通组织管理、速度控制措施方案,必要时论证增设避险车道。

③对路侧临水、临崖、高填方等路段,应结合项目功能、设计速度和交通量等因素,根据安全设施设置方案分析路侧安全风险,完善路侧安全防护设计,必要时应提出交通安全管理措施或提高路侧安全防护等级。

六、了解城市道路工程与国土空间规划、城市总体规划、控制性详细规划、城市道路交通规划、排水专项规划、城市工程管线综合规划等方面的相互关系

1. 国土空间规划

国土空间规划是对一定区域国土空间开发保护在空间和时间上做出的安排,包括总体规划、详细规划和相关专项规划。国土空间规划是将主体功能区规划、土地利用规划、城乡规划、海洋功能区划等空间规划融合统一后形成的全新空间规划,在国家规划体系中居于基础地位。国土空间规划是国家空间发展的指南、可持续发展的空间蓝图,是各类开发保护建设活动的基本依据。

国土空间规划可分为全国国土空间规划、省级国土空间规划、市级国土空间规划、县级国土空间规划、乡镇国土空间规划五级,以及总体规划、详细规划和相关专项规划三类,也就是"五级三类"国土空间规划编制体系。其中,总体规划是对乡镇及以上一定行政区域范围内国土空间保护、开发、利用、修复做出的总体部署与统筹安排。详细规划是对具体地块用途和开发建设强度等做出的实施性安排,包括城镇开发边界内的控制性详细规划和城镇开发边界外的村庄规划。相关专项规划是指在特定区域(流域)、特定领域,为体现特定功能,对空间开发保护利用做出的专门安排。

2. 城市总体规划

城市规划是指城市人民政府依据国民经济和社会发展规划以及当地的自然环境、资源条件、历史情况、现状特点,统筹兼顾、综合部署,为确定城市的规模和发展方向,实现城市的经济和社会发展目标,合理利用城市土地,协调城市空间布局等所做的一定期限内的综合部署和具体安排。城市规划是对城市空间资源的合理配置,而道路红线正是保证合理配置的最有效手段。根据《中华人民共和国城乡规划法》以及《城市规划编制办法》,城市规划分为总体规划和详细规划两个阶段。详细规划又分为控制性详细规划和修建性详细规划。

城市总体规划是城市在一定时期内发展的计划和各项建设(或各项物质要素)的总体部署,是城市规划编制工作的第一阶段,也是城市建设和管理的依据。城市总体规划确定了道路网络,其他用地规划也基本确定了道路红线。总体规划纲要应当包括下列内容:

（1）市域城镇体系规划纲要，包括：提出市域城乡统筹发展战略；确定生态环境、土地和水资源、能源、自然和历史文化遗产保护等方面的综合目标和保护要求，提出空间管制原则；预测市域总人口及城镇化水平，确定各城镇人口规模、职能分工、空间布局方案和建设标准；确定市域交通发展策略。

（2）提出城市规划区范围。

（3）分析城市职能，提出城市性质和发展目标。

（4）提出禁建区、限建区、适建区范围。

（5）预测城市人口规模。

（6）研究中心城区空间增长边界，提出建设用地规模和建设用地范围。

（7）提出交通发展战略及主要对外交通设施布局原则。

（8）提出重大基础设施和公共服务设施的发展目标。

（9）提出建立综合防灾体系的原则和建设方针。

控制性详细规划的编制工作，应依据已经依法批准的城市总体规划，考虑相关专项规划的要求，确定建设地区的土地使用性质和使用强度的控制指标、道路和工程管线控制性位置以及空间环境控制的规划要求。对具体地块的土地利用和建设提出控制指标，作为建设主管部门(城乡规划主管部门)做出建设项目规划许可的依据。控制性详细规划应当包括下列内容：

（1）确定规划范围内不同性质用地的界线，确定各类用地内适建、不适建或者有条件地允许建设的建筑类型。

（2）确定各地块建筑高度、建筑密度、容积率、绿地率等控制指标，确定公共设施配套要求、交通出入口方位、停车泊位、建筑后退红线距离等要求。

（3）提出各地块的建筑体量、体型、色彩等城市设计指导原则。

（4）根据交通需求分析，确定地块出入口位置、停车泊位、公共交通场站用地范围和站点位置、步行交通以及其他交通设施。规定各级道路的红线、断面、交叉口形式及渠化措施、控制点坐标和高程。

（5）根据规划建设容量，确定市政工程管线位置、管径和工程设施的用地界线，进行管线综合。确定地下空间开发利用的具体要求。

（6）制定相应的土地使用与建筑管理规定。

修建性详细规划的编制工作，依据已经依法批准的控制性详细规划，对所在地块的建设提出具体的安排和设计。修建性详细规划的编制内容包括：

（1）建设条件分析及综合技术经济论证。

（2）建筑、道路和绿地等的空间布局和景观规划设计，布置总平面图。

（3）对住宅、医院、学校和托幼等建筑进行日照分析。

（4）根据交通影响分析，提出交通组织方案和设计。

（5）市政工程管线规划设计和管线综合。

（6）竖向规划设计。

（7）估算工程量、拆迁量和总造价，分析投资效益，用以具体指导各项建筑和工程设施的设计和施工。

城市总体规划和城市综合交通规划是城市发展的战略体现，而控制性详细规划和道路工程专项规划正是规划管理的控制点,所有规划管理控制基本上以这一阶段规划为依据。控制性详细规划中的道路交通规划一般只确定红线、横断面、坐标、高程等,深度还不足以合理指导施工图的设计。

3. 城市道路交通规划

城市道路交通规划必须以城市总体规划为基础,满足土地使用对交通运输的需求,发挥城市道路交通对土地开发强度的促进和制约作用。城市道路交通规划应包括城市道路交通发展战略规划和城市道路交通综合网络规划两个组成部分。

城市道路交通发展战略应包括下列内容:

(1)确定交通发展目标和水平。

(2)确定城市交通方式和交通结构。

(3)确定城市道路交通综合网络布局、城市对外交通和市内的客货运设施的选址和用地规模。

(4)提出实施城市道路交通规划过程中的重要技术经济对策。

(5)提出有关交通发展政策和交通需求管理政策的建议。

城市道路交通综合网络规划应包括下列内容:

(1)确定城市公共交通系统、各种交通的衔接方式、大型公共换乘枢纽和公共交通场站设施的分布和用地范围。

(2)确定各级城市道路红线宽度、横断面形式、主要交叉口的形式和用地范围,以及广场、公共停车场、桥梁、渡口的位置和用地范围。

(3)平衡各种交通方式的运输能力与运量。

(4)对网络规划方案作技术经济评估。

(5)提出分期建设与交通建设项目排序的建议。

城市道路交通综合网络规划已成为与城市总体规划同步编制、互动反馈的专项规划之一。

4. 排水专项规划

城市排水工程规划的主要内容应包括:确定规划目标与原则,划定城市排水规划范围,确定排水体制、排水分区和排水系统布局,预测城市排水量,确定排水设施的规模与用地、雨水滞蓄空间用地、初期雨水与污水处理程度、污水再生利用和污水处理厂污泥的处理处置要求。

城市排水工程规划应与城市道路、竖向、防洪、河湖水系、给水、绿地系统、环境保护、管线综合、综合管廊、地下空间等规划相协调。

5. 城市工程管线综合规划

城市工程管线综合规划是综合协调各类工程管线,安排工程管线各自的合理空间,解决管线之间矛盾的有效途径,为管线的设计、施工和管理提供良好的条件,是城市基础设施的有效保证。城市工程管线综合规划应能够指导各工程管线的工程设计,并应满足工程管线的施工、运行和维护的要求。

城市工程管线综合规划的主要内容应包括:

(1)协调各工程管线布局,确定工程管线的敷设方式。

(2)确定工程管线敷设的排列顺序和位置,确定相邻工程管线的水平间距、交叉工程管线的垂直间距。

(3)确定地下敷设的工程管线控制高程和覆土深度等。

工程管线综合规划应符合下列规定:

(1)工程管线应按城市规划道路网布置。

(2)各工程管线应结合用地规划优化布局。

(3)工程管线综合规划应充分利用现状管线及线位。

(4)工程管线应避开地震断裂带、沉陷区以及滑坡危险地带等不良地质条件区。区域工程管线应避开城市建成区,且应与城市空间布局和交通廊道相协调,在城市用地规划中控制管线廊道。

管线综合规划是在总体规划的基础上编制的,如果已编制有控制性详细规划,应与详细规划衔接与协调。

城市道路路线设计应根据城市总体规划、城市综合交通规划、市政专项规划,合理确定道路等级、平纵线形、横断面布置、交叉口形式等。城市道路是为城市发展服务的,它的功能是综合性的,不仅提供交通服务功能,而且提供各类市政公用管线布置空间。城市的发展目标是明确的,为实现发展目标,城市一般都有总体规划、综合交通规划,以及道路、排水、防洪等市政专项规划,设计应在规划基础上,综合考虑与道路有关的城市轨道交通、铁路、航道、河道、航空、管线、交通设施、无障碍设施以及环境保护、绿化景观等技术规定,合理确定道路路线设计方案。

城市道路工程建设应符合国土空间规划,应以城市总体规划为指导,以控制性详细规划、城市交通规划为依据,并应与环境保护规划和防灾规划等专项规划相协调。

七、熟悉城市道路工程在敷设形式、交叉口设置、出入口设置以及公共交通设施、人行与非机动车设施、交通设施、安全和运营管理设施、施工方法等方面的总体要求

道路设施应满足行人、非机动车和机动车的通行要求,同时应设置完善的排水、照明和交通设施,并应满足管线布设、绿化、景观的总体布置要求。高架路或隧道的设置应根据道路等级、相交道路或铁路的间距、交通组织以及道路用地、地形地质、沿线环境等实施条件,经多方案比选和技术经济论证,确定总体设计方案以及布设长度、横断面布置、匝道和出入口布置、结构形式、衔接段设计等。

道路与道路交叉形式应根据道路网规划、相交道路等级、交通流量和流向及有关技术、经济和环境效益的分析合理确定。道路交叉口设计应安全、有序、畅通,兼顾所有道路使用者的要求,处理好与其他交通方式的衔接,综合考虑交通组织、几何设计、交通管理方式和交通工程设施等要素,并应与周围环境相协调,合理确定用地规模。交叉口节点设置应根据相交道路等级、使用要求、交通流量流向、车流运行特征、控制条件以及社会经济效益、环境等因素,合理确定交叉口的位置、间距、分类、选型、交通组织和交叉口用地范围等,并应在交叉口范围内提出行人、非机动车系统和公交站点的布置方案。

道路设计中应根据城市公交发展战略和线网规划要求进行公共交通设施设计,应包括与道路相关的公共交通专用车道和车站的设计。公共交通设施应结合公交线网规划设计,提出

公交专用道、公交站点的布置形式。

道路应根据使用功能要求,设置相应的行人和非机动车交通设施。行人和非机动车交通系统应安全、连续,应保证行人及非机动车的有效通行宽度。人行道有效通行宽度不应小于1.5m。城市道路上的行人及非机动车交通系统与道路沿线的居住区、商业区、城市广场、交通枢纽等内部的相关设施合理衔接,构成完整的交通系统。人行过街设施应根据道路等级、横断面形式、车流量、行人过街流量和流线确定,可分别采用人行横道、人行天桥或人行地道的形式,并应提出设置行人过街设施的规模及配套要求。

城市道路交通安全和管理设施设计应根据道路总体设计和交通组织设计方案进行,设计范围除道路自身外,还应包含对道路有影响的周边范围。城市道路交通安全和管理设施应与道路土建工程同步设计和实施。交通安全和管理设施应按主体工程的技术标准、建设规模及项目交通特性,确定其相应的技术标准、设施等级、设置内容和设计方案,并应协调各设施间的衔接与配合。

道路施工应满足道路结构的强度、稳定性及耐久性要求。道路施工应进行必要的施工工艺性能检测、工程质量检验及专项验收,并应满足道路防排水要求。基坑、基槽及道路边坡、挡土墙施工应进行必要的监控量测,合理控制地下水,保障结构安全,同时应保护水环境。高填土路基与软土路基施工,应进行沉降观测,在沉降稳定后再进行道路基层施工。

考 点 分 析

本节主要有以下考点:

(1)总体设计主要内容　对于公路主要是掌握在可行性研究阶段、设计阶段总体设计的主要内容,每个阶段的重点不一样,对于城市道路主要是掌握制定设计原则,明确道路性质、功能定位、服务对象,确定技术标准、建设规模、主要技术指标,确定工程范围、总体方案和道路用地并协调与相邻工程的衔接,提出交通组织设计方案,落实节能环保、风险控制措施6个方面的内容。

(2)总体设计要点　对于公路主要掌握公路功能与技术标准、建设规模与建设方案、环境保护与资源节约、设计检验与安全评价;对于城市道路主要掌握通行能力和服务水平评价、确定机动车车道数规模以及非机动车车道数、人行道宽度,主要掌握横断面布置、交叉口节点设置以及人行过街设施的确定等要点。

(3)速度分段、建设规模、建设方案、横断面布置等总体方面的规定　需重点熟悉建设规模与建设方案、横断面布置等总体方面的规定。

(4)项目与沿线路网、建设条件、路线方案论证、改扩建项目等在总体方面的要求　需重点熟悉路线方案论证、改扩建项目等相关规定。

(5)项目在环境保护与资源节约、设计检验与安全评价方面的相关要求　需重点熟悉设计检验与安全评价方面的相关要求。

(6)城市道路工程与国土空间规划　需了解城市道路工程与哪些规划有关,并了解与其相互关系。

例 题 解 析

例1 [2019年多选题]公路路线总体设计的要点有( )。

(A)路线设计指标的优化

(B)路线起终点应符合路网规划要求

(C)合理确定公路等级、设计速度和设计路段

(D)合理确定交通工程及沿线设施的建设规模和标准

分析

根据《公路路线设计规范》(JTG D20—2017)第4.1.1条,总体设计应论证确定公路功能、技术标准、建设规模及建设方案。总体设计应合理确定路线平纵面、视距、超高、加宽等的主要控制指标,而不是路线具体设计指标的优化。故本题选BCD。

例2 对公路路线设计、几何指标和线形组合设计进行分析检验,分析检验用的速度应采用( )。

(A)设计速度   (B)运行速度

(C)最大速度   (D)平均速度

分析

根据《公路路线设计规范》(JTG D20—2017)第4.5.1条,公路设计应运用运行速度方法,对路线设计、几何指标和线形组合设计进行分析检验,检验运行速度的协调性和一致性。采用运行速度进行分析检验,考虑了绝大部分车辆的实际情况。故本题选B。

例3 总体设计中,关于公路路基横断面形式要求的说法,错误的是( )。

(A)在戈壁、沙漠和草原等地区,高速公路和一级公路宜选择宽中央分隔带、低路基、缓边坡、宽浅边沟等形式

(B)二级、三级、四级公路应选择整体式路基断面形式

(C)一级、二级公路应根据功能、混合交通量及其交通组成论证设置避险车道的条件,并确定其设置方式、横断面形式与宽度

(D)公路路基横断面布置应满足交通工程和安全设施等设置的需求

分析

一级、二级公路应根据功能、混合交通量及其交通组成论证设置慢车道的条件,并确定其设置方式、横断面形式与宽度。故本题选C。

例4 按照《城市道路路线设计规范》(CJJ 193—2012)要求,应进行总体设计的城市道路项目包括( )。

(A)主干路   (B)支路

(C)大桥   (D)隧道

分析

根据《城市道路路线设计规范》(CJJ 193—2012),城市道路快速路、主干路、大桥和特大桥、隧道、交通枢纽应进行总体设计,其他道路可根据相关因素、重要程度进行总体设计。应进行总体设计的城市道路项目不包括支路,选项 B 错误。故本题选 ACD。

例 5 某新建四车道高速公路长 420km,路基为整体式路基,其修建方式可采用(   )。

(A)按工程项目分段修建的方式 (B)纵向分段的建设方式
(C)按工程项目分期修建的方式 (D)分期分幅的建设方式

分析

根据《公路路线设计规范》(JTG D20—2017)第 4.3.2 条,高速公路根据路网规划、交通量等因素,可采用纵向分段或按工程项目分段或按工程项目分期修建的方式。高速公路整体式路基路段,不得采用分期分幅的建设方式,选项 D 错误。故本题选 ABC。

例 6 一级、二级公路应根据(   )论证设置慢车道的条件,并确定其设置方式、横断面形式与宽度。

(A)车道宽度 (B)功能
(C)混合交通量 (D)交通组成

分析

根据《公路路线设计规范》(JTG D20—2017)第 4.3.3 条,一级、二级公路应根据功能、混合交通量及其交通组成论证设置慢车道的条件,并确定其设置方式、横断面形式与宽度。车道宽度与是否设置慢车道无关,选项 A 错误。故本题选 BCD。

自 测 模 拟

(第 1、2 题为单选题,第 3~6 题为多选题)

1. 按照《城市道路路线设计规范》(CJJ 193—2012)要求,应进行总体设计的城市道路项目不包括(   )。

(A)交通枢纽 (B)次干路
(C)大桥 (D)特大桥

2. 对连续长陡纵坡路段的上坡方向,应重点依据交通量、车型组成和运行速度变化,分析评价其上坡路段的通行能力和服务水平,提出交通组织与管理措施方案,必要时论证增设(   )。

(A)减速带 (B)避险车道
(C)超车道 (D)爬坡车道

3. 总体设计应论证确定公路建设规模,总体设计还应论证的内容有(   )。

(A)公路功能 (B)技术标准
(C)高峰小时交通量 (D)建设方案

4.跨江、跨河桥梁应结合航道或水利部门提出的通航、排洪等控制要求,在总体设计时除进行总体布置外,还需要进行(   )。

  (A)环境景观的配套设计   (B)桥梁基础的配套设计

  (C)附属设施的配套设计   (D)施工方案的配套设计

5.城市道路总体设计的主要内容包括(   )。

  (A)论证收费制式

  (B)明确道路性质、功能定位、服务对象

  (C)确定技术标准、建设规模、主要技术指标

  (D)确定工程范围、总体方案和道路用地,并协调与相邻工程的衔接

6. 公共交通设施应结合公交线网规划设计,提出(   )的布置形式。

  (A)公交专用道   (B)公交站点

  (C)公交站牌   (D)公交专用信号灯

参考答案

1. B   2. D   3. ABD   4. AC   5. BCD   6. AB

第三节 选 线

依据规范

《公路路线设计规范》(JTG D20—2017)

  5 选线

《公路勘测规范》(JTG C10—2007)

  6 航空摄影测量

  7 数字地面模型

重 点 知 识

  公路选线,指在公路规划路线的起点、行经地点、终点之间,根据路线基本走向和技术标准,结合地形、地质条件和施工条件等因素,通过全面比较,选定一条技术上可行,经济上合理,而又能符合使用要求的公路中心线的工作。选线的方法有实地选线、纸上选线、智能化选线。智能化选线属于新技术,目前还处于一个初步发展阶段。

一、掌握不同设计阶段选线所必须遵循的原则

1. 公路选线总原则

（1）确定路线走廊带应考虑走廊带内各种运输体系及不同层次路网间的分工与配合，按照其功能统筹规划、近远期结合、合理布局。

（2）必须由面到带、由带到线，在对地形地貌、地质水文、气候气象、环境敏感区等调查与勘察的基础上论证、确定路线方案。同一起、终点的路段内有多个可行路线方案时，应对各设计方案进行综合比选。

（3）应考虑同农田与水利建设、矿产资源开发和城市发展等规划的配合。

（4）应充分利用建设用地，严格保护农用耕地；应保护生态环境，并同当地景观相协调。

（5）应尽可能避让不可移动文物、水源地和自然保护区。

（6）应保持与易燃、易爆等危险源及污染源间的安全距离。

（7）公路改扩建工程应注重节约资源，坚持利用与改扩建相结合的原则，充分利用原有工程。

2. 初步设计阶段选线的原则

（1）应全面掌握路线所经区域城镇布局和经济发展规划，路线方案选择应以最大限度地带动区域经济发展，创造最大经济效益为目标。

（2）公路路线方案选择应与其他铁路、水运、管道等各种运输方式协调、互补，发挥最佳的综合运输效益。

（3）针对路线所经区域的自然生态环境、地形、地质等条件，按拟定的控制点由面到带、由带到线、由浅入深、由整体到局部进行比较、优化和论证。

（4）应根据公路功能和使用任务，全面权衡、分清主次，正确处理影响控制点的诸多因素之间的相互关系，并注意因局部难点的突破引起主次关系变化对整体带来的影响。

（5）对路线所经区域、走廊带及其沿线的工程地质和水文地质应进行深入调查、勘察，对于滑坡、崩塌、岩堆、泥石流、岩溶、软土、泥沼等不良工程地质地段应视其对路线的影响程度，论证比选采用绕避或穿越方案；当采用穿越方案时，应选择合适的位置，采用最短路径通过，并采取切实可行的工程措施。

（6）公路选线应充分利用建设用地，严格保护农用耕地。

（7）公路选线应与自然景观相协调，保护生态环境，尽量远离稀有动植物保护区，避免切断动物迁徙通道，无法避免时，应设置足够数量的动物通道或天桥。

（8）高速公路、具有干线功能的一级公路通过作为路线控制点的城镇时，应与城市发展规划相协调，宜与城市环线或支线相连接；新建的二级、三级公路应与城镇周边路网布设相协调，不宜穿越城镇。

（9）选线工作应从三维角度考虑公路的平、纵、横立体线形的组合与合理搭配，并考虑挖方材料的利用和取、弃土场的分布。

（10）不同标准路段之间的过渡应考虑平、纵线形的渐变性，路线起、终点前后路段应合理衔接。

3. 技术设计阶段选线的原则

技术设计阶段应针对特长隧道、特大桥梁和特大地质灾害及特殊地基等工程,进一步补充完善初步设计阶段的各种资料,重点补充地质资料,特长隧道隧址、桥梁基础尽量选在地质情况良好的位置。

(1)特长隧道应尽量避免穿越复杂的工程地质和水文地质等不良地质地段;若须通过时,应有切实可行的工程措施;隧道洞口应避免设置在滑坡、崩塌、岩堆、危岩落石、泥石流等不良地质及排水困难的沟谷低洼处或不稳定的悬崖陡壁处;避免在隧道洞口形成高边坡和高仰坡。

(2)当隧道的长度和位置与隧道进、出口路段技术指标和工程规模等关系密切、敏感时,应再次进行大范围的路线方案核定,不可遗漏任何可行的隧址方案。

(3)隧址位置应有利于通风口和出渣口的设置,在不影响整体使用功能和不过多降低线形指标的前提下宜充分考虑施工及运营等综合因素。

(4)特大桥梁桥址线位与河流交叉关系应满足通航和泄洪的要求;特大桥梁桥址线位应综合考虑桥头两端的引道设置,不可遗漏任何有价值的方案。

(5)桥梁的线形应与桥址周围环境相融合,在不过多增加桥梁设计、施工难度和费用的前提下应考虑采用优美线形,提高桥梁的整体美观效果。

(6)路线布设应有利于特大地质灾害、特殊地基的处理和整治。

4. 施工图设计阶段选线的原则

施工图设计阶段选线、定线应以线位的优化、细化为核心。

(1)对初步设计阶段(或技术设计阶段)推荐的路线方案应进行全面核查、审定,当有较大幅度的线位调整时,应重新确定路线方案。

(2)路线线位的优化和调整应确保路基横断面、路基填土高度、边坡高度和坡率的合理布设和支挡防护工程的安全可靠,并考虑土石方数量的综合平衡。

(3)路线起、终点的平面和纵断面设计应前后延伸至少两个平曲线,并进行同深度测量,确保接线准确并无遗留问题。

(4)重点复杂路段应事先测量路线控制点、纸上精确定位、现场放线逐桩核查,确保线位合理。

二、熟悉选线所包括的确定路线基本走向、路线走廊带、路线方案以至选定线位等全过程的基本设计要求和内容

1. 路线控制点

(1)路线起、终点,必须连接的城镇、重要园区、工矿企业、综合交通枢纽,以及特定的特大桥、特长隧道等的位置,应为路线基本走向的控制点。

(2)特大桥、大桥、特长隧道、长隧道、互通式立体交叉、铁路交叉等的位置,应为路线走向控制点,原则上应服从路线基本走向。

(3)中、小桥涵,中、短隧道,以及一般构造物的位置应服从路线走向。

2. 路线基本走向与路线方案

路线控制点可以是路线起、终点,必须连接的城镇、工矿企业,以及桥梁、隧道、互通式立体交叉、铁路交叉等的位置。其中路线起、终点,必须连接的城镇、工矿企业,以及特定的特大桥、特长隧道等的位置,是项目建议书中指定的路线必经之地,也是最主要的控制点。由这些控制点所决定的大的路线方案即称为路线基本走向。

在路线基本走向控制点间,还有若干对路线方案起一定控制因素的点或位置,如大桥、长隧道、互通式立体交叉、铁路交叉等的位置,河流的哪一岸、城镇的某一侧、同一山岭的哪一垭口、垭口的哪一侧展线等。这些控制点都将决定路线的局部方案,因此由这些控制点所决定的路线方案即称路线走向。

路线方案是由路线控制点决定的。路线方案应在所选定走廊带与主要控制点的基础上,进行布局和总体设计,合理运用技术指标。应对可行的路线方案进行比选,确定设计方案。当采用不同的设计速度、技术指标或设计方案对运营安全、工程造价、自然环境、社会经济效益等有明显影响时,应进行同等深度的技术经济论证。

至于中、小桥涵,中、短隧道,以及一般构造物的位置,对路线方案而言,一般不起控制作用。故在确定其位置时,应服从路线走向。

路线线位应根据地形、地物条件,对工程地质、水文地质、气象条件、自然灾害、筑路材料、生态环境、自然景观等进行充分调查,结合沿线区域气候特征研究选定,并选择主要平、纵技术指标。

3. 选线的一般要求

(1)对路线所经区域、走廊带及其沿线的工程地质和水文地质应进行深入调查、勘察,查清其对公路工程的影响程度。遇有不良工程地质的地段应视其对路线的影响程度,分别对绕、避、穿等方案进行比选论证。

(2)调查沿线各类敏感点及矿产资源,并研究其对路线方案的影响,合理选择线位。

(3)高速公路和一级公路与沿线主要交通源衔接,应利用区域路网或新建连接道路。

(4)二级、三级公路在遵循项目总体功能和走向的基础上,应尽量避免穿越城镇。

(5)应协调桥梁、隧道、互通式立体交叉、服务区等构造物的位置和高程等关系。

(6)应综合考虑与相关公路、铁路、输电线路、油气管道等的平行或交叉关系,合理利用走廊带资源,节约占地。

(7)平原区选线宜采用较高的技术指标,尽量避免采用长直线或小偏角平曲线。

(8)山岭区选线应充分利用地形条件,合理确定垭口位置,应尽量避免高填深挖等现象。

(9)沿河(溪)线选线时,应根据设计洪水位,结合地形、地质合理确定线位高程,必要时应对桥梁与路基方案进行比选论证。

4. 选线应考虑的因素

(1)必须由面到带、由带到线,由浅入深反复比较论证。

(2)处理好全局与局部的关系,注意局部难点突破给全局带来的影响。

(3)注重工程地质调查、勘察,查清对公路工程的影响程度,并采取相应工程措施。

(4)根据《中华人民共和国土地管理法》规定,国家实行土地用途管制制度,将土地分为农用地、建设用地和未利用地。严格限制农用地转为建设用地,控制建设用地总量,对耕地实行特殊保护。建设用地是指建造建筑物、构筑物的土地,包括城乡住宅和公共设施用地、工矿用地、交通水利设施用地、旅游用地、军事设施用地等。

(5)保护文物。根据《中华人民共和国文物保护法》规定,古文化遗址、古墓葬、古建筑、石窟寺、石刻、壁画、近代现代重要史迹和代表性建筑等为"不可移动文物",根据其历史、艺术、科学价值,可以分别确定为全国重点文物保护单位,省级文物保护单位,市、县级文物保护单位,并予以保护。鉴于古文化遗址、古墓葬等未发掘前很难判断其准确位置,故应根据文物保护单位的等级,认真调查,尽可能地予以避让。

(6)保护环境。

(7)协调同路线控制点的衔接。

(8)选线时应考虑平、纵、横面的相互组合与合理配合。

5.平原区选线

(1)正确处理道路与农业的关系。

平原区农田成片,渠道纵横交错,选线应从支援农业着眼,处理好以下问题:

①平原区新建道路要占用农田时,应尽量做到少占和不占高产田。

②路线应与农田水利建设相配合,有利农田灌溉,尽可能少与灌溉渠道相交,把路线布置在渠道上方非灌溉的一侧或渠道尾部。

③当路线靠近河边低洼的村庄时,应争取靠河岸布线。

(2)合理考虑路线与城镇的联系。

①国防公路和等级较高的公路,应尽量避免穿越城镇、工业区及较密集的居民点。

②一般沟通县、乡、村直接为农业运输服务的公路,经地方同意也可穿越城镇。

③路线应尽量避开重要的电力电信设施。

(3)处理好路线和桥位的关系。

①特大桥是路线基本走向的控制点,大桥原则上应服从路线总方向并满足桥头接线的要求。

②中、小桥和涵洞位置应服从路线走向。

③路线跨河修建渡口时,应在路线走向基本确定后选择渡口位置。

(4)注意土壤水文条件。

(5)正确处理新、旧路的关系。

(6)尽量靠近建筑材料产地。

6.山岭区选线

1)沿河线

山区河流,谷底一般不宽,两岸台地宽窄不一,谷坡时缓时陡,有时为浅滩和悬崖峭壁。河流多呈弯曲状,凹岸较陡而凸岸较缓,如沿一侧而行,陡岸缓岸相间出现。两岸陡崖处为峡谷,开阔处常有较宽台地,多是山区仅有的良好耕地。

(1)路线布局:沿河线的路线布局,主要解决河岸选择、高度选择和桥位选择三个问题。

(2)几种河谷地形条件下的选线:开阔河谷;山嘴或河湾;陡崖峭壁河段;河床纵坡陡峭的

河段。

2）越岭线

越岭线指翻越山岭布设的路线。其特点是需要克服很大高差,路线长度和平面位置主要取决于路线纵坡的安排。

（1）垭口选择。

（2）过岭高程选择。

（3）垭口两侧路线展线。

3）山脊线

大体上沿山脊布设的路线,称为山脊线。山脊线一般具有土石方工程小、水文和地质情况好、桥涵构造物较少等优点。

（1）山脊线布局

①控制垭口选择。

②侧坡选择。

③试坡布线。

（2）山脊布线

山脊布线常有以下三种情况:

①控制垭口间平均纵坡不超过规定。

②控制垭口间有支脉横隔。

③控制垭口间平均纵坡超过规定。

7. 丘陵区选线

1）丘陵地区的自然特征和路线特征

丘陵地区主要特征是:脉络和水系都不如山岭区那样明显。路线线形和平原区比较,平面上迂回转折,有较小半径的弯道,纵面上起伏,偶尔有较陡的坡道。由于受地形限制小,所经路线的可能方案比较多。其中微丘地形近似平原,重丘则近似于山岭。在技术标准方面,微丘比平原区稍紧一点,各项技术指标与平原区相同;重丘则比山岭区稍松一点,各项技术指标与山岭区相同。

2）丘陵地区的布线原则与要求

（1）微丘区选线

①应充分利用地形,处理好平、纵线形的组合。

②不应迁就微小地形,造成线形迂回曲折。

③不宜采用长直线,造成纵面线形起伏。

（2）重丘区选线

①路线随地形布设,应注意横向填挖平衡。

②平、纵、横三面应综合设计。

③注意少占耕地,不占良田。

④遇冲沟比较发育的地段,根据公路的性质与要求选择合理的路线方案。

⑤地质不良地段,应以绕避为主。

3）丘陵地区的布线要点

（1）平坦地带——走直线。

（2）斜坡地带——走匀坡线。

（3）起伏地带——走中间。

三、掌握常用的选线方法及应符合的规定

公路选线可采用纸上定线或现场定线的方法。高速公路、一级公路采用纸上定线时，必须现场核定。二级、三级、四级公路可采用现场定线，有条件或地形条件受限制时，可采用纸上定线或纸上移线并现场核定的方法。

公路选线应在广泛搜集与路线方案有关的规划、计划、统计资料，相关部门的各种地形图、地质、气象等资料的基础上，深入调查、勘察，并运用遥感、航测、卫星定位、数字技术等技术，确保其勘察工作的广度、深度和质量，不应遗漏有价值的路线方案。

四、了解公路选线采用遥感、航空测量、GPS、数字技术等新技术的方法和步骤

1. 遥感技术

遥感技术（RS）是在远离目标的情况下判定、量测并分析目标性质的一种技术。具体说来，就是根据电磁波理论，应用现代技术在不用与研究对象直接接触的情况下，从高空或远距离通过传感器接收地面物体对电磁波的反射信号，并将这些信号记录下来，进行人工加工与处理，最后对研究对象的性质、特点和数量进行分析和判读，这些过程统称为遥感技术。有如下四个步骤：

（1）图像制作与专题图像信息提取。

（2）遥感工程地质解译与分析。

（3）野外验证和重点地段野外调查。

（4）综合分析与成果编制。

2. 航空测量

航空测量指从空中由飞机等航空器拍摄地面像片。利用航空摄影测量方法采集数据能直观地确定地表形态，工作环境好，可随意和方便地控制地形点的分布和密度，获取的地形信息可靠、精度高。有如下三个步骤：

（1）航空摄影。

（2）航测外业。

（3）航测内业。

3. GPS

目前，全球定位系统（GPS）定位技术在道路工程中主要用于：布设各等级的路线带状平面控制网；布设桥梁、隧道平面控制网；航测外业平面高程控制测量等。

在公路选线工作中，GPS 的主要作用是对航空照片和卫星像片等遥感图像进行定位和地面矫正。遥感数据在精度上还不够，因此需要 GPS 矫正。随着载波相位差分 GPS 技术的发展，高精度实时动态 GPS 定位技术在道路工程中的应用受到了极大的关注。例如，机载 GPS 在航空摄影测量中的应用、实时动态定位（RTK）技术在道路施工放样中的应用都在试验之中，并取得了可喜的成果。显然，随着这些技术的日渐成熟，实时动态载波相位差分技术必然

会给道路测量带来一次新的、更深刻的变革。

4.数字技术

公路数字地面模型应能满足任意点或断面的地面高程插值计算,等高线生成,距离、坡度、面积、体面的量算以及路线平面图、地形透视图的制图等要求。有如下四个步骤:

(1)数据获取。

(2)数据编辑和预处理。

(3)数字地面模型(DTM)构建。

(4)DTM成果应用。

考 点 分 析

本节主要有以下考点:

(1)不同设计阶段选线所必须遵循的原则与要点　要求掌握选线总原则,以及初步设计、技术设计、施工图设计不同阶段选线原则。

(2)选线全过程　需要熟悉选线所包括的确定路线基本走向、路线走廊带、路线方案以至选定线位等全过程的基本设计要求和内容。了解平原区与山岭区路线布设要点、山区公路展线及其展线的基本形式。

(3)选线的方法　主要掌握实地定线与纸上定线的适用条件。

例 题 解 析

例1　[2020年单选题]　公路选线应遵循的原则中,符合《公路路线设计规范》(JTG D20—2017)规定的是(　　)。

(A)由点到面
(B)由点到线
(C)由面到带、由带到线
(D)由深到浅、由具体到宏观

分析

根据《公路路线设计规范》(JTG D20—2017)第5.0.4条第2款,必须由面到带、由带到线,在对地形地貌、地质水文、气候气象、环境敏感区等调查与勘察的基础上论证、确定路线方案。同一起、终点的路段内有多个可行路线方案时,应对各设计方案进行综合比选。故本题选C。

例2　[2020年多选题]公路路线线位的选择,应根据地形、地物条件,除对工程地质、水文地质、气象条件、自然灾害进行充分调查外,还应调查(　　)。

(A)筑路材料
(B)交通组成
(C)生态环境
(D)自然景观

分析

根据《公路路线设计规范》(JTG D20—2017)第1.0.7条,路线选定应根据地形、地物条件,并在对工程地质、水文地质、山地自然灾害、筑路材料、生态环境、自然景观等进行充分调查的基础上,结合沿线小区域气候特征进行方案研究,以选定路线线位、主要平纵技术指标。故本题选 ACD。

例3 [2019年单选题]新建二级、三级公路,应结合城镇周边路网布设,遇到城镇时应( )。

(A)直接穿越 　　　　　　　(B)环绕

(C)避免穿越 　　　　　　　(D)远离

分析

根据《公路路线设计规范》(JTG D20—2017)第5.0.5条第4款,二级、三级公路在遵循项目总体功能和走向的基础上,应尽量避免穿越城镇。故本题选 C。

例4 [2019年单选题]在公路选线时,一般不是路线基本走向控制点的是( )。

(A)路线起、终点

(B)必须连接的城镇、工矿企业

(C)互通式立体交叉、铁路交叉的位置

(D)特定的特大桥、特长隧道的位置

分析

根据《公路路线设计规范》(JTG D20—2017)第5.0.2条第1款,路线起、终点,必须连接的城镇、重要园区、工矿企业、综合交通枢纽,以及特定的特大桥、特长隧道等的位置,应为路线基本走向的控制点。故本题选 C。

例5 [2019年单选题]公路选线的全过程,除应包括确定路线基本走向、路线方案至选定线位外,关键是确定( )。

(A)桥梁方案 　　　　　　　(B)隧道方案

(C)路线走廊带 　　　　　　(D)互通方案

分析

根据《公路路线设计规范》(JTG D20—2017)第5.0.1条,选线应包括确定路线基本走向、路线走廊带、路线方案至选定线位的全过程。故本题选 C。

例6 关于公路选线原则的说法,错误的是( )。

(A)应考虑同农田与水利建设、矿产资源开发和城市发展等规划的配合

(B)应尽可能避让不可移动文物、水源地和自然保护区

(C)应充分利用农用耕地,保护基本农田

(D)应保持与易燃、易爆等危险源及污染源间的安全距离

分析

应充分利用建设用地,严格保护农用耕地;应保护生态环境,并同当地景观相协调。故本题选 C。

例7 某二级公路越岭线,路线山脚下起终点高程为200m,过岭高程为750m,则越岭线的路线长度至少应大于( )。

(A)7.86km   (B)10km

(C)22km   (D)38km

分析

高差为550m,平均纵坡应为5%,单侧路线长度为550/5% =11000m,则越岭线的路线长度应大于22000m。故本题选 C。

例8 某公路干线,根据公路网规划要求按二级、三级公路标准进行视察,共视察了四个方案,如下图所示,各方案的主要技术经济指标汇总见下表,最优的选择是( )。

(A)第一方案   (B)第二方案

(C)第三方案   (D)第四方案

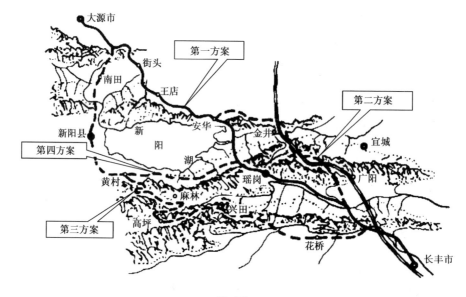

例8图

主要技术经济指标汇总   例8表

指　　标	单位	第一方案	第二方案	第三方案	第四方案
通过县(市)	个	29	29	32	31
路线长度	km	1360	1347	1510	1476
新建	km	133	200	187	193
改建	km	1227	1147	1323	1283
地形:平原、微丘	km	567	677	512	615

续上表

指 标		单位	第一方案	第二方案	第三方案	第四方案
山岭、重丘		km	793	670	998	861
用地		亩	2287	2869	3136	2890
工程数量	土方	$10^4 m^3$	382	492	528	547
	石方	$10^4 m^3$	123	75	82	121
	次高级路面	$10^3 m^2$	5303	5582	4440	5645
	大、中桥	m/座	1542/16	1802/20	1057/13	1207/15
	小桥	m/座	1084/57	846/54	980/52	1566/82
	涵洞	道	977	959	1091	1278
	挡墙	m^3	73530	53330	99770	111960
	隧道	m/处	300/1	—	290/1	—
材料	钢材	t	1539	1963	1341	1469
	木材	m^3	18237	19052	18226	19710
	水泥	t	30609	39159	31288	33638
劳动力		万工日	1617	1773	1750	1920
总造价		万元	5401	5674	5189	5966
比较结果						

分析

比选结果,第三、第四方案路线过于偏离总方向,较第一、第二方案长 100~300km,虽能多联系两、三个县、市,但对发展地区经济所起的作用不大。而且第三方案线形指标较低,将来改建难以提高;第四方案又与现有高压电缆线连续干扰,不易解决。因而第三、第四方案不宜采用。第二方案虽路线最短,但与铁路严重干扰,且用地较多。最后推荐路线较短,线形标准较高,用地最省,造价也较低的第一方案。故本题选 A。

例 9 关于越岭线布局的说法,正确的是( )。

(A)相对高差为 200~500m 时,二级、三级、四级公路应控制越岭线平均纵坡不大于 5.5%

(B)越岭线路线布局以平面设计为主

(C)越岭线按以直线方向为主导的原则布线

(D)越岭线应走在直连线与匀坡线之间

分析

根据《公路路线设计规范》(JTG D20—2017)第 8.3.4 条,二级、三级、四级公路的越岭线连续上坡和下坡路段,相对高差为 200~500m 时,平均纵坡应不大于 5.5%。故本题选 A。

例 10 如今 3S 技术已广泛应用于公路的选线,3S 是指( )。

（A）GLONASS 、RS、GIS　　　　　　　（B）GPS、RS、GIS

（C）GPS、RS、GLONASS　　　　　　　（D）GPS、Erdas、GIS

分析

3S 指 GPS(全球定位系统)、RS(遥感)、GIS(地理信息系统)，而 GLONASS 是俄罗斯研制的另一种导航系统，Erdas 是一种处理遥感图像处理系统软件。故本题选 B。

自 测 模 拟

（第 1~8 题为单选题，第 9、10 题为多选题）

1. 纸上选线的步骤不包括（　　　）。

（A）实地敷设导线　　　　　　　　　　（B）实测地形图

（C）现场选定路线　　　　　　　　　　（D）实地放线

2. 在选线过程中一般作为路线走向的控制点是（　　　）。

（A）已建成公路　　　　　　　　　　　（B）铁路交叉

（C）山地平原　　　　　　　　　　　　（D）桥位

3. 公路选线的全过程一般不包括（　　　）

（A）纸上移线　　　　　　　　　　　　（B）确定路线基本走向

（C）确定路线方案　　　　　　　　　　（D）选定线位

4. 丘陵区路线遇平坦地带，且无地质、地物障碍影响时，可按（　　　）为主导的原则布线。

（A）直线　　　　　　　　　　　　　　（B）样条曲线

（C）均坡线　　　　　　　　　　　　　（D）圆曲线

5. 公路展线的基本形式应优先考虑采用（　　　）。

（A）回头展线　　　　　　　　　　　　（B）自然展线

（C）螺旋展线　　　　　　　　　　　　（D）马蹄展线

6. 遥感的英文简称是（　　　）。

（A）GIS　　　　　　　　　　　　　　（B）GPS

（C）RS　　　　　　　　　　　　　　（D）GLONASS

7. 某项目工程为 2km 长的已有山区公路路面硬化设计，现需要该原有公路的高程数据，宜采用的技术方法是（　　　）。

（A）水准仪实测　　　　　　　　　　　（B）GPS-RTK 测量

（C）遥感卫星获取影像　　　　　　　　（D）无人机航拍

8. DTM 的是( )的英文简称。

　　(A)数字地面模型　　　　　　　　　　(B)数字高程模型

　　(C)层次地形模型　　　　　　　　　　(D)地理信息模型

9. 关于平原区选线的说法,正确的有( )。

　　(A)布线要有利于造田、护田,以支援农业

　　(B)不片面要求路线顺直而占用大面积的良田

　　(C)路线应尽可能穿越城镇

　　(D)在排水不良的地带布线,要注意保证路基最小填土高度

10. 关于山脊线特点的说法,正确的有( )。

　　(A)水源和建筑材料充足

　　(B)土石方工程量大

　　(C)水文地质条件一般较好

　　(D)桥涵构造物一般较少

参考答案

1. C　　　　2. B　　　　3. A　　　　4. A　　　　5. B　　　　6. C　　　　7. A

8. A　　　　9. ABD　　　10. CD

第四节　路线平面设计

依据规范

《公路工程技术标准》(JTG B01—2014)

　　4　路线

《公路路线设计规范》(JTG D20—2017)

　　7.1　一般规定

　　7.2　直线

　　7.3　圆曲线

　　7.4　回旋线

　　7.5　圆曲线超高

　　7.6　圆曲线加宽

　　7.7　四级公路的超高、加宽过渡段

　　7.8　平曲线长度

　　7.9　视距

　　7.10　回头曲线

重 点 知 识

路线在水平面上的投影称作路线的平面线形,由直线、圆曲线和缓曲线构成。道路平面设计的主要内容是依据道路规划与地形等现状条件以及相关技术标准规范等,确定道路中心线的具体位置,选定合适的平曲线半径与缓和曲线长度,论证设置必要的超高、加宽和缓和路段;进行必要的行车安全视距验算。

一、掌握平面线形要素的组合类型及其设计方法

1. 平面线形设计的一般要求

(1)平面线形应直捷、连续、均衡,并与地形相适应,与周围环境相协调。

(2)受条件限制采用长直线时,应结合具体情况采用相应的技术措施。

(3)连续的圆曲线间应采用适当的曲线半径比。

(4)各级公路不论转角大小均应敷设曲线,并宜选用加大的圆曲线半径,转角过小时,不应设置较短的圆曲线。

(5)两同向曲线间应设有足够长度的直线,两反向曲线间不应设置短直线段。

(6)六车道及以上高速公路和作为干线的一级公路,同向或反向圆曲线间插入的直线长度,还应符合路基外侧边缘超高过渡渐变率规定的要求。

(7)设计速度小于或等于 40km/h 的双车道公路,两相邻反向圆曲线无超高时可径相衔接,无超高有加宽时应设置长度不小于 10m 的加宽过渡段;两相邻反向圆曲线设有超高时,地形条件特殊困难路段的直线长度不小于 15m。

(8)设计速度小于或等于 40km/h 的双车道公路,应避免连续急弯的线形。地形条件特殊困难不得已而设置时,应在曲线间按规定插入规定长度的直线或回旋线。

2. 平面线形要素的组合

1)简单形(表 1-4-1)

简 单 形 表 1-4-1

项目	内 容	
	平面图	曲率图
图形		
概念	当一个弯道由直线与圆曲线组合时叫作简单形曲线,即按直线—圆曲线—直线的顺序组合	
运用要求	(1)简单形组合曲线在 ZY 和 YZ 点处有曲率突变点,对行车不利,当半径较小时,该处线形也不顺适。 (2)一般限于四级公路采用。在其他等级公路中,当平曲线半径大于不设超高半径时,省略缓和曲线后也可以构成简单形	

2)基本形(表 1-4-2)

基 本 形 表 1-4-2

项目	内 容	
	平面图	曲率图
图形		
概念	当按直线—回旋线(A_1)—圆曲线—回旋线(A_2)—直线的顺序组合时称为基本形曲线。当 $A_1 = A_2$ 时,叫作对称基本形;当 $A_1 \neq A_2$ 时,叫作非对称基本形	
运用要求	(1)A 值的选择以回旋线、圆曲线、回旋线的长度大致接近为宜。 (2)设置基本形的几何条件:$2\beta_0 < \alpha$(α 为路线转角,β_0 为缓和曲线角)	

3)凸形(表 1-4-3)

67

表 1-4-3

凸 形

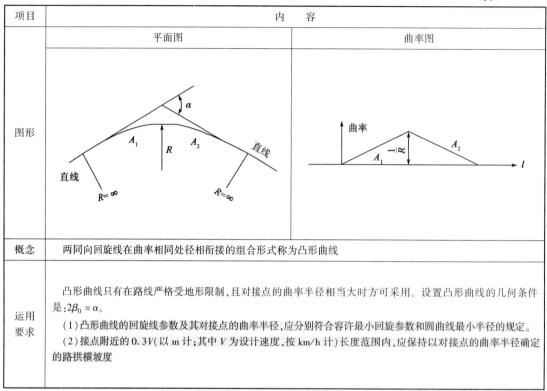

项目	内 容
	平面图	曲率图
图形		
概念	两同向回旋线在曲率相同处径相衔接的组合形式称为凸形曲线
运用要求	凸形曲线只有在路线严格受地形限制,且对接点的曲率半径相当大时方可采用。设置凸形曲线的几何条件是:$2\beta_0 = \alpha$。 (1)凸形曲线的回旋线参数及其对接点的曲率半径,应分别符合容许最小回旋参数和圆曲线最小半径的规定。 (2)接点附近的 $0.3V$(以 m 计;其中 V 为设计速度,按 km/h 计)长度范围内,应保持以对接点的曲率半径确定的路拱横坡度

4)复合形(表 1-4-4)

复 合 形

表 1-4-4

项目	内 容
	平面图	曲率图
图形		
概念	两个或两个以上同向回旋线在曲率相同处径相连接的组合形式称为复合形曲线
运用要求	(1)复合形曲线的两个回旋线参数之比以小于 1.5 为宜。 (2)复合形曲线在受地形条件限制,或互通式立体交叉的匝道设计中可采用

5）S形（表1-4-5）

S　形　　　　　　　　　　　　　　　　表1-4-5

项目	内　容	
	平面图	曲率图
图形		
概念	两个反向圆曲线用两段反向回旋线连接的组合形式称为 S 形曲线	
运用要求	（1）S 形曲线的两回旋线参数 A_1 与 A_2 宜相等。 （2）当采用不同的回旋线参数时，A_1 与 A_2 之比应小于 2.0，有条件时以小于 1.5 为宜。当 $A_2 \leqslant 200$ 时，A_1 与 A_2 之比应小于 1.5。 （3）两圆曲线半径之比不宜过大，以 $R_1/R_2 \leqslant 2$ 为宜（R_1 为大圆曲线半径；R_2 为小圆曲线半径）	

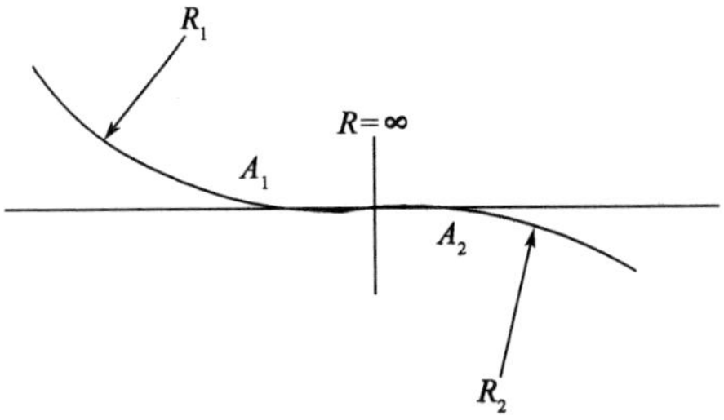

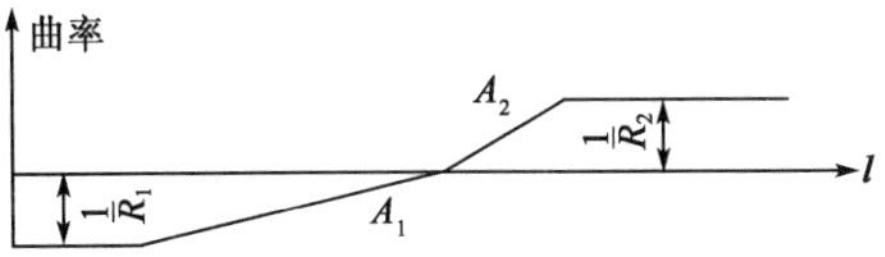

6）C形（表1-4-6）

C　形　　　　　　　　　　　　　　　　表1-4-6

项目	内　容	
	平面图	曲率图
图形		
概念	同向曲线的两回旋线在曲率为零处径相连接的形式称为 C 形曲线	
运用要求	（1）C 形曲线仅限于地形条件特殊困难，路线严格受限制时采用。 （2）两个回旋线参数可相等，也可不相等	

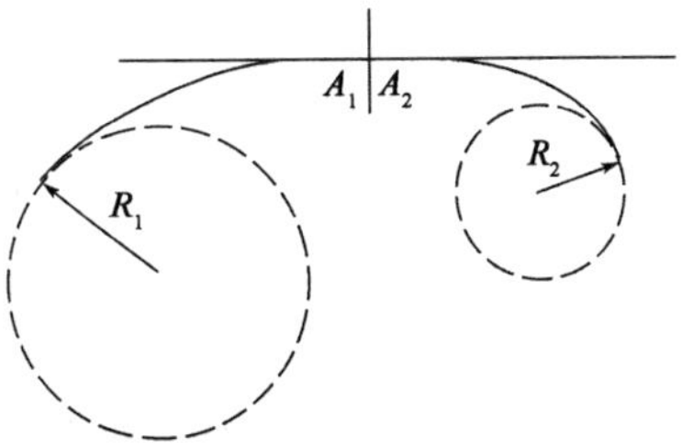

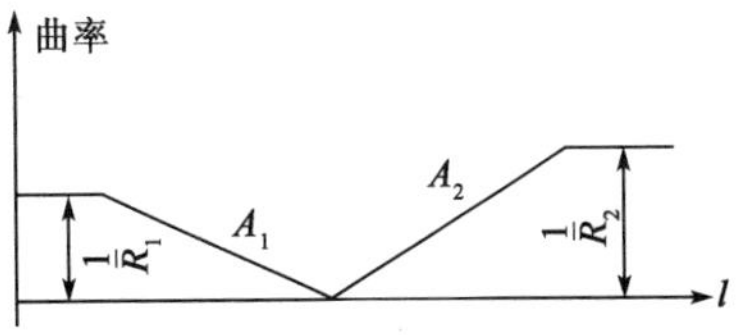

7）复曲线（表1-4-7）

复曲线   表1-4-7

项目	内 容	
	平面图	曲率图
图形	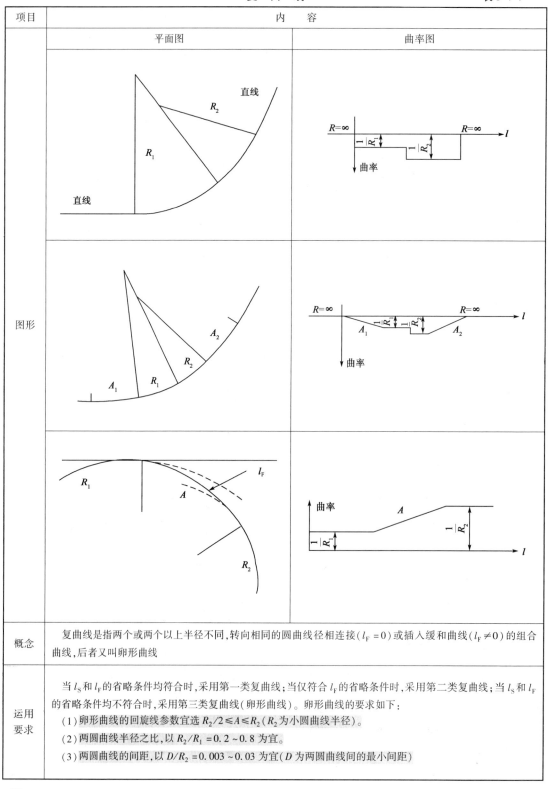	
概念	复曲线是指两个或两个以上半径不同,转向相同的圆曲线径相连接($l_F = 0$)或插入缓和曲线($l_F \neq 0$)的组合曲线,后者又叫卵形曲线	
运用要求	当l_S和l_F的省略条件均符合时,采用第一类复曲线;当仅符合l_F的省略条件时,采用第二类复曲线;当l_S和l_F的省略条件均不符合时,采用第三类复曲线(卵形曲线)。卵形曲线的要求如下: (1)卵形曲线的回旋线参数宜选$R_2/2 \leqslant A \leqslant R_2$($R_2$为小圆曲线半径)。 (2)两圆曲线半径之比,以$R_2/R_1 = 0.2 \sim 0.8$ 为宜。 (3)两圆曲线的间距,以$D/R_2 = 0.003 \sim 0.03$ 为宜(D为两圆曲线间的最小间距)	

3．回头曲线

回头曲线的设计要求见表1-4-8。

回头曲线　　　　　　　　　　　　　　　　　　　　　表1-4-8

项目	内　容
图形平面图	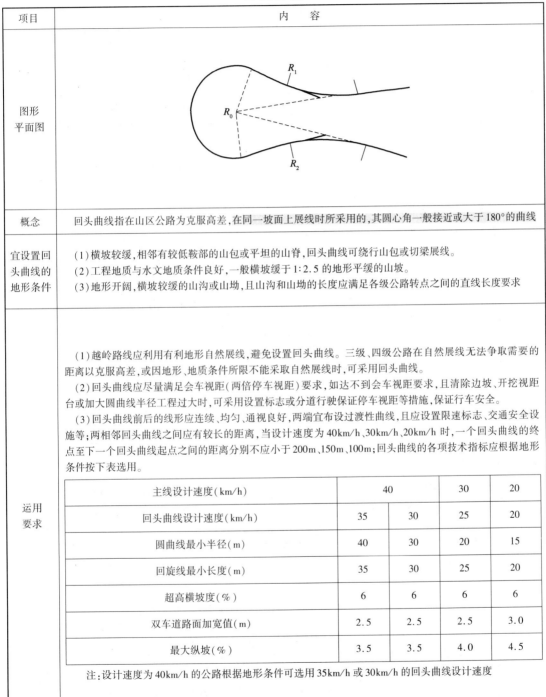
概念	回头曲线指在山区公路为克服高差,在同一坡面上展线时所采用的,其圆心角一般接近或大于180°的曲线
宜设置回头曲线的地形条件	(1)横坡较缓,相邻有较低鞍部的山包或平坦的山脊,回头曲线可绕行山包或切梁展线。 (2)工程地质与水文地质条件良好,一般横坡缓于1:2.5的地形平缓的山坡。 (3)地形开阔,横坡较缓的山沟或山坳,且山沟和山坳的长度应满足各级公路转点之间的直线长度要求

运用要求

　　(1)越岭路线应利用有利地形自然展线,避免设置回头曲线。三级、四级公路在自然展线无法争取需要的距离以克服高差,或因地形、地质条件所限不能采取自然展线时,可采用回头曲线。

　　(2)回头曲线应尽量满足会车视距(两倍停车视距)要求,如达不到会车视距要求,且清除边坡、开挖视距台或加大圆曲线半径工程过大时,可采用设置标志或分道行驶保证停车视距等措施,保证行车安全。

　　(3)回头曲线前后的线形应连续、均匀,通视良好,两端宜布设过渡性曲线,且应设置限速标志、交通安全设施等;两相邻回头曲线之间应有较长的距离,当设计速度为40km/h、30km/h、20km/h时,一个回头曲线的终点至下一个回头曲线起点之间的距离分别不应小于200m、150m、100m;回头曲线的各项技术指标应根据地形条件按下表选用。

主线设计速度(km/h)	40		30	20
回头曲线设计速度(km/h)	35	30	25	20
圆曲线最小半径(m)	40	30	20	15
回旋线最小长度(m)	35	30	25	20
超高横坡度(%)	6	6	6	6
双车道路面加宽值(m)	2.5	2.5	2.5	3.0
最大纵坡(%)	3.5	3.5	4.0	4.5

　　注:设计速度为40km/h的公路根据地形条件可选用35km/h或30km/h的回头曲线设计速度

二、熟悉路线平面设计各线形要素的性质与作用

1. 直线的线形特征与作用（表1-4-9）

直线的线形特征与作用 表1-4-9

项 目	内 容
优点	两点之间距离最短；具有短捷、直达的印象；行驶受力简单，方向明确，驾驶操作简易；测设简单方便；在直线上设构造物更具经济性
缺点	直线单一无变化，与地形及线形自身难以协调；过长的直线在交通量不大且景观缺乏变化时，易使驾驶员感到单调、疲倦；在直线纵坡路段，易错误估计车间距离、行车速度及上坡坡度。易使驾驶员对长直线估计得过短或产生急躁情绪，超速行驶
作用	直线是最基本、最常用的线形元素。在平原区，直线作为主要线形是适宜的，它具有汽车在行驶中视觉最好、距离最短、运营经济、行车舒适、线形容易选定等特点，但过长的直线又容易引起驾驶员单调、疲劳、超速行驶，对跟车距离估计不足而导致交通事故

2. 圆曲线的线形特征与作用（表1-4-10）

圆曲线的线形特征与作用 表1-4-10

项 目	内 容
优点	(1) 曲线上任意点的曲率半径 R = 常数，曲率 $1/R$ = 常数，故测设和计算简单。 (2) 曲线上任意一点都在不断地改变着方向，比直线更能适应地形、地物和环境的变化
缺点	(1) 汽车在圆曲线上行驶要受到离心力的作用，而且往往要比在直线上行驶多占用道路宽度。 (2) 汽车在小半径的圆曲线内侧行驶时，视距条件较差，视线受到路堑边坡或其他障碍物的影响较大，因而容易发生行车事故
作用	圆曲线是平面线形主要要素之一，采用平缓而适当的圆曲线既可引起驾驶员的注意又可以美化线形，同时也容易顺应地形、减小工程量、利于环保

3. 缓和曲线的线形特征与作用

缓和曲线是设置在直线和圆曲线之间或半径相差较大的两个转向相同的圆曲线之间的一种曲率连续变化的曲线。缓和曲线是道路平面线形三要素之一。缓和曲线的特点见表1-4-11。

缓和曲线的线形特征与作用 表1-4-11

项 目	内 容
优点	(1) 缓和曲线曲率渐变，设于直线与圆曲线间，其线形符合汽车转弯时的行车轨迹，从而使线形缓和，消除了曲率突变点。 (2) 由于曲率渐变，使道路线形顺适美观，有良好的视觉效果和心理作用感。 (3) 在直线和圆曲线间加入缓和曲线后，使平面线形更为灵活，线形自由度提高，更能与地形、地物及环境相适应、协调、配合，使平面线形布置更加灵活、经济、合理
缺点	与圆曲线相比，缓和曲线测设及施工放样均较复杂
作用	曲率连续变化，便于车辆遵循；离心加速度逐渐变化，旅客感觉舒适；超高横坡度及加宽逐渐变化，行车更加平稳；与圆曲线配合，增加线形美观

三、熟悉各线形要素主要技术指标的规定与运用

1. 直线

1) 直线的标准(表 1-4-12)

直线的标准　　　　　　　　　　　　　　　　　表 1-4-12

项　目	内　容
公路直线标准	(1) 直线的长度不宜过长,受地形条件或其他特殊情况限制而采用长直线时,应结合沿线具体情况采取相应的技术措施。 (2) 两圆曲线间以直线径相连接时,直线的长度不宜过短。 ①设计速度大于或等于 60km/h 时,同向圆曲线间最小直线长度(以 m 计)以不小于设计速度(以 km/h 计)的 6 倍为宜;反向圆曲线间的最小直线长度(以 m 计)以不小于设计速度(以 km/h 计)的 2 倍为宜。 ②设计速度小于或等于 40km/h 时,可参照上述规定执行
城市道路直线标准	(1) 两相邻平曲线间的直线段最小长度应大于或等于缓和曲线最小长度。 (2) 两圆曲线间以直线径相连接时,直线的长度宜符合下列规定: ①当设计速度大于或等于 60km/h 时,同向圆曲线间最小直线长度(以 m 计)不宜小于设计速度(以 km/h 计)数值的 6 倍;反向圆曲线间最小直线长度(以 m 计)不宜小于设计速度(以 km/h 计)数值的 2 倍。 ②当设计速度小于 60km/h 时,可不受上述限制

2) 直线的运用

(1) 直线的运用应注意同地形、环境的协调与配合。采用直线线形时,其长度不宜过长。

(2) 农田、河渠规整的平坦地区、城镇近郊规划等以直线条为主体时,宜采用直线线形。

(3) 特长、长隧道或结构特殊的桥梁等构造物所处的路段,以及路线交叉点前后的路段宜采用直线线形。

(4) 双车道公路为超车所提供的路段宜采用直线线形。

2. 圆曲线

1) 圆曲线的标准

(1) 圆曲线最小半径

圆曲线半径计算公式为

$$R = \frac{V^2}{127(\mu \pm i_h)} \tag{1-4-1}$$

式中:V——设计车速(km/h);

μ——横向力系数,其值受汽车行驶的稳定性、乘客的舒适性和运营的经济性等因素的影响,极限值为路面与轮胎之间的摩阻系数;

i_h——路面的横向坡度,无超高时为路拱横坡,有超高时为超高横坡。

公路圆曲线最小半径见表 1-4-13,城市道路圆曲线最小半径见表 1-4-14。高速公路、一级公路最大超高值为 8% 和 10%,正常情况下采用 8%;对设计速度高或经验算运行速度高的路段宜采用 10%。二级、三级、四级公路限定最大超高为 8% 是适宜的。但对于积雪冰冻地区,考虑我国以货车为主的特点,限定最大超高为 6% 比较安全。城市区域考虑到非机动车等通行特点,公路项目最大超高不宜大于 4%。

公路圆曲线最小半径　　　　　　　　　　　　　表 1-4-13

设计速度(km/h)		120	100	80	60	40	30	20
设超高的最小半径 (m)	最大超高 10%	570	360	220	115	—	—	—
	最大超高 8%	650	400	250	125	60	30	15
	最大超高 6%	710	440	270	135	60	35	15
	最大超高 4%	810	500	300	150	65	40	20
不设超高最小半径 (m)	路拱≤2.0%	5500	4000	2500	1500	600	350	150
	路拱>2.0%	7500	5250	3350	1900	800	450	200

城市道路圆曲线最小半径　　　　　　　　　　　表 1-4-14

设计速度(km/h)		100	80	60	50	40	30	20
不设超高最小半径(m)		1600	1000	600	400	300	150	70
设超高最小半径 (m)	一般值	650	400	300	200	150	85	40
	极限值	400	250	150	100	70	40	20

注:"一般值"为正常情况下的采用值,"极限值"为条件受限制时可采用的值。

（2）平曲线最小长度

各级公路平曲线最小长度理论上至少应不小于 3 倍回旋线最小长度,即保证设置最小长度的回旋线后,仍保留一段相同长度的圆曲线。公路平曲线最小长度见表 1-4-15。城市道路平曲线最小长度见表 1-4-16。

公路平曲线最小长度　　　　　　　　　　　　　表 1-4-15

设计速度(km/h)		120	100	80	60	40	30	20
平曲线最小长度(m)	一般值	600	500	400	300	200	150	100
	最小值	200	170	140	100	70	50	40

注:"一般值"为正常情况下的采用值,"最小值"为条件受限制时可采用的值。

城市道路平曲线最小长度　　　　　　　　　　　表 1-4-16

设计速度(km/h)		100	80	60	50	40	30	20
平曲线最小长度(m)	一般值	260	210	150	130	110	80	60
	极限值	170	140	100	85	70	50	40
圆曲线最小长度(m)		85	70	50	40	35	25	20

（3）小转角平曲线最小长度

为避免造成视觉错误、保证行车安全,在进行平曲线设计时应避免设置小于 7°的转角。当条件受到限制时,在转角小于或等于 7°处应设置较长的平曲线。公路小转角平曲线最小长度见表 1-4-17。城市道路小转角平曲线最小长度见表 1-4-18。

公路转角等于或小于 7°时的平曲线长度　　　　　表 1-4-17

设计速度(km/h)	120	100	80	60	40	30	20
平曲线长度(m)	1400/α	1200/α	1000/α	700/α	500/α	350/α	280/α

注:表中 α 为路线转角值(°),当 α<2°时,按 α=2°计算。

城市道路小转角平曲线最小长度　　　　　　　　表 1-4-18

设计速度(km/h)	100	80	60
平曲线最小长度(m)	1200/α	1000/α	700/α

2）圆曲线的运用

（1）设置圆曲线时应与地形相适应,宜采用超高为 2% ~4% 对应的圆曲线半径。

（2）条件受限制时,可采用大于或接近于圆曲线最小半径的"一般值";地形条件特殊困难而不得已时,方可采用圆曲线最小半径的"极限值",并应采取措施保证视距的要求。

(3)设置圆曲线时,应同相衔接路段的平、纵线形要素相协调,使之构成连续、均衡的曲线线形,避免小半径圆曲线与陡坡相重合的线形。

(4)当交点转角不得已小于7°时,应按规定设置足够长的曲线。

3)圆曲线的计算

如图1-4-1所示为单圆曲线,曲线要素计算如下:

切线长:
$$T = R \cdot \tan \frac{\alpha}{2} \tag{1-4-2}$$

圆曲线长:
$$L = \frac{\pi}{180} \cdot \alpha \cdot R \tag{1-4-3}$$

外距:
$$E = R\left(\sec \frac{\alpha}{2} - 1\right) \tag{1-4-4}$$

校正值:
$$J = 2T - L \tag{1-4-5}$$

圆曲线有三个主点桩(ZY、QZ、YZ),其里程桩号计算如下:

直圆点:
$$ZY = JD - T \tag{1-4-6}$$

圆直点:
$$YZ = ZY + L \tag{1-4-7}$$

曲中点:
$$QZ = YZ - \frac{L}{2} \tag{1-4-8}$$

校核交点里程:
$$JD = QZ + \frac{J}{2} \tag{1-4-9}$$

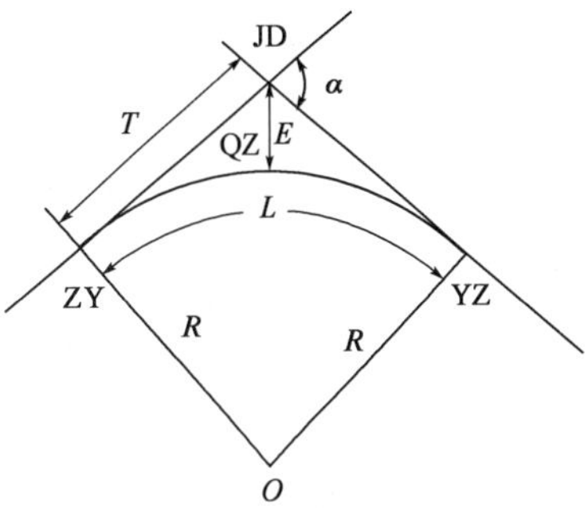

图1-4-1　圆曲线要素计算

3.缓和曲线

1)缓和曲线的选择

凡满足缓和曲线性质的曲线均可作为缓和曲线,这些曲线有:回旋线、三次抛物线、双纽线、n次抛物线、正弦形曲线等。但世界各国使用回旋线居多,我国《公路工程技术标准》(JTG 1301—2014)与《城市道路工程设计规范》(CJJ 37—2012)(2016年版)规定缓和曲线采用回旋线。回旋线基本符合了缓和曲线的三个基本要求,而其他曲线的公式较复杂,使用不方便。

(1)回旋线的方程式:$rl = C$,为了量纲一致,令$C = A^2$,则$r \cdot l = C = A^2$,即$A = \sqrt{Rl_s}$。A称为回旋曲线参数,表示回旋线曲率变化的缓急程度。

(2)三次抛物线的方程式:$rx = C$。三次抛物线只能在$\beta \leqslant 24°$的条件下用作缓和曲线。

(3)双纽线方程式:$ra = C$。双纽线的极角为45°时,曲率半径最小。此后半径增大至原点,全程转角达到270°。因此,当曲线转角较大、半径较小时,例如在回头曲线或立体交叉的匝道上可以采用双纽线设置整个曲线,代替两段缓和曲线和一段主曲线。

回旋线、三次抛物线和双纽线在极角较小(5°~6°)时,几乎没有差别。随着极角的增加,三次抛物线的长度比双纽线的长度增加得快些,而双纽线的长度又比回旋线的长度增加得快些。回旋线的曲率半径减小得最快,而三次抛物线则减小最慢。从保证汽车平顺过渡的角度来看,三种曲线都可以作为缓和曲线。

2）缓和曲线的标准

（1）缓和曲线的最小长度

①从控制方向操作的最短时间考虑。缓和曲线的长度太短,使驾驶员操作不便,所以应保证驾驶员在缓和曲线上操作有一定的行程时间。缓和曲线的最小长度为:

$$l_{smin} = vt = \frac{V}{3.6}t \qquad (1-4-10)$$

②离心加速度变化率应限制在一定范围内。汽车行驶在缓和曲线上,其离心加速度随缓和曲线曲率变化而变化,如变化过快将会使旅客感受到横向的冲击。缓和曲线上离心加速度的变化率为:

$$a_s = \frac{a}{t} = \frac{v^2}{Rt} = \frac{V^3}{47Rl_s} \qquad (1-4-11)$$

式中:V——汽车行驶速度（km/h）;

$\quad v$——汽车行驶速度（m/s）;

$\quad R$——圆曲线半径（m）;

$\quad t$——汽车在缓和曲线上的行驶时间（s）。

由上述关系得出缓和曲线长度的计算公式为:

$$l_s = \frac{V^3}{47Ra_s} \qquad (1-4-12)$$

把离心加速度的变化率控制在 $0.5 \sim 0.6 \mathrm{m/s^2}$ 之间较为适当。根据公路设计车速,按式(1-4-10)、式(1-4-12)即可计算出最小缓和曲线长度,规定值见表1-4-19、表1-4-20。

公路缓和曲线最小长度 表1-4-19

设计速度（km/h）	120	100	80	60	50	40	30	20
缓和曲线最小长度（m）	100	85	70	50	45	35	25	20

城市道路缓和曲线最小长度 表1-4-20

设计速度（km/h）	100	80	60	50	40	30	20
缓和曲线最小长度（m）	85	70	50	45	35	25	20

（2）缓和曲线省略

①直线与圆曲线间缓和曲线的省略

《公路路线设计规范》(JTG D20—2017)规定,当圆曲线半径大于或等于表1-4-13中不设超高的圆曲线最小半径时可不设缓和曲线;四级公路可将直线与圆曲线径相连接,在圆曲线两端的直线上设置超高缓和段,加宽缓和段。

《城市道路工程设计规范》(CJJ 37—2012)(2016 年版)规定当计算行车速度小于40km/h时,可以省略缓和曲线;大于40km/h时,如半径大于不设缓和曲线的最小圆曲线半径时(表1-4-21),缓和曲线可以省略。

不设缓和曲线的最小圆曲线半径 表1-4-21

设计速度（km/h）	100	80	60	50	40
不设缓和曲线的最小圆曲线半径（m）	3000	2000	1000	700	500

②半径不同的圆曲线间缓和曲线的省略

a.两圆曲线半径均大于不设超高的圆曲线最小半径时,可以省略缓和曲线。

b.小圆半径大于表1-4-22规定,且符合下列条件之一者,可以省略缓和曲线。

复曲线中小圆临界曲线半径　　　　　　　表1-4-22

设计速度(km/h)	120	100	80	60	40	30
临界圆曲线半径(m)	2100	1500	900	500	250	130

(a)小圆按最小回旋线长度设回旋线时,大圆与小圆的内移值之差小于0.10m时。

(b)设计速度大于或等于80km/h,大圆半径(R_1)与小圆半径(R_2)之比小于1.5时。

(c)设计速度小于80km/h,大圆半径(R_1)与小圆半径(R_2)之比小于2时。

四、熟悉平曲线加宽的规定与运用

1.加宽的计算及标准

加宽计算及标准见表1-4-23。

加宽的计算及标准　　　　　　　表1-4-23

项目	内　容
概念	汽车在曲线路段上行驶时,靠近曲线内侧后轮行驶的曲线半径最小,靠曲线外侧的前轮行驶的曲线半径最大。为适应汽车在平曲线上行驶时,后轮轨迹偏向曲线内侧的需要,在平曲线内侧相应增加的路面、路基宽度称为曲线加宽(又称弯道加宽)
加宽值计算	普通汽车一条车道的加宽值: $$b_单 = \frac{A^2}{2R}$$ 对于有 N 个车道的行车道: $$b = \frac{NA^2}{2R}$$ 半挂车的加宽值: $$b = b_1 + b_2 = \frac{A_1^2 + A_2^2}{2R}$$
	加宽与车速的关系: $$b' = \frac{0.05v}{\sqrt{R}}$$ 考虑车速影响的加宽值计算公式: $$b = N\left(\frac{A^2}{2R} + \frac{0.05v}{\sqrt{R}}\right)$$

项目	内　容
公路加宽标准	（1）二级公路、三级公路、四级公路的圆曲线半径小于或等于250m时，应设置加宽。双车道路面加宽应符合下表规定。 **双车道路面加宽值** （2）圆曲线上的路面加宽应设置在圆曲线的内侧。 （3）各级公路的路面加宽后，路基也应相应加宽。 （4）双车道公路采取强制性措施实行分向行驶的路段，当其圆曲线半径较小时，内侧车道的加宽值应大于外侧车道的加宽值，设计时应通过计算分别确定。 （5）加宽类别采用： ①作为干线的二级公路，应采用3类加宽值。 ②作为集散的二级公路和三级公路，在考虑铰接列车通行时，应采用3类加宽值；不考虑通行铰接列车时，可采用2类加宽值。 ③作为支线的三级、四级公路，可采用1类加宽值。 ④有特殊车辆通行的专用公路应根据特殊车辆验算确定其加宽值

双车道路面加宽值

加宽类别	设计车辆	圆曲线半径（m）								
		200～250	150～200	100～150	70～100	50～70	30～50	25～30	20～25	15～20
第1类	小客车	0.4	0.5	0.6	0.7	0.9	1.3	1.5	1.8	2.2
第2类	载重汽车	0.6	0.7	0.9	1.2	1.5	2.0	—	—	—
第3类	铰接列车	0.8	1.0	1.5	2.0	2.7	—	—	—	—

注：单车道公路路面加宽值应为表列规定值的一半。

项目	内　容
公路加宽标准	加宽过渡段： （1）设置回旋线或超高过渡段时，加宽过渡段长度应采用与回旋线或超高过渡段长度相同的数值。 （2）不设回旋线或超高过渡段时，加宽过渡段长度应按渐变率为1:15且长度不小于10m的要求设置
城市道路加宽标准	（1）当圆曲线半径小于或等于250m时，应在圆曲线范围内设置加宽。 （2）圆曲线上的路面加宽应设置在圆曲线的内侧。当受条件限制时，次干路、支路可在圆曲线的两侧加宽。 （3）圆曲线范围内的加宽应为不变的全加宽值，两端应设置加宽缓和段，圆曲线每条车道的加宽值见下表。 **圆曲线每条车道的加宽值**

圆曲线每条车道的加宽值

加宽类型	汽车前悬加轴距（m）	车型	圆曲线半径（m）								
			200<R≤250	150<R≤200	100<R≤150	80<R≤100	70<R≤80	50<R≤70	40<R≤50	30<R≤40	20<R≤30
1	0.8+3.8	小客车	0.30	0.30	0.35	0.40	0.40	0.45	0.50	0.60	0.75
2	1.5+6.5	大型车	0.40	0.45	0.60	0.65	0.70	0.90	1.05	1.30	1.80
3	1.7+5.8+6.7	铰接车	0.45	0.60	0.75	0.90	0.95	1.25	1.50	1.90	2.75

项目	内　容
城市道路加宽标准	加宽过渡段： （1）当设置缓和曲线或超高缓和段时，加宽缓和段长度应采用与缓和曲线或超高缓和段长度相同的数值。 （2）当不设缓和曲线或超高缓和段时，加宽缓和段长度应按加宽侧路面边缘宽度渐变率为1:15～1:30计算，且长度不应小于10m

2.加宽过渡方式及计算

加宽过渡方式见表1-4-24。

加宽过渡方式　　　　　　　　　　　　　　　　　　　　　表1-4-24

加宽过渡方法	计 算 图 式	特点与适用条件
比例过渡	 $$b_{jx} = \dfrac{L_x}{L} b$$	(1)比例过渡简单易作,但经加宽以后的路面内侧与行车轨道不符,过渡段的起终点出现转折,对于路容也不美观。 (2)可用于二级、三级、四级公路
高次抛物线过渡	$$b_{jx} = (4k^3 - 3k^4) b$$ 式中:$k = \dfrac{L_x}{L}$	(1)用这种方法处理后的路面内侧边缘圆滑、美观。 (2)适用于对路容有一定要求的高速公路和一级公路
回旋线过渡	用回旋线计算公式,但是终点的曲率半径为: $$R_1 = R - \dfrac{B}{2} - b$$	(1)在过渡段上插入回旋线,这样不但中线上有回旋线,而且加宽以后的路面边线也是回旋线,与行车轨迹相符,保证了行车的顺适与线形的美观。 (2)适用于高速公路和一级、二级公路的下列路段:位于大城市近郊的路段;桥梁、高架桥、挡土墙、隧道等构造物处;设置各种安全防护设施的路段
直线与圆弧相切过渡	$$\alpha = \dfrac{-L_j + \sqrt{L_j^2 + 2(R-b)b_j}}{R-b}$$ $$b_{jx} = L_x \tan\alpha$$ 	(1)为消除加宽缓和段内侧边线与圆曲线起、终点的明显折点,采用路面加宽边缘线与圆曲线上路面加宽后边缘线圆弧相切的方法。 (2)适用于四级公路人工构造物路段

五、熟悉平曲线超高设计的规定与运用

1.超高及其作用

为抵消车辆在平曲线路段上行驶时所产生的离心力,将路面做成外侧高内侧低的单向横坡形式,称为平曲线超高。合理地设置超高,可以全部或部分抵消离心力,提高汽车在曲线上行驶的稳定性与舒适性。

2. 超高横坡度

超高的横坡度应根据设计速度、圆曲线半径、路面类型、自然条件和车辆组成等情况确定，必要时应按运行速度予以验算。计算公式如下：

$$i_c = \frac{V^2}{127R} - \mu \qquad (1\text{-}4\text{-}13)$$

各级公路圆曲线部分的最大超高值：高速公路、一级公路最大超高值为 8% 和 10%，正常情况下采用 8%；对设计速度高，或经验算运行速度高的路段宜采用 10%。二级、三级、四级公路限定最大超高为 8% 是适宜的。但对于积雪冰冻地区，考虑我国以货车为主的特点，限定最大超高为 6% 比较安全。城市区域考虑到非机动车等通行特点，公路项目最大超高不宜大于 4%。城市道路最大超高横坡度见表 1-4-25。

城市道路最大超高横坡度   表 1-4-25

设计速度(km/h)	100,80	60,50	40,30,20
最大超高横坡度(%)	6	4	2

注：积雪或冰冻地区的道路应根据实际情况适当折减。

3. 超高方式

超高方式见表 1-4-26。

超 高 方 式   表 1-4-26

类型	超高方式及图式	超高过程	适用条件
无中间带道路	绕内边线旋转	先将外侧车道绕路中线旋转，待达到与内侧车道构成单向横坡后，整个断面再绕未加宽前的内侧车道边线旋转，直至超高横坡值	宜用于新建公路
	绕中线旋转	先将外侧车道绕路中线旋转，待达到与内侧车道构成单向横坡后，整个断面绕中线旋转，直至超高横坡度	可用于改建公路。宜用于横断面形式为单幅路或三幅路的城市道路
	绕外边缘旋转	先将外侧车道绕外边缘旋转，与此同时，内侧车道随中线的降低而相应降低，待达到单向横坡后，整个断面仍绕外侧车道边缘旋转，直至超高横坡度	可用于路基外缘高程受限制或路容美观有特殊要求的公路工程

类型	超高方式及图式	超高过程	适用条件
有中间带道路	旋转轴 绕中间带的中心线旋转	先将外侧行车道绕中央分隔带边缘旋转,待达到与内侧行车道构成单向横坡后,整个断面一同绕中心线旋转,直至超高横坡度值。此时中央分隔带呈倾斜状	可用于中间带宽度较小时的公路
	旋转轴 绕中央分隔带边缘旋转	将两侧行车道分别绕中央分隔带边缘旋转,使之各自成为独立的单向超高断面,此时中央分隔带维持原水平状态	有中间带的公路均可采用。宜用于双幅及四幅的城市道路
	旋转轴 绕各自行车道中线旋转	将两侧行车道分别绕各自的中心线旋转,使之各自成为独立的单向超高断面,此时中央分隔带两边缘分别升高与降低而成为倾斜断面	用于车道数大于4条的公路

4.超高过渡段

超高设于圆曲线之范围内,两端用过渡段与直线相连。从直线段的双向横坡渐变到圆曲线路段具有超高单向横坡的渐变段称为超高过渡段。

为了行车舒适性和排水,对超高过渡段长度必须加以规定。通常按设计规范规定的设超高后行车道外边缘的渐变率来计算。双车道公路的超高过渡段长度按下式计算:

$$L_c = \frac{B' \cdot \Delta i}{p} \tag{1-4-14}$$

式中:L_c——超高过渡段长度(m);

B'——旋转轴至行车道(设路缘带时为路缘带)外侧边缘的宽度(m);

Δi——超高坡度与路拱坡度代数差(%);

p——超高渐变率(又称附加纵坡),即旋转轴线与行车道(设路缘带时为路缘带)外侧边缘线之间相对升降的比率,其规定值见表1-4-27。

超 高 渐 变 率 表1-4-27

设计速度(km/h)		120	100	80	60	40	30	20
超高渐变率	绕中线旋转	1/250	1/225	1/200	1/175	1/150	1/125	1/100
	绕边线旋转	1/200	1/175	1/150	1/125	1/100	1/75	1/50

为了行车的舒适,超高过渡段应不小于按式(1-4-14)计算的长度。超高过渡宜在回旋线全长范围内进行。超高过渡宜采用线性过渡。当回旋线较长时,其超高过渡段应设在回旋线

的某一区段范围内,超高过渡段的纵向渐变率不得小于1/330,全超高断面宜设在缓圆点或圆缓点处。在确定超高过渡段长度 L_c 时应考虑以下几点:

(1)一般情况下,在确定缓和曲线长度时,已经考虑了超高过渡段所需的最短长度,当计算出的 $L_c < L_s$ 时,只要超高渐变率 $p \geq 1/330$,超高过渡段长度 L_c 一般取缓和曲线长度 L_s,即 $L_c = L_s$。

(2)在高等级公路设计中,因照顾线形的协调性,在平曲线中一般配置较长的缓和曲线。为了避免在缓和曲线全长范围内均匀过渡超高而造成路面横向排水不畅,超高的过渡仅在缓和曲线的某一区段内进行。即超高过渡起点可从缓和曲线起点($R = \infty$)至缓和曲线上不设超高的最小半径之间的任一点开始,至缓和曲线终点结束。此时 $L_c < L_s$。

(3)若计算出的 $L_c > L_s$,此时应修改平面线形,使 $L_s \geq L_c$。当平面线形无法修改时,可将超高过渡起点前移,即超高过渡在缓和曲线起点前的直线路段开始,路面外侧以适当的超高渐变率逐渐抬高,使横断面在 ZH(或 HZ)点渐变为向内倾斜的单向路拱横坡(临界断面)。

(4)未设缓和曲线的四级公路,若圆曲线上设有超高和加宽,则应设置超高、加宽过渡段。四级公路的超高、加宽过渡段长度应分别按超高和加宽的有关规定计算,取其较长者,但最短应符合渐变率为 1:15 且不小于 10m 的要求。四级公路的超高、加宽过渡段应设在紧接圆曲线起点或终点的直线上。受地形条件或其他特殊情况限制时,可将超高、加宽过渡段的一部分插入曲线,但插入曲线内的长度不得超过超高、加宽过渡段长度的一半。不同半径的同向圆曲线径相连接构成的复曲线,其超高、加宽过渡段应对称地设在衔接处的两侧。

5. 超高值

平曲线上设置超高以后,道路中线和内、外侧边线与设计高程之差 h,应予以计算并列于"路基设计表"中,以便于施工。

1)无中间带的公路

无中间带的公路超高值的计算公式列于表 1-4-28 和表 1-4-29 中。该组公式适用于设计高程在路基边缘,外侧路肩横坡值和方向与相邻车道相同的情况。

绕内边线旋转超高值计算公式　　　　　表 1-4-28

超高位置		计算公式		备　注
		$x \leqslant x_0$	$x > x_0$	
圆曲线上	外缘 h_c	$b_J i_J + (b_J + B)i_h$		(1)计算结果均为与设计高之差。 (2)临界断面距过渡段起点: $x_0 = \dfrac{i_G}{i_h}L_c$ (3) x 距离处的加宽值: $b_x = \dfrac{x}{L_c}b$
	中线 h_c'	$b_J i_J + \dfrac{B}{2}i_h$		
	内缘 h_c''	$b_J i_J - (b_J + b)i_h$		
过渡段上	外缘 h_{cx}	$b_J(i_J - i_G) + [b_J i_G + (b_J + B)i_h]\dfrac{x}{L_c}$ (或 $\approx \dfrac{x}{L_c}h_c$)		
	中线 h_{cx}'	$b_J i_J + \dfrac{B}{2}i_G$	$b_J i_J + \dfrac{B}{2} \cdot \dfrac{x}{L_c}i_h$	
	内缘 h_{cx}''	$b_J i_J - (b_J + b_x)i_G$	$b_J i_J - (b_J + b_x)\dfrac{x}{L_c}i_h$	

绕中线旋转超高值计算公式　　　　表 1-4-29

超 高 位 置		计 算 公 式		备　　注
		$x \leqslant x_0$	$x > x_0$	
圆曲线上	外缘 h_c	$b_J(i_J - i_G) + \left(b_J + \dfrac{B}{2}\right)(i_G + i_h)$		（1）计算结果均为与设计高之差。
	中线 h'_c	$b_J i_J + \dfrac{B}{2} i_G$		（2）临界断面距过渡段起点：
	内缘 h''_c	$b_J i_J + \dfrac{B}{2} i_G - \left(b_J + \dfrac{B}{2} + b\right)i_h$		$x_0 = \dfrac{2i_G}{i_G + i_h} L_c$
过渡段上	外缘 h_{cx}	$b_J(i_J - i_G) + \left(b_J + \dfrac{B}{2}\right)(i_G + i_h)\dfrac{x}{L_c}\left(\text{或} \approx \dfrac{x}{L_c}h_c\right)$		（3）x 距离处的加宽值：
	中线 h'_{cx}	$b_J i_J + \dfrac{B}{2} i_G \text{（定值）}$		$b_x = \dfrac{x}{L_c} b$
	内缘 h''_{cx}	$b_J i_J - (b_J + b_x)i_G$	$b_J i_J + \dfrac{B}{2} i_G - \left(b_J \dfrac{B}{2} + b_x\right)\dfrac{x}{L_c} i_h$	

表 1-4-28 和表 1-4-29 中各变量的含义如下：

B——路面宽度；

b_J——路肩宽度；

i_G——路拱坡度；

i_J——路肩坡度；

i_h——超高横坡度；

L_c——超高过渡段长度（或缓和曲线长度）；

x_0——与路拱同坡度的单向超高点到超高过渡段起点的距离；

x——超高过渡段中任一点至起点的距离；

h_c——路肩外缘最大抬高值；

h'_c——路中线最大抬高值；

h''_c——路基内缘最大降低值；

h_{cx}——x 距离处路基外缘抬高值；

h'_{cx}——x 距离处路基中线抬高值；

h''_{cx}——x 距离处路基内缘降低值；

b——圆曲线加宽值；

b_x——x 距离处路基加宽值。

以上长度单位均为 m。

2）有中间带的公路

设有中间带公路的超高方式有三种：

（1）绕中央分隔带边缘旋转。

（2）绕各自行车道中心旋转。

（3）绕中间带中心旋转。

在实际的设计中应用较多的是第一种和第二种方法,在超高过程中,内外侧同时从超高缓和段起点开始绕各自旋转轴旋转,外侧逐渐抬高,内侧逐渐降低,直到 HY(或 YH)点达到全超高。计算公式列于表 1-4-30 和表 1-4-31 中。

绕中央分隔带边缘旋转的超高值计算公式　　　　　　　　　表 1-4-30

超高位置		计 算 公 式	x 距离处行车道横坡值	备　　注
外侧	C	$(b_1 + B + b_2) i_x$	$i_x = \dfrac{i_G + i_h}{L_c} x - i_G$	（1）计算结果为与设计高程之高差。
	D	0		（2）设计高程为中央分隔带外侧边缘的高程。
内侧	D	0	$i_x = \dfrac{i_h - i_G}{L_c} x + i_G$	（3）加宽值 b_x 按加宽计算公式计算。
	C	$-(b_1 + B + b_x + b_2) i_x$		（4）当 $x = L_c$ 时,为圆曲线上的超高值

绕各自行车道中心旋转的超高值计算公式　　　　　　　　　表 1-4-31

超高位置		计 算 公 式	x 距离处行车道横坡值	备　　注
外侧	C	$\left(\dfrac{B}{2} + b_2\right) i_x - \left(\dfrac{B}{2} + b_1\right) i_z$	$i_x = \dfrac{i_G + i_h}{L_c} x - i_G$	（1）计算结果为与设计高程之高差。
	D	$-\left(\dfrac{B}{2} + b_1\right)(i_x + i_z)$		（2）设计高程为中央分隔带外侧边缘的高程。
内侧	D	$\left(\dfrac{B}{2} + b_1\right)(i_x - i_z)$	$i_x = \dfrac{i_h - i_G}{L_c} x + i_G$	（3）加宽值 b_x 按加宽计算公式计算。
	C	$-\left(\dfrac{B}{2} + b_x + b_2\right) i_x - \left(\dfrac{B}{2} + b_1\right) i_z$		（4）当 $x = L_c$ 时,为圆曲线上的超高值

6. 超高设计图

超高设计图(图 1-4-2)是简化了的超高过渡的纵断面图,该图是以旋转轴为横坐标轴,纵坐标为相对高程。为使超高更加清晰,纵坐标是夸大了的。

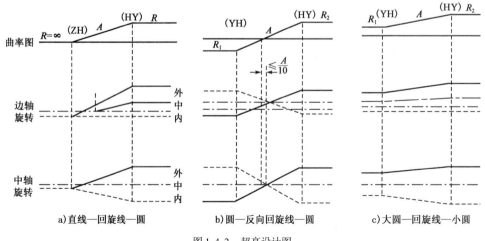

图 1-4-2　超高设计图

1）基本形曲线的超高设计图

从缓和曲线（等于超高渐变段长）起点开始超高，外侧逐渐抬高，内侧逐渐降低，至缓和曲线终点超高达到全值，其间变化为直线，这符合缓和曲线上的曲率变化规律，也符合行车离心力的变化规律。在路面外侧边线抬高过程中，与中线相交一次，说明此点路面外侧横坡为 0，于横向排水不利。

2）两相邻曲线是反向的超高设计图

如按图 1-4-2a）处理，即路面要由单坡断面变为双坡断面，又要由双坡断面变为单坡断面，则路面外侧边线要与中线相交两次，对排水和路容都不利。可改为按图 1-3-2b）处理，即由一个曲线的全超高过渡到另一个曲线的反方向全超高，中间是面到面的过渡，在整个过渡过程中，横断面始终是单坡断面，没有固定旋转轴。这样处理后，只出现一次零坡断面，对排水和路容都有利。

3）两相邻曲线是同向的超高设计图

如按图 1-4-2b）处理，则路面外侧边线要与中线相交两次，对排水和路容都不利，而且对曲线外侧汽车的舒适性影响很大。改为按图 1-4-2c）处理，即由一个曲线的全超高过渡到另一个曲线的同方向全超高，中间是面到面的过渡，在整个过渡过程中，外侧路面始终向内倾斜，与内侧路面构成单坡断面。这样处理后，不出现零坡断面，对排水、路容和行车都有利。

六、熟悉视距的规定与运用

视距是指从车道中心线上 1.2m 的高度，能看到该车道中心线上高为 0.1m 的物体顶点的距离，是该车道中心线量得的长度。在道路设计中保证足够的行车视距，是确保行车安全、快速，增加行车安全感，提高行车舒适性的重要措施。

（1）高速公路、一级公路的视距应采用停车视距。高速公路、一级公路的一般路段，每条车道的停车视距应不小于表 1-4-32 的规定。

高速公路、一级公路停车视距　　　　　　表 1-4-32

设计速度（km/h）	120	100	80	60
停车视距（m）	210	160	110	75

（2）二级、三级、四级公路的视距应采用会车视距。受地形条件或其他特殊情况限制而采取分道行驶措施的路段，可采用停车视距。会车视距与停车视距应不小于表 1-4-33 的规定。

二级、三级、四级公路会车视距与停车视距　　　　表 1-4-33

设计速度（km/h）	80	60	40	30	20
会车视距（m）	220	150	80	60	40
停车视距（m）	110	75	40	30	20

（3）二级、三级、四级公路双车道公路，应间隔设置满足超车视距的路段。具有干线功能的二级公路宜在 3min 的行驶时间内，提供一次满足超车视距要求的超车路段。超车视距最小值应符合表 1-4-34 的规定。

超车视距最小值   表1-4-34

设计速度(km/h)		80	60	40	30	20
超车视距最小值(m)	一般值	550	350	200	150	100
	极限值	350	250	150	100	70

注:"一般值"为正常情况下的采用值,"极限值"为条件受限时可采用的值。

(4)高速公路、一级公路以及大型车比例高的二级、三级公路的下坡路段,应采用下坡段货车停车视距对相关路段进行检验。各级公路下坡段货车停车视距应不小于表1-4-35的规定。

下坡段货车停车视距(单位:m)   表1-4-35

设计速度(km/h)		120	100	80	60	40	30	20
纵坡坡度 (%)	0	245	180	125	85	50	35	20
	3	265	190	130	89	50	35	20
	4	273	195	132	91	50	35	20
	5	—	200	136	93	50	35	20
	6	—	—	139	95	50	35	20
	7	—	—	—	97	50	35	20
	8	—	—	—	—	—	35	20
	9	—	—	—	—	—	—	20

(5)各级公路的互通式立体交叉、服务区、停车区、客运汽车停靠站等各类出口路段应满足识别视距要求,并应符合下列规定:

①不同设计速度对应的识别视距宜符合表1-4-36的规定。

识别视距   表1-4-36

设计速度(km/h)	120	100	80	60
识别视距(m)	350(460)	290(380)	230(300)	170(240)

注:括号中为行车环境复杂、路侧出口提示信息较多时应采取的视距值。

②受地形、地质条件限制的路段,识别视距可用1.25倍的停车视距,但应采取管理措施,进行必要的限速控制。

(6)城市地下道路停车视距

进出城市地下道路洞口处的停车视距宜采用主线路段的1.5倍。当条件受限时,应对洞口光过渡段进行处理。

城市地下道路设置平曲线及凹形竖曲线路段,必须进行停车视距验算。

七、熟悉平面设计结合交通组织设计的相关要求

交通组织设计是根据国家相关法律法规、政策和标准规范,综合运用交通工程技术,以改善道路交通秩序、保障道路交通安全、提高道路交通运行效率的设计工作。城市道路交通组织设计的目的是促进道路交通条件、交通运行方式与交通流特征及需求相适应,以推动相关道路行人与车辆有序、安全流动。交通组织设计应根据城市道路条件,考虑社会效益、环境效益与

经济效益的协调统一,合理采用技术标准,体现以人为本、资源节约、环境友好的设计要求。交通组织设计应优先考虑公共交通和行人、非机动车交通。以下城市道路或情形应开展交通组织设计:

(1)新建道路。

(2)道路改建、扩建。

(3)在道路沿线新增开口,对道路交通影响较大。

(4)道路上交通流量显著变化。

(5)高峰期经常发生交通拥堵。

(6)交通事故多发。

(7)其他交通管理的需要。

新建道路或道路的改建、扩建,在工程设计时,就应该同步开展交通组织设计,并作为设计文件中的一部分。

平面设计应结合交通组织设计,合理布置交叉口、出入口、分隔带开口、公交停靠站、人行设施等。道路的服务对象为机动车、非机动车与行人。道路位于城市区域,路网密、流量高,因此城市道路平面设计应根据道路的功能、等级,运用交通工程的理念与手段,重点进行交通组织设计,合理分配路权与布置交通空间,创造机动车、非机动车与行人的和谐交通环境,发挥更大的社会与经济效益。

道路交叉口设计应安全、有序、畅通,兼顾所有道路使用者的要求,处理好与其他交通方式的衔接,综合考虑交通组织、几何设计、交通管理方式和交通工程设施等要素,并应与周围环境相协调,合理确定用地规模。

公共停车场与城市广场的位置、规模应符合城市规划布局和道路交通组织需要,合理布置。公共停车场与城市广场的内部交通组织及竖向设计应与周边的交通组织和竖向条件相适应。

考 点 分 析

本节是道路路线设计中重要的一节,主要有以下考点:

(1)平面组合线形 需要掌握其组合类型及设计方法,包括每种组合线形的设置条件与设计要求,重点掌握简单形、基本形、S形、凸形、复曲线,包括其计算。还应熟悉回头曲线的设计指标的特殊规定。

(2)平面线形三要素 应熟悉直线、圆曲线、缓和曲线的性质、标准规定与运用,特别是对于圆曲线半径的确定与计算、缓和曲线长度的确定与计算、回旋曲线参数的计算应重点熟悉。

(3)超高与加宽 超高主要是熟悉有无中间带公路的超高过渡方式、超高过渡段长度的确定以及超高值的计算,加宽主要是熟悉如何确定圆曲线加宽值、不同加宽过渡方式的选用以及缓和段上加宽值的计算。特别是超高过渡段长度计算与加宽值的计算应重点了解。

(4)关于视距 主要是熟悉视距的概念、停车视距、会车视距、超车视距的构成及其视距的保证与视距计算。

(5)交通组织设计 主要是熟悉平面设计中的相关要求。

例 题 解 析

例1 [2020年单选题]东北地区某一级公路,地处积雪冰冻的平原地区,设计速度采用100km/h,下列有关该公路在穿越城镇路段设超高的最小平面圆曲线半径值,符合规范规定的是(   )。

(A)360m   (B)400m   (C)440m   (D)500m

分析

根据《公路路线设计规范》(JTG D20—2017)第7.5.1条,穿越城镇路段的最大超高为4%,查表7.3.2,设计速度为100km/h,超高4%对应的极限最小半径为500m。故本题选D。

例2 [2020年单选题] 城市地下道路在设置平曲线及凹形竖曲线路段应保证具有足够的行车视距,按照规范规定,必须进行视距验算的是(   )。

(A)识别视距   (B)停车视距
(C)会车视距   (D)超车视距

分析

根据《城市地下道路工程设计规范》(CJJ 221—2015)第5.3.3条,城市地下道路设置平曲线及凹形竖曲线路段,必须进行停车视距验算。故本题选B。

例3 [2020年多选题]城市道路平面设计中,当受地形条件限制时,下列关于半径不同的同向圆曲线可采用复曲线连接的设置条件,符合规范规定的是(   )。

(A)设计速度大于或等于40km/h时,半径不同的同向圆曲线连接处
(B)小圆半径大于或等于不设超高的最小圆曲线半径
(C)小圆半轻小于不设缓和曲线的最小圆曲线半径,但大圆与小圆的内移值之差小于或等于0.1m
(D)大圆半径与小圆半径之比值小于或等于1.5

分析

根据《城市道路路线设计规范》(CJJ 193—2012)第6.3.3条第3款,当设计速度大于或等于40km/h时,半径不同的同向圆曲线连接处应设置缓和曲线。当受地形限制并符合下列条件之一时,可采用复曲线:

(1)小圆半径大于或等于不设缓和曲线的最小圆曲线半径。

(2)小圆半径小于不设缓和曲线的最小圆曲线半径,但大圆与小圆的内移值之差小于或等于0.1m。

(3)大圆半径与小圆半径之比值小于或等于1.50。

故本题选BCD。

例4 [2020年案例题]某城市主干路,设计速度为60km/h,拟采用不设缓和曲线的圆曲线平面线形,道路设计中心转角值为5°48′36″。下列关于该圆曲线最小半径取值,符合规范规

定的是(　　)。请说明选择依据和理由。(百位数取整)

(A)300m　　　　　　　　　　　　(B)600m

(C)1000m　　　　　　　　　　　　(D)1200m

分析

(1)中心转角值5°48′36″(5.81°)小于7°,该曲线为小转角平曲线,根据《城市道路路线设计规范》(CJJ 193—2012)表6.3.4-2,该简单形圆曲线最小平曲线长度:

$$L = 700/5°48′36″ = 700/5.81 = 120.48m$$

(2)$R = L/\alpha = 120.48/(5.81 \times \pi/180) = 1188m$,取整为1200m,大于表6.3.3-1中不设缓和曲线的最小圆曲线半径1000m。故本题选D。

例5 [2020年案例题]某城市快速路,设计速度为80km/h,采用整幅式高架桥形式,桥梁路面宽度为24.5m,标准路拱横坡为2%,路段中设有一处$R = 300m$的圆曲线。已知绕中线旋转的圆曲线超高值为4.0%,该处缓和曲线的最小长度为(　　)。(计算结果取整)

(A)70　　　　　　(B)98　　　　　　(C)110　　　　　　(D)147

分析

(1)根据《城市道路路线设计规范》(CJJ 193—2012)第6.3.3条第5款表6.3.3-2,设计速度为80km/h,缓和曲线最小长度取70m。

(2)根据《城市道路路线设计规范》(CJJ 193—2012)第6.4.3条,超高渐变率ε取1/200,则

$$超高缓和段长度 L_e = \frac{b \times \Delta i}{\varepsilon} = \left[\frac{24.5}{2} \times (2\% + 4\%)\right]/\left(\frac{1}{200}\right) = 147m$$

根据《城市道路路线设计规范》(CJJ 193—2012)第6.4.6条,取L_e与L_s的大值。故本题选D。

例6 [2019年单选题]某高速公路项目设计速度为120km/h,正常情况下,圆曲线半径为(　　)。

(A)$R < 1000m$　　　　　　　　　　(B)$1000m \leq R \leq 10000m$

(C)$650m \leq R < 1000m$　　　　　　(D)$R < 650m$

分析

根据《公路路线设计规范》(JTG D20—2017)表7.3.2,120km/h车速的圆曲线半径(一般值)为1000m,根据第7.3.3条,圆曲线最大半径值不宜超过10000m。故本题选B。

例7 [2019年多选题]某高速公路项目设计速度为100km/h,由于地形地物等严格限制,必须采用长直线,因此,依据《公路路线设计规范》(JTG D20—2017),该路段路线平面设计(　　)。

(A)不应采用超过2000m长的长直线

(B)不应采用超过3000m长的长直线

(C)直线的长度不宜过长

(D)受特殊情况限制而采用长直线时,应采取相应的交通安全技术措施

分析

根据《公路路线设计规范》(JTG D20—2017)第 7.2.1 条,直线的长度不宜过长,受地形条件或其他特殊情况限制而采用长直线时,应结合沿线具体情况采取相应的技术措施。规范对直线最大长度只是定性规定,未定量规定。故本题选 CD。

例 8 [2019 年案例题] 拟建某城市快速路,设计速度为 100km/h,μ 取 0.067,圆曲线半径为 800m 时的最小超高值拟定为( )。(按百分数四舍五入取整)

　(A)1%　　　　(B)2%　　　　(C)3%　　　　(D)4%

分析

根据汽车行驶在曲线上的力的平衡式 $R = \dfrac{V^2}{127(\mu + i_{\mathrm h})}$,将题意中的参数值代入 $800 = \dfrac{100^2}{127(0.067 + i_{\mathrm h})}$,可得 $i_{\mathrm h} = 0.031$。故本题选 C。

例 9 [2019 年案例题] 拟建城市快速路,设计速度 $V = 80$km/h,该路段某处平曲线的设计参数如下图所示,图中尺寸单位为 m。超高过渡方式按绕中间分隔带边缘旋转。该处平曲线设计中设计指标不符合规范规定的是( )。

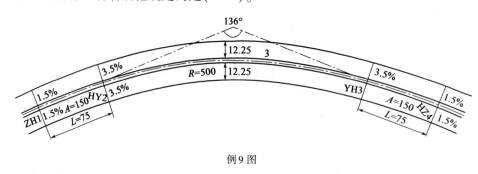

例 9 图

　(A)圆曲线半径　　　　　　　　　　(B)缓和曲线长度
　(C)超高值　　　　　　　　　　　　(D)曲线转角

分析

根据《城市道路路线设计规范》(CJJ 193—2012)第 6.3.3 条第 5 款,缓和曲线最小长度应符合表 6.3.3-2 的规定。当圆曲线按规定需要设置超高时,缓和曲线长度还应大于超高缓和段的长度。规范规定缓和曲线最小长度应大于或等于 70m,图中的 75m 符合规范要求。下面验证其是否大于超高缓和段长度。

查表 6.4.3,超高渐变率为 1/150,当由直线上的正常路拱断面过渡到圆曲线上的超高断面时,必须在其间设置超高缓和段。超高缓和段长度应按下式计算:

$$L_{\mathrm e} = b\Delta i/\varepsilon = 12.25 \times [3.5\% - (-1.5\%)]/(1/150) = 91.875\mathrm m$$

故缓和曲线长度不满足超高缓和段长度要求。

设计速度 $V = 80$km/h 的快速路,极限最小半径为 400m,最大超高值为 6%,曲线转角也不是小转角,选项 A、C、D 均符合规范规定。

故本题选 B。

例 10　《公路路线设计规范》(JTG D20—2017)规定直线的长度不宜过长,其主要原因是(　　)。

(A)长直线安全性差　　　　　　　　　(B)工程量大

(C)对环境破坏大　　　　　　　　　　(D)美观性差

分析

长直线工程量与对环境破坏不一定都大,要看具体情况;长直线美观性差与否,也不能一概而论;但长直线易使驾驶员感到单调、疲倦;在直线纵坡路段,易使驾驶员错误估计车间距离、行车速度及上坡坡度,易对长直线估计得过短或产生急躁情绪,超速行驶,易发生事故。故本题选 A。

例 11　一级公路的三个最小半径规定值,极限最小半径 R_m,一般最小半径 R_T,不设超高最小半径 R_P,其大小关系正确的是(　　)。

(A)$R_P > R_T > R_m$　　　　　　　　(B)$R_m > R_P > R_T$

(C)$R_P > R_m > R_T$　　　　　　　　(D)$R_m > R_T > R_P$

分析

各等级公路中,极限半径均是三个最小半径中的最小值,不设超高最小半径是三个最小半径中的最大值。故本题选 A。

例 12　横向力系数 μ 在计算平曲线最小半径时,取值最小的是(　　)。

(A)一般最小半径　　　　　　　　　　(B)极限最小半径

(C)不设超高最小半径　　　　　　　　(D)复曲线的临界半径

分析

横向力系数 μ 与平曲线半径成反比,μ 值最小,则半径值为最大,这四个半径值中,不设超高最小半径值最大。故本题选 C。

例 13　某二级公路设计,交点 5 为单交点圆曲线,该曲线未设置缓和曲线,该圆曲线半径应大于或等于(　　)。

(A)极限最小半径　　　　　　　　　　(B)一般最小半径

(C)不设超高的最小半径　　　　　　　(D)临界半径

分析

根据《公路路线设计规范》(JTG D20—2017),当圆曲线半径大于或等于不设超高的圆曲线最小半径时可不设缓和曲线;四级公路可将直线与圆曲线径相连接,在圆曲线两端的直线上设置超高缓和段、加宽缓和段。故本题选 C。

例 14　为满足缓和曲线在视觉上应有平顺感,以下关于半径、缓和曲线、回旋曲线参数三者的关系中,正确的选项是(　　)。

(A) $\dfrac{l_s}{3} < R \leqslant l_s$ (B) $R \leqslant A \leqslant 3R$

(C) $R \leqslant l_s \leqslant 3R$ (D) $\dfrac{R}{3} \leqslant A \leqslant R$

分析

回旋线参数宜依据地形条件及线形要求确定,并与圆曲线半径相协调。回旋线参数 A 与圆曲线半径 R 之间的关系为:$\dfrac{R}{3} \leqslant A \leqslant R$。故本题选 D。

例 15 在直线与半径为 200m 的圆曲线之间设置长度为 50m 的回旋曲线,则该回旋曲线参数为( )。

(A) 50m   (B) 100m   (C) 150m   (D) 200m

分析

回旋曲线参数 $A = \sqrt{Rl_s} = \sqrt{200 \times 50} = 100$m。故本题选 B。

例 16 某平曲线 HZ 桩号为 K2 + 500,其中切线长与平曲线长分别为 100m 与 195m,则 JD 桩号为( )。

(A) K2 + 400   (B) K2 + 405   (C) K2 + 395   (D) K2 + 500

分析

HZ = JD − T + L,JD = HZ + T − L = K2 + 500 + 100 − 195 = K2 + 405。故本题选 B。

例 17 当两反向曲线间设置有短直线段时,应将线形调整,以下调整方案合理的是( )。

(A) 将线形调整为复合形   (B) 将线形调整为凸形

(C) 将线形调整为 S 形   (D) 将线形调整为 C 形

分析

两反向曲线的组合有 S 形、C 形、复合形曲线,而 C 形、复合形曲线均为同向曲线的组合。故本题选 C。

例 18 各级公路平曲线不设置加宽的条件是( )。

(A) 平曲线半径大于一般最小半径   (B) 不通行集装箱运输的公路

(C) 平曲线半径大于 250m   (D) 公路地处平原地区

分析

根据《公路路线设计规范》(JTG D20—2017),当圆曲线半径小于或等于 250m 时,应在圆曲线范围内设置加宽。故本题选 C。

例 19 某级公路平曲线半径 $R = 60$m,$l_s = 40$m,圆曲线路段加宽 $b = 1.2$m,加宽过渡方式按直线比例,缓和曲线上距 ZH 点 15m 处加宽值是( )。

(A) 0   (B) 0.45m   (C) 0.80m   (D) 0.86m

分析

$$b_{jx} = \frac{L_x}{L}b = \frac{15}{40} \times 1.2 = 0.45\text{m}。\text{ 故本题选 B。}$$

例 20 设计时,查表确定某圆曲线加宽取值要考虑的因素是( )。

(A)公路等级、半径与超高横坡

(B)公路等级、设计速度与平曲线半径

(C)平曲线长度、公路等级与平曲线半径

(D)设计车型、加宽缓和段长度与平曲线半径

分析

查表确定圆曲线加宽值时,首先要根据公路功能与等级确定加宽类别,再根据半径值与加宽类别查表确定加宽值。故本题选 B。

例 21 某公路直线部分的路拱横坡度为 2%,则该公路圆曲线部分最小超高横坡度应是( )。

(A)2%   (B)2.5%   (C)5%   (D)非定值

分析

公路圆曲线部分最小超高横坡度等于路拱横坡度。故本题选 A。

例 22 某新建二级公路,其超高方式一般应采用( )。

(A)绕中间带的中心旋转   (B)绕中线旋转

(C)绕行车道外边缘旋转   (D)绕内边轴旋转

分析

二级公路属于无中间带的公路,选项 A 错误。绕中线旋转用于改建公路,绕行车道外边缘旋转用于特殊路段,选项 B、C 错误。绕内边轴旋转一般用于新建公路。故本题选 D。

例 23 关于城市道路直线标准规定的说法,正确的是( )。

(A)两相邻平曲线间的直线段最小长度应大于或等于 6s 行程

(B)两圆曲线间以直线径相连接时,且设计速度大于或等于 60km/h 时,同向圆曲线间最小直线长度(以 m 计)不宜小于设计速度(以 km/h 计)数值的 6 倍

(C)两圆曲线间以直线径相连接时,且设计速度大于或等于 60km/h 时,反向圆曲线间最小直线长度(以 m 计)不宜小于设计速度(以 km/h 计)数值的 2 倍

(D)当设计速度小于 60km/h 时,反向圆曲线间最小直线长度可不受限

分析

根据《城市道路路线设计规范》(CJJ 193—2012),两相邻平曲线间的直线段最小长度应大于或等于缓和曲线最小长度,故选项 A 错误。两圆曲线间以直线径相连接时,直线的长度宜符合下列规定:①当设计速度大于或等于 60km/h 时,同向圆曲线间最小直线长度(以 m 计)不宜小于设计速度(以 km/h 计)数值的 6 倍;反向圆曲线间最小直线长度(以 m 计)不宜小于

设计速度(以 km/h 计)数值的 2 倍。②当设计速度小于 60km/h 时,可不受上述限制。故本题选 BC。

例 24 关于圆曲线运用的说法,正确的有( )。
(A)地形条件特殊困难而不得已时,方可采用圆曲线最小半径的"极限值"
(B)条件受限制时,应采用超高为 2% ~4% 的圆曲线半径
(C)避免小半径圆曲线与陡坡相重合的线形
(D)设置圆曲线时,应同相衔接路段的平、纵线形要素相协调

分析

条件受限制时,采用超高为 2% ~4% 的圆曲线半径时工程量大而不经济,可采用大于或接近于圆曲线最小半径的"一般值"。故选项 B 错误。其他选项均符合《公路路线设计规范》(JTG D20—2017)的规定。故本题选 ACD。

例 25 根据《城市道路工程设计规范》(CJJ 37—2012)(2016 年版),可以省略缓和曲线的条件有( )。
(A)当计算行车速度小于 40km/h 时
(B)半径大于不设缓和曲线的最小圆曲线半径时
(C)半径大于不设超高的最小圆曲线半径时
(D)道路等级为支路

分析

根据《城市道路工程设计规范》(CJJ 37—2012)(2016 年版),当计算行车速度小于 40km/h 时,可以省略缓和曲线;大于 40km/h 时,如半径大于不设缓和曲线的最小圆曲线半径时,缓和曲线可以省略。半径大于不超高的最小圆曲线半径,是公路省略缓和曲线的条件,选项 C 错误;道路等级为支路,其设计速度有 40km/h、30km/h、20km/h 三个,在 40km/h 时,其半径要大于 500m 方可省略缓和曲线,选项 D 错误。故本题选 AB。

例 26 凡满足缓和曲线性质的曲线均可作为缓和曲线,这些曲线包括( )。
(A)回旋曲线 (B)复曲线
(C)三次抛物线 (D)双纽曲线

分析

凡满足缓和曲线性质的曲线均可作为缓和曲线,这些曲线有:回旋线、三次抛物线、双纽线、n 次抛物线、正弦形曲线等。复曲线是两个圆曲线的组合,不能作为缓和曲线。故本题选 ACD。

例 27 由平面线形三要素不同的交叉组合,平面组合线形有( )。
(A)凹形 (B)C 形
(C)复合形 (D)凸形

分析

凹形曲线只有在纵断面里存在,选项 A 错误。S 形、C 形、复合形、凸形均由平面线形三要素组成。故本题选 BCD。

例 28 某旅游区四级公路,要求路容美观,平曲线加宽过渡的方式宜采用的方法有(   )。

    (A)比例过渡   (B)高次抛物线过渡

    (C)回旋线过渡   (D)直线与圆弧相切过渡

分析

比例过渡在过渡段的起终点出现转折,对于路容不美观,其他几种均无转折,加宽后路边线美观。故本题选 BCD。

例 29 确定超高的横坡度应考虑的因素有(   )。

    (A)设计速度   (B)路面类型

    (C)竖曲线半径   (D)自然条件

分析

超高的横坡度应根据设计速度、圆曲线半径、路面类型、自然条件和车辆组成等情况确定,必要时应按运行速度予以验算。计算公式如下:

$$i_c = \frac{V^2}{127R} - \mu$$

设计速度、圆曲线半径直接影响超高的横坡度,路面类型、自然条件与横向力系数有关,也需要考虑。竖曲线半径与超高的横坡度无关。故本题选 ABD。

自 测 模 拟

(第 1~14 题为单选题,第 15、16 题为多选题)

1. 某公路的设计速度 $V = 60$km/h,两圆曲线间以直线径相连接,同向圆曲线间最小直线长度(以 m 计)不宜小于(   )。

    (A)120m   (B)360m

    (C)540m   (D)600m

2. 当设计车速 ≥60km/h 时,两圆曲线间以直线径相连接,反向曲线间的直线最小长度(以 m 计)以不小于设计车速(以 km/h 计)的 n 倍为宜,其中 n 为(   )。

    (A)2   (B)4

    (C)6   (D)8

3. 小转角平曲线与一般平曲线相比,其特殊的标准规定是(   )。

    (A)切线长   (B)平曲线长度

（C）平竖曲线半径比值 （D）缓和曲线长

4. 各级公路平曲线最小长度标准的制定,是按回旋线最小长度的( )倍进行控制的。
（A）1 （B）2
（C）3 （D）4

5. 已知某 JD 桩号为 K7 + 777.77,转角为 22°22′,缓和曲线长度为 50m,半径 R 为 300m。平曲线终点 HZ 里程为( )。
（A）K7 + 693.34 （B）K7 + 860.51
（C）K7 + 862.14 （D）K7 + 865.66

6. 当采用回旋线作为缓和曲线时,若回旋线参数 $A = 60m$,连接的圆曲线半径 $R = 90m$,则回旋线设计长度为( )。
（A）40m （B）50m
（C）60m （D）90m

7. 平面对称凸形曲线,其缓和曲线长 l_s,则 HZ 点里程计算表达式是( )。
（A）$HZ = QZ + J/2$ （B）$HZ = JD + T$
（C）$HZ = JD - T$ （D）$HZ = ZH + 2l_s$

8. 公路卵形曲线的两圆曲线半径,大半径不宜大于小半径的( )倍。
（A）2 （B）4
（C）5 （D）6

9. 某单交点需要设置成凸形曲线,应满足的几何条件是( )。
（A）$2\beta_0 = \alpha$ （B）$\beta_0 = \alpha$
（C）$2\beta_0 < \alpha$ （D）$2\beta_0 > \alpha$

10. 交点 26 与交点 27 构成 S 形曲线,交点 26 与交点 27 采用不同的回旋线参数,JD27 的 $A = 180m$,则该两个回旋线参数的比值应受到限制,正确的比值应小于( )。
（A）1.5 （B）2
（C）2.5 （D）3

11. 两相邻回头曲线之间应有较长的距离,当设计速度为 40km/h 时,一个回头曲线的终点至下一个回头曲线起点之间的距离应受到限制,其最小的距离是( )。
（A）100m （B）150m
（C）200m （D）300m

12. 某有集装箱半挂车通行的三级公路,设计速度 $V=40\mathrm{km/h}$,平曲线半径 $R=100\mathrm{m}$,缓和曲线 $l_s=50\mathrm{m}$,加宽过渡方式按直线比例进行过渡,则从 ZH 点开始20m处加宽值为( )。

 (A)0.32m   (B)0.36m
 (C)0.60m   (D)0.90m

13. 某有集装箱半挂车通行的新建三级公路($V=40\mathrm{km/h}$)一弯道为右转弯,该曲线最大加宽值为1.5m,加宽过渡方式按高次抛物线过渡。其主点里程为:ZH 点里程为 K1+843.95,HZ 点里程为 K1+978.93,HY 点里程为 K1+888.95,YH 点里程为 K1+933.93。K1+860 的加宽值为( )。

 (A)0.20m   (B)0.30m
 (C)0.54m   (D)0.62m

14. 某三级公路,设计速度40km/h,路面宽7m,土路肩宽0.75m,路拱横坡为2%,路肩横坡为3%,路基设计高程在路中线,超高过渡绕中线旋转,加宽过渡按直线比例。某圆曲线半径为300m,超高坡度为6%,QZ 里程为 K2+320.25,路基设计高程为100m。K2+320.25 的路基内、外侧的高程分别为( )。

 (A)99.745m;100.188m   (B)99.745m;100.255m
 (C)99.768m;100.188m   (D)99.768m;100.255m

15. 公路设计可以省略缓和曲线 l_s 的条件是( )。
 (A)半径大于或等于不设超高的圆曲线最小半径
 (B)半径大于或等于一般最小圆曲线半径
 (C)半径大于或等于临界最小圆曲线半径
 (D)四级公路的圆曲线半径

16. 城市道路停车视距的组成有( )。
 (A)反应距离   (B)制动距离
 (C)会车距离   (D)安全距离

参考答案
1.B 2.A 3.B 4.B 5.B 6.A 7.D
8.C 9.A 10.A 11.C 12.C 13.A 14.A
15.AD 16.ABD

第五节　路线纵断面设计

依据规范

《公路路线设计规范》(JTG D20—2017)

8.1　一般规定

8.2　纵坡

8.3　坡长

8.4　爬坡车道

8.5　合成坡度

8.6　竖曲线

《公路工程技术标准》(JTG B01—2014)

4　路线

《城市道路工程设计规范》(CJJ 37—2012) (2016 年版)

7.1　一般规定

《城市道路路线设计规范》(CJJ 193—2012)

7.2　纵坡

7.3　坡长

7.4　合成坡度

7.5　竖曲线

《城市地下道路工程设计规范》(CJJ 221—2015)

5.2　平面及纵断面设计

《城市桥梁工程设计规范》(CJJ 11—2011) (2019 年版)

3.03　基本规定

重 点 知 识

本节是道路路线设计中重要的一节,纵断面是指沿道路中线竖直剖切再行展开。纵断面设计指的是确定道路的纵坡、变坡点位置、竖曲线与高程的设计;纵断面设计是道路线形设计中的重要组成部分,纵断面线形的设计质量在很大程度上决定着道路的安全性与使用功能的好坏。为使纵断面设计经济合理,其设计需综合考虑,包括纵坡均匀平顺、起伏和缓、坡长和竖曲线长短适当、平面与纵面组合设计协调,以及填挖经济、平衡等。

一、掌握纵断面设计高程与路基设计洪水频率、城市竖向规划及管线控制

1.纵断面设计高程

1)公路设计高程

新建公路的路基设计高程:高速公路和一级公路宜采用中央分隔带的外侧边缘高程;二级、三级、四级公路宜采用路基边缘高程,设置超高、加宽路段为设超高、加宽前该处边缘高程。

改建公路的路基设计高程:宜按新建公路的规定执行,也可视具体情况而采用中央分隔带中线或行车道中线高程。

2)城市道路设计高程

对城市道路而言,纵断面设计高程宜采用道路设计中线处的路面设计高程,当有中央分隔带时可采用中央分隔带外侧边缘线处的路面设计高程;纵断面设计应参照城市竖向规划控制高程,并适应临街建筑立面布置,确定沿线地面水的排除;纵断面设计应满足路基稳定、管线覆土、防洪排涝等要求。

2.路基设计洪水频率

(1)沿河及可能受水浸淹的路段,按设计高程推算的最低侧路基边缘高程,应高出表1-5-1规定洪水频率计算水位加壅水高、波浪侵袭高和高出0.50m的安全高度。

公路路基设计洪水频率　　　　　　　　　　　　　　　　　　表1-5-1

公路等级	高速公路	一级公路	二级公路	三级公路	四级公路
设计洪水频率	1/100	1/100	1/50	1/25	按具体情况确定

(2)沿水库上游岸边的路段,按设计高程推算的最低侧路基边缘高程应考虑水库水位升高后地下水位壅升以及水库淤积后壅水曲线抬高及浪高的影响;在寒冷地区还应考虑冰塞壅水对水位增高的影响。

(3)大、中桥桥头引道(在洪水泛滥范围内)按设计高程推算的最低侧路基边缘高程,应高于该桥设计洪水位(并包括壅水和浪高)至少0.50m;小桥涵附近的按设计高程推算的最低侧路基边缘高程应高于桥(涵)前壅水水位至少0.50m(不计浪高)。

(4)城市道路中,其桥梁设计宜采用百年一遇的洪水频率,对特别重要的桥梁可提高到三百年一遇。城市中防洪标准较低的地区,当按百年一遇或三百年一遇的洪水设计频率设计,导致桥面高程较高而引起困难时,可按相交河道或排水沟渠的规划洪水频率设计,但应确保桥梁结构在百年一遇或三百年一遇洪水频率下的安全。

3.城市竖向规划及管线控制

纵断面设计应参照城市竖向规划控制高程,并适应临街建筑立面布置,确保沿线范围地面水的排除。特别应注意:

(1)道路纵断面设计与地块整体竖向设计相结合,相互协调,满足道路坡度规范及周边地块排水要求。

(2)注意协调道路高程与地坪高程的关系及沿街景观效果。

(3)道路纵断面设计充分考虑管线敷设的要求(埋深、走廊宽度、最低高程等要求)。

二、掌握坡度、坡长、竖曲线等的一般规定与运用

1.纵坡坡度的基本规定与运用

1)最大纵坡度

最大纵坡是道路纵坡设计的极限值,是纵面线形设计的一项重要指标。最大纵坡的大小将直接影响路线的长短、使用质量、行车安全以及运营成本和工程的经济性。最大纵坡主要是依据汽车的动力特性、道路等级、自然条件、车辆行驶安全以及工程、运营经济等因素进行确定。根据上述因素,考虑到工程经济及我国车辆的具体情况,《公路工程技术标准》(JTG B01—2014)和《城市道路路线设计规范》(CJJ 193—2012)分别对我国公路和城市道路的最大纵坡做出了如下规定,具体见表1-5-2。

最 大 纵 坡 度　　　　表 1-5-2

设计速度(km/h)		120	100	80	60	50	40	30	20
最大纵坡(%)	公路	3	4	5	6	—	7	8	9
	城市道路 一般值	—	3	4	5	5.5	6	7	8
	城市道路 极限值	—	4	5	6		7	8	

设计速度为120km/h、100km/h、80km/h的高速公路,受地形条件或其他特殊情况限制时,经技术经济论证,最大纵坡可增加1%;改扩建公路设计速度为40km/h、30km/h、20km/h的利用原有公路的路段,经技术经济论证,最大纵坡可增加1%;四级公路位于海拔2000m以上或积雪冰冻地区的路段,最大纵坡不应大于8%。大、中桥上的纵坡不宜大于4%,桥头引道纵坡不宜大于5%;位于城镇混合交通繁忙处的桥梁,桥上及桥头引道纵坡均不得大于3%。隧道内的纵坡应大于0.3%并小于3%,但短于100m的隧道不受此限;高速公路、一级公路的中、短隧道,当条件受限制时,经技术经济论证后,最大纵坡可适当加大,但不宜大于4%;隧道内的纵坡宜设置成单向坡,地下水发育的隧道及特长、长隧道宜采用人字坡。

对于城市道路,除快速路外的其他等级道路,受地形条件或其他特殊情况限制时,经技术经济论证后,最大纵坡极限值可增加1.0%;非机动车道最大纵坡不宜大于2.5%,困难时不应大于3.5%,并按本章表1-5-7的规定限制坡长;特大桥、大桥、中桥的桥面纵坡不宜大于4.0%,桥头引道纵坡不宜大于5.0%;隧道内的道路最大纵坡不宜大于3.0%,困难时不应大于5.0%,隧道出入口外的接线道路纵坡宜坡向洞外。

对于城市地下道路,长度小于100m的城市地下道路纵坡可与地面道路相同。设计速度大于40km/h时,地下道路机动车道最大纵坡为5%,设计速度等于40km/h时,地下道路机动车道最大纵坡为6%,设计速度小于40km/h时,地下道路机动车道最大纵坡为8%。积雪和冰冻地区承担快速路功能的城市地下道路洞口敞开段最大纵坡不应大于3.5%,其他等级道路最大纵坡不应大于6%,否则应在洞口敞开段采取相应措施确保路面不积雪结冰。城市地下道路洞口内外各3s设计速度行程长度范围内的平、纵线形应一致。当条件困难时,应采取安全措施。城市地下道路洞口应在接地口处设置反坡形成排水驼峰,排水驼峰高度应根据排水重现期、地形、道路功能等级等综合确定。

2)最小纵坡

为了保证挖方地段、设置边沟的低填方地段和横向排水不畅地段的纵向排水,防止积水渗入路基而影响其稳定,规定各级公路的长路堑路段以及其他横向排水不畅的路段,均应采用不小于0.3%的纵坡。当必须设计水平坡(0%)或小于0.3%的纵坡时,边沟排水设计应与纵坡设计一起综合考虑,其边沟应做纵向排水设计,在城市道路中一般可采用设置锯齿形偏沟或采取其他排水措施来处理。

3）平均纵坡

在道路设计中,平均纵坡是指一定路线长度范围内,路线两端点的高差与路线长度的比值。平均纵坡是衡量路线线形设计质量的重要指标之一。从汽车行驶方便和安全出发,为了合理利用最大纵坡、坡长和缓和坡段的规定,还要控制平均纵坡。平均纵坡是在宏观上控制路线纵坡。

$$i_{p} = \frac{H}{l} \qquad (1\text{-}5\text{-}1)$$

式中：i_{p}——平均纵坡;

l——路线长度(m);

H——路线长度两端的高差(m)。

《公路工程技术标准》(JTG B01—2014)规定,二级及二级以下公路的越岭路线连续上坡(或下坡)路段,相对高差为200～500m时,平均纵坡不应大于5.5%;相对高差大于500m时,平均纵坡不应大于5%。任意连续3km路段的平均纵坡不应大于5.5%。

4）高原纵坡折减

在海拔高度较高地区,汽车发动机的功率会因空气稀薄而降低,相应地降低了汽车的爬坡能力。《公路路线设计规范》(JTG D20—2017)规定,设计速度小于或等于80km/h、位于海拔3000m以上高原地区的公路的最大纵坡应予以折减,折减值见表1-5-3。最大纵坡折减后小于4%时应采用4%。

高原纵坡折减值　　　　　　　　　　　表1-5-3

海拔高度(m)	3000～4000	>4000～5000	5000 以上
折减值(%)	1	2	3

《城市道路路线设计规范》(CJJ 193—2012)规定,海拔3000m以上高原城市道路的最大纵坡推荐值按表列数值减小1%,当最大纵坡折减后小于4%时,仍可采用4%。

5）合成坡度

道路在平曲线路段,若纵向有纵坡且横向又有超高时,则最大坡度在纵坡和超高横坡所合成的方向上,这时的最大坡度称为合成坡度,如图1-5-1所示。其值可按下式计算：

$$I = \sqrt{i^{2} + i_{h}^{2}} \qquad (1\text{-}5\text{-}2)$$

式中：I——合成坡度;

i——路线纵坡;

i_{h}——超高横坡。

在陡坡急弯处,若合成坡度过大,将产生附加阻力、汽车重心偏移等不良现象,给行车安全带来影响,为防止汽车沿合成坡度方向滑移,应对由超高横坡和路线纵坡组成的合成坡度加以限制。

《公路路线设计规范》(JTG D20—2017)和《城市道路路线设计规范》(CJJ 193—2012)对公路和城市道路合成坡度的规定见表1-5-4和表1-5-5。

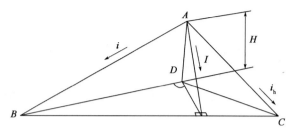

图 1-5-1　合成坡度

公路最大合成坡度　　　　　　　　　　　　　　　　　　　　　　表 1-5-4

公路等级	高速公路				一级公路		二级公路		三级公路		四级公路	
计算行车速度(km/h)	120	100	80	60	100	60	80	40	60	30	40	20
合成坡度(%)	10.0	10.0	10.5	10.5	10.0	10.5	9.0	10.0	9.5	10.0	9.5	10.0

城市道路合成坡度　　　　　　　　　　　　　　　　　　　　　　表 1-5-5

计算行车速度(km/h)	100,80	60,50	40,30	20
合成坡度(%)	7	7	7	8

当陡坡与小半径圆曲线相重叠时,宜采用较小的合成坡度。特别是下述情况,其合成坡度必须小于8%。

(1)冬季路面有积雪、结冰的地区。

(2)自然横坡较陡峻的傍山路段。

(3)非汽车交通量较大的路段。

在超高过渡的变化处,合成坡度不应设置为0%。当合成坡度小于0.5%时,应采取综合排水措施。

在城市道路中,积雪地区各级道路的合成坡度应小于或等于6%;在超高缓和段的变化处,当合成坡度小于0.5%时,应采取综合排水措施,以保证排水通畅。

6)非机动车道纵坡

非机动车道最大纵坡不宜大于2.5%;困难时不应大于3.5%,当非机动车道的纵坡大于或等于2.5%时,其最大坡长应符合表1-5-8的规定。

2.纵坡坡长的基本规定与运用

1)最大坡长限制

坡长限制,系根据汽车动力性能来决定的。长距离的陡坡对汽车行驶不利。连续上坡,发动机过热影响机械效率,从而使行驶条件恶化;下坡则因制动频繁而危及行车安全,因此,应对陡坡的长度有所限制。

(1)公路最大坡长限制见表1-5-6。

不同纵坡的最大坡长(单位:m)　　　　　　　　　　　　　　表 1-5-6

纵坡坡度(%)	设计速度(km/h)						
	120	100	80	60	40	30	20
3	900	1000	1100	1200	—	—	—

续上表

纵坡坡度(%)	设计速度(km/h)						
	120	100	80	60	40	30	20
4	700	800	900	1000	1100	1100	1200
5	—	600	700	800	900	900	1000
6	—	—	500	600	700	700	800
7	—	—	—	—	500	500	600
8	—	—	—	—	300	300	400
9	—	—	—	—	—	200	300
10	—	—	—	—	—	—	200

（2）城市道路最大坡长限制见表1-5-7、表1-5-8。

城市道路坡长限制 表1-5-7

计算行车速度(km/h)	100	80	60			50			40		
纵坡度(%)	4	5	6	6.5	7	6	6.5	7	6.5	7	8
纵坡限制坡长(m)	700	600	400	350	300	350	300	250	300	250	200

城市道路非机动车车行道纵坡限制坡长 表1-5-8

坡度(%)		3.5	3.0	2.5
最大坡长(m)	自行车	150	200	300
	三轮车	—	100	150

2）最小坡长限制

最小坡长是指相邻两个变坡点之间的最小长度。若其长度过短，就会使变坡点个数增加，行车时颠簸频繁，当坡度差较大时还容易造成视觉的中断、视距不良，从而影响到行车的平顺性和安全性。另外，从线形的几何构成来看，纵断面是由一系列的直坡段和竖曲线所构成，若坡长过短，则不能满足设置最短竖曲线这一几何条件的要求。为使纵断面线形不致因起伏频繁而呈锯齿形的状况，并便于平面线形的合理布设，故应对纵坡的最小长度做出限制。最小坡长通常以计算行车速度行驶9～15s的行程作为规定值。一般在计算行车速度大于或等于60km/h时取9s，计算行车速度为40km/h时取11s，计算行车速度为20km/h时取15s。

（1）公路最小坡长限制见表1-5-9。

各级公路最小坡长 表1-5-9

设计速度(km/h)	120	100	80	60	40	30	20
最小坡长(m)	300	250	200	150	120	100	60

（2）城市道路最小坡长限制见表1-5-10。

城市道路纵坡坡段最小长度 表1-5-10

设计速度(km/h)	100	80	60	50	40	30	20
最小坡长(m)	250	200	150	130	110	85	60

3. 竖曲线的运用

纵断面上两个坡段的转折处,为了行车安全、舒适以及视距的需要用一段曲线缓和,称为竖曲线。竖曲线的线形有圆曲线、抛物线,在使用范围上,两者没有差别。我国道路设计一般采用圆曲线。

1）竖曲线要素的计算公式

坡度差:

$$\omega = i_2 - i_1 \tag{1-5-3}$$

竖曲线长度 L:

$$L = R \cdot \omega \tag{1-5-4}$$

竖曲线切线长 T:

$$T = \frac{L}{2} = \frac{R\omega}{2} \tag{1-5-5}$$

竖曲线上任意一点 h:

$$h = \frac{x^2}{2R} \tag{1-5-6}$$

竖曲线外距 E:

$$E = \frac{T^2}{2R} \quad 或 \quad E = \frac{R\omega^2}{8} = \frac{L\omega}{8} = \frac{T\omega}{4} \tag{1-5-7}$$

式中各符号如图 1-5-2 所示。

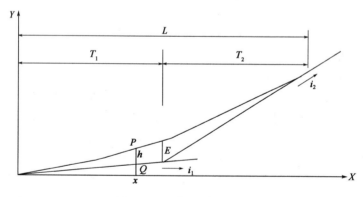

图 1-5-2　竖曲线要素示意图

2）竖曲线最小半径

竖曲线的最小半径或最小长度受缓和冲击、时间行程和视距三个因素影响。

（1）凸形竖曲线的最小半径和最小长度

凸形竖曲线最小长度应以满足停车视距要求为主,按竖曲线长度 L 和停车视距 S_T 的关系分为两种情况。

① 当 $L < S_T$ 时（图 1-5-3）

$$h_1 = \frac{d_1^2}{2R} - \frac{t_1^2}{2R}$$

$$h_2 = \frac{d_2^2}{2R} - \frac{t_2^2}{2R}$$

则
$$\begin{cases} d_1 = \sqrt{2Rh_1 + t_1^2} \\ d_2 = \sqrt{2Rh_2 + t_2^2} \end{cases} \qquad (1\text{-}5\text{-}8)$$

式中:R——竖曲线半径(m);

h_1——驾驶员视线高,即目高,$h_1 = 1.2\,\text{m}$;

h_2——障碍物高,即物高,$h_2 = 0.1\,\text{m}$。

由 $t_1 = d_1 - l = \sqrt{2Rh_1 + t_1{}^2} - l$,得:$t_1 = \dfrac{Rh_1}{l} - \dfrac{l}{2}$

由 $t_2 = d_2 - (L - l) = \sqrt{2Rh_2 + t_2{}^2} - (L - l)$,得:

$$t_2 = \frac{Rh_2}{L - l} - \frac{L - l}{2}$$

视距长度:

$$S_{\text{T}} = t_1 + L + t_2 = \frac{Rh_1}{l} + \frac{L}{2} + \frac{Rh_2}{L - 1} \qquad (1\text{-}5\text{-}9)$$

$$L_{\min} = 2S_{\text{T}} - \frac{2(\sqrt{h_1} + \sqrt{h_2})^2}{\omega} = 2S_{\text{T}} - \frac{4}{\omega} \qquad (1\text{-}5\text{-}10)$$

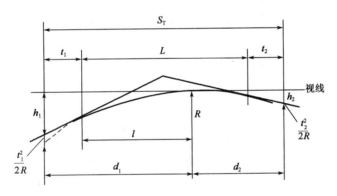

图 1-5-3 凸形竖曲线计算图式($L < S_{\text{T}}$)

②当 $L \geqslant S_{\text{T}}$ 时(图 1-5-4)

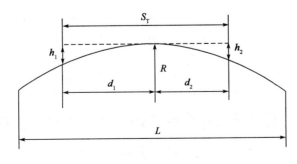

图 1-5-4 凸形竖曲线计算图式($L \geqslant S_{\text{T}}$)

$$h_1 = \frac{d_1^2}{2R}$$

$$h_2 = \frac{d_2^2}{2R}$$

则：

$$\begin{cases} d_1 = \sqrt{2Rh_1} \\ d_2 = \sqrt{2Rh_2} \end{cases} \tag{1-5-11}$$

$$S_T = d_1 + d_2 = \sqrt{2R}\left(\sqrt{h_1} + \sqrt{h_2}\right) \tag{1-5-12}$$

$$L_{min} = \frac{S_T^2 \omega}{2(\sqrt{h_1} + \sqrt{h_2})^2} = \frac{S_T^2 \omega}{4} \tag{1-5-13}$$

（2）凹形竖曲线最小半径和最小长度

凹形竖曲线的最小长度,应满足两种视距的要求:一是保证夜间行车安全,前灯照射应有足够的距离;二是保证跨线桥下行车有足够的视距。

（3）公路与城市道路最小半径与最小长度的规定见表1-5-11与表1-5-12。

公路竖曲线最小半径和最小长度 表 1-5-11

设计速度（km/h）		120	100	80	60	40	30	20
凸形竖曲线半径（m）	极限值	11000	6500	3000	1400	450	250	100
	一般值	17000	10000	4500	2000	700	400	200
凹形竖曲线半径（m）	极限值	4000	3000	2000	1000	450	250	100
	一般值	6000	4500	3000	1500	700	400	200
竖曲线长度（m）	极限值	100	85	70	50	35	25	20
	一般值	250	210	170	120	90	60	50

城市道路竖曲线最小半径和最小长度 表 1-5-12

项　目		设计速度（km/h）						
		100	80	60	50	40	30	20
凸形竖曲线（m）	极限值	6500	3000	1200	900	400	250	100
	一般值	10000	4500	1800	1350	600	400	150
凹形竖曲线（m）	极限值	3000	1800	1000	700	450	250	100
	一般值	4500	2700	1500	1050	700	400	150
竖曲线长度（m）	极限值	85	70	50	40	35	25	20
	一般值	210	170	120	100	90	60	50

三、熟悉连续长、陡下坡路段纵断面的设计方法和相关要求

当道路连续上坡或下坡时,为了改善汽车在较陡坡道上行驶的不利状况,避免长时间使用低挡爬坡,以减轻汽车机件负荷和减少下坡汽车制动次数,降低制动器过高的温度,使行车

缓和。

各级公路的连续上坡路段,应根据载重汽车上坡时的速度折减变化,在不大于表1-5-6规定的纵坡长度之间设置缓和坡段,设计速度小于或等于80km/h时,缓和坡段的纵坡应不大于3%,设计速度大于80km/h时,缓和坡段的纵坡应不大于2.5%。缓和坡段的长度应大于表1-5-9各级公路最小坡长的规定。设计中应避免"陡—缓—陡"的极限值组合设计。

城市道路连续上坡或下坡路段,应在不大于表1-5-7规定的纵坡长度之间设置纵坡缓和段。缓和段的坡度不应大于3.0%,其长度应符合表1-5-10的规定。

《公路路线设计规范》(JTG D20—2017)规定,高速公路、一级公路连续长、陡下坡路段的平均坡度与连续坡长不宜超过表1-5-13的规定;超过时,应进行交通安全性评价,提出路段速度控制和通行管理方案,完善交通工程和安全设施,并论证增设货车强制停车区。

连续长、陡下坡的平均坡度与连续坡长　　　　　　表1-5-13

平均坡度(%)	<2.5	2.5	3.0	3.5	4.0	4.5	5.0	5.5	6.0
连续坡长(km)	不限	20.0	14.8	9.3	6.8	5.4	4.4	3.8	3.3
相对高差(m)	不限	500	450	330	270	240	220	210	200

四、熟悉爬坡车道的设置原则和相关技术要求

爬坡车道是指设置在上坡路段,供慢速上坡车辆行驶用的车道。

1. 爬坡车道设置条件

四车道高速公路、四车道一级公路以及二级公路连续上坡路段,符合下列情况之一时,宜在上坡方向行车道右侧设置爬坡车道:

(1)沿连续上坡方向载重汽车的运行速度降低到表1-5-14的容许最低速度以下。

上坡方向容许最低速度　　　　　　表1-5-14

设计速度(km/h)	120	100	80	60	40
容许最低速度(km/h)	60	55	50	40	25

(2)单一纵坡长度超过表1-5-6的规定或上坡路段的设计通行能力小于设计小时交通量时。

(3)经设置爬坡车道与改善主线纵坡不设爬坡车道技术经济比较论证,设置爬坡车道的效益费用比、行车安全性较优时。

2. 爬坡车道的技术要求

(1)爬坡车道的超高坡度规定见表1-5-15。超高横坡的旋转轴为爬坡车道内侧边缘线。

爬坡车道的超高值　　　　　　表1-5-15

主线的超高坡度(%)	10	9	8	7	6	5	4	3	2
爬坡车道的超高坡度(%)	5		4					3	2

(2)爬坡车道的曲线加宽按一个车道曲线加宽规定执行。

(3)高速公路、一级公路爬坡车道长度大于500m时,应按照规定在其右侧设置紧急停

车带。

（4）爬坡车道的起、终点与长度

①爬坡车道的起点,应设于陡坡路段上载重汽车运行速度降低至表1-5-14中"容许最低速度"处。

②爬坡车道的终点,应设于载重汽车爬经陡坡路段后恢复至"容许最低速度"处,或陡坡路段后延伸的附加长度的端部。该陡坡路段后延伸的附加长度应符合表1-5-16的规定。

陡坡路段后延伸的附加长度   表1-5-16

附加路段的纵坡（%）	下坡	平坡	上坡			
			0.5	1.0	1.5	2.0
附加长度（m）	100	150	200	250	300	350

③相邻两爬坡车道相距较近时,宜将两爬坡车道直接相连。

④爬坡车道起点、终点处应设置分流、汇流渐变段,其长度规定见表1-5-17。

爬坡车道分流、汇流渐变段长度   表1-5-17

公路等级	分流渐变段长度（m）	汇流渐变段长度（m）
高速公路、一级公路	100	150～200
二级公路	50	90

考点分析

本节是道路路线设计中重要的一节,主要有以下考点:

（1）设计高程的规定与路基设计洪水频率　主要是掌握有无中间带时的设计高程的规定与适宜条件,掌握公路与城市道路路基设计洪水频率的规定与运用,必须明确,除了考虑设计洪水频率推算的路基边缘高程,还应结合路基所在部位分别考虑壅水高、浪高、安全高度0.5m。

（2）纵坡　需要掌握坡度与坡长的相关规定与运用,包括最大纵坡、最小纵坡、平均纵坡、高原纵坡折减、桥隧及两端路线纵坡、非机动车道纵坡、合成坡度、最大坡长、最小坡长。

（3）竖曲线　需要掌握超凸形竖曲线、凹高形竖曲线的最小半径、最小长度的规定与运用。

（4）连续长、陡下坡路段　应熟悉连续长、陡下坡路段纵断面的设计方法和相关要求,树立正确的设计理念。

（5）爬坡车道　需熟悉爬坡车道的设置条件和爬坡车道的超高、加宽以及爬坡车道的起、终点与长度的技术要求。

例题解析

例1　[2020年单选题]某山区一级公路,设计速度为60km/h,设置了多处连续长、陡下坡路段,其中应进行安全性评价的路段是(　　)。

（A）平均坡度2%,连续坡长25km　　（B）平均坡度2.5%,连续坡长21km
（C）平均坡度3%,相对高差400m　　（D）平均坡度3.5%,相对高差300m

分析

根据《公路路线设计规范》(JTG D20—2017)第8.3.5条,高速公路、一级公路连续长、陡下坡路段的平均坡度与连续坡长不宜超过表8.3.5的规定;超过时,应进行交通安全性评价,提出路段速度控制和通行管理方案,完善交通工程和安全设施,并论证增设货车强制停车区。表8.3.5规定,平均坡度为2.5%,连续坡长应不超过20km。故本题选B。

例2　[2020年单选题]位于积雪冰冻地区的某城市快速路,设计速度为80km/h,线形设计中,采用的主要线形指标为:圆曲线最小半径330m,平曲线最小长度520m,最大纵坡度3.4%,最小坡长500m,最大合成坡度6.1%。下列关于以上线形设计指标中,不符合规范规定的是(　　)。

（A）最小圆曲线半径　　（B）最大纵坡度
（C）最大合成坡度　　（D）最小坡长

分析

根据《城市道路路线设计规范》(CJJ 37—2012)(2016年版)第6.3.2条,极限最小半径为250m;根据第7.2.1条,最大坡度5%;根据第7.3.1条,最小坡长200m;根据第7.4.1条,最大合成坡度7%,积雪或冰冻地区道路的合成坡度应小于或等于6.0%。故本题选C。

例3　[2020年多选题]某高速公路设计速度80km/h,在连续上坡路段,下列关于坡度/坡长的组合运用中,符合规范规定的是(　　)。

（A）坡度3%/坡长1020m,接坡度0.5%/坡长180m,接坡度5%/坡长450m
（B）坡度4%/坡长840m,接坡度1.0%/坡长200m,接坡度4%/坡长500m
（C）坡度5%/坡长680m,接坡度1.5%/坡长260m,接坡度4%/坡长600m
（D）坡度6%/坡长650m,接坡度2.0%/坡长300m,接坡度5%/坡长650m

分析

根据《公路路线设计规范》(JTG D20—2017)第8.2.2条,设计速度80km/h的最大纵坡为5%,选项D错误;根据《公路路线设计规范》(JTG D20—2017)第8.3.1条,设计速度80km/h的最小坡长为200m,选项A错误;根据《公路路线设计规范》(JTG D20—2017)第8.3.2条,设计速度80km/h,4%、5%的坡长限制分别为900m、700m。故本题选BC。

例4 [2020年案例题]某双向城市道路,设计速度为50km/h,路段中点有一处横向穿越的构筑物,纵断面设计在构筑物中轴线处设置变坡点,变坡点高程为5.73m,沿桩号前进方向相邻纵坡分别为 $+2.0\%$ 、 -1.8% 。已知构筑物顶面高程为2.26m,结构顶面最小覆土按3.0m控制。不考虑其他因素影响,计算构筑物中轴线处对应的竖曲线最大、最小半径值分别应为( )。(百位数取整)

(A)2600m,900m   (B)2600m,1100m

(C)2600m,1400m   (D)2600m,2600m

分析

(1)最大值:E = 5.73 - (2.26 + 3) = 0.47m

$$R = \frac{8E}{\omega^2} = \frac{8 \times 0.47}{(1.8\% + 2\%)^2} = 2603.9\text{m},取 2600\text{m}$$

分析答案,选项最大值一样,实际上只需要分析其最小值即可。

(2)根据《城市道路路线设计规范》(CJJ 193—2012)第7.5.1条,凸形竖曲线最小半径极限值为900m,最小长度极限值为40m。

由 $L = R\omega$ 得

$$R = L/\omega = 40/(0.018 + 0.02) = 1052.63\text{m}$$

取整为1100m,即满足竖曲线最小半径要求,也满足竖曲线最小长度要求。

故本题选B。

例5 [2019年单选题]位于城镇混合交通繁忙处的公路桥梁,桥上纵坡和桥头引道纵坡均不得大于( )。

(A)5.0%   (B)4.0%

(C)3.5%   (D)3.0%

分析

根据《公路路线设计规范》(JTG D20—2017)第8.2.4条,位于城镇混合交通繁忙处的公路桥梁,桥上及桥头引道纵坡均不得大于3%。故本题选D。

例6 [2019年多选题]某三级公路采用设计速度40km/h,在路线设计中纵坡度可采用( )。

(A)5%   (B)6%

(C)7%   (D)10%

分析

根据《公路路线设计规范》(JTG D20—2017)第8.2.1条,设计速度40km/h的三级公路,最大纵坡为7%。故本题选ABC。

例7 [2019年案例题]拟改建某城市主干路,设计速度采用60km/h,受地形条件限制,在圆曲线半径260m段设置4%超高值、6%纵坡度,坡长250m,此段道路设计指标不满足规范规定的是( )。

(A)圆曲线半径　　　　　　　　　　　　(B)坡长

(C)纵坡度　　　　　　　　　　　　　　(D)合成坡度

分析

根据《城市道路路线设计规范》(CJJ 193—2012)。

①第6.3.2条第1款:$V=60$km/h 时,$R=260$,大于 R 极限 $=150$m,故选项 A 正确。

②第7.3.1条第1、2款,$V=60$km/h,最小坡长不小于 150m;结合第7.3.2条最大坡长400m,故本题目坡长满足规范要求,故选项 B 正确。

③第7.2.1条第1款,$V=60$km/h,受地形条件限制可以采用极限值6%,故选项 C 正确。

④查表7.4.1,最大合成坡度7%,则

$$i_H = \sqrt{i_C^2 + i_Z^2} = \sqrt{0.04^2 + 0.06^2} = 0.072 = 7.2\%$$,超过规范规定。

故本题选 D。

例8 设有中间带的高速公路和一级公路,其路基设计高程宜采用(　　　)。

(A)路面中线高程　　　　　　　　　　(B)路面边缘高程

(C)路缘带外侧边缘高程　　　　　　　(D)中央分隔带外侧边缘高程

分析

根据《公路路线设计规范》(JTG D20—2017)第8.1.1条,对于新建的高速公路和一级公路宜采用中央分隔带外侧边缘高程。故本题选 D。

例9 市政道路的路基设计高程宜采用(　　　)。

(A)路面中线高程　　　　　　　　　　(B)路面边缘高程

(C)路缘带外侧边缘高程　　　　　　　(D)中央分隔带外侧边缘高程

分析

根据《城市道路工程设计规范》(CJJ 37—2012)(2016年版)第7.1条,纵断面设计高程宜采用道路设计中线处的路面设计高程。故本题选 A。

例10 公路与城市道路的大桥、中桥桥面纵坡以及桥头引道纵坡分别不宜大于(　　　)。

(A)3%,4%　　　　　　　　　　　　(B)4%,5%

(C)5%,6%　　　　　　　　　　　　(D)5%,5%

分析

根据《公路工程技术标准》(JTG B01—2014)第4章与《城市道路路线设计规范》(CJJ 193—2012)第7.2条规定,大桥、中桥的桥面纵坡不宜大于4.0%,桥头引道纵坡不宜大于5.0%。故本题选 B。

例11 当城市道路中必须小于(　　　)的纵坡时,其一般可采用设置锯齿形偏沟或采取其他排水措施来处理。

(A)0%　　　　　　　　　　　　　　(B)0.1%

(C)0.2%　　　　　　　　　　　　　(D)0.3%

分析

根据《城市道路路线设计规范》(CJJ 193—2012)第7.2条,道路纵坡不应小于0.3%;当特殊困难纵坡小于0.3%时,一般可采用设置锯齿形偏沟或采取其他排水措施来处理。故本题选D。

例12 关于平均纵坡,正确的说法是( )。

(A)平均纵坡是指一定长度的路段范围内,所有纵坡坡度的平均值

(B)平均纵坡是指一定长度的路段范围内,所有上坡坡度的平均值

(C)平均纵坡是指一定长度的路段范围内,所有下坡坡度的平均值

(D)平均纵坡是指一定长度的路段范围内,路线在纵向所克服的高差与路线长度之比

分析

平均纵坡计算公式为:

$$i_p = \frac{H}{l}$$

式中:i_p——平均纵坡;

l——路线长度(m);

H——路线长度两端的高差(m)。

故本题选D。

例13 竖曲线最小半径的确定主要考虑( )。

(A)凸形竖曲线是考虑缓冲要求

(B)凹形竖曲线是考虑停车视距要求

(C)凸形竖曲线是考虑停车视距要求

(D)凸形竖曲线是考虑夜间行车要求

分析

①凸形竖曲线最小长度应以满足停车视距要求为主。

②凹形竖曲线的最小长度,应满足两种视距的要求:一是保证夜间行车安全,前灯照射应有足够的距离;二是保证跨线桥下行车有足够的视距。

③为对汽车在竖曲线上行驶时的离心加速度应加以控制,凸形、凹形竖曲线都考虑缓冲的要求。

故本题选C。

例14 各级公路中一般最小半径为极限最小半径的( )倍。

(A)0.5~1.0   (B)1.0~1.5

(C)1.5~2.0   (D)2.0~2.5

分析

根据《公路工程技术标准》(JTG B01—2014)第4章,一般最小半径为极限最小半径的1.5~2.0倍。故本题选C。

例 15 下列高程中,不属于城市道路控制点的是(   )。

(A)平面交叉相交中心点控制高程

(B)重要管线最小覆土厚度的控制高程

(C)垭口高程

(D)铁路轨顶高程

分析

所谓控制点,就是指影响纵坡设计的高程控制点。"控制点"可分为两类:第一类是属于控制性的"控制点",控制路线纵坡设计时必须通过它或限制从其上方或下方通过;对于山区公路,还应根据路基填挖平衡要求来选择控制中心处填挖的高程点;第二类是属于参考性的"控制点",即经济点。对于城市道路控制点是指城市桥梁桥面高程控制点、立交桥桥面高程控制点、铁路道口高程(按铁路轨顶高程计算)、平面交叉相交中心点控制高程、重要建筑物的地坪高程、满足重要管线最小覆土厚度的控制高程等。故本题选 C。

例 16 关于纵坡设计说法,错误的有(   )。

(A)纵断面设计应合理确定设计高程的位置

(B)机动车和非机动车混合行驶的道路,宜按机动车行驶的纵坡度进行控制

(C)山岭、丘陵地形的纵坡应避免过分迁就地形而起伏过大,连续上下坡段应设置反坡

(D)穿城镇的公路及城市道路的纵坡设计时,应充分考虑城镇及城市的竖向规划控制高程,并适应临街建筑立面布置,确定沿线范围地面水的排除

分析

机动车和非机动车混合行驶的道路,宜按非机动车行驶的纵坡度进行控制;山岭、丘陵地形的纵坡应避免过分迁就地形而起伏过大,连续上下坡段不应设置反坡,控制纵坡坡度,保证行车顺畅。故本题选 BC。

例 17 当高速公路设计速度为 80km/h 时,其最大合成坡度为 10.5%,但当遇到(   )情况时,其最大合成坡度不能超过 8%。

(A)冬季路面有积雪、结冰的地区　　(B)自然横坡较陡峻的傍山路段

(C)非汽车交通量较大的路段　　(D)积水较多的山洼地带

分析

根据《公路路线设计规范》(JTG D20—2017)第 8.5.2 条,当陡坡与小半径圆曲线相重叠时,宜采用较小的合成坡度。特别是下述情况,其合成坡度必须小于 8%。

①冬季路面有积雪、结冰的地区。

②自然横坡较陡峻的傍山路段。

③非汽车交通量较大的路段。

故本题选 ABC。

例 18 某高速公路设计车速 100km/h,路拱坡度 2%,在半径 3500m 的路段设置有 800m

的爬坡车道,下列设计符合规范要求的有( )。

(A)爬坡车道的超高坡度取2%

(B)在其右侧设置1处紧急停车带

(C)爬坡车道的分流、汇流渐变段长度为100m

(D)爬坡车道的起点位于陡坡路段起点

分析

根据《公路路线设计规范》(JTG D20—2017),半径3500m路段的超高为2%,爬坡车道的超高坡度取2%正确;800m的爬坡车道超过紧急停车带间距500m,设置1处紧急停车带符合要求。

设计车速100km/h,爬坡车道分流渐变段长度规定为100m,汇流渐变段长度规定为150～200m,选项C错误;爬坡车道的起点,应设于陡坡路段上载重汽车运行速度降低至"容许最低速度"处,选项D错误。

故本题选AB。

自 测 模 拟

(第1~6题为单选题,第7、8题为多选题)

1. 二级公路路基设计高程是指( )。

(A)路面中线高程 (B)路面边缘高程

(C)路基边缘高程 (D)中央分隔带外侧边缘高程

2. 在长路堑、低填以及其他横向排水不畅的路段,为了保证排水,防止水分渗入路基,最小纵坡i应满足的条件是( )。

(A)$i \geqslant 0.05\%$ (B)$i \geqslant 0.1\%$

(C)$i \geqslant 0.2\%$ (D)$i \geqslant 0.3\%$

3. 二级、三级、四级公路的越岭路线连续上坡或下坡路段,当相对高差大于500m时,其平均纵坡应不大于( )。

(A)3% (B)4%

(C)5% (D)5.5%

4.《公路路线设计规范》(JTG D20—2017)规定,设计速度大于80km/h时,缓和坡段的纵坡应不大于( )。

(A)1.5% (B)2.0%

(C)2.5% (D)3.0%

5. 不属于纵断面设计的控制指标的是( )。

(A)最大最小纵坡 (B)平均纵坡

（C）最大最短坡长　　　　　　　　　　（D）坡度角

6. 在纵断面设计中,当需要设置变坡点时,变坡点桩号一般设置在整(　　　　)桩号上。

（A）5　　　　　　　　　　　　　　　　（B）10

（C）20　　　　　　　　　　　　　　　　（D）50

7. 公路纵断面上坡度线设计时应符合的技术指标包括(　　　　)。

（A）最大纵坡　　　　　　　　　　　　（B）合成纵坡

（C）反坡　　　　　　　　　　　　　　（D）最短坡长

8. 凹形竖曲线最小半径标准"极限值"的制定,主要考虑因素有(　　　　)。

（A）缓冲冲击要求

（B）会车视距要求

（C）夜间行车灯光照射距离要求

（D）跨线桥下视距要求

参考答案

1. C　　　2. D　　　3. C　　　4. C　　　5. D　　　6. B　　　7. ABD

8. ACD

第六节　路线横断面设计

依据规范

《公路工程技术标准》(JTG B0I—2014)

4.0.2　车道宽度

4.0.3　各级公路车道数

4.0.4　中间带

4.0.5　路肩宽度

《公路路线设计规范》(JTG D20—2017)

6.1　一般规定

6.2　车道

6.3　中间带

6.4　路肩

6.5　路拱坡度

《城市道路工程设计规范》(CJJ 37—2012) (2016 年版)

5.1　一般规定

重 点 知 识

道路横断面是指中线上各点沿法向的垂直剖面,它由横断面设计线和地面线组成,其中横断面设计线包括行车道、路肩、分隔带、边沟、边坡、截水沟、护坡道以及取土坑、弃土堆等。城市道路的横断面由机动车道、非机动车道、人行道、绿带、分车带等组成,路线设计中所讨论的横断面设计只限于与行车道有关的部分,即两侧路肩外缘之间各组成部分的宽度、横向坡度等问题。道路横断面设计应确定横断面各组成部分具体尺寸并进行横断面布置与设计,完成横断面面积计算,为路基土石方计算(包括土石方调配)提供断面数据,为路基施工提供横断面依据。

一、掌握公路和城市道路路基标准横断面布置的特点和要求

1. 公路路基标准横断面布置的特点和要求

公路路基标准横断面组成如图 1-6-1 所示。公路路基标准横断面组成应符合以下规定:

(1)高速公路、一级公路的路基标准横断面分为整体式路基和分离式路基两类。整体式路基的标准横断面应由车道、中间带(中央分隔带、左侧路缘带)、路肩(右侧硬路肩、土路肩)等部分组成。分离式路基的标准横断面应由车道、路肩(右侧硬路肩、左侧硬路肩、土路肩)等部分组成。

(2)二级公路路基的标准横断面应由车道、路肩(右侧硬路肩、土路肩)等部分组成。

(3)三级、四级公路路基的标准横断面应由车道、路肩等部分组成。

公路路基横断面形式应根据公路功能、技术等级、交通量和地形等条件确定。各级公路的路基标准横断面组成如图 1-6-2 所示。

(1)高速公路、一级公路应根据需要采用整体式或分离式路基断面形式。

(2)双向十车道及以上车道数的高速公路可采用复合式断面形式。

(3)三级、四级公路应采用整体式路基断面形式。

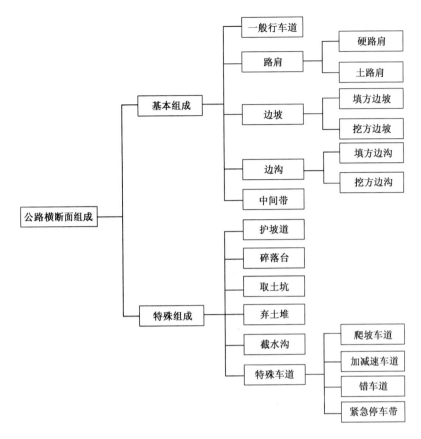

图 1-6-1　公路横断面组成框图

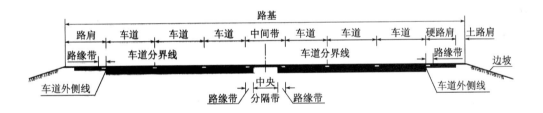

a)高速公路、一级公路一般整体式断面形式

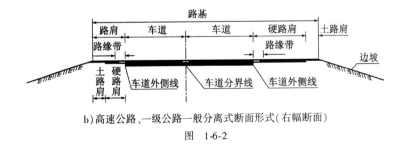

b)高速公路、一级公路一般分离式断面形式(右幅断面)

图　1-6-2

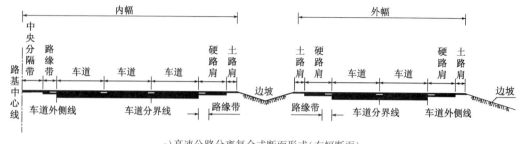

c)高速公路分离复合式断面形式(右幅断面)

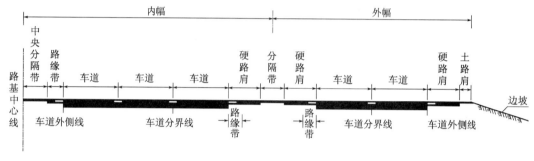

d)高速公路整体复合式断面形式(右幅断面)

e)二级、三级、四级公路一般路基断面形式

图1-6-2 公路横断面的组成图示

2.城市道路路基标准横断面布置的特点和要求

城市道路横断面组成如图1-6-3所示,城市道路路基标准横断面组成如图1-6-4所示。

1)道路横断面布置

城市道路的横断面宜由机动车道、非机动车道、人行道、分车带、设施带、绿化带等组成,特殊断面还包括应急车道、路肩和排水沟等,其中在行车断面上,供汽车、无轨电车、摩托车等机动车行驶的部分称为机动车道,供自行车、三轮车、板车等非机动车行驶的部分称为非机动车道,还有供人步行使用的人行道,分隔各种车道的分隔带及绿化带。

从城市道路布置形式上看,道路横断面可分为单幅路、两幅路、三幅路、四幅路四种布置形式,如图1-6-5所示。单幅路俗称为"一块板"道路,即把所有车辆都组织在同一个车道上混合行驶,行车道在道路的中央;两幅路俗称"两块板"道路,即利用隔离带或分隔墩在交通组织上起到分流渠化作用,使机动车分道分向行驶,也可不画线,快慢车混合行驶;三幅路俗称"三块

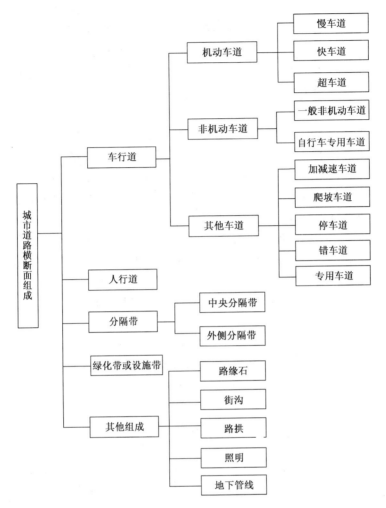

图 1-6-3 城市道路横断面组成框图

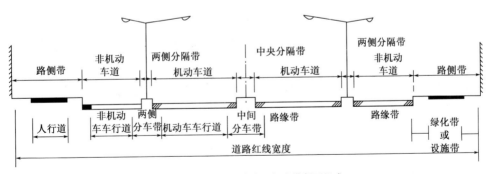

图 1-6-4 城市道路路基标准横断面组成

板"道路,即用隔离带或分隔墩把车行道分隔为三块,中间的为双向行驶的机动车道,两侧为单向行驶的非机动车道;四幅路俗称"四块板"道路,是在三幅形式的基础上,再把中间的机动车道分隔为二,分向行驶。应符合下列规定:

（1）单幅路适用于交通量不大的次干路、支路以及用地不足、拆迁困难的旧城区道路。

（2）双幅路适用于专供机动车行驶的快速路、非机动车较少的主干路或次干路；对横向高差较大的特殊地形路段，宜采用上下分行的双幅路。双幅路单向机动车车道数不应少于两条。

（3）三幅路适用于机动车流量较大、车速较高、非机动车较多的主干路或次干路。

（4）四幅路适用于机动车流量大、车速高、非机动车多的快速路或主干路。四幅路主路单向机动车车道数不应少于两条。

（5）当路侧有路边停车时，应增加设置停车带的宽度。

（6）当快速路两侧设置辅路时，应采用四幅路；当两侧不设置辅路时，应采用两幅路。

（7）主干路宜采用四幅或三幅路，次干路宜采用单幅路或两幅路，支路宜采用单幅路。

（8）对设置公交专用车道的道路，横断面布置应结合公交专用车道位置和类型全断面综合考虑，并应优先布置公交专用车道。

（9）同一条道路宜采用相同形式的横断面，当道路横断面变化时，应设置过渡段。

（10）设置主、辅路的道路横断面中，主路上下行车道间应设置中间带；主路与辅路之间应设置两侧带。

（11）同一条道路宜采用相同形式的横断面布置。当道路横断面局部有变化时，应设置宽度过渡段；宜以交叉口或结构物为起终点。

（12）道路横断面布置中，当单向机动车道为 3 条车道及以上时，宜单辟 1 条公交专用车道或限时公交专用车道。当不设公交专用道时，主干路横断面布置应设置港湾式停靠站；当次干路单向少于两条车道时，宜设置港湾式停靠站。

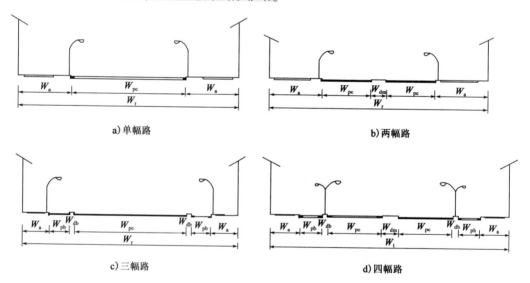

图 1-6-5　城市道路横断面布置形式

2）高架路横断面布置

高架路横断面可分为整体式和分离式两种布置形式（图 1-6-6），并应符合下列规定：

（1）整体式高架路中，主路上下行车道间应设置中间防撞设施；辅路宜布置在高架路下的桥墩两侧。

（2）分离式高架路中,地面辅路的布置宜与高架路或周围地形相适应,上下行两幅桥梁桥墩分开,辅路宜设在桥下两幅桥中间。

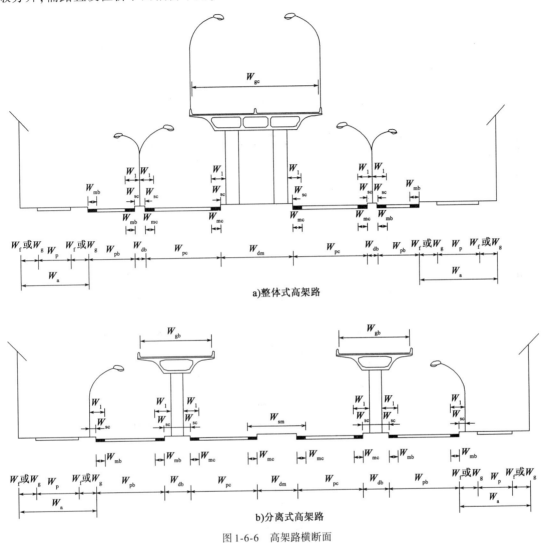

a)整体式高架路

b)分离式高架路

图 1-6-6　高架路横断面

3）路堑式和隧道式横断面布置

（1）路堑式横断面(图 1-6-7)中的地面以下路堑部分应为主路,地面两侧或一侧宜设置辅路。

（2）隧道式横断面(图 1-6-8)中的地面以下隧道部分应为主路,地面道路宜设置辅路。

4）桥梁横断面布置

桥梁横断面布置中车行道及路缘带宽度应与道路路段相同,特大桥、大桥、中桥的分隔带宽度可适当缩窄,其最小宽度应满足侧向净宽度及设置桥梁防护设施的要求。

5）隧道横断面布置

隧道横断面布置应符合下列规定:

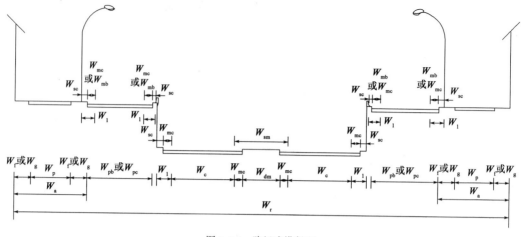

图 1-6-7　路堑式横断面

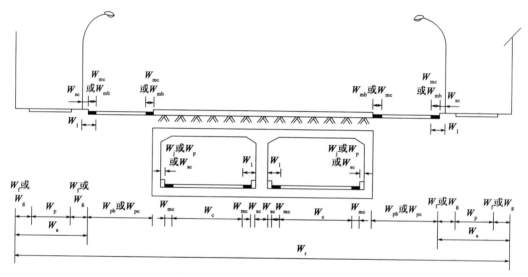

图 1-6-8　隧道式横断面

（1）隧道的车行道及路缘带宽度应与道路路段相同。

（2）当隧道两侧设置检修道或人行道时,可不设安全带宽度;当不设置检修道或人行道时,应设置不小于 0.25m 的安全带宽度。

（3）中、长及特长隧道应设检修道,其最小宽度不应小于 0.75m。

（4）当长、特长隧道单向车道数少于 3 条时,应在行车方向的右侧设置连续应急车道。当条件限制时,可采用港湾式应急停车道。每侧港湾式应急停车道间距不宜大于 500m,其宽度及长度宜按图 1-6-9 布设。

二、掌握路基横断面各组成部分的一般规定与运用

1. 公路路基横断面各组成部分的一般规定与运用

公路路基横断面中各组成部分的宽度应根据公路技术等级、交通量与交通组成、横断面各

组成部分的功能综合确定,并应符合下列规定:

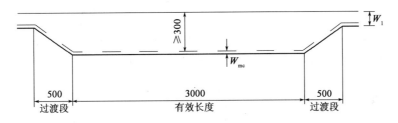

图 1-6-9 港湾式应急停车道的宽度及长度(尺寸单位:cm)

W_1-侧向净宽度;W_{mc}-机动车道路缘带宽度

①公路路基宽度为车道宽度与路肩宽度之和。当设有中间带、加(减)速车道、爬坡车道、紧急停车带、错车道、超车道、侧分隔带、非机动车道(或慢车道)和人行道等时,应包括上述部分的宽度。

②非机动车、行人密集公路和城市出入口的公路,可根据需要设置侧分隔带、非机动车道和人行道。

③一级公路在慢行车辆较多时,可利用右侧硬路肩(宽度不足时应加宽)设置慢车道,并应在车道与慢车道之间设置隔离设施。

④二级公路在慢行车辆较多时,可根据需要采用加宽硬路肩的方式设置慢车道,并应增加必要的交通安全设施,加强交通组织管理。

1)车道

车行道是道路上供汽车行驶的部分,车道是在车行道上单一纵列车辆行驶的部分。

(1)车道宽度

车道宽度是指在道路上供一列车辆安全运行、顺适行驶所需要的宽度,包括设计车辆的外廓宽度和错车、超车或并列行驶所必需的余宽等。车行道宽度根据设计宽度确定,见表 1-6-1。

车 道 宽 度 表 1-6-1

设计速度(km/h)	120	100	80	60	40	30	20
车行道宽度(m)	3.75	3.75	3.75	3.50	3.50	3.25	3.00

①八车道及以上公路在内侧车道(内侧第 1、2 车道)仅限小客车通行时,其车道宽度可采用 3.5m。

②以通行中、小型客运车辆为主且设计速度为 80km/h 及以上的公路,经论证车道宽度可采用 3.5m。

③四级公路采用单车道时,车道宽度应采用 3.5m。

④设置慢车道的二级公路,慢车道宽度应采用 3.5m。

⑤需要设置非机动车道和人行道的公路,非机动车道和人行道的宽度,宜视实际情况确定。

(2)车道数

各级公路的基本车道数应符合表 1-6-2 的规定,并应符合下列规定:

各级公路的基本车道数 表 1-6-2

公路技术等级	高速公路、一级公路	二级公路	三级公路	四级公路
车道数（条）	≥4	2	2	2(1)

①高速公路、一级公路各路段车道数应根据设计交通量、设计通行能力确定,且应不小于四车道。当车道数增加时,应按双数、两侧对称增加。

②二级、三级公路应为双车道。

③四级公路一般路段应采用双车道,交通量小或工程特别艰巨的路段可采用单车道。

（3）爬坡车道

爬坡车道是指设置在道路上坡路段,供慢速上坡车辆行驶用的车道,如图 1-6-10 所示。

高速公路、一级公路以及二级公路在连续上坡段路段,当通行能力、运行安全受到影响时,应设置爬坡车道,其宽度不应小于 3.5m,且不大于 4.0m。六车道及以上的高速公路、一级公路可不设爬坡车道。

高速公路、一级公路的爬坡车道应紧靠车道的外侧设置。条件受限时,爬坡车道路段右侧硬路肩宽度应不小于 0.75m。

二级公路的爬坡车道应紧靠车道的外侧设置,可利用硬路肩宽度。当需保留原来供非汽车交通行驶的硬路肩时,该部分应移至爬坡车道的外侧。

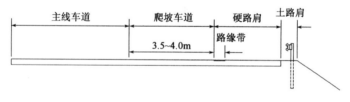

图 1-6-10 爬坡车道

（4）加（减）速车道

加速车道是指供车辆驶入高速车流之前加速用的车道,如图 1-6-11 所示。减速车道是指供车辆驶离高速车流之后减速用的车道,如图 1-6-12 所示。

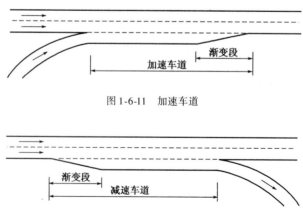

图 1-6-11 加速车道

图 1-6-12 减速车道

高速公路、一级公路的互通式立体交叉、服务区、停车区、客运汽车停靠站、管理与养护设施、观景台等与主线相衔接处,应设置加速车道和减速车道,加(减)速车道宽度应为3.50m。

二级公路在服务区、停车区、客运汽车停靠站、管理与养护设施、加油站、观景台等的各类出入口处,应设置过渡段。

(5)错车道

错车道是指在单车道道路上,可通视的一定距离内,供车辆交错避让用的一段加宽车道,如图1-6-13所示。四级公路路基宽度采用单车道时,应在不大于300m的距离内选择有利地点设置错车道,并使驾驶员能看到相邻两错车道之间的车辆。设置错车道路段的路基宽度不应小于双车道的路基宽度(即应不小于6.5m),有效长度应不小于20m。

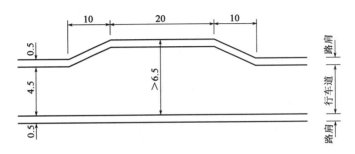

图1-6-13 错车道(尺寸单位:m)

(6)避险车道

避险车道指在长陡下坡路段行车道外侧增设的供速度失控车辆驶离正线安全减速的专用车道。连续长、陡下坡路段,应结合交通安全性评价论证设置避险车道。避险车道应设置在长、陡下坡路段的右侧视距良好的适当位置,其宽度不应小于4.50m。有条件时,宜在避险车道右侧平行设置救援车道。

(7)超车道

二级公路货车比例较高时,可根据需要局部增设超车道。超车道宽度应按相应路段的车道宽度确定。

此外,非机动车、行人密集公路和城市出入口的公路,可根据需要设置侧分隔带、非机动车道和人行道。

(8)辅助车道

高速公路保持基本车道数 N_B 连续的路段,当互通式立体交叉的匝道车道数 $N_E>1$ 时,出、入口应增设辅助车道。当互通式立体交叉入口与下一个互通式立体交叉出口均设有或其中之一设有辅助车道,且入口终点至出口起点的距离小于1000m时,应将辅助车道贯通设置。交通量大、交织运行比例较高,间距不大于2000m,且增加车道的成本不高时,也宜采用贯通的辅助车道。辅助车道的宽度应与主线车道相同,其与主线车道间可不设路缘带。辅助车道右侧硬路肩的宽度宜与主线硬路肩相同,用地或其他条件受限制时宽度可减小,但不得小于1.50m。

2)中间带

中间带是由两侧的路缘带和中央分隔带组成的地带,其中路缘带是指路肩或中间带的组成部分,与行车道相连接,用行车道的外侧标线或不同的路面颜色划分的带状部分;分隔带则是沿道路纵向设置的分隔车行道用的带状设施,位于路中线位置的称为中央分隔带,位于路中线两侧的称为外侧分隔带,如图1-6-14所示。分离式路基应在适当位置设横向连接道,以供养护、维修或抢险时使用。

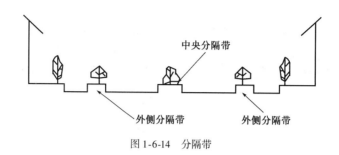

图 1-6-14 分隔带

(1)整体式路基的中间带宽度

高速公路、一级公路整体式路基断面必须设置中间带,中间带由两条左侧路缘带和中央分隔带组成,并应符合下列规定:

①高速公路和作为干线的一级公路,中央分隔带宽度应根据公路项目中央分隔带功能确定。

②作为集散的一级公路,中央分隔带宽度应根据中间隔离设施的宽度确定。

③左侧路缘带宽度不应小于表1-6-3的规定。

左侧路缘带宽度 表1-6-3

设计速度(km/h)		120	100	80	60
左侧路缘带宽度(m)	一般值	0.75	0.75	0.50	0.50
	最小值	0.50	0.50	0.50	0.50

注:1."一般值"为正常情况下的采用值。
　2.设计速度为120km/h、100km/h时,受地形、地物限制的路段或多车道公路内侧仅限小型车辆通行的路段,可论证采用"最小值"。

(2)分离式路基间的最小间距

分离式路基间的最小间距应满足设置必要的排水和安全防护设施等的需要,且与地形和周围景观相配合。

(3)中央分隔带开口

互通式立体交叉、隧道、特大桥、服务区等构造物前后,以及整体式路基、分离式路基的分离(汇合)处,应设置中央分隔带开口,其设置应符合下列规定:

①中央分隔带开口间距应视需要而定,最小间距应不小于2km。

②中央分隔带开口长度不宜大于40m;八车道及以上车道数的高速公路开口长度可适当增长,但不应大于50m。中央分隔带开口处应设置活动护栏。

③中央分隔带开口应设置在通视良好的路段,开口设于曲线路段时,该圆曲线的超高值不宜大于3%。

④当中央分隔带宽度小于3.0m时,其开口端部的形式可采用半圆形;当中央分隔带宽度

大于或等于 3.0m 时,宜采用弹头形。

3)路肩

路肩是指位于车行道外缘至路基外缘,具有一定宽度的带状部分(包括硬路肩和土路肩),为保持车行道的功能和临时停车使用,并作为路面的横向支承。

(1)右侧路肩

各级公路的右侧路肩宽度应符合表1-6-4的规定。

右 侧 路 肩 宽 度　　　　表1-6-4

公路技术等级(功能)		高 速 公 路			一级公路(干线功能)	
设计速度(km/h)		120	100	80	100	80
右侧硬路肩宽度(m)	一般值	3.00(2.50)	3.00(2.50)	3.00(2.50)	3.00(2.50)	3.00(2.50)
	最小值	1.50	1.50	1.50	1.50	1.50
土路肩宽度(m)	一般值	0.75	0.75	0.75	0.75	0.75
	最小值	0.75	0.75	0.75	0.75	0.75
右侧硬路肩宽度(m)	一般值	1.50	0.75	—	—	—
	最小值	0.75	0.25	—	—	—
土路肩宽度(m)	一般值	0.75	0.75	0.75	0.50	0.25(双车道)
						0.50(单车道)
	最小值	0.50	0.50			

注:1. 正常情况下,应采用"一般值";在设爬坡车道、变速车道及超车道路段,受地形、地物等条件限制路段及多车道公路特大桥,可论证采用"最小值"。

2. 高速公路和作为干线的一级公路以通行小客车为主时,右侧硬路肩宽度可采用括号内数值。

3. 高速公路局部设计速度采用60km/h的路段,右侧硬路肩宽度不应小于1.5m。

①高速公路、一级公路应在右侧硬路肩宽度内设右侧路缘带,其宽度为0.50m。

②二级公路的硬路肩可供非汽车交通使用。非汽车交通量较大的路段,可采用全铺的方式,以充分利用。

③二级、三级、四级公路在路肩上设置的标志、防护设施等不得侵入公路建筑限界,必要时应加宽路肩。

(2)左侧路肩

①高速公路、一级公路的分离式路基,应设置左侧路肩,其宽度规定见表1-6-5。左侧硬路肩内含左侧路缘带,左侧路缘带宽度为0.5m。

②高速公路整体式路基双向八车道及以上路段,宜设置左侧硬路肩,其宽度应不小于2.5m。

③高速公路分离式路基单幅同向四车道及以上的路段,左侧硬路肩宽度不宜小于2.5m。

高速公路、一级公路分离式路基的左侧路肩宽度　　　　表1-6-5

设计速度(km/h)	120	100	80	60
左侧硬路肩宽度(m)	1.25	1.00	0.75	0.75
左侧土路肩宽度(m)	0.75	0.75	0.75	0.50

4)紧急停车带

紧急停车带是指在高速公路和一级公路上,供车辆临时发生故障或其他原因紧急停车使用的临时停车地带,如图 1-6-15 所示。

(1)高速公路和作为干线的一级公路的右侧硬路肩宽度小于 2.50m 时,应设置紧急停车带。紧急停车带宽度应不小于 3.5m,有效长度不应小于 40m,间距不宜大于 500m,并在其前后设置不短于 70m 的过渡段。

(2)高速公路、一级公路的特大桥、特长隧道,根据需要可设置紧急停车带,其间距不宜大于 750m。

(3)二级公路根据需要可设置紧急停车带,其间距宜按实际情况确定。

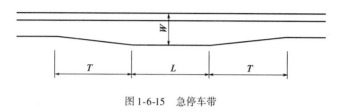

图 1-6-15 急停车带

5)路拱坡度

路拱是指路面横断面的两端与中间线形成一定坡度的拱起形状,横坡是指路幅和路侧带各组成部分的横向坡度,指路面、分隔带、人行道、绿化带等的横向倾斜度,以百分率表示。

(1)高速公路、一级公路整体式路基的路拱宜采用双向路拱坡度,由路中央向两侧倾斜。位于中等强度降雨地区时,路拱坡度宜为 2%,位于降雨强度较大地区时,路拱坡度可适当增大。

(2)高速公路、一级公路分离式路基的路拱,宜采用单向横坡,并向路基外侧倾斜,也可采用双向路拱坡度;积雪、冰冻地区,宜采用双向路拱坡度。

(3)双向六车道及以上车道数的公路,当超高过渡段的路拱坡度过于平缓时,可采用双向路拱坡度。路拱坡度过于平缓路段应进行路面排水分析。

(4)二级、三级、四级公路的路拱应采用双向路拱坡度,由路中央向两侧倾斜。路拱坡度应根据路面类型和当地自然条件确定,但不应小于 1.5%。

6)硬路肩、土路肩横坡

(1)直线路段的硬路肩应设置向外倾斜的横坡,其坡度值应与车道横坡值相同。路线纵坡平缓,且设置拦水带时,其横坡值宜采用 3% ~4%。

(2)曲线路段内、外侧硬路肩横坡的横坡值及其方向:当曲线超高小于或等于 5% 时,其横坡值和方向应与相邻车道相同;当曲线超高大于 5% 时,其横坡值应不大于 5%,且方向相同。

(3)硬路肩的横坡应随邻近车道的横坡一同过渡,其过渡段的纵向渐变率应控制在 1/330 ~1/150 之间。

(4)土路肩的横坡:位于直线路段或曲线路段内侧,且车道或硬路肩的横坡值大于或等于 3% 时,土路肩的横坡应与车道或硬路肩横坡值相同;小于 3% 时,土路肩的横坡应比车道或硬路肩的横坡值大 1% 或 2%。位于曲线路段外侧的土路肩横坡,应采用 3% 或 4% 的反向横坡值。

(5)中型以上桥梁及隧道区段的硬路肩横坡值,应与车道相同。

2. 城市道路路基横断面各组成部分的一般规定与运用

城市道路横断面设计应按道路等级、服务功能、交通特性,结合各种控制条件,在规划红线宽度范围内合理布设。横断面设计应与轨道交通线路、环保设施、地上杆线及地下管线等协调。横断面设计应结合沿线地形、两侧建筑物及用地性质进行布置,并应分别满足机动车道、非机动车道、人行道、分车带等宽度的规定。

横断面形式应根据设计速度、交通量、交通组成、交通组织方式等条件进行选择,并应满足设计使用年限内的交通需求。

横断面设计应满足远期交通功能需要,分期修建时应近远期结合,使近期工程成为远期工程的组成部分,并应预留管线位置,控制道路用地,给远期实施留有余地,城市建成区不宜分期修建。改建道路应采取工程措施与道路交通管理相结合的方法布设横断面。

1) 机动车道

城市道路机动车道路面宽度包括车行道宽度及两侧路缘带宽度,单幅路及三幅路采用中间分隔带或双黄线分隔对向交通时,机动车道路面宽度还应包括分隔物或双黄线的宽度。一条机动车道最小宽度应符合表1-6-6的规定。快速公交专用道、常规公交专用道的单车道宽度均不应小于3.50m。

一条机动车道最小宽度 表1-6-6

车型及车道类型	设计速度(km/h)	
	>60	≤60
大型车或混行车道(m)	3.75	3.75
小客车专用车道(m)	3.50	3.25

2) 非机动车道

一条非机动车道最小宽度应符合表1-6-7的规定。

非机动车道数宜根据自行车设计交通量与每条自行车道设计通行能力计算确定,车道数单向不宜小于2条。

非机动车专用道路面宽度应为非机动车道宽度及两侧各0.25m路缘带宽度之和,非机动车专用道路,单向车道宽度不宜小于3.5m,双向车道宽度不宜小于4.5m。沿道路两侧设置的单向非机动车道宽度不宜小于2.5m。

与机动车道合并设置的非机动车道,车道数单向不应小于2条,宽度不应小于2.5m。

一条非机动车道最小宽度 表1-6-7

车辆种类	自行车	三轮车
非机动车道宽度(m)	1.0	2.0

3) 路侧带

车行道最外侧路缘石至道路红线范围为路侧带。路侧带可由人行道、绿化带、设施带等组成,如图1-6-16所示,路侧带设计符合下列规定:

(1) 人行道宽度指专供行人通行的部分,人行道宽度必须满足行人安全、顺畅通过的要求,并应设置无障碍设施。人行道最小宽度应符合表 1-6-8 的规定。

人行道最小宽度

表 1-6-8

项　　目	人行道最小宽度(m)	
	一般值	最小值
各级道路	3.0	2.0
商业或公共场所集中路段	5.0	4.0
火车站、码头附近路段	5.0	4.0
长途汽车站	4.0	3.0

人行道宽度按下式计算:

$$W_P = \frac{N_W}{N_{W1}} \tag{1-6-1}$$

式中:W_P——人行道宽度(m);

N_W——人行道高峰小时行人交通量(P/h);

N_{W1}——1m 宽人行道的设计通行能力[P/(h·m)]。

人行道宽度除了满足通行需求外,还应结合道路景观功能,力求与横断面中各部分宽度协调,各类道路的单侧人行道宽度宜与道路总宽度之间有适当比例。

(2)绿化带的宽度应符合行业标准《城市道路绿化规划与设计规范》(CJJ 75—1997)的相关要求。当绿化带内设置雨水调蓄设施时,绿化带的宽度还应满足所设置设施的宽度要求。

(3)设施带宽度应包括设置护栏、照明灯柱、标志牌、信号灯、城市公共服务设施等的要求,各种设施布局应综合考虑。设施带可与绿化带结合设置,但应避免各种设施与树木间的干扰。

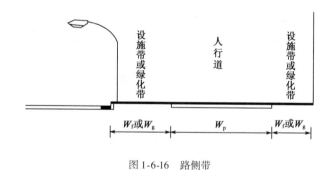

图 1-6-16　路侧带

4)分车带

分车带按其在横断面中的不同位置与功能,可分为中间分车带(简称中间带)及两侧分车带(简称两侧带),分车带由分隔带及两侧路缘带组成。分隔带应采用立缘石围砌,需要考虑防撞要求时,应采用相应等级的防撞护栏。当需要在道路分隔带中设置雨水调蓄设施时,立缘石的设置形式应满足排水的要求。

快速路宜在互通式立体交叉出口上游与入口下游、特大桥、隧道、道路路堑两端、分离式路基的分离(汇合)处设置中间分隔带紧急开口。中间分隔带开口间距应视需要而定,最小间距不宜小于 2km;开口长度应视道路宽度及可通行车辆确定,宜采用 20 ~ 30m;开口处应设置活动护栏。

干路的两侧分隔带开口间距不宜小于 300m,开口长度应满足车辆出入安全的要求。路侧带缘石开口距交叉口间距应大于进出口道展宽段长度,道路两侧建筑物出入口宜设在横向支路或街坊内部道路。分车带最小宽度应符合表 1-6-9 的规定。

分车带最小宽度

表 1-6-9

类别		中间带		两侧带	
设计速度(km/h)		≥60	<60	≥60	<60
路缘带宽度 W_{mc} 或 W_{mb}(m)	机动车道	0.50	0.25	0.50	0.25
	非机动车道	—	—	0.25	0.25
安全带宽度 W_{sc}(m)	机动车道	0.25	0.25	0.25	0.25
	非机动车道	—	—	0.25	0.25
侧向净宽度 W_1(m)	机动车道	0.75	0.50	0.75	0.50
	非机动车道	—	—	0.50	0.50
分隔带最小宽度(m)		1.50	1.50	1.50	1.50
分车带最小宽度(m)		2.50	2.00	2.50 (2.25)	2.00

注:1. 侧向净宽度为路缘带宽度与安全带宽度之和。
　　2. 括号内为一侧是机动车道,另一侧是非机动车道时的取值。
　　3. 分隔带最小宽度值按设施带宽度 1m 计的,具体设计应根据设施带实际宽度确定。

5)变速车道

车辆驶出或驶入主路、立交匝道及集散车道出入口处均应设置变速车道。变速车道的宽度应与主路车道宽度相同。

6)集散车道

集散车道是为减少互通式立体交叉主线上进出口的数量和交通流的交织,在主线一侧或两侧设置的与主线平行且横向分离并在两端与主线相连、供进出主线车辆通行的附加车道。集散车道可为单车道和双车道,每条集散车道的宽度宜为 3.5m。与主路间设有分隔设施的集散车道,其车道数不应少于 2 条。

7)辅助车道

辅助车道是在互通式立体交叉分流段上游、合流段下游,为使匝道与主线车道数平衡且保持主线的基本车道数而在主线外侧增设的附加车道。辅助车道的宽度应与主路车道宽度相同。

8)路肩

采用边沟排水的道路应在路面外侧设置保护性路肩,中间设置排水沟的道路应设置左侧保护性路肩,保护性路肩宽度自路缘带外侧算起,快速路不应小于 0.75m;其他等级不应小于 0.50m;当有少量行人时,不应小于 1.50m。路肩宽度应满足设置护栏、地上杆柱、交通标志基础的要求。

9)路拱与横坡

路拱是指路面的横向断面做成中央高于两侧,具有一定坡度的拱起形状。路拱横坡则指路拱横向的倾斜度,以百分率表示。道路横坡应根据路面宽度、路面类型、纵坡及气候条件确定,宜采用1.0%~2.0%。快速路及降雨量的地区宜采用1.5%~2.0%。严寒积雪地区、透水路面宜采用1.0%~1.5%。保护性路肩横坡度可比路面横坡度加大1.0%。

单幅路应根据道路宽度采用单向或双向路拱横坡;多幅路应采用由路中线向两侧的双向路拱横坡,人行道宜采用单向横坡,坡向应朝向雨水设施设置位置的一侧。采用单向坡时一般采用直线形路拱,双向坡时应采用抛物线加直线的路拱。

10)缘石

缘石是指路面边缘与其他构造物分界处的标石。缘石应设置在中间分隔带、两侧分隔带及路侧带两侧,缘石可分为立缘石和平缘石。立缘石宜设置在中间分隔带、两侧分隔带及路侧带两侧。当设置在中间分隔带及两侧分隔带时,外露高度宜为15~20cm;当设置在路侧带两侧时,外露高度宜为10~15cm。排水式立缘石尺寸、开孔形状等应根据设计汇水量计算确定。平缘石宜设置在人行道与绿化带之间,以及有无障碍要求的路口或人行横道范围内。

当快速路单向机动车道数小于3条时,应设宽度不小于3.0m的应急车道。当连续设置有困难时,应设置应急停车港湾,间距不应大于500m,宽度不应小于3.0m。

三、掌握公路和城市道路建筑限界的有关要求和相关规定

1.公路建筑限界

公路建筑限界范围内不得有任何障碍物侵入。公路标志、护栏、照明灯柱、电杆、管线、绿化、行道树以及跨线桥的梁底、桥台桥墩等的任何部分也不得侵入公路建筑限界。

1)净宽

(1)设置加(减)速车道、紧急停车带、爬坡车道、错车道、慢车道、车道隔离设施等路段,行车道应包括该部分的宽度。

(2)八车道及以上的高速公路(整体式),设置左侧硬路肩时,建筑限界应包括左侧硬路肩宽度。桥梁、隧道设置检修道、人行道时,建筑限界应包括相应部分的宽度。

(3)桥梁、隧道设置检修道、人行道时,建筑限界应包括相应部分的宽度。

(4)隧道最小侧向宽度应符合表1-6-10的规定。

隧道最小侧向宽度   表1-6-10

设计速度 (km/h)	高速公路、一级公路				二级、三级、四级公路				
	120	100	80	60	80	60	40	30	20
左侧侧向宽度 $L_{左}$ (m)	0.75	0.75	0.50	0.50	0.75	0.50	0.25	0.25	0.50
右侧侧向宽度 $L_{右}$ (m)	1.25	1.00	0.75	0.75	0.75	0.50	0.25	0.25	0.50

2)净高

(1)高速公路、一级、二级公路的净高应为5.00m;三级、四级公路的净高应为4.50m。

(2)人行道、自行车道、检修道与行车道分开设置时,其净高应为2.50m。

(3)根据公路在路网中的地位与位置,同一公路应采用相同的净空高度。

（4）三级、四级公路的路面采用沥青贯入、沥青碎石、沥青表面处治或砂石路面时,净空高度宜预留 20cm。

（5）中央分隔带或路肩上设置桥梁墩台、标志立柱时,其前缘除不得侵入公路建筑限界外,且不得紧贴建筑物设置,应留有护栏缓冲变形的余宽。

（6）凹形竖曲线上方设有跨线构造物时,其净高应满足铰接列车有效净高的要求。

3）建筑限界的边界线划定

公路建筑限界的边界线应按图 1-6-17 划定,并应符合下列规定:

（1）在不设超高的路段,建筑限界的上缘边界线应为水平线,其两侧边界线应与水平线垂直。

（2）在设置超高的路段,建筑限界的上缘边界线应与超高横坡平行,其两侧边界线应与路面超高横坡垂直。

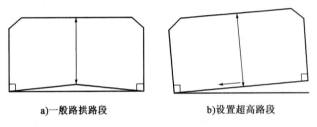

a)一般路拱路段　　　　　　　　b)设置超高路段

图 1-6-17　建筑限界的边界线划定

2. 城市道路建筑限界

道路建筑限界几何形状应为上净高线和两侧侧向净宽边线组成的空间界线,顶角宽度（E）不应大于机动车道或非机动车道的侧向净宽度（W_1）。道路建筑限界内不得有任何物体侵入。

（1）道路的最小净高应符合表 1-6-11 的规定

道路的最小净高　　　　　　　　　　　　　　表 1-6-11

部　　位	行驶车辆类型	最小净高（m）
机动车道	各种机动车	4.5
	小客车	3.5
非机动车道	自行车、三轮车	2.5
人行道	行人	2.5

（2）同一等级道路应采用相同的净高。

（3）城市道路与公路以及不同净高要求的道路之间应衔接过渡,并应设置必要的指示、诱导标志及防撞等设施。

（4）对加铺罩面、冬季积雪的道路,净高宜适当预留。

（5）对通行无轨电车、有轨电车、双层客车等其他特种车辆的道路,最小净高应满足车辆通行的要求。

四、熟悉城市道路公共交通设施的设计规定

道路横断面布置中,当单向机动车道为 3 条车道及以上时,宜单辟 1 条公交专用车道或限时公交专用车道。当不设公交专用道时,主干路横断面布置应设置港湾式停靠站;当次干路单向少于 2 条车道时,宜设置港湾式停靠站;公交港湾式停靠站可分为直接式和分离式两种。直接式公交停靠站的车道宽度不应小于 3m;分离式公交停靠站的车道总宽度应包括路缘带宽度,不应小于 3.5m。公共交通专用车道可分为快速公交专用车道和常规公交专用车道。快速公交专用车道和常规公交专用车道的单车道宽度均不应小于 3.5m。

1. 快速公交专用车道

(1)快速公交专用车道可布置在道路中央或道路两侧,中央专用车道按上下行有无物体隔离又可分为分离式和整体式,应优先选用中央整体式专用车道。

(2)快速公交专用车道当单独布置时,设计速度可采用 40 ~ 60km/h;当与其他车道同断面布置时应与道路的设计速度协调统一。

(3)快速公交专用车道与其他车道应采用物体或标线分隔,分离式单车道物体隔离连续长度不应大于 300m。

2. 常规公交专用车道

(1)主、次干路每条车道交通量大于 500pcu/h 及公交车辆大于 90 辆/h 时,宜设置常规公交专用车道。

(2)常规公交专用车道宜设置在最外侧车道上。

(3)常规公交专用车道在平面交叉路口宜连续设置。

3. 快速公交车站

(1)车站可分为单侧停靠车站和双侧停靠车站,双侧停靠的站台宽度不应小于 5m,单侧停靠的站台宽度不应小于 3m。

(2)车站宜设置为港湾式停车道,停车道的宽度不应小于 3m。

(3)站台长度应满足车辆停靠、人流集散及相关设施布设的要求。

(4)车辆停靠长度应根据车辆停靠数量和车型确定,最小长度应满足两辆车同时停靠的要求,车辆长度应根据选择的车型确定。

(5)乘客过街可采用平面或立体过街方式。

4. 常规公交车站

(1)车站应结合常规公交规划、沿线交通需求及城市轨道交通等其他交通站点设置。城区停靠站间距宜为 400 ~ 800m,郊区停靠站间距应根据具体情况确定。

(2)车站可为直接式和港湾式,城市主、次干路和交通量较大的支路上的车站,宜采用港湾式。

(3)道路交叉口附近的车站宜安排在交叉口出口道一侧,距交叉口出口缘石转弯半径终点宜为 80 ~ 150m。

(4)站台长度最短应按同时停靠两辆车布置,最长不应超过同时停靠 4 辆车的长度,否则应分开设置。

(5)站台高度宜采用0.15~0.20m,站台宽度不宜小于2m;当条件受限时,站台宽度不得小于1.5m。

五、了解公路和城市道路用地的有关要求和相关规定

1. 公路用地

(1)公路用地应遵循保护、开发土地资源,合理利用土地,切实保护耕地,促进社会经济可持续发展的原则,合理拟定公路建设规模、技术指标。设计施工方案,确定公路用地范围。

(2)公路用地范围的确定应符合下列规定:

①公路用地范围为公路路堤两侧排水沟外边缘(无排水沟时为路堤或护坡道坡脚)以外,或路堑坡顶截水沟外边缘(无截水沟为坡顶)以外不小于1m范围内的土地;在有条件的地段,高速公路和一级公路不小于3m,二级公路不小于2m范围内的土地为公路用地范围。

②在风沙、雪害滑坡、泥石流等不良地质地带设置防护整治设施时,以及在膨胀土、盐渍土等特殊土地带采取处治措施时,应根据实际需要确定用地范围。

③桥梁、隧道、互通式立体交叉、分离式立体交叉、平面交叉、安全设施、服务设施、管理设施、绿化以及其他线外工程等用地,应根据实际需要确定用地范围。

2. 城市道路用地

城市道路用地是指快速路、主干路、次干路和支路等用地,包括其交叉路口用地,不包括居住用地、工业用地等内部的道路用地。城市道路用地范围为城市道路红线宽度。城市道路红线是指划分城市道路用地和城市建筑用地、生产用地及其他备用地的分界控制线。红线宽度为包括车行道、人行道、绿化带等在内的规划道路的总宽度,因此也称为规划路幅。城市道路的红线规划考虑道路的功能与性质、横断面形式及其各组成部分的合理宽度以及今后发展的需要,其由城市规划部门确定。

《城市综合交通体系规划标准》(GB/T 51328—2018)规定:城市道路的红线宽度应优先满足城市公共交通、步行与非机动车交通通行空间的布设要求,并应根据城市道路承担的交通功能和城市用地开发状况,以及工程管线、地下空间、景观风貌等布设要求综合确定。城市道路红线宽度(快速路包括辅路),规划人口规模50万及以上城市不应超过70m,20万~50万的城市不应超过55m,20万以下城市不应超过40m。

城市道路红线是城市道路设计时的控制边线,城市道路红线宽度由规划部门制定,道路设计应服从总体规划。城市道路的设计一般在规划道路红线内进行,并应符合规划控制要求;当不能满足规划确定的道路技术标准而需要调整时,应与规划部门协商,并得到批准。

考点分析

本节是道路路线设计中重要的一节,主要有以下考点:

(1)路基标准横断面 主要掌握各级公路与城市道路横断面布置的特点和要求。

(2)路基宽度组成 需要掌握公路路基横断面形式及横断面中各个组成部分的一般规定,掌握公路车道(包括加速车道、减速车道、辅助车道、错车道、爬坡车道、避险车道等)、中间

带、路肩等的一般规定与运用,掌握城市道路机动车道、非机动车道、路侧带、分车带、路肩、路拱与横坡、缘石等的一般规定与运用。

(3)建筑限界　主要掌握建筑限界的相关规定,重点要结合本章第 1 节的建筑限界规定图式,计算各种条件下的净宽与净高。

(4)城市道路公共交通设施　主要熟悉公交车道与公交车站的设计规定。

(5)公路和城市道路用地　主要了解公路用地范围的确定与城市道路红线。

例 题 解 析

例 1　[2020 年单选题]拟建某城市快速路,设计速度为 80km/h,预测远景年单向高峰小时交通量为 5040pcu/h,计算拟建道路所需的双向车道数(不考虑方向不均匀系数)应为(　　)。(结果取整数)

(A)3　　　　　　　　　　　　　　(B)4

(C)6　　　　　　　　　　　　　　(D)8

分析

根据《城市道路工程设计规范》(CJJ 37—2012)(2016 年版)第 4.2.2 条,设计通行能力为1750pcu/h,5040/1750 = 2.88,需单向 3 条车道,双向 6 条车道。故本题选 C。

例 2　[2020 年单选题]拟建某城市次干路,设计速度为 40km/h,横断面布置为单幅路形式,双向 4 条小客车和大型车混行机动车道,采用黄实线分隔对向交通,非机动车道宽 2.5m,其中某路段圆曲线半径为 230m,计算该路段的行车道路面最小宽度应为(　　　)。(取小数点后两位)

(A)19.00m　　　　　　　　　　　(B)19.80m

(C)20.60m　　　　　　　　　　　(D)20.80m

分析

根据《城市道路路线设计规范》(CJJ 37—2012)(2016 年版)第 5.3.1 条,设计速度为60km/h,大型车或混行车道为 3.50m,查表 6.5.1,每条车道加宽为 0.40m,行车道路面最小宽度为:$3.5 \times 4 + 2.5 \times 2 + 0.40 \times 4 = 20.6$m。故本题选 C。

例 3　[2020 年案例题]沿海疏港公路交通组成以铰接列车、半挂车为主,某三级公路,设计速度 40km/h,某路段为平面半径 $R = 220$ 的圆曲线,则该圆曲线段一般路基横断面总宽度为(　　)。

(A)8.5m　　　　　　　　　　　　(B)8.9m

(C)9.1m　　　　　　　　　　　　(D)9.3m

分析

(1)根据《公路路线设计规范》(JTG D20—2017)表 7.6.1,以铰接列车、半挂车为主,加宽值采用 0.8m;根据表 6.2.2,双向双车道;根据表 6.2.1,车道宽 3.5m;根据第 6.4.1 条,土路肩宽 0.75m。

（2）路基宽度 = 0.75 + 3.5 × 2 + 0.75 + 0.8 = 9.3m。

故本题选 D。

例 4　[2020 年案例题]某高速公路,设计速度为 100km/h,双向八车道,采用整体式路基,内侧两车道仅限小客车通行,中央分隔带宽度采用 2.0m,不设置左侧硬路肩,受限路段最小宽度采用(　　)。

(A)37.5m

(B)38.5m

(C)39.0m

(D)40.5m

分析

（1）根据《公路路线设计规范》(JTG D20—2017)第 6.2.1 条、6.3.1 条,按条件受限路段,经过论证,左侧路缘带采用 0.5m,小客车专用车道宽为 3.5m,其余车道为 3.75m,右侧硬路肩论证采用 1.5m,土路肩 0.75m,中央分隔带 2.0m。

论证后受限路段最小宽度 = 2 × (0.5 + 2 × 3.5 + 2 × 3.75 + 1.5 + 0.75) + 2 = 36.5m(无答案)

（2）左侧路缘带宽 0.75m(题干未给出论证采用),小客车专用车道宽为 3.5m,其余车道为 3.75m,硬路肩采用 2.5m(内侧两车道仅限小客车通行,说明以通行小客车为主,采用括号内数值 2.5m,题干未给出论证采用,不采用 1.5m),土路肩 0.75m,中央分隔带 2.0m。

受限路段最小宽度 = 2 × (0.75 + 2 × 3.5 + 2 × 3.75 + 2.5 + 0.75) + 2 = 39.0m

故本题选 C。

例 5　[2020 年单选题]拟建某城市快速路,设计速度为 60km/h,单孔隧道横断面布置为单向 3 条机动车道(其中 1 条为小客车专用车道),隧道两侧设检修道,各宽 0.75m。计算隧道内建筑限界的最小净宽度应为(　　)。

(A)11.25m

(B)11.5m

(C)11.75m

(D)13.00m

分析

隧道内建筑限界的最小净宽度等于机动车道(或机非混行车道)路面宽与两侧的检修道(或人行道)宽度之和。根据《城市道路路线设计规范》(CJJ 37—2012)(2016 年版)第 5.3.1 条,设计速度为 60km/h,小客车专用车道宽度为 3.25m,大型车或混行车道宽度为 3.5m,最小净宽度 = 0.75 + 3.25 + 3.5 + 3.5 + 0.75 = 11.75m。故本题选 C。

例 6　[2019 年单选题]高速公路、一级公路整体式路基必须设置中间带,组成中间带的是中央分隔带和两条(　　)。

(A)护栏

(B)路缘石

(C)右侧路缘带

(D)左侧路缘带

分析

根据《公路路线设计规范》(JTG D20—2017)第 6.3.1 条,高速公路、一级公路整体式路基断面必须设置中间带,中间带由两条左侧路缘带和中央分隔带组成。故本题选 D。

例 7 [2019 年案例题]某双车道四级公路,设计速度采用 30km/h,该公路路基段的建筑限界横向总宽度是(　　)。

(A)3.75m　　　　　　　　　　　(B)7.00m

(C)7.50m　　　　　　　　　　　(D)8.25m

分析

根据《公路工程技术标准》(JTG B01—2014)第 3.6.1 条:四级公路的建筑限界为行车道宽度 + 两侧的侧向宽度,四级公路的侧向宽度为路肩宽度减去 0.25m;由表 4.0.2 可查得设计速度为 30km/h 时,车道宽度应为 3.25m;由表 4.0.5-1 中可查得四级公路单侧路肩宽度为 0.50m,则单侧侧向宽度为 0.25m。则建筑限界横向总宽度 = 0.25 + 3.25 + 3.25 + 0.25 = 7.00m。故本题选 B。

例 8 [2019 年多选题] 在城市快速路中间分隔带应设置紧急开口的位置有(　　)。

(A)隧道前后　　　　　　　　　　(B)分离式立交前后

(C)枢纽立交前后　　　　　　　　(D)特大桥及路堑段前后

分析

根据《城市道路工程设计规范》(CJJ 37—2012)(2016 年版)第 6.2.8 条,快速路中间分隔带在枢纽立交、隧道、特大桥及路堑段前后,应设置中间分隔带紧急开口。开口最小间距不宜小于 2km,开口长度宜采用 20～30m,开口处应设置活动护栏。两侧分隔带开口应符合进出口最小间距要求。故本题选 ACD。

例 9 [2019 年多选题] 公路路基宽度为车道宽度与路肩宽度之和,除应计入中间带、加(减)速车道、爬坡车道、紧急停车带、超车道、错车道、慢车道外,下列选项中还应计入的有(　　)。

(A)侧分隔带　　　　　　　　　　(B)人行道

(C)避险车道　　　　　　　　　　(D)非机动车道

分析

根据《公路路线设计规范》(JTG D20—2017)第 6.1.3 条,公路路基宽度为车道宽度与路肩宽度之和。当设有中间带、加(减)速车道、爬坡车道、紧急停车带、错车道、超车道、侧分隔带、非机动车道(或慢车道)和人行道等时,应包括上述部分的宽度。故本题选 ABD。

例 10 [2019 年案例题] 位于重要地区的城市主干路,不考虑其他因素的干扰,预测路段单侧人行交通量 6000 人/h。该路段单侧需要的最小人行道宽度应定为(　　)。(计算结果取整数)

(A)2m　　　　　　　　　　　　(B)3m

(C)4m　　　　　　　　　　　　(D)5m

分析

根据《城市道路工程设计规范》(CJJ 37—2012)(2016 年版)第 5.3.4 条条文说明,人行道宽度指专供行人通行的部分,应满足行人通行的安全和顺畅。查表 4.5.1,行人较

多的重要区域设计通行能力宜采用低值,N_W 取 1800 人/(h·m)。人行道宽度按下式计算:

$$W_P = N_W/N_{W1} = 6000/1800 = 3.33\text{m} \qquad 取整为 4\text{m}$$

故本题选 C。

例 11　根据《公路路线设计规范》(JTG D20—2017),高速公路、一级公路整体式路基的标准横断面应由(　　)组成。

(A)车道、中间带、左侧路缘带、右侧路肩

(B)车道、中央分隔带、右侧路缘带、右侧硬路肩、右侧土路肩

(C)车道、中间带、路肩

(D)车道、中央分隔带、左侧路缘带、左侧硬路肩、土路肩

分析

本题考查高速公路、一级公路的整体式路基标准横断面的组成。根据《公路路线设计规范》(JTG D20—2017)第 6.1.1 条,高速公路、一级公路的路基标准横断面分为整体式路基和分离式路基两类。整体式路基的标准横断面应由车道、中间带(中央分隔带、左侧路缘带)、路肩(右侧硬路肩、土路肩)等部分组成。故本题选 C。

例 12　设置有错车道的公路,其等级是(　　)。

(A)一级公路　　　　　　　　　(B)二级公路

(C)三级公路　　　　　　　　　(D)四级公路

分析

本题考查错车道的设置,四级公路路基宽度采用单车道时,应在不大于 300m 的距离内选择有利地点设置错车道,并使驾驶员能看到相邻两错车道之间的车辆。故本题选 D。

例 13　关于机动车行车道宽度的说法错误的是(　　)。

(A)机动车道包括快车道和慢车道

(B)双车道公路有两条车道,行车道宽度包括汽车宽度和富余宽度

(C)富余宽度是指对向行驶两车厢之间的安全间隙、汽车轮胎到路面边缘的安全距离

(D)行车道的富余宽度与车速无关

分析

本题考查行车道宽度确定的原理。富余宽度由对向行驶两车厢之间的安全间隙和汽车轮胎到路面边缘的安全距离组成,对向行驶两车厢之间的安全间隙和汽车轮胎到路面边缘的安全距离均与行车速度有关,所以富余宽度与行车速度有关。故本题选 D。

例 14　根据《城市道路路线设计规范》(CJJ 193—2012),关于对非机动车道规定的说法,正确的是(　　)

(A)非机动车道数宜根据自行车设计交通量与每条自行车道设计通行能力计算确定

(B)三轮车行驶的非机动车道宽度最小为 1.5m

(C)非机动车道路面宽度应为非机动车道宽度及两侧各 0.5m 之和

(D)非机动车道数单向不宜小于 3 条

分析

根据《城市道路路线设计规范》(CJJ 193—2012)第 5.3.2 条,对非机动车道的规定,三轮车行驶的非机动车道宽度最小为 2m,选项 B 错误。非机动车道路面宽度应为非机动车道宽度及两侧各 0.25m 之和,选项 C 错误。非机动车道数单向不宜小于 2 条,选项 D 错误。故本题选 A。

例 15 设计一条专供自行车行驶单向行驶、车道数为 3 条的非机动车道,其非机动车道专用道路路面宽度是( )。

(A)3.0m (B)3.25m

(C)3.5m (D)4.5m

分析

根据《城市道路工程设计规范》(CJJ 37—2012)(2016 年版)第 5.3.2 条,非机动车道专用道路路面宽度应包括车道宽度及两侧路缘带宽度,即 $0.25 + 3 \times 1 + 0.25 = 3.5m$。故本题选 C。

例 16 高速公路互通式立体交叉的加减速车道宽度应为( )。

(A)3.0m (B)3.25m

(C)3.5m (D)4.5m

分析

高速公路、一级公路的互通式立体交叉、服务区、停车区、客运汽车停靠站、管理与养护设施等与主线衔接出入口出处的加减速车道宽度应为 3.5m。故本题选 C。

例 17 视距计算中,"目高"驾驶员的视线高度为( ),"物高"障碍物的高度为( )。

(A)1m;0.2m (B)1m;0.1m

(C)1.2m;0.2m (D)1.2m;0.1m

分析

本题考查"目高"和"物高"的基本概念。"目高"是指驾驶员眼睛距地面的高度,规定以车体较低的小客车为标准,据实测采用 1.2m。"物高"指路面上障碍物的高度,道路上可能出现的障碍物,除了迎面来车外,还有横穿道路的行人、前面车辆掉下的货物及因挖方边坡塌方落下的石头等。考虑汽车底盘离地的最小高度在 $0.14 \sim 0.2m$ 之间,规定物高为 0.1m。故本题选 D。

例 18 关于城市道路的组成的说法,正确的有( )。

(A)城市道路上供各种车辆行驶的部分统称行车道

(B)城市道路各组成部分相互联系和影响,其位置的安排和宽度的确定必须首先保证

车辆和行人的安全畅通

（C）城市道路路线设计中,纵断面设计是矛盾的主要方面

（D）城市道路各组成部分位置的确定暂不需考虑与自然景观的协调性

分析

本题考查城市道路的组成。城市道路路线设计中,横断面设计是矛盾的主要方面,选项C错误。城市道路各组成部分位置确定的同时需要考虑与自然景观协调性,选项D错误。故本题选AB。

例19　关于路拱横坡的说法,正确的有(　　)。

（A）路拱对排水有利,对行车不利,同时给乘客带来不舒适的感觉

（B）高速公路应采用值较小的路拱横坡

（C）分离式路基每侧行车道只设置单向路拱即可

（D）路拱的形式有抛物线形、直线接抛物线形、折线形

分析

高速公路和一级公路由于其路面较宽,迅速排除路面积水尤为重要。所以当此种公路处于降雨强度较大的地区时,应采用值较高的横坡,故选项B错误。分离式路基,每侧行车道可设置双向路拱,有利于排水。在降雨量不大的地区可采用单向横坡,并向路基外侧倾斜。但在积雪冻融地区,应设置双向路拱。选项C说法过于绝对,应分情况讨论,所以选项C错误。故本题选AD。

例20　根据《城市道路路线设计规范》(CJJ 193—2012)第5.3.1条,城市机动车道中,单幅路及三幅路采用中间分隔物或交通标线分隔对向交通时,机动车道路面宽度包括(　　)。

（A）机动车道宽度　　　　　　　　（B）分隔物宽度

（C）两侧路缘带宽度　　　　　　　（D）照明设施宽度

分析

根据《城市道路路线设计规范》(CJJ 193—2012)第5.3.1条,机动车道路路面宽度应为机动车宽度及两侧路缘带宽度之和。单幅路及三幅路采用中间分隔物或交通标线分隔对向交通时,机动车道路面宽度还应包括分隔物宽度或交通标线宽度。本题主要考查分隔物和标线分隔宽度,对照明设施宽度没有相关讨论。故本题选ABC。

例21　人行道宽度的确定应考虑的因素有(　　)。

（A）道路形状　　　　　　　　　　（B）行人流量

（C）绿化　　　　　　　　　　　　（D）沿街道建筑性质及布设公用设施

分析

人行道宽度应根据道路类别、功能、行人流量、绿化、沿街道建筑性质及布设公用设施要求等确定。故本题选BCD。

例22　应设置加减速车道的地点有(　　)。

(A)高速公路互通式立体交叉衔接处

(B)高速公路主线与服务区的衔接处

(C)一级公路客运汽车停靠站

(D)二级公路与城市道路的衔接处

分析

高速公路、一级公路的互通式立体交叉、服务区、停车区、客运汽车停靠站、管理与养护设施等与主线衔接出入口出处,应设置加减速车道。故本题选 ABC。

例 23 关于爬坡车道的说法,正确的有( )。

(A)高速公路、一级公路爬坡车道长度大于 500m 时,按规定在其右侧设置紧急停车带

(B)二级公路连续上坡路段中,当上坡路段的设计通行能力大于设计小时交通量时,宜在上坡方向行车道右侧设置爬坡车道

(C)对于四车道高速公路,经设置爬坡车道与改善主线纵坡不设爬坡车道技术经济比较论证,设置爬坡车道的效益费用比、行车安全性较优时,宜在上坡方向行车道右侧设置爬坡车道

(D)爬坡车道的曲线加宽应采用一个车道曲线加宽规定

分析

根据《公路路线设计规范》(JTG D20—2017)第 8.4.1 条,四车道高速公路、四车道一级公路以及二级公路连续上坡路段,符合下列情况之一者,宜在上坡方向行车道右侧设置爬坡车道。

①沿连续上坡方向载重汽车的运行速度降低至容许最低速度以下时。

②单一纵坡长度超过规定或上坡路段的设计通行能力小于设计小时交通量时。

③经设置爬坡车道与改善主线纵坡不设爬坡车道技术经济比较论证,设置爬坡车道的效益费用比、行车安全性较优。故选项 B 错误,选项 C 正确。

根据《公路路线设计规范》(JTG D20—2017)第 8.4.3 条和第 8.4.4 条,选项 A、D 正确。故本题选 ACD。

例 24 根据《公路工程技术标准》(JTG B01—2014),说法错误的选项有( )。

(A)双车道公路应间隔设置满足会车视距的路段

(B)积雪冰冻地区的停车视距必须增长

(C)互通式立交、服务区、停车区、客运汽车停靠站等各类出、入口应满足识别视距要求

(D)高速公路、一级公路以及大型车比例较低的二级、三级公路,应采用货车停车视距对相关路段进行检验

分析

根据《公路工程技术标准》(JTG B01—2014)第 4.0.15 条,双车道公路应间隔设置满足超车视距的路段,而不是会车视距。故选项 A 错误。积雪冰冻地区的停车视距宜适当增长,故选项 B 错误。选项 D 中,大型车比例较高的二级、三级公路应采用货车停车视距对相关路段进行检验,而不是大型车比例较低的二级、三级公路。故选项 D 错误。故本题选 ABD。

自测模拟

(第 1~9 题为单选题,第 10~14 题为多选题)

1. 某二级公路,路拱横坡为2%,路肩横坡为4%,在一超高为7%的圆曲线路段,其弯道内侧土路肩横坡为(　　)。

　　(A)4%　　　　　　　　　　　　(B)5%

　　(C)6%　　　　　　　　　　　　(D)7%

2. 分离式公交停靠站的车道总宽度应包括路缘带宽度,不应小于(　　)。

　　(A)3.25m　　　　　　　　　　(B)3.5m

　　(C)3.75m　　　　　　　　　　(D)4.0m

3. 避险车道的位置一般设置于(　　)。

　　(A)连续长陡下坡路段　　　　　(B)超高路段

　　(C)视距不良路段　　　　　　　(D)病害路段

4. 下列属于高速公路爬坡车道的平面布置是(　　)。

　　(A)

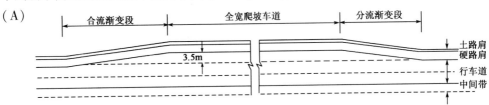

　　(B)

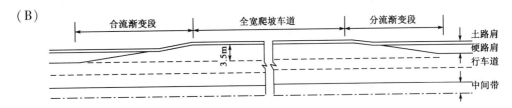

　　(C)

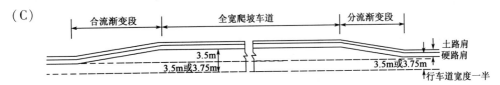

　　(D)以上都不对

5. 在确定借土填方的经济运距时,假设借土单价为 B,远运运费单价为 T,免费运距为 $L_免$,那么其经济运距 $L_经$ 应为(　　)。

　　(A) $L_经 = B/T + L_免$ 　　　　　　(B) $L_经 = T/B + L_免$

（C）$L_经 = B/T - L_免$ （D）$L_经 = T/B - L_免$

6.计价土石方数量的计算公式是（　　）。
（A）计价土石方数量＝废方数量＋借方数量
（B）计价土石方数量＝挖方数量＋填方数量－借方数量－废方数量
（C）计价土石方数量＝挖方数量＋借方数量
（D）计价土石方数量＝挖方数量＋填方数量－废方数量

7.用平均断面法计算土石方数量,其结果与实际结果相比一般是（　　）。
（A）相等 （B）偏小
（C）有时偏大,有时偏小 （D）偏大

8.已知桩号 K1 +000 的挖方断面积为 $60m^2$, K1 +020 的挖方断面积为 $20m^2$,则按平均断面法计算两桩号之间的挖方体积是（　　）。
（A）$200m^3$ （B）$800m^3$
（C）$600m^3$ （D）$1230m^3$

9.某城市主干道,按 4 块板布设,单向布置 3 条自行车道,其单向非机动车道路面宽度为（　　）。
（A）3m （B）3.5m
（C）4m （D）4.25m

10.公路设计时,应采用3.5m 宽的车道有（　　）。
（A）仅限小客车通行时公路的内侧车道
（B）单车道四级公路的车道宽度
（C）二级公路慢车道宽度
（D）三级公路

11.根据《城市道路路线设计规范》（CJJ 193—2012）,以下关于城市道路路肩的说法,正确的有（　　）。
（A）路肩宽度应满足设置护栏、地上杆柱、交通标志基础的要求
（B）采用边沟排水的道路应在路面内设路肩
（C）路肩可采用土质或简易铺装
（D）设计速度为 80km/h 的道路保护性路肩最小宽度为 0.75m

12.根据《城市道路路线设计规范》（CJJ 193—2012）,确定路拱横坡应考虑的因素主要有（　　）。
（A）路面材料 （B）路面类型

（C）设计速度　　　　　　　　（D）纵坡

13.关于避险车道的说法,正确的有(　　)。
（A）应结合交通安全性评价论证设置避险车道
（B）避险车道应设置在长、陡下坡路段的右侧视距良好的适当位置,其宽度不应小于4.50m
（C）避险车道能减小因车辆制动失效、车辆失控而引起的事故发生概率
（D）有条件时,宜在避险车道右侧平行设置救援车道

14.关于中央分隔带开口的说法,正确的有(　　)。
（A）中央分隔带开口处应设置活动护栏
（B）中央分隔带开口设于曲线路段时,该圆曲线的超高值不宜大于5%
（C）中央分隔带开口间距应视需要而定,最小间距应不小于2km
（D）八车道及以上车道数的高速公路开口长度不应大于50m

参考答案
1.B　　2.B　　3.A　　4.A　　5.A　　6.C　　7.D　　8.B
9.B　　10.BC　　11.ACD　　12.BCD　　13.ABD　　14.ACD

第七节　路线线形设计

依据规范

《公路工程技术标准》(JTG B01—2014)
　4　路线
　　　4.0.1　一般规定
　　　6.0.8　桥梁及其引道的平、纵、横技术指标
　　　8.0.4　隧道及其洞口两端路线的平、纵、横技术指标
《公路路线设计规范》(JTG D20—2017)
　　　9.1　一般规定
　　　9.2　平面线形设计
　　　9.3　纵面线形设计
　　　9.4　横断面设计
　　　9.5　线形组合设计
　　　9.6　线形与桥、隧的配合
　　　9.7　线形与沿线设施的配合

重 点 知 识

线形设计指的是路线立体形状及其相关诸因素的综合设计。目前,道路设计还不是直接进行立体设计,而是先进行平面设计,然后进行纵断面设计,再进行横断面设计,而公路本身是平纵横组合后立体构造物,因此需要在设计中相互考虑,完善相互间的配合。

一、掌握线形设计的原则、要求和内容

1.线形设计的原则

(1)公路线形设计应做好平、纵、横面三者间的组合,并同自然环境相协调。

(2)线形设计除应符合行驶力学要求外,尚应考虑用路者的视觉、心理与生理方面的要求,提高汽车行驶的安全性、舒适性与经济性。

(3)线形设计的要求与内容应随公路功能和设计速度的不同而各有侧重。

(4)路线交叉前后的线形应选用较高的平、纵技术指标,使之具有较好的通视条件。

(5)各级公路均应采用运行速度方法,对平、纵线形组合设计、技术指标的协调性和一致性、视距以及路线视觉连续性等进行检验,依此优化线形设计、调整技术指标、完善交通工程与安全设施。

2.线形设计的要求和内容

线形设计的要求与内容应随公路功能和设计速度的不同而各有侧重。

(1)高速公路和具干线功能的一级、二级公路,应注重立体线形设计,做到线形连续、指标均衡、视觉良好、景观协调、安全舒适。设计速度越高,线形设计组合所考虑的因素应越周全,以提供高的服务质量。

(2)具集散功能的一级、二级公路,应根据混合交通情况确定公路横断面布置设计,并注重路线交叉等处的线形设计组合,以保障通视良好,行驶通畅、安全。

(3)设计速度等于或小于 40km/h 的双车道公路,在保证行驶安全的前提下,应正确运用线形要素的规定值(含最大、最小值),合理地组合各线形要素,或采取设置相应交通工程设施等技术措施,以充分发挥投资效益。

(4)遵循以设计路段确定公路等级、设计速度的原则,其设计路段的长度不宜过短,且线

形技术指标应保持相对均衡。

（5）不同设计路段相衔接处前后的平、纵、横技术指标，应随设计速度由高向低（或反之）而逐渐由大向小（或反之）变化，使行驶速度自然过渡。相衔接处附近不宜采用该路段设计速度的最小或最大平、纵技术指标值。

二、熟悉公路平面线形设计的一般规定与运用

1. 平面线形设计的一般规定

（1）平面线形应直捷、连续、均衡，并与地形相适应，与周围环境相协调。

（2）受条件限制采用长直线时，应结合具体情况采用相应的技术措施。

（3）连续的圆曲线间应采用适当的曲线半径比。

（4）各级公路不论转角大小均应敷设曲线，并宜选用加大的圆曲线半径，转角过小时，不应设置较短的圆曲线。

（5）两同向曲线间应设有足够长度的直线，两反向曲线间不应设置短直线段。

（6）六车道及以上高速公路和作为干线的一级公路，同向或反向圆曲线间插入的直线长度，还应符合路基外侧边缘超高过渡渐变率规定的要求。

（7）设计速度小于或等于 40km/h 的双车道公路，两相邻反向圆曲线无超高时可径相连接，无超高有加宽时应设置长度不小于 10m 的加宽过渡段；两相邻反向圆曲线设有超高时，地形条件特殊困难路段的直线长度不小于 15m。

（8）设计速度小于或等于 40km/h 的双车道公路，应避免连续急弯的线形。地形条件特殊困难不得已而设置时，应在曲线间按规定插入规定长度的直线或回旋线。

2. 平面线形设计中直线的运用

（1）直线的运用应注意与地形、环境相协调和配合。采用直线线形时，其长度不宜过长。

（2）农田、河渠规整的平坦地区、城镇近郊规划等以直线条为主体时，宜采用直线线形。

（3）特长、长隧道或结构特殊的桥梁等构造物所处的路段，以及路线交叉点前后的路段宜采用直线线形。

（4）双车道公路为超车所提供的路段宜采用直线线形。

3. 公路平面线形设计中圆曲线的运用

（1）设置圆曲线时应与地形相适应，宜采用超高为 2% ～4% 对应的圆曲线半径。

（2）条件受限时，可采用大于或接近于圆曲线最小半径的"一般值"；地形条件特殊困难而不得已时，方可采用圆曲线最小半径的"极限值"，并采取措施保障视距的要求。

（3）设置圆曲线时，应同相衔接路段的平、纵线形要素相协调，使之构成连续、均衡的曲线线形，并避免小半径圆曲线与陡坡相重合的线形。

（4）当交点转角不得已小于 7°时，应按规定设置足够长的曲线。

4. 公路平面线形设计中回旋线的运用

（1）设计速度大于或等于 60km/h 时，回旋线应作为线形要素之一加以运用。回旋线—圆曲线—回旋线的长度以大致接近为宜。两个回旋线的参数值亦可根据地形条件设计成非对称

的曲线,但 $A_1:A_2$ 不应大于 2.0。

（2）回旋线参数宜依据地形条件及线形要求确定,并与圆曲线半径相协调。在确定回旋线参数时,宜在下述范围内选定: $R/3 \leqslant A \leqslant R$,但:

①当 R 小于 100m 时, A 宜大于或等于 R。

②当 R 接近于 100m 时, A 宜等于 R。

③当 R 较大或接近于 3000m 时, A 宜等于 $R/3$。

④当 R 大于 3000m 时, A 宜小于 $R/3$。

（3）两反向圆曲线径相衔接或插入的直线长度不足时,可用回旋线将两反向圆曲线连接组合为 S 形曲线。

①S 形曲线的两回旋线参数 A_1 与 A_2 宜相等。

②当采用不同的回旋线参数时, A_1 与 A_2 之比应小于 2.0,有条件时以小于 1.5 为宜。当 $A_2 \leqslant 200$ 时, A_1 与 A_2 之比应小于 1.5。

③两圆曲线半径之比不宜过大,以 $R_1/R_2 \leqslant 2$ 为宜（R_1 为大圆曲线半径, R_2 为小圆曲线半径）。

（4）两同向圆曲线径相衔接或插入的直线长度不足时,可用回旋线将两同向圆曲线连接组合为卵形曲线。

①卵形曲线的回旋线参数宜选 $R_2/2 \leqslant A \leqslant R_2$（$R_2$ 为小圆曲线半径）。

②两圆曲线半径之比,以 $R_2/R_1 = 0.2 \sim 0.8$ 为宜。

③两圆曲线的间距,以 $D/R_2 = 0.003 \sim 0.03$ 为宜（D 为两圆曲线间的最小间距）。

（5）受地形条件限制时,可将两同向回旋线在曲率相同处径相衔接而组合为凸形曲线。凸形曲线只有在路线严格受地形限制,且对接点的曲率半径相当大时方可采用。

①凸形曲线的回旋线参数及其对接点的曲率半径,应分别符合容许最小回旋参数和圆曲线最小半径的规定。

②对接点附近的 $0.3v$（按 m 计;其中 v 为设计速度,按 km/h 计）长度范围内,应保持以对接点的曲率半径确定的路拱横坡度。

（6）受地形条件或其他特殊情况限制时,可将两同向圆曲线的回旋线曲率为零处径相连接而组合为 C 形曲线。C 形曲线仅限于地形条件特殊困难,路线严格受限制时采用。

（7）受地形条件限制时,大半径圆曲线与小半径圆曲线相衔接处,可采用两个或两个以上同向回旋线在曲率相同处径相连接而组合为复合曲线。复合曲线的两个回旋线参数之比以小于 1.5 为宜。复合曲线在受地形条件限制,或互通式立体交叉的匝道设计中可采用。

三、熟悉公路纵断面线形设计的一般规定与运用

1. 纵断面线形设计的一般规定

（1）纵断面线形应平顺、圆滑、视觉连续,并与地形相适应,与周围环境相协调。

（2）纵坡设计应考虑填挖平衡,并利用挖方就近作为填方,以减轻对自然地面横坡与环境的影响。

（3）相邻纵坡的代数差小时,应采用大的竖曲线半径。

（4）连续设置长、陡纵坡的路段,上坡方向应满足通行能力的要求,下坡方向应考虑行车

安全,并结合前后路段各技术指标设置情况,采用运行速度对连续上坡方向的通行能力及下坡方向的行车安全性进行检验。

(5)路线交叉处前后的纵坡应平缓。

(6)位于积雪冰冻地区的公路,应避免采用陡坡。

2. 纵断面线形设计中纵坡值的应用

(1)纵断面线形设计时应充分结合沿线地形等条件,宜采用平缓的纵坡,最小纵坡不宜小于0.3%。对于采用平坡或小于0.3%的纵坡路段,应进行专门的排水设计。

(2)各级公路不宜采用最大纵坡值和不同纵坡最大坡长值,只有在为争取高度利用有利地形,或避开工程艰巨地段等不得已时,方可采用。

3. 纵面线形设计中纵坡设计的要求

(1)平原地形的纵坡应均匀、平缓。

(2)丘陵地形的纵坡应避免过分迁就地形而起伏过大。

(3)越岭线的纵坡应力求均匀,不应采用最大值或接近最大值的坡度,更不宜连续采用不同纵坡最大坡长值的陡坡夹短距离缓坡的纵坡线形。

(4)山脊线和山腰线,除结合地形不得已时采用较大的纵坡外,在可能条件下应采用平缓的纵坡。

4. 纵面线形设计中竖曲线的一般规定与运用

(1)设计速度大于或等于60km/h的公路,竖曲线设计宜采用长的竖曲线和长直线坡段的组合。有条件时宜采用大于或等于表1-7-1所列视觉所需要的竖曲线半径值。

视觉所需要的竖曲线半径值 表1-7-1

设计速度(km/h)	竖曲线半径(m)	
	凸形	凹形
120	20000	12000
100	16000	10000
80	12000	8000
60	9000	6000

(2)竖曲线应选用较大的半径。当条件受限制时,宜采用大于或接近于竖曲线最小半径的"一般值";地形条件特殊困难而不得已时,方可采用竖曲线最小半径的"极限值"。

(3)同向竖曲线间,特别是同向凹形竖曲线之间,直线坡段接近或达到最小坡长时,宜合并设置为单曲线或复曲线。

(4)双车道公路在有超车需求的路段,应考虑超车视距要求,采用较大的凸形竖曲线半径或设置必要的标志、标线等设施。

四、熟悉公路横断面设计的一般规定与运用

(1)公路横断面设计应最大限度地降低路堤高度,减小对沿线生态的影响,保护环境,使公路融入自然。条件受限制不得已而出现高填、深挖时,应同桥梁、隧道、分离式路基等方案进

行论证比选。

（2）路基断面布设应结合沿线地面横坡、自然条件、工程地质条件等进行设计。自然横坡较缓时，以整体式路基断面为宜。横坡较陡、工程地质复杂时，高速公路宜采用分离式路基断面。

（3）整体式路基的中间带宽度宜保持等值。当中间带的宽度根据需要增宽或减窄时，应采用左右分幅线形设计。条件受限制，且中间带宽度变化小于 3.0m 时，可采用渐变过渡，过渡段的渐变率不应大于 1/100。

（4）整体式路基分为分离式路基或分离式路基汇合为整体式路基时，其中间带的宽度增宽或减窄时，应设置过渡段。其过渡段以设置在圆曲线半径较大的路段为宜。

（5）公路横断面设计应注重路侧安全，做好中间带、加（减）速车道、路肩以及渠化、左（右）转弯车道、交通岛等各组成部分的细节设计。在有条件的地区或路段，积极采用宽中央分隔带、低路基、缓边坡、宽浅边沟等断面形式。

（6）中间带的设计。

①中央分隔带形式：中央分隔带宽度大于或等于 3.0m 时宜采用凹形；中央分隔带宽度小于 3.0m 时可采用凸形；对于存在风沙和风雪影响的路段，宜采用平齐式。

②中央分隔带缘石：中央分隔带宽度大于或等于 3.0m 或存在风沙和风雪影响的路段，宜采用平齐式；中央分隔带宽度小于 3.0m ，可采用平齐式或斜式。高速公路、一级公路中央分隔带不得采用栏式缘石。

③中央分隔带表面处理：中央分隔带宽度大于或等于 3.0m 时宜植草皮；中央分隔带宽度小于 3.0m 时可栽灌木或铺面封闭。

（7）公路横断面范围内的排水设计应自成体系，满足功能要求。设置在紧靠车道的边沟，其断面宜采用浅碟形或漫流等方式；当采用矩形或梯形边沟时，应加盖板。

（8）冬季积雪路段、工程地质病害严重路段等可适当加宽路基，以改善行车条件。

五、熟悉线形组合设计的一般规定与运用

1．公路线形组合设计的原则

（1）线形组合设计中，各技术指标除应分别符合平面、纵断面规定值外，还应考虑横断面对线形组合与行驶安全的影响。应避免平面、纵断面、横断面的最不利值相互组合的设计。

（2）在确定平面、纵断面的各相对独立技术指标时，各自除应相对均衡、连续外，还应考虑与之相邻路段的各技术指标值的均衡、连续。

（3）线形组合设计除应保持各要素间内部的相对均衡与变化节奏的协调外，还应注意同公路外部沿线自然景观的适应和地质条件等的配合。

（4）路线线形应能自然地诱导驾驶者的视线，并保持视线的连续性。

2．公路线形组合设计的一般要求

（1）平、纵线形宜相互对应，且平曲线宜比竖曲线长。当平、竖曲线半径均较小时，其相互对应程度应较严格；随着平、竖曲线半径的同时增大，其对应程度可适当放宽；当平、竖曲线半径均较大时，可不严格相互对应。

(2)长直线不宜与坡陡或半径小且长度短的竖曲线组合。

(3)长的平曲线内不宜包含多个短的竖曲线,短的平曲线不宜与短的竖曲线组合。

(4)半径小的圆曲线起、讫点,不宜接近或设在凸形竖曲线的顶部或凹形竖曲线的底部。

(5)长的竖曲线内不宜设置半径小的平曲线。

(6)凸形竖曲线的顶部或凹形竖曲线的底部,不宜同反向平曲线的拐点重合。

(7)复曲线、S形曲线中的左转圆曲线不设超高时,应采用运行速度对其安全性予以验算。

(8)应避免在长下坡路段、长直线路段或大半径圆曲线路段的末端接小半径圆曲线的组合。

3. 城市道路线形组合设计的要求

(1)平、纵、横设计应分别满足各自规定值的要求,不应将最不利值进行组合。

(2)平、纵、横组合设计应保持线形的视觉连续性,自然诱导驾驶员视线。

(3)平曲线与竖曲线宜相互对应,且平曲线长度宜大于竖曲线长度。

(4)竖曲线半径宜为平曲线半径的10~20倍。

4. 城市道路平纵线形设计一般规定

(1)在凸形竖曲线的顶部或凹形竖曲线的底部,不应插入急转的平曲线或反向平曲线。

(2)长直线不宜与陡坡或半径小且长度短的竖曲线组合,长的竖曲线不宜与半径小的平曲线组合。

(3)长的平曲线内不宜包含多个短的竖曲线,短的平曲线不宜与短的竖曲线组合。

(4)纵断面设计不应出现使驾驶员视觉中断的线形。

六、熟悉线形与桥隧的配合的一般规定与运用

1. 公路桥头引道与桥梁线形设计的一般要求

(1)桥梁及其引道的位置、线形应与路线线形相协调,使之视野开阔,视线诱导良好。各项技术指标应符合路线布设与总体设计的相关规定。

(2)高速公路、一级公路和承担干线功能的二级公路上的桥梁线形应与路线线形相协调,且连续、流畅。

(3)桥梁、涵洞等人工构筑物同路基的衔接,其平、纵线形应符合路线布设的有关规定。

2. 城市道路桥梁及其引道线形的基本要求

(1)桥梁及其引道的位置、线形应与路线线形相协调,各项技术指标应符合路线布设与总体设计的相关规定。

(2)桥梁引道坡脚与平面交叉口停车线之间的距离宜满足交叉口信号周期内的车辆排队和交织长度。

(3)桥面车行道宽度应与两端道路的车行道宽度相一致。当桥面宽度与路段的道路横断面总宽度不一致时,应在道路范围内设置宽度渐变段;路面边缘斜率可采用1:15~1:30,折点处应圆顺。

3. 公路隧道洞口连接线与隧道线形设计的一般要求

(1)隧道的位置与隧道洞口连接线应与路线线形相协调,以利行车的安全与舒适。各项

技术指标应符合路线布设与总体设计的相关规定。

（2）当设置曲线隧道时，宜采用不设超高的平曲线半径；受条件限制需采用设超高的平曲线时，其超高值不宜大于 4%，并需对停车视距进行验算，避免采用需加宽的平曲线半径。

（3）隧道洞口外连接线应与隧道洞口内线形相协调，隧道洞口内外侧不小于 3s 设计速度行程长度范围的平、纵线形应一致。特殊困难路段，经技术经济比较论证后，洞口内外平面线可采用回旋曲线，但应加强线形诱导设施。洞口的纵面线形宜采用直线坡段，需设置竖曲线时，宜采用较大的竖曲线半径。

（4）高速公路、一级公路上的隧道分为上、下行分离的双洞时，其洞口连接线的布设应与路线整体线形相协调，并就近在适宜位置设置联络车道。

（5）隧道洞口同路基的衔接应符合路线布设的有关规定；隧道内外路基宽度不一致时，应在隧道进口外设置不少于 3s 设计速度行程长度的过渡段，且过渡段的最小长度不应小于 50m。

4. 城市道路隧道及洞口两端的线形的基本要求

（1）隧道的位置与隧道洞口连接段应与路线线形相协调，各项技术指标应符合路线布设与总体设计的相关规定。

（2）隧道洞口内侧和外侧在不小于 3s 设计速度的行程长度范围内，均应保持一致的平纵线形。

（3）当隧道洞门内外路面宽度不一致时，隧道洞口外与之相连接的路段应设置距洞口不小于 3s 设计速度的行程长度，且不应小于 50m 长度的、同隧道等宽的过渡段。

（4）长、特长的双洞隧道，宜在洞口外的合适位置设置联络通道。

（5）隧道洞内外应满足相应道路等级对视距的要求。当隧道洞口连接段设中间分隔带时，应采用停车视距；当无中间分隔带时，应采用会车视距。

七、熟悉线形与沿线设施的配合的一般规定与运用

（1）线形设计应考虑收费站、服务区、停车区、客运汽车停靠站等沿线设施布设的要求。

（2）主线收费站范围内路线宜为直线或不设超高的曲线，不应将收费站设置在凹形竖曲线的底部或连续下坡的中底部。

（3）路线设计时应考虑标志、标线的设置；交通安全设施应与路线同步设计，充分体现路线设计意图。路侧设计受限制的路段，应合理设置相应防护设施。

八、熟悉线形与环境的协调的一般规定与运用

（1）线形设计应充分考虑到速度对视觉的影响，设计速度高的公路，线形设计和周围环境配合的要求应更高。

（2）公路线形应充分利用地形、自然风景，尽量少改变周围的地貌、地形、天然森林、建筑物等景观，使公路与自然融为一体，最大限度地保护环境。

（3）公路防护工程应采用工程防护与生态防护相结合的方式，减少对自然景观的影响，加大恢复力度，使公路工程与自然环境相和谐。

（4）宜适当放缓路堑边坡或将边坡的变坡点修整圆滑，使其接近于自然地面，增进路容

美观。

（5）公路两侧的绿化应作为诱导视线、点缀风景以及改造环境的一种措施而进行专门设计。

考点分析

本节是道路路线设计中重要的一节，主要有以下考点：

（1）线形设计的原则、要求 要求掌握线形设计的原则，需要明确线形设计的要求与内容应随公路功能和设计速度的不同而各有侧重。

（2）平、纵、横线形设计 需要熟悉平面线形设计中的一般规定、直线、圆曲线、缓和曲线的运用，熟悉纵断面线形设计中直线与竖曲线的一般规定与运用，熟悉横断面设计的一般规定与运用。

（3）组合设计 主要是熟悉公路、城市道路在平纵组合设计中的一般规定与组合要求。

（4）线形与桥隧的配合 主要是熟悉公路隧道洞口连接线与隧道线形设计的一般要求，城市道路隧道及洞口两端的线形的基本要求。

例题解析

例1 ［2020年案例题］某城市主干路，设计速度为60km/h，平曲线和竖曲线位置组合相应关系如下图所示。下列平纵线形组合符合规范规定的是（　　）。请说明选择依据和理由。

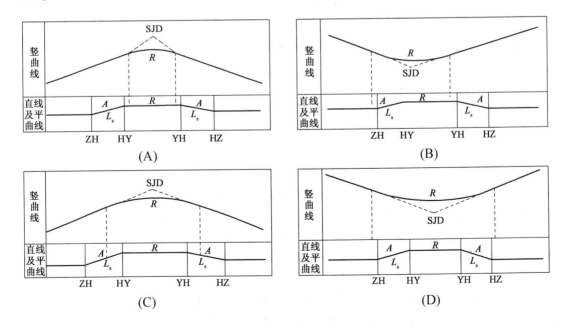

分析

根据《城市道路路线设计规范》(CJJ 193—2012)第8.2.1条第3款及图8.2.1,竖曲线起终点必须均位于平曲线的缓和曲线上,即满足平包竖、竖包圆,只有选项C满足。故本题选C。

例2 [2019年单选题]公路S形曲线相邻两个回旋线采用不同参数时,其参数 A_1 与 A_2 之比应小于( )。

(A)1.0   (B)1.2

(C)2.0   (D)2.5

分析

根据《公路路线设计规范》(JTG D20—2017)第9.2.4条第3款,当采用不同的回旋线参数时,A_1 与 A_2 之比应小于2.0,有条件时以小于1.5为宜。当 $A_2 \leqslant 200$ 时,A_1 与 A_2 之比应小于1.5。故本题选C。

例3 [2019年多选题]一般情况下,公路设计应采用运行速度进行检验的路段有( )。

(A)平纵配合良好的路段

(B)平纵指标变化大的路段

(C)最大或最小平纵技术指标采用路段

(D)实际速度可能高于或低于设计速度的路段

分析

根据《公路路线设计规范》(JTG D20—2017)第9.1.5条条文说明,对受条件限制而采用平、纵技术指标最大值(或最小值)的路段,或平、纵线形组合复杂的路段,或实际行驶速度可能超出(或低于)设计速度的路段等,应采用运行速度进行检验。故本题选BCD。

例4 [2019年多选题]拟建设计速度为60km/h的城市快速路隧道,隧道洞口内外侧平纵线形需保持一致的范围应不小于( )。

(A)3s设计速度的行程长度

(B)5s设计速度的行程长度

(C)50m

(D)80m

分析

根据《城市道路路线设计规范》(CJJ 193—2012)第8.3.2条第2、3款,隧道洞口内侧和外侧在不小于3s设计速度的行程长度范围内,均应保持一致的平纵线形。隧道内外路基宽度不一致时,应在隧道进口外设置不少于3s设计速度行程长度的过渡段,且过渡段的最小长度不应小于50m。故本题选AC。

例5 [2019年案例题]某山区公路设计速度采用40km/h,某路段需要采用卵形曲线才能与地形很好吻合,小圆曲线半径采用80m,大圆曲线半径采用的合理区间是( )。

（A）400~600m
（B）100~400m
（C）80~600m
（D）80~150m

分析

根据《公路路线设计规范》（JTG D20—2017）第9.2.4条第4款：$R_2/R_1 = 0.2 \sim 0.8$，$0.2 \leqslant \frac{80}{R_1} \leqslant 0.8$，$100\text{m} \leqslant R_1 \leqslant 400\text{m}$。故本题选 B。

例6 关于平纵组合的说法，错误的是（　　）。
（A）平曲线和竖曲线的大小不必保持均衡
（B）避免在凸形竖曲线的顶部插入小半径的平曲线
（C）避免在凹形竖曲线的底部插入小半径的平曲线
（D）一个平曲线内，应避免纵面线形的反复凸凹

分析

根据《城市道路工程设计规范》（CJJ 37—2012）（2016年版）第6.4.2条第3款，平、纵面线形应相互对应，技术指标大小均衡连续，以及与之相邻路段各技术指标的均衡、连续。故本题选 A。

例7 如下图所示，下列平、纵组合中适宜的组合是（　　）。

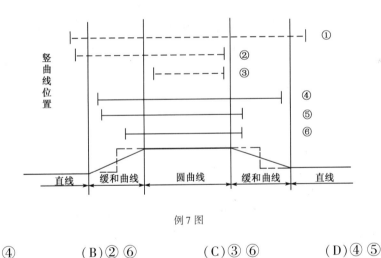

例7图

（A）①④
（B）②⑥
（C）③⑥
（D）④⑤

分析

根据《城市道路路线设计规范》（CJJ 193—2012）第8.2.1条第3款，平曲线与竖曲线宜相互对应，且平曲线长度宜大于竖曲线长度。图中，①②③组合不当，④⑤⑥组合适当。故本题选 D。

例8 下列平、纵组合中，正确的是（　　）。

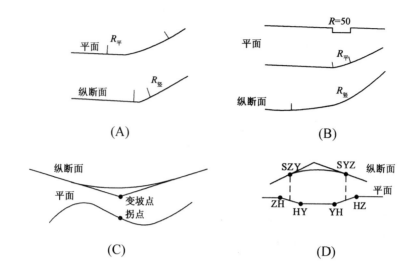

（A）

（B）

（C）

（D）

分析

①根据《城市道路路线设计规范》（CJJ 193—2012）第 8.2.1 条第 2 条,平、纵、横组合设计应保持线形的视觉连续性,自然诱导驾驶员视线。选项 A 图示为较长的大半径平曲线与竖曲线组合,造成视线中断。选项 A 错误。

②根据《公路路线设计规范》（JTG D20—2017）第 9.5.2 条第 1 款,平、纵线形宜相互对应,且平曲线宜比竖曲线长。选项 B 为"竖包平",选项 B 错误。

③根据《公路路线设计规范》（JTG D20—2017）第 9.5.2 条第 6 款,凸形竖曲线的顶部与凹形竖曲线的底部,不宜同反向平曲线的拐点重合。选项 C 错误。

④根据《城市道路路线设计规范》（CJJ 193—2012）第 8.2.1 条第 3 款,平曲线与竖曲线宜相互对应,且平曲线长度宜大于竖曲线长度。即通常说的"平包竖"。

故本题选 D。

例 9 关于平、纵组合的说法,正确的是( )。

（A）当平、竖曲线的半径均大时,平竖曲线可不严格相互对应

（B）将暗弯与凹形竖曲线组合

（C）将凹形竖曲线底部或凸形竖曲线顶部与反向平曲线拐点对应重合

（D）小转角平曲线宜与坡度角较大的凹形竖曲线组合

分析

根据《公路路线设计规范》（JTG D20—2017）第 9.5.2 条第 1 款,平、纵面线形宜相互对应,且平曲线宜比竖曲线长。当平、竖曲线的半径均大时,平竖曲线可不严格相互对应。选项 A 正确。

暗弯与凸形竖曲线和明弯与凹形竖曲线的组合是合理的。选项 B 错误。

根据《公路路线设计规范》（JTG D20—2017）第 9.5.2 条第 6 款,凸形竖曲线顶部与凹形竖曲线底部,不宜同反向平曲线拐点重合。选项 C 错误。

根据《城市道路工程设计规范》（CJJ 37—2012）（2016 年版）第 6.4.2 条第 1 款,线形组合

设计应使线形在视觉上能自然地诱导驾驶员视线,并应保持视觉的连续性。小转角平曲线宜与坡度角较大的凹形竖曲线组合,容易形成"暗凹"现象,同时,小转角平曲线一般是大半径,考虑平包竖的情况下,坡度角较大的凹形竖曲线一般是小半径,也不协调。选项 D 错误。

故本题选 A。

例 10　《公路路线设计规范》(JTG D20—2017)规定,大、中桥上的纵坡不宜大于(　　),桥头引道纵坡不宜大于(　　)。

(A)3% ;4%　　　　　　　　　　(B)4% ;5%

(C)5% ;6%　　　　　　　　　　(D)4% ;3%

分析

根据《公路路线设计规范》(JTG D20—2017)第 8.2.4 条第 2 款,大、中桥上的纵坡不宜大于 4%,桥头引道纵坡不宜大于 5%。故本题选 B。

例 11　关于城市桥梁几何设计的说法,错误的是(　　)。

(A)桥梁上设置防撞护栏时,桥路衔接处的外侧护栏在平面上应该为同一线形

(B)当桥面纵坡大于 3.0% 时,桥上可不设置排水口

(C)当桥面宽度与路段的道路横断面总宽度不一致时,应设置宽度渐变段;路面边缘斜率可采用 1:5～1:1,折点处应圆润

(D)对于城市桥梁桥上纵坡,非机动车道不宜大于 2.5%,机动车道不宜大于 4%

分析

根据《城市道路路线设计规范》(CJJ 193—2012)第 8.3.1 条第 3 款,桥面车行道宽度应与两端道路的车行道宽度相一致,当桥面宽度与路段的道路横断面总宽度不一致时,应在道路范围内设置宽度渐变段;路面边缘斜率可采用 1:30～1:15,折点处应圆润。题中路面边缘斜率采用 1:5～1:1 故错误。故本题选 C。

例 12　某高速公路跨线桥,桥梁路面设计高程为 492.360m,桥梁上部建筑结构高度为 1.5m,桥上路面结构摊铺厚度为 16cm,请问高速公路①处的路面高程最大值是(　　)。

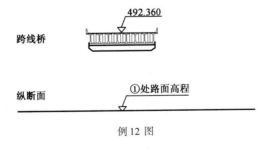

例 12 图

(A)487.36m　　　　　　　　　　(B)487.2m

(C)485.7m　　　　　　　　　　(D)485.86m

分析

梁底控制点高程 = 桥下路面高程(包括预留的路面补强厚度) + 道路净空要求;桥梁路面设计高程 = 梁底控制点高程 + 桥梁上部建筑结构高度 + 桥上路面结构厚度。根据《公路工程技术标准》(JTG B01—2014)第3.6.1条第3款,高速公路,一级、二级公路的净高为5.00m;三级、四级公路的净高应为4.50m。492.360 − 1.5 − 5 − 0.16 = 485.7m。故本题选 C。

例 13 关于公路桥梁几何设计的说法,错误的是( )。

(A)小桥与涵洞处的纵坡应按路线规定进行设计,小桥涵允许设置在纵坡路段或竖曲线上,但为保证路线的平顺性,因尽量避免小桥涵处"驼峰式"纵坡

(B)位于城镇混合交通繁忙处的大、中桥梁,其桥头两端的引道纵坡应与桥上纵坡相同,纵坡值不宜大于4%,长度不宜小于3s行程

(C)大、中桥一般不宜设置竖曲线,桥头两端在不得已设置竖曲线时,其起、终点应设在距桥头10m以外

(D)桥梁路线跨越河道的交角以正交布设为好,当不得已需要斜交时,桥梁与河道交角一般不应小于60°

分析

根据《公路路线设计规范》(JTG D20—2017)第8.2.4条第4款,位于城镇混合交通繁忙处的桥梁,桥上纵坡与桥头引道纵坡均不得大于3%。选项 B 中纵坡值是不宜大于4%,故错误。故本题选 B。

例 14 某隧道起点桩号为 K8 + 100,终点桩号为 K8 + 969,隧道内合理的纵坡范围应是( )。

(A)0.3% ~ 3% (B)0.5% ~ 3%

(C)0.5% ~ 5% (D)0.3% ~ 5%

分析

根据《公路工程技术标准》(JTG B01—2014)第8.0.4条第4款,隧道内纵坡应小于3%、大于0.3%,但短于100m的隧道可以不受此限制。故本题选 A。

例 15 关于隧道洞口接线的说法,错误的是( )。

(A)隧道洞口内外各3s设计速度行程长度范围内的平面线形应保持一致,即平面线形宜处于同一直线、圆曲线或缓和曲线内

(B)当隧道进出口纵坡较大时,应避免在进出口段设置小半径平曲线

(C)分离式双洞隧道洞口外均应设置转向车道,对于特长及长隧道应在洞口外适应位置设置联络通道,形式可采用交叉"X"形;对于中、短隧道宜结合路段中央分隔带开口合并设置联络通道,其形式可采用简易"Ⅱ"形

(D)当隧道洞门内外路基宽度不一致时,在隧道进口外设置不小于3s设计速度行程长度的过渡段,且过渡段的最小长度不应小于50m

分析

根据《公路路线设计规范》(JTG D20—2017)第9.6.2条第3款,隧道洞口外连接线应与

隧道洞口内线形相协调,隧道洞口内外侧不小于3s设计速度行程长度范围的平、纵线形应一致。特殊困难路段,经技术经济比较论证后,洞口内外平面线可采用回旋曲线,但应加强线形诱导设施。故本题选A。

例16 某城市双洞隧道长1200m,关于该隧道的说法,正确的是( )。

(A)当需要在通机动车的隧道中设置非机动车道时,必须设安全隔离设施

(B)洞口外道路应满足视距的要求,当引道设中央分隔带时,应采用停车视距

(C)考虑城市用地问题,在洞口外不宜设置联络通道

(D)对该隧道应拟定发生交通火灾事故的应急处理预案可不设置隧道管理用房

分析

根据《城市道路工程设计规范》(CJJ 37—2012)(2016年版)第13.3.4条,长度大于1000m、行驶机动车的隧道,严禁在同一孔内设置非机动车道,选项A错误。根据第13.3.10条,长度大于1000m的隧道应设隧道管理用房,选项D错误。

根据《公路工程技术标准》(JTG B01—2014)表8.0.2该隧道为长隧道(长度大于1000m),根据《城市道路路线设计规范》(CJJ 193—2012)第8.3.2条第4款,在长、特长的双洞隧道,宜在洞口外的合适位置设置联络车道,选项C错误;根据第8.3.2条第5款当隧道洞口连接段设中央分隔带时,应采用停车视距,选项B正确。故本题选B。

例17 关于山区公路设计的说法,错误的是( )。

(A)挖方深度较大时,宜进行路堑与隧道方案的比选论证

(B)路线通过山间谷地、路基高度较大时,应进行高路堤方案与高架桥方案的比选论证

(C)防护工程应采用工程防护和生态防护相结合的方式,对于弱风化岩质边坡宜采用拱架护坡加挂网植草美化边坡环境

(D)地面横坡较陡时,可采用分离式断面以减少土石方量,降低对环境的破坏

分析

根据《公路路线设计规范》(JTG D20—2017)第9.8.2条,公路线形设计应充分利用地形、自然风景,尽量减少改变周围的地形、地貌、天然深林、建筑物等景观,使公路与自然融为一体,最大限度地保护环境。题中选项A、B、D的措施有利于环境保护。

根据《公路路线设计规范》(JTG D20—2017)第9.8.3条,公路防护工程应采用工程防护和生态防护相结合的方式,减少对自然环境景观的影响,加大恢复力度,使公路工程与自然环境相协调。题中岩质边坡不适合种草。对于全风化或强风化的土质边坡可采用拱架护坡加挂网植草,对于边坡稳定性不足或弱风化岩质边坡等不适宜草籽生长路段可采用护面墙等形式。故本题选C。

自 测 模 拟

（第 1 ~ 15 题为单选题，第 16、17 题为多选题）

1. 根据经验，平曲线半径如果不大于 1000m，竖曲线半径宜为平曲线半径的 n 倍，便可达到线形的均衡性。其中 n 是（　　）。

(A) 3 ~ 5

(B) 7 ~ 9

(C) 10 ~ 20

(D) 1 ~ 2

2. 某二级公路的一段路线，其主点里程见下表，一般情况下，变坡点宜设置在（　　），平纵组合较好。

题 2 表

交点	ZH	HY	QZ	YH	HZ
JD11	K2 + 894.84	K2 + 954.84	K2 + 998.15	K3 + 041.45	K3 + 101.45
JD12	K3 + 101.45	K3 + 161.45	K3 + 203.16	K3 + 244.87	K3 + 304.87

(A) K2 + 900

(B) K3 + 101.45

(C) K3 + 200

(D) K3 + 310

3. 关于平、纵面线形组合设计的说法，错误的是（　　）。

(A) 当竖曲线与平曲线组合时，平曲线宜包含竖曲线

(B) 要保持平曲线与竖曲线大小的均衡

(C) 一个平曲线内，必须避免纵断面线形的反复凸凹

(D) 平曲线极限最小半径的起点宜与竖曲线极限最小半径的顶、底部重合

4. 某新建高速公路平、纵指标均满足规范要求，在 K48 处为 S 形曲线，该路段弯多、坡长，路面面层为沥青混凝土路面，在 S 形曲线上方为长约 10km 的连续下坡，路面未设置任何减速设施，通车后不久便在此路段发生多起交通事故。针对该路段，不合适的改进措施是（　　）。

(A) 增设交通警告标志，尤其加强 S 形曲线起点及以上一段距离内交通警告标志的设置

(B) 加铺水泥混凝土面层

(C) 对沿线的路面设置一定的减速带

(D) 对沿线的重车进行超载控制，同时增设限速标志

5. 下列平、纵面组合中，组合较适宜的是（　　）。

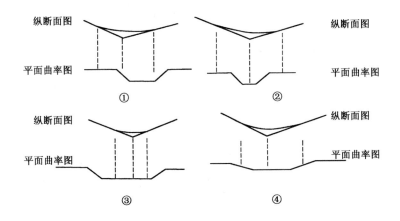

（A）①　　　　　　　　　　　　　　　（B）②

（C）③　　　　　　　　　　　　　　　（D）④

6. 整体式路基的中间带宽度宜保持等值。当中间带的宽度根据需要增宽或减窄时,应采用左右分幅线形设计。条件受限制,且中间带宽度变化小于3.0m时,可采用渐变过渡,过渡段的渐变率不应大于(　　　)。

（A）1/15　　　　　　　　　　　　　　（B）1/50

（C）1/100　　　　　　　　　　　　　　（D）1/200

7. 同向竖曲线间,特别是同向凹形竖曲线之间,直线坡段接近或达到最小坡长时,宜合并设置为单曲线或(　　　)。

（A）复曲线　　　　　　　　　　　　　（B）断背曲线

（C）S 曲线　　　　　　　　　　　　　（D）卵形曲线

8. 高速公路、一级公路中央分隔带的缘石不得采用(　　　)。

（A）平齐式缘石　　　　　　　　　　　（B）斜式缘石

（C）曲线式缘石　　　　　　　　　　　（D）栏式缘石

9. 关于平面线形设计的说法,正确的是(　　　)。

（A）平面转角小于2°时,不应设置圆曲线

（B）隧道、桥梁等构造物所处的路段,以及路线交叉点前后的路段宜采用直线线形

（C）双车道公路为超车所提供的路段宜采用直线线形

（D）非对称的基本形曲线, 以 A_1 与 A_2 大致接近为宜

10. 某二级公路设计速度为60km/h,隧道起点桩号为 K3 + 120,终点桩号为 K3 + 215,则该隧道内最大纵坡可达到(　　　)。

（A）3%　　　　　　　　　　　　　　　（B）4%

（C)5%　　　　　　　　　　　　（D)6%

11. 某隧道长 1000m,隧道内适宜的平、纵指标组合是( )。
（A)平面线形为直线和坡度为 0.2% 的纵坡设计线
（B)平面线形为直线和坡度为 4% 的纵坡设计线
（C)平面线形为不设超高曲线和坡度为 2.5% 的纵坡设计线
（D)平面线形为设加宽平曲线和坡度为 2% 的纵坡设计线

12. 某隧道长 1526.320m,设计速度为 60km/h,该隧道内外连接线所采用平面线形及长度宜为( )。
（A)直线 90m　　　　　　　　（B)缓和曲线 130m
（C)设超高圆曲线 150m　　　　（D)不设超高圆曲线 120m

13. 关于隧道纵断面线形设计的说法,错误的是( )。
（A)在需设机械通风的隧道内纵坡宜缓一些,以提高汽车行驶速度,有利于运营通风;有条件时宜将隧道内纵坡的上坡方向与常年风向一致,以利通风
（B)隧道内的纵坡可设置成单向坡,地下水发育的隧道及特长和长隧道可用人字坡
（C)隧道内大型车比例较高时,将严重影响隧道的通行能力,此时应在隧道内设置爬坡车道以增加隧道的通行能力
（D)短于 100m 的隧道,纵坡与隧道外路线的纵坡要求相同

14. 关于隧道设计的说法,错误的是( )。
（A)隧道内纵坡应小于 3% ,大于 0.3%
（B)隧道内的纵坡可设置成单向坡
（C)地下水发育的隧道及特长和长隧道可用人字坡
（D)一级公路隧道内应满足会车视距要求

15. 对于地形较陡的横断面设计,下列措施中不适宜的是( )。
（A)减小中央分隔带的宽度　　　（B)取消或减小路缘带宽度
（C)采用高低路基　　　　　　　（D)采用半路半桥

16. 关于平、纵组合的说法,错误的有( )。
（A)线形组合时应选择适宜的合成坡度,避免急弯与陡坡相互重合的线形
（B)当平、竖曲线半径均较大时,宜严格相互对应
（C)短的平曲线宜与短的竖曲线组合
（D)长的平曲线内不宜包含多个短的竖曲线

17. 关于线形设计的说法,正确的有( )。

（A）线形设计的要求与内容应随道路功能和设计速度的不同而各有侧重

（B）路线交叉前后的线形应选较高的平、纵技术指标，使之具有较好的通视条件

（C）各级公路均应采用设计速度方法，对平、纵线形组合设计、技术指标的协调性和一致性、视距以及路线视觉连续性等进行检验，依此优化线形设计、调整技术指标、完善交通工程与安全设施

（D）遵循以设计路段确定公路等级、设计速度的原则，其设计路段的长度不宜过短，且线形技术指标应保持相对均衡

参考答案

1. C　　2. C　　3. D　　4. B　　5. D　　6. C　　7. A　　8. D
9. C　　10. D　　11. C　　12. D　　13. C　　14. D　　15. B
16. BC　　17. ABD

第八节　环境保护与景观设计

依据规范

《公路工程环境保护设计规范》（JTG B04—2010）

　　3.2　设计要点

　　6.2　声环境污染防治

　　6.3　环境空气污染防治

　　6.4　水环境污染防治

　　8.2　水土流失防治措施

《城市道路工程设计规范》（CJJ 37—2012）（2016年版）

　　16.3　景观

《城市道路绿化规划与设计规范》（CJJ 75—1997）

《公路建设项目环境影响评价规范》（JTG B03—2006）

重 点 知 识

环境保护是我国的一项基本国策，公路建设项目的环境保护及景观协调是这一基本国策的主要组成部分。公路环境保护应贯彻保护优先、预防为主、防治结合、综合治理的原则，遵守环境保护"三同时"制度，并结合工程设计开发利用环境，尽可能地改善和提高公路环境质量。

一、了解道路各分项专业设计中的环境保护设计要点

公路建设必须执行国家环境保护和资源节约的法律法规，应根据自然条件进行绿化、美化

路容、保护环境。高速公路,一级、二级公路和有特殊要求的公路建设项目应做环境影响评价和水土保持方案评价。生态环境脆弱地区,或因公路建设可能造成环境近期难以恢复的地带,应做环境保护设计。公路改扩建项目应充分利用公路废旧材料,节约工程建设资源。

1. 不同区域公路环境保护设计要点

公路应结合地形、地物条件,针对路线所处区域的不同环境特征和不同的环境保护对象,进行相应的技术方案必选。

(1)在平原地区,公路环境保护设计的重点在于:

①降低路基高度,保护土地资源;合理设置通道,减小公路对当地居民出行及景观的影响。

②减少取土、弃土方式对土地利用方式、土壤耕作条件和农田水利排灌系统的影响。

③减少路面汇水对养殖业水体的影响。

(2)在地形条件复杂的山区,公路环境保护设计的重点在于:

①重视桥隧方案的选用,减少高路堤和深路堑对自然景观、植被及地质条件的影响。

②减小公路对珍稀动植物的影响。

③重视路基开挖、取弃土对水土保持的影响。

④严禁大爆破作业及乱挖、乱弃,预防诱发地质灾害。

⑤注意路基开挖对受国家保护不可移动文物等的影响。

⑥注意隧道工程对当地原有水资源的影响。

(3)绕城公路或连接城市出入口的公路环境保护设计的重点在于:

①公路与城市规划的协调。

②减小拆迁工程数量。

③方便当地居民的出行。

④选择、利用、创造、改善环境景观。

⑤采取综合措施,减少交通噪声、废气、废水等对环境的污染。

2. 线形设计中的环境保护设计要点

公路线形设计应注重安全、环保、社会等因素,科学确定技术标准,合理运用技术指标,注重下列要求:

(1)公路自身线形的协调、公路线形与结构物的协调及公路线形与环境的协调,公路平、纵线形组合满足汽车速度协调性的要求。

(2)合理控制互通式立体交叉规模,减少工程量和占地,合理运用互通式立体交叉匝道指标,满足车流顺畅运行的要求。

3. 路基路面设计中的环境保护设计要点

路基路面设计应结合工程地质条件,因地制宜,就地取材,综合考虑下列因素:

(1)合理选择路基高度,有条件时宜采用低路堤和浅路堑方案,路基边坡应顺应自然。

(2)重视路基及弃土场范围内的表土保护与利用。

(3)充分利用现有料场,新设料场应考虑其位置、开采方式、数量等对坡面植被、河水流向和水土保持等的影响。

(4)弃方应集中堆弃,重视弃放的位置、数量等对自然环境的影响。

（5）路基路面综合排水工程设施应自成体系，不得与当地排灌系统相互干扰。

（6）路基防护形式应根据当地的自然条件合理选用，有条件时宜采用植物防护；水土流失严重或边坡稳定条件较差时，宜采用工程防护与植物防护相结合的方法，并重视表面植被防护。

4. 公路交叉环境保护设计要点

公路交叉环境保护设计应根据公路网规划和相交公路状况，针对自然地形、地质条件以及社会环境等特点，结合公路交叉主题工程，综合考虑确定方案，并符合下列规定：

（1）互通式立体交叉设计应在满足公路交叉使用功能的同时，考虑交叉形式、布局的美观；立体交叉区综合排水系统应与路线综合排水系统统一考虑。

（2）互通式立体交叉的匝道边坡宜放缓，设土质边沟或不设边沟，贴近自然，充分与环境协调。

（3）互通式立体交叉主线桥和匝道桥应进行上跨与下穿的方案比选，上跨主线结构物的跨径应合理布置、主线两侧宜设置边孔；合理确定桥上纵坡及桥头路基高度。

（4）分离式立交桥的结构形式应考虑行车视距和视觉效果，与周围环境相协调。

5. 桥隧环境保护设计要点

桥隧环境保护设计应结合地质、水文、气象、地震等情况，考虑施工和运营环境进行多方案论证，并符合下列要求：

（1）桥隧位置的选择应综合考虑接线设计，与周围山川、沟谷等自然景观协调；桥梁的导流设施应自然平顺；隧道洞口总体布置应贴近自然，洞门不宜过分进行人工化修饰。

（2）隧址应避开或保护储水结构层和蓄水层，保护地下水径流和地表植被。

6. 沿线设施专业设计中的环境保护设计要点

服务设施、管理设施的位置、规模应充分考虑人性化，结合自然景观合理确定。其设计应符合下列要求：

（1）服务设施、管理设施的位置应避让饮用水源二级以上保护区。

（2）服务区、停车区应合理布设，充分考虑驾乘人员的需求。

（3）对生活废水、废弃物等应进行综合治理。

（4）污染防治措施应进行多方案比选。

（5）拟分期实施的防污染设施应综合论证并注意近期和远期有机结合。

（6）应结合区域路网、地形、景观和地域文化等环境进行景观设计。

二、了解公路环境保护技术

1. 声环境污染防治

1）交通噪声主要防治对策

交通噪声污染防治措施应根据环境敏感点的性质、位置、规模、当地条件及工程特点进行工程费用与环境效益分析，综合比较确定。防治对策主要有：

（1）调整公路线位。

（2）利用工程弃方降噪。

（3）建筑物设置隔声设施。

（4）设置声屏障。

（5）栽植绿化林带。

（6）拆迁建筑物或调整其使用功能。

2）声屏障设计要点

公路距环境敏感点较近、用地受限且环境噪声超标 5dB 以上时，可采用声屏障。声屏障设计应符合以下规定：

（1）可参照《声屏障声学设计和测量规范》（HJ/T 90—2004）的有关规定。

（2）路堤地段声屏障应设在靠近声源处，声屏障内侧距路肩边缘不宜大于 2.0m；路堑地段宜设在靠近坡顶 1.5~2.5m 处；桥梁地段可结合护栏一并设置。

（3）声屏障高度不宜超过 5m；当噪声衰减需要声屏障高度超过 5m 时，可将声屏障的上部做成折形或弧形，将端部伸向公路，以增大有效高度。

（4）声屏障的外延长度不宜小于受保护对象到声屏障距离的 2 倍；当声屏障长度大于 1km 时，应设紧急疏散口。

（5）声屏障材料应具备隔声、高强、低眩、耐久、耐火、耐潮等性能，单位面积质量应大于 $10kg/m^2$。

（6）声屏障临近公路一侧的表面应减少对声波、光波的反射，其形式和色彩应与周围环境相协调。

（7）声屏障结构设计应做强度计算和抗倾覆稳定性验算。

3）隔音绿化林带设计要点

城镇、风景区附近或有景观要求的路段，宜采用绿化林带。绿化林带设计应符合以下规定：

（1）绿化林带应结合自然环境、公路景观、水土保持规划等进行栽植。

（2）绿化林带宽度不宜小于 10m，长度不应小于环境敏感点沿公路方向的长度，并根据当地自然条件选择枝繁叶茂、生长迅速的常绿树种；乔、灌木应搭配密植，乔木高度不宜低于 7.0m，灌木不低于 1.5m。

2. 水环境污染防治

公路经过饮用水水源地及对水环境质量有较高要求的水体时，应符合以下规定：

（1）公路线位应设置在饮用水水源一级保护区以外。

（2）经过饮用水水源保护区时，应在驶入和驶出点设置警示标志牌。

（3）在饮用水水源保护区内不得设置沥青混合料及混凝土搅拌站，不得堆放或倾倒任何含有害物质的材料或废弃物，不得在饮用水水源保护区内取土、弃土、破坏土壤植被。

（4）经过饮用水水源保护区、执行《地表水环境质量标准》（GB 3838—2002）Ⅰ~Ⅱ类标准的水体及《海水水质标准》（GB 3097—1997）中的一类海域时，路面径流雨水排入该类水体之前应设置沉淀池处理。

（5）公路桥梁跨越饮用水水源保护区、执行《地表水环境质量标准》（GB 3838—2002）Ⅰ~Ⅱ类标准的水体及《海水水质标准》（GB 3097—1997）中的一类海域时，桥面排水宜排至桥梁两端并设置沉淀池处理。

沿线设施污水处理应符合以下规定：

（1）沿线设施污水的处理及排放应根据受纳水体的功能确定。

（2）沿线设施污水用于农田灌溉时，应符合《农田灌溉水质标准》（GB 5084—2005）的规定；当地下水埋藏深度小于1.5m时，不应使用污水灌溉。

（3）当沿线设施污水用于回用时，其水质应满足《城市污水再生利用　城市杂用水水质》（GB/T 18920—2020）的要求。

3. 环境空气污染防治

施工期间空气污染防治应符合以下规定：

（1）沥青混合料应集中场站搅拌，其设备污染物排放应符合《大气污染物综合排放标准》（GB 16297—1996）的规定；搅拌场站距环境敏感点的距离不宜小于300m，并应设置在当地施工季节最小频率风向的被保护对象的上风侧。

（2）石灰、粉煤灰等路用粉状材料宜采用袋装、罐装方式运输，当采用散装方式运输时应采取遮盖措施；该类材料的堆放应有遮盖或适时洒水措施以防止扬尘污染。

（3）混合料拌和宜采用集中拌和方式，拌和站距环境敏感点的距离不宜小于200m，并应设置在当地施工季节最小频率风向的被保护对象的上风侧。

（4）施工组织设计中应考虑对施工路段及便道适时洒水，减轻扬尘污染。

4. 水土保持技术

公路工程的桥梁导流设施、路基路面排水、路基防护、泥石流和滑坡防治、公路绿化、防风固沙和防洪等工程应充分考虑水土保持措施。其设计重点在于：

（1）桥台形式和位置的选择不宜压缩河床断面，其导流设施应与河岸自然衔接。

（2）路基路面排水设施应系统完善，自成体系，宜远截远送，因势利导。

（3）路基防护、泥石流和滑坡防治等宜选择刚性结构与柔性结构相结合，多层防护与生态植被防护相结合的方法，标本兼职，综合治理。

（4）公路绿化、防风固沙和防洪等工程宜乔灌草相结合，种植与养护并重，优先选择乡土植物，减少养护成本，注重水土保持时效。

临时工程水土保持措施宜根据当地的自然条件，长远结合、综合考虑。其重点如下：

（1）公路施工临时占用的土地，应将表土收集存放，待施工完成后，再将表土回覆原场地表层，进行复垦或绿化；生态环境脆弱或植被恢复困难地区，宜将原地表表层覆盖的植被加以保护和利用。

（2）当施工期开挖路堑和填筑路基的裸露边坡易产生水土流失时，应及时在施工中修筑边沟、截水沟、排水沟等排水工程，局部区域应根据需要设置拦挡设施、沉沙设施或有效的覆盖设施。

（3）对于桥梁基础施工过程中产生的泥浆和临时弃渣，应采取临时防护措施；在基础钻孔位置附近宜设置沉沙池和临时排水沟排除池中积水，沉沙池可根据沉沙量设置单级或多级；对于扩大基础开挖基坑产生的土石，应采用沙包临时拦挡，待完工后用于回填基坑及平整场地，多余的废弃土石应运至弃土场。

（4）临时工程开挖边坡的上侧应设置截水沟，下侧应设置排水沟，防止水流冲刷造成水土流失和对下游各类设施产生不利影响。

（5）施工结束后应根据当地的自然情况进行土地整治。

三、了解道路环境影响评价的主要内容

1. 公路的社会影响

1）路线走向分析

（1）起、终点位置分析。是否方便地方居民出行，是否会由于公路修建吸引的大量交通量给起、终点带来交通拥挤问题，起、终点安全设施如何，是否会增加本地区的交通事故。

（2）路线走向主要控制点分析。对主要控制点的乡镇，是否会为道路使用者提供更多的便利条件。

2）土地资源的利用与地区资源的开发

（1）建设用地分析。公路建设必然要占用土地，改变原有农业用地的功能。

（2）地区资源开发分析。公路修建后的交通便利会使沿线各地区的土地功能发生巨大的变化，使沿线土地增值，同时改变原有的单一种植形式，有利于土地资源开发，使未被利用的土地发挥其利用功能。

3）居民生活环境的分析

（1）拆迁及安置分析。公路修建会造成一定数量的拆迁，可能会增加搬迁居民的负担，搬迁居民与以前邻居联系减少，存在学生上学及居民就业问题。

（2）人口分布特征。公路建设对地方经济产生的影响，会使人口的结构及需求发生改变。

（3）居民生活的影响。公路修建形成了一种天然隔阂，也许会改变原有居民间的交往方式，对居民的生产活动会造成一定的影响。

4）区域经济布局及产业结构的影响

公路提供了良好的交通运输条件，为沿线区域的资源开发和经济发展奠定了坚实基础，形成了区位优势。公路对区域经济的影响体现在以下几个方面：

（1）促进地区农业产品发展。

（2）促进经济（工业）小区的兴起和建设。

（3）促进沿线商业的繁荣。

（4）促进沿线产业结构优化。

2. 噪声、废气影响

1）噪声影响分析

噪声是现代生活方式中产生的对人们的生活、工作及心理、生理上有不利影响的声音。对于公路建设项目而言，存在建设期和运营期两个阶段的噪声影响，影响区域主要是敏感地区（学校、住宅区、商、业区、公园等），其影响程度通过分贝值来描述。

2）废气的影响

汽车尾气排放的污染物主要有一氧化碳、氮氧化物、碳氢化合物、醛及含铅颗粒物，在一定程度上对动物产生不良影响。汽车废气排放量与汽车行驶状态有关，随着汽车行驶速度的提高，一氧化碳和碳氢化合物的排放量减少，氮氧化物的排放量相对增加。废气排放对环境的影响除了与排放量有关，还与气象条件密切相关，气象条件决定了污染物扩散和稀释程度。描

述废气对环境影响的指标是在各类型车辆的污染物排放量基础上,在一定气象条件下所形成污染物的浓度分布。

3.工程地质水文影响

公路建设中深挖路堑、高填路基和处理水文地质不良路段,可能会引起塌方、滑坡等现象,造成水土流失、土壤质量和地质条件的不稳定。为了分析公路建设对工程水文地质带来的影响程度,需通过对地形、地貌、地质、水文等现状进行调查,分析工程对水质、土壤质量及地质环境的影响。

4.生态影响

工程项目主要通过两个途径影响生态系统,第一条途径是施工活动对自然环境造成非污染性破坏,使环境发生物理变化而对生物产生影响;第二条途径是由于排放的污染物通过大气、水体、土壤等环境介质,进入生物体产生危害。公路建设对生态造成的影响应综合上述两条途径进行分析。

四、了解道路景观设计的内容

1)公路景观设计一般规定

(1)公路景观总体设计应考虑公路景观的动态视觉效果。

(2)公路景观设计应综合考虑路线、构造物、排水防护工程、绿化、沿线设施等各项景观要素,协调路内景观与路外景观,使公路景观与沿线自然、人文景观和谐统一。

(3)根据工程及沿线区域环境特征或行政区划等,可将公路划分为若干景观设计路段。

①在各景观设计路段中,可选择典型构造物和沿线有特色的景物作为设计重点;公路景观设计应点、线、面兼顾,整体统一,使公路与沿线环境景观相协调;

②各景观设计路段应充分结合工程和自然景观,特殊构造物宜具有一定的风格,且与地域景观协调一致。

(4)公路上的各种人工构造物的造型与色彩,应考虑景观效果和使用者的视觉感受。

(5)有条件时,可利用各种人工构造物和绿化改善公路景观。

2)公路景观设计要点

(1)公路景观设计应合理组合路线的平、纵、横面,保证线形流畅、视野开阔;线位方案比选应将环境景观作为考虑因素。

①在自然景观单一的路段,其线形设计宜以曲线为主,并保持连续;

②平、竖曲线的线形几何要素宜均衡、协调;

③深挖方路段宜对路堑与隧道方案的景观效果进行比选、论证;路线跨越山间谷地时,宜对高路堤与高架桥方案的景观效果进行比选、论证;

④路线沿横坡较陡的山坡布设时,宜对分离式路基、半填半挖与纵向高架桥方案的景观效果进行比选、论证。

(2)对公路沿线有景观价值的孤立大树、独立山丘或建筑等自然景观和人文景观应充分利用,服务区、停车区、观景台的设置宜利用公路沿线景观。

(3)路基边坡宜以自然流畅的缓坡为主,边沟宜选择浅碟式。

（4）有特殊要求的公路,路面色彩和护栏、路缘石的色彩与形状等宜与沿线自然环境景观相协调。

（5）分离式立交、人行天桥等应根据所处的自然环境和人文环境设计,合理确定桥梁形式、色彩和材质以及各部位比例。

（6）有特殊要求的桥梁宜进行景观照明设计。

（7）声屏障应根据所处自然环境和人文环境的不同,通过色彩、材质和造型进行景观设计。

（8）隧道洞口设计应结合地形、地区的自然和人文特点,与周围环境相协调;隧道洞内的照明、通风、标志等附属设施和洞壁内饰设计,应综合考虑景观效果。

（9）互通式立交区设计应从立交的选型、构造物及附属设施色彩、路基边坡坡面和立交区内绿化等方面综合考虑,宜利用原有自然植被,使立交与自然景观有机地结合,并与原有地形、地貌和谐统一。

（10）公路服务区、停车区、管理区、观景台等沿线场区及建（构）筑物,应结合当地的人文环境确定建筑风格,并使建（构）筑物本身各部位比例协调,色彩、材质、形状等与周围自然环境相协调。

（11）公路景观设计应注意防止视觉污染。其要求如下:

①公路用地范围内设置的景观小品,应注意色彩、造型的协调,避免引起视觉混乱;

②当公路两侧有影响视觉的场所时,宜采取绿化或工程措施予以遮蔽或改善。

3）城市道路绿化规划与设计的要点

（1）道路绿化覆盖率指标

城市道路路段的绿化覆盖率宜符合表 1-8-1 的规定。城市景观道路可在表 1-8-1 的基础上适度增加城市道路路段的绿化覆盖率;城市快速路宜根据道路特征确定道路绿化覆盖率。

城市道路路段绿化覆盖率要求 表 1-8-1

城市道路红线宽度（m）	>45	30~45	15~30	<15
绿化覆盖率（%）	20	15	10	酌情设置

注:城市快速路主辅路并行的路段,仅按照其辅路宽度适用本表。

（2）道路绿化的一般要求

城市道路绿化的布置和绿化植物的选择应符合城市道路的功能,不得影响道路交通的安全运行,并应符合下列规定:

①道路绿化布置应便于养护。

②路侧绿带宜与相邻的道路红线外侧其他绿地相结合。

③人行道毗邻商业建筑的路段,路侧绿带可与行道树绿带合并。

④道路两侧环境条件差异较大时,宜将路侧绿带集中布置在条件较好的一侧。

⑤干线道路交叉口红线展宽段内,道路绿化设置应符合交通组织要求。

⑥轨道交通站点出入口、公共交通港湾站、人行过街设施设置区段,道路绿化应符合交通设施布局和交通组织的要求。

（3）分车绿带设计

①分车绿带的植物配置应形式简洁,树形整齐,排列一致。乔木树干中心至机动车道路缘

石外侧距离不宜小于 0.75m。

②中间分车绿带应阻挡相向行驶车辆的眩光,在距相邻机动车道路面高度 0.6~1.5m 之间的范围内,配置植物的树冠应常年枝叶茂密,其株距不得大于冠幅的 5 倍。

③两侧分车绿带宽度大于或等于 1.5m 的,应以种植乔木为主,并宜乔木、灌木、地被植物相结合。其两侧乔木树冠不宜在机动车道上方搭接。分车绿带宽度小于 1.5m 的,应以种植灌木为主,并应灌木、地被植物相结合。

④被人行横道或道路出入口断开的分车绿带,其端部应采取通透式配置。

(4)行道树绿带设计

①行道树绿带种植应以行道树为主,并宜乔木、灌木、地被植物相结合,形成连续的绿带。在行人多的路段,行道树绿带不能连续种植时,行道树之间宜采用透气性路面铺装。树池上宜覆盖池箅子。

②行道树定植株距,应以其树种壮年期冠幅为准,最小种植株距应为 4m。行道树树干中心至路缘石外侧最小距离宜为 0.75m。

③种植行道树其苗木的胸径:快长树不得小于 5cm,慢长树不宜小于 8cm。

④在道路交叉口视距三角形范围内,行道树绿带应采用通透式配置。

(5)路侧绿带设计

①路侧绿带应根据相邻用地性质、防护和景观要求进行设计,并应保持在路段内的连续与完整的景观效果。

②路侧绿带宽度大于 8m 时,可设计成开放式绿地。开放式绿地中,绿化用地面积不得小于该段绿带总面积的 70%。路侧绿带与毗邻的其他绿地一起辟为街旁游园时,其设计应符合现行行业标准《公园设计规范》(GB 51192—2016)的规定。

③濒临江、河、湖、海等水体的路侧绿地,应结合水面与岸线地形设计成滨水绿带。滨水绿带的绿化应在道路和水面之间留出透景线。

④道路护坡绿化应结合工程措施栽植地被植物或攀缘植物。

考 点 分 析

本节主要有以下考点:

(1)各分项专业环保要求　主要了解不同区域公路环境保护设计要点、线形设计、路基路面设计、公路交叉设计、桥隧设计、沿线设施专业设计中的环境保护设计要点。需重点了解设计中做环境影响评价、水土保持方案评价和环境保护设计的条件。

(2)环境保护技术　主要了解声环境、水环境、环境空气污染防治、水土保持技术等。

(3)环境影响评价　主要了解公路的社会影响、噪声、废气影响、工程地质水文影响、生态影响等的评价要点。

(4)公路景观设计　主要了解公路景观设计一般规定、公路景观设计要点、城市道路绿化规划与设计的要点等。需重点了解道路绿化规划的相关规定与道路绿带设计要求。

例 题 解 析

例1 [2019年单选题]红线宽度在 50~60m 的城市道路,其路段绿化覆盖率宜达到(   )。

(A)40%   (B)30%

(C)25%   (D)20%

分析

根据《城市综合交通体系规划标准》(GB/T 51328—2018)第 12.8.2 条,红线宽度 >45m 的城市道路,其路段绿化覆盖率宜达到 20%。故本题选 D。

例2 [2019年多选题]公路建设必须执行国家环境保护和资源节约的法律法规,应做环境影响评价和水土保持方案评价的包括(   )。

(A)高速公路   (B)一级、二级公路

(C)三级公路   (D)有特殊要求的公路建设项目

分析

根据《公路工程技术标准》(JTG B01—2014)第 1.0.6 条,高速公路,一级、二级公路和有特殊要求的公路建设项目应做环境影响评价和水土保持方案评价。故本题选 ABD。

例3 公路路线设计应尽量绕避各类环境敏感点,关于绕避距离的说法,正确的是(   )。

(A)高速公路中心线距医院、疗养院、学校宜大于100m

(B)沥青混合料搅拌场站宜设置在以环境敏感点为中心半径不小于300m的圆周范围之外

(C)对于饮用水地表河流水源地,公路桥位应位于集中式生活饮用水取水口上、下游100m以外

(D)公路中心线距省级(含)以上自然保护区缓冲区的边缘不宜小于100m

分析

公路中心线距医院、疗养院、学校宜大于200m;沥青混合料应集中场站搅拌,搅拌场站距环境敏感点的距离不宜小于300m,并应设置在当地施工季节最小频率风向的被保护对象的上风侧;对于饮用水地表河流水源地,公路桥位应位于集中式生活饮用水取水口上游1000m以外,下游100m以外。故本题选 D。

例4 降低道路交通振动的主要措施是(   )。

(A)采用橡胶沥青混凝土路面   (B)设置防振沟

(C)提高和改善路面的平整度   (D)设置防振墙

分析

由于路面的不平整是道路交通振动的主要激振因素,因而提高和改善路面的平整度是降

低道路交通振动的主要措施。故本题选 C。

例5　某公路路线经过湿地路段,为了提高路基的承载力和保证公路两侧地下水的相互流动,不宜采取的措施是(　　)。

(A)设置截水沟 (B)设置沉沙措施

(C)设置砂砾换填土层 (D)设置框格护坡

分析

利用透水性材料(砂砾或碎石)进行换土能提高路基的承载力和保证公路两侧地下水的相互流动,减轻路基对地下水的阻隔影响。设置截水沟、沉沙措施和框格护坡能减少水土流失。故本题选 C。

例6　为了降低公路交通噪声污染,可以根据环境敏感点的性质、位置、规模、当地条件及工程特点选用的防治措施有(　　)。

(A)利用工程弃方降噪 (B)设置声屏障

(C)栽植绿化林带 (D)设置挡土墙

分析

防治措施有:调整公路线位、利用工程弃方降噪、建筑物设置隔声设施、设置声屏障、栽植绿化林带、拆迁建筑物或调整其使用功能等。挡土墙是道路路基支挡防护结构,不属于交通噪声污染防治措施。故本题选 ABC。

例7　高速公路污水处理设施设计时需要采取的合理措施有(　　)。

(A)高速公路设计时选用适合大水量处理的接触氧化工艺

(B)服务区应在隔油池设计时可考虑设计成隔油沉沙池

(C)污水处理设备设计时应采用全自动控制

(D)高速公路服务区为防止配套设施耗电、占地过多,不应增设中水使用及回用设施

分析

高速公路设计时建议选用适合小水量处理的接触氧化工艺且高速公路服务区可在污水处理的同时增加中水并回用,在处理污水的同时创造经济效益、节约水资源。故本题选 BC。

自 测 模 拟

(第1~4题为单选,第5题为多选)

1.在道路选线工作中应该遵循的环境保护原则不包括(　　)。

(A)应做到按地形选线、按地质选线

(B)应选择有利于环境保护或对环境影响小的方案

(C)应选择少占耕地,有利于社会协调发展的方案

(D)把工程本身和投资放到第一取舍的位置

2. 在进行公路路基路面专业设计时,从环境保护设计角度,关于设计师应注意的要点,描述错误的是(　　)。

(A)合理选择路基高度,有条件时宜采用低路堤和浅路堑方案,路基边坡应顺应自然

(B)在山区采用多种边坡防治技术稳定边坡,防治水土流失

(C)路基路面综合排水工程设施应充分利用当地的排灌系统

(D)集中取土场应及时绿化恢复植被或复垦

3. 关于沿线设施专业设计中的环境保护设计要点的说法,错误的是(　　)。

(A)拟分期实施的防污染设施应综合论证并注意近期和远期有机结合

(B)应结合区域路网、地形、景观和地域文化等环境进行景观设计

(C)服务设施、管理设施的位置应避让饮用水源汇集区

(D)污染防治措施应进行多方案比选

4. 路侧绿带宽度大于8m时,可设计成开放式绿地。开放式绿地中,绿化用地面积不得小于该段绿带总面积的(　　)。

(A)50%　　　　　　　　　　　　(B)60%

(C)70%　　　　　　　　　　　　(D)80%

5. 关于声屏障设计的规定,正确的有(　　)。

(A)桥梁地段的声屏障可以结合护栏一并设置

(B)当噪声衰减需要声屏障高度超过5m时,可将声屏障的上部做成折形或弧形,将端部伸向公路,以增大有效高度

(C)声屏障长度大于1km时,应设紧急疏散口

(D)声屏障结构设计是否进行强度计算和抗倾覆稳定性验算应根据实际需要决定

参考答案

1. D　　　2. C　　　3. C　　　4. C　　　5. ABC

第二章

Chapter 2

路 基 工 程

思维导图

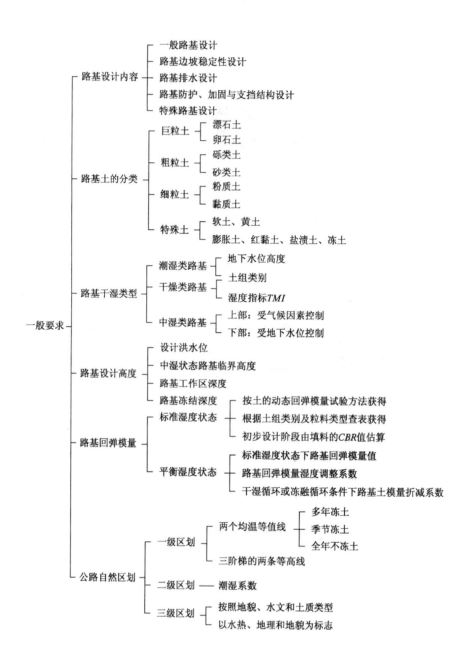

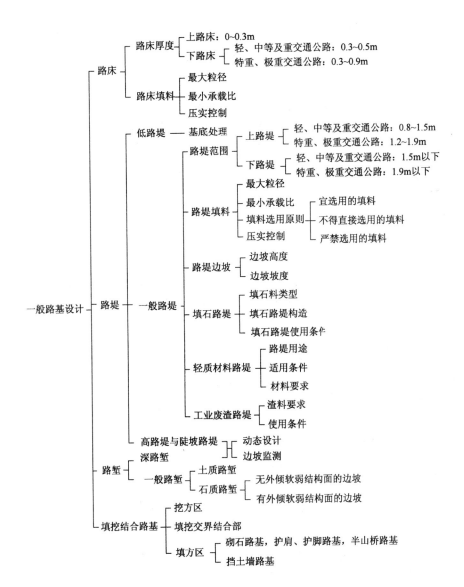

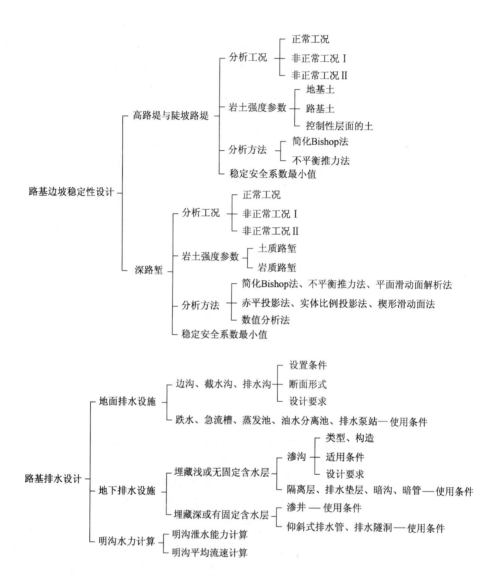

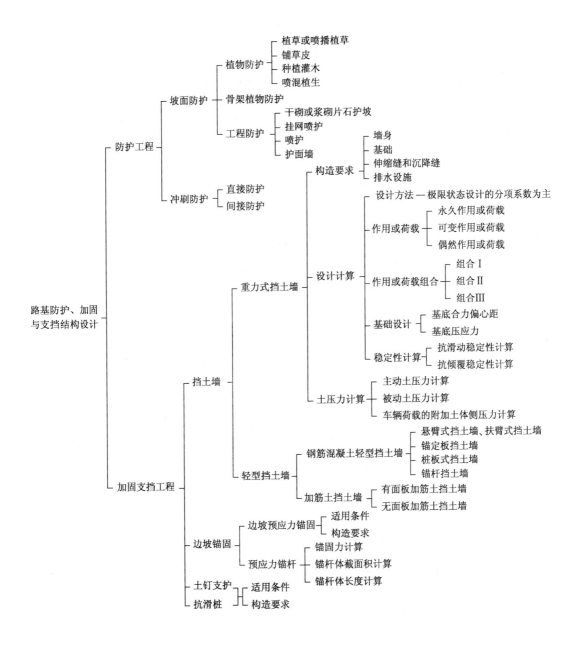

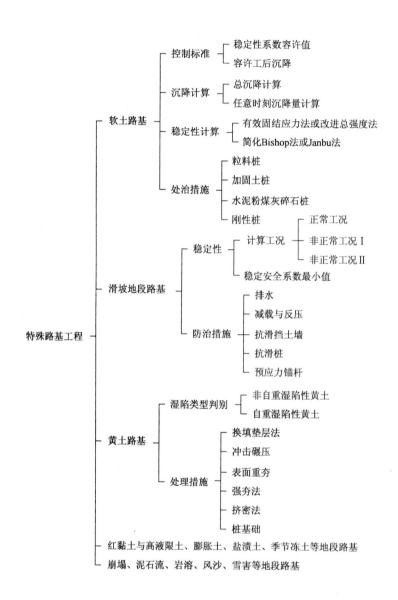

第一节　一般要求

依据规范

《公路工程技术标准》(JTG B01—2014)
　　5　路基路面
《公路自然区划标准》(JTJ 003—1986)
《公路路基设计规范》(JTG D30—2015)
《城市道路工程技术规范》(GB 51286—2018)
　　3　道路
《城市道路工程设计规范》(CJJ 37—2012)(2016年版)
　　12　路基和路面
《城市道路路基设计规范》(CJJ 194—2013)

重 点 知 识

路基是按照路线位置和一定技术要求修筑的带状构造物,是路面的基础,承受由路面传来的行车荷载并将其扩散到地基,是公路的承重主体。高于原地面高程的填方路基称为路堤,低于原地面的挖方路基称为路堑。

一、掌握路基设计的原则和基本内容

1. 路基设计的原则

(1)路基工程应具有足够的强度、稳定性和耐久性。

(2)路基设计应做好公路沿线工程地质勘察试验工作,查明沿线水文、地质条件,获取设计所需要的岩土物理力学参数。

(3)路基设计应根据公路的功能和等级,遵循因地制宜、就地取材、节约土地、保护环境的原则,通过技术经济综合比选,合理确定路基方案,做好综合设计。

(4)路基设计应贯彻国家有关技术经济政策,积极慎重地采用新技术、新结构、新材料和新工艺。

2. 路基设计的基本内容

1)一般路基设计

一般路基设计主要包括选择路基断面形式,确定路基宽度与路基高度;选择路堤填料与压实标准;确定边坡形状与坡度等。

2)路基边坡稳定性设计

路基稳定性分析包括路堤堤身的稳定性、路堤和地基的整体稳定性、路堤沿倾斜地面(地基)或软弱带滑动的稳定性等内容。通过稳定性分析与验算,以寻求安全可靠、经济合理的路基结构形式和稳定的边坡坡度值,或据以确定边坡与地基的加固措施,进行合理的路基结构设计。

3)路基排水设计

路基排水设计是通过设置相应的排水设施,采取拦截、隔断、疏干等措施,把影响路基强度和稳定性的地表水和地下水排放到路基范围以外的适当地点,从而降低路基土的湿度,使路基常年处于干燥状态,确保路基路面具有足够的强度和稳定性。

4)路基防护、加固与支挡结构设计

路基防护与加固设施主要有边坡坡面、沿河路基防护与加固等,坡面防护工程类型有植物防护、骨架植物防护和工程防护;沿河冲刷防护一般分为直接防护和间接防护两种。支挡结构包括挡土墙、抗滑桩、预应力锚索等支撑和锚固结构,是维护边坡和基坑等的稳定并使结构两侧土体保持一定高差的土工构筑物。

5)特殊路基设计

特殊路基设计应考虑地质和环境等因素对路基的影响,以及这些因素的发展变化规律,路基病害整治应遵循以防为主、防治结合、力求根治的原则,通过综合技术经济比较,因地制宜,采取合理的整治方案和有效的工程措施。

二、掌握路基土的工程性质

1. 路基土的分类

根据《公路土工试验规程》(JTG 3430—2020),我国公路用土依据土的颗粒组成特征、土的塑性指标和土中有机质含量,一般可分为巨粒土、粗粒土、细粒土,分类总体系如图 2-1-1 所示。对于特殊成因和年代的土类尚应结合其成因和年代特征定名,如图 2-1-2 所示。

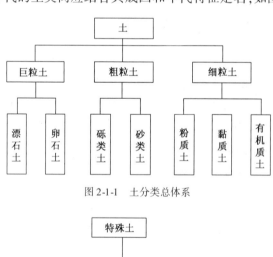

图 2-1-1　土分类总体系

图 2-1-2　特殊土分类

土的颗粒应根据图 2-1-3 所列粒组范围划分粒组。土颗粒组成特征应以土的级配指标的不均匀系数(C_u)和曲率系数(C_c)表示,不均匀系数 C_u 反映粒径分布曲线上的土粒分布范围,按式(2-1-1)计算,曲率系数 C_c 反映粒径分布曲线上的土粒分布形状,按式(2-1-2)计算。

粒径	200	60	20	5	2	0.5	0.25	0.075	0.002(mm)
巨粒组		粗粒组							细粒组	
漂石(块石)	卵石(小块石)	砾(角砾)			砂			粉粒	黏粒	
		粗	中	细	粗	中	细			

图 2-1-3　粒组划分图

$$C_u = \frac{d_{60}}{d_{10}} \tag{2-1-1}$$

$$C_c = \frac{d_{30}^2}{d_{60} \times d_{10}} \tag{2-1-2}$$

式中:d_{10}、d_{30}、d_{60}——土的特征粒径(mm),在土的粒径分布曲线上,小于该粒径的土粒质量分别为总土质量的 10%、30%、60%。

1)巨粒土

试样中巨粒组质量多于总质量 75% 的土称漂(卵)石;巨粒组质量为总质量 50% ~ 75%(含 75%)的土称漂(卵)石夹土;巨粒组质量为总质量 15% ~ 50%(含 50%)的土称漂(卵)石质土。巨粒组质量小于或等于总质量 15% 的土,可扣除巨粒,按粗粒土或细粒土的相应规定分类定名。

2)粗粒土

试样中巨粒组土粒质量小于或等于总质量 15%,且巨粒组土粒与粗粒组土粒质量之和多于总土质量 50% 的土称为粗粒土。粗粒土分砾类土和砂类土两种,砾粒组质量多于砂粒组质量的土称砾类土,砾粒组质量小于或等于砂粒组质量的土称砂类土。

3)细粒土

试样中细粒组土粒质量大于或等于总质量 50% 的土称细粒土。细粒土应按下列规定划分:

(1)细粒土中粗粒组质量小于或等于总质量 25% 的土称粉质土或黏质土。

(2)细粒土中粗粒组质量为总质量 25% ~ 50%(含 50%)的土称含粗粒的粉质土或含粗粒的黏质土。

(3)试样中有机质含量大于或等于总质量的 5%,且小于总质量的 10% 的土称有机质土。试样中有机质含量大于或等于 10% 的土称为有机土。

细粒土应按其在塑性图(图 2-1-4,低液限 $\omega_L < 50\%$,高液限 $\omega_L \geqslant 50\%$)中的位置确定土名称:

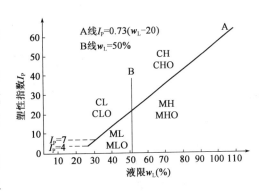

图 2-1-4　塑性图

（1）当细粒土位于塑性图 A 线或 A 线以上时，如果在 B 线上或 B 线右侧，称为高液限黏土，记为 CH；如果在 B 线左侧，$I_p = 7$ 线以上，称为低液限黏土，记为 CL。

（2）当细粒土位于 A 线以下时，如果在 B 线上或 B 线右侧，称为高液限粉土，记为 MH；如果在 B 线左侧，$I_p = 4$ 线以上，称为低液限粉土，记为 ML。

（3）黏土～粉土过渡区（CL～ML）的土可按相邻土层的类别考虑细分。

土中有机质，包括未完全分解的动植物残骸和完全分解的无定形物质。后者多呈黑色、青黑色或暗色，有臭味，有弹性和海绵感，可借目测、手摸及嗅感判别。当不能判定时，可将试样放在 105～110℃ 的烘箱中烘烤。若烘烤 24h 后试样的液限小于烘烤前的 3/4，则该试样为有机质土。

4）特殊土

特殊土包括黄土、膨胀土、红黏土、盐渍土、冻土、软土等。各类特殊土应根据其工程特性进行分类。

2. 路基土的工程性质

公路用土具有不同的工程性质，在选择路基填筑材料，以及修筑稳定土路面结构层时，应根据不同的土类分别采取不同的工程技术措施。

1）巨粒土

巨粒土有很高的强度及稳定性，用以填筑路基是很好的材料，亦可用于砌筑边坡。

2）粗粒土

砾类土级配良好时，密实程度好。强度和稳定性均能满足要求。

砂类土无塑性，透水性强，毛细水上升高度小，具有较大的内摩擦系数，强度和水稳定性均好，但砂类土黏结性小，易于松散，压实困难。经充分压实的砂类土路基，压缩变形小，稳定性好。为了加强压实和提高稳定性，可以采用振动法压实，并可掺加少量黏土，以改善级配组成。砂类土级配较好时，既含有一定数量的粗颗粒，又含有一定数量的细颗粒，强度、稳定性等都能满足要求，是理想的路基填筑材料。如细粒土质砂，其粒径组成接近最佳级配，遇水不黏着、不膨胀，雨天不泥泞，晴天不扬尘，便于施工。

3）细粒土

粉质土含有较多的粉土颗粒，干时虽有黏性，但易于破碎，浸水时容易形成流动状态。粉土毛细作用强烈，毛细水上升高度大（可达 1.5m）。在季节性冰冻地区容易造成冻胀、翻浆等病害。粉质土属于不良公路用土，如必须用粉质土填筑路基，则应采取技术措施改良土质，并加强排水、采取隔离水等措施。

黏质土细颗粒含量多，土的内摩擦系数小而黏聚力大，透水性小而吸水能力强，毛细现象显著，有较大的可塑性。黏质土干燥时较坚硬，施工时不易破碎。浸湿后能长期保持水分，不易挥发，因而承载能力小。对于黏质土，如在适当含水率时加以充分压实，并设置良好的排水设施，筑成的路基也能获得稳定。

4）特殊土

黄土属大孔和多孔结构，具有湿陷性；膨胀土受水浸湿发生膨胀，失水则收缩；红黏土失水后体积收缩量较大；盐渍土潮湿时承载力很低。特殊土如用以填筑路基必须采取相应技术措施。

三、掌握路基干湿类型的划分与确定方法

1. 公路路基平衡湿度状态

路基湿度状态受大气降水和蒸发、地下水、温度和路面结构及其透水程度等多种因素的影响。许多观测资料表明,在路面完工后 2 ~ 3 年内,路基的湿度变化逐渐趋近于某种平衡湿度状态。依据路基的湿度来源,可将路基的平衡湿度状态分为干燥、中湿和潮湿三类。为了保证路基路面结构的稳定性,新建公路路床应处于干燥或中湿状态。

2. 公路路基湿度状态表征方法

由于饱和度既反映了含水率,也包含了密实度的影响,路基土的湿度状态采用饱和度来表征。饱和度按下式确定:

$$S_r = \frac{w_v}{1 - \dfrac{\gamma_s}{G_s \gamma_w}} \quad 或 \quad S_r = \frac{w}{\dfrac{\gamma_w}{\gamma_s} - \dfrac{1}{G_s}} \tag{2-1-3}$$

式中:S_r——饱和度(%);

$\quad\quad w_v$——体积含水率(%);

$\quad\quad w$——质量含水率(%);

$\quad\quad \gamma_s \ \gamma_w$——土的干密度和水的密度(kg/m³);

$\quad\quad G_s$——土的相对密度。

路基平衡湿度的预估主要基于非饱和土力学的土—水特征曲线(饱和度或含水率—基质吸力关系曲线)。受地下水控制的,采用地下水位模型预估路基基质吸力;受气候因素控制的,采用湿度指数 TMI 模型预估路基基质吸力。

潮湿类路基的平衡湿度可根据路基土组类别及地下水位高度,按表 2-1-1 确定距地下水位不同高度处的饱和度。

各路基土组距地下水位不同高度处的饱和度(%)　　　　表 2-1-1

土　组	计算点距地下水或地表长期积水水位的距离(m)						
	0.3	1.0	1.5	2.0	2.5	3.0	4.0
粉土质砾(GM)	69 ~ 84	55 ~ 69	50 ~ 65	49 ~ 62	45 ~ 59	43 ~ 57	—
黏土质砾(GC)	79 ~ 96	64 ~ 83	60 ~ 79	56 ~ 75	54 ~ 73	52 ~ 71	—
砂(S)	95 ~ 80	70 ~ 50	—	—	—	—	—
粉土质砂(SM)	79 ~ 93	64 ~ 77	60 ~ 72	56 ~ 68	54 ~ 66	52 ~ 64	—
黏土质砂(SC)	90 ~ 99	77 ~ 87	72 ~ 83	68 ~ 80	66 ~ 78	64 ~ 76	—
低液限粉土(ML)	94 ~ 100	80 ~ 90	76 ~ 86	83 ~ 73	71 ~ 81	69 ~ 80	—
低液限黏土(CL)	93 ~ 100	80 ~ 93	76 ~ 90	73 ~ 88	70 ~ 86	68 ~ 85	66 ~ 83
高液限粉土(MH)	100	90 ~ 95	86 ~ 92	83 ~ 90	81 ~ 89	80 ~ 87	—
高液限黏土(CH)	100	93 ~ 97	90 ~ 93	88 ~ 91	86 ~ 90	85 ~ 89	83 ~ 87

注:1. 对于砂(SW、SP),D_{60} 大时平衡湿度取低值,D_{60} 小时平衡湿度取高值。

　　2. 对于其他含细粒的土组,通过 0.075mm 筛的颗粒含量大和塑性指数高时,取高值,反之,取低值。

干燥类路基的平衡湿度可根据路基所在自然区划的湿度指标 *TMI* 和土组类别确定。根据表 2-1-2 插值查取该地区相应的路基饱和度。

各路基土在不同 *TMI* 值时的饱和度（%）　　　　　　　　　表 2-1-2

土　　组	TMI					
	−50	−30	−10	10	30	50
砂（S）	20 ~ 50	25 ~ 55	27 ~ 60	30 ~ 65	32 ~ 67	35 ~ 70
粉土质砂（SM）	45 ~ 48	62 ~ 68	73 ~ 80	80 ~ 86	84 ~ 89	87 ~ 90
黏土质砂（SC）						
低液限粉土（ML）	41 ~ 46	59 ~ 64	75 ~ 77	84 ~ 86	91 ~ 92	92 ~ 93
低液限黏土（CL）	39 ~ 41	57 ~ 64	75 ~ 76	86	91	92 ~ 94
高液限粉土（MH）	41 ~ 42	61 ~ 62	76 ~ 79	85 ~ 88	90 ~ 92	92 ~ 95
高液限黏土（CH）	39 ~ 51	58 ~ 69	85 ~ 74	86 ~ 92	91 ~ 95	94 ~ 97

注：1. 砂的饱和度取值与 D_{60} 相关，D_{60} 大时（接近 2mm）取低值，D_{60} 小时（接近 0.25mm）取高值。
　　2. 粉质土砂、黏土质砂或细粒土的饱和度取值与细粒土含量和塑性指数相关，细粒土含量高、塑性指数大时取低值，反之取高值。

中湿类路基的平衡湿度可参照图 2-1-5，先分路基工作区上部和下部确定其平衡湿度，再以厚度加权平均计算路基平衡湿度。

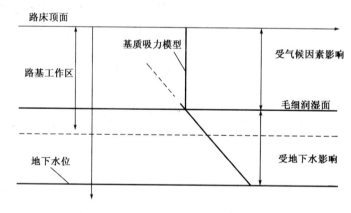

图 2-1-5　中湿类路基的湿度状况

3. 城市道路路基干湿类型划分

路基的强度与稳定性同路基的干湿状态有密切关系，并在很大程度上影响路面结构设计。城市道路路基按干湿状态不同，分为干燥、中湿、潮湿和过湿四类。对快速路和主干路，路基应处于干燥或中湿状态；对次干路和支路，路基宜处于干燥或中湿状态。否则，应采取翻晒、换填、改良或设置隔水层、降低地下水位等措施。

4. 城市道路路基干湿类型确定方法

路基干湿类型可采用分界稠度划分，并应符合表 2-1-3 的规定；当缺少资料时，也可根据路基相对高度,按表 2-1-4 确定。路基临界高度可按《城市道路路基设计规范》(CJJ 194—2013)附录 A 进行划分。

路基干湿状态的分界稠度值 表 2-1-3

土质类别	干湿状态			
	干燥	中湿	潮湿	过湿
	$w_c \geq w_{c1}$	$w_{c1} \geq w_c \geq w_{c2}$	$w_{c2} \geq w_c \geq w_{c3}$	$w_c < w_{c3}$
土质砂	$w_c \geq 1.20$	$1.20 > w_c \geq 1.00$	$1.00 > w_c \geq 0.85$	$w_c < 0.85$
黏质土	$w_c \geq 1.10$	$1.10 > w_c \geq 0.95$	$0.95 > w_c \geq 0.80$	$w_c < 0.80$
粉质土	$w_c \geq 1.05$	$1.05 > w_c \geq 0.90$	$0.90 > w_c \geq 0.75$	$w_c < 0.75$

注:w_{c1}、w_{c2}、w_{c3} 分别为干燥和中湿、中湿和潮湿、潮湿和过湿状态路基的分界稠度,w_c 为路床顶面以下 80cm 深度内的平均稠度。

路基干湿状态的路基相对高度判定标准 表 2-1-4

路基干湿类型	路基相对高度 H	一般特征
干燥	$H \geq H_1$	路基干燥、稳定,路面强度和稳定性不受地下水和地表积水的影响
中湿	$H_2 \leq H < H_1$	路基上部土层处于地下水或地表积水影响的过渡带区内
潮湿	$H_3 \leq H < H_2$	路基上部土层处于地下水或地表积水毛细影响区内
过湿	$H < H_3$	路基上部土层处于地下水或地表积水毛细影响区内

注:H_1、H_2、H_3 为路基干燥与中湿、中湿与潮湿、潮湿与过湿分界状态对应的临界高度。

四、掌握路基设计高度确定方法

由于填挖情况的不同,路基横断面的典型形式有路堤、路堑、填挖结合三种类型。路堤全部用岩土填筑而成,路堑则全部在天然地面上开挖而成。当天然地面横坡大,且路基较宽,需一侧开挖而另一侧填筑时,为填挖结合路基,在丘陵或山区公路上,填挖结合是路基横断面的主要形式。

路基高度是指路堤的填筑高度或路堑的开挖深度。由于原地面沿横断面方向往往是倾斜的,因此在路基宽度范围内,两侧的高差一般有差别。路基中心高度是指路基中心线处设计高程与原地面高程之差。而路基两侧边坡的高度则为填方坡脚或挖方坡顶与路基边缘的相对高差。所以路基高度有中心高度与边坡高度之分。

路堤按填土高度不同,可划分为**低路堤、普通路堤和高路堤**。**低路堤**是指填土高度小于路基工作区深度的路堤,其填土高度通常小于 1.5m。普通路堤通常指在良好的地质与水文条件下,填方高度为 1.5~20m 的路堤。高路堤是指路基填土边坡高度大于 20m 的路堤。随路堤所处的地形地质与水文条件和加固类型不同,还有陡坡路堤、浸水路堤、护脚路堤及挖沟填筑路堤等形式,陡坡路堤是指地面斜坡陡于 1:2.5 的路堤。

确定路堤高度时要综合考虑设计洪水位、中湿状态路基临界高度、路基工作区深度、路基冻结深度等因素。设计时,路堤高度应满足下列要求:①公路等级所对应的路基设计洪水频率及其设计洪水位;②路堤高度不宜小于中湿状态路基临界高度;③季节冻土地区,路堤高度不宜小于当地路基冻深。

路堤高度宜按式(2-1-4)的计算确定。

$$H_{op} = \max\{(h_{sw} - h_0) + h_w + h_{bw} + \Delta h, h_l + h_p, h_{wd} + h_p, h_f + h_p\} \qquad (2\text{-}1\text{-}4)$$

式中: H_{op}——路堤合理高度(m);

h_{sw}——设计洪水位(m);

h_0——地面高程(m);

h_w——波浪侵袭高度(m);

h_{bw}——壅水高度(m);

Δh——安全高度(m);

h_l——中湿状态路基临界高度(m);

h_p——路面厚度(m);

h_{wd}——路基工作区深度(m);

h_f——季节冻土地区路基冻深(m)。

沿河及受水浸淹的路基边缘高程,应高出表 2-1-5 规定设计洪水频率的计算水位加壅水高度、波浪侵袭高度及 0.5m 的安全高度之和。保证不致淹没路基,并据此进行路基的防护与加固。

路基设计洪水频率   表 2-1-5

公路等级	高速公路	一级公路	二级公路	三级公路	四级公路
路基设计洪水频率	1/100	1/100	1/50	1/25	按具体情况确定

注:区域内唯一通道的公路路基设计洪水频率可采用高一个等级公路的标准。

五、掌握路基设计指标回弹模量及压应变的控制要求

1. 回弹模量

路基回弹模量能较好地反映路基所具有的部分弹性性质,所以,在以弹性半空间体地基模型表征路基的受力特征时,可以用回弹模量表示路基在瞬时荷载作用下的可恢复变形性质。我国公路水泥混凝土路面、沥青混凝土路面设计方法中,都以回弹模量 E 作为路基的刚度指标。

1)静态回弹模量 E_0

把土基简化为一弹性半空间体,用回弹模量 E_0 表征其应力应变特性,并作为土基的强度指标。为模拟车轮印迹的作用,通常以圆形刚性承载板压入土基的方法测定其回弹模量 E_0,如图 2-1-6 所示。

路基静态回弹模量测定时宜采用逐级加载—卸载法,每级增加 0.05MPa,待卸载稳定 1min 后读取回弹弯沉值,再加载下一级荷载。回弹弯沉值超过 1mm 时,则停止加载。在多数情况下,试验曲线(荷载—回弹弯沉曲线)呈非线性。在确定模量时,可以根据实际可能出现的最大压应力级位,或可能出现的最大弯沉范围,在曲线上选取合适的量值按式(2-1-5)进行计算。

$$E_0 = \frac{\pi D}{4}(1 - \mu_0^2)\frac{\sum p_i}{\sum l_i} \qquad (2\text{-}1\text{-}5)$$

式中: E_0——路基回弹模量(MPa);

p_i、l_i——分别为各级荷载的单位压力(MPa)和对应的实际回弹弯沉;

　　D——承载板直径(m);

　　μ_0——泊松比。

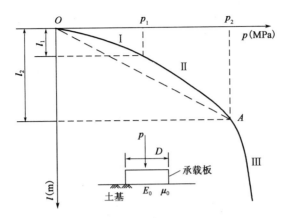

图 2-1-6　土基的应力—应变关系曲线

2)动态回弹模量 M_R

路基土静态回弹模量是荷载应力与回弹应变的比值,而路基土动态回弹模量是施加于试件的重复应力峰值与试件相应方向的回弹应变峰值之比。由于重复应力峰值与回弹应变峰值并不同步,因此动态回弹模量是个近似意义上的概念。

路基动态回弹模量是利用动三轴试验仪在规定的加载条件下测定的。测定时首先对试件施加 30.0kPa 预载围压,并对试件施加至少 1000 次、最大轴力为 66.0kPa 的半正矢脉冲荷载,要求试件总的垂直永久变形小于 5%。然后调整围压和半正矢脉冲荷载至目标规定值,以 10Hz 的频率重复加载 100 次。试验采集最后 5 个波形的荷载及变形曲线,记录并计算试验施加荷载、试件轴向可恢复变形、动态回弹模量。加载过程中,若试件总的垂直永久变形超过 5%,则停止试验并记录结果。

路基动态回弹模量按式(2-1-6)计算:

$$M_R = \frac{\sigma_0}{\varepsilon_0} \tag{2-1-6}$$

式中:M_R——路基土或粒料的动态回弹模量(MPa)。

$$\sigma_0 = \frac{P_i}{A} \tag{2-1-7}$$

式中:σ_0——轴向应力幅值(MPa);

　　P_i——最后 5 次加载循环中轴向试验荷载平均幅值(N);

　　A——试件径向横断面面积,可取试件上下端面面积平均值(mm²)。

$$\varepsilon_0 = \frac{\Delta_i}{l_0} \tag{2-1-8}$$

式中:ε_0——可恢复轴向应变幅值(mm/mm);

　　Δ_i——最后 5 次加载循环中可恢复轴向变形平均幅值(mm);

　　l_0——位移传感器的量测间距(mm)。

189

2．压应变

新建公路路基应以路床顶面回弹模量为设计指标，以路床顶面竖向压应变为验算指标。路面结构设计的路基回弹模量设计值 E_0 应符合下列规定：

（1）路基在平衡湿度状态下，路床顶面回弹模量不应低于《公路沥青路面设计规范》（JTG D50—2017）和《公路水泥混凝土路面设计规范》（JTG D40—2011）的有关规定（表 2-1-6）。

路床顶面回弹模量要求值（不小于）（单位：MPa） 表 2-1-6

交通荷载等级	极重	特重	重	中等	轻
沥青混凝土路面	70	60	50	40	
水泥混凝土路面	80			60	40

（2）沥青路面路床顶面竖向压应变的计算值应满足沥青路面永久变形的控制要求。

（3）水泥混凝土路面路床顶面竖向压应变可不作控制。

六、掌握新建路基回弹模量设计值确定方法

1）标准湿度状态下路基回弹模量值

路基标准湿度状态指路基最佳含水率和最大干密度时的湿度状态。标准状态下路基回弹模量值应按下列方法确定：

（1）路基填料的回弹模量应按路基土动态回弹模量标准试验方法通过试验获得。

（2）受试验条件限制时，可根据土组类别及粒料类型由表 2-1-7、表 2-1-8 查取回弹模量参考值。

标准状态下路基土回弹模量参考值 表 2-1-7

土　　组	取值范围（MPa）	土　　组	取值范围（MPa）
砾（G）	100 ~ 135	粉土质砂（SM）	65 ~ 95
含细粒土砾（GF）	100 ~ 130	黏土质砂（SC）	60 ~ 90
粉土质砾（GM）	100 ~ 125	低液限粉土（ML）	50 ~ 90
黏土质砾（GC）	95 ~ 120	低液限黏土（CL）	50 ~ 85
砂（S）	95 ~ 125	高液限粉土（MH）	30 ~ 70
含细粒土砂（SF）	80 ~ 115	高液限黏土（CH）	20 ~ 50

注：1. 对砾和砂，D_{60}（通过率为 60% 时的颗粒粒径）大时，模量取高值；D_{60} 小时，模量取低值。

2. 对其他含细粒土的土组，粒径小于 0.075mm 的颗粒含量大和塑性指数高时，模量取低值；反之，模量取高值。

3. 相同条件下，轻、中等及重交通荷载时路基土回弹模量取较小值，特重、极重交通条件下取较大值。

标准状态下粒料回弹模量参考值 表 2-1-8

粒料类型	取值范围（MPa）	粒料类型	取值范围（MPa）
级配碎石	180 ~ 400	级配碎石	150 ~ 300
非筛分碎石	180 ~ 220	天然砂砾	100 ~ 140

（3）初步设计阶段，也可按式（2-1-9）、式（2-1-10）由填料的 CBR 值估算标准状态下填料的回弹模量值：

$$M_R = 17.6CBR^{0.64} \qquad (2 < CBR \leq 12) \qquad\qquad (2\text{-}1\text{-}9)$$

$$M_R = 22.1CBR^{0.55} \qquad (12 < CBR < 80) \qquad\qquad (2\text{-}1\text{-}10)$$

2) 平衡湿度状态下路基回弹模量值

新建公路路基回弹模量设计值 E_0 应按式(2-1-11)确定,并应满足式(2-1-12)的要求。

$$E_0 = K_s K_\eta M_R \qquad\qquad (2\text{-}1\text{-}11)$$

$$E_0 \geq [E_0] \qquad\qquad (2\text{-}1\text{-}12)$$

式中:E_0——平衡湿度状态下路基回弹模量设计值(MPa)。

　　　$[E_0]$——路面结构设计的路基回弹模量要求值(MPa)(表2-1-6)。

　　　M_R——标准状态下路基动态回弹模量值(MPa)。

　　　K_s——路基回弹模量湿度调整系数,为平衡湿度(含水率)状态下的回弹模量与标准状态下的回弹模量之比。潮湿类和干燥类路基分别按表2-1-9和表2-1-10确定,中湿类路基的回弹模量调整系数,可按路基工作区内两类湿度来源的上部和下部分别确定其湿度调整系数,并以路基工作区上、下部的厚度加权计算路基总的湿度调整系数。

　　　K_η——干湿循环或冻融循环条件下路基土模量折减系数,通过试验确定。初步设计时,非冰冻地区可根据土质类型、失水率确定,季节冻土区可根据冰冻温度、含水率确定,折减系数可取0.7～0.95。非冰冻区粉质土、黏质土,失水率大于30%,取小值,反之取较大值;粗粒土取大值。季节冻土地区粉质土、黏质土冻结温度低于-15℃,冻前含水率高,取小值,反之取较大值;粗粒土取大值。

潮湿类路基的回弹模量湿度调整系数　　　　　　　　　表2-1-9

土 质 类 型	砂	细粒土质砂	粉质土	黏质土
路基工作区顶面	0.8～0.9	0.5～0.6	0.5～0.7	0.6～1.0
路基工作区底面	0.5～0.6	0.4～0.5	0.4～0.6	0.5～0.9

注:1. 砂的回弹模量调整系数,D_{60}大时取高值,D_{60}小时取低值。

　　2. 细粒土质砂的回弹模量调整系数,细粒含量大、塑性指数高时取低值,反之取高值。

　　3. 粉质土和黏质土的回弹模量调整系数,路基高度低时取低值,反之取高值。

干燥类路基的回弹模量湿度调整系数　　　　　　　　　表2-1-10

土 组	TMI					
	-50	-30	-10	10	30	50
砂(S)	1.30～1.84	1.14～1.80	1.02～1.77	0.93～1.73	0.86～1.69	0.8～1.64
粉质土砂(SM)	1.59～1.65	1.10～1.26	0.83～0.97	0.73～0.83	0.70～0.76	0.70～0.76
黏质土砂(SC)						
低液限粉土(ML)	1.35～1.55	1.01～1.23	0.76～0.96	0.58～0.77	0.51～0.65	0.42～0.62
低液限黏土(CL)	1.22～1.71	0.73～1.52	0.57～1.24	0.51～1.02	0.49～0.88	0.48～0.81

注:1. 砂的回弹模量调整系数,D_{60}大时(接近2mm)取低值,D_{60}小时(接近0.25mm)取低值。

　　2. 粉质土砂、黏质土砂或细粒土的饱和度与细粒含量和塑性指数相关,细粒含量高、塑性指数大时取低值,反之取高值。

3)城市道路路床顶面回弹模量值

快速路和主干路路基顶面设计回弹模量值不应小于30MPa;次干路和支路不应小于20MPa。当不满足上述要求时,应采取措施提高回弹模量。路基设计中,应充分考虑道路运行中的各种不利因素,采取措施减小路基回弹模量的变异性,保证其持久性。

七、掌握城市道路路基排水及路基与管道、窨井敷设的一般规定

1.城市道路路基排水的一般规定

(1)路基排水设计应采取排、疏、防相结合的原则,并应与路面排水系统、边坡防护、地基处理等其他措施相互协调,保证路基稳定,避免道路水损害。

(2)路基排水设施应与道路工程同步设计、同步实施。

(3)路基施工临时性排水设施,应与永久性排水设施相结合。各类排水设施的设计应满足使用功能要求,且应结构安全可靠,便于施工、检查、养护和维修。

2.城市道路路基与管道、窨井敷设的一般规定

(1)地下管线宜优先考虑布置在非机动车道下,不得沿快速路主路车行道下纵向敷设。当其他等级道路车行道下敷设管线时,井盖不应影响行车安全性和舒适性,且宜布置在车辆轨迹范围之外。人行道上井盖等地面设施不应影响行人通行。

(2)各种地下管线的埋设深度、结构强度和沟槽回填土的压实度应满足道路施工荷载与路面行车荷载的要求。

八、熟悉公路自然区划

由于我国地幅辽阔,又是一个多山国家,从北向南分处于寒带、温带和热带。从青藏高原到东部沿海高程相差4000m以上,因此自然因素变化极为复杂。不同地区自然条件的差异同公路建设有密切关系。为了区分各地自然区域的筑路特性,经过长期研究,制定了全国公路自然区划图,该区划图是根据以下三个原则制定的:

(1)道路工程特征相似性原则。即在同一区划内,在同样自然条件下筑路具有相似性,例如,北方不利季节主要是春融时期,有翻浆病害;南方不利季节在雨季,有冲刷、水毁等病害。

(2)地表气候区域差异性原则。地表气候是地带性差异与非地带性差异的综合结果。通常,地表气候随当地纬度而变,如北半球,北方寒冷,南方温暖,这称为地带性差异。除此之外,地表气候还与高程变化有关,即沿垂直方向变化,如青藏高原,由于海拔高,与纬度相同的其他地区相比,气候更加寒冷,称为非地带性差异。

(3)自然气候因素的综合性和主导性相结合的原则。即自然气候的变化是各种因素综合作用的结果,但其中又有某种因素起主导作用。例如,道路冻害是水和热综合作用的结果,但在南方,只有水而没有寒冷气候的影响,不会有冻害,说明温度起主导作用;西北干旱地区与东北潮湿区,同样都有负温度区(指0℃以下地区),但前者冻害轻于后者,说明水起主导作用。

根据《公路自然区划标准》(JTJ 003—1986)的规定,将我国的公路自然区划分为三个等级。

一级区划首先将全国划分为多年冻土、季节冻土和全年不冻土三大地带,再根据水热平衡

和地理位置,划分为冻土、湿润、干湿过渡、湿热、潮暖、干旱和高寒七个一级区域。二级区划是在一级区划基础上以潮湿系数为主进一步划分。三级区划是在二级区划内划分更低一级的区域或类型单元。

1. 一级区划的主要指标

根据我国地理、地貌、气候等因素,以均温等值线和三阶梯的两条等高线作为一级区划的标志。

1)均温等值线

在一般情况下,地面大气温度达到 −2℃ 时,地面土开始冻结。因此,它大体上是区分多年冻土和季节冻土的界线。一月份均温 0℃ 等值线,是区分季节冻土和全年不冻土的界线。

2)等高线

1000m 等高线:走向北偏东,自大兴安岭南下太行山、伏牛山、武当山、雪峰山、九万山、大明山至友谊关而达国境。3000m 等高线:走向自西向东,后折向南,西起帕米尔,沿昆仑山、阿尔金山、祁连山、南下西倾山、岷山、邛崃山、夹金山、大小相岭、锦屏山、雪山、云岭而达国境。由于三级阶梯的存在,通过地形的高度和阻隔,使其气候具有不同的特色,也成为划分一级区划的主要标志。

根据不同地理、气候、构造、地貌界线的交错和叠合,将我国分为七个一级自然区,其代号与名称见表 2-1-11。

表 2-1-11

一级自然区划

代 号	名 称	代 号	名 称
Ⅰ区	北部多年冻土区	Ⅴ区	西南潮暖区
Ⅱ区	东部湿润季冻区	Ⅵ区	西北干旱区
Ⅲ区	黄土高原干湿过渡区	Ⅶ区	青藏高寒区
Ⅳ区	东南湿热区		

2. 二级区划的主要指标

二级区划仍以气候和地形为主导因素,但具体标志与一级区划有显著差别。二级区的划分需因区而异,将一级区划指标具体化或加以补充,其主要指标是潮湿系数 K。所谓潮湿系数是指年降水量 R 与年蒸发量 Z 之比,即

$$K = \frac{R}{Z} \tag{2-1-13}$$

潮湿系数 K 值按全年的大小分为六个等级,见表 2-1-12。

表 2-1-12

潮湿等级与潮湿系数的关系

潮 湿 等 级	潮 湿 类 型	潮 湿 系 数
1	过湿	$K > 2.0$
2	中湿	$2.0 \geq K > 1.5$
3	润湿	$1.5 \geq K > 1.0$

续上表

潮 湿 等 级	潮 湿 类 型	潮 湿 系 数
4	润干	$1.0 \geqslant K > 0.5$
5	中干	$0.5 \geqslant K > 0.25$
6	过干	$K < 0.25$

根据二级区划的主要因素与标志,在全国七个一级自然区内又分为 33 个二级区和 19 个二级副区(亚区),共有 52 个二级自然区。

3. 三级区划的主要指标

三级区划是二级区划的进一步划分,三级区划的方法有两种:一种是按照地貌、水文和土质类型将二级自然区划分为若干类型单位的类型区划;另一种是以水热、地理和地貌为标志将二级自然区进一步划分为更低级区域的区域划分。各地可根据当地的具体情况选用。

九、了解路基的破坏形式与原因

1. 路基破坏形式

路基在各种自然因素及行车荷载作用下,常发生变形,最后导致破坏。其破坏形式多种多样,原因也错综复杂。常见的破坏形式见表 2-1-13。

路基破坏形式　　　　　　　　　　　　　　　　表 2-1-13

破 坏 形 式			表 现 形 式
路堤变形破坏	路堤沉陷	堤身下陷	路基表面在垂直方向产生较大的沉落
		地基下陷	在路基自重作用下地基下沉或向两侧挤出
	边坡滑塌	溜方	少量土体沿土质边坡向下移动所形成
		滑坡	一部分土体在重力作用下沿某一滑动面滑动
	路堤沿山坡滑动		路基整体或局部沿陡坡地面向下移动
路堑变形破坏	边坡剥落		表土层和风化岩层从坡面上剥落后向下滚落
	边坡碎落		岩石碎块沿坡面向下滚落
	边坡滑坍		边坡土体或岩石沿一定滑动面整体向下滑动
	边坡崩塌		高陡斜坡上岩体或土体倒塌、倾倒或坠落
特殊地质水文条件下的破坏			滑坡、岩堆、泥石流、雪崩、岩溶、地震等

2. 路基破坏原因分析

路基破坏的原因是多方面的,各种变形破坏既有各自特点,又往往具有共同原因,大致可归纳为以下几个方面。

(1)不良的工程地质和水文地质条件,如地质构造复杂、岩层走向及倾角不利、岩性松软、风化严重、土质较差、地下水位较高以及其他特殊不良地质灾害等。

(2)不利的水文与气候因素,如降雨量大、洪水猛烈、干旱、冰冻、积雪或温差特别大等。

(3)设计不合理,如断面尺寸不符合设计标准要求,包括边坡取值不当,挖填布置不符合要求,最小填土高度不足,未进行合理的防护、加固和排水设计等。

（4）施工不符合规范要求,如填筑顺序不当、土基压实不足、盲目采用大型爆破以及不按设计要求和操作规程施工、工程质量不满足标准等。

上述原因中,地质条件是影响路基工程质量和产生病害的基本前提,水是造成路基病害的主要原因。因此,设计前应对地质与水文情况进行详细的勘察,针对具体条件及各种因素的综合作用,采取正确的设计方案与施工方法,消除或尽可能减少路基病害,确保路基工程达到规定的质量要求。

考 点 分 析

本节是路基工程中特别重要的一节,主要有以下考点:

（1）路基土的工程性质 主要掌握粗粒土和细粒土的工程性质,需要明确的是粗粒土的工程性质是考察其级配的,细粒土的工程性质是考察其状态的,所以如何判断粗粒土的级配是否良好和细粒土的状态是否合适是很重要的。一般来说,内摩擦角越大和黏聚力越大的土,其工程性质越好。

（2）路基干湿类型 需掌握路基平衡湿度状态的类型及表征方法,平衡湿度状态的确定方法和目的,潮湿路基的处治措施。

（3）路基设计高度 需掌握路基设计高度的概念、设计要点、考虑因素,尤其是路基设计洪水频率对设计高度的影响。在此基础上重点掌握路基设计高度的计算。

（4）路基设计指标 需掌握静态和动态回弹模量的概念、试验和计算,特别是重点理解回弹模量设计值需满足的三大条件,即三维的、动态的和实际的条件。因此,对标准状态下的路基回弹模量计算和平衡湿度状态下的回弹模量计算就显得比较重要,也是本节的重点和难点。压应变作为路面的验算指标,沥青路面需满足永久变形的控制要求,水泥路面则不需要控制。

（5）城市道路管道敷设 主要掌握管道、窨井敷设位置、埋设深度、沟槽回填的要求。

例 题 解 析

例1 ［2019年单选题］下列土质中,可直接作为公路路堤填料的是( )。

（A）泥炭土

（B）强膨胀土

（C）液限大于50%、塑性指数大于26的细粒土

（D）液限小于50%、塑性指数小于26的细粒土

分析

根据《公路路基设计规范》(JTG D30—2015)第3.3.3条第4款,液限大于50%、塑性指数大于26的细粒土,不得直接作为路堤填料。故本题选D。

例2 ［2019年单选题］根据《公路路基设计规范》(JTG D30—2015),进行路基设计时,其设计指标为路床顶面的( )。

　　（A）回弹模量　　　　　　　　　　（B）静态模量

　　（C）竖向压应力　　　　　　　　　　（D）竖向压应变

分析

　　根据《公路路基设计规范》（JTG D30—2015）第3.2.4条,路基应以路床顶面回弹模量为设计指标,以路床顶面竖向压应变为验算指标。故本题选A。

例3　[2019年单选题]高速公路路基设计洪水频率应采用（　　　）。

　　（A）1/25　　　　　　　　　　　　　（B）1/50

　　（C）1/100　　　　　　　　　　　　（D）1/200

分析

　　根据《公路路基设计规范》（JTG D30—2015）第3.1.3条,沿河及受水浸淹的路基边缘高程,应高出规定的设计洪水频率的计算水位加壅水高度、波浪侵袭高度及0.5m的安全高度之和,高速公路和一级公路路基设计洪水频率规定为1/100。故本题选C。

例4　[2019年单选题]城市道路快速路、主干路、次干路路基顶面设计回弹模量值分别不应小于（　　　）。

　　（A）30MPa、30MPa、20MPa　　　　　（B）30MPa、30MPa、25MPa

　　（C）40MPa、30MPa、30MPa　　　　　（D）40MPa、40MPa、30MPa

分析

　　根据《城市道路工程设计规范》（CJJ 37—2012）（2016年版）第12.2.2条第1款,快速路和主干路路基顶面设计回弹模量值不应小于30MPa;次干路和支路不应小于20MPa;当不满足上述要求时,应采取措施提高回弹模量。故本题选A。

例5　[2020年单选题]某城市主干线路基为粉质土,根据规范规定判断其路基是否进行处治的干湿状态分界稠度值应为（　　　）。

　　（A）0.90　　　　　　　　　　　　　（B）1.00

　　（C）1.10　　　　　　　　　　　　　（D）1.20

分析

　　根据《城市道路路基设计规范》（CJJ 194—2013）第4.2.2条,对快速路和主干路,路基应处于干燥或中湿状态;对次干路和支路,路基宜处于干燥或中湿状态。否则,应采取翻晒、换填、改良或设置隔水层、降低地下水位等措施。根据第4.2.1条,粉质土路基中湿和潮湿状态路基的分界稠度值为$w_{c2}=0.90$。故本题选A。

例6　[2019年多选题]公路路基设计时,应保证路基具有足够的（　　　）。

　　（A）经济性　　　　　　　　　　　　（B）稳定性

　　（C）耐久性　　　　　　　　　　　　（D）强度

分析

　　根据《公路路基设计规范》（JTG D30—2015）第1.0.3条,路基应具有足够的强度、稳定性和耐久性。故本题选 BCD。

例7 ［2019年多选题］《公路路基设计规范》（JTG D30—2015）规定,根据路基平衡湿度状况可依据路基的湿度来源,将路基湿度状况划分为(　　)。

(A)干燥状态　　　　　　　　　(B)中湿状态
(C)潮湿状态　　　　　　　　　(D)过湿状态

分析

根据《公路路基设计规范》（JTG D30—2015）第 C.0.1 条,依据路基的湿度来源,可将路基的平衡湿度状况分为三类,即干燥状态、潮湿状态和中湿状态。故本题选 ABC。

例8 ［2019年多选题］确定公路路基设计高度时,需综合考虑(　　)。

(A)设计洪水位　　　　　　　　(B)地下水位
(C)地表积水深度　　　　　　　(D)边坡坡率

分析

根据《公路路基设计规范》（JTG D30—2015）第 3.3.1 条,路堤高度应满足下列要求:①满足公路等级所对应的路基设计洪水频率及其设计洪水位;②路堤高度不宜小于中湿状态路基临界高度;③季节冻土地区,路堤高度不宜小于当地路基冻深。故本题选 ABC。

例9 ［2019年案例题］某季节性冻土地区的公路初步设计阶段,采用的路基填料 CBR 值是 8.0,路基回弹模量湿度调整系数取 0.85,冻融循环条件下路基土模量折减系数取 0.9,平衡状态下路基回弹模量设计值是(　　)。

(A)51.0MPa　　　　　　　　　(B)53.1MPa
(C)56.6MPa　　　　　　　　　(D)66.6MPa

分析

根据《公路路基设计规范》（JTG D30—2015）第 3.2.5 条和第 3.2.6 条:

$M_R = 17.6CBR^{0.64} = 17.6 \times 8^{0.64} = 66.6\text{MPa}$

$E_0 = K_s K_\eta M_R = 0.85 \times 0.9 \times 66.6 = 51.0\text{MPa}$

故本题选 A。

例10 ［2019年案例题］某新建路基,平衡湿度(含水率)状态下的回弹模量为 60MPa,标准状态下的回弹模量为 80MPa。根据《公路路基设计规范》（JTG D30—2015）路基回弹模量湿度调整系数为(　　)。

(A)0.56　　　　　　　　　　　(B)0.68
(C)0.75　　　　　　　　　　　(D)0.83

分析

根据《公路路基设计规范》（JTG D30—2015）第 3.2.5 条,路基回弹模量湿度调整系数 K_s,为平衡湿度(含水率)状态下的回弹模量 E_0 与标准状态下的回弹模量 M_R 之比,即

$K_s = E_0/M_R = 60/80 = 0.75$

故本题选 C。

例 11 [2019 年案例题]某重交通的二级公路,粉质土地基,地下水位埋深 1.0m,低填路堤高 1.5m,填料为细砂土,路基不受洪水影响,沥青路面厚度为 0.6m,路床厚度为 0.8m。毛细水上升最大高度为 0.5m。根据《公路路基设计规范》(JTG D30—2015)分析确定,该路床所处的湿度状态是(　　)。

(A)干燥状态　　　　　　　　　(B)中湿状态

(C)潮湿状态　　　　　　　　　(D)过湿状态

分析

依据题意,二级公路重交通,路基工作区深度为 0.8m,由于路基高度为 1.5m,路基工作区的深度距离地面的高度为:$1.5 - 0.6 - 0.8 = 0.1$m,地下水深 1.0m,毛细水上升 0.5m,故毛细水距离地面为 $1.0 - 0.5 = 0.5$m。根据《公路路基设计规范》(JTG D30—2015)第 C.0.1 条第 3 款,路基平衡湿度不受地下水控制,路基湿度状态为干燥状态。故本题选 A。

例 12 [2019 年案例题]某沿河二级公路,受水浸淹,水文计算得知,300 年一遇的洪水位为 29.8m,100 年一遇的洪水位 28.6m,50 年一遇的洪水位 26.8m,25 年一遇的洪水位 24.0m,假定壅水高 0.6m,波浪侵袭高 1.2m。根据《公路工程技术标准》(JTG B01—2014),路基边缘高程是(　　)。

(A)26.3m　　　　　　　　　(B)28.6m

(C)29.1m　　　　　　　　　(D)30.9m

分析

根据《公路工程技术标准》(JTG B01—2014)第 5.0.2 条第 1 款和第 5.0.3 条第 2 款,路基边缘设计高程 $H = 26.8 + 0.6 + 1.2 + 0.5 = 29.1$m。故本题选 C。

例 13 [2020 年案例题]某城市主干路位于Ⅳ₃自然区划,该道路某一路段横断面布置如下图所示,原地面高程为 3.60m,设计中央分隔带边线路面高程为 4.20m,机动车道路面结构厚度为 0.60m,非机动车道路面结构厚度为 0.35m,路基土为粉质土,地下水埋深为 1.20m,下列关于该道路路基干湿类型、路基处理措施,符合规范规定的是(　　)。并请说明选择依据和理由。

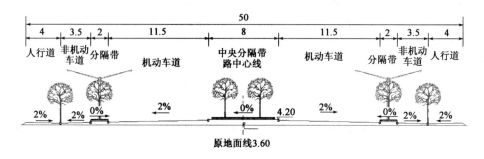

例 13 图(尺寸单位:m)

  (A)路基为干燥类型,不需要路基处理

  (B)路基为中湿类型,不需要路基处理

  (C)路基为潮湿路基,设置石灰土垫层

  (D)路基为过湿类型,设置水泥土垫层

分析

根据《城市道路路基设计规范》(CJJ 194—2013)第4.2.1条和4.2.2条。

机动车道最右侧的路基相对高度 H_{01}：

$$H_{01} = 1.2 - 11.5 \times 2\% = 0.97\text{m}$$

非机动车最右侧的路基相对高度 H_{02}：

$$H_{02} = 4.2 - (11.5 + 3.5) \times 2\% - 3.6 - 0.35 + 1.2 = 1.15\text{m}$$

该路段路基相对高度取小值,即 $H = 0.97\text{m}$。

查附录 A 续表 A.0.1,粉质土Ⅳ3 区,$H_1 = 1.7 \sim 1.9$，$H_2 = 1.2 \sim 1.3$，$H_3 = 0.8 \sim 0.9$，$H_3 < H < H_2$,路基为潮湿类型。主干路路床应处于干燥或中湿状态,故需要设置石灰土垫层。故本题选 C。

  例 14 [2020年案例题]某公路工程初步设计阶段,其中一处大型取土场位于河流阶地,取代表性土样进行室内试验,三组样测得的 CBR 值分别为 22.8、23.0、23.2,其路基回弹湿度调整系数取 0.85,冻融循环条件下路基土模量折减系数为 0.9,该取土场估算标准状态下填料的回弹模量为( )。(结果保留1位小数)

  (A)94.8MPa   (B)124.0MPa

  (C)130.9MPa   (D)131.7MPa

分析

根据《公路路基设计规范》(JTG D30—2015)第3.2.6条:

$$CBR = \frac{22.8 + 23.0 + 23.2}{3} = 23.0$$

$$M_R = 22.1 CBR^{0.55} = 22.1 \times 23.0^{0.55} = 124.0\text{MPa}$$

故本题选 B。

  例 15 [2020年案例题]某二级公路,沿河路段受水浸淹,水文计算得知,300 年一遇的洪水位为29.8m,100 年一遇的洪水位为28.6m,50 年一遇的洪水位26.8m,25 年一遇的洪水位24.0m。已知壅水高度为0.6m,波浪侵袭高度为1.2m,该二级公路在区域内是唯一的一条公路。该路段合适的路基边缘高程为( )。

  (A)28.6m   (B)29.1m

  (C)30.4m   (D)30.9m

分析

根据《公路路基设计规范》(JTG D30—2015)第3.1.3条,区域内唯一通道的公路路基设计洪水频率可采用高一个等级公路的标准,本题二级公路路基采用 1/100 洪水频率,对应的洪水位高为 28.6m。该路段合适的路基边缘高程为:

$h = 28.6 + 0.6 + 1.2 + 0.5 = 30.9 \text{m}$

故本题选 D。

例 16 新建公路路床应处于(　　)。

(A)干燥状态　　　　　　　　　(B)中湿状态

(C)潮湿状态　　　　　　　　　(D)过湿状态

分析

根据《公路路基设计规范》(JTG D30—2015)第 3.2.7 条,新建公路路床应处于干燥或中湿状态。故本题选 AB。

例 17 关于路基土的工程性质的叙述,下列选项正确的有(　　)。

(A)巨粒土是良好的路基填筑材料

(B)粗粒土作为路堤填料其最大粒径应小于 150mm

(C)细粒土质砂中含有粗颗粒和细颗粒,不是理想的路基填筑材料

(D)路基填料中砂类土最优,黏质土次之,粉质土属不良材料

分析

选项 C 错误,砂类土级配较好时,既含有一定数量的粗颗粒,又含有一定数量的细颗粒,强度、稳定性等都能满足要求,是理想的路基填筑材料。如细粒土质砂,其粒径组成接近最佳级配,遇水不黏着,不膨胀,雨天不泥泞,晴天不扬尘,便于施工。故本题选 ABD。

例 18 用承载板测定路基回弹模量值,测得各级承载板压力值总和为 3.5MPa,相应回弹变形值总和为 1.805cm,试问按照《公路路基路面现场测试规程》(JTG 3450—2019)确定的该路基土的回弹模量值为(　　)。

(A)25MPa　　　　　　　　　(B)30MPa

(C)35MPa　　　　　　　　　(D)40MPa

分析

路基回弹模量的公式为:$E_0 = \dfrac{\pi}{4} \dfrac{pD}{l}(1 - \mu_0^2)$,本题中 $p = 3.5 \text{MPa}, l = 1.805 \text{cm}, D = 0.3 \text{m},$ $\mu_0 = 0.35$,代入公式,可得 $E_0 = 40.07 \text{MPa}$。故本题选 D。

例 19 根据《公路路基设计规范》(JTG D30—2015),公路路基设计时,验算指标应采用路床顶面的(　　)。

(A)压应变　　　　　　　　　(B)回弹模量

(C)压应力　　　　　　　　　(D)回弹变形

分析

根据《公路路基设计规范》(JTG D30—2015)第 3.2.4 条,路基应以路床顶面回弹模量为设计指标,以路床顶面压应变为验算指标。故本题选 A。

自 测 模 拟

(第 1~6 题为单选题,第 7~8 题为多选题,第 9~11 题为案例题)

1. 反映粒径分布曲线上土粒分布形状的级配指标是(　　)。

(A)屈曲系数　　　　　　　　　　(B)不均匀系数

(C)曲率系数　　　　　　　　　　(D)不均衡系数

2. 根据《公路自然区划标准》(JTJ 003—1986),我国二级区划以气候和地形为主导因素,其主要标志是(　　)。

(A)均温曲线　　　　　　　　　　(B)潮湿系数

(C)土质类型　　　　　　　　　　(D)湿度指数

3. 根据《公路路基设计规范》(JTG D30—2015),表征公路路基土的湿度状态采用(　　)。

(A)孔隙率　　　　　　　　　　　(B)含水率

(C)黏稠度　　　　　　　　　　　(D)饱和度

4. 路基平衡湿度由气候因素所控制,则该路基湿度状态可定义为(　　)。

(A)干燥状态　　　　　　　　　　(B)中湿状态

(C)潮湿状态　　　　　　　　　　(D)过湿状态

5. 高液限土是指细粒土的液限(100g 锥试验)大于(　　)。

(A)30%　　　　　　　　　　　　(B)40%

(C)50%　　　　　　　　　　　　(D)60%

6. 路床顶面回弹模量设计值要求路基处于(　　)。

(A)最大密实状态　　　　　　　　(B)平衡湿度状态

(C)理想塑性状态　　　　　　　　(D)干湿循环状态

7. 根据《公路土工试验规程》(JTG 3430—2020),我国公路用土划分依据有(　　)。

(A)土的粒径　　　　　　　　　　(B)土的塑性指标

(C)土的颗粒组成特征　　　　　　(D)土中有机质含量

8. 潮湿类路基平衡湿度判断时,可根据(　　)确定其饱和度。

(A)土组类别　　　　　　　　　　(B)级配指标

(C)湿度指标　　　　　　　　　　(D)地下水位

9. 公路自然区划Ⅱ区某新建二级公路初步设计,K6 + 120 ~ K7 + 520 段路基平均填筑高度 1.80m。通过计算求得路基工作区深度为 1.15m,路基不受洪水影响,地下水位埋深 0.5m,毛细水上升最大高度为 1.0m。根据《公路路基设计规范》(JTG D30—2015)分析确定,该路床所处的湿度状态是(　　)。

(A)干燥状态　　　　　　　　　　(B)中湿状态

(C)潮湿状态　　　　　　　　　　(D)过湿状态

10. 公路自然区划 Ⅱ 区某新建二级公路初步设计,K2 + 320 ~ K3 + 540 段路基平均填筑高度为 5.5m,通过试验路基填料 CBR 值为 32.8%;路基湿度状态受气候因素控制,路基回弹模量湿度调整系数为 0.83,冻融循环条件下路基土模量折减系数为 0.80。该计算路基回弹模量设计值最接近于(　　)。

(A)80MPa　　　　　　　　　　　(B)90MPa

(C)100MPa　　　　　　　　　　　(D)110MPa

11. 公路自然区划 Ⅱ 区某新建二级公路初步设计,K6 + 120 ~ K7 + 520 段路基平均填筑高度为 2.20m。填料采用黏质土,CBR 值为 9.8%,通过计算求得路基工作区深度为 1.56m,毛细润湿面距地表的高度为 1.55m。通过查表得到地下水毛细润湿面上、下部分路基回弹模量湿度调整系数分别为 0.91 和 0.5,冻融循环条件下路基土模量折减系数为 0.95。则路基回弹模量设计值为(　　)。

(A)32.5MPa　　　　　　　　　　(B)48.3MPa

(C)55.6MPa　　　　　　　　　　(D)62.8MPa

参考答案

1. C　　2. B　　3. D　　4. A　　5. C　　6. B　　7. BCD　　8. AD

9. A　　10. C　　11. B

第二节　一般路基设计

依据规范

《公路工程技术标准》(JTG B01—2014)

　　5　路基路面

《公路路基设计规范》(JTG D30—2015)

　　3　一般路基设计

　　6　路基拓宽改建

《公路路基施工技术规范》(JTG/T 3610—2019)

　　4　一般路基

《公路工程抗震规范》(JTG B02—2013)

　　8　路基

《城市道路工程设计规范》(CJJ 37—2012)(2016 年版)
　　12　路基和路面
《城市道路路基设计规范》(CJJ 194—2013)

重点知识

一般路基通常指在良好的地质与水文等条件下,填方高度和挖方深度为 1.5～20m 的路基。特殊路基是指修建在不良地质、特殊地形地质,某些特殊气候因素等不利条件下的道路路基。一般路基可以结合当地的地形、地质情况,直接选用典型断面图和设计规定,不必进行个别论证和验算。对于超过规范规定的高填、深挖路基,以及地质和水文等条件特殊的路基,为确保其具有足够的强度与稳定性,需要进行个别设计和验算。

一、掌握一般路基设计原则及要点

1. 公路路基设计原则及要点

(1)路基设计应根据公路沿线气候、水温、地形地貌、地质、地震、筑路材料等资料,做好沿线地质、路基填料勘察试验工作,查明地层岩土性质、厚度、空间分布特点及其有关物理力学参数。

(2)路基设计宜避免高填深挖。不能避免时,当路基中心填方高度超过 20m 或中心挖方深度超过 30m 时,宜结合路线方案与桥梁、隧道等结构物或分离式路基进行方案比选。

(3)沿河及受水浸淹的路基边缘高程,应高出规定设计洪水频率的计算水位加壅水高度、波浪侵袭高度及 0.5m 的安全高度之和。

(4)路基设计应根据当地自然条件和工程地质条件,选择适当的路基横断面形式和边坡高度。沿河路基不宜侵占河道,应根据冲刷情况,设置必要的防护支挡工程,并妥善处理路基废方,避免河床堵塞、河流改道或冲毁沿线构造物、农田、房屋等。

(5)路基填料应满足路基强度和回弹模量的要求。土石方调配设计应对移挖作填、集中取(弃)土、填料改良处理等方案进行技术经济比较,充分利用挖方材料,节约土地。

(6)路基设计应控制路基工后沉降量。对软弱地基、路基与桥涵结构物连接处、路基填挖交界处、高路堤、陡坡路堤等,应采取综合措施,防止路基不均匀变形。

(7)路基设计应考虑水和冰冻对路基性能的影响,设置完善的防排水系统或防冻害设施,以及必要的路基防护工程。

(8)高速公路和一级公路的高路堤、陡坡路堤和深路堑等均应采用动态设计。动态设计必须以完整的施工设计图为基础,适用于路基施工阶段。

2. 城市道路路基设计原则及要点

(1)路基设计应与城市规划和沿线自然景观相协调,有效利用原有地形,避免高填深挖,防止诱发地质灾害,并应充分评估对沿线重要建筑、市政设施和历史古迹的影响。

(2)路基设计应保证路基足够的强度、整体稳定性、抗变形能力和耐久性。

(3)路基设计前应进行调查和勘察,获取路基设计所需的各项水文、地质、气象资料和岩土物理力学参数。路基土石方的取、弃应结合当地城市规划,兼顾土石方用量、土石质类型、用地情况及运输条件等因素,合理选择取、弃地点。

(4)路基设计应因地制宜,合理利用当地材料、工业废渣与建筑渣土。生活垃圾不得用于路基填筑。

二、掌握路床(路基结构)设计要点

1. 路床(路基结构)与路基工作区

路床是指路面底面以下一定范围内的路基部分,其中 0～30cm 范围为上路床,对于轻、中等及重交通公路,30～80cm 范围为下路床,对于特重、极重交通公路,30～120cm 范围为下路床。路基结构通常指路面结构层以下路基工作区深度范围内的路基部分。路基结构与路床的范围基本一致,均以路基工作区深度为确定依据。

路基工作区是指汽车荷载通过路面传递到路基的应力与路基土自重应力之比大于 0.1 的应力分布深度范围。路面结构和车轮荷载对工作区范围内的路基影响较大,对工作区范围以外的路基影响较小。路基工作区的深度 Z_a 可按下式计算:

$$Z_a = \sqrt[3]{\frac{KnP}{\gamma}} \qquad (2\text{-}2\text{-}1)$$

式中:Z_a——路基工作区的深度(m);

P——一侧轮重荷载(kN);

K——系数,取 $K = 0.5$;

γ——土的重度(kN/m³);

n——系数,$n = 10$。

2. 路床(路基结构)设计要点

路床厚度应根据交通量及其轴载组成确定,对特种轴载的公路,应单独计算路基工作区深度,确定路床厚度。

新建公路和城市道路路床应处于干燥或中湿状态。

当路基湿度状态、路基填料 CBR、路床回弹模量和竖向压应变等不能满足要求时,应根据气候、土质、地下水赋存和料源等条件,经技术经济比选后,对路床采取下列处理措施:

(1)可采用粗粒土或低剂量无机结合料稳定土等进行换填,并合理确定换填深度。

(2)对细粒土可采用砂、砾石、碎石等进行掺和处治,或采用无机结合料进行稳定处治。细粒土处治设计应通过物理力学试验,确定处治材料及其掺量、处治后的路基性能指标等。

(3)水文地质条件不良的土质挖方路基或者潮湿状态填方路基,应采取设置排水垫层、毛细水隔离层、地下排水渗沟等措施。

(4)季节冻土地区各级公路的中湿、潮湿路段,应结合路面结构进行路基结构的防冻验算。必要时,应设置防冻垫层或保温层。

三、掌握路基监测要求

高路堤与陡坡路堤应进行施工监测,监测设计应明确监测路段、监测项目、监测点的数量及位置、监测要求等,监测项目与内容可按表 2-2-1 选定。监测周期应为道路建成营运后不少于一年。

高路堤稳定和沉降监测　　　　　　　　　　　　　　　　表 2-2-1

监测项目	仪具名称	监测目的
地表水平位移量及隆起量	地表水平位移桩(边桩)	用于稳定监控,确保路堤施工安全和稳定
地下土体分层水平位移量	地下水平位移计(测斜管)	用于稳定监控与研究,掌握分层位移量,推定土体剪切破坏位置。必要时采用
路堤顶沉降量	地表型沉降计(沉降板或桩)	用于工后沉降监控,预测工后沉降趋势,确定路面施工时间

高速公路、一级公路、城市快速路深路堑及不良地质、特殊岩土地段挖方边坡应进行施工监测,监测设计应明确监测路段、监测项目、监测点的数量及位置、监测要求等,监测项目和内容可按表 2-2-2、表 2-2-3 选定。监测周期应为道路建成营运后不少于一年。

路堑边坡或滑坡监测　　　　　　　　　　　　　　　　表 2-2-2

监测内容		监测方法	监测目的
地表监测	水平位移监测	全站仪、光电测距仪	监测地表位移、变形发展情况
	垂直变形监测	水准仪	
	裂缝监测	标桩、直尺或裂缝计	监测裂缝发展情况
地下位移监测		测斜仪	探测相对于稳定地层的地下岩体位移,证实和确定正在发生位移的构造特征,确定潜在滑动面深度,判断主滑方向,定量分析评价边(滑)坡的稳定状况,评判边(滑)加固工程效果
地下水位监测		人工测量	监测地下水位变化与降雨关系,评判边坡排水措施的有效性
支挡结构变形、应力		测斜仪、分层沉降仪、压力盒、钢筋应力计	支挡构造物岩土体的变形监测,支挡构造物与岩土体间接触压力监测

应力锚固工程原位监测内容和项目　　　　　　　　　　表 2-2-3

锚杆监测阶段		监测目的	监测项目	监测方法及要求
施工期	预应力锚杆	施工安全、施工质量	预应力	应做项目,包括锚杆张拉力和预应力损失。宜用反拉法,可用预埋仪器法
			锚头位移	应做项目,宜用位移监测常规方法
			岩土体深部位移	应做项目,可用测斜仪法
			锚杆长度	可做项目,宜用无损检测法
			灌浆饱满度	可做项目,宜用无损检测法
运营期	预应力锚杆	工作状况	预应力	应做项目,宜用反拉法,可用预埋仪器法
			锚头位移	宜做项目,宜用位移监测常规方法
			岩土体深部位移	可做项目,可用预埋仪器法

在既有城市道路下进行暗挖施工时,道路顶面位移不应大于道路构筑物的允许沉降,且应保证行车安全。应根据工程地质及水文地质条件、暗挖施工结构及其埋深、道路等级及管线情况以及监测工作的经济性,进行路表变形监测。监测范围应根据道路情况、土层特性和结构埋深等确定,宜为暗挖结构物外沿两侧各 30m 范围内。测点可根据工程性质确定,每个道路监测横断面上的测点不宜少于 7 个。监测频率不宜低于表 2-2-4 的规定。

路基顶面位移监测频率   表 2-2-4

阶　　段	频　　率
掘进面距监测断面小于或等于 20m	(1~2 次)/d
掘进面距监测断面大于 20m,小于或等于 50m	1 次/2d
掘进面距监测断面大于 50m	1 次/7d
根据数据分析确定沉降稳定后 3 个月内	1 次/30d

四、掌握路基填料选用原则

(1)宜选用级配好的砾类土、砂类土等粗粒土作为填料。

(2)含草皮、生活垃圾、树根、腐殖质的土严禁作为填料。

(3)泥炭土、淤泥、冻土、强膨胀土、有机质土及易溶盐超过允许含量的土等,不得直接用于填筑路基,确需使用时,应采取技术措施进行处理,经检验满足要求后方可使用。

(4)粉质土不宜直接用于填筑二级及二级以上公路的路床,不得直接用于填筑冰冻地区的路床及浸水部分的路堤。

(5)液限大于 50%、塑性指数大于 26 的细粒土,不得直接作为路堤填料。

(6)浸水路堤、桥涵台背和挡土墙背宜采用渗水性良好的填料。在渗水材料缺乏的地区,采用细粒土填筑时,可采用无机结合料进行稳定处治。

(7)高速公路、一级公路路床填料宜采用砂砾、碎石等水稳性好的粗粒料,也可采用级配好的碎石土、砾石土等;粗粒料缺乏时,可采用无机结合料改良细粒土。

五、掌握 CBR 和压实度的控制标准及测定方法

1. CBR 的控制标准及测定方法

加州承载比是早年由美国加利福尼亚州(California)提出的一种评定土基及其他路面材料承载力的指标。承载能力以材料抵抗局部荷载压入变形的能力表征,并采用高质量标准碎石为标准,以它们的相对比值表示 CBR 值。

试验时,用一个端部面积为 19.35cm^2 的标准压头,以 0.127cm/min 的速度压入土中。记录每贯入 0.254cm 时的单位压力,直至压入深度达到 1.27cm 时为止,此时的贯入单位压力与达到该贯入深度时的标准压力之比即为土基的 CBR 值,即:

$$CBR = \frac{p}{p_s} \times 100 \tag{2-2-2}$$

式中:p——对应于某一贯入深度的荷载单位压力(kPa);

p_s——相应贯入深度的标准压力(kPa),见表 2-2-5。

标准压力值　　　　　　　　　　表 2-2-5

贯入值（cm）	0.254	0.508	0.762	1.016	1.270
标准压力 p_s（kPa）	7.030	10.550	13.360	16.170	18.230

CBR 试验设备有室内试验与室外试验两种。室内 *CBR* 试验，试件按路基施工时的含水率及压实度要求在试筒内制备，并加载前浸泡在水中饱水 4d。为模拟路面结构对土基的附加应力，在浸水过程中及压入试验时，在试件顶面施加环形砝码，其重量根据预计的路面结构重量确定，但不得小于 45.3N。试件浸水至少淹没顶部 2.54cm。*CBR* 值的野外试验方法基本与室内试验相同，但其压入试验直接在路基顶面进行。

路床填料应均匀，最大粒径应小于 100mm。其最小承载比应符合表 2-2-6 的规定。路堤填料最大粒径应小于 150mm。路堤填料最小承载比应符合表 2-2-7 的规定。

路床填料最小承载比要求　　　　　　　　表 2-2-6

路基部位		路面底面以下深度 （m）	填料最小承载比 *CBR*（%）		
			高速公路、一级公路	二级公路	三级、四级公路
上路床		0～0.3	8	6	5
下路床	轻、中等及重交通	0.3～0.8	5	4	3
	特重、极重交通	0.3～1.2	5	4	—

注：1. 该表 *CBR* 试验条件应符合《公路土工试验规程》（JTG 3430—2020）的规定。
　　2. 年平均降雨量小于 400mm 的地区，路基排水良好的非浸水路基，通过试验论证可采用平衡湿度状态的含水率作为 *CBR* 试验条件，并应结合当地气候条件和汽车荷载等级，确定路基填料 *CBR* 控制标准。

路堤填料最小承载比要求　　　　　　　　表 2-2-7

路基部位		路面底面以下深度 （m）	填料最小承载比 *CBR*（%）		
			高速公路、一级公路	二级公路	三级、四级公路
上路堤	轻、中等及重交通	0.8～1.5	4	3	3
	特重、极重交通	1.2～1.9	4	3	—
下路堤	轻、中等及重交通	1.5 以下	3	2	2
	特重、极重交通	1.9 以下			

注：1. 当路基填料 *CBR* 值达不到表列要求时，可掺石灰或其他稳定材料处理。
　　2. 当三级、四级公路铺筑沥青混凝土和水泥混凝土路面时，应采用二级公路的规定。

2. 压实度的控制标准及测定方法

土基野外施工，受种种条件限制，不能达到室内标准击实试验所得的最大干密度（γ_0），应予适当降低。令工地实测干密度为 γ，它与 γ_0 之比的相对值，称为压实度 K，即压实度是指筑路材料压实后干密度与标准干密度之比，以百分率表示。已知 γ_0，规定压实度为 K，则工地实测干密度值应符合下列要求。

$$\gamma = K \cdot \gamma_0 \tag{2-2-3}$$

（1）公路路基压实度要求

公路等级越高，对路基强度的要求应相应提高；自然条件越差，对路基的强度与稳定性越不利；路基挖填不同，对于路基的强度与稳定性亦有差异。路基压实度应根据公路技术等级、填挖深度、交通荷载等级和填料特点等因素确定,公路路床和路堤应分层铺筑,均匀压实,压实度应符合表 2-2-8 的规定。

路基压实度要求   表 2-2-8

路 基 部 位		路床顶面以下深度(m)	压实度(%)		
			高速公路、一级公路	二级公路	三级、四级公路
上路床		0~0.3	≥96	≥95	≥94
下路床	轻、中及重交通荷载等级	0.3~0.8	≥96	≥95	≥94
	特重、极重交通荷载等级	0.3~1.2	≥96	≥95	—
上路堤	轻、中及重交通荷载等级	0.8~1.5	≥94	≥94	≥93
	特重、极重交通荷载等级	1.2~1.9	≥94	≥94	—
下路堤	轻、中及重交通荷载等级	>1.5	≥93	≥92	≥90
	特重、极重交通荷载等级	>1.9			

注:1. 表列压实度系按《公路土工试验规程》(JTG E40—2007)重型击实试验所得最大干密度求得的压实度。

2. 当三级、四级公路铺筑沥青混凝土和水泥混凝土路面时,其压实度应采用二级公路压实度标准。

3. 路堤采用粉煤灰、工业废渣等特殊填料,或处于特殊干旱或特殊潮湿地区时,在保证路基强度和回弹模量要求的前提下,通过试验论证,压实度标准可降低 1~2 个百分点。

路堤基底应清理和压实,基底强度、稳定性不足时,应进行处理,以保证路基稳定,减少工后沉降。一般地质地段,高速公路、一级公路和二级公路基底的压实度(重型)不应小于 90%;三级、四级公路不应小于 85%。低路堤应对地基表层土进行超挖、分层回填压实,其处理深度不应小于路床深度。

二级及二级以上公路路堤与桥台、横向构造物(涵洞、通道)连接处应设置过渡段。过渡段路基压实度不应小于 96%,并应做好填料、地基处理、台背防排水系统等综合设计。过渡段宜按式(2-2-4)确定。

$$L = (2 \sim 3)H + (3 \sim 5) \tag{2-2-4}$$

式中:L——过渡段长度(m);

H——路基填土高度(m)。

(2)城市道路路基压实度要求

城市道路路基压实度应符合表 2-2-9 的规定。对以下情形,可通过试验路检验或综合论证,在保证路基强度和稳定性要求的前提下,适当降低路基压实度标准。

①特殊干旱或特殊潮湿地区。

②专用非机动车道、人行道。

路基压实度要求   表 2-2-9

项 目 分 类	路床顶面以下深度(m)	压实度(%)			
		快速路	主干路	次干路	支路
填方路基	0~0.8	96	95	94	92
	0.8~1.5	94	93	92	91
	>1.5	93	92	91	90

续上表

项 目 分 类	路床顶面以下深度(m)	压实度(%)			
		快速路	主干路	次干路	支路
零填及挖方路基	0~0.3	96	95	94	92
	0.3~0.8	94	93	—	—

注:表中数值均为重型击实标准。

六、熟悉填石路基的岩石分类、构造与使用条件

填石路堤是指用粒径大于40mm、含量超过70%的石料填筑的路堤。

1.填石料类型

岩石的强度分级和岩性描述主要采用单轴抗压强度试验。单轴抗压强度指岩石试件抵抗单轴压力时保持自身不被破坏的极限应力。试验时采用饱和状态下的岩石立方体(或圆柱体)试件的抗压强度来评定岩石强度(包括碎或卵石的原始岩石强度)。填石路基填石料可根据石料饱和抗压强度按表2-2-10进行分类。

岩 石 分 类 表　　　　　　表2-2-10

岩石类型	单轴饱和抗压强度(MPa)	代表性岩石
硬质岩石	≥60	①花岗岩、闪长岩、玄武岩等岩浆岩类; ②硅质、铁质胶结的砾岩及砂岩、石灰岩、白云岩等沉积岩类;
中硬岩石	30~60	③片麻岩、石英岩、大理岩、板岩、片岩等变质岩类
软质岩石	5~30	①凝灰岩等喷出岩类; ②泥砾岩、泥质砂岩、泥质页岩、泥岩等沉积岩类; ③云母片岩或千枚岩等变质岩类

2.填石路堤构造

(1)填石路堤应做好断面设计、结构设计和排水设计,保证填石路堤有足够的强度和稳定性。

(2)填石路堤可采用与土质路堤相同的断面形式,边坡坡率不宜陡于表2-2-11的规定。边部可采用码砌,码砌厚度宜为1~2m,码砌石块最小尺寸不应小于300mm。边坡较高时,可在边坡中部设置宽度为1~3m的平台。

填石路堤边坡坡率　　　　　　表2-2-11

填石料种类	边坡高度(m)			边坡坡率	
	全部高度	上部高度	下部高度	上部高度	下部高度
硬质岩石	20	8	12	1:1.1	1:1.3
中硬岩石	20	8	12	1:1.3	1:1.5
软质岩石	20	8	12	1:1.5	1:1.75

(3)风化岩石和软质岩石填筑路堤时,路床应采用硬质岩的碎石或其他符合要求的材料填筑,并应采取路堤边部包边封闭或加筋、底部设置排水垫层、顶部设置防渗层等措施,防止填

石路堤产生湿化变形。

（4）路堤填料粒径应不大于 500mm，并宜不超过层厚的 2/3。路床底面以下 400mm 范围内，最大粒径不得大于 150mm，其中粒径小于 5mm 的细料含量不应少于 30%，且铺筑层表面应无明显孔隙、空洞。填石路堤上部采用其他材料填筑时，可视需要设置土工布作为隔离层。

3. 填石路堤使用条件

（1）硬质岩石、中硬岩石可用于路堤和路床填筑；软质岩石可用于路堤填筑，不得用于路床填筑；膨胀岩石、易溶性岩石和盐化岩石不得用于路基填筑。

（2）路基的浸水部分，应采用稳定性好、不易膨胀崩解的石料填筑。

（3）不同强度的石料，应分别采用不同的填筑层厚和压实控制标准。填石路堤的压实质量标准宜用孔隙率作为控制指标。

（4）填石路堤施工前，应通过试验路段，确定填石路堤合适的填筑层厚、压实工艺以及质量控制标准。填石路堤压实质量标准应符合表 2-2-12 的规定。

填石路堤压实质量标准

表 2-2-12

分　区	路床顶面以下深度（m）	硬质石料孔隙率（%）	中硬石料孔隙率（%）	软质石料孔隙率（%）
上路堤	0.80 ~ 1.50	≤23	≤22	≤20
下路堤	>1.50	≤25	≤24	≤22

七、熟悉轻质材料路堤的用途、适用条件及常用轻质材料的要求

1. 轻质材料路堤的用途与适用条件

（1）用途

轻质材料可用作需减少路堤重度或土压力的路堤填料，其应用范围包括软土地基上路堤、桥涵与挡土墙构造物台（墙）背路堤、拓宽路堤、修复沉陷或失稳路堤等，但不宜用于洪水淹没地段。

（2）适用条件

轻质材料路堤结构设计应采取有效的防护措施，轻质材料不得直接裸露。路基横断面可采用设置支挡结构的直立式路堤或包边护坡的斜坡式路堤，轻质材料填筑厚度应根据工后沉降计算确定。轻质材料路堤与一般填土路堤之间应设置过渡段。过渡段应采用台阶式衔接，台阶高度宜为 0.5 ~ 1.0m，坡比宜为 1∶2 ~ 1∶1。软土地区轻质材料路堤设计应进行路堤稳定性与地基沉降计算。轻质材料填筑区位于地下水位以下，或受到洪水淹没时，应按规定进行抗浮稳定性验算。当抗浮稳定系数小于抗浮安全系数时，应采取调整轻质材料填筑区厚度、增加填土荷重或降低地下水位等措施。土工泡沫塑料路堤抗浮安全系数宜为 1.1 ~ 1.5，泡沫轻质土路堤抗浮安全系数宜为 1.05 ~ 1.15，最高地下水位或洪水位达到轻质材料填筑区的概率较低时，取小值。

2. 常用轻质材料的要求

（1）土工泡沫塑料（EPS 块）材料密度不宜小于 $20kg/m^3$，10% 应变的抗压强度不宜小于

110kPa,抗弯强度不宜小于 150kPa,压缩模量不宜小于 3.5MPa,7d 体积吸水率不宜大于 1.5%。桥头搭板下方等特殊部位土工泡沫塑料块体抗压强度不应小于 250kPa。在有防火要求的建筑物附近,应采用阻燃型的土工泡沫塑料块体。

(2)泡沫轻质土的施工最小湿重度不应小于 5.0kN/m³,施工最大湿重度不宜大于 11.0kN/m³,流值宜为 170 ~ 190mm,且无侧限抗压强度应符合表 2-2-13 的规定。因工程需要或环境条件制约,需明确泡沫轻质土的抗冻性指标时,可通过试验确定。

用于路基的泡沫轻质土无侧限抗压强度指标　　　　　　表 2-2-13

路基部位		无侧限抗压强度(MPa)	
		高速公路、一级公路	二级及二级以下公路
路床	轻、中等及重交通	≥0.8	≥0.6
	特重、极重交通	≥1.0	
上路堤、下路堤		≥0.6	≥0.5
地基土置换		>0.4	

注:1. 无侧限抗压强度为龄期 28d,边长 100mm 的立方体抗压强度。
　　2. 特重、极重交通高速公路及一级公路路床部位的泡沫轻质土配合比宜采用掺砂配合比,流值宜为 150 ~ 170mm,且砂与水泥的质量比宜控制在 0.5 ~ 2.0。

(3)用于高速公路、一级公路路堤的粉煤灰烧失量宜小于 20%。烧失量超过标准的粉煤灰应做对比试验,经分析论证后方可采用。

八、熟悉工业废渣路堤的使用条件

(1)工业废渣用于路堤填筑时,必须符合国家现行环境保护的有关规定,严禁采用含有有害物质的工业废渣作为路堤填料。

(2)高炉矿渣、钢渣、煤矸石等可用于路堤填筑的工业废渣,使用时,高炉矿渣、钢渣应分解稳定,粒径符合规定要求,具有足够的强度。浸水膨胀率不应大于 2.0%,压蒸粉化率不应大于 5.0%,钢渣中金属铁含量不应大于 2.0%,游离氧化钙含量应小于 3.0%。应采用堆存一年以上的陈渣。

(3)未经充分氧化与陈化、塑性指数大于 10 的煤矸石不宜直接用于填筑高速公路和一级公路路堤。性能较差的煤矸石应通过改良,并经试验论证后方可采用。煤矸石中主要成分 SiO_2、Al_2O_3 和 FeO_3 的总含量之和不应低于 70%,烧失量不应大于 20%。煤矸石中不宜含有杂质。

(4)工业废渣不应用于浸水路段,以及洪水浸淹部位。

九、熟悉城市道路沟槽路基回填、掘路路基回填、管道检查井和桥梁承台等特殊部位、桥涵台背、地铁等浅埋构筑物的路基填筑与压实要求

1.沟槽路基回填与压实

(1)城市道路管道沟槽回填土的压实度应符合路基压实度的要求。当沟槽回填压实确有困难时,上路床以下的回填土可按相关管道设计或施工规范的规定执行。

(2)沟槽底至管顶以上 0.5m 范围内宜采用渗水性好、容易密实的砂、砾等填料,填料最大

粒径应小于 50mm。

（3）当回填细粒土含水率较高且不具备降低含水率条件、难以达到压实要求时，应采用石灰、水泥、粉煤灰等无机结合料进行处治。

2. 掘路路基回填修复

（1）路基回填修复应遵循整体性原则，在保证交通安全和施工安全的条件下进行，并宜缩短修复周期，减少掘路修复对交通的影响。对于城市爆管、过街掘路，以及特别重要或交通特别繁忙的路段，应实施快速修复。

（2）回填路基的回弹模量应达到与新建道路相同的标准。

（3）路基回填宜选用强度高、级配良好、水稳定性好、便于获取和压实的材料，亦可采用经过处治的钢渣、矿渣等工业废渣。对于应急掘路的快速修复，应采用沉陷量小，易于压实或结硬，或者自密实的材料回填。

（4）回填路基的压实度应符合表 2-2-14 的规定。

（5）路基回填时，应采取设置台阶、铺设加筋材料等措施，保证开挖与非开挖区域路基接触面的良好结合。

回填路基压实度标准 表 2-2-14

路床顶以下深度（cm）			压实度（%）			
			快速路	主干路	次干路	支路
填方	上路床	0~30	95/—	95/98	93/95	90/93
	下路床	30~80	95/98	95/98		
	上路堤	80~150	93/95	93/95	90/93	87/90
	下路堤	>150	90/93	90/93		
零填及挖方		0~30	95/—	95/98	93/95	90/93

注：表中数字，/线左侧为重型击实标准，/线右侧为轻型击实标准。

3. 管道检查井部位的处理

（1）市政公用管线检查井位置宜避开机动车轮迹带。

（2）管道检查井周边回填土的压实度应符合路基压实度的要求。

（3）管道检查井周边路基回填应采用渗水性好、容易密实的砂、砾等填料。

（4）软土地区主干路和次干路的机动车道范围内的管道检查井，宜设置具有卸荷作用的防沉降井盖。

4. 城市高架桥梁承台周边的路基填筑与压实

（1）承台在平面布置时不宜伸入地面道路的机动车道范围。当受条件限制时，承台应深埋，埋深不宜小于 1.5m。

（2）在机动车道范围内的承台基坑回填应采用渗水性好、易密实的填料，并应符合路基压实度要求。

5. 桥涵台背的路基填筑与压实

（1）路堤与桥台、横向构筑物（箱涵、地道）的连接处应设置过渡段，并应依据填料强度、地基处理、台背防排水系统等进行综合设计。过渡段长度宜按 2~3 倍路基填土高度确定,路基压实度不应小于 96% 。

(2)桥涵台背、挡土墙墙背应选用渗水性好、易密实的填料。当采用细粒土填筑时,宜采用石灰、水泥、粉煤灰等无机结合料进行处治。

6. 地铁等浅埋结构物上方路基的回填

(1)地铁等浅埋结构上方的路基设计,应符合结构物的承载力和变形控制要求。

(2)路基附加荷载大于浅埋结构物要求时,应采用轻质材料置换。

(3)地铁浅埋结构上方路基回填部分压实度应符合路基压实度的要求,否则应采取处理措施。

(4)路床顶面以下 60cm 范围内不宜有基坑维护等坚硬的结构物,否则应采取处理措施。

十、熟悉路基拓宽改建的设计原则与要点、既有路基状况调查与评价、既有路基利用与处治以及路基拓宽处理等方面的要求

1. 路基拓宽改建的设计原则与要点

(1)路基拓宽改建设计前,应对既有路基和拓宽场地进行调查、勘探和测试,查明既有路基的填料性质、含水率、密度、压实度、强度以及路基的稳定情况,分析评价新拼接路基或增建路基对既有路基沉降变形和边坡稳定的影响程度。

(2)应根据沿线的地形地貌和地质特点、既有路基现状及拓宽后的交通组成,综合比较确定既有路基的利用与拓宽拼接方案,采取合理的工程措施,保证拓宽改建路基的强度和稳定性。

(3)应合理利用既有路基强度,并根据既有路基的回弹模量、含水率和密实状态,综合确定既有路基的处理措施。

(4)应做好路基路面综合设计。拓宽部分的路基应与既有路基之间保持良好的衔接,并采取必要的工程措施减小新老路基之间的差异沉降,防止产生纵向裂缝。

2. 既有路基状况调查与评价

(1)既有路基调查应采取资料收集、现场调查和勘探试验相结合的方法。路基拓宽改建设计前,应收集既有道路的地基及路基勘察设计、竣工图和养护等方面的资料。

(2)现场调查应综合采用路况调查、无损检测和勘探试验等技术手段,判定既有路基及排水设施、防护与支挡结构的使用性能。

(3)既有路基的分析评价包括以下内容:

①根据调查、测量、试验和水文分析资料,确定既有路基高程能否满足路基设计洪水频率的规定。

②确定既有路基填料能否满足路基土最小 CBR 值、路基压实度的要求。

③确定路基的平衡湿度,分析评价路基相对高度的合理性。

④分析评价路基边坡的稳定状态、各种防护排水设施的有效性及改进措施。

⑤分析评价既有路基病害的类型、分布范围、规模、成因,以及既有路基病害整治工程设施的效果,并提出路基病害整治措施。

3. 既有路基利用与处治

(1)路基改扩建工程,应根据既有路基病害的类型、特征、成因及危害程度,结合当地水文地质、工程地质等条件,选择合理、有效、经济的病害处治方案。

(2)既有路基的利用应与既有路面的利用和加铺设计相结合,应根据路基病害的成因及对拓宽结构的影响程度,采取针对性的处治措施。

(3)当既有路基回弹模量不满足新建路基的要求,但既有路面未出现破损且拓宽后通过加铺设计可满足路面设计要求时,宜充分利用既有路基。

(4)当既有路基回弹模量不满足新建路基的要求,且路面出现严重破损时,可根据含水率、压实度和填料类型的分析评价,分别采取改善排水措施、补充碾压、换填处治等措施。

(5)当条件受限不能翻挖既有路基时,可采取注浆等路基补强措施。

(6)当路基填筑高度受限,干湿状态不能满足要求时,应增设排水垫层或布设地下排水设施等。

4. 路基拓宽处理

(1)拓宽路基的地基处理、路基基底处理、路基填料的最小强度和压实度等应满足改建后相应等级道路的技术要求。

(2)路基填料宜选用与既有路基相同且符合要求的填料,或较既有路基渗水性更强的填料。当采用细粒土填筑时,应进行新老路基之间的排水设计,必要时,可设置横向排水盲沟。

(3)应对既有路基边坡开挖台阶,台阶宽度不宜小于1.0m,当加宽拼接宽度小于0.75m时,可采取超宽填筑或翻挖既有路基等工程措施。

(4)对原有挖方边坡经多年整治病害已经稳定的路段,改建时宜减少拆除工程,不宜触动原边坡。

(5)软土地基上的路基拓宽时,既有路基与拓宽路基拼接时,差异沉降引起的工后路拱坡度增大值不应大于0.5%。

(6)因抬高或降低路基、改移中线而需改动既有支挡结构物的路段,当既有支挡结构物无明显损坏且强度及稳定性满足改建要求时,应全部利用既有支挡结构物;当既有支挡结构物部分损坏或不满足改建要求时,可加固利用、改建或拆除重建。

(7)加固利用的既有路基结构物,新、旧混凝土或砌体应紧密连接,形成整体。

十一、了解路基边坡坡度的确定依据

路基边坡坡度对路基稳定十分重要,确定路基边坡坡率是路基设计的重要任务。公路路基边坡坡率用边坡高度 H 与边坡宽度 b 比值表示,并按 $1:n$(路堑)或 $1:m$(路堤)的形式表示。

路基边坡坡率的大小,取决于边坡的土质、地质构造(路堑)及水文条件等自然因素和边坡高度。在陡坡或填挖较大的路段,边坡坡率不仅影响到土石方工程量和施工的难易,而且是路基整体稳定性的关键。因此,确定边坡坡率对路基的稳定性和工程的经济合理性至关重要。一般路基的边坡坡率可根据多年工程实践经验和设计规范推荐的数值确定。

1. 路堤边坡

路堤边坡形式和坡率应根据填料的物理力学性质、边坡高度和工程地质条件确定。当地质条件良好,边坡高度不大于20m时,其边坡坡率不宜陡于表2-2-15的规定值。对边坡高度大于20m的路堤,边坡形式宜采用阶梯形,边坡坡率应由稳定性分析计算确定,并应进行工点设计。

路堤边坡坡率　　　　　　　　表2-2-15

填料类别	边坡坡率	
	上部高度($H\leqslant8m$)	下部高度($H\leqslant12m$)
细粒土	1:1.5	1:1.75
粗粒土	1:1.5	1:1.75
巨粒土	1:1.3	1:1.5

沿河浸水路堤的边坡坡率,在设计水位以下视填料情况可采用1:2.0~1:1.75,在常水位以下部分可采用1:3.0~1:2.0。

陡坡上的路基填方可采用砌石,砌石顶宽不应小于0.8m,基底面应向内倾斜,砌石高度不宜超过15m。砌石内、外坡率不宜陡于表2-2-16的规定值。

砌石边坡坡率　　　　　　　　表2-2-16

序　　号	砌石高度(m)	内坡坡度	外坡坡度
1	≤5	1:0.3	1:0.5
2	≤10	1:0.5	1:0.67
3	≤15	1:0.6	1:0.75

在地震地区,应参照《公路工程抗震规范》(JTG B02—2013)的有关规定。该规范规定,公路路堤或路堑的高度大于表2-2-17规定时,应采取放缓边坡或加固等措施。

路基高度限值　　　　　　　　表2-2-17

填土类型	设计基本地震动峰值加速度				
	高速公路、一级公路		二级公路	三级、四级公路	
	0.20g(0.30g)	0.40g	0.40g	0.30g	0.40g
岩块和细粒土(粉土和有机质土除外)路基	15	10	15		
粗粒土(细砂、极细砂除外)路基	6	3	6	—	
黏性土路堑	15	15	10	15	20

2. 路堑边坡

影响路堑边坡稳定的因素比较复杂,除了路堑深度和坡体土石的性质之外,地质构造特征、岩石的风化和破碎程度、土层的成因类型、地面水和地下水的影响、坡面的朝向以及当地的气候条件等都会影响路堑边坡的稳定性,在边坡设计时必须综合考虑。

土质路堑边坡形式及坡率应根据工程地质与水文地质条件、边坡高度、排水防护措施、施工方法等,并结合自然稳定边坡、人工边坡的调查及力学分析综合确定。边坡高度不大于20m时,边坡坡率不宜陡于表2-2-18的规定值。

土质路堑边坡坡率 表 2-2-18

土 的 类 别		边 坡 坡 率
黏土、粉质黏土、塑性指数大于 3 的粉土		1：1
中密以上的中砂、粗砂、砾砂		1：1.5
卵石土、碎石土、圆砾土、角砾土	胶结和密实	1：0.75
	中密	1：1

岩质路堑边坡,一般根据地质构造与岩石特性,对照相似工程的成功经验选定边坡坡率。岩石的种类、风化程度及边坡的高度是决定坡率的主要因素。岩质路堑边坡高度不大于 30m 时,无外倾软弱结构面的边坡坡率可参照表 2-2-19~表 2-2-21 选定。对有外倾软弱结构面的岩质边坡、坡顶边缘附近有较大荷载的边坡、边坡高度超过表 2-2-19 范围的边坡等,边坡坡率应通过稳定性分析计算确定。

岩质路堑边坡坡率 表 2-2-19

边坡岩体类型	风 化 程 度	边 坡 坡 率	
		$H < 15m$	$15m \leq H \leq 30m$
Ⅰ 类	未风化、微风化	1：0.1~1：0.3	1：0.1~1：0.3
	弱风化	1：0.1~1：0.3	1：0.3~1：0.5
Ⅱ 类	未风化、微风化	1：0.1~1：0.3	1：0.3~1：0.5
	弱风化	1：0.3~1：0.5	1：0.5~1：0.75
Ⅲ 类	未风化、微风化	1：0.3~1：0.5	—
	弱风化	1：0.5~1：0.75	—
Ⅳ 类	弱风化	1：0.5~1：1	—
	强风化	1：0.75~1：1	—

注:1. 有可靠的资料和经验时,可不受本表限制。
　　2. Ⅳ类强风化包括各类风化程度的极软岩。

岩质边坡的岩体分类 表 2-2-20

边坡岩体类型	判 定 条 件			
	岩体完整程度	结构面结合程度	结构面产状	直立边坡自稳能力
Ⅰ	完整	结构面结合良好或一般	外倾结构面或外倾不同结构面的组合线倾角 >75°或 <35°	30m 高边坡长期稳定,偶有掉块
Ⅱ	完整	结构面结合良好或一般	外倾结构面或外倾不同结构面的组合线倾角为 35°~75°	15m 高的边坡稳定,15~30m 高的边坡欠稳定
	完整	结构面结合差	外倾结构面或外倾不同结构面的组合线倾角 >75°或 <35°	
	较完整	结构面结合良好或一般或差	外倾结构面或外倾不同结构面的组合线倾角 <35°,有内倾结构面	边坡出现局部塌落

边坡岩体类型	判定条件			
	岩体完整程度	结构面结合程度	结构面产状	直立边坡自稳能力
Ⅲ	完整	结构面结合差	外倾结构面或外倾不同结构面的组合线倾角为35°~75°	8m高的边坡稳定,15m高的边坡欠稳定
	较完整	结构面结合良好或一般		
		结构面结合差	外倾结构面或外倾不同结构面的组合线倾角>75°或<35°	
	较完整(碎裂镶嵌)	结构面结合良好或一般	结构面无明显规律	
Ⅳ	较完整	结构面结合差或很差	外倾结构面以层面为主,倾角多为35°~75°	8m高的边坡不稳定
	不完整(散体、碎裂)	碎块间结合很差	—	

注:1.边坡岩体分类中未含由外倾软弱结构面控制的边坡和倾倒崩塌型破坏的边坡。

2.Ⅰ类岩体为软岩、较软岩时,应降为Ⅱ类岩体。

3.当地下水发育时,Ⅱ、Ⅲ类岩体可视具体情况降低一档。

4.强风化岩和极软岩可划为Ⅳ类岩体。

5.表中外倾结构面系指倾向与坡向的夹角小于30°的结构面。

岩体完整程度划分   表2-2-21

岩体完整程度	结构面发育程度	结构类型	完整性系数 K_v
完整	结构面1~2组,以构造节理或层面为主,密闭型	巨块状整体结构	>0.75
较完整	结构面2~3组,以构造节理或层面为主,裂隙多呈密闭型,部分为微张型,少有充填物	块状结构、层状结构、镶嵌碎裂结构	0.35~0.75
不完整	结构面大于3组,在断层附近受构造作用影响较大,裂隙以张开型为主,多有充填物,厚度较大	碎裂状结构、散体结构	<0.35

注:完整性系数 $K_v = \left(\dfrac{v_R}{v_P}\right)^2$, v_R 为弹性纵坡在岩体中的传播速度, v_P 为弹性纵坡在岩块中的传播速度。

由于地表岩层和自然条件以及路基构造要求与形式变化极大,岩石路堑适宜的边坡坡率难以确定,表列数值为一般条件下的经验数值,运用时应结合当地的工程性质和水文条件,参考各地现有自然稳定的山坡和人工成型稳定的山坡,加以对比选用。必要时应进行个别设计和稳定性验算,还必须采取排水和加固等技术措施。

在地震地区的岩质边坡坡率,应参照《公路工程抗震规范》(JTG B02—2013)的规定。规范规定,当岩石路堑边坡高度超过 10m 时,边坡坡率应按表 2-2-22 采用。边坡岩体石质破碎或有危石的岩石路堑,上覆层受震易坍塌时,应采取支挡措施;对于高速公路和一级公路,宜采用明洞或隧道方案通过。

边坡高度超过 10m 的岩石路堑参考边坡坡度 表 2-2-22

岩 石 种 类	设计基本地震动峰值加速度	
	0.20g(0.30g)	0.40g
风化岩石	1:0.6~1:1.5	1:0.75~1:1.5
一般岩石	1:0.1~1:0.5	1:0.2~1:0.6
坚石	1:0.1~直立	1:0.1~直立

3. 填挖结合路基

位于山坡上的路基,通常取路中心的高程接近原地面高程,以减少土石方数量,避免高填深挖和保持土石方数量的横向填挖平衡,从而形成填挖结合路基(半填半挖路基)。若处理得当,填挖结合路基稳定可靠,是比较经济的路基横断面形式。填挖结合路基常见的断面形式如表 2-2-23 所示。

填挖结合路基形式 表 2-2-23

形 式	适 用 条 件
一般填挖路基	填方部分的原地面横坡为 1:5~1:2.5 时
护肩路基	填方部分的局部路段,如遇原地面的短缺口
砌石护坡路基	填方量较大,可就近利用废弃的石方时
砌石护墙路基	
挡土墙路基	为确保路基稳定或压缩用地宽度时
半山桥路基	填方部分悬空,而纵向又有埋深较浅的基岩时

填挖结合路基兼有路堤和路堑两者的特点,因此均应满足前述路堤和路堑的设计要求。

挖方区为土质或软质岩石时,应对挖方区路床范围不符合要求的土质或软质岩石进行超挖换填或改良处治;填方区宜采用渗水性好的材料填筑,必要时,可在填挖交界结合部路床范围铺设土工格栅。当挖方区为硬质岩石时,填方区宜采用填石路堤。

填方区地表横坡陡于 1:1.5 时,应按陡坡路堤进行设计。当路基稳定性不足时,应采取改善基底条件或设置支挡工程等措施。

十二、了解砌石路基、护肩、护脚的构造与使用条件

1. 砌石路基

砌石路基是利用开挖的石料修筑的路基,是比较经济的干砌片石工程,砌体与路基成为整体,砌石路基可用于三、四级公路,砌石应选用当地不易风化的片、块石砌筑,内侧填石,岩石风化严重或软质岩石路段不宜采用砌石路基。

砌石路基设计时应注意:

(1)砌石路基的砌石高度一般为 2~15m,岩石地基上护肩的襟边宽度不宜小于 0.5m,坚

实的粗粒土地基上护肩的襟边宽度不宜小于 1.0m。

（2）砌石顶部 0.5m 高度范围，应采用 M7.5 浆砌片石砌筑。

（3）为增加砌体整体稳定性，当砌体高度超过 8m 时，其底层应采用 M7.5 浆砌片石砌筑，高度为 0.5m；砌体中部每隔 4m 需增设一层 0.5m 厚的 M7.5 浆砌片石水平肋带。

（4）砌石墙背填料应全部采用片碎石填筑，不得填筑细粒土。

（5）受洪水影响的沿河砌石路基，整个砌体应采用 M7.5 浆砌片石砌筑。

2．护肩

坚硬岩石地段较陡山坡上的半填半挖路基，当填方不大，但边坡伸出较远不易修筑时，可修筑护肩。护肩路基的护肩高度不宜超过 2m，顶面宽度不应侵占硬路肩或行车道及路缘带的路面范围。

护肩路基设计时应注意：

（1）护肩墙背填料应全部采用碎石填筑，不得填筑细粒土。

（2）为提高护肩的稳定性，高速公路、一级公路护肩应全部采用 M7.5 浆砌片石砌筑；其他等级公路护肩顶部 0.5m 高度范围内，应全部采用 M7.5 浆砌片石砌筑。

3．护脚

当填方路基受地形地物限制或路基稳定性不足时，可设置护脚或挡土墙。护脚高度不宜超过 5m，受水浸淹的路堤护脚，应予防护或加固。当护脚全部采用 M7.5 浆砌片石砌筑时，需与挡土墙进行经济比较，选用圬工体积较小的方案。

考 点 分 析

本节主要有以下考点：

（1）路床设计 需掌握路床、路堤的概念，路床与路基工作区关系，路床厚度确定依据，路床设计规定和设计指标。

（2）路基监测 需掌握路基监测的项目、监测内容、监测目的、监测周期。

（3）路基填料与压实 较为重要的是路堤填料选择原则，需结合路基土的工程性质加以理解，填料好坏的本质原因是黏聚力和内摩擦角的不同。其次是压实度的含义和规定，公路和城市道路对填料压实的规定和要求及二者的不同点。

（4）填石路堤 主要掌握填石料的分类、填石路堤的构造与使用条件。

（5）轻质材料路堤和工业废渣路堤 需理解轻质材料路堤和工业废渣的用途、适用条件和填料要求。

例 题 解 析

例1 ［2019 年单选题］根据《公路路基设计规范》（JTG D30—2015），高速公路特重、极重交通荷载等级路床设计厚度应采用（　　）。

(A)0.8m (B)1.2m

(C)1.5m (D)1.9m

分析

根据《公路路基设计规范》(JTG D30—2015)第2.1.2条,路床指路面结构层以下0.8m或1.2m范围内的路基部分,分为上路床及下路床两层。上路床厚度为0.3m,下路床厚度在轻、中等及重交通公路为0.5m,特重、极重交通公路为0.9m。故本题选B。

例2 [2019年单选题]工业废渣用作路堤填料时,为保证公路路基稳定性,不得使用( )。

(A)堆存一年以上的钢渣 (B)堆存一年以上的高炉矿渣

(C)堆存不足一年的陈渣 (D)烧失量小于20%煤矸石

分析

根据《公路路基设计规范》(JTG D30—2015)第3.10.2条第1款,高炉矿渣、钢渣应分解稳定,粒径符合规定要求,具有足够的强度。浸水膨胀率不应大于2.0%,压蒸粉化率不应大于5.0%,钢渣中金属铁含量不应大于2.0%,游离氧化钙含量应小于3.0%。应采用堆存一年以上的陈渣。故本题选C。

例3 [2019年单选题]利用公路沿线天然砂石料或开挖路堑的废石方填筑路堤时,不得用于公路路堤填筑的是( )。

(A)硬质岩石 (B)中硬岩石

(C)软质岩石 (D)盐化岩石

分析

根据《公路路基设计规范》(JTG D30—2015)第3.8.1条第1款,硬质岩石、中硬岩石可用作路床、路堤填料;软质岩石可用作路堤填料,不得用于路床填料;膨胀性岩石、易溶性岩石和盐化岩石等不得用于路堤填筑。故本题选D。

例4 [2019年多选题]城市道路土质路基压实度可通过试验路检验或综合论证,在保证路基强度和稳定性要求的前提下,可适当降低路基压实度标准的情况有( )。

(A)采空区 (B)特殊潮湿地区

(C)特殊干旱地区 (D)专用非机动车道、人行道

分析

根据《城市道路工程设计规范》(CJJ 37—2012)(2016年版)第12.2.4条,对以下情形,可通过试验路检验或综合论证,在保证路基强度和稳定性要求的前提下,适当降低路基压实度标准:①特殊干旱或特殊潮湿地区;②专用非机动车道、人行道。故本题选BCD。

例5 [2020年多选题]利用挖方的石料填筑公路路基,在山区公路设计时会经常遇到,下列关于填石路基设计的选项中,合理的方案有( )。

(A)不采取措施直接用软质岩石作路堤填料

（B）可用硬质岩石和中硬岩石作路床、路堤填料

（C）在填石路堤施工质量检测时,可采用孔隙率与压实沉降差联合控制

（D）采用硬质岩石填筑上路堤顶部最后一层时,每层厚度不大于0.40m,最大粒径小于150mm

分析

根据《公路路基设计规范》(JTG D30—2015)第3.8.3条,选项C错误,不同强度的石料,应分别采用不同的填筑层厚和压实控制标准。填石路堤压实质量标准宜用孔隙率作为控制指标。施工压实质量可采用孔隙率与压实沉降差或施工参数联合控制。故本题选ABD。

例6 [2020年多选题]下列关于城市道路路基回填的要求,符合规范规定的有( )。

（A）掘路工程中,回填路基的回填弹性模量应达到与新建道路相同的标准

（B）掘路工程中,路基回填宜选用强度高、级配良好、水稳定性好、便于获取与压实的材料

（C）管道沟槽回填时,沟槽底至管顶以上0.8m范围内,填料最大粒径应小于50mm

（D）管道检查井周边回填土的压实度应符合回填路基压实度要求

分析

根据《城市道路路基设计规范》(CJJ 194—2013)第4.7.2条,选项C错误,沟槽底至管顶以上0.5m范围内宜采用渗水性好、容易密实的砂、砾等填料,填料最大粒径应小于50mm。故本题选ABD。

例7 根据《公路路基设计规范》(JTG D30—2015),陡坡路堤是指( )。

（A）地面斜坡陡于1:1的路堤　　　　（B）边坡坡度陡于1:1的路堤

（C）地面斜坡陡于1:2.5的路堤　　　（D）边坡坡度陡于1:2.5的路堤

分析

根据《公路路基设计规范》(JTG D30—2015)第2.1.8条,陡坡路堤是指地面斜坡陡于1:2.5的路堤。故本题选C。

例8 关于地基表层处理设计,下列选项符合规范要求的是( )。

（A）地面横坡缓于1:2.5时,可直接填筑路堤

（B）地面横坡陡于1:2.5时,原地面应挖台阶

（C）受地下水影响的路堤可采用换填、加筋等方法处理

（D）低路堤应对地基表层土进行超挖、分层回填压实

分析

根据《公路路基设计规范》(JTG D30—2015)第3.3.6条,低路堤应对地基表层土进行超挖、分层回填压实,其处理深度不应小于路床深度。故本题选D。

例9 根据《公路路基设计规范》(JTG D30—2015),高速公路上路床填料最小承载比要求是( )。

(A)5%　　　　　　　　　　(B)6%

(C)7%　　　　　　　　　　(D)8%

分析

根据《公路路基设计规范》(JTG D30—2015)第3.2.2条,高速公路上路床填料最小承载比要求是8%。故本题选D。

例10 表征材料的水稳定性和抵抗局部压入变形能力的指标是(　　)。

(A)回弹模量　　　　　　　(B)CBR

(C)回弹弯沉　　　　　　　(D)压实度

分析

根据《公路路基设计规范》(JTG D30—2015)第3.2.2条,在路面结构分析与设计中,表征路基结构的指标是路基顶面(路床顶面)的回弹模量。CBR是表征材料的水稳定性和抵抗局部压入变形能力的指标。故本题选B。

例11 某高速公路路基项目,对其填料取样进行试验,三个试件的CBR试验结果如表所示。

例11 表

贯入量(0.01mm)		100	150	200	250	300	400	500	600	700
荷载(kPa)	试件1	176	222	248	277	298	352	402	462	499
	试件2	148	217	276	304	351	376	425	441	477
	试件3	168	197	234	266	293	351	397	440	490

表中三次平行试验土的干密度满足规范要求。按照《公路土工试验规程》(JTG 3430—2020),该路基土的CBR值为(　　)。

(A)3.12%　　　　　　　　(B)3.85%

(C)4.03%　　　　　　　　(D)4.27%

分析

根据《公路土工试验规程》(JTG 3430—2020)T 0134—2019承载比(CBR)试验。

$CBR_{2.5} = \dfrac{p}{7000} \times 100\%, CBR_{5.0} = \dfrac{p}{10500} \times 100\%$

第一次:$CBR_{2.5} = 3.96\%, CBR_{5.0} = 3.82\%$

第二次:$CBR_{2.5} = 4.34\%, CBR_{5.0} = 4.05\%$

第三次:$CBR_{2.5} = 3.80\%, CBR_{5.0} = 3.78\%$

三次试验中,$CBR_{5.0}$均不大于$CBR_{2.5}$

平均值$\bar{x} = 4.03\%$,标准差 $s = \sqrt{\dfrac{1}{n-1}\sum\limits_{i=1}^{n}(x_i - \bar{x})^2} = 0.277$

变异系数 $C_v = \dfrac{s}{x} = \dfrac{0.277}{4.03} = 6.88\% < 12\%$

故本题选C。

自　测　模　拟

(第 1~4 题为单选题,第 5~9 题为多选题,第 10~12 题为案例题)

1. 浸水路堤在设计水位以下的边坡率不宜陡于(　　)。
   (A)1：1.25
   (B)1：1.50
   (C)1：1.75
   (D)1：2.00

2. 浸水部分的路堤填筑时不应直接采用(　　)。
   (A)黏质土
   (B)粉质土
   (C)砂类土
   (D)砾类土

3. 一级公路软土地基上路基拼接时,应控制新老路基之间的差异沉降,既有路基与拓宽路基的路拱横坡的工后增大值不应大于(　　)。
   (A)0.30m
   (B)0.5%
   (C)0.50m
   (D)1.0%

4. 二级公路填方路基压实度的要求,下面判断正确的是(　　)。
   (A)上路床≤下路床≤上路堤≤下路堤
   (B)上路堤≤下路堤≤上路床≤下路床
   (C)下路床≤上路床≤下路堤≤上路堤
   (D)下路堤≤上路堤≤下路床≤上路床

5. 路床厚度的确定方法,下列说法正确的有(　　)。
   (A)路床厚度应根据公路等级和交通功能确定
   (B)路床厚度应根据交通量及其轴载组成确定
   (C)对特种轴载的公路,应单独计算路基工作区深度,确定路床厚度
   (D)需将标准状态下回弹模量转换为平衡湿度下的回弹模量再确定路床厚度

6. 路基设计时应采用动态设计的有(　　)。
   (A)某二级公路地面横坡为 1：2.2 的填方路堤
   (B)某一级公路边坡高度为 35m 的岩石路堑
   (C)某一级公路边坡坡度为 1：2.0,填方高度为 18m 的填方路堤
   (D)某高速公路地面横坡为 1：2.2,填方高度为 20m 的填方路堤

7. 关于半填半挖路基设计要求正确的有(　　)。
   (A)挖方区路床范围不符合要求的软质岩石进行超挖换填
   (B)填方区宜采用渗水性好的材料填筑

(C)必要时可在填挖交界结合部路床和路堤范围铺设土工格栅

(D)当挖方区为硬质岩石时,填方区宜采用砌石护墙路堤

8. 关于高路堤与陡坡路堤设计要求的描述,正确的有(   )。

(A)断面形式宜采用台阶式

(B)应进行路基稳定性计算分析

(C)宜预留一年的沉降期,减少工后沉降

(D)监测周期应为公路建成营运后不少于一年

9. 某公路 K3+532~K3+856 段拟采用填石路堤进行施工,设计单位针对填石路堤进行了相应的设计和要求,下述方法不正确的有(   )。

(A)填石路堤的压实质量标准宜用压实度作为控制指标

(B)对填石料进行抗压强度试验,并作为路床和路堤的填料

(C)填石路堤顶部最后一层填石料的铺筑层厚不得大于 0.5m

(D)不同强度的石料,分别采用不同的填筑厚度和压实控制标准

10. 某高速公路桥台台背拟采用透水性与级配良好、能够充分压实的砾石土进行回填,回填高度约 15m,与桥台连接处的路堤过渡段压实度要求不小于 96%。试问按照《公路路基设计规范》(JTG D30—2015)确定该路堤过渡段合理的长度是(   )。

(A)26~40m   (B)33~50m

(C)45~60m   (D)52~70m

11. 某一级公路路基项目,对其填料取样进行试验,其中有个试件的 CBR 试验结果如表所示。

题 11 表

贯入量(0.01mm)	100	150	200	250	300	400	500	600	700
荷载(kPa)	170	212	276	340	382	489	574	637	725

按照《公路土工试验规程》(JTG 3430—2020),该试件贯入量为 2.5mm 和 5mm 时的 CBR 值为(   )。

(A)3.24%;5.47%   (B)4.86%;8.20%

(C)3.24%;8.20%   (D)4.86%;5.47%

12. 南方某一级公路,采用灌砂法检测上路堤的路基压实度,注满试坑用标准砂 5528g。标准砂密度 $1.55g/cm^3$。试坑采取的土试样质量 6956g,含水量 12.6%,通过室内击实试验求得土的最佳含水率为 12.7%,最大干密度为 $1.83g/cm^3$,该测点的压实度数值是(   )。

(A)92.7%   (B)93.7%

(C)94.7%   (D)95.7%

第三节　路基边坡稳定性设计

依据规范

《公路工程技术标准》(JTG B01—2014)

　　5　路基路面

《公路路基设计规范》(JTG D30—2015)

　　3　一般路基设计

《城市道路路基设计规范》(CJJ 194—2013)

　　6　路基防护与支挡

《公路工程抗震规范》(JTG B02—2013)

　　8　路基

重点知识

　　路基边坡的稳定性涉及岩土性质与结构、边坡高度与坡度、工程质量与经济等多种因素。一般情况下,对于边坡不高的路基,如不超过8.0m的土质边坡、不超过12.0m的岩质边坡,可按一般路基设计,采用规定的坡率值,不做稳定性分析计算。对地质与水文条件复杂、高填深挖或有特殊使用要求的路基,应进行边坡稳定性的分析计算,据此选定合理的边坡坡率及相应的工程技术措施。

一、掌握路基稳定性计算工况及使用条件,以及路基稳定安全系数控制标准

　　1.路堤边坡稳定性分析工况

　　路堤稳定性分析时应考虑下列三种工况:

　　(1)正常工况:路基投入运营后经常发生或持续时间长的工况。

　　(2)非正常工况Ⅰ:路基处于暴雨或连续降雨状态下的工况。

　　(3)非正常工况Ⅱ:路基遭遇地震等荷载作用的工况。

　　各等级公路路堤稳定性计算分析得到的稳定系数,不得小于表2-3-1所列稳定安全系数值。对非正常工况Ⅱ,路基稳定性分析方法及稳定性安全系数应符合《公路工程抗震规范》(JTG B02—2013)的规定。当路基稳定系数小于表2-3-1稳定安全系数时,应采取改善基底条件、设置支挡结构物、加筋等加固措施,保证路基稳定。

高路堤与陡坡路堤稳定安全系数 表 2-3-1

分析内容	地基强度指标	分析工况	稳定安全系数	
			二级及二级以上公路	三级、四级公路
路堤的堤身稳定性、路堤和地基的整体稳定性	采用直剪的固结快剪或三轴固结不排水剪指标	正常工况	1.45	1.35
		非正常工况 I	1.35	1.25
	采用快剪指标	正常工况	1.35	1.30
		非正常工况 I	1.25	1.15
路堤沿斜坡地基或软弱层滑动的稳定性	—	正常工况	1.30	1.25
		非正常工况 I	1.20	1.15

注:区域内唯一通道的三级、四级公路重要路段,高路堤与陡坡路堤稳定安全系数可采用二级公路的标准。

地震会导致软弱地基沉陷、液化,会使挡土墙等结构物破坏,还会造成路基边坡失稳。路基边坡遭受地震的程度,除了与地震烈度有关之外,还取决于岩土的稳定状况,其中包括岩土的结构与组成等,同时亦与路基的形式与强度有关,其中包括路基的高度、边坡坡度及土基的压实度等。

《公路工程抗震规范》(JTG B02—2013)规定,应根据工程所在地的地震动峰值加速度进行路基的抗震稳定性验算,需进行验算的情况如表 2-3-2 所示。动峰值加速度取值根据《中国地震动参数区划图》(GB 18306—2015)规定的工程所在区域地震烈度按表 2-3-3 确定。

路基抗震稳定性验算的范围 表 2-3-2

项 目			基本地震动峰值加速度			
			高速公路,一级、二级公路			三级、四级公路
			$0.10g(0.15g)$	$0.20g(0.30g)$	$\geq 0.40g$	$\geq 0.40g$
岩石、非液化土及非软土地基上的路堤	非浸水	用岩块及细粒土(粉性土、有机质土除外)填筑	不验算	$H>20$ 验算	$H>15$ 验算	$H>20$ 验算
		用粗粒土(极细砂、细砂除外)填筑	不验算	$H>12$ 验算	$H>6$ 验算	$H>12$ 验算
	浸水	用渗水性土填筑	不验算	$H_w>3$ 验算	$H_w>2$ 验算	水库地区 $H_w>3$ 验算
	地面横坡度大于 1:3 的路基		不验算	验算	验算	验算
路堑	黏性土、黄土、碎石类土		一般不验算	$H>20$ 验算	$H>15$ 验算	$H>20$ 验算

注:1. H 为路基高度(m)。
 2. H_w 为路基浸水常水位的深度(m)。

地震基本烈度和设计基本地震动峰值加速度对应表 表 2-3-3

地震基本烈度	6	7		8		9
水平向 A_h	$\geq 0.05g$	$0.10g$	$0.15g$	$0.20g$	$0.30g$	$\geq 0.40g$
竖向 A_v	0	0		$0.10g$	$0.17g$	$0.25g$

公路路基可采用静力法进行抗震稳定性验算。验算中考虑地震产生的水平和竖向加速度的影响,路基边坡抗震稳定系数的计算中,将地震力施加在条分后各土条的重心位置,验算时,高速公路和一级、二级公路路基边坡高度大于20m的,路基边坡抗震稳定系数不应小于1.15,路基边坡高度小于或等于20m的,路基边坡抗震稳定系数不应小于1.1;三级、四级公路的路基边坡抗震稳定系数不应小于1.05。

对于高填方路基,尽管按规定的填料和压实度填筑,但由于高度大,加之填料的不均匀性,仍存在一定的工后压缩变形和不均匀变形,因此,应加强高路堤与陡坡路堤的沉降控制。必要时,可采取增强补压、铺设土工合成材料等综合措施,并宜预留一个雨季的沉降期,减少工后沉降。

2. 路堑边坡稳定性分析工况

路堑边坡稳定性分析时应考虑下列三种工况。对季节冻土边坡,尚应考虑冻融的影响。

(1)正常工况:边坡处于天然状态的工况。

(2)非正常工况Ⅰ:边坡处于暴雨或连续降雨状态下的工况。

(3)非正常工况Ⅱ:边坡处于地震等荷载作用状态下的工况。

各等级公路路堑边坡稳定系数不得小于表2-3-4所列稳定安全系数值。对非正常工况Ⅱ,路堑边坡稳定性分析方法及稳定安全系数应符合《公路工程抗震规范》(JTG B02—2013)的规定。

路堑边坡稳定安全系数　　　　表2-3-4

分 析 工 况	路堑边坡稳定安全系数	
	高速公路、一级公路	二级及二级以下公路
正常工况	1.20 ~ 1.30	1.15 ~ 1.25
非正常工况Ⅰ	1.10 ~ 1.20	1.05 ~ 1.15

注:1. 路堑边坡地质条件复杂或破坏后危害严重时,稳定安全系数取大值;地质条件简单或破坏后危害较轻时,稳定安全系数可取小值。

2. 路堑边坡破坏后的影响区域内有重要建筑物(桥梁、隧道、高压输电塔、油气管道等)、村庄和学校时,稳定安全系数取大值。

3. 施工边坡的临界稳定安全系数不应小于1.05。

挖方高边坡坡形与坡率要根据边坡稳定性评价结果确定。挖方高边坡即深路堑,是指土质挖方边坡高度大于20m或岩石挖方边坡高度大于30m的路堑。深路堑边坡宜采用折线式或台阶式边坡。台阶式边坡中部应设置边坡平台,边坡平台的宽度不宜小于2m。坚硬岩石边坡可不设平台,其边坡坡率可调查附近已建工程的人工边坡及自然边坡情况,根据边坡稳定性分析综合确定。路堑边坡稳定系数小于规定的稳定安全系数时,应进行边坡防护与支挡,边坡防护设计应根据边坡地质和环境条件、边坡高度及公路等级,采取工程防护与植物防护的综合措施,稳定性差的边坡应设置综合支挡工程,并采用分层开挖、分层稳定和坡脚预加固技术。

二、掌握边坡稳定性计算所需岩土强度参数及其确定原则

根据土力学原理,路基边坡滑坍是由于边坡土体中的剪应力超过其抗剪强度所产生的剪切破坏。因此,凡是使土体剪应力增加或抗剪强度降低的因素,都可能引起边坡滑坍。这些因

素可归纳为以下几点。

(1)边坡的岩土性质。岩土的抗剪强度首先取决于岩土的性质,岩土性质不同则抗剪强度亦不同。对路堑边坡而言,除与土或岩石的性质有关外,还与岩石的风化破碎程度和形状有关。

(2)水的活动。水是影响边坡稳定性的主要因素,边坡的破坏总是或多或少的与水的活动有关。土体的含水率增加,既降低了土体的抗剪强度,又增加了土内的剪应力。在浸水情况下,还有浮力和动水压力作用,使边坡稳定性处于最不利状态。

(3)边坡的几何形状。边坡的高度、坡度等直接关系到边坡的稳定条件,高大、陡直的边坡,因重心高,稳定条件差,易发生滑坍或其他形式的破坏。

(4)地震及其他振动荷载。行车荷载是边坡稳定性分析的主要作用之一,计算时将行车荷载换算成相当于路基岩土层的厚度,计入滑动体的重力。换算时可按荷载的最不利布置条件,取单位长度路段,如图 2-3-1 所示,计算式如下:

$$h_0 = \frac{NQ}{BL\gamma} \tag{2-3-1}$$

式中:h_0——行车荷载换算高度(m);

  L——前后轮最大轴距,按《公路工程技术标准》(JTG B01—2014)规定对于标准车辆荷载为 12.8m;

  Q——一辆重车的重力(标准车辆荷载为 550kN);

  N——并列车辆数,双车道 $N=2$,单车道 $N=1$;

  γ——路基填料的重度(kN/m^3);

  B——荷载横向分布宽度(m),表示如下:

$$B = Nb + (N-1)m + d$$

其中:b——后轮轮距,取 1.8m;

  m——相邻两辆车后轮的中心间距,取 1.3m;

  d——轮胎着地宽度,取 0.6m。

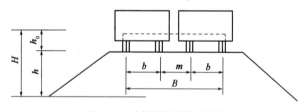

图 2-3-1   计算荷载换算示意图

行车荷载对较高路基边坡的稳定性影响较小,换算高度可以近似分布于路基全宽上,以简化滑动体的重力计算。采用近似方法(如图解或表解等)计算时,也可以不计算行车荷载。

1.路堤边坡稳定性分析参数

路堤稳定性分析涉及地基土、路基填土、控制性层面等强度参数,斜坡地基上路基的稳定性主要受控制性层面土层强度参数的影响。控制性层面土层可能是路堤底部填土、地基覆盖土层或者是潜在的软弱层,也可能是路堤与地基的接触面或者是地基覆盖土层与岩层的接触面。为确定合理的边坡坡度,进行路基稳定性分析时需要试验确定相应参数。《公路路基设计规范》(JTG D30—2015)规定,高路堤与陡坡路堤稳定性分析的强度参数应根据填料来源、场地情况及分析工况的需要,选择有代表性的土样进行室内试验,并结合现场情况确定。试验方法应符合下列要求:

(1)路基填土的强度参数 c、φ 值,可采用直剪快剪或三轴不排水剪试验获得。不同工况下试样制备要求见表2-3-5。当路基填料为粗粒土或填石料时,应采用大型三轴试验仪或大型直剪试验仪进行试验。

(2)地基土参数 c、φ 值,宜采用直剪固结快剪或三轴固结不排水剪试验获得。

(3)分析高路堤沿斜坡地基或软弱层带滑动的稳定性时,应结合场地条件,选择控制性层面的土层试验获得强度参数 c、φ 值。可采用直剪快剪或三轴不固结不排水剪试验。当存在地下水影响时,应采用饱水试件进行试验。

路堤填土强度参数试验试样制备要求 表 2-3-5

分析工况	试样要求	适用范围
正常工况	采用填筑含水率和填筑密度;当难以获得填筑含水率和填筑密度时,或进行初步稳定分析时,密度采用要求达到的密度,含水率采用击实曲线上要求密度对应的较大含水率	用于新建路堤
	取路基原状土	用于已建路堤
非正常工况Ⅰ	同正常工况试样要求,但要预先饱和	用于降雨入渗影响范围内的填土
非正常工况Ⅱ	同正常工况试样要求	—

2. 路堑边坡稳定性分析参数

土体力学参数宜采用原位剪切试验、原状土样室内剪切试验及反算分析等方法综合确定。土质边坡按水土合算原则计算时,地下水位以下的土宜采用三轴试验土的自重固结不排水抗剪强度指标;按水土分算原则计算时,地下水位以下的土宜采用土的有效抗剪强度指标。

岩体和结构面抗剪强度指标宜根据现场原位试验确定。试验应符合《工程岩体试验方法标准》(GB/T 50266—2013)的规定。当无条件进行试验时,可采用《工程岩体分级标准》(GB 50218—2014)、表2-3-6和反分析等方法综合确定。岩体结构面的结合程度可按表2-3-7确定。边坡岩体性能指标标准值可按地区经验确定。重要边坡应通过试验确定。岩体内摩擦角可由岩块内摩擦角标准值按岩体裂隙发育程度与表2-3-8所列的折减系数的乘积确定。

结构面抗剪强度指标标准值 表 2-3-6

结构面类型		结构面结合程度	内摩擦角 φ(°)	黏聚力 c(MPa)
硬性结构面	1	结合好	>35	>0.13
	2	结合一般	35~27	0.13~0.09
	3	结合差	27~18	0.09~0.05
软弱结构面	4	结合很差	18~12	0.05~0.02
	5	结合极差(泥化层)	根据地区经验确定	

注:1. 表中数值已考虑结构面的时间效应。

2. 极软岩、软岩取表中低值。

3. 岩体结构面连通性差时,取表中的高值。

4. 岩体结构面浸水时,取表中的低值。

结构面的结合程度   表 2-3-7

结 合 程 度	结构面特征
结合好	张开度小于1mm,胶结良好,无充填;张开度为 1～3mm,硅质或铁质胶结
结合一般	张开度 1～3mm,钙质胶结;张开度大于 3mm,表面粗糙,钙质胶结
结合差	张开度 1～3mm,表面平直,无胶结;张开度大于 3mm,岩屑充填或岩屑夹泥质充填
结合很差、结合极差（泥化层）	表面平直光滑,无胶结;泥质充填或泥夹岩屑充填,充填物厚度大于起伏差;分布连续的泥化夹层;未胶结的或强风化的小型断层破碎带

边坡岩体内摩擦角折减系数   表 2-3-8

边坡岩体特性	内摩擦角的折减系数	边坡岩体特性	内摩擦角的折减系数
裂隙不发育	0.90～0.95	裂隙发育	0.80～0.85
裂隙较发育	0.85～0.90	碎裂结构	0.75～0.80

三、熟悉简化 Bishop 法与不平衡推力法的适用条件,了解计算方法

边坡稳定性评价应遵循"以定性分析为基础、定量计算为手段"的原则。边坡稳定性计算应根据边坡类型和可能的破坏形式,按下列方法确定:

（1）规模较大的碎裂结构岩质边坡和土质边坡宜采用简化 Bishop 法计算。

（2）对可能产生直线形破坏的边坡宜采用平面滑动面解析法进行计算。

（3）对可能产生折线形破坏的边坡宜采用不平衡推力法计算。

（4）对结构复杂的岩质边坡,可配合采用赤平投影法和实体比例投影法分析及楔形滑动面法进行计算。

（5）当边坡破坏机制复杂时,宜结合数值分析法进行分析。

1. 简化 Bishop 法

毕肖普（Bishop）法是改进的圆弧条分法。毕肖普（Bishop）法适用于一般黏性土组成的路堤堤身稳定性、路堤和地基的整体稳定性或路堑边坡的稳定性验算。毕肖普（Bishop）在圆弧条分法基础上提出了该简化方法。这一方法仍然保留了滑裂面的形状为圆弧形和通过力矩平衡条件求解的特点,但在确定土条底部法向力时,考虑了条间力的作用。其基本假定为:

（1）假定滑动面为圆弧滑动面,将滑动土体分为 n 条竖向土条,并假定每个土条为不变形的刚体。

（2）土条竖直侧向力 $X_i = X_{i+1} = 0$,侧向力与水平向的夹角 $\beta = 0$,即土条两侧作用力均为水平。

（3）忽略成对条间力（X_i 和 E_i）产生的力矩。

采用简化 Bishop 法计算边坡稳定系数时,稳定系数 F_s 按式（2-3-2）计算。计算图示见图 2-3-2。

$$F_s = \frac{\sum \left[c_i b_i + (W_i + Q_i) \tan\varphi_i \right] / m_{\alpha i}}{\sum (W_i + Q_i) \sin\alpha_i} \qquad (2-3-2)$$

式中:F_s——路堤稳定性系数;

　　b_i——第 i 个土条宽度(m);

　　α_i——第 i 个土条底滑面的倾角(°);

c_i、φ_i——第 i 个土条滑弧所在土层的黏聚力和内摩擦角,依滑弧所在位置,取对应土层的黏聚力(kPa)和内摩擦角(°);

　　$m_{\alpha i}$——系数,按式(2-3-3)计算;

　　W_i——第 i 个土条重力(kN);

　　Q_i——第 i 个土条垂直方向的外力(kN)。

$$m_{\alpha i} = \cos\alpha_i + \frac{\sin\alpha_i \tan\varphi_i}{F_s} \tag{2-3-3}$$

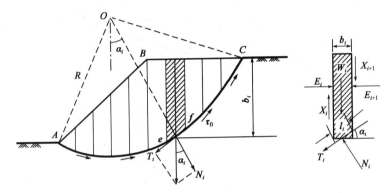

图 2-3-2　简化 Bishop 法计算图示

2. 不平衡推力法

路堤沿斜坡地基或软弱层带滑动的稳定性分析可采用不平衡推力法。不平衡推力法的原理是:当滑动面为多个坡度的折线倾斜面时,可按折线滑动面考虑。将滑动面上土体按折线段划分成若干条块,自上而下分别计算各土体的剩余下滑力(剩余下滑力=下滑力-抗滑力),根据最后一块土体的剩余下滑力的正负值确定整个路堤的整体稳定性。不平衡推力法和传递系数法是一种平面分析方法,其计算过程中有如下基本假定:

(1)危险滑动面的位置、形状已知,是由一组倾角已知的线段构成的一条折线。

(2)沿折线折点将滑动土体划分的各个土条具有竖直边界,编号顺序由高到低。

(3)当前 $i-1$ 个土条的总体抗滑力不足时,第 i 个土条与 $i-1$ 个土条的竖直边界上受到 $i-1$ 土条传来的剩余下滑力 E_{i-1},作用方向与水平夹角为 α_{i-1},倾斜向下,如果前 $i-1$ 个土条的总体抗滑力足够,则 $E_{i-1}=0$。

基于以上假定,对第 i 个土条,沿其底部滑动面(与水平方向夹角为 α_i)建立力的平衡方程。不平衡推力法计算边坡稳定系数时,稳定系数 F_s 按式(2-3-4)、式(2-3-5)计算,计算图示见图 2-3-3。

$$E_i = W_{Qi}\sin\alpha_i - \frac{1}{F_s}(c_i l_i + W_{Qi}\cos\alpha_i \tan\varphi_i) + E_{i-1}\psi_{i-1} \tag{2-3-4}$$

$$\psi_{i-1} = \cos(\alpha_{i-1} - \alpha_i) - \frac{\tan\varphi_i}{F_s}\sin(\alpha_{i-1} - \alpha_i) \tag{2-3-5}$$

式中：W_{Qi}——第 i 个土条的重力与外加竖向荷载之和（kN）；

$\quad\quad \alpha_i$——第 i 个土条底滑面的倾角（°）；

$\quad c_i$、φ_i——第 i 个土条底的黏聚力（kPa）和内摩擦角（°）；

$\quad\quad l_i$——第 i 个土条底滑面的长度（m）；

$\quad \alpha_{i-1}$——第 $i-1$ 个土条底滑面的倾角（°）；

$\quad E_{i-1}$——第 $i-1$ 个土条传递给第 i 个土条的下滑力（kPa）。

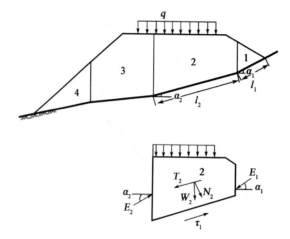

图 2-3-3　不平衡推法计算图示

用式（2-3-4）和式（2-3-5）逐条计算，直至第 n 条的剩余推力为零，由此确定稳定系数 F_s。

3. 直线法

直线法适用于砂土和土质砂（两者合称砂类土），土的抗力以摩擦阻力为主，黏结力甚小，边坡破坏时，滑动破裂面近似平面。

如图 2-3-4 所示，填方边坡土楔体 ABD 沿滑动面 AD 滑动，其稳定系数 F_s 按式（2-3-6）计算。

$$F_s = \frac{R}{T} = \frac{Nf + cL}{T} = \frac{W\cos\omega\tan\varphi + cL}{W\sin\omega} \tag{2-3-6}$$

式中：T——滑动面的切向分力（kN）；

$\quad N$——滑动面的法向分力（kN）；

$\quad f$——滑动面上土体的摩擦系数，$f = \tan\varphi$；

$\quad c$——滑动面上土体的黏结力（kPa）；

$\quad L$——滑动面 AD 的长度（m）；

$\quad W$——滑动体的重力（kN），包括车辆荷载。

$\quad \omega$——滑动面对水平面的倾角（°）；

$\quad \varphi$——填料的内摩擦角（°）。

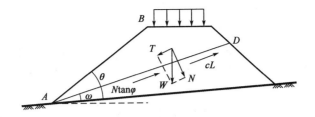

图 2-3-4 直线法计算图示

考 点 分 析

本节主要有以下考点：

（1）岩土体强度参数 需掌握路堤三种土类的强度参数，地基土、路基填土、控制性层面土的强度参数试验方法要求；土质路堑和石质路堑的岩土体强度参数确定方法。

（2）边坡稳定性分析 主要掌握边坡稳定分析方法的适用条件和相关计算。

（3）边坡稳定措施 主要掌握稳定安全系数的规定及增加稳定的措施。

例 题 解 析

例1 ［2019 年单选题］根据《公路路基设计规范》（JTG D30—2015），分析高路堤堤身稳定性、路堤和地基的整体稳定性时，宜采用（   ）。

（A）瑞典法 （B）简化 Bishop 法

（C）不平衡推力法 （D）工程地质比拟法

分析

根据《公路路基设计规范》（JTG D30—2015）第3.6.9条，路堤堤身稳定性、路堤和地基的整体稳定性宜采用简化 Bishop 法。故本题选 B。

例2 ［2019 年单选题］分析已建高速公路高路堤在降雨工况下的稳定性时，路堤填土强度参数试验的试样制备要求采用（   ）。

（A）路基原状土

（B）路基原状土，且预先饱和

（C）填筑含水率和填筑密度

（D）填筑含水率和填筑密度，且预先饱和

分析

根据《公路路基设计规范》（JTG D30—2015）第3.6.8条，正常工况下用于已建路堤的试样要求是取路基原状土；非正常工况 I 同正常工况试样要求，但要预先饱和。故本题选 B。

例3 [2019年单选题]位于基本地震动峰值加速度 $0.20g$ 地区的一级公路,下列选项中,应验算路堑边坡抗震稳定性的是(   )。

(A)黏性土边坡高度大于 10m
(B)土质边坡高度大于 15m
(C)碎石土边坡高度大于 15m
(D)黄土边坡高度大于 30m

分析

根据《公路工程抗震规范》(JTG B02—2013)第8.2.1条,位于基本地震动峰值加速度 $0.20g$ 地区的高速公路、一级公路、二级公路,黏性土、黄土、碎石类土路堑边坡高度大于 20m 时,需验算路堑边坡抗震稳定性。故本题选 D。

例4 [2020年单选题]某山区二级公路高路堤设计时,采用快剪试验的地基强度指标,正常工况下,计算路堤的堤身稳定性时,最小稳定安全系数不得小于(   )。

(A)1.20
(B)1.25
(C)1.35
(D)1.45

分析

根据《公路路基设计规范》(JTG D30—2015)第3.6.11条,二级及二级以上公路高路堤与陡坡路堤采用快剪试验的地基强度指标,正常工况下,路堤的堤身稳定性、路堤和地基整体稳定分析时,最小稳定安全系数不得小于1.35。故本题选 C。

例5 [2019年多选题]公路路堑边坡稳定性计算时,采用简化 Bishop 法的适用对象为(   )。

(A)土质边坡
(B)折线形破坏的边坡
(C)规模较大的破碎结构岩质边坡
(D)结构复杂的岩质边坡

分析

根据《公路路基设计规范》(JTG D30—2015)第3.7.5条,规模较大的碎裂结构岩质边坡和土质边坡宜采用简化 Bishop 法计算。故本题选 AC。

例6 [2019年多选题]增加公路路堤边坡稳定性可采取的有效措施有(   )。

(A)路堤加筋
(B)设置支挡结构物
(C)边坡中部增设平台并放缓边坡坡率
(D)设防落石网

分析

根据《公路路基设计规范》(JTG D30—2015)第3.6.12条,当路基稳定系数小于稳定安全系数时,应采取改善基底条件、设置支挡结构物、加筋等加固措施,保证路基稳定。故本题选 ABC。

例7 [2020年多选题]高速公路高路堤和深路堑设计应进行稳定性计算,下列路基稳定安全系数控制标准合理的有(   )。

(A)在非正常工况 I 下,采用快剪指标,高路堤其稳定安全系数采用1.35
(B)地质条件复杂的深路堑边坡,正常工况下,边坡稳定安全系数采用1.30

（C）在正常工况下,采用直剪的固结快剪指标,高路堤其稳定安全系数采用1.45

（D）路堑边坡破坏后的影响区内有桥梁和高压输电塔,非正常工况Ⅰ下,边坡稳定安全系数采用1.10

分析

根据《公路路基设计规范》（JTG D30—2015）第3.6.11条,选项A错误,在非正常工况Ⅰ下,采用快剪指标,高路堤其稳定安全系数采用1.25。根据第3.7.7条,选项D错误,非正常工况Ⅰ下,路堑边坡破坏后的影响区内有桥梁和高压输电塔,边坡稳定安全系数采用1.20。故本题选BC。

例8 简化Bishop法是改进的圆弧条分法,其边坡稳定性分析的特点是（   ）。

（A）不断减小岩土体的抗剪强度指标

（B）不断增加荷载直至边坡达到破坏

（C）稳定系数定义为抗滑力与滑动力之比

（D）考虑了土条条间力的作用

分析

简化Bishop法是改进的圆弧条分法。由于瑞典条分法略去了条间力的作用,因此严格地说,对每一土条不能满足力的平衡条件,而且土条本身也不满足力矩平衡条件,只满足整个土体的力矩平衡条件。为克服前述圆弧条分法存在的不足,毕肖普考虑了条间力的作用,提出了新的稳定性分析方法。故本题选D。

例9 公路路基设计中,确定岩土体抗剪强度时,取值方法不正确的是（   ）。

（A）路堤填土的c、φ值,可采用直剪快剪或三轴不排水剪切试验获得

（B）地基土参数c、φ值,宜采用直剪慢剪或三轴不排水剪切试验获得

（C）选择控制性层面的土层试验获得强度参数c、φ值,可采用直剪快剪或三轴不固结不排水剪试验

（D）土质边坡按水土合算原则计算时,地下水位以下的土宜采用三轴试验土的自重固结不排水抗剪强度指标

分析

根据《公路路基设计规范》（JTG D30—2015）第3.6.8条,地基土参数c、φ值,宜采用直剪快剪或三轴不排水剪切试验获得。故本题选B。

例10 某一级公路路基高填方采用黏土进行填筑,如下图所示,用简单圆弧条分法做稳定性分析时,圆弧的半径$R=50\text{m}$,第i个土条的宽度为2m,过滑弧的中心点切线和土条顶部与水平线的夹角均为20°。土条的高度为12m。已知黏土的天然重度$\gamma=19.8\text{kN/m}^3$,黏聚力$c=23\text{kPa}$,内摩擦角$\varphi=28°$,试问计算得到该土条的下滑力矩和抗滑力矩为（   ）。

（A）8126kN·m,14321kN·m

（B）9657kN·m,15536kN·m

（C）14321kN·m,8126kN·m

（D）15536kN·m,9657kN·m

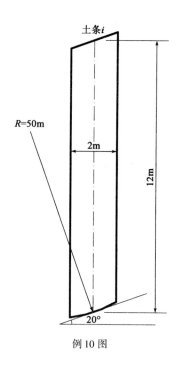

例 10 图

分析

下滑力矩:$M_{Ti} = W_i d_i = (19.8 \times 12 \times 2) \times (50 \times \sin 20°) = 8126.4 \text{kN} \cdot \text{m}$

抗滑力矩:$M_{Ri} = (W_i \cos\theta \tan\varphi + l_i c) R = (475.2 \times \cos 20° \times \tan 28° + 2/\cos 20° \times 23) \times 50 = 14321.0 \text{kN} \cdot \text{m}$

故本题选 A。

例 11 南方地区某二级公路,路基宽度 12.0m,K6 +850 桩号路基填方高度 6.0m,横断面地面线为陡斜坡折线,如下图所示。按折线滑动面进行边坡稳定性分析时,将路基土体分成 3 个条块,条块的折线倾角分别为 $\alpha_1 = 30°$,$\alpha_2 = 0°$,$\alpha_3 = 10°$。滑动面上土的黏聚力、内摩擦角不变,都是 $c = 10 \text{kPa}$,$\varphi = 15°$,土体重度 $\gamma = 18 \text{kN/m}^3$,安全系数 F_s 取 1.25,试用不平衡推力法计算土条②产生的剩余滑动力为(   )。

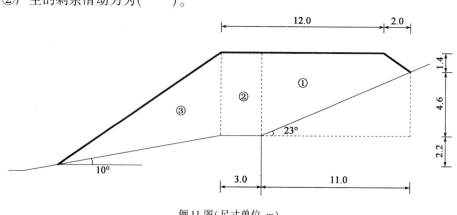

例 11 图(尺寸单位:m)

（A）58.8kN/m　　　　　　　　　　　（B）−58.8kN/m

（C）2.9kN/m　　　　　　　　　　　（D）−2.9kN/m

分析

土条①的重力：$W_{Q1} = \gamma A_1 = 18 \times [(9+11) \times 1.4/2 + 4.6 \times 11/2] = 707.4\text{kN/m}$

土条①的剩余滑动力：

$$E_1 = W_{Q1} \cdot \sin\alpha_1 - \frac{1}{F_s}(c_1 l_1 + W_{Q1} \cdot \cos\alpha_1 \tan\varphi_1)$$

$$= 707.4 \times \sin23° - \frac{1}{1.25}\left(10 \times \sqrt{11^2 + 4.6^2} + 707.4 \times \cos23°\tan15°\right)$$

$$= 41.4\text{kN/m}$$

$$\psi_1 = \cos(\alpha_1 - \alpha_2) - \frac{1}{F_s}\sin(\alpha_1 - \alpha_2)\tan\varphi_2$$

$$= \cos(23° - 0) - \frac{1}{1.25}\sin(23° - 0)\tan15°$$

$$= 0.837$$

土条②的重力：$W_{Q2} = \gamma A_2 = 18 \times 3 \times 6 = 324\text{kN/m}$

土条②的剩余滑动力：

$$E_2 = W_{Q2} \cdot \sin\alpha_2 - \frac{1}{F_s}(c_2 l_2 + W_{Q2} \cdot \cos\alpha_2 \tan\varphi_2) + E_1 \varphi_1$$

$$= 324 \times \sin0 - \frac{1}{1.25}(10 \times 3 + 324 \times \cos0\tan15°) + 41.4 \times 0.837$$

$$= -58.8\text{kN/m}$$

故本题选 B。

例12　有一高填方路基，路基顶宽10m，路基边坡高度15m，边坡坡度1∶1.5，路基横断面图如下图所示。已知路基填料为砂类土，土的黏聚力 $c = 0.98\text{kPa}$，内摩擦角 $\varphi = 35°$，重度 $\gamma = 18.62\text{kN/m}^3$，边坡土楔体 ABC 沿破裂面 AB 滑动。试问按直线法分析该路堤边坡稳定系数 F_s 为（　　）。

（A）1.25m　　　　（B）1.33m　　　　（C）1.46m　　　　（D）1.57m

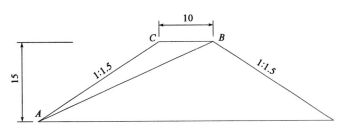

例12图（尺寸单位：m）

分析

破裂面对水平面的倾角：$\tan\omega = 15 \div (10 + 15 \times 1.5) = 0.462$，得到 $\omega = 24.78°$

滑动体的重力：

$$Q = \gamma A = 18.62 \times \left(0.5 \times 10 \times 15 + \frac{2 \times 550}{5.5 \times 13 \times 18.62} \times 10 \right) = 1550.3 \text{kN/m}$$

稳定系数：

$$F_s = \frac{Q\cos\omega\tan\varphi + cL}{Q\sin\omega}$$

$$= \frac{1550.3 \times \cos24.78° \times \tan35° + 0.98 \times \sqrt{15^2 + 32.5^2}}{1550.3 \times \sin24.78°}$$

$$= 1.571$$

故本题选 D。

自 测 模 拟

(第 1~5 题为单选题, 第 6~8 题为多选题, 第 9~11 题为案例题)

1. 根据《公路路基设计规范》(JTG D30—2015), 不适宜分析计算结构复杂的岩质边坡稳定性的是( )。

 (A)赤平投影法   (B)简化 Bishop 法
 (C)楔形滑动面法   (D)实体比例投影法

2. 确定岩体和结构面抗剪强度指标时,试验宜采用( )。

 (A)室内剪切试验   (B)大型离心试验
 (C)现场原位试验   (D)三轴抗剪试验

3. 直接剪切试验的特点是( )。

 (A)剪切面不固定   (B)剪切面上的应力分布简单
 (C)剪切过程中剪切应力无变化   (D)剪切过程中剪切面积有变化

4. 高速公路高路堤正常工况的稳定安全系数不得小于( )。

 (A)1.15   (B)1.25
 (C)1.35   (D)1.45

5. 关于不平衡推力法,下列叙述不正确的是( )。

 (A)安全系数受滑动面倾角的影响不大
 (B)安全系数采用抗剪强度指标折减的定义
 (C)条块间推力平行于上一滑动条块底面
 (D)适用于可能产生折线形破坏的边坡稳定性分析

6. 影响路堤稳定性的主要因素有( )。

（A）路堤高度　　　　　　　　　　（B）路堤宽度

（C）路堤坡度　　　　　　　　　　（D）路堤强度

7. 正常工况下,路堤填土强度参数试验的试样制备需满足(　　　)。

　　（A）新建路堤采用填筑含水率和填筑密度制备

　　（B）已建路堤采用填筑含水率和填筑密度制备

　　（C）新建路堤取路基原状土制备

　　（D）已建路堤取路基原状土制备

8. 分析高路堤沿斜坡地基的稳定性时,控制性层面的土层强度参数值获得可采用(　　　)。

　　（A）直剪慢剪试验　　　　　　　　（B）直剪快剪试验

　　（C）三轴固结不排水剪试验　　　　（D）三轴不固结不排水剪试验

9. 某高填方路基,已知:路基顶宽 10m,路基填土为粉质中液限亚黏土,土的黏聚力 $c = 10kPa$,内摩擦角 $\varphi = 24°$,重度 $\gamma = 17kN/m^3$,车辆荷载为公路—Ⅰ级荷载。边坡稳定性分析计算时,将车辆荷载换算成当量土柱高为(　　　)。

　　（A）0.8m　　　　　　　　　　　（B）0.9m

　　（C）1.0m　　　　　　　　　　　（D）1.1m

10. 某高速公路路堤边坡,如下图所示,坡体为均质黏性土,潜在圆弧形滑动面,滑动面半径 $R = 15.8m$,滑动面长度 $L = 25m$,滑带土的不排水剪强度黏聚力 $c = 10kPa$,内摩擦角 $\varphi \approx 0$,下滑土体重 $W_1 = 1000kN$,抗滑土体重 $W_2 = 110kN$,下滑土体和抗滑土体的重心至圆心垂直距分别为 $d_1 = 3.3m$、$d_2 = 1.2m$。为提高边坡安全,在坡脚设置反压护道,反压护道重 $W_3 = 300kN$,重心至圆心垂直距 $d_3 = 2.4m$。试计算反压后边坡稳定系数 F_s 为(　　　)。

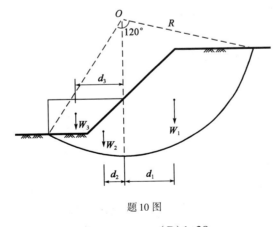

题 10 图

（A）1.34　　　　　　　　　　　（B）1.38

（C）1.42　　　　　　　　　　　（D）1.46

11. 西部地区某公路有一由均质土体组成的路堤边坡,边坡相关参数如下图所示。已知其破裂面为直线型,土体黏聚力 $c = 6\text{kPa}$,内摩擦角 $\varphi = 25°$,滑坡体自重 $W = 1800\text{kN}$。滑动面对水平面的倾角 $\alpha = 22°$,试计算该边坡稳定系数 F_s 为( )。

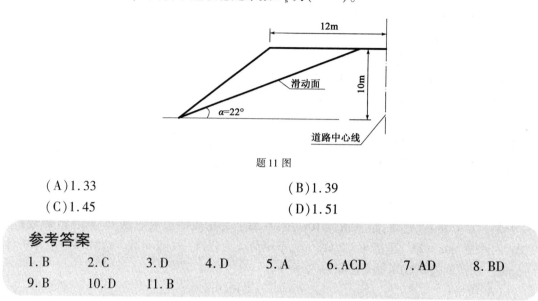

题 11 图

(A)1.33 (B)1.39

(C)1.45 (D)1.51

参考答案

1. B 2. C 3. D 4. D 5. A 6. ACD 7. AD 8. BD
9. B 10. D 11. B

第四节　路基排水设计

依据规范

《公路工程技术标准》(JTG B01—2014)

　5　路基路面

《公路路基设计规范》(JTG D30—2015)

　4　路基排水

《公路排水设计规范》(JTG/T D33—2012)

　1　总则

　3　总体要求

　4　路界地表排水

　6　路界地下排水

　9　水文与水力计算

重 点 知 识

　水是危害公路的主要因素,路基沉陷、冲刷、坍塌、翻浆等病害,都不同程度地与水有关。路基设计时,必须考虑将影响路基稳定性的地面水,排除和拦截于路基用地范围以外,并防止表面水漫流、滞积或下渗。路基排水设计包括路基地面排水设施设计和路基地下排水设施设计两部分。

一、掌握路基排水设计原则、设计内容与要求

（1）路基防排水设计应根据道路沿线气象、水文、地形、地质以及桥涵和隧道设置情况，遵循总体规划、合理布局、防排疏结合、少占农田、保护环境的原则，设置完善、通畅的防排水系统，做好路基防排水与地基处理、路基防护等综合设计，并与路面、桥梁、涵洞、隧道等防排水系统相协调。

（2）路界地表水不宜流入桥面、隧道及其排水系统。

（3）低填、浅挖路基以及排水困难地段，应采取防、排、截相结合的综合措施，及时拦截有可能进入路界的地表水，排除路基内自由水，隔离地下水，保证路基处于干燥或中湿状态。

（4）沿河路基防排水设计应根据河流水文特性、设计洪水位、流量以及河道地形地质条件，合理布设排水设施，做好排水设施出口处理，并与河道导流设施和调治构造物相协调，防止水流冲刷路基边坡及河岸。

（5）各类排水设施的设计应满足使用功能要求，结构安全可靠，便于施工、检查和养护维修。

（6）路基排水设施设计应与农田排灌系统相协调。

（7）施工场地的临时性排水设施布设，宜与永久性排水设施相结合。

二、掌握排水明沟的水力计算方法

排水明沟的设计应使明沟具有合理的断面形状和尺寸，既能满足排泄设计流量的需要，又不致引起冲刷和淤积，所以要求明沟的水力计算包括断面计算和流速检验两方面内容。

1. 明沟的泄水能力计算

明沟的泄水能力 Q_c 可按式（2-4-1）计算。

$$Q_c = vA \tag{2-4-1}$$

式中：v——水流的平均流速（m/s）；

A——过水断面面积（m^2），各种沟过水断面的面积计算可按表 2-4-1 查取。

沟管水力半径和过水断面面积计算公式

表 2-4-1

断面形状	断面图	断面面积 A	水力半径 R
矩形		$A = bh$	$R = \dfrac{bh}{b+2h}$
三角形		$A = 0.5bh$	$R = \dfrac{0.5b}{1+\sqrt{1+m^2}}$

续上表

断面形状	断 面 图	断面面积 A	水力半径 R
三角形		$A = 0.5bh$	$R = \dfrac{0.5b}{\sqrt{1+m_1^2}+\sqrt{1+m_2^2}}$
梯形		$A = 0.5(b_1+b_2)h$	$R = \dfrac{0.5(b_1+b_2)h}{b_2+h(\sqrt{1+m_1^2}+\sqrt{1+m_2^2})}$
圆形	 充满度$a=H/2d$ $\varphi = \arccos(1-2a)$ φ为弧度	$A = d^2\left(\varphi - \dfrac{1}{2}\sin 2\varphi\right)$	$R = \dfrac{d}{2}\left(1 - \dfrac{\sin 2\varphi}{2\varphi}\right)$

2. 明沟的平均流速计算

明沟内的平均流速 v 可按式(2-4-2)计算。

$$v = \frac{1}{n}R^{\frac{2}{3}}I^{\frac{1}{2}} \tag{2-4-2}$$

式中：n——沟壁或管壁的粗糙系数，可按表2-4-2查取；

R——水力半径(m)，各种沟管的水力半径计算式可按表2-4-1查取；

$$R = \frac{A}{\rho} \tag{2-4-3}$$

ρ——过水断面湿周(m)；

I——水力坡度，无旁侧入流的明沟，水力坡度可采用沟的底坡；有旁侧入流的明沟，水力坡度可采用沟段的水面坡降。

沟壁或管壁的粗糙系数 n 表2-4-2

沟或管类别	n	沟或管类别	n
塑料管(聚氯乙烯)	0.010	铸铁管	0.015
石棉水泥管	0.012	波纹管	0.027
水泥混凝土管	0.013	沥青路面(光滑)	0.013
陶土管	0.013	沥青路面(粗糙)	0.016

沟或管类别	n	沟或管类别	n
水泥混凝土路面(镘抹面)	0.014	植草皮明沟(流速0.6m/s)	0.050～0.090
水泥混凝土路面(拉毛)	0.016	植草皮明沟(流速1.8m/s)	0.035～0.050
土质明沟	0.022	浆砌片石明沟	0.025
带杂草土质明沟	0.027	干砌片石明沟	0.032
砂砾质明沟	0.025	水泥混凝土明沟(镘抹面)	0.015
岩石质明沟	0.035	水泥混凝土明沟(预制)	0.012

3. 浅沟泄水能力计算

(1)单一横坡的浅三角形沟的泄水能力 Q_c 可按式(2-4-4)计算。

$$Q_c = 0.377 \frac{1}{i_h n} h^{\frac{8}{3}} I^{\frac{1}{2}} \qquad (2\text{-}4\text{-}4)$$

式中:i_h——沟或过水断面的横向坡度;

h——沟或过水断面的水深(m)。

(2)复合横坡浅三角形沟的泄水能力可按式(2-4-4)计算的泄水能力乘以系数 ξ 求得,ξ 由式(2-4-5)确定。计算图如图2-4-1所示。

$$\xi = \left\{ 1 - (1 - \gamma)\left[(1 + \alpha\beta)^{-1} - (1 + \beta)^{-1} \right] \right\}^{\frac{5}{3}} \qquad (2\text{-}4\text{-}5)$$

式中:α、β、γ——系数,其中 $\alpha = \dfrac{i_2}{i_3}$,$\beta = \dfrac{b_2}{b_3}$,$\gamma = \dfrac{b_1}{b_1 + b_2 + b_3}$。

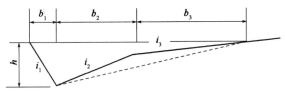

图 2-4-1　双向开口且有变坡浅三角形沟过水断面计算图

(3)其他深宽比小于1:6的浅沟的泄水能力可取式(2-4-1)计算的泄水能力乘以1.2。

4. 明沟最小和最大允许流速

明沟的最小允许流速为0.4m/s。明沟的最大允许流速,可根据沟壁材料和水深修正系数确定。不同沟壁材料在水深为0.4～1.0m时的最大流速可按表2-4-3取用;其他水深的最大允许流速,应乘以表2-4-4中相应的水深修正系数。

明沟的最大允许流速 　　　　　　表2-4-3

明沟类别	亚砂土	亚黏土	干砌片石	浆砌片石	黏土	草皮护面	水泥混凝土
允许最大流速(m/s)	0.8	1.0	2.0	3.0	1.2	1.6	4.0

最大允许流速的水深修正系数 　　　　　　表2-4-4

水深 h(m)	≤0.4	0.4<h≤1.0	1.0<h<2.0	h≥2.0
修正系数	0.85	1.00	1.25	1.40

三、掌握边沟、截水沟、排水沟的设置条件、断面形式及设计要求

1. 边沟

（1）边沟设置条件

挖方、低路堤及路界范围地面低于路界外侧地面的填方路段,应在挖方边坡或填方边坡坡脚外设置边沟汇集和排泄降落在坡面和路面上的表面水。

（2）边沟断面形式

边沟断面形式及尺寸应根据降雨强度、汇水面积、地形地质条件以及对路侧安全与环境景观的影响程度等确定。

边沟的断面形式有三角形、浅碟形、U形、梯形、矩形、带盖板矩形、暗埋式边沟等,如图 2-4-2 所示。条件许可时,宜采用三角形或浅碟形边沟。

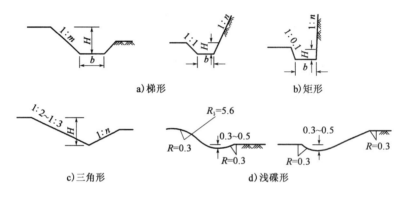

a)梯形 b)矩形

c)三角形 d)浅碟形

图 2-4-2 边沟的横断面形式示意图(尺寸单位:m)

梯形边沟是最常用的一种形式,底宽与深度一般不小于 0.4m,沟壁内侧边坡 1:1～1:1.5,外侧边坡通常与路基挖方边坡一致。矩形边沟用于人工施工的坚硬岩石路堑地段。三角形边沟用于机械化施工的土质边沟,沟壁内侧边坡 1:2～1:3,外侧边坡 1:1～1:2。浅碟形边沟用于沙漠、雪害地区。

（3）边沟设计要求

边沟沟底纵坡宜与路线纵坡一致,并不宜小于 0.3%。困难情况下,可减小至 0.1%。

高速公路、一级公路挖方路段矩形边沟宜增设带泄水孔的钢筋混凝土盖板或增设路侧护栏,钢筋混凝土盖板的强度和厚度应满足承载汽车荷载的要求。

季节冻土地区,浅碟形边沟下的暗埋管(沟)应设置在最大路基冻深线之下,暗埋管(沟)出水口应采取保温防冻措施。

当路线纵坡坡度小于沟底最小不淤积纵坡坡度时,边沟宜采用沟底最小不淤积纵坡坡度,并缩短边沟出水口的间距。

边沟出水口的间距,应结合地形、地质条件以及桥涵和天然沟渠位置,经水力计算确定。梯形、矩形边沟出水口的间距不宜超过 500m,多雨地区不宜超过 300m,三角形和碟形边沟不宜超过 200m。

2. 截水沟

（1）截水沟设置条件

截水沟是多雨地区、山岭和丘陵地区路基排水的重要设施之一，设置在挖方路基边坡坡顶以外或山坡路堤上方的适当位置，用以拦截流向路基的地表水，减轻边沟的水流负担，保护挖方边坡和填方坡脚不受水流冲刷和损害。

（2）截水沟断面形式

截水沟的断面形式及尺寸应结合设置位置、排水量、地形及边坡情况确定。可采用梯形或矩形断面。采用梯形断面时，底宽不小于0.5m，深度通过设计流量确定，同时不小于0.5m，沟壁边坡坡度视土质而定，如图2-4-3所示。当山坡覆盖层较薄而又松散时，截水沟的沟底应设置在基岩或稳定土层上。若山体横坡较陡，截水沟最低一侧边缘的开挖深度不能满足设计要求时，可培筑土埝。土埝顶宽1~2m，背水面坡度为1:1~1:1.5，若土埝基底横坡较陡，可将地表开挖成0.5~1.0m宽的台阶，如图2-4-4所示。在地形陡峭的个别地段，设置一般截水沟将导致开挖破坏范围太大，或地质条件不良时，可用浆砌片石或混凝土预制截水沟，如图2-4-5所示。

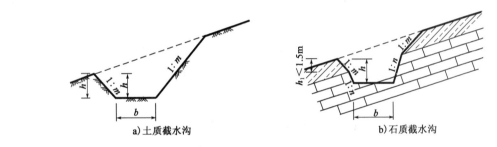

a) 土质截水沟　　　　　　　b) 石质截水沟

图 2-4-3　截水沟的横断面图例

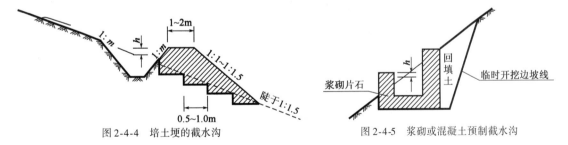

图 2-4-4　培土埝的截水沟　　　　　图 2-4-5　浆砌或混凝土预制截水沟

（3）截水沟设计要求

截水沟应根据地形条件及汇水面积等进行设置。挖方路基的堑顶截水沟应设置在坡口5m以外，并宜结合地形进行布设。填方地段斜坡上方的路堤截水沟距路堤坡脚的距离，应不小于2m。

截水沟的水流应排至路界之外，不宜引入路堑边沟。截水沟应进行防渗加固。

截水沟长度超过500m时，宜在中间适当位置处增设泄水口，通过急流槽分流引排，泄水口间距以200~500m为宜。当截水沟或急流槽对行车产生视觉冲突或影响路域环境景观时，可利用地势或采用灌木遮蔽。

3. 排水沟

（1）排水沟设置条件

将边沟、截水沟、取（弃）土场和路基附近低洼处汇集的水引向路基以外时，应设置排水沟。

（2）排水沟断面形式

排水沟的断面形式应结合地形、地质条件确定，一般采用梯形断面，深度与底宽均不应小于 0.5m。排水沟的沟壁坡率视土质而定，一般土层为 1:1~1:1.5。

（3）排水沟设计要求

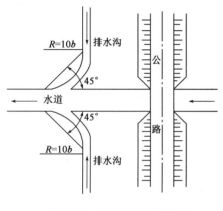

图 2-4-6　排水沟与水道的连接

排水沟的长度不宜大于 500m。排水沟的沟底纵坡不宜小于 0.3%。

陡坡或沟谷地段的排水沟，宜设置跌水等消能结构物，避免其出口下游的桥涵、自然水道或农田受到冲刷。

排水沟与其他排水设施的连接应顺畅。水流排入河道或沟渠时，为防止对原水道产生冲刷或淤积，两者水流流向应成小于 45° 的锐角相交，并设半径为 10 倍排水沟顶宽（b）的圆弧，如图 2-4-6 所示。易受水流冲刷的排水沟应视实际情况采取防护、加固措施。

四、掌握渗沟的类型、构造、适用条件及设计要求

1. 渗沟类型及构造

有地下水出露的挖方路基、斜坡路堤、路基填挖交界结合部以及地下水位埋深小于 0.5m 的低路堤等路段，应设置排水渗沟。

根据材料和结构形式，渗沟可分为填石渗沟、无砂混凝土渗沟、管式渗沟、洞式渗沟、边坡渗沟和支撑渗沟等。

（1）填石渗沟、管式渗沟和洞式渗沟

填石渗沟、管式渗沟和洞式渗沟均由排水层（石缝或管、洞）、反滤层和封闭层所组成，如图 2-4-7 所示。

（2）边坡渗沟、支撑渗沟

边坡渗沟、支撑渗沟基底宜呈阶梯状，基础宜采用浆砌片石。沟内应回填透水性材料，回填料外周应设置反滤层，沟顶部可采用干砌片石铺砌。边坡渗沟下部出水口宜采用干砌片石垛支撑，如图 2-4-8 所示。

（3）无砂混凝土渗沟

无砂混凝土既可作为反滤层，也可作为渗沟，用无砂混凝土作为透水的井壁和沟壁以替代施工较复杂的反滤层和渗水孔设备，并可承受适当的荷载，具有透水性和过滤性好、施工简便、省料等优点。

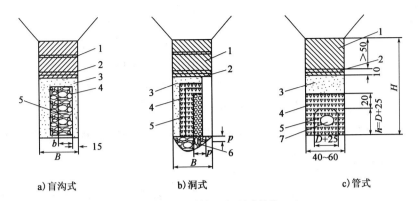

a) 盲沟式　　　　b) 洞式　　　　c) 管式

图 2-4-7　渗沟结构图示(尺寸单位:cm)

1-黏土夯实;2-双层反铺草皮;3-粗砂;4-石屑;5-碎石;6-浆砌片石沟洞;7-预制混凝土管

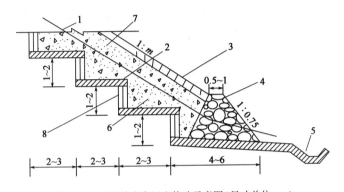

图 2-4-8　边坡渗沟布置和构造示意图(尺寸单位:cm)

1-干湿土层分界线;2-浆砌片石铺砌;3-干砌片石覆盖;4-干砌片石垛;5-边沟;6-沟内回填粗粒料;7-上部回填细粒料;8-反滤织物或反滤层

2. 渗沟适用条件

渗沟各类型的适用条件见表 2-4-5。

各类渗沟适用条件　　　　　　　　　　　　　　表 2-4-5

渗沟类型	适用条件
填石渗沟、无砂混凝土渗沟	可用于地下水流量不大、排水距离较短的地段
管式渗沟	可用于地下水流量较大、地下水位埋藏浅、地下排水距离较长的地段
洞式渗沟	可用于地下水流量大、埋藏深的地段
边坡渗沟、支撑渗沟	用于疏干潮湿的土质路堑边坡坡体和引排边坡上局部出露的上层滞水或泉水

3. 渗沟设计要求

(1)渗沟埋置深度应根据地下水位、需降低的水位高度及含水层介质的渗透系数等确定。截水渗沟的基底埋入隔水层内不宜小于 0.5m。边坡渗沟、支撑渗沟的基底,宜设置在含水层以下较坚实的土层上。

(2)填石式渗沟、无砂混凝土渗沟最小纵坡不宜小于 1.0%,管式及洞式渗沟最小纵坡不宜小于 0.5%。渗沟出水口应高出地表排水沟常水位 0.2m 以上。

（3）边坡渗沟、支撑渗沟应垂直嵌入边坡坡体，根据边坡情况可按条带形、分岔形或拱形布设，间距宜为 6～10m。

（4）渗沟材料应采用洁净的砂砾、粗砂、碎石、片石，其中粒径小于 2.36mm 的细粒料含量不得大于 5%。渗沟沟壁应设置透水土工织物或中粗砂反滤层，渗水管可选用带孔的 HPPE 管、PVC 管、PE 管、软式透水管、无砂混凝土管等。

五、熟悉城市道路管道、偏沟、雨水口和连接管道等排水设施以及绿化带排水的一般规定和设计要求

（1）排水设施的布设应充分利用城市排水系统、天然水系和地形，选择和处理进出口位置，并应使水流顺畅，不宜出现堵塞、淤积、冲刷、溢流、渗漏、冻结等。

（2）排水沟管排放的水流不得直接排入饮用水水源。

（3）当道路雨水以自流的形式排放时，排水管出水口应设护坡等防冲刷措施，并根据需要设置标志。当出水口跌水较大时，应设计消能措施。

（4）地表水的雨水径流量应按设计暴雨强度进行计算。

（5）排水设施的泄水能力应满足地表排水的要求；各种沟管和泄水口的断面形状和尺寸应满足排泄设计流量的要求；沟管内水流的最大和最小流速应在允许流速范围内。

（6）绿化带宜设置横坡，坡率不宜小于 2%。

六、熟悉跌水、急流槽、蒸发池、油水分离池、排水泵站等路基地表排水设施的使用条件

路基地表排水设施设计中，对于降雨的重现期：高速公路、一级公路应采用 15 年，其他等级公路应采用 10 年。各类地表排水设施的断面尺寸应满足设计排水流量的要求，沟顶应高出沟内设计水面 0.2m 以上。

1. 跌水和急流槽

（1）水流通过坡度大于 10%，水头高差大于 1.0m 的陡坡地段或特殊陡坎地段时，宜设置跌水或急流槽。

（2）由于纵坡陡、水流冲刷力强，跌水与急流槽的结构必须稳固，并设置相应的防护与加固设施。

（3）急流槽底纵坡应与地形结合，进水口应予防护加固，出水口应采取消能措施，防止冲刷。

（4）急流槽底应设置防滑平台和凸榫，防止基底滑动。

2. 蒸发池

（1）气候干旱且路域范围排水困难地段，可利用沿线的取土坑或专门设置蒸发池汇集地表水。

（2）为避免影响路基稳定和路侧安全，蒸发池边缘与路基之间的距离应不小于 5m，且应设置隔离网、踏步等安全防护设施。

（3）蒸发池的容量应以一个月内汇入池中的雨水能及时完成渗透与蒸发作为设计依据。

蒸发池的设计水位应低于排水沟沟底高程。

3. 油水分离池

(1)水环境敏感地段路基排水沟出口宜设置油水分离池。

(2)油水分离宜采用沉淀法处理,污水进入前应先通过格栅和沉砂池。

(3)油水分离池的大小应根据所在路段排水沟汇入水量确定,并保证流入分离池的油水能有足够的时间分离或过滤净化。

4. 排水泵站

(1)路基汇水无法自流排出时,可设置排水泵站。排水泵站包括集水池和泵房。

(2)集水池的容积应根据汇水量、水泵能力和水泵工作情况等因素确定。

(3)水泵抽出的水应排至路界之外。

(4)在下挖段的两端,应设置泄水口、排水沟等排水设施,拦截和引排上游方向的地表水。

七、熟悉排水垫层、隔离层、暗沟、暗管、仰斜式排水管、渗井、排水隧洞等地下排水设施的使用条件

地下水影响路基稳定或强度时,应根据地下水类型、含水层埋藏深度、地层的渗透性等条件及对环境的影响,采取拦截、引排、疏干、降低或隔离等措施,地下排水设施应与地表排水设施相协调。地下排水设施确定的原则是:当地下水埋藏浅或无固定含水层时,可采用隔离层、排水垫层、暗沟、渗沟等;当地下水埋藏较深或存在固定含水层时,可采用仰斜式排水孔、渗井、排水隧洞等。

1. 排水垫层和隔离层

(1)当黏质土地段地下水位埋深小于0.5m或粉质土地段地下水位埋深小于1.0m时,细粒土填筑的低路堤底部宜设置排水垫层和隔离层。

(2)排水垫层厚度不应小于0.3m,垫层材料宜选用天然砂砾或中粗砂。采用复合防排水板作为隔离层时,可不设排水垫层。

(3)隔离层可选用土工膜、复合土工膜、复合防排水板等土工合成材料,防渗材料的厚度、材质及类型应根据气候、地质条件确定。

2. 暗沟、暗管

(1)暗沟、暗管是设置在地表以下引导水流的沟道,用于排除路基范围内出露的泉水或集中的地下水流,无渗水和汇水的功能。

(2)暗沟、暗管沟底的纵坡不宜小于1%,出口处应加大纵坡,并应高出地表排水沟常水位0.2m以上,不容许出现倒灌现象。

(3)暗沟宜采用矩形断面,井壁和沟底、沟壁宜采用浆砌片石或水泥混凝土预制块砌筑,沟顶应设置混凝土或石盖板,盖板顶面上的填土厚度不应小于0.5m。

(4)暗沟断面尺寸应根据排水量及地形、地质条件确定。

3. 仰斜式排水孔

(1)仰斜式排水孔是采用小直径的排水管在边坡体内排出深层地下水的一种有效方法,

一般用于排泄坡体内有固定的含水层、坡面上有集中地下水出露的地下水,通常成群布置,疏干坡体地下水的效果较好。

(2)仰斜式排水孔的直径一般为 75~150mm,仰角不宜小于 6°,长度应伸至地下水富集部位或潜在滑动面层。

(3)仰斜式排水孔进水口及渗水管段应包裹透水土工布,防止堵塞渗水孔。

4. 渗井

(1)渗井可用于拦截、引排有固定含水层的深层地下水,以及排除下挖式通道的地表水。

(2)用于拦截和引排地下水的渗井,宜成井群布设,并与排水隧洞等排水设施配合使用。渗井排列方向宜垂直于渗流方向,其深度宜穿过含水层,断面尺寸与间距应通过渗流计算确定。渗井内部宜采用洁净的砂砾、碎石等填充,井壁与填充料之间应设反滤层。

(3)用于排除下挖式通道地表水的渗井,距离路堤坡脚不宜小于 10m,渗井尺寸根据下挖式通道的排水量通过水力计算确定。渗井宜采用钢筋混凝土管或波纹管,上部为集水井,下部为渗透井;渗透井选用洁净的砂砾、片碎石等充填,其中粒径小于 2.36mm 的颗粒含量不大于 5%,井壁四周应设置反滤层。

5. 排水隧洞

(1)排水隧洞适用于截断和引排深层地下水,与渗井或渗管群联合使用,以排除具有多层含水层的复杂地层中的地下水。

(2)排水隧洞埋设深度应根据主要含水层的埋藏深度确定,并应埋入稳定地层内,顶部应在滑动面(带)以下不小于 0.5m。

(3)对滑动面以上的其他含水层,宜采用在渗水隧洞顶上设置渗井或渗管等将水引入洞内。渗水隧洞以下为承压含水层时,宜在洞底部设置渗水孔。

(4)隧洞横断面尺寸应根据地下水涌水量计算确定,横断面净空高度不宜小于 1.8m,净宽不宜小于 1.0m。

(5)隧洞平面轴线宜顺直,洞底纵坡不应小于 0.5%,不同坡段可采用折线坡或设台阶跌水等形式连接。

6. 检查井、疏通井

(1)深而长的暗沟(管)、渗沟及渗水隧洞,在直线段每隔一定距离及平面转弯、纵坡变坡点等处,宜设置检查井、疏通井。

(2)检查井内应设检查梯,井口应设井盖。检查井兼作渗井时,井壁应设置反滤层。

考 点 分 析

本节主要有以下考点:

(1)地面排水设施　需掌握地面排水设施的类型和使用条件,尤其是边沟、截水沟和排水沟。

(2)地下排水设施　需掌握地下排水设施的类型、选择原则、使用条件,尤其是渗沟。

（3）明沟水力计算　主要掌握明沟的泄水能力和平均流速计算。

例 题 解 析

例 1　[2019 年单选题]高速公路、一级公路路基地表排水设施设计降雨的重现期,应采用(　　)。

 (A)5 年   (B)10 年

 (C)15 年   (D)20 年

分析

  根据《公路路基设计规范》(JTG D30—2015)第 4.2.1 条,路基地表排水设施设计降雨的重现期:高速公路、一级公路应采用 15 年,其他等级公路应采用 10 年。各类地表排水设施的断面尺寸应满足设计排水流量的要求,沟顶应高出沟内设计水面 0.2m 以上。故本题选 C。

例 2　[2020 年单选题]北方某高速公路土质挖方路段,下列路基地表排水设计合理的是(　　)。

 (A)截水沟的水流直接引入路堑边沟中

 (B)工程所在地的冻结指数为 1500,边沟、截水沟浆砌片石采用 M7.5 砂浆、MU30 石料砌筑

 (C)地下水较多的路段,为减小地下水对路床的影响,没设渗沟,采用了深 1.5m、宽 0.8m 的浆砌片石矩形盖板沟

 (D)挖方边坡较高、坡顶以外地表汇水面积较大时,在堑顶坡口 5m 以外处设置深 0.4m、底宽 0.4m 的浆砌片石梯形截水沟

分析

  根据《公路路基设计规范》(JTG D30—2015)第 4.2.5 条,截水沟应根据地形条件及汇水面积等进行设置。挖方路基的堑顶截水沟应设置在坡口 5m 以外,并宜结合地形进行布设。填方地段斜坡上方的路堤截水沟距路堤坡脚的距离,应不小于 2m。故本题选 D。

例 3　[2019 年多选题]公路挖方路基路顶上设置截水沟时,应综合考虑的因素有(　　)。

 (A)堑顶的地形条件   (B)堑顶的汇水面积

 (C)挖方路基边坡坡率   (D)边坡高度

分析

  根据《公路路基设计规范》(JTG D30—2015)第 4.2.5 条,截水沟应根据地形条件及汇水面积等进行设置。故本题选 AB。

例 4　水环境敏感地段路基排水沟出口宜设置(　　)。

 (A)雨污分流池   (B)油水分离池

（C）雨水蒸发池 　　　　　　　　　（D）下挖式通道

分析

根据《公路路基设计规范》（JTG D30—2015）第4.2.9条，水环境敏感地段路基排水沟出口宜设置油水分离池。故本题选 B。

例5 当地下水埋藏浅或无固定含水层时，地下排水设施可采用（　　　）。

（A）边沟 　　　　　　　　　（B）跌水
（C）渗井 　　　　　　　　　（D）渗沟

分析

根据《公路路基设计规范》（JTG D30—2015）第4.3.2条，当地下水埋藏浅或无固定含水层时，可采用隔离层、排水垫层、暗沟、渗沟等。故本题选 D。

例6 边沟断面形式及尺寸确定时应根据（　　　）。

（A）降雨强度 　　　　　　　　　（B）汇水面积
（C）边坡坡度 　　　　　　　　　（D）地形地质

分析

根据《公路路基设计规范》（JTG D30—2015）第4.2.4条，边沟断面形式及尺寸应根据降雨强度、汇水面积、地形地质条件以及对路侧安全与环境景观的影响程度等确定。故本题选 ABD。

例7 关于地下排水设施设计的表述，符合规范要求的有（　　　）。

（A）排水隧洞可用于截断和引排浅层地下水
（B）仰斜式排水孔可用于引排边坡内的地下水
（C）渗井可用于拦截、引排有固定含水层的深层地下水
（D）渗水隧洞以下为承压含水层时，宜在洞底设置渗水孔

分析

根据《公路路基设计规范》（JTG D30—2015）第4.2.6条，选项 A 错误，排水隧洞可用于截断和引排深层地下水。故本题选 BCD。

例8 某一级公路 K26+38 ~ K26+420 路段右侧边沟设计为梯形断面，沟底纵坡1.2%，沟壁采用 M7.5 砂浆砌片石加固，粗糙系数为0.025，设计尺寸为0.8m×0.8m，水深0.7m。沟壁内坡坡比为1:0.5，如下图所示。问该边沟的平均流速为（　　　）。

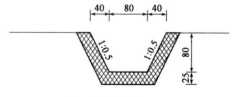

例8图（尺寸单位:cm）

（A）1.67m/s　　　　　　　　　　　（B）2.14m/s

（C）3.34m/s　　　　　　　　　　　（D）4.55m/s

分析

根据《公路排水设计规范》（JTG/T D33—2012）第9.2.3条：

过水断面面积：$A = 0.5(a+b)h = 0.5 \times (1.5+0.8) \times 0.8 = 0.805\text{m}^2$

过水断面湿周：$\rho = b + 2h\sqrt{1+m^2} = 0.8 + 2 \times 0.7 \times \sqrt{1+0.5^2} = 2.365\text{m}$

水力半径：$R = A/\rho = 0.805/2.365 = 0.34\text{m}$

平均流速：

$$v = \frac{1}{n}R^{\frac{2}{3}}I^{\frac{1}{2}} = \frac{1}{0.025} \times 0.34^{\frac{2}{3}} \times 0.012^{\frac{1}{2}} = 2.136\text{m/s}$$

故本题选 B。

自　测　模　拟

（第1~5题为单选题，第6~9题为多选题，第10题为案例题）

1. 截水沟的水流应排至路界之外，不宜引入（　　　）。

（A）河沟　　　　　　　　　　　　（B）小桥

（C）涵洞　　　　　　　　　　　　（D）边沟

2. 关于地下排水设施设计，下列说法正确的是（　　　）。

（A）地下排水设施出水口处水流应处于有压状态

（B）公路毗邻地带的地表土土质疏松，或岩土有天然裂隙，可采用黏土填塞裂隙

（C）可以将地表水排放到地下排水设施内

（D）对非饱和松散岩土可采用渗水试验确定含水层的渗透系数

3. 关于排水设施设计，下列说法正确的是（　　　）。

（A）在盛产石料地区，可采用洞式渗沟在路基范围外拦截地下水

（B）地下排水沟管应尽可能采用较小的纵坡坡度，特别是出水口宜减小纵坡坡度

（C）路基基底局部范围有泉水外涌时，宜设置明渠或渗沟将水引排至路堤坡脚外或路堑边沟内

（D）全井壁和沟壁可采用浆砌片石砌筑，沟顶设置混凝土或石盖板，且盖板顶面上的填土厚度不应小于30cm

4. 各类排水设施的设计应当满足使用功能要求，结构安全可靠，下列关于排水设施的设计正确的是（　　　）。

（A）当坡面有集中地下水时，可设置仰斜式排水孔

（B）填石渗沟、管式渗沟、洞式渗沟最小纵坡度不宜小于0.5%

(C)在水文地质条件复杂易产生冻害地段,渗沟的排水管应设置在路基冻结深度以下不小于0.2m处

(D)对于地下水流量较大、地下水位埋藏浅、地下排水距离较长的地段,可以使用无砂混凝土渗沟

5.公路构造物、下穿道路基沿线设施排水是路基保持长期稳定性的重要组成部分,下列关于公路沿线设施排水构造物的说法正确的是(　　)。

　　(A)泄水口宜设置在桥面行车道边缘处,泄水口最大间距不宜超过15m

　　(B)桥面水排入泄水口后应通过排水管排入地面排水设施或河流中

　　(C)泄水管可采用铸铁管、塑料管或钢管,内径不小于150cm

　　(D)桥(涵)台构造物的泄水孔可采用铸铁管或塑料管,内径宜为5～15cm

6.我国自然地理差异较大,特殊地区路基设计过程中必须充分考虑排水设施的设置,下列关于特殊路基段排水不正确的有(　　)。

　　(A)无排水条件的路段,当地下水位较低时,宜设置反压护道隔水

　　(B)荒漠盐滩、耕地稀少的路段,可设置蒸发池,蒸发池边缘距路基坡脚宜小于10m

　　(C)对渗水的土质滑坡和浅层滑坡,可采用树枝状排水沟

　　(D)中、强盐渍土路段,路基受到地面水或地下水影响时,填方路基可采用沥青或土工膜等材料设置隔断层

7.跌水或急流槽设置适宜的地段有(　　)。

　　(A)水头高差大于1.0m的地段　　　　　　(B)水头高差大于2.0m的地段

　　(C)水流坡度大于5%的地段　　　　　　　(D)水流坡度大于10%的地段

8.当路基边坡高度不大、汇水面积较小时,边沟形式宜优先采用(　　)。

　　(A)三角形　　　　　　(B)梯形　　　　　　(C)浅碟形　　　　　　(D)U形

9.关于路基排水设计的表述,下列说法正确的有(　　)。

　　(A)应遵循总体规划、合理布局、防排疏结合、少占农田、保护环境的原则

　　(B)路界地表水排除困难时可流入桥面、隧道及其他排水系统

　　(C)应保证路基处于干燥或中湿状态

　　(D)应与农田排灌系统相协调

10.某山区高速公路K20+560～K20+820路段左侧边沟采用矩形边沟,沟底纵坡0.8%,断面尺寸为0.8m×0.8m,即沟宽和沟深皆为0.8m,水深0.7m。边沟内水流的平均流速为2.5m/s。问该边沟的泄水能力最接近(　　)。

　　(A)1.2m³/s　　　　　　　　　　　　　(B)1.4m³/s

　　(C)1.6m³/s　　　　　　　　　　　　　(D)1.8m³/s

第五节　路基防护、加固与支挡结构设计

依据规范

《公路工程技术标准》(JTG B01—2014)

　　5　路基路面

《公路工程抗震规范》(JTG B02—2013)

　　7　挡土墙

《公路路基设计规范》(JTG D30—2015)

　　5　路基防护与支挡

《城市道路路基设计规范》(CJJ 194—2013)

　　6　路基防护与支挡

重 点 知 识

　　一般把防止冲刷和风化,主要起隔离作用的工程措施称为防护工程;把防止路基或山体因重力作用而坍滑,主要起支承作用的工程措施称为加固支挡工程。路基防护主要有边坡坡面防护和冲刷防护等。坡面防护,主要是保护路基边坡表面免受雨水冲刷,减缓温差及湿度变化的影响,防止和延缓软弱岩土表面的风化、碎裂、剥蚀演变进程,从而保护路基边坡的整体稳定性,并在一定程度上兼顾路基美化和协调自然环境;冲刷防护主要是对沿河滨海路堤、河滩路堤及水泽区路堤,亦包括桥头引道,以及路基边坡堤岸等的防护。为保证边坡稳定与安全,需对边坡采取支挡、加固与防护措施,即形成支挡结构,支挡结构包括挡土墙、抗滑桩、预应力锚索等支撑和锚固结构。

一、掌握路基防护与支挡结构的设计原则、设计内容与要求

　　(1)应根据当地气候、水文、地形、地质条件及筑路材料分布情况,采取工程防护和植物防护相结合的综合措施,防治路基病害,保证路基稳定,并与周围环境景观相协调。

　　(2)路基坡面防护工程应设置在稳定的边坡上。当土质和气候条件适宜时,宜采用植物防护;当植物防护的坡面有可能产生冲刷时,应设置浆砌片石或水泥混凝土骨架;对完整性较好且稳定的弱、微、未风化硬质岩石边坡,可不做防护。当路基稳定性不足时,应设置必要的支挡加固工程。

　　(3)支挡结构设计时,应对拟加固的边坡和地基进行工程地质勘察,查明其工程地质、水

255

文地质条件及其潜在腐蚀性,不良地质和特殊岩土的分布情况,以及支挡结构地基的承载力和锚固条件,合理确定岩土体的物理力学参数。

(4)路基支挡结构设计应满足各种设计荷载组合下支挡结构的稳定性、坚固性和耐久性要求;结构类型选择及设置位置应满足安全可靠、经济合理、便于施工养护的要求;结构材料应符合耐久、耐腐蚀的要求。

(5)防护支挡结构应与桥台、隧道洞门、既有支挡结构物协调配合,衔接平顺。

(6)地下水较丰富的路段,应做好路基边坡防护与地下排水措施的综合设计。多雨地区砂质土和细粒土路堤,应采取坡面防护与坡面截排水的综合措施。

(7)防护支挡结构所用材料的强度应符合相关规定。

(8)路基施工过程中应采取边坡临时防护措施,边坡临时防护工程宜与永久防护工程相结合。

二、掌握路基坡面防护和冲刷防护的主要工程类型与适用条件

1. 防护工程的类型及适用条件

坡面防护工程应在稳定的边坡上设置,防护类型的选择应根据气候条件、岩土性质、边坡高度、边坡坡率、水文地质条件、环境保护、水土保持要求等因素,按表 2-5-1 经技术经济比较后选择适宜的防护措施。

坡面防护工程类型及适用条件 表 2-5-1

防护类型	亚 类	适 用 条 件
植物防护	植草或喷播植草	可用于坡率不陡于 1:1 的土质边坡防护。当边坡较高时,植草可与土工网、土工网垫结合防护
	铺草皮	可用于坡率不陡于 1:1 的土质边坡或全风化、强风化的岩石边坡防护
	种植灌木	可用于坡率不陡于 1:0.75 的土质、软质岩石和全风化岩石边坡防护
	喷混植生	可用于坡率不陡于 1:0.75 的砂性土、碎石土、粗粒土、巨粒土及风化岩石边坡防护,边坡高度不宜大于 10m
骨架植物防护	—	可用于坡率不陡于 1:0.75 的土质和全风化、强风化的岩石边坡防护
工程防护	喷护	可用于坡率不陡于 1:0.5 的易风化但未遭强风化的岩石边坡防护,高速公路、一级公路和环境景观要求高的公路不宜采用
	挂网喷护	可用于坡率不陡于 1:0.5 的易风化、破碎的岩石边坡防护,高速公路、一级公路和环境景观要求高的公路不宜采用
	干砌片石护坡	可用于坡率不陡于 1:1.25 的土质边坡或岩石边坡防护
	浆砌片石护坡	可用于坡率不陡于 1:1 的易风化的岩石和土质边坡防护
	护面墙	可用于坡率不陡于 1:0.5 的土质和易风化剥落的岩石边坡防护

1)植物防护

植物防护宜采用草灌乔结合,应选用当地优势群落。植草的最小土层厚度不应小于0.15m,灌木最小土层厚度不应小于0.30m。喷混植生的厚度不宜小于0.10m,种植土、草纤维、缓释营养肥料、黏合剂、保水剂等混合材料配合比应通过试验确定。

2）骨架植物防护

骨架植物防护时，可采用拱形、人字形或方格形浆砌片石或水泥混凝土骨架，也可采用多边形水泥混凝土空心块，骨架内植草或喷播植草。多雨地区的骨架宜增设拦水带和排水槽。风化破碎的岩石挖方边坡，可在骨架中增设锚杆。

3）工程防护

（1）喷护和挂网喷护

喷护材料可采用砂浆或水泥混凝土，喷浆防护厚度不宜小于50mm，喷射混凝土防护厚度不宜小于80mm。锚杆挂网喷浆或喷射混凝土的喷护厚度不应小于0.10m，且不应大于0.25m，钢筋保护层厚度不应小于20mm。喷护坡面应设置泄水孔和伸缩缝，应结合碎落台和边坡平台种植攀缘植物。

（2）砌石护坡

干砌片石护坡厚度不宜小于0.25m，浆砌片石护坡厚度不宜小于0.25m，并应设置伸缩缝和泄水孔。铺砌层下应设置砂砾或碎石垫层，厚度不宜小于0.10m。

（3）护面墙

护面墙除自重外，不承受其他荷载，亦不承受墙背土压力。护面墙高度一般不超过10m，并应设置伸缩缝和泄水孔；若超过10m，可以分级砌筑，每一级高度为6~10m，中间设平台，墙背可设耳墙，纵向每10m设置一条伸缩缝，墙身应预留泄水孔，基础要求稳固，顶部应封闭。护面墙基础应设置在稳定的地基上，冰冻地区应埋置在路基冻结深度以下不小于0.25m。护面墙前趾应低于边沟铺砌的底面。

2. 冲刷防护工程的类型及适用条件

冲刷防护一般分为直接防护和间接防护两种。直接防护是为了防止水流直接危害路基和河岸，防护的重点是边坡和坡脚，是对河岸或路基予以直接防护加固，以抵抗水流的冲刷和淘蚀。间接防护则是通过导流等措施，改变水流方向，消除和减缓水流对路基或河岸的直接破坏，同时促使河岸附近水流减速和泥沙淤积起安全保护作用。沿河路基受水流冲刷时，应根据河流特性、水流性质、河道地貌、地质等因素，结合路基位置，按表2-5-2经技术经济比较后，选用适宜的防护工程类型或采取导流或改移河道等措施。

冲刷防护工程类型及使用条件　　　　　　　　　　表2-5-2

防 护 类 型	使 用 条 件
植物防护	可用于允许流速为1.2~1.8m/s、水流方向与公路路线近似平行、不受洪水主流冲刷的季节性水流冲刷地段防护。经常浸水或长期浸水的路堤边坡，不宜采用
砌石或混凝土护坡	可用于允许流速为2~8m/s的路堤边坡防护
土工织物软体沉排、土工模袋	可用于允许流速为2~3m/s的沿河路基冲刷防护
石笼防护	可用于允许流速为4~5m/s的沿河路堤坡脚或河岸防护
浸水挡墙	可用于允许流速为5~8m/s的峡谷急流和水流冲刷严重的河段
护坦防护	可用于沿河路基挡土墙或护坡的局部冲刷深度过大、深基础施工不便的路段
抛石防护	可用于经常浸水且水深较大的路基边坡或坡脚以及挡土墙、护坡的基础防护

续上表

防护类型		使用条件
排桩防护		可用于局部冲刷深度过大的河湾或宽浅性河流的防护
导流	丁坝	可用于宽浅性河流,保护河岸或路基不受水流直接冲蚀而产生破坏
	顺坝	可用于河床断面较窄、基础地质条件较差的河岸或沿河路基防护,以调整水流曲度和改善流态

三、掌握挡土墙的类型及适用条件

挡土墙设计应根据路基横断面、地形、地质条件和地基承载能力,合理确定挡土墙位置、起讫点、长度和高度,并按表2-5-3进行技术经济比较后,选择适宜的挡土墙类型。

挡土墙类型及适用条件 表2-5-3

挡土墙类型	适用条件
重力式挡土墙	适用于一般地区、浸水地段和高烈度区的路堤和路堑等支挡工程。墙高不宜超过12m,干砌挡土墙的高度不宜超过6m
半重力式挡土墙	适用于不宜采用重力式挡土墙的地下水位较高或较软弱的地基上。墙高不宜超过8m
石笼式挡土墙	可用于地下水较多的土质、风化破碎岩石地段
悬臂式挡土墙	宜在石料缺乏、地基承载力较低的填方路段采用。墙高不宜超过5m
扶壁式挡土墙	宜在石料缺乏、地基承载力较低的填方路段采用。墙高不宜超过15m
锚杆挡土墙	宜用于墙高较大的岩质路堑地段。可用作抗滑桩挡土墙。可采用肋柱式或板壁式单级或多级墙。每级墙高不宜大于8m,多级墙的上、下级墙体之间应设置宽度不小于2m的平台
锚定板挡土墙	宜使用在缺少石料地区的路肩墙或路堤式挡土墙,但不应建于滑坡、坍塌、软土及膨胀土地区。可采用肋柱式或板壁式,墙高不宜超过10m。肋柱式锚定板挡土墙可采用单级或双级墙,每级墙高不宜大于6m,上、下级墙体之间应设置宽度不小于2m的平台。上、下两级墙的肋柱宜交错布置
加筋土挡土墙	可分为面板加筋土挡土墙和无面板土工格栅加筋土挡土墙。有面板加筋土挡土墙可用于一般地区的路肩式挡土墙、路堤式挡土墙,无面板土工格栅加筋土挡土墙可用于一般地区的路堤式挡土墙,但均不应修建在滑坡、水流冲刷、崩塌等不良地质地段;高速公路、一级公路墙高不宜大于12m,二级及二级以下公路不宜大于20m;当采用多级墙时,每级墙高不宜大于10m,上、下级墙体之间应设置宽度不小于2m的平台
柱板式挡土墙	可用于表土及强风化层较薄的均质岩石地基,挡土墙高度可较大,也可用于地震区的路堑或路堤支挡或滑坡等特殊地段的治理

四、熟悉重力式挡土墙和悬臂式挡土墙的构造要求

1. 重力式挡土墙构造要求

挡土墙是指承受土体侧压力的墙式构造物。作为最主要的路基支挡结构的挡土墙,一般由墙身、基础、排水设施和伸缩缝等构成。

（1）墙身

挡土墙靠近回填土的一面称为墙背,暴露在外侧的一面称为墙面或墙胸,墙的顶面称为墙顶,墙的底面称为墙底。挡土墙的底部,称为基础或基脚,根据需要可与墙身分开建造,也可整体建造成为墙身的一部分。基底的外侧前缘部分称为墙趾,基底的内侧后缘部分称为墙踵（图2-5-1）。

根据墙背倾斜方向的不同,挡土墙墙身断面形式可分为仰斜式、垂直式、俯斜式、凸形折线式和衡重式几种,如图2-5-2所示。

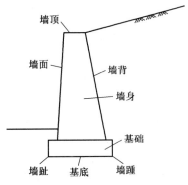

图 2-5-1　挡土墙组成示意图

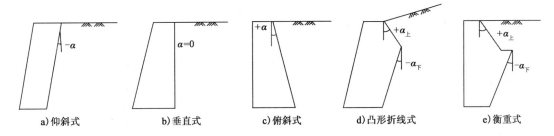

图 2-5-2　重力式挡土墙的断面形式

（2）基础

基础设计主要包括基础形式的选择和基础埋置深度的确定。挡土墙宜采用明挖基础,只有在特殊情况下,才使用桩基。地基为软弱土层时,可采用砂砾、碎石、矿渣或石灰土等质量较好的材料换填,以提高地基承载力。

基础埋置深度取决于地质条件、水文情况、冻结深度、邻近建筑物的基础影响等。为保证挡土墙的稳定,基础最小埋置深度不应小于1.0m。风化层不厚的硬质岩石地基,基底应置于基岩未风化层以下。受水流冲刷时,应按路基设计洪水频率计算冲刷深度,基底应置于局部冲刷线以下不小于1.0m。当冻结深度小于或等于1.0m时,基底应在冻结线以下不小于0.25m,且最小埋置深度不小于1.0m。冻结深度大于1.0m时,基础最小埋置深度不应小于1.25m,并应对基底至冻结线以下0.25m深度范围的地基土采取措施,防止冻害。路堑挡土墙基底在路肩以下不应小于1.0m,并低于边沟砌体底面不小于0.2m。基础位于稳定斜坡地面上时,前趾埋入深度和距地表的水平距离应不小于表2-5-4的规定。位于纵向斜坡上的挡土墙,当基底纵坡大于5%时,基底应设计为台阶式。

斜坡地面基础埋置条件　　　　　　　　　　　表 2-5-4

土 层 类 别	墙趾最小埋入深度 h（m）	距地表水平距离 L（m）
硬质岩石	0.60	1.50
软质岩石	1.00	2.00
土层	≥1.00	2.50

（3）排水设施

挡土墙的排水设施通常由地面排水设施和墙身排水设施两部分组成。地面排水主要是防止地表水渗入墙背填料和地基；墙身排水主要是为了迅速排除墙后积水。

通常在挡土墙墙身适当的高度处设置倾向墙外且坡度不小于 4% 的排水孔，墙背应设置反滤层。排水孔的位置及数量应根据挡土墙墙背渗水情况合理布设，排水孔可采用管型材料，进水口应设置反滤层，并宜采用透水土工布。墙背反滤层宜采用透水性的砂砾、碎石，含泥量应小于 5%，厚度不应小于 0.50m。

（4）沉降缝与伸缩缝

具有整体式墙面的挡土墙应设置伸缩缝和沉降缝。沿墙长度方向在墙身断面变化处、与其他构造物相接处应设置伸缩缝，在地形、地基变化处应设置沉降缝。伸缩缝和沉降缝可合并设置。

（5）锥坡与护栏

挡土墙与路堤之间可采用锥坡连接，墙端应伸入路堤内不小于 0.75m；路堑挡土墙端部应嵌入路堑坡体内，其嵌入原地层的深度，土质地层不应小于 1.5m，风化软质岩层不应小于 1.0m，微风化岩层不应小于 0.5m。

路肩式挡土墙的顶面宽度不应侵占行车道及路缘带或硬路肩的路基宽度范围，其顶面应设置护栏。

2. 悬臂式挡土墙构造要求

悬臂式挡土墙由立壁、趾板和踵板三部分组成。墙的稳定性依靠墙身自重和踵板上的填土重量来保证，而趾板的设置又显著地增加了抗倾覆力矩的力臂，因此结构形式比较经济。立壁的顶宽不应小于 0.20m，底板厚度不应小于 0.30m。挡土墙分段长度不宜超过 20m。

悬臂式挡土墙应采用钢筋混凝土浇筑，配置于墙中的主筋，直径不宜小于 12mm。扶壁式挡土墙每一分段宜设 3 个或 3 个以上的扶壁。

五、熟悉挡土墙土压力计算方法

1. 作用在挡土墙的力系

作用在挡土墙上的力系，按力的作用性质分为主要力系、附加力系和特殊力系。

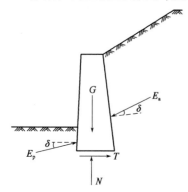

图 2-5-3　作用在挡土墙上的主要力系

主要力系是指经常作用于挡土墙的各种力，如图 2-5-3 所示，它包括：

（1）挡土墙自重 G 及位于墙上的恒载。

（2）墙后土体的主动土压力 E_a（包括作用在墙后填料破裂棱体上的荷载，简称超载），作用点位于距墙底 1/3 墙高的位置。

（3）基底的法向反力 N 和摩擦力 T。

（4）墙前土体的被动土压力 E_p，作用点位于距墙底 1/3 埋深的位置。

对浸水挡土墙而言，在主要力系中尚应包括常水位时的静水压力和浮力。

附加力系是指季节性作用于挡土墙的各种力,例如洪水时的静水压力和浮力、动水压力、波浪冲击力、冻胀压力以及冰压力等。

特殊力系是偶然出现的各种力,例如地震力、施工荷载、水流漂流物的撞击力等。

在一般地区,挡土墙设计仅考虑主要力系,在浸水地区应考虑附加力系,而在地震区应考虑地震对挡土墙的影响。各种力的取舍应根据挡土墙所处的具体工作条件,按最不利组合作为设计的依据。

2. 作用于挡土墙的土压力类型

土压力是挡土墙的主要设计荷载。挡土墙的位移情况不同,可以形成不同性质的土压力(图 2-5-4)。当挡土墙向外移动(位移或倾覆)时,土压力随之减小,直到墙后土体沿破裂面下滑而处于极限平衡状态,此时作用于墙背的土压力称为主动土压力;当墙后土体挤压移动时,土压力随之增大,土体被推移向上滑动处于极限平衡状态,此时土体对挡土墙的抗力称为被动土压力;墙处于原来位置不动时,土压力介于两者之间,称为静止土压力。采用哪种性质的土压力作为挡土墙设计荷载,要根据挡土墙可能的位移分析而定。

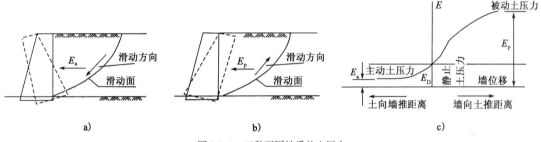

a)   b)   c)

图 2-5-4 三种不同性质的土压力

路基挡土墙一般都可能有向外的位移或倾覆,因此,应按墙背土体达到主动极限平衡状态进行设计,且设计时取一定的安全系数,以保证墙背土体的稳定。作用在墙背上的主动土压力,可按库仑理论计算。挡土墙前的被动土压力可不计算;当基础埋置较深且地层稳定、不受水流冲刷和扰动破坏时,可计入被动土压力,但应按规定计入作用分项系数。土压力计算应进行墙后填料的土质试验,确定填料的物理力学指标。当缺乏可靠试验数据时,填料内摩擦角 φ 可按表 2-5-5 选用。

填料内摩擦角或综合内摩擦角   表 2-5-5

填 料 种 类		综合内摩擦角 φ_0(°)	内摩擦角 φ(°)	重度(kN/m³)
黏性土	墙高 $H \leq 6$m	35 ~ 40	—	17 ~ 18
	墙高 $H > 6$m	30 ~ 35		
碎石、不易风化的块石		—	40 ~ 50	18 ~ 19
大卵石、碎石类土、不易风化的岩石碎块		—	40 ~ 45	18 ~ 19
小卵石、砾石、粗砂、石屑		—	35 ~ 40	18 ~ 19
中砂、细砂、砂质土		—	30 ~ 35	17 ~ 18

注:填料重度可根据实测资料做适当修正,计算水位以下的填料重度采用浮重度。

墙背后填土表面有车辆荷载作用,使土体中产生附加的竖向应力,从而产生附加的侧向压力。土压力计算时,作用在挡土墙墙背后填土表面的车辆荷载可以近似地将其换算为与墙后填土重度相同的均布土层。车辆荷载作用在挡土墙墙背填土上所引起的附加土体侧压力,可按式(2-5-1)换算成等代均布土层厚度:

$$h_0 = \frac{q}{\gamma} \qquad (2\text{-}5\text{-}1)$$

式中:h_0——换算土层厚度(m)。

q——车辆荷载附加荷载强度(kN/m^2),墙高小于 2m,取 $20kN/m^2$;墙高大于 10m,取 $10kN/m^2$;墙高在 2~10m 之内时,附加荷载强度用直线内插法计算。作用于墙顶或墙后填土上的人群荷载强度规定为 $3kN/m^2$;作用于挡土墙栏杆顶的水平推力采用 $0.75kN/m$,作用于栏杆扶手上的竖向力采用 $1kN/m$。

γ——墙背填土的重度(kN/m^3)。

3. 库仑土压力计算

路基挡土墙因路基形式和荷载分布的不同,土压力有多种计算图式。以路堤挡土墙为例,按破裂面交于路基面的位置不同,可分为 5 种图式:破裂面交于内边坡,破裂面交于荷载内侧、中部和外侧,以及破裂面交于外边坡。

(1)破裂面交于内边坡(图 2-5-5)

图 2-5-5 适用于路堤式或路堑式挡土墙。根据静力平衡原理,作用于挡土墙墙背的主动土压力 E_a 按式(2-5-2)计算。

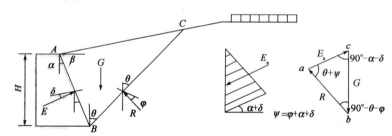

图 2-5-5 破裂面交于内边坡

$$E_a = \frac{1}{2}\gamma H^2 K_a$$

$$= \frac{1}{2}\gamma H^2 \frac{\cos^2(\varphi - \alpha)}{\cos^2\alpha\cos(\alpha + \delta)\left[1 + \sqrt{\dfrac{\sin(\varphi + \delta)\sin(\varphi - \beta)}{\cos(\alpha + \delta)\cos(\alpha - \beta)}}\right]^2} \qquad (2\text{-}5\text{-}2)$$

式中:E_a——每米墙长的主动土压力(kN);

γ——墙后填土的重度(kN/m^3);

φ——填土的内摩擦角(°);

δ——墙背与填土间的摩擦角(°);

β——墙后填土表面的倾斜角(°);

α——墙背倾斜角(°),俯斜墙背 α 为正,仰斜墙背 α 为负;

H——挡土墙高度(m);

K_a——主动土压力系数。

土压力的水平和垂直分力按式(2-5-3)计算。

$$\begin{cases} E_x = E_a\cos(\alpha + \delta) \\ E_y = E_a\sin(\alpha + \delta) \end{cases} \tag{2-5-3}$$

式中:E_x、E_y——分别为土压力的水平分力和垂直分力(kN)。

(2)破裂面交于路基顶面(图2-5-6)

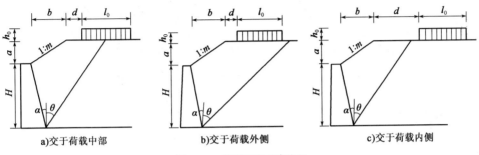

a)交于荷载中部　　　b)交于荷载外侧　　　c)交于荷载内侧

图2-5-6　破裂面交于路基面

破裂面交于路基顶面时,作用于挡土墙墙背的主动土压力 E_a 按式(2-5-4)计算。

$$E_a = \gamma(A_0\tan\theta - B_0)\frac{\cos(\theta + \varphi)}{\sin(\theta + \psi)} \tag{2-5-4}$$

式中:

$$\tan\theta = -\tan\psi \pm \sqrt{(\cot\varphi + \tan\psi)\left(\frac{B_0}{A_0} + \tan\psi\right)} \tag{2-5-5}$$

破裂面交于荷载中部[图2-5-6a)]时,A_0 和 B_0 分别按式(2-5-6)和式(2-5-7)计算。

$$A_0 = \frac{1}{2}(a + H + 2h_0)(a + H) \tag{2-5-6}$$

$$B_0 = \frac{1}{2}ab + (b + d)h_0 - \frac{1}{2}H(H + 2a + 2h_0)\tan\alpha \tag{2-5-7}$$

破裂面交于荷载外侧[图2-5-6b)]时,A_0 和 B_0 分别按式(2-5-8)和式(2-5-9)计算。

$$A_0 = \frac{1}{2}(a + H)^2 \tag{2-5-8}$$

$$B_0 = \frac{1}{2}ab - l_0h_0 - \frac{1}{2}H(H + 2a)\tan\alpha \tag{2-5-9}$$

破裂面交于荷载内侧[图2-5-6c)]时,A_0 和 B_0 分别按式(2-5-10)和式(2-5-11)计算。

$$A_0 = \frac{1}{2}(a + H)^2 \tag{2-5-10}$$

$$B_0 = \frac{1}{2}ab - \frac{1}{2}H(H + 2a)\tan\alpha \tag{2-5-11}$$

（3）破裂面交于外边坡（图 2-5-7）

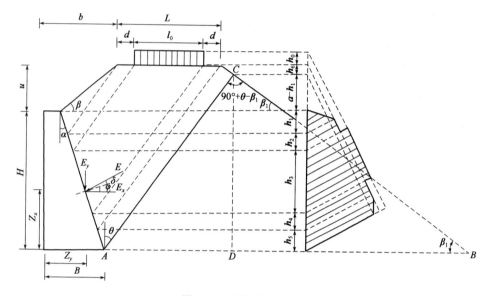

图 2-5-7 破裂面交于外边坡

破裂面交于外边坡时，作用于挡土墙墙背的主动土压力 E_a 按式（2-5-12）计算。

$$E_a = \gamma \left[A_0 \frac{\cos\theta}{\cos(\theta - \beta_1)} + B_0 \right] \frac{\cos(\theta + \varphi)}{\sin(\theta + \psi)} \tag{2-5-12}$$

式中：

$$\tan\theta = \frac{-Q \pm \sqrt{Q^2 - 4PR}}{2P} \tag{2-5-13}$$

$$A_0 = -\frac{1}{2} \left[b + L + (H + a)\cot\beta_1 - H\tan\alpha \right]^2 \sin\beta_1 \tag{2-5-14}$$

$$B_0 = \frac{1}{2} \left\{ (H + a) \left[2(b + L) + (H + a)\cot\beta_1 \right] - ab - H^2\tan\alpha \right\} + l_0 h_0 \tag{2-5-15}$$

其中：

$$P = -A_0 \sin\beta_1 \sin\varphi\cos\psi + B_0 \cos(\psi - \varphi)\sin^2\beta_1 \tag{2-5-16}$$

$$Q = 2A_0 \sin\beta_1 \cos\varphi\cos\psi + B_0 \cos(\psi - \varphi)\sin^2\beta_1 \tag{2-5-17}$$

$$R = \cos\beta_1 \cos(\psi - \varphi)(A_0 + B_0\cos\beta_1) + A_0 \sin^2\beta_1 \cos\varphi\sin\psi \tag{2-5-18}$$

六、熟悉挡土墙稳定性验算方法

1.挡土墙设计计算原则

挡土墙设计计算采用以极限状态设计的分项系数为主的设计方法。挡土墙构件承载能力极限状态设计时，采用下列表达式：

$$\gamma_0 S \leqslant R(\cdot) \tag{2-5-19}$$

$$R(\cdot) = R\left(\frac{R_k}{\gamma_f}, \alpha_d\right) \tag{2-5-20}$$

式中：γ_0——结构重要性系数，按表2-5-6的规定选用；

S——作用（或荷载）效应的组合设计值；

$R(\cdot)$——挡土墙结构抗力函数；

R_k——抗力材料的强度标准值；

γ_f——结构材料、岩土性能的分项系数，按表2-5-7的规定选用；

α_d——结构或结构构件几何参数的设计值，当无可靠数据时，可采用几何参数标准值。

结构重要性系数 γ_0　　　　　　　表 2-5-6

墙高 （m）	公 路 等 级	
	高速公路、一级公路	二级及二级以下公路
≤5.0	1.0	0.95
>5.0	1.05	1.0

承载能力极限状态作用（或荷载）分项系数　　　　　　　表 2-5-7

情况	荷载增大对挡土墙结构起有利作用时		荷载增大对挡土墙结构起不利作用时	
组合	Ⅰ、Ⅱ	Ⅲ	Ⅰ、Ⅱ	Ⅲ
垂直恒载 γ_G	0.90		1.20	
恒载或车辆荷载、人群荷载的主动土压力 γ_{Q1}	1.00	0.95	1.40	1.30
被动土压力 γ_{Q2}	0.30		0.50	
水浮力 γ_{Q3}	0.95		1.10	
静水压力 γ_{Q4}	0.95		1.05	
动水压力 γ_{Q5}	0.95		1.20	

挡土墙按正常使用极限状态设计时，通常采用表2-5-7所列的各分项系数；当 γ_G 取为0.9或1.2时，滑动稳定方程计算结果与总安全系数法比较，安全度水平提高或降低过大，故采用1.1；当 γ_G 取为0.9时，倾覆稳定方程验算与总安全系数法比较，安全度水平略有下降，且最大负误差超过10%，故取 $\gamma_G = 0.8$ 较适宜；当对挡土墙进行基础合力偏心距计算时，除被动土压力 γ_{Q2} 采用0.3外，其余全部荷载系数规定 γ_{Q2} 采用1.0。

2. 挡土墙作用（或荷载）及组合

施加于挡土墙的作用（或荷载），按性质可分为永久作用（或荷载）、可变作用（或荷载）、偶然作用（或荷载），各类作用或荷载名称见表2-5-8。对浸水挡土墙，若墙背为岩块和粗粒土时，可不计墙身两侧静水压力和墙背动水压力。墙身所受浮力应根据地基地层的浸水情况确定，确定时对于砂类土、碎石类土和节理很发育的岩石地基，按计算水位的100%计算；对于岩石地基按计算水位的50%计算。

荷 载 分 类   表2-5-8

作用(或荷载)分类		作用(或荷载)名称
永久作用(或荷载)		挡土墙结构重力
		填土(包括基础襟边以上土)重力
		填土侧压力
		墙顶上的有效永久荷载
		墙顶与第二破裂面之间的有效荷载
		计算水位的浮力及静水压力
		预加力
		混凝土收缩及徐变
		基础变位影响力
作用(或荷载)分类		作用(或荷载)名称
可变作用(或荷载)	基本可变作用(或荷载)	车辆荷载引起的土侧压力
		人群荷载、人群荷载引起的土侧压力
	其他可变作用(或荷载)	水位退落时的动水压力
		流水压力
		波浪压力
		冻胀压力和冰压力
		温度影响力
	施工荷载	与各类型挡土墙施工有关的临时荷载
偶然作用(或荷载)		地震作用力
		滑坡、泥石流作用力
		作用于墙顶护栏上的车辆碰撞力

常用的作用(或荷载)组合见表2-5-9。荷载效应组合时,作用在一般地区挡土墙上的力,可只计算永久作用(或荷载)和基本可变作用(或荷载);浸水地区、地震动峰值加速度为 $0.2g$ 及以上的地区、产生冻胀力的地区等,尚应计算其他可变作用(或荷载)和偶然作用(或荷载)。

常用作用(或荷载)组合   表2-5-9

组合	作用(或荷载)名称
Ⅰ	挡土墙结构重力、墙顶上的有效永久荷载、填土重力、填土侧压力及其他永久荷载组合
Ⅱ	组合Ⅰ与基本可变荷载相组合
Ⅲ	组合Ⅱ与其他可变荷载、偶然荷载相组合

注:1.洪水与地震力不同时考虑。

　　2.冻胀力、冰压力与流水压力或波浪压力不同时考虑。

　　3.车辆荷载与地震力不同时考虑。

3.挡土墙稳定性验算

(1)抗滑稳定性验算

为保证挡土墙抗滑稳定性,应验算在土压力及其他外力作用下,基底摩阻力抵抗挡土墙滑移的能力。挡土墙的滑动稳定方程应满足式(2-5-21)的要求,抗滑稳定系数应按式(2-5-22)计算。

$$[1.1G + \gamma_{Q1}(E_y + E_x\tan\alpha_0) - \gamma_{Q2}E_p\tan\alpha_0]\mu + (1.1G + \gamma_{Q1}E_y)\tan\alpha_0 - \gamma_{Q1}E_x + \gamma_{Q2}E_p > 0$$

$$(2-5-21)$$

$$K_c = \frac{[N + (E_x - E_p')\tan\alpha_0]\mu + E_p'}{E_x - N\tan\alpha_0}$$

$$(2-5-22)$$

式中:G——作用于基底以上的重力(kN),浸水挡土墙的浸水部分应计入浮力;

E_y——墙后主动土压力的竖向分量(kN);

E_x——墙后主动土压力的水平分量(kN);

E_p——墙前被动土压力的水平分量(kN),当为浸水挡土墙时,$E_p = 0$;

E_p'——墙前被动土压力水平分量的0.3倍(kN);

N——作用于基底上合力的竖向分力(kN),浸水挡土墙应计浸水部分的浮力;

α_0——基底倾斜角(°),基底为水平时,$\alpha_0 = 0$;

γ_{Q1}、γ_{Q2}——主动土压力分项系数、墙前被动土压力分项系数,可按表2-5-7的规定采用;

μ——基底与地基间的摩擦系数,当缺乏可靠试验资料时,可按表2-5-10的规定采用。

基底与基底土间的摩擦系数μ 表2-5-10

地基土的分类	摩擦系数μ	地基土的分类	摩擦系数μ
软塑黏土	0.25	碎石类土	0.50
硬塑黏土	0.30	软质岩石	0.40~0.60
砂类土、黏砂土、半干硬的黏土	0.30~0.40	硬质岩石	0.60~0.70
砂类土	0.40		

(2)抗倾覆稳定性验算

为保证挡土墙抗倾覆稳定性,须验算其抵抗墙身绕墙趾向外转动倾覆的能力。挡土墙的倾覆稳定方程应满足式(2-5-23)的要求,抗倾覆稳定系数应按式(2-5-24)计算。

$$0.8GZ_G + \gamma_{Q1}(E_yZ_x - E_xZ_y) + \gamma_{Q2}E_pZ_p > 0$$

$$(2-5-23)$$

$$K_0 = \frac{GZ_G + E_yZ_x + E_p'Z_p}{E_xZ_y}$$

$$(2-5-24)$$

式中:Z_G——墙身重力、基础重力、基础上填土的重力及作用于墙顶的其他荷载的竖向力合力重心到墙趾的距离(m);

Z_x——墙后主动土压力的竖向分量到墙趾的距离(m);

Z_y——墙后主动土压力的水平分量到墙趾的距离(m);

Z_p——墙前被动土压力的水平分量到墙趾的距离(m)。

(3)挡土墙抗震强度和稳定性

工程构筑物抗震设防目标为:高速公路、一级公路及二级公路的工程构筑物,在E1地震作用(重现期为475年的地震作用)时,位于抗震有利地段的,经一般整修即可正常使用;位于抗震不利地段的,经短期抢修即可恢复使用;位于抗震危险地段的挡土墙不发生严重破坏。三级公路、四级公路工程构筑物,在E1地震作用时,位于抗震有利地段的,经短期抢修即可恢复使用;位于抗震不利地段的挡土墙不发生严重破坏。

高速公路和一级公路上的挡土墙距离主断裂边缘不宜小于100m;无法满足时,应采取降低挡土墙高度、采用整体浇筑的重力式混凝土挡土墙、设置合理有效的伸缩缝和沉降缝等措施,并应设置完善的排水系统。公路挡土墙可采用静力法验算挡土墙体抗震强度和稳定性。设计基本地震动峰值加速度大于或等于0.10g地区的高速公路、一级公路上的挡土墙,高度超过20m,且地基处于抗震危险地段的,应做专门研究。挡土墙应按表2-5-11规定的范围和要求验算其抗震强度和稳定性。

挡土墙抗震强度和稳定性验算范围 表2-5-11

地 基 类 型		设计基本地震动峰值加速度				
		高速公路,一级、二级公路			三级、四级公路	
		0.10g(0.15g)	0.20g(0.30g)	0.40g	<0.40g	0.40g
岩石、非液化土及非软土地基	非浸水	不验算	$H>4$ 验算	验算	不验算	验算
	浸水	不验算	验算	验算	不验算	验算
液化土及软土地基		验算	验算	验算	不验算	验算

注:H 为挡土墙墙趾至墙顶的高度(m)。

(4)抗滑动和抗倾覆的稳定安全系数

在规定的墙高范围内,验算挡土墙的抗滑动和抗倾覆稳定时,稳定安全系数不应小于表2-5-12的规定,验算结果如不满足要求,则表明抗滑稳定性或抗倾覆稳定性不够,应改变断面尺寸重新核算。设置于不良土质地基、覆盖土层下为倾斜基岩地基及斜坡上的挡土墙,应对挡土墙地基及填土的整体稳定性进行验算,其稳定安全系数不应小于1.25。

抗滑动和抗倾覆的稳定安全系数 表2-5-12

荷 载 情 况	验 算 项 目	稳 定 系 数
荷载组合Ⅰ、Ⅱ	抗滑动 K_c	1.3
	抗倾覆 K_0	1.5
荷载组合Ⅲ	抗滑动 K_c	1.3
	抗倾覆 K_0	1.3
施工阶段验算	抗滑动 K_c	1.2
	抗倾覆 K_0	1.2

挡土墙的抗震稳定性验算应按《公路桥涵地基与基础设计规范》(JTG 3363—2019)进行,其抗滑动稳定安全系数 K_c 不应小于1.1,抗倾覆稳定安全系数 K_0 不应小于1.2。

(5)增加挡土墙稳定性的措施

①增加抗滑稳定性的方法

a.设置倾斜基底

设置向内倾斜的基底,可以增加抗滑力和减小滑动力,从而增强抗滑稳定性。基底倾角 α_0 越大,越有利于抗滑稳定性,但应考虑挡土墙连同地基土体一起滑动的可能性,因此应对地基倾斜度加以控制。通常,对于土质路基,不应陡于1:5($\alpha_0 \leqslant 11°10'$);对于岩石地基,不应陡于1:3($\alpha_0 \leqslant 16°42'$)。

b. 采用凸榫基础

在挡土墙基础底面设置混凝土凸榫,与基础连成整体,利用榫前土体产生的被动土压力,可以增强挡土墙的抗滑稳定性。

②增加抗倾覆稳定性的方法

为增加抗倾覆稳定性,可采取加大稳定力矩或减小倾覆力矩的方法。

a. 展宽墙趾

在墙趾处展宽基础以增加稳定力臂,是增加抗倾覆稳定性的常用方法。但在地面横坡较陡处,会由此引起墙高增加。

b. 改变墙面及墙背坡度

改缓墙面坡度可增加稳定力臂,改陡俯斜墙背或改为仰斜墙背可减少土压力。在地面纵坡较陡处,均须注意墙高的影响。

c. 改变墙身断面类型

当地面横坡较陡时,应使墙胸尽量陡立。这时可改变墙身断面类型,如改用衡重式墙或墙后加设卸荷平台、卸荷板,以减少土压力并增加稳定力矩。

③挡土墙抗震措施

设计基本地震动峰值加速度大于或等于 0.20g 时,干砌片(块)石挡土墙的高度不宜超过 5m;大于或等于 0.40g 时,不宜超过 3m。高速公路、一级公路不应使用干砌片石挡土墙。

设计基本地震动峰值加速度大于或等于 0.10g 时,浆砌片(块)石挡土墙的最低砂浆强度等级应按《公路圬工桥涵设计规范》(JTG D61—2005)的要求提高一级采用,挡土墙高度不宜大于表 2-5-13 的规定。当挡土墙高度大于表 2-5-13 所列数值时,宜采用混凝土整体浇筑或分级式挡土墙。

浆砌片(块)石挡土墙的高度限值(单位:m)　　　　　　　　　　表 2-5-13

公 路 等 级	设计基本地震动峰值加速度	
	0.20g、0.30g	≥0.40g
高速公路、一级公路	12	10
二级、三级公路	14	12

混凝土挡土墙的施工缝和衡重式挡土墙的变截面处,应采用短钢筋加强、设置不少于占截面面积 20% 的榫头等措施提高抗剪强度。

4. 基底应力及合力偏心距验算

基底合力的偏心距 e_0 可按下式计算:

$$e_0 = \frac{M_d}{N_d} \tag{2-5-25}$$

式中:M_d——作用于基底形心的弯矩组合设计值(kN·m);

N_d——作用于基底上的垂直力组合设计值(kN)。

挡土墙地基应力验算时,各类作用(或荷载)组合下,作用效应组合设计值计算式中的作用分项系数,除被动土压力分项系数 $\gamma_{Q2} = 0.3$ 外,其余作用(或荷载)的分项系数规定均等于 1。重力式挡土墙轴向力的偏心距 e_0 应符合表 2-5-14 的规定。

圬工结构轴向力合力的容许偏心距 e_0 表 2-5-14

荷 载 组 合	容许偏心距	荷 载 组 合	容许偏心距
Ⅰ、Ⅱ	0.25B	施工荷载	0.33B
Ⅲ	0.3B		

注:B 为沿力矩转动方向的矩形计算截面宽度。

基底压应力 σ 应按式(2-5-26)计算,位于岩石地基上的挡土墙可按式(2-5-27)、式(2-5-28)计算。基底合力的偏心距 e_0,对土质地基不应大于 $B/6$,对岩石地基不应大于 $B/4$。基底压应力不应大于基底的容许承载力 $[\sigma_0]$;基底容许承载力值可按《公路桥涵地基与基础设计规范》(JTG 3363—2019)的规定采用,当为作用(或荷载)组合Ⅲ及施工荷载,且 $[\sigma_0] > 150$kPa 时,可提高 25%。

$$|e_0| \leqslant \frac{B}{6}\text{时}, \qquad \sigma_{1,2} = \frac{N_d}{A}\left(1 \pm \frac{6e_0}{B}\right) \qquad (2\text{-}5\text{-}26)$$

$$e_0 > \frac{B}{6}\text{时}, \qquad \sigma_1 = \frac{2N_d}{3\alpha_1}, \sigma_2 = 0 \qquad (2\text{-}5\text{-}27)$$

$$\alpha_1 = \frac{B}{2} - e_0 \qquad (2\text{-}5\text{-}28)$$

式中:σ_1——挡土墙趾部的压应力(kPa);

$\quad\ \sigma_2$——挡土墙踵部的压应力(kPa);

$\quad\ B$——基底宽度(m),倾斜基底为其斜宽;

$\quad\ A$——基础底面每延米的面积,矩形基础为基础宽度 $B \times 1$(m²)。

七、熟悉边坡预应力锚固的适用条件、构造要求

1. 边坡预应力锚固的适用条件

预应力锚杆可用于土质、岩质边坡及地基加固,其锚固段应设置在稳定的岩层中,腐蚀性环境中不宜采用预应力锚杆。对软质岩、风化岩地层,宜采用压力分散型锚杆。

2. 边坡预应力锚固的构造要求

(1)预应力锚杆由锚固段、自由段和锚头构成,锚头由垫墩、钢垫板和锚具组成。

(2)锚固段内的预应力筋每隔 1.5 ~ 2.0m 应设置隔离架。预应力筋的保护层厚度不应小于 20mm,临时性锚杆预应力筋的保护层厚度不应小于 10mm。

(3)锚杆材料可根据锚固工程性质、锚固部位、工程规模选择高强度低松弛的钢绞线、预应力用螺纹钢筋。

八、熟悉预应力锚杆的锚固力、锚杆体截面积和长度的确定方法

1. 预应力锚杆的锚固力确定方法

预应力锚杆锚固力设计时,应根据边坡稳定性分析确定的边坡下滑力,按式(2-5-29)计算锚固力。

$$P_d = \frac{E}{\sin(\alpha + \beta)\tan\varphi + \cos(\alpha + \beta)} \tag{2-5-29}$$

式中：P_d——锚杆设计锚固力（kN）；

E——边坡下滑力（kN）；

α——锚杆与滑动面相交处滑动面倾角（°）；

β——锚杆与水平面的夹角（°）；

φ——滑动面内摩擦角（°）。

2. 预应力锚杆体截面积的确定方法

预应力锚杆体设计时，锚杆体截面积应按式（2-5-30）计算。锚杆预应力筋的张拉控制应力 σ_{con} 应符合表 2-5-15 的规定。

$$A = \frac{K_1 P_d}{F_{ptk}} \tag{2-5-30}$$

式中：A——锚杆体截面积（m^2）；

K_1——预应力筋截面设计安全系数，按表 2-5-16 选取；

F_{ptk}——锚杆体材料抗拉强度标准值（kPa）。

预应力筋的张拉控制应力 σ_{con} 表 2-5-15

锚杆类型	σ_{con}	
	钢绞线	预应力螺纹钢筋
永久	$\leq 0.50 F_{ptk}$	$\leq 0.70 F_{ptk}$
临时	$\leq 0.65 F_{ptk}$	$\leq 0.80 F_{ptk}$

预应力锚杆固体设计安全系数   表 2-5-16

安全系数	公路等级	安全系数	
		锚杆服务年限≤2年（临时性锚杆）	锚杆服务年限>2年（永久性锚杆）
K_1	高速公路、一级公路	1.8	2.0
	二级及二级以下公路	1.6	1.8
K_2	高速公路、一级公路	1.8～2.0	2.0～2.2
	二级及二级以下公路	1.5～1.8	1.7～2.0

注：1. 当二级及二级以下公路在锚固工程附近有重点保护对象时，可按高速公路安全系数取值。

2. 土体或全风化岩中锚固体，K_2 应取表中较高值。

3. 预应力锚杆长度的确定方法

（1）锚固体的承载能力由注浆体与锚孔壁的黏结强度、锚杆与注浆体的黏结强度及锚杆强度等三部分控制，设计时应取其小值。

（2）预应力锚杆宜采用黏结型锚固体，地层与注浆体间黏结长度应按式（2-5-31）计算。

$$L_r = \frac{K_2 P_d}{\pi d f_{rb}} \tag{2-5-31}$$

式中:L_r——地层与注浆体间黏结长度(m);

K_2——安全系数,按表2-5-16选取;

d——锚固段钻孔直径(m);

f_{rb}——地层与注浆体间黏结强度设计值(kPa),应通过试验确定,当不具备试验条件时可按表2-5-17、表2-5-18选用。

岩体与注浆体界面黏结强度设计值 表2-5-17

岩 体 类 型	饱和单轴抗压强度 R_c(MPa)	黏结强度 f_{rb}(kPa)
极软岩	$R_c < 5$	150 ~ 250
软岩	$5 \leq R_c < 15$	250 ~ 550
较软岩	$15 \leq R_c < 30$	550 ~ 800
较硬岩	$30 \leq R_c < 60$	800 ~ 1200
坚硬岩	$R_c \geq 60$	1200 ~ 2400

注:1. 表中数据适用于注浆强度等级 M30。

2. 表中数据仅适用于初步设计,施工时应通过试验验证。

3. 岩体结构面发育时,取表中下限值。

土体与锚固体黏结强度设计值 表2-5-18

土 体 类 型	土 的 状 态	黏结强度 f_{rb}(kPa)
黏性土	坚硬	60 ~ 80
	硬塑	50 ~ 60
	软塑	30 ~ 50
砂土	松散	90 ~ 160
	稍密	160 ~ 220
	中密	220 ~ 270
	密实	270 ~ 350
碎石土	稍密	180 ~ 240
	中密	240 ~ 300
	密实	300 ~ 400

注:1. 表中数据适用于注浆强度等级 M30。

2. 表中数据仅适用于初步设计,施工时应通过试验验证。

(3)注浆体与锚杆体间黏结长度应满足式(2-5-32)的要求。

$$L_g = \frac{K_2 P_d}{n \pi d_g f_b} \qquad (2\text{-}5\text{-}32)$$

式中:L_g——注浆体与锚杆体间黏结长度(m);

d_g——锚杆体材料直径(m);

f_b——注浆体与锚杆体间黏结强度设计值(kPa),应通过试验确定,当不具备试验条件时,可按表2-5-19选用;

n——锚杆体根数(根)。

钢筋、钢绞线与砂浆之间的黏结强度设计值 f_b（单位：MPa） 表 2-5-19

锚 类 型	水泥浆或水泥砂浆强度等级	
	M30	M35
水泥砂浆与螺纹钢筋间	2.40	2.70
水泥砂浆与钢绞线、高强钢丝间	2.95	3.40

注：1. 当采用 2 根钢筋点焊成束的做法时，黏结强度应乘以折减系数 0.85。
　　2. 当采用 3 根钢筋点焊成束的做法时，黏结强度应乘以折减系数 0.7。

（4）锚杆总长度由锚固段长度、自由段长度及外露段长度组成，各部分长度确定应满足下列要求：

①在确定锚杆锚固段长度时，应分别对锚杆黏结长度 L_r 和 L_g 进行计算，实际锚固段长度应取 L_r 和 L_g 中的大值，且不应小于 3m，也不宜大于 10m。

②锚杆自由段长度受稳定地层界面控制，在设计中应考虑自由段伸入滑动面或潜在滑动面的长度不小于 1.0m，且自由段长度不得小于 5.0m。

九、了解加筋土挡土墙和钢筋混凝土轻型挡土墙的构造

1. 加筋土挡土墙

加筋土挡土墙是利用加筋土技术修建的支挡结构物。加筋土是一种在土中加入拉筋的复合土，它利用拉筋与土之间的摩擦作用，改善土体的变形条件和提高土体的工程性能，从而达到稳定土体的目的。加筋土挡土墙由填料、在填料中布置的拉筋以及面板三部分组成。在公路工程中，加筋土挡土墙可分为有面板加筋土挡土墙和无面板加筋土挡土墙。

（1）有面板加筋土挡土墙

加筋土挡土墙墙面宜采用钢筋混凝土预制件，厚度不应小于 80mm。前面的平面线形可采用直线、折线和曲线，相邻墙面间的内夹角不宜小于 70°。墙面应设置混凝土基础，其宽度不应小于 0.40m，厚度不应小于 0.20m，基础埋置深度不应小于 0.60m。基底不宜设置纵坡，可做成水平或结合地形做成台阶形。拉筋材料宜采用土工格栅、复合土工带或钢筋混凝土板带。筋带与面板的连接应坚固可靠，并与筋带有相同的耐腐蚀性能。双面加筋土挡土墙的筋带应错开铺设，避免重叠。加筋土挡土墙宜采用渗水性良好的中粗砂、砂砾或碎石填筑，填料与筋带直接接触部分不应含有尖锐棱角的块体，填料最大粒径不应大于 100mm。对危害加筋土挡土墙稳定的地表水或地下水，应设置完善的防排水设施。

（2）无面板加筋土挡土墙

无面板加筋土高度大于 10m 时，应设置多级加筋挡土墙；当挡土墙基础受水流影响可能产生冲刷时，洪水位以下浸水墙体应采用重力式挡土墙。土工格栅宜采用高密度聚乙烯（HDPE）、土工格栅、聚酯（PET）焊接土工格栅。土工格栅加筋层间距、筋材长度、加筋坡面坡率等应通过外部稳定性和内部稳定性计算确定。

2. 锚杆挡土墙

锚杆挡土墙依靠锚固在稳定地层内的锚杆对墙面的水平拉力以保持墙身的稳定。主要有两种类型：肋柱式和板壁式，肋柱式锚杆挡土墙由肋柱和挡土板组成，板壁式锚杆挡土墙由现

场浇筑的整体式墙面板或装配式墙面板与多排小锚杆组成。肋柱式锚杆挡土墙的肋柱间距，宜为 2.0 ~ 3.0m。肋柱宜垂直布置或向填土一侧仰斜，但仰斜度不应大于 1:0.05。多级肋柱式锚杆挡土墙的平台，宜用厚度不小于 0.15m 的 C15 混凝土封闭，并设置向墙外倾斜 2% 的横坡度。每级肋柱上的锚杆层数，可设计为双层或多层。锚杆可按弯矩相等或支点反力相等的原则布置，向下倾斜。每层锚杆与水平面的夹角宜为 15° ~ 20°，锚杆层间距不小于 2.0m。肋柱受力方向的前后侧面内应配置通长受力钢筋，钢筋直径不应小于 12mm。挡土板宜采用等厚度板，板厚不得小于 0.30m。预制墙面板应预留锚杆的锚定孔。

3. 锚定板挡土墙

锚定板挡土墙主要有两种类型：肋柱式和板壁式。肋柱式锚定板挡土墙的肋柱间距，宜为 1.5 ~ 2.5m，每级肋柱高度宜采用 3 ~ 5m。肋柱应采用垂直或向填土侧后仰布置，仰斜度宜为 1:0.05，肋柱不得前倾布置。肋柱应预留圆形或椭圆形拉杆孔道，孔道直径或短轴长度应大于拉杆直径。肋柱下端应设置混凝土基础，基础形式可采用条形、分离式或杯座式基础，基础厚度不宜小于 0.50m，襟边宽度不宜小于 0.10m。肋柱受力方向的前后侧面内应配置通长受力钢筋，钢筋直径不应小于 12mm。多级肋柱式锚定板挡土墙的平台，宜用厚度不小于 0.15m 的 C15 混凝土封闭，并设置向墙外倾斜 2% 的横坡。采用细粒土作填料时，路基顶面也宜设置封闭层。板壁式锚定板挡土墙的每块墙面板至少连接一根拉杆，拉杆直径宜为 22 ~ 32mm。锚定板宜采用钢筋混凝土板，肋柱式锚定板面积不应小于 $0.5m^2$，无肋柱式锚定板面积不应小于 $0.2m^2$。锚定板需双向配筋。拉杆、拉杆与肋柱及拉杆与锚定板连接处，应做好防锈处理。

十、了解土钉、抗滑桩的适用条件和构造要求

1. 土钉支护

土钉是在土质或破碎软弱岩质边坡中设置钢筋钉，维持边坡稳定的支护结构。

（1）土钉支护的适用条件

土钉支护可用于硬塑或坚硬的黏质土、胶结或弱胶结的粉土、砂土、砾石、软岩和风化破碎岩层等路堑边坡的临时支护和永久支护。

在腐蚀性地层、膨胀土、软黏土、土质松散、地下水较发育及存在不利结构面的边坡，不宜采用土钉支护。

（2）土钉的构造要求

土质边坡土钉支护总高度不宜大于 10m，岩质边坡土钉支护总高度不宜大于 18m。边坡较高时宜设多级土钉支护，每级坡高不宜大于 10m。多级边坡的上下级之间应设置平台，平台宽度不宜小于 2.0m。

土钉长度包括非锚固长度和有效锚固长度。非锚固长度应根据坡面与土钉潜在破裂面的实际距离确定，有效锚固长度由土钉内部稳定检算确定。土钉长度宜为边坡坡面高度的 0.5 ~ 1.2 倍。土钉间距宜为 0.75 ~ 3m，与水平面夹角宜为 5° ~ 25°。

2. 抗滑桩

抗滑桩是抵抗滑坡下滑力或土压力的横向受力桩。

1)抗滑桩的适用条件

抗滑桩可用于稳定边坡和滑坡、加固不稳定山体以及加固其他特殊路基。

抗滑桩宜设置在滑坡厚度较薄、推力较小、锚固段地基强度较高及有利于抗滑的位置,桩的平面布置、桩间距、桩长和截面尺寸等应综合考虑确定,保证滑坡体不越过桩顶或从桩底和桩间滑动,达到安全可靠、经济合理,并与周围景观相协调。

2)抗滑桩的构造要求

(1)抗滑桩截面形状宜采用矩形,桩的截面尺寸应根据滑坡推力大小、桩间距、锚固段地基强度等因素确定。

(2)抗滑桩井口应设置锁口,桩井位于土和风化破碎的岩层时宜设置护壁。

(3)抗滑桩内不宜设置斜筋,可采用调整箍筋的直径、间距和桩身截面尺寸等措施,满足斜截面的抗剪强度。

(4)抗滑桩的两侧和受压边,应配置纵向构造钢筋。桩的受压边两侧,应配置架立钢筋。当桩身较长时,纵向构造钢筋和架立筋的直径应加大。

(5)预应力锚索抗滑桩的锚索外锚头及其各部分的承载力,应与锚索最大拉应力和张拉工艺相匹配。锚孔距桩顶距离,不应小于0.5m。

考 点 分 析

本节是路基工程中特别重要的一节,主要有以下考点:

(1)防护工程 需掌握路基坡面三类防护工程(植物防护、骨架植物防护、工程防护)的作用、特点、设计规定和适用条件。

(2)重力式挡土墙构造 需掌握重力式挡土墙墙身、基础、伸缩缝和排水设施等构造特点和设计要求。

(3)重力式挡土墙稳定性计算 主要掌握挡土墙抗滑稳定、抗倾覆稳定和抗震稳定以及增加挡土墙稳定性的相关措施。

(4)重力式挡土墙土压力计算 主要掌握作用在挡土墙的力系、破裂面交于内边坡和路基顶面的土压力计算。

(5)边坡锚固 需掌握预应力锚固的使用条件和构造要求,尤其是对预应力锚杆的锚固力、锚固体截面积和长度的计算。

例 题 解 析

例 1 [2020年单选题]位于抗震有利地段的高速公路路堤,在E1地震作用下,其抗震设防目标是( )。

(A)不受损坏 　　　　　　　(B)不需修复可正常使用

(C)经一般整修即可正常使用 　　(D)经短期抢修即可恢复使用

分析

根据《公路工程抗震规范》(JTG B02—2013)第3.2.1条,高速公路、一级公路及二级公路的工程构筑物,在E1地震作用时,位于抗震有利地段的,经一般整修即可正常使用;位于抗震不利地段的,经短期抢修即可恢复使用;位于抗震危险地段的挡土墙、隧道等重要构筑物不发生严重破坏。故本题选C。

例2 [2020年单选题]南方某地年降水量超过1500mm,高速公路黏质土路堑边坡高度为8m,坡率为1:1。根据《公路路基设计规范》(JTG D30—2015),合适的边坡坡面防护方案是( )。

(A)喷播植草防护   (B)喷混植生防护
(C)骨架植物防护   (D)浆砌片石护坡

分析

根据《公路路基设计规范》(JTG D30—2015)第5.2.1条,植草或喷播植草可用于坡率不陡于1:1的土质边坡防护。故本题选A。

例3 [2020年多选题]施加于挡土墙的作用(或荷载),属于永久作用的有( )。

(A)填土重力   (B)挡土墙结构重力
(C)冻胀压力和冰压力   (D)计算水位的浮力及静水压力

分析

根据《公路路基设计规范》(JTG D30—2015)第H.0.1条第3款,选项C错误,冻胀压力和冰压力为其他可变作用(或荷载)。故本题选ABD。

例4 [2020年多选题]公路挡土墙结构设计时,应按各种状态可能同时产生的作用效应进行组合,下列作用(或荷载)效应组合正确的有( )。

(A)洪水与地震力应同时考虑
(B)冻胀力、冰压力与波浪压力应同时考虑
(C)一般地区,作用在挡土墙上的力可只计算永久作用和基本可变作用
(D)浸水地区、地震动峰值加速度值为0.2g及以上的地区、产生冻胀力的地区等,尚应计算其他可变作用和偶然作用

分析

根据《公路路基设计规范》(JTG D30—2015)第H.0.1条第4款,选项A错误,洪水与地震力不同时考虑;选项B错误,冻胀力、冰压力与流水压力或波浪压力不同时考虑。故本题选CD。

例5 [2019年案例题]东北地区某高速公路,冻结深度2.3m。重力式挡土墙,如下图所示,黏质土地基,挡土墙前趾地基受水流冲刷,局部冲刷深度为1.5m。该挡土墙前趾基础埋置深度不应小于( )。

(A)1.00m   (B)1.25m

（C）2.30m　　　　　　　　　　　（D）2.50m

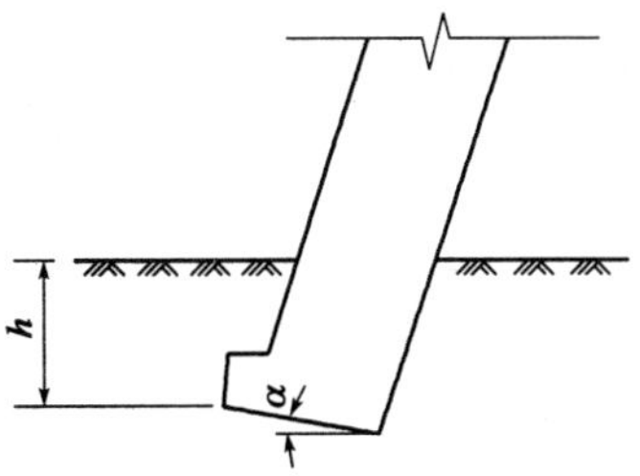

例5图

分析

根据《公路路基设计规范》（JTG D30—2015）第5.4.3条第2款，埋置深度不小于2.5m；根据第5.4.3条第3款，埋置深度不小于1.25m；根据第5.4.3条第5款，埋置深度不小于1.00m。因此，该挡土墙前趾基础埋置深度不应小于2.5m。故本题选D。

例6 ［2020年案例题］某路堤挡墙，基础宽3m，采用水泥混凝土现浇而成，基底合力偏心距$e_0 = 0.6$m，作用于基底上的垂直力组合Ⅱ设计值$N_d = 540$kN，依据地质勘察报告，挡墙处地基为岩石地基，其地基容许承载力$\sigma_0 = 500$kPa，依据《公路路基设计规范》（JTG D30—2015），该挡墙基底的最大压应力是多少？地基承载能力能否满足设计要求？（　　　）

（A）180kPa，满足　　　　　　　　　（B）396kPa，满足

（C）400kPa，满足　　　　　　　　　（D）600kPa，不满足

分析

根据《公路路基设计规范》（JTG D30—2015）第H.0.2条：

$$\frac{B}{6} = \frac{3}{6} = 0.5\text{m} = e_0 = 0.6\text{m} < \frac{B}{4} = \frac{3}{4} = 0.75\text{m}$$

$$\alpha_1 = \frac{B}{2} - e_0 = \frac{3}{2} - 0.6 = 0.9\text{m}$$

$$\sigma_1 = \frac{2N_d}{3\alpha_1} = \frac{2 \times 540}{3 \times 0.9} = 400\text{kPa} < [\sigma_0] = 500\text{kPa}$$

满足要求。故本题选C。

例7 ［2020年案例题］某公路边坡采用预应力锚杆框架防护，锚杆位于稳定土层中的锚固段长度6m，锚杆直径为13cm，土体与浆体之间的黏结强度$f_{rb} = 400$kPa，注浆体与锚杆黏结强度为$f_b = 2400$kPa，注浆体采用M30水泥砂浆，锚杆采用3根直径为25mm的预应力螺纹钢筋，其抗拉强度标准值$F_{ptk} = 785$MPa，预应力锚杆锚固体设计安全系数K_1、K_2都取2.0，根据《公路路基设计规范》（JTG D30—2015），每一根锚杆能够提供的轴向锚固力为（　　　）。（结果保留1位小数）

（A）258.5kN　　　　　　　　　　（B）489.8kN

（C）577.7kN　　　　　　　　　　（D）1186.9kN

分析

根据《公路路基设计规范》(JTG D30—2015)第5.5.5条和第5.5.6条,锚固体的承载能力由注浆体与锚孔壁的黏结强度、锚杆与注浆体的黏结强度及锚杆强度等三部分控制,设计时应取其小值。

$$P_{d1} = \frac{AF_{ptk}}{K_1} = \frac{3 \times 3.14 \times \left(\frac{25}{2}\right)^2 \times 785 \times 10^{-3}}{2} = 577.7\text{kN}$$

$$P_{d2} = \frac{L_r \pi d f_{rb}}{K_2} = \frac{6 \times 3.14 \times 0.13 \times 400}{2} = 489.8\text{kN}$$

$$P_{d3} = \frac{L_g n \pi d_g f_b}{K_2} = \frac{6 \times 3 \times 3.14 \times 0.025 \times 2400 \times 0.7}{2} = 1186.9\text{kN}$$

取最小值,故 $P_d = 489.8\text{kN}$,故本题选 B。

例8 [2020年案例题]某城市次干路道路两侧设重力式挡土墙,如下图所示。已知墙身重度 $\gamma = 23\text{kN/m}^3$,墙身截面积 $A = 4.06\text{m}^2$,墙后采用黏土回填,基底为碎石土。主动土压力 $E_a = 59.05\text{kN}$,水平分量 $E_x = 48.84\text{kN}$,垂直分量 $E_y = 33.19\text{kN}$,不考虑其他影响,计算该重力式挡土墙基底滑动稳定系数 K_c 值,判断其是否稳定,并说明选择依据和理由。(　　)(不计被动土压力,计算结果取小数点后两位)。

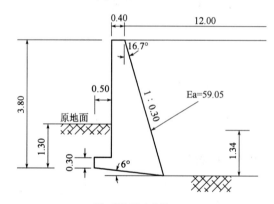

例8图(尺寸单位:m)

(A) $K_c = 1.26$,挡土墙不稳定　　　　　　(B) $K_c = 1.41$,挡土墙不稳定

(C) $K_c = 1.85$,挡土墙稳定　　　　　　　(D) $K_c = 2.03$,挡土墙稳定

分析

根据《城市道路路基设计规范》(CJJ 194—2013)第6.4.7条及其条文说明,查表7得碎石土基底与地基之间的摩擦系数 μ_f 取 0.50。

$$N = G + E_y = 23 \times 4.06 + 33.19 = 126.57\text{kN/m}$$

$$K_c = \frac{(N + E_x \tan\alpha_0)\mu}{E_x - N\tan\alpha_0} = \frac{(126.57 + 48.84 \times \tan6°) \times 0.50}{48.84 - 126.57 \times \tan6°} = 1.85$$

查表6.4.7-2,支挡结构抗滑稳定安全系数 K_c 不宜小于1.3,本题中挡土墙 $K_c = 1.85 > 1.3$,稳定。故本题选 C。

例 9 下列不是植物防护类型的是( )。

    (A)喷播植草
    (B)喷混植生

    (C)客土喷播
    (D)种植灌木

分析

根据《公路路基设计规范》(JTG D30—2015)第5.2.1条,植物防护的亚类分为植草和喷播植草、铺草皮、种植灌木和喷混植生四类。故本题选C。

例 10 边坡坡率为1:0.75的强风化岩石边坡,最适宜的防护类型是( )。

    (A)骨架植物
    (B)护坦防护

    (C)浆砌片石
    (D)挂网喷护

分析

根据《公路路基设计规范》(JTG D30—2015)第5.2.1条,骨架植物防护可用于坡率不陡于1:0.75的土质和全风化、强风化岩石边坡防护。故本题选A。

例 11 为增加挡土墙的抗滑稳定性,下列方法中最合适的是( )。

    (A)展宽墙趾
    (B)增加埋深

    (C)改变墙型
    (D)倾斜基底

分析

增加抗滑稳定性的方法一般有设置倾斜基底、采用凸榫基础。故本题选D。

例 12 土质、岩质边坡及地基加固时,最适宜的工程措施是( )。

    (A)加筋挡土墙
    (B)土钉墙

    (C)预应力锚杆
    (D)抗滑桩

分析

根据《公路路基设计规范》(JTG D30—2015)第5.5.2条,预应力锚杆可用于土质、岩质边坡及地基加固,其锚固段应设置在稳定的岩层中,腐蚀性环境中不宜采用预应力锚杆。故本题选C。

例 13 各种设计荷载组合作用下,路基支挡结构设计应满足的基本性能要求有( )。

    (A)稳定性
    (B)坚固性

    (C)抗渗性
    (D)耐久性

分析

根据《公路路基设计规范》(JTG D30—2015)第5.1.4条,路基支挡结构设计应满足各种设计荷载组合下支挡结构的稳定性、坚固性和耐久性要求,故本题选ABD。

例 14 施加于挡土墙的作用,按性质划分可分为( )。

    (A)永久作用
    (B)临时作用

    (C)可变作用
    (D)偶然作用

分析

根据《公路路基设计规范》(JTG D30—2015)第 H.0.1 条,施加于挡土墙的作用(或荷载),按性质可分为永久作用(或荷载)、可变作用(或荷载)、偶然作用(或荷载)。故本题选 ACD。

例 15 下列挡土墙类型中,墙高一般不宜超过 10m 的有(　　)。

(A)重力式挡土墙　　　　　　　(B)半重力式挡土墙

(C)悬臂式挡土墙　　　　　　　(D)扶壁式挡土墙

分析

根据《公路路基设计规范》(JTG D30—2015)第 5.4.1 条,半重力式挡土墙墙高不宜超过 8m,悬臂式挡土墙不宜超过 5m。故本题选 BC。

例 16 某一级公路 K24+302~K24+336 处需设置一重力式挡土墙,地面横坡为 1:5,地基为砂类土,地基允许承载力不小于 0.3MPa,基底与基底土的摩擦系数 $\mu=0.40$,典型断面如下图所示。墙顶宽 1.0m,墙面坡度采用 1:0.15,墙背倾角 $\alpha=11°$,墙趾至墙顶高 $H=4.5m$,墙底倾斜角 $\alpha_0=8°$,填土表面倾角 $\beta=6°$,填土重度 $\gamma=18kN/m^3$,填土与墙背的摩擦角 $\delta=15°$。经计算可得挡土墙每延米自重 $G=192.6kN/m$,主动土压力 $E_a=125.2kN/m$,则该挡土墙抗滑安全系数为(　　)。

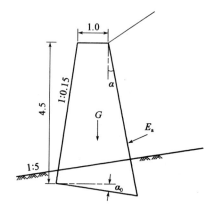

例 16 图(尺寸单位:m)

(A)1.27　　　　　　　　　　　(B)1.30

(C)1.33　　　　　　　　　　　(D)1.36

分析

根据《公路路基设计规范》(JTG D30—2015)第 H.0.2 条第 4 款公式(H.0.2-6):

$$E_x = E_a\cos(\delta+\alpha) = 125.2\times\cos26° = 112.5kN/m$$

$$E_y = E_a\sin(\delta+\alpha) = 125.2\times\sin26° = 54.9kN/m$$

$$K_c = \frac{(G+E_y+E_x\tan\alpha_0)\mu}{E_x-(G+E_y)\tan\alpha_0} = \frac{(192.6+54.9+112.5\times\tan8°)\times0.4}{112.5-(192.6+54.9)\times\tan8°} = 1.355$$

故本题选 D。

例 17 某高速公路 K3 +410 ~ K3 +460 段有一重力式路肩墙,典型断面如下图所示。墙顶宽 1.3m,墙底水平,宽 2.8m,墙高 6m。墙后填土与墙顶齐平,填土重度 $\gamma_1 = 18kN/m^3$,内摩擦角 $\varphi = 35°$;墙身材料重度 $\gamma_2 = 23kN/m^3$;用库仑土压力理论计算得到每延米的主动土压力水平分量 $E_x = 124.4kN/m$,主动土压力竖直分量 $E_y = 83.9kN/m$。计算该公路挡土墙抗倾覆安全系数为( )。

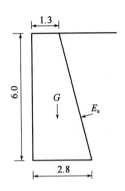

例 17 图(尺寸单位:m)

　(A)1.66　　　　　(B)1.77　　　　　(C)1.88　　　　　(D)1.99

分析

根据《公路路基设计规范》(JTG D30—2015)第 H.0.2 条:

$G_1 = \gamma A_1 = 23 \times 1.3 \times 6 = 179.4kN/m$

$Z_1 = 1.3/2 = 0.65m$

$G_2 = \gamma A_2 = 23 \times 1.5 \times 6/2 = 103.5kN/m$

$Z_2 = 1.3 + 1.5/3 = 1.8m$

$Z_y = \dfrac{H}{3} = \dfrac{6}{3} = 2m$

$Z_x = 1.3 + 1.5 \times 4 \div 6 = 2.3m$

$K_0 = \dfrac{G_1 Z_1 + G_2 Z_2 + E_y Z_x}{E_x Z_y} = \dfrac{179.4 \times 0.65 + 103.5 \times 1.8 + 83.9 \times 2.3}{124.4 \times 2} = 1.99$

故本题选 D。

例 18 某重力式挡土墙如下图所示。墙重为 767kN/m,墙后填砂土,$\gamma = 17kN/m^3$,$c = 0$,$\varphi = 32°$,墙底与地基间的摩擦系数 $\mu = 0.5$,墙背与砂土间的摩擦角 $\delta = 16°$,用库仑土压力理论计算此墙的墙背主动土压力为( )。

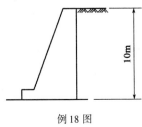

例 18 图

(A)230kN/m $\qquad$ (B)236kN/m

(C)240kN/m $\qquad$ (D)246kN/m

分析

$$K_a = \frac{\cos^2 32°}{\cos 16° \times \left[1 + \sqrt{\dfrac{\sin(32° + 16°) \times \sin 32°}{\cos 16°}}\right]^2} = 0.278$$

$$E_a = \frac{1}{2}\gamma H^2 K_a = \frac{1}{2} \times 17 \times 10^2 \times 0.278 = 236\text{kN/m}$$

故本题选 B。

自 测 模 拟

(第 1~5 题为单选题,第 6~9 题为多选题,第 10~12 题为案例题)

1. 骨架植物防护风化破碎的岩石挖方边坡时,可在骨架中增设(　　)。

　　(A)锚杆 $\qquad$ (B)筋带

　　(C)石笼 $\qquad$ (D)挂网

2. 最适宜用于支挡较高的岩质路堑边坡的挡土墙类型是(　　)。

　　(A)桩板式挡土墙 $\qquad$ (B)锚杆式挡土墙

　　(C)加筋土挡土墙 $\qquad$ (D)扶壁式挡土墙

3. 挡土墙与路堤之间的连接构造物可采用(　　)。

　　(A)格栅 $\qquad$ (B)拉杆

　　(C)丁坝 $\qquad$ (D)锥坡

4. 我国路基规范规定,作用于挡土墙墙背上的主动土压力,其计算的理论依据是(　　)。

　　(A)朗肯理论 $\qquad$ (B)摩尔理论

　　(C)库仑理论 $\qquad$ (D)邓肯理论

5. 腐蚀环境中的临时性锚杆和非腐蚀环境中的永久性锚杆可采用(　　)。

　　(A)Ⅰ级双层防腐 $\qquad$ (B)Ⅱ级双层防腐

　　(C)Ⅰ级简单防腐 $\qquad$ (D)Ⅱ级简单防腐

6. 下列沿河路基冲刷防护工程类型中,可用于允许流速大于 4m/s 的有(　　)。

　　(A)植物防护 $\qquad$ (B)土工模袋

　　(C)石笼防护 $\qquad$ (D)浸水挡墙

7. 属于挡土墙永久作用(或荷载)的有(　　)。
　(A)温度影响力　　　　　　　　(B)填土侧压力
　(C)混凝土徐变　　　　　　　　(D)地震作用力

8. 关于土钉结构支护设计,下列描述正确的有(　　)。
　(A)土质边坡土钉支护总高度不宜大于10m
　(B)岩质边坡土钉支护总高度不宜大于15m
　(C)边坡较高时宜设多级土钉支护,每级坡高不宜大于10m
　(D)多级边坡的上下级之间应设置平台,平台宽度不宜小于2.0m

9. 作用于抗滑桩的外力有(　　)。
　(A)桩前滑体抗力　　　　　　　(B)地震力
　(C)桩侧摩阻力　　　　　　　　(D)滑坡推力

10. 某二级公路有一段挡土墙,最大墙高8m,墙背填土的重度为18.5kN/m³,试问最大墙高处车辆荷载作用在挡土墙墙背填土上所引起的附加土体侧压力,换算成等代均布土层厚度为(　　)。
　(A)0.68m　　　　　　　　　　(B)0.75m
　(C)0.83m　　　　　　　　　　(D)0.91m

11. 某高速公路重力式路堤挡土墙墙,典型断面如下图所示。地基为土质地基,墙面直立,墙顶宽 $A=1.2$m,墙底水平,墙底宽 1.8m,墙高 $H=4$m,墙背坡比为 1:0.15。基底合力 $N=138.8$kN,偏心距 $e_0=0.28$m,则该挡土墙趾和墙踵处的压应力为(　　)。

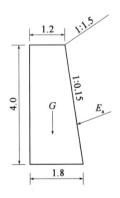

题11图(尺寸单位:m)

　(A)102.65kPa;5.14kPa　　　　(B)149.08kPa;5.14kPa
　(C)102.65kPa;9.36kPa　　　　(D)149.08kPa;9.36kPa

12. 某一级公路重力式路堤挡土墙,挡土墙墙身高4m,顶宽1m,墙背俯斜坡度为4:1,墙后填土表面坡度为1∶1.5,路基填料采用砂性土,其重度 $\gamma = 18\mathrm{kN/m^3}$,内摩擦角 $\varphi = 35°$,填土与墙背间的摩擦角 $\delta = 17.5°$,主动土压力系数 $K_a = 0.777$。计算该挡土墙土压力水平和垂直分力为( )。

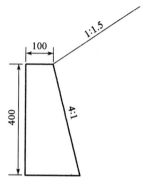

题12图(尺寸单位:cm)

(A)72.3kN;49.4kN   (B)81.5kN;53.1kN

(C)95.3kN;58.5kN   (D)99.5kN;81.6kN

参考答案

1. A   2. B   3. D   4. C   5. D   6. CD   7. BC   8. ACD

9. ABD   10. A   11. B   12. C

第六节　特殊路基设计

依据规范

《公路工程技术标准》(JTG B01—2014)

    5　路基路面

《公路路基设计规范》(JTG D30—2015)

    6　特殊路基

《公路工程抗震规范》(JTG B02—2013)

    8　路基

重 点 知 识

特殊路基是指位于特殊土(岩)地段、不良地质地段及受水、气候等自然因素影响强烈,需要进行特殊设计的路基。特殊岩土包括软土、红黏土、高液限土、膨胀土、黄土、盐渍土、多年冻土、沙漠等,不良地质包括滑坡、崩塌、岩堆、泥石流、岩溶、采空区等,特殊条件下路基是指受水或气候等自然因素影响剧烈的路基,包括雪害、涎流冰、滨海、水库地段路基和季节冻土地区路基。对于特殊路基首先是"能避就避",实在无法避开时,应进行综合地质勘察,查明特殊地质体的性质、成因、类型、规模、稳定状况及发展趋势;特殊路基设计所需要的力学参数,宜采用原位测试的数据,并结合室内试验资料综合分析确定。

一、掌握软土地区路基设计原则、路基稳定性和沉降控制要求

软土是指天然含水率高、孔隙比大、压缩性高、抗剪强度低的细粒土,泛指软黏土、淤泥质土、淤泥、泥炭质土、泥炭等软弱土。我国软土分布面积较广,在进行软土地区路基设计时,必须特别重视路基稳定性分析,并在路基施工中和施工后进行变形观测,以控制施工期软土地基稳定性及工后沉降等指标。

1. 设计原则

应调查收集沿线的地形、地貌、工程地质、水文地质、气象、地震等资料,按《公路工程地质勘察规范》(JTG C20—2011)的有关规定,采用适宜的勘探方法进行综合勘探试验和现场原位测试,并进行统计与分析,合理确定软土物理力学性质指标。

2. 路基稳定性控制要求

软土地基上路堤稳定系数应符合表 2-6-1 的要求。当计算的稳定系数小于表 2-6-1 规定值时,应针对稳定性进行地基处理设计。

稳定安全系数容许值 表 2-6-1

指　标	固结应力法		改进总强度法		简化 Bishop 法、Janbu 法
	不考虑固结	考虑固结	不考虑固结	考虑固结	
直剪快剪指标	1.1	1.2	—	—	—
静力触探、十字板剪指标	—	—	1.2	1.3	—
三轴有效剪切指标	—	—	—	—	1.4

注:当需要考虑地震力时,表列稳定安全系数减少 0.1。

3. 路基沉降控制要求

路基工后沉降应符合表 2-6-2 的要求。当不能满足表 2-6-2 的要求时,应针对沉降进行处治设计。

容许工后沉降(单位:m) 表 2-6-2

公路等级	工程位置		
	桥台与路堤相邻处	涵洞、箱涵、通道处	一般路段
高速公路、一级公路	≤0.10	≤0.20	≤0.30
作为干线公路的二级公路	≤0.20	≤0.30	≤0.50

二、熟悉软土地基沉降计算方法

(1)对用于计算沉降的压缩层,其底面应在附加应力与有效自重应力之比不大于 0.15 处。
(2)对于高路堤,行车荷载对沉降的影响可忽略不计。

（3）主固结沉降 S_c 应采用分层总和法计算。

（4）总沉降 S 宜采用沉降系数 m_s 与主固结沉降按式(2-6-1)计算。

$$S = m_s S_c \tag{2-6-1}$$

式中：m_s——沉降系数，与地基条件、荷载强度、加荷速率等因素有关；其范围值为 $1.1 \sim 1.7$，应根据现场沉降监测资料确定，也可按式(2-6-2)估算；

$$m_s = 0.123\gamma^{0.7}(\theta H^{0.2} + \upsilon H) + Y \tag{2-6-2}$$

θ——地基处理类型系数，地基用塑料排水板处理时取 $0.95 \sim 1.1$，用粉体搅拌桩处理时取 0.85，一般预压时取 0.90；

H——路堤中心高度(m)；

γ——填料重度(kN/m^3)；

υ——加载速率修正系数，加载速率在 $20 \sim 70mm/d$ 之间时，取 0.025；采用分期加载，速率小于 $20mm/d$ 时取 0.005；采用快速加载，速率大于 $70mm/d$ 时取 0.05；

Y——地质因素修正系数，满足软土层不排水抗剪强度小于 $25kPa$、软土层的厚度大于 $5m$、硬壳层厚度小于 $2.5m$ 的三个条件时，$Y = 0$；其他情况下可取 $Y = -0.1$。

（5）总沉降也可由瞬时沉降 S_d、主固结沉降 S_c 及次固结沉降 S_s 之和计算，见式(2-6-3)。

$$S = S_d + S_c + S_s \tag{2-6-3}$$

（6）任意时刻地基的沉降量，考虑主固结随时间的变化过程，按式(2-6-4)式(2-6-5)计算。

$$S_t = (m_s - 1 + U_t)S_c \tag{2-6-4}$$

$$S_t = S_d + S_c U_t + S_s \tag{2-6-5}$$

式中：U_t——地基平均固结度，采用太沙基一维固结理论解计算；对于砂井、塑料排水板等竖向排水体处理的地基，固结度按巴隆给出的太沙基—伦杜立克固结理论轴对称条件固结方程在等应变条件下的解计算。

三、熟悉粒料桩、加固土桩、水泥粉煤灰碎石桩、刚性桩处理地基的适用条件与设计要求

1. 粒料桩处理

1) 适用条件

(1) 振冲粒料桩可用于加固十字板抗剪强度大于 $15kPa$ 的地基上。

(2) 沉管粒料桩可用于加固十字板抗剪强度大于 $20kPa$ 的地基上。

2) 设计要求

(1) 粒料桩可采用砂、砂砾、碎石等材料，桩料不应使用单一尺寸的粒料，且桩料的含泥量不得超过 5%。

(2) 粒料桩直径、桩长及间距应经稳定和沉降验算确定，相邻桩净距不应大于 4 倍桩径。

（3）粒料桩复合地基的路堤整体抗剪稳定系数计算时，复合地基内滑动面上的抗剪强度可采用复合地基抗剪强度 τ_{ps}，并按式（2-6-6）计算。

$$\tau_{ps} = \eta\tau_p + (1 - \eta)\tau_s \qquad (2\text{-}6\text{-}6)$$

式中：η——桩土面积置换率；

　　　τ_p——桩体抗剪强度（kPa）；

　　　τ_s——地基土抗剪强度（kPa）。

（4）粒料桩桩长深度内地基的沉降 S_z 应按式（2-6-7）计算。

$$S_z = \mu_s S \qquad (2\text{-}6\text{-}7)$$

$$\mu_s = \frac{1}{1 + \eta(n - 1)} \qquad (2\text{-}6\text{-}8)$$

式中：μ_s——桩间土应力折减系数；

　　　n——桩土应力比，宜经试验工程确定；无资料时，n 可取 2～5；当桩底土质好，桩间土质差时取高值，否则取低值；

　　　S——粒料桩桩长深度内原地基的沉降。

2．加固土桩

1）适用条件

（1）深层拌和法可用于加固十字板抗剪强度不小于 10kPa 的软土地基。

（2）采用粉喷法时，深度不宜超过 12m；采用浆喷法时，深度不宜超过 20m。

2）设计要求

（1）加固土桩直径、桩长及间距应经稳定验算确定，相邻桩净距不应大于 4 倍桩径。

（2）加固土桩复合地基的路堤整体抗剪稳定系数计算时，复合地基内滑动面上的抗剪强度应采用复合地基抗剪强度 τ_{ps}，并按式（2-6-6）计算。

（3）加固土桩的抗剪强度以 90d 龄期的强度为标准强度，可按钻取试验路段的原状试件测得无侧限抗压强度 q_u 的一半计算；也可按设计配合比由室内制备的加固土试件测得的 90d 无侧限抗压强度 q_u 乘以折减系数 0.30 求得。

（4）加固土桩复合地基的沉降量应按复合地基加固区的沉降量 S_1 和加固区下卧层的沉降量 S_2 两部分来计算。加固区的沉降量 S_1 宜采用复合压缩模量法计算；下卧层的沉降量 S_2 可按《建筑地基基础设计规范》（CB 50007—2011）的有关规定计算。

（5）复合压缩模量 E_{ps} 应按式（2-6-9）计算：

$$E_{ps} = \eta E_p + (1 - \eta)E_s \qquad (2\text{-}6\text{-}9)$$

式中：E_p——桩体压缩模量（MPa）；

　　　E_s——土体压缩模量（MPa）。

3．水泥粉煤灰碎石桩（CFG 桩）

1）适用条件

CFG 桩可用于加固十字板抗剪强度不小于 20kPa 的软土地基。

2）设计要求

（1）CFG 桩的粗集料可采用碎石或砾石，泵送混合料时砾石最大粒径不宜大于 25mm，碎石最大粒径不宜大于 20mm；振动沉管灌注混合料时粗集料最大粒径不宜大于 50mm。可掺入砂、石屑等细集料改善级配。水泥宜用 32.5 级普通硅酸盐水泥。粉煤灰宜采用Ⅱ级或Ⅲ级粉煤灰。

（2）CFG 桩的配合比应根据施工要求的坍落度和桩体的设计强度确定。桩体的设计强度应取 28d 无侧限抗压强度。

（3）CFG 桩桩体强度宜为 5～20MPa，设计强度应满足路堤沉降与稳定的要求。用于结构物下的 CFC 桩，设计强度应满足承载力的要求。

（4）CFG 桩直径、桩长及间距应根据设计对承载力和变形的要求、土质条件、设备能力等确定；桩端应设置在强度高的土层上，最大桩长不宜大于 30m，桩距宜取 4～5 倍桩径。

（5）CFG 桩垫层厚度宜取 0.3～0.5m，当桩径大或桩距大时，垫层厚度宜取高值，垫层材料宜用中砂、粗砂、级配砂砾或碎石等，最大粒径不宜大于 30mm。

（6）CFC 桩复合地基的沉降计算和路堤稳定验算应符合粒料桩的有关规定。

4. 刚性桩复合地基

1）适用条件

刚性桩可用于深厚软土地基上荷载较大、变形要求较严格的高路堤段、桥头或通道与路堤衔接段，以及拓宽路堤段。

2）设计要求

（1）刚性桩桩顶宜设桩帽，并铺设柔性土工合成材料加筋体垫层。

（2）刚性桩的平面布置可采用正方形或正三角形排列。刚性桩的直径、桩长、间距应经稳定、沉降验算后确定，桩间距不宜小于 5 倍桩径。

（3）刚性桩桩帽可采用圆柱体、台体或倒锥台体，桩帽平面尺寸宜为 1.0～1.5m，厚度宜为 0.3～0.4m。

（4）刚性桩处理地基的最终沉降量计算，可不考虑桩间土压缩变形对沉降的影响，应采用单向压缩分层总和法按式(2-6-10)计算。

$$S = \psi_P \sum_{j=1}^{m} \sum_{i=1}^{n_j} \frac{\sigma_{j,i} \Delta h_{j,i}}{E_{sj,i}} \quad (2\text{-}6\text{-}10)$$

式中：S——桩基最终沉降(m)；

m——桩端平面以下压缩层内土层分层的数目；

$E_{sj,i}$——桩端平面下第 j 层土第 i 个分层在自重应力至自重应力加附加应力作用段的压缩模量(MPa)；

n_j——桩端平面下第 j 层土的计算分层数。

四、熟悉滑坡防治设计要求，滑坡稳定性计算工况、使用条件及稳定控制标准

滑坡是指斜坡岩土体在重力作用下沿一定的软弱面或较弱带整体下滑的现象。滑坡是山区公路的主要病害之一，对山区公路建设及交通设施危害较大。滑坡的形成与发展是由多种因素造成的，其治理应考虑多种因素，分清主次，有针对性，综合整治。

1.滑坡防治设计要求

(1)应查明滑坡地形地貌、地质条件、性质、成因类型、规模等,分析评价滑坡稳定状况、发展趋势和对公路工程的危害程度,采取有效措施,保证路基施工和运营安全。

(2)对规模大、性质复杂、变形缓慢的滑坡,且路线难以绕避时,可采取总体规划、分期整治的方案。

(3)滑坡防治应根据滑坡区工程地质条件、类型、规模、稳定性及对公路危害程度,以及公路的重要性和施工条件等,采取排水、减载、反压与支挡工程的综合治理措施。

(4)高边坡、特殊岩土和存在不利结构面的边坡,应采取必要的预防措施,避免产生工程滑坡。

2.滑坡稳定性计算工况与使用条件

滑坡稳定性计算应考虑下列三种情况:

(1)正常工况:边坡处于天然状态下的工况。

(2)非正常工况Ⅰ:边坡处于暴雨或连续降雨状态下的工况。

(3)非正常工况Ⅱ:边坡处于地震等荷载作用状态下的工况。

3.滑坡稳定控制标准

滑坡稳定系数不得小于表2-6-3所列稳定安全系数值。对非正常工况Ⅱ,路基稳定性分析方法及稳定安全系数应符合《公路工程抗震规范》(JTG B02—2013)的规定。

滑坡稳定安全系数   表2-6-3

公 路 等 级	滑坡稳定安全系数	
	正常工况	非正常工况Ⅰ
高速公路、一级公路	1.20 ~ 1.30	1.10 ~ 1.20
二级公路	1.15 ~ 1.20	1.10 ~ 1.15
三级、四级公路	1.10 ~ 1.15	1.05 ~ 1.10

注:1.滑坡地质条件复杂或危害程度严重时,稳定安全系数可取大值;地质条件简单或危害程度较轻时,稳定安全系数可取小值。

    2.滑坡影响区域内有重要建筑物(桥梁、隧道、高压输电塔、油气管道等)、村庄和学校时,稳定安全系数可取大值。

    3.水库区域公路滑坡防治,周期性水库水位升降变化频繁,高水位与低水位间落差大时,稳定安全系数可取大值。

    4.临时工程或抢险应急工程,滑坡防治工程设计按照正常工况考虑,稳定安全系数可取1.05。

五、熟悉黄土路基设计原则,湿陷性黄土的湿陷类型判别方法和常用的湿陷性黄土地基处理措施的适用条件

1.设计原则

(1)应查明黄土分布范围、厚度及其变化规律,沿线黄土的成因类型和地层特征,路线所处的地貌单元及地面水、地下水等情况,各种不同地层黄土的物理、力学性质和湿陷性。

(2)黄土塬梁地区,路基应避开有滑坡、崩塌、陷穴群、冲沟发育、地下水出露的塬梁边缘和斜坡地段。必须通过时,应有充分依据和切实可行的工程措施。

(3)路线通过冲沟沟头时,应分析冲沟的成因及其发展趋势。当冲沟正在继续发展并危及路基稳定时,应采取排水及防护措施。

（4）对路线附近的黄土陷穴，应调查其位置、形状、发展趋势，以及形成陷穴的水源和水量，评价陷穴对路基的危害程度。

（5）位于湿陷性黄土地段的路基，宜设在湿陷等级轻微、湿陷土层较薄、排水条件较好的地段。

（6）黄土地区路基排水设计应遵循拦截、分散的处理原则，设置防冲刷、防渗漏和有利于水土保持的综合排水设施及防护工程，并应防止农田水利设施与路基的相互干扰。

2. 湿陷性黄土的湿陷类型判别方法

黄土地区场地湿陷类型应根据实测自重湿陷量或室内压缩试验累计的计算自重湿陷量判定。当实测或计算自重湿陷量不大于 70mm 时，应定为非自重湿陷性黄土场地；当实测或计算自重湿陷量大于 70mm 时，应定为自重湿陷性黄土场地。

3. 常用的湿陷性黄土地基处理措施的适用条件

湿陷性黄土地基处理设计，应根据公路等级、湿陷等级、处理深度要求、施工条件、材料来源及对周围环境的影响等，按表 2-6-4 经技术经济比较后确定处理措施。

湿陷性黄土地基常用的处理措施 表 2-6-4

处理措施	适用范围	有效加固深度（m）
换填垫层法	地下水位以上，局部或整片处理	1～3m
冲击碾压	饱和度 $S_r \leq 60\%$ 的 I～II级非自重、I 级自重湿陷性黄土	0.5～1m，最大 1.5m
表面重夯		1～3m
强夯法	地下水位以上，饱和度 $S_r \leq 60\%$ 的湿陷性黄土	3～6m，最大 8m
挤密法（灰土、碎石挤密桩）	地下水位以上，饱和度 $S_r \leq 65\%$ 的湿陷性黄土	5～12m，最大 15m
桩基础	用于处理桥涵、挡土墙等构造物基础	≤30m

六、了解红黏土与高液限土、膨胀土、盐渍土、季节冻土、崩塌、泥石流、岩溶、风沙、雪害等地段路基的主要工程问题与防治措施

（1）红黏土与高液限土地区路基的主要工程问题是路基土压缩困难、干缩开裂和边坡稳定性差。路床、低路堤填料采用红黏土和高液限土时，应掺入无机结合料进行处治。红黏土与高液限土路基设计宜避免高路堤及深路堑。如不能避免，宜与桥隧方案进行综合比选确定。

（2）膨胀土地区路基的主要工程问题是湿度变化引起膨胀土产生膨胀与收缩，土体开裂，降雨入渗，强度降低，产生较大的膨胀压力，造成边坡变形破坏。膨胀土地区路基设计应以防水、控湿、防风化为主，结合路面结构，采取有效措施，减少湿度的变化对膨胀土路基的影响，保证路基满足变形和强度的要求。膨胀土路基应连续施工，并及时封闭路床和坡面。

（3）盐渍土地区路基的主要工程问题是在地表水、地下水、环境温度及动载变化的综合作用下，公路极易产生盐胀、翻胀及溶陷等病害，病害的产生是盐、水、温度相互作用的结果，盐分是导致盐渍土具有盐胀、溶陷等病害的根源。路基病害防止需从改善路基和地基中盐、水、温度等条件入手，降低路基含盐量，或者防治路基中盐分的侵入，限制路基填料的含盐量，尤其是路堤上层的含盐量对治理盐渍土病害尤为关键。因此，应重点做好路基、地基的防盐、隔水、排

水设计。

(4)季节冻土地区路基主要工程问题是路基受地下、地表水的影响,冬季易产生冻胀,导致路面平整度下降,春季的融化导致路基的强度大幅下降,在汽车循环荷载作用下,路基易产生弹簧和沉陷。路基病害的主要根源之一是路基的冻胀和融沉。季节冻土地区的公路宜填不宜挖,路线宜布于山坡阳面。应根据气候、地形地貌、地质状况、排水状况和路基填料等对路基路面冻害的影响,合理确定路基填筑高度,选用非冻胀性填料,做好路基路面综合设计。

(5)崩塌地段路基的主要工程问题是斜坡上的不稳定,岩土体在重力、地震、降雨或其他外力作用下,从高陡坡突然向下崩落,堆积于斜坡坡脚,通过冲击、掩埋等方式对斜坡下方的公路、桥梁等构造物造成严重危害。路线应绕避可能发生大规模崩塌或大范围的危岩、落石地段。对中小型崩塌、危岩体,当绕避困难或不经济时,路基设计应避免高填、深挖并远离崩塌物堆积区,对崩塌危岩体可采取遮蔽、拦截、清除、加固等综合治理工程措施。

(6)泥石流地段路基工程的主要问题是挟带大量泥沙、石块的间歇性洪流冲毁或掩埋公路,造成路基毁坏。路线应绕避大型泥石流、泥石流群及淤积严重的泥石流沟,并远离泥石流堵河严重地段的河岸。当无法绕避中、小型泥石流时,应合理选择路线位置、路基断面形式及综合防治措施。

(7)岩溶地段路基的主要工程问题有溶洞顶板坍塌引起的路基下沉和破坏;岩溶地面坍塌对路基稳定性的破坏;反复泉与间歇泉浸泡路基,引起路基沉陷、坍塌或冒浆;突然性的地下涌水冲毁路基等。路线应绕避大型、复杂的岩溶发育地区。绕避困难时,路基工程宜选择在岩溶发育范围小、易于处理的地段通过。位于岩溶地段的路基,应对路基稳定性及环境影响进行综合分析,确定岩溶对路基工程的危害程度,合理采取回填、跨越、注浆加固等处理措施。岩溶水发育地段,路基修筑不应切断岩溶(地下、地表)水的径流通道,不得造成阻水、滞水或农田缺水。

(8)风沙地区路基的主要工程问题是沙埋和风蚀。应根据沙漠类型、自然区划分区及风沙危害程度,合理选择路基的位置、横断面形式和路侧综合防沙体系。应根据沿线地质、气候条件、筑路材料等情况,遵循因地制宜、就地取材、综合治理的原则,充分利用风积沙材料进行路基填筑和防沙设计。

(9)雪害地段路基的主要工程问题是风吹雪和雪崩。风吹雪危害主要有积雪阻车和风流雪遮挡视线;雪崩的危害是山坡积雪崩塌,埋压公路,阻断通行。路线宜绕避雪害地段,丘陵区应利用阳坡布线。无法绕避时,应从雪害较轻部位以最短距离通过,路线走向宜与风雪流的主导风向平行或交角不大于30°,并采取防护措施。雪害防治设计应以防为主、防治结合,采取植物防治与工程治理相结合的防雪、稳雪、挡雪、导雪、排雪等综合措施。

考点分析

本节是路基工程中重要的一节,主要有以下考点:

(1)软土地基沉降 需掌握软土地基沉降计算和4种软土地基处理措施。

(2)滑坡防治 需掌握滑坡推力计算和5种滑坡防治措施。

（3）黄土路基　重点掌握黄土湿陷类型判别方法和湿陷性黄土地基处理措施的适用条件。

例 题 解 析

例1　[2019年多选题]公路滑坡防治工程措施包括(　　　)。

　（A）反压　　　　　　　　　　　　（B）小跨径桥梁

　（C）排水　　　　　　　　　　　　（D）抗滑支挡工程

分析

根据《公路路基设计规范》(JTG D30—2015)第7.2.1条第3款,滑坡防治应根据滑坡区工程地质条件、类型、规模、稳定性及对公路危害程度,以及公路的重要性和施工条件等,采取排水、减载、反压与支挡工程的综合治理措施。故本题选ACD。

例2　[2020年单选题]某新建高速公路,软土厚度为15.0m,十字板抗剪强度为12.0kPa,一般路基路堤高度为5m,安全经济合理的地基处理方案是(　　　)。

　（A）沉管粒料桩　　　　　　　　　（B）浆喷法加固土桩

　（C）刚性桩复合地基　　　　　　　（D）粉喷桩法加固土桩

分析

根据《公路路基设计规范》(JTG D30—2015)第7.7.8条,深层拌和法可用于加固十字板抗剪强度不小于10kPa的软土地基。采用粉喷桩法时,深度不宜超过12m;采用浆喷法时,深度不宜超过20m。故本题选B。

例3　[2019年案例题]某软土地基厚度为10m,设计采用一般预压处理,地基处理类型系数取0.9,路堤中心填高4m,路基填料重度 $\gamma = 18\text{kN/m}^3$,加载速率修正系数 $\upsilon = 0.025$,地质因素修正系数 $Y = 0.1$,计算的主固结沉降为50cm,根据《公路路基设计规范》(JTG D30—2015)确定的固结度达到75%时的沉降量最接近的值是(　　　)。

　（A）38cm　　　　　　　　　　　　（B）42cm

　（C）46cm　　　　　　　　　　　　（D）48cm

分析

根据《公路路基设计规范》(JTG D30—2015)第7.7.2条:

$$m_s = 0.123\gamma^{0.7}(\theta H^{0.2} + \upsilon H) + Y$$
$$= 0.123 \times 18^{0.7}(0.9 \times 4^{0.2} + 0.025 \times 4) + (-0.1)$$
$$= 1.098$$

$$S_t = (m_s - 1 + U_t)S_c$$
$$= (1.098 - 1 + 0.75) \times 50$$
$$= 42.39\text{cm}$$

故本题选B。

例4 [2020年案例题]某公路位于粉土地基路段,采用碎石桩处理,碎石桩呈正方形布置,间距1.5m,桩径50cm,桩土面积置换率为0.087,粉土的抗剪强度 $\tau_s = 50\text{kPa}$,碎石桩抗剪强度 $\tau_p = 160\text{kPa}$,依据《公路路基设计规范》(JTG D30—2015),该复合地基抗剪强度为(　　)。(结果保留1位小数)

(A)50.0kPa　　　　　　　　　　(B)59.6kPa

(C)69.1kPa　　　　　　　　　　(D)88.3kPa

分析

根据《公路路基设计规范》(JTG D30—2015)第7.7.7条,复合地基抗剪强度:

$$\tau_{ps} = \eta\tau_p + (1 - \eta)\tau_s$$
$$= 0.087 \times 160 + (1 - 0.087) \times 50$$
$$= 59.6\text{kPa}$$

故本题选B。

例5 [2020年案例题]某软土地基厚12m,设计采用塑料排水板处理,地基处理类型系数为1.05,公路路堤中心填高4m,路基填料重度 $\gamma = 18\text{kN/m}^3$,加载速率修正系数 $v = 0.025$,地质因素修正系数 $Y = -0.1$,主固结沉降为66cm,根据《公路路基设计规范》(JTG D30—2015),不考虑行车荷载影响,估算软基总沉降量为(　　)。(结果保留1位小数)

(A)75.9cm　　　　　　　　　　(B)79.2cm

(C)84.5cm　　　　　　　　　　(D)89.1cm

分析

根据《公路路基设计规范》(JTG D30—2015)第7.7.2条:

$$m_s = 0.123\gamma^{0.7}(\theta H^{0.2} + vH) + Y$$
$$= 0.123 \times 18^{0.7} \times (1.05 \times 4^{0.2} + 0.025 \times 4) - 0.1$$
$$= 1282$$

$$S = m_s S_c = 1.282 \times 66 = 84.6\text{cm}$$

故本题选C。

例6 行车荷载对沉降的影响,可忽略不计的是(　　)。

(A)低路堤　　　　　　　　　　(B)低路堑

(C)高路堤　　　　　　　　　　(D)深路堑

分析

根据《公路路基设计规范》(JTG D30—2015)第7.7.2条,行车荷载对沉降的影响,对于高路堤可忽略不计。故本题选C。

例7 高速公路桥台与路堤相邻处的路基容许工后沉降应满足的要求是(　　)。

(A)≤0.10m　　　　　　　　　　(B)≤0.20m

(C)≤0.30m　　　　　　　　　　(D)≤0.40m

分析

根据《公路路基设计规范》(JTG D30—2015)第 7.7.1 条,高速公路桥台与路堤相邻处的路基容许工后沉降应≤0.10m。故本题选 A。

例 8 滑坡剩余下滑力的计算方法可采用( )。
(A)赤平投影法　　　　　　　　　(B)简化 Bishop 法
(C)迭代计算法　　　　　　　　　(D)传递系数法

分析

根据《公路路基设计规范》(JTG D30—2015)第 7.2.2 条,滑坡剩余下滑力可采用传递系数法计算。故本题选 D。

例 9 为提高软土地区路基稳定性,可采用的工程措施有( )。
(A)坡脚设置反压护道　　　　　　(B)排水固结处理地基
(C)软弱地基强夯置换　　　　　　(D)土质填料换填石料

分析

根据《公路路基设计规范》(JTG D30—2015)第 7.7.5 条,选项 D 错误,路堤可采用粉煤灰、土工泡沫塑料、泡沫轻质土等轻质材料填筑。故本题选 ABC。

例 10 关于滑坡减载与反压处理设计,下列说法正确的有( )。
(A)推移式滑坡或由错落转化的滑坡,宜采用滑坡后缘反压、前缘减载措施
(B)滑坡前缘有较长的抗滑段,宜利用减载弃方反压
(C)在滑坡或滑带上具有卸载鼓胀开裂的情况下,应采用减载措施
(D)减载时,应考虑滑坡后部和两侧山体的稳定性,防止后缘产生新的滑动

分析

根据《公路路基设计规范》(JTG D30—2015)第 7.2.5 条,选项 A 错误,推移式滑坡或由错落转化的滑坡,宜采用滑坡后缘减载、前缘反压措施;选项 C 错误,在滑坡或滑带上具有卸载鼓胀开裂的情况下,不应采用减载措施。故本题选 BD。

例 11 膨胀土是一种含亲水性矿物的高塑性黏土,其明显的特征有( )。
(A)吸水膨胀　　　　　　　　　　(B)吸水收缩
(C)失水膨胀　　　　　　　　　　(D)失水收缩

分析

根据《公路路基设计规范》(JTG D30—2015)第 2.1.17 条,膨胀土是一种含亲水性矿物,并具有明显的吸水膨胀与失水收缩性的高塑性黏土。故本题选 AD。

例 12 某二级公路 K9+150 路段有一滑动面为折线形的均质滑坡,主要由均质黏性土组成,其主轴断面及各滑块参数如下图和下表所示。通过相关勘测资料得到滑动面的黏聚力 $c=11kPa$,内摩擦角 $\varphi=10°$。取滑坡稳定安全系数 $F_s=1.20$,则第 3 个滑块的下部边界处每米宽

土体剩余下滑力最接近的值是(　　)。

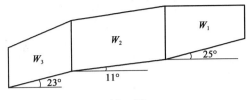

例12图

例12表

条 块 编 号	W_3(kN/m)	l(m)
1	460	10.15
2	880	11.33
3	660	10.26

(A)80.5kN/m (B)89.5kN/m

(C)95.6kN/m (D)99.1kN/m

分析

根据《公路路基设计规范》(JTG D30—2015)第7.2.2条:

$$T_1 = F_s W_1 \sin\alpha_1 - W_1 \cos\alpha_1 \tan\varphi_1 - c_1 l_1$$
$$= 1.2 \times 460 \times \sin25° - 460 \times \cos25° \times \tan10° - 11 \times 10.15$$
$$= 48.12 \text{kN/m}$$

$$\psi_2 = \cos(\alpha_1 - \alpha_2) - \sin(\alpha_1 - \alpha_2)\tan\varphi_2$$
$$= \cos(25° - 11°) - \sin(25° - 11°)\tan10°$$
$$= 0.928$$

$$T_2 = F_s W_2 \sin\alpha_2 + \psi_2 T_1 - W_2 \cos\alpha_2 \tan\varphi_2 - c_2 l_2$$
$$= 1.2 \times 880 \times \sin11° + 0.927 \times 48.12 - 880 \times \cos11° \times \tan10° - 11 \times 11.33$$
$$= -30.81 \text{kN/m}(不向下传递)$$

$$T_3 = F_s W_3 \sin\alpha_3 - W_3 \cos\alpha_3 \tan\varphi_3 - c_3 l_3$$
$$= 1.2 \times 660 \times \sin23° - 660 \times \cos23° \times \tan10° - 11 \times 10.26$$
$$= 89.47 \text{kN/m}$$

故本题选 B。

自 测 模 拟

(第1~5题为单选题,第6~7题为多选题,第8题为案例题)

1.路基位于滑坡前缘时,路基形式宜采用(　　)。

(A)路堑 (B)护脚

(C)路堤 (D)护肩

2. 对软土地基采用排水固结法处理时,下列说法不正确的是(　　)。

(A)可选用袋装砂井或塑料排水板作为竖向排水体

(B)预压期内地基应完成的沉降量不得小于路面设计使用年限末的沉降量

(C)预压期和预压高度应根据要求的工后沉降量或地基固结度确定

(D)真空联合堆载预压可用于高填方路段和桥头路段的软土地基处理

3. 采用抗滑桩防治滑坡设计时,下列做法正确的是(　　)。

(A)抗滑桩桩长度宜小于 25m

(B)抗滑桩宜以双排布置为主

(C)弯矩过大时,应采用预应力锚杆

(D)滑坡推力较大时,应采用矩形截面

4. 软土地区路基针对沉降进行处治设计时,最重要的依据是(　　)。

(A)最终沉降量 　　　　　　　　　(B)固结沉降量

(C)瞬时沉降量 　　　　　　　　　(D)工后沉降量

5. 主固结沉降计算方法应采用(　　)。

(A)分层总和法 　　　　　　　　　(B)灰色理论法

(C)沉降系数法 　　　　　　　　　(D)极限平衡法

6. 采用粒料桩处理地基时,下列要求正确的有(　　)。

(A)相邻桩净距不应大于 4 倍桩径

(B)粒料桩桩料的含泥量不得超过 5%

(C)振冲粒料桩可用于加固十字板抗剪强度小于 20kPa 的地基上

(D)沉管粒料桩可用于加固十字板抗剪强度大于 20kPa 的地基上

7. 采用抗滑挡土墙防治滑坡设计时,下列做法正确的有(　　)。

(A)抗滑挡土墙施工应分段进行

(B)抗滑挡土墙宜设置在滑坡前缘

(C)抗滑挡土墙基础埋深较大、土体稳定性较差时,应采取临时支挡措施

(D)抗滑挡土墙应根据滑坡剩余下滑力和库仑土压力两者之中的小值设计

8. 根据勘察资料和变形监测结果,其滑坡体处于极限平衡状态,且可分为 2 个条块,如下图所示,每个滑块的重力、滑动面长度和倾角分别为:$G_1 = 500kN/m, L_1 = 6.5m, \beta_1 = 27°; G_2 = 800kN/m, L_2 = 5.9m, \beta_2 = 8°$。现假设各滑动面的内摩擦角标准值 φ 均为 $12°$,滑体稳定系数 $K = 1.1$,如采用传递系数法进行反分析求滑动面的黏聚力标准值 c,最接近的值是(　　)。

(A)6.2kPa 　　　　　　　　　　(B)7.3kPa

(C)7.8kPa 　　　　　　　　　　(D)8.6kPa

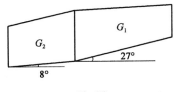

题 8 图

第三章

Chapter 3

﹀

路面工程

思维导图

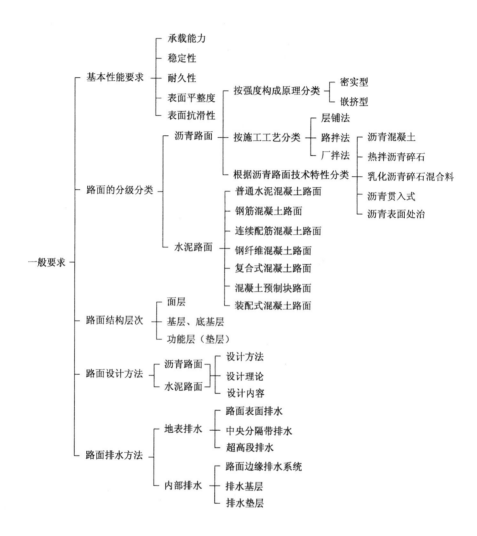

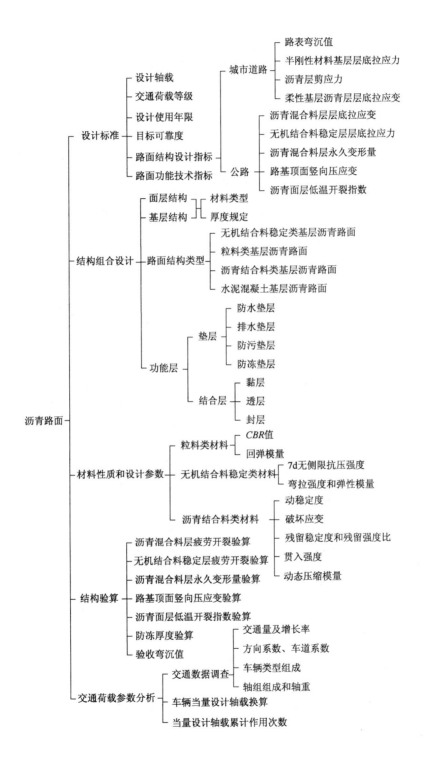

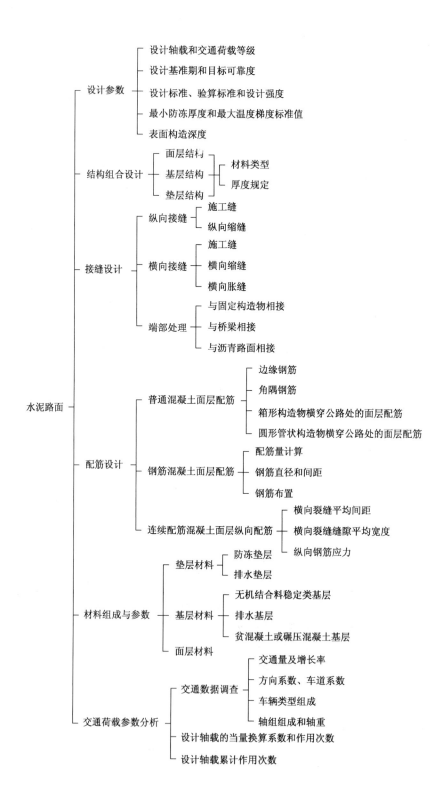

第一节　一　般　要　求

重　点　知　识

路面是在路基顶面的行车部分用各种混合料铺筑而成的层状结构物。沥青路面是用沥青材料作结合料黏结矿料修筑面层与各类基层(有时含功能层)所组成的路面。水泥混凝土路面是指以水泥混凝土作面层(配筋或不配筋)的路面。

一、掌握公路和城市道路路面的基本性能要求及影响因素

1. 路面基本性能要求

1)承载能力

行驶在路面上的车辆,通过车轮把荷载传给路面,在路面结构内部产生应力、应变及位移。如果路面结构整体或某一组成部分的强度或抗变形能力不足以抵抗这些应力、应变及位移,则路面会出现断裂、沉陷,路表面会出现波浪或车辙,使路况恶化,服务水平下降。因此,要求路面结构整体及其各组成部分都具有与行车荷载相适应的承载能力。结构承载能力包括强度与刚度两方面。路面结构应具有足够的强度以抵抗车轮荷载引起的各个部位的各种应力,如压

应力、拉应力、剪应力等,保证不发生压碎、拉断、剪切等各种破坏。路面整体结构或各个结构层应具有足够的刚度,使得在车轮荷载作用下不发生过量的变形,保证不发生车辙、沉陷或波浪等各种病害。

2)稳定性

路面结构袒露在大气之中,经常受到大气温度、降水和湿度变化的影响。结构物的物理、力学性质将随之发生变化,处于另外一种不稳定状态。路面结构能否经受这种不稳定状态,而保持工程设计所要求的几何形态及物理力学性质,称为路面结构的稳定性。路面的稳定性包括高温稳定性、低温稳定性和水稳定性。

3)耐久性

在车辆荷载的反复作用下与大气水温周期性的重复作用下,路面使用性能将逐年下降,强度与刚度将逐年衰变,路面材料的各项性能也可能由于老化衰变,而引起路面结构的损坏。因此,提高路面的耐久性,保持其强度、刚度、几何形态经久不衰,除了精心设计、精心施工、精选材料之外,还要把长年的养护、维护、恢复路面使用性能等工作放在重要的位置。

4)表面平整度

路面表面平整度是影响行车安全、舒适及运输效益的重要使用性能。不平整的路面会增大行车阻力,并使车辆产生附加的振动作用。这种振动作用会造成行车颠簸,影响行车的速度和安全、驾驶的平稳性和乘客的舒适感。同时,振动作用还会对路面施加冲击力,加剧路面和汽车机件的损坏和轮胎的磨损,并增大油料的消耗。而且,不平整的路面还会积滞雨水,加速路面的破坏。因此,为了减少振动冲击力,提高行车速度和增进行车舒适性、安全性,路面应保持一定的平整度。

5)表面抗滑性

路面表面要求平整但不宜光滑,汽车在光滑的路面上行驶时,车轮与路面之间缺乏足够的附着力或摩擦力。雨天高速行车、紧急制动或突然起动、爬坡、转弯时,车轮易产生空转或打滑,致使行车速度降低,油料消耗增多,甚至引起严重的交通事故。对于高速公路高速行车道,要求具有较高的抗滑性能。

2.路面结构的影响因素

1)行车荷载

行车荷载是造成路面结构损伤的主要成因。为了保证设计的路面结构达到预计的功能,具有良好的结构性能,应对行驶的汽车做分析,包括汽车轮重与轴重的大小与特性,不同车辆车轴的布置,设计期限内汽车轴型的分布以及车轴通行量逐年增长的规律,汽车静态荷载与动态荷载特性等。

2)环境因素

路面结构直接暴露在大气之中,除直接承受车轮荷载作用外,还经常受水、温度、阳光、空气等自然因素的影响。其中温度和湿度是对路面结构有重要影响的自然环境因素。路面结构的温度和湿度状况随周围环境的变化而变化,路面体系的性质与状态也随之发生变化。路面材料的强度与刚度随路面结构内部温度和湿度的变化有时会有大幅度的增减。

3)路面材料

路面材料的力学性能对路面的使用性能和使用寿命有重要的影响。路面结构的破坏,不外乎是变形过大或应力超过材料强度而引起的。因此,为了对路面结构进行受力分析,并做到合理地使用路面材料,必须研究路面材料受力时的响应。路面材料的力学特性主要有强度特性、变形累积特性和疲劳特性。

二、掌握路面的分级、分类及相应面层类型

1. 沥青路面

1)按强度构成原理分类

按强度构成原理可将沥青路面分为密实型和嵌挤型两大类。

(1)密实型沥青路面要求矿料的级配按最大密实原则设计,其强度和稳定性主要取决于混合料的黏聚力和内摩阻力,按其空隙率的大小可分为闭式和开式两种。闭式混合料中含有较多的粒径小于 0.6mm 和 0.075mm 的矿料颗粒,空隙率小于6%,混合料致密而耐久;开式混合料中粒径小于 0.6mm 的矿料颗粒含量较少,空隙率大于6%。

(2)嵌挤类沥青路面要求采用颗粒尺寸较为均匀的矿料,路面的强度和稳定性主要依靠骨料颗粒之间相互嵌挤所产生的内摩阻力,而黏聚力则起着次要的作用。按嵌挤原则修筑的沥青路面,其热稳定性较好,但因空隙率较大、易渗水,因而耐久性较差。

(3)按这种混合料网络结构中"嵌挤成分"和"密实成分"所占的比例不同,沥青混合料的组成结构形态有三种典型类型,即密实悬浮结构、骨架空隙结构、密实骨架结构。

2)按施工工艺分类

按施工工艺的不同,沥青路面可分为层铺法沥青路面、路拌法沥青路面和厂拌法沥青路面三类。

(1)层铺法沥青路面是用分层洒布沥青,分层铺撒矿料和碾压的方法修筑的沥青路面。用这种方法修筑的沥青路面有沥青表面处治和沥青贯入式两种。

(2)路拌法沥青路面是在路上用机械将矿料和沥青材料就地拌和摊铺和碾压密实而成的沥青面层。此类面层所用的矿料为碎(砾)石者称为路拌沥青碎(砾)石路面;所用的矿料为土者称为路拌沥青土路面。

(3)厂拌法沥青路面是将规定级配的矿料和沥青材料在工厂用专用设备加热拌和,然后送到工地摊铺碾压而成的沥青路面。厂拌法沥青路面按混合料铺筑温度的不同,又可分为热拌摊铺和温拌摊铺两种。

3)根据沥青路面技术特性分类

根据沥青路面的技术特性,沥青面层可分为沥青混凝土、热拌沥青碎石、乳化沥青碎石混合料、沥青表面处治、沥青贯入式五种类型。

(1)沥青混凝土路面是指用沥青混凝土作面层的路面。

(2)热拌沥青碎石路面是指用沥青碎石作面层的路面。

(3)乳化沥青碎石混合料路面是以乳化沥青为结合料,采用冷拌方式形成的混合料作面层的路面。

(4)沥青表面处治路面是用沥青和集料按层铺法或拌和法铺筑而成的沥青路面。

(5)沥青贯入式路面是指用沥青贯入碎(砾)石作面层的路面。

2. 水泥混凝土路面

1) 普通水泥混凝土路面

普通水泥混凝土路面是指除接缝区和局部范围外,面层内均不配筋的水泥混凝土路面,也称素混凝土路面。与其他水泥混凝土路面相比,其构造上的主要特征如下:

(1) 板内基本不配筋,或只按构造在局部薄弱环节配置少量加强钢筋。

(2) 除个别特殊位置外,板被主动切割出纵横向正交接缝,横缝间距为 4~6m,冬季低温情况下,材料产生收缩,将沿设定的接缝位置释放变形。

2) 钢筋混凝土路面

钢筋混凝土路面是指面层内配置纵、横向钢筋或钢筋网并设接缝的水泥混凝土路面。配置钢筋的目的并非为增加板体的抗弯拉强度而减薄面板的厚度,而是为了确保混凝土路面板在产生裂缝之后保持裂缝紧密接触,裂缝宽度不会扩张。

3) 连续配筋混凝土路面

连续配筋混凝土路面是指面层内配置纵向连续钢筋和横向钢筋,横向不设缩缝的水泥混凝土路面。在路面纵向配有足够数量的不间断连续钢筋,可控制混凝土路面板因纵向收缩而产生的横向裂缝的宽度。因此连续配筋混凝土路面不设横向胀缝和缩缝,形成一完整和平坦的行车表面,改善了行车平顺性,同时增加了路面板的整体强度。

4) 钢纤维混凝土路面

钢纤维混凝土路面是指在混凝土面层中掺入钢纤维的水泥混凝土路面。钢纤维混凝土是一种性能优良的路面材料,它能显著提高混凝土的抗拉强度、弯拉强度、抗冻性、抗冲击、抗磨耗、抗疲劳等性能,应用在路面工程中,可以明显减小路面板厚度,改善路用性能。

5) 复合式混凝土路面

复合式混凝土路面是指面层由两层不同材料类型和力学性质的结构层复合而成的路面。根据复合式混凝土路面上下层板之间结合程度的不同,可分为结合式、分离式和部分结合式三种。

6) 混凝土预制块路面

混凝土预制块路面是指面层由水泥混凝土预制块铺砌成的路面。铺筑路面的块料由高强水泥混凝土材料预制而成。这种路面结构由面层、砂整平层(厚 0.03m)和基层组成,基层类型同普通混凝土路面。

7) 装配式混凝土路面

装配式混凝土路面是在工厂中把混凝土预制成板块,然后运至工地现场装配而成。装配式混凝土路面较适用于城市道路、厂矿道路、大型基建场地、停车站场和软弱路基上,在公路上一般不宜采用。

三、掌握路面的结构层次与功能

1. 公路

公路沥青路面结构由面层、基层、底基层和必要的功能层组合而成。面层采用不同材料分层铺筑时,可分为表面层、中面层和下面层。

（1）面层应具有平整、抗车辙、抗疲劳开裂、抗低温开裂和抗水损坏等性能，表面层混合料尚应具有抗滑和耐磨损性能，密级配沥青混合料表面层应具有低透水性能。

（2）基层和底基层应具有足够的承载能力、抗疲劳开裂性能、足够的耐久性和水稳定性。沥青结合料类和粒料类基层尚应具有足够的抗永久变形能力。

（3）功能层应具有提高路基顶面回弹模量、改善路基湿度状况，防水、排水、防冻、防污，增加路面结构层之间的结合度的性能。

公路水泥混凝土路面结构由面层、基层、底基层、垫层组合而成。

（1）面层应具有足够的强度和耐久性，表面应抗滑、耐磨、平整。

（2）基层和底基层应具有足够的抗冲刷能力和适当的刚度。

（3）垫层应具有提高路基顶面回弹模量、改善路基湿度及温度状况的能力。

2.城市道路

城市道路路面结构由面层、基层与垫层组成。

（1）面层应具有良好的结构强度、高温稳定性、低温抗裂性、抗疲劳、抗水损害及耐磨、平整、抗滑、低噪声等表面特性。

（2）基层应具有足够的强度、扩散荷载能力以及水稳定性和抗冻性。

（3）垫层应具有一定的强度和良好的水稳定性。

双层式沥青面层结构分为表面层、下面层；三层式沥青面层结构分为表面层、中面层、下面层；单层式面层应加铺封层，或者铺筑微表处作为抗滑磨耗层。

四、掌握路面的设计方法与内容

1.路面的设计方法

1）沥青路面

沥青路面设计方法可分为经验法和力学—经验法等。

（1）经验法主要通过对试验路或使用道路的试验观测，建立路面结构（结构层组合厚度和材料性质）、车辆荷载（轴载大小及作用次数）和路面使用性能三者之间的关系，如美国的加州承载比（CBR）法和美国各州公路及运输工作者协会（AASHTO）法。

（2）力学—经验法应用力学原理分析路面结构在荷载与环境作用下的力学响应量（应力、应变、位移），建立力学响应量与路面使用性能之间的关系模型，运用关系模型完成结构设计。我国现行的沥青路面设计方法、美国的沥青学会（AI）法和壳牌（Shell）法均为力学—经验法。

我国沥青路面结构力学指标计算采用双圆均布垂直荷载作用下的弹性层状连续体系理论。沥青路面设计主要控制沥青混合料层疲劳开裂损坏、无机结合料稳定层疲劳开裂损坏、沥青混合料永久变形、路基永久变形，以及季节性冻土地区的路面开裂。

2）水泥路面

水泥混凝土面板具有较高的力学强度，在车辆荷载作用下变形小，按照现行的设计理论，混凝土板在弹性阶段工作，因此在力学图式上可以把水泥混凝土路面结构看成是弹性地基上的小挠度薄板，用弹性地基板进行分析计算。

路面结构设计方法可大致分为经验—力学法和力学—经验法两类。我国水泥混凝土路面结构设计方法属于力学—经验法。按设计指标和参数分为确定型或概率型。

(1)确定型设计法是水泥混凝土路面传统的设计方法,即输入定值的材料和结构参数、交通参数及环境参数等,通过结构计算得到在设计使用期内满足设计指标要求所需的面层厚度。《公路水泥混凝土路面设计规范》(JTJ 012—1994)采用的设计方法即为一种确定型的设计方法。

(2)概率型设计方法引入可靠度的概念,将材料和结构参数的变异性及交通荷载参数的变异性引入结构设计方法,可以估计设计方法的总方差及各项设计变量的不确定性在总方差中所占的比重,并使设计结果同施工质量管理和控制水平相关联,从而可以更确切地选定路面结构的相关参数,有针对性地提出改善主要设计参数变异性的设计或施工措施。《公路水泥混凝土路面设计规范》(JTG D40—2002)及目前使用的《公路水泥混凝土路面设计规范》(JTG D40—2011)均引入了结构可靠度的概念,改确定型设计方法为概率型设计方法。

我国水泥混凝土路面结构分析采用弹性地基板理论。除粒料类基层外,其他各类基层与混凝土面层应按分离式双层板模型进行结构分析。粒料类基层及各类底基层和垫层,应与路基一起视作多层弹性地基,以地基顶面当量回弹模量表征。

2. 路面的设计内容

1)沥青路面

沥青路面设计内容主要包括原材料的调查与选择、沥青混合料配合比以及基层材料配合比设计、各项设计参数的测试与选定、路面结构组合设计、路面结构层验算以及路面结构方案的比选等。

(1)各结构层材料组成设计。针对各结构层在路面结构中所起的作用,依据当地材料供应情况,选择满足结构层性能要求的混合料,进行原材料的选择、混合料配合比设计和设计参数的测试与确定。通过材料组成设计,使沥青面层具有足够的高温抗车辙、低温抗开裂、抗老化性能,同时满足平整度、抗滑、抗疲劳等要求,基层具有稳定、耐久、较高的承载能力,各功能层达到规定的功能要求。

(2)沥青路面结构组合设计。根据道路的交通繁重程度,结合当地环境条件和材料供应情况,合理选择和安排沥青路面的结构层次,包括功能层、基层和面层的结构类型和厚度。各结构层按照强度和刚度自上而下递减的规律,以使各结构层材料的效能得到充分发挥,防止或减轻沉陷、车辙开裂等病害,承受预期交通荷载作用,满足使用性能要求。另外,还需进行必要的路肩设计和排水设计。

(3)沥青路面结构验算。根据道路等级、材料类型与参数及当地的气候水文地质条件,应按设计标准的要求,确定满足设计年限内使用要求所需的沥青路面各层厚度和路面结构方案。

(4)沥青路面改建设计。在对路面现有结构状况和强度调查基础上,判断是否需要加强或预估剩余使用寿命,分析路面损坏的原因及提出处理措施,选定改建方案。

(5)桥面铺装设计。主要包括水泥混凝土桥面铺装和钢桥面铺装设计。

2)水泥路面

水泥混凝土路面设计包括结构组合设计、结构层厚度设计、材料组成设计、接缝构造设计、钢筋配置设计、设计方案的技术经济论证等内容。

(1)结构组合设计。按使用要求和当地条件,选择行车道和路肩的结构层类型和层次以及各结构层的组成材料类型和厚度,并选择和布设路面表面和内部排水设施,组合成初步拟定的路面结构。

(2)结构层厚度设计。通过力学计算和损坏预估分析,对初步拟定的路面结构进行验证和修正,使之满足预定的使用性能要求,由此确定各结构层和路面结构所需的设计厚度。

(3)材料组成设计。依据各结构层的功能要求和力学性质要求,选择合适的组成材料,进行混合料组成设计和性质测试。

(4)接缝构造设计。确定面层板块的平面尺寸,选择和布设接缝的类型和位置,设计接缝的构造(传荷装置和填缝料)。

(5)钢筋配置设计。确定特殊部位、钢筋混凝土面层或连续配筋混凝土面层的配筋量和钢筋布置。

(6)设计方案的技术经济论证。对高等级、极重和特重交通荷载或有特定使用要求的混凝土路面提出的备选设计方案,进行寿命周期费用分析,依据资金筹措情况、目标可靠度要求以及其他非经济因素,选择费用—效果最佳方案。

此外,还需进行路面表面特性设计,提供满足抗滑、耐磨或低噪声要求的技术措施。

五、熟悉汽车荷载和环境影响因素对路面的影响

1. 汽车荷载对路面的影响

1)汽车对路面的静态作用

汽车对道路的作用可分为停驻状态和行驶状态两种状态下的作用。当汽车处于停驻状态时,对路面的作用为静态作用,主要是由轮胎传给路面的垂直压力,它的大小受汽车轮胎的内压力、轮胎的刚度和轮胎与路面的接触形状、轮载大小等因素的影响。

轮胎的刚度随轮胎的新旧程度而有所不同,接触面的形状和轮胎的花纹也会影响接触压力的分布,一般情况下,接触面上的压力分布不均匀。在路面设计中,通常会忽略上述因素的影响,而直接取内压力作为接触压力,并假定压力在接触面上均匀分布。轮胎与路面的接触形状在工程设计中以圆形接触面积表示。将车轮荷载简化为当量的圆形均布荷载,并采用轮胎内压力作为轮胎接触压力 p。对于双轮组车轴,若每一侧的双轮用一个圆表示,称为单圆荷载;如用两个圆表示,则称为双圆荷载。

2)汽车对路面的动态作用

当汽车处于行驶状态时除了给路面施加垂直静压力之外,还给路面施加水平力。此外,由于汽车以较快的速度通过,这些动力影响还有瞬时性的特征。

汽车在道路上匀速行驶,车轮受到路面给它的滚动摩阻力,路面也相应受到车轮施加于它的一个向后的水平力;汽车在上坡行驶,或者在加速行驶过程中,为了克服重力与惯性力,需要给路面施加向后的水平力,相应在下坡行驶或者在减速行驶过程中,为了克服重力与惯性力的作用,需要给路面施加向前的水平力。汽车在弯道上行驶,为了克服离心力,保持车身稳定不产生侧滑,需要给路面施加侧向水平力。特别是在汽车启动和制动过程中,施加于路面的水平力相当大。

路面表面必须保持足够的附着系数,这是保证正常行车的重要条件。但是从路面结构本身来看,附着系数的大小直接关系着结构层承受的水平荷载。在水平荷载的作用下,结构层产

生复杂的应力状态,特别是面层结构,直接承受水平荷载作用,若面层抗剪强度不足,将会导致推挤、拥包、波浪、车辙等破坏现象。

3)汽车对路面的重复作用

汽车荷载对路面的多次重复作用也是一项重要的动态影响。路面承受一次轮载作用和承受多次重复轮载作用的效果并不一样。对于弹性材料,在重复荷载作用下,呈现出材料的疲劳性质,也就是材料的强度将随荷载重复次数的增加而降低。对于弹塑性或黏弹性材料,如土基和柔性路面,在重复荷载作用下,将呈现出变形的逐渐增大,称为变形的累积。所以对于路面设计,不仅要重视静轴载与动轴载的量值,还要重视道路通行的各类轴载的数量。

道路上通行的车辆不仅具有不同的类型和轴重,而且通行的交通量也是变化的。因此,交通量与交通荷载组成均是随机变量,随着时间、地点以及年限的不同都在变化。路面结构设计中,为了准确衡量交通量,使交通量具有可比性,并准确考虑和计算车辆荷载对路面的综合累计损伤作用,必须分车型和轴型调查,确定各车型和轴型间的关系,寻求其换算系数,并通过适当的方式将不同车型和轴型换算成标准车型与轴型。

2. 环境因素对路面的影响

路面结构直接暴露在大气之中,经受环境因素的影响。温度和湿度是对路面结构有重要影响的环境因素,路面结构的温度和湿度状况随周围环境的变化而变化,路面性质和状态也随之发生变化。

1)温度对路面的影响

沥青混凝土及其他沥青混合料的强度、刚度和变形能力随气温的变化而产生明显变化。温度升高时,沥青的黏滞度降低,矿料之间的黏结力削弱,导致沥青强度降低;沥青路面在低温时强度虽然增大,但其变形能力却因刚性的增大而降低。气温下降,特别是急骤降温时,会在路面结构上产生温度梯度,路面面层遇降温而收缩的趋势会受到其下部层次的约束在面层产生拉应力,开始时由于沥青混合料的劲度相对较低,其拉应力较小,但是随着进一步降温,在低温状态下,沥青混合料的劲度增加,从而伴随着收缩趋势的进一步增强,导致拉应力超过沥青混凝土的强度,造成面层开裂。

水泥混凝土路面受温差影响,由于温差所引起的体积变化如果受到约束,将会产生很大的温度应力,通常将水泥混凝土路面划分为一定尺寸的板块,设置接缝来减小温度应力。温度升高时,板顶面温度较其底面高,板顶膨胀变形较板底大,则中部隆起,气温升高引起的中部隆起受到限制时,板底面出现拉应力。温度下降时,板顶面温度较其底面板低,板顶收缩变形较板底大,因而板的边缘翘起,当温度下降引起的板四周翘起受阻时,板顶面出现拉应力。因此,昼夜温度梯度的变化会使面板出现膨胀和收缩变形趋势,导致白天隆起、夜晚下凹,称为温度翘曲,翘曲变形受阻会导致路面板产生膨胀或翘曲应力,因此,温度是水泥混凝土路面必须考虑的因素。

2)湿度对路面的影响

路基土和路面材料的强度与刚度随路面结构湿度的变化有时会有大幅度的增减,路基土和路面材料的体积随路面结构湿度的升降而产生膨胀和收缩,且沿路面结构深度呈不均匀变化,如果这种不均匀的胀缩受到约束,路面结构会产生湿度应力,加之,路基土和路面材料几何性质和物理性质随路面结构湿度产生变化,使得路面结构设计复杂化。

路面结构的强度、刚度及稳定性在很大程度上取决于路基的湿度变化。如在北方季节性冰冻地区,冰冻开始时,路基水分向冻结线积聚形成冻胀,春暖融冻初期形成翻浆的现象较普遍;在南方非冰冻区,当雨季来临时,未能及时排除的地面积水和离地面很近的地下水将路基土浸润而软化,路基的软化将进一步影响路面结构层强度、刚度和稳定性。

面层的透水性对路面湿度有很大影响,若采用不透水的面层结构,将减少降水和蒸发的影响。在道路完工二、三年内,路面结构湿度逐渐趋于稳定,对于透水的面层结构,若不做专门处理,则路面结构湿度状况将受到降水和蒸发的影响而产生季节性的变化。

路肩以下路基湿度的季节性变化对路面结构也有影响。通常在路面边缘以内 1m 左右,湿度开始增大,直至路面边缘与路肩下的湿度相当。路肩如果经过处治,防止雨水渗入,则路面下土基湿度将趋向于稳定,从而保证路面结构层稳定。

六、熟悉路面排水设计

路面的强度和稳定性与水的关系十分密切,水是引发路面病害的主要因素之一,因此必须重视路面排水设计,包括地表排水设计和路面内部排水设计两部分。

1. 地表排水设计

1)路面表面排水设计

(1)路堑地段路面表面水应通过横向排流的方式汇集于边沟内。

(2)路堤较高且边坡坡面未做防护,或坡面虽有防护措施但仍有可能冲刷的路段,应采用路面集中排水系统排除路表水。

(3)路线纵坡平缓、汇水量不大、路堤较低且边坡坡面不易受到冲刷的路段,以及设置了具有截、排水功能的骨架护坡的高填方路段,可采用路面横向分散漫流排水方式排除路表水。

(4)设置拦水带汇集路表水时,高速公路及一级公路的设计积水宽度不得超过右侧车道边缘;二级及二级以下公路不得超过右侧车道中心线。当硬路肩宽度较窄、汇水量大或拦水带形成的过水断面不足时,可采用沿土路肩设置 U 形路肩边沟等措施加大过水断面。路肩边沟宜采用水泥混凝土等预制件铺筑。

(5)采用路面横向分散漫流方式排除路表水时,宜对土路肩及坡面进行加固。

2)中央分隔带排水设计

(1)中央分隔带表面未采用铺面封闭时,分隔带内部宜设置由防水层、纵向排水渗沟、集水槽和横向排水管等组成的防排水系统,如图 3-1-1 所示。宽度大于 3m 的中央分隔带表面宜设置成浅碟形,横向坡度宜为 1:4~1:6。

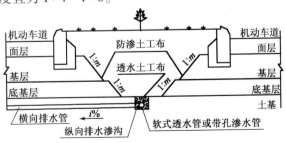

图 3-1-1 未设铺面中央分隔带防排水系统示意图

（2）中央分隔带排水渗沟在通信管道之下，渗沟顶面与回填土之间应设置反滤层，渗沟两侧及底部应设置防水层。宜采用管式渗沟，渗沟材料及设计符合相关规定，横向排水管宜采用直径为 100～200mm 的塑料管。

（3）降雨量较小、中央分隔带较窄时，中央分隔带可采用表面铺面封闭分散排水。分隔带铺面应采用两侧外倾的横坡，坡度宜与横向坡度相同，铺面材料可采用沥青处治材料或其他封闭材料，如图 3-1-2 所示。

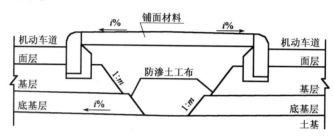

图 3-1-2　设铺面中央分隔带防排水系统示意图

（4）中央分隔带回填土与路面结构之间应设置防水层。

3）超高段排水设计

（1）超高段外侧排水，可根据降雨量及路面宽度，采取经内侧路面排除或设置地下水设施排除方案，并应符合以下规定：

①年降水量小于 400mm 的地区，双向四车道公路，可采用在中央分隔带设开口明槽方案，路面水流经内侧路面排除。

②年降水量大于或等于 400mm 的地区，或车道数超过四车道时，外侧路面水宜通过地下排水系统排除。

（2）超高路段的地下排水系统由纵向集水沟（管）、集水井、检查井、横向排水管、急流槽等组成。

（3）纵向集水沟（管）、集水井及检查井等排水设施应在中间带内设置，不得侵入行车道。

（4）纵向集水沟（管）可采用缝隙式集水沟（管）、碟形浅沟或设带孔盖板的矩形沟等形式。沟底纵坡宜与路线纵坡一致，且不应小于 0.3%。

（5）集水井的形式、数量和间距应根据超高路段的外侧半幅路面汇水面积、流量及出水口的泄流能力确定。集水井的间距宜为 20～50m，纵向集水沟（管）串联集水井的个数不宜超过 3 个。路线纵坡小于 0.3% 的路段，可增加集水井数量。

（6）纵向集水沟、集水井及检查井等的盖板材料应采用钢筋混凝土、铸铁或钢筋加强的复合材料，材料强度和盖板厚度应根据设计汽车荷载等级计算确定。

2. 路面内部排水设计

1）一般规定

（1）路面内部排水系统可由路面边缘排水系统、排水基层或排水垫层单独或组合构成。

（2）遇到下列情况之一，宜设置路面内部排水系统：

①年降水量为 600mm 以上的湿润多雨地区，路床由渗透系数不大于 10^{-4}mm/s 的细粒土填筑的高速公路、一级或重要的二级公路。

②路基两侧有滞水,可能渗入路面结构内。

③重冰冻地区,路床为粉性土的潮湿路段。

④现有公路路面改建或路基改善工程,需排除积滞在路面结构内的水。

(3)路面内部排水设计符合以下规定:

①路面内部排水系统中各种排水设施的设计排泄量均应不小于路面表面水渗入量的2倍,下游排水设施的泄水能力应超过上游排水设施的泄水能力。

②排水设施应能避免被从路面结构、路基或路肩中渗流带来的细颗粒堵塞。

③系统的排水功能不应随时间快速降低。

(4)路表面渗入路面结构的水量大,仅设置路面边缘排水系统难以迅速排除时,可在面层下设置排水基层,地下水丰富的低填和挖方路段的路基顶面应设置排水垫层。

(5)行车道路面表面水渗入路面结构的量,可按路面类型分别由下列公式计算确定:

水泥混凝土路面
$$Q_p = K_c \left(n_z + n_h \frac{B}{L_c} \right) \qquad (3\text{-}1\text{-}1)$$

沥青路面
$$Q_p = K_a B \qquad (3\text{-}1\text{-}2)$$

式中:Q_p——纵向每延米行车道路面表面水渗入量$[\mathrm{m^3/(d \cdot m)}]$;

$\quad K_c$——每延米水泥混凝土路面接缝或裂缝的表面水设计渗入率$[\mathrm{m^3/(d \cdot m)}]$,可取为$0.36\mathrm{m^3/(d \cdot m)}$;

$\quad K_a$——每平方米沥青路面的表面水设计渗入率$[\mathrm{m^3/(d \cdot m)}]$,可取为$0.15\mathrm{m^3/(d \cdot m)}$;

$\quad B$——单向坡度路面的宽度(m);

$\quad L_c$——水泥混凝土路面的横缝间距(即板长)(m);

$\quad n_z$——B范围内纵向接缝的条数(包括路面与路肩之间的接缝);对不设置中央分隔带的双向横坡路段,公路路脊处的接缝(全幅中间接缝)按0.5条计;对设置中央分隔带的非超高路段,路面与中央分隔带间的接缝按1条计;

$\quad n_h$——L_c范围内横向接缝和裂缝的条数。

2)路面边缘排水系统

路面边缘排水系统应沿路面结构外侧边缘设置,由透水性填料集水沟、纵向排水管(带孔)、横向出水管(不带孔)和过滤织物等组成,如图3-1-3所示。

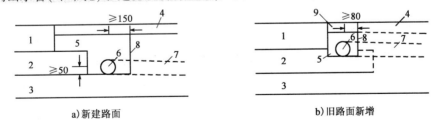

a)新建路面　　　　　　　　　　b)旧路面新增

图3-1-3　边缘排水系统示意图(尺寸单位:mm)

1-面层;2-基层;3-垫层;4-路肩面层;5-集水沟;6-排水管;7-出水管;8-反滤织物;9-回填路肩面层

3)排水基层和排水垫层

(1)透水性排水基层应直接设置在面层下,排水基层下应设置不透水层阻截自由水的下渗。排水基层可采用横贯路基整个宽度的形式,也可采用在排水基层边缘设置边缘排水系统的形式。

（2）排水基层可采用水泥或沥青处治的不含或含少量粒径4.75mm以下细料的开级配碎石材料，也可采用未经结合料处治的开级配碎石材料。

（3）排水基层厚度 H_b 应根据所需排放的水量和基层材料的渗透系数，通过式（3-1-3）计算确定，并满足最小厚度的要求。采用沥青处治碎石时，最小厚度不得小于60mm；采用水泥处治碎石时，最小厚度不得小于80mm；采用级配碎石时，最小厚度不得小于120mm。排水基层的宽度应根据面层施工需要确定，宜超出面层宽度300~900mm。

$$H_b \geqslant \frac{Q_{cb}}{k_b i_h} \tag{3-1-3}$$

式中：Q_{cb}——纵向每延米排水基层的泄水能力 $[m^3/(d \cdot m)]$；

$\qquad k_b$——排水基层设计渗透系数（m/d）；

$\qquad i_h$——基层横坡。

（4）渗入水在路面结构内的最大渗流时间，冰冻地区不应超过1h，其他地区不应超过2h。渗入水在排水基层内的渗流时间可按式（3-1-4）计算确定。

$$T \approx 0.69 \frac{n_e L_t}{k_b J_0} \tag{3-1-4}$$

其中

$$L_t = B \sqrt{1 + \frac{i_z^2}{i_h^2}} \tag{3-1-5}$$

式中：T——渗流时间（h）；

$\qquad n_e$——排水基层的有效空隙率；

$\qquad L_t$——渗流路径长（m）；

$\qquad k_b$——排水基层的渗透系数（m/s）；

$\qquad J_0$——路面合成坡度；

$\qquad i_z$——基层纵坡。

（5）排水垫层宜选用开级配集料（砂或砂砾石）。排水垫层宜采用横贯路基整个宽度的形式，也可采用结合边缘排水系统的形式，其厚度不宜小于0.15m。路基为路堑或半路堑时，挖方坡脚处还应设置纵向集水沟和排水管。

七、了解路面的破坏形式与原因及路面材料与试验方法

1. 路面破坏形式与原因

1）沥青路面

（1）裂缝

沥青路面出现的裂缝按其成因不同分为横向裂缝、纵向裂缝和网状裂缝等类型。裂缝是沥青路面主要的破损形式。

横向裂缝是指垂直于行车方向的裂缝。非交通荷载型裂缝分为以下两种情况：沥青面层温度裂缝和基层反射裂缝。沥青面层温度缩裂多发生在冬季。当沥青面层中由于温度变化产

生的拉应力(拉应变)超过其在该温度时的抗拉强度(抗拉应变)时,沥青面层即发生断裂。基层反射裂缝是指无机结合料基层先于沥青面层开裂,在交通荷载应力与温度应力的共同作用下,在基层开裂处的沥青面层底部产生应力集中而导致面层底部开裂,而后逐渐向上扩张致使裂缝贯穿沥青面层全厚度。非交通荷载型横向裂缝是无机结合料稳定类基层沥青路面横向裂缝的主要形式。

纵向裂缝是指平行于行车方向的裂缝。纵向裂缝产生的原因有三个:第一是沥青面层分路幅摊铺时,两幅接茬处未处理好,在车辆荷载与大气因素作用下逐渐开裂;第二是由于路基压实度不均匀或由于路基产生不均匀沉陷而引起的;第三是行车轮迹带边缘高压轮胎引起的沥青路面表层疲劳开裂。

疲劳开裂是沥青结构层受车轮荷载的反复弯拉作用,使沥青结构层产生的拉应变(或拉应力)值超过材料的疲劳强度而开裂,并逐渐发展。沥青路面疲劳开裂是沥青路面的主要破坏形式,因此控制沥青路面疲劳开裂是路面设计的主要任务。沥青结构层达到临界疲劳状态时所承受的荷载重复次数称为疲劳寿命。某一种路面结构层疲劳寿命的大小,主要取决于所受到的重复应变(或应力)大小,同时也与路面的环境因素有关。通过室内试验和现场路段的观测,可以建立路面或结构层材料承受重复荷载次数与重复应变(或应力)大小之间的关系即疲劳方程或疲劳曲线。因而可根据路面的设计使用年限求得累计荷载作用次数,由疲劳方程确定路面结构层所容许的重复应变(或应力)的大小。

(2)车辙

车辙是在车辆反复碾压作用下路面结构产生的塑性累积变形,是路面的结构层及土基在行车荷载重复作用下的补充压实以及结构层材料的侧向位移产生的累积永久变形。车辙一般产生在温度较高的季节。由于车辙出现在行车轮迹处,其表现为路面的纵向带状凹陷。当车辙达到一定深度时,辙槽积水,极易导致交通事故。

对于柔性基层(沥青类和粒料类基层)沥青路面结构,车辙主要来源于沥青路面结构层和路基土的塑性变形。对于我国常用的无机结合料稳定类基层沥青路面,由于无机结合料稳定材料基层具有较大的刚度,路面的永久变形主要发生在沥青面层中,主要应从提高沥青面层材料的高温稳定性着手防治车辙。

沥青路面的使用寿命较长,即使每次行车荷载作用产生的残余变形量很小,但多次重复作用累积起来的残余变形总和也会很大,足以影响车辆的正常行驶。

由此,沥青路面的车辙与荷载应力大小、重复作用次数以及结构层和土基的性质有关。

车辙也是沥青路面的主要破坏形式,因此控制沥青路面车辙也是路面设计的主要任务。

(3)推移

当沥青路面受到车轮较大的水平荷载作用时(如车辆经常启动或制动路段及弯道、坡度变化处等),路面表面可能出现推移和拥起。造成这种破坏的原因是,车轮荷载引起的垂直力和水平力的综合作用,使结构层内产生的剪应力超过材料的抗剪强度,同时也与行驶车轮的冲击、振动有关。

为防止沥青面层表面产生推移和拥起,可用面层抗剪强度标准控制设计,也就是在车轮的垂直力和水平力的共同作用下,面层中可能产生的最大剪应力应不得超过材料的容许剪应力。这项设计标准通常用于停车站、交叉口等车辆频繁制动地段及紧急制动路段高温情况下的沥青路面设计。对于与沥青混合料的黏聚力和内摩擦角有关的容许剪应力,其取值应考虑路面的温度状况。

(4)低温缩裂

路面结构中某些整体性结构层在低温时由于材料收缩受限制而产生较大的拉应力,当它超过材料相应条件下的抗拉强度时便产生开裂。由于路面的纵向尺度远大于横向,低温收缩时侧向约束不大,故这种开裂一般为横向间隔性的裂缝,严重时才发展为纵向裂缝。在冰冻地区,沥青面层和用无机结合料稳定的整体性基层,冬季可能出现这种开裂。

(5)松散剥落

松散剥落是指沥青从矿料表面脱落的现象,即在辆的作用下沥青面层呈现松散状态,以致从路面剥落形成坑凹。产生松散剥落的原因主要是由于沥青与矿料之间的黏附性较差,在水或冰冻的作用下,沥青从矿料表面剥离所致。产生松散剥落的另一种可能性是由于施工中混合料加热温度过高,致使沥青老化失去黏性。松散剥落主要在沥青混合料组成设计与性能验证阶段考虑。

(6)表面磨光

表面磨光是沥青路面在使用过程中,在车轮反复滚动摩擦的作用下,集料表面被逐渐磨光,有时还伴有沥青的泛油,从而导致沥青面层表面光滑的现象。表面磨光的路面在雨季易引起事故。表面磨光的内在原因是集料质地软弱、缺少棱角,或矿料级配不当,粗集料尺寸偏小、细料偏多,或沥青用量偏多等。表面磨光主要在沥青混合料原材料选择、组成设计与性能验证阶段考虑。

(7)路面弯沉过大

路面弯沉是路面在垂直荷载作用下产生的垂直变形。一般认为,路面弯沉不仅能够反映路面各结构层及土基的整体强度和刚度,而且与路面的使用状态存在一定的内在联系,同时弯沉值的测定也比较方便。但是弯沉并不能与路面具体病害建立力学对应关系,且无法作为对比不同路面结构使用寿命或者性能的依据。由于路面结构类型的多样性和路面性能影响因素的复杂性,我国现行沥青路面设计规范仅将其作为路基和路面的验收指标。

2)水泥混凝土路面

水泥混凝土路面常见的破坏有:裂缝、板边缘和角隅的损坏、接缝的损坏、板面磨损和错台等。按破坏形式可分为以下四类:

第一类是裂缝类,包括横向裂缝、纵向裂缝、斜向裂缝、交叉裂缝、板角断裂和网裂。

第二类是变形类,包括沉陷、胀起等。

第三类是接缝损坏类,包括接缝碎裂、填缝料损坏、接缝张开、错台、唧泥、拱起。

第四类是表面损坏类,包括裂纹、网裂、起皮、磨损、露骨、坑槽、孔洞、磨光等。

此外,还有修补类损坏。

(1)断裂

水泥混凝土路面由于路面板内应力超过了混凝土强度而出现的横向和纵向断裂裂缝,或者角隅处的折断裂缝都属于断裂。面板越薄、荷载越大,板产生的弯拉应力就越大,当弯拉应力超过混凝土的极限抗弯拉强度时,混凝土板便产生断裂裂缝。断裂产生的主要原因为:在荷载的反复作用下,路面板会产生疲劳破坏,混凝土疲劳可能在两条横缝之间的路面边缘中间处引起横向开裂,也可能在横缝轮迹处,一般是在靠近板中心线的轮迹处引起纵向开裂;板的平面尺寸太大,引起较大的温度翘曲应力;地基过量塑性变形使板底脱空失去支承;养生期间收缩应力过大,材料或施工质量不佳使混凝土未能达到设计要求等,都可能导致路面板断裂的出现。断裂的出现,破坏了面板的结构整体性,使板丧失了大部分以至全部承载能力。因而,通常将断裂看作是水泥混凝土面层结构破坏的临界状态。

在施工过程中因原材料、配合比、施工工艺不符合要求也会产生混凝土板的断裂,多为横向裂缝。

（2）接缝碎裂

水泥混凝土路面板接缝两侧斜的剪切挤碎现象称为接缝碎裂。混凝土路面常见的接缝形式为纵缝和横缝,横缝又分为胀缝和缩缝两种。胀缝的宽度随气温而变化,当气温上升时缝中的填料被挤出;当气温下降时性能较差的填缝料不能恢复,使缝中形成空隙,因而泥沙、石屑等杂物侵入,成为板块伸胀时的障碍。挤入的硬物将引起板边胀裂,雨水便能沿此空隙渗入,损坏基层和垫层,造成路面接缝处的变形和破损。缩缝的变化相对较小,但经过若干次冻胀,也会把假缝折断成真缝,再加之填料的老化,同样会造成胀缝等隐患。

（3）拱起

混凝土路面板在热膨胀受阻时,接缝两侧的板突然向上拱起。这主要是板收缩时接缝缝隙张开,填缝料失效,硬物嵌入缝内,致使板受热膨胀时产生较大的热压应力,从而出现这种纵向屈曲失稳现象。采用膨缩系数较大的石料作粗集料,容易引起板块拱起,因此选择合适的集料是防止拱起的首要方法。

（4）错台

错台是接缝两侧路面板端部出现的竖向相对位移。当胀缝下部填缝板与上部缝槽未能对齐,或胀缝两侧混凝土壁面不垂直,会使缝旁两板在伸胀挤压过程中上下错位而形成错台。横缝处传荷能力不足,车轮经过时相邻板端部分出现挠度差,使沿接缝下渗的水带着路面板与基层之间的碎屑挤向后方,使后方板板端抬起。当交通量或地基承载力在横向各块板上分布不均匀,各块板沉陷不一致时,纵缝处也会产生错台现象。错台的出现,降低了行车的平顺性和舒适性。

（5）唧泥和冲刷

车辆行经接缝或裂缝时,由缝内喷溅出稀泥浆的现象,称为唧泥。在轮载的频繁作用下,基层产生的塑性变形累积导致其与混凝土板脱离接触,水分沿缝隙下渗而积聚在脱空的间隙内,在轮载作用下积水变成有压水,并同基层内浸湿的细料混搅成泥浆,再沿缝隙喷溅出来。唧泥的出现,使路面板边缘部分失去支承,因而往往在离接缝 1.5～1.8m 处容易导致横向裂缝。水泥混凝土路面设计中,除了考虑疲劳开裂以外,需要考虑的另一重要破坏形式就是板下和板侧面的唧泥和冲刷。

（6）板面起皮、剥落

水泥混凝土路面表层上下脱开,这种板面浅层内所发生的病害称为起皮。距接缝宽度 40cm 内的板边,板角半径 40cm 内不发生垂直贯通板的破碎现象称为剥落。起皮主要是由于施工过程中水灰比过大或因混凝土施工时表面砂浆有泌水现象所致。剥落主要是由于混凝土强度不足,缝内进入杂物所引起。

（7）坑槽、孔洞

水泥混凝土路面板表面有局部破损，形成一定深度的洞穴称为孔洞。面层粗集料局部脱落而产生的长槽称为坑槽。孔洞和坑槽的形成主要是由于砂石材料含泥量过大，混凝土内有泥土或杂物所致。施工时拌和不均匀或集料离析也会导致坑槽和孔洞。

（8）麻面、露骨

水泥混凝土表面结合料磨失、成片或成段地呈现过度的粗糙称为麻面。路面混凝土保护层脱落形成粗集料裸露称为露骨。麻面主要是由于混凝土施工时遇雨所致。露骨则主要是由于混凝土表面灰浆不足，泌水提浆造成混凝土路面表面强度降低所致。

（9）松散

水泥混凝土路面由于结合料不足或失效，成片或成段地呈现过度的粗糙和砂石材料分离的现象称为松散。松散主要是由于砂石含泥量较大，水泥质量较差或用量较少，或混凝土强度不足所致。

（10）磨光

水泥混凝土路面磨成光面，其摩擦因数已下降到极限值以下，其主要原因是水泥路面水泥砂浆强度低和粗集料等原材料耐磨性差。

（11）填缝料损坏

接缝内无填料，填料破损，缝内混杂砂石均称为填缝料损坏。填缝料损坏主要是由于填缝料脆裂、老化、挤出及与板边脱离所致。质量较差的填缝料，在短时间内就会发生填缝料损坏的现象。

2. 路面材料与试验方法

1）粒料类材料回弹模量试验

粒料类材料回弹模量是沥青路面结构力学响应分析的重要参数之一，它是粒料类材料性质、状态（含水率和密实度）和应力状况等的函数。

我国《公路沥青路面设计规范》（JTG D50—2017）规定采用动态三轴压缩试验测试粒料类材料的回弹模量。

最大粒径大于19mm的粒料类材料的试件尺寸为：直径×高度 = 150mm×300mm，制备试件时应筛除粒径大于26.5mm的颗粒。最大粒径小于19mm的粒料类材料的试件尺寸为：直径×高度 = 100mm×200mm。室内压实试件目标含水率应采用击实试验的最佳含水率，室内压实试件含水率与目标含水率偏差不应超过 ±0.5%。室内压实试件应采用与现场压实度要求相应的干密度，缺少现场压实度时可采用击实试验最大干密度的95%，室内压实密度与目标压实度偏差不应超过 ±1%。

试验前，首先打开所有连接试件的排水阀门，连通围压供给管和三轴室，对试件施加105.0kPa的预载围压。对试件至少施加1000次、最大轴向应力为231.0kPa的半正矢脉冲荷载，加载时长为0.1s，恢复时长为0.9s。当试件竖直永久变形达到试件高度的5%时，应停止预载，分析试件变形过大的原因，必要时重新制备试件测试。当预载期间试件竖直永久变形再次达到5%时，应停止试验，并记录说明。

按每个加载序列最后5次循环的回弹变形计算回弹模量，计算全部序列的均值。根据测试所得的相关数据和式（3-1-18）所示的回弹模量本构模型，采用非线性拟合技术，确定模型参

数 k_1、k_2 和 k_3。

$$M_R = k_1 p_a \left(\frac{\theta}{p_a}\right)^{k_2} \left(\frac{\tau_{oct}}{p_a} + 1\right)^{k_3} \tag{3-1-6}$$

式中：M_R——回弹模量（MPa）；

$\quad\quad\quad \theta$——体应力（MPa），计算公式见式(3-1-7)；

$\quad\quad\quad \tau_{oct}$——八面体剪应力（MPa），计算公式见式(3-1-8)；

$\quad\quad\quad k_i$——回归常数，k_1、$k_2 \geq 0$，$k_3 \leq 0$；

$\quad\quad\quad p_a$——参考气压（MPa）。

$$\theta = \sigma_1 + \sigma_2 + \sigma_3 \tag{3-1-7}$$

式中：σ_1、σ_2、σ_3——主应力（MPa）。

$$\tau_{oct} = \sqrt{(\sigma_1 - \sigma_2)^2 + (\sigma_1 - \sigma_3)^2 + (\sigma_2 - \sigma_3)^2}/3 \tag{3-1-8}$$

2）无机结合料稳定类材料单轴压缩模量试验

我国《公路沥青路面设计规范》(JTG D50—2017)规定采用侧面法单轴压缩弹性模量试验来测试获取无机结合料稳定类材料的弹性模量。

可采用 3 种试件规格：直径×高度＝100mm×150mm，直径×高度＝150mm×150mm，直径×高度＝150mm×300mm。并应对试件进行标准养生或快速养生。可以根据《公路工程无机结合料稳定材料试验规程》(JTG E51—2009)的成型方法成型用于测试的圆柱体试件，也可以从成型梁式试件或路面现场钻取试件。试件应形状规则、侧面光滑平整。采用切割机切除试件两端，应保证试件高度为 150mm±2.5mm 或 300mm±2.5mm。端面沿直径方向沟纹允许高差控制为±0.05mm，试件上下端面与试件轴向应垂直，允许偏差为±1°，否则应舍弃该试件。对无机结合料稳定土和无机结合料稳定公称最大粒径不大于 26.5mm 的粒料，试件不应少于 9 个；对无机结合料稳定公称最大粒径大于 26.5mm 的粒料，试件不应少于 15 个。

试件上下两个端面应采用水泥净浆彻底抹平。将试件直立在桌面上，在上端面薄涂一层早强水泥净浆后，再在表面撒少量粒径为 0.25～0.5mm 的细砂，并用直径大于试件的平面圆形钢板放在顶面，加压旋转圆钢板，使顶面齐平，边旋转边平移并迅速取下钢板。当净浆黏附于钢板上时，应重新用净浆抹平，并重复上述步骤。一个端面整平后，放置 4h 以上，按同样方法整平另一端面。整平后试件尺寸应满足前述规格要求。

试件应浸水 24h，取出后擦干表面水称量，试件养护后与成型时的质量相差不应大于 2%，否则试件失效。试件从搬出养护室到试验完成的时间间隔应尽量短。将加载板分别置于试件的顶面和底面，顶面加载板放置前，在试件顶面撒少量粒径为 0.25～0.50mm 的细砂，加载板放置后边按压边旋转，应使砂填补试件表面不平整处，并使多余的砂流出。将试件放置在加载板上对应加载板中心位置，使试件中心与加载架中心对齐。压力机以 1mm/min 的加载速度连续均匀施加荷载，直至试件破坏。

试件应变 ε 应取 3 个位移传感器测得的试件变形量平均值进行计算。试验过程中记录荷载—应变曲线。当荷载—应变曲线起点不在 0 点位置或曲线起始有轻微振荡时，应修正曲线起点使(ε_3,$0.3F_r$)点与修正后的(0,0)点连线在曲线上为直线。根据荷载—应变曲线得到最大荷载和对应 0.3 倍最大荷载时的压应变,按式(3-1-9)计算弹性模量。

$$E = \frac{1.2F_r}{\pi \cdot D^2 \cdot \varepsilon_3}$$ (3-1-9)

式中:E——弹性模量(MPa);

$\quad$ F_r——最大荷载(N);

$\quad$ D——试件直径(mm);

$\quad$ ε_3——加载达到 $0.3F_r$ 时试件的纵向压应变,$\varepsilon_3 = \Delta l / L$。

3)沥青混合料单轴贯入强度和单轴压缩动态模量试验

沥青混合料单轴贯入强度试验供沥青混合料配合比设计或施工完成后检验沥青混合料高温稳定性使用。适用于室内成型的沥青混合料试件和现场取芯沥青混合料试件的贯入强度测试。试验标准温度为 60℃,也可根据需要采用其他温度。一般采用直径 100mm 或 150mm、高 100mm 的沥青混合料圆柱体试件,也可根据需要采用其他高度的圆柱体试件。一组试验的平行试件宜为 5 ~ 6 个。

贯入压头材质应为 Q235 不锈钢,其洛氏硬度 HRC 应在 10 ~ 30 之间。压头上部为长 × 宽 × 厚 = 50mm × 50mm × 10mm 的薄板形;下部为圆柱体,对直径为 150mm 的试件,圆柱体直径 × 高 = 42mm × 50mm,对直径为 100mm 的试件,圆柱体直径 × 高 = 28.5mm × 50mm。

采用万能材料试验机或其他适宜设备,以 1mm/min 的加载速率将压头贯入沥青混合料试件中,记录压力和位移,当应力值降为应力极值点的 90% 时,停止试验。取破坏极值点强度作为试件贯入强度。

读取最大贯入荷载 P,准确到 1N。按式(3-1-10)计算标准高度沥青混合料的贯入强度。

$$\begin{cases} R_\tau = f_\tau \sigma_p \\ \sigma_p = \dfrac{P}{A} \end{cases}$$ (3-1-10)

式中:R_τ——贯入强度(MPa);

$\quad$ σ_p——贯入应力(MPa);

$\quad$ P——试件破坏时的极限荷载(N);

$\quad$ A——压头横截面面积(mm²);

$\quad$ f_τ——贯入应力系数,对直径为 150mm 的试件,$f_\tau = 0.35$;对直径为 100mm 的试件,$f_\tau = 0.34$。

对高度不为 100mm 的试件,应根据下列情况对贯入应力系数进行修正:

(1)对直径为 150mm 的试件,按式(3-1-11)计算贯入应力系数,此时试件厚度应满足:$38\text{mm} \leqslant h < 100\text{mm}$。

$$f_\tau = 0.0023h + 0.12$$ (3-1-11)

(2)对直径为 100mm 的试件,按式(3-1-12)计算贯入应力系数,此时试件厚度应满足:$38\text{mm} \leqslant h < 100\text{mm}$。

$$f_\tau = 0.0012h + 0.22$$ (3-1-12)

(3)按式(3-1-10)计算非标准高度试件的贯入强度。

沥青混合料的单轴压缩动态回弹模量是沥青路面设计的参数之一。目前,国外大部分沥青路面设计方法和国内现行沥青路面设计新方法,均采用沥青混合料动态加载条件下测定的回弹模量。

试验采用旋转压实仪成型直径为 150mm、高为 170mm 的试件,然后钻孔并切割得到直径为 100mm、高为 150mm 的圆柱体试件,测定或计算试件的油石比 P_a、空隙率 VV、骨料间隙率 VMA 等指标。

试验温度分为 −10℃、5℃、20℃、35℃ 及 50℃ 共 5 个等级,每级温度下,试件应在恒温箱中存放 4~5h(当试验温度小于或等于 5℃ 时,存放应超过 8h),试验频率分为 0.1Hz、0.5Hz、1Hz、5Hz、10Hz、25Hz 六个等级。

首先施加总荷载的 5% 预压 10s,再用频率为 25Hz 的偏移正弦波或半正矢波轴向压应力进行 200 个循环预处理,然后对试件施加偏移正弦波或半正矢波轴向压应力试验荷载,在设定温度下从 25~0.1Hz 由高到低给出的重复加载次数逐个进行试验。要求在任意两个试验频率下的时间间隔为 2min。试验采集最后 5 个波形的荷载及变形曲线,并记录试验施加荷载、试件轴向可恢复变形、动态模量及相位角。

动态模量按式(3-1-13)计算:

$$|E^*| = \frac{\sigma_0}{\varepsilon_0} \tag{3-1-13}$$

式中:$|E^*|$——沥青混合料动态模量(MPa);

σ_0——轴向应力振幅(MPa),$\sigma_0 = P_i/A$;

ε_0——轴向应变振幅,$\varepsilon_0 = \Delta_i/l_0$;

P_i——最后 5 次循环中轴向试验荷载平均振幅(N);

A——试件径向横截面面积(mm^2);

Δ_i——最后 5 次循环中可恢复轴向变形平均幅值(N);

l_0——试件上位移传感器的量测间距(mm)。

4)水泥混凝土弯拉强度和水泥混凝土抗折弹性模量试验

水泥混凝土弯拉强度试件为直角校柱体小梁,标准试件尺寸为 150mm × 150mm × 550mm,在标准条件下养护 28d 后,按三分点处双点加载,测定其弯拉强度 f_{cf} 按式(3-1-14)计算,以 MPa 计。

$$f_{cf} = \frac{FL}{bh^2} \tag{3-1-14}$$

式中:F——破坏荷载(N);

L——支座间距(mm);

b——试件宽度(mm);

h——试件高度(mm)。

如为跨中单点加载得到的弯拉强度,按断裂力学推导应乘以换算系数 0.85。

水泥混凝土抗折弹性模量(也称弹性模量)试件为直角棱柱体小梁,应取同龄期者为一组,每组为同条件制备和养护的试件 6 根,3 根用于专检强度试验,3 根用于抗折弹性模量试验。标准试件尺寸为 150mm × 150mm × 550mm,在标准条件下养护 28d 后,按三分点处双点加载。

取抗折极限荷载平均值的 50% 为抗折弹性模量试验的有荷载标准($P_{0.5}$)进行 5 次加荷卸荷循环,由 1kN 起,以 0.15～0.25MPa/s 的加荷速度匀速而连续地加载(低强度等级时用较低速度),至 3kN 刻度处停机(设为 P_0),保持约 30s(在此段加载时间中,千分表指针应能启动,否则应提高 P_0 至 4kN),记下千分表读数 Δ_0;而后继续加载至 $P_{0.5}$,保持约 30s,记下千分表读数 $\Delta_{0.5}$;再以同样速度卸载至 1kN,保持约 30s,为第一循环。同第一循环,共进行 5 个循环。

当断面发生在两个加荷点之间时,抗折弹性模量 E_b 按式(3-1-15)或式(3-1-16)计算;如断面在加荷点外侧,则该试验结果无效。

$$E_b = \frac{23PL^3}{1296fJ} \tag{3-1-15}$$

$$E_b = \frac{23L^3(P_{0.5} - P_0)}{1296J(\Delta_{0.5} - \Delta_0)} \tag{3-1-16}$$

式中:E_b——抗折弹性模量(MPa);

$\quad$ P——荷载(N);

$P_{0.5}$、P_0——终荷载及初荷载(N);

$\Delta_{0.5}$、Δ_0——对应 $P_{0.5}$、P_0 的千分表读数(mm);

$\quad$ L——支座间距离(mm),为 450mm;

$\quad$ f——跨中挠度(mm);

$\quad$ J——试件断面转动惯量(mm^4),$J = \frac{1}{12}bh^3$。

水泥混凝土配合比设计时的混凝土试配弯拉强度均值按式(3-1-17)计算:

$$f_{rm} = \frac{f_r}{1 - 1.04c_v} + ts \tag{3-1-17}$$

式中:f_{rm}——水泥混凝土试配弯拉强度均值(MPa);

$\quad$ f_r——水泥混凝土弯拉强度标准值(MPa);

$\quad$ c_v——水泥混凝土强度的变异系数;

$\quad$ s——水泥混凝土弯拉强度试验样本的标准差;

$\quad$ t——保证率系数。

考 点 分 析

本节是路面工程中重要的一节,主要有以下考点:

(1)路面的类型　需掌握沥青路面的分类和各类型的特点,水泥路面各类型的特点。

(2)路面结构层次与功能　需掌握路面面层、基层和底基层、功能层(垫层)各结构层应具有的功能作用。

(3)路面设计方法与内容　需掌握我国沥青路面和水泥混凝土路面的设计方法、设计理论、设计内容。

(4)路面排水设计　主要掌握内部排水的组成和规定等,尤其是路面表面水渗入量、排水基层厚度的计算等。

例 题 解 析

例1　[2019年单选题]城市道路路面可分为面层、基层和垫层,以下对基层性能要求描述正确的是(　　)

(A)应满足强度、扩散荷载的能力以及水稳定性的要求

(B)应满足强度、扩散荷载的能力以及水稳定性和抗冻性的要求

(C)应满足强度、扩散荷载的能力以及低温稳定性和抗冻性的要求

(D)应满足强度、扩散荷载的能力以及高温稳定性和抗冻性的要求

分析

根据《城市道路工程设计规范》(CJJ 37—2012)(2016年版)第12.3.1条第2款,基层应满足强度、扩散荷载的能力以及水稳定性和抗冻性的要求。故本题选B。

例2　[2019年单选题]高速公路沥青路面排水设计重现期宜为(　　)。

(A)5年　　　　　　　　　　(B)6年

(C)7年　　　　　　　　　　(D)8年

分析

根据《公路排水设计规范》(JTG/T D33—2012)第9.1.2条,设计降雨的重现期应根据公路等级和排水类型,按表9.1.2确定。由此可知,高速公路沥青路面排水设计重现期为5年。故本题选A。

例3　[2020年单选题]下列关于城市道路路面结构设计的要求,符合规范规定的是(　　)。

(A)路面结构均应设置面层、基层和垫层

(B)城市道路均应采用透水路面结构

(C)沥青混凝土路面设计应包括面层类型选择与结构层组合设计

(D)水泥混凝土路面应设置纵横向接缝,横向接缝应设置传力杆

分析

根据《城市道路工程设计规范》(CJJ 37—2012)(2016年版)第12.3.1条,路面可分为面层、基层和垫层。路面结构层所选材料应满足强度、稳定性和耐久性的要求。故本题选A。

例4　[2019年多选题]公路沥青路面表面层应具有的性能为(　　)。

(A)平整密实　　　　　　　　(B)抗滑耐磨

(C)行车舒适　　　　　　　　(D)抗裂耐久

分析

根据《公路沥青路面设计规范》(JTG D50—2017)第4.5.1条,沥青面层应具有平整、抗车辙、抗疲劳开裂、抗低温开裂和抗水损坏等性能,表面层混合料尚应具有抗滑和耐磨损性能,密级配沥青混合料表面层应具有低透水性能。故本题选ABD。

例5 [2019年多选题]柔性基层、底基层公路沥青路面沥青碎石混合料的级配类型按照空隙率的大小可分为(   )。

(A)密级配
(B)开级配
(C)间断级配
(D)半开级配

分析

根据《公路沥青路面设计规范》(JTG D50—2017)第4.4.5条,按照孔隙率的大小,沥青碎石混合料的级配类型可分为密级配、半开级配和开级配。故本题选ABD。

例6 [2019年多选题]城市道路路面的垫层应满足的性能包括(   )。

(A)强度
(B)抗冻性
(C)水稳定性
(D)扩散荷载的能力

分析

根据《城市道路工程设计规范》(CJJ 37—2012)(2016年版)第12.3.1条第3款,垫层应满足强度和水稳定性的要求。故本题选AC。

例7 [2019年多选题]人行道和广场的铺面应满足(   )。

(A)稳定
(B)抗滑
(C)平整
(D)平滑

分析

根据《城市道路工程设计规范》(CJJ 37—2012)(2016年版)第12.3.6条,人行道和广场的铺面应满足稳定、抗滑、平整、生态环保和城市景观的要求。故本题选ABC。

例8 [2020年多选题]公路水泥混凝土路面行车道路面结构设置排水基层或垫层时,应在排水基层或垫层外侧边缘设置(   )。

(A)横向集水沟
(B)纵向集水沟
(C)不带孔集水管
(D)带孔集水管

分析

根据《公路水泥混凝土路面设计规范》(JTG D40—2011)第4.7.2条,行车道路面结构设置排水基层或垫层时,应在排水基层或垫层外侧边缘设置纵向集水沟和带孔集水管,并间隔50~100m设置横向排水管。故本题选BD。

例9 [2020年案例题]某公路为双向四车道,采用沥青路面,半幅路面为单向坡,行车道路面宽度为9m,纵向每延米半幅行车道路面表面水渗入量为(   )。

(A)1.2m³/(d·m)
(B)1.35m³/(d·m)
(C)1.5m³/(d·m)
(D)1.65m³/(d·m)

分析

根据《公路排水设计规范》(JTG/T D33—2012)第5.1.5条,$Q_p = K_a B = 0.15 \times 9 = 1.35 m^3/(d·m)$。故本题选B。

例10 关于路面表面排水设计,下列说法符合规范规定的有( )。

（A）路堑地段路面表面排水应通过横向排流的方式汇集于边沟内

（B）路堤较高且边坡坡面未做防护的路段,应采用路面集中排水系统排除路表水

（C）设置了截、排水功能的骨架护坡的高填方路段,可采用路面横向分散漫流排水方式排除路表水

（D）设置拦水带汇集路表水时,高速公路及一级公路的设计积水宽度不得超过右侧车道中心线

分析

根据《公路排水设计规范》(JTG/T D33—2012)第4.2.1条,选项D错误,设置拦水带汇集路表水时,高速公路及一级公路的设计积水宽度不得超过右侧车道外边缘。故本题选ABC。

例11 我国《公路沥青路面设计规范》(JTG D50—2017)规定,路面结构分为( )。

（A）面层　　　　　　　　　　（B）基层

（C）底基层　　　　　　　　　（D）黏层

分析

根据《公路沥青路面设计规范》(JTG D50—2017)第4.1.2条,路面结构可由面层、基层、底基层和必要的功能层组合而成。面层采用不同材料分层铺筑时,可分为表面层、中面层和下面层。故本题选ABC。

自 测 模 拟

(第1~6题为单选题,第7~10题为多选题,11题为案例题)

1.路面结构中用以阻止水下渗的功能层是( )。

（A）黏层　　　　　　　　　　（B）透层

（C）封层　　　　　　　　　　（D）滤层

2.密级配沥青混合料表面层应具有( )。

（A）低透水性能　　　　　　　（B）高承载能力

（C）低温抗开裂性能　　　　　（D）高耐磨性能

3.对抗滑、排水或降噪有特殊要求的表面层可采用开级配沥青混合料,表面层下应设置( )。

（A）透水层　　　　　　　　　（B）隔热层

（C）防水层　　　　　　　　　（D）反滤层

4.根据《公路水泥混凝土路面设计规范》(JTG D40—2011),水泥混凝土路面结构力学分析采用的理论是( )。

（A）弹性层状板理论　　　　　　　（B）弹性地基板理论
（C）弹性承载板理论　　　　　　　（D）弹性结构板理论

5. 根据《公路沥青路面设计规范》（JTG D50—2017），沥青路面结构力学分析采用的理论是（　　　）。
（A）塑性层状接触体系理论　　　　（B）塑性层状连续体系理论
（C）弹性层状接触体系理论　　　　（D）弹性层状连续体系理论

6. 水泥混凝土路面结构设计时，对面层材料组成设计要求正确的是（　　　）。
（A）足够的抗冲刷性能和一定的刚度
（B）足够的弯拉强度及抗疲劳性能
（C）足够的稳定性和耐久性
（D）足够的弯拉强度和耐久性

7. 应设置横向缩缝的水泥混凝土路面类型有（　　　）。
（A）钢筋混凝土路面　　　　　　　（B）连续配筋混凝土路面
（C）钢纤维混凝土路面　　　　　　（D）复合式混凝土路面

8. 当水泥混凝土路面承受交通荷载等级为（　　　）时，基层下应设置底基层。
（A）极重交通荷载　　　　　　　　（B）特重交通荷载
（C）重交通荷载　　　　　　　　　（D）中等交通荷载

9. 沥青路面的基层和底基层应具有（　　　）。
（A）足够的承载能力　　　　　　　（B）足够的抗变形能力
（C）足够的抗疲劳开裂性能　　　　（D）足够的耐久性和水稳定性

10. 下列宜设置路面内部排水系统的有（　　　）。
（A）年降水量为 500mm 以上的湿润多雨地区的高速公路、一级或重要的二级公路
（B）路基两侧有滞水，可能渗入路面结构内
（C）重冰冻地区，路床为粉性土的潮湿路段
（D）现有公路路面改建或路基改善工程，需排除积滞在路面结构内的水

11. 某双向六车道沥青路面高速公路，基层采用水泥处治碎石排水基层，基层横坡为 2.0%，排水基层纵向每延米的泄水能力为 1.5m³/（d·m），设计渗透系数为 1000m/d，该排水基层最小厚度应为（　　　）。
（A）60mm　　　　　　　　　　　（B）75mm
（C）80mm　　　　　　　　　　　（D）95mm

参考答案

1. C　　2. A　　3. C　　4. B　　5. D　　6. D　　7. ACD　　8. ABC
9. ACD　　10. BCD　　11. C

第二节　沥青路面

依据规范

《公路工程技术标准》(JTG B01—2014)

　　5　路基路面

《城市道路工程技术规范》(GB 51286—2018)

　　3.3　路基路面

《城市道路工程设计规范》(CJJ 37—2012) (2016 年版)

　　12.3　路面

《公路沥青路面设计规范》(JTG D50—2017)

《城镇道路路面设计规范》(CJJ 169—2012)

　　5　沥青路面

重 点 知 识

　　沥青路面是指铺筑沥青面层的路面,是用沥青材料作结合料,黏结矿料修筑面层与各类基层和功能层所组成的路面结构。由于沥青路面使用沥青结合料,因而增强了矿料间的黏结力,提高了混合料的强度和稳定性,使路面的使用质量和耐久性都得到提高。在我国,沥青路面被广泛用于公路和城市道路,是我国的主要路面形式。

一、掌握公路和城市道路沥青路面设计标准规定和要求

1. 设计轴载和交通荷载等级

1）设计轴载

　　汽车的总重量通过车轴与车轮传递给路面,所以路面结构的设计主要以轴重作为荷载标准。我国《公路工程技术标准》(JTG B01—2014)和《城市道路工程设计规范》(CJJ 37—2012)(2016 年版)均规定路面结构设计应采用轴重为 100kN 的单轴—双轮组轴载作为设计轴载,以 BZZ-100 表示。另外,公路重载交通路段可根据实际调查的轴载谱采用分向、分道方式进行路面结构设计,对有特殊荷载使用要求的城市道路,如大型公交车比例较高的道路或公交专用道,应根据具体车辆确定路面结构计算荷载。设计轴载的计算参数见表 3-2-1。

设计轴载的参数 表 3-2-1

设计轴载(kN)	轮胎接地压强(MPa)	单轮接地当量圆直径(mm)	两轮中心距(mm)
100	0.70	213.0	319.5

2)交通荷载等级

公路沥青路面结构设计采用多项设计指标,不同设计指标分别采用不同的轴载换算参数,从而对应不同的当量设计轴载累计作用次数。如采用当量设计轴载累计作用次数划分交通荷载等级,需针对各设计指标分别提出划分标准,应用不便。此外,不同等级公路设计使用年限不同,日平均交通量无法反映设计使用年限内的累计交通量。因此,**沥青路面以设计使用年限内累计大型客车和货车交通量之和划分交通荷载等级**,如表 3-2-2 所示。

公路沥青路面交通荷载分级 表 3-2-2

设计交通荷载等级	极重	特重	重	中等	轻
设计使用年限内设计车道累计大型客车和货车交通量($\times 10^6$,辆)	≥50.0	50.0~19.0	19.0~8.0	8.0~4.0	<4.0

注:大型客车和货车为 2 类~11 类车。

城市道路沥青路面交通等级可根据累计当量轴次按表 3-2-3 的规定划分为 4 个等级。

城市道路沥青路面交通等级 表 3-2-3

交 通 等 级	轻	中	重	特重
累计当量轴次 N_e(万次/车道)	<400	400~1200	1200~2500	>2500

注:非机动车道、人行道及步行街路面结构应按轻型交通确定。

2. 设计使用年限和目标可靠度

1)设计使用年限

新建公路沥青路面结构设计使用年限不应低于表 3-2-4 的规定,应根据公路等级、经济、交通荷载等级等因素综合确定。改建公路沥青路面结构设计可根据工程实际情况选取适宜的设计使用年限。

公路沥青路面结构设计使用年限 表 3-2-4

公 路 等 级	设计使用年限	公 路 等 级	设计使用年限
高速公路、一级公路	15	三级公路	10
二级公路	12	四级公路	8

城市道路交通量达到饱和状态时的道路设计年限为:快速路、主干路应为 20 年;次干路应为 15 年;支路宜为 10~15 年。各种类型城市道路沥青路面结构的设计使用年限应符合表 3-2-5 的规定。

城市道路沥青路面设计使用年限 表 3-2-5

道 路 等 级	快速路	主干路	次干路	支路
设计使用年限(年)	15	15	15	10

2）目标可靠度

公路沥青路面的目标可靠度和目标可靠指标不低于表3-2-6的规定。

公路沥青路面目标可靠度和目标可靠指标　　　　表3-2-6

公路等级	高速公路	一级公路	二级公路	三级公路	四级公路
目标可靠度（%）	95	90	85	80	70
目标可靠指标β	1.65	1.28	1.04	0.84	0.52

城市道路路面可靠度设计标准应符合表3-2-7的规定。

城市道路路面可靠度设计标准　　　　表3-2-7

道路等级	快速路	主干路	次干路、支路
目标可靠度（%）	95	90	85

3．路面结构设计指标

路面结构验算时应根据路面结构组合，参照表3-2-8选择设计指标。

不同结构组合路面的设计指标　　　　表3-2-8

基层类型	底基层类型	设计指标
无机结合料稳定类	粒料类	无机结合料稳定层层底拉应力、沥青混合料层永久变形量
	无机结合料稳定类	
沥青结合料类	粒料类	沥青混合料层层底拉应变、沥青混合料层永久变形量、路基顶面竖向压应变
	无机结合料稳定类	沥青混合料层永久变形量、无机结合料稳定层层底拉应力
粒料类	粒料类	沥青混合料层层底拉应变、沥青混合料层永久变形量、路基顶面竖向压应变
	无机结合料稳定类	沥青混合料层层底拉应变、沥青混合料层永久变形量、无机结合料稳定层层底拉应力
水泥混凝土	—	沥青混合料层永久变形量

注：1．季节性冻土地区应增加沥青面层低温开裂验算和防冻厚度验算。

2．在沥青混合料层与无机结合料稳定层间设置粒料层时，应验算沥青混合料层疲劳开裂寿命。

3．水泥混凝土基层应按《公路水泥混凝土路面设计规范》（JTG D40—2011）设计。

（1）基于沥青混合料层层底拉应变计算的沥青混合料层疲劳开裂寿命应大于设计使用年限内设计车道的当量设计轴载累计作用次数。

（2）基于无机结合料稳定层层底拉应力计算的无机结合料稳定层疲劳开裂寿命应大于设计使用年限内设计车道的当量设计轴载累计作用次数。

（3）基于设计年限内当量设计轴载累计作用次数计算的沥青混合料永久变形量应不大于表3-2-9所列容许永久变形量。

沥青混合料层容许永久变形量(单位:mm)　　　　表 3-2-9

基 层 类 型	沥青混合料层容许永久变形量	
	高速公路、一级公路	二级、三级公路
无机结合料稳定类基层、水泥混凝土基层和底基层为无机结合料稳定类的沥青混合料基层	15	20
其他基层	10	15

(4)路基顶面竖向压应变不应大于基于设计年限内当量设计轴载累计作用次数计算获得的容许竖向压应变。

(5)季节性冻土地区的沥青路面结构,计算得到的沥青面层低温开裂指数不宜大于表 3-2-10 所列数值。

低温开裂指数要求　　　　表 3-2-10

公路等级	高速公路、一级公路	二级公路	三级、四级公路
低温开裂指数 CI,不大于	3	5	7

注:低温开裂指数 CI——竣工验收时 100m 调查单元内横向裂缝条数,贯穿全幅的裂缝按 1 条计,未贯穿且长度超过一个车道宽度的裂缝按 0.5 条计,不超过一个车道宽度的裂缝不计入。

城市道路沥青路面结构设计应满足结构整体刚度、沥青层或半刚性基层抗疲劳开裂和沥青层抗变形的要求。应根据道路等级与类型选择路表弯沉值、柔性基层沥青层层底拉应变、半刚性材料基层层底拉应力和沥青层剪应力作为沥青路面结构设计指标。快速路、主干路和次干路应采用路表弯沉值、半刚性材料基层层底拉应力、沥青层剪应力或柔性基层沥青层层底拉应变作为设计指标。支路可仅采用路表弯沉值作为设计指标。

(1)轮隙中心处路表计算的弯沉值应小于或等于路表的设计弯沉值。

(2)柔性基层沥青层层底计算的最大拉应变应小于或等于材料的容许拉应变。

(3)半刚性材料基层层底计算的最大拉应力应小于或等于材料的容许抗拉强度。

(4)沥青面层计算的最大剪应力应小于或等于材料的容许抗剪强度。

4.路面功能技术指标

高速公路、一级公路以及山岭重丘区二级和三级公路的沥青路面在交工验收时,其抗滑技术指标应满足表 3-2-11 的技术要求。城市快速路、主干路沥青路面在质量验收时抗滑性能指标应符合表 3-2-11 的规定,次干路、支路、非机动车道、人行道及步行街可按表 3-2-11 执行。

抗滑技术要求　　　　表 3-2-11

年平均降雨量	交工检测指标值	
(mm)	横向力系数 SFC_{60}^{a}	构造深度 TD^{b}(mm)
>1000	≥54	≥0.55
500~1000	≥50	≥0.50
250~500	≥45	≥0.45

注:a.横向力系数 SFC_{60}——用横向力系数测试车,在 60km/h ±1km/h 车速下测定。

b.构造深度 TD——用铺砂法测定。

二、掌握公路和城市道路沥青路面结构组合设计的规定和要求

1. 结构组合设计的基本原则

沥青路面结构组合设计应根据道路的交通等级与气象、水文等自然因素,合理选择与安排路面结构各个层次,确保在设计使用期内,承受行车荷载与自然因素的共同作用,充分发挥各结构层的最大效能,使整个路面结构满足技术经济合理的要求。沥青路面结构组合设计应遵循以下原则:

(1)保证路面表面品质长期稳定。在整个设计使用期内,表面抗滑安全性能、平整度、抗车辙性能等各项指标均稳定在允许范围内。

(2)路面各结构层的强度、抗变形能力与各层次的力学响应相匹配,由于车轮荷载与温度、湿度变化产生的各项应力或应变由上到下发生变化,通常面层承受较高的压应力或剪应力,因此应具有较高的强度或模量和抗变形能力。基层承受拉力,应具有较好的疲劳性能。

(3)直接经受温度、湿度等自然因素变化而造成强度、稳定性下降的结构层次应提高其抵御能力。

(4)充分利用当地材料,节约外运材料,做好优化选择,降低建设与养护费用。

2. 路面结构类型及其适用性

沥青路面结构类型可按基层材料性质分为无机结合料稳定类基层沥青路面、粒料类基层沥青路面、沥青结合料类基层沥青路面和水泥混凝土基层沥青路面四类。应根据交通荷载等级和路基状况等因素,结合路面材料特性和结构特性,选择路面结构类型。路面结构的选用应符合下列规定:

(1)无机结合料稳定类基层沥青路面适用于各种交通荷载等级。

(2)粒料类基层沥青路面适用于重及以下交通荷载等级。

(3)沥青结合料类基层沥青路面适用于各种交通荷载等级。

(4)水泥混凝土基层沥青路面适用于重及以上交通荷载等级。

路基湿度状态为中湿或潮湿时,宜采用粒料类底基层或设置粒料类路基改善层。多雨地区,无机结合料稳定类基层和水泥混凝土基层沥青路面应采取措施控制唧泥、脱空等水损坏。

当采用无机结合料稳定类基层时,可采取下列一种或多种措施减少基层收缩开裂和路面反射裂缝:

(1)选用抗裂性能好的无机结合料稳定类基层。

(2)增加沥青混合料层厚度,或在无机结合料稳定类基层上设置沥青碎石层或级配碎石层。

(3)在无机结合料稳定类基层上设置改性沥青应力吸收层或敷设土工合成材料。

3. 沥青路面面层结构

1)面层材料类型

公路沥青路面面层材料宜按表 3-2-12 选用。对抗滑、排水和降噪有特殊要求的表面层可采用开级配沥青混合料,表面层下应设置防水层,防水层可采用改性乳化沥青或改性沥青等。

面层材料的交通荷载等级和层位　　　表 3-2-12

材 料 类 型	适用交通荷载等级和层位
连续级配沥青混合料	各交通荷载等级的表面层、中面层和下面层
沥青玛蹄脂碎石混合料	极重、特重和重交通荷载等级的表面层，对抗滑有特殊要求的表面层
厂拌热再生沥青混合料	各交通荷载等级的表面层、中面层和下面层
上拌下贯沥青碎石	中等、轻交通荷载等级的面层
沥青表面处治	中等、轻交通荷载等级的表面层

城市道路沥青面层各层的混合料类型应与交通荷载等级以及使用要求相适应，并应符合下列规定：

（1）表面层应选用优质混合料铺设，并根据道路交通等级选择。轻交通道路，宜选用密级配细型 AC-F 混合料。中交通道路，宜选用密级配粗型 AC-C 混合料。特重交通和重交通道路，应选用 SMA 混合料或密级配粗型 AC-C 混合料，结合料应使用改性沥青。支路可选用沥青表面处治、沥青封层或沥青贯入式。交通量小的支路可选用冷拌沥青混合料。

（2）中面层和下面层应采用密级配 AC 混合料。在特重交通和重交通道路上，宜使用 SMA 混合料或改性沥青密级配 AC 混合料。

（3）在年平均降雨量大于 800mm 的地区，快速路宜选用开级配沥青混合料 OGFC 作为沥青表面磨耗层或者排水路面的表面层。

2）面层厚度规定

公路沥青路面连续级配沥青混合料和沥青玛蹄脂碎石混合料的结构层厚度不宜小于集料公称最大粒径的 2.5 倍。开级配沥青混合料的结构层厚度不宜小于集料公称最大粒径的 2.0 倍。不同粒径沥青混合料的层厚应符合如表 3-2-13 的规定。

不同粒径沥青混合料层厚　　　表 3-2-13

沥青混合料类型	以下集料公称最大粒径沥青混合料的层厚（mm），不小于					
	4.75	9.5	13.2	16.0	19.0	26.5
连续级配沥青混合料	15	25	35	40	50	75
沥青玛蹄脂碎石	—	30	40	50	60	—
开级配沥青混合料	—	20	25	30	—	—

城市道路各类沥青面层的厚度应与混合料最大公称粒径相匹配。AC 混合料路面结构层厚度不宜小于混合料公称最大粒径的 3 倍。SMA 混合料和 OGFC 混合料路面结构层厚度不宜小于混合料公称最大粒径的 2.5 倍。特重交通道路应适当加厚面层或采取措施提高沥青混合料的抗剪强度。非机动车道、人行道与步行街采用沥青路面铺装时，沥青混合料面层厚度不应小于 30mm，沥青石屑、沥青砂面层厚度不应小于 20mm。

沥青贯入碎石层的厚度宜为 40～80mm，乳化沥青贯入式路面的厚度不宜超过 50mm，上拌下贯式路面的拌和层厚度不宜小于 25mm。

沥青表处可分为单层、双层和三层,单层表处厚度宜为 10～15mm,双层表处厚度宜为 15～25mm,三层表处厚度宜为 25～30mm。

4.沥青路面基层结构

1)基层材料类型

公路沥青路面基层和底基层材料可参照表 3-2-14 选用。再生沥青混合料和再生无机结合料稳定材料可用于各交通荷载等级的基层和底基层,厂拌热再生沥青混合料宜用于极重、特重和重交通荷载等级的基层。无机结合料稳定层与沥青结合料类材料层间可设置级配碎石、半开级配或开级配沥青碎石层。

基层和底基层材料的交通荷载等级和层位　　　　　　表 3-2-14

类　型	材料类型	适用交通荷载等级和层位
无机结合料稳定类	水泥稳定级配碎石或砾石、水泥粉煤灰稳定级配碎石或砾石、石灰粉煤灰稳定级配碎石或砾石	各交通荷载等级的基层和底基层
	水泥稳定未筛分碎石或砾石、石灰粉煤灰稳定未筛分碎石或砾石、石灰稳定未筛分碎石或砾石	轻交通荷载等级的基层、各交通荷载等级的底基层
	水泥稳定土、石灰稳定土、石灰粉煤灰稳定土	轻交通荷载等级的基层、各交通荷载等级的底基层
粒料类	级配碎石	重及以下交通荷载等级的基层、各交通荷载等级的底基层
	级配砾石、未筛分碎石、天然砂砾、填隙碎石	中等和轻交通荷载等级的基层、各交通荷载等级的底基层
沥青结合料类	密级配沥青碎石、半开级配沥青碎石、开级配沥青碎石	极重、特重和重交通荷载等级的基层
	沥青贯入碎石	重及以下交通荷载等级的基层
水泥混凝土	水泥混凝土或贫混凝土	极重、特重交通荷载等级的基层

城市道路沥青路面基层可采用刚性、半刚性或柔性材料。基层类型宜根据交通等级按表 3-2-15选用。刚性基层适用于重交通、特重交通及港区等的道路工程。在冰冻、多雨潮湿地区,石灰粉煤灰稳定类材料宜用于特重、重交通道路的下基层。石灰稳定类材料宜用于各类交通等级道路的下基层以及中、轻交通道路的基层。热拌沥青碎石宜用于重交通及以下道路的基层;级配碎石可用于中、轻交通道路的下基层及轻交通道路的基层;级配砾石可用于轻交通道路的下基层。

适宜各交通等级的基层类型   表 3-2-15

交 通 等 级	基 层 类 型
特重	贫混凝土、碾压混凝土、水泥稳定粒料、石灰粉煤灰稳定粒料、水泥粉煤灰稳定粒料
重	水泥稳定粒料、沥青稳定碎石基层、石灰粉煤灰稳定粒料、水泥粉煤灰稳定粒料
中或轻	沥青稳定碎石基层、水泥稳定类、石灰稳定类、水泥粉煤灰稳定类、石灰粉煤灰稳定类或级配粒料基层

2）基层厚度规定

沥青路面不同材料基层和底基层厚度宜符合表 3-2-16 的规定。

基层和底基层厚度   表 3-2-16

材 料 种 类	集料公称最大粒径(mm)	厚度(mm),不小于
密级配沥青碎石、半开级配沥青碎石、开级配沥青碎石	19.0	50
	26.5	80
	31.5	100
	37.5	120
沥青贯入碎石	—	40
贫混凝土	31.5	120
无机结合料稳定类	19.0、26.5、31.5、37.5	150
	53.0	180
级配碎石、级配砾石、未筛分碎石、天然砂砾	26.5、31.5、37.5	100
	53.0	120
填隙碎石	37.5	75
	53.0	100
	63.0	120

5. 沥青路面功能层(垫层)

1）路基改善层

为提高路基顶面回弹模量或改善路基湿度状态而设置的粒料层或无机结合料稳定层,一般将其归类为路基,称为路基改善层。

2）垫层

沥青路面垫层结构位于基层以下,主要用于路基状况不良的路段,以确保路面结构不受路基中滞留的自由水的浸蚀以及冻融的危害。通常认为路基处于以下状况时,应专门设置垫层。

(1)地下水位高,排水不良,路基经常处于潮湿、过湿状态的路段。

(2)排水不良的土质路堑,有裂隙水、泉眼等水文不良的岩石挖方路段。

(3)季节性冰冻地区的中湿、潮湿路段,可能产生冻胀需设防冻垫层的路段。

(4)基层或底基层可能受污染以及路基软弱的路段。

从垫层的设置目的与功能出发,垫层可分为防水垫层、排水垫层、防污垫层、防冻垫层。

3)结合层

沥青路面各结构层之间应紧密结合,不因层间滑动或松散而丧失结构的整体效应。

(1)公路沥青路面沥青结合料类材料层间应设置黏层;在沥青结合料类材料层与其他材料层间应设置封层,宜设置透层。

(2)无机结合料稳定类或冷再生类材料结构层与沥青结合料类结构层之间宜设置封层,封层可采用单层沥青表面处治或稀浆封层等,当设置改性沥青应力吸收层时,可不再设封层。

(3)单层表面处治封层的结合料可采用改性沥青、道路石油沥青或乳化沥青,改性沥青应力吸收层中改性沥青宜采用橡胶沥青。

(4)极重、特重和重交通荷载等级路面的黏层宜采用改性乳化沥青、道路石油沥青或改性沥青,中等和轻交通荷载等级路面的黏层可选用乳化沥青,水泥混凝土板与沥青面层间的黏层宜采用改性沥青。

(5)粒料类基层和无机结合料稳定类基层顶面宜设置透层,透层沥青应具有良好的渗透性,可采用稀释沥青和乳化沥青等。

6. 沥青路面对路基的要求

路基应稳定、密实和均匀,具有足够的承载能力。

多雨地区土质路堑和强风化岩石路段,应加强填挖交界处及路堑段的排水设计,以改善路基的水文状况。岩石或填石路基顶面应设置整平层,厚度宜为 200～300mm。路床应处于干燥或中湿状态,并应采取措施防止地表水或地下水的侵入。

三、掌握公路和城市道路沥青路面材料性质和设计参数的规定和要求

1. 一般规定

(1)路面材料应根据道路等级、交通荷载等级、气候条件、各结构层功能要求和当地材料特性等,在技术经济论证基础上进行设计并确定材料设计参数。

(2)路面结构层材料设计参数的确定可分为三个水平:

水平一,通过室内试验实测确定。

水平二,利用已有经验关系式确定。

水平三,参照典型数值确定。

高速公路和一级公路的施工图设计阶段宜采用水平一,其他设计阶段可采用水平二或水平三;二级及二级以下公路可采用水平二或水平三。

2. 路基

公路路基顶面回弹模量应符合表 3-2-17 的规定。城市快速路和主干路路基顶面回弹模量不应小于 30MPa;次干路和支路不应小于 20MPa。不满足要求时,应采取改变填料、设置粒料类或无机结合料稳定类路基改善层,或采用石灰或水泥处理等措施提高路基顶面回弹模量。

公路路基顶面回弹模量要求(单位:MPa)　　　　　　　　　　　表 3-2-17

交通荷载等级	极重	特重	重	中等、轻
回弹模量,不小于	70	60	50	40

3. 粒料类材料

(1)高速公路和一级公路基层粒料公称最大粒径不宜大于 26.5mm;底基层采用级配碎石或级配砂砾时,公称最大粒径不宜大于 31.5mm;底基层采用天然砂砾时,公称最大粒径不宜大于 53.0mm。二级及二级以下公路的基层、底基层粒料公称最大粒径不宜大于 53.0mm。

(2)填隙碎石公称最大粒径宜为层厚的 1/2 ~ 2/3,填隙碎石用于基层时,集料公称最大粒径不应超过 53.0mm;用于底基层时,集料公称最大粒径不应超过 63.0mm。

(3)防冻层所用砂砾、碎石材料的最大粒径不应超过 53.0mm。

(4)级配碎石和级配砂砾中通过 0.075mm 筛孔的颗粒含量不宜大于 5%,不满足要求时,可用天然砂替代部分细集料。

(5)基层、底基层级配碎石的 CBR 值应符合表 3-2-18 的有关规定。级配砾石或天然砂砾用于基层时,CBR 值不应小于 80。级配砾石或天然砂砾用于底基层时,对极重、特重和重交通荷载等级,CBR 值不应小于 80;对中等交通荷载等级,CBR 值不应小于 60;对轻交通荷载等级,CBR 值不应小于 40。

级配碎石 CBR 值　　　　　　表 3-2-18

结　构　层	公路等级	极重、特重交通	重交通	中等、轻交通
基层	高速公路、一级公路	≥200	≥180	≥160
	二级及二级以下公路	≥160	≥140	≥120
底基层	高速公路、一级公路	≥120	≥100	≥80
	二级及二级以下公路	≥100	≥80	≥60

(6)最佳含水率和与压实度要求相应的干密度条件下的粒料回弹模量应依据相应的水平确定:

水平一,采用重复加载三轴压缩试验测定,取回弹模量试验结果的均值。

水平三,按粒料类型和层位参照表 3-2-19 确定粒料回弹模量取值。

粒料回弹模量取值范围(单位:MPa)　　　　　　表 3-2-19

材料类型和层位	最佳含水率和与压实度要求相应的干密度条件下	经湿度调整后
级配碎石基层	200 ~ 400	300 ~ 700
级配碎石底基层	180 ~ 250	190 ~ 440
级配砾石基层	150 ~ 300	250 ~ 600
级配砾石底基层	150 ~ 220	160 ~ 380
未筛分碎石层	180 ~ 220	200 ~ 400
天然砂砾层	105 ~ 135	130 ~ 240

注:材料性能好、级配好或压实度大时取高值,反之取低值。

(7)粒料层的回弹模量在结构验算时由粒料回弹模量乘以湿度调整系数后得到,湿度调整系数可在 1.6 ~ 2.0 范围内选取。粒料回弹模量应取用最佳含水率和与压实度要求相应的干密度条件下的试验值。压实度要求应符合《公路路面基层施工技术细则》(JTG/T F20—2015)的有关规定。

4. 无机结合料稳定类材料

(1)无机结合料稳定类材料用于高速公路、一级公路基层时,公称最大粒径不宜大于31.5mm;用于高速公路和一级底基层或二级及二级以下公路基层时,公称最大粒径不宜大于37.5mm;用于二级及二级以下公路底基层时,公称最大粒径不宜大于53.0mm。

(2)水泥稳定类材料水泥剂量宜为3.0%~6.0%。

(3)贫混凝土集料粒径不宜大于31.5mm;水泥剂量不得少于170kg/m³,28d弯拉强度标准值宜控制在2.0~2.5MPa范围内。

(4)无机结合料稳定类材料7d无侧限抗压强度代表值应符合表3-2-20的要求。

无机结合料稳定类材料7d无侧限抗压强度标准(代表值)(单位:MPa)　　表3-2-20

材料	结构层	公路等级	极重、特重交通	重交通	中等、轻交通
水泥稳定类	基层	高速公路、一级公路	5.0~7.0	4.0~6.0	3.0~5.0
		二级及二级以下公路	4.0~6.0	3.0~5.0	2.0~4.0
	底基层	高速公路、一级公路	3.0~5.0	2.5~4.5	2.0~4.0
		二级及二级以下公路	2.5~4.5	2.0~4.0	1.0~3.0
水泥粉煤灰稳定类	基层	高速公路、一级公路	4.0~5.0	3.5~4.5	3.0~4.0
		二级及二级以下公路	3.5~4.5	3.0~4.0	2.5~3.5
	底基层	高速公路、一级公路	2.5~3.5	2.0~3.0	1.5~2.5
		二级及二级以下公路	2.0~3.0	1.5~2.5	1.0~2.0
石灰粉煤灰稳定类	基层	高速公路、一级公路	≥1.1	≥1.0	≥0.9
		二级及二级以下公路	≥0.9	≥0.8	≥0.7
	底基层	高速公路、一级公路	≥0.8	≥0.7	≥0.6
		二级及二级以下公路	≥0.7	≥0.6	≥0.5
石灰稳定类	基层	一级及一级以下公路	—	—	≥0.8[a]
	底基层	高速公路、一级公路	—	—	≥0.8
		二级及二级以下公路	—	—	0.5~0.7[b]

注:a. 在低塑性土(塑性指数小于7)地区,石灰稳定砂砾和碎石的7d龄期无侧限抗压强度应大于0.5MPa(100g平衡锥测液限)。

　　b. 低限用于塑性指数小于7的黏土,高限用于塑性指数大于或等于7的黏土。

(5)无机结合料稳定类材料弯拉强度和弹性模量应依据相应的水平确定:

水平一,采用弯拉强度试验以及中间段法单轴压缩试验测定。测试时水泥稳定类、水泥粉煤灰稳定类材料试件的龄期应为90d,石灰稳定类、石灰粉煤灰稳定类材料试件的龄期应为180d。弯拉强度和弹性模量应取用测试数据的平均值。

水平三,参照表3-2-21确定弯拉强度和弹性模量。

无机结合料稳定类材料的弯拉强度和弹性模量取值范围(单位:MPa)　　表 3-2-21

材　　料	弯拉强度	弹性模量
水泥稳定粒料、水泥粉煤灰稳定粒料、石灰粉煤灰稳定粒料	1.5~2.0	18000~28000
	0.9~1.5	14000~20000
水泥稳定土、水泥粉煤灰稳定土、石灰粉煤灰稳定土	0.6~1.0	5000~7000
石灰土	0.3~0.7	3000~5000

注:结合料用量高、材料性能好、级配好或压实度大时取高值,反之取低值。

(6)冻土地区高速公路和一级公路的石灰粉煤灰稳定类基层,还应按《公路工程无机结合料稳定材料试验规程》(JTG E51—2009)中 T 0858 的有关规定进行材料抗冻性能检验,其残留抗压强度比应符合表 3-2-22 的要求。

石灰粉煤灰稳定类材料抗冻性能要求　　表 3-2-22

气候区	重冻区	中冻区
残留抗压强度比(%)	≥70	≥65

(7)结构验算时,无机结合料稳定类材料弹性模量应乘以结构层模量调整系数 0.5。

5. 沥青结合料类材料

(1)沥青结合料应采用道路石油沥青或其加工产品,沥青类型应根据公路等级、气候条件、交通荷载等级、结构层位和施工条件等确定。

(2)极重、特重和重交通荷载等级公路、气候条件严酷地区的公路,以及连续长陡纵坡路段,中面层和表面层宜采取优化混合料级配、选用改性沥青或添加外掺剂等措施。

(3)开级配沥青混合料表面层宜采用高黏沥青或橡胶沥青,并采用适量消石灰或水泥替代矿粉。

(4)表面层沥青混合料公称最大粒径不宜大于 16.0mm,中面层和下面层沥青混合料公称最大粒径不宜小于 16.0mm,基层沥青碎石公称最大粒径不宜小于 26.5mm。

(5)季节性冻土地区高速公路和一级公路表面层沥青低温性能还应满足下列指标要求:

①分析连续 10 年最低气温平均值,作为路面低温设计温度。路面低温设计温度提高 10℃的试验条件下,沥青弯曲梁流变试验蠕变劲度 S_t 不宜大于 300MPa,且蠕变曲线斜率 m 不宜大于 0.30。

②当蠕变劲度 S_t 在 300~600MPa 范围内,且蠕变曲线斜率 m 大于 0.30 时,增加沥青直接拉伸试验,其断裂应变不宜小于 1% 。

③以上都不满足时,采用弯曲梁流变试验和直接拉伸试验确定沥青临界开裂温度,临界开裂温度不宜高于路面低温设计温度。

(6)二级及二级以上公路公称最大粒径不大于 19.0mm 的沥青混合料,宜在温度为 -10℃、加载速率为 50mm/min 条件下进行小梁弯曲试验。沥青混合料的破坏应变宜符合表 3-2-23的规定。

沥青混合料低温弯曲试验破坏应变技术要求 表 3-2-23

气候条件与技术指标	相应于下列气候分区所要求的破坏应变($\mu\varepsilon$)									试验方法
年极端最低气温(℃)及气候分区	< -37.0		-37.0 ~ -21.5			-21.5 ~ -9.0		> -9.0		
	1. 冬严寒区		2. 冬寒区			3. 冬冷区		4. 冬温区		
	1-1	2-1	1-2	2-2	3-2	1-3	2-3	1-4	2-4	
普通沥青混合料,不小于	2600		2300			2000				T 0715
改性沥青混合料,不小于	3000		2800			2500				

注:气候分区的确定应符合《公路沥青路面施工技术规范》(JTG F40—2004)的有关规定。

(7)高速公路和一级公路沥青混合料应在规定的试验条件下进行车辙试验,并应符合表 3-2-24 的要求,二级公路可参照执行。城市道路沥青路面高温稳定性应采用车辙试验的动稳定度来评价。对交叉口进口道和公交车停靠站路段及长大陡纵坡路段的沥青混合料,应提高一个交通等级进行设计。

沥青混合料车辙试验动稳定度技术要求(单位:次/mm) 表 3-2-24

气候条件与技术指标	相应于以下气候分区所要求的动稳定度技术要求									试验方法
七月平均最高气温(℃)及气候分区	> 30				20 ~ 30				< 20	
	1. 夏炎热区				2. 夏热区				3. 夏凉区	
	1-1	1-2	1-3	1-4	2-1	2-2	2-3	2-4	3-2	
普通沥青混合料,不小于	800		1000		600		800		600	
改性沥青混合料,不小于	2800		3200		2000		2400		1800	
SMA 混合料,不小于	普通沥青	1500								T 0719
	改性沥青	3000								
OGFC 混合料,不小于	1500(中等、轻交通荷载等级),3000(重及以上交通荷载等级)									

注:1. 气候分区的确定应符合《公路沥青路面施工技术规范》(JTG F40—2004)的有关规定。
2. 当其他月份的平均最高气温高于七月时,可使用该月平均最高气温。
3. 在特殊情况下,对钢桥面铺装、重载车特别多或纵坡较大的长距离上坡路段、厂矿专用道路,可酌情提高动稳定度要求。
4. 对炎热地区或特重及以上交通荷载等级公路,可根据气候条件和交通状况适当提高试验温度或增加试验荷载。

(8)无机结合料稳定类基层沥青路面、底基层采用无机结合料稳定类材料的沥青结合料类基层沥青路面和水泥混凝土基层沥青路面的沥青混合料贯入强度,宜满足式(3-2-1)的要求。

$$R_{\tau s} \geq \left(\frac{0.31 \lg N_{e5} - 0.68}{\lg [R_a] - 1.31 \lg T_d - \lg \psi_s + 2.50} \right)^{1.86} \qquad (3\text{-}2\text{-}1)$$

式中:$[R_a]$——沥青混合料层容许永久变形量(mm);

N_{e5}——设计使用年限内或通车至首次针对车辙维修的期限内,月平均气温大于0℃的月份;

T_d——设计气温(℃),为所在地区月平均气温大于0℃的各月份气温平均值;

ψ_s——路面结构系数,根据式(3-2-2)计算:

$$\psi_s = (0.52h_a^{-0.003} - 317.59h_b^{-1.32})E_b^{0.1} \tag{3-2-2}$$

h_a——沥青混合料层的厚度(mm);

h_b——无机结合料稳定层或水泥混凝土层的厚度(mm);

E_b——无机结合料稳定层或水泥混凝土层的模量(MPa);

$R_{\tau s}$——各沥青混合料层的综合贯入强度,根据式(3-2-3)确定:

$$R_{\tau s} = \sum_{i=1}^{n} w_{is} R_{\tau i} \tag{3-2-3}$$

$R_{\tau i}$——第 i 层沥青混合料的贯入强度(MPa),普通沥青混合料一般为 $0.4 \sim 0.7$MPa,改性沥青混合料一般为 $0.7 \sim 1.2$MPa;

n——沥青混合料层的层数;

w_{is}——第 i 层沥青混合料的权重,为第 i 层厚度中点剪应力与各层厚度中点剪应力之和的比值($w_{is} = \tau_i / \sum_{i=1}^{n} \tau_i$)。沥青混合料层为 1 层时,$w_1$ 取 1.0;沥青混合料层为 2 层时,自上而下,w_1 可取 0.48,w_2 可取 0.52;沥青混合料层为 3 层时,自上而下,w_1、w_2 和 w_3 可分别取 0.35、0.42 和 0.23。

(9)粒料类基层沥青路面和底基层采用粒料的沥青结合料类基层沥青路面,沥青混合料贯入强度宜满足式(3-2-4)的要求。

$$R_{\tau g} \geqslant \left(\frac{0.35\lg N_{e5} - 1.16}{\lg[R_a] - 1.61\lg T_d - \lg\psi_g + 2.76} \right)^{1.38} \tag{3-2-4}$$

式中:ψ_g——路面结构系数,根据式(3-2-5)计算:

$$\psi_g = 20.16h_a^{-0.642} + 820916h_b^{-2.84} \tag{3-2-5}$$

$R_{\tau g}$——路面各层沥青混合料的综合贯入强度,根据式(3-2-6)确定:

$$R_{\tau g} = \sum_{i=1}^{n} w_{ig} R_{\tau i} \tag{3-2-6}$$

w_{ig}——第 i 层沥青混合料的权重,为第 i 层厚度中点剪应力与各层厚度中点剪应力之和的比值($w_{ig} = \tau_i / \sum_{i=1}^{n} \tau_i$)。沥青混合料层为 1 层时,$w_1$ 取 1.0;沥青混合料层为 2 层时,自上而下,w_1 可取 0.44,w_2 可取 0.56;沥青混合料层为 3 层时,自上而下,w_1、w_2 和 w_3 可分别取 0.27、0.36 和 0.27。

其他符号意义同式(3-2-1)~式(3-2-3)。

(10)沥青混合料应测试浸水马歇尔试验残留稳定度和冻融劈裂试验残留强度比来检验水稳定性。两项指标应符合表 3-2-25 的规定。水稳定性不满足要求时,可采取掺入消石灰、水泥或抗剥落剂,或更换集料等措施。

沥青混合料水稳定性技术要求 　　表 3-2-25

沥青混合料类型		相应于以下年降雨量(mm)的技术要求(%)		试 验 方 法
		≥500	<500	
浸水马歇尔试验残留稳定度(%)				
普通沥青混合料,不小于		80	75	T 0709
改性沥青混合料,不小于		85	80	
SMA 混合料,不小于	普通沥青	75		
	改性沥青	80		
冻融劈裂试验的残留强度比(%)				
普通沥青混合料,不小于		75	70	T 0729
改性沥青混合料,不小于		80	75	
SMA 混合料,不小于	普通沥青	75		
	改性沥青	80		

(11)沥青结合料动态压缩模量依据相应的水平确定:

水平一,按照《公路工程沥青及沥青混合料试验规程》(JTG E20—2011) T 0738 的沥青混合料单轴压缩动态模量试验进行测定,取平均值,试验温度选用20℃,面层沥青混合料加载频率采用10Hz,基层沥青混合料加载频率采用5Hz。

水平二,采用式(3-2-7)计算确定沥青混合料动态压缩模量,适用于采用道路石油沥青和常规级配的沥青混合料。

$$
\begin{aligned}
\lg E_a = {} & 4.59 - 0.02f + 2.58G^* - 0.14P_a - 0.041V - 0.03VCA_{DRC} - \\
& 2.65 \times 1.1^{\lg f}G^* \cdot f^{-0.06} - 0.05 \times 1.52^{\lg f}VCA_{DRC} \cdot f^{-0.21} + \\
& 0.0031f \cdot P_a + 0.0024V
\end{aligned}
\tag{3-2-7}
$$

式中:E_a——沥青混合料动态压缩模量(MPa);

f——试验频率(Hz);

G^*——60℃、10rad/s 下沥青动态剪切复数模量(kPa);

P_a——沥青混合料的油石比(%);

V——压实沥青混合料的空隙率(%);

VCA_{DRC}——捣实状态下粗集料的松装间隙率(%)。

水平三,参照表 3-2-26 确定沥青混合料动态压缩模量。

常用沥青混合料20℃条件下动态压缩模量取值范围(单位:MPa) 　　表 3-2-26

沥青混合料类型	沥 青 种 类			
	70 号道路石油沥青	90 号道路石油沥青	110 号道路石油沥青	SBS 改性沥青
SMA10、SMA13、SMA16	—	—	—	7500 ~ 12000
AC10、AC13	8000 ~ 12000	7500 ~ 11500	7000 ~ 10500	8500 ~ 12500
AC16、AC20、AC25	9000 ~ 13500	8500 ~ 13000	7500 ~ 12000	9000 ~ 13500
ATB25	7000 ~ 11000	—	—	—

注:1. ATB25 为 5Hz 条件下动态压缩模量,其他沥青混合料为 10Hz 条件下动态压缩模量。

2. 沥青黏度大、级配好或空隙率小时取高值,反之取低值。

6. 泊松比

各类材料的泊松比按表3-2-27确定。

表3-2-27

泊 松 比 取 值

材料类别	路基	粒料	无机结合料	密级配沥青混合料	开级配沥青混合料、半开级配沥青混合料
泊松比	0.40	0.35	0.25	0.25	0.40

四、掌握公路和城市道路沥青路面结构验算规定和要求

1. 结构验算力学响应

公路沥青路面结构验算时,各设计指标应选用表3-2-28规定的竖向位置处的力学响应,并按图3-2-1所示计算点位置,选取 A、B、C 和 D 四点位置计算的最大力学响应量。

各设计指标对应的力学响应及其竖向位置 表3-2-28

设 计 指 标	力 学 响 应	竖 向 位 置
沥青混合料层层底拉应变	沿行车方向的水平拉应变	沥青混合料层层底
无机结合料稳定层层底拉应力	沿行车方向的水平拉应力	无机结合料稳定层层底
沥青混合料层永久变形量	竖向压应力	沥青混合料层各分层顶面
路基顶面竖向压应变	竖向压应变	路基顶面

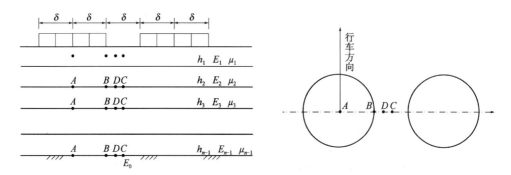

图3-2-1　力学响应计算点位置图示

城市道路新建沥青路面荷载与计算点如图3-2-2所示,并应满足下列规定:

(1)路表弯沉值计算点位置应为双轮轮隙中心点 A。

(2)柔性基层沥青层层底拉应变的计算点位置应为沥青层底面单圆中心点 B 或双圆轮隙中心点 C,并应取较大值作为层底拉应变。

(3)半刚性材料基层层底拉应力的计算点应为半刚性基层层底单圆荷载中心处 B 或双圆轮隙中心 C,并取较大值作为层底拉应力。

(4)沥青面层剪应力最大值计算点位置应取荷载外侧边缘路表距单圆荷载中心点 0.9δ 的点 D 或离路表 $0.1h_1$ 距单圆荷载中心点 δ 的点 E,并取较大值作为面层剪应力。

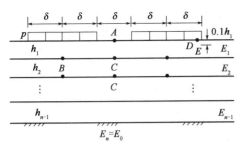 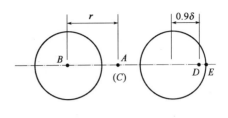

图 3-2-2 路面荷载与计算点

2. 结构层模量取值

公路沥青路面结构验算时结构层模量取值应符合下列规定:

(1)沥青面层采用20℃、10Hz 条件下的动态压缩模量,沥青类基层采用20℃、5Hz 条件下的动态压缩模量。

(2)无机结合料稳定层采用经调整系数修正后的弹性模量。

(3)粒料层采用经湿度调整的回弹模量,路基采用平衡湿度状态下并考虑干湿与冻融循环作用后的顶面当量回弹模量。

城市道路沥青路面材料设计参数的确定应符合下列规定:

(1)计算路表弯沉时,设计参数应采用抗压回弹模量,沥青层模量取20℃时的抗压回弹模量,计算路表弯沉值时,抗压回弹模量设计值 $\bar{E}$ 应按式(3-2-8)计算:

$$E = \bar{E} - Z_\alpha S \tag{3-2-8}$$

式中: $\bar{E}$——各试件模量的平均值(MPa);

S——各试件模量的标准差;

Z_α——保证率系数,取2.0。

(2)计算柔性基层沥青层层底拉应变时,沥青层模量采用20℃回弹模量,可按《城镇道路路面设计规范》(CJJ 169—2012)附录 C 表 C.3 或附录 E 试验确定;半刚性基层的模量设计值,可按《城镇道路路面设计规范》(CJJ 169—2012)附录 C 表 C.3 取值。

(3)计算半刚性基层层底拉应力时,设计参数应采用抗压回弹模量,沥青层模量取15℃时的抗压回弹模量。

半刚性材料应在规定的龄期下测试抗压回弹模量,水泥稳定类材料的龄期为90d、二灰稳定类和石灰稳定类材料的龄期为180d、水泥粉煤灰稳定材料的龄期为120d。

计算层底拉应力时应考虑模量的最不利组合。在计算层底拉应力时,计算层以下各层的模量应采用式(3-2-8)计算其模量设计值;计算层及以上各层模量应采用式(3-2-9)计算其模量设计值。

$$E = \bar{E} + Z_\alpha S \tag{3-2-9}$$

(4)计算沥青层剪应力时,设计参数采用抗压回弹模量,沥青上面层取60℃的抗压回弹模量,可按《城镇道路路面设计规范》(CJJ 169—2012)附录 C 表 C.1 取用,模量设计值采用式(3-2-8)计算,中下沥青面层取20℃的抗压回弹模量,模量设计值采用式(3-2-9)计算。

3. 结构验算流程

公路新建沥青路面结构组合应先初拟方案,并按规范规定进行路面结构验算,再结合工程经验和经济分析选定路面结构方案。对于二级及二级以下公路,当交通荷载等级为中等、轻水平时,可依据所在地区经验结构合理选择路面设计方案。公路新建沥青路面结构验算的流程应按图 3-2-3 进行。包括下列主要内容:

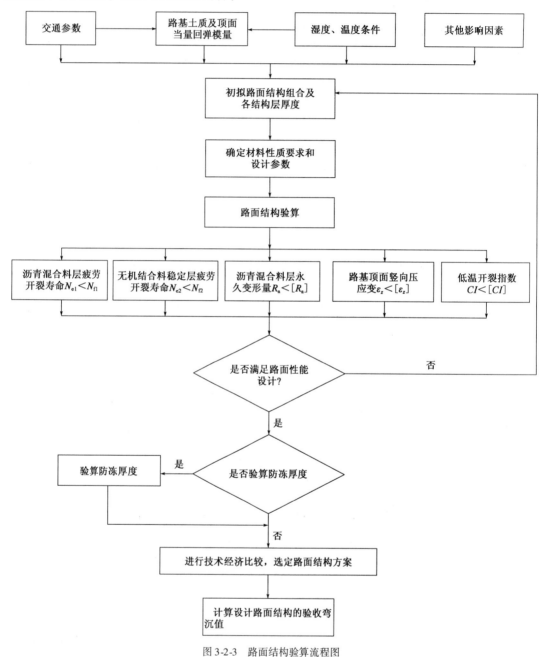

图 3-2-3 路面结构验算流程图

(1)依据交通数据调查以及轴载换算方法,调查分析交通参数,计算获取设计使用年限内设计车道在不同控制指标(沥青混合料层层底拉应变,沥青混合料层永久变形量,无机结合料层层底拉应力,路基顶面竖向压应变)下的当量设计轴载累计作用次数,确定交通荷载等级。

（2）根据路基土类型、地下水位高度确定路基干湿类型和湿度状况，结合《公路路基设计规范》（JTG D30—2015）的有关规定确定路基顶面回弹模量及必要的路基改善措施。

（3）根据设计要求，收集所在地区的常用路面结构组合和材料性质要求，分析影响路面结构设计的其他因素，初拟路面结构组合与厚度方案，选取设计指标。

（4）确定各结构层模量等设计参数，检验粒料的 CBR 值，无机结合料稳定类材料的无侧限抗压强度，沥青低温性能要求，沥青混合料的低温破坏应变、动稳定度、贯入强度和水稳定性等。

（5）收集工程所在地区气温资料，确定各设计指标对应的温度调整系数或等效温度。

（6）采用多层弹性体系理论程序计算各设计指标的力学响应量。

（7）进行路面结构验算。包括沥青混合料层开裂验算、无机结合料稳定层疲劳开裂验算、沥青混合料层永久变形量验算、路基顶面竖向压应变验算、低温开裂指数验算以及防冻厚度验算，验算结果不符合要求时，调整路面结构方案重新验算，直至符合要求为止。

（8）对通过结构验算的路面结构进行技术经济分析，选定路面结构方案。

（9）计算设计路面结构的路基顶面验收弯沉值和路表验收弯沉值，用于路面交（竣）工验收。

城市道路沥青路面结构设计的主要步骤如下：

（1）根据道路等级、使用要求、交通条件、投资水平、材料供应、施工技术等确定路面等级、面层类型，初拟路面结构整体结构类型。

（2）根据土质、水文状况、工程地质条件、施工条件等，将路基分段，确定土基回弹模量。

（3）收集调查交通量，计算设计基准期内一个方向上设计车道的累计当量轴次。

（4）进行路面结构组合设计，确定各层材料设计参数。

（5）根据道路等级和基层类型确定设计指标（设计弯沉、容许抗拉强度、容许抗剪强度、容许拉应变），根据面层类型、道路等级和变异水平等级确定可靠度系数。

（6）进行路面结构厚度设计，路面结构设计应满足各设计指标要求。

（7）对于季节性冰冻地区应验算防冻厚度。

（8）按全寿命周期费用分析的理念进行技术经济对比，确定路面结构方案。

五、熟悉公路和城市道路沥青路面改建设计规定和要求

沥青路面随着使用时间的延续，其使用性能和承载能力不断降低，超过设计使用年限后便不能满足正常行车的要求，而需补强或改建。当原有路面需要提高等级时，对不符合技术标准的路段应先进行线形改善，改线路段应按新建路面设计。加宽路面、提高路基、调整纵坡的路段应视具体情况按新建或改建路面设计，在原有路面补强时，按改建路面设计。

路面改建设计工作主要包括既有路面调查与分析、改建方案确定以及改建路面结构验算。

1. 既有路面调查与分析

对使用中的路面进行结构状况的调查与评定，其目的主要是了解路面现有结构状况和强度，据以判断是否需要加强或预估剩余使用寿命，分析路面损坏的原因及提出处理措施，提出针对性改建对策。

既有路面调查与分析应包括下列主要内容：

（1）收集既有路面及其排水设施的设计、施工及历史养护维修情况等技术资料。

（2）调查分析交通量、轴载组成和增长率等交通荷载参数。

（3）调查路面破坏状况，包括路面病害类型、严重程度、范围和数量等。

（4）采用落锤式动态弯沉仪或其他弯沉仪检测评价既有路面结构承载力。

（5）采用钻芯、探坑取样、路面雷达、切割等方式，调查分析既有路面厚度、层间结合及病害程度情况，并取样进行室内试验，测定试件模量、强度等，分析路面材料组成与退化情况。

（6）对因路基问题导致路面损坏的路段，取样调查路基土质类型、含水率和 CBR 值等，分析路基稳定性和承载力等。

（7）调查沿线气候条件、地下水及路基路面排水状况。

（8）调查沿线跨线桥、隧道净空要求及其他影响路面改建设计的因素。

既有路面损坏状况的评定应符合现行规范的有关规定，可结合路面损坏特点采用路面横向裂缝间距、纵向裂缝率、网裂面积率和修补面积率等指标进行补充评价。

2. 改建方案确定

基于既有路面调查与分析，经技术经济分析后，结合工程经验确定适应预期交通荷载等级和使用性能要求的改建设计方案。确定改建设计方案时，应充分利用既有路面结构性能，减少废弃材料，并积极、稳妥地再生利用既有路面材料。改建设计应采用动态设计理念，工程实施阶段逐段调查分析现场路况，动态调整改建方案。并应考虑施工期交通组织设计和临时安全设施设计。改建方案设计的一般要求如下：

（1）应根据不同路段路面状况和损坏程度，对既有路面采取相应的处理方案。

（2）既有路面处理可采用局部病害处治、整体性处理的方式或局部病害处治与整体性处理相结合的方式，并应符合下列规定：既有路面破损不严重且结构性能较好的路段可参照《公路沥青路面养护技术规范》（JTG 5142—2019）对局部病害处治后加铺；既有路面破损严重或结构性能不足的路段，宜采用整体性处理方式，处理深度和范围应根据路面破损程度、层位和处理工艺确定。

（3）改建方案应充分利用既有路面结构和材料，可视具体情况选择经局部病害处治后直接加铺一层或多层改建方案、将既有路面铣刨至某一结构层或将既有路面就地再生后再加铺一层或多层改建方案。

（4）既有路面存在较多裂缝时，应采取减缓反射裂缝的措施。

（5）既有路面出现因内部排水不良引起的水损坏时，应改善或重置路面防排水系统。加铺层与既有路面间应采取设置黏层或封层等层间结合措施。

（6）加铺层材料组成和技术要求应符合新材料设计参数的相应要求。再生材料技术要求应符合《公路沥青路面再生技术规范》（JTG/T 5521—2019）的有关规定。

3. 改建路面结构验算

改建路面结构验算步骤与流程与新建路面结构类似，主要区别在于，与新建路面结构相比，改建路面结构验算需要依据既有路面是否破损严重或结构性能不足来确定既有路面结构设计参数，以及是否需要对既有路面结构进行验算。改建路面结构验算包括下列主要内容：

（1）调查分析设计使用年限内预期的交通荷载参数，并确定交通荷载等级。依据交通数据调查以及轴载换算方法,调查分析交通参数,计算获取设计使用年限内设计车道在不同控制指标(沥青混合料层层底拉应变,沥青混合料层永久变形,无机结合料层层底拉应力,路基顶面竖向压应变)下的当量设计轴载累计作用次数,并确定交通荷载等级。

(2)对既有路面技术状况进行调查和分析。充分调查和分段评估既有路面状况,分析路面损坏原因,提出针对性改建对策。

(3)分段初拟改建方案。根据路况调查结果,对既有路面进行分段,结合当地工程经验,分段初拟适应预期交通荷载等级和使用性能要求的改建方案。

(4)既有路面破损不严重且结构性能较好,采用直接加铺方案或铣刨至某一结构层再加铺方案时,应同时对既有路面结构层和加铺层进行结构验算。加铺层的设计参数应按新建路面结构确定。既有路面结构层的设计参数应按下列要求确定:

将既有路面简化为由沥青结合料类材料层、无机结合料稳定层或粒料层和路基组成的三层体系,利用弯沉盆反演或芯样实测的方法确定各层的结构模量。

既有路面无机结合料稳定层弯拉强度,宜根据现场取芯实测的无侧限抗压强度按式(3-2-10)计算,无条件时,可根据既有路面整体强度、基层和面层损坏状况,结合当地经验确定。

$$R_s = 0.21R_c \tag{3-2-10}$$

式中:R_s——无机结合料稳定类材料试件的弯拉强度(MPa);

　　R_c——无机结合料稳定类材料试件的无侧限抗压强度(MPa)。

(5)既有路面破损严重或结构性能不足时,无论采用直接加铺方案还是采用铣刨至某一结构层再加铺方案,均应对加铺层进行结构验算。加铺面层的设计参数应按新建路面结构确定。既有路面或铣刨后留用的路面结构层不再进行结构验算,其顶面当量回弹模量应按式(3-2-11)计算。

$$E_d = \frac{176pr}{l_0} \tag{3-2-11}$$

式中:E_d——既有路面结构顶面当量回弹模量(MPa);

　　p——落锤式弯沉仪承载板施加荷载(MPa);

　　r——落锤式弯沉仪承载板半径(mm);

　　l_0——落锤式弯沉仪承载板中心点弯沉值(0.01mm)。

(6)按照新建路面要求,检验加铺层材料的性能设计参数是否符合要求,如检验加铺层粒料的 CBR 值,无机结合料稳定类材料的无侧限抗压强度,沥青低温性能要求,沥青混合料的低温破坏应变、动稳定度、贯入强度和水稳定性等。

(7)收集工程所在地区气温资料,确定各设计指标相应的温度调整系数或等效温度。

(8)采用多层弹性体系理论程序计算各设计指标的力学响应量。

(9)进行路面结构验算。沥青混合料层疲劳开裂验算、无机结合料稳定层疲劳开裂验算、沥青混合料层永久变形量验算、路基顶面竖向压应变验算、低温开裂指数验算以及最小防冻厚度验算等,均应符合各自的设计标准要求,验算不满足要求时,调整路面改建方案重新验算,直至符合要求为止。

(10)对通过结构验算的路面结构进行技术经济分析,选定路面改建方案。

（11）计算改建路面结构的路表验收弯沉值，用于路面交（竣）工验收。

六、熟悉公路和城市道路沥青路面桥面铺装设计规定和要求

桥面铺装设计可包括桥面板处理、防排水、铺装结构层、路缘带和伸缩缝接触部位的填封设计等，设计时应综合考虑桥梁类型、道路等级、交通荷载等级和气候条件等因素。桥面铺装层结构宜与道路路面结构相协调，钢桥面、大桥和特大桥的水泥混凝土桥面的沥青混合料铺装宜进行专项设计。桥面防水体系应具有足够的耐久性。

1. 公路水泥混凝土桥面铺装

（1）水泥混凝土桥面板宜进行铣刨或抛丸打毛处理，处理后桥面板的构造深度宜为 0.4 ~ 0.8mm。

（2）设置水泥混凝土调平层的桥面，调平层厚度不宜小于 80mm，且应按要求设置钢筋网。调平层混凝土强度等级应与梁体一致，并与桥面板结合紧密。

（3）水泥混凝土桥面防水层材料应具有足够的黏结强度、防水能力、抗施工损伤能力和耐久性，可采用热沥青、涂膜等。

（4）热沥青防水层宜采用橡胶沥青或 SBS 改性沥青，沥青膜厚度宜为 1.5 ~ 2.0mm，应撒布覆盖率为 60% ~ 70% 的单粒径碎石。

（5）高速公路、一级公路水泥混凝土桥面沥青混合料铺装层厚度不宜小于 70mm，宜采用两层或两层以上的结构，沥青混合料铺装层上层厚度不宜小于 30mm。二级及二级以下公路水泥混凝土桥面沥青混合料铺装层厚度不宜小于 50mm。

（6）特大桥桥面铺装宜设置砂粒式沥青混合料层。砂粒式沥青混合料层应具有足够的高温稳定性、密水性和抗施工损伤性能，可选用改性沥青胶砂、浇筑式沥青混凝土等。

（7）桥面沥青混合料铺装层应具有较小的空隙率，并具有良好的高温稳定性和抗滑性能，宜选用连续级配沥青混合料或沥青玛蹄脂碎石等。

（8）路缘带、护栏和伸缩缝与沥青混合料铺装层的接触部位宜采用热沥青、贴缝条或封缝料进行封缝防水处理。

（9）桥面铺装边缘带可在沥青混合料铺装下层设置纵向盲沟，宽度宜为 100 ~ 200mm，可采用开级配沥青混合料或单粒径碎石填充。盲沟应与桥梁泄水孔相连。

2. 公路钢桥面铺装

（1）钢桥面应进行抛丸处理，除锈等级应不低于 Sa2.5 级，并应及时涂刷防锈层或黏结层。

（2）钢桥面防水材料应与铺装层材料类型相匹配。

（3）钢桥面铺装宜采用浇筑式沥青混凝土、环氧沥青混凝土、连续级配沥青混合料、沥青玛蹄脂碎石或多种混合料组合。

3. 城市道路桥面铺装

（1）桥面沥青混凝土铺装结构，应由防水黏结层和沥青面层组成。

（2）城市快速路、主干路上桥梁的沥青混合料桥面铺装厚度宜为 80 ~ 100mm，次干路、支路上桥梁的沥青混合料桥面铺装厚度宜为 50 ~ 90mm，且沥青表面层厚度不应小于 30mm。当

桥面铺装为单层时,厚度不宜小于50mm。

(3)桥面水泥混凝土铺装层(不含整平层和垫层)的厚度不宜小于80mm,混凝土强度等级不应低于C40,铺装面层内应配置钢筋网,钢筋直径不应小于8mm,间距不宜大于100mm。

(4)当水泥混凝土桥面采用沥青面层时,桥面板应符合下列规定:

①混凝土桥面板应平整、粗糙、干燥整洁,不得有浮浆、尘土、水迹、杂物或油污等。对城市快速路、城市主干路的桥面宜进行精锐刨或者喷砂打毛处理,特大桥、重要大桥桥面宜进行精细铣刨处理。

②当混凝土桥面板需设置调平层时,混凝土调平层厚度不宜小于80mm,且应按要求设置钢筋网;纤维混凝土调平层厚度不宜小于60mm;调平层混凝土强度等级应与梁体一致,并应与桥面板结合紧密。当调平层厚度较薄时,可用沥青混合料或通过加厚下面层进行调平。

(5)对于特大桥、大桥、正交异性板钢桥面沥青混凝土铺装结构应根据桥梁的纵面线形、桥梁结构受力状态、桥面系的实际情况、当地气象与环境条件、铺装材料的性能综合研究选用。

七、熟悉公路和城市道路沥青路面交通荷载参数分析的规定和要求

1.公路沥青路面交通荷载参数分析

1)车型分类

路面设计中车辆轴型根据轮组和轴组类型可分为7类(表3-2-29)。车辆类型根据轴型组合可分为11类(表3-2-30)。

轴型分类　　　　　　　　　　　　　　　　　　表3-2-29

轴型编号	轴型说明	轴型编号	轴型说明
1	单轴(每侧单轮胎)	5	双联轴(每侧双轮胎)
2	单轴(每侧双轮胎)	6	三联轴(每侧单轮胎)
3	双联轴(每侧单轮胎)	7	三联轴(每侧双轮胎)
4	双联轴(每侧各一单轮胎、双轮胎)		

车辆类型分类　　　　　　　　　　　　　　　　表3-2-30

车型编号	说　明	主要车型及图示		其他车型
1类	2轴4轮车辆	11型		
2类	2轴6轮及以上客车	12型		15型
3类	2轴6轮整体式货车	12型		

车型编号	说　明	主要车型及图示		其他车型
4 类	3 轴整体式货车（非双前轴）	15 型	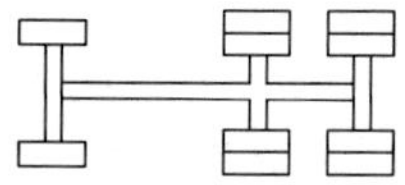	
5 类	4 轴及以上整体式货车（非双前轴）	17 型	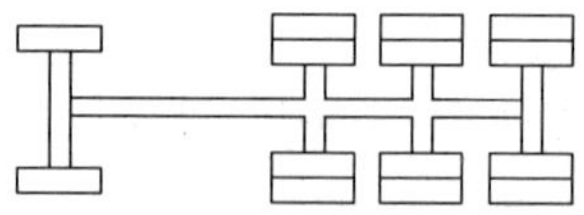	
6 类	双前轴整体式货车	112 型、115 型	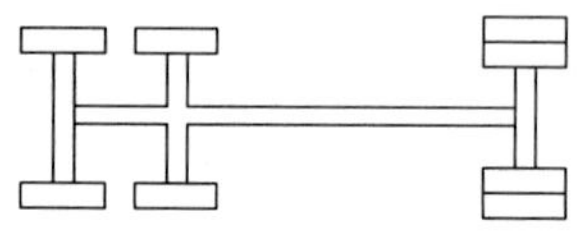	117 型
7 类	4 轴及以下半挂货车（非双前轴）	125 型	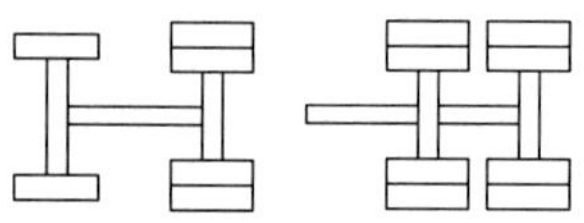	122 型
8 类	5 轴半挂货车（非双前轴）	127 型、155 型	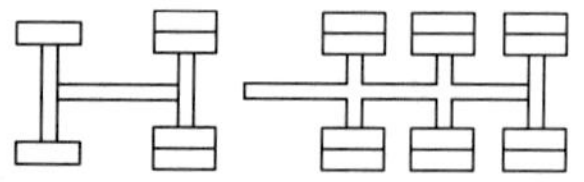	
9 类	6 轴及以上半挂货车（非双前轴）	157 型	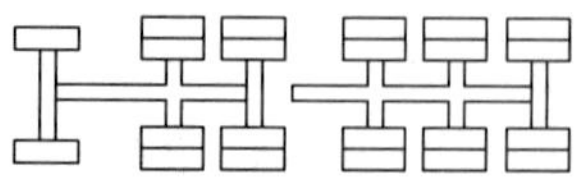	
10 类	双前轴半挂式货车	1127 型	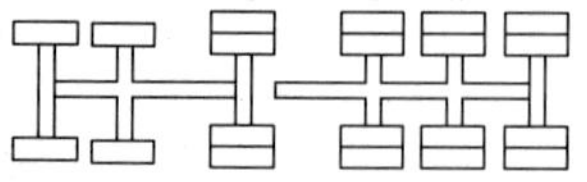	1122 型、1125 型、1155 型、1157 型
11 类	全挂货车	1522 型、1222 型	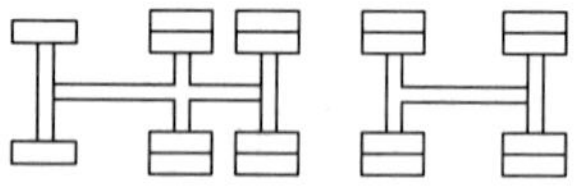	

2）交通数据调查

交通数据调查应包括交通量及增长率、方向系数、车道系数、车辆类型组成、轴组组成和轴重等。

（1）公路初期交通量和其他参数可参照可行性研究报告等有关交通量预测资料，结合当地交通观测站的观测和统计资料，或通过实地设立站点进行观测和统计。

（2）交通量的年平均增长率可依据公路等级和功能以及地区经济和交通发展情况等，通过调查分析确定。

（3）方向系数宜根据不同方向上实测交通量数据确定,无实测数据时可在 0.5 ~ 0.6 范围内选取。

（4）车道系数可以按下列三个水平确定,改建设计应采用水平一,新建路面设计可采用水平二或水平三。

水平一,根据现场交通量观测资料统计设计方向不同车道上车辆的数量,确定车道系数。

水平二,采用当地的经验值。

水平三,采用表 3-2-31 的推荐值。

车 道 系 数 表 3-2-31

单向车道数	1	2	3	≥4
高速公路	—	0.70 ~ 0.85	0.45 ~ 0.60	0.40 ~ 0.50
其他等级公路	1.00	0.50 ~ 0.75	0.50 ~ 0.75	—

注:交通受非机动车和行人影响严重时取低限,反之取高值。

（5）车辆类型分布系数可按三个水平确定,改建设计应采用水平一,新建路面设计可采用水平二或水平三。

水平一,根据交通观测资料分析 2 类 ~ 11 类车型所占的百分比,得到车辆类型分布系数。

水平二,根据交通历史数据或经验数据按照表 3-2-32 确定公路 TTC 分类,采用该 TTC 分类车辆类型分布系数当地经验值。

水平三,根据交通历史数据或经验数据按表 3-2-32 确定公路 TTC 分类,采用表 3-2-33 规定的车辆类型分布系数。

公路 TTC 分类标准（%） 表 3-2-32

TTC 分类	整体式货车比例	半挂式货车比例
TTC1	< 40	> 50
TTC2	< 40	< 50
TTC3	40 ~ 70	> 20
TTC4	40 ~ 70	< 20
TTC5	> 70	—

注:表中整体式货车为表 3-2-30 中 3 类 ~ 6 类车,半挂式货车为表 3-2-30 中 7 类 ~ 10 类车。

不同 TTC 分类车辆类型分布系数（%） 表 3-2-33

车辆类型	2 类	3 类	4 类	5 类	6 类	7 类	8 类	9 类	10 类	11 类
TTC1	6.4	15.3	1.4	0.0	11.9	3.1	16.3	20.4	25.2	0.0
TTC2	22.0	23.3	2.7	0.0	8.3	7.5	17.1	8.5	10.6	0.0
TTC3	17.8	33.1	3.4	0.0	12.5	4.4	9.1	10.6	8.5	0.7
TTC4	28.9	43.9	5.5	0.0	9.4	2.0	4.6	3.4	2.3	0.1
TTC5	9.9	42.3	14.8	0.0	22.7	2.0	2.3	3.2	2.5	0.2

3）车辆当量设计轴载换算

我国现行公路沥青路面设计方法中采用沥青混合料层疲劳寿命、无机结合料稳定层疲劳寿命、沥青混合料层永久变形和路基永久变形为主要设计标准,因此,轴载换算时考虑了沥青混合料层层底拉应变、无机结合料稳定层层底拉应力、沥青混合料层永久变形量和路基顶面竖向压应变为指标的轴载换算方法。

各类车辆当量设计轴载换算系数可按三个水平确定,高速公路和一级公路的改建设计应采用水平一,其他情况可采用水平二或水平三。

(1)水平一,采用称重设备连续采集设计车道上车辆类型、轴型组成和轴重数据,按下列步骤分析各类车辆当量换算系数:

①分别统计 2 类~11 类车辆单轴单胎、单轴双胎、双联轴和三联轴的数量,除以各类车辆总量,按式(3-2-12)计算各类车辆中不同轴型的平均轴数。

$$NAPT_{mi} = \frac{NA_{mi}}{NT_m} \qquad (3-2-12)$$

式中:$NAPT_{mi}$——m 类车辆中 i 种轴型的平均轴数;

$\quad NA_{mi}$——m 类车辆中 i 种轴型总数;

$\quad NT_m$——m 类车辆总数;

$\quad i$——轴型,分别为单轴单胎、单轴双胎、双联轴和三联轴;

$\quad m$——2 类~11 类车。

②按式(3-2-13)计算 2 类~11 类车辆不同轴型在不同轴重区间所占的百分比,得到不同轴型的轴重分布系数,即轴载谱。确定轴载谱时,单轴单胎、单轴双胎、双联轴和三联轴应分别间隔 2.5kN、4.5kN、9.0kN 和 13.5kN 划分轴重区间。

$$ALDF_{mij} = \frac{ND_{mij}}{NA_{mi}} \qquad (3-2-13)$$

式中:$ALDF_{mij}$——m 类车辆中 i 种轴型在 j 级轴重区间的轴重分布系数;

$\quad ND_{mij}$——m 类车辆中 i 种轴型在 j 级轴重区间的数量;

$\quad NA_{mi}$——m 类车辆中 i 种轴型的数量。

③按式(3-2-14)计算 2 类~11 类车辆各种轴型在不同轴重区间的当量设计轴载换算系数,计算时取各轴重区间中点值作为该轴重区间代表轴重。按式(3-2-15)计算各类车辆当量设计轴载换算系数。

$$EALF_{mij} = c_1 c_2 \left(\frac{P_{mij}}{P_s}\right)^b \qquad (3-2-14)$$

式中:P_s——设计轴载(kN);

$\quad P_{mij}$——m 类车辆中 i 种轴型在 j 级轴重区间的单轴轴载(kN),对于双联轴和三联轴,为平均分配到每根单轴的轴载质量;

$\quad b$——换算指数,分析沥青混合料层疲劳和沥青混合料层永久变形时,$b=4$;分析路基永久变形时,$b=5$;分析无机结合料稳定层疲劳时,$b=13$;

$\quad c_1$——轴组系数,前后轴间距大于 3m 时,分别按单个轴计算,轴间距小于 3m 时,按表 3-2-34 取值;

$\quad c_2$——轮组系数,双轮组为 1.0,单轮时取 4.5。

轴型系数取值　　　　表 3-2-34

设　计　指　标	轮—轴型	c_1 取 值
沥青混合料层层底拉应变、沥青混合料层永久变形量	双联轴	2.1
	三联轴	3.2
路基顶面竖向压应变	双联轴	4.2
	三联轴	8.7
无机结合料稳定层层底拉应力	双联轴	2.6
	三联轴	3.8

$$EALF_m = \sum_i \left[NAPT_{mi} \sum_j \left(EALF_{mij} \times ALDF_{mij} \right) \right] \tag{3-2-15}$$

式中：$EALF_m$——m 类车辆的当量设计轴载换算系数；

　　　$NAPT_{mi}$——m 类车辆中 i 种轴型的平均轴数；

　　　$ALDF_{mij}$——m 类车辆中 i 种轴型在 j 级轴重区间的轴重分布系数；

　　　$EALF_{mij}$——m 类车辆中 i 种轴型在 j 级轴重区间当量设计轴载换算系数，根据式(3-2-14)计算确定。

（2）水平二和水平三，按式(3-2-16)确定各类车辆的当量设计轴载换算系数。式(3-2-16)中非满载车和满载车的比例和当量设计轴载换算系数，水平二时取当地经验值，水平三时取表 3-2-35 和表 3-2-36 所列全国经验值。

$$EALF_m = EALF_{ml} \times PER_{ml} + EALF_{mh} \times PER_{mh} \tag{3-2-16}$$

式中：$EALF_{ml}$——m 类车辆中非满载车的当量设计轴载换算系数；

　　　$EALF_{mh}$——m 类车辆中满载车的当量设计轴载换算系数；

　　　PER_{ml}——m 类车辆中非满载车所占的百分比；

　　　PER_{mh}——m 类车辆中满载车所占的百分比。

2 类~11 类车辆非满载与满载比例　　　　表 3-2-35

车　　型	非满载比例	满载比例
2 类	0.80 ~ 0.90	0.10 ~ 0.20
3 类	0.85 ~ 0.95	0.05 ~ 0.15
4 类	0.60 ~ 0.70	0.30 ~ 0.40
5 类	0.70 ~ 0.80	0.20 ~ 0.30
6 类	0.50 ~ 0.60	0.40 ~ 0.50
7 类	0.65 ~ 0.75	0.25 ~ 0.35
8 类	0.40 ~ 0.50	0.50 ~ 0.60
9 类	0.55 ~ 0.65	0.35 ~ 0.45
10 类	0.50 ~ 0.60	0.40 ~ 0.50
11 类	0.60 ~ 0.70	0.30 ~ 0.40

2 类~11 类车辆当量设计轴载换算系数 表 3-2-36

车型	沥青混合料层层底拉应变、沥青混合料层永久变形量		无机结合料稳定层层底拉应力		路基顶面竖向压应变	
	非满载车	满载车	非满载车	满载车	非满载车	满载车
2 类	0.8	2.8	0.5	35.5	0.6	2.9
3 类	0.4	4.1	1.3	314.2	0.4	5.6
4 类	0.7	4.2	0.3	137.6	0.9	8.8
5 类	0.6	6.3	0.6	72.9	0.7	12.4
6 类	1.3	7.9	10.2	1505.7	1.6	17.1
7 类	1.4	6.0	7.8	553.0	1.9	11.7
8 类	1.4	6.7	16.4	713.5	1.8	12.5
9 类	1.5	5.1	0.7	204.3	2.8	12.5
10 类	2.4	7.0	37.8	426.8	3.7	13.3
11 类	1.5	12.1	2.5	985.4	1.6	20.8

4）当量设计轴载累计作用次数

（1）根据前述确定的车辆当量设计轴载换算系数，按式（3-2-17）确定初始年设计车道日平均当量轴次 N_1。

$$N_1 = AADTT \times DDF \times LDF \times \sum_{m=2}^{11} (VCDF_m \times EALF_m) \qquad (3-2-17)$$

式中：$AADTT$——2 轴 6 轮及以上车辆的双向年平均日交通量（辆/日）；

　　　DDF——方向系数；

　　　LDF——车道系数；

　　　m——车辆类型编号；

　　　$VCDF_m$——m 类车辆类型分布系数；

　　　$EALF_m$——m 类车辆的当量设计轴载换算系数。

（2）根据初始年设计车道日平均当量轴次 N_1、设计使用年限等，按式（3-2-18）计算设计车道上的当量设计轴载累计作用次数 N_e。

$$N_e = \frac{\left[(1 + \gamma)^t - 1 \right] \times 365}{\gamma} N_1 \qquad (3-2-18)$$

式中：N_e——设计使用年限内设计车道上的当量设计轴载累计作用次数（次）；

　　　t——设计使用年限（年）；

　　　γ——设计使用年限内交通量的年平均增长率；

　　　N_1——初始年设计车道日平均当量轴次（次/d）。

2. 城市道路沥青路面交通荷载参数分析

1）交通数据调查

（1）应根据预测交通量，考虑各种车型的交通组成（或比例），将不同车型的轴载换算成设计轴载的当量轴次，求得营运第一年单向日平均当量轴次。

（2）设计基准期内交通量的年平均增长率应在项目可行性研究报告等资料基础上，经研究分析确定。

（3）沥青路面设计车道分布系数宜依据道路交通组成、交通管理情况，通过实地调查确定，也可按表3-2-37选定。当上、下行交通量或重车比例有明显差异时，可区别对待，可按上、下行交通特点分别进行厚度设计。

设计车道分布系数　　　　　　　表3-2-37

车 道 特 征	车道分布系数	车 道 特 征	车道分布系数
单向单车道	1.00	单向三车道	0.50 ~ 0.80
单向两车道	0.65 ~ 0.95	单向四车道	0.40 ~ 0.70

2）轴载换算

（1）沥青路面以设计弯沉值、沥青层剪应力和沥青层层底拉应变为设计指标时，各种轴载换算成设计轴载 P 的当量轴次 N_a 应按式（3-2-19）计算。

$$N_a = \sum_{i=1}^{K} C_1 \cdot C_2 n_i \left(\frac{P_i}{P}\right)^{4.35} \qquad (3\text{-}2\text{-}19)$$

式中：N_a——以设计弯沉值、沥青层剪应力和沥青层层底拉应变为设计指标时的当量轴次
　　　　（次/d）；

　　　n_i——被换算车型的各级轴载作用次数（次/d）；

　　　P——标准轴载（kN）；

　　　P_i——被换算车型的各级轴载（kN）；

　　　C_1——被换算车型的轴数系数；

　　　C_2——被换算车型的轮组系数，单轮组为6.4，双轮组为1.0，四轮组为0.38；

　　　K——被换算车型的轴载级别。

当轴间距大于或等于3m时，应按一个单独的轴载计算，当轴间距小于3m时，双轴或多轴的轴数系数应按式（3-2-20）计算。

$$C_1 = 1 + 1.2(m - 1) \qquad (3\text{-}2\text{-}20)$$

式中：m——轴数。

（2）当沥青路面以半刚性基层层底拉应力为设计指标时，各种轴载换算成设计轴载 P 的当量轴次 N_s 应按式（3-2-21）计算。

$$N_s = \sum_{i=1}^{K} C_1' C_2' n_i \left(\frac{P_i}{P}\right)^{8} \qquad (3\text{-}2\text{-}21)$$

式中：N_s——以半刚性基层层底拉应力为设计指标时的当量轴次（次/d）；

　　　C_1'——被换算车型的轴数系数；

　　　C_2'——被换算车型的轮组系数，单轮组为18.5，双轮组为1.0，四轮组为0.09。

以拉应力为设计指标时，双轴或多轴的轴数系数应按式（3-2-22）计算。

$$C_1' = 1 + 2(m - 1) \qquad (3\text{-}2\text{-}22)$$

3）累计当量次数

沥青路面设计基准期内一个车道上的累计当量轴次按式（3-2-23）计算。

$$N_e = \frac{\left[(1+\gamma)^t - 1\right] \times 365}{\gamma} \cdot N_1 \cdot \eta \qquad (3-2-23)$$

式中：N_e——设计基准期内一个车道上的累计当量轴次(次/车道)；

t——设计基准期(年)；

N_1——路面营运第一年单向日平均当量轴次(次/d)；

γ——设计基准期内交通量的年平均年增长率(%)；

η——设计车道分布系数。

八、熟悉公路和城市道路沥青路面结构方案规定和要求

(1)不同交通荷载等级时,沥青路面结构层厚度组合可参照表 3-2-38 ~ 表 3-2-43 选用,也可根据当地工程经验确定。

无机结合料稳定类基层(粒料类底基层)**路面厚度范围**(单位:mm)　　表 3-2-38

交通荷载等级	极重、特重	重	中等	轻
面层	250 ~ 150	250 ~ 150	200 ~ 100	150 ~ 20
基层(无机结合料稳定类)	600 ~ 350	550 ~ 300	500 ~ 250	450 ~ 150
底基层(粒料类)	200 ~ 150			

无机结合料稳定类基层(无机结合料稳定类底基层)**路面厚度范围**(单位:mm)　表 3-2-39

交通荷载等级	极重、特重	重	中等	轻
面层	250 ~ 120	250 ~ 100	200 ~ 100	150 ~ 20
基层(无机结合料稳定类)	500 ~ 250	450 ~ 200	400 ~ 150	500 ~ 200
底基层(无机结合料稳定类)	200 ~ 150			—

粒料类基层(粒料类底基层)**路面厚度范围**(单位:mm)　　表 3-2-40

交通荷载等级	重	中等	轻
面层	350 ~ 200	300 ~ 150	200 ~ 100
基层(粒料类)	450 ~ 350	400 ~ 300	350 ~ 250
底基层(粒料类)	200 ~ 150		

沥青结合料类基层(粒料类底基层)**路面厚度范围**(单位:mm)　　表 3-2-41

交通荷载等级	重	中等	轻
面层	150 ~ 120	120 ~ 100	80 ~ 40
基层(沥青结合料类)	250 ~ 200	220 ~ 180	200 ~ 120
底基层(粒料类)	400 ~ 300	400 ~ 300	350 ~ 250

沥青结合料类基层(无机结合料稳定类底基层)**路面厚度范围**(单位:mm)　　表 3-2-42

交通荷载等级	极重、特重	重	中等	轻
面层	120 ~ 100	120 ~ 100	100 ~ 80	80 ~ 40
基层(沥青结合料类)	180 ~ 120	150 ~ 100	150 ~ 100	100 ~ 80
底基层(无机结合料稳定类)	600 ~ 300	600 ~ 300	550 ~ 250	450 ~ 200

沥青结合料类基层(粒料 + 无机结合料底基层)路面厚度范围(单位:mm)　表 3-2-43

交通荷载等级	极重、特重	重	中等	轻
面层	120 ~ 100	120 ~ 100	100 ~ 80	80 ~ 40
基层(沥青结合料类)	240 ~ 160	180 ~ 120	160 ~ 100	100 ~ 80
底基层(粒料类)	200 ~ 150	200 ~ 150	200 ~ 150	200 ~ 150
底基层(无机结合料类)	400 ~ 200	400 ~ 200	350 ~ 200	250 ~ 150

(2)结构层厚度应根据交通荷载等级、路基承载能力等因素选择。交通荷载等级高、路基承载能力弱时宜取靠近高限的厚度或参照高一个交通荷载等级的路面厚度范围,反之可靠近低限取值或参照低一个交通荷载等级的路面厚度范围。

九、熟悉公路和城市道路沥青路面结构验算方法等规定和要求

1.公路沥青路面结构验算方法

1)沥青混合料层疲劳开裂验算

沥青混合料层疲劳开裂寿命应根据路面结构分析得到的沥青混合料层层底拉应变按式(3-2-24)计算。

$$N_{fl} = 6.32 \times 10^{15.96-0.29\beta} k_a k_b k_{T1}^{-1} \left(\frac{1}{\varepsilon_a}\right)^{3.97} \left(\frac{1}{E_a}\right)^{1.58} (VFA)^{2.72} \qquad (3-2-24)$$

式中:N_{fl}——沥青混合料层疲劳开裂寿命(轴次);

　　　β——目标可靠指标;

　　　k_a——季节性冻土地区调整系数,按表 3-2-44 采用内插法确定;

　　　k_b——疲劳加载模式系数,按式(3-2-25)计算:

$$k_b = \left[\frac{1 + 0.3E_a^{0.43}(VFA)^{-0.85}e^{0.024h_a-5.41}}{1 + e^{0.024h_a-5.41}}\right]^{3.33} \qquad (3-2-25)$$

　　　E_a——沥青混合料 20℃时的动态压缩模量(MPa);

　　VFA——沥青混合料的沥青饱和度(%),根据混合料设计结果或按《公路沥青路面施工技术规范》(JTG F40—2004)的有关规定确定;

　　　h_a——沥青混合料层厚度(mm);

　　　k_{T1}——温度调整系数;

　　　ε_a——沥青混合料层层底拉应变(10^{-6}),根据弹性层状体系理论计算获取。

季节性冻土地区调整系数　表 3-2-44

冻区	重冻区	中冻区	轻冻区	其他地区
冻结指数 F(℃·d)	≥2000	2000 ~ 800	800 ~ 50	≤50
k_a	0.60 ~ 0.70	0.70 ~ 0.80	0.80 ~ 1.00	1.00

沥青混合料层的疲劳开裂寿命应大于基于沥青混合料层层底拉应变的设计使用年限内设计车道的当量设计轴载累计作用次数。否则,应调整路面结构方案,重新验算,直至满足要求。

2) 无机结合料稳定层疲劳开裂验算

无机结合料稳定层的疲劳开裂寿命应根据路面结构分析得到的各无机结合料稳定层层底拉应力, 按式(3-2-26)计算。

$$N_{f2} = k_a k_{T2}^{-1} 10^{a - b\frac{\sigma_t}{R_s} + k_c - 0.57\beta} \qquad (3-2-26)$$

式中: N_{f2}——无机结合料稳定层的疲劳开裂寿命(轴次);

k_a——季节性冻土地区调整系数;

k_{T2}——温度调整系数;

R_s——无机结合料稳定类材料的弯拉强度(MPa);

a、b——疲劳试验回归参数, 按表 3-2-45 确定;

k_c——现场综合修正系数, 按式(3-2-27)确定;

$$k_c = c_1 e^{c_2(h_a + h_b)} + c_3 \qquad (3-2-27)$$

c_1、c_2、c_3——参数, 按表 3-2-46 取值;

h_a、h_b——分别为沥青混合料层和计算点以上无机结合料稳定层厚度;

β——目标可靠指标;

σ_t——无机结合料稳定层的层底拉应力(MPa), 根据弹性层状体系理论计算获取。

无机结合料稳定层疲劳破坏模型参数 表 3-2-45

材 料 类 型	a	b
无机结合料稳定粒料	13.24	12.52
无机结合料稳定土	12.18	12.79

现场综合修正系数 k_c 相关参数 表 3-2-46

路面结构层类型	新建路面结构层或改建工程既有路面结构层		改建工程加铺层	
	无机结合料稳定粒料	无机结合料稳定土	无机结合料稳定粒料	无机结合料稳定土
c_1	14.0	35.0	18.5	21.0
c_2	-0.0076	-0.0156	-0.01	-0.0125
c_3	-1.47	-0.83	-1.32	-0.82

3) 沥青混合料层永久变形量验算

(1) 应按下列要求对各沥青混合料层进行分层, 分别计算各分层的永久变形量:

①表面层, 采用 10~20mm 作为一个分层。

②第二层沥青混合料层, 每分层厚度应不大于 25mm。

③第三层沥青混合料层, 每一分层厚度应不大于 100mm。

④第四层及其以下沥青混合料层, 作为一个分层。

(2) 根据标准条件下的车辙试验, 得到各层沥青混合料的车辙试验永久变形量, 按式(3-2-28)计算各分层的永久变形量和沥青混合料层总的永久变形量。

$$R_a = \sum_{i=1}^{n} R_{ai} \qquad (3-2-28)$$

$$R_{ai} = 2.31 \times 10^{-8} k_{Ri} T_{pef}^{2.93} p_i^{1.80} N_{e3}^{0.48} (h_i/h_0) R_{0i}$$

式中：R_a——沥青混合料层永久变形量（mm）；

$\quad R_{ai}$——第 i 分层永久变形量（mm）；

$\quad n$——分层数；

$\quad T_{pef}$——沥青混合料层永久变形等效温度；

$\quad N_{e3}$——沥青混合料层永久变形设计使用年限内，设计车道上设计轴载累计作用次数；

$\quad h_i$——第 i 分层厚度（mm）；

$\quad h_0$——车辙试验试件的厚度（mm）；

$\quad R_{0i}$——第 i 分层沥青混合料在试验温度为 60℃，压强为 0.7MPa，加载次数为 2520 次时，车辙试验永久变形量（mm）；

$\quad k_{Ri}$——综合修正系数，按式（3-2-29）~式（3-2-31）计算；

$$k_{Ri} = (d_1 + d_2 \cdot z_i) \cdot 0.9731^{z_i} \tag{3-2-29}$$

$$d_1 = -1.35 \times 10^{-4} h_a^2 + 8.18 \times 10^{-2} h_a - 14.50 \tag{3-2-30}$$

$$d_2 = 8.78 \times 10^{-7} h_a^2 - 1.50 \times 10^{-3} h_a + 0.90 \tag{3-2-31}$$

$\quad z_i$——沥青混合料层第 i 分层深度（mm），第一分层取为 15mm，其他分层为路表距沥青分层中点的深度；

$\quad h_a$——沥青混合料层厚度（mm），h_a 大于 200mm 时，取 200mm；

$\quad p_i$——沥青混合料层第 i 分层顶面竖向压应力（MPa），根据弹性层状体系理论计算获取。

（3）验算得到的沥青混合料层永久变形量应满足容许永久变形量要求。否则，应调整沥青混合料设计，直至满足要求。

（4）满足沥青混合料层容许永久变形量要求的沥青混合料，尚应满足标准车辙试验的动稳定度要求，其永久变形量 R_0 的稳定度可用作沥青混合料的质量要求和施工控制指标。标准车辙试验温度为 60℃，压强为 0.7MPa，试件厚度为 50mm，加载次数为 2520 次时沥青混合料的动稳定度 DS，可根据永久变形量 R_0 按式（3-2-32）计算。

$$DS = 9365 R_0^{-1.48} \tag{3-2-32}$$

式中：DS——沥青混合料动稳定度（次/mm）。

4）路基顶面竖向压应变验算

路基顶面的容许竖向压应变应按式（3-2-33）计算确定。

$$[\varepsilon_z] = 1.25 \times 10^{4-0.1\beta} (k_{T3} N_{e4})^{-0.21} \tag{3-2-33}$$

式中：$[\varepsilon_z]$——路基顶面容许竖向压应变（10^{-6}）；

$\quad \beta$——目标可靠指标；

$\quad N_{e4}$——设计使用年限内设计车道上的当量设计轴载累计作用次数（轴次）；

k_{T3}——温度调整系数。

5）沥青面层低温开裂指数验算

季节性冻土地区沥青面层应按式（3-2-34）验算其低温开裂指数 CI。

$$CI = 1.95 \times 10^{-3} S_t \lg b - 0.075(T + 0.07 h_a) \lg S_t + 0.15 \qquad (3-2-34)$$

式中：CI——沥青面层低温开裂指数；

$\quad T$——路面低温设计温度（℃），为连续 10 年年最低气温平均值；

$\quad S_t$——在路面低温设计温度加 10℃试验温度条件下，表面层沥青弯曲梁流变试验加载 180s 时的蠕变劲度（MPa）；

$\quad h_a$——沥青结合料材料层厚度（mm）；

$\quad b$——路基类型参数，砂 $b=5$，粉质黏土 $b=3$，黏土 $b=2$。

6）防冻厚度验算

（1）季节性冻土地区路基为中湿或潮湿状态时，应按式（3-2-35）计算公路多年最大冻深。

$$Z_{\max} = abc Z_d \qquad (3-2-35)$$

式中：$Z_{\max}$——公路多年最大冻深（mm）；

$\quad Z_d$——大地多年最大冻深（mm），根据调查资料确定；

$\quad a$——大地冻深范围内路基、路面各层材料热物性系数，按表 3-2-47 确定；

$\quad b$——路基湿度系数，按表 3-2-48 确定；

$\quad c$——路基断面形式系数，根据表 3-2-49 按内插法确定。

路基、路面材料热物性系数 a　　　　表 3-2-47

路基材料	黏质土	粉性土	粉土质砂	细粒土质砂、黏土质砂	含细粒土质砾（砂）
热物性系数	1.05	1.10	1.20	1.30	1.35
路面材料	水泥混凝土	沥青结合料类	级配碎石	石灰粉煤灰稳定材料或水泥稳定粒料	石灰粉煤灰稳定材料土及水泥土
热物性系数	1.40	1.35	1.45	1.40	1.35

路基湿度系数 b　　　　表 3-2-48

干湿类型	干燥	中湿	潮湿
湿度系数	1.0	0.95	0.90

路基断面形式系数 c　　　　表 3-2-49

填挖形式和高（深）度	路基填土高度				路基挖方深度			
	零填	<2m	2~4m	4~6m	>6m	<2m	2~4m	4~6m	>6m
断面形式系数	1.0	1.02	1.05	1.08	1.10	0.98	0.95	0.92	0.90

（2）根据公路多年最大冻深，按表 3-2-50 的规定验算路面的防冻厚度，路面结构厚度小于表 3-2-50 规定的最小防冻厚度时，应增设防冻层，使其满足最小防冻厚度的要求。

沥青路面结构最小防冻厚度（单位：mm）　　　　表 3-2-50

路基土质	基层、底基层材料类型	对应于以下公路多年最大冻深 Z_{max}（mm）和路基干湿类型的最小防冻厚度							
		中湿				潮湿			
		500~1000	1000~1500	1500~2000	>2000	500~1000	1000~1500	1500~2000	>2000
黏性土、细亚砂土	粒料类	400~450	450~500	500~600	600~700	450~550	550~600	600~700	700~800
	水泥或石灰稳定类、水泥混凝土	350~400	400~450	450~550	550~650	400~500	500~550	550~650	650~750
	水泥粉煤灰或石灰粉煤灰稳定类、沥青结合料类	300~350	350~400	400~500	500~550	350~450	450~500	500~550	550~700
粉性土	粒料类	450~500	500~600	600~700	700~750	500~600	600~700	700~800	800~1000
	水泥或石灰稳定类、水泥混凝土	400~450	450~500	500~600	600~700	450~550	550~650	650~700	700~900
	水泥粉煤灰或石灰粉煤灰稳定类、沥青结合料类	300~400	400~450	450~500	500~650	400~500	500~600	600~650	650~800

注：1. 在《公路自然区划标准》（JTJ 003—1986）中，对潮湿系数小于 0.5 的地区，Ⅱ、Ⅲ、Ⅳ等干旱地区的防冻厚度可比表中值减少 15%~20%。
　　2. 对Ⅱ区砂性土路基防冻厚度应相应减少 5%~10%。
　　3. 公路多年最大冻深大时，靠近上限取值，反之靠近下限取值。
　　4. 基层、底基层采用不同材料类型时，按厚度较大的材料类型确定。

7）设计路面结构的验收弯沉值

（1）路基顶面验收弯沉值 l_g 应按式（3-2-36）计算。

$$l_g = \frac{176pr}{E_0} \tag{3-2-36}$$

式中：l_g——路基顶面验收弯沉值（0.01mm）；

　　　　p——落锤式弯沉仪承载板施加荷载（MPa）；

　　　　r——落锤式弯沉仪承载板半径（mm）；

　　　　E_0——平衡湿度状态下路基顶面回弹模量（MPa）。

（2）宜采用落锤式弯沉仪进行路基验收，落锤式弯沉仪荷载为 50kN，荷载盘半径为 150mm。路基顶面实测代表弯沉值 l_0 应符合式（3-2-37）的要求。

$$l_0 \leqslant l_g \tag{3-2-37}$$

式中：l_g——路基顶面验收弯沉值（0.01mm）；

　　　　l_0——路段内实测的路基顶面弯沉代表值（0.01mm），以 1~3km 为一评定路段，按式（3-2-38）计算：

$$l_0 = (\overline{l}_0 + \beta \cdot s)K_1 \tag{3-2-38}$$

式中：$\overline{l}_0$——路段内实测的路基顶面弯沉平均值(0.01mm)；

$\quad s$——路段内实测路基顶面弯沉标准差(0.01mm)；

$\quad \beta$——目标可靠指标；

$\quad K_1$——路基顶面弯沉湿度影响系数，根据当地经验确定。

(3)路表验收弯沉值 l_a，应根据设计路面结构，采用弹性层状体系理论按式(3-2-39)计算。路面结构层参数应与路面结构验算时相同。路基顶面回弹模量应采用平衡湿度状态下路基顶面回弹模量乘以模量调整系数 k_l。

$$l_a = p\,\overline{l}_a \tag{3-2-39}$$

$$\overline{l}_a = f\left(\frac{h_1}{\delta}, \frac{h_2}{\delta}, \cdots, \frac{h_{n-1}}{\delta}; \frac{E_2}{E_1}, \frac{E_3}{E_2}, \cdots, \frac{k_l E_0}{E_{n-1}}\right) \tag{3-2-40}$$

式中：$\overline{l}_a$——理论弯沉系数；

$\quad k_l$——路基顶面回弹模量调整系数，无机结合料稳定类基层沥青路面和水泥混凝土基层沥青路面，取 0.5；粒料类基层沥青路面和沥青结合料类基层沥青路面，当采用无机结合料稳定底基层时，取 0.5，否则取 1.0；

$\quad E_0$——平衡湿度状态下路基顶面回弹模量(MPa)。

(4)路面交(竣)工时应对路表弯沉值进行检测。检测时需要考虑对弯沉进行湿度和温度修正。落锤式弯沉仪中心点弯沉代表值应满足式(3-2-41)的要求。

$$l_0 \leqslant l_a \tag{3-2-41}$$

式中：l_a——路表验收弯沉值(0.01mm)；

$\quad l_0$——路段内实测的路表弯沉代表值(0.01mm)，以 $1 \sim 3$km 为一评定路段，按式(3-2-42)计算：

$$l_0 = (\overline{l}_0 + \beta \cdot s)K_1 K_3 \tag{3-2-42}$$

$\overline{l}_0$——路段内实测路表弯沉平均值(0.01mm)；

$\quad s$——路段内实测路表弯沉标准差(0.01mm)；

$\quad \beta$——目标可靠指标；

$\quad K_1$——路表弯沉湿度影响系数，根据当地经验确定；

$\quad K_3$——路表弯沉温度影响系数，按式(3-2-43)确定；

$$K_3 = e^{[9 \times 10^{-6}(\ln E_0 - 1)h_a + 4 \times 10^{-3}](20-T)} \tag{3-2-43}$$

$\quad T$——弯沉测定时沥青结合料类材料层中点实测或预估温度(℃)；

$\quad h_a$——沥青结合料类材料层厚度(mm)；

$\quad E_0$——平衡湿度状态下路基顶面回弹模量(MPa)。

2. 城市道路沥青路面结构验算方法

1)路表弯沉值

(1)沥青路面路表设计弯沉值应根据道路等级、设计基准期内累计当量轴次、面层和基层类型按式(3-2-44)计算确定：

$$l_d = 600 N_e^{-0.2} A_c A_s A_b \tag{3-2-44}$$

式中：A_c——道路等级系数，快速路、主干路为 1.0，次干路为 1.1，支路为 1.2；

　　　A_s——面层类型系数，沥青混合料为 1.0，热拌、温拌或冷拌沥青碎石、沥青贯入式和沥青表面处治为 1.1；

　　　A_b——基层类型系数，无机结合料类（半刚性）基层为 1.0，沥青类基层和粒料基层为 1.6。

（2）轮隙中心处路表计算的弯沉值应满足式（3-2-45）的要求。

$$\gamma_a l_s \le l_d \tag{3-2-45}$$

式中：γ_a——沥青路面可靠度系数；

　　　l_s——轮隙中心处路表计算的弯沉值（0.01mm）；

　　　l_d——路表的设计弯沉值（0.01mm）。

（3）路面质量验收时，应对沥青路面弯沉进行检测和验收，并应符合下列规定：

①应在不利季节采用 BZZ-100 设计轴载实测轮隙中心处路表弯沉值，实测弯沉代表值应按式（3-2-46）计算：

$$l_0 = (\overline{l}_0 + Z_a S) K_1 K_3 \tag{3-2-46}$$

式中：l_0——路段内实测路表弯沉代表值（0.01mm）；

　　　$\overline{l}_0$——路段内实测路表弯沉平均值（0.01mm）；

　　　S——路段内实测路表弯沉标准差（0.01mm）；

　　　Z_a——与保证率有关的系数，快速路、主干路 $Z_a = 1.645$，其他等级道路沥青路面 $Z_a = 1.5$；

　　　K_1——季节影响系数，可根据当地经验确定；

　　　K_3——温度修正系数，可根据当地经验确定。

②应按最后确定的路面结构厚度与材料模量，计算道路表面弯沉检测标准值 l_a，实测弯沉代表值应满足式（3-2-47）的要求：

$$l_0 \le l_a \tag{3-2-47}$$

式中：l_a——路表面弯沉检测标准值（0.01mm），按最后确定的路面结构厚度与材料模量计算的路表面弯沉值。

③检测代表弯沉值应用标准轴载 BZZ-100 的汽车实测路表弯沉值，若为非标准轴载应进行换算。对半刚性基层结构宜采用 5.4m 的弯沉仪；对柔性结构可采用 3.6m 的弯沉仪测定。检测时，当沥青厚度小于或等于 50mm 时，可不进行温度修正；其他情况下均应进行温度修正。若在非不利季节测定，应考虑季节修正。

④测定弯沉时应以 1～3km 为一评定路段。检测频率视道路等级每车道每 10～50m 测一点，快速路、主干路每公里检测不少于 80 个点，次干路及次干路以下等级道路每公里检测不少于 40 个点。

2）柔性基层沥青层层底拉应变

（1）沥青路面材料的容许拉应变 $[\varepsilon_R]$ 应按式（3-2-48）计算确定：

$$[\varepsilon_R] = 0.15 E_m^{-1/3} 10^{M/4} N_e^{-1/4} \tag{3-2-48}$$

$$M = 4.84 \left(\frac{V_b}{V_b + V_a} - 0.69 \right) \tag{3-2-49}$$

式中：M——沥青混合料空隙率与有效沥青含量的函数；

$\quad\quad E_m$——沥青混合料 20℃动态回弹模量（MPa）；

$\quad\quad V_b$——有效沥青含量（%），以体积比计；

$\quad\quad V_a$——空隙率（%）。

（2）柔性基层沥青层层底计算的最大拉应变应满足式（3-2-50）的要求。

$$\gamma_a \varepsilon_t \leqslant [\varepsilon_R] \quad\quad\quad (3\text{-}2\text{-}50)$$

式中：ε_t——柔性基层沥青层层底计算的最大拉应变；

$\quad\quad [\varepsilon_R]$——沥青层材料的容许拉应变。

3）半刚性材料基层层底拉应力

（1）半刚性材料的容许抗拉强度应按式（3-2-51）计算：

$$[\sigma_R] = \frac{\sigma_s}{K_s} \quad\quad\quad (3\text{-}2\text{-}51)$$

式中：σ_s——对水泥稳定类材料，为 90d 龄期的劈裂强度；对二灰稳定类和石灰稳定类材料，为 180d 龄期的劈裂强度；对水泥粉煤灰稳定材料，为 120d 龄期的劈裂强度（MPa）；

$\quad\quad K_s$——抗拉强度结构系数，应依据结构层的混合料类型按下列要求进行计算。

①无机结合料稳定集料类的抗拉强度结构系数应按式（3-2-52）计算：

$$K_{st} = 0.35 N_e^{0.11}/A_c \quad\quad\quad (3\text{-}2\text{-}52)$$

②无机结合料稳定细粒土类的抗拉强度结构系数应按式（3-2-53）计算：

$$K_{st} = 0.45 N_e^{0.11}/A_c \quad\quad\quad (3\text{-}2\text{-}53)$$

（2）半刚性材料基层层底计算的最大拉应力应满足式（3-2-54）的要求：

$$\gamma_a \sigma_m \leqslant [\sigma_R] \quad\quad\quad (3\text{-}2\text{-}54)$$

式中：σ_m——半刚性材料基层层底计算的最大拉应力（MPa）；

$\quad\quad [\sigma_R]$——半刚性材料的容许抗拉强度（MPa）。

4）沥青层剪应力

（1）沥青面层材料的容许抗剪强度应按式（3-2-55）计算：

$$[\tau_R] = \frac{\tau_s}{K_r} \quad\quad\quad (3\text{-}2\text{-}55)$$

式中：τ_s——沥青面层材料的 60℃抗剪强度（MPa）；

$\quad\quad K_r$——抗剪强度结构系数，对一般行驶路段 $K_r = 1.2/A_c$；对交叉口和公交车停车站缓慢制动路段 $K_r = 0.39 N_p^{0.15}/A_c$；

$\quad\quad N_p$——公交车停车站或交叉口设计基准期内同一位置停车的累计当量轴次。

（2）沥青面层计算的最大剪应力应满足式（3-2-56）的要求。

$$\gamma_a \tau_m \leqslant [\tau_R] \quad\quad\quad (3\text{-}2\text{-}56)$$

式中：τ_m——沥青面层计算的最大剪应力（MPa）；

$\quad\quad [\tau_R]$——沥青面层的容许抗剪强度（MPa）。

十、了解温度调整系数和等效温度等规定和要求

1. 温度调整系数

一般分两个步骤确定温度调整系数和等效温度，首先确定基准路面结构温度调整系数和

等效温度,然后进行结构层厚度和模量修正,得到不同结构路面的温度调整系数和等效温度。

(1)路面结构沥青面层或基层(含底基层)由两层或两层以上不同材料结构层组成时,可以按式(3-2-57)和式(3-2-58)分别换算成当量沥青面层和当量基层。对采用沥青结合料类基层的路面,将基层换算至当量沥青面层。超过两层时,重复利用式(3-2-57)和式(3-2-58)自上而下逐层换算,简化为由当量沥青面层、当量基层和路基构成的三层路面结构。

$$h_i^* = h_{i1} + h_{i2} \tag{3-2-57}$$

$$E_i^* = \frac{E_{i1}h_{i1}^3 + E_{i2}h_{i2}^3}{(h_{i1} + h_{i2})^3} + \frac{3}{h_{i1} + h_{i2}}\left(\frac{1}{E_{i1}h_{i1}} + \frac{1}{E_{i2}h_{i2}}\right)^{-1} \tag{3-2-58}$$

式中:h_i^*、E_i^*——当量层厚度(mm)和模量(MPa),下标 $i = a$ 为沥青面层,$i = b$ 为基层。

(2)不同气温状况下基准路面结构的损坏,转换成标准温度(20℃)条件下基准路面结构的等效破坏,得到基准路面结构温度调整系数。部分地区各类路面结构设计指标的基准结构温度调整系数,可参照《公路沥青路面设计规范》(JTG D50—2017)表 G.1.2 取用。其他地区的基准结构温度调整系数,可按气温条件相近地区的系数值取用,气温资料取连续 10 年的平均值。

(3)路面结构的温度调整系数,应根据式(3-2-59)～式(3-2-73)计算。

$$k_{Ti} = A_h A_E \hat{k}_{Ti}^{1 + B_h + B_E} \tag{3-2-59}$$

式中:　　k_{Ti}——温度调整系数,下标 $i = 1$ 对应沥青混合料层疲劳开裂分析,$i = 2$ 对应无机结合料稳定层疲劳开裂,$i = 3$ 对应路基顶面竖向压应变分析;

$\hat{k}_{Ti}$——基准路面结构温度调整系数;

A_h、B_h、A_E、B_E——与面层、基层厚度和模量有关的函数,按式(3-2-60)～式(3-2-71)计算。

沥青混合料层疲劳开裂:

$$A_E = 0.76(\lambda_E)^{0.09} \tag{3-2-60}$$

$$A_h = 1.14(\lambda_h)^{0.17} \tag{3-2-61}$$

$$B_E = 0.14\ln(\lambda_E/20) \tag{3-2-62}$$

$$B_h = 0.23\ln(\lambda_h/0.45) \tag{3-2-63}$$

无机结合料稳定层疲劳开裂:

$$A_E = 0.10\lambda_E + 0.89 \tag{3-2-64}$$

$$A_h = 0.73\lambda_h + 0.67 \tag{3-2-65}$$

$$B_E = 0.15\ln(\lambda_E/1.14) \tag{3-2-66}$$

$$B_h = 0.44\ln(\lambda_h/0.45) \tag{3-2-67}$$

路基顶面竖向压应变:

$$A_E = 0.006\lambda_E + 0.89 \tag{3-2-68}$$

$$A_h = 0.67\lambda_h + 0.70 \tag{3-2-69}$$

$$B_E = 0.12\ln(\lambda_E/20) \tag{3-2-70}$$

$$B_h = 0.38\ln(\lambda_h/0.45) \tag{3-2-71}$$

λ_E——面层与基层当量模量之比,按式(3-2-72)计算。

$$\lambda_E = \frac{E_a^*}{E_b^*} \tag{3-2-72}$$

λ_h——面层与基层当量厚度之比,按式(3-2-73)计算。

$$\lambda_h = \frac{h_a^*}{h_b^*} \tag{3-2-73}$$

2. 等效温度

分析沥青混合料永久变形量时,沥青混合料层的等效温度应按式(3-2-74)计算。

$$T_{\text{pef}} = T_\xi + 0.016h_a \tag{3-2-74}$$

式中:T_{pef}——沥青混合料层等效温度(℃);

h_a——沥青混合料层厚度(mm);

T_ξ——基准等效温度,按所在地查《公路沥青路面设计规范》(JTG D50—2017)表 G.1.2 取用。

考 点 分 析

本节是路面工程中特别重要的一节,主要有以下考点:

(1)沥青路面设计标准 主要掌握公路与城市道路设计轴载和设计交通荷载等级、设计使用年限和目标可靠度、路面结构设计指标和路面功能技术指标的规定和要求。

(2)沥青路面结构组合设计 需掌握沥青路面结构组成、结构类型及其适用性,面层和基层结构的材料类型选用、厚度确定,功能层(垫层)的设置要求。

(3)材料性质和设计参数 主要掌握粒料类、无机结合料稳定类、沥青结合料类三大材料的材料组成设计参数、结构设计参数及其技术要求。

(4)沥青路面结构验算 需分别掌握公路和城市道路沥青路面结构层模量取值的规定,沥青混合料层和无机结合料稳定层疲劳开裂等破坏的验算控制。

(5)交通荷载参数分析 主要掌握车型轴型、车辆数量和分布、车辆重量和轴载谱的规定,轴载换算系数和设计轴载累计作用次数的计算。

例 题 解 析

例1 [2019 年单选题]城市道路路面结构设计的标准轴载应为(   )。

(A)双轮组单轴载 100kN
(B)双轮组双轴载 100kN
(C)双轮组单轴载 80kN
(D)双轮组双轴载 80kN

分析

根据《城市道路工程设计规范》(CJJ 37—2012)(2016 年版)第 3.6.1 条,道路路面结构设计应以双轮组单轴载 100kN 为标准轴载。对有特殊荷载使用要求的道路,应根据具体车辆确定路面结构计算荷载。故本题选 A。

例2 [2019年单选题]年平均降雨量500~1000mm的地区,交工验收时,高速公路、一级公路沥青路面的抗滑横向力系数SFC_{60}宜大于或等于( )。

(A)40   (B)45

(C)50   (D)54

分析

根据《公路沥青路面设计规范》(JTG D50—2017)第3.0.7条,年平均降雨量大于1000mm的地区,交工验收时,高速公路、一级公路沥青路面的抗滑横向力系数$SFC_{60}≥54$;年平均降雨量500~1000mm的地区,抗滑横向力系数$SFC_{60}≥50$;年平均降雨量250~500mm的地区,抗滑横向力系数$SFC_{60}≥45$。故本题选C。

例3 [2019年单选题]评价公路沥青路面沥青混合料的高温稳定性的指标是( )。

(A)流值   (B)饱和度

(C)动稳定度   (D)马歇尔稳定度

分析

根据《公路沥青路面设计规范》(JTG D50—2017)第5.5.7条,沥青混合料的高温稳定性以动稳定度来评价。故本题选C。

例4 [2020年单选题]公路沥青路面设计采用轴重为100kN的单轴—双轮组设计轴载,其两轮中心距是( )。

(A)299.5m   (B)309.5m

(C)319.5m   (D)329.5m

分析

根据《公路沥青路面设计规范》(JTG D50—2017)第3.0.3条,公路沥青路面设计采用轴重为100kN的单轴—双轮组设计轴载,其两轮中心距是319.5m。故本题选C。

例5 [2020年单选题]拟建城市主干路采用沥青路面结构,下列关于道路交通量饱和状态时的道路设计年限和路面结构的设计使用年限,符合规范规定的是( )。

(A)10年,10年   (B)15年,10年

(C)15年,15年   (D)20年,15年

分析

根据《城市道路路线设计规范》(CJJ 193—2012)第3.0.10条,各级道路设计交通量的预测年限:快速路、主干路应为20年;次干路应为15年;支路宜为10~15年。根据《城镇道路路面设计规范》(CJJ 169—2012)第3.2.1条,主干路沥青路面设计基准期为15年。故本题选D。

例6 [2020年单选题]公路乳化沥青贯入式路面的厚度不宜超过( )。

(A)50mm   (B)55mm

(C)60mm   (D)65mm

分析

根据《公路沥青路面设计规范》(JTG D50—2017)第4.5.5条,沥青贯入碎石层的厚度宜为40～80mm,乳化沥青贯入式路面的厚度不宜超过50mm。上拌下贯式路面的拌和层厚度不宜小于25mm。故本题选 A。

例7 [2020年单选题]季节性冰冻地区,高速公路沥青路面在设计使用年限内的面层低温开裂指数 *CI* 不大于( )。

(A)3 (B)5 (C)7 (D)9

分析

根据《公路沥青路面设计规范》(JTG D50—2017)第3.0.6条,季节性冻土地区沥青面层低温开裂指数 *CI*,高速公路、一级公路不大于3,二级公路不大于5,三级、四级公路不大于7。故本题选 A。

例8 [2020年多选题]公路沥青路面结构类型按基层材料性质分类时,除水泥混凝土基层类型外,其他基层类型有( )。

(A)有机结合料稳定类 (B)无机结合料稳定类
(C)粒料类 (D)沥青结合料类

分析

根据《公路沥青路面设计规范》(JTG D50—2017)第4.2.2条,路面结构类型可按基层材料性质分为无机结合料稳定类基层沥青路面、粒料类基层沥青路面、沥青结合料类基层沥青路面和水泥混凝土基层沥青路面四类。故本题选 BCD。

例9 [2020年多选题]季节性冻土地区的公路沥青路面厚度不满足防冻要求时,应增设防冻层,防冻层宜采用的粒料类材料包括( )。

(A)粗砂 (B)砂砾
(C)碎石 (D)黏土

分析

根据《公路沥青路面设计规范》(JTG D50—2017)第4.6.1条,季节性冻土地区的公路沥青路面厚度不满足防冻要求时,应增设防冻层。防冻层宜采用粗砂、砂砾和碎石等粒料类材料。故本题选 ABC。

例10 [2019年案例题]某高速公路设计项目,交通量为累计当量轴次,$N_e = 1.0 \times 10^7$ 次/车道,每日平均大型客车及中型以上的各种货车交通量为2000辆/(d·车道)。该高速公路的设计交通等级为( )。

(A)轻交通 (B)中等交通
(C)重交通 (D)特重交通

分析

根据《公路沥青路面设计规范》(JTG D50—2017)第3.0.4条,该高速公路的设计交通荷载等级为重$[1.9 \times 10^7 \sim 8 \times 10^6 (辆)]$。故本题选 C。

例 11 [2020 年案例题]某高速公路既有路面采用直接加铺的改建方案,现场取芯实测得既有路面水泥稳定层的无侧限抗压强度为 3.0MPa,该既有路面水泥稳定层的弯拉强度为（　　）。

(A)0.57MPa　　　　　　　　　　(B)0.60MPa

(C)0.63MPa　　　　　　　　　　(D)0.66MPa

分析

根据《公路沥青路面设计规范》(JTG D50—2017)第 7.4.3 条:

$$R_s = 0.21 R_c = 0.21 \times 3 = 0.63 \text{MPa}$$

故本题选 C。

例 12 [2020 年案例题]某城市次干路,双向四车道,拟采用沥青混凝土面层和水泥稳定碎石基层。经交通调查分析,路面运营第一年单向日平均当量轴次为 2000 次/d,交通量年平均增长率为 6%,车道分布系数为 0.80,则该沥青路面的路表设计弯沉值为（　　）。（取小数点后 2 位）

(A)24.71(0.01mm)　　　　　　(B)27.18(0.01mm)

(C)39.53(0.01mm)　　　　　　(D)43.49(0.01mm)

分析

根据《城镇道路路面设计规范》(CJJ 169—2012)第 3.2.1 条、第 3.2.3 条 6 款和第 5.4.3 条,$t = 15$ 年,有

$$N_e = \frac{\left[(1+\gamma)^t - 1\right] \times 365}{\gamma} \cdot N_1 \cdot \eta$$

$$= \frac{\left[(1+0.06)^{15} - 1\right] \times 365}{0.06} \times 2000 \times 0.8$$

$$= 1.36 \times 10^7 \text{ 次/车道}$$

$$l_d = 600 N_e^{-0.2} A_c A_s A_b$$

$$= 600 \times (1.36 \times 10^7)^{-0.2} \times 1.1 \times 1.0 \times 1.0$$

$$= 24.71(0.01 \text{mm})$$

故本题选 A。

例 13 [2020 年案例题]某城市主干路,双向六车道,拟采用沥青混凝土面层和石灰粉煤灰稳定碎石基层。经交通调查分析,路面运营第一年单向日平均当量轴次为 3000 次/d,交通量年平均增长率为 7%,车道分布系数为 0.65。已知石灰粉煤灰稳定碎石 180d 龄期劈裂强度为 0.7MPa,则半刚性基层的容许抗拉强度值为（　　）。（取小数点后 2 位）

(A)0.32　　　　　　　　　　　　(B)0.35

(C)0.38　　　　　　　　　　　　(D)0.51

分析

根据《城镇道路路面设计规范》(CJJ 169—2012)第 3.2.1 条、第 3.2.3 条和第 5.4.5 条，$t=15, A_c=1.0$，有

$$N_e = \frac{\left[(1+\gamma)^t - 1\right] \times 365}{\gamma} \cdot N_1 \cdot \eta$$

$$= \frac{\left[(1+0.07)^{15} - 1\right] \times 365}{0.07} \times 3000 \times 0.65$$

$$= 1.79 \times 10^7 (\text{次/车道})$$

$$K_{sr} = 0.35 N_e^{0.11}/A_c = 0.35 \times (1.79 \times 10^7)^{0.11}/1.0 = 2.20$$

$$[\sigma_R] = \frac{\sigma_S}{K_S} = \frac{0.7}{2.20} = 0.32 \text{MPa}$$

故本题选 A。

例 14 水泥混凝土基层沥青路面的设计指标是(　　)。

(A)沥青混合料层永久变形量　　　　(B)沥青混合料层层底拉应变

(C)路基顶面竖向压应变　　　　　　(D)沥青混合料层层底拉应力

分析

根据《公路沥青路面设计规范》(JTG D50—2017)第 6.2.1 条，水泥混凝土基层沥青路面的设计指标是沥青混合料层永久变形量。故本题选 A。

例 15 水泥稳定类材料水泥剂量宜为(　　)。

(A)3% ~5%　　　　　　　　　　　(B)3% ~6%

(C)4% ~5%　　　　　　　　　　　(D)4% ~6%

分析

根据《公路沥青路面设计规范》(JTG D50—2017)第 5.4.2 条，水泥稳定类材料水泥剂量宜为 3.0% ~6.0%。故本题选 B。

例 16 无机结合料稳定材料施工质量控制的主要指标是(　　)。

(A)CBR　　　　　　　　　　　　　(B)压实度

(C)回弹模量　　　　　　　　　　　(D)7d 龄期无侧限抗压强度

分析

根据《公路沥青路面施工技术规范》(JTG F40—2004)第 4.2.2 条，应采用 7d 龄期无侧限抗压强度作为无机结合料稳定材料施工质量控制的主要指标。故本题选 D。

例 17 关于沥青面层材料的交通荷载等级和层位的说法，下列选项合理的有(　　)。

(A)沥青表面处治适用于中等、轻交通荷载等级的表面层

(B)沥青玛蹄脂碎石混合料适用于对抗滑有特殊要求的表面层

(C)上拌下贯沥青碎石适用于重、中等、轻交通荷载等级的面层

（D）厂拌热再生沥青混合料适用于各交通荷载等级的表面层、中面层和下面层

分析

根据《公路沥青路面设计规范》（JTG D50—2017）第 4.5.2 条，选项 C 错误，上拌下贯沥青碎石适用于中等、轻交通荷载等级的面层。故本题选 ABD。

例 18　当沥青路面采用无机结合料稳定类基层时，为减少基层收缩开裂和路面反射裂缝，可采取的措施有（　　）。

（A）增加透层和封层厚度　　　　　　（B）增加沥青混合料层厚度

（C）在基层上设置沥青碎石层　　　　（D）在基层上设置级配碎石层

分析

根据《公路沥青路面设计规范》（JTG D50—2017）第 4.2.6 条，当采用无机结合料稳定类基层时，选用抗裂性能好的无机结合料稳定材料、增加沥青混合料层厚度，或在基层上设置沥青碎石层或级配碎石层、设置改性沥青吸收应力层或敷设土工合成材料等措施减少基层收缩开裂或路面反射裂缝。故本题选 BCD。

例 19　当量轴次是将不同轴次的作用次数换算为设计轴载的当量作用次数，其换算的原则是（　　）。

（A）当量损坏原则　　　　　　　　　（B）当量时效原则

（C）当量厚度原则　　　　　　　　　（D）当量变形原则

分析

根据《公路沥青路面设计规范》（JTG D50—2017）第 2.1.6 条，当量轴次指按当量损坏原则，将不同轴次的作用次数换算为设计轴载的当量作用次数。故本题选 A。

例 20　某类车辆中非满载车比例为 0.6，非满载和满载当量设计轴载换算系数分别为 0.7 和 4.2，按水平二计算该类车辆的当量设计轴载换算系数为（　　）。

（A）2.1　　　　　　　　　　　　　　（B）2.6

（C）3.1　　　　　　　　　　　　　　（D）3.6

分析

根据《公路沥青路面设计规范》（JTG D50—2017）第 A.3.1 条第 2 款：

$$NEALF_m = NEALF_{ml} \times PER_{ml} + NEALF_{mh} \times PER_{mh} = 0.7 \times 0.6 + 4.2 \times 0.4 = 2.1$$

故本题选 A。

例 21　公路自然区划 V_2 区新建一级公路，双向六车道，路基宽度为 33.50m，路面结构采用沥青路面，具体设计资料如下表所示。无机结合料稳定层疲劳开裂分析时温度调整系数为 1.14，弯拉强度为 1.8MPa，根据弹性层状体系理论计算得无机结合料稳定层的层底拉应力为 0.25MPa。该公路无机结合料层的疲劳开裂寿命最接近（　　）。

（A）1.77×10^8 轴次　　　　　　　（B）2.77×10^8 轴次

（C）1.77×10^9 轴次　　　　　　　（D）2.77×10^9 轴次

例 10 表

结 构 层	材 料 类 型	厚度(mm)
面层	AC16 沥青混凝土	50
	AC20 沥青混凝土	70
	AC25 沥青混凝土	80
基层	水泥稳定级配碎石	360
底基层	级配碎石	200

分析

根据《公路沥青路面设计规范》(JTG D50—2017)第 B.1.1 条、第 B.2.1 条、第 3.0.1 条。

查表 B.2.1-1，$c_1 = 14.0$，$c_2 = -0.0076$，$c_3 = -1.47$。

$k_c = c_1 e^{c_2(h_a+h_b)} + c_3 = 14.0 \times e^{-0.0076 \times (200+360)} - 1.47 = -1.27$

查表 B.2.1-2，$a = 13.24$，$b = 12.52$；查表 B.1.1，$k_a = 1.00$；查表 3.0.1，$\beta = 1.28$

$N_{f2} = k_a k_{T2}^{-1} 10^{a - b\frac{\sigma_t}{R_s} + k_c - 0.57\beta}$

$= 1.00 \times 1.14^{-1} \times 10^{13.24 - 12.52 \times \frac{0.25}{1.8} - 1.27 - 0.57 \times 1.28}$

$= 2.77 \times 10^9$ 轴次

故本题选 D。

自 测 模 拟

(第 1~7 题为单选题，第 8~10 题为多选题，第 11~14 题为案例题)

1. 季节性冻土地区高速公路的沥青路面结构，面层低温开裂指数不宜大于( )。
   (A)1　　　　　　　　　　(B)3
   (C)5　　　　　　　　　　(D)7

2. 不适用于极重交通荷载等级的沥青路面基层类型是( )。
   (A)无机结合料稳定类　　　(B)粒料类
   (C)沥青结合料类　　　　　(D)水泥混凝土

3. 沥青混合料层永久变形量的力学响应是( )。
   (A)水平拉应变　　　　　　(B)竖向压应变
   (C)水平拉应力　　　　　　(D)竖向压应力

4. 满足沥青混合料层容许永久变形量要求的沥青混合料尚应满足的要求是( )。
   (A)贯入强度　　　　　　　(B)回弹模量
   (C)动稳定度　　　　　　　(D)压缩模量

5. 沥青路面设计应采取技术措施,加强路面各结构层之间的结合,提高路面结构的整体性,避免产生层间滑移,下列关于沥青路面层间结合设计正确的是( )。
　　(A)沥青层之间应设透层,透层沥青应具有良好的渗透性能
　　(B)各种基层上应设置黏层沥青,黏层沥青可用改性乳化沥青
　　(C)无机结合料稳定类基层顶面宜设置透层
　　(D)当设置改性沥青应力吸收层时,宜再设封层

6. 我国《公路沥青路面设计规范》(JTG D50—2017)规定,路面设计轴载应采用( )。
　　(A)100kN 的双轴—双轮组轴载　　　　(B)100kN 的单轴—双轮组轴载
　　(C)100kN 的双轴—单轮组轴载　　　　(D)100kN 的单轴—单轮组轴载

7. 在设计使用年限内,设计车道上当量轴次的总和称为( )。
　　(A)当量设计轴载总计作用次数　　　　(B)当量设计轴载累计作用次数
　　(C)当量设计荷载总计作用次数　　　　(D)当量设计荷载累计作用次数

8. 无机结合料稳定类基层沥青路面的设计指标有( )。
　　(A)沥青混合料层永久变形量　　　　(B)无机结合料稳定层层底拉应力
　　(C)沥青混合料层层底拉应变　　　　(D)路基顶面竖向压应变

9. 路基顶面回弹模量不满足要求时,可以采用的措施有( )。
　　(A)改变填料　　　　　　　　　　(B)设置级配碎石层
　　(C)采用石灰处理　　　　　　　　(D)增加基层厚度

10. 沥青混合料应进行车辙试验的公路有( )。
　　(A)高速公路　　　　　　　　　　(B)一级公路
　　(C)二级公路　　　　　　　　　　(D)三级公路

11. 上海市某新建高速公路采用水泥稳定碎石基层沥青路面,面层采用三层结构,分别为4cm 厚 AC13 沥青混凝土、6cm 厚 AC20 沥青混凝土和8cm 厚 AC25 沥青混凝土;基层、底基层分别采用水泥稳定碎石和级配碎石。分析该公路沥青混合料层永久变形量时,沥青混合料层的等效温度最接近( )。
　　(A)23.06℃　　　　　　　　　　(B)24.13℃
　　(C)25.38℃　　　　　　　　　　(D)26.47℃

12. 重庆市某新建二级公路采用水泥稳定级配碎石基层沥青路面,面层采用两层结构,分别为 AC16 沥青混凝土和 AC20 沥青混凝土,基层为水泥稳定级配碎石,弯拉强度为 1.8MPa,底基层为级配碎石,具体设计资料如下表所示,荷载等级属于重交通荷载等级。为方便路面结构验算及相应的分析,需将两层或两层以上不同面层(或基层)材料换算成当量面层(或基

层),问该路面面层换算成当量面层的厚度和模量最接近(　　)。

(A)90mm;9478MPa　　　　　　　　(B)100mm;9478MPa

(C)90mm;9953MPa　　　　　　　　(D)100mm;9953MPa

路 面 设 计 资 料　　　　　　　　　　　题 12 表

结 构 层	材 料 类 型	厚度(mm)	结构层模量(MPa)
面层	AC16 沥青混凝土	40	10000
	AC20 沥青混凝土	60	9000
基层	水泥稳定级配碎石	360	12000
底基层	级配碎石	200	300

13.西南地区某高速公路路基交工时,采用落锤式弯沉仪进行弯沉验收,落锤式弯沉仪荷载为50kN,荷载盘半径为150mm。标准状态下的路基回弹模量为73MPa,湿度调整系数为1.1,路基顶面验收弯沉值最接近(　　)。

(A)186.3(0.01mm)　　　　　　　　(B)201.6(0.01mm)

(C)232.6(0.01mm)　　　　　　　　(D)252.4(0.01mm)

14.某新建二级公路,路面面层采用沥青混凝土,基层和底基层均采用水泥稳定碎石,双向两车道,根据 OD 分析,断面大型客车和货车交通量为 2000 辆/日,交通量年平均增长率为7.0%,设计年限 12 年。根据对路段每辆车实际收集到的轴载组成数据,经统计分析后,得到如下表所示的车辆类型分布系数。

车辆类型分布系数　　　　　　　　　题 14 表

车辆类型	2 类	3 类	4 类	5 类	6 类	7 类	8 类	9 类	10 类	11 类
车辆类型分布系数(%)	22.0	23.3	2.7	0	8.3	7.5	17.1	8.5	10.6	0

(1)无机结合料稳定层层底拉应力分析时,初始年设计车道日平均当量轴次 N_1 最接近(　　)。

(A)8.65×10^4 次　　　　　　　　(B)9.77×10^4 次

(C)1.03×10^5 次　　　　　　　　(D)$2.14 \times \times 10^5$ 次

(2)对应无机结合料稳定层层底拉应力的当量设计轴载累计作用次数 N_e 最接近(　　)。

(A)6.38×10^8 次　　　　　　　　(B)7.85×10^8 次

(C)8.92×10^8 次　　　　　　　　(D)9.88×10^8 次

参考答案

1. B　　　2. B　　　3. D　　　4. C　　　5. C　　　6. B　　　7. B　　　8. AB

9. ABC　　10. AB　　11. C　　　12. B　　　13. C　　　14.(1)B;(2)A

第三节 水泥混凝土路面

依据规范

《公路工程技术标准》(JTG B01—2014)

    5 路基路面

《城市道路工程技术规范》(GB 51286—2018)

    3.3 路基路面

《城市道路工程设计规范》(CJJ 37—2012)(2016 年版)

    12.3 路面

《公路水泥混凝土路面设计规范》(JTG D40—2011)

《城镇道路路面设计规范》(CJJ 169—2012)

    6 水泥混凝土路面

重 点 知 识

水泥混凝土路面是指以水泥混凝土做面层(配筋或不配筋)的路面。水泥混凝土的强度高,与其他筑路材料相比,抗弯拉强度高,并且有较高的弹性模量,故呈现出较大的刚性。在车辆荷载作用下,水泥混凝土结构层处于板体工作状态,竖向弯沉较小,路面结构主要靠水泥混凝土板的抗弯拉强度承受车辆荷载,通过板体的扩散分布作用,传递给基础上的单位压力较柔性路面小得多。

一、掌握水泥混凝土路面的设计参数规定和要求

1. 设计轴载和交通荷载等级

水泥混凝土路面按疲劳断裂设计标准进行结构分析时,以100kN 单轴—双轮组荷载作为设计轴载,对极重交通荷载等级的公路水泥混凝土路面,宜选用货车中占主要份额特重车型的轴载作为设计轴载。

公路水泥混凝土路面设计车道在设计基准期内所承受的交通荷载作用,按设计基准期内设计车道临界荷位处所承受的设计轴载累计作用次数分为 5 级,分级范围见表3-3-1。

公路水泥混凝土路面交通荷载分级 表3-3-1

交通荷载等级	极重	特重	重	中等	轻
设计基准期内设计车道承受设计轴载(100kN)累计作用次数 N_e(10^4)	$>1 \times 10^6$	$1 \times 10^6 \sim 2000$	$2000 \sim 100$	$100 \sim 3$	<3

城市道路水泥混凝土路面交通等级可根据累计当量轴次按表3-3-2的规定划分为 4 个等级。

城市道路水泥混凝土路面交通等级 表 3-3-2

交通等级	轻	中	重	特重
累计当量轴次 N_e'（万次）	<3	3~100	100~2000	>2000

注：非机动车道、人行道及步行街路面结构应按轻型交通确定。

2. 设计基准期和目标可靠度

各级公路水泥混凝土路面结构的设计安全等级及相应的设计基准期、目标可靠指标与目标可靠度，应符合表 3-3-3 的规定。二级及二级以下公路路面结构破坏可能产生很严重后果时，可提高一级安全等级。可靠度系数根据所选目标可靠度及变异水平等级按表 3-3-4 确定。

各级公路水泥混凝土路面可靠度设计标准 表 3-3-3

公路等级	高速公路	一级	二级	三级	四级
安全等级	一级		二级	三级	
设计基准期(a)	30		20	15	10
目标可靠度(%)	95	90	85	80	70
目标可靠指标	1.64	1.28	1.04	0.84	0.52

可 靠 度 系 数 表 3-3-4

变异水平等级	目标可靠度(%)			
	95	90	85	70~80
低	1.20~1.33	1.09~1.16	1.04~1.08	—
中	1.33~1.50	1.16~1.23	1.08~1.13	1.04~1.07
高	—	1.23~1.33	1.13~1.18	1.07~1.11

城市道路水泥混凝土路面设计基准期和目标可靠度应符合表 3-3-5 的规定。可靠度系数按表 3-3-6 确定。

城市道路水泥混凝土路面设计基准期 表 3-3-5

道 路 等 级	快速路	主干路	次干路、支路
设计基准期(年)	30	30	20
目标可靠度	95%	90%	85%
变异水平等级	低	低~中	中~高

可 靠 度 系 数 表 3-3-6

变异水平等级	目标可靠度(%)		
	95	90	85
低	1.20~1.33	1.09~1.16	1.04~1.08
中	1.33~1.50	1.16~1.23	1.08~1.13
高	—	1.23~1.33	1.13~1.18

各安全等级路面的材料性能和结构尺寸参数的变异水平可分为低、中和高三级,应按道路等级以及所采用的施工技术和所能达到的施工质量控制和管理水平,通过调研确定变异水平等级和相应的变异系数。由滑模施工机械施工,并进行认真、严格的施工质量控制和管理的工程,可选用低变异水平等级。由滑模施工机械施工,但施工质量控制和管理水平较弱的工程,或者采用小型机具施工,而施工质量控制和管理得到认真、严格执行的工程,可选用中、低变异水平等级。采用小型机具施工,施工质量控制和管理水平较弱的工程,可选用高变异水平等级。高速公路、一级公路的变异水平等级宜为低级,二级公路的变异水平等级应不大于中级。确有困难时可按表3-3-7规定的主要设计参数变异系数范围选择相应的变异系数。

变异系数 c_v 的范围　　　　　　　　表3-3-7

变异水平等级	低	中	高
水泥混凝土弯拉强度	$0.05 \leq c_v \leq 0.10$	$0.10 < c_v \leq 0.15$	$0.15 < c_v \leq 0.20$
基层顶面当量回弹模量	$0.15 \leq c_v \leq 0.25$	$0.25 < c_v \leq 0.35$	$0.35 < c_v \leq 0.55$
水泥混凝土面层厚度	$0.02 \leq c_v \leq 0.04$	$0.04 < c_v \leq 0.06$	$0.06 < c_v \leq 0.08$

3. 设计标准和验算标准

水泥混凝土路面结构设计应以面层板在设计基准期内,在行车荷载和温度梯度综合作用下,不产生疲劳断裂作为设计标准;并以最重轴载和最大温度梯度综合作用下,不产生极限断裂作为验算标准。其极限状态设计表达式可分别采用式(3-3-1)和式(3-3-2)。

$$\gamma_r(\sigma_{pr} + \sigma_{tr}) \leq f_r \tag{3-3-1}$$

$$\gamma_r(\sigma_{p,max} + \sigma_{t,max}) \leq f_r \tag{3-3-2}$$

式中:γ_r——可靠度系数;

σ_{pr}——面层板在临界荷位处产生的行车荷载疲劳应力(MPa);

σ_{tr}——面层板在临界荷位处产生的温度梯度疲劳应力(MPa);

$\sigma_{p,max}$——最重轴载在临界荷位处产生的最大荷载应力(MPa);

$\sigma_{t,max}$——所在地区最大温度梯度在临界荷位处产生的最大温度翘曲应力(MPa);

f_r——水泥混凝土弯拉强度标准值(MPa)。

贫混凝土或碾压混凝土基层应以设计基准期内行车荷载不产生疲劳断裂作为设计标准,其极限状态设计表达式可采用式(3-3-3)。

$$\gamma_r \sigma_{bpr} \leq f_{br} \tag{3-3-3}$$

式中:σ_{bpr}——基层内产生的行车荷载疲劳应力(MPa);

f_{br}——基层材料的弯拉强度标准值(MPa)。

4. 设计强度

水泥混凝土的设计强度应采用28d龄期的弯拉强度,各交通荷载等级要求的水泥混凝土弯拉强度标准值不得低于表3-3-8的规定。

水泥混凝土弯拉强度标准值 表 3-3-8

交通荷载等级	极重、特重、重	中等	轻
水泥混凝土的弯拉强度标准值(MPa)	≥5.0	4.5	4.0
钢纤维混凝土的弯拉强度标准值(MPa)	≥6.0	5.5	5.0

5. 最小防冻厚度

在季节性冰冻地区,路面结构层的总厚度不应小于表 3-3-9 规定的最小防冻厚度。

水泥混凝土路面结构层最小防冻厚度(单位:m) 表 3-3-9

路基干湿类型	路基土类别	当地最大冰冻深度			
		0.50 ~ 1.00	1.00 ~ 1.50	1.50 ~ 2.00	>2.00
中湿路基	易冻胀土	0.30 ~ 0.50	0.40 ~ 0.60	0.50 ~ 0.70	0.60 ~ 0.95
	很易冻胀土	0.40 ~ 0.60	0.50 ~ 0.70	0.60 ~ 0.85	0.70 ~ 1.10
潮湿路基	易冻胀土	0.40 ~ 0.60	0.50 ~ 0.70	0.60 ~ 0.90	0.75 ~ 1.20
	很易冻胀土	0.45 ~ 0.70	0.55 ~ 0.80	0.70 ~ 1.00	0.80 ~ 1.30

注:1.易冻胀土指细粒土质砾(GM、GC)、除极细粉土质砂外的细粒土质砂(SM、SC)、塑性指数小于12的黏质土(CL、CH)。

2.很易冻胀土指粉质土(ML、MH)、极细粉土质砂(SM)、塑性指数在12~22之间的黏质土(CL)。

3.冻深小或填方路段,或基层、垫层采用隔温性能良好的材料时,可采用低值;冻深大或探方及地下水位高的路段,或基层、垫层采用隔温性能稍差的材料时,应采用高值。

4.冻深小于0.50m的地区,可不考虑结构层防冻厚度。

6. 最大温度梯度标准值

根据道路所在地的公路自然区划,按表 3-3-10 选用水泥混凝土面层的最大温度梯度标准值 T_g。

最大温度梯度标准值 T_g 表 3-3-10

公路自然区划	Ⅱ、Ⅴ	Ⅲ	Ⅳ、Ⅵ	Ⅶ
最大温度梯度(℃/m)	83 ~ 88	90 ~ 95	86 ~ 92	93 ~ 98

注:海拔高时,取高值;湿度大时,取低值。

7. 路面功能技术指标

水泥混凝土路面表面必须采用拉毛、拉槽、压槽或刻槽等方法筑做表面构造,在交工验收时构造深度应满足表 3-3-11 的要求。

水泥混凝土面层的表面构造深度要求(单位:mm) 表 3-3-11

道路等级	高速公路、一级公路 快速路、主干路	二级、三级、四级公路, 次干路,支路
一般路段	0.70 ~ 1.10	0.50 ~ 1.00
特殊路段	0.80 ~ 1.20	0.60 ~ 1.10

注:1.特殊路段——对于高速公路、一级公路、快速路和主干路系指立体交叉、平面交叉或变速车道等处,对于其他等级道路系指急弯、陡坡、交叉口或集镇附近。

2.在年降雨量600mm以下的地区,表列数值可适当降低。

3.非机动车道、人行道及步行街可按本表执行。

二、掌握水泥混凝土路面的结构组合设计规定和要求

1. 结构组合设计一般规定

（1）应依据道路等级、交通荷载、路基条件、当地温度和湿度状况以及使用性能要求，选择及组合与之相适应的水泥混凝土路面结构。

（2）路面结构组合设计，应使各个结构层的力学特性及其组成材料性质满足相应的功能要求。

（3）应充分考虑各相邻结构层的相互作用、层间结合条件和要求，以及结构组合的协调与平衡。

（4）应充分考虑地表水的渗入和冲刷作用。采取封堵和疏排措施，减少地表水渗入，防止渗入水积滞在路面结构内。基层应选用抗冲刷能力强的材料。

2. 路面面层结构

1）面层类型及适用性

（1）水泥混凝土面层宜采用设接缝的普通混凝土。

（2）当面层板的平面尺寸较大或形状不规则，路面结构下埋有地下设施，位于高填方、软土地基、填挖交界段等有可能产生不均匀沉降的路基段时，应采用接缝设置传力杆的钢筋混凝土面层。

（3）连续配筋混凝土、碾压混凝土和钢纤维混凝土等其他面层类型可依据适用条件按表 3-3-12 选用。

面层类型选择　　　　　　　　　　　　　　　　　　表 3-3-12

面 层 类 型		适 用 条 件
普通混凝土面层		各级公路和城市道路、停车场、广场
连续配筋混凝土面层		高速公路，特重交通的快速路、主干路
复合式面层	密级配沥青混合料上面层	极重、特重交通荷载的高速公路
	连续配筋混凝土下面层、设传力杆的普通混凝土下面层	
碾压混凝土面层		二级及二级以下公路、次干路以下城市道路、停车场、广场
钢纤维混凝土面层		高程受限制路段、收费站、混凝土加铺层和桥面铺装
混凝土预制块面层		二级及二级以下公路桥头引道沉降未稳定段、服务区停车场

2）面层厚度要求

（1）各级公路普通水泥混凝土、钢筋混凝土、碾压混凝土和连续配筋混凝土面层的计算厚度，可依据交通荷载等级、公路等级和变异水平等级，按极限状态设计标准要求确定。各种混凝土面层的设计厚度应依据计算厚度加 6mm 磨耗层后，按 10mm 向上取整。表 3-3-13 可供路面结构组合设计及初拟面层厚度时参考。

公路水泥混凝土面层厚度的参考范围　　　　　表 3-3-13

交通荷载等级	极重	特重				重			
公路等级	—	高速公路	一级公路	二级公路		高速公路	一级公路		二级公路
变异水平等级	低	低	中	低	中	低	中	低	中
面层厚度(mm)	≥320	320~280	300~260	280~240		270~230		260~220	

交通荷载等级	中等				轻	
公路等级	二级公路		三级、四级公路		三级、四级公路	
变异水平等级	高	中	高	中	高	中
面层厚度(mm)	250~220	240~210		230~200	220~190	210~180

（2）各级城市道路普通水泥混凝土、钢筋混凝土、碾压混凝土和连续配筋混凝土面层所需厚度,可按表 3-3-14 所列范围并满足计算要求。

城市道路水泥混凝土面层厚度的参考范围　　　　　表 3-3-14

交通等级	特重			重		
道路等级	快速路	主干路	次干路	快速路	主干路	次干路
变异水平等级	低	中	低　　　中	低	中	低　　　中
面层厚度(mm)	≥260	≥250	≥240	≥240	≥230	≥220

交通等级	中				轻	
道路等级	次干路		支路		支路	
变异水平等级	高	中	高	中	高	中
面层厚度(mm)	≥210	≥200	≥200	≥180	≥180	

（3）钢纤维混凝土的钢纤维体积率为 0.6%~1.0%,面层厚度宜为普通混凝土面层的设计厚度的 0.65~0.75 倍,按钢纤维掺量确定。特重或重交通荷载时,其最小厚度应为 180mm;中等或轻交通荷载时,其最小厚度应为 160mm。

（3）复合式路面的沥青混凝土上面层的厚度不宜小于 40mm。水泥混凝土下面层与沥青混凝土上面层之间应设置黏层。

（4）混凝土预制块可采用矩形块或异形块。矩形块的长度宜为 200~250mm,宽度宜为 100~125mm,厚度宜为 80~150mm。预制块下砂垫层的厚度宜为 30~50mm。

3. 路面基层和底基层结构

1）基层材料类型

基层和底基层的材料可依据交通荷载等级、结构层组合要求和材料供应条件参照表 3-3-15 选用。承受极重、特重或重交通荷载的路面,基层下应设置底基层;承受中等或轻交通荷载时,可不设底基层。

各交通荷载等级的基层、底基层材料类型　　　　　　　表 3-3-15

基层类型	交通等级		
	极重、特重	重	中等、轻
基层	贫混凝土、碾压混凝土、沥青混凝土	密级配沥青稳定碎石、水泥稳定碎石	级配碎石、水泥稳定碎石、石灰、粉煤灰稳定碎石
底基层	级配碎石、水泥稳定碎石、石灰、粉煤灰稳定碎石		未筛分碎石、级配砾石，或不设

（1）半刚性基层

上路床由细粒土组成时，应在无机结合料基层下设置粒料类底基层，粒料类材料宜选用粒径小于 0.075mm 的颗粒的含量少于 7% 的材料。

无机结合料基层上应设置封层，封层可采用单层沥青表面处治或适宜的膜层材料等。采用单层沥青表面处置时，厚度不小于 6mm。

（2）排水基层

多雨地区，路基由低透水性细粒土组成的高速公路和一级公路，或者承受极重或特重交通荷载的二级公路，宜设置由开级配沥青稳定碎石或开级配水泥稳定碎石组成的排水基层。

排水基层下应设置由密级配粒料或水泥稳定碎石组成的不透水底基层，底基层顶面宜铺设沥青类封层或防水土工织物。

（3）刚性基层

贫混凝土或碾压混凝土基层上应铺设沥青混凝土夹层，层厚不宜小于 40mm。

碾压混凝土基层应设置与混凝土面层相对应的接缝。贫混凝土基层弯拉强度大于 1.5MPa 时，应设置与混凝土面层相对应的横向缩缝；一次摊铺宽度大于 7.5m 时，还应设置纵向缩缝。

2）基层厚度规定

（1）开级配沥青稳定碎石或水泥稳定碎石排水基层的计算厚度应满足排除表面水设计渗入量的需要。排水基层的设计厚度宜依据计算厚度按 10mm 向上取整后再增加 20mm。

（2）贫混凝土或碾压混凝土基层的计算厚度应满足极限状态设计标准的要求。基层设计厚度应依据计算厚度按 10mm 向上取整。

4.路面垫层结构

1）垫层设置条件

在下述情况时，应在基层或底基层下设置垫层。

（1）季节性冰冻地区，路面结构层厚度小于最小防冻厚度要求时，应设防冻垫层，使路面结构厚度符合要求。

（2）水文地质条件不良的土质路堑，路床土湿度较大时，宜设置排水垫层。

2）垫层厚度与材料

（1）垫层的宽度应与路基同宽，厚度不得小于 150mm。

（2）防冻垫层和排水垫层宜采用碎石、砂砾等颗粒材料。

5. 水泥混凝土路面对路基的要求

(1)路基应稳定、密实、均质,对路面结构提供均匀的支承。

(2)路床顶面的综合回弹模量值,轻交通荷载等级时不得低于40MPa,中等或重交通荷载等级时不得低于60MPa,特重或极重交通荷载等级时不得低于80MPa。

(3)路床顶面综合回弹模量值不满足要求时,应选用粗粒土或低剂量无机结合料稳定土作为路床或上路床填料。当路基工作区底面接近或低于地下水位时,可采取更换填料、设置排水渗沟等措施。

(4)季节性冰冻地区的中湿、潮湿类和过湿类路基,当冰冻线深度达到路基的易冻胀土层时,在易冻胀土层上应设置防冻垫层或用不易冻胀土置换冰冻线深度范围内的易冻胀土。

(5)石质挖方或填石路床顶面应铺设整平层。整平层可采用碎石、低剂量水泥稳定粒料等材料,其厚度可根据路床顶面平整程度确定,最小厚度不小于100mm。

6. 路肩

(1)路肩铺面结构应具有一定的承载能力,其结构层组合和材料选用应与行车道路面相协调,不应使渗入的路表水积滞在行车道路面结构内。

(2)行车道混凝土面层宜宽出外侧车道边缘线0.6m。

(3)高速公路和一级公路以及承受极重、特重和重交通荷载等级的公路,路肩铺面应采用与行车道路面相同的结构层组合和组成材料类型。其他等级公路,路肩铺面的基层和底基层应采用与行车道路面结构相同的材料类型和厚度。

(4)路肩面层可选用水泥混凝土或沥青类材料。路肩面层选用沥青类材料时,中等交通荷载以上等级公路,应采用热拌沥青混合料;低等级公路和轻交通荷载等级公路,可采用沥青表面处治。路肩基层为粒料类材料时,其细料(小于0.075mm)含量不应超过6%。

(5)路肩混凝土面层与行车道面层应设置拉杆相连,二者的横向缩缝应连通。行车道面层为连续配筋混凝土时,路肩混凝土面层的横向缩缝间距应为4.5m。

(6)硬路肩采用混凝土面层时,基层的结构和宽度应与行车道相同,基层宽度至少每侧应比混凝土面层每侧宽出300mm(小型机具施工时)或650mm(滑模式摊铺机施工时)。

三、掌握水泥混凝土路面的接缝设计规定和要求

水泥混凝土路面接缝设计的主要内容是确定接缝间距、布置和构造,接缝传荷能力及缝隙的填封。

1. 水泥混凝土路面平面布置

水泥混凝土路面平面布置图根据路面类型的不同有所区别,比较典型的平面布置图,如图3-3-1所示,主要由混凝土板、施工缝、胀缝、缩缝、拉杆、传力杆、纵横向边缘钢筋和角隅钢筋组成。

2. 接缝设计一般规定

(1)普通水泥混凝土、钢筋混凝土、碾压混凝土和钢纤维混凝土面层板的平面布局宜用矩形分块,其纵向和横向接缝应垂直相交,纵缝两侧的横缝不得相互错位。

（2）纵向接缝的间距（即板宽）宜在 3.0～4.5m 范围内选用。

（3）横向接缝的间距（即板长）应按面层类型和厚度选定：

①普通水泥混凝土面层宜为 4～6m，面层板的长宽比不宜超过 1.35，平面面积不宜大于 25m²。

②碾压混凝土或钢纤维混凝土面层宜为 6～10m。

③钢筋混凝土面层宜为 6～15m，面层板的长宽比不宜超过 2.5，平面面积不宜大于 45m²。

3. 纵向接缝

纵向接缝是指平行于混凝土路面行车方向的接缝。纵向接缝的布设应根据路面总宽度、行车道及硬路肩宽度以及施工铺筑宽度而定。

纵缝应与路线中线平行。在路面等宽的路段内或路面变宽路段的等宽部分，纵缝的间距和形式应保持一致。路面变宽段的加宽部分与等宽部分之间，以纵向施工缝隔开，加宽板在变宽段起终点处的宽度不应小于 1m。

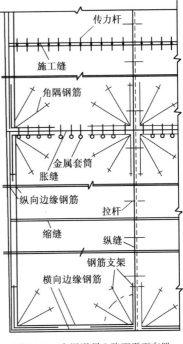

图 3-3-1　水泥混凝土路面平面布置

1）纵向施工缝

（1）一次铺筑宽度小于路面宽度时，应设置纵向施工缝。

（2）纵向施工缝应采用设拉杆平缝形式，上部应锯切槽口，深度宜为 30～40mm，宽度宜为 3～8mm，槽内应灌塞填缝料，其构造如图 3-3-2a)所示。

2）纵向缩缝

（1）一次铺筑宽度大于 4.5m 时，应设置纵向缩缝。

（2）纵向缩缝应采用设拉杆假缝形式，锯切的槽口深度应大于施工缝的槽口深度。采用粒料基层时，槽口深度应为板厚的 1/3；采用半刚性基层时，槽口深度为板厚的 2/5。其构造如图 3-3-2b)所示。

（3）碾压混凝土面层一次摊铺宽度大于 7.5m 时，应设置纵向缩缝，缩缝构造如图 3-3-2b)所示。

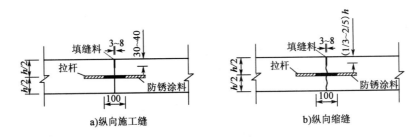

图 3-3-2　纵缝构造（尺寸单位：mm）

（4）钢纤维混凝土面层在摊铺宽度小于 7.5m 时，可不设纵向缩缝。

3）纵缝拉杆

（1）拉杆应采用螺纹钢筋，设在板厚中央，并应对拉杆中部 100mm 范围内进行防锈处理。

（2）连续配筋混凝土面层的纵缝拉杆可由板内横向钢筋延伸穿过接缝代替。

（3）行车道路面与混凝土硬路肩之间的纵向接缝必须设置拉杆。

（4）拉杆的直径、长度和间距可参照表 3-3-16 选用。施工布设时，拉杆间距应按横向接缝的实际位置予以调整，最外侧的拉杆距横向接缝的距离不得小于 100mm。

拉杆的直径、长度和间距 表 3-3-16

面层厚度（mm）	到自由边或未设拉杆纵缝的距离（m）					
	3.00	3.50	3.75	4.50	6.00	7.50
200~250	14×700×900	14×700×800	14×700×700	14×700×600	14×700×500	14×700×400
≥260	16×800×800	16×800×700	16×800×600	16×800×500	16×800×400	16×800×300

注：拉杆尺寸表示方法为直径×长度×间距。

4. 横向接缝

横向接缝是垂直于行车方向的接缝，共有三种：施工缝、缩缝和胀缝。混凝土路面每天完工以及因雨天或其他原因不能继续施工时，应尽量在胀缝处收工。如不可，也应在缩缝处收工，并按施工缝的构造形式制作接缝。缩缝保证板因温度和湿度的降低而收缩时沿该薄弱断面缩裂，从而避免产生不规则的裂缝。胀缝保证板在温度升高时能部分伸张，从而避免路面板在高温季节产生拱胀和折断破坏，同时胀缝也能起到缩缝的作用。无论哪种形式的接缝，板体都不可能是完全连续的，其传递荷载的能力均无法达到连续板体的传荷水平。而且任何形式的接缝都不免要漏水。因此，对各种形式的接缝，都必须提供相应的传荷与防水设施。

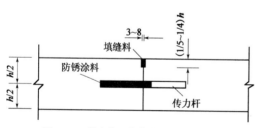

图 3-3-3　横向施工缝构造（尺寸单位：mm）

1）横向施工缝

（1）每日施工结束或因临时原因中断施工时，必须设置横向施工缝，其位置应选在缩缝或胀缝处。

（2）设在缩缝处的施工缝，应采用加传力杆的平缝形式，其构造如图 3-3-3 所示；设在胀缝处的施工缝，其构造应与胀缝相同。

2）横向缩缝

（1）横向缩缝可等间距或变间距布置，应采用假缝形式。

（2）对于极重、特重和重交通荷载公路的横向缩缝，中等和轻交通荷载公路邻近胀缝或自由端部的 3 条横向缩缝，收费广场的横向缩缝，应采用设传力杆假缝形式，其构造如图 3-3-4a）所示。其他情况可采用不设传力杆假缝形式，其构造如图 3-3-4b）所示。

（3）横向缩缝顶部应锯切槽口，设置传力杆时槽口深度宜为面层厚度的 1/4~1/3，不设传力杆时槽口深度宜为面板厚的 1/5~1/4。槽口宽度应根据施工条件、填缝料性能等因素确定，宽度宜为 3~8mm，槽内应填塞填缝料。二级及二级以下公路的槽口可一次锯切成型，高速公路和一级公路槽口宜二次锯切成型,在第一次锯切缝的上部宜增设宽 7 ~ 10mm 的浅槽口,槽口下部应设置背衬垫条,上部应用填缝料灌填,构造如图 3-3-5 所示。

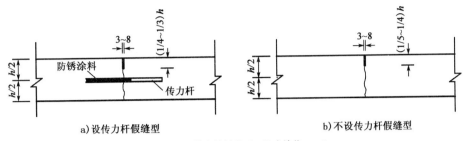

a)设传力杆假缝型　　　　　　　　　　b)不设传力杆假缝型

图 3-3-4　横向缩缝构造(尺寸单位:mm)

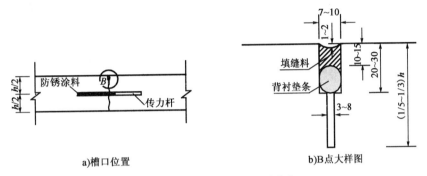

a)槽口位置　　　　　　　　　　b)B点大样图

图 3-3-5　二次锯缝切槽口构造(尺寸单位:mm)

3)横向胀缝

(1)在邻近桥梁或其他固定构造物处,或其他道路相交处,应设置横向胀缝。

(2)胀缝条数应根据膨胀量大小设置。胀缝宽宜为 20 ~ 25mm,缝内应设置填缝板和可滑动的传力杆。胀缝的构造如图 3-3-6 所示。

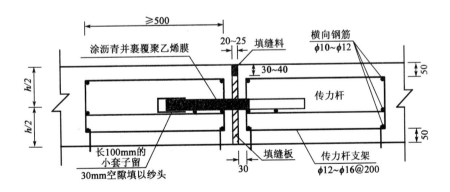

图 3-3-6　胀缝构造(单位尺寸:mm)

4)传力杆

(1)传力杆应采用光圆钢筋,设在板厚中央。

(2)横向缩缝传力杆的尺寸、间距和要求与胀缝相同,可按表 3-3-17 选用。

(3)最外侧传力杆距纵向接缝或自由边的距离为 150 ~ 250mm。

(4)传力杆的设置不应妨碍相邻混凝土板的自由伸缩,钢筋表面应进行防锈处理。

传力杆尺寸和间距(单位:mm)   表 3-3-17

面 层 厚 度	传力杆直径	传力杆最小长度	传力杆最大间距
220	28	400	300
240	30	400	300
260	32	450	300
280	32 ~ 34	450	300
≥300	34 ~ 36	500	300

5.交叉口接缝布设

交叉口接缝布设时,保持主要道路的接缝位置和形式全线贯通;而后,考虑次要道路的接缝布设如何与主要道路相协调,并适当调整交叉口范围内主要道路的横缝位置。

(1)两条道路正交时,各条道路宜保持本身纵缝的连贯,而相交路段内各条道路的横缝位置应按相对道路的纵缝间距做相应变动,保证两条道路的纵横缝垂直相交,互不错位。

(2)两条道路斜交时,主要道路宜保持纵缝的连贯,而相交路段内的横缝位置应按次要道路的纵缝间距做相应变动,保证与次要道路的纵缝相连接。

(3)相交道路弯道加宽部分的接缝布置,应不出现或少出现错缝和锐角板;当出现错缝、锐角板时,宜加设防裂钢筋和角偶补强钢筋。

(4)在次要道路弯道加宽段起终点断面处的横向接缝,应采用胀缝形式。膨胀量大时,应在直线段连续布置 2 ~ 3 条胀缝。

6.端部处理

1)混凝土路面与固定构造物相接

混凝土路面与桥涵、通道及隧道等固定构造物相衔接的胀缝无法设置传力杆时,可在毗邻构造物的板端部内配置双层钢筋网;或在长度为 6 ~ 10 倍板厚的范围内逐渐将板厚增加20% ,如图3-3-7所示。

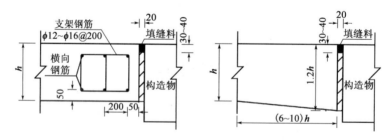

图 3-3-7 邻近构造物胀缝构造(尺寸单位:mm)

2)混凝土路面与桥梁相接

(1)桥头设有搭板时,应在搭板与混凝土面层板之间设置长 6 ~ 10m 的钢筋混凝土面层过渡板。过渡板与搭板之间的横缝采用设拉杆平缝形式,过渡板与混凝土面层板间的横缝采用设传力杆的胀缝形式。膨胀量大时,应连续设置 2 ~ 3 条设传力杆的胀缝。当桥梁为斜交时,钢筋混凝土板的锐角部分应采用钢筋网补强。

（2）桥头未设搭板时,宜在混凝土面层与桥台之间设置长10~15m的钢筋混凝土面板;或设置由混凝土预制块面层或沥青面层铺筑的过渡段,其长度不小于8m。

3）混凝土路面与沥青路面相接

（1）混凝土路面与沥青路面相接时,应设置长度不小于3m的过渡段。过渡段的路面应采用两种路面呈阶梯状叠合布置,其下面铺设的变厚度混凝土过渡板的厚度不得小于200mm,如图3-3-8所示。

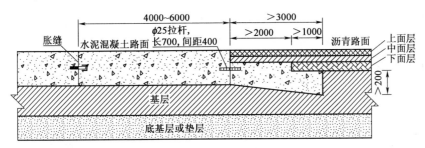

图3-3-8　混凝土路面与沥青路面相接段的构造布置(尺寸单位:mm)

（2）过渡板顶面应设横向拉槽,沥青层与过渡板之间应黏结良好。过渡板与混凝土面层相接处的接缝内宜设置直径25mm、长700mm、间距400mm的拉杆。混凝土面层毗邻该接缝的1~2条横向接缝应设置胀缝形式。

4）连续配筋混凝土面层与其他类型路面或构造物相接

连续配筋混凝土面层与其他类型路面或构造物相连接的端部,应设置锚固结构。端部锚固结构可采用钢筋混凝土地梁或宽翼缘工字钢梁接缝等形式。

（1）钢筋混凝土地梁依据路基土的强弱宜采用3~5个,梁宽400~600mm,梁高1200~1500mm,间距5000~6000mm,地梁与连续配筋混凝土面层应连成整体。

（2）宽翼缘工字钢梁的底部应锚入钢筋混凝土枕梁内,工字钢梁的尺寸、锚入深度应依据连续配筋混凝土路面厚度选择,枕梁宜长3000mm、厚200mm;钢梁腹板与连续配筋混凝土面层端部间应填入胀缝材料。

7. 填缝材料

1）胀缝板

（1）胀缝接缝板应具有能适应混凝土板膨胀收缩、施工时不易变形、复原率高和耐久性好等性能。

（2）高速公路和一级公路宜选用泡沫橡胶板、沥青纤维板,其他等级公路也可选用木材类或纤维类板。

2）填缝料

（1）填缝料应选用与混凝土接缝槽壁黏结力强、回弹性好、适应混凝土板收缩、不溶于水、不渗水、高温时不流淌、低温时不脆裂、耐老化、有一定抵抗砂石嵌入能力、便于施工操作的材料。

（2）高速公路、一级公路宜选用硅酮类、聚氨酯类填缝料,二级及二级以下公路可选用聚氨酯类、橡胶沥青类或改性沥青类填缝料。

四、掌握水泥混凝土路面的混凝土面层配筋设计规定和要求

1.普通混凝土面层配筋

1）边缘钢筋

（1）普通混凝土面层基础薄弱的自由边、接缝为未设传力杆的平缝、主线与匝道相接处或与其他路面相接时,可在面层边缘的下部配置钢筋。

（2）可选用 2 根直径为 12～16mm 的螺纹钢筋,置于面层底面之上 1/4 厚度处,并不小于 50mm,间距为 100mm。钢筋两端向上弯起,如图 3-3-9 所示。

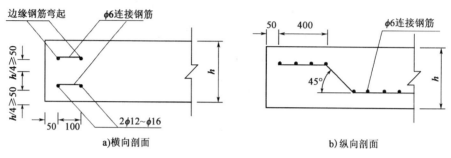

图 3-3-9　边缘钢筋布置(尺寸单位:mm)

2）角隅钢筋

（1）承受极重、特重或重交通的水泥混凝土面层的胀缝、施工缝和自由边的角隅以及承受极重交通的水泥混凝土面层缩缝的角隅,宜配置角隅钢筋。

（2）可选用 2 根直径为 12～16mm 的螺纹钢筋,置于面层上部,距顶面不小于 50mm,距边缘为 100mm,如图 3-3-10 所示。

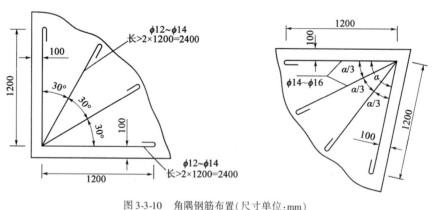

图 3-3-10　角隅钢筋布置(尺寸单位:mm)

3）箱形构造物横穿公路处的面层配筋

（1）混凝土面层下有箱形构造物横向穿越,其顶面至混凝土面层底面的间距小于 800mm时,在构造物顶宽及两侧各 1.5H + 1.5m 且不小于 4m 的范围内,混凝土面层内应布设双层钢筋网,上、下层钢筋网应分别设置在距面层顶面和底面 1/4～1/3 厚度处,如图 3-3-11 所示。

（2）构造物顶面至面层底面的距离为 800～1600mm 时,则在上述长度范围内的混凝土面层中应布设单层钢筋网。钢筋网应设在距顶面 1/4～1/3 厚度处,如图 3-3-12 所示。

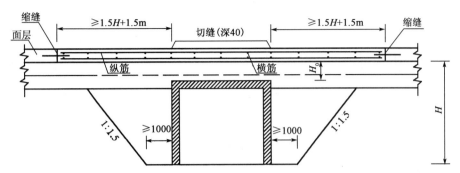

图 3-3-11　箱形构造物横穿公路处的面层配筋（$H_0 < 800\text{mm}$）（尺寸单位：mm）

H-面层底面到构造物底面的距离；H_0-面层底面到构造物顶面的距离

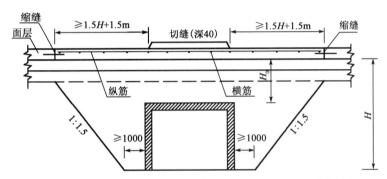

图 3-3-12　箱形构造物横穿公路处的面层配筋（$H_0 = 800 \sim 1600\text{mm}$）（单位尺寸：mm）

H-面层底面到构造物底面的距离；H_0-面层底面到构造物顶面的距离

（3）钢筋直径宜为 12mm，纵向钢筋间距宜为 100mm，横向钢筋间距宜为 200mm。配筋混凝土面层与相邻混凝土面层之间应设置设传力杆的缩缝。

4）圆形管状构造物横穿公路处的面层配筋

混凝土面层下有圆形管状构造物横向穿越，其顶面至面层底面的距离小于 1200mm 时，在构造物两侧各 $1.5H + 1.5\text{m}$ 且不小于 4m 的范围内，混凝土面层内应布设单层钢筋网，钢筋网应设在距面层顶面 1/4 ~ 1/3 厚度处，如图 3-3-13 所示。钢筋尺寸和间距及传力杆接缝设置与箱形构造物横穿公路时相同。

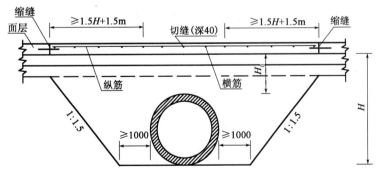

图 3-3-13　圆形管状构造物横穿公路处的面层配筋（$H_0 < 1200\text{mm}$）（单位尺寸：mm）

H-面层底面到构造物底面的距离；H_0-面层底面到构造物顶面的距离

2. 钢筋混凝土面层配筋

1) 配筋量计算

钢筋混凝土面层的配筋量应按式(3-3-4)确定。

$$A_s = \frac{16L_s h\mu}{f_{sy}} \qquad (3-3-4)$$

式中：A_s——每延米混凝土面层宽(或长)所需的钢筋面积(mm^2)；

L_s——计算纵向钢筋时,为横缝间距(m)；计算横向钢筋时,为无拉杆的纵缝或自由边之间的距离(m)；

h——面层厚度(mm)；

μ——面层与基层之间的摩阻系数,按表3-3-18选用；

f_{sy}——钢筋的屈服强度(MPa),按表3-3-19选用。

混凝土面层与基层间摩阻系数经验参考值　　　　表3-3-18

基 层 材 料	取 值 范 围	代 表 值
级配碎石、级配砾石或碎砾石	0.5~4.0	2.5
沥青混凝土、沥青碎石	2.5~15	7.5
无机结合料稳定粒料	3.5~13	8.9
贫混凝土、碾压混凝土	3.0~20	8.5

注:当基层不是沥青混合料,但基层与面层间设置沥青隔层时,摩阻系数按照沥青混合料基层时选取。

钢筋强度和弹性模量经验参考值　　　　表3-3-19

钢 筋 种 类	钢筋直径 d(mm)	屈服强度 f_{sy}(MPa)	弹性模量 E_s(MPa)
HPB235	6~22	235	210000
HPB300		300	
HRB335	6~50	335	200000
HRB400		400	
HRB500		500	

2) 钢筋直径和间距

纵向和横向钢筋宜采用相同或相近的直径,直径差不应大于4mm。钢筋的最小直径和最大间距,应符合表3-3-20的规定。钢筋的最小间距宜为集料最大粒径的2倍。

钢筋最小直径和最大间距(单位:mm)　　　　表3-3-20

钢筋类型	最 小 直 径	纵向钢筋最大间距	横向钢筋最大间距
光圆钢筋	8	150	300
螺纹钢筋	12	350	600

3) 钢筋布置

(1)纵向钢筋应设在面层顶面下1/3~1/2厚度范围内,在不影响施工的情况下宜设在接近面层顶面下1/3厚度处。

(2)横向钢筋应位于纵向钢筋之下。

（3）纵向钢筋的搭接长度宜大于35倍钢筋直径,搭接位置应错开,各搭接端连线与纵向钢筋的夹角应小于60°。

（4）边缘钢筋至纵缝或自由边的距离宜为100~150mm。

五、掌握水泥混凝土路面的材料组成与参数等规定和要求

路基和路面各结构层混合料的各项设计参数取值,应按有关试验规程的试验方法实测确定,其标准值按概率分布的85%分位值取用。受条件限制无法通过试验取得数值时,可参照经验数值范围,结合工程经验分析确定。

1. 垫层材料

（1）防冻垫层所采用的粒料（砂或砂砾）中,粒径小于0.075mm的细粒含量不宜大于5%。

（2）排水垫层的粒料级配应同时满足渗水和反滤的要求。

2. 基层材料

（1）贫混凝土集料公称最大粒径不宜大于31.5mm,水泥用量在不掺粉煤灰时不得少于170kg/m³,28d弯拉强度标准值宜控制在2.0~2.5MPa范围内。碾压混凝土集料公称最大粒径不得大于26.5mm。

（2）水泥稳定粒料、级配碎石或砾石的集料公称最大粒径宜为26.5mm或31.5mm。粒径小于0.075mm的细粒含量不得大于5%,粒径小于4.75mm的颗粒含量不宜大于50%,液限应小于28%,塑性指数应小于5。承受极重、特重和重交通时,水泥剂量宜为4%~6%;中等和轻交通时,水泥剂量宜为4%。

（3）石灰粉煤灰稳定粒料的集料公称最大粒径宜为26.5mm。粒径小于0.075mm的细粒含量不得大于7%,粒径小于4.75mm的颗粒含量不宜大于50%。石灰与粉煤灰的配合比宜为1:4~1:2,粒料与石灰粉煤灰的配合比宜为80:20~85:15。

（4）沥青混凝土基层宜采用集料公称最大粒径为19.0mm或26.5mm的混合料,沥青稳定碎石基层宜采用集料公称最大粒径为26.5mm或31.5mm的混合料,沥青混凝土夹层宜采用集料公称最大粒径为9.5mm或13.2mm的混合料。各种沥青混合料的沥青用量宜适当增大。

（5）开级配水泥稳定碎石的集料公称最大粒径宜为26.5mm或31.5mm。粒径小于0.075mm的细粒含量不得大于2%,粒径小于2.36mm的颗粒含量不宜大于5%;粒径小于4.75mm的颗粒含量不宜大于10%。水泥剂量宜为9.5%~11%。

（6）开级配沥青稳定碎石的集料公称最大粒径宜为19.0mm或26.5mm。粒径小于0.075mm的细粒含量不得大于2%,粒径小于0.6mm的颗粒含量不宜大于5%,粒径小于2.36mm的颗粒含量不宜大于15%,粒径小于4.75mm的颗粒含量不宜大于20%。沥青标号应选用50A或70A,沥青用量宜为2.5%~3.5%。

3. 面层材料

（1）水泥混凝土集料公称最大粒径不应大于26.5mm。砂的细度模数不宜小于2.5;高速公路面层的用砂,其硅质砂或石英砂的含量不宜低于25%。水泥含量不得少于300kg/m³（非冰冻地区）或320kg/m³（冰冻地区）。冰冻地区的混凝土中必须掺加引气剂。

（2）厚度大于300mm的普通混凝土面层可分上、下两层连续铺筑。上层厚度应不小于总

厚度的 1/3,宜采用高强、耐磨的混凝土材料,集料公称最大粒径不宜大于 19mm。

(3)钢纤维混凝土集料公称最大粒径宜为钢纤维长度的 1/2 ~ 2/3,并不宜大于 16mm。钢纤维的抗拉强度标准值不宜小于 600 级(600 ~ 1000MPa)。水泥用量不得少于 360kg/m³(非冰冻地区)或 380kg/m³(冰冻地区)。

(4)碾压混凝土面层混凝土的集料公称最大粒径不宜大于 19.0mm,水泥用量不得少于 280kgm³(非冰冻地区)或 310kg/m³(冰冻地区)。

(5)混凝土预制块的抗压强度不宜低于 50MPa(非冰冻地区)或 60MPa(冰冻地区)。砂垫层宜选用细度模数为 2.3 ~ 3.0 的天然砂,4.75mm 筛孔的累计筛余量不应大于 5% ,含泥量不应大于 5% 。

4. 材料设计参数

(1)土和粒料的回弹模量应采用重复加载三轴压缩试验测定。土试件的尺寸应为直径 100mm、高 200mm(最大粒径不超过 19mm),粒料试件的尺寸应为直径 150mm、高 300mm。

(2)无机结合料稳定类材料的弹性模量应采用单轴压缩试验测定。试件尺寸应为直径 100mm、高 200mm 或直径 150mm、高 300mm。水泥稳定类材料的试件龄期应采用 90d,石灰粉煤灰稳定类材料的试件龄期应采用 180d,测定前试件应浸水 1d。

(3)沥青混合料动态模量应采用周期加载单轴压缩试验测定。试件的尺寸应为直径 100mm、高 150mm。

(4)按经验数值范围确定路基和路面各结构层的各项设计参数值时,可参照《公路水泥混凝土路面设计规范》(JTG D40—2011)附录 E 取值。

(5)混凝土配合比设计时的混合料试配弯拉强度的均值,应按式(3-3-5)确定。

$$f_m = \frac{f_r}{1 - 1.04c_v} + ts \qquad (3\text{-}3\text{-}5)$$

式中:f_m——混凝土试配弯拉强度的均值(MPa);

f_r——混凝土弯拉强度标准值(MPa);

c_v——混凝土弯拉强度的变异系数;

s——混凝土弯拉强度试验样本的标准差;

t——保证率系数,按样本数和判别概率参照表 3-3-21 确定。

保证率系数   表 3-3-21

公路等级	判别概率	样 本 数			
		6	9	15	20
高速公路	0.05	0.79	0.61	0.45	0.39
一级公路	0.10	0.59	0.46	0.35	0.30
二级公路	0.15	0.46	0.37	0.28	0.24
三级、四级公路	0.20	0.37	0.29	0.22	0.19

六、熟悉水泥混凝土路面加铺层结构设计规定和要求

加铺层结构设计工作包括旧路面结构调查与评定、加铺方案选择、加铺层结构设计。当原

有路面需要提高等级时,对不符合技术标准的路段应进行线形改善,改线路段应按新建路面设计。

1.旧路面结构调查与评定

1)旧混凝土路面的技术调查

在加铺层设计之前,必须对旧混凝土路面进行全面技术调查,主要内容如下:

(1)公路修建和养护技术资料:路面结构和材料组成、接缝构造及养护历史等。

(2)路面损坏状况:损坏类型、轻重程度、范围及修补措施等。

(3)路面结构强度:路表弯沉、接缝传荷能力、板底脱空状况、面层厚度和混凝土强度等。

(4)已承受的交通荷载及预计的交通需求:交通量、轴载组成及增长率等。

(5)环境条件:沿线气候条件、地下水位以及路基和路面的排水状况等。

(6)桥隧净空:沿线跨线桥以及隧道的净空要求等。

2)路面损坏状况调查与评定

(1)旧混凝土路面损坏状况采用断板率和平均错台量两项指标来评定。

(2)断板率的调查和计算可按《公路水泥混凝土路面养护技术规范》(JTJ 073.1—2001)进行,记录调查路段内不同轻重等级的各种断板板块数,并以断板块数占调查路段总板块数的百分率表示断板率。

(3)错台调查宜采用错台仪量测接缝两侧板边的高程差,量测点的位置在错台严重车道右侧边缘内300mm处,以调查路段内各条接缝高程差的平均值表示该路段的平均错台量。

(4)根据调查路段内断板率和平均错台量,可以评定路面损坏状况的轻重程度等级,供决策养护和改建措施时参考。路面损坏状况分级标准见表3-3-22。

路面损坏状况分级标准   表3-3-22

等级	优良	中	次	差
断板率(%)	≤5	5~10	10~20	>20
平均错台量(mm)	≤3	3~7	7~12	>12

(5)对于断板率较低的高速公路和一级公路,应采用断板率和平均错台量两项评定指标。对于断板率较高的其他等级公路,当错台病害对行车安全和行驶质量的影响不是主要因素时,可仅采用断板率作为评定指标。当两项指标不一致时,以最不利指标作为最终评定等级。

3)接缝传荷能力和板底脱空状况调查评定

(1)旧混凝土面层板的接缝传荷能力采用弯沉测试法调查评定。弯沉测试采用落锤式弯沉仪。

(2)测定接缝传荷能力的试验荷载应采用设计轴载的一侧轮载,将荷载施加在邻近接缝的路面表面,实测接缝两侧边缘的弯沉值。按式(3-3-6)计算接缝的传荷系数。

$$k_j = \frac{w_u}{w_l} \times 100 \tag{3-3-6}$$

式中:k_j——接缝传荷系数(%);

w_u——未受荷板接缝边缘处的弯沉值(0.01mm);

w_l——受荷板接缝边缘处的弯沉值(0.01mm)。

（3）根据调查路段内接缝的传荷系数测定结果,评定路面接缝的传荷能力。接缝的传荷能力分级标准见表 3-3-23。

接缝的传荷能力分级标准

表 3-3-23

等级	优良	中	次	差
接缝传荷系数 k_j（%）	>80	56~80	31~55	<31

（4）板底脱空的调查可根据面层板角隅处的多级荷载弯沉测试结果,并综合考虑唧泥和错台发展程度以及接缝传荷能力进行判别,也可采用雷达、声波检测仪器检测底板脱空状况。

4）旧混凝土路面结构参数的确定

旧混凝土路面结构参数是通过钻孔取样和弯沉或承载板等测试手段,获得混凝土板的厚度、弯拉强度和模量、基顶的综合回弹模量等有关设计参数,为加铺层厚度计算做准备。

（1）旧混凝土面层厚度的标准值可根据钻孔芯样的测量高,按式（3-3-7）计算确定。

$$h_e = \bar{h}_e - 1.04 s_h \tag{3-3-7}$$

式中：h_e——旧混凝土面层测量厚度的标准值（mm）；

$\bar{h}_e$——旧混凝土面层测量厚度的均值（mm）；

s_h——旧混凝土面层厚度测量值的标准差（mm）。

（2）旧混凝土面层的弯拉强度标准值可采用钻孔芯样的劈裂试验测定结果,按式（3-3-8）和式（3-3-9）计算确定。

$$f_r = 1.87 f_{sp}^{0.87} \tag{3-3-8}$$

$$f_{sp} = \bar{f}_{sp} - 1.04 s_{sp} \tag{3-3-9}$$

式中：f_r——旧混凝土面层弯拉强度标准值（MPa）；

f_{sp}——旧混凝土面层劈裂强度标准值（MPa）；

$\bar{f}_{sp}$——旧混凝土面层劈裂强度测定值的均值（MPa）；

s_{sp}——旧混凝土面层劈裂强度测定值的标准差（MPa）。

（3）旧混凝土面层的弯拉弹性模量标准值采用式（3-3-10）计算确定。

$$E_c = \frac{10^4}{0.09 + \dfrac{0.964}{f_r}} \tag{3-3-10}$$

式中：E_c——旧混凝土面层的弯拉弹性模量标准值（MPa）；

f_r——旧混凝土面层的弯拉强度标准值（MPa）。

（4）旧混凝土路面基层顶面的当量回弹模量标准值,宜采用落锤式弯沉仪（设计荷载100kN、承载板半径 150mm）量测板中荷载作用下的弯沉曲线,按式（3-3-11）和式（3-3-12）确定。

$$E_t = 100 e^{3.60 + 24.03 w_0^{-0.057} - 15.63 SI^{0.222}} \tag{3-3-11}$$

$$SI = \frac{1}{w_0}(w_0 + w_{300} + w_{600} + w_{900}) \tag{3-3-12}$$

式中： E_t——基层顶面的当量回弹模量标准值（MPa）；

SI——路面结构的荷载扩散系数；

w_0——荷载中心处的弯沉值(μm)；

w_{300}、w_{600}、w_{900}——分别为距离荷载中心300mm、600mm和900mm处的弯沉值(μm)。

2.加铺方案选择

1)旧水泥混凝土路面处治

(1)加铺时必须对旧水泥混凝土路面进行处治,应更换破碎板、修补和填封裂缝,压浆填封板底脱空,磨平错台,清除旧混凝土面层表面的松散碎屑、油迹或轮胎擦痕,剔除接缝中失效的填缝料和杂物,并重新封缝。

(2)加铺时,对于检测有明显板底脱空的路段,应采用压浆材料填封板底脱空,浆体材料应具备流动性好、早期强度高、无离析、无泌水、无收缩等特性。

(3)当旧水泥混凝土面层损坏情况严重时,宜选用打裂压稳方案或碎石化旧混凝土路面方案,根据公路等级和交通状况,将处治后的旧路面用作改建路面的基层或底基层。

(4)打裂压稳改建方案,打裂后应使75%以上的旧混凝土板产生不规则开裂,相邻裂缝形成的块状面积为$0.4\sim0.6m^2$;碎石化改建方案,破碎后应使75%以上的旧混凝土板破碎成最大尺寸小于400mm的颗粒。

2)加铺方案选用

加铺层应根据使用要求及旧混凝土路面的状况,选用分离式或结合式水泥混凝土加铺方案,或沥青混凝土加铺方案,并经技术经济比较后确定。

(1)当旧混凝土路面的损坏状况和接缝传荷能力评定等级为优良,面层板的平面尺寸及接缝布置合理,路拱横坡符合要求时,可采用结合式混凝土加铺层方案、分离式混凝土加铺方案或沥青混凝土加铺方案。

(2)当旧混凝土路面的损坏状况和接缝传荷能力评定等级为中等以上时,或者新旧混凝土板的平面尺寸不同、接缝形式或位置不对应或路拱横坡不一致时,应采用分离式混凝土加铺方案或沥青混凝土加铺方案。

(3)当旧混凝土路面的损坏状况和接缝传荷能力评定等级为次等以上时,可采用沥青混凝土加铺层方案。

3.加铺层结构设计

1)沥青加铺层

(1)沥青加铺层可设单层或双层沥青面层,至少有一层采用密级配沥青混合料,可根据需要设置调平层,在路面边缘宜设置内部排水系统。

(2)沥青加铺层与原水泥混凝土面板之间宜洒布改性沥青,加强层间结合,避免层间滑移。

(3)应根据气温、荷载、旧混凝土路面承载能力、接缝传荷能力等合理选用下述措施减缓反射裂缝:

①增加沥青加铺层厚度。

②在加铺层中掺加纤维及橡胶等改性剂。

③在旧水泥混凝土板顶面或加铺层内设置应力吸收层、聚酯玻纤布或者土工织物夹层。

④沥青加铺层下层采用大粒径沥青碎石等。

（4）沥青加铺层厚度应按使混合料的公称最大粒径相匹配和减缓反射裂缝要求来确定。高速公路和一级公路的最小厚度宜为 100mm，其他等级公路的最小厚度宜为 80mm。

2）分离式混凝土加铺层

（1）在旧混凝土面层与加铺层之间应设置隔离层，隔离层材料可选用沥青混凝土，隔离层的厚度不宜小于 40mm。

（2）加铺层的接缝形式和位置，应按新建混凝土面层的要求布置。

（3）普通混凝土、钢筋混凝土、连续配筋混凝土加铺层的厚度不宜小于 180mm，钢纤维混凝土加铺层的厚度不宜小于 140mm。

3）结合式混凝土加铺层

（1）宜采用铣刨、喷射高压水或钢珠、酸蚀等方法，打毛清理混凝土面层表面，并在清理后的表面涂敷黏结剂，使加铺层与旧混凝土面层结合成整体。

（2）加铺层厚度不宜小于 80mm，加铺层的接缝形式和位置应与旧混凝土面层的接缝完全对应和对齐，加铺层内可不设拉杆和传力杆。

4）旧沥青路面加铺水泥混凝土路面

（1）旧沥青路面可采用水泥混凝土加铺层。加铺层铺筑前应对较严重的车辙、拥包进行铣刨，对坑槽和网裂较严重的路段进行结构补强。

（2）在旧沥青面层与水泥混凝土加铺层之间应设置调平层。调平材料可选用沥青混凝土。

（3）普通混凝土、钢筋混凝土、连续配筋混凝土加铺层的厚度不宜小于 180mm，钢纤维混凝土加铺层的厚度不宜小于 140mm。

（4）超薄水泥混凝土加铺层的厚度宜为 80～130mm，面板平面尺寸宜为 2.5m×1.0m，切缝深度宜为面层板厚的 1/4～1/3，缝宽宜为 3～5mm，无须封缝。

七、熟悉水泥混凝土路面交通荷载分析规定和要求

1. 交通数据调查

1）交通调查

（1）可利用当地交通量观测站的观测和统计资料，或者通过实地设立站点进行交通量观测和统计，获取所设计公路的初期年平均日交通量（双向）及其车辆类型组成数据，剔除 2 轴 4 轮及以下的客、货运车辆交通量，得到包括大型客车交通量在内的初期年平均日货车交通量（双向）。

（2）2 轴 6 轮及以上车辆交通量的方向分配系数应根据实际调查确定，如确有困难可在 0.5～0.6 范围内选用。

（3）可依据设计公路的车道数，按表 3-3-24 确定 2 轴 6 轮及以上车辆交通量的车道分配系数。

2 轴 6 轮及以上车辆交通量的车道分配系数　　　　　　　表 3-3-24

单向车道数		1	2	3	≥4
车道分配系数	高速公路	—	0.70～0.85	0.45～0.60	0.40～0.50
	其他等级公路*	1.00	0.50～0.75	0.50～0.75	—

注：*交通受非机动车和行人影响较严重的取低限，反之取高限。

初期年平均日货车交通量(双向)乘以方向分配系数和车道分配系数,即为设计车道的年平均日货车交通量($ADTT$)。

(4)可依据公路等级、功能及所在地区的经济和交通运输发展情况,通过调查分析,预估设计基准期内的货车交通量增长趋势,确定设计基准期内货车交通量的年平均增长率。

2)轴载调查与分析

可通过实地设立站点进行各类车辆的轴型调查和轴重测定,或者利用该地区或相似类型公路已有称重站的车型、轴型和轴重测定统计资料,获取设计公路的车辆类型、轴型和轴重组成数据,以及最重轴载和货车中占主要份额的特重车型轴载。

2. 设计轴载的当量换算系数和作用次数

1)以轴型为基础

(1)各类车辆按轴型称重和统计时,可采用以轴型为基础的轴载当量换算系数法,计算分析设计车道使用初期的设计轴载日作用次数。

(2)随机统计 3000 辆 2 轴 6 轮及以上车辆中单轴、双联轴和三联轴等不同轴型出现的单轴次数,并分别称取其单轴轴重。

(3)可按单轴轴重级位统计整理后得到轴载谱,并按式(3-3-13)计算确定不同轴重级位的设计轴载当量换算系数。

$$k_{p,i} = \left(\frac{P_i}{P_s}\right)^{16} \tag{3-3-13}$$

式中:$k_{p,i}$——不同单轴轴重级位 i 的设计轴载当量换算系数;

P_i——单轴级位 i 的轴重;

P_s——设计轴载的轴重。

(4)依据单轴轴载谱和相应的设计轴载当量换算系数,可按式(3-3-14)计算得到设计车道使用初期的设计轴载日作用次数。

$$N_s = ADTT \frac{n}{3000} \sum_i (k_{p,i} \cdot p_i) \tag{3-3-14}$$

式中:N_s——设计车道的设计轴载日作用次数[轴次/(车道·日)];

$ADTT$——设计车道的年平均日货车交通量[辆/(车道·日)];

n——随机调查 3000 辆 2 轴 6 轮以上车辆中出现的单轴总轴数;

p_i——单轴轴重级位 i 的频率(以分数计)。

2)以车型为基础

(1)以车辆类型为基础进行各种轴型的轴载称重和统计时,可采用车辆当量轴载系数法计算分析设计车道使用初期的设计轴载日作用次数。

(2)可将 2 轴 6 轮及以上车辆分为整车、半挂和多挂 3 大类,每类车再按轴数细分,分别按车型称重后得到单轴轴载谱。可由式(3-3-15)和式(3-3-16)计算得到各类车辆的设计轴载当量换算系数。

$$k_{p,k} = \sum_i (k_{p,i} \cdot p_i) \tag{3-3-15}$$

式中：$k_{p,k}$——k 类车辆的设计轴载当量换算系数；

$\quad\quad p_i$——k 类车辆单轴轴重级位 i 的频率（以分数计）。

（3）依据调查所得的车辆类型组成数据，可按式（3-3-16）计算确定设计车道使用初期的设计轴载日作用次数。

$$N_s = ADTT \times \sum_k (k_{p,k} \cdot p_k) \quad\quad (3\text{-}3\text{-}16)$$

式中：p_k——k 类车辆的组成比例（以分数计）。

3. 设计轴载累计作用次数

设计基准期内水泥混凝土路面设计车道临界荷位处所承受的设计轴载累计作用次数，应按照式（3-3-17）计算确定。

$$N_e = \frac{N_s \times \left[(1 + g_r)^t - 1 \right] \times 360}{g_r} \times \eta \quad\quad (3\text{-}3\text{-}17)$$

式中：N_e——设计基准期内车道所承受的设计轴载累计作用次数（轴次/车道）；

$\quad\quad t$——设计基准期（年）；

$\quad\quad g_r$——基准期内货车交通量的年平均增长率（以分数计）；

$\quad\quad \eta$——临界荷位处的车辆轮迹分布系数，按表3-3-25选用。

车辆轮迹横向分布系数 表3-3-25

公 路 等 级		纵缝边缘处
高速公路、一级公路、收费站、城市快速路、主干路		0.17 ~ 0.22
二级及二级以下公路城市次干路及以下道路	行车道宽 >7m	0.34 ~ 0.39
	行车道宽 ≤7m	0.54 ~ 0.62

注：行车道较宽或者交通量较大时，取高值；反之，取低值。

八、熟悉水泥混凝土路面混凝土板应力分析及厚度计算规定和要求

1. 力学模型

1）弹性地基单层板模型

（1）适用于粒料基层上的混凝土面层，旧沥青路面加铺混凝土面层。

（2）面层板底面以下部分按弹性地基处理。

2）弹性地基双层板模型

（1）适用于无机结合料类基层或沥青类基层上的混凝土面层，旧混凝土路面上加铺分离式混凝土面层。

（2）面层和基层或者新旧面层作为双层板，基层底面以下或者旧面层底面以下部分按弹性地基处理。

3）复合板模型

（1）适用于两层不同性能材料组成的面层或基层复合板。

（2）旧混凝土路面上加铺结合式混凝土面层，两层不同性能材料组成的层间黏结的面层，作为弹性地基上的单层板或者弹性地基上双层板的上层板。

（3）无机结合料类基层或沥青类基层与无机结合料类底基层组成的基层，作为弹性地基上双层板的下层板。

4）临界荷位

混凝土面层板的临界荷位位于纵缝边缘中部。基层板的临界荷位与面层板相同。

2. 单层板应力分析

1）单层板荷载应力分析

（1）设计轴载在面层板临界荷位处产生的荷载疲劳应力应按式（3-3-18）确定。

$$\sigma_{pr} = k_r k_f k_c \sigma_{ps} \tag{3-3-18}$$

式中：σ_{pr}——设计轴载在面层板临界荷位处产生的荷载疲劳应力（MPa）；

σ_{ps}——设计轴载在四边自由板临界荷位处产生的荷载应力（MPa）；

k_r——考虑接缝传荷能力的应力折减系数，采用混凝土路肩时 $k_r = 0.87 \sim 0.92$（路肩面层与路面面层等厚时取低值，减薄时取高值），采用柔性路肩或土路肩时 $k_r = 1$；

k_f——考虑设计基准期内荷载应力累计疲劳作用的疲劳应力系数；

k_c——考虑计算理论与实际差异以及动载等因素影响的综合系数，按公路等级查表 3-3-26 确定。

综合系数 k_c 　　　表 3-3-26

公路等级	高速公路	一级公路	二级公路	三级、四级公路
k_c	1.15	1.10	1.05	1.00

（2）设计轴载在四边自由板临界荷位处产生的荷载应力 σ_{ps} 应按式（3-3-19）计算。

$$\sigma_{ps} = 1.47 \times 10^{-3} r^{0.70} h_c^{-2} P_s^{0.94} \tag{3-3-19}$$

$$r = 1.21 \left(\frac{D_c}{E_t}\right)^{1/3} \tag{3-3-20}$$

$$D_c = \frac{E_c h_c^3}{12(1 - \nu_c^2)} \tag{3-3-21}$$

式中：P_s——设计轴载的单轴重（kN）；

h_c、E_c、ν_c——分别为混凝土面层板的厚度（m）、弯拉弹性模量（MPa）和泊松比；

r——混凝土面层板的相对刚度半径（m），按式（3-3-20）计算；

D_c——混凝土面层板的截面弯曲刚度（MN·m），按式（3-3-21）计算；

E_t——板底地基当量回弹模量（MPa）。

（3）设计基准期内的荷载疲劳应力系数 k_f 应按式（3-3-22）计算。

$$k_f = N_e^\lambda \tag{3-3-22}$$

式中：N_e——设计基准期内设计轴载累计作用次数；

λ——材料疲劳指数，普通混凝土、钢筋混凝土、连续配筋混凝土，$\lambda = 0.057$；碾压混凝土和贫混凝土，$\lambda = 0.065$；钢纤维混凝土，按式（3-3-23）计算；

$$\lambda = 0.053 - 0.017\rho_f \frac{l_f}{d_f} \tag{3-3-23}$$

ρ_f——钢纤维的体积率(%);

l_f——钢纤维的长度(mm);

d_f——钢纤维的直径(mm)。

(4)新建公路的板底地基当量回弹模量 E_t 应按式(3-3-24)计算。

$$E_t = \left(\frac{E_x}{E_0}\right)^\alpha E_0 \tag{3-3-24}$$

$$\alpha = 0.86 + 0.26\ln h_x \tag{3-3-25}$$

$$E_x = \frac{\sum_{i=1}^n (h_i^2 E_i)}{\sum_{i=1}^n h_i^2} \tag{3-3-26}$$

$$h_x = \sum_{i=1}^n h_i \tag{3-3-27}$$

式中:E_0——路床顶综合回弹模量(MPa);

α——与粒料层总厚度 h_x 有关的回归系数,按式(3-3-25)计算;

E_x——粒料层的当量回弹模量(MPa),按式(3-3-26)计算;

h_x——粒料层的总厚度(m),按式(3-3-27)计算;

n——粒料层的层数;

E_i、h_i——第 i 结构层的回弹模量(MPa)与厚度(m)。

(5)在旧沥青混凝土路面上铺筑水泥混凝土面层时,原沥青混凝土路面顶面的地基综合当量回弹模量 E_t 可根据落锤式弯沉仪(荷载 50kN、承载板半径 150mm)的中心点弯沉的测定结果,按式(3-3-28)计算确定,或根据贝克曼梁(后轴重 100kN 的车辆)的弯沉测定结果,按式(3-3-29)计算确定。

$$E_t = \frac{18621}{w_0} \tag{3-3-28}$$

$$E_t = 13739 w_0^{-1.04} \tag{3-3-29}$$

$$w_0 = \overline{w} + 1.04 s_w \tag{3-3-30}$$

式中:w_0——路段代表弯沉值(0.01mm),按式(3-3-30)计算;

$\overline{w}$——路段弯沉平均值(0.01mm);

s_w——路段弯沉的标准差(0.01mm)。

(6)最重轴载在面层板临界荷位处产生的最大荷载应力,应按式(3-3-31)计算。

$$\sigma_{p,max} = k_r k_c \sigma_{pm} \tag{3-3-31}$$

式中:$\sigma_{p,max}$——最重轴载 P_m 在面层板临界荷位处产生的最大荷载应力(MPa);

400

σ_{pm}——最重轴载 P_m 在四边自由板临界荷位处产生的最大荷载应力（MPa），按式(3-3-19)计算，式中的设计轴载 P_s 改为最重轴载 P_m（以单轴计，kN）。

2）单层板温度应力分析

（1）在面层板临界荷位处产生的温度疲劳应力应按式(3-3-32)计算。

$$\sigma_{tr} = k_t \sigma_{t,max} \tag{3-3-32}$$

式中：σ_{tr}——面层板临界荷位处的温度疲劳应力（MPa）；

　　　$\sigma_{t,max}$——最大温度梯度时面层板产生的最大温度应力（MPa）；

　　　k_t——考虑温度应力累计疲劳作用的温度疲劳应力系数。

（2）最大温度梯度时混凝土面层板最大温度应力 $\sigma_{t,max}$ 应按式(3-3-33)计算。

$$\sigma_{t,max} = \frac{\alpha_c E_c h_c T_g}{2} B_L \tag{3-3-33}$$

式中：α_c——混凝土的线膨胀系数，根据粗集料的岩性查表3-3-27取用；

　　　T_g——公路所在地50年一遇的最大温度梯度；

　　　B_L——综合温度翘曲应力和内应力的温度应力系数。

水泥混凝土线膨胀系数经验参考值　　　　　　　表3-3-27

粗集料类型	石英岩	砂岩	砾石	花岗石	玄武岩	石灰岩
水泥混凝土线膨胀系数(10^{-6}/℃)	12	12	11	10	9	7

（3）综合温度翘曲应力和内应力的温度应力系数 B_L 应按式(3-3-34)计算。

$$B_L = 1.77e^{-4.48h_c}C_L - 0.131(1 - C_L) \tag{3-3-34}$$

$$C_L = 1 - \frac{\sinh t\cos t + \cosh t\sin t}{\cos t\sin t + \sinh t\cosh t} \tag{3-3-35}$$

$$t = \frac{L}{3r} \tag{3-3-36}$$

式中：C_L——混凝土面层板的温度翘曲应力系数，按式(3-3-35)计算；

　　　L——面层板的横缝间距，即板长(m)；

　　　r——面层板的相对刚度半径(m)。

（4）温度疲劳应力系数 k_t 应按式(3-3-37)计算。

$$k_t = \frac{f_r}{\sigma_{t,max}}\left[a_t\left(\frac{\sigma_{t,max}}{f_r}\right)^{b_t} - c_t\right] \tag{3-3-37}$$

式中：a_t、b_t、c_t——回归系数，按所在地区的公路自然区划查表3-3-28确定。

回归系数 a_t、b_t 和 c_t　　　　　　　表3-3-28

系　数	公路自然区划					
	Ⅱ	Ⅲ	Ⅳ	Ⅴ	Ⅵ	Ⅶ
a_t	0.828	0.855	0.841	0.871	0.837	0.834
b_t	1.323	1.355	1.323	1.287	1.382	1.270
c_t	0.041	0.041	0.058	0.071	0.038	0.052

3. 双层板应力分析

1) 双层板荷载应力分析

(1) 面层板或上面层板的荷载疲劳应力 σ_{pr} 应按式(3-3-18)计算。其中，荷载疲劳应力系数 k_f、应力折减系数 k_r 和综和系数 k_c 的确定方法与单层板的相同；设计轴载 P_s 在上层板临界荷位处产生的荷载应力 σ_{ps} 应按式(3-3-38)确定。

$$\sigma_{ps} = \frac{1.45 \times 10^{-3}}{1 + D_b / D_c} r_g^{0.65} h_c^{-2} P_s^{0.94} \qquad (3\text{-}3\text{-}38)$$

$$D_b = \frac{E_b h_b^3}{12(1 - \nu_b^2)} \qquad (3\text{-}3\text{-}39)$$

$$r_g = 1.21 \left(\frac{D_c + D_b}{E_t} \right)^{\frac{1}{3}} \qquad (3\text{-}3\text{-}40)$$

式中：D_b——下层板的截面弯曲刚度（MN·m）；

h_b、E_b、ν_b——分别为下层板的厚度（m）、弯拉弹性模量（MPa）和泊松比；

r_g——双层板的总相对刚度半径（m），按式(3-3-40)计算；

h_c、D_c——分别为上层板的厚度（m）和截面弯曲刚度（MN·m），按式(3-3-21)计算。

(2) 贫混凝土或碾压混凝土基层板或者下面层板的荷载疲劳应力，应按式(3-3-41)计算。其中，疲劳应力系数 k_f 和综合系数 k_c 的确定方法与单层板的确定方法相同；设计轴载 P_s 在下层板临界荷位处产生的荷载应力应按式(3-3-42)计算。

$$\sigma_{bpr} = k_t k_c \sigma_{bps} \qquad (3\text{-}3\text{-}41)$$

$$\sigma_{bps} = \frac{1.41 \times 10^{-3}}{1 + D_c / D_b} r_g^{0.68} h_b^{-2} P_s^{0.94} \qquad (3\text{-}3\text{-}42)$$

式中：σ_{bpr}——下层板的荷载疲劳应力（MPa）；

σ_{bps}——设计轴载 P_s 在下层板临界荷位处产生的荷载应力（MPa）。

(3) 最重轴载在上层板临界荷位处产生的最大荷载应力应按式(3-3-31)计算。其中，应力折减系数 k_r 和综合系数 k_c 应按单层板的确定方法确定；最重轴载在四边自由板临界荷位处产生的最大荷载应力应按式(3-3-38)计算，式中的设计轴载 P_s 改为最重轴载 P_m（以单轴计，kN）。

2) 双层板温度应力

上层板的温度疲劳应力 σ_{tr}、最大温度翘曲应力 $\sigma_{t,max}$、综合温度翘曲应力和内应力作用的温度应力系数 B_L 的计算式与单层板的相同，应分别按式(3-3-32)、式(3-3-33)、式(3-3-34)计算，式(3-3-35)中的温度翘曲应力系数 C_L 应按式(3-3-43)确定。下层板的温度疲劳应力不需要计算分析。

$$C_L = 1 - \left(\frac{1}{1 + \xi} \right) \frac{\sinh t \cos t + \cosh t \sin t}{\cos t \sin t + \sinh t \cosh t} \qquad (3\text{-}3\text{-}43)$$

$$t = \frac{L}{3r_{\mathrm{g}}} \tag{3-3-44}$$

$$\xi = -\frac{(k_{\mathrm{n}}r_{\mathrm{g}}^4 - D_{\mathrm{c}})r_{\beta}^3}{(k_{\mathrm{n}}r_{\beta}^4 - D_{\mathrm{c}})r_{\mathrm{g}}^3} \tag{3-3-45}$$

$$r_{\beta} = \left[\frac{D_{\mathrm{c}}D_{\mathrm{b}}}{(D_{\mathrm{c}} + D_{\mathrm{b}})k_{\mathrm{n}}}\right]^{\frac{1}{4}} \tag{3-3-46}$$

$$k_{\mathrm{n}} = \frac{1}{2}\left(\frac{h_{\mathrm{c}}}{E_{\mathrm{c}}} + \frac{h_{\mathrm{b}}}{E_{\mathrm{b}}}\right)^{-1} \tag{3-3-47}$$

式中:ξ——与双层板结构有关的参数,按式(3-3-45)计算;

r_{β}——层间接触状况参数(m),按式(3-3-46)计算;

k_{n}——面层与基层之间竖向接触刚度,上下层之间不设沥青混凝土夹层或隔离层时按式(3-3-47)计算,设沥青混凝土夹层或隔离层时,k_{n}取 3000MPa/m。

4. 复合板应力分析

(1)面层复合板的荷载疲劳应力和最大荷载应力计算,与单层板或上层板完全相同,只需用面层复合板的截面弯曲刚度 $\widetilde{D}_{\mathrm{c}}$ 和等效厚度 $\widetilde{h}_{\mathrm{c}}$ 替代单层板或上层板的弯曲刚度 D_{c} 和厚度 h_{c} 即可,板相对刚度半径 r 或 r_{g} 应依据面层复合板弯曲刚度 $\widetilde{D}_{\mathrm{c}}$ 重新计算。面层复合板弯曲刚度 $\widetilde{D}_{\mathrm{c}}$ 应按式(3-3-48)计算,等效厚度 $\widetilde{h}_{\mathrm{c}}$ 应按式(3-3-49)计算。

$$\widetilde{D}_{\mathrm{c}} = \frac{E_{\mathrm{c1}}h_{\mathrm{c1}}^3 + E_{\mathrm{c2}}h_{\mathrm{c2}}^3}{12(1 - \nu_{\mathrm{c2}}^2)} + \frac{(h_{\mathrm{c1}} + h_{\mathrm{c2}})^2}{4(1 - \nu_{\mathrm{c2}}^2)}\left(\frac{1}{E_{\mathrm{c1}}h_{\mathrm{c1}}} + \frac{1}{E_{\mathrm{c2}}h_{\mathrm{c2}}}\right)^{-1} \tag{3-3-48}$$

$$\widetilde{h}_{\mathrm{c}} = 2.42\sqrt{\frac{\widetilde{D}_{\mathrm{c}}}{E_{\mathrm{c2}}d_{\mathrm{x}}}} \tag{3-3-49}$$

$$d_{\mathrm{x}} = \frac{1}{2}\left[h_{\mathrm{c2}} + \frac{E_{\mathrm{c1}}h_{\mathrm{c1}}(h_{\mathrm{c1}} + h_{\mathrm{c2}})}{E_{\mathrm{c1}}h_{\mathrm{c1}} + E_{\mathrm{c2}}h_{\mathrm{c2}}}\right] \tag{3-3-50}$$

式中:E_{c1}、h_{c1}——分别为面层复合板上层的弯拉弹性模量(MPa)和厚度(m);

E_{c2}、ν_{c2}、h_{c2}——分别为面层复合板下层的弯拉弹性模量(MPa)、泊松比和厚度(m);

d_{x}——面层复合板中性轴至下层底部的距离(m),按式(3-3-50)计算。

(2)面层复合板的疲劳温度应力计算和疲劳温度应力系数与单层板相同。最大温度应力 $\sigma_{\mathrm{t,max}}$ 应按式(3-3-51)计算。

$$\sigma_{\mathrm{t,max}} = \frac{\alpha_{\mathrm{c}}T_{\mathrm{g}}E_{\mathrm{c2}}(h_{\mathrm{c1}} + h_{\mathrm{c2}})}{2}B_{\mathrm{L}}\zeta \tag{3-3-51}$$

$$\zeta = 1.77 - 0.27\ln\left(\frac{h_{\mathrm{c1}}E_{\mathrm{c1}}}{h_{\mathrm{c2}}E_{\mathrm{c2}}} + 18\frac{E_{\mathrm{c1}}}{E_{\mathrm{c2}}} - 2\frac{h_{\mathrm{c1}}}{h_{\mathrm{c2}}}\right) \tag{3-3-52}$$

式中：B_L——面层复合板的温度应力系数，按式(3-3-34)计算，其中，面层板厚度 h_c 取面层复合板的总厚度($h_{c1} + h_{c2}$)，式(3-3-34)中温度翘曲应力系数 C_L，单层板时按式(3-3-35)计算，双层板时按式(3-3-43)计算确定；

ζ——面层复合板的最大温度应力修正系数，按式(3-3-52)计算。

(3)基层复合板的弯曲刚度应按式(3-3-53)计算。以此弯曲刚度替代式(3-3-39)和式(3-3-43)中的弯曲刚度，计算双层板的荷载应力和温度应力。

$$D_{b0} = D_{b1} + D_{b2} \tag{3-3-53}$$

$$\sigma_{bpr} = \frac{\widetilde{\sigma}_{bpr}}{1 + D_{b2}/D_{b1}} \tag{3-3-54}$$

式中：D_{b0}——基层复合板的弯曲刚度(MN·m)；

D_{b1}、D_{b2}——基层和底基层的弯曲刚度(MN·m)，分别按基层和底基层的厚度 h_{b1} 和 h_{b2} 以及弹性模量 E_{b1} 和 E_{b2}，由式(3-3-39)计算得到；

$\widetilde{\sigma}_{bpr}$——按式(3-3-42)计算得到的基层复合板的名义荷载应力，其中，以基层厚度 h_{b1} 替代式中基层厚度 h_b，以复合板弯曲刚度 D_{b0} 替代式中基层板弯曲刚度 D_b。

基层为贫混凝土或碾压混凝土时，复合板中基层的荷载疲劳应力 σ_{bpr} 应按式(3-3-54)计算。其他类型基层不需要进行荷载疲劳应力计算。

5. 厚度计算流程

水泥混凝土路面概率型设计方法，以路面结构的总开裂率为控制指标，式(3-3-1)与式(3-3-2)作为路面结构极限状态表达式。具体设计步骤如下：

(1)根据相关的设计资料，进行路面结构组合设计，初拟路面结构，包括路床、垫层、基层和面层的材料类型和厚度，并按水泥混凝土面层厚度建议范围，依据交通等级、公路等级和所选变异水平等级初选混凝土板厚度。

(2)按照初拟路面结构的组合情况，选择相应的结构分析模型。

(3)参照图3-3-14所示的混凝土板厚度计算流程，分别计算混凝土面层板(单层板或双层板)的最重轴载产生的最大荷载应力、设计轴载产生的荷载疲劳应力、最大温度梯度产生的最大温度应力和温度疲劳应力。

(4)当荷载疲劳应力同温度疲劳应力之和与可靠度系数的乘积，小于且接近混凝土弯拉强度标准值，同时，最大荷载应力与最大温度应力之和与可靠度系数的乘积，小于混凝土弯拉强度标准值，即满足式(3-3-1)和式(3-3-2)的要求时，则初选厚度可作为混凝土板的计算厚度。

(5)贫混凝土或碾压混凝土基层或者双层板的下面层，需要计算其荷载疲劳应力，并检验荷载疲劳应力与可靠度系数的乘积是否小于其材料的弯拉强度标准值，即应满足式(3-3-3)。

(6)如不能同时满足式(3-3-1)~式(3-3-3)，则应改选混凝土板厚度或(和)调整基层类型或(和)厚度，重新计算，直到满足式(3-3-1)~式(3-3-3)为止。

(7)计算厚度加6mm磨损厚度后，应按10mm向上取整，作为混凝土路面的设计厚度。

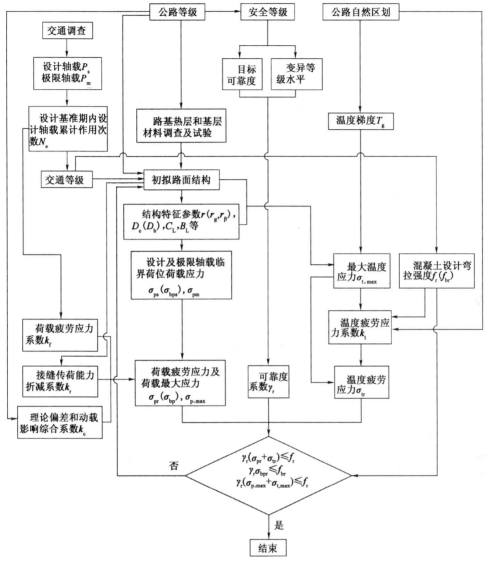

图 3-3-14　混凝土路面板厚度计算流程图

九、熟悉水泥混凝土路面连续配筋混凝土面层纵向配筋计算等规定和要求

1. 横向裂缝平均间距

横向裂缝平均间距应按式(3-3-55)计算确定。

$$L_{d} = \frac{f_{t} - C_{L}\sigma_{0}\left(1 - \dfrac{2\zeta}{h_{c}}\right)}{\dfrac{\mu\gamma_{c}}{2} + \dfrac{\sigma_{cg}\rho}{c_{1}d_{s}}} \tag{3-3-55}$$

$$\sigma_{0} = \frac{E_{c}\varepsilon_{td}}{2(1 - \nu_{c})} \tag{3-3-56}$$

$$\varepsilon_{td} = \alpha_c h_c \beta_h T_g + \varepsilon_\infty (0.245 e^{-5.3 k_1 h_c}) \tag{3-3-57}$$

$$\beta_h = 4.81 h_c^2 - 5.42 h_c + 1.96 \tag{3-3-58}$$

$$\varepsilon_\infty = a_1 (1.51 \times 10^{-4} w_0^{2.1} f_c^{-0.28} + 270) \times 10^{-6} \tag{3-3-59}$$

$$\sigma_{cg} = 0.234 f_c \tag{3-3-60}$$

$$c_1 = 0.577 - 9.50 \times 10^{-9} \frac{\ln \varepsilon_{t\zeta}}{\varepsilon_{t\zeta}^2} + 0.198 L_d \times (\ln L_d + 3.67) \tag{3-3-61}$$

$$\varepsilon_{t\zeta} = \alpha_c \Delta T_\zeta + \varepsilon_{sh} \tag{3-3-62}$$

$$\varepsilon_{sh} = \varepsilon_\infty (1 - \varphi_a^3) \tag{3-3-63}$$

上述式中：L_d——横向裂缝平均间距（m）；

f_t——混凝土抗拉强度（MPa）；

f_c——混凝土抗压强度（MPa）；

ζ——钢筋埋置深度（m）；

h_c——混凝土面层厚度（m）；

γ_c——混凝土重度（kN/m³），一般可取为 24kN/m³；

μ——混凝土面层与基层间的摩阻系数；

d_s——纵向钢筋直径（m）；

ρ——纵向钢筋配筋率，为钢筋横断面面积 A_s 与混凝土横断面面积 A_c 的比值（%）；

σ_0——温度和湿度变形完全受约束时的翘曲应力，按式（3-3-56）计算；

E_c——混凝土弹性模量（MPa）；

ν_c——混凝土泊松比，一般可取为 0.15～0.18；

ε_{td}——无约束时混凝土面层顶面与底面间的最大当量应变差，按式（3-3-57）计算；

α_c——混凝土线膨胀系数（1/℃）；

T_g——混凝土面层顶面与底面间的最大负温度梯度（℃/m），可参照该地区最大正温度梯度的 1/4～1/3 取用；

β_h——混凝土面层厚度不等于 0.22m 时的温度梯度厚度修正系数，按式（3-3-58）计算；

ε_∞——无约束条件下混凝土的最大干缩应变，可近似按式（3-3-59）计算；

a_1——养护条件系数，水中或盖麻布养护时，$a_1 = 1.0$；采用养护剂养护时，$a_1 = 1.2$；

w_0——混凝土单位用水量（N/m³）；

k_1——与气候区和最小空气湿度有关的系数，道路位于公路自然区划 Ⅱ、Ⅳ 和 Ⅴ 区，$k_1 = 0.4$；位于 Ⅲ、Ⅵ 和 Ⅶ 区，$k_1 = 0.68$；

C_L——翘曲应力系数，按式（3-3-35）计算，采用 $t = 1.29/r$ 计算确定；

r——面层板的相对刚度半径（m）；

σ_{cg}——混凝土与钢筋间的最大黏结应力，可近似按式（3-3-60）计算；

c_1——混凝土和钢筋之间的黏结—滑移系数，按式（3-3-61）计算，由于式中含有未知量 L_d，计算需采用迭代方式进行，先假设 $L_d = L_{ds}$，计算出 c_1 和相应的 L_d，如果 $|L_d - L_{ds}| < 0.005$，计算结束；否则，令 $L_{ds} = L_d$，重复计算，直到满足要求为止；

$\varepsilon_{t\zeta}$——钢筋埋置深度处的混凝土最大总应变,按式(3-3-62)计算;

ΔT_ζ——钢筋埋置深度处混凝土温度与硬化时温度的最大温差(℃),可近似取为路面施工月份日最高气温的月平均值与一年中最冷月份日最低气温的月平均值之差;

ε_{sh}——无约束条件下钢筋埋置深度处混凝土干缩应变,可近似按式(3-3-63)计算;

φ_a——年平均空气相对湿度(%)。

2. 横向裂缝缝隙平均宽度

$$b_j = 1000L_d\left(\varepsilon_{sh} + \alpha_c\Delta T_\zeta - \frac{c_2 f_t}{E_c}\right) \qquad (3\text{-}3\text{-}64)$$

$$c_2 = a + \frac{b}{17000f_c} + 6.45 \times 10^{-4}\frac{c}{L_d^2} \qquad (3\text{-}3\text{-}65)$$

$$a = 0.761 + 1770\varepsilon_{t\zeta} - 2 \times 10^6\varepsilon_{t\zeta}^2 \qquad (3\text{-}3\text{-}66)$$

$$b = 9 \times 10^8\varepsilon_{t\zeta} + 149000 \qquad (3\text{-}3\text{-}67)$$

$$C = 3 \times 10^9\varepsilon_{t\zeta}^2 - 5 \times 10^6\varepsilon_{t\zeta} + 2020 \qquad (3\text{-}3\text{-}68)$$

上述式中:b_j——钢筋埋置深度处的横向裂缝缝隙平均宽度(mm);

c_2——与混凝土和钢筋之间的黏结—滑移特性有关的系数,按式(3-3-65)计算;

其他参数的含义与计算裂缝间距时相同。

3. 纵向钢筋应力

$$\sigma_s = 2f_t\frac{E_s}{E_c} - E_s\left[\Delta T_\zeta(\alpha_c - \alpha_s) + \varepsilon_{sh}\right] + \frac{0.234f_c L_d}{d_s c_1} \qquad (3\text{-}3\text{-}69)$$

式中:σ_s——裂缝处纵向钢筋应力(MPa);

E_s——钢筋弹性模量(MPa);

α_s——钢筋的线膨胀系数(1/℃),通常 $\alpha_s = 9 \times 10^{-6}/℃$;

其他参数的含义与计算裂缝间距时相同。

4. 纵向配筋率计算步骤

(1)初拟配筋率 ρ,应按式(3-3-55)计算横向裂缝平均间距 L_d。当 $L_d > 1.8m$ 时,应增大配筋率,重复上述计算至符合要求。

(2)应按式(3-3-64)计算裂缝缝隙平均宽度 b_j。当 $b_j \leq 0.5mm$ 时,满足要求;否则应增大配筋率,重复上述计算至符合要求。

(3)应按式(3-3-69)计算钢筋应力 σ_s。当 σ_s 不大于钢筋屈服强度时,满足要求;否则应增大配筋率,重复上述计算至符合要求。

(4)综合上述3项计算结果最终确定配筋率,并进一步确定钢筋根数。在满足纵向钢筋间距要求的条件下,宜选用直径较小的钢筋。

十、了解材料设计参数经验参考值的相关规定和要求

1. 路基回弹模量及湿度调整系数

路基回弹模量及湿度调整系数经验参考值见表3-3-29、表3-3-30。

路基回弹模量经验参考值 表3-3-29

土 组	取值范围(MPa)	代表值(MPa)
级配良好砾(GW)	240～290	250
级配不良砾(GP)	170～240	190
含细粒土砾(GF)	120～240	180
粉土质砾(GM)	160～270	220
黏土质砾(GC)	120～190	150
级配良好砂(SW)	120～190	150
级配不良砂(SP)	100～160	130
含细粒土砂(SF)	80～160	120
粉土质砂(SM)	120～190	150
黏土质砂(SC)	80～120	100
低液限粉土(ML)	70～110	90
低液限黏土(CL)	50～110	70
高液限粉土(MH)	30～70	50
高液限黏土(CH)	20～50	30

注:1. 对于砾和砂,D_{60}(通过率为60%时的颗粒粒径)大时,模量取高值;D_{60}小时,模量取低值。

2. 对于其他含细粒的土组,粒径小于0.075mm的颗粒含量大和塑性指数高时,模量取低值;反之,模量取高值。

路基回弹模量湿度调整系数 表3-3-30

土 组	路床顶距地下水位的距离(m)					
	1.0	1.5	2.0	2.5	3.0	4.0
细粒质砾(GF)、土质砾(GM、GC)	0.81～0.88	0.86～1.00	0.91～1.00	0.96～1.00	—	—
细粒质砂(SF)、土质砂(SM、SC)	0.80～0.86	0.83～0.97	0.87～1.00	0.90～1.00	0.94～1.00	—
低液限粉土(ML)	0.71～0.74	0.75～0.81	0.78～0.89	0.82～0.97	0.86～1.00	0.94～1.00
低液限黏土(CL)	0.70～0.73	0.72～0.80	0.74～0.88	0.75～0.95	0.77～1.00	0.81～1.00
高液限粉土(MH)、高液限黏土(CH)	0.70～0.71	0.71～0.75	0.72～0.78	0.73～0.82	0.73～0.86	0.74～0.94

注:1. 粒径小于0.075mm的颗粒含量大和塑性指数高时,调整系数取低值;反之,调整系数取高值。

2. 当表中调整系数最大值为1.00时,调整系数取高值。

2. 基层和底基层材料弹性（回弹）模量

基层和底基层材料弹性（回弹）模量经验参考值见表3-3-31～表3-3-33。

粒料类基层和底基层材料回弹模量经验参考值（单位：MPa）　　　　　表3-3-31

材 料 类 型	取 值 范 围	代 表 值
级配碎石（基层）	200～400	300
级配碎石（底基层）	180～250	220
未筛分碎石	180～220	200
级配砾石（基层）	150～300	250
级配砾石（底基层）	150～220	190
天然砂砾	105～135	120

无机结合料类基层和底基层材料弹性模量经验参考值（单位：MPa）　　　　　表3-3-32

材 料 类 型	7d浸水抗压强度	试件模量	收缩开裂后模量	疲劳破坏后模量
水泥稳定类	3.0～6.0	3000～14000	2000～2500	300～500
	1.5～3.0	2000～10000	1000～2000	200～400
石灰、粉煤灰稳定类	≥0.8	3000～14000	2000～2500	300～500
	0.5～0.8	2000～10000	1000～2000	200～400
石灰稳定类	≥0.8	2000～4000	800～2000	100～300
	0.5～0.8	1000～2000	400～1000	50～200
开级配水泥稳定碎石（CTPB）	≥4.0	1300～1700		—

沥青结合料类基层材料动态模量经验参考值　　　　　表3-3-33

材 料 类 型	条 件	取值范围（MPa）
沥青混凝土（AC-10）	20℃，10Hz，90A、110A，空隙率7%，沥青用量6%	4700～5600
沥青混凝土（AC-16）		4500～5400
沥青混凝土（AC-25）		4000～5000
密级配沥青碎石（ATB-25）		3500～4200
开级配沥青稳定碎石（ATPB）	20℃，沥青用量2.5%～3.5%	600～800

3. 水泥混凝土设计参数

水泥混凝土设计参数经验参考值见表3-3-34～表3-3-36。

水泥混凝土强度和弹性模量经验参考值　　　　　表3-3-34

弯拉强度（MPa）	1.5	2.0	2.5	3.0	3.5	4.0	4.5	5.0	5.5
抗压强度（MPa）	7	11	15	20	25	30	36	42	49
抗拉强度（MPa）	0.89	1.21	1.53	1.86	2.20	2.54	2.85	3.22	3.55
弹性模量（GPa）	15	18	21	23	25	27	29	31	33

水泥混凝土线膨胀系数经验参考值 表 3-3-35

粗集料类型	石英岩	砂岩	砾石	花岗石	玄武岩	石灰岩
水泥混凝土线膨胀系数($10^{-6}/℃$)	12	12	11	10	9	7

混凝土面层与基层间摩阻系数经验参考值 表 3-3-36

基 层 材 料	取 值 范 围	代 表 值
级配碎石、级配砾石或碎砾石	0.5～4.0	2.5
沥青混凝土、沥青碎石	2.5～15	7.5
无机结合料稳定粒料	3.5～13	8.9
贫混凝土、碾压混凝土	3.0～20	8.5

注:当基层不是沥青混合料,但基层与面层间设置沥青隔层时,摩阻系数按照沥青混合料基层时选取。

4. 钢筋强度和弹性模量

钢筋强度和弹性模量经验参考值见表 3-3-37。

钢筋强度和弹性模量经验参考值 表 3-3-37

钢筋种类	钢筋直径 d(mm)	屈服强度 f_{sy}(MPa)	弹性模量 E_s(MPa)
HPB235	6～22	235	210000
HPB300		300	
HRB335	6～50	335	200000
HRB400		400	
HRB500		500	

考 点 分 析

本节主要有以下考点:

(1)水泥路面设计参数 主要掌握设计轴载和设计交通荷载等级、设计基准期和目标可靠度、设计标准和验算标准、设计强度等的规定。

(2)水泥路面结构组合设计 需掌握面层类型及适用性面层厚度的确定方法,半刚性基层、排水基层和刚性基层的使用要求,垫层的设置条件。

(3)混凝土面层接缝设计 需掌握接缝的作用、类型、构造,混凝土端部处理。

(4)混凝土面层配筋设计 需掌握普通混凝土路面边缘钢筋、角隅钢筋、构造物横穿公路处的面层配筋;钢筋混凝土面层配筋量计算和钢筋布置。

(5)混凝土材料组成与参数 掌握满足结构层性能要求的原材料类型、特点和设计参数。

(6)交通荷载参数分析 主要掌握以轴型为基础和以车型为基础的轴载换算系数和设计轴载累计作用次数的计算。

(7)混凝土板应力分析 掌握厚度设计的理论方法、设计参数、计算模型、单层板荷载应力和温度应力两大应力计算。

例 题 解 析

例1　[2020年单选题]公路水泥混凝土路面路床顶面的综合回弹模量,轻交通荷载等级时不得低于( )。

(A)40MPa　　　　　　　　　(B)50MPa

(C)60MPa　　　　　　　　　(D)70MPa

分析

根据《公路水泥混凝土路面设计规范》(JTG D40—2011)第4.2.2条,路床顶面的综合回弹模量值,轻交通荷载等级时不得低于40MPa,中等或重交通荷载等级时不得低于60MPa,特重或极重交通荷载等级时不得低80MPa。故本题选A。

例2　[2020年单选题]公路水泥混凝土路面与沥青路面相接时,应设置的过渡段不小于( )。

(A)3m　　　　　　　　　　(B)4m

(C)5m　　　　　　　　　　(D)6m

分析

根据《公路水泥混凝土路面设计规范》(JTG D40—2011)第5.5.3条,混凝土路面与沥青路面相接时,应设置不小于3m的过渡段。故本题选A。

例3　[2019年多选题]公路水泥混凝土路面的路基应( )。

(A)稳定　　　　　　　　　(B)耐磨

(C)密实　　　　　　　　　(D)均质

分析

根据《公路水泥混凝土路面设计规范》(JTG D40—2011)第4.2.1条,路基应稳定、密实、均质,对路面结构提供均匀的支承。故本题选ACD。

例4　[2020年多选题]基层下应设置底基层的公路水泥混凝土路面所承受的交通荷载等级包括( )。

(A)中等　　　　　　　　　(B)重

(C)特重　　　　　　　　　(D)极重

分析

根据《公路水泥混凝土路面设计规范》(JTG D40—2011)第4.4.3条,承受极重、特重或重交通荷载的路面,基层下应设置底基层;承受中等或轻交通荷载时,可不设底基层。故本题选BCD。

例5 [2020年案例题]某高速公路采用水泥混凝土路面,并采用开级配沥青稳定碎石基层,经分析计算,该排水基层计算厚度为295.5mm,其设计厚度宜选择( )。

    (A)300mm   (B)310mm

    (C)320mm   (D)330mm

分析

根据《公路水泥混凝土路面设计规范》(JTG D40—2011)第4.4.9条,排水基层的设计厚度宜根据计算厚度按10mm向上取整后再增加20mm。295.5mm向上取整为300mm。

$$H = 300 + 20 = 320mm$$

故本题选C。

例6 [2020年案例题]某高速公路水泥混凝土路面采用半刚性基层,半幅面层宽度为9000mm,板厚为240mm,采用滑模式摊铺机一次性全宽摊铺,则该路面纵向缩缝切缝的槽口深度应采用( )。

    (A)80mm   (B)96mm

    (C)102mm   (D)108mm

分析

根据《公路水泥混凝土路面设计规范》(JTG D40—2011)第5.2.1条,采用半刚性基层时,槽口深度 H 为:

$$H = \frac{2}{5} \times 240 = 96mm$$

故本题选B。

例7 [2020年案例题]某高速公路水泥混凝土路面面层采用滑模式摊铺机摊铺,单向含硬路肩的路面宽为12m,硬路肩采用混凝土面层,则该路单向基层的宽度采用( )。

    (A)12.00m   (B)12.30m

    (C)12.60m   (D)12.65m

分析

根据《公路水泥混凝土路面设计规范》(JTG D40—2011)第4.4.10条,采用滑模式摊铺机摊铺时,单向基层宽度 $B = 12 + 0.65 = 12.65m$。

故本题选D。

例8 [2020年案例题]某高速公路水泥混凝土路面厚度为250mm,与隧道衔接的胀缝无法设置传力杆,也无法在毗邻隧道口的板端部内配置双层钢筋网,而只能采取长6~10倍板厚的范围内逐渐增加板厚的措施,该措施实施后,毗邻隧道口的板端厚度采用( )。

    (A)270mm   (B)280mm

    (C)290mm   (D)300mm

分析

根据《公路水泥混凝土路面设计规范》(JTG D40—2011)第5.5.1条,在隧道口的板端厚

度增加20%,毗邻隧道口的板端厚度:

$$H = 1.2h = 1.2 \times 250 = 300\text{mm}$$

故本题选 D。

例9 某公路主要经过软土地基地带,设计中已经对软土地基进行处理,但考虑到特殊的地质和气候特征,仍然有产生不均匀沉降的可能性,设计人员拟定的路面类型为水泥混凝土路面,下列拟定路面结构最为合理的方案是( )。

(A)普通水泥混凝土路面,加厚

(B)连续配筋混凝土路面,适当减薄厚度

(C)钢筋混凝土路面,采用与不配筋的普通混凝土路面相同的厚度

(D)钢纤维混凝土路面,采用与不配筋的普通混凝土路面相同的厚度

分析

依据《公路水泥混凝土路面设计规范》(JTG D40—2011)第4.5.2条,水泥混凝土面层一般采用设接缝的普通混凝土。可能产生不均匀沉降时,应采用设置接缝设传力杆的钢筋混凝土面层。由于钢筋混凝土路面配筋后并不能够提高路面板的抗弯拉情况,因此路面板的厚度采用与不配筋的普通混凝土路面相同的设计厚度。故本题选 C。

例10 下列路面结构可采用弹性地基双层板模型进行分析的是( )。

(A)粒料基层上混凝土面层

(B)旧沥青路面加铺混凝土面层

(C)无机结合料类基层上混凝土面层

(D)沥青类基层与无机结合料类底基层组成的基层

分析

根据《公路水泥混凝土路面设计规范》(JTG D40—2011)第B.1.1条,弹性地基双层板模型,适用于无机结合料类基层或沥青类基层上混凝土面层,旧混凝土路面上加铺分离式混凝土面层;面层和基层或者新旧面层作为双层板。基层底面以下或者旧面层以下部分按弹性地基处理。故本题选 C。

例11 水泥混凝土路面设计内容有( )。

(A)结构组合设计 (B)结构层厚度设计

(C)接缝构造设计 (D)路基改善层设计

分析

根据《公路水泥混凝土路面设计规范》(JTG D40—2011)第1.0.4条条文说明,水泥混凝土路面设计内容由结构组合设计、结构层厚度设计、材料组成设计、接缝构造设计、钢筋配置设计、设计方案的技术经济论证六部分组成。故本题选 ABC。

例12 特重交通道路的水泥混凝土路面底基层宜选用( )。

(A)级配砾石 (B)级配碎石

　　(C)石灰粉煤灰稳定碎石　　　　　　　(D)水泥稳定碎石

分析

　　根据《公路水泥混凝土路面设计规范》(JTG D40—2011)第4.4.2条,极重、特重、重交通荷载道路底基层材料选择级配碎石、水泥稳定碎石、石灰粉煤灰稳定碎石。故本题选BCD。

　　例13　根据《公路水泥混凝土路面设计规范》(JTG D40—2011),不应用作高速公路和一级公路的上路床填料的有(　　　)。

　　(A)高液限黏土　　　　　　　　　　　(B)塑性指数大于16的低液限黏土

　　(C)无机结合稳定材料　　　　　　　　(D)高液限粉土

分析

　　根据《公路水泥混凝土路面设计规范》(JTG D40—2011)第4.2.3条,高液限黏土及含有机质的细粒土不应用作高速公路和一级公路的路床填料或二级公路和二级以下公路的上路床填料。高液限粉土、塑性指数大于16或膨胀率大于3%的低液限黏土不应用作高速公路和一级公路的上路床填料。故本题选ABD。

　　例14　某设计院设计一条公路,采用了水泥混凝土路面和沥青混凝土路面两种路面结构形式,其中水泥混凝土路面结构示图如下图所示(图中尺寸单位为mm),为保证两种路面结构的有效衔接,在下列选项中正确的过渡形式有(　　　)。

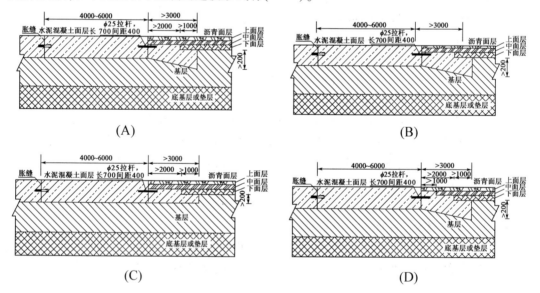

　　　　　　(A)　　　　　　　　　　　　　　　　(B)

　　　　　　(C)　　　　　　　　　　　　　　　　(D)

分析

　　根据《公路水泥混凝土路面设计规范》(JTG D40—2011)第5.5.3条,混凝土路面与沥青路面相接时,其间应设置至少3m长的过渡段。过渡段的路面采用两种路面呈阶梯状叠合布置,其下面铺设的变厚度混凝土过渡板的厚度不得小于200mm。过渡板与混凝土面层相接处的接缝内设置直径25mm、长700mm、间距400mm的拉杆。混凝土面层毗邻该接缝的1~2条横向接缝应设置胀缝。故本题选 ABC。

例 15 拟新建某二级公路,公路位于自然区划 V 区,交通调查设计车道使用初期标准轴载日作用次数为 2100[轴次/(车道·日)],基准期内货车交通量年平均增长率为 5%,临界荷位处的车辆轮迹横向分布系数为 0.39。路基为黏质土,采用普通水泥混凝土路面,则该公路基层材料类型可选择( )。

    (A)级配碎石   (B)石灰、粉煤灰稳定碎石

    (C)密级配沥青稳定碎石   (D)未筛分碎石

分析

根据《公路水泥混凝土路面设计规范》(JTG D40—2011)第 A.2.4 条、第 3.0.1 条、第 3.0.7 条、第 4.4.2 条,计算得设计基准期内设计车道所承受的设计轴载累计作用次数:

$$N_e = \frac{N_s\left[(1+g_r)^t - 1\right] \times 365}{g_r} \times \eta = \frac{2100 \times \left[(1+0.05)^{20} - 1\right] \times 365}{0.05} \times 0.39$$

$$= 9.885 \times 10^6 \text{ 轴次/车道}$$

项目属重交通等级,重交通荷载等级可采用的基层材料类型有密级配沥青稳定碎石和水泥稳定碎石。故本题选 C。

例 16 公路自然区划 Ⅲ 区新建一条高速公路,路基土为黄土,采用普通混凝土面层和碾压混凝土基层组成的复合式路面,单幅路面宽 11.75m,经交通调查分析得知,设计车道使用初期标准轴载日作用次数为 3600 次,取交通量年平均增长率为 7%,则该高速公路的交通荷载等级为( )。

    (A)极重交通荷载   (B)特重交通荷载

    (C)重交通荷载   (D)中等交通荷载

分析

根据《公路水泥混凝土路面设计规范》(JTG D40—2011)第 3.0.1 条、第 3.0.7 条、第 A.2.4 条:

$$N_e = \frac{N_s \times \left[(1+g_r)^t - 1\right] \times 365}{g_r} \times \eta$$

$$= \frac{3600 \times \left[(1+0.07)^{30} - 1\right] \times 365}{0.07} \times 0.22 = 2.38 \times 10^7 \text{ 次}$$

$1 \times 10^{10} > N_e > 2000$,该高速公路交通荷载等级为特重交通荷载等级。故本题选 B。

例 17 已知某水泥混凝土路面设计轴载为 100kN,设计轴载在四边自由板临界荷位处产生的荷载应力为 1.824MPa,最重轴载在四边自由板临界荷位处产生的最大荷载应力为 2.67MPa,应力折减系数 $k_r = 0.87$,综合系数 $k_c = 1.05$,荷载疲劳系数 $k_f = 2.16$,则该普通混凝土面层板的荷载疲劳应力 σ_{pr} 与最大荷载应力 $\sigma_{p,max}$ 为( )。

    (A)$\sigma_{pr} = 4.013\text{MPa}, \sigma_{p,max} = 2.439\text{MPa}$ (B)$\sigma_{pr} = 3.60\text{MPa}, \sigma_{p,max} = 2.439\text{MPa}$

    (C)$\sigma_{pr} = 3.60\text{MPa}, \sigma_{p,max} = 2.783\text{MPa}$ (D)$\sigma_{pr} = 4.013\text{MPa}, \sigma_{p,max} = 2.783\text{MPa}$

分析

根据《公路水泥混凝土路面设计规范》(JTG D40—2011)第 B.2.1 条、第 B.2.6 条:

$$\sigma_{pr} = k_r k_c k_f \sigma_{ps} = 0.87 \times 1.05 \times 2.16 \times 1.824 = 3.60(\text{MPa})$$

$$\sigma_{p,max} = k_r k_c \sigma_{pm} = 0.87 \times 1.05 \times 2.670 = 2.439(\text{MPa})$$

故本题选 B。

例 18 已知Ⅳ区最大温度梯度取 88℃/m,粗集料为花岗岩,$E_c = 29\text{GPa}$,面板厚 22cm,面层板的温度翘曲应力系数 $C_L = 0.7993$,综合温度翘曲应力和内应力的温度应力系数 $B_L = 0.5017$,温度疲劳应力系数 $k_t = 0.394$。则该普通混凝土面层板的温度疲劳应力 σ_{tr} 与最大温度应力 $\sigma_{t,max}$ 为( )。

(A)$\sigma_{tr} = 0.55\text{MPa}, \sigma_{t,max} = 1.408\text{MPa}$ 　　(B)$\sigma_{tr} = 1.017\text{MPa}, \sigma_{t,max} = 0.401\text{MPa}$

(C)$\sigma_{tr} = 1.408\text{MPa}, \sigma_{t,max} = 0.55\text{MPa}$ 　　(D)$\sigma_{tr} = 0.401\text{MPa}, \sigma_{t,max} = 1.017\text{MPa}$

分析

根据《公路水泥混凝土路面设计规范》(JTG D40—2011)第 E.0.3 条、第 B.3.1 条、第 B.3.2 条:

$$\sigma_{t,max} = \frac{\alpha_c E_c h_c T_g}{2} B_L$$

$$= \frac{1 \times 10^{-5} \times 29000 \times 0.22 \times 88}{2} \times 0.5017$$

$$= 1.408(\text{MPa})$$

$$\sigma_{tr} = k_t \sigma_{t,max} = 0.394 \times 1.408 = 0.55(\text{MPa})$$

故本题选 A。

自 测 模 拟

(第 1~6 题为单选题,第 7~12 题为多选题,第 13~16 题为案例题)

1.关于钢纤维混凝土路面,下列说法错误的是( )。

(A)钢纤维体积率宜为 0.6%~1.0%

(B)面层厚度宜为普通混凝土面层厚度的 0.75~0.65 倍

(C)特重交通荷载时,其最小厚度应为 180mm

(D)重交通荷载时,其最小厚度应为 160mm

2.下列关于路肩与行车道面层说法错误的是( )。

(A)路肩混凝土面层与行车道混凝土面层应设置拉杆相连,二者的横向缩缝应连通

(B)行车道混凝土面层宜宽出外侧车道边缘线 0.6m

(C)行车道面层为连续配筋混凝土时,路肩混凝土面层的横向缩缝间距应为 4.5m

(D)路肩铺面的基层和底基层应采用与行车道路面结构相同的材料类型和厚度

3. 下列接缝构造图属于(　　)。(图中尺寸单位为 mm)

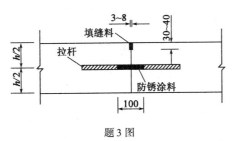

题 3 图

(A)纵向施工缝　　　　　　　　　(B)纵向缩缝
(C)横向缩缝　　　　　　　　　　(D)横向胀缝

4. 某公路设计标准轴载累计作用次数为 2500×10^4,路面结构采用水泥混凝土,在面板的自由端部,设计的接缝结构类型为(　　)。(图中尺寸单位为 mm)

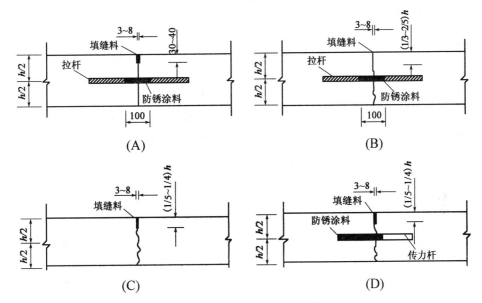

5. 下列普通混凝土面板分块中,尺寸较为合适的是(　　)。
(A)长 4m,宽 3.5m　　　　　　　(B)长 5m,宽 3.5m
(C)长 6m,宽 3.5m　　　　　　　(D)长 6m,宽 4.5m

6. 受桥下净空高度限制时,最适宜的加铺层是(　　)。
(A)普通混凝土路面　　　　　　　(B)钢纤维混凝土路面
(C)钢筋混凝土路面　　　　　　　(D)连续配筋混凝土路面

7. 中、轻交通道路水泥混凝土路面基层宜选择(　　)。

(A)贫混凝土   (B)密级配沥青稳定碎石
(C)级配碎石   (D)石灰粉煤灰稳定碎石

8.某新建一级公路,处于多雨地区,地质勘察报告表明该地区地下水位高、排水不良。路基由低透水性的细粒土组成,设计采用普通水泥混凝土路面,则下列关于该混凝土路面设计,正确的说法有( )。
    (A)该公路水泥混凝土面层的表面构造深度可取 1.0mm
    (B)该混凝土路面的排水基层可采用开级配水泥稳定碎石
    (C)应设置厚度为 120mm 的排水垫层
    (D)行车道路面横坡坡度宜为 1% ~2% ,路肩表面的横向坡度宜为 2% ~3%

9.关于水泥混凝土路面纵向接缝,下列说法错误的有( )。
    (A)一次铺筑宽度小于路面宽度时,应设置纵向缩缝
    (B)一次铺筑宽度大于 4.5m 时,应设置纵向施工缝
    (C)纵向缩缝应采用设拉杆假缝形式,拉杆采用光圆钢筋,并设在板中央
    (D)行车道路面与混凝土硬路肩之间的纵向接缝必须设置拉杆

10.关于水泥混凝土路面横向接缝,下列说法正确的有( )。
    (A)每日施工结束或临时原因中断施工时,都必须设置横向施工缝
    (B)横向缩缝可等间距或变间距布置,且应采用假缝形式
    (C)设在缩缝处的施工缝,其构造应与缩缝相同
    (D)横向胀缝的传力杆应采用光圆钢筋

11.普通水泥混凝土路面接缝中,纵缝和横缝都设置的类型有( )。
    (A)施工缝   (B)胀缝
    (C)缩缝   (D)伸缩缝

12.特重交通的城市快速路,拟采用水泥混凝土路面,适应的面层类型有( )。
    (A)连续配筋混凝土面层   (B)预应力水泥混凝土面层
    (C)钢纤维混凝土面层   (D)混凝土预制块面层

13.混凝土面层下有圆形管状构造物横向穿越,圆管外径 800mm,圆管顶面至混凝土面层底面的距离为 500mm,根据要求需要在混凝土面层内布设单层钢筋网,该钢筋网的最小长度为( )。
    (A)7.7m   (B)6.9m
    (C)8.2m   (D)8.8m

14.某一级公路,原混凝土面层厚 0.26m,拟加铺沥青混凝土面层,以改善路面的使用性

能。初拟沥青混凝土加铺层厚度为 0.1m,由 40mm 细粒式沥青混凝土和 60mm 粗粒式沥青混凝土两层组成。经计算设计轴载和极限荷载在临界荷位处产生的荷载应力分别为 $\sigma_{ps}=1.551MPa$,$\sigma_{pm}=2.976MPa$,且已知系数 $\zeta_a=1.53$,应力折减系数 $k_r=0.87$,综合系数 $k_c=1.10$,荷载疲劳系数 $k_f=2.596$,则混凝土面层的计算荷载疲劳应力 σ_{pr} 与最大荷载应力 $\sigma_{p,max}$ 为(　　)。

(A)$\sigma_{pr}=3.264MPa$,$\sigma_{p,max}=2.521MPa$　　(B)$\sigma_{pr}=2.976MPa$,$\sigma_{p,max}=2.521MPa$

(C)$\sigma_{pr}=3.264MPa$,$\sigma_{p,max}=2.413MPa$　　(D)$\sigma_{pr}=2.976MPa$,$\sigma_{p,max}=2.413MPa$

15. 已知某自然规划区Ⅳ区一级公路,计算最大温度梯度时混凝土面层板最大温度应力 $\sigma_{t,max}=0.759MPa$,混凝土面层的弯拉强度标准值为 4.5MPa,则温度疲劳应力系数为(　　)。

(A)0.132　　　　　　　　　(B)0.129

(C)0.119　　　　　　　　　(D)0.243

16. 某一级公路,原混凝土面层厚 26cm,拟加铺沥青混凝土面层,以改善路面的使用性能。初拟沥青混凝土加铺层厚度为 0.1m,由 4cm 细粒式沥青混凝土和 6cm 粗粒式沥青混凝土两层组成。旧混凝土路面结构参数调查结果:弯拉强度实测标准值为 4.5MPa,弯拉弹性模量标准值为 29GPa,粗集料为砾石的混凝土热膨胀系数为 $10\times10^{-6}/℃$。又已知沥青面层时温度梯度 $T_g=53℃/m$,面层板的温度翘曲应力系数 $C_L=0.748$,综合温度翘曲应力和内应力的温度应力系数 $B_L=0.380$,温度疲劳应力系数 $k_t=0.129$,系数 $\zeta'_a=0.675$。则下列关于沥青混凝土面层的混凝土面层板温度疲劳应力 σ_{tra} 和最大温度应力 σ_{tma} 计算正确的是(　　)。

(A)$\sigma_{tma}=0.759MPa$,$\sigma_{tra}=0.105MPa$　　(B)$\sigma_{tma}=0.759MPa$,$\sigma_{tra}=0.126MPa$

(C)$\sigma_{tma}=0.810MPa$,$\sigma_{tra}=0.126MPa$　　(D)$\sigma_{tma}=0.810MPa$,$\sigma_{tra}=0.105MPa$

参考答案

1. D　　2. D　　3. A　　4. D　　5. A　　6. B　　7. CD　　8. ABD

9. ABC　10. ABD　11. AC　12. AB　13. D　14. C　15. B　16. D

第四节　其他路面

依据规范

《城镇道路路面设计规范》(CJJ 169—2012)

7　砌块路面

重点知识

砌块路面是指用一定形状的石料或人工预制砌块铺筑面层的路面。

了解城市道路砌块路面适用条件、材料性能和设计参数、结构层与结构组合设计方法

1. 砌块路面适用条件及设计内容

（1）砌块路面适用于支路、广场、停车场、人行道与步行街。

（2）砌块路面设计应包括交通量预测与分析、材料选择、设计参数的测试和确定、路面结构组合设计与厚度计算、路面排水系统设计。

（3）砌块路面表面应平整、防滑、稳固、无翘动，缝线直顺、灌缝饱满，无反坡积水现象。

2. 砌块路面材料性能和设计参数

砌块路面根据材料类型可分为混凝土预制砌块路面和天然石材路面，混凝土预制砌块可分为普通型与连锁型。

1）砌块材料的力学性能

（1）石材砌块的饱和极限抗压强度不应小于120MPa，饱和抗折强度不应小于9MPa。

（2）普通型混凝土砌块的强度应符合表3-4-1的规定，当砌块边长与厚度比小于5时应以抗压强度控制，边长与厚度比不小于5时应以抗折强度控制。

普通型混凝土砌块的强度　　　　表3-4-1

道 路 类 型	抗压强度（MPa）		抗折强度（MPa）	
	平均最小值	单块最小值	平均最小值	单块最小值
支路、广场、停车场	40	35	4.5	3.7
人行道、步行街	30	25	4.0	3.2

（3）连锁型混凝土砌块的强度应符合表3-4-2的规定。

连锁型混凝土砌块的强度　　　　表3-4-2

道 路 类 型	抗压强度（MPa）	
	平均最小值	单块最小值
支路、广场、停车场	50	42
人行道、步行街	40	35

2）砌块材料的物理性能

（1）石材砌块材料的物理性能应符合表3-4-3的规定。

石材砌块材料物理性能　　　　表3-4-3

项　　目	单　　位	物理性能要求
体积密度	g/cm³	≥2.5
吸水率	%	<1
抗冻性	—	冻融循环50次，无明显损伤（裂纹、脱皮）
磨耗率（狄法尔法）	%	<4
坚固性（硫酸钠侵蚀）	%	质量损失≤15
硬度（莫氏）	—	≥7.0
孔隙率	%	<3

（2）混凝土砌块材料的物理性能应符合表3-4-4的规定。

混凝土砌块材料物理性能　　　　　　　　　　表3-4-4

项　目	单　位	物理性能要求
吸水率	%	≤8
磨坑长度	mm	≤35
抗冻性	—	经25次冻融试验的外观质量应符合《城镇道路路面设计规范》（CJJ 169—2012）表7.2.1-3的规定；经5次冻融试验的质量损失率不应大于3%；强度损失不得大于20%

3. 砌块路面结构层与结构组合

砌块路面结构应包括面层、基层和垫层。砌块路面采用混凝土预制块时，设计基准期为10年；采用石材时，设计基准期为20年。

1）设计荷载

砌块路面应按车行道和人行道的不同使用要求进行设计。

（1）人行道荷载应按人群荷载5kPa或1.5kN的竖向集中力作用在一块砌块上，分别计算，取其不利者。

（2）车行道荷载应以设计轴载BZZ-100控制。

（3）机动车停车场可分别按停车泊位区和行车道进行设计，泊位区宜采用绿植与透水设计。

（4）自行车停车场应按人群荷载进行设计，宜采用绿植与透水设计。

2）砌块路面面层

（1）砌块路面面层包括砌块、填缝材料和整平层材料。

（2）采用砌块铺装车行道、广场、停车场时宜采用连锁型混凝土砌块，连锁型混凝土砌块可包括四面嵌锁和两面嵌锁的长条形状，最小宽度不应小于80mm，最大宽度不应大于120mm，长宽比宜为1.5～2.3。连锁型混凝土砌块最小厚度宜符合表3-4-5的规定。

连锁型混凝土砌块最小厚度（单位：mm）　　　　表3-4-5

道路类型	最小厚度	道路类型	最小厚度
大型停车场	100	人行道、步行街	60
支路、广场、停车场	80		

（3）人行道和步行街宜采用普通型混凝土砌块，普通型混凝土砌块的最小厚度宜符合表3-4-6的规定。

普通型混凝土砌块最小厚度（单位：mm）　　　　表3-4-6

道路类型	常用尺寸			
	250×250	300×300	100×200	200×300
支路、广场、停车场	100	120	80	100
人行道、步行街	50	60	50	60

（4）石材砌块的适用性及其最小厚度宜符合表3-4-7的规定。

石材砌块适用性及最小厚度（单位：mm） 表3-4-7

道路类型	常用尺寸					
	100×100	300×300	400×400 300×500	500×500 400×600	600×600 400×800	500×1000 600×800
支路、广场、停车场	80	100	100	140	140	140
人行道、步行街	50	60	60	80	—	—

（5）砌块面层与基层之间应设置整平层，整平层可采用粗砂，厚度宜为30～50mm。

（6）砌块路面面层接缝应符合下列规定：

①普通型混凝土砌块接缝缝宽不应大于5mm，应采用水泥砂灌实。

②连锁型混凝土砌块接缝缝宽不应大于5mm，应用粗砂灌实。

③石材砌块路面接缝缝宽不应大于5mm，应采用水泥砂灌实。有特殊防水要求时，缝下部应用水泥砂灌实，上部应用防水材料灌缝。当缝宽小于2mm时，可不进行灌缝。

④砌块路面面层勾缝时，应设置胀缝，胀缝间距宜为20～50m，接缝填料可采用沥青、橡胶类材料。

3）砌块路面基层

基层和垫层材料、厚度和设计应满足城市道路水泥混凝土路面和沥青路面基层和垫层的相关规定。

4．砌块路面结构层计算

砌块路面的结构计算可采用等效厚度法，应根据基层材料的不同按沥青面或水泥路面设计方法进行修正后计算。

1）半刚性基层和柔性基层的砌块路面

对半刚性基层和柔性基层的砌块路面，应采用沥青路面设计方法，以设计弯沉值为路面整体强度的设计指标，并应核算基层底的弯拉应力。对反复荷载应考虑疲劳应力，对静止荷载应考虑容许应力。在确定沥青混凝土层厚度后，应按式（3-4-1）计算确定。

$$h_s = h_1 \cdot a \qquad (3\text{-}4\text{-}1)$$

式中：h_s——砌块路面块体厚度（mm）；

$\quad h_1$——沥青混凝土层厚度（mm）；

$\quad a$——换算系数，可取0.7～0.9，道路等级较高、交通量较大、砌块面积尺寸较大时取高值，砌块抗压强度较高、砌块面积尺寸较小时取低值。

2）水泥混凝土基层的砌块路面

对水泥混凝土基层的砌块路面，应按水泥混凝土路面设计方法，在确定水泥混凝土板厚度后，应按式（3-4-2）计算。

$$h_s = h_h \cdot b \qquad (3\text{-}4\text{-}2)$$

式中：h_s——砌块路面块体厚度（mm）；

$\quad h_h$——水泥混凝土板厚度（mm）；

b——换算系数,可取 $0.5 \sim 0.65$,采用的砌块面积尺寸较小时取低值,采用的砌块面积尺寸较大时取高值。

考 点 分 析

本节主要有以下考点:

(1)砌块路面材料性能和设计参数 主要掌握混凝土砌块路面的力学性能和物理性能要求。

(2)砌块路面结构层与结构组合 主要掌握砌块路面结构层组成、结构层设计荷载和砌块路面块体厚度计算。

例 题 解 析

例1 灌实普通型混凝土砌块接缝应采用( )。

(A)中砂 (B)水泥浆 (C)粗砂 (D)水泥砂

分析

根据《城镇道路路面设计规范》(CJJ 169—2012)第7.3.8条,普通型混凝土砌块接缝缝宽不应大于5mm,应采用水泥砂灌实。故本题选 D。

例2 砌块路面适用于( )。

(A)支路 (B)停车场 (C)次干路 (D)人行道

分析

根据《城镇道路路面设计规范》(CJJ 169—2012)第3.1.3条,砌块路面适用于支路、广场、停车场、人行道与步行街。故本题选 ABD。

自 测 模 拟

(第 1 题为单选题,第 2 题为多选题)

1.石材砌块的饱和极限抗压强度不应小于( )。

(A)100MPa (B)120MPa (C)140MPa (D)160MPa

2.砌块路面表面应( )。

(A)平整 (B)防滑 (C)透水 (D)稳固

参考答案

1. B 2. ABD

第四章

Chapter 4

⌄

桥 梁 工 程

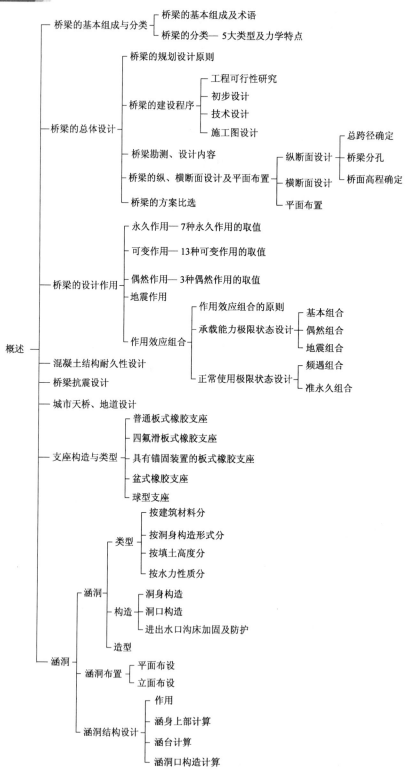

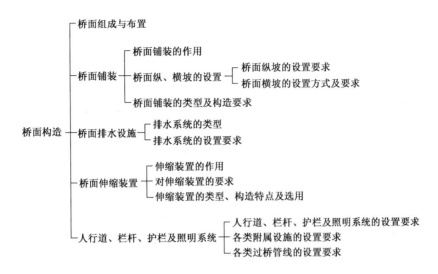

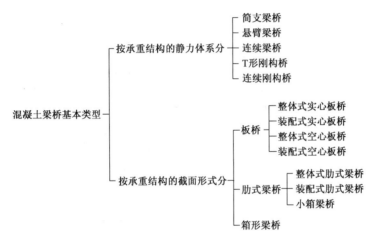

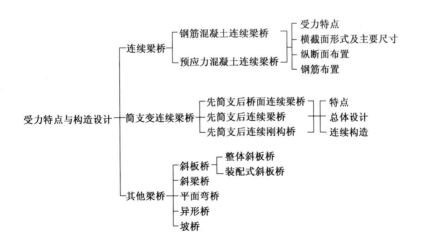

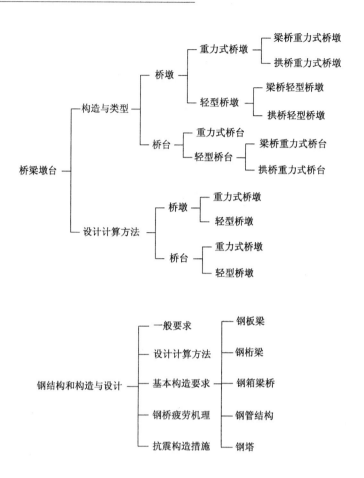

第一节　一般要求

依据规范

《公路工程技术标准》（JTGB01—2014）

《公路桥梁抗震设计规范》（JTG/T 2231-01—2020）

《公路桥涵设计通用规范》（JTG D60—2015）

《公路钢筋混凝土及预应力混凝土桥涵设计规范》（JTG 3362—2018）

《公路工程混凝土结构耐久性设计规范》（JTG/T 3310—2019）

《公路桥涵地基与基础设计规范》（JTG 3363—2019）

《城市桥梁设计规范》（CJJ 11—2011）（2019 年版）

《城市人行天桥与人行地道技术规范》（CJJ 69—1995）

《海轮航道通航标准》（JTS 180-3—2018）

《内河通航标准》（GB 50139—2014）

《公路桥梁板式橡胶支座》（JT/T 4—2019）

《公路桥梁盆式支座》（JT/T 391—2019）

《公路桥梁球型支座规格系列》（JT/T 854—2013）

《公路涵洞设计规范》（JTG/T 3365-02—2020）

《公路圬工桥涵设计规范》（JTG D61—2005）

重 点 知 识

一、掌握桥梁的组成与分类

1. 桥梁的基本组成

桥梁是线路跨越河流、峡谷、道路等障碍的一种人工结构物。桥梁通常由上部结构、下部结构、支座及附属设施等组成（图 4-1-1）。

上部结构是在线路中断时跨越障碍的桥跨结构。

下部结构用于支承上部结构，包括桥墩、桥台和基础。

桥墩和桥台是支承上部结构并将其传来的恒载和车辆等活载再传至基础的结构物。通常设置在桥两端的称为桥台，设置在桥跨中间部分的称为桥墩。桥台除了上述作用外，还与路堤相衔接，并抵御路堤土压力，防止路堤填土的坍落。单孔桥只有两端的桥台，而没有中间桥墩。桥墩和桥台底部的奠基部分称为基础，基础承担了从桥墩和桥台传来的全部荷载，这些荷载包括竖向荷载以及地震力、船舶撞击墩身等引起的水平荷载。

支座是设在上部结构与下部结构之间的一种传力装置。它不仅要将荷载传递给桥梁墩台，而且要保证上部结构按设计的力学图式自由变形。基本附属设施包括桥面系、桥梁与路堤衔接处的桥头搭板和锥形护坡等。

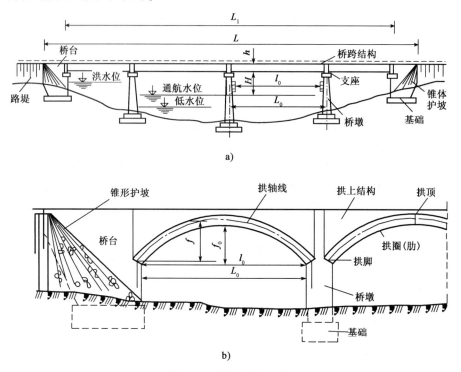

图 4-1-1 桥梁的基本组成

2. 桥梁的分类

1)按桥梁的基本结构体系分类

桥梁的分类方式很多,按桥梁的基本结构体系分类,可归纳为以下五种。

（1）梁式桥

梁式桥是一种在竖向荷载作用下无水平反力的结构（图 4-1-2）。由于桥梁主要作用（恒载和活载等）的作用方向与承重结构的轴线接近垂直,故与同样跨径的其他结构体系相比,梁内弯矩最大,通常需要抗弯能力强的材料（如钢筋混凝土、预应力混凝土、钢材等）来建造。常用的梁式桥包括:简支梁桥、连续梁桥、悬臂梁桥、T 形刚构桥、连续刚构桥。

（2）拱式桥

拱式桥的主要承重结构是主拱圈（图 4-1-3）。在竖向荷载（恒载和活载等）作用下,拱的两端支承处（拱脚处）除有竖向反力外,还有水平推力［图 4-1-3b)］,正是该水平推力的存在,显著降低了竖向作用所引起的拱圈弯矩。因此,与同跨径的梁桥相比,拱桥的弯矩和变形要小得多,拱以受压为主。鉴于拱桥的承重结构以受压为主,可选用抗压能力强的圬工材料（如砖、石、混凝土）、钢筋混凝土和钢材来建造拱桥。

由于推力的存在,拱桥通常需建造在地基条件较好的桥址上。对于软弱地基上的拱桥,可采用无推力的组合体系拱,即由系杆来承受拱的推力。

按照行车道在拱结构立面上所处位置的不同,拱桥分为上承式［图 4-1-3a)］、中承式［图 4-1-3c)］和下承式［图 4-1-3d)］。

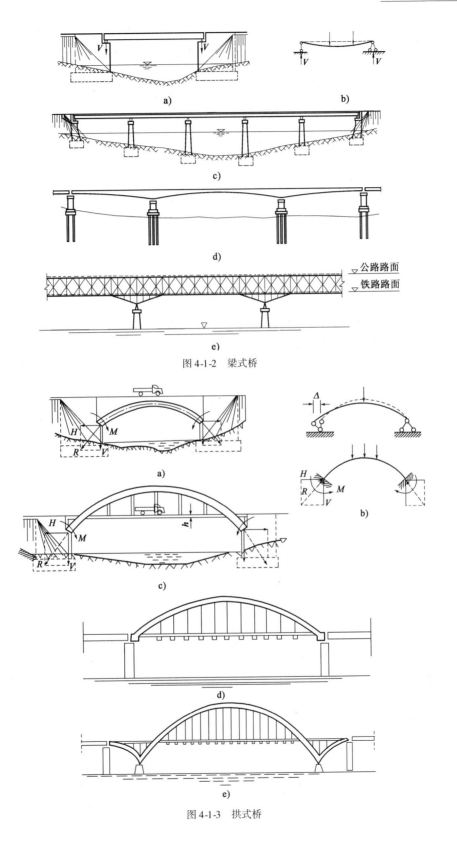

图 4-1-2 梁式桥

图 4-1-3 拱式桥

按主拱圈与行车道系结构之间相互作用的性质和影响程度,拱桥分为简单体系拱桥和组合体系拱桥。简单体系拱桥中,行车道系不与主拱圈一起承受荷载,桥上全部荷载由主拱圈单独承担,墩台或基础承受拱的水平推力。简单体系拱又包括三铰拱、两铰拱、无铰拱三种静力体系。组合体系拱桥中,行车道系与主拱圈按不同的构造方式构成一个整体共同承受荷载。组合体系拱又分为有推力的组合体系拱和无推力的组合体系拱。无推力的组合体系拱桥中,拱的推力由系杆承受,墩台不承受水平推力。

按主拱圈所采用的截面形式分为:板拱桥、肋(实心肋、箱肋、管肋)拱桥、箱形拱桥。

按拱上建筑的形式分为:实腹式拱桥、空腹式拱桥。

按拱轴线的形式分为:圆弧线拱桥、抛物线拱桥、悬链线拱桥。

按主拱圈所使用的建筑材料分为:圬工(砖、石、混凝土)拱桥、钢筋混凝土拱桥、钢拱桥、钢管混凝土拱桥。

(3)刚架桥

刚架桥(图4-1-4)是梁(或板)和立柱(或竖墙)固结形成的一种刚架结构。由于两者是刚性连接,在竖向荷载作用下,在柱脚具有水平反力[图4-1-4b)],梁内产生弯矩的同时还产生轴力,其受力状态介于梁桥与拱桥之间。因此,对于同样的跨径,在相同荷载作用下,刚架桥的正弯矩要比一般梁桥的小。根据这一特点,刚架桥的建筑高度可以做得小些,适用于需要较大桥下净空和建筑高度受到限制的情况,如立交桥、跨线桥等。

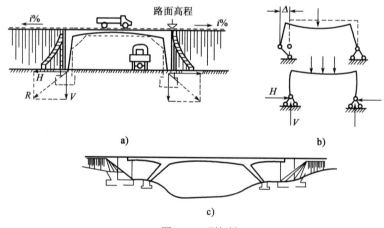

图4-1-4 刚架桥

刚架桥必须要有良好的地基条件,或用较深的基础和用特殊的构造措施来抵抗水平推力的作用。对钢筋混凝土刚架桥,梁柱刚接处较易开裂。

当跨越陡峭河岸和深邃峡谷时,修建斜腿刚架桥往往既经济合理,又造型轻巧美观[图4-1-4c)],由于斜腿墩柱置于岸坡上,有较大斜角,在主梁跨度相同的条件下,斜腿刚架桥的桥梁跨度比门式刚架桥要大得多。

(4)悬索桥

悬索桥(图4-1-5),又称吊桥,是最古老的桥梁形式之一,按主缆的锚固方式分为地锚式悬索桥和自锚式悬索桥两类。传统的悬索桥通常为地锚式,以悬挂在桥塔上的强大缆索作为主要承重结构,加劲梁自重及其他作用通过吊杆传递给锚固于地锚中的主缆,使主缆承受拉力,因此,缆索需用高强钢丝编制,以发挥其优越的抗拉能力。

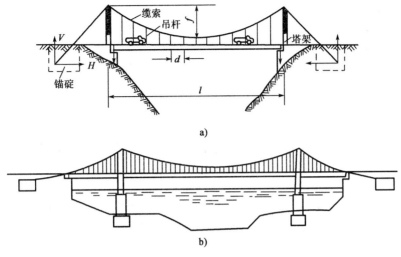

图 4-1-5 悬索桥

自锚式悬索桥是把主缆直接锚固于主梁梁端,由主梁来承担主缆的水平分力,从而省去了庞大的锚碇,但自锚式悬索桥需在主梁施工完后才能架设,避免主梁承受过大的水平力,自锚式悬索桥适合于中小跨径的悬索桥。

现代悬索桥广泛采用高强度钢丝编制的主缆,借助钢材优异的抗拉性能,具有其他桥型无与伦比的特大跨度,适宜于大跨及超大跨度桥梁。但悬索桥整体刚度小,随着悬索桥向超大跨度发展,面临抗风稳定性的问题。

(5)组合体系桥

组合体系桥是指承重结构由两种基本体系,或一种基本体系与某些构件组合而成的桥梁。斜拉桥(图 4-1-6)是由梁、索、塔组合而成的结构体系。其受力特点为斜拉索将主梁的恒载及作用于其上的其他荷载传递到桥塔,再通过桥塔传入地基。由于斜拉索在桥跨内增加了弹性支承,减小了主梁内弯矩而使主梁尺寸大大减小,降低了结构自重,故拥有超越梁式桥的跨越能力。此外,斜拉桥的结构整体刚度要比悬索桥大,因此,在相同的荷载作用下,结构的变形小,斜拉桥抗风稳定性通常优于悬索桥,且不需要集中锚碇构造。设计中,斜拉桥可根据桥位处地形地质、水文、通航等情况,布置为单塔、双塔或多塔斜拉桥。

此外,还有如梁拱组合桥、斜拉桥与连续刚构组合而成的协作体系桥、斜拉桥与悬索桥组合而成的吊拉组合桥等。

2)桥梁的其他分类方法

除了按结构体系划分,桥梁还有以下分类。

(1)按用途来划分,有公路桥、铁路桥、公铁两用桥、农用桥、人行桥、渡槽桥及其他专用桥梁(如通过轻轨、管路、电缆等)。

(2)按承重结构所用的材料来划分,有木桥、钢桥、圬工桥(包括砖、石、混凝土桥)、钢筋混凝土桥、预应力混凝土桥、钢混组合桥等。

(3)按跨越障碍的性质来划分,有跨河桥、跨海桥、跨线桥(立体交叉)、高架桥(指以桥代替路堤的桥梁）、跨谷桥、栈桥等。

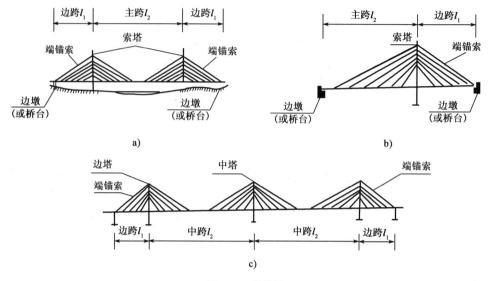

图 4-1-6　斜拉桥

（4）按桥梁全长和跨径不同来划分，有特大桥、大桥、中桥和小桥。根据《公路钢筋混凝土及预应力混凝土桥涵设计规范》（JTG 3362—2018）（以下简称《桥规》）规定，公路桥梁规模划分见表 4-1-1。

桥 梁 涵 洞 分 类　　　　　　　　　　　　　　表 4-1-1

桥 梁 分 类	多孔跨径总长 $L(m)$	单孔跨径 $L_k(m)$
特大桥	$L > 1000$	$L_k \geq 150$
大桥	$100 \leq L \leq 1000$	$40 \leq L_k < 150$
中桥	$30 < L < 100$	$20 \leq L_k < 40$
小桥	$8 \leq L \leq 30$	$5 \leq L_k < 20$
涵洞	—	$L_k < 5$

（5）按桥梁平面线形来划分，有直桥、弯桥、斜桥。

二、掌握桥梁的总体设计

1. 桥梁的规划设计原则

桥梁是路线的重要组成部分，常称为道路的枢纽，尤其是大、中桥梁对当地政治、经济、国防等具有重要意义，因此，应根据所设计桥梁的使用任务、性质和所在线路的远景发展需要，按照安全、耐久、适用、环保、经济和美观的原则，考虑因地制宜、就地取材、便于施工和养护等因素，进行全寿命设计。公路桥梁设计应符合《公路工程技术标准》（JTG B01—2014）、《桥规》等现行规范的要求。

1）安全性的要求

桥梁设计应确保安全性，保证桥梁结构在施工过程（制造、运输、安装）、成桥状态具有足够的强度、刚度、稳定性。桥梁结构的强度应使全部构件及其连接构造的材料抗力或承载能力具有足够的安全储备。对于刚度要求,应使桥梁在设计作用(荷载)下的变形不超过规范规定的容许值,以免挠度过大而影响使用以及危及桥梁结构的安全。桥梁结构的稳定性要求是使桥梁结构在各种作用(包括静荷载、动荷载)下具有能保持原来的形状和位置的能力。

2)耐久性的要求

耐久性是指需要保证桥梁结构在设计使用年限内的长期安全性和适用性要求。采用的建筑材料应具有良好的耐久性,尽可能降低服役期的养护维修费用。公路桥梁主体结构和可更换部件的设计使用年限应不低于《桥规》表1.0.4的规定。

3)适用性的要求

桥梁必须满足结构功能要求。要有足够的承载能力,既能保证行车畅通、舒适和安全,又能满足未来交通量增长的需要。建在通航河流或需跨越其他线路的桥梁,桥下净空应满足泄洪、安全通航或通车的要求。对重要桥梁,还应考虑战时国防的要求;在特定地区,尚应满足特定条件下的特殊要求(如抗风、抗震、防撞等)。

4)环保性的要求

桥梁建设须在不破坏环境的前提下进行。桥梁设计应按《公路环境保护设计规范》(JTG B04—2010)的要求,客观评估桥梁建设对当地生态环境(如地形地质、植被、水文、生物、空气质量等)、人文环境的影响。项目建设中及成桥后的环境空气质量、声环境质量、地表水环境质量等都必须达到国家相关规范的要求。确保施工期间鱼类、植被、文物等不遭受破坏,生活用水、空气质量等达到国家安全标准。

5)经济性的要求

桥梁设计应体现经济上的合理性。既要考虑桥梁建设时的费用,又要考虑在使用期间养护维修费用最省,且经久耐用。因此,选用的结构形式要便于施工和制造,能够采用先进的建筑材料、施工技术和施工机械,以便缩短工期,保证工程质量和施工安全,提高经济效益。

6)美观上的要求

一座桥梁应具有优美的外形,与周围环境相协调。在满足功能要求的情况下,选用最佳的结构形式,使其纯正、清爽、稳定。对城市桥梁和游览区的桥梁,可较多地考虑建筑艺术上的要求做景观设计,桥梁设计应反映时代风貌,符合城市规划要求,并与环境协调。但是不能片面追求豪华的细部装饰而造成浪费,美丽的桥梁应对人们产生积极的影响。

2. 桥梁的建设程序及勘测、设计内容

桥梁设计程序与内容应符合《公路工程基本建设项目设计文件编制办法》(交公路发〔2007〕358号)的要求。

我国大型桥梁的设计包括工程可行性研究、初步设计、技术设计和施工图设计四个阶段。

1)工程可行性研究

桥梁工程可行性研究是在桥梁初步设计之前的规划设计阶段,包括工程预可行性研究和可行性研究两个部分,主要解决一座桥梁建设的必要性、可行性与经济性问题。必要性研究是论证桥梁建设在国民经济中和交通工程中的作用;可行性研究是通过水文、地质、交通量与增长率、使用性质等的调查研究,确定桥位、桥梁设计标准、规模,同时处理好桥梁与河道、航运、城市规划及环境的关系;经济性研究是确定投资控制等宏观要求,解决资金来源及偿还问题。

桥梁的规划设计必须进行一系列的野外勘测和资料收集工作。对跨越河流的桥梁一般应

做以下几个方面的工作：

（1）调查研究桥梁的具体任务。调查桥上的交通种类、荷载等级、实际交通量和增长率、需要的车道数目或行车道的宽度以及人行道的要求；调查桥上是否需要通过各类管道（如电力、通信线、水管和煤气管等）。

（2）桥位选择。大、中桥的桥位选择原则上应服从路线的走向，路桥综合考虑。一方面从整个路线或路线网的观点来看，应尽量避免或减少因车辆绕道而增加的运输费用；另一方面，从桥梁本身的经济性和稳定性出发，应尽量选择在河道顺直、水流稳定、河面较窄、地质良好、冲刷较少的河段上，以降低造价和养护费用，并防止因冲刷过大而发生桥梁倒塌。此外一般应尽量避免桥梁与河流斜交，以免增加桥梁长度而提高造价。

对小桥涵的位置应服从路线走向，当遇到不良地形、地质和水文条件时，应采取适当处理措施，不应因此而改变路线。

大、中桥一般选择 2~3 个桥位，进行各方面的比较，然后选择出最合理的桥位。

（3）测量桥位附近的地形，绘制地形图供设计和施工使用。

（4）地质钻探。通过钻探调查桥位附近的地质情况，并将钻探资料绘成地质剖面图，作为基础设计的重要依据。为使地质资料更接近实际，可以根据初步拟定的桥梁分孔方案在墩台附近布置钻探。对于所遇到的不良地质现象，如滑坡、断层、溶洞、裂隙等，应予以注明。

（5）调查和测量河流的水文情况，为确定桥梁的桥面高程、跨径和基础埋置深度提供依据，其内容包括：

①河道性质。了解河道是静水河还是流水河，有无潮水，河床及两岸的冲刷和淤积，以及河道的自然变迁和人工规划的情况。北方地区还要了解季节性河流的具体性质。

②测量桥位处河床断面。

③调查、了解洪水位的多年历史资料，通过分析推算设计洪水位。公路桥梁设计洪水频率根据公路等级以及桥梁规模（安全等级）分别采用。详见《桥规》第 3.2.9 条相关规定。

④测量河床比降，调查河槽各部分的形态高程和粗糙率等，计算流速、流量等有关的资料，通过计算确定设计水位下的平均流速和流量，结合河道性质可以确定桥梁所需要的最小总跨径，选择通航孔的位置、墩台基础形式及埋置深度。

⑤根据《桥规》要求，同航运部门协商，确定设计通航水位和通航净空，根据通航要求与设计洪水位，确定桥梁的分孔与桥跨底缘设计高程。

⑥调查当地建筑材料（砂、石料等）的来源、水泥钢材的供应情况以及水陆交通的运输情况。

⑦调查了解施工单位的技术水平、施工机械等装备状况，以及施工现场的动力设备和电力供应情况。

⑧调查新建桥位上、下游有无老桥，其桥型布置和使用情况等。

上述各项野外勘测与调查研究工作，有的可同时进行，有的则需相互交错进行，如进行桥孔地形测量、地质钻探和水文调查需要先有桥位或比较桥位；为选择桥位又必须有一定的地形、地质和水文资料等。因此各项工作必须相互渗透，交错进行。

桥梁规划设计中涉及因素很多，必须经过充分的调查研究，从客观实际出发，具体分析，才能做出合理的设计方案，提出正确的计划任务书。

2）初步设计

桥梁初步设计又称方案设计,主要是在批复的桥梁工程可行性研究报告基础上,根据安全、耐久、适用、环保、经济和美观的原则,考虑因地制宜、就地取材、便于施工和养护等因素,进行桥梁方案设计,拟定结构形式(体系、分孔、桥型布置)及主要构造尺寸,确定需要的附属结构物、主要建筑材料数量指标,选择施工方案,进行工程抗震设计、桥梁耐久性设计、通航河流防撞设计、特大桥或重要桥梁的景观设计,并据此编制工程概算与文字说明、图表资料等技术文件,报送上级主管部门审批。初步设计的概算应作为控制建设项目投资和以后编制施工预算的依据。

(1)进一步开展水文、勘测工作。在初步设计阶段要通过进一步水文工作提供基础设计和施工所需要的水文资料。如施工期间各月可能的高、低水位和相应的流速(各个墩位处同一时期流速有所不同),以及河床可能的最大冲刷和施工时可能的冲刷等。

本阶段的勘测工作称为"初勘"。在初勘中应建立以桥位中心线为轴线的控制三角网,提供桥址范围内 1:2000 地形图。勘探工作一般在桥轴线上的陆地及水上布置必要的钻孔,必要时还要在桥轴线的上、下游适当布置一些钻孔,以便探明岩层构造情况及其变化。根据钻探取得的资料确定岩性、强度及基岩风化程度,覆盖层的物理、力学指标,以及地下水位情况等。

(2)桥型方案比选。桥型方案比选是初步设计阶段的中心工作,在工程可行性研究报告中推荐的桥型方案基础上,进行多个方案比较。各方案均要求提供桥型布置图,图上必须标明桥跨布置,主要高程,上、下部结构形式及工程数量。对推荐方案,还要提供上、下部结构布置图,以及一些主要的及特殊部位的构造细节处理图。各类结构均需提出可行的施工方案,并经过检算。方案比选必须有科学依据,推荐的桥型方案应满足安全、耐久、适用、环保、经济和美观等要求。

(3)施工方案与工程概算。施工方案直接影响桥梁结构受力、建设工期以及工程概算,在初步设计中必须明确施工方案,提出设计概算,设计总概算一般应控制在批复(工程可行性研究报告)的总投资内。

(4)形成初步设计文件。

3）技术设计

桥梁技术设计是针对新型桥梁、特大型桥梁、技术复杂桥梁而言。技术设计根据初步设计批复意见,对重大、复杂的技术问题通过科学试验、专题研究,进一步勘探、分析比较,解决初步设计中未解决的问题,落实技术方案,提出修正的施工方案及修正的概算等,为施工图设计提供依据。

4）施工图设计

桥梁施工图设计是在批准的初步设计中所核定的修建原则、技术方案、技术决定和总投资额等基础上进一步加以具体化。在这一设计阶段中,必须对桥梁结构及各部分构件进行详细的设计计算,绘制施工详图,编制施工组织设计和工程预算。

以上为大型桥梁工程的设计程序及内容,对于修建任务紧急的一般桥梁建设项目,或技术要求简单的中、小桥建设项目,可以采用一阶段设计,即以扩大的初步设计来包含三阶段或两阶段设计的主要内容。

3.桥梁的纵、横断面设计及平面布置

1)桥梁的纵断面设计

桥梁纵断面设计内容主要包括:确定桥梁的总跨径、桥梁分孔、桥面高程与桥下净空、桥梁纵坡布置以及基础的埋置深度等。

(1)桥梁总跨径的确定

对跨河桥梁,桥梁总跨径一般根据水文计算确定。由于桥梁墩台和台后路堤压缩了河床,使桥下过水面积减少,流速增大,引起河床冲刷,所以,总跨径必须保证桥下有足够的排洪面积,使河床不产生过大的冲刷;同时,为了使桥梁的总跨径不致因桥孔设计长度过大而增加太多,一般允许存在一定范围内的冲刷。因此,桥梁总跨径不能机械地根据计算和规定的冲刷系数来确定,必须根据具体情况分别对待。如当桥梁墩台基础埋置较浅时,桥梁总跨径应大一些,甚至接近于洪水泛滥宽度,以避免河床过多的冲刷而引起桥梁破坏。对于深基础,允许出现较大冲刷,则可适当压缩桥下排洪面积,以减小桥梁总跨径。山区河流流速很大,应尽可能少压缩或不压缩河床,因为当台后路堤和锥体护坡伸入河床时,难以承受高速的冲刷。平面宽滩河流虽然可允许较大的压缩,但必须注意壅水对河滩路堤以及附近农田和建筑物可能造成的危害。

(2)桥梁的分孔

桥梁总跨径确定以后,需要进一步做分孔布置。对于一座较大的桥梁,究竟应分几孔、各孔的跨径大小、各跨径的比例关系、有几个墩需落在河中、哪些是通航孔、哪些不是通航孔等问题,要根据通航要求、地形与地质条件、水文情况、结构体系、技术经济、施工技术以及美观等条件综合确定。

桥梁的分孔直接关系到桥梁的造价。跨径和孔数不同时,上部结构和墩台的总造价是不相同的。跨径越大,孔数越少,上部结构的造价就越高;反之,则上部结构的造价将降低,而墩台的造价可能增加。设计时应尽量采用使桥梁上部结构和下部结构的总造价最低的跨径,即所谓的经济跨径。因此,当墩台较高或地质不良,以及基础工程较复杂而造价较高时,桥梁跨径应布置得大一些;当桥墩较矮或地基较好时,跨径应选得小一些。在实际工程中,可对不同的跨径布置进行粗略的方案比较,以选择最经济的跨径和孔数。

对通航河流,分孔时应首先考虑航道等级及桥下通航净宽的要求。通航海轮的桥梁孔径布置应满足《海轮航道通航标准》(JTS 180-3—2018)的规定。通航内河桥梁的孔径布置应满足《内河通航标准》(GB 50139—2014)的规定,并应充分考虑河床演变和不同通航水位航迹线的变化。当通航净宽大于按经济造价所确定的跨径时,将通航桥孔的跨径按通航净宽来确定,其余的桥孔跨径则选用经济跨径。桥梁的通航孔应布置在航行最方便以及习惯性通航的河域。对于有通航要求的变迁性河流,应考虑航道位置可能发生变化,具体应设几个通航孔,一般需根据通航论证确定。城市桥梁孔径确定还应注意符合城市规划中的河道及(或)航道整治规划要求。

桥涵孔径的设计应考虑桥位上下游已建或拟建桥涵和水工建筑物的状况及其对河床演变的影响。桥涵孔径设计尚应注意河床地形,不宜过分压缩河道、改变水流天然状态。桥涵孔径的设计必须保证设计洪水以内的各级洪水及流冰、泥石流、漂流物等安全通过,并应考虑壅水、冲刷对上下游的影响,确保桥涵附近路堤的稳定。

在平原地区的宽阔河流上修建多孔桥梁时,通常在主河槽部分按需要布置跨径较大的通航孔,而在两岸浅滩部分按经济跨径进行分孔。如果经济跨径较通航要求还大,则通航孔也应取较大跨径。

桥梁的分孔是一个非常复杂的问题,各种各样的条件和要求往往发生矛盾。例如:跨径在100m以下的公路桥梁,为了尽可能符合标准跨径,不得不放弃采用按经济要求确定的孔径;从战备要求出发,需要将全桥各孔的跨径做成一样,并且跨径不能太大,以便于抢修和互换;有时为避开深水区或不良地质地段(如软土层、溶洞、岩石破碎带等)而可能将跨径加大。

为了使结构受力合理和用材经济,分孔布置时应有合理的跨径比例。如对于三跨连续梁桥,中跨与边跨之比为 $1.00:(0.65 \sim 0.80)$;对于五跨连续梁桥,中跨、次边跨、边跨之比约为 $1.00:0.90:0.65$,并通常做成奇数跨。而对于拱桥,从有利于结构受力考虑,最好采用等跨分孔布置。

有时,为了避免在水中搭脚手架和临时墩,可以加大跨径;在山区建桥时,往往采用大跨径桥梁跨越深谷,以免在谷底建造高桥墩。

桥梁的跨径还与施工能力有关,所选用的较大跨径虽然在技术和经济上均是合理的,但由于缺乏必要的施工技术能力和机械设备,不得不放弃较大跨径方案而选用较小跨径。

桥梁分孔还应考虑美观要求,特别对城市桥梁或景区桥梁,应对不同分孔方案进行比较,找到与环境相协调的桥型与分孔布置。

总之,分孔问题是桥梁设计中最基本、最复杂的问题,必须进行深入全面的分析,才能定出比较完善的方案。

(3)桥面高程的确定

桥面高程依据桥梁所在路线纵断面、设计洪水位、桥下通航或通车净空、桥下泄洪、桥梁建筑高度等因素来确定。桥面高程的确定还应考虑波浪、雍水、水拱、河湾凹岸水面超高等因素引起的桥下水位升高和河床淤积的影响。

桥面最低高程必须同时满足路线纵断面(两岸地形)、泄洪净空、桥下通航净空、桥下通车(或人)净空要求。

包括坡桥、斜桥在内的所有桥梁,无论桥梁多长,坡度多大,全桥最低的桥面高程应同时满足下列要求:

①桥梁所在路线要求:根据路线纵断面设计提出,通常应满足泄洪、通航与通车要求。

②桥下泄洪要求:桥面高程 $H \geqslant$ 设计洪水位H_d + 泄洪净空高度H_w + 建筑高度H_B。

③桥下通航要求:桥面高程 $H \geqslant$ 通航水位H_n + 通航净空高度H_m + 建筑高度H_B。

④桥下通行要求:桥面高程 $H \geqslant$ 桥下路线高程(最高点) + 通车(或人行)净空高度H_C + 建筑高度H_B。

非通航河流桥下净空应根据计算水位(设计水位计入雍水、浪高等)或最高流冰水位加安全高度确定,详见《桥规》第3.4.3条相关规定,非通航河流桥下最小净空见表4-1-2。无铰拱的拱脚允许被设计洪水淹没,但不宜超过拱圈高度的2/3,且拱顶底面至计算水位的净高不得小于1.0m。

在不通航和无流筏的水库区域内,梁底面或无铰拱拱顶底面离开水面的高度不应小于计算浪高的0.75倍加上0.25m。

非通航河流最小桥下净空   表 4-1-2

桥梁的部位		高出计算水位(m)	高出最高流冰面(m)
梁底	洪水期无大漂浮物	0.50	0.75
	洪水期有大漂浮物	1.50	—
	有泥石流	1.00	—
支承垫石顶面		0.25	0.50
有铰拱拱脚		0.25	0.25

在通航及通行木筏的河流上,必须设置保证桥下安全通航的通航孔。在此情况下,桥跨结构下缘的高程应高出自设计通航水位算起的通航净空高度。所谓通航净空,就是在桥孔中垂直于流水方向所规定的空间界限,即图 4-1-7 中虚线所示的多边形图。任何结构构件或航运设施均不得伸入其内。根据《内河通航标准》(GB 50139—2014)进行桥孔布置及确定通航净空尺寸,同时应充分考虑河床演变及不同通航水位航迹线的变化。

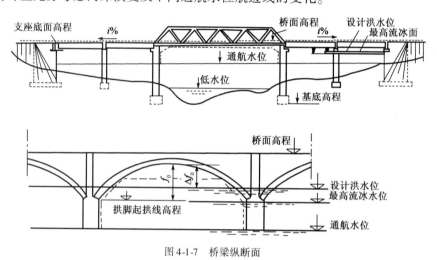

图 4-1-7 桥梁纵断面

在设计跨越线路(铁路或公路)的立体交叉时,桥跨结构底缘的高程应高出《公路工程技术标准》(JTG B01—2014)第 3.6.1 条规定的桥下道路车辆行车净空高度,并满足《桥规》第 3.4.5 条规定的桥下净空要求。

(4)桥梁纵坡设计

当桥梁受到两岸地形限制时,允许修建坡桥,但桥上纵坡不宜大于 4%,桥头引道纵坡不宜大于 5%;桥头两端引道的线形应与桥梁的线形相匹配。位于城镇混合交通繁忙处的桥梁,桥上纵坡及桥头引道纵坡均不得大于 3%;对易结冰、积雪的桥梁,桥上纵坡不宜大于 3%。

桥梁的基础埋置深度需根据桥梁的结构体系、基础形式及地质状况按《公路桥涵地基与基础设计规范》(JTG 3363—2019)的要求确定。

2)桥梁的横断面设计

桥梁横断面设计主要包括:决定桥面净空、桥面宽度和桥跨结构横截面的布置。桥面宽度取决于车辆和行人的交通需要。《公路工程技术标准》(JTG B01—2014)第 3.6.1 条规定了公路桥面净空限界图式及桥面布置尺寸。

城市桥梁以及位于大、中城市近郊的公路桥梁的桥面净空尺寸,应结合城市实际交通量和今后发展的要求来确定,详见《城市桥梁设计规范》(CJJ 11—2011)(2019 年版)的规定。

在弯道上的桥梁应按路线要求予以加宽超高。

公路桥梁人行道和自行车道的设置应符合《桥规》第3.4.2 条规定。人行道、自行车道与行车道之间,应设护栏或路缘石等分隔设施。一个自行车道的宽度应为 1.0m;当单独设置自行车道时,不宜小于两个自行车道的宽度。人行道的宽度宜为 1.0m;大于 1.0m 时,按 0.5m 的级差增加,漫水桥和过水路面可不设人行道。路缘石高度可取用 0.25~0.35m。当跨越急流、大河、深谷、重要道路、铁路、主要航道,或桥面常有积雪、结冰时,其路缘石高度宜取用较大值。

高速公路、一级公路上的桥梁宜设计为上、下行分离的独立桥梁。

3)桥梁的平面布置

桥梁的线形及桥头引道要保持平顺,使车辆能平稳通过。特大桥、大桥应综合考虑路线总体走向、桥区地质、地形、安全通行、通航、已有建筑设施、环境敏感区等因素,宜采用较高的平曲线指标。中小桥涵线形设计应符合路线设计的总体要求。

桥梁纵轴线宜与洪水主流流向正交。对通航河流上的桥梁,其墩台沿水流方向的轴线应与最高通航水位时的主流方向一致。当斜交不能避免时,交角不宜大于5°;当交角大于5° 且斜桥正做时,墩(台)边缘净距宜按《桥规》第3.2.3 条的要求确定。

三、掌握桥梁的设计作用及作用效应组合

桥梁的设计作用是指施加在结构上的集中力或分布力(直接作用,也称为荷载)和引起结构外加变形或约束变形的原因(间接作用)。在桥梁的设计中,作用的种类、形式和大小选择是否恰当,关系到桥梁结构在其有限寿命期限内的安全性,也关系到桥梁建设费用的合理性。

我国对桥梁设计作用的规定依行业部门的不同而异。公路桥梁设计应根据《桥规》的要求确定桥梁的设计作用及作用效应组合。

1. 公路桥梁设计作用的分类及取值

1)公路桥梁设计作用的分类

根据《桥规》,公路桥涵设计采用的作用分为永久作用、可变作用、偶然作用和地震作用四类,见表4-1-3。

作用分类 表4-1-3

序　号	分　类	名　称
1		结构重力(包括结构附加重力)
2		预加力
3		土的重力
4	永久作用	土侧压力
5		混凝土收缩、徐变作用
6		水浮力
7		基础变位作用

续上表

序　号	分　类	名　称
8	可变作用	汽车荷载
9		汽车冲击力
10		汽车离心力
11		汽车引起的土侧压力
12		汽车制动力
13		人群荷载
14		疲劳荷载
15		风荷载
16		流水压力
17		冰压力
18		波浪力
19		温度(均匀温度和梯度温度)作用
20		支座摩阻力
21	偶然作用	船舶的撞击作用
22		漂流物的撞击作用
23		汽车撞击作用
24	地震作用	地震作用

2）作用的代表值

公路桥涵设计时,对不同的作用应按规定采用不同的代表值。永久作用的代表值为其标准值。永久作用标准值可根据统计、计算,并结合工程经验综合分析确定。

可变作用的代表值包括标准值、组合值、频遇值和准永久值。组合值、频遇值和准永久值可通过可变作用的标准值分别乘以组合值系数ψ_c、频遇值系数ψ_f和准永久值系数ψ_q来确定。偶然作用取其设计值作为代表值,可根据历史记载、现场观测和试验,并结合工程经验综合分析确定,也可根据有关标准的专门规定确定。

地震作用的代表值为其标准值。地震作用的标准值应根据《公路工程抗震规范》(JTG B02—2013)的规定确定。

作用的代表值与作用分项系数相乘,可得到作用设计值。

2. 永久作用

在设计基准期内始终存在且其量值变化与平均值相比可以忽略不计的作用,或其变化是单调的并趋于某个限值的作用,称为永久作用,亦称恒载。永久作用包括结构重力、作用于结构上的土重及土侧压力、基础变位作用、水浮力、长期作用在结构上的人工预加力以及混凝土收缩徐变作用。

结构重力包括结构自重及桥面铺装、附属设备等附加重力。结构重力标准值可通过结构重度乘以体积而得,《桥规》表4.2.1列出了常用材料的重度。

在结构进行正常使用极限状态设计和使用阶段构件应力计算时,预加力应作为永久作用计算其主效应和次效应,并计入相应阶段的预应力损失,但不计由于预加力偏心距增大引起的附加效应。在结构进行承载能力极限状态设计时,预加力不应作为作用,应将预应力钢筋作为结构抗力的一部分。但在连续梁等超静定结构中,应考虑预加力引起的次效应。

土的重力及土压力可按《桥规》第4.2.3条的公式计算。

基础底面位于透水性地基上的桥梁墩台,当验算稳定性时,应考虑设计水位的浮力;当验算地基承载力时,可仅考虑低水位的浮力,或不考虑水的浮力。基础嵌入不透水性地基的桥梁墩台可不考虑水的浮力。作用在桩基承台底面的浮力,应考虑全部底面积。对桩嵌入不透水地基并灌注混凝土封闭者,不应考虑桩的浮力,在计算承台底面浮力时应扣除桩的截面面积。当不能确定地基是否透水时,应以透水或不透水两种情况与其他作用组合,取其最不利者。

外部超静定的混凝土结构、钢和混凝土的组合结构等应考虑混凝土收缩及徐变的作用。混凝土的收缩应变终极值可按《桥规》的规定计算。混凝土徐变的计算,可假定徐变与混凝土应力呈线性关系。计算混凝土圬工拱圈的收缩作用效应时,如考虑徐变影响,作用效应可乘以折减系数0.45。

3. 可变作用

在设计基准期内其量值随时间而变化,且变化值与平均值相比不可忽略不计的作用,称为可变作用。

公路桥梁的可变作用包括汽车荷载、汽车冲击力、汽车离心力、汽车引起的土压力、汽车制动力、人群荷载、疲劳荷载、风荷载、流水压力、冰压力、波浪力、温度作用、支座摩阻力。

1)汽车荷载

《公路工程技术标准》(JTG B01—2014)第7.0.1条将汽车荷载分为公路—Ⅰ级和公路—Ⅱ级两个等级,分为车道荷载和车辆荷载两种类型。车道荷载用于桥梁结构整体分析计算,车辆荷载用于桥梁结构局部分析和涵洞、桥台、挡土墙土压力等的分析计算。车道荷载与车辆荷载的作用不得相互叠加。

(1)车道荷载

如图4-1-8所示,车道荷载由均布荷载和集中荷载组成,公路—Ⅰ级车道均布荷载标准值为$q_k = 10.5\text{kN/m}$,集中荷载标准值P_k取值见表4-1-4。计算剪力效应时,上述集中荷载标准值P_k应乘以系数1.20。公路—Ⅱ级车道荷载的均布荷载标准值q_k和集中荷载标准值P_k按公路—Ⅰ级车道荷载的0.75倍采用。

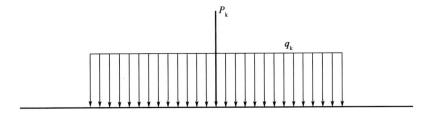

图4-1-8 车道荷载

集中荷载标准值P_k取值   表4-1-4

计算跨径L_0(m)	$L_0 \leq 5$	$5 < L_0 < 50$	$L_0 \geq 50$
P_k(kN)	270	$2(L_0 + 130)$	360

注:计算跨径L_0,设支座的为相邻两支座中心间的水平距离;不设支座的为上、下部结构相交面中心间的水平距离。

车道荷载的均布荷载标准值应满布于使结构产生最不利效应的同号影响线上;集中荷载标准值只作用于相应影响线中一个影响线峰值处。

车道荷载横向分布系数应按图4-1-9所示布置的车道荷载进行计算。

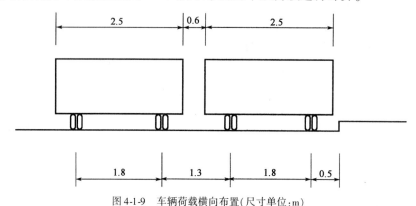

图4-1-9 车辆荷载横向布置(尺寸单位:m)

(2)车辆荷载

公路—Ⅰ级和公路—Ⅱ级汽车荷载采用相同的车辆荷载标准值。车辆荷载的立面、平面尺寸如图4-1-10所示,主要技术指标规定见表4-1-5。

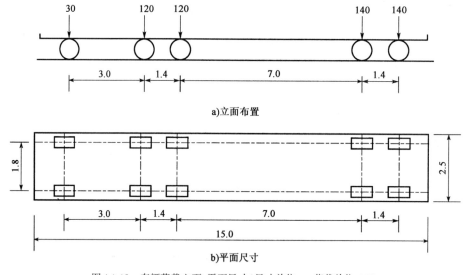

a)立面布置

b)平面尺寸

图4-1-10 车辆荷载立面、平面尺寸(尺寸单位:m;荷载单位:kN)

车辆荷载的主要计算指标

表4-1-5

项 目	单位	技术指标	项 目	单位	技术指标
车辆重力标准值	kN	550	轮距	m	1.8
前轴重力标准值	kN	30	前轮着地宽度及长度	m	0.3×0.2
中轴重力标准值	kN	2×120	中、后轮着地宽度及长度	m	0.6×0.2
后轴重力标准值	kN	2×140	车辆外形尺寸(长×宽)	m	15×2.5
轴距	m	3+1.4+7+1.4	—	—	—

各级公路桥涵设计采用的汽车荷载等级按表 4-1-6 采用,桥涵设计车道数按表 4-1-7(《桥规》表 4.3.1-4)确定。

汽 车 荷 载 等 级　　　　　　　　表 4-1-6

公路技术等级	高速公路	一级公路	二级公路	三级公路	四级公路
汽车荷载等级	公路—Ⅰ级	公路—Ⅰ级	公路—Ⅰ级	公路—Ⅱ级	公路—Ⅱ级

注:1. 二级公路作为集散公路且交通量小、重型车辆少时,其桥涵设计可采用公路—Ⅱ级荷载。
　　2. 对交通组成中重载交通比重较大的公路,宜采用与该公路交通组成相适应的汽车荷载模式进行结构整体和局部验算。

桥涵设计车道数　　　　　　　　表 4-1-7

桥面宽度 W(m)		桥涵设计车道数
车辆单向行驶时	车辆双向行驶时	
$W < 7.0$		1
$7.0 \leq W < 10.5$	$6.0 \leq W < 14.0$	2
$10.5 \leq W < 14.0$		3
$14.0 \leq W < 17.5$	$14.0 \leq W < 21.0$	4
$17.5 \leq W < 21.0$		5
$21.0 \leq W < 24.5$	$21.0 \leq W < 28.0$	6
$24.5 \leq W < 28.0$		7
$28.0 \leq W < 31.5$	$28.0 \leq W < 35.0$	8

《桥规》第 4.3.1 条规定,横桥向布置多车道汽车荷载时,应考虑汽车荷载的折减;布置一条车道汽车荷载时,应考虑汽车荷载的提高。横向车道布载系数应符合表 4-1-8 的规定。多车道布载的荷载效应不得小于两条车道布载的荷载效应。大跨径桥梁上的汽车荷载应考虑纵向折减。当桥梁计算跨径大于 150m 时,应按表 4-1-9 规定的纵向折减系数进行折减。当为多跨连续结构时,整个结构应按最大的计算跨径考虑汽车荷载效应的纵向折减。

横向车道布载系数　　　　　　　　表 4-1-8

横向布载车道数(条)	1	2	3	4	5	6	7	8
横向车道布载系数	1.20	1.00	0.78	0.67	0.60	0.55	0.52	0.50

纵 向 折 减 系 数　　　　　　　　表 4-1-9

计算跨径 L_0(m)	纵向折减系数	计算跨径 L_0(m)	纵向折减系数
$150 < L_0 < 400$	0.97	$800 \leq L_0 < 1000$	0.94
$400 \leq L_0 < 600$	0.96	$L_0 \geq 1000$	0.93
$600 \leq L_0 < 800$	0.95	—	—

2)汽车冲击力

当汽车在桥上行驶时,会引起桥梁的振动,这种由于汽车荷载的动力作用而使结构的内力和变形加大的现象,称为汽车冲击作用。汽车冲击力为汽车荷载乘以冲击系数 μ,《桥规》第 4.3.2 条对汽车冲击作用做以下规定:

（1）钢桥、钢筋混凝土及预应力混凝土桥、圬工拱桥等上部构造和钢支座、板式橡胶支座、盆式橡胶支座及钢筋混凝土柱式墩台,应计算汽车的冲击作用。

（2）填料厚度（包括路面厚度）大于或等于 0.5m 的拱桥、涵洞以及重力式墩台不计冲击力。

（3）支座的冲击力,按相应的桥梁取用。

（4）汽车荷载的冲击力标准值为汽车荷载标准值乘以冲击系数 μ。

（5）冲击系数 μ 可按下式计算:

当 $f < 1.5\mathrm{Hz}$ 时

$$\mu = 0.05$$

当 $1.5\mathrm{Hz} \leqslant f \leqslant 14\mathrm{Hz}$ 时

$$\mu = 0.1767\ln f - 0.0157$$

当 $f > 14\mathrm{Hz}$ 时

$$\mu = 0.45$$

式中: f——结构基频（Hz）。

（6）汽车荷载的局部加载及在 T 形梁、箱形梁悬臂板上的冲击系数采用0.3。

3）汽车离心力

曲线桥应计算汽车荷载引起的离心力。汽车荷载离心力标准值按《桥规》第 4.3.3 条规定的车辆荷载（不计冲击力）标准值乘以离心系数 C 计算。

计算多车道桥梁的汽车荷载离心力时,车辆荷载标准值应乘以表4-1-8 规定的横向车道布载系数。离心力着力点在桥面以上 1.2m 处;为计算简便也可移至桥面上,不计由此引起的作用效应。

4）汽车荷载引起的土压力

汽车荷载引起的土压力采用车辆荷载加载,并可按《桥规》第 4.3.4 条的规定计算。

计算涵洞顶上汽车荷载引起的竖向土压力时,车轮按其着地面积的边缘向下作 30° 角分布。当几个车轮的压力扩散线相重叠时,扩散面积以最外边的扩散线为准。

5）汽车制动力

汽车制动力是汽车在桥梁上制动时为克服自身惯性而在车轮与桥面之间产生的滑动摩擦力。汽车荷载制动力应按下列规定计算和分配:

（1）汽车荷载制动力按同向行驶的汽车荷载（不计冲击力）计算,并应按表4-1-9 的规定,以使桥梁墩台产生最不利纵向力的加载长度进行纵向折减。一个设计车道上由汽车荷载产生的制动力标准值按车道荷载标准值在加载长度上计算的总重力的 10% 计算,但公路—Ⅰ级汽车荷载的制动力标准值不得小于 165kN,公路—Ⅱ级汽车荷载的制动力标准值不得小于 90kN。

（2）同向行驶双车道的汽车荷载制动力标准值应为一个设计车道制动力标准值的 2 倍,同向行驶三车道应为一个设计车道的2.34 倍,同向行驶四车道应为一个设计车道的2.68 倍。

（3）制动力的着力点在桥面以上 1.2m 处,计算墩台时,可移至支座铰中心或支座底座面上。计算刚构桥、拱桥时,制动力的着力点可移至桥面上,但不应计因此而产生的竖向力和力矩。

（4）设有板式橡胶支座的简支梁、连续桥面简支梁或连续梁排架式柔性墩台，应根据支座与墩台的抗推刚度的刚度集成情况分配和传递制动力。设有板式橡胶支座的简支梁刚性墩台，应按单跨两端的板式橡胶支座的抗推刚度分配制动力。

（5）设有固定支座、活动支座（滚动或摆动支座、聚四氟乙烯板支座）的刚性墩台传递的制动力，按《桥规》表4.3.5的规定采用。每个活动支座传递的制动力，不应大于其摩阻力；当大于摩阻力时，按摩阻力计算。

6）人群荷载

《桥规》第4.3.6条规定，人群荷载标准值应按下列规定采用：

（1）人群荷载标准值应根据表4-1-10采用，对跨径不等的连续结构，以最大计算跨径为准。非机动车、行人密集的公路桥梁，人群荷载标准值取上述标准值的4.45倍。专用人行桥梁，人群荷载标准值为3.5kN/m^2。

人群荷载标准值 表4-1-10

计算跨径 L_0（m）	$L_0 \leq 50$	$50 < L_0 < 150$	$L_0 \geq 150$
人群荷载（kN/m^2）	3.0	$3.25 - 0.005L_0$	2.5

（2）人群荷载在横向应布置在人行道的净宽度内，在纵向施加于使结构产生最不利荷载效应的区段内。

（3）人行道板（局部构件）可以一块板为单元，按标准值4.0kN/m^{2}的均布荷载计算。

（4）计算人行道栏杆时，作用在栏杆立柱顶上的水平推力标准值取0.75kN/m，作用在栏杆扶手上的竖向力标准值取1.0kN/m。

7）疲劳荷载

公路桥梁钢结构部分应根据需要进行抗疲劳设计。疲劳荷载的计算模型应按《桥规》第4.3.7条的规定确定。

8）风荷载

风荷载标准值应按《公路桥梁抗风设计规范》（JTG/T 3360-01—2018）的规定计算。

9）流水压力

作用于桥墩上的流水压力标准值应按《桥规》第4.3.9条的规定确定。

10）波浪力

位于外海、海湾、海峡的桥梁结构，下部结构设计必要时应考虑波浪力的作用影响。波浪力的大小宜通过开展专题研究来确定。

11）冰压力

作用于桥墩上的冰压力按《桥规》第4.3.11条的规定确定。

12）温度作用

桥梁处于自然环境中，会受到温度作用的影响。对于超静定结构，因位移受到约束，会在结构中引起次内力。温度作用时的材料线膨胀系数及作用标准值，可按《桥规》第4.3.12条的规定取用。

13）支座摩阻力

支座摩阻力是上部结构因温度变化而产生的力。

4.偶然作用

在设计基准期内不一定出现,而一旦出现其量值很大,且持续时间很短的作用,称为偶然作用。偶然作用包括船舶的撞击作用、漂流物的撞击作用及汽车的撞击作用。

通航水域中的桥梁墩台,设计时应考虑船舶的撞击作用,其撞击作用设计值可按《桥规》第4.4.1条的规定采用。内河船舶撞击作用设计值见表4-1-11。

内河船舶撞击作用设计值   表4-1-11

内河航道等级	船舶吨级(DWT)	横桥向撞击作用(kN)	顺桥向撞击作用(kN)
四	500	550	450
五	300	400	350
六	100	250	200
七	50	150	125

有漂流物的水域中的桥梁墩台,设计时应考虑漂流物的撞击作用,其横桥向撞击力设计值可按《桥规》第4.4.2条的规定计算,漂流物的撞击作用点假定在计算通航水位线上桥墩宽度的中点。

桥梁结构必要时可考虑汽车的撞击作用。汽车撞击力设计值在车辆行驶方向应取1000kN,在车辆行驶垂直方向应取500kN,两个方向的撞击力不同时考虑。撞击力应作用于行车道以上1.2m处,直接分布于撞击涉及的构件上。

对设有防撞设施的结构构件,可视防撞设施的防撞能力,对汽车撞击力设计值予以折减,但折减后的汽车撞击力设计值不应低于上述规定值的1/6。

5.地震作用

公路桥梁地震作用应符合《公路工程抗震规范》(JTG B02—2013)和《公路桥梁抗震设计规范》(JTG/T 2231-01—2020)的规定。

6.作用效应组合

1)作用效应组合的原则

《桥规》第4.1.4条规定,公路桥涵结构设计应考虑结构上可能同时出现的作用,按承载力极限状态、正常使用极限状态进行作用组合,均应按下列原则取其最不利组合效应进行设计:

(1)只有在结构上可能同时出现的作用,才进行组合。当结构或结构构件需做不同受力方向的验算时,则应以不同方向的最不利的作用组合效应进行计算。

(2)当可变作用的出现对结构或结构构件产生有利影响时,该作用不应参与组合。实际不可能同时出现的作用或同时参与组合概率很小的作用,按表4-1-12规定不考虑其参与组合。

可变作用不同时组合表   表4-1-12

作 用 名 称	不与该作用同时参与组合的作用
汽车制动力	流水压力、冰压力、波浪力、支座摩阻力
流水压力	汽车制动力、冰压力、波浪力

续上表

作 用 名 称	不与该作用同时参与组合的作用
波浪力	汽车制动力、流水压力、冰压力
冰压力	汽车制动力、流水压力、波浪力
支座摩阻力	汽车制动力

（3）施工阶段的作用组合,应按计算需要及结构所处条件而定,结构上的施工人员和施工机具设备均应作为可变作用加以考虑。组合式桥梁,当把底梁作为施工支撑时,作用组合效应宜分两个阶段计算,底梁受荷为第一个阶段,组合梁受荷为第二个阶段。

（4）多个偶然作用不同时参与组合。

（5）地震作用不与偶然作用同时参与组合。

2）承载能力极限状态设计

《桥规》第4.1.5条规定,公路桥涵结构按承载能力极限状态设计时,对持久设计状况和短暂设计状况应采用作用的基本组合,对偶然设计状况应采用作用的偶然组合,对地震设计状况应采用作用的地震组合,并应符合下列规定:

（1）基本组合

基本组合是将永久作用设计值与可变作用设计值相组合。作用基本组合的效应设计值可按式（4-1-1）计算:

$$S_{ud} = \gamma_0 S(\sum_{i=1}^{m} \gamma_{G_i} G_{ik} + \gamma_{Q_1} \gamma_L Q_{1k} + \psi_c \sum_{j=2}^{n} \gamma_{Lj} \gamma_{Q_j} Q_{jk}) \tag{4-1-1a}$$

或

$$S_{ud} = \gamma_0 S(\sum_{i=1}^{m} G_{id} + Q_{1d} + \sum_{j=2}^{n} Q_{jd}) \tag{4-1-1b}$$

式中: S_{ud}——承载能力极限状态下作用基本组合的效应设计值。

$S(\ )$——作用组合的效应函数。

γ_0——结构重要性系数,按《桥规》表4.1.5-1规定的结构设计安全等级采用,按持久状况和短暂状况承载能力极限状态设计时,公路桥涵结构设计安全等级应不低于《桥规》表4.1.5-1的规定,对应于设计安全等级一级、二级和三级分别取1.1、1.0和0.9。

γ_{G_i}——第i个永久作用的分项系数,应按《桥规》表4.1.5-2的规定采用。

G_{ik}、G_{id}——第i个永久作用的标准值和设计值。

γ_{Q_1}——汽车荷载（含汽车冲击力、离心力）的分项系数。采用车道荷载计算时取$\gamma_{Q_1}=1.4$,采用车辆荷载计算时,其分项系数取$\gamma_{Q_1}=1.8$。当某个可变作用在组合中其效应值超过汽车荷载效应时,则该作用取代汽车荷载,其分项系数取$\gamma_{Q_1}=1.4$;对专为承受某作用而设置的结构或装置,设计时该作用的分项系数取$\gamma_{Q_1}=1.4$;计算人行道板和人行道栏杆的局部荷载,其分项系数也取$\gamma_{Q_1}=1.4$。

Q_{1k}、Q_{1d}——汽车荷载（含汽车冲击力、离心力）的标准值和设计值。

γ_{Q_j}——在作用组合中除汽车荷载（含汽车冲击力、离心力）、风荷载外的其他第j个可变作用的分项系数,取$\gamma_{Q_j}=1.4$,但风荷载的分项系数取$\gamma_{Q_j}=1.1$。

Q_{jk}、Q_{jd}——在作用组合中除汽车荷载（含汽车冲击力、离心力）外的其他第j个可变作用的标准值和设计值。

ψ_c——在作用组合中除汽车荷载（含汽车冲击力、离心力）外的其他可变作用的组合值系数,取 $\psi_c = 0.75$。

$\psi_c Q_{jk}$——在作用组合中除汽车荷载(含汽车冲击力、离心力)外的第 j 个可变作用的组合值;

γ_{Lj}——第 j 个可变作用的结构设计使用年限荷载调整系数。公路桥涵结构的设计使用年限按《公路工程技术标准》(JTG B01—2014)取值时,可变作用的设计使用年限荷载调整系数取 $\gamma_{Lj} = 1.0$;否则,γ_{Lj}取值应按专题研究确定。

当作用与作用效应可按线性关系考虑时,作用基本组合的效应设计值 S_{ud} 可通过作用效应代数相加计算。设计弯桥时,当离心力与制动力同时参与组合时,制动力标准值或设计值按 70% 取用。

(2)偶然组合

偶然组合是将永久作用标准值与可变作用某种代表值、一种偶然作用设计值相组合。与偶然作用同时出现的可变作用,可根据观测资料和工程经验取用频遇值或准永久值。

作用偶然组合的效应设计值可按式(4-1-2)计算:

$$S_{ad} = S(\sum_{i=1}^{m} G_{ik}, A_d, (\psi_{f1} \text{或} \psi_{q1})Q_{1k}, \sum_{j=2}^{n} \psi_{qj}Q_{jk}) \tag{4-1-2}$$

式中: S_{ad}——承载能力极限状态下作用偶然组合的效应设计值;

A_d——偶然作用的设计值;

ψ_{f1}——汽车荷载(含汽车冲击力、离心力)的频遇值系数,取 $\psi_{f1} = 0.7$;当某个可变作用在组合中其效应值超过汽车荷载效应时,则该作用取代汽车荷载,人群荷载 $\psi_f = 1.0$,风荷载 $\psi_f = 0.75$,温度梯度作用 $\psi_f = 0.8$,其他作用 $\psi_f = 1.0$;

$\psi_{f1}Q_{1k}$——汽车荷载的频遇值;

$\psi_{q1}、\psi_{qj}$——第 1 个和第 j 个可变作用的准永久值系数,汽车荷载(含汽车冲击力、离心力)$\psi_q = 0.4$,人群荷载 $\psi_q = 0.4$,风荷载 $\psi_q = 0.75$,温度梯度作用 $\psi_q = 0.8$,其他作用 $\psi_q = 1.0$;

$\psi_{q1}Q_{1k}、\psi_{qj}Q_{jk}$——第 1 个和第 j 个可变作用的准永久值。

(3)地震组合

作用地震组合的效应设计值应按《公路工程抗震规范》(JTG B02—2013)的有关规定计算。

3)正常使用极限状态设计

公路桥涵结构按正常使用极限状态设计时,应根据不同的设计要求,采用作用的频遇组合或准永久组合,并应符合下列规定:

(1)频遇组合

频遇组合是将永久作用标准值效应与汽车荷载频遇值效应、其他可变作用准永久值效应相组合。作用频遇组合的效应设计值可按式(4-1-3)计算:

$$S_{fd} = S(\sum_{i=1}^{m} G_{ik} + \psi_{f1}Q_{1k} + \psi_c \sum_{j=2}^{n} \psi_{qj}Q_{jk}) \tag{4-1-3}$$

式中:S_{fd}——作用频遇组合的效应设计值;

ψ_{f1}——汽车荷载(不计汽车冲击力)频遇值系数,取 $\psi_{f1} = 0.7$;当某个可变作用在组合中其效应值超过汽车荷载效应时,则该作用取代汽车荷载,人群荷载 $\psi_{f1} = 1.0$,风荷载 $\psi_f = 0.75$,温度梯度作用 $\psi_f = 0.8$,其他作用 $\psi_f = 1.0$。

（2）准永久组合

准永久作用组合是将永久作用标准值效应与可变作用准永久值效应相组合。作用准永久组合的效应设计值可按下式计算：

$$S_{qd} = S\left(\sum_{i=1}^{m} G_{ik} + \sum_{j=1}^{n} \psi_{qj} Q_{jk}\right) \tag{4-1-4}$$

式中：S_{qd}——作用准永久组合的效应设计值；

  ψ_{qj}——第 j 个可变作用效应的准永久值系数，汽车荷载（不计汽车冲击力）取 0.4，人群荷载取 0.4，风荷载取 0.75，温度梯度作用取 0.8，其他作用取 1.0；

  Q_{jk}——第 j 个可变作用效应的标准值。

当作用与作用效应可按线性关系考虑时，作用准永久组合的效应设计值 S_{qd} 可通过作用效应代数相加计算。

钢结构构件抗疲劳设计时，除特别指明外，各作用应采用标准值，作用分项系数应取为 1.0。

结构构件当需进行弹性阶段截面应力计算时，除特别指明外，各作用应采用标准值，作用分项系数应取为 1.0，各项应力限值应按各设计规范规定采用。

验算结构的抗倾覆、滑动稳定时，稳定系数、各作用的分项系数及摩擦系数，应根据不同结构按各有关桥涵设计规范的规定确定。

在具体桥梁设计中，根据《桥规》第 3.1.4 条的规定，公路桥涵应根据不同种类的作用及其对桥涵的影响、桥涵所处的环境条件，考虑以下四种设计状况，进行极限状态设计：

①持久状况应进行承载能力极限状态和正常使用极限状态设计。

②短暂状况应进行承载能力极限状态设计，可根据需要进行正常使用极限状态设计。

③偶然状况应进行承载能力极限状态设计。

④地震状况应进行承载能力极限状态设计。

四、掌握混凝土结构耐久性设计的要求

结构的耐久性是指在设计确定的环境作用和维修、使用条件下，结构构件在设计使用年限内保持其适应性和安全性的能力。

1. 公路工程混凝土结构耐久性设计基本原则和主要设计内容

公路工程混凝土结构耐久性设计应遵循的原则为：应以结构具有足够的承载能力和良好的抗裂性为前提，并根据结构的设计使用年限、结构所处的环境类别及作用等级，确定材料耐久性指标、减轻环境作用效应的结构构造措施、防腐蚀附加措施等。

相应地，公路工程混凝土结构耐久性设计的主要内容有：

（1）确定结构和构件的设计使用年限。

（2）划分工程结构和构件的环境类别及作用等级。

（3）选定原材料、混凝土和水泥基灌浆材料的性能和耐久性控制指标。

（4）采用有利于减轻环境作用效应的结构形式和构造措施，包括混凝土保护层、抗裂设计、防排水和后张预应力体系的多重防护措施等。

（5）必要时采取防腐蚀附加措施。

当公路工程混凝土结构不同构件受环境作用差异较大时,例如,由于大桥或长桥的不同桥段所处位置和局部环境特点的不同,其环境类别与作用等级可能存在明显差异,应分区进行耐久性设计。当桥梁沿高度方向所受环境作用变化较大时,例如,对于位于水中的桥墩,可分为水下区、水位变动区(浪溅区)和大气区分别进行耐久性设计。

2. 混凝土桥梁耐久性的设计要点

1) 确定结构和构件的设计使用年限

我国《公路桥涵设计通用规范》(JTG D60—2015)规定公路桥涵结构的设计基准期为 100 年。公路桥涵主体结构和可更换部件的设计使用年限不应低于表 4-1-13 的规定。

环 境 类 别   表 4-1-13

公 路 等 级	主体结构			可更换部件	
	特大桥、大桥	中桥	小桥、涵洞	斜拉索、吊索、系杆等	栏杆、伸缩装置、支座等
高速公路、一级公路	100	100	50	20	15
二级公路、三级公路	100	50	30		
四级公路	100	50	30		

2) 划分工程结构和构件的环境类别及作用等级

混凝土结构的耐久性设计应根据结构所处区域和环境特点,确定环境类别,并根据环境调研结果确定结构构件所处的环境作用等级。当结构和构件受到多种环境共同作用时,应分别满足每种环境类别单独作用下的耐久性要求。《公路工程混凝土结构耐久性设计规范》(JTG/T 3310—2019)(以下简称《耐久性规范 2019》)根据环境对钢筋和混凝土材料的劣化机理,将公路工程混凝土结构常见的环境类别归纳为七大类,用罗马字母 Ⅰ ~ Ⅶ表示,见表 4-1-14。

环 境 类 别   表 4-1-14

环 境 类 别		劣 化 机 理
名称	符号	
一般环境	Ⅰ	混凝土碳化
冻融环境	Ⅱ	反复冻融导致混凝土损伤
近海或海洋氯化物环境	Ⅲ	海洋环境下的氯盐引起钢筋锈蚀
除冰盐等其他氯化物环境	Ⅳ	除冰盐等氯盐引起钢筋锈蚀
盐结晶环境	Ⅴ	硫酸盐在混凝土孔隙中结晶膨胀导致混凝土损伤
化学腐蚀环境	Ⅵ	硫酸盐和酸类等腐蚀介质与水泥基发生化学反应导致混凝土损伤
磨蚀环境	Ⅶ	风沙、流水、泥沙或流冰摩擦、冲击作用造成混凝土表面损伤

各类环境下公路工程混凝土结构的环境作用等级划分和环境条件的具体情况见《耐久性规范 2019》。

3）选定原材料、混凝土和水泥基灌浆材料的性能和耐久性控制指标

混凝土本身材料的质量是耐久性的主要因素,混凝土耐久性设计指标应包括强度等级、配合比(水胶比、胶凝材料和矿物掺合料用量)、氯离子含量、碱含量和硫酸盐含量。设计使用年限为 100 年的桥涵结构和构件,其混凝土最低强度等级应符合表 4-1-15 的规定。设计使用年限为 50 年和 30 年的桥涵结构和构件,其混凝土最低强度等级可在表 4-1-15 的规定上降低一个等级(5MPa),但预应力混凝土应不低于 C40、钢筋混凝土应不低于 C25。

桥涵结构混凝土最低强度等级(100 年)　　　　　　　　表 4-1-15

环境名称	环境作用等级	预应力混凝土	钢筋混凝土			素混凝土
			上部结构	下部结构		
			梁、板、塔	桥墩、涵洞	承台、基础	
一般环境	I-A	C40	C35	C30	C25	C25
	I-B	C45	C40	C35	C30	
	I-C	C45	C40	C35	C30	
冻融环境	II-C	C45	C40	C35	C30	C30
	II-D	C45	C40	C35	C30	
	II-E	C50	C45	C40	C35	
近海或海洋氯化物环境	III-C	C45	C40	C35	C30	C30
	III-D	C45	C40	C35	C30	
	III-E	C50	C45	C40	C35	
	III-F	C50	C45	C40	C35	
除冰盐等其他氯化物环境	IV-C	C45	C40	C35	C30	C30
	IV-D	C50	C40	C35	C30	
	IV-E	C50	C45	C40	C35	
盐结晶环境	V-D	C45	C40	C35	C30	C35
	V-E	C50	C45	C40	C35	
	V-F	C50	C45	C40	C35	
化学腐蚀环境	VI-C	C45	C40	C35	C30	C35
	VI-D	C45	C40	C35	C30	
	VI-E	C50	C45	C40	C35	
	VI-F	C50	C45	C40	C35	
磨蚀环境	VII-C	C45	C40	C35	C30	C35
	VII-D	C50	C45	C40	C35	
	VII-E	C50	C45	C40	C35	

《耐久性规范 2019》对桥涵钢筋混凝土构件和 B 类预应力混凝土构件的最大裂缝计算宽度的限值进行了规定,见表 4-1-16。

混凝土桥涵构件的最大裂缝宽度限值 表4-1-16

环 境 类 别	环境作用等级	最大裂缝宽度限值(mm)	
		钢筋混凝土构件	B类预应力混凝土构件
一般环境	I-A	0.20	0.10
	I-B		0.10
	I-C		0.10
冻融环境	II-C	0.20	0.10
	II-D	0.15	禁止使用
	II-E	0.10	禁止使用
近海或海洋氯化物环境	III-C	0.15	0.10
	III-D	0.15	禁止使用
	III-E、III-F	0.10	禁止使用
除冰盐等其他氯化物环境	IV-C	0.15	0.10
	IV-D	0.15	禁止使用
	IV-E	0.10	禁止使用
盐结晶环境	V-D、V-E、V-F	0.10	禁止使用
化学腐蚀环境	VI-C	0.15	0.10
	VI-D、VI-E、VI-F	0.10	禁止使用
腐蚀环境	VII-C	0.20	0.10
	VII-D、VII-E	0.15	禁止使用

4)采用有利于减轻环境作用效应的结构形式和构造措施

《耐久性规范2019》要求的最小保护层厚度见表4-1-17。

桥涵结构的混凝土保护层最小厚度C_{min}(单位:mm) 表4-1-17

环境类别	环境作用等级	梁、板、塔、拱圈、涵洞上部		墩台身、涵洞下部		承台、基础	
		100年	50年/30年	100年	50年/30年	100年	50年/30年
一般环境	I-A	20	20	25	20	40	40
	I-B	25	20	30	25	40	40
	I-C	30	25	35	30	45	40
冻融环境	II-C	30	25	35	30	45	40
	II-D	35	30	40	35	50	45
	II-E	35	30	40	35	50	45
近海或海洋氯化物环境	III-C	35	30	45	40	65	60
	III-D	40	35	50	45	70	65
	III-E	40	35	50	45	70	65
	III-F	40	35	50	45	70	65

续上表

环境类别	环境作用等级	梁、板、塔、拱圈、涵洞上部		墩台身、涵洞下部		承台、基础	
		100 年	50 年/30 年	100 年	50 年/30 年	100 年	50 年/30 年
除冰盐等其他氯化物环境	IV-C	30	25	35	30	45	40
	IV-D	35	30	40	35	50	45
	IV-E	35	30	40	35	50	45
盐结晶环境	V-D	30	25	40	35	45	40
	V-E	35	30	45	40	50	45
	V-F	40	35	45	40	55	50
化学腐蚀环境	VI-C	35	30	40	35	60	55
	VI-D	40	35	45	40	65	60
	VI-E	40	35	45	40	65	60
	VI-F	40	35	50	45	70	65
磨蚀环境	VII-C	35	30	45	40	65	60
	VII-D	40	35	50	45	70	65
	VII-E	40	35	50	45	70	65

注:1. 表中保护层最小厚度值是按照表 4-1-15 要求的最低混凝土强度等级规定的。对于混凝土强度高于最低等级 5MPa 以上或采用工厂预制的混凝土构件,其保护层最小厚度值可最多减小 5mm,但不得小于 20mm。

　　2. 若表中保护层厚度小于被保护主筋的直径,则取主筋的直径。

　　3. 表中承台和基础的保护层最小厚度,针对的是基底无垫层或侧面无模板的情况;对于有垫层或有模板的情况,最小保护层厚度可将表中相应数值减少 20mm,但不得小于 40mm。

另外,应采取有利于减轻环境作用的构造布置和措施,如设置防排水设施,预应力筋封锚材料采用水胶比小、收缩率小的塑性混凝土,采取抹面、涂层等措施。

5)必要时采取防腐蚀附加措施

当混凝土结构处于严重腐蚀环境(如《耐久性规范 2019》的 III ~ VII 类环境)时,应根据工程的具体情况,采取防腐蚀强化措施(如钢筋进行环氧涂层或者阴极保护),桥梁结构形式、结构构造设计应有利于排水、通风,避免水汽凝结和有害物质积聚。

3. 提升耐久性的桥梁细部构造设计

细部构造不但关系到桥梁传力途径是否可靠、受力是否合理,而且关系到桥梁结构的耐久性能。耐久性设计不仅体现在材料选取上,而且体现在构造细节与施工工艺上。改进桥梁细部构造、提高桥梁耐久性可从以下几个方面入手:

(1)科学选用混凝土材料。高品质的材料可以减少病害的发生和降低发展速度。为了尽量避免碱骨料反应,要控制水泥、外掺剂的碱含量。在重要桥梁、重要部位使用低碱水泥、低碱掺剂,必要时加大保护层厚度,根据当地集料的特点控制混凝土的总碱含量。混凝土的配比合理,减少混凝土的孔隙,以减缓碳化速度。

(2)上部结构应优先选用整体现浇或整体预制的方式。受运输、吊装能力的制约,过去修的桥梁多采用分片预制、分片安装,在装配式桥梁如钢筋混凝土 T 形梁、空心板、双曲拱桥中,预制构件的横向连接,在使用过程中容易发生应力集中、整体性差等问题,过早出现病害及病害发展过快的现象,而现浇结构和先简支后连续结构,梁与梁之间现浇连接的结构病害相对较轻,所以应优先选用。对于预制安装的结构,也要尽量设计为现浇连接。

(3)改进桥梁重要构件的可检查性、可维修性与可更换性。对于一些桥梁重要构件如梁、索塔、拉索等,一些细部构造如锚头、支座等,应采用比较易于检查的构造方式,增设检修孔,增强其可检查性,对于一些设计寿命短于桥梁主题设计寿命的构件,如拉索、系杆、吊杆、支等,应在原桥设计时充分考虑上述构件维修、更换的操作方法,预留更换空间或装置等。

(4)完善寒冷地区混凝土的防冻设计。寒冷地区混凝土桥梁在冬季处于十分恶劣的冻融环境中,雪后使用盐水,形成盐冻融将会使病害更为严重。所以设计时必须对防冻设计提出严格的要求,施工时对混凝土的配合比设计严格控制,增强密实度,达到防冻要求。

(5)避免主体结构直接受雨水侵蚀。过去的桥梁设计对此考虑的不全面,雨水常常通过栏杆外侧流向边梁,所以边梁外侧病害最为严重。因此,栏杆外侧构造应设置圆滑的滴水檐,这样既美观又耐久。

(6)设计良好的排水系统。收水口的设计必须保证不但能排桥面水,而且能排沥青铺装层间水。有很多桥的收水口高程高出水泥混凝土铺装的表面,致使沥青铺装的层间水长时间存留,造成混凝土的水损害,这种状况必须杜绝。引水管必须保证泄水通畅,不应存在堵塞现象。

(7)完善防水系统。混凝土的病害是因为外界的水溶液和二氧化碳通过混凝土的孔隙造成的,无论是碱骨料反应、盐腐蚀、冻融还是碳化,如果没有孔隙就没有反应的条件,没有水进入就不会产生上述病害。所以一方面要提高混凝土本身的性能,另一方面要加强防护,堵住孔隙,这就需要有完善的防水系统。密封剂和涂装材料可以防止水溶液,尤其是化冰盐水的进入,防止混凝土的水损害。桥面防水非常重要,但最关键的是雨水泄水口、伸缩缝、伸缩缝处的梁端部位以及帽梁顶面,下部结构水位浮动处等都要特殊处理。总之,容易遭受水损害的部位都要进行防水处理。

(8)改善钢筋所处的环境。钢筋是在混凝土的保护下才能正常起受力作用。混凝土是具有碱性的,钢筋在碱性环境中表面形成钝化膜,阻止金属离子阳极与电解质的接触,使钢筋难于锈蚀,钝化膜一旦破坏,在有水和氧的条件下就会发生钢筋的氧化锈蚀。完好的混凝土可以保护钝化膜,一旦产生病害就破坏了碱环境,产生了钢筋锈蚀的条件,钢筋锈蚀时体积膨胀,又对混凝土产生进一步的破坏,最后导致结构使用寿命的缩短。

五、掌握桥梁抗震设计的原则和要求

桥梁抗震设计和分析包括理论分析、振动台试验、数值模拟和震害调查等,但在概念设计阶段,一般不进行精细化的抗震设计与分析,所以建立桥梁抗震设计理念尤为重要。为此,首先,必须掌握地震地面运动的基本特性——震级和烈度、桥梁震害和抗震设防目标;其次,需要熟悉各种桥型(梁桥、拱桥、斜拉桥、悬索桥)的动力特性、地震反应特点和抗震设计原则;第三,还要了解常用的减隔震措施——阻尼器、锁定装置和缓冲器以及减隔震支座,以便在概念设计中加以借鉴、应用和拓展。

1.桥梁震害

通过对我国唐山地震、汶川地震,日本阪神地震以及美国等一些国家的地震震害调查,可以将桥梁震害现象归纳为以下几类:

1)支座破坏

桥梁支座的震害极为普遍,是桥梁整体抗震性能上的一个薄弱环节。其原因主要是现行支座的设计与制造未充分考虑抗震的要求,在构造上连接与支挡等构造措施不足,或是某些支座的形式和材料存在缺陷等。破坏形式主要表现为支座倾倒、脱落、移位、螺栓拔出剪断及构造上的破坏等。

2)桥墩、桥台、基础破坏

桥墩、桥台震害具体的破坏形式有沉降、滑移、剪切、压溃,以及墩柱的屈曲、开裂等。它们既有因地震时地形、地貌产生剧烈变化(如断层、地裂)造成的,也有因其本身抗震能力不足、特别是延性变形能力不足造成的。当桥台地基或边坡为软弱土层时,在强地震作用下边坡易产生滑坡,从而带动桥台滑移,引起桥台断裂、倾斜或沉陷,各国对钢筋混凝土结构的延性抗震设计理论做了大量的研究工作。那些已增加箍筋配置约束核心混凝土的墩柱的震害虽稍轻一些,但是导致混凝土桥墩柱断裂等较大塑性变形的震害仍时有发生。

基础的破坏现象主要有两种:一是处于软弱地基上的扩大基础发生沉降或滑移等震害现象;另一种是由于基础上部传递的剪力和弯矩过大引起桩基破坏(震后很难迅速恢复)。

3)梁体破坏

梁体破坏形式主要有落梁、碰撞、侧倾等。落梁由墩台倾倒、错位等引起,碰撞则与支座构造不当有关,侧倾则主要发生在 T 形梁横向连接较薄弱的情形。桥梁抗震防落梁措施主要有:横向挡块、钢夹板连接、纵横向限位装置等。

迄今为止,很少见到大跨度桥梁的主结构在地震中破坏的实例,主要原因有:近现代大跨度桥梁大都进行了谨慎小心的抗震设计,保证了结构较为安全的抗震能力;具有长周期的柔性结构在地震中更突出的问题是位移控制;设计中注意了主结构上的连接构造、支座或相连的辅助结构以及引桥结构的抗震设计;现有的大跨度桥梁还未受到严重的地震作用。

2.地震学基础

1)地球内部构造

地球内部可大致分为地壳、地幔和地核 3 个组成部分,如图 4-1-11 所示。

(1)地壳。地球球层结构的最外层。大陆地壳的厚度一般为 30 ~ 40km,喜马拉雅山区的地壳厚度可达70 ~ 80km。1909 年,A.莫霍洛维奇根据近震地震波走时确认了地壳下界面的存在,在此界面以下地震纵波的

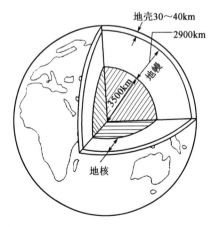

图 4-1-11　地球的内部构造

速度由平均 5.6km/s 突然增至 7.8km/s。后来人们把这个分界面称为莫霍界面。大陆地壳一般分为上地壳和下地壳,上地壳较硬,是主要承受应力和易发生地震的层位,下地壳较软。海

洋地壳较薄,一般只有一层,且比大陆地壳均匀。

(2)地幔。地壳和地核之间的中间层。平均厚度约为 2900km。1914 年,古登堡根据地震波走时测定地核和地幔之间的分界面深度为 2900km。地幔又分为上地幔(350km 深度以上)和下地幔。上地幔中存在一个地震波的低速层,低速层之上为相对坚硬的上地幔的顶部。通常把上地幔顶部与地壳合称岩石圈。地球表层的构造运动主要在岩石圈内进行。

(3)地核。地球的核心部分,主要由铁、镍元素组成,半径约为 3500km。1936 年,莱曼根据通过地核的地震纵波走时,提出地核内还有一个分界面,将地核分为外地核和内地核两部分。由于横波不能通过外地核,因此推断外地核的物质状态为液态。

2)地震形成原因及地壳运动

地震是地壳的一种运动形式。地震成因是地震学科中的一个重大课题,目前有板块构造学说、大陆漂移学说、海底扩张学说等。现在大家普遍认同的是板块构造学说。1965 年加拿大著名地球物理学家威尔逊首先提出"板块"的概念,1968 年法国人把全球岩石圈划分成六大板块,即欧亚、太平洋、美洲、印度洋、非洲和南极洲板块。

这些板块中,除了太平洋板块全部浸在海洋底部外,其他五个板块既有大陆也有海洋。随着研究的深入,有人在这些大板块中又分出一些较小的板块。所有这些板块,都漂浮在具有流动性的地幔软流层之上。随着软流层的运动,各个板块也会发生相应的水平运动。

地震发生在地壳不稳定的部位,如大陆板块和大洋板块的接触处,以及板块断裂破碎的地带。地震位置沿着构造活动带成带状分布,形成地震带。

3)地震波

地震波包括体波和面波两种形式。

体波又分为纵波(P 波)和横波(S 波)。纵波为最先到达地面的波,是一种压缩波,质点的运动方向与波的传播方向相同,在地球内部的三维实体中传播。横波为继纵波之后到达地面的体波,是一种剪切波,质点的运动方向与波的传播方向垂直。

面波是地震波在层状场地传播过程中逐渐形成的,沿着地表面传播,分为勒夫波(Love 波)和瑞利波(Rayleigh 波)两种。Love 波传播时,质点只在沿着传播方向相垂直的地表面上左右运动,在地面上呈蛇形运动形式。Rayleigh 波传播时,质点沿波的传播方向和地面法线组成的平面内做椭圆形运动,在地面上呈滚动前进的形式。面波达到地面的时间较体波迟。

一般情况下,当横波或面波达到地面时,振幅增大,地面振动最猛烈,造成的危害也最大。

4)地震的度量

(1)震级

地震震级是根据地震仪记录的地震波振幅来测定的,一般采用里氏震级标准。震级(M)是距震中 100km 处的标准地震仪(周期 0.8s,衰减常数约等于 1,放大倍率 2800 倍)所记录的地震波最大振幅值 A 的对数值,即 $M = \lg A (\mu m)$。如地震记录非距震中 100km 位置处,则需进行换算。

震级也可用震源释放的应变能(表 4-1-18)表示。

地震震级与所释放的应变能

表 4-1-18

震　级	能量（erg）	震　级	能量（erg）
1	2.00×10^{13}	6	6.31×10^{20}
2	6.31×10^{14}	7	2.00×10^{22}
3	2.00×10^{16}	8	6.31×10^{23}
4	6.31×10^{17}	9	3.55×10^{24}
5	2.00×10^{19}	10	1.41×10^{25}

注：$1 \mathrm{erg} = 10^{-7} \mathrm{J}$。

（2）烈度

地震烈度是用来表示地震对地表及其建筑物的影响程度，它不仅与地震释放的能量、震源深度、距震中的距离有关，而且与地震波传播中的工程地质条件和建筑物的特性等有关。

为了在实际工作中评定烈度的高低，需制定统一的评定标准，这个规定的标准就是地震烈度表。世界各国使用几种不同的烈度表。西方国家比较通行的是改进的麦加利烈度表，简称 MM 烈度表，从Ⅰ度到Ⅻ度共分为 12 个烈度等级。日本将无感定为 0 度，有感则分为Ⅰ~Ⅶ度，共 8 个等级。苏联和中国均按 12 个烈度等级划分烈度表，它主要是根据宏观的地震影响和破坏现象（如人的感觉、物体的反应、房屋建筑物的破坏、地表改观等现象）定性划分的，详见有关规范。

（3）地震动参数

地震烈度表完全以地震造成的宏观后果为依据划分烈度等级，采用的是定性判据。如果附加地震动地面加速度峰值，则更为科学，其对照表按《中国地震动参数区划图》（GB 18306—2015）给出，见表 4-1-19。这个地面加速度峰值，称为地震动参数。

抗震设防烈度和基本地震动峰值加速度 A 对照表

表 4-1-19

地震设防烈度	Ⅵ	Ⅶ	Ⅷ	Ⅸ
A	$0.05g$	$0.10(0.15)g$	$0.20(0.30)g$	$0.40g$

我国完成的第五代地震区划图仍以地震动参数为指标表示地震危险程度，于 2015 年以国家标准强制性条款的形式在全国颁布发行。

《中国地震动参数区划图》（GB 18306—2015）可主要概括为"两图一表"。两图是指Ⅱ类场地 50 年超越概率为 10% 的峰值加速度分区图和Ⅱ类场地阻尼比为 0.05 的加速度反应谱特征周期分区图。

3. 桥梁抗震设防目标

抗震设防，简单地说就是为达到预定的抗震效果，在工程建设时对建筑物进行抗震设计并采取抗震措施。抗震措施是指除结构所受地震作用的计算以外的抗震设计内容，包括抗震构造措施等。抗震设防通常通过三个环节来达到：确定抗震设防要求；进行抗震设计；进行抗震施工（即严格按照抗震设计施工）。

《公路桥梁抗震设计规范》（JTG/T 2231-01—2020）适用于单跨跨径不超过 150m 的圬工或混凝土拱桥、下部结构为混凝土结构的梁桥。斜拉桥、悬索桥、单跨跨径超过 150m 的梁桥和拱桥，除满足抗震规范要求外，还应进行专门研究。

在具体操作过程中,按桥梁重要性和修复的难易程度将桥梁抗震设防类别划分为 A、B、C、D 四个类别,见表 4-1-20。对抗震救灾以及在经济、国防上具有重要意义的桥梁或破坏后修复(抢修)困难的桥梁,应提高抗震设防类别。不同类别的桥梁的抗震设防目标应区别对待,A 类、B 类和 C 类桥梁应采用两水准抗震设防,D 类桥梁可采用一水准抗震设防,在 E1 和 E2 地震作用下,桥梁抗震设防目标应符合表 4-1-21 的要求。由表可见,A 类、B 类和 C 类桥梁必须进行 E1 地震作用和 E2 地震作用下的抗震设计;D 类桥梁由于抗震重要性降低,只需进行 E1 地震作用下的抗震设计。同时规定,抗震烈度为 6 度地区的 B 类、C 类和 D 类桥梁,可只进行抗震措施设计。

桥梁抗震设防类别的适应范围　　　　　　　　　　　　　　表 4-1-20

桥梁抗震设防类别	适 应 范 围
A 类	单跨跨径超过 150m 的特大桥
B 类	单跨跨径不超过 150m 的高速公路、一级公路上的桥梁,单跨跨径不超过 150m 的二级公路上的特大桥、大桥
C 类	二级公路上的中桥、小桥,单跨跨径不超过 150m 的三级、四级公路上的特大桥、大桥
D 类	三级、四级公路上的中桥、小桥

各设防类别桥梁的抗震设防目标　　　　　　　　　　　　表 4-1-21

桥梁抗震设防类别	设 防 目 标			
	E1 地震作用		E2 地震作用	
	震后使用要求	损伤状态	震后使用要求	损伤状态
A 类	可正常使用	结构总体反应在弹性范围,基本无损伤	不需修复或经简单修复可正常使用	可发生局部轻微损伤
B 类	可正常使用	结构总体反应在弹性范围,基本无损伤	经临时加固后可供维持应急交通使用	不致倒塌或产生严重结构损伤
C 类	可正常使用	结构总体反应在弹性范围,基本无损伤	经临时加固后可供维持应急交通使用	不致倒塌或产生严重结构损伤
D 类	可正常使用	结构总体反应在弹性范围,基本无损伤	—	—

注:B 类、C 类中的斜拉桥和悬索桥以及采用减隔震设计的桥梁,其抗震设防目标应按 A 类桥梁要求执行。

4. 抗震设计方法

根据桥梁抗震设防分类及抗震设防烈度,桥梁抗震设计方法可分为以下 3 类:

(1)1 类,应进行 E1 地震作用和 E2 地震作用下的抗震分析和抗震验算,并应满足本章桥梁结构抗震体系的要求以及相关构造和抗震措施的要求。

(2)2 类,应进行 E1 地震作用下的抗震分析和抗震验算,并应满足相关构造和抗震措施的要求。

(3)3 类,应满足相关构造和抗震措施的要求,可不进行抗震分析和抗震验算。

桥梁抗震设计方法应按表4-1-22选用。

桥梁抗震设计方法选用 表4-1-22

桥梁类别	抗震设防烈度					
	VI	VII		VIII		IX
	0.05g	0.1g	0.15g	0.2g	0.3g	0.4g
A 类	1 类	1 类	1 类	1 类	1 类	1 类
B 类	3 类	1 类	1 类	1 类	1 类	1 类
C 类	3 类	1 类	1 类	1 类	1 类	1 类
D 类	3 类	2 类	2 类	2 类	2 类	2 类

5. 桥梁延性抗震设计及各种桥型设计原则

1956 年,Housner 首先讨论了极限设计概念在抗震设计中的应用;1961 年,美国波特兰水泥协会(PCA)发布的《多层钢筋混凝土建筑抗震设计》手册,引入了"延性"和"延性系数"概念。20 世纪 60 年代,结构非线性反应的研究盛行,在抗震研究上亦有反映。以 Newmark 为首的研究者们,提出用"延性"概括结构物超过弹性阶段的抗震能力,并认为延性大小是结构物抗震能力强弱的重要度量。在抗震设计中,除了强度与刚度之外,还必须加强延性,并提出了按延性系数将弹性反应谱修改成为弹塑性反应谱的具体方法和数据。延性抗震设计主要是利用结构、构件自身的延性耗能能力来抵抗地震作用,并通过增加结构、构件延性,对结构允许出现塑性铰的部分进行专门的延性设计来实现。通过延性设计的结构,往往容许很大的地震力和能量从地面传递给结构。

1)延性概念

材料、构件或结构的延性,通常定义为在初始强度没有明显退化情况下的非弹性变形的能力。它包括两个方面的能力:①承受较大的非弹性变形,同时强度没有明显下降的能力;②利用滞回特性吸收能量的能力。

延性好的结构、构件或构件的某个截面的后期变形能力大,在达到屈服或最大承载能力状态后仍能吸收一定量的能量,能避免脆性破坏的发生。

2)桥梁实用的简化延性抗震设计理论

桥梁抗震设计的基本原则之一,是要保证结构在预期的设计地震作用下的安全性。根据这个原则,按延性概念来设计抗震结构,意味着结构在预期的设计地震作用下必须具有一定可靠度保证的延性储备。也就是说,必须在概率意义上保证结构具有的延性超过预期地震动所能激起的最大非弹性变形(延性需求)。

为了实现这个目标,在设计延性抗震结构时,就必须进行延性需求与能力分析的比较。由于延性概念必然涉及结构的非弹性变形问题,因此,计算延性需求成为设计中一项困难的任务。

3)各国抗震规范中有关延性设计的规定

当今各国的抗震规范均已向极限状态理论及延性抗震设计的方向发展,我国还有较大的差距。各国的规定不尽一致,且有许多不完善之处,最终发展为基于可靠度理论的荷载与抗力分项系数设计法。延性抗震设计的基础来源于 Newmark 的能量等值假说:"具有双线性弹塑性恢复力特性的单质点系结构受地震作用时,其弹塑性响应与相当弹性响应的输入能量相等"。许多国家都进行了必要的试验研究,所以各国关于延性系数的规定有所不同。

增加横向约束箍筋的体积比可使混凝土强度及极限应变增大,但对桥墩来说,如过度提高混凝土的约束力,则将使塑性铰区域变小,导致轴向钢筋断裂而达最终极限状态。故在计算容许延性系数时,应同时考虑横向约束箍筋作用及轴向钢筋的极限应变。美国规范和欧洲规范对塑性铰区含箍率的规定比较一致,我国则偏低。日本规范为简单起见,对横向约束钢筋的体积比给定了一个上限值。

4)延性桥梁抗震构造设计

构造设计对桥梁抗震性能的重要意义,早已被桥梁震害经验所证实,构造设计主要包括钢筋细部构造设计和防落梁构造设计。钢筋细部构造是保证结构位移延性的关键因素之一。各国规范都十分重视抗震桥梁的构造规定。下面列出各国现行规范关于钢筋细部构造设计的有关条文规定。

(1)延性桥墩中的纵向钢筋

理论分析表明,桥墩中纵向钢筋含量对桥墩的延性有一定的影响。但纵筋含量对延性如何影响,目前的认识水平相差较大。但均认为,延性桥墩中纵向钢筋的含量不宜太低,也不宜太高。表4-1-23 中列出了各国现行规范对纵向钢筋配筋率的限定。

各国现行规范关于延性桥墩中纵向钢筋含量的规定　　　　表4-1-23

规 范 名 称	下 限 值	上 限 值
AASHTO 规范	0.01	0.08
Caltrans 规范	0.01	O.08
ATC-32 规范建议	0.01	0.04
JSCF 规范	没有具体规定	
Eurocode 8	没有具体规定	
《公路桥梁抗震设计规范》 (JTG/T 2231-01—2020)	0.006	0.04

(2)延性桥墩中的横向箍筋

横向箍筋在延性桥墩中起到三个方面的作用:①用于约束塑性铰区混凝土,提高混凝土的抗压强度和延性;②提供抗剪能力;③防止纵向钢筋压屈。

因此,各国规范对延性桥墩中横向箍筋的有关规定也是最多的,表4-1-24 中列出了各国现行规范对塑性铰区截面横向钢筋的有关规定。

各国现行规范对桥墩塑性铰区截面横向钢筋的有关规定　　　　表4-1-24

规 范 名 称	箍 筋 间 距	屈 服 应 力
AASHTO 规范	$\min(b/4,10\text{cm})$	$F \leq 400\text{MPa}$
Caltrans 规范	$\min(b/5,6d_s,20\text{cm})$	$F \leq 400\text{MPa}$

规范名称	箍筋间距	屈服应力
JSCE 规范	$\min(b/2, 12 d_s)$	没有规定
Eurocode 8	$\min(6 d_s, b/5)$	没有规定
《公路桥梁抗震设计规范》（JTG/T 2231-01—2020）	$\min(b/4, 6 d_s, 10\mathrm{cm})$	没有规定

注:表中 b 为墩柱横截面的短边宽度, d_s 为墩柱纵向钢筋的直径。

（3）延性桥墩塑性铰区的长度

桥墩塑性铰区长度与等效塑性铰长度两个概念常常被混淆,前者是用于确定实际施工中延性桥墩箍筋加密段的长度,后者则只是理论上的一个概念。各国现行规范都对延性桥墩的塑性铰区长度做了明确的规定,见表 4-1-25。

各国现行规范关于桥墩中塑性铰区长度的规定　　　　表 4-1-25

规范名称	塑性铰区长度
AASHTO 规范	$\max(b_{\max}, 1/6 h_c, 457\mathrm{mm})$
Caltrans 规范	$\max(b_{\max}, 1/6 h_c, 610\mathrm{mm})$
ATC-32 规范	$\max(b_{\max}, 1/6 h_c, 610\mathrm{mm}, l_0)$
JSCE 规范	无具体规定
Eurocode 8	$\max(b_{\max}, l_0)$
《公路桥梁抗震设计规范》（JTG/T 2231-01—2020）	$\max(L_p, 1.5 b_1, l_1)$ 当墩柱的高度与横截面短边宽度之比小于 2.5 时,取墩柱全高

注:表中 $b_{\max}$ 为横截面最大尺寸, h_c 为桥墩净高, l_0 为墩柱上弯矩超过最大弯矩80%的区段长度, L_p 为等效塑性铰长度, l_1 为墩柱上弯矩超过最大弯矩75%的区段长度, b_1 为墩柱弯曲方向的截面宽度。在 ATC-32 规范建议中,规定若桥墩轴压比超过 0.3,塑性铰区长度再增大50%;欧洲规范规定,若桥墩轴压比大于 0.3,但小于 0.6,则塑性铰区长度再增大50%。

（4）延性桥墩中钢筋的锚固与搭接

因钢筋锚固与搭接细部设计不当引起的桥梁震害,在多次破坏性地震中均时有发现。从保证桥墩的延性能力方面考虑,对塑性铰区截面内钢筋的锚固和搭接细节必须加以仔细地考虑。各国现行规范对这方面也都做了明确的规定,表 4-1-26 列出了各国现行规范的相关规定。

各国现行规范关于钢筋锚固和搭接的有关规定　　　　表 4-1-26

规范名称	钢筋锚固和搭接规定
Eurocode 8	箍筋末端必须做成握裹纵筋的135°弯钩,弯钩伸入混凝土核心长度不低于8倍箍筋直径。塑性铰区内螺旋箍筋接头必须采用机械接头,纵向钢筋不应在塑性铰区截面内搭接

规 范 名 称	钢筋锚固和搭接规定
AASHTO 规范	纵筋搭接接头只能出现在桥墩中间一半墩高的范围内,纵筋搭接按常规要求确定,纵筋搭接段内箍筋间距不得大于10cm
Caltrans 规范	纵向钢筋不应在塑性铰区截面内搭接
JSCE 规范	箍筋锚固规定:箍筋末端必须做成握裹纵筋的锐角弯钩,并可靠锚固在核心混凝土内。纵筋搭接规定:①纵向钢筋不应在塑性铰区截面内搭接;②纵筋需要截断时,每2根纵筋中只允许截断1根;③纵筋接头之间的距离不得低于其直径的25倍,也不低于搭接长度+横截面尺寸。箍筋搭接规定:①箍筋接头应保证能发挥其强度,位于塑性铰区内的接头必须采用机械连接或焊接;②箍筋接头必须错开
《公路桥梁抗震设计规范》 (JTG/T 2231-01—2020)	纵向钢筋的锚固和搭接长度应在《公路钢筋混凝土及预应力混凝土桥涵设计规范》(JTG 3362—2018)要求的基础上增加$10d_s$,d_s为纵向钢筋的直径,不应在塑性铰区域进行纵向钢筋连接

5）各种桥型的抗震设计原则

虽然桥梁因其跨度、构件尺寸和基础形式不同,表现出不同的地震反应,但是,同一类桥型在动力特性、地震反应等方面存在一定的规律性,了解这些规律和特征,了解各种桥型的抗震设计原则,有助于抗震概念设计,并在概念设计中做一些基本判断。

（1）梁桥

梁桥应尽可能采用对称的结构形式,上下部结构之间的连接构造也应尽可能均匀对称。

（2）拱桥

建在抗震设防烈度8度或9度地区的大跨度拱桥,主拱圈宜采用抗扭刚度较大、整体性较好的箱形截面形式;当采用钢筋混凝土肋拱时,必须加强横向联系;下承式和中承式拱桥应设置风撑,并加强横梁刚度。

（3）斜拉桥

斜拉桥闭口箱梁的竖向挠曲频率较开口截面高,拉索扇形或辐射形布置的竖向挠曲频率较竖琴式高。大跨度斜拉桥一般是一种长周期结构,其第一振型——纵向飘浮振型对主塔顺桥向地震反应的贡献占绝对优势。在飘浮体系斜拉桥中,对塔的横向地震反应贡献最大的是以塔的振动为主的振型(塔的对称横向振动和反对称横向振动)。

从抗震要求考虑,希望结构柔一些。因为柔性结构的振动周期长,地震反应较小,但位移反应大,应引起重视。建在抗震设防烈度8度或9度地区的斜拉桥宜优先考虑飘浮体系方案;如果飘浮体系导致梁端位移过大,宜采用塔、梁弹性约束或阻尼约束体系。

（4）悬索桥

悬索桥是柔性结构,基本周期很长,因而受地震荷载控制的可能性较小。但是,竖向地震分量对加劲梁、主塔横梁弯矩的影响,对塔柱、桩基轴力的影响等应予以重视。加劲梁与边梁间的相对位移较大是柔性结构的又一特点。保证伸缩缝的作用,设置挡块,设置减震支座等都是减小相对位移、防止落梁的较好措施。主要承重结构——桥塔宜选择有利于提高延性变形能力的结构形式及体量,避免发生脆性破坏。

6. 抗震措施和桥梁减隔震设计

1) 桥梁常采用的抗震措施

(1) 塔、梁相交位置处,宜在横桥向梁体两侧设置缓冲装置。

(2) 设简支过渡孔的特殊桥梁,应加宽主桥与引桥连接处的过渡墩的盖梁宽度,并采取防落梁措施。

(3) 选用梁端伸缩缝时,应考虑地震作用下的梁端位移。

2) 桥梁减隔震设计

桥梁的减隔震是通过引入减隔震装置,从而延长结构周期,减少地震输入(即减少传递到结构上的地震力和能量),并增加耗能能力来实现的。它以外加耗能机制作为主要抗震构件,而以结构构件抗震为辅。减隔震技术工作机理有三点:①采用柔性支承延长结构周期,减小结构地震反应;②采用阻尼器式能量耗散元件,限制结构位移;③保证结构在正常使用荷载作用下具有足够的刚度。

(1) 减隔震的概念与原理

减震是利用特制减震构件或装置,使之在强震时率先进入塑性区,产生大阻尼,大量消耗进入桥梁体系的能量;隔震则是利用隔震体系,设法阻止地震能量进入主体桥梁。在实践中,有时把这两种体系合二为一。

减隔震体系主要通过增大桥梁主要振型的周期,使其落在地震能量较少的范围内或增大桥梁的能量耗散能力,从而达到减小桥梁地震反应的目的。大量研究表明,适宜进行减隔震设计的情况主要有三种:①桥梁墩柱刚度较大,即自振周期较小;②桥梁很不规则,如墩柱的高度变化较大,有可能导致受力不均匀;③预测的场地地震运动的能量主要集中在高频分量,而低频分量的能量较少(浅震、近震、岩石地基)。因此,要根据桥梁特点和场地地震动特点决定是否要进行减隔震设计,以及采用什么减隔震装置。

减隔震技术包括地基隔震、基础隔震以及上部结构隔震。

地基隔震方法可分成绝缘和屏蔽两种。绝缘利用软弱地基或高刚性基础降低输入波;屏蔽是在建筑物周围挖深沟或埋入屏蔽板等,将长周期为卓越的那部分表面波隔断。这种方法不能绝缘或屏蔽直下型输入波。

基础隔震是在基础与墩台之间设置隔震装置,分为周期延长、能量吸收及绝缘等方法。周期延长法是采用某种装置将整个结构体系周期加长的方法;能量吸收是采用减震装置以控制地震时结构物不产生过大变形,并在地震结束时尽早停止振动;绝缘是采用液体浮油、磁悬浮、滑边支承、滚动轴承等装置将地震动断开,如能保证机构的稳定性,这种方法是理想的隔震方法。

上部结构隔震是指在桥墩与上部结构之间设置隔震装置,可以分为能量吸收和附加振动两种形式。能量吸收形式是在任意层设置弹塑性型、黏液型或摩擦型等各种阻尼器;附加振动体形式则是在任意层上加设振动体,将振动由结构物本身向附加振动体转移。

隔震的本质是将结构与地面运动尽可能分离开来。其办法是延长结构的周期,避开地震的卓越周期,从而降低传入结构中的地震能量。但是随着结构周期延长,结构位移反应必然随之增加,可能造成设计上的困难。此外,由于结构较柔,在正常使用荷载作用下结构可能会发生有害振动。为了控制结构的有害振动,减小结构变形,可通过增加结构阻尼实现。

(2)桥梁减隔震设计的一般规定

①满足下列条件之一的桥梁,可采用减隔震设计:

a. 桥墩为刚性墩,桥梁的基本周期比较短。

b. 桥墩高度相差较大时。

c. 桥梁工程场地的预期地面运动特性比较明确,主要能量集中在高频段时。

②存在以下情况之一时,不宜采用减隔震设计:

a. 地震作用下,场地可能失效。

b. 下部结构刚度小,桥梁的基本周期比较长。

c. 位于软弱场地,延长周期也不能避开地震波能量集中频段。

d. 支座中可能出现负反力。

③采用减隔震设计的桥梁,可只进行 E2 地震作用下的抗震设计和验算。但宜同时对相应的非减隔震桥梁进行抗震分析,检验是否适合采用减隔震设计以及减隔震效果。

④减隔震设计的桥梁,减隔震装置应具有足够的初始刚度和屈服强度,满足正常使用条件的要求。相邻上部结构之间必须在桥台、桥墩等处设置足够的间隙,满足位移需求。

(3)常用减隔震措施

①阻尼器和锁定装置

阻尼器(即阻尼装置)的种类很多,按其输出阻尼力和位移的关系曲线一般分为黏滞阻尼、摩擦阻尼、黏弹性阻尼和弹塑性阻尼四种,这里介绍近年来应用较多的黏滞阻尼器。

图 4-1-12 为美国 Taylor 公司生产的黏滞阻尼器结构示意图。

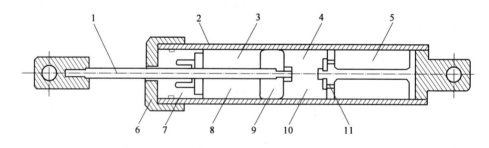

图 4-1-12　黏滞阻尼器

1-活塞杆;2-油缸;3,4-可压缩硅油;5-蓄压池;6-密封圈;7-高强度缩醛树脂;8-室 A;9-带阻尼孔活塞头;10-室 B;11-控制阀

黏滞阻尼器的输出方程为:

$$F = Cv^{\alpha} \tag{4-1-5}$$

式中:F——阻尼力;

C——阻尼系数;

v——相对速度(或称传动速度;对本阻尼器,为活塞杆与油缸的相对速度);

α——速度指数,对于桥梁工程来说,α 可取 $0.4 \sim 0.5$;对于低烈度地震区,α 可取 2;主要抵御风致振动的桥梁,α 可取 $0.5 \sim 1$。

这类阻尼器产品理想的阻尼比范围为 $10\% \sim 45\%$,阻尼力为 $0.5 \sim 80MN$,行程为 $25 \sim 1500mm$。

锁定装置是一种大阻尼的特殊阻尼装置,它的锁定力和速度的方程与阻尼装置类似,装置的锁定速度定义为输出额定锁定力时的传动速度。其值小于由于地震、风致振动等引起的结构振动速度,大于温度引起的位移速度。锁定速度一般在每秒毫米量级。

图 4-1-13 给出了锁定装置和阻尼装置输出阻尼力反应曲线,横坐标为反应速度(in/s),纵坐标为输出阻尼力($10^3 lb$)。锁定装置锁定力输出方程为 $F = 40 \times 10^6 v$,当 $v = 0.005in/s$ 时,达到 $200 \times 10^3 lb$ 额定锁定力;阻尼装置阻尼力输出方程为 $F = 45730 \times v^{0.4}$,当 $v = 40in/s$ 时,达到 $200 \times 10^3 lb$ 额定阻尼力。由此可看出两者达到同样阻尼力(锁定力)的速度差异巨大(注:$1in = 25.4mm$,$1lb = 4.4482N$)。

图 4-1-14 为阻尼比为 32.6% 的单质点振动位移时程曲线,图 4-1-15 为大阻尼作用下,锁定速度为 $30mm/s$ 时的单质点位移时程曲线。可以看出,锁定装置对结构运动起到一种快速停止的作用,阻尼器对结构运动起到耗能、衰减振动的作用。

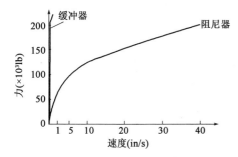

图 4-1-13 阻尼器和锁定装置输出反应曲线比较

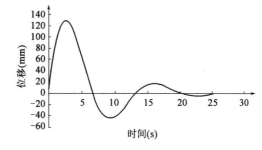

图 4-1-14 单质点有阻尼振动位移时程曲线

②各种减隔震支座

a. 叠层橡胶支座

叠层橡胶支座由薄橡胶板和薄钢板交替结合而成。钢板对橡胶板的横向变形产生约束,因而增加了橡胶竖向刚度,又由于分层设置的原因,叠层橡胶支座可发生水平变形,增加了结构系统的柔性。橡胶材料可特殊配制,以增大材料黏性,利于能量吸收,达到减震的目的。在 20 世纪 80 ~ 90 年代建设的小跨径连续梁桥中,叠层橡胶支座应用较广。但随着使用年限的增加,橡胶支座在天然环境下的老化问题逐渐显现,限制了其在桥梁中的应用。

b. 铅芯橡胶支座

在橡胶支座的中部或中心周围竖直地压入纯度为 99.9% 的铅芯就形成了铅芯橡胶支座(图 4-1-16)。在支座的中心处设置铅棒,一方面,可提高支座的早期刚度,对于控制风反应和抵抗地基的微振动有利;另一方面,由于铅棒的屈服强度较低,在弹塑性变形条件下又有较好的抗疲劳性能,因而具有较大的阻尼和较强的耗能能力。但铅芯橡胶支座同样存在橡胶易老化、支座承载能力较低、低频小振幅地震激励下结构地震反应可能放大、对墩柱较柔的桥梁隔震效果不是很好等问题。因此,铅芯橡胶支座等无法满足大跨度桥梁重载荷、长寿命的要求。

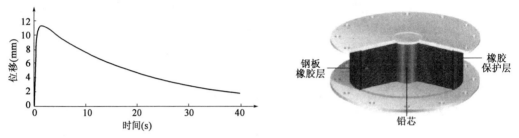

图 4-1-15 单质点大阻尼锁定位移时程曲线

图 4-1-16 铅芯橡胶支座

c. 钢质耗能体系

钢耗能支座由一系列沿圆周排列的 C 形(或 E 形)钢质耗能单元组成(图 4-1-17)。在横向力作用下,通过 C 形(或 E 形)钢的挠曲变形提供位移和阻尼。设计时需注意截面在所有运动方向的应力相近,以获得较好的耗能效果。此类支座属于材料耗能体系,应保证耗能单元材料在弹性变形和塑性变形区均具有较好的抗疲劳特性,并保证与耗能单元和支座相连接的关键性构件(如销轴)具有较高强度和抗疲劳性能。

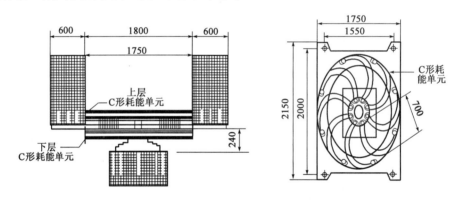

图 4-1-17 C 形钢质耗能支座连接方式(尺寸单位:mm)

d. 回弹滑动支座

回弹滑动隔震支座由一组重叠放置又相互滑动的带孔四氟板和一个中央橡胶核、若干个卫星橡胶核组成。这种隔震装置是靠橡胶核提供指向平衡位置的恢复力,同时控制过大的相对位移,并通过四氟板间的摩擦和橡胶层阻尼消耗地震能量。调整四氟乙烯板之间的摩擦系数和中央橡胶核的直径能达到较好的隔震性能。但这种隔震支座构造比较复杂,也存在着橡胶老化问题。

e. 摩擦摆支座

摩擦摆支座组成如图 4-1-18 所示。其中,中间层滑块由高强抗压材料构成。其工作原理类似单摆,具体为:滑块的滑动面在下部结构发生地震位移时,由于上部结构的重力及圆弧形的下底板滑动面,

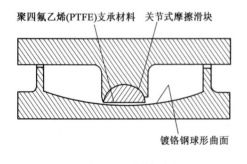

图 4-1-18 摩擦摆支座

总能产生指向平衡位置的回复力;通过滑块和滑动面之间摩擦耗能;由于滑块转动面与上盖板的关节接触方式,上部结构总能保持水平状态。这种支座物理意义明确、设计思路简洁、构造简单、耐久性好,并具有自恢复能力,在美国、加拿大等国的桥梁减隔震中得到了广泛应用,并取得了良好的经济效益和很好的减震效果。

f.曲面球型减隔震支座

双曲面球型减隔震支座主要由上座板、中座板、下座板、上球面不锈钢滑板、下球面不锈钢滑板、四氟滑板、抗剪销、安全螺钉及防尘密封装置等组成,其中上四氟滑板和下四氟滑板均采用分片镶嵌的填充聚四氟乙烯复合夹层滑板。支座结构如图4-1-19所示。

双曲面球型减隔震支座是以普通球型支座为基础研制的,采用大半径球面摩擦副取代普通球型支座的平面摩擦副,并设计了限位约束装置,是一种性能较好的新型支座。该支座利用钟摆机理延长了桥梁的自振周期,通过桥自重提供自复位能力,帮助桥梁上部结构回到原来的位置。

双曲面球型减隔震支座的减隔震工作原理是:当地震发生且水平横向力超过预定值时,限位装置的抗剪销和安全螺钉被剪断,支座的横向限位约束被解除,大半径球面摩擦副横向即可自由滑动,通过摩擦阻力逐渐消耗地震能量。这样,延长了地震周期,达到减震、抗震效果;而地震过后,结构自重又可形成恢复力,使支座复位。支座滞回曲线如图4-1-20所示。

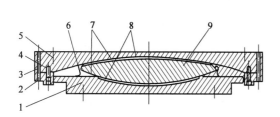

图4-1-19 双曲面球型减隔震支座结构示意图
1-下座板;2-导向板;3-抗剪销;4-安全螺钉;5-上座板;
6-防尘密封装置;7-球面不锈钢滑板;8-四氟滑板;9-中座板

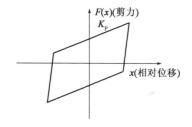

图4-1-20 双曲面环型减隔震支座带回曲线图

六、掌握城市天桥、地道设计原则及梯(坡)道、踏步设计要点

随着经济建设的发展,我国城市交通日趋发达,为提高城市路网的通行能力,确保行人过街安全、方便,城市人行天桥与地道的建设日益增多。已有经验表明,这种人行过街设施对提高车辆运行速度、实现人车争流、改善交通拥挤状况、提高城市居民步行质量等有良好的交通和社会效益,因而越来越受到城市建设部门的重视。

1. 城市人行天桥与人行地道的总体要求

城市人行天桥与人行地道(以下简称"天桥"与"地道")的设计与施工,应使工程达到适用、安全、经济、美观的要求。具体要求如下:

(1)天桥与地道设计应符合城市规划布局的要求,应从工程环境出发,根据总体交通功能进行选型。

（2）从实际出发，因地制宜，应积极采用新结构、新工艺、新技术。

（3）结构应满足运输、安装和使用过程中强度、刚度和稳定性要求。

（4）结构设计应与施工工艺统筹考虑，宜采用工厂预制的装配式结构。

（5）应按适用、经济、美观相结合的原则确定装饰标准。

（6）应符合防火、防电、防腐蚀、抗震等安全要求。

（7）应限制结构振动对行人舒适感、安全感的不利影响。

（8）选择施工工艺、制订施工组织方案时，应以少扰民、少影响正常交通为原则，做到安全、文明、快速施工。

此外，天桥与地道的设计与施工，在防火、防爆、防电、防腐蚀等方面尚应符合国家现行有关标准、规范的规定。

2. 城市人行天桥与人行地道的设计原则

天桥与地道工程一般属永久建筑，建成后一般不轻易改建，因此在规划布局时，天桥与地道设计布局应结合城市道路网规划，适应交通的需要，并应考虑由此引起附近范围内人行交通所发生的变化，且对此种变化后的步行交通进行全面规划设计。属于下列情况之一时，可设置天桥或地道。其中机动车交通量应按每小时当量小汽车交通量（辆/时，即 pcu/h）计。

（1）进入交叉口总人流量达到 18000 人/h，或交叉口的一个进口横过马路的人流量超过 5000 人/h，且同时在交叉口一个进口或路段上双向当量小汽车交通量超过 1200pcu/h。

（2）进入环形交叉口总人流量达 18000 人/h 时，且同时进入环形交叉口的当量小汽车交通量达 2000pcu/h 时。

（3）行人横过市区封闭式道路或快速干道或机动车道宽度大于 25m 时，应每隔 300～400m 设一座。

（4）铁路与城市道路相交道口，因列车通过一次阻塞人流超过 1000 人次或道日关闭时间超过 15min 时。

（5）路段上双向当量小汽车交通量达 1200pcu/h，或过街行人超过 5000 人/h。

（6）有特殊需要（在人流集散时间集中，对顽童、学生等需要倍加保护的地方，例如小学、中学校门口等），可设专用过街设施。

（7）复杂交叉路口，机动车行车方向复杂，对行人有明显危险处。

天桥和地道各具优缺点。天桥具有建筑结构简单、工期短、投资较少、施工较易、施工期基本不影响交通和附近建筑安全、与地下管线的矛盾较易解决、维护方便等优点，但是在与周围环境协调问题上要求较高，特别是附近有文物、重要建筑时更不易处理；其次是过街者一般不愿意走天桥，建天桥也常给道路改造带来困难，并且可能与将来修建立交桥和高架桥发生矛盾。地道的优点是与附近景观没有矛盾，净高比天桥要少些，一般与道路改造矛盾较少。但地道一般须设泵站排水，结构比较复杂，施工较难，影响交通，工期长，造价高，与地下管线矛盾较难处理，建成后还要专人管理，管理和维护费用大。因此在设计时，应对天桥与地道做详细全面的比较。天桥或地道的选择应根据城市道路规划，结合地上地下管线、市政公用设施现状、周围环境、工程投资以及建成后的维护条件等因素做方案比较。地震多发地区宜考虑地道方案。

掌握使用者的动态是进行人行天桥或地道规划设计时的重要依据，规划天桥与地道应以规划人流量及其主要流向为依据,在考虑自行车过天桥地道时,还应依据自行车流量和流向,因地制宜采取交通管理措施,保障行人交通安全和交通连续性。并做出有利于逐步形成步行系统的总体布局。

城市道路两侧建筑比较复杂,天桥与地道在路口的布局应从路口总体交通和建筑艺术等角度统一考虑。不要因建造天桥而破坏附近建筑,特别是文物和重要建筑的景观。而地道最易遇到与地下管线、地下构筑物的矛盾,不要因为建造地道而使地下管线或构筑物拆迁太多,造成工程造价过大。在路上交通复杂,人与车、车与车、人与人都产生交织矛盾,要找出交通矛盾的主要方面,比较选择出效益好的交通设施(天桥、地道或立交桥),同时还要考虑建筑艺术,以求最大综合效益。

天桥与地道虽然是过街行人的安全设施,但是走天桥与穿地道,一般都较费力,行人不太乐意,因此天桥与地道的设置应与公共车辆站点结合,还应有相应的交通管理措施。在天桥和地道附近布置交通护栏、交通岛、各种交通标志、标线、交通信号灯及其他设施。

天桥与地道的布局既要利于提高行人过街安全度,又要提高机动车道的通行能力。地面梯口不应占人行步道的空间,特殊困难处,人行步道至少应保留1.5m宽,应与附近大型公共建筑出入口结合,并在出入口留有人流集散用地。天桥与地道设计要为文明快速施工创造条件,宜采用预制装配结构,在需要维持地面正常交通时地道应避免大开挖的施工方法。天桥的建筑艺术应与周围建筑景观协调,主体结构的造型要简洁、明快、通透,除特殊需要处不宜过多装修。

商场、文体场(馆)、地铁站等大型人流集散点的行人很多都需要横过道路到其他地方进行购物、文娱等活动。因此,如在这些地方规划天桥与地道,可与商场、文体场(馆)、地铁车站等大型人流集散点直接连通以发挥疏导人流的功能,有效地将行人迅速集散到各目的地,减少行人上下桥梯的次数。

3. 梯(坡)道、踏步设计要点

梯(坡)道、踏步设计应符合下列规定:

(1)梯道坡度不得大于1:2。手推自行车及童车的坡道坡度不宜大于1:4。残疾人坡道的设置应以手摇三轮车为主要出行工具,并考虑坐轮椅者、拐杖者、视力残疾者的使用和通行。坡道不宜大于1:12,有特殊困难时不应大于1:10。

(2)梯道宜设休息平台,每个梯段踏步不应超过18级,否则必须加设缓步平台,改向平台深度不应小于桥梯宽度,直梯(坡)平台,其深度不应小于1.5m;考虑自行车推行时,不应小于2m。自行车转向平台宜设不小于1.5m的转弯半径。

(3)栏杆扶手应符合下列规定:

①栏杆高度不应小于1.05m。

②栏杆应采用坚固、耐久的材料制作,并能承受规定的水平荷载。

③栏杆构件间的最大净间距不得大于14cm,且不宜采用横线条栏杆。

④考虑残疾人通行时,应在0.65m高度处另设扶手,在儿童通行较多处,应在0.8m高度处另设扶手。

⑤梯宽大于6m,或冬季有积雪的地方,梯(坡)面有滑跌危险时,梯、坡道中间宜增设栏杆扶手。

（4）梯道踏步规格应符合下列规定：

①梯道踏步最小步宽以 0.30m 为宜，最大步高以 0.15m 为宜，螺旋梯内侧步宽可适当减小。

②踏步的高宽关系按 $2R+T=6m$ 的关系式计算，其中 R 为踏步高度，T 为踏步宽度。

（5）考虑残疾人使用要求的建筑标准应符合《无障碍设计规范》（GB 50763—2012）规定。

七、掌握桥梁支座类型与构造

1. 概述

梁式桥在桥跨结构和墩台之间需设置支座，其作用为：①传递上部结构的支承反力，包括恒载和活载引起的竖向力和水平力；②保证结构在活载、温度变化、混凝土收缩和徐变等因素作用下的自由变形，以使上、下部结构的实际受力情况符合结构的静力图示（图 4-1-21）。

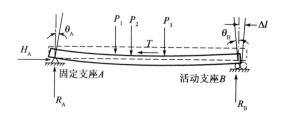

图 4-1-21　简支梁的静力图式

梁式桥的支座分成固定（铰）支座和活动（铰）支座两种。固定（铰）支座既要将主梁固定在墩台上并传递竖向力和水平力，又要保证主梁发生挠曲时在支承处能自由转动，如图 4-1-21 左端所示。活动（铰）支座仅传递竖向力，同时保证主梁在支承处既能自由转动，又能水平移动，如图 4-1-21 右端所示。在梁的单个支承点上，如单片预制梁、独立箱梁等，纵桥向只能设置 1 个支座，横桥向支座数不应大于 2，确保结构受力明确。

对于多跨简支梁桥，相邻两跨简支梁的固定（铰）支座不宜集中布置在同一个桥墩上，但若个别桥墩较高时，为减小水平力引起的桥墩弯矩，可将相邻两跨的活动（铰）支座集中布置其上。对于坡桥，宜将固定（铰）支座布置在高程较低的墩台上。对于连续梁桥，为使全梁的纵向变形分散在梁的两端，宜将固定（铰）支座设置在靠中间的支点处，但若中间支点处桥墩较高，且左右梁长不对称，其水平受力将不利，此时，可根据具体情况将固定（铰）支座布置在其他合适的墩台上。

此外，对于特别宽的梁桥，应设置沿纵向和横向均能移动的全方位活动（铰）支座。对于弯桥，则应考虑活动（铰）支座沿弧线方向移动的可能性。对于处在地震地区的梁桥，其支座构造设计还应考虑桥梁防震和减震设施的需要。

2. 支座的类型与构造

梁式桥支座使用最多的是橡胶支座，在低等级道路小桥上也有采用油毛毡等简易支座的情况，钢支座也时有采用。橡胶支座设计应符合《公路桥梁板式橡胶支座》（JT/T 4—2019）及《公路桥梁盆式支座》（JT/T 391—2019）的有关规定。

1）普通板式橡胶支座

板式橡胶支座由数层薄橡胶片与薄钢板镶嵌、黏合、压制而成。它具有足够的竖向刚度,以承受垂直荷载,能将上部结构的反力可靠地传递给墩台;有良好的弹性和偏压变形性能,能适应梁端的转动需要;有较大的剪切变形,能满足上部结构水平位移需要。板式橡胶支座的活动机理是:利用橡胶的不均匀弹性压缩实现转角 θ,利用其剪切变形实现水平位移 Δ,如图 4-1-22 所示。

普通板式橡胶支座一般无固定支座与活动支座之区别,所有纵向水平力和位移由各个支座均匀分配。必要时也可采用高度不同的橡胶板来调节各支座传递的水平力和水平位移,但支座的长、宽、高尺寸应该满足《桥规》第 8.7 条及第 9.7 条的相关规定。

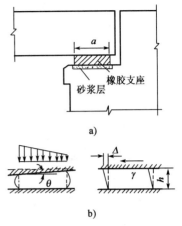

图 4-1-22　板式橡胶支座活动机理

普通板式橡胶支座区分为矩形板式橡胶支座(代号 GJZ)(图 4-1-23)、圆形板式橡胶支座(代号 GYZ)(图 4-1-24)。普通板式橡胶支座的橡胶材料与使用地区的温度条件有关,常温型橡胶支座,应采用氯丁橡胶(CR)生产,适用温度为 −25 ~ +60℃。不得使用天然橡胶代替氯丁橡胶。也不允许在氯丁橡胶中掺入天然橡胶;耐寒型橡胶支座,应采用天然橡胶(NR)生产,适用温度为 −40 ~ +60℃。

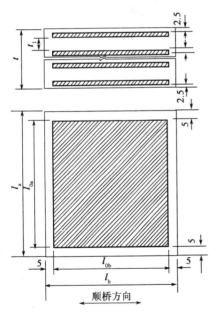

图 4-1-23　矩形板式橡胶支座(尺寸单位:mm)

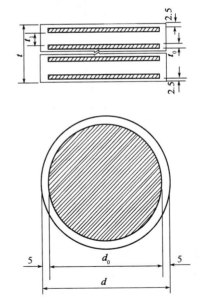

图 4-1-24　圆形板式橡胶支座(尺寸单位:mm)

2）四氟滑板橡胶支座

四氟滑板橡胶支座就是在普通板式橡胶支座上按照支座尺寸大小粘贴一块厚 2 ~ 4mm 的聚四氟乙烯板,除具有普通板式橡胶支座的竖向刚度与压缩变形以及能承受垂直荷载及适应梁端转动外,还能利用聚四氟乙烯板与梁底粘贴的不锈钢板间摩阻系数非常小的特点,使桥梁上部结构水平位移不受限制,如图 4-1-25 和图 4-1-26 所示。此外,这种支座还可在顶推、横移等施工中作滑板使用。四氟滑板橡胶支座代号,矩形为 GJZF4、圆形为 GYZF4。

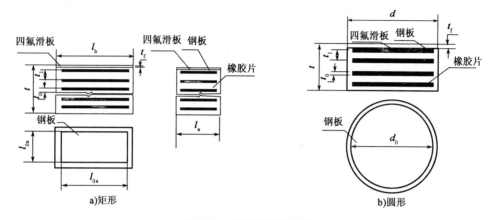

图 4-1-25　四氟滑板橡胶支座

t-支座总厚度;t_1-中间橡胶层厚度;t_0-单层钢板厚度;t_f-四氟滑板厚度;l_b、l_a-支座的平面尺寸;l_{0b}、l_{0a}-钢板的平面尺寸;d-圆形支座的直径;d_0-圆形支座内钢板的直径

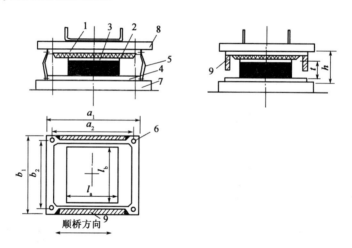

图 4-1-26　四氟滑板橡胶支座组装示意图

1-上钢板;2-不锈钢板;3-四氟滑板支座(GJZF4、GYZF4);4-下钢板;5-防尘罩;6-锚固螺栓;7-支座垫石;8-梁底预埋钢板;9-导向板

3）具有锚固装置的板式橡胶支座

当要求板式橡胶支座各向固定,但能转动时,可在上下钢板的短边上设固定措施,即在下底板上焊上强大的钢撑,其顶部的销钉伸入顶板的孔中起锚固作用,如图 4-1-27a)所示。如需支座纵向移动和横向可转动,可在顶板上预留纵向槽,允许销钉在其中纵向移动。当支座厚度较小时,可只设销钉而不再设钢撑,如图 4-1-27b)所示。

根据《公路桥涵设计通用规范》(JTG D60—2015)第 3.6.8 条,桥梁不宜采用带球冠的板式橡胶支座或坡形板式橡胶支座。

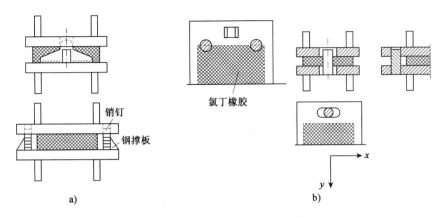

图 4-1-27 具有锚固装置的板式橡胶支座

4）盆式橡胶支座

盆式橡胶支座是钢构件与橡胶组合而成的桥梁支座,具有承载能力大、水平位移量大、转动灵活等特点,《公路桥梁盆式支座》(JT/T 391—2019)适用的盆式支座承载力为 0.4~60MN。

（1）盆式橡胶支座的分类

盆式橡胶支座按使用性能分为如下几类：

①双向活动支座(多向活动支座)(图 4-1-28):具有竖向承载、竖向转动和双向滑移性能,代号为 SX。

②单向活动支座(图 4-1-29):具有竖向承载、竖向转动和单一方向滑移性能,代号为 DX。

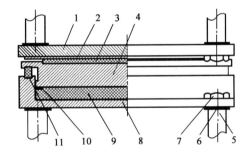

图 4-1-28 双向活动支座结构示意图(未示防尘围板)
1-顶板;2-不锈钢冷轧钢板;3-聚四氟乙烯板;4-中间钢板;5-套筒;6-垫圈;7-锚固螺栓;8-钢盆;9-橡胶板;10-黄铜密封圈;11-防尘圈

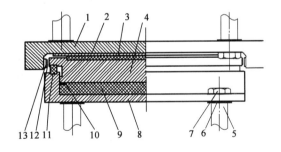

图 4-1-29 单向活动支座结构示意图(未示防尘围板)
1-顶板;2-不锈钢冷轧钢板;3-聚四氟乙烯板;4-中间钢板;5-套筒;6-垫圈;7-锚固螺栓;8-钢盆;9-橡胶板;10-黄铜密封圈;11-防尘圈;12-SF-1 导向滑条;13-侧向不锈钢条

③固定支座(图 4-1-30):具有竖向承载和竖向转动性能,代号为 GD。

④减震型固定支座(图 4-1-31):具有竖向承载、竖向转动和减震性能,代号为 JZGD。

⑤减震型单向活动支座(图 4-1-32):具有竖向承载、竖向转动、单一方向滑移和减震性能,代号为 JZDX。

盆式橡胶支座按适用温度范围分为:常温型支座,适用于 -25~+60℃;耐寒型支座,适用于 -40~+60℃。

（2）盆式橡胶支座的结构形式

双向活动支座和单向活动支座由顶板、不锈钢冷轧钢板、聚四氟乙烯板、中间钢板、黄铜密封圈、橡胶板、钢盆、锚固螺栓、防尘圈和防尘围板等组成。

固定支座由顶板、黄铜密封圈、橡胶板、钢盆、锚固螺栓、防尘圈和防尘围板等组成。

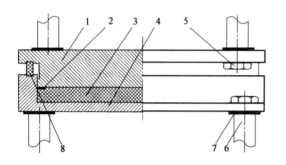

图 4-1-30　固定支座结构示意图(未示防尘围板)

1-顶板;2-黄铜密封圈;3-橡胶板;4-钢盆;5-锚固螺栓;6-套筒;7-垫圈;8-防尘圈图

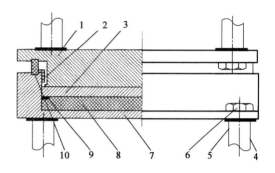

图 4-1-31　减震型固定支座结构示意图(未示防尘围板)

1-顶板;2-高阻尼橡胶;3-下衬板;4-套筒;5-垫圈;6-锚固螺栓;7-钢盆;8-橡胶板;9-黄铜密封圈;10-防尘圈

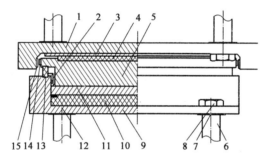

图 4-1-32　减震型单向活动支座结构示意图(未示防尘围板)

1-顶板;2-高阻尼橡胶;3-不锈钢冷轧钢板;4-聚四氟乙烯板;5-中间钢板;6-套筒;7-垫圈;8-锚固螺栓;9-钢盆;10-橡胶板;11-下衬板;12-黄铜密封圈;13-防尘圈;14-SF-1 导向滑条;15-侧向不锈钢条

5) 球型支座

球型钢支座传力可靠,转动灵活,不但具备盆式橡胶支座承载能力大、允许支座位移大等特点,而且能更好地适应支座大转角的需要。由于其各向转动性能一致,适用于宽桥、曲线桥,并且它不用橡胶承压,不存在橡胶老化对支座转动性能的影响,特别适用于低温区。

公路桥梁球形支座分类应符合《桥梁球型支座》(GB/T 17955—2009) 第 3.1 条的规定。双向活动支座(GQZ-SX)结构示意图如图 4-1-33 所示;单向活动支座(GQZ-DX)结构示意图如图 4-1-34 所示;固定支座(GQZ-GD)结构示意图如图 4-1-35 所示。

八、掌握涵洞布置原则,涵洞的结构设计,涵洞的类型、构造与选型

1. 掌握涵洞布置原则

1) 涵洞平面布设原则

(1)应根据沿线地形、地质、水文等条件,结合路线排水系统,适应农田排灌,经济合理地布设涵洞。

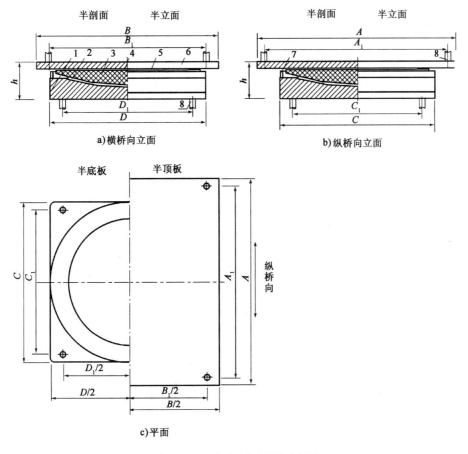

图 4-1-33　双向活动支座结构示意图

1-下底盆;2-球面聚四氟乙烯板;3-球型钢衬板;4-圆形平面聚四氟乙烯板;5-平面不锈钢板;6-上顶板;7-钢挡圈;8-锚固螺栓

（2）在跨越排水沟槽处、通过农田排灌渠道处、平原区路线通过较长的低洼或泥沼地带、傍山沿溪线暴雨时径流易集中地带以及边沟排水需要时,均应设置涵洞。当地形条件许可,经过技术、经济比较,可并沟设涵。

（3）涵洞位置和方向的布设,宜与水流方向一致,避免因涵洞布设不当,引起上游水位壅高,淹没农田、村庄和路基,引起下游流速过大,加剧冲蚀沟岸及路基。

（4）涵洞的设置应综合考虑施工、养护、维修的要求,降低建设和养护费用。

（5）沿线涵洞布设密度应根据地形、地貌、水文及农田排灌等自然条件确定,但考虑路基施工压实方便,其涵洞间距不宜小于50m。

2）涵洞立面布设原则

（1）应根据实际地形、地质及水文等条件进行涵洞立面布设,确保涵洞基础稳定,涵底不冲不淤。

（2）山岭重丘地区河沟纵坡较陡,水流流速较大,涵洞立面布设应根据地形地质情况,设置缓坡涵或陡坡涵。

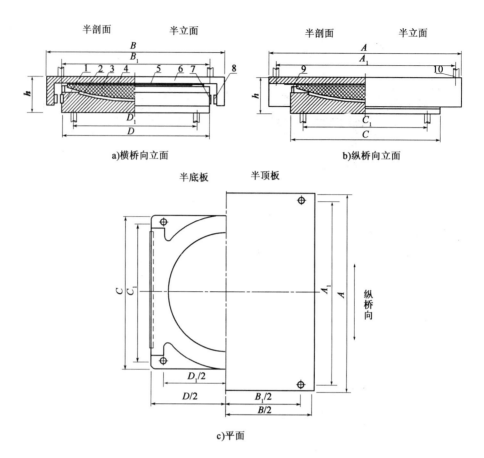

图 4-1-34　单向活动支座结构示意图

1-下底盆;2-球面聚四氟乙烯板;3-球型钢衬板;4-圆形平面聚四氟乙烯板;5-平面不锈钢板;6-上顶板;7-侧向滑条;8-不锈钢侧向滑条;9-钢挡圈;10-锚固螺栓

（3）平原微丘地区河沟纵坡较平缓,水流流速较小,设在天然河床上的涵洞,其铺砌顶面高程及坡度应与天然沟底纵坡基本一致。

2. 掌握涵洞的结构设计

1）一般规定

（1）公路涵洞结构设计应符合《公路桥涵设计通用规范》（JTG D60—2015）中作用及其组合、《公路钢筋混凝土及预应力混凝土桥涵设计规范》（JTG 3362—2018）和《公路圬工桥涵设计规范》（JTG D61—2005）中承载能力极限状态和正常使用极限状态设计的规定。

（2）按承载能力极限状态设计时,应采用下列表达式:

$$\gamma_0 S \leqslant R(f_d, \alpha_d) \tag{4-1-6}$$

式中:γ_0——结构重要性系数,取 0.9;

　　　S——作用效应组合设计值,宜按《公路桥涵设计通用规范》（JTG D60—2015）的规定计算;

R——构件承载力设计值函数；

f_d——材料强度设计值；

α_d——几何参数设计值，可采用几何参数标准值 α_k，即设计文件规定值。

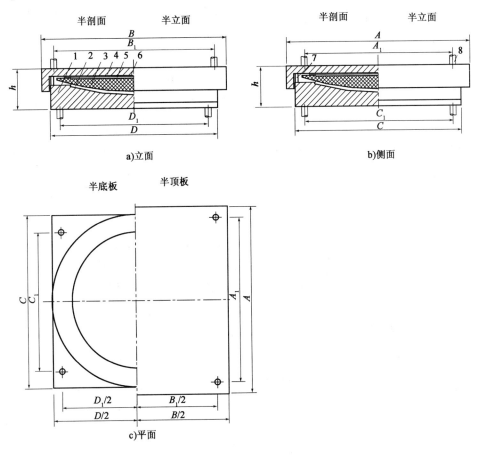

图 4-1-35　固定支座结构示意图

1-下底盆;2-球面聚四氟乙烯板;3-球面钢衬板;4-上顶板;5-平面聚四氟乙烯板;6-不锈钢板;7-防尘密封圈;8-锚固螺栓

（3）当圆管涵满足下列条件时，可认为刚性管涵，此时，作用组合时采用的土压力分项系数宜乘以 1.1 的系数。

$$\frac{E}{E_s}\left(\frac{t}{r}\right)^3 \geqslant 1 \tag{4-1-7}$$

式中：E——涵洞结构材料的弹性模量（MPa）；

$\quad\ E_s$——回填土的压缩模量（MPa）；

$\quad\ t$——管壁厚度（m）；

$\quad\ r$——管的平均半径（m）。

2）作用

（1）公路涵洞的设计应采用车辆荷载。车辆荷载的立、平面尺寸如图 4-1-36 所示，主要技术指标见表4-1-27。重型车辆少的四级公路的桥涵,车辆荷载效应乘以0.7的折减系数;应考虑车辆荷载的多车道作用及车辆荷载的传递和分布;除填料厚度(包括路面厚度)大于或等于0.5m的拱涵不计冲击力外,涵洞结构的冲击系数取0.3。

车辆荷载的主要计算指标 表4-1-27

项　目	单位	技术指标	项　目	单位	技术指标
车辆重力标准值	kN	550	轮距	m	1.8
前轴重力标准值	kN	30	前轮着地宽度及长度	m	0.3×0.2
中轴重力标准值	kN	2×120	中、后轮着地宽度及长度	m	0.6×0.2
后轴重力标准值	kN	2×140	车辆外形尺寸(长×宽)	m	15×2.5
轴距	m	$3 + 1.4 + 7 + 1.4$	—	—	—

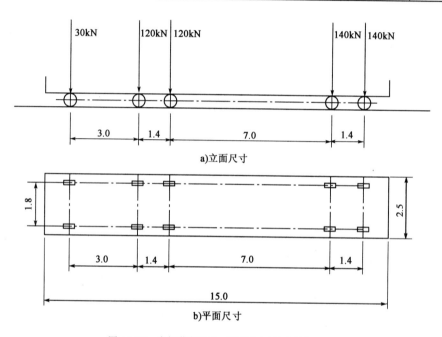

图4-1-36　车辆荷载的立、平面尺寸(尺寸单位:m)

(2)土的重力及土侧压力的计算。

①静土压力标准值的计算公式。

$$e = \xi \gamma h \tag{4-1-8}$$

$$E = \frac{1}{2} \xi \gamma H^2 \tag{4-1-9}$$

$$\xi = 1 - \sin\varphi \tag{4-1-10}$$

式中:e——任一高度h处的静土压力强度(kPa);

　　　ξ——压实土的静土压力系数;

　　　γ——土的重力密度(kN/m^3);

　　h——填土顶面至计算点的高度(m);

　　φ——土的内摩擦角(°);

　　H——填土顶面至基底高度(m);

　　E——高度 H 范围内单位宽度的静土压力标准值(kN/m)。

　　在验算抗倾覆和抗滑动稳定时,墩、台前侧地面以下不受冲刷部分的侧压力可按静土压力计算。

　　②主动土压力标准值的计算公式。

　　a.当土层特性无变化且无车辆荷载时,作用在涵台前后的主动土压力标准值可按下式计算:

$$E = \frac{1}{2}B\mu\gamma H^2 \tag{4-1-11}$$

$$\mu = \frac{\cos^2(\varphi - \alpha)}{\cos^2\alpha\cos(\alpha + \delta)\left[1 + \sqrt{\dfrac{\sin(\varphi + \delta)\sin(\varphi - \beta)}{\sin(\alpha + \delta)\sin(\alpha - \delta)}}\right]} \tag{4-1-12}$$

式中:E——主动土压力标准值(kN);

　　　γ——土的重力密度(kN/m³);

　　　B——涵台的计算宽度(m);

　　　H——计算土层高度(m);主动土压力的着力点自计算土层底面算起,$C = H/3$;

　　　φ——土的内摩擦角(°);

　　　β——填土表面与水平面的夹角(°);当计算台后的主动土压力时,β 按图 4-1-37a) 取正值;当计算台前的主动土压力时,β 按图 4-1-37b) 取负值;

　　　α——涵台背与竖直面的夹角(°);俯台背按图 4-1-37 为正值,反之为负值;

　　　δ——台背与填土间的摩擦角(°),可取 $\delta = \varphi/2$。

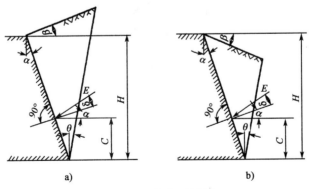

a)　　　　　　　　　　　b)

图 4-1-37　主动土压力图

　　b.当土层特性无变化且有车辆荷载时,作用在涵台后的主动土压力标准值在 $\beta = 0°$ 时可按下式计算:

$$E = \frac{1}{2}B\mu\gamma H(H + 2h) \tag{4-1-13}$$

式中:h——车辆荷载的等代均土层厚度(m);

其他符号意义同前。

主动土压力的着力点自计算土层底面算起，$C = \dfrac{H}{3} \times \dfrac{H + 3h}{H + 2h}$。

c. 当 $\beta = 0°$ 时，破坏棱体破裂面与竖直线间夹角 θ 的正切值可按下式计算：

$$\begin{cases} \tan\theta = -\tan w + \sqrt{(\cot\varphi + \tan w)(\tan w - \tan\alpha)} \\ w = \alpha + \delta + \varphi \end{cases} \tag{4-1-14}$$

式中符号意义和单位同前。

③填土的重力对涵洞的竖向和水平压力强度的计算公式。

竖向压力强度 $\qquad\qquad q_v = K\gamma h \qquad\qquad$ (4-1-15)

水平压力强度 $\qquad\qquad q_H = \lambda\gamma h \qquad\qquad$ (4-1-16)

式中：γ——土的重力密度（kN/m^3）；

$\quad$ h——计算截面至路面顶的高度（m）；

$\quad$ λ——侧压系数，按 $\lambda = \tan^2(45° - \varphi/2)$ 计算；

$\quad$ φ——土的内摩擦角（°）；

$\quad$ K——系数，见表 4-1-28，对经久压实路堤，取 1.0。

系 数 K 表 4-1-28

h/D	0.1	0.5	1	2	3	4
K	1.04	1.20	1.40	1.45	1.50	1.45
h/D	5	6	7	8	9	≥ 10
K	1.40	1.35	1.30	1.25	1.20	1.15

注：1. D 为涵洞的外形宽度（m），对于圆管涵系指外直径。

$\quad$ 2. 新填土的涵洞应分别按路堤为新填土和经久压实土两种情况计算，取不利者设计。

（3）车辆荷载引起的土压力采用车辆荷载加载。

车辆荷载在涵台后填土的破坏棱体上引起的土侧压力，可按下式换算成等代均布土层厚度 h（m）计算。

$$h = \frac{\sum G}{B l_0 \gamma} \tag{4-1-17}$$

式中：γ——土的重力密度（kN/m^3）；

$\quad$ $\sum G$——布置在 $B \times l_0$ 面积内的车轮的总重力（kN）；

$\quad$ l_0——涵台后填土的破坏棱体长度（m）；

$\quad$ B——涵台横向全宽（m）。

计算涵洞顶上车辆荷载引起的竖向土压力时，车轮按其着地面积的边缘向下作 30° 角分布，当几个车轮的土压力扩散线相重叠时，扩散面积以最外边的扩散线为准。施加于涵洞上的温度等作用应按《公路桥涵设计通用规范》（JTG D60—2015）中的规定取用。

3）涵身上部的计算

（1）圆管涵

①混凝土圆管涵的设计可仅考虑车辆荷载、圆管涵自重和填土产生的等效荷载的作用组

合。管壁环向压力和径向剪力可不计算,仅考虑弯矩作用效应。

②车辆荷载和填土在截面上的弯矩作用效应 M 可按下式计算:

$$M = 0.137qR^2(1 - \lambda)\qquad(4\text{-}1\text{-}18)$$

式中:q——车辆荷载和填土产生的等效荷载的垂直压力(kPa);

　　　R——圆管涵管壁内外径的平均半径(m);

　　　λ——侧压系数,按 $\lambda = \tan^2(45° - \varphi/2)$ 计算;

　　　φ——土的内摩擦角(°)。

③圆管涵自重在截面上的弯矩作用效应 M_z 可按下式计算:

$$M_z = 0.369\gamma tR^2\qquad(4\text{-}1\text{-}19)$$

式中:γ——土的重力密度(kN/m³);

　　　t——管壁厚度(m);

　　　R——圆管涵管壁内外径的平均半径(m)。

④混凝土圆管涵结构应按《桥规》的规定进行承载能力极限状态的承载能力(强度)和正常使用极限状态下的裂缝宽度的验算。

(2)正交盖板涵

①盖板的两端铰接支撑在台身上端,台身下端与基础固接。盖板可按两端简支的板计算,可不考虑涵台传来的水平力。当涵洞结构无支撑梁时,宜以净跨径加板厚度作为计算跨径计算弯沉效应,并以净跨径为计算跨径计算剪力效应。

②板的长度与宽度之比大于或等于 2 时,可按简支单向板计算。

③正交盖板涵的设计可仅考虑车辆荷载、盖板涵自重和填土产生的等效荷载的作用效应组合。

④正交盖板涵结构应按《桥规》的规定进行承载能力极限状态的承载能力(正截面强度和斜截面强度)和正常使用极限状态下的裂缝宽度、刚度(挠度)的验算。

⑤钢筋混凝土正交盖板涵应符合《桥规》中最小钢筋配筋率的规定。

⑥正交盖板涵尚应按相关标准的规定进行附属结构的验算。

(3)斜交盖板涵

①盖板的两端铰接支撑在台身上端,台身下端与基础固结。盖板可按两端简支的斜板计算,可不考虑涵台传来的水平力。

②简支斜板的单宽最大弯矩效应为简支正板的单宽最大弯矩乘以折减系数 K_α,可不考虑板与板之间的横向联系。

$$M' = K_\alpha M\qquad(4\text{-}1\text{-}20)$$

式中:M'——斜板的单宽最大弯矩效应(kN·m);

　　　K_α——弯矩效应折减系数,可依 γ 按《公路涵洞设计规范》(JTG/T 3365-02—2020)

　　　　　表9.3.2-1取用。

$$\gamma = 5.8\frac{I}{J}\left(\frac{b}{l_a}\right)^2\qquad(4\text{-}1\text{-}21)$$

式中:I——截面惯性矩(m⁴);

　　　b——矩形截面的宽度(m);

J——截面扇性惯性矩(m^4),按下式计算:

$$J = cbt^3 \qquad (4\text{-}1\text{-}22)$$

t——矩形截面的厚度(高度);

c——矩形截面的抗扭刚度系数,可按《公路涵洞设计规范》(JTG/T 3365-02—2020)

表9.3.2-2取用。

③涵洞顶上的车辆荷载引起的垂直土压力计算与正交盖板相同。

④斜交盖板涵的设计可仅考虑车辆荷载、盖板涵自重和填土产生的等效荷载作用效应组合。

⑤斜交盖板涵结构应按《桥规》的规定进行承载能力极限状态的承载能力(正截面强度和斜截面强度)和正常使用极限状态下的裂缝宽度、刚度(挠度)的验算。

⑥钢筋混凝土斜交盖板涵结构应符合《桥规》最小钢筋配筋率的规定。单宽范围内垂直于主筋方向或者平行于简支边方向布置的分布钢筋数量应同时满足下述要求:

$$F_s \geq 113.1 \times \left(2 - \frac{\alpha}{90}\right) \qquad (4\text{-}1\text{-}23)$$

式中:F_s——单宽范围内分布钢筋的面积(mm^2);

α——斜交夹角(°),即自由边与简支边的夹角。

⑦斜交盖板涵结构应按相关标准的规定进行附属结构的验算。

(4)箱涵

①钢筋混凝土箱涵可按矩形框架设计、计算,框架的轴线以构件混凝土断面的重心轴线为准。进行超静定结构内力效应分析时,可按全截面考虑。

②箱涵的顶板、底板和侧墙可按偏心受压构件设计、配筋。

③箱涵体内外的温度变化值可按 ±(10~15℃)考虑,底板、侧板分期浇筑时,混凝土收缩的影响可按降温10℃考虑。

④斜交盖板涵的设计可仅考虑车辆荷载、盖板涵自重和填土产生的等效荷载作用效应组合。

⑤箱涵结构的顶板、底板和侧板应按《桥规》的规定进行承载能力极限状态的承载能力(正截面强度和斜截面强度)和正常使用极限状态下的裂缝宽度、刚度(挠度)的验算。

⑥钢筋混凝土斜交盖板涵结构应符合《桥规》最小钢筋配筋率的规定。

⑦钢筋混凝土箱涵的设计应检算涵底的地基承载力,并满足相关的要求。

(5)拱涵

①拱涵的拱圈宜按无铰拱计算,其矢跨比不宜小于1/4,拱涵可不考虑曲率、剪切变形、弹性压缩、温度作用效应和混合收缩效应。

②整体式涵洞基础底面地基土的承压应力,可按涵长根据不同的填土高度分段计算。

③圬工拱涵的主拱圈高度 h 可按下列公式计算确定:

$$h = 1.5m\sqrt[3]{l_0} \qquad (4\text{-}1\text{-}24)$$

$$h = 0.06 + 13.7\sqrt{R_1 + l_0/2} \qquad (4\text{-}1\text{-}25)$$

式中:h——主拱圈高度(m);

l_0——圆弧拱净跨径(m);

R_1——拱腹线半径(m);

m——系数,一般为$4.5 \sim 6$,取值随矢跨比减小而增大。

计算跨径

$$l = l_0 + h\sin\varphi_0 \qquad (4\text{-}1\text{-}26)$$

计算矢高

$$f = f_0 + \frac{h}{2} - \frac{h}{2}\cos\varphi_0 \qquad (4\text{-}1\text{-}27)$$

计算半径

$$R_0 = \frac{l_0}{2\sin\varphi_0} = \frac{f}{1 - \cos\varphi_0} \qquad (4\text{-}1\text{-}28)$$

上述式中:φ_0——拱脚至圆心的连线与垂线的交角(半圆心角)(°);

  f——计算矢高(m);

  f_0——净矢高(m);

  其余符号意义同前。

④拱涵的拱圈应按《公路圬工桥涵设计规范》(JTG D61—2005)的规定进行承载力极限状态的承载能力(正截面强度)、稳定性验算。

4)涵台的计算

(1)盖板涵涵台

①应按《公路圬工桥涵设计规范》(JTG D61—2005)的规定,将涵台上部盖板与涵底支撑梁或固定基础作为涵台的上下支撑点,涵台作为上下端简支的竖梁,验算墙身圬工在竖直荷载和水平压力作用下的承载能力(强度和稳定性),并应符合相关规范的规定。

②应按《公路圬工桥涵设计规范》(JTG D61—2005)的规定,将涵台(轻型)身、一字墙(当一字墙和涵台结成整体时)和基础视为弹性地基上的短梁,验算涵台在轴线方向竖直平面内的弯曲承载能力,并应符合相关规范的规定。

③应按有关规范的要求,验算涵台下地基土的承载力。

(2)拱涵涵台

①拱涵涵台的设计和验算应考虑恒载与全孔或半孔车辆荷载及其单侧水平推力的组合状况。

②拱涵涵台应按偏心受压构件验算台墙的承载能力(正截面强度和稳定性)。抗倾覆和抗滑动的稳定系数应不低于1.3。

③应按有关规范的要求,验算涵台下地基土的承载能力。

5)涵洞口构造的计算

(1)八字墙设计应符合《公路桥涵设计通用规范》(JTG D60—2015)、《公路圬工桥涵设计规范》(JTG D61—2005)和《公路桥涵地基与基础设计规范》(JTG 3363—2019)的规定,分别验算抗滑动稳定性、抗倾覆稳定性、基底应力、基底偏心距和墙身强度。

(2)八字墙可按独立墙计算。

(3)一字墙(端墙)宜作为挡土墙按现行公路桥涵设计规范分别验算其强度和应力。

3. 熟悉涵洞的类型、构造与选型

1) 涵洞的类型

（1）按建筑材料分类

按建筑材料,涵洞分为石涵、混凝土涵、钢筋混凝土涵、钢波纹管涵等,其中,砖涵、石涵、混凝土涵等称为圬工涵。石涵是指以石料为主要承重结构的盖板涵或拱涵,是公路上的常见涵洞形式,但高等级公路上石盖板涵已经不再采用,常采用石拱涵。混凝土涵是指用混凝土来建造主要承重结构的涵洞,分为四铰管涵、圆管涵、盖板涵、拱涵。钢筋混凝土涵指钢筋混凝土来建造主要承重结构的涵洞,是高等级公路涵洞的常用形式,分为钢筋混凝土管涵、盖板涵、箱涵和拱涵。其他材料涵洞主要包括陶瓷管涵或瓦管涵、缸瓦管涵、石灰三合土管涵、石灰三合土拱涵、铸铁管涵、波纹管涵等,也在极少数情况下采用。

（2）按洞身构造形式分类

按洞身构造形式涵洞分为管涵、盖板涵、拱涵、箱涵等。常见的涵洞适用跨径应符合表 4-1-29 的规定。

各类涵洞适宜跨径 表 4-1-29

构 造 形 式	通用跨径（或直径）(cm)	构 造 形 式	通用跨径（或直径）（cm)
圆管涵	75、100、125、150、200	石盖板涵	75、100、125
钢筋混凝土盖板涵	150、200、250、300、400、500	倒虹吸管涵	75、100、125、150
拱涵	150、200、250、300、400、500	钢波纹管涵	150、200、250、300、400、500
箱涵	150、200、250、300、400、500	—	—

（3）按填土高度分类

按填土高度分类,涵洞分为明涵、暗涵。当涵洞洞顶填土高度小于 0.5m 时称为明涵,适用于低填方和挖方路段。当涵洞洞顶填土高度大于或等于 0.5m 时称为暗涵,适用于高填方路段。

（4）按水力性质分类

按水力性质,涵洞分为无压力式涵、半压力式涵、压力式涵、倒虹吸管涵等,其中,无压力式涵指进口水流深度(并非涵前积水深度)小于洞口深度,在涵洞全长范围内水面可不接触洞顶,即具有自由水面。半压力式涵是指进口水深虽大于洞口高度,但水仅在进水口处可充满洞口,而在涵洞全长范围内的其余部分都具有自由水面。通常在涵洞尺寸受路基高度或其他因素限制时采用。压力式涵是指进口水深大于进水口高度,在涵洞全长范围内都充满水流,无自由水面。通常在深沟高路堤或允许壅水但并不危害农田时采用。倒虹吸管涵是指在路基填土不高,路线两侧水深都高于进出水口,特别在农田灌溉方面必须设置涵洞时采用,倒虹吸管涵进出水口必须设置竖井(包括防淤沉淀井),要求不渗漏。

2) 涵洞的构造

（1）洞身构造

①圆管涵

a. 管身宜由钢筋混凝土构成,应配双层钢筋。

b. 基础形式应视地基条件而定。当在地质较软弱地基上时,可采用混凝土或浆砌片石基

础;当在砂砾、卵石、碎石及密实均匀的黏土或砂土地基上时,可采用砂砾石垫层基础;当在岩石地基上时,可采用垫层混凝土。基础顶面应进行八字斜面包角,其支撑角不应小于120°。

c. 接口宜为平接,可分为刚性、半刚性、柔性接口等,根据受力条件、施工方法及水文地质情况来选择接口形式。

当为柔性接口时,宜采用承插式钢筋混凝土圆管涵,其接口处应设 O 形橡胶圈。

d. 管身周围应设防水层,以防渗水侵蚀,可采用沥青或厚 200mm 的塑性黏土等。

e. 当管涵较长设计有沉降缝时,沉降缝应贯穿整个洞身断面,其方向应与洞身轴线垂直。

②盖板涵

a. 盖板分石盖板、钢筋混凝土盖板等。

b. 盖板两端应与涵台顶紧,并设锚栓连接,采用 C20 小石子混凝土填满捣实空隙。

c. 涵台基础及支撑梁由浆砌(片)石或混凝土构成。涵底铺砌宜为水泥砂浆砌片石。

d. 沿涵身长度方向应每隔 4~6m 设一道沉降缝,具体位置应根据地基土变化情况和填土高度而定。在地基土质发生变化、基础埋深不同或地基压力发生较大变化以及填挖交界处,均应设置沉降缝。当采用填石抬高基础时,其沉降缝间距不宜大于 4m。沉降缝应贯穿整个洞身断面,其方向应与板的跨径方向一致。

e. 在各式钢筋混凝土涵洞的洞身及端墙、基础顶面以上等部位,凡被土掩埋部分的表面均应设防水层。

③拱涵

a. 拱涵分石拱涵、混凝土拱涵等。

b. 拱圈由石料、混凝土等构成。拱圈宜采用等截面圆弧拱。

c. 护拱由石灰砂浆或水泥砂浆砌片石构成。

d. 拱上侧墙和涵底铺砌可采用水泥砂浆砌片石构成。

e. 涵台以为圬工结构,视地地基情况,可采用整体式或分离式基础。

f. 拱背及台背宜设防水层,通过泄水孔或盲沟等排水设施导出积水。沉降缝的设置同盖板涵,其方向应与洞身轴线垂直。

④箱涵

a. 涵身宜采用钢筋混凝土整体闭合式框架结构,其横截面可为长方形或正方形。内壁在角处宜设倒角并配防劈裂钢筋。

b. 翼墙采用一字式钢筋混凝土薄壁结构时,应与洞身连成整体;采用八字式翼墙时,翼墙与洞身间应设沉降缝。

c. 涵身底部宜为混凝土和砂砾垫层上下两层。在洞口两端 2m 范围内应将基底埋入冰冻线以下不小于 0.25m。

d. 在涵身中部应设置一道沉降缝。当涵身长度超过 20m 时,可视具体情况每隔 6m 左右再设沉降缝。

⑤倒虹吸管涵

a. 倒虹吸管涵主要由进口段、水平段和出口段组成。进口段由进水河沟、沉淀池、进水井等组成。水平段是倒虹吸的主体,由基础、管身、接缝等组成。出口段由出水井、出水河沟等组成。

b.管身宜为钢筋混凝土圆管,管身基础由级配砂石垫层和混凝土基础构成。管身接缝宜为钢丝网抹带接口或环带接口。

c.进出水井宜由混凝土构成,也可由水泥砂浆砌片石构成。竖井上应设置活动的钢筋混凝土顶盖。沉淀池宜由浆砌块、片石构成。基础由混凝土和砂砾垫层构成。进出口河沟一定范围内应做铺砌加固。

⑥钢波纹管涵

a.管身由薄钢板压成波纹后,卷制成管节构成。整体式波纹管采用法兰连接;分片拼装式波纹管采用钢板搭接,并用高强螺栓连接。

b.钢波纹管涵地基或基础应均匀坚固,其地基或基础的最小厚度与宽度应符合表4-1-30的规定。

c.钢波纹管管节内外面和紧固连接螺栓或铆钉,应进行热镀锌防腐处理。

d.管身楔形部分应采用砂类土、砾类土回填。管顶填土应在管两侧保持对称均匀、分层摊铺、逐层压实,层厚度宜为150~250mm,其压实度不应小于96%。

钢波纹管涵地基或基础的最小厚度与宽度　　表4-1-30

地 质 条 件		基础最小厚度	基 础 宽
优质土地基		可直接将地基作为基础	
一般性土质地基	管径 $D < 900$mm	200mm	2D
	管径 $D = 900 \sim 2000$mm	300mm	
	管径 $D > 2000$mm	0.20D	
岩石地基	200~400mm,但当填土高度大于5m时,填土每增高1.0m,其厚度增加40mm		2D
软土地基	(0.3~0.5)D 或500mm 以上		(2~3)D

(2)洞口构造

①八字墙洞口

正八字式洞口由敞开斜置八字墙构成,如图4-1-38a)所示,敞开角宜采用30°,且左右翼墙对称;适用于河沟平坦顺直,无明显沟槽,且沟底与涵底差变化不大的情况。当八字墙与路中线垂直时,称直墙式洞口,如图4-1-38b)所示;适用于涵洞跨径与沟宽基本一致,无须集纳和扩散水流或仅为疏通两侧农田灌溉的情况。八字墙墙身由块(片)石砌筑,有条件时可做料石或混凝土预制镶面。

当地形和水流条件要求涵洞与路线斜交时,应做斜八字墙洞口,如图4-1-38c)、d)所示,分斜交斜做或斜交正做,洞口建筑应做特殊设计。

②一字墙式(端墙式)洞口

一字墙式洞口采用涵台两侧垂直涵洞轴线部分挡住路堤边坡的矮墙(端墙),墙外侧可用砌石椭圆锥坡、天然土坡、砌石护坡或挡土墙与天然沟槽、渠道和路基相连接,构成多种形式的一字墙式洞口,如图4-1-39a)、b)、c)所示,适用于沟床稳定、土质坚实的河沟以及流速较小的人工渠道或不易冲刷的岩石河沟。

当涵洞与路线斜交时,锥坡洞口宜采用斜交正做洞口,如图4-1-39d)所示,其端墙可做成斜坡式或台阶式。

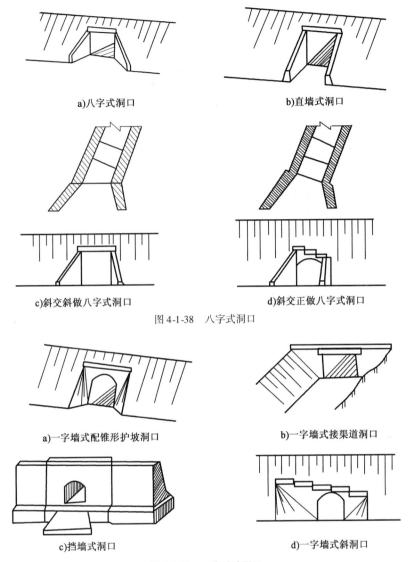

a)八字式洞口   b)直墙式洞口

c)斜交斜做八字式洞口   d)斜交正做八字式洞口

图 4-1-38 八字式洞口

a)一字墙式配锥形护坡洞口   b)一字墙式接渠道洞口

c)挡墙式洞口   d)一字墙式斜洞口

图 4-1-39 一字墙式洞口

③扭坡式洞口

扭坡式洞口与渠道之间由一段变化坡度的过渡带构成,如图 4-1-40 所示,适用于盖板涵、箱涵、拱涵洞身与人工灌溉渠道的连接。进口收缩过渡带长度宜为渠道水深的 4~6 倍,出口扩散段还应适当增长。

④平头式洞口

平头式洞口常用于钢筋混凝土圆管涵和钢波纹管涵,需制作特殊的洞口管节,如图 4-1-41 所示,适用于水流通过涵洞挤束不大和流速较小的情况。

⑤走廊式洞口

走廊式洞口由两道平行翼墙在前端展开成八字形或圆曲线形构成,如图 4-1-42 所示,可使涵前的壅水水位在涵洞部分提前收缩跌落,降低无压力式涵洞的计算高度后提高涵内计算水深,增大涵洞的宣泄能力。其适用于高路堤的情况。

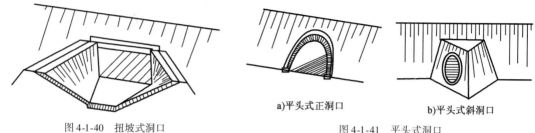

图4-1-40　扭坡式洞口

a)平头式正洞口　　　b)平头式斜洞口

图4-1-41　平头式洞口

⑥流线型洞口

流线型洞口由进水口端节在立面上升高形成流线型构成,如图4-1-43所示,平面也可以做成流线型,使涵长方向涵洞净空符合水流进洞收缩的实际情况。流线型洞口应用于压力式涵洞时,可使洞内满流;应用于无压力式涵洞时,可增大涵前水深,提高涵洞的宣泄能力。其适用于高路堤或路幅较宽、涵身较长的涵洞。

图4-1-42　走廊式洞口

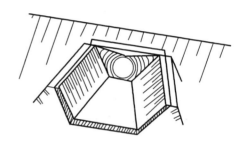

图4-1-43　流线型洞口

⑦跌水井式洞口

跌水井式洞口主要有边沟跌水井与一字墙式跌水井洞口两种,如图4-1-44所示,边沟跌水井用于内侧有挖方边沟涵洞的洞口,一字墙式跌水井用于陡坡沟槽跌水。跌水井式洞口适用于河沟纵坡大于50%或路基不能满足涵洞建筑高度要求、涵洞进口开挖大以及天然沟槽与洞口高差大时,以解决路基边沟或天然沟槽与涵洞进口的连接。

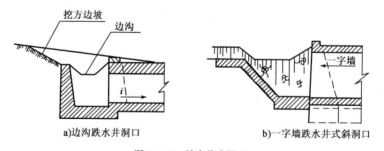

a)边沟跌水井洞口　　　b)一字墙跌水井式斜洞口

图4-1-44　跌水井式洞口

(3)进出水口沟床加固及防护

①在涵洞上、下游河沟和路基边坡一定范围内,宜采取冲刷防护措施。当沟底纵坡小于或等于15%时,可铺砌到上、下游翼墙端部,并应在上、下游铺砌端部设置截水墙。其埋置深度不小于台身或翼墙基础深度。

②进水口沟床加固及防护。

a. 当河沟纵坡小于 10% ,河沟顺直,且土质和流速许可时,可对进口采用干砌片石铺砌加固。

b. 当河沟纵坡为 10% ~ 50% 时,除岩石沟槽外,沟底和沟槽侧向边坡以及路基边沟均须采取人工铺砌加固。加固类型由水流流速确定。当采用缓坡涵进口时,涵前沟底纵坡较陡,涵身纵坡较缓,应在进口段设置缓坡段,其长度为 1 ~ 2 倍的涵洞孔径。当采用陡坡涵进口时,涵身纵坡较大,水流呈急流状态,涵底坡度与涵前沟底纵坡基本平顺衔接,可不设缓坡段,只做人工铺砌加固。

c. 当河沟纵坡大于 50% 时,流速很大,进口处宜设置跌水井,可用急流槽与天然河沟连接。急流槽底每隔 1.5 ~ 2.0m 宜设一防滑墙。为减缓槽内流速,可在槽底增设人工加糙设施。

d. 为便于检查、养护、清淤,涵洞可设置养护阶梯。

③出水洞口沟床加固及防护。

a. 在河沟纵坡小于 3% 的缓坡涵洞中,当出水口流速小于土壤的允许冲刷流速时,下游洞口河床可不做处理;当出水口流速大于或等于土壤的允许冲刷流速时,下游洞口沟床应铺砌片石进行加固或设置挑坎防护。

b. 在河沟纵坡小于或等于 15% 的缓坡涵洞中,出水口流速较小时,可对下游河床进行一般的铺砌加固,并在铺砌末端设置截水墙。其埋置深度不小于洞身或翼墙基础深度。截水墙外做干砌片石加固。出口流速较大时,采用延长铺砌石块或混凝土块,同时设深埋的截水墙。其深度应大于铺砌末端冲刷深度 0.1 ~ 0.25m。

c. 在河沟纵坡大于 15% 的陡坡涵洞中,其洞口末端应视河沟的地质、地形和水力条件,采用出口阶梯、急流槽、导流槽、跌水、消力池、消力槛、人工加糙等特殊加固消能设施。

3)涵洞的选型

(1)当地形、地质和水文等自然条件许可,上游积水、下游冲刷不影响农田房舍的安全时,应优先采用涵洞。

(2)沟床平缓的排沟,能满足通过设计流量时,应优先选用涵洞。

(3)当涵洞控制线路高度或纵坡较大时,应优先采用盖板涵。

(4)在缺石、缺水、平坦地区,采用预制施工有利于加快施工速度时,优先采用钢筋混凝土涵洞。

(5)路堑高度不能满足设置渡槽的净空要求时,宜采用倒虹吸涵洞。

一年温差变化较大的地区,宜选用静定结构的涵洞,如简支盖板涵、三脚拱涵,以克服温度引起的附加内力。

考点分析

本节主要有以下考点:

(1)掌握公路和城市桥梁的设计原则;桥梁设计荷载种类及其组合。

（2）掌握桥梁的组成与分类；桥梁纵、横断面设计及平面布置；桥梁勘测、设计内容。

（3）掌握混凝土结构耐久性设计的要求。

（4）掌握桥梁抗震设计的原则和要求。

（5）掌握城市天桥、地道设计原则及梯（坡）道、踏步设计要点。

（6）掌握桥梁支座的构造与类型

（7）掌握涵洞布置原则；涵洞的结构设计；涵洞的类型、构造与选型。

例 题 解 析

例1 ［2020 年单选题］位于高速公路上，主跨跨径为 100m 的三跨连续梁桥在 E1 地震作用下，其抗震设防目标是（　　）。

（A）可发生局部轻微损伤，不需修复

（B）结构总体反应在弹性范围，基本无损伤

（C）经简单修复可继续使用

（D）经临时加固后可供维持应急交通使用

分析

根据《公路桥梁抗震设计规范》（JTG/T 2231-01—2020）第 3.1.1 条和第 3.1.2 条，位于高速公路上，主跨跨径为 100m 的三跨连续梁桥的设防类别为 B 类，在 E1 地震作用下，其抗震设防目标为结构总体反应在弹性范围，基本无损伤，可正常使用。故本题选 B。

例2 ［2020 年单选题］位于冬季结冰、积雪地区的公路桥梁，桥上纵坡不宜大于（　　）。

（A）5%　　　　　　　　　　　　（B）4.5%

（C）4%　　　　　　　　　　　　（D）3%

分析

根据《公路桥涵设计通用规范》（JTG D60—2015）第 3.5.1 条，位于冬季结冰、积雪地区的公路桥梁，桥上纵坡不宜大于 3%。故本题选 D。

例3 ［2020 年单选题］根据《公路桥涵设计通用观范》（JTG D60—2015），可变作用汽车制动力不应与下列作用同时参与组合的有（　　）。

（A）预加力　　　　　　　　　　（B）人群荷载

（C）流水压力　　　　　　　　　（D）地震作用

分析

根据《公路桥涵设计通用规范》（JTG D60—2015）第 4.1.4 条，可变作用汽车制动力不应与流水压力、冰压力、波浪力、支座摩阻力等同时参与组合。故本题选 C。

例4 ［2020 年单选题］设计使用年限 100 年的公路桥梁钻孔灌注桩基础，Ⅱ类冻融环境下混凝土保护层最小厚度是（　　）。

　（A）45mm　　　　　　　　　　（B）40mm

　（C）35mm　　　　　　　　　　（D）30mm

分析

根据《公路工程混凝土结构耐久性设计规范》（JTG/T 3310—2019），设计使用年限 100 年的公路桥梁钻孔灌注桩基础，II 类冻融环境下混凝土保护层最小厚度是 45mm。故本题选 A。

例 5 ［2020 年单选题]I 类和 II 类环境下，公路钢筋混凝土构件和 B 类预应力混凝土构件的最大裂缝宽度计算值不应超过(　　)。

　（A）0.30mm　　　　　　　　　（B）0.25mm

　（C）0.20mm　　　　　　　　　（D）0.15mm

分析

根据《公路工程混凝土结构耐久性设计规范》（JTG/T 3310—2019），I 类和 II 类环境下，公路钢筋混凝土构件和 B 类预应力混凝土构件的最大裂缝宽度计算值不应超过 0.20mm。故本题选 C。

例 6 ［2020 年单选题]城市道路拟建专用非机动车桥，桥面宽 6m，桥梁跨径 18m，计算该桥人群荷载(W)应为(　　)。（取小数点后 1 位）

　（A）2.4kPa　　　　　　　　　（B）3.2kPa

　（C）3.8kPa　　　　　　　　　（D）4.5kPa

分析

根据《城市桥梁设计规范》（CJJ 11—2011）（2019 年版）第 10.0.5 条，梁、桁架、拱及其他大跨结构的人群荷载(W)可采用下列公式计算，且 W 值在任何情况下不得小于 2.4kPa。

当加载长度 $L < 20$m 时：$W = 4.5 \times (20 - \omega_p)/20$

其中 ω_p 为单边人行道宽度(m)；在专用非机动车桥上为 1/2 桥宽，大于 4m 时仍按 4m 计。

拟建城市专用非机动车桥的桥面宽 6m，桥梁跨径 18m，则：$W = 4.5 \times (20 - 6/2)/20 \approx 3.8$kPa。故本题选 C。

例 7 ［2020 年多选题]公路桥涵结构设计时，实际不可能同时出现的作用或同时参与组合概率很小的作用，应该不考虑其参与组合。请问，汽车制动力不应同时参与组合的作用是(　　)。

　（A）支座摩阻力　　　　　　　　（B）人群荷载

　（C）流水压力　　　　　　　　　（D）地震作用

分析

根据《公路桥涵设计通用规范》（JTG D60—2015）第 4.1.4 条，可变作用汽车制动力不应与流水压力、冰压力、波浪力、支座摩阻力等同时参与组合。故本题选 AC。

例 8 ［2020 年多选题]公路桥涵应进行承载能力极限状态设计的设计状况除持久状况外，还有(　　)。

（A）地震状况 （B）短暂状况

（C）疲劳状况 （D）偶然状况

分析

根据《桥规》,公路桥涵应进行承载能力极限状态设计应考虑以下4种设计状况:持久状况、短暂状况、偶然状况和地震状况。故本题选 ABD。

例9 ［2020 年案例题］桥梁构件截面,结构重力产生效应 300kN·m,汽车车道荷载 150kN·m,人群荷载 40kN·m,风荷载 50kN·m,温度荷载 30kN·m,结构重要性系数 1.0,可变作用设计使用年限作用调整系数 1.0。该截面承载能力极限状态下控制效应设计值为( )。

（A）634.50 kN·m （B）684.75 kN·m

（C）696.00 kN·m （D）770.00 kN·m

分析

根据《公路桥涵设计通用规范》第4.1.5条。

① $\gamma_0 = 1.0, \gamma_G = 1.2, G_k = 300, \gamma_{L1} = \gamma_{Lj} = 1.0, Q_{1k} = 150, \psi_c = 0.75$,风荷载 $\gamma_{Q2} = 1.1$,人群荷载 $\gamma_{Q3} =$ 温度荷载 $\gamma_{Q4} = 1.4$。

② $M_{ud} = \gamma_0 \times [\gamma_G G_k + \gamma_{L1} \gamma_{L1} Q_{1k} + \psi_c \sum (\gamma_{Lj} \gamma_{Qj} M_{Qj})]$

$= 1.0 \times [1.2 \times 300 + 1.0 \times 1.4 \times 150 + 0.75 \times \sum (1.1 \times 50, 1.4 \times 40, 1.4 \times 30)]$

$= 684.75 kN·m$

故本题选 B。

例10 ［2020 年案例题］高速公路桥梁整体式断面,桥面宽度(3m 右侧硬路肩 +2 × 3.75m 行车道 +0.5m 左侧路缘带) ×2 + 中央分隔带 2m = 24.00m,计算桥梁设计时所采用的汽车荷载多车道布载系数是( )

（A）0.5 （B）0.52

（C）0.55 （D）0.78

分析

根据《公路桥涵设计通用规范》表 4.3.1-4、表 4.3.1-5,双向行车道宽度为 2 × (3 + 2 × 3.75 + 0.5) = 22m,双向车道共计 6 个车道,布载系数为 0.55。故本题选 C。

例11 ［2020 年案例题］通航河流,设计最高通航水位 20.00m,设计水位 25.00m,通航净空高度为 16.00m,壅水浪高等因素影响高度为 0.5m,要求桥下净空安全高度为 0.5m,上部结构梁高 1.5m,平均桥面铺装厚度为 0.15m,则桥面最低高程为( )。

（A）38.65m （B）38.15m

（C）37.65m （D）27.65m

分析

根据《公路工程水文勘测设计规范》(JTG C30—2015)第 7.4 条,通航控制高程为 20 + 16 + 1.5 + 0.15 = 37.65m;防洪控制高程为 25 + 0.5 + 0.5 + 1.5 + 0.15 = 27.65m,通航控制,故桥面

最低高程为 37.65m。故本题选 C。

例 12　[2020 年案例题]某城市主干路上一跨河桥,桥梁横断面为单幅路,桥面宽 24m,横坡采用双向横坡 1.5,桥面上沥青混凝土铺装厚 10cm,水泥混凝土铺装层厚 10cm,主梁结构为 1.5m 高的等梁高简支 T 形梁,跨越河道为洪水期无大漂流物、有泥石流的通航河流,河道最高洪水位高程为 42.5m,计算河道范围内,道路中心线桥面的最低设计高程值为(　　)。

(A)45.00m (B)45.28m

(C)45.38m (D)45.88m

分析

根据《城市桥梁设计规范》(CJJ 11—2011)(2019 年版)第 3.0.5 条,桥面中心线最低高程 = 最高洪水位高程 + 安全高度 + 建筑高度 = 42.5 + 1.0(有泥石流) + (1.5 + 0.1 + 0.1 + 24 × 0.015/2) = 45.38m。故本题选 C。

例 13　[2020 年案例题]三级公路桥梁上部构造为计算跨径 50m 的预应力混凝土箱梁,计算其车道荷载剪力效应时,集中荷载标准值 P_k 为(　　)。

(A)270kN (B)324kN

(C)360kN (D)432kN

分析

根据《公路桥涵设计通用规范》(JTG D60—2015)第 4.3.1 条,三级公路,采用公路—Ⅱ级荷载,剪力放大 1.2 倍,0.75 × 360 × 1.2 = 324kN。故本题选 B。

例 14　[2019 年单选题]公路桥梁设计时,不可能同时出现的作用或同时参与组合概率很小的作用,应该不考虑其参与组合。不应与流水压力同时参与组合的是(　　)。

(A)冰压力 (B)水浮力况

(C)风荷载 (D)汽车撞击作用

分析

根据《桥规》第 4.1.4 条及表 4.1.4,冰压力不应与流水压力同时参与组合。故本题选 A。

例 15　[2019 年单选题]位于城镇混合交通繁忙处的公路桥梁,桥上纵坡和桥头引道纵坡均不得大于(　　)。

(A)5% (B)4%

(C)3.5% (D)3.0%

分析

根据《桥规》第 3.5.1 条,桥梁纵坡设计应符合下列规定:位于城镇混合交通繁忙处的桥梁,桥上纵坡及桥头引道纵坡均不得大于 3%。故本题选 D。

例 16　[2019 年单选题]公路桥梁设计时,下列作用中,属于永久作用的是(　　)。

(A)船舶的撞击作用 (B)基础变位作用

（C）汽车引起的土侧压力　　　　　　（D）温度（均匀温度和梯度温度）作用

分析

根据《桥规》第 4.1.1 条，船舶的撞击作用属于偶然作用，基础变位作用属于永久作用，汽车引起的土侧压力、温度（均匀温度和梯度温度）作用都属于可变作用。故本题选 B。

例 17　［2019 年单选题]公路桥涵设计中，关于车辆荷载，下列选项中正确的是（　　　）。

（A）公路—Ⅱ级车辆荷载车辆重力标准值为 1200kN

（B）公路—Ⅱ级车辆荷载车辆重力标准值为 1000kN

（C）公路—Ⅱ车辆荷载按公路—Ⅰ级的 0.75 倍采用

（D）公路—Ⅰ级和公路—Ⅱ级汽车荷载采用相同的车辆荷载标准值

分析

根据《桥规》第 4.3.1 条，公路—Ⅰ级和公路—Ⅱ级汽车荷载采用相同的车辆荷载标准值，公路—Ⅰ级和公路—Ⅱ级车辆荷载车辆重力标准值都为 550kN。故本题选 D。

例 18　［2019 年多选题]公路桥涵设计时，需要采用标准车辆荷载进行设计的有（　　　）。

（A）涵洞　　　　　　　　　　　　　　（B）桥台

（C）引道　　　　　　　　　　　　　　（D）挡土墙土压力

分析

根据《桥规》第 4.3.1 条，桥梁结构的整体计算采用车道荷载；桥梁结构的局部加载、涵洞、桥台和挡土墙土压力等的计算采用车辆荷载。故本题选 ABD。

例 19　［2019 年多选题]公路桥涵设计时，下列属于永久作用的有（　　　）。

（A）温度（均匀温度和梯度温度）作用

（B）汽车引起的土侧压力

（C）混凝土收缩及徐变作用

（D）基础变位作用

分析

根据《桥规》第 4.1.1 条，温度（均匀温度和梯度温度）作用、汽车引起的土侧压力均属可变作用，混凝土收缩及徐变作用、基础变位作用属于永久作用。故本题选 CD。

例 20　［2019 年案例题]某高速公路主线桥梁采用上下行分离设置，单幅桥宽 15.25m，两侧均设 0.5m 宽墙式护栏，桥梁车辆荷载计算时，横向车道布载系数应取为（　　　）。

（A）0.78　　　　　　　　　　　　　　（B）0.67

（C）0.60　　　　　　　　　　　　　　（D）0.55

分析

本题主要考查对公路桥梁设计中车道荷载横向布置及横向车道布载系数的理解与取值。

①根据题意，该高速公路主线桥梁采用上下行分离设置，单幅桥宽 15.25m，两侧均设 0.5m 宽墙式护栏，则单幅桥行车道宽 $W = 15.25 - 2 \times 0.5 = 14.25$m。

②由《桥规》第 4.3.1 条及表 4.3.1-4 可知,车辆单向行驶时,14.0m≤W < 17.5m 为 4 车道布置,表 4.3.1-5 规定,4 车道布置时横向车道布载系数取 0.67,因此本桥单幅桥为 4 车道布载,横向车道布载系数应取 0.67。

故本题选 B。

例 21 [2019 年案例题] 某公路桥梁控制截面上的永久作用标准值效应为 400kN·m,汽车荷载效应标准值为 200kN·m,人群荷载效应标准值为 50kN·m,其频遇组合的作用效应设计值为(　　)。

　　(A)775kN·m　　　　　　　　　　(B)650kN·m

　　(C)575kN·m　　　　　　　　　　(D)560kN·m

分析

根据《桥规》第 4.1.6 条,频遇组合是将永久作用标准值效应与汽车荷载频遇值效应、其他可变作用准永久值效应相组合,并规定汽车荷载(不计汽车冲击力)频遇值系数 $\psi_{f1} = 0.7$,人群荷载准永久值系数 $\psi_{q1} = 0.4$,因此本公路桥的频遇组合的作用效应设计值 $M_{fd} = 400 + 0.7 \times 200 + 0.4 \times 50 = 560$kN·m。故本题选 D。

例 22 [2019 年案例题] 不通航河流的设计水位高程为 26.00m,壅水、浪高等因素的影响高度为 0.50m,桥梁上部结构梁高 1.50m、平均桥面铺装厚度为 0.15m,不考虑桥面横坡的影响,桥面最低高程是(　　)。

　　(A)28.65m　　　　　　　　　　(B)28.50m

　　(C)28.15m　　　　　　　　　　(D)28.00m

分析

桥梁纵断面设计中,桥面高程的确定需满足桥下流水净空、通航净空或行车(行人)净空的要求,题中非通航河流上的桥梁应满足桥下流水净空要求。

根据《桥规》第 3.4.3 条,非通航河流桥下净空应根据计算水位(设计水位计入壅水、浪高等)或最高流冰水位加安全高度确定。查《桥规》表 3.4.3 知,非通航河流桥下净空高度的安全高度不小于 0.50m,因此本桥桥面高程≥26.00 + 0.50 + 0.50 + 1.50 + 0.15 = 28.65m。故本题选 A。

例 23 [2019 年案例题] 某城市主干路桥梁跨越非通航河道,河道洪水期无大漂流物,不考虑浪高及流冰,该河道百年一遇的洪水高程为 45.50m,冬季最高流冰面高程为 44.00m,桥梁上部结构为等截面连续梁桥,那么河道范围内梁底最小高程应为(　　)。

　　(A)46.50m　　　　　　　　　　(B)46.00m

　　(C)45.50m　　　　　　　　　　(D)44.75m

分析

根据《城市桥梁设计规范》(CJJ 11—2011)(2019 年版)第 3.0.4 条,不通航河流的桥下净空应根据计算水位或最高流冰水位加安全高度确定。由表 3.0.5 知,对梁桥,河道洪水期无大漂流物时,梁底应高出计算水位不小于 0.5m,高出最高流冰水位不小于 0.75m。

满足桥下流水净空要求：梁底高程≥45.50+0.50=46.00m，满足桥下流冰净空要求梁底高程≥44.00+0.75=44.75m，按大值控制设计。故本题选 B。

例 24 梁式桥与拱式桥在受力特征上最大的区别为（　　）。

（A）在竖向荷载作用下，梁式桥有水平反力产生，拱式桥有水平反力产生

（B）在竖向荷载作用下，梁式桥有水平反力产生，拱式桥无水平反力产生

（C）在竖向荷载作用下，梁式桥无水平反力产生，拱式桥有水平反力产生

（D）在竖向荷载作用下，梁式桥无水平反力产生，拱式桥无水平反力产生

分析

本题主要是测试考生对梁桥与拱桥的力学特点的认识。拱桥区别于梁桥的最大特点就是在竖向荷载作用下，梁式桥无水平反力产生，拱式桥有水平反力产生。桥梁的五大基本结构体系在力学特点上有本质区别，需要逐一掌握。故本题选 C。

例 25 如下图所示的梁式桥（尺寸单位：cm），计算跨径、桥梁净跨径、标准跨径、桥梁全长分别为（　　）。

（A）24.46m；23.5m；25m；35.5m　　　　（B）24.46m；23.5m；25m；37m

（C）23.5m；24.46m；25m；37m　　　　（D）23.5m；24.6m；25m；35.5m

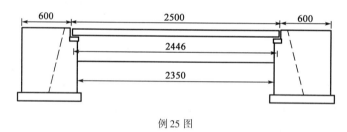

例 25 图

分析

根据以下定义：

桥梁计算跨径：对具有支座的桥梁，计算跨径 l 是指桥跨结构两端支座中心之间的距离。本桥计算跨径 $l=24.46$m。

净跨径：对于梁式桥，净跨径 l_0 是指设计洪水位上相邻两桥墩（或桥台）之间的净距。本桥净跨径 $l_0=23.50$m。

标准跨径：对梁式桥，标准跨径 l_b 是指桥墩中线之间的距离，或桥墩中线到桥台台背前缘之间的距离。本桥标准跨径 $l_b=25$m。

桥梁全长 L：指桥梁两个桥台侧墙或八字墙尾端点之间的距离。本桥桥梁全长 $L=25+6+6=37$m。

故本题选 B。

例 26 桥梁的经济跨径是（　　）。

（A）上部结构造价最低的跨径　　　　（B）下部结构造价最低的跨径

(C)桥梁全长最短的跨径 　　　　　　(D)上、下部结构总造价最低的跨径

分析

本题是测试桥梁分孔的各项要求中,考生对经济性要求的理解,使桥梁上、下部结构总造价最低的分孔方式,才是最经济的分孔方式。故本题选 D。

例 27 某桥设计要求的通航等级为内河 IV 级航道,最高通航水位为 1500m,桥梁建筑高度为 3m,则桥面高程 H 应该满足的条件是( )。

(A)大于 1511m 　　　　　　　　　(B)小于 1511m

(C)大于 1503m 　　　　　　　　　(D)大于 1505m

分析

(1)查《内河通航标准》(GB 50139—2014),得内河 IV 级航道的通航净高为 $H_M = 8m$。

(2)根据《桥规》的规定,桥面高程的确定应满足桥下通航要求,因此,桥面高程 H 应该大于最高通航水位、航道净高、桥梁建筑高度三者之和,即桥面高程 $H > 1500 + 8 + 3 = 1511m$。故本题选 A。

例 28 关于普通板式橡胶支座的水平位移的实现,下列解释最合理的是( )。

(A)通过支座与梁底相对滑动实现

(B)通过支座与墩台面间的相对滑动实现

(C)通过支座橡胶剪切变形实现水平位移

(D)通过支座钢板剪切变形实现水平位移

分析

根据普通板式橡胶支座的活动机理。故本题选 C。

例 29 对拉力支座的描述,下列最合适的是( )。

(A)既能承受拉力又能承受压力的支座

(B)只能承受拉力的支座

(C)只能承受压力的支座

(D)不能承受压力的支座

分析

拉力支座既能承受拉力又能承受压力。故本题选 A。

例 30 对梁式桥支座所起作用的描述,下列选项不合适的是( )。

(A)传力

(B)适应位移

(C)实际受力情况与力学计算模式相一致

(D)前三项都不对

分析

支座的作用是把上部结构的各种荷载传递到墩台上,并能够适应活载、混凝土收缩与徐变

等因素产生的变位(位移和转角),使上下部结构的实际受力情况符合设计的计算图式。故本题选 D。

例 31 支座按其容许变形的可能性,下列选项中不合适的是( )。

(A)固定支座 　　　　　　　　　(B)单向支座

(C)多向支座 　　　　　　　　　(D)拉力支座

分析

题意是支座按其容许变形来划分。故本题选 D。

例 32 圬工拱涵算例设计资料如下:

计算荷载:公路—Ⅰ级。车道数:双车道。净跨径:$L_0 = 4\mathrm{m}$。净矢高:$f_0 = 1.33\mathrm{m}$。

净矢跨比:$f_0/L_0 = 1/3$。填土厚度:$H = 3.9\mathrm{m}$。材料:C30 钢筋混凝土拱圈,M5 砂浆砌 MU30 片石涵台。材料重度:圬工 $\gamma_3 = 22\mathrm{kN/m^3}$,填料 $\gamma_2 = 19\mathrm{kN/m^3}$,填土 $\gamma_1 = 18\mathrm{kN/m^3}$。土的内摩擦角 $\varphi = 30°$,基底置于中密粗砂上,$[\sigma_0] = 400\mathrm{kPa}$。结构尺寸如下图所示。该拱涵采用无脚拱,施工时温度 $t_1 = 30℃$。该地区年冬季最低气温 $t_2 = -40℃$。涵洞修成后第二年春天拱顶处出现横向裂缝,试分析病害产生的原因,并给出避免裂缝的合理建议。

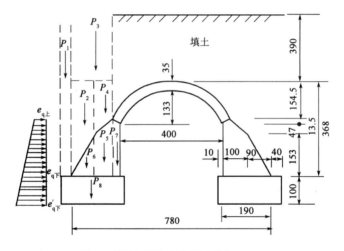

例 32 拱涵初拟尺寸图(尺寸单位:cm)

分析

按等截面板拱设计。

①拱圈尺寸

拱圈厚度按下式初拟:

$$t = 1.37\sqrt{R_0 + \frac{L_0}{2} + 6}$$

式中:R_0——拱腹线半径,$R_0 = \dfrac{L_0}{2\sin\varphi_0}$;

φ_0 ——拱脚至圆心的边线与垂线交角。

$$R_0 = \frac{200^2 + 133^2}{2 \times 133} = 2.16\text{m}$$

$$\varphi_0 = \arctan \frac{200}{216 - 133} = 67.38°$$

$$t = 1.37 \times \sqrt{216 + \frac{400}{2}} + 6 = 34\text{cm}$$

取 $t = 35\text{cm}$，$\sin\varphi_0 = 0.923$，$\cos\varphi_0 = 0.385$。

计算跨径：

$$L = L_0 + t \cdot \sin\varphi_0 = 4 + 0.35 \times 0.923 = 4.32\text{m}$$

计算半径：

$$R = \frac{L}{2\sin\varphi_0} = 0.5416 \times 4.32 = 2.34\text{m}$$

计算矢高：

$$f = R(1 - \cos\varphi_0) = 2.34 \times (1 - 0.385) = 1.44\text{m}$$

②受力计算

取单位宽度 $B = 1\text{m}$ 计算。

$$g_1 = \gamma_1 h_d = 18 \times 3.9 = 70.2\text{kN/m}^2$$

$$g_2 = \gamma_2 \left(f + \frac{d}{2} - \frac{d}{2\cos\varphi_0} \right) = 22.1\text{kN/m}^2$$

$$g_3 = \gamma_1 d = 22 \times 0.35 = 7.7\text{kN/m}^2$$

查《拱桥》(上)(公路桥涵设计手册，顾懋清等主编，人民交通出版社)P237 可知，恒载水平产生的水平推力为：

$$\begin{aligned}
H &= (c_1 g_1 + c_2 g_2 + c_3 g_3)R \\
&= (0.7 \times 70.2 + 0.08355 \times 22.1 + 0.76543 \times 7.7) \times 2.16 \\
&= 122.86\text{kN}
\end{aligned}$$

恒载在拱顶处产生的弯矩：

$$\begin{aligned}
Z &= (B_1 g_1 + B_2 g_2 + B_3 g_3)R_2 \\
&= (0.174526 \times 70.2 + 0.014473 \times 22.1 + 0.185236 \times 7.7) \times 2.16^2 \\
&= 65.3\text{kN} \cdot \text{m}
\end{aligned}$$

考察拱顶截面，其截面抗弯截面模量：

$$W = \frac{1 \times h_d^2}{6} = \frac{1 \times 0.35^2}{6} = 0.02\text{m}^3$$

拱圈弹性中心距拱顶的距离：

$$y_s = \partial R = 0.215074 \times 2.16 = 0.4656$$

作用在拱顶截面的恒载弯矩：

$$M = Z - H y_s = 65.3 - 122.86 \times 0.4656 = 8.224\text{kN} \cdot \text{m}$$

恒载作用下拱顶截面下缘的应力：

$$\sigma_z = \frac{H}{A} - \frac{M}{W} = \frac{122.86}{1 \times 0.35} - \frac{8.224}{0.02} = -60.17\text{kPa} \approx -0.06\text{MPa}$$

而立拱圈采用 C30 混凝土,材料设计可以抵抗的拉应力为:

$[\sigma] = 1.39\text{MPa}$,$\sigma_z \leq [\sigma]$ 恒载作用下拱顶截面下缘的应力满足规范要求,不会开裂,所以刚修建此涵洞时不会出现受力裂缝。

但是,该地区冬季气温降到 $-40℃$,考虑温降 70℃ 作用产生的水平力:

$$H_t = \beta \frac{EI\Delta t \partial}{L^2}$$

其中材料弹性模量 $E = 3.0 \times 10^7 \text{kPa}$。

单位宽度截面惯性矩:

$$I = \frac{1 \times 0.35^3}{12} 0.0035729\text{m}^4$$

$\Delta t = -70°$;$\partial = 1.2 \times 10^{-5}$;$L = 4.32$;$\beta = 26.7$

$$H_t = 26.7 \times \frac{3 \times 10^7 \times 0.0035729 \times (-70) \times 1.2 \times 10^{-5}}{4.32^2} = 26.7 \times \frac{90.037}{4.32^2}$$

$$= -128.8\text{kN}$$

温降 70℃ 作用拱顶处产生的弯矩:

$M_t = H_t \cdot y_s = 128.8 \times 0.4656 = 59.97\text{kN} \cdot \text{m}$(截面下缘受拉为"+")

所以温降作用下拱顶截面下缘产生的应力:

$$\sigma_t = -\frac{128.8}{1 \times 0.35} - \frac{59.97}{0.02} = -3366\text{kPa} = -3.37\text{MPa}$$

$\sigma_z + \sigma_t = -0.06 - 3.37 = -3.43\text{MPa} > [\sigma]$ ("−"为受拉)

所以在经历了冬季后温降作用下拱顶出现了超限制的拉应力,必然开裂。

建议:该地区的涵洞应做成静力涵洞,如三铰拱涵或盖板涵,则温差产生的应力 $\sigma_t = 0$。

自 测 模 拟

(第 1~9 题为单选题,第 10~12 题为多选题)

1. 桥台与桥墩在承受荷载方面最大的区别在于( )。
 (A)桥台需承受浮力　　　　　　　　(B)桥台需承受风力
 (C)桥台可调节水流　　　　　　　　(D)桥台需承受土侧压力和附加侧压力

2. 桥梁平面布置主要体现桥梁的( )。
 (A)高程　　　　　　　　　　　　　(B)平面线形
 (C)横断面　　　　　　　　　　　　(D)桥面铺装

3. 在桥梁设计中,结构整体分析应该采用( )。
 (A)车道荷载　　　　　　　　　　　(B)车辆荷载

(C)车轮荷载　　　　　　　　　　(D)多个集中力

4. 一座标准跨径为 30m、行车道宽度为 9m 的桥梁,当用公路—Ⅰ级车道荷载布载时,最多可布置(　　)车道。

(A)3 个　　　　　　　　　　　　(B)2 个

(C)4 个　　　　　　　　　　　　(D)1 个

5. 在桥梁设计中,汽车冲击系数是按(　　　)来设计的。

(A)桥梁全长　　　　　　　　　　(B)标准跨径

(C)结构基频　　　　　　　　　　(D)桥面高程

6. 对于坡桥,宜将固定支座布置在高程(　　)的墩台上。

(A)相对较高　　　　　　　　　　(B)相对较低

(C)相对平均　　　　　　　　　　(D)随便

7. 圆管涵基础在亚黏土或砂砾石地基上,常采用砂砾石或级配碎石做垫层基础,其厚度常为(　　)。

(A)90cm　　　　　　　　　　　　(B)60cm

(C)30cm　　　　　　　　　　　　(D)10cm

8. 我国新疆地区某高速公路上大量采用钢筋混凝土无铰拱涵,涵洞均在 6~8 月份完成,第二年春天检查时发现涵洞均出现了相同的病害:从拱顶向拱脚有多条横向裂缝。出现这种病害的原因主要是(　　)。

(A)施工时地基承载力不符合设计要求

(B)温度差太大,温降在拱顶产生正弯矩及拉力,导致拱腹开裂

(C)冬天的大雪冻裂了拱圈

(D)施工单位偷工减料,拱圈没有布置钢筋

9. 对于需要集纳水流或扩散水流处,涵洞洞口常采用的形式为(　　　)

(A)八字式　　　　　　　　　　　(B)端墙式

(C)跌水井式　　　　　　　　　　(D)扭坡式

10. 多孔简支梁桥通常选择的布置方式为(　　)。

(A)等跨布置　　　　　　　　　　(B)单孔跨度不宜超过 50m

(C)标准跨径　　　　　　　　　　(D)不等跨布置

11. 在公路桥梁作用效应组合中,不能与流水压力同时组合的作用有(　　)。

(A)汽车制动力　　　　　　　　　(B)冰压力

(C)波浪力　　　　　　　　　　　(D)风荷载

12. 按建筑材料可以把涵洞分为(　　)。

 (A)石拱涵   (B)盖板涵

 (C)圬工涵   (D)钢筋混凝土涵

参考答案

1. D   2. B   3. A   4. B   5. C   6. C   7. C   8. B   9. A

10. ABC   11. ABC   12. CD

第二节　桥面构造

依据规范

《公路桥涵设计通用规范》(JTG D60—2015)

《公路排水设计规范》(JTG/T D33—2012)

《城市桥梁设计规范》(CJJ 11—2011)(2019 年版)

重点知识

一、熟悉桥面组成与布置

1. 桥面组成

公路桥梁的桥面部分主要由桥面铺装、桥面排水防水系统、桥面伸缩装置、人行道、路缘石、栏杆或防撞护栏及照明系统等构成(图 4-2-1)。桥面构造部分直接与车辆、行人相接触,它对桥梁的承重结构起保护作用的同时,还对桥梁的使用功能、外观等起着重要作用。因此,桥面构造设计同样须遵循"安全、耐久、适用、环保、经济和美观"的原则。

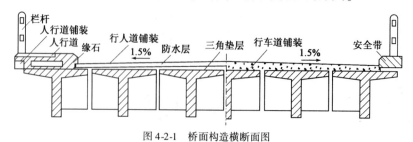

图 4-2-1 桥面构造横断面图

2. 桥面布置

在桥梁的总体设计中,应根据道路等级、桥梁宽度及行车与行人要求等条件确定桥面布置方案。目前公路与城市桥梁的桥面布置主要有双向车道布置、分车道布置和双层桥面布置等几种形式。

1）双向车道布置

双向车道布置是将行车道的上下行交通布置在同一桥面上（图4-2-1）。在桥面上，上下行交通有划线分隔，因此没有明显的界限。桥面上允许机动车与非机动车同时通过，同样采用划线分隔。由于在桥面上同时存在上下行车辆及机动车与非机动车混合行驶，故车辆的行驶速度只能是中速或低速，对于交通量较大的道路，还可能形成交通滞流状态。因此，双向车道布置主要适用于道路等级较低、车流量较小、桥面较窄的公路桥梁。

2）分车道布置

分车道布置是设置中央分隔带或采用分离式主梁，将行车道的上下行交通在桥梁上进行分隔布置。因此上下行交通互不干扰，可提高行车速度，便于交通管理。但在桥面布置上需要增加一些附属设施，同时桥面宽度也要相应加宽。

分车道布置可在桥面上设置中央分隔带，用以分隔上下行车辆[图4-2-2a)]，也可采用分离式主梁布置[图4-2-2b)]。分车道布置除对上下行交通分隔外，也可将机动车与非机动车道分隔、行车道与人行道分隔。

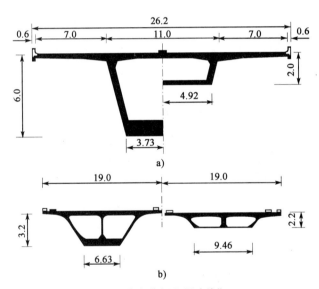

图4-2-2　分车道布置（尺寸单位：m）

高速公路、一级公路上的桥梁宜设计为上下行分离的独立桥梁。

3）双层桥面布置

双层桥面布置（图4-2-3）是桥梁结构在空间上设置成两个不在同一平面上的桥面构造，在钢桥上已普遍采用。双层桥面布置可以使不同的交通严格分道行驶，提高了车辆和行人的通行能力，并便于交通管理。同时，可充分利用桥梁净空，在满足相同交通要求下，可减小桥梁宽度、缩短引桥长度，获得较好的经济效益。

二、熟悉桥面铺装的作用、构造要求及其特点

桥面铺装，即行车道铺装，是桥面上车轮直接接触的部分，其主要功能为：

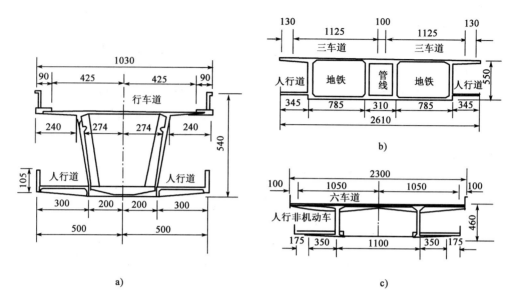

图 4-2-3　双层桥面布置(尺寸单位:cm)

(1)保护主梁行车道板部分不受车辆轮胎(或履带)的直接磨耗。

(2)分布车辆轮重等集中荷载,使主梁受力均匀。

(3)防止主梁遭受雨水的侵蚀。

(4)改善行车条件。

桥面铺装在桥梁恒重中占有较大比重,特别在中小跨径的桥梁及较宽的桥中尤为突出,因此在设计中应尽可能地减轻桥面铺装的重量,以提高桥梁承受外荷载的能力。

桥面铺装应与桥梁上部结构综合考虑,协调设计,且有完善的防水、排水系统。

1. 桥面纵、横坡的设置

为避免桥面积水影响行车条件及侵蚀桥梁的承重结构,提高结构的耐久性,需要在桥面设置纵、横坡度,将桥面积水迅速排出。《桥规》第3.5.1条规定:桥上纵坡不宜大于4%,桥头引道纵坡不宜大于5%;桥头两端引道的线形应与桥梁的线形相匹配。位于城镇混合交通繁忙处的桥梁,桥上纵坡及桥头引道纵坡均不得大于3%;对易结冰、积雪的桥梁,桥上纵坡不宜大于3%。桥面沿横向通常设置成1.5%～3.0%的双向横坡;对设有超高的弯桥,则将桥面设置为单向横坡。桥面横坡的设置方式主要有以下四种。

1)墩台顶部设置横坡[图4-2-4a)]

在桥梁墩台的顶部设置横坡,行车道板倾斜布置,在整个桥宽上采用等厚的铺装层,既可节省铺装材料又能减轻恒载,这种设置方式适用于板桥和就地浇筑的肋板式梁桥。

2)采用不等厚的铺装层形成横坡[图4-2-4b)]

在装配式的肋梁桥中,为了使主梁构造简单,方便架设和拼装施工,可以设置一层不等厚的三角垫层来形成横坡,再铺设等厚度铺装层。这种横坡设置方式,混凝土用量较多并增加了桥梁的自重,一般适用于桥面较窄的桥梁。

3）利用支座垫石形成横坡[图4-2-4c)]

对于如T形梁桥等肋板式梁桥,通过调整支座垫石高度形成横坡,这样桥面铺装层就可以做成等厚度而形成桥面横坡。这种设置方式,减轻了桥面铺装的重量,施工也较为简单方便,因而在高速公路被广泛使用。

4）将行车道板倾斜形成横坡[图4-2-4d)]

在较宽的桥梁(城市桥梁或高等级公路上的桥梁)中,为减轻桥面铺装层的重量,可将行车道板设计倾斜而形成桥面横坡。这种设置横坡的方式,主梁的构造和施工稍复杂,箱形梁桥横坡设置主要采用该方式。

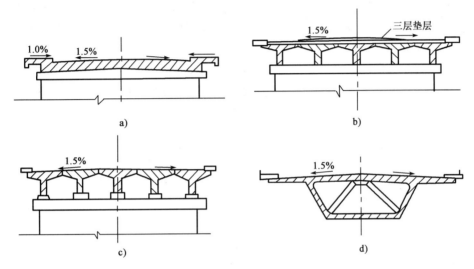

图4-2-4 桥面横坡的设置示意图

2. 桥面铺装的类型

由于桥面铺装直接与车轮接触,因此要求桥面铺装具有足够的刚度、抗裂性、抗滑抗车辙、不透水性能,且行车舒适。目前,桥面铺装主要有以下几种形式。

1）普通水泥混凝土或沥青混凝土铺装

对于小跨径桥梁,通常直接在桥面上铺筑5~8cm的普通水泥混凝土或沥青混凝土铺层,同时需对行车道板顶部做防水处理。一般要求铺装层混凝土的强度等级不低于桥面板混凝土的强度等级。为了防滑和减弱光线的反射,以利于行车,通常将桥面铺装层拉毛形成粗糙表面。

高速公路和一级、二级公路桥梁的沥青混凝土桥面铺装层厚度不宜小于7cm;二级以下公路桥梁的沥青混凝土桥面铺装层厚度不宜小于5cm。沥青混凝土桥面铺装尚应符合《公路沥青路面设计规范》(JTG D50—2017)的有关规定。水泥混凝土桥面铺装面层(不含整平层和垫层)的厚度不宜小于8cm,混凝土强度等级不应低于C40。水泥混凝土桥面铺装层内应配置钢筋网。钢筋直径不应小于8mm,间距不宜大于10cm。水泥混凝土桥面铺装尚应符合《公路水泥混凝土路面设计规范》(JTG D40—2011)的有关规定。

混凝土铺装的造价低、耐磨性能好,适用于重载交通,但养护期较长,且日后修补不便。沥青混凝土铺装质量轻,维修养护方便,铺筑后只需养护几个小时就可开放交通,但易老化和变形。高速公路和一级公路上的特大桥、大桥的桥面铺装宜采用沥青混凝土桥面铺装,钢桥面通常采用沥青混凝土铺装。

2)防水混凝土铺装

对于没有设置专门防水层的桥梁,可在桥面板上铺筑 8~10cm 厚的防水混凝土作为铺装层。防水混凝土可分为普通防水混凝土和外加剂防水混凝土,普通防水混凝土从材料和施工两个方面来抑制和减少混凝土内部孔隙的生成,改变孔隙的特征,堵塞渗水通道,不依赖其他附加防水措施,仅依靠混凝土自身的密实性来达到防水的目的;外加剂防水混凝土是依靠添加少量的有机或无机外加剂来改善混凝土的和易性,提高密实性和抗渗性。防水混凝土强度等级一般不低于桥面板混凝土的强度等级,其上一般不另设面层。但为了延长桥面的使用寿命,宜在顶面铺筑 2cm 厚的沥青表面处治,同时作为修补的磨耗层。防水混凝土铺装的设置应具有良好的防裂性和抗渗性。

3)具有贴式防水层的水泥混凝土或沥青混凝土铺装

在防水程度要求高或桥面处于主梁负弯矩区段可能出现裂纹的桥梁上,通常在铺装层下设置贴式防水层。贴式防水层可以是油毛毡或麻织物与沥青黏合而成,也可以是其他专用防水卷材,厚度 1~2cm。为防止贴式防水层因铺筑和翻修路面而遭到破坏,在防水层上需用厚约 4cm 的细集料混凝土作为保护层。施工中应防止防水层空鼓、滑动剥离造成防水功能障碍。该铺装形式造价高、施工复杂,因此,应视当地气温、雨量和桥梁结构等具体情况,经技术经济综合分析选用。

改性沥青黏结料或高分子聚合物沥青防水涂层,由于其优越的黏结性、弹塑性和耐热性以及施工方便等优点,目前在各种大型桥梁中得到了广泛应用。

三、熟悉桥面排水设施

为避免桥面积水渗入梁体影响结构的耐久性,保证行车舒适,除应设置桥面纵横坡外,还需要通过设置桥面排水系统将雨水迅速排出。

桥面排水应满足《公路排水设计规范》(JTG/T D33—2012)的有关规定。一般可按以下原则设置桥面排水设施。

当桥面纵坡 $i \geq 2\%$、桥长 $L \leq 50m$ 时,桥上不必设置专门的泄水孔道,雨水可直接流至桥头从引道上排出,为防止雨水冲刷引道路基,应在桥头引道的两侧设置注水槽;当桥面纵坡 $i \geq 2\%$ 而桥长 $L > 50m$ 时,宜在桥上每隔 12~15m 设置一个泄水管。

当桥面纵坡 $i < 2\%$ 时,则宜在桥上每隔 6~8m 设置一个泄水管,泄水管的过水面积通常是每平方米桥面不少于 2~3cm^2。

泄水管可沿行车道两侧左右对称布置,也可交错布置,应紧靠缘石,并设积水坑;也可布置在人行道下面,此时需要在人行道块件上预留横向进水孔,并在泄水管周围设置相应的聚水槽,泄水管顶部应采用格栅盖板,其顶面应比周围桥面铺装低 5~10mm。公路桥梁上常采用的泄水管道主要有以下几种形式。

1)金属泄水管

金属泄水管适用于具有贴式防水层的铺装结构。图 4-2-5 所示为一种比较完备的铸铁泄水管。泄水管内径一般为 10~15cm,管体下端应伸出行车道板底面至少 15~20cm,以免主梁受到雨水侵蚀。漏斗部分可做成圆形,亦可做成长方形。安装泄水管时,要特别注意管体与防水层的结合,必要时应采用专门的防水措施,避免雨水沿管体与结构接触面渗漏。铸铁泄水管使用效果好,构造较为复杂。

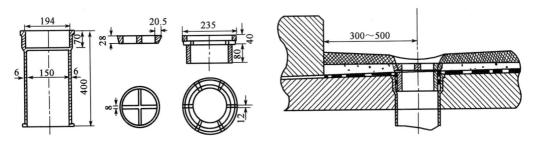

图 4-2-5 金属泄水管构造(尺寸单位:mm)

2) 钢筋混凝土泄水管

钢筋混凝土泄水管适用于采用防水混凝土桥面铺装的桥梁。其构造如图 4-2-6 所示。为使焊接于栅板上的短钢筋锚固在混凝土中,可将金属栅板直接作为钢筋混凝土管的端模板。这种预制的钢筋混凝土泄水管构造简单,节约钢材用量,较为经济。

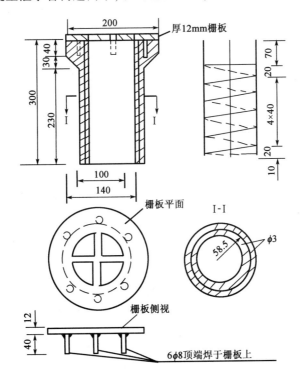

图 4-2-6 钢筋混凝土泄水管构造(尺寸单位:mm)

3) 横向排水管道

对于降雨量较少地区的小跨径桥梁,有时为了简化构造和节省材料,也可直接在行车道两侧的防撞护栏或路缘石上预留横向泄水孔,并用铁管或塑料管等将水排出桥外。这种排水管道构造简单,但因其坡度平缓,排水量较小,容易被堵塞。管口应设积水坑,横向排水管的上缘不得高于行车道铺装表面,应有一定坡度,末端应伸出桥外5~10cm。

4)PVC 泄水管

PVC 泄水管是以树脂为主要原料,加入适量助剂,经挤压或注塑成型的一种产品。由于其具有抗腐蚀、耐候性好、质量轻、施工方便、维修费用低等优点,在桥梁工程中得到了广泛应用。

5)封闭式排水系统

对于城市桥梁,立交桥,公路跨线桥,水源保护区、名胜风景区的公路桥梁,为保持桥梁外形美观及利于桥下行车行人安全舒适,应设计封闭式排水系统,将排水管直接引向地面或地下排水系统(图4-2-7)。

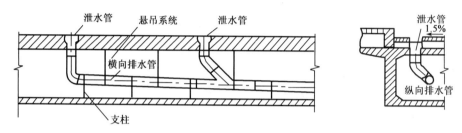

图 4-2-7　封闭式排水系统示意图

对于小跨径桥梁,纵向排水管在箱梁中或在主梁腹板侧面通往桥墩,并用管道引向地面。在活动支座处,竖向管道的连接应使桥梁的纵向活动不受影响。对于较大跨径的桥梁,纵向排水管可通向一个设置在台帽上的大漏斗集中排水。

如需要在桥墩上布置排水管道,应尽可能布置在墩壁的槽中或桥墩内部的箱室中。当桥墩很高时,排水管应每隔20~30m 设置伸缩缝,且管道有可靠的固定,并在墩脚处设置一个消除下落能量的装置。

排水管道不能直接预埋在混凝土内,以防在寒冷气候因水管堵塞而冻裂混凝土;应在混凝土中预留孔道或埋入直径较大的套管,然后再铺设排水管道,一旦有损也可及时更换。当管道通过行车道板、悬臂板等截面高度较小区域时,可将管道做成扁平形状。

在箱梁或桥墩中设置的排水管道系统,应预设2~3 个排水线路,以防一条管道受阻或爆裂而影响整个排水功能。

四、熟悉桥面伸缩装置的构造与类型

为了保证桥梁在活载作用、混凝土收缩与徐变、温度变化等因素影响下按其静力图式自由变形,需要在两主梁梁端之间以及梁端与桥台台背之间设置伸缩缝,并安装伸缩装置。高速公路、一级公路上的多孔梁(板)桥宜分联采用结构连续,或分联采用桥面连续,在两联之间及桥台处设置伸缩装置。

1.对伸缩装置的要求

在桥梁的设计与施工中,伸缩装置应满足以下要求:

(1)在平行、垂直于桥梁轴线的两个方向,均能自由伸缩变形。

(2)车辆在伸缩缝处能平稳通过,噪声较小。

（3）具有能够安全防水和排水的构造。

（4）伸缩缝装置与梁体牢固连接，部件要有足够的强度、刚度和耐久性，应考虑冲击作用和反复作用对疲劳的影响。

（5）施工和安装方便。

（6）养护、维修、更换方便。

伸缩装置的材料及成品的技术要求应符合交通行业标准《公路桥梁伸缩装置通用技术条件》（JT/T 327—2016）的有关规定。

需要注意的是，在伸缩缝附近的栏杆或护栏结构也应断开，以便相应地自由变形。

2. 伸缩装置的伸缩量

伸缩装置安装后的伸缩量，可考虑以下因素进行计算：

（1）温度上升引起的梁体伸长量 Δ_t^+。

（2）温度下降引起的梁体缩短量 Δ_t^-。

（3）混凝土收缩引起的梁体缩短量 Δ_s^-。

（4）混凝土徐变引起的梁体缩短量 Δ_c^-。

（5）制动力引起的板式橡胶支座剪切变形而导致的伸缩缝开口量 Δ_b^-。

（6）制动力引起的板式橡胶支座剪切变形而导致的伸缩缝闭口量 Δ_b^+。

对于大跨径桥梁，必要时还应计入因荷载作用、梁体上下部温差等因素所引起梁端转角产生的伸缩缝变形量。

伸缩缝具体的变形量计算、选型及安装详见《桥规》第8.8条相应规定。

3. 伸缩装置的类型

公路桥梁伸缩装置主要有以下四种类型：

1）钢制式伸缩装置

钢制式伸缩装置是由钢材装配而成，是能直接承受车轮荷载的一种构造。过去多用于钢桥，现在也用于混凝土梁桥。常见的有钢板叠合式伸缩装置和钢梳齿形伸缩装置（图4-2-8）。钢板叠合式伸缩装置由矩形的钢板叠合而成；钢梳齿形伸缩装置由两块悬臂齿形面板啮合而成，伸缩量可达20~40cm，这种伸缩装置的结构刚度较大，抗冲击力强，但钢材用量大，防水性稍差，容易堵塞灰尘杂物等，在城市立交桥等不容许桥下渗水的桥梁中，需采取相应的防水措施。

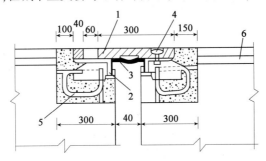

图4-2-8　钢板叠合式伸缩装置示意图（尺寸单位：mm）

1-钢板；2-角钢；3-排水导槽；4-沉头螺钉；5-锚固钢筋；6-桥面铺装

2) 橡胶伸缩装置

利用橡胶既富于弹性又易于胶贴和胶结,同时橡胶板是厂制成品,安装使用方便等优点,可将各种断面形状的优质橡胶带作为伸缩缝的填嵌材料。这种伸缩缝构造不仅能满足变形要求,还具有良好的吸振作用,能显著减小活载的动力作用,行驶性能好;具有防水功能,不必设置排水溜槽,简化了接缝构造和安装工艺,并能显著节约钢材。

目前橡胶伸缩装置主要有以下两种形式。

(1) 由橡胶、钢板或角钢硫化为一体的板式橡胶伸缩装置

如图 4-2-9 所示,板式橡胶伸缩装置是利用橡胶材料剪切模量低的原理设计制造而成,剪切式橡胶伸缩体设有上下凹槽,橡胶体内埋设承重钢板和锚固钢板,并设有预留螺栓孔,通过螺栓孔与两端连成整体。它是依靠上下凹槽间的橡胶体剪切变形来满足梁体结构的相对位移;橡胶体内预埋钢板,跨越梁端间隙,承受车辆荷载。橡胶伸缩体两侧预埋两块锚固钢板,通过螺栓与梁端连接的受力原理形成。通常适用于伸缩量不超过 6cm 的公路桥梁。

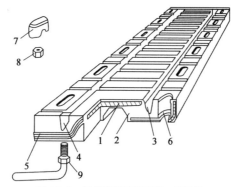

图 4-2-9　板式橡胶伸缩装置一般构造

1-橡胶;2-加筋钢板;3-伸缩用槽;4-止水块;5-嵌合部;6-螺帽垫板;7-腰形盖帽;8-螺母;9-螺栓

(2) 由橡胶板和钢托组合而成的组合式橡胶伸缩装置

组合式橡胶伸缩装置通常适用于伸缩量不超过 12cm 的公路桥梁。组合式橡胶伸缩装置不宜用于高速公路、一级公路上的桥梁工程。

3) 模数式伸缩装置

板式橡胶制品类伸缩装置,很难满足大位移量的要求;钢制型的伸缩装置,又很难做到密封不透水,而且容易造成对车辆的冲击,影响车辆的行驶性能。因此,出现了系列利用吸震缓冲性能好又容易做到密封的橡胶材料,与强度高、刚性好的异型钢材组合,在大位移量情况下能承受车辆荷载的各种类型模数式桥梁伸缩装置。这类伸缩装置,其构造相同点是:由 V 形截面或其他截面形状的橡胶密封条(带),嵌接于异型边梁钢和中梁钢内组成可伸缩的密封体,异型钢梁直接承受车辆荷载,且可根据要求的伸缩量,随意增加中梁钢和密封胶条(带),加工组装成各种规格的伸缩装置系列产品。其伸缩体由中梁钢和 80mm 的单元橡胶密封带组合而成,可根据伸缩量需要进行模数组合,能用于伸缩量为 160 ~ 2000mm 的公路桥梁。图 4-2-10 为 V 形橡胶材料与型钢组成的模数式伸缩装置。

4) 无缝式伸缩装置

无缝式伸缩装置,是接缝构造不伸出桥面时,在桥梁端部的伸缩间隙中填入弹性材料并铺

上防水材料,然后在桥面铺装层铺装黏弹性复合材料,使伸缩接缝处的桥面铺装与其他铺装部分形成一个连续体,以连接缝的沥青混凝土等材料的变形承受伸缩的一种构造。如我国常用的桥面连续型、TST 弹塑体等。这类伸缩装置的主要特点为:①能适应桥梁上部构造的伸缩变形和小量转动变形;②将使桥面铺装形成连续体,行车时不致产生冲击、振动等,舒适性较好;③形成多重防水构造,防水性好;④在寒冷地区,易于机械化除雪养护,不至于破坏接缝;⑤施工简单,易于维修和更换。

这种接缝仅适用于伸缩量较小的桥梁部位,适用范围有限。

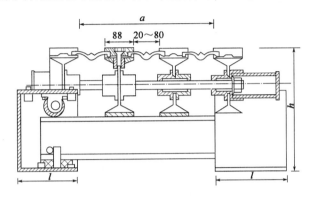

图 4-2-10　模数式伸缩装置示意图(尺寸单位:mm)

五、熟悉城市桥梁人行道和路缘石、桥梁栏杆(防撞护栏及人行道护栏)、照明设施与其他附属设施的设计要求

城市桥梁或位于人流拥挤地区的桥梁,通常需要设置人行道。人行道的宽度根据人流交通量确定,人行道的宽度宜为 1.0m;大于 1.0m 时,按 0.5m 的级差增加。

高速公路上的桥梁不宜设人行道。一级、二级、三级、四级公路上桥梁的人行道和自行车道的设置,应根据需要而定,并应与前后路线布置协调。

1. 安全带

不设人行道的桥梁,两边应设置宽度不小于 0.25m,高度为 25 ~ 35cm 的安全带。当跨越急流、大河、深谷、重要道路、铁路、主要航道,或桥面常有积雪、结冰时,其路缘石高度宜取用较大值。目前许多桥梁设计中,为了保证行车安全,安全带的高度已经用到 40cm。

安全带可以做成预制块件或与桥面铺装层一起现浇。预制的安全带有矩形截面[图 4-2-11a)]和肋板式截面[图 4-2-11b)]两种。对于现浇安全带,每隔 2.5 ~ 3m 宜设置一断缝,以免其参与主梁受力而遭破坏。

2. 人行道

人行道构造类型按施工方法可分为:预制装配式、部分装配和部分现浇的混合式。

预制装配式的人行道是将人行道做成预制块件安装,预制块件可分为整体式和分块式两种。预制装配式的人行道具有构件标准化、拼装方便等优点,在各种结构形式的桥梁上采用广泛。按安装在桥上的形式可分为搁置式(图 4-2-12)和悬臂式(图 4-2-13)两种人行道。

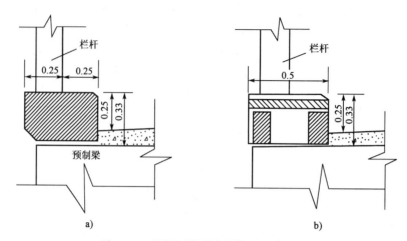

图 4-2-11 矩形和肋板式安全带(尺寸单位:m)

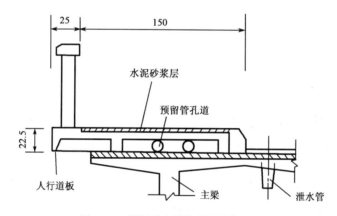

图 4-2-12 搁置式人行道(尺寸单位:cm)

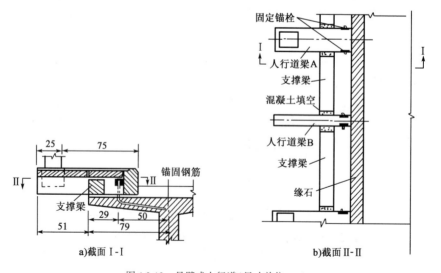

图 4-2-13 悬臂式人行道(尺寸单位:cm)

需要注意的是,人行道在桥面断缝处也必须设置伸缩缝。

3.栏杆、护栏

为保证车辆、行人安全通行,应在桥梁上设置栏杆或防撞护栏。《桥规》第3.6.7条规定:公路桥梁栏杆的设计,除应满足受力要求外,尚应注意美观,栏杆高度不应小于1.1m,栏杆的间距一般为1.6～2.7m。城市桥梁人行道或安全带临空侧的栏杆高度不应小于1.10m,非机动车道临空侧栏杆高度不应小于1.40m。上述栏杆高度为人行道表面至栏杆扶手顶面的距离。栏杆竖直构件间的最大净间距不得大于110mm,不宜采用有蹬踏面的结构。

栏杆可用混凝土、钢筋混凝土、钢、铸铁或钢与混凝土混合材料制作。形式上可分为节间式和连续式。节间式栏杆由立柱、扶手及横挡组成,扶手支承于立柱上,节间式栏杆便于预制安装,能配合灯柱设计,但对于不等跨分孔的桥梁,划分困难。连续式具有连续的扶手,一般由扶手、栏杆板(柱)及底座构成,有规则的栏杆板,富有节奏感,简洁、明快,但自重较大。

栏杆的设计首先应考虑结构安全可靠,选材合理,栏杆柱或栏杆底座要直接与混凝土中的预埋件焊牢,以增强抗冲能力。其次,栏杆应尽量设计成标准件,要经济实用,工序简单,互换方便。此外,栏杆的艺术处理应根据桥梁的类别提出不同要求。公路桥梁的栏杆要求简洁明快,栏杆的材料和尺度要与主体工程相匹配。对于城市桥梁,栏杆结构设计讲究艺术造型,应与周围环境和桥梁本身相协调。

栏杆在桥面伸缩缝处应设置断缝。

护栏是一种纵向吸能结构,通过自体变形或车辆爬高来吸收碰撞能量,从而改变车辆行驶方向、阻止失控车辆跃出桥外。按其碰撞后的变形程度,可分为刚性护栏、柔性护栏和半刚性护栏。

1)刚性护栏

刚性护栏是一种基本不变形的护栏结构。混凝土护栏是其主要代表形式,由一定形状的混凝土块互相连接而组成墙式结构,通过失控车辆碰撞后爬高并转向来吸收碰撞能量。

钢筋混凝土墙式护栏(图4-2-14)构造简单,施工方便,便于养护,使用性能较好,是特大桥、大桥及汽车专用公路桥梁上使用最广泛的防撞护栏形式。钢筋混凝土墙式护栏应选择强度高、耐磨好的混凝土材料,并必须保证有足够的钢筋混凝土保护层厚度。钢筋混凝土墙式护栏宜每隔5～8m设置一断缝,以免出现不规则开裂。

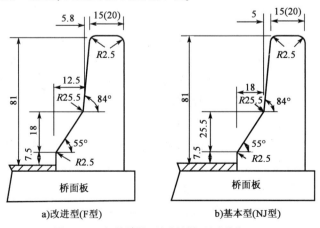

a)改进型(F型)　　　　　b)基本型(NJ型)

图4-2-14　钢筋混凝土墙式护栏(尺寸单位:cm)

2）柔性护栏

柔性护栏是一种具有强大缓冲能力的韧性结构。缆索护栏（图4-2-15）是其主要代表形式,由数根施加初拉力的缆索固定于端柱上面而组成钢缆结构,主要靠缆索的拉应力来抵抗车辆的碰撞荷载、吸收碰撞能量。

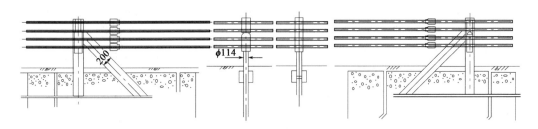

图4-2-15 缆索护栏(尺寸单位:mm)

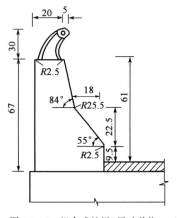

图4-2-16 组合式护栏(尺寸单位:cm)

3）半刚性护栏

半刚性护栏是一种连续的梁柱式护栏结构,具有一定的强度和刚度。波形护栏是其主要代表形式,由相互拼接的波纹状钢板和立柱构件组成连续梁柱结构,利用底基、立柱、波纹状钢板的变形来吸收碰撞能量,并迫使失控车辆改变方向。

组合式护栏（图4-2-16）是钢筋混凝土墙式护栏和金属护栏的一种组合形式,它兼有墙式护栏的坚固和金属护栏的美观,缺点是金属易锈蚀。

设置护栏的桥梁,桥梁护栏与桥面板应进行可靠连接。根据护栏形式,可采用直接埋入式、地脚螺栓和预埋钢筋的连接方式。公路桥梁护栏设置应符合《公路交通安全设施设计规范》(JTG D81—2017)的相关规定。

4. 照明设施与其他附属设施

在城市及城郊地区的桥梁,行人和车辆较多,应设置照明系统。照明设施应做到节能、环保、维修方便、照明度适当、防止眩光、灯具美观大方,使行车安全舒适、景观悦目。

桥梁照明系统布置方式有分散照明、集中照明及集中照明与分散照明混合三种。

城市桥梁桥上应设置照明灯杆。根据人行道宽度及桥面照度要求,灯杆宜设置在人行道外侧栏杆处;人行道较宽时,灯杆可设置在人行道内侧或分隔带中,杆座边缘距车行道路面的净距不应小于0.25m。当采用金属杆的照明灯杆时,应有可靠接地装置。

除了上述桥面构造部分,桥梁还应根据相关规范的规定设置必要的附属设施。

特大桥、大桥宜根据桥梁结构形式设置检修通道及供检查、养护使用的专用设施,并宜配置必要的管理用房。斜拉桥、悬索桥索塔顶部应设置防雷装置,并应按航空管理规定设置航空障碍标志灯。当主梁、索塔为钢箱结构时,宜设置内部抽湿系统。

特大桥、大桥宜根据需要布置测量标志,跨河、跨海的特大桥、大桥宜设置水尺或水位标志,通航孔宜设置导航标志。

特大桥、大桥及中长地下通道宜考虑在桥梁、地下通道两端或其他取用方便的部位设置消防、给水设施。

照明、环保、消防、交通标志等附属设施不得侵入桥梁、地下通道的净空限界,不得影响桥梁和地下通道的安全使用。

公路桥梁上的管线设施的布置,应符合《桥规》第3.4.7条的相关规定。

在城市桥梁上敷设管线应符合《城市桥梁设计规范》(CJJ 11—2011)(2019年版)第3.0.19条的相关规定。

桥梁在跨越公路和铁路部分还应设置防抛网。对于城市桥梁,当桥梁跨越快速路、城市轨道交通、高速公路、铁路干线等重要交通通道时,桥面人行道栏杆上应加设护网,护网尺寸应符合《城市桥梁设计规范》(CJJ 11—2011)(2019年版)的相关规定。

考 点 分 析

本节主要有以下考点:

(1)熟悉桥面组成与布置;桥面铺装与桥面防排水设施作用、布设;桥面伸缩缝构造与选型。

(2)熟悉城市桥梁人行道和路缘石、桥梁栏杆(防撞护栏及人行道护栏)、照明设施与其他附属设施的设计要求。

(3)熟悉桥梁桥面铺装的构造要求及其特点。

例 题 解 析

例1 [2019年单选题] 当城市桥梁跨越快速路、城市轨道交通、高速公路、铁路干线等重要交通通道时,桥面人行道栏杆上应加设护网,护网高度不应小于2m,护网长度宜为下穿道路的宽度并向路外延长(　　)。

(A)5m　　　　　(B)10m　　　　　(C)20m　　　　　(D)30m

分析

根据《城市桥梁设计规范》(CJJ 11—2011)(2019年版)第9.5.4条,当桥梁跨越快速路、城市轨道交通、高速公路、铁路干线等重要交通通道时,桥面人行道栏杆上应加设护网,护网高度不应小于2m,护网长度宜为下穿道路的宽度并向路外延长10m。故本题选B。

例2 [2019年单选题]对于城市主干路和次干路的桥梁,当两侧无人行道时,两侧应设检修道,其宽度宜为(　　)。

(A)小于0.5m　　　　　　　(B)0.50~0.75m

(C)0.80~1.0m　　　　　　　(D)不小于1.5m

分析

根据《城市桥梁设计规范》(CJJ 11—2011)(2019年版)第6.0.7条,对主干路和次干路的桥梁,当两侧无人行道时,两侧应设检修道,其宽度宜为0.50~0.75m。故本题选B。

例3 [2019年多选题]城市桥梁上不得敷设( )。
（A）污水管线
（B）电力、电信管线
（C）压力大于0.4MPa的燃气管线
（D）可燃、有毒或腐蚀性的液、气体管线

分析

根据《城市桥梁设计规范》(CJJ 11—2011)(2019年版)第3.0.19条,不得在桥上敷设污水管、压力大于0.4MPa的燃气管和其他可燃、有毒或腐蚀性的液、气体管。条件许可时,在桥上敷设的电信电缆、热力管、给水管、电压不高于10kV的配电电缆、压力不大于0.4MPa的燃气管必须采取有效的安全防护措施。故本题选ACD。

例4 以下不属于混凝土桥梁的桥面部分的是( )。
（A）桥面铺装 （B）人行道
（C）伸缩缝 （D）承台

分析

本题主要考查桥面的组成。桥面铺装、人行道、伸缩缝均属于桥面构造部分,承台属于墩台基础部分。故本题选D。

例5 桥面铺装的作用主要有( )。
（A）保护主梁不被车辆直接磨耗
（B）分布车轮荷载
（C）防止主梁遭受雨水侵蚀
（D）防止主梁开裂

分析

本题考查桥梁铺装的主要作用,保护主梁、分布车轮荷载、防止主梁遭受雨水侵蚀及改善行车条件是桥面铺装的主要作用;主梁是梁式桥的主要承重结构,其强度和刚度不由桥面铺装控制。故本题选ABC。

例6 桥面横坡常采用的设置形式有( )。
（A）墩顶倾斜
（B）设置不等厚的铺装层
（C）横隔梁的倾斜
（D）支座垫石调整

分析

题中选项A、B、D三种方式都是桥面横坡的设置方法,区别在于各用于不同场合,除此之外,人行道板的倾斜也可设置横坡。故本题选ABD。

自 测 模 拟

(第1、2题为单选题,第3~5题为多选题)

1. 多跨简支梁桥在进行桥面连续处理后,在竖向荷载作用下,其结构体系是( )。

    (A)简支梁   (B)悬臂梁

    (C)T形刚构   (D)连续梁

2. 设置桥面伸缩缝处,为保证伸缩装置的伸缩位移,所有桥梁上部结构构造应该采取的处理方式为( )。

    (A)刚性连接   (B)铰接

    (C)断开   (D)扣环现浇湿接头

3. 对公路桥梁无缝式伸缩装置,下面选项正确的是( )。

    (A)使桥面铺装形成连续体

    (B)易于维修和更换

    (C)适用于大跨度和超大跨度桥梁

    (D)承载力大,适合于重载交通

4. 公路桥梁的栏杆设计,下面说法正确的是( )。

    (A)满足受力要求

    (B)栏杆高度不应小于1.1m

    (C)外形美观

    (D)栏杆在桥面伸缩缝处不应设置断缝

5. 对公路桥梁而言,管线设施的布置,应符合( )。

    (A)电信线、电力线、电缆、管道等的设置不得侵入公路桥涵净空限界,不得妨害桥涵交通安全,并不得损害桥涵的构造和设施

    (B)严禁易燃、易爆、高压等管线设施利用或通过公路桥梁

    (C)天然气输送管道离开特大、大、中桥的安全距离不应小于80m,离开小桥的安全距离不应小于30m

    (D)高压线跨河塔架的轴线与桥梁的最小间距,不得小于1倍塔高

参考答案

1. A   2. C   3. AB   4. ABC   5. ABD

第三节　梁桥的构造与设计

依据规范

《公路钢筋混凝土及预应力混凝土桥涵设计规范》(JTG 3362—2018)

重点知识

一、熟悉梁桥的基本组成及受力特点

梁桥由桥跨结构、墩(台)及基础三部分组成。桥跨结构又称桥孔结构或上部结构。墩(台)、基础统称为下部结构。支座设置在桥梁的上部结构与墩(台)之间。梁桥立面示意图如图4-3-1所示。

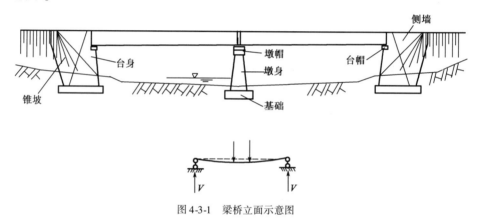

图4-3-1　梁桥立面示意图

梁桥的承重结构是梁,是以梁的抗弯能力来承受荷载的,在垂直荷载作用下,支承处仅产生竖向反力。

通常20m以下跨径的梁桥采用钢筋混凝土结构。20m以上跨径的梁桥均采用预应力混凝土结构,跨径在10~20m之间的板梁桥也普遍采用预应力混凝土结构。

二、熟悉混凝土梁桥的基本类型

1. 按梁桥承重结构的静力体系划分

梁式桥体系,梁分简支梁、悬臂梁和连续梁。利用悬臂梁和刚架的受力特点,形成了T形刚构。综合连续梁和T形刚构的受力特点,形成了连续刚构。

1)简支梁桥

如图4-3-2所示,简支梁桥受力简单,梁中只有正弯矩,体系温度变化、混凝土收缩徐变、张拉预应力等均不会在梁中产生附加内力,设计计算方便,最易设计成各种标准跨径的装配式结构。

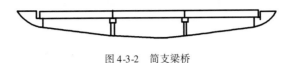

图 4-3-2　简支梁桥

由于简支梁是静定结构,结构内力不受地基变形的影响,对基础要求较低,适用于在地基较差的桥址上建桥。

在多孔简支梁桥中,相邻桥孔各自受力,便于预制、架设,简化施工管理,施工费用低。各孔简支梁梁端与梁端之间、梁端与桥台之间设置伸缩缝装置,为减少伸缩缝装置,使行车平整舒适,可采用桥面连续构造。

2)悬臂梁桥

将简支梁梁体加长并越过支点就成为悬臂梁桥。仅梁的一端悬出的称为单悬臂梁,如图 4-3-3b)所示;两端均悬出的称为双悬臂梁,如图 4-3-3a)、c)所示。使用悬臂梁的桥型至少有三孔。图 4-3-3a)所示的桥型,由于悬臂梁端通过搭板与路堤相连,对行车不利,目前已基本不采用。

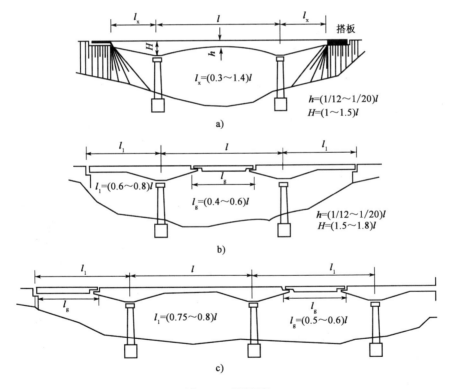

图 4-3-3　悬臂梁桥

3)连续梁桥

如图 4-3-4 所示,将简支梁梁体在支点上连续而成连续梁,即主梁连续跨过两跨或两跨以上的桥梁。这种体系的主要特点是承重结构不间断地连续跨越多个桥孔而形成超静定结构,基础不均匀沉降将在结构中产生附加内力,因此,对桥梁基础要求较高,通常宜用于地基较好的场合。此外,箱梁截面局部温差,混凝土收缩、徐变及预加应力均会在结构中产生附加内力。

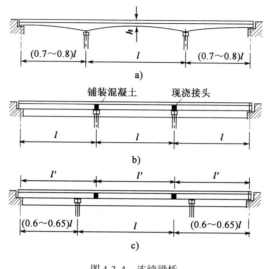

图 4-3-4 连续梁桥

4)T 形刚构桥

如图 4-3-5 所示,T 形刚构桥是一种墩梁固接,具有悬臂受力特点的梁式桥。因墩上两侧伸出悬臂,形同"T"字而得名。T 形刚构桥由于伸缩缝太多,对行车不利,目前已基本不采用。

5)连续刚构桥

如图 4-3-6 所示,连续刚构桥由连续梁体与薄壁桥墩固接而成,它综合了连续梁桥和 T 形刚构桥的受力特点。随着墩高的增加,薄壁桥墩对上部梁体的嵌固作用越来越小,逐步蜕化为柔性墩的作用,对柔性墩的设计必须考虑上部梁体变形(转动与纵向位移)对它的影响。

图 4-3-5 T 形刚构桥   图 4-3-6 连续刚构桥

2. 按梁桥承重结构的截面形式划分

1)板桥

板桥的承重结构就是矩形截面的钢筋混凝土或预应力混凝土板。主要特点是构造简单,施工方便,建筑高度小。

(1)整体式实心板桥

如图 4-3-7 所示,整体式实心板具有形状简单、施工方便、建筑高度小、结构整体刚度大等优点,但施工时需现浇混凝土,受季节气候影响,又需模板与支架。从受力要求看,截面材料不经济、自重大,所以只在小跨板桥使用。

(2)装配式实心板桥

如图 4-3-8 所示,装配式实心板在小跨径桥中应用最广,它由多块预制的实心板条通过板间企口缝拼装而成。

图 4-3-7　整体式实心板横截面示意图　　　　　图 4-3-8　装配式实心板横截面示意图

（3）整体式空心板桥

在整体式实心板基础上,在板横截面上挖空形成整体式空心板,与整体式实心板相同条件下,其自重减轻,承载能力进一步增强,但施工较为复杂。

（4）装配式空心板桥

如图 4-3-9 所示,装配式空心板在小跨径桥中应用广泛,它由多块预制的空心板条通过板间企口缝拼装而成。

a)　　　　　　b)　　　　　　c)　　　　　　d)

图 4-3-9　空心板横截面示意图

2）肋梁式桥

如图 4-3-10 所示,梁肋(或称腹板)与顶部的翼板(或称桥面板)结合在一起作为承重结构。肋梁相对自重较轻,对仅承受正弯矩作用的简支梁而言,不但充分扩展了混凝土桥面板的抗压能力,而且有效地发挥了集中布置在梁肋下部的受力钢筋的抗拉作用,从而使结构构造与受力性能达到理想的结合。与板桥相比,对于梁肋较高的肋梁桥来说,由于混凝土抗压和钢筋受拉所形成的力臂较大,因而肋梁桥也具有较大的抵抗荷载弯矩的能力。

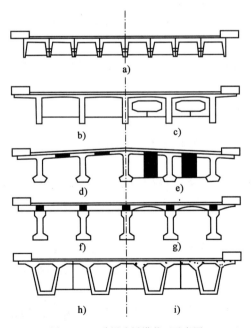

a)

b)　　　　　c)

d)　　　　　e)

f)　　　　　g)

h)　　　　　i)

图 4-3-10　肋梁式桥横截面示意图

注:a)为 Π 形肋梁桥;b)~e)为 T 形梁桥;f)、g)为组合 T 形梁桥;h)、i)为小箱梁桥

（1）整体式肋梁式桥

如图 4-3-11 所示,整体式肋梁式桥在采用支架施工时,可以根据钢筋混凝土体积最小的经济原则来确定截面尺寸,多采用双 T 形主梁截面布置形式,较少采用多 T 形主梁截面布置形式,以求施工简便,降低模板制作费用。

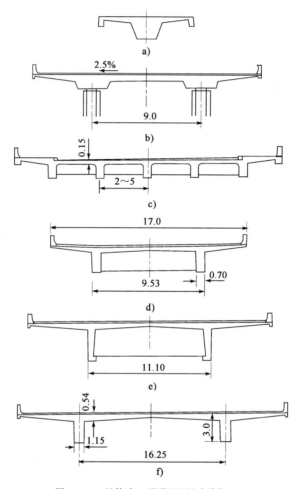

图 4-3-11　整体式 T 形截面(尺寸单位:m)

（2）装配式肋梁式桥

如图 4-3-10e)所示,装配式肋梁式桥使用最广泛,是通过将多根预制肋梁式梁横向拼装而成。

（3）小箱梁桥

如图 4-3-10h)所示,分体小箱梁是空心板结构的一种发展,分体箱在同等跨径下梁高比 T 形梁矮,吊装时自稳能力强,但自重较大,对吊装能力要求较高。

3）箱形梁桥

如图 4-3-12 所示,横截面呈一个或几个闭合箱形的梁桥称为箱形梁桥。箱形梁桥除了梁肋(腹板)和上部翼缘板外,还具有底板,因此提供了承受正、负弯矩足够的混凝土拉压区。箱形梁桥的另一重要特点是,在截面积一定的情况下能获得较大的抗弯惯性矩,而且抗扭刚度也特别大,在偏心活载作用下箱梁的受力比较均匀,因此箱形截面主要适用于较大跨径的悬臂梁和连续梁,也可用来修建全截面均参与受力的预应力混凝土简支梁桥。

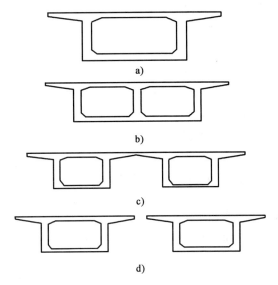

图 4-3-12　箱形梁桥横截面

三、熟悉简支梁(板)桥受力特点与构造设计

1. 简支板桥

1)整体式板桥的构造

整体式板桥的横截面通常采用等厚度的矩形截面。整体式板桥的跨径与板宽相差不大,在车辆荷载作用下处于双向受力状态,因此除了配置纵向受力钢筋(直径不应小于10mm,简支板跨中和连续板支点处主钢筋间距不应大于200mm)以外,还需在板内设置垂直于主钢筋的横向分布钢筋(设于主钢筋内侧,其直径不应小于8mm,间距不应大于200mm,截面积不宜小于板的截面积的0.1%)。主钢筋可在沿板高中心纵轴线的1/6~1/4计算跨径处按30°~45°弯起。通过支点的不弯起的主钢筋,每米板宽内不应少于三根,并不应少于主钢筋截面积的1/4。

2)装配式板桥的构造

(1)矩形实心板桥

实心板桥应用广泛,但跨径通常不超过8m(0.75m、1.0m、1.25m、1.5m、2.0m、2.5m、3.0m、4.0m、5.0m、6.0m和8.0m)。

(2)空心板桥

空心板桥的顶板和底板厚度均不应小于80mm。空心板的空洞端部应予填封。钢筋混凝土空心简支板桥的标准跨径不宜大于13m;预应力混凝土空心简支板桥的标准跨径不宜大于25m。

2. 简支T形梁桥

T形梁应设跨端和跨间横隔梁。预制T形梁翼缘悬臂端的厚度不应小于100mm;当预制

T 形梁之间采用横向整体现浇连接时,其悬臂端厚度不应小于 140mm。T 形梁的腹板宽度不应小于 160mm。

1)钢筋混凝土 T 形简支梁桥构造布置

钢筋混凝土 T 形简支梁标准跨径不宜大于 16m。

2)预应力混凝土 T 形简支梁桥构造布置

预应力混凝土 T 形简支梁的梁肋下部通常要加宽做成马蹄形,以便预应力钢束的布置满足局部承压需要。为了配合钢丝束的起弯,在梁端能布置预应力锚头,在靠近支点处腹板也要加厚至与马蹄部分同宽,加宽范围最好在 1 倍梁高(离锚固端)左右,这样就形成了沿纵向腹板厚度发生变化、马蹄部分也逐渐加高的变截面 T 形梁。

目前,预应力混凝土 T 形简支梁的最大标准跨径为 50m。

除主要的纵向预应力筋外,预应力混凝土梁内还有架立钢筋、箍筋、水平分布钢筋、承受局部应力的钢筋及翼板钢筋等普通钢筋。

与预应力钢筋协同配置的非预应力钢筋:

图 4-3-13a)表示当梁中预应力筋在两端不便弯起时,为防止张拉阶段梁端顶部可能开裂而布置的受拉钢筋。

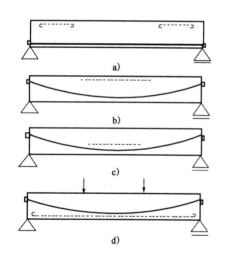

图 4-3-13 非预应力纵向受力钢筋(虚线)的布置

图 4-3-13b)表示对于自重比恒载与活载小得多的梁,在预加力阶段跨中部分的上翼缘可能会开裂,因而也可在跨中顶部加设无预应力纵向受力钢筋,这种钢筋在运营阶段还能加强混凝土的抗压能力,在破坏阶段则可提高梁的安全度。

图 4-3-13c)表示在跨中部分下翼缘内设置的钢筋,一般是在全预应力中为了加强混凝土承受预加压力的能力。

图 4-3-13d)表示对于部分预应力梁也往往利用布置在下翼缘的纵向钢筋来补足极限强度的需要,并且这种钢筋对于配置无黏结预应力筋的梁能起到分散裂缝的作用。

此外,非预应力的钢筋还能增加梁在反复荷载作用下的疲劳极限强度。

四、熟悉连续梁桥受力特点与构造设计

连续梁桥受力后,梁体内的弯矩和剪力将沿桥跨产生连续不断的效应,一孔受载,多孔受力。在自重作用下,由于支点负弯矩的卸载作用,跨中正弯矩显著减小,因此,可以节省材料,适用于大、中跨径桥梁。连续梁在每个墩台上纵向只需一个(一排)支座,可相应减少桥墩的尺寸,同时连续梁具有变形缓和、接缝少、有利于高速行驶等优点。但连续梁桥为超静定结构,支座变位将引起结构内力变化,所以,一般适用于地质良好的桥位处。

1. 连续梁桥类型与受力特点

不论是钢筋混凝土连续梁桥还是预应力混凝土连续梁桥,在立面上都可以做成等跨和不

等跨、等高和不等高(变截面)(图 4-3-14)。由于预应力筋在结构内能起到调整内力的作用,因此,预应力混凝土连续梁在孔径布置和截面形式等方面可供选择的范围,比钢筋混凝土连续梁要大得多。此外,混凝土连续梁桥的结构形式与施工工艺有密切联系。

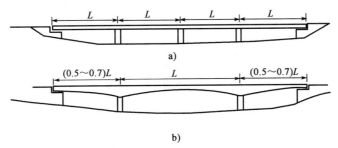

图 4-3-14 等高和不等高(变截面)连续梁

对中、小跨径的钢筋混凝土连续梁,常采用等截面形式和支架现浇施工;而对中、小跨径的预应力混凝土连续梁桥,当采用顶推法施工时,往往设计成等跨等高的连续梁桥。

不等跨变高度混凝土连续梁桥是大跨度桥梁最常用的结构形式。当加大靠近支点附近的梁高做成变截面时,可以有效降低跨中的设计弯矩,同时又能适应抵抗支点处大剪力的要求,又对恒载引起的截面内力和桥下通航的净空要求影响不大,这就是连续梁桥比简支梁或悬臂梁桥跨越能力更大的原因。

连续梁桥边跨与中跨长度之比将直接影响梁体内力沿跨径分布的均匀性,同时,边跨与中跨长度之比与施工工艺有关。如采用支架施工,需考虑边跨与中跨正弯矩之比,即使边跨与中跨的最大正弯矩基本相等,受力均匀合理。采用悬臂施工时,则需考虑边支点反力(边跨长度过短则边跨端支点支座将会产生负反力)和边跨现浇段支架条件,除边跨一部分悬臂施工外,剩余部分需另搭设支架施工,为缩短支架长度,边跨长度取不超过中跨长度的 0.65 倍为宜。对适合采用现场搭设支架现浇的桥梁,边跨与中跨长度之比取 0.8 是经济合理的。通常,对三跨连续梁,边跨长度取中跨长度的 0.65 ~ 0.8 倍,减小这一比值,能使中跨区段只有正弯矩值,可布置单筋,既简化了构造,又比较经济。对五跨连续梁,边跨、次边跨、中跨长度理想之比为 0.9:1.0,为方便设计与施工,常取 0.65:1.0:1.0。

2. 横截面形式及主要尺寸

1) 钢筋混凝土连续梁桥

钢筋混凝土连续梁一般采用低矮的多室箱梁。

2) 预应力混凝土连续梁桥

预应力混凝土连续梁桥的截面形式,中等跨径桥梁可采用空心板、T 形梁等,大跨径桥梁一般采用箱形截面。

3. 纵断面布置

1) 钢筋混凝土连续梁桥

钢筋混凝土连续梁因需要有支架施工,且受支点负弯矩引起梁顶面拉应力的限制,跨径不大,钢筋混凝土箱形截面连续梁标准跨径不宜大于 30m。钢筋混凝土连续梁桥常采用等截面形式,其梁高为跨径的 1/25 ~ 1/15。

2）预应力混凝土连续梁桥

从结构受力性能看,等跨连续梁要比不等跨的连续梁差一些,当采用顶推或者先简支后连续的施工方法时,则等跨结构受力性能较差,所带来的欠缺完全可以通过施工经济效益的提高来得到补偿。

对于采用顶推法、先简支后连续法、移动模架法、整孔架设法施工的桥梁,一般都采用等高梁。

从预应力混凝土连续梁桥的受力特点来分析,连续梁的立面以采取变高度的布置为宜。连续梁在恒载及活载作用下,支点截面将出现较大的负弯矩,从绝对值来看,支点截面的负弯矩往往大于跨中截面的正弯矩,因此采用变高度梁能较好地符合梁的内力分布规律。同时,采用悬臂法施工的连续梁,变高度梁又与施工的内力状态相吻合。变高度梁的截面变化规律可采用圆弧线、二次抛物线和折线。

4. 钢筋布置

1）钢筋混凝土连续梁桥

钢筋混凝土连续梁桥需根据结构计算设置主梁纵向抗弯钢筋、主梁抗剪钢筋、翼板抗弯钢筋等,并根据构造要求设置构造钢筋。

2）预应力混凝土连续梁桥

除普通钢筋外,中、小跨径预应力混凝土连续梁桥一般仅需布置纵向预应力筋,用于抵抗纵向弯矩。对于大跨径预应力混凝土连续梁,根据需要可采用纵向、横向和竖向三向预应力体系。其中纵向预应力筋采用钢绞线,用于抵抗纵向弯矩,纵向下弯预应力筋还可抵抗部分剪力;横向预应力筋采用钢绞线,用于抵抗桥面板横向弯矩;竖向预应力筋采用高强精轧螺纹钢筋或钢绞线,用于抵抗剪力,竖向布置在腹板内。

五、熟悉简支变连续梁桥受力特点与构造设计

先简支后桥面连续结构:先架设预制梁(板)(简支状态),后通过现浇墩顶主梁(板)顶部部分混凝土跨缝结构及桥面铺装形成连续桥面。使用状态仍为简支体系。

先简支后连续梁桥:先将预制梁(板)简支架设,后通过现浇混凝土湿接头将相邻跨主梁在墩顶连为一体,形成连续梁。

先简支后连续刚构桥:先将预制梁(板)简支架设,后通过现浇混凝土湿接头将相邻跨主梁以及墩帽在墩顶连为一体,形成墩梁固接的刚构桥。

1. 先简支后连续体系桥的特点

1）先简支后桥面连续梁桥

由于多跨简支梁桥伸缩缝多,不利高速行车,所以设计了先简支后桥面连续结构。先简支后桥面连续结构属于静定体系,单跨受力。简支梁桥在桥面连续后,减少了伸缩缝数量,获得了比较长的连续桥面,在水平力作用下各跨通过桥面连续构造传递分配水平力,在垂直力的作用下保持了简支梁桥的受力特性(图4-3-15)。

桥面连续措施的实质,就是将简支上部构造在其桥面连续处施行铰接。桥面连续处的桥面部分应当具有适应车辆荷载作用所需的柔性,并应有足够的强度来承受因温度变化和制动

作用所产生的纵向力。这样,桥面连续的多孔简支梁桥,在竖直荷载作用下的变形状态属于简支体系;而在纵向水平力作用下则属于连续梁体系。

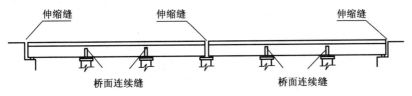

图 4-3-15 先简支后桥面连续梁桥构造

2）先简支后连续梁桥

先简支后连续梁桥在施工中属于简支结构,在使用中属于连续梁受力体系,对基础要求高,服役期受力性能和行车舒适性方面比简支梁桥或先简支后桥面连续结构梁桥更优越（图 4-3-16）。

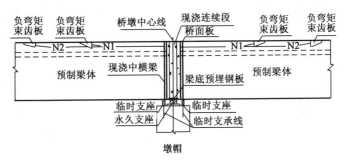

图 4-3-16 先简支后连续梁构造

3）先简支后连续刚构桥

先简支后连续刚构桥在施工中属于简支结构,在使用中属于连续刚构受力体系,对基础要求高,温度、混凝土收缩徐变影响大,服役期受力性能和行车舒适性方面比简支梁桥或先简支后桥面连续梁桥更优越。伸缩缝及支座数量减少使管养成本更低。桥梁处于纵坡上时可以限制上部结构向下坡端的水平位移（图 4-3-17）。

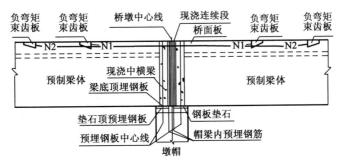

图 4-3-17 先简支后连续刚构桥构造

2. 先简支后连续体系桥的总体设计

（1）一联跨数一般不超过 5 跨。

（2）当桥梁跨径不小于 30m,桥梁纵坡在 2.5%（含 2.5% ）以上时,只要墩梁刚度比适合于墩梁固接,原则上采用先简支后连续刚构桥。对在上述条件以外的桥梁同样首先考虑先简支后连续刚构桥方案,以便减少支座维护、更换等工作。

(3)对于跨径不大于20m的空心板桥,可采用先简支后桥面连续梁桥;对于跨径不大于25m的T形梁桥,可采用先简支后连续梁钢筋混凝土结构桥;其他跨径的梁桥原则上应采用先简支后连续梁预应力混凝土结构桥及先简支后连续刚构预应力混凝土结构桥。对先简支后连续刚构桥,为加强墩梁固接效果,墩梁固接处可考虑设置竖向预应力筋。

(4)先简支后连续梁支承方式设计,有墩顶纵向双排支座与墩顶纵向单排支座之分,如图4-3-18所示。从支座受力及耐久性、桥墩受力以及连续结构受力明确来看,单排支座支承方式更有利;从施工方便以及回避因墩顶连续质量问题而出现落梁来看,双排支座的采用也有合理性,对于双排支座,建议采用板式橡胶支座。

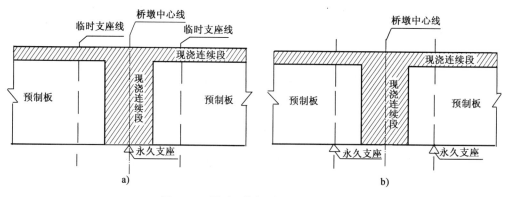

图 4-3-18　墩顶双排支座与墩顶单排支座

(5)原则上不采用主梁(板)二次浇筑成型的设计方案,即少采用组合梁。基本梁、板体一律采用一次预制成型,裸梁上现浇的混凝土层仅起调平作用,不作为结构性混凝土层(不考虑参与主梁受力),其厚度在8cm以上。当现浇调平层小于6cm时,设置钢筋网后将可能起到反作用,宜采用柔性纤维混凝土。

(6)简支T形梁翼板横坡应与桥梁横坡一致,即使在弯道上也应如此,以便桥梁空间几何状态控制。

3. 先简支后连续梁桥及先简支后连续刚构桥的连续构造

(1)先简支后连续梁的构造,是通过先简支架设预制的T形梁或空心板基本构件,然后通过浇筑墩顶湿接头形成结构连续构造,其连续构造包括以下两种:

一种是钢筋混凝土连续构造,即将墩顶相邻梁(板)端预留伸出的钢筋连接,浇筑接头混凝土实现连接。由于钢筋混凝土连接构造在墩顶负弯矩作用下难以避免开裂,所以仅用于小跨径桥梁。

另一种是预应力混凝土连续构造,即除将墩顶相邻梁(板)端预留伸出的钢筋连接外,在浇筑接头混凝土实现连接后,再通过预留孔道施加二次预应力,用于跨径为20~50m的梁桥,如图4-3-16所示。

(2)先简支后连续刚构的构造,是先简支架设预制的T形梁或空心板基本构件,并焊接设于墩顶和预制构件端部下缘的预埋件使上部结构与墩帽固接,然后浇筑墩顶湿接头(包括连接纵向、竖向普通钢筋)，形成墩梁固接，施加接头二次预应力，必要时张拉墩梁固接用的竖向预应力，如图4-3-17所示。

六、熟悉梁桥构造要求

由于桥梁结构非常复杂，上述梁桥构造设计介绍仅在于主要受力构件的重点部位，后续桥梁计算与验算也很难完全实现所有局部构造都得到准确分析与验算，为确保桥梁设计可靠、施工方便、使用安全耐久，必须对桥梁结构构造、钢筋构造设计等做出相应规定。

对于梁(板)桥构造设计，《桥规》第9.1条~第9.4条做出了规定，其中，普通钢筋和预应力钢筋的最小混凝土保护层厚度、钢筋混凝土结构纵向受力钢筋最小配筋率、预应力结构中竖向预应力筋间距、箍筋的配置等属于强制性条文，必须严格执行。同时，对钢筋混凝土板、梁结构构造、适用跨径范围、钢筋构造等做出了明确规定，对预应力混凝土结构配筋等做出的要求对确保设计可靠性十分重要，在无其他更可靠的处理办法情况下，一般均应满足相关条款要求。

七、熟悉斜板桥受力特点与构造

1. 整体斜板桥

整体斜板桥是小跨径斜桥常用的结构形式，整体斜板桥构造简单，建筑高度小，力的传递路线也较短。弹性斜交板分析理论比正交板理论复杂得多，用它来计算实际使用荷载作用下斜板桥的内力和变形是不方便的。迄今为止，国内外许多学者从不同的角度出发对斜板进行理论和试验研究，提出了一些计算方法。计算机技术的发展为斜板计算提供了有效手段和方法。对于从事设计和施工的工程技术人员，要正确地运用这些方法进行计算和配筋，必须在参考和分析研究成果的基础上，正确地理解和把握斜板在荷载作用下的实际工作性能。

1)影响斜板桥受力的因素

(1)斜交角

斜交角有两种表示方法：一种是桥梁轴线与支承边垂线的夹角 φ(图4-3-19)，另一种是桥梁轴线和支承线的夹角。前者越大表示斜交的程度越大，后者则相反。

斜交角大小直接关系到斜桥的受力特性，φ 越大，斜桥的特点越明显。《桥规》规定，当 $\varphi \leqslant 15°$ 时，可按正交板计算，计算跨径为：当 $l_\varphi/b \leqslant 1.3$ 时，按两支承轴线间垂直距离的正跨径计算；当 $l_\varphi/b > 1.3$ 时，按顺桥向纵轴线的斜跨径计算。其中 l_φ 为斜跨径，b 为垂直于桥纵轴线的板宽。

(2)宽跨比 B/L

设 B 为垂直于桥纵轴线的板宽，l 为垂直于支承线的跨径。宽跨比越大，斜板相对宽度越大，斜桥的特点越明显；宽跨比较小的斜桥，其跨中受力行为接近于正桥，只是在支承线附近断面才显示出斜桥的特性。

(3)支承形式

支座个数的多少，支承形式的变化，包括横桥向是否可以转动或移动、是否采用弹性支承等，对斜板的内力分布有明显的影响。

2）斜板桥的受力特点

（1）简支斜板的纵向主弯矩比跨径为斜跨长 l_φ（图 4-3-19）、宽度为 B 的矩形板要小，并随斜交角 φ 的增大而减小。图 4-3-20 显示了简支斜板在均布荷载作用下的弯矩与矩形板的弯矩的比值随 φ 的变化规律。

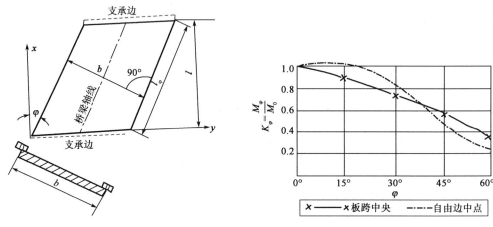

图 4-3-19　斜板的尺寸图　　　　图 4-3-20　斜板与正板在均布荷载作用下弯矩的比较

（2）斜板的荷载有向支承边的最短距离传递分配的趋势。宽跨比较小时，主弯矩方向朝支承边的垂直方向偏转；宽跨比较大时，板中央的主弯矩几乎垂直于支承边，边缘的主弯矩平行于自由边（图 4-3-21）。

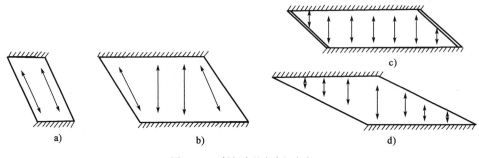

图 4-3-21　斜板中的主弯矩方向

（3）纵向最大弯矩的位置随 φ 角的增大从跨中向钝角部位移动。图 4-3-22 中板面上的实线表示 $\varphi = 50°$ 时的最大弯矩位置，图中还示意出 φ 为 30°和 70°时的相应位置。

（4）斜板中除了斜跨径方向的主弯矩外，在钝角部位的角平分线垂直方向上将产生接近于跨中弯矩值的负弯矩（图 4-3-22），其值随 φ 角的增大而增加，但分布范围较小，并迅速消减。

（5）斜板的最大纵向弯矩虽比相应的正板小，但横向弯矩却比正板大得多，跨中部分的横向弯矩尤其突出。横向弯矩的增加量大致上可以认为等于纵向弯矩的减小量。

（6）斜板在支承边上的反力很不均匀。钝角角隅处的反力可能比正板大数倍，而锐角处的反力有所减少，甚至出现负反力。对于正板，支座的个数越多，每个支座分得的反力就越小；但对于斜板，支座的个数越多，反力越集中于钝角。理论和试验研究发现，采用弹性支承可以使斜板的支承反力分布趋于均匀,且钝角上缘的负弯矩也有所减小。

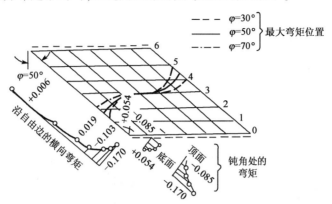

图 4-3-22　均布荷载下最大弯矩位置的变动和钝角处弯矩分布

(7)斜板的受力行为可以用图 4-3-23 所示的以 *ABCD* 为支点的 *Z* 字形连续梁来比拟;跨中点 *E* 处的弯矩大致在 *BC* 方向上最大;在钝角点 *B* 和 *C* 处产生较大的负弯矩和支点反力;在支承线 *AB* 和 *CD* 上增加支座对支承边的横向弯矩有较大影响,而对跨中点 *E* 处的弯矩影响不大。

(8)斜板的扭矩分布很复杂,板边存在较大的扭矩,抗扭刚度对扭矩的影响与正交桥有很大区别。图 4-3-24 为均布荷载作用于 $\varphi = 45°$ 的斜板上的扭矩图。

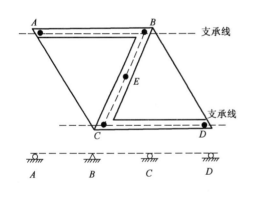

图 4-3-23　比拟 Z 字形连续梁　　　　图 4-3-24　斜交角为 45°的简支斜板在满布均布荷载下的扭矩图

3)斜板桥的钢筋布置及构造特点

斜板桥的钢筋布置与斜板的受力特性直接相关。

当 $l_\varphi \leqslant 1.3B$ 时,意味着桥梁宽度较大,对于纵向钢筋,板中央垂直于支承边布置,边缘平行于自由边布置;横向钢筋平行于支承边布置。常见的钢筋布置方式有两种:一种是渐变布置[图 4-3-25a)],另一种是重叠布置[图 4-3-25b)]。斜交角较小时($\varphi < 30°$),纵向钢筋可以完全平行于自由边布置[图 4-3- 25c)];斜交角较大时($\varphi > 30°$),纵向钢筋可以完全垂直于支承边布置[图 4-3-25d)]。

当 $l_\varphi > 1.3B$ 时,为窄斜板桥,纵向钢筋平行于自由边布置;对于横向钢筋,跨中垂直于自由边布置,两端平行于支承边布置,如图 4-3-26 所示。

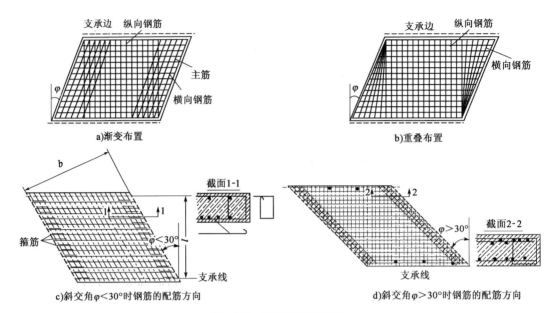

a)渐变布置　　　　　　　　　　　b)重叠布置

c)斜交角φ<30°时钢筋的配筋方向　　　　d)斜交角φ>30°时钢筋的配筋方向

图 4-3-25　斜板桥的钢筋布置

为抵抗自由边的扭矩,在距自由边 1 倍板厚的范围内设置加强箍筋(图 4-3-25)。

在钝角顶面 $l_\varphi/5$ 范围内,应在角平分线的垂直方向设置抵抗负弯矩的钢筋。单位宽度内钢筋数量 A_{gl} 可按式(4-3-1)计算:

$$A_{gl} = KA_g \tag{4-3-1}$$

式中:A_l——每米桥宽的主钢筋数量;

K——与 φ 有关的系数,按表 4-3-1 取值。

K 值 表 4-3-1

φ	K	φ	K
0°~15°	0.6	15°~30°	0.8
30°~45°	1.0		

为抵抗支反力,在钝角底面平行于角平分线方向设置附加钢筋(图 4-3-27)。

斜板桥在使用过程中,在平面内有向锐角方向转动的趋势,如果板的支座未被有效锚固,应加强锐角处桥台顶部的耳墙,以免遭挤裂。

2. 装配式斜板桥

装配式斜板桥是指通过预制斜交空心板,然后吊装形成的板桥。由于预制斜交空心板宽度小(一般为 1m),就单块板来讲,其受力与预制正交空心板相似。

装配式斜板桥同样可视为铰接板桥,借助荷载横向分布系数进行内力计算。

装配式斜板端部须根据斜交角度的不同设置适当的普通加强钢筋,参见整体斜板桥钢筋布置。

八、熟悉斜梁桥受力特点与构造

斜梁桥是指由多根纵梁与横梁组成的斜格子梁桥,横梁与纵梁可以斜交,也可以正交(图 4-3-28)。

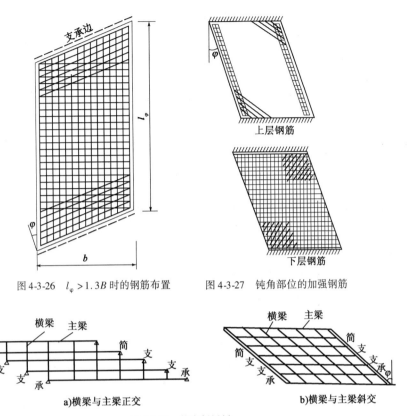

图 4-3-26　$l_\varphi > 1.3B$ 时的钢筋布置　　图 4-3-27　钝角部位的加强钢筋

a)横梁与主梁正交　　　　　　　b)横梁与主梁斜交

图 4-3-28　简支斜梁桥

对于由纵梁与横梁组成的斜梁桥,虽然成格子形的离散结构,但是,在梁距不太大且设一定数量横梁的情况下,斜梁桥仍然显示出与斜板类似的受力特点。主要表现为:

(1)随着斜交角的增大,纵梁弯矩减小,而横梁的弯矩增大,边梁弯矩的减小比中梁明显,且均布荷载比集中荷载明显。

(2)正交横梁斜梁桥的横向分布性能比斜交横梁桥好,并且横向刚度越大,横向分布性能越好。

(3)在对称荷载作用下,同一根主梁上的弯矩不对称,弯矩峰值向钝角方向靠拢,边梁尤其明显。

(4)横梁和桥面的刚度越大,斜交的影响就越大,斜桥的特征就越明显。

像正交桥那样,采用单梁计算主梁内力,然后通过横向分布系数考虑活载的偏载作用,仍然是思路简单、清晰的方法之一。但是,必须指出的是,斜梁桥很难满足影响面纵横向各截面分别相似的要求,因此,该方法的近似性比正交大。

九、熟悉平面弯桥受力与构造特点

1. 弯桥的受力特点

弯梁在发生竖向弯曲时,由于平面曲率的存在,必然产生扭矩,而这种扭矩作用又将导致弯梁的挠曲变形,"弯—扭"存在耦合作用。这一作用使弯桥具有以下受力特点:

(1)由于弯—扭耦合,弯桥的变形比同样跨径的直线桥要大,外边缘梁的挠度大于内边缘梁的挠度,曲率半径越小、桥越宽,上述特征越明显。

(2)与直线桥不同,弯桥即使截面在对称荷载作用下也会产生较大的扭转,通常会使外梁超载,内梁卸载,内外梁产生应力差别;由多片截面相同的弯梁构成的弯梁桥在自重情况下也存在扭矩。

(3)弯桥的支点反力与直线桥相比,曲线外侧大、内侧变小,内侧甚至出现负反力(翘起来)。当曲率半径及恒载较小时,设计上应注意控制内侧支点的负反力,必要时应在构造上采取相应的措施,如设置拉压支座,同时应防止外侧支座超载。

(4)弯桥梁间横梁除具有直线桥中横梁同样的作用外,还是保持全桥稳定的重要构件,与直线桥相比,其刚度一般较大。

(5)弯桥中预应力效应对支反力的分配有较大影响,计算支座反力时必须考虑预应力效应的影响。同时,预应力张拉及长期使用中存在较大的径向崩力,必须设置足够的防崩钢筋,以免混凝土遭受破坏。

2. 影响弯桥受力的主要因素

1)圆心角 φ_0

主梁的弯曲程度是影响弯桥受力最重要的因素,但是曲率半径并不能全面反映弯曲程度,曲率半径相同时,跨径越大,弯曲程度越大。全面反映主梁弯曲程度的参数是圆心角,它是跨长与半径的比值,反映了与跨径有关的相对弯曲关系。如果桥梁跨长一定,主梁圆心角的大小就代表了梁的曲率,圆心角越大,曲率半径就越小,所显示的弯桥的受力特征就越明显。当 $\varphi_0 \leqslant 30°$ 时,可以忽略扭转对挠度的影响。实际上,当 $\varphi_0 \leqslant 50°$ 时,弯梁的纵向弯矩可以用跨径为 $l = r\varphi_0$(l 为曲梁弧长即跨径,r 为曲率半径)的直线梁近似计算。

2)桥宽与曲率半径

偏心布置在弯桥桥面上的汽车荷载将产生扭矩,由于弯扭耦合作用又将产生弯矩。偏心荷载对弯桥的内力有较大影响,因此,在进行弯桥计算时,除考虑 φ_0 外,还应充分考虑桥梁宽度因素。当桥宽较大、曲率半径较小时,还应注意到曲梁内外弧长相差较大,外侧恒载比内侧大得多,即使是对称截面,恒载也会产生向曲线外侧翻转的均布力矩。

3)弯扭刚度比 $k = EI/GI_d$

在弯桥中,主梁的弯扭刚度比与结构的受力和变形状态直接相关。对于弯桥,随 $k = EI/GI_d$ 值的增大,因曲率因素导致的扭转变形显著增大,因此,在抗弯刚度 EI 满足要求的前提下,宜尽量增大截面抗扭刚度 GI_d 以减小扭转引起的变形,所以,曲线梁桥宜采用抗扭惯矩较大的箱形截面。

4)扇性惯矩 EI_w

严格地说,曲梁除圆形或正方形截面外,变形后截面不能保持为平面,在结构分析中应考虑薄壁效应。对于混凝土结构,薄壁效应并不明显,且一般箱形梁的形状接近于正方形,如果 $k = L\sqrt{GI_d/EI_w} \geqslant 30$,则横截面的翘曲变形不大,可以不考虑薄壁效应。

3. 弯桥的支承布置形式

1)竖向支承布置

弯桥可以采用多种支承布置形式。对于单跨弯桥,也可以采用多种形式,一种为简支静定结构,另一种为简支超静定结构(曲梁)(图 4-3-29),还可以采用两端均完全嵌固的支承形式。静定形式的简支弯桥在实际中是不可取的,因为不能抗扭的梁端将产生扭转变形,这给设置伸缩缝带来困难。支承形式须根据具体设计条件而定。

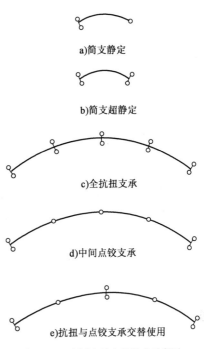

图 4-3-29　弯桥支承布置形式示意图

从理论上讲,连续弯桥所有支承均可以采用点铰支承,但是,在荷载作用下,梁端将产生扭转变形,从而在梁端与桥台背墙间产生上下相对变形,这将导致伸缩缝破坏。为了保证伸缩缝正常工作,一般在各联弯梁两端(桥台或桥墩处)设置能抵抗外扭矩的抗扭支座,中间支承可以采用抗扭支承、点铰支承,或交替使用两种支承形式(图 4-3-29)。

2)水平约束的布置

弯桥的平面内变形可以分为两种性质:由温度变化和混凝土收缩所引起的径向变形,属于弧段膨胀或缩短性质[图 4-3-30a)],变形后圆心角不变,曲率半径由 $r_0 \rightarrow r$;由预加力和混凝土徐变引起的属于切向变形[图 4-3-30b)],其曲率半径不变,圆心角由 $\varphi_0 \rightarrow \varphi$。后者没有横桥向的变形,与通常的支座和伸缩缝布置不矛盾;但是温度变化和收缩在各活动支座处引起纵桥向和横桥向的变形,给伸缩缝的活动带来困难。

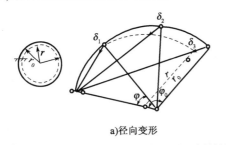

a)径向变形　　　　　　　　　b)切向变形

图 4-3-30　弯桥的平面内变形

为了限制横向变形,桥墩台将承受很大的横向水平力,必然增加下部结构的造价,同时主梁也要承担一定的横向弯矩。如果所有中间桥墩均设置多向活动支座(图 4-3-31),而在活动端仅限制径向位移,允许发生切向位移和平面扭转,经计算分析,径向约束力可显著减小,同时下部结构承担的横桥向弯矩也大大降低,而活动端的平面旋转角极小,这对于使用橡胶型伸缩缝不会有困难。

保证弯桥的纵向自由收缩变形非常重要,因为一旦纵向伸缩被限制,弯桥将类似于平面内的拱桥,产生很大的水平推力,同时产生较大的侧向水平位移,造成桥梁损坏。因此,必须在设计中预留足够的伸缩缝变形量及支座允许变形量,在施工和使用过程中保证伸缩缝及支座的正常工作。

图 4-3-31　中间桥墩均设置多向活动支座连续曲梁支承布置示意图

十、熟悉异形桥梁受力特点与构造

在高速公路立体交叉及城市高架道路的分叉区段,不可避免地会出现一些异形结构。常见的有变宽度桥、两边支承斜角不等的直斜桥及弯斜桥、支承边呈折线形的多边形斜桥等(图 4-3-32)。

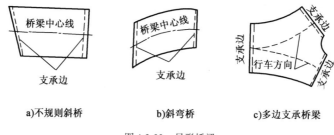

图 4-3-32　异形桥梁

异形桥梁受力复杂,尚无成熟的简化计算方法,通常是整个设计中较难处理的部分。在设计中可遵循下列原则:

(1)在结构布置设计中,尽量使异形结构部分相对独立,使其对规则结构的影响最小。

(2)通过计算或试验分析,使结构的主结构或主筋布置方向尽量与主弯矩方向一致。

(3)在支承边应设置与支承线方向平行的横梁或横隔板。

(4)异形桥梁的支承反力在同一支承边是不均匀的,支座布置时应充分考虑这一因素,避免出现支座超载或脱空现象。

异形桥梁的受力分析较为复杂,传统的解析方法难以解决问题。对于形状变异不大的桥梁可以近似地按照相应的规则桥梁计算;随着结构分析技术的进步,目前已有多种有限元方法可以对复杂形状的异形桥梁进行数值分析,如再辅以模型试验分析,可以得到足够精确的结果。

十一、熟悉坡桥

随着道路等级的提高,坡桥无处不在。路线上的桥梁,其坡度决定于路线纵坡。与平桥不同,坡桥结构存在下滑趋势,从而易对桥梁支座产生剪切破坏,高程较低端伸缩缝易破坏,墩台身受到不利影响,设计时应特别注意。

桥梁设计时,无论桥梁坡度大小,必须从构造上保证支座处于水平状态,图 4-3-33 所示即为通过支座上垫板与梁体底缘形成一定角度的方式保证成桥状态支座处于水平,其中,主梁预制时上垫板与梁体底缘之间的预设角度需通过预测分析得出。

由于坡桥支座寿命普遍较短,所以,在先简支后连续梁设计时,对于坡度在 2.5% 以上的桥梁,只要墩高适应连续刚构受力要求,均宜采用先简支后刚构(墩梁固结)梁桥,以避免支座问题(边支点除外)。

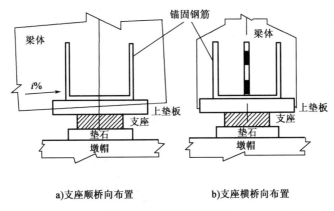

a)支座顺桥向布置　　　　b)支座横桥向布置

图 4-3-33　坡桥支座布置图

十二、熟悉桥梁下部结构的类型及其构造要求

1.概述

桥梁墩(台)由墩(台)帽、墩(台)身和基础三部分组成(图 4-3-34)。

尽管桥梁墩台的类型繁多,但常用的墩、台形式大体可以归纳为两大类。

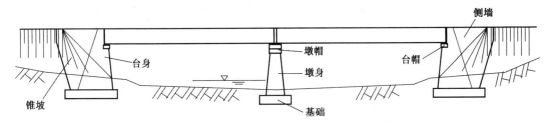

图 4-3-34　桥梁墩(台)结构组成图

1)重力式墩(台)

重力式墩(台)依靠自身的重量来平衡外力而保持其稳定,因此,墩(台)身比较厚实,当用天然石材或片石混凝土砌筑时,可以不配置钢筋;当用混凝土浇筑时,混凝土墩(台)身宜设置表层钢筋网,其截面面积在水平方向和竖直方向均不小于 $250mm^2/m$。重力式墩(台)适用于地基良好的大、中型桥梁,或流冰、漂浮物较多的河流中。在砂石料丰富的地区,小桥也往往采用重力式墩(台)。重力式墩(台)的主要缺点是圬工体积较大,因而其自重和阻水面积也较大,对地基要求较高。

2)轻型墩(台)

属于这类墩(台)的形式很多,而且都有各自的特点和使用条件,选用时必须根据桥位处的地形、地质、水文和施工条件等因素综合考虑确定。由于轻型墩(台)的刚度小,受力后允许有一定范围内的弹性变形,因此,所用建筑材料大多以钢筋混凝土和少量配筋的混凝土为主,但也有一些轻型墩(台),通过验算后可以用石料砌筑。

2. 桥墩

1) 重力式桥墩

重力式桥墩在公路梁桥和拱桥中应用较为普遍。它们除了在墩帽构造上有所差别以外，其他部分的构造外形大致相同。

(1) 梁桥重力式桥墩

梁桥重力式桥墩的墩帽是桥墩顶端的传力部分，它通过支座承托上部构造并将相邻两孔桥跨结构的自重和活载传到墩身上。因此，墩帽的强度要求较高，一般都用 C20 钢筋混凝土。墩帽平面尺寸的合理确定，将直接影响墩身的平面尺寸和材料的选用。当顺桥向的墩帽宽度较小而桥墩又较高时，墩身就显得很薄，因此，需要采用钢筋混凝土结构。另一方面，如果墩身在横桥向的长度较小，或者做成柱子形式，那么又会反过来影响着墩帽(或称帽梁)的受力、尺寸及其配筋数量。墩帽和台帽厚度，对特大、大跨径桥梁不应小于 50cm，桥梁不应小于 40cm。设置支座的墩帽和台帽上应设置支座垫石。与支座底板边缘相对的支座垫石边缘应向外展出 10~20cm。墩帽的四周较墩身出檐宽度宜为 5~10cm。

墩帽内应设置受力钢筋或构造钢筋，钢筋直径一般为 8~16mm，采用间距为 15~25cm 的网格布置。在支座垫石内也应设置水平钢筋网，钢筋直径为 8~12mm，网格距离为 7~10cm，这样使支座传来的很大集中力能较均匀地分布到墩身上，如图 4-3-35 所示。

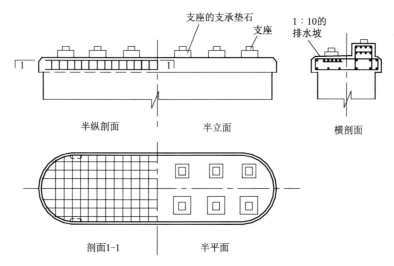

图 4-3-35　墩帽钢筋构造示意

在一些宽桥或者墩身较高的桥梁中，为了节省墩身及基础的圬工体积，常常利用挑出的悬臂或托盘来缩短墩身横桥向长度，做成悬臂式或托盘式墩帽(图 4-3-36)。

墩身是桥墩的主体。实体式桥墩墩身的顶宽，小跨径桥梁不宜小于 0.8m(采用轻型桥台的桥梁的桥墩不宜小于 0.6m)；中跨径桥梁不宜小于 1.0m；特大、大跨径桥梁的墩身顶宽应视上部构造类型而定。侧坡一般采用 20:1~30:1(竖:横)，小跨径桥梁的桥墩也可采用直坡。

墩身通常由块石、混凝土或钢筋混凝土材料建造。为了便于水流和漂浮物通过，墩身平面形状可以做成圆端形或尖端形；无水的岸墩或高架桥墩可以做成矩形。

此外，在一些高大桥墩中，为了减小圬工体积，节约材料，或为了减轻自重，降低基底的承压应力,也可将墩身内部作为空腔体,即所谓空心桥墩。这种桥墩在外形上与实体重力式桥墩无大的差别(图4-3-37),只是自重较实体重力式的轻,因此,它介于重力式桥墩和轻型桥墩之间。

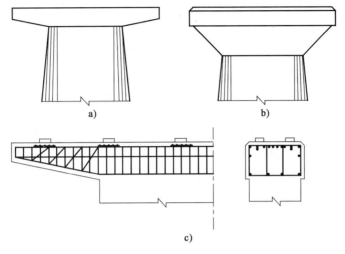

图4-3-36　悬臂式和托盘式墩帽

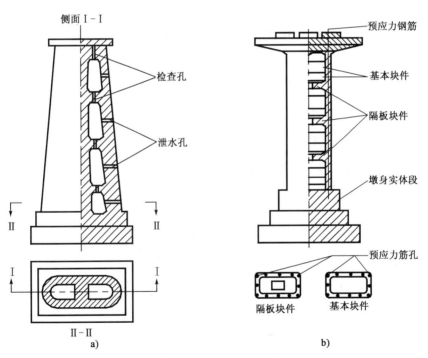

图4-3-37　空心桥墩构造示意

（2）拱桥重力式桥墩

拱桥是一种有水平推力的结构,拱圈传给桥墩上的力,除了垂直力以外,还有较大的水平推力,这是与梁桥的最大不同之处。从抵御结构自重水平力的能力来看,拱桥桥墩又可以分为普通墩和单向推力墩两种。普通墩除了承受相邻两跨结构传来的垂直反力外,一般不承受结构自重水平推力,或者当相邻两孔不相同时只承受经过相互抵消后剩余的不平衡推力。单向推力墩又称制动墩,它的主要作用是当一侧的桥孔因某种原因遭到毁坏时,能承受住单向的结构自重水平推力,以保证另一侧的拱桥不致遭到倾塌;在多跨连拱施工时,为了拱架的多次周转,或者当缆索吊装设备的工作跨径受到限制,为了能按桥台与某墩之间或者按某两个桥墩之间作为一个施工段进行分段施工,在此情况下也要设置能承受部分结构自重单向推力的制动墩。单向推力墩宜每隔 3~5 孔设置一个。由此可见,为了满足结构强度和稳定性的要求,普通墩的墩身可以做得薄一些[图4-3-38a)~c)],单向推力墩则要做得厚实一些[图4-3-38d)]。

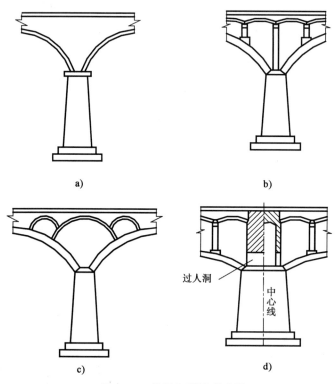

图 4-3-38 拱桥普通墩与推力墩

拱桥桥墩与梁桥桥墩的一个不同点在于梁桥桥墩的顶面要设置传力的支座,而拱桥桥墩在其顶面的边缘需设置呈倾斜面的拱座,直接承受由拱圈传来的压力,故无铰拱的拱座总是设计成与拱轴线呈正交的斜面。由于拱座承受着较大的拱圈压力,一般采用 C30 以上的整体式混凝土、混凝土预制块或 MU40 以上的块石砌筑。肋拱桥的拱座由于压力比较集中,应用强度等级高的混凝土及数层钢筋网加强;装配式肋拱的拱座,也可预留供插入拱肋的孔槽(图4-3-39),就位以后再浇灌混凝土封固。为了加强肋底与拱座的联结,底部可设 U 形槽浇灌混凝土,混凝土应不低于 C30。有时孔底或孔壁还应增设一些加固钢筋网。

当桥墩两侧孔径相等时,则拱座均设置在桥墩顶部相同的起拱线高程上,有时考虑桥面的纵坡,两侧的起拱线高程可以略有不同。当桥墩两侧的孔径不等,结构自重水平推力不平衡时,需将拱座设置在不同的起拱线高程上。此时,桥墩墩身可在推力小的一侧变坡或增大边坡。从外形美观上考虑,变坡点宜设在常水位以下(图4-3-40)。墩身两侧边坡和梁桥一样,一般也为 20:1~30:1(竖:横)。

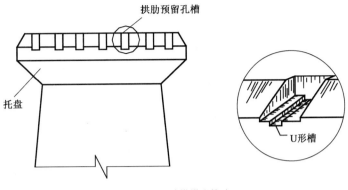

图 4-3-39　肋拱拱座构造

2）轻型桥墩

（1）梁桥轻型桥墩

当地基土质条件较差时，为了减轻地基负担，或减轻墩身重量，节约圬工材料，常常采用各种形式的轻型桥墩。轻型桥墩的墩帽尺寸及构造也由上部结构及其支座尺寸等要求来确定，这与重力式桥墩并无多大差异。

图 4-3-41 为钢筋混凝土薄壁桥墩，墩身直立，其厚度与高度的比值较小（一般为 1/10～1/15 或 30～50cm），墩身内配置有适量的钢筋，含钢量约为 60kg/m³。薄壁桥墩的特点是圬工体积小，结构轻巧，比重力式桥墩可节约圬工量 70% 左右，且施工简便，外形美观，过水性良好，故适用于地基土软弱的地区。缺点是当采用现浇混凝土时，需耗费用于立模的材料和一定数量的钢筋。

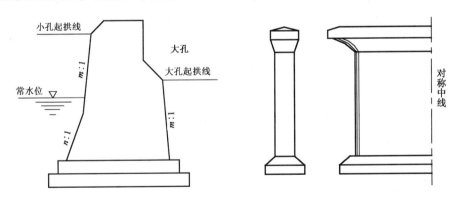

图 4-3-40　起拱线高程不同的拱座设置　　　　图 4-3-41　钢筋混凝土薄壁桥墩

图 4-3-42 为轻型实体桥墩，轻型实体桥墩较多采用圆端形，墩帽采用不低于 C25 的混凝土加 φ8mm 的构造钢筋。墩帽在平面上的尺寸根据墩身顶部尺寸而定。墩帽高度不小于 25～30cm。墩帽四周挑檐宽度为 5cm，周边做成 5cm 倒角。

图 4-3-43 为柱式桥墩，柱式桥墩由分离的两根或多根立柱所组成，是桥梁中采用较多的桥墩形式之一。它的外形美观，圬工体积少，而且重量较轻。

桩（地面以下）、柱（地面以上）和盖梁组成的桥墩称作桩柱式，目前使用非常广泛。除在桩顶处设置地系梁外，当柱（墩身）高度较大时，需布置横系梁，以增加墩柱的稳定性，横系梁间距一般控制在 15m 左右。桩柱尺寸需根据跨径大小、作用等级、地质情况等综合确定。

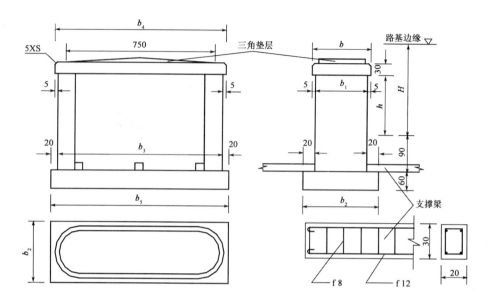

图 4-3-42　轻型实体桥墩构造图(尺寸单位:cm)

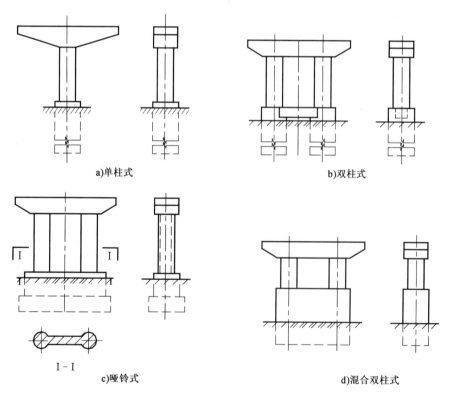

a)单柱式　　　　　　　　　　　　　　b)双柱式

I-I

c)哑铃式　　　　　　　　　　　　　　d)混合双柱式

图 4-3-43　柱式桥墩

　　盖梁横截面形状一般为矩形,就地浇筑。必要时也可采用预制安装的盖梁及预应力混凝土盖梁。盖梁各截面尺寸与配筋需通过计算确定。《桥规》第 9.6 条做出了详细规定。

（2）拱桥轻型桥墩

拱桥轻型桥墩一般为配合钻孔灌注桩基础的桩柱式桥墩。从外形上看,它与梁桥上的桩柱式桥墩非常相似（图4-3-44）。当拱桥跨径为10m左右时,常采用两根直径为1m的钻孔灌注桩;跨径为20m左右时可采用两根直径为1.2m或3根直径为1m的钻孔灌注桩;跨径为30m左右时可采用3根直径为1.2～1.3m的钻孔灌注桩。桩墩较高时,应在桩间设置横系梁,以增强桩柱刚性。桩柱式桥墩一般采用单排桩,如是高墩而且拱桥跨径在40～50m以上,可采用双排桩[图4-3-44b)],桩顶设置承台,与墩柱联成整体。如果柱与桩直接连接,则应在桩柱结合处设置横系梁。若柱高大于6～8m时,还应在柱的中部设置横系梁。

在采用轻型桥墩的多孔拱桥中,每隔3～5孔应设单向推力墩。

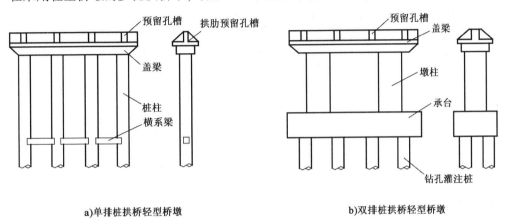

a)单排桩拱桥轻型桥墩　　　　　　　b)双排桩拱桥轻型桥墩

图4-3-44　拱桥桩柱式桥墩

3.桥台

1)重力式桥台

重力式桥台也称实体式桥台,它主要靠自重来平衡台后的土压力。桥台台身可采用块石、片石混凝土或混凝土等砌（浇）筑。

梁桥和拱桥上常用的重力式桥台为U形桥台,它们由台帽、台身和基础三部分组成,如图4-3-45所示。由于台身是由前墙和两个侧墙构成的U形结构,故而得名。从图中比较可以看出,两者除在台帽部分有所差别外,其余部分基本相同;从尺寸上看,拱桥桥台一般较梁桥桥台要大。U形桥台的优点是构造简单,可以用混凝土或片石、块石砌筑,适用于填土高度在4～10m的单孔及多孔桥梁;缺点是桥台体积和自重较大,增加了对地基承载力的要求。此外,桥台两个侧墙之间的填土不易压实,容易发生沉降,积水、结冰后冻胀使侧墙产生裂缝,因此要用渗水性较好的砂砾夯填,并做好台后排水措施。

背墙的顶宽不宜小于50cm,背墙一般做成垂直的,并与两侧墙连接。如果背墙放坡时,则在靠路堤一侧的坡度与台身一致。在台帽放置支座部分的构造尺寸、钢筋配置及混凝土强度可按相应的墩帽构造进行设计。

拱桥桥台只在向河心的一侧设置拱座,其构造和尺寸可参照相应桥墩的拱座拟定。对于空腹式拱桥,在前墙顶面上还要砌筑背墙,用来挡住路堤填土和支承腹拱。

台身由前墙和侧墙构成。前墙正面多采用直立或10:1的斜坡,背面坡度一般采用3:1～

4:1。侧墙与前墙结合成一体,兼有挡土墙和支撑墙的作用。侧墙外侧一般是直立的,内侧设3:1~4:1的斜坡。侧墙长度视桥台高度和锥坡坡度而定,前墙的下缘一般与锥坡下缘相齐,因此,桥台越高、锥坡越坦,侧墙则越长。侧墙尾段,应有不小于0.75cm的长度伸入路堤中,以保证与路堤有良好的衔接。台身宽度通常与路基宽度相同。侧墙的尾端除最上段1.0m采用竖直外,以下部分可采用4:1~8:1的倒坡(图4-3-46)。当侧墙尾端与路堤挡墙相接时或处于挖方地段时,侧墙尾端均为竖直(图4-3-47)。根据地形变化,U形台可采用阶梯式(图4-3-48)。

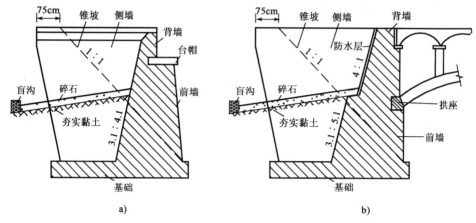

图 4-3-45　U 形桥台

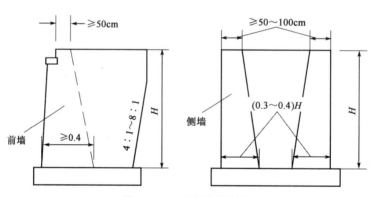

图 4-3-46　U 形桥台尺寸图

图4-3-49为梁桥埋置式桥台,埋置式桥台将台身埋置于台前溜坡内,不需要另设翼墙,仅由台帽两端耳墙与路堤衔接。埋置式桥台台身为圬工或混凝土实体,台帽及耳墙采用钢筋混凝土,当台前溜坡有适当保护不被冲毁时,可考虑溜坡填土的主动土压力。因此,埋置式桥台圬工数量较省,但由于溜坡伸入桥孔压缩了河道,或者为了不压缩河道,就需要增加桥长。适用于桥头为浅滩,溜坡受冲刷较小,填土高度在10m以下的中等跨径桥梁。

2)轻型桥台

(1)梁桥轻型桥台

与重力式桥台不同,轻型桥台力求体积轻巧、自重小,它借助结构物的整体刚度和材料强度承受外力,达到节省材料、降低对地基强度的要求和扩大应用范围的目的,为在软土地基上修建桥台开辟了经济可行的途径。

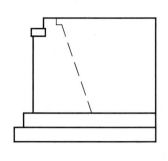

图4-3-47 尾端竖直U形桥台

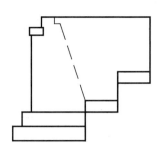

图4-3-48 阶梯式U形桥台

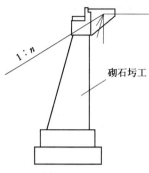

图4-3-49 重力式埋置式桥台

图4-3-50为设有支撑梁的轻型桥台,适用于小跨径桥梁,轻型桥台与轻型桥墩配合使用时桥跨孔数不宜超过3孔,单孔跨径不大于13m,多孔全长不宜大于20m。这种桥台的特点是,台身为直立的薄壁墙,厚度不宜小于0.6m,台身两侧有翼墙。在两桥台下部设置钢筋混凝土支撑梁,上部结构与桥台通过锚栓连接,于是便构成四铰框架结构系统,并借助梁端台后的被动土压力来保持稳定。

一字形或八字形轻型桥台的台身均为圬工砌体,当桥梁跨径不超过6m,台高不超过4m时,可用M15浆砌块石;当跨径大于6m,台高大于4m时,需用混凝土浇筑。台身厚度(包括一字翼墙)不宜小于60cm。对于八字翼墙其顶面宽度,混凝土不宜小于30cm,块石砌体不宜小于50cm;其端部顶面应高出地面20cm。台帽为钢筋混凝土,台帽内的预埋栓钉应与上部结构互相锚固。

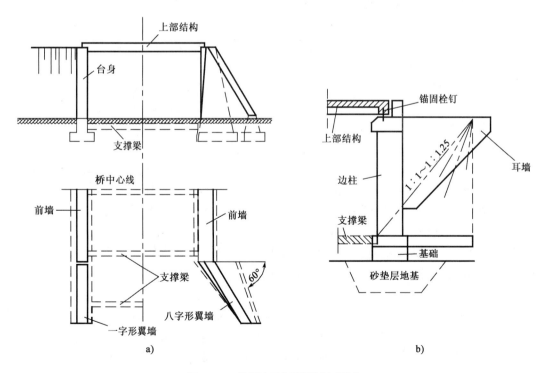

图4-3-50 设置地下支撑梁的轻型桥台

图 4-3-51 为轻型埋置式桥台,轻型埋置式桥台的布置方式及优缺点与重力式埋置式桥台相似,但其台身圬工量较少,对地基的适应性较好。按台身的结构形式,轻型埋置式桥台可以分为肋形埋置式[图 4-3-51a)、b)]、双柱式[图 4-3-51c)、d)]、框架式(图 4-3-51e)、f)。

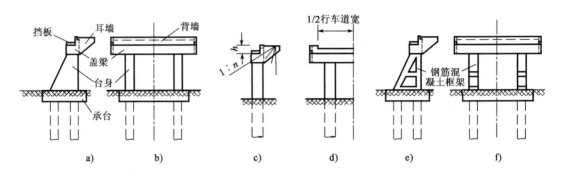

图 4-3-51 轻型埋置式桥台

肋形埋置式(又称墙式)桥台台身由两块后倾式的肋板与顶面帽梁联结而成。台高在 10m 或及 10m 以上者设系梁。帽梁、系梁和耳墙均需配置钢筋,并采用 C25 混凝土。

台身与帽梁、台身与基础之间只需布置少量接头钢筋,台身采用 C20 混凝土。根据地基情况。基础可采用桩接承台的形式,也可采用普通扩大基础的形式。

桩柱式埋置式桥台对于各种土壤地基都适宜。根据桥宽和土基承载能力可以采用双柱、三柱或多柱的形式。柱与钻孔桩相连的称为桩柱式;柱子嵌固在普通扩大基础之上的称立柱式;完全由一排钢筋混凝土桩和桩顶盖(或帽)梁联结而成的称柔性桩台。桩柱式桥台的台帽及耳墙采用 C25 钢筋混凝土,桩柱采用 C20 钢筋混凝土。桩柱式桥台一般适用范围为:桥孔跨径 8~20m,填土高度 3~5m。当填土高度大于 5m 时,宜采用框架式埋置式桥台。

框架式桥台既比桩柱式桥台有更好的刚度,又比肋形埋置式桥台挖空率更高,更节约圬工体积。由于这种桥台结构本身存在着斜杆,能够产生水平分力以平衡土压力,加之基底较宽,又通过系梁联成一个框架体,所以稳定性较好,可用于填土高度在 5m 以上的桥台,并与跨径为 16m 和 20m 的梁式上部结构配合应用。其不足之处是必须用双排桩基,钢筋水泥用量均较桩柱式的多。

图 4-3-52 为钢筋混凝土薄壁桥台,钢筋混凝土薄壁桥台由扶壁式挡土墙和两侧的薄壁侧墙构成。挡土墙由厚度不小于 15cm(一般为 15~30cm)的前墙和间距为 2.5~3.5m 的扶壁所组成。台顶由竖直小墙和支于扶壁上的水平板构成,用以支承桥跨结构。两侧薄壁可以与前墙垂直,有时也做成与前墙斜交。前者称 U 形薄壁桥台,后者称八字形薄壁桥台。这种桥台不仅可以减少圬工体积 40%~50%,同时因自重减轻而减小了对地基的压力。故适用于软弱地基的条件,但其构造和施工比较复杂,并且钢筋用量也较多。

(2)拱桥轻型桥台

拱桥轻型桥台适用于跨径在 13m 以内的小跨径拱桥和桥台水平位移量很小的情况。其工作原理是:当桥台受到拱的推力后,便发生绕基底形心轴而向路堤方向的转动,此时台后的土便产生抗力来平衡拱的推力,从而使桥台的尺寸大大地小于实体重力式桥台(约为 65%)。常用的轻型桥台有八字形桥台,以及由此派生出来的∏形、E 形等背撑式桥台。

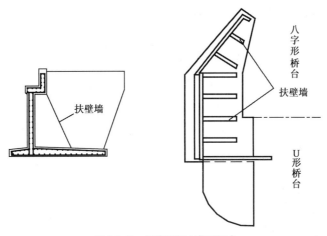

图 4-3-52　钢筋混凝土薄壁桥台

图 4-3-53a)为八字形桥台,八字形桥台的构造简单,台身由前墙和两侧的八字翼墙构成。两者间通常留沉降缝分砌。前墙可以是等厚度的,也可以是变厚度的。变厚度台身的背坡为 2:1~4:1。翼墙的顶宽一般为 40cm,前坡为 10:1,后坡为 5:1。为了防止基底向河心滑动,基础应有一定的埋置深度。台后填土必须分层夯实,做好防护措施,防止受水流侵蚀冲刷。

图 4-3-53b)为 U 字形轻型桥台,U 字形轻型桥台是由前墙和平行于车行方向的侧墙组成,构成 U 字形的水平截面。它与 U 形重力式桥台的差别是,后者是靠扩大桥台底面积,以减小基底压力,并利用基底与地基的摩阻力和适当利用台背侧土压力,以平衡拱的水平推力,因此基础底面积较轻型桥台的要大,通常从前墙一直延伸到侧墙尾端,侧墙与前墙连成整体,而与拱上侧墙断开。U 字形轻型桥台前墙的构造和八字形桥台相同,但侧墙却是拱上侧墙的延伸,它们之间应设变形缝,以适应桥的可能变位。轻型桥台侧墙的顶宽一般为 50cm,内侧坡度为 5:1,若有人行道,则上端做成等厚直墙,直到与按 5:1 内坡相交为止,以下仍用 5:1 的坡度。

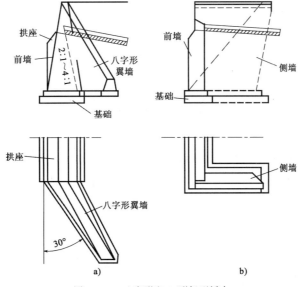

图 4-3-53　八字形和 U 形轻型桥台

十三、了解桥梁下部结构的设计计算方法

1. 作用及其效应组合计算与有关规定

1）桥墩计算中的作用及其作用效应组合

（1）桥墩计算中需考虑的永久作用

①因上部结构自重对墩帽或拱座产生的支承反力，包括上部结构混凝土收缩徐变的影响。

②桥墩结构自重，包括作用在基础襟边上的土压力。

③预应力，例如装配式预应力空心桥墩所施加的预应力。

④基础变位影响力，对于奠基于非岩石地基上的超静定结构，应考虑由于地基压密等引起的长期变位的影响，并根据最终位移量按弹性理论计算结构截面的附加内力。

⑤水的浮力，位于透水性地基上的桥梁墩台，当验算稳定时，应计算设计水位时的水浮力；当验算地基应力时，仅考虑低水位的浮力或不考虑水的浮力；基础嵌入不透水性地基的墩台，可以不计水的浮力；当不能肯定是否透水时，则分别按透水或不透水两种情况与其他作用组合，取其最不利者。作用在桩基承台底面的浮力，应考虑全部底面积。对桩嵌入不透水地基并灌注混凝土封闭者，不应考虑桩的浮力，在计算承台底面浮力时应扣除桩的截面面积。

（2）桥墩计算中考虑的可变作用

①作用在上部结构上的汽车作用，对于钢筋混凝土柱式墩台应计入冲击力，对于重力式墩台则不计冲击力。

②汽车离心力。

③人群作用。

④作用在上部结构和墩身上的纵、横向风力。

⑤汽车作用引起的制动力。

⑥作用在墩身上的流水压力。

⑦作用在墩身上的冰压力。

⑧上部结构因温度变化对桥墩产生的水平力。

⑨支座摩阻力。

（3）作用于桥墩上的偶然作用

①地震力。

②船舶或漂浮物的撞击力。

③对于跨线立交桥，根据桥梁的结构形式，需考虑汽车对桥墩的撞击作用。

对于施工阶段，根据施工过程考虑相应的作用，按计算需要及结构所处条件来确定作用效应的组合。

上述各种作用的计算方法可参见本章内容和《公路桥涵设计通用规范》（JTG D60—2015）有关条文。

重力式桥墩的作用效应组合主要与墩身所要验算的内容有关，例如，墩身截面强度和偏心的验算，整个桥墩的纵向及横向稳定性验算等。应根据可能出现的各种作用效应情况进行最

不利的作用组合。其次,拱桥重力式桥墩与梁桥重力式桥墩除了有共同点之外,也还存在一些差异。例如拱桥不设活动支座,因而没有支座摩阻力;但它要计及各种作用影响在拱座处产生的水平推力和弯矩。下面按梁桥和拱桥分别列出它们可能的作用效应组合。

(4)梁桥重力式桥墩作用效应组合

①第一种作用效应组合。按在桥墩各截面上可能产生的最大竖向力的情况进行作用效应组合。这种组合用来验算墩身强度和基底最大应力。因此,除了有关的永久作用外,应在相邻两跨满布可变作用的一种或几种[图4-3-54a)]。

②第二种作用效应组合。按桥墩各截面在顺桥向上可能产生的最大偏心和最大弯矩的情况进行作用效应组合。它是用来验算墩身强度、基底应力、偏心以及桥墩的稳定性。属于这一组合的除了有关的永久作用外,应在相邻两孔的一孔上(当为不等跨桥梁时则在跨径较大的一孔上)布置可变作用的一种或几种,以及可能产生的可变作用,例如纵向风力、汽车制动力和支座摩阻力等[图4-3-54b)]。

③第三种作用效应组合。按桥墩各截面在横桥方向上可能产生最大偏心和最大弯矩的情况进行作用效应组合。它是用来验算在横桥方向上的墩身强度、基底应力、偏心以及桥墩的稳定性。属于这一组合的除了有关的永久作用以外,要注意将可变作用的一种或几种偏向桥面的一侧布置,此外还应考虑可变作用例如横向风力、流水压力或冰压力等或者偶然作用中的船只或漂浮物的撞击力等[图4-3-54c)]。

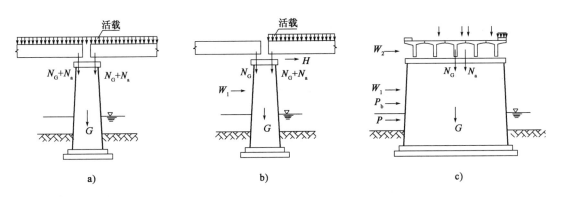

图4-3-54 梁桥重力式桥墩的作用效应组合

④第四种作用效应组合。桥墩在施工阶段作用效应的组合,应按计算需要及结构所处条件而定。

⑤第五种作用效应组合。需进行地震力或汽车荷载撞击验算桥墩,要进行偶然作用效应组合,但多个偶然作用不同时参与组合。

(5)拱桥重力式桥墩作用效应组合

①顺桥方向的作用及其作用效应组合

对于普通桥墩应为相邻两孔的永久作用,在一孔或跨径较大的一孔满布可变作用的一种或几种,并由此对桥墩产生不平衡水平推力、竖向力和弯矩(图4-3-55)。

对于单向推力墩则只考虑相邻两孔中跨径较大一孔的永久作用产生的作用力。

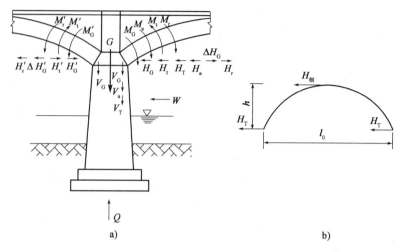

图 4-3-55　不等跨拱桥重力式桥墩受力情况

图 4-3-55 中的符号意义如下：

G——桥墩自重力；

Q——水的浮力（仅在验算稳定时考虑）；

V_G、V_G'——相邻两孔拱脚处因桥跨结构自重产生的竖向反力；

V_a——与车辆活载产生的最大值相对应的拱脚竖向反力，可按支点反力影响线求得；

V_T——由桥面处制动力引起的拱脚竖向反力，即 $V_T = \dfrac{H_{制} h}{l_0}$，其中 h 为桥面至拱脚的高度，l_0 为拱的计算跨径[图 4-3-55b）]；

H_G、H_G'——不计弹性压缩时在拱脚处由结构自重引起的水平推力；

ΔH_G、$\Delta H_G'$——由结构自重产生弹性压缩所引起的拱脚水平推力，方向与 H_G、H_G'相反；

H_a——在相邻两孔中较大一孔上由车辆荷载所引起的拱脚最大水平推力；

H_T——制动力引起在拱脚处的水平推力，按两个拱脚平均分配计算，即 $H_T = \dfrac{H_{制}}{2}$；

H_t、H_t'——温度变化引起在拱脚处的水平推力（图示方向为温度上升，降温时则方向相反）；

H_r、H_r'——拱圈材料收缩引起的拱脚水平拉力；

M_G、M_G'——结构自重引起的拱脚弯矩；

M_a——由车辆荷载引起的拱脚弯矩，由于它是按 H_a 达到最大值时的活载布置计算，故产生的拱脚弯矩很小，可以忽略不计，本节介绍重力式桥墩（台）的计算，对空心墩的计算和桥墩受船舶撞击力的计算作概略介绍；

M_t、M_t'——温度变化引起的拱脚弯矩；

M_r、M_r'——拱圈材料收缩引起的拱脚弯矩；

W——墩身纵向风力。

②横桥向的作用及其作用效应组合

在横桥向作用于桥墩上的外力有风力、流水压力、冰压力、船只或漂浮物的撞击力或地震力等。但是对于公路桥梁，横桥向的受力验算一般不控制设计。

类似于梁桥桥墩计算,拱桥桥墩计算也要根据情况进行偶然组合和施工阶段的作用效应组合。

以上所述的各种作用效应组合是对重力式桥墩而言的,对于其他形式的桥墩,则要根据它们的构造和受力特点进行具体分析,然后参照上述的一般原则,进行个别的作用效应组合。这里要注意的是:

第一,不论对于哪一种形式的桥墩,在计算中对于各种作用效应组合的计算值都要不超过《桥规》中所规定的强度安全系数和结构稳定系数。

第二,在可变作用中,有些作用不应同时考虑(表4-3-2),例如在计入汽车制动力时,就不应同时计入流水压力、冰压力和支座摩阻力等。

可变作用不同时组合表

表4-3-2

编号	作　用　名　称	不与该作用同时参与组合的作用编号
1	汽车制动力	2,3,4
2	流水压力	1,3
3	冰压力	1,2
4	支座摩阻力	1

2)桥台计算中的作用及其作用效应组合

计算重力式桥台所考虑的作用与重力式桥墩计算中基本一样,不同的是,对于桥台尚要考虑车辆荷载引起的台后土侧压力,而不需计及纵、横向风力,流水压力,冰压力,船舶或漂浮物的撞击力等。

(1)梁桥重力式桥台的作用效应组合

桥台计算时与桥墩一样,也应根据各种可能出现的情况进行作用效应的最不利组合,而车辆荷载可按以下三种情况布置。

①车辆荷载仅布置在台后填土的破坏棱体上[图4-3-56a)]。

②车辆荷载仅布置在桥跨结构上[图4-3-56b)]。

③车辆荷载同时布置在桥跨结构和破坏棱体上[图4-3-56c)]。

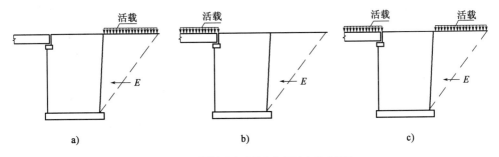

图4-3-56　梁桥重力式桥台作用效应组合图示

此外,在个别情况下,还要考虑在架梁之前,台后已填土完毕并在其上布置有施工荷载的作用组合情形。一般重力式桥台以第一种和第三种组合控制设计,但需根据具体情况进行分析比较后才能确定。

这里要指出的是,台后的土侧压力,一般按主动土压力计算,其大小与土的压实程度有关。

因此,在计算桥台前端的最大应力、向桥孔一侧的偏心和向桥孔方向的倾覆与滑动时,按台后填土尚未压实考虑;当计算桥台后端的最大应力、向路堤一侧的偏心和向路堤方向的倾覆与滑动时,则按台后填土已经压实考虑。

（2）拱桥重力式桥台的作用效应组合

拱桥桥台一般按以下两种情况布置车辆荷载,并进行组合。

①满布活载,使拱脚水平推力 H_a 达到最大值,温度上升,制动力向路堤方向,台后按压实土考虑土侧压力,使桥台有向路堤方向偏移的趋势[图4-3-57a)]。

②台后破坏棱体上有活载,制动力向桥跨方向,桥跨上无活载,温度下降,台后按未压实土考虑土侧压力,使桥台有向桥跨方向偏移的趋势[图4-3-57b)]。

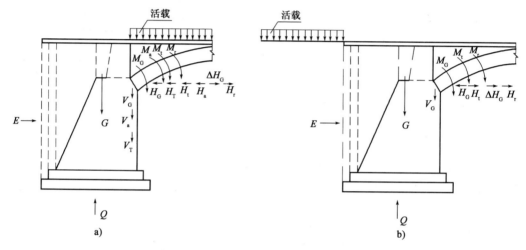

图4-3-57　拱桥重力式桥台作用效应组合图示

图4-3-57 中的符号意义同图4-3-55。

2. 重力式桥墩设计与验算

对于梁桥和拱桥的重力式桥墩计算,虽然在作用效应组合的内容上稍有不同,但是就某个截面而言,这些外力均可合成为竖向和水平方向的合力(用 $\sum N$ 和 $\sum H$ 表示)以及绕该截面 $x-x$ 轴和 $y-y$ 轴的弯矩(用 $\sum M_x$ 和 $\sum M_y$ 表示),如图4-3-58 所示。因此,它们的验算内容和计算方法基本相同。

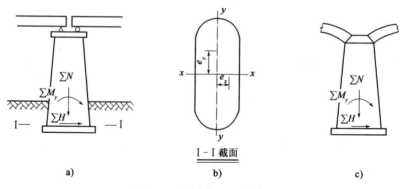

图4-3-58　墩身截面强度计算

1）截面承载能力极限状态验算

重力式桥墩主要采用圬工材料建造,一般为偏心受压构件,截面的强度验算采用分项安全系数的极限状态设计,在不利荷载组合作用下,桥墩各控制截面的荷载效应设计值应小于或等于结构的抗力设计值,以方程表示为:

$$\gamma_0 S \leq R(f_d, a_d) \tag{4-3-2}$$

具体规定见《公路圬工桥涵设计规范》（JTG D61—2005）第4.0.4条。

墩台截面的强度验算包括以下几项内容:

①验算截面的选取

强度验算截面通常选取墩身的基础顶面与墩身截面突变处。对于悬臂式墩帽的墩身,应对与墩帽交界的墩身截面进行验算。当桥墩较高时,由于危险截面不一定在墩身底部,需沿墩身每隔2~3m选取一个验算截面。

②验算截面的内力计算

按照各种组合分别对各验算截面计算其竖向力、水平力和弯矩（顺桥向和横桥向）,得到相应的纵向力 $\sum N$、水平力 $\sum H$ 和弯矩 $\sum M$。

③抗压强度的验算

按轴心或偏心受压构件验算墩身各截面的强度。如果不满足要求时,就应修改墩身截面尺寸,重新验算。

④截面偏心验算

桥墩承受偏心受压荷载时,各验算截面在各种组合下的偏心距 $e_0 = \sum M / \sum N$ 均不应超过《桥规》的容许值。

如果超过时,可按下式确定截面尺寸:

$$\gamma_0 N_d \leq \frac{\varphi A f_{tmd}}{\dfrac{Ae}{W} - 1} \tag{4-3-3}$$

具体规定见《公路圬工桥涵设计规范》（JTG D61—2005）第4.0.10条。

⑤抗剪强度的验算

当拱桥相邻两孔的推力不相等时,要验算拱座截面的抗剪强度,按下式计算:

$$\gamma_0 V_d \leq A f_{vd} + \frac{\mu_f N_k}{1.4} \tag{4-3-4}$$

式中各符号的意义及取值见《桥规》中相关内容。

2）墩顶水平位移的验算及相邻墩台不均匀沉降差

墩顶过大的水平位移会影响桥跨结构的正常使用,对于高度超过20m的重力式桥墩应验算墩顶水平方向的弹性位移。其计算水平位移不得超过容许极限值 $0.5\sqrt{l}$（cm）（l 为相邻墩台间最小跨径长度,以m计,跨径小于25m时仍以25m计）。

当墩台建筑在地质情况复杂、土质不均匀及承载力较差的地基上,相邻跨径差距悬殊而需要计算沉降差,跨线桥净高需预先考虑沉降量,以及基础沉降会导致上部结构过大的次内力时,均应计算其沉降。

对于坐落在多层土上的墩台基础,其沉降量可采用分层总和法计算。

《桥规》规定相邻墩台不均匀沉降差,不应使桥面形成大于 2‰ 的纵坡。对于超静定结构,桥梁墩台间的不均匀沉降差除应满足桥面纵坡要求外,还应满足结构的受力要求。

3)基础底面土的承载力和偏心距的验算

①基底土的承载力验算

基底土的承载力一般按轴心受压荷载和偏心受压荷载分别进行验算,当不考虑嵌固作用时,可按下式进行验算。

a. 当基底只承受轴心荷载时

$$p = \frac{N}{A} \leqslant [f_a] \tag{4-3-5}$$

式中:p——基底平均应力;

　　$[f_a]$——计入基底埋置深度影响的修正地基承载力容许值;

　　N——作用短期效应组合在基底产生的竖向力;

　　A——基础底面面积。

b. 当基底偏心受压时

当基底承受竖向力 N、绕 x 轴的弯矩 M_x、绕 y 轴的弯矩 M_y 共同作用时,除满足式(4-3-5)外,尚应符合下列条件

$$p_{max} = \frac{N}{A} + \frac{M_x}{W_x} + \frac{M_y}{W_y} \leqslant \gamma_R [f_a] \tag{4-3-6}$$

式中:p_{max}——基底最大压应力;

　　γ_R——地基承载力容许值抗力系数,根据地基不同的受荷阶段,取 $\gamma_R = 1.0 \sim 1.5$。

当偏心荷载的合力作用在基底截面的核心半径以内时,应验算偏心向的基底应力。当设置在基岩上的桥墩基底的合力偏心距超出核心半径时,其基底的一边将会出现拉应力,由于不考虑基底承受拉应力,故需按基底应力重分布(图 4-5-39)重新验算基底最大压应力,其验算公式如下:

顺桥方向　　　　　　　$$p_{max} = \frac{2N}{ac_x} \leqslant \gamma_R [f_a] \tag{4-3-7}$$

横桥方向　　　　　　　$$p_{max} = \frac{2N}{bc_y} \leqslant \gamma_R [f_a] \tag{4-3-8}$$

式中:p_{max}——应力重分布后基底最大压应力;

　　　N——作用于基础底面合力的竖向分力;

　　a、b——横桥方向和顺桥方向基础底面积的边长;

　　　c_x——顺桥方向验算时,基底受压面积在顺桥方向的长度,$c_x = 3(b/2 - e_x)$;

　　　c_y——横桥方向验算时,基底受压面积在横桥方向的长度,$c_y = 3(a/2 - e_y)$;

　　e_x、e_y——合力在 x 轴和 y 轴方向的偏心距。

②基底偏心距验算

为了使永久作用效应基底应力分布比较均匀,防止基底最大压应力 p_{max} 与最小压应力 p_{min} 相差过大,导致基底产生不均匀沉陷和影响桥墩的正常使用,故在设计时,应对基底合力偏心

距加以限制,在基础纵向和横向,其计算的墩台基底合力偏心距应满足表4-3-3的要求。

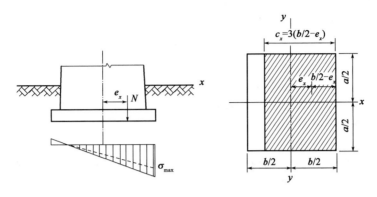

图4-3-59　基岩上矩形截面基底单向偏心受压应力重分布图

墩台基底的合力偏心距容许值$[e_0]$ 表4-3-3

作 用 情 况	地 基 条 件	合 理 偏 心 距	备　　注
墩台仅承受永久作用标准值效应	非岩石地基	$e_0 \leqslant 0.1\rho$	拱桥、刚构桥墩台,其合力作用点应尽量保持在基底重心附近
		$e_0 \leqslant 0.75\rho$	
墩台承受作用标准值效应组合或偶然作用(地震作用除外)标准值效应组合	非岩石地基	$e_0 \leqslant \rho$	拱桥单向推力墩不受限制,但应符合规定的抗倾覆稳定系数
	较破碎—极破碎岩石地基	$e_0 \leqslant 1.2\rho$	
	完整、较完整岩石地基	$e_0 \leqslant 1.5\rho$	

注:表4-3-3中,$\rho = W/A$,$e_0 = \sum M/N$,$\rho_{max} = \dfrac{N}{A} - \dfrac{M_x}{W_x} - \dfrac{M_y}{W_y}$。其中:$\rho$ 为墩台基础底面的核心半径;W 为墩台基础底面的截面模量;A 为墩台基础底面的面积;N 为作用于基底的合力的竖向分力;$\sum M$ 为作用于墩台的水平力和竖向力对基底形心轴的弯矩。

4)桥墩的整体稳定性验算

在设计中,除了满足地基强度和合力偏心距不超过规定容许值以外,还须就桥墩的整体稳定进行验算。

(1)倾覆稳定性验算

抵抗倾覆的稳定系数可按下式验算(图4-3-60):

$$K_0 = \frac{M_稳}{M_倾} = \frac{x \sum P_i}{\sum (P_i e_i) + \sum (T_i h_i)} = \frac{x}{e_0} \qquad (4\text{-}3\text{-}9)$$

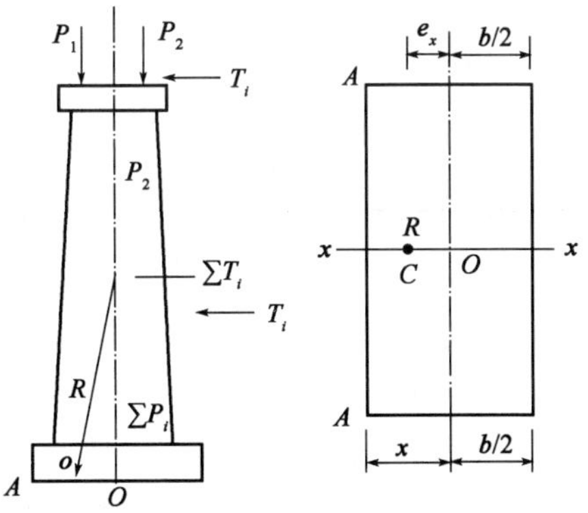

式中:M_0——稳定力矩;

　　　$M_稳$——倾覆力矩;

　　　$\sum P_i$——作用于基底竖向力的总和;

　　　$P_i e_i$——作用在桥墩上各竖向力与它们到基底重心轴距离的乘积;

　　　$T_i h_i$——作用在桥墩上各水平力与它们到基底距离的乘积;

　　　x——基底截面重心O至偏心方向截面边缘距离;

图4-3-60　桥墩稳定性验算

e_0——所有外力的合力(包括水浮力)的竖向分力对基底重心的偏心距。

(2)滑动稳定性验算

抵抗滑动的稳定系数,按下式验算:

$$K_c = \frac{\mu \sum p_i + \sum H_{ip}}{\sum H_{ia}} \tag{4-3-10}$$

式中:K_c——桥涵墩台基础的抗滑动稳定性系数;

$\sum p_i$——各竖向力的总和(包括水的浮力);

$\sum H_{ip}$——抗滑稳定水平力总和;

$\sum H_{ia}$——滑动水平力总和;

μ——基础底面(圬工)与地基土之间的摩擦系数,通过试验确定;当缺少实际资料时,可参照表4-3-4采用。

注:$\sum H_{ip}$和$\sum H_{ia}$分别为两个相对方向的各自水平力总和,绝对值较大者为滑动水平力$\sum H_{ia}$,另一为抗滑稳定力$\sum H_{ip}$;$\mu \sum P_i$为抗滑动稳定力。

上述求得的倾覆与滑动稳定系数和均不得小于表4-3-5中所规定的最小值。最后还要注意的是:在验算倾覆稳定性和滑动稳定性时,都要分别按常水位和设计洪水位两种情况考虑水的浮力。

基 底 摩 擦 系 数   表 4-3-4

地基土分类	基底摩擦系数	地基土分类	基底摩擦系数
黏土(流塑—坚硬)、粉土	0.25	软岩(极软岩—较软岩)	0.40~0.60
砂土(粉砂—粒砂)	0.30~0.40	硬岩(较硬岩—坚硬岩)	0.60、0.70
碎石土(松散—密实)	0.40~0.50		

抗倾覆和抗滑动的稳定性系数   表 4-3-5

作 用 组 合		验算项目	稳定性系数
使用阶段	永久作用(不计混凝土收缩及徐变、浮力)和汽车、人群的标准值效应组合	抗倾覆	1.5
		抗滑动	1.3
	各种作用(不包括地震作用)的标准值效应组合	抗倾覆	1.3
		抗滑动	1.2
施工阶段作用的标准值效应组合		抗倾覆、抗滑动	1.2

3. 桩柱式桥墩的计算

桩柱式桥墩的计算包括盖梁和桩身两个部分。

1)盖梁计算

桩柱式桥墩的盖梁内力计算,对双柱式桥墩,当盖梁与柱的线刚度(EI/l)之比大于5时(E、I、l分别为盖梁或柱混凝土的弹性模量、毛截面惯性矩、盖梁计算跨径或柱计算长度),可忽略桩柱对盖梁的弹性约束,近似按简支双悬臂梁计算;对多柱式桥墩盖梁,近似按多跨连续梁计算;当桥墩承受较大横向力时,则盖梁应作为横向刚架的一部分进行验算。

当盖梁计算跨径l与盖梁高h之比$l/h > 5$时,按钢筋混凝土一般构件计算。但当l/h为下列情况:盖梁按简支梁计算时$2 < l/h \leq 5$,盖梁按连续梁或刚构计算时$2.5 < l/h \leq 5$,称为深

受弯梁,应按《桥规》第8.4条相关公式计算。

盖梁的计算内容包括:

(1)永久作用及其内力计算。

(2)可变作用及其内力计算。

(3)施工吊装荷载及其内力计算。

(4)作用效应组合及内力包络图。

(5)配筋计算。

与计算普通双悬臂梁和连续梁内力的不同点是:汽车轮载等可变荷载并非直接作用于盖梁,而是通过布置于盖梁上固定位置的支座传递而间接作用。因此,应使盖梁达到最不利状态来布置桥面上的汽车、人群等可变荷载,并计算相应的荷载横向分布系数。根据盖梁计算时控制截面选取的位置,合理确定桥上汽车及人群是采用对称布置还是非对称布置。荷载横向分布计算,当活载对称布置时,可按杠杆原理法计算;当活载非对称布置时,可考虑按其他方法计算。此外,计算盖梁的内力时,可考虑桩柱的支承宽度对削减负弯矩峰值的影响,计算跨径的取值参照《桥规》第8.4.3条的规定。

2)桩身计算

桩墩一般分为刚性和柔性两种。刚性桩墩计算方法与重力式桥墩类似,而柔性桩墩的计算需要从整个桥梁体系的分析来确定各桥墩的受力。

所谓柔性墩台,是指墩台在外力作用下能产生一定的水平位移,并能借上部构造传递水平力者。梁桥的柔性桩墩多用于中、小跨径的桥梁上,当采用对桥跨结构变形不够完善的支座,如仅垫数层油毛毡等时,通常可按多跨铰接框架的图式计算[图4-3-61a)]。目前,通常都是采用橡胶支座,这种支座在水平力作用下可以有微小的水平位移,因此,可以按在节点处设水平弹簧支承的框架图式计算[图4-3-61b)]。

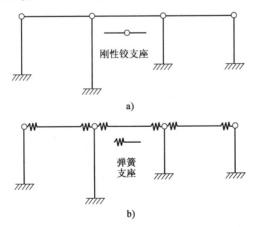

图4-3-61 多孔拱桥的柔性桥墩可按连拱方法计算

(1)多跨铰接刚架图式柔性墩计算

下面对图4-3-61a)所示的多跨铰接刚架的计算要点进行简要介绍。考虑到按不同的纵向荷载布置来确定各墩的最不利受力仍然很频繁,故在设计中,对这个图式又做进一步简化,现将有关计算的基本假定和计算步骤分述如下:

①基本假定

a. 柔性墩简化为下端固支、上端铰支的超静定梁。外力（如温度力和制动力）引起的墩顶位移视为铰支座的沉陷,如图4-3-61a)所示。

b. 作用于墩顶的竖向力 N、不平衡弯矩,以及由温度、制动力等水平力 H 所引起的墩顶位移先分别进行力学分析,然后进行内力叠加,不计这些力的相互影响(图4-3-62)。

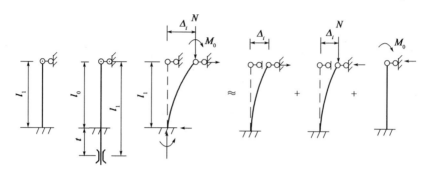

图 4-3-62 柔性墩结构的简化计算图式

c. 计算制动力时,各墩台受力按墩顶抗推刚度(墩顶产生单位水平位移的水平反力)分配。在计算土压力时,如设有实体刚性墩台,则全部由刚性墩台承受。如均为柔性墩,则由岸墩承受土压力,并假定此时各个桩顶与上部结构之间不发生相对位移;这样,岸墩的桩顶所受到的水平力将经各支座直接传递至对岸,为使对岸土抗力平衡,其余各柔性墩均不考虑受力。

d. 计算温度变形时,桩墩对梁产生的弹性拉伸或压缩影响忽略不计,而只计桩墩顶部水平力对桩墩所引起弯矩的影响。

②计算步骤

抗推刚度 k 的计算:

$$k_i = \frac{1}{\delta_i} \tag{4-3-11}$$

a. 当墩柱下端固定在基础或承台顶面时:

$$\delta_i = \frac{l_i^3}{EI} \tag{4-3-12}$$

式中: δ_i——单位水平力作用在第 i 个柔性墩顶产生的水平位移(m/kN);

l_i——第 i 个墩柱下端固结处到墩顶的高度(m),排架桩应为地面(或冲刷线)以上桩长 l_0 与桩的地基内的挠曲长度 t 之和 $l_i = l_0 + t$, t 为地面(或设计冲刷线)至第一个弹性零点的距离,鉴于目前计算方法(例如 K 法、m 法和 c 法)还不一致,此处也可近似地根据地基土质取 $2m \sim h_i/2$, h_i 为排架桩的入土深度;

I——墩身横截面对形心轴的惯性矩(m⁴)。

b. 考虑桩侧土的弹性抗力时, σ 则按《公路桥涵地基与基础设计规范》(JTG 3363—2019)附录 L 计算。

墩顶制动力的计算:

$$H_{iT} = \frac{T \times k_i}{\sum k_i} \tag{4-3-13}$$

式中：H_{iT}——作用在第 i 墩台的制动力（kN）；

T——全桥（或一联）承受的制动力（kN）。

于是墩顶水平位移 Δ_{iT} 为：

$$\Delta_{iT} = \frac{H_{iT}}{k_i} \tag{4-3-14}$$

以上各式中的 k_i 值计算见式(4-3-11)。

c. 梁的温度变形引起的水平力

当温度下降时，桥梁上部结构将缩短，两岸边排架向河心偏移。当温度上升时，桥梁上部结构将伸长，两岸边排架向路堤偏移。在求排架的偏移值时，需先求出温度变化时偏移值等于零的位置（图4-3-63）。

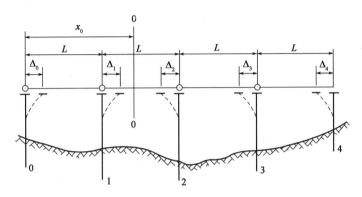

图 4-3-63　温度变化时柔性墩的偏移图示

根据上述假定，导出偏移值为零的位置为：

$$x_0 = \frac{\sum_0^n i k_i}{\sum_0^n k_i} L \tag{4-3-15}$$

式中：x_0——为 0-0 线至 0 号排架的距离；

i——桩的序号，$i = 0, 1, 2, \cdots, n$，n 为总排架数减 1；

L——桥梁跨径。

如果用 $x_1, x_2, \cdots, x_n$ 表示自 0-0 线至 $1, 2, \cdots, n$ 号排架的距离，则得各墩顶部由温度引起的水平位移为：

$$\Delta_{it} = \alpha t x_i \tag{4-3-16}$$

各排架桩顶所受的温度力为：

$$H_{it} = k_i \Delta_{it} \tag{4-3-17}$$

式中：α——上部结构的线膨胀系数；

t——温度升降的度数。

于是墩顶发生的水平位移总和为：

$$\Delta = \Delta_{it} + \Delta_{iT} \tag{4-3-18}$$

相应的水平力为：

$$H_i = k_i \Delta_i = H_{it} + H_{iT} \tag{4-3-19}$$

d. 由于墩顶产生水平位移 Δ_i，竖向力 N 引起墩内弯矩而产生的水平反力

竖向力 N 包括桥跨结构及活载重量（墩身自重忽略不计），近似地取柔性墩身变形曲线为二次抛物线（图 4-3-64）。

$$y = \frac{x^2 \Delta_j}{l_i^2} \tag{4-3-20}$$

式中 l_i 的意义同上，为墩柱的计算高度。

以一孔梁（水平链杆）与柔性墩组成的一次超静定结构，取水平链杆所受力为赘余未知力，于是

$$H_N = \frac{-\int_0^{l_i} \frac{1}{EI} N(\Delta_i - y)(l_i - x)\mathrm{d}x}{\int_0^{l_i} \frac{1}{EI}(l_i - x)^2 \mathrm{d}x} = \frac{\frac{5}{12}\frac{1}{EI}N\Delta_i l_i^2}{\frac{l_i^3}{3EI}} = -\frac{5N\Delta_i}{4l_i} \tag{4-3-21}$$

e. 由于墩顶偏心弯矩 M_0 而产生的水平反力

可按图 4-3-65 计算，计算公式为：

$$H_{M0} = \frac{-1.5M_0}{l_i} \tag{4-3-22}$$

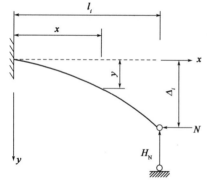
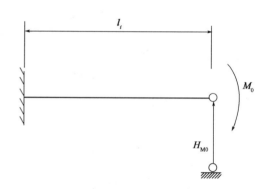

图 4-3-64　柔性墩的变形曲线　　　图 4-3-65　不平衡力矩引起的反力

计算出作用在一个墩顶的各项水平力后，便可根据最不利作用效应情况进行组合。柱墩按柱顶处的水平力、竖向力及弯矩验算各截面强度和稳定性，排架桩应考虑桩侧土的弹性抗力，按弹性地基梁法进行内力计算和截面强度、稳定性、桩的入土深度等的验算。

柔性排架墩在横桥向是一个多跨刚架，横桥向水平荷载不大，一般不控制设计，可不进行验算。

（2）采用橡胶支座和桥面连续（或连续梁）构造的柔性墩计算

①外力计算

桥墩桩柱需考虑的外力主要包括竖向外力和水平外力。竖向外力包括自重荷载和汽车活载，其中自重荷载主要有上部结构、盖梁及墩柱自重；活载需按设计荷载布置，获得最不利作用效应组合。桥墩的水平外力包括支座摩阻力、汽车制动力、混凝土收缩及徐变影响力、温度力以及地震力等。

由于水平外力作用于整个桥梁结构，因此涉及水平力在各个桥墩间的分配问题。水平力

的分配一般与桥墩的抗推刚度有关,对于不同的支座和构造形式,分配计算方法不同,具体如下:设有油毛毡支座和钢板支座的桥梁墩台,其所受的水平力按其刚度分配;设有板式橡胶支座的桥墩,应考虑支座与桥墩的联合作用。

对于上部构造为多跨简支梁板结构,采用板式橡胶支座和桥面连续布置,下部构造为桩柱式墩,其各墩水平力的计算应采用集成刚度法进行水平力分配;所谓集成刚度法水平力分配,是指桥墩台上作用的水平力在桥墩台上以抗推刚度进行分配,该抗推刚度包括墩台与支座各自抗推刚度的集成(组合)。下面对集成刚度法进行简要介绍。

a. 抗推刚度

抗推刚度是结构产生单位水平位移所需的力。支座抗推刚度指支座产生单位剪切变形所需的力,墩顶抗推刚度指墩顶产生单位水平变形所需的力。

b. 抗推刚度的串联

如图 4-3-66 所示,设一水平力作用于墩顶的支座顶面。支座与桥墩都产生水平变形,且各具有抗推刚度。设 K_1 为墩顶抗推刚度,K_2 为支座的抗推刚度(以下简称刚度);Δ_2 为作用于墩顶支座顶面使支座产生的剪切变形,Δ_1 为墩顶的水平变形,由图可以看出:$\Delta_1 = \dfrac{P}{K_1}$,$\Delta_2 = \dfrac{P}{K_2}$,$\Delta = \Delta_1 + \Delta_2 = \dfrac{P}{K_1} + \dfrac{P}{K_2} = P\left(\dfrac{1}{K_1} + \dfrac{1}{K_2}\right)$。按抗推刚度定义,令 $\Delta = 1$,得 $P = \dfrac{K_1 K_2}{K_1 + K_2}$,$P$ 为产生单位变形所需之力,也就是抗推刚度 K,即:

$$K = \frac{K_1 K_2}{K_1 + K_2} \tag{4-3-23}$$

可见,两个抗推刚度串联之后,其集成刚度为两抗推刚度之积除以两抗推刚度之和。

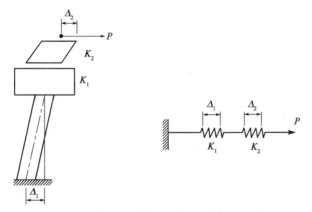

图 4-3-66　抗推刚度串联示意

c. 抗推刚度的并联

如图 4-3-67 所示,设一水平力 P 作用于墩顶,支座和墩顶均产生弹性变形。P 作用点的水平变形 $\Delta =$ 剪切变形 $\Delta_2 =$ 墩顶的水平变形 Δ_1,即:$\Delta = \Delta_1 = \Delta_2$。$P$ 为支座剪切力与墩顶水平力之和,即:$P = P_1 + P_2$。根据上述关系,可得:

$$P = P_1 + P_2 = \Delta_1 K_1 + \Delta_2 K_2 = \Delta(K_1 + K_2) \tag{4-3-24}$$

上式中,K_1、K_2 分别为墩顶的抗推刚度及支座的剪切抗推刚度,也就是墩顶和支座产生单位水平位移所需之力。

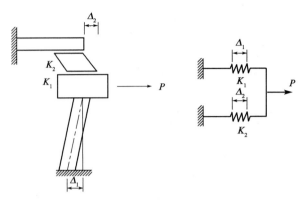

图 4-3-67 抗推刚度并联示意图

令 $\Delta = 1$,有

$$P = K = K_1 + K_2 \tag{4-3-25}$$

可见,两个抗推刚度并联之后,其集成刚度为其抗推刚度之和。

d. 抗推刚度的集成

上述简单的串联或并联固然属于抗推刚度的集成,但在实际情况中,往往比简单的串联或并联更为复杂一些,一般都是串联与并联并存,并反复交错出现。图 4-3-68a)为抗推刚度先串联再并联的情况,此时,P 作用点的抗推刚度应为 $K = \dfrac{K_1 K_2}{K_1 + K_2} + \dfrac{K_3 K_4}{K_3 + K_4}$,图 4-3-68b)为抗推刚度先并联再串联的情况,此时 $K = \dfrac{(K_1 + K_2) K_3}{(K_1 + K_2) + K_3}$。

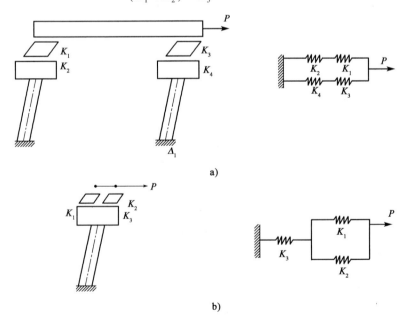

图 4-3-68 抗推刚度集成示意

e. 桥墩墩顶的抗推刚度

设上部结构为一联桥面连续(凡一联结构连续,其计算、分配方法亦同),如一联结构端头是桥台且为重力式 U 形桥台,则重力式 U 形桥台抗推刚度可以假定为无穷大,纵向水平力中,除支座摩阻力由桥台承受外,其余各力均将按集成刚度法分配给各支座及墩顶。

一联柔性墩台桥梁是超静定结构,分析这种结构时必须考虑其变形,因而必须首先算出墩台的抗推刚度。当分析墩台的抗推刚度时,如果是在稳固的基础承台上修建柔性的墩台身,则等截面墩台身的抗推刚度由如下公式计算:

$$k = \frac{3EI}{h^3} \tag{4-3-26}$$

如果一个单排桩桥墩墩柱数为 n 时,值应乘以 n。当 EI 为桩的抗弯刚度时 $EI = 0.8E_cI$,E_c 为桩的混凝土抗压弹性模量,I 为桩的毛面积惯性矩。

其他各种变截面、实心、空心或特殊形状的墩身的抗推刚度都不难利用结构力学的知识推导出来。各种地基情况下弹性桩柱的抗推刚度可根据《公路桥涵地基与基础设计规范》(JTG 3363—2019)附录 L 计算。

f. 支座的抗推刚度

每个梁端有一个支座,横向一排有个支座,一排支座的抗推刚度为:

$$K_{nm} = \frac{nAG}{t} \tag{4-3-27}$$

式中:K_{nm}——为一横排支座的抗推刚度,下脚标 n 表示墩号,m 为 1 或 2,1 表示墩顶左排支座,2 表示墩顶右排支座;

　　　n——一横排支座的个数;

　　　A——一个支座的平面面积;

　　　G——橡胶支座剪切弹性模量,按《桥规》第 8.7.2 条的规定采用;

　　　t——支座橡胶层总厚度。

桥台与其上支座为串联,且桥台抗推刚度假定为无穷大,故它们的集成刚度即为支座抗推刚度;桥墩上有两排支座并联,再与墩顶抗推刚度串联得集成刚度。

g. 汽车制动力在各墩上的分配

汽车制动力根据《公路桥涵设计通用规范》(JTG D60—2015)第 4.3.5 条的规定计算。计算得的汽车制动力按桥墩墩顶与其上的支座的集成刚度分配。如重力式桥台设活动支座,可不考虑承受制动力。

h. 混凝土收缩、徐变及温度变化影响力在各墩上的分配

混凝土收缩与徐变引起的梁体缩短量及温度变化引起的梁体伸缩量可参考《桥规》第 8.8.2 条的规定计算,由此产生的水平力可参考袁伦一编的《连续桥面简支梁桥墩台计算实例》(修订版)进行计算,计算出的水平力按桥墩墩顶与其上的支座的集成刚度分配,桥台上设活动支座,则在桥台上引起支座摩阻力。

②内力计算

桩柱式墩按桩基础的有关内容计算桩柱的内力和桩的入土深度。对于单柱式墩,计算弯矩应考虑两个方向弯矩的合力。纵、横方向弯矩合力值为:$\sum M = \sqrt{M_x^2 + M_y^2}$。

③配筋验算

在最不利组合内力作用下可先配筋,再按钢筋混凝土偏心受压构件进行验算。

④抗裂验算

钢筋混凝土圆形截面偏心受压构件计算裂缝宽度的公式可按《桥规》第6.4.5条计算。

4.重力式桥台的计算与验算

1）作用于桥台上的荷载

桥台的计算荷载与桥墩计算中所用到的荷载基本相同，包括：

（1）永久作用

①上部结构重力通过支座（或拱座）在台帽上的支承反力。

②桥台重力（包括台帽、台身、基础和土的重力）。

③混凝土收缩在拱座处引起的反力。

④水的浮力。

⑤台后土侧压力，一般以主动土压力计算，其大小与压实程度有关。

（2）可变作用

①基本可变作用

a.作用在上部结构上的汽车荷载，除对钢筋混凝土桩（或柱）式桥台应计入冲击力外，其他各类桥台均不计冲击力。

b.作用在上部结构上的平板挂车或履带车荷载。

c.人群荷载。

d.活载引起的土侧压力。

②其他可变荷载

a.汽车荷载引起的制动力。

b.上部结构因温度变化在支座（或拱座）上引起的摩阻力（或反力）。

（需注意与桥墩的不同之处，桥台不需计及纵、横向风力，流水压力，冰压力）

（3）偶然作用

只包含地震力，不考虑船只或漂浮物的撞击力等。

（4）施工荷载

2）作用效应组合

重力式桥台的计算与验算内容与重力式桥墩相似，包括验算台身截面强度、地基应力以及桥台稳定性等，但对于桥台只需做顺桥方向的验算。故桥台在进行荷载布置及组合时，只考虑顺桥方向。

（1）梁桥桥台的荷载布置及组合

为了求得重力式桥台在最不利作用组合的受力情况，首先须对车辆荷载做几种最不利的布置。

图4-3-69仅示出了车辆荷载沿顺桥向的三种布置方案：①仅在桥跨结构上布置荷载；②仅在台后破坏棱体上布置车辆荷载；③在桥跨结构上和台后破坏棱体上都布置车辆荷载。

表4-3-6列出了这三种荷载布置方案可能出现的几种作用组合。具体是哪一种作用组合控制设计，需结合验算的具体内容经过分析比较后才能确定。

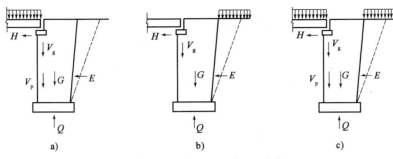

a)　　　　　　　　b)　　　　　　　　c)

图4-3-69　作用在梁桥桥台上的荷载

梁桥重力式桥台的作用组合　　　　　　　　　　　　　表4-3-6

荷载布置	荷载组合序号	上部结构重力	桥台部分重力计算截面以上的	水的浮力	台背土侧压力		桥上活载	汽车制动力	支座摩阻力
					无任何活载破坏棱体上	汽车+人包括上面有	汽车+人		
方案 I [图4-3-69a)]	组合①	√	√	√	√				
	组合②	√	√	√	√		√		
	组合③	√	√	√	√		√	√	
	组合④	√	√	√	√		√		√
	组合⑤	√	√	√	√				
方案 II [图4-3-69b)]	组合⑥	√	√	√		√			
	组合⑦	√	√	√		√			√
	组合⑧	√	√	√					
方案 III [图4-3-69c)]	组合⑨	√	√	√		√	√		
	组合⑩	√	√	√		√	√		√

（2）拱桥桥台的荷载布置及组合

与梁桥重力式桥台一样,先进行最不利荷载位置的布置方案,再拟定各种荷载组合。对于单跨无铰拱的顺桥向活载布置一般取图4-3-70和图4-3-71两种方案;活载布置在台背后破坏棱体上和活载布置在桥跨结构上。表4-3-7列出了这两种方案的几种荷载组合。

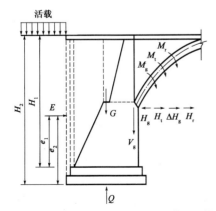

图4-3-70　作用在拱桥桥台台后的荷载(第一种情况)

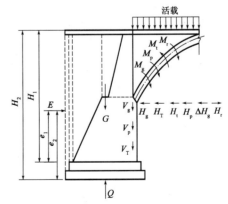

图4-3-71　作用在拱桥桥跨结构上的荷载(第二种情况)

图中符号的意义同图 4-3-55。

无铰拱重力式桥台的荷载组合 表 4-3-7

荷载布置	荷载组合序号	上部结构重力	桥台部分重力计算截面以上	水的浮力	台背土侧压力		桥上活载	汽车制动力	混凝土收缩影响力	温度升(降)影响力
					无任何活载破坏棱体上	汽车+人包括上有	汽车+人			
方案 I (图 4-3-70)	组合①	√	√	√	√	√				
	组合②	√	√	√		√			√	
	组合③	√	√	√		√			√	√ (温降)
	组合④	√	√	√						
方案 II (图 4-3-71)	组合⑤	√	√	√	√			√	√	
	组合⑥	√	√	√	√			√	√ (向路堤)	√	√ (温升)
	组合⑦	√	√	√	√					

3)桥台强度、偏心和稳定性验算

桥台台身强度,基底承载力、偏心以及桥台稳定性验算和桥墩相同。当 U 形桥台两侧墙宽度不小于同一水平截面前墙全长的 0.4 倍时,桥台台身截面强度验算应把前墙和侧墙作为整体考虑其受力。否则,台身前墙应按独立的挡土墙进行验算。

5. 梁桥轻型桥台的计算与验算

梁桥轻型桥台的计算主要包括三项内容:

(1)桥台(顺桥向)在侧向土压力作用下台身作为竖梁进行截面强度验算。

(2)桥台(包括基础)在竖向荷载作用下横桥向作为一根弹性地基短梁进行截面强度验算。

(3)基础底面下地基应力验算。

1)桥台作为竖梁时的强度验算

通常取单位桥台宽度进行验算,其步骤为:

(1)验算截面处的竖直力 N

它包括以下三项:

①桥跨结构恒载在单位宽度桥台上的支点反力 N_1。

②单位宽度台帽的自重 N_2。

③截面以上单位宽度台身的自重 N_3。

于是

$$N = N_1 + N_2 + N_3 \tag{4-3-28}$$

(2)土压力计算

计算土压力时,对桥台的最不利荷载组合是桥上无车辆荷载,台背填土破坏棱体上有车辆荷载。其荷载分布图示如图 4-3-72a)所示。

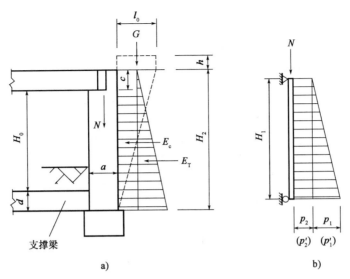

图 4-3-72 土压力及计算图式

①单位台宽由填土本身引起的土压力 E_T

呈三角形分布,其计算公式为:

$$E_T = \frac{1}{2}\gamma H_2^2 \tan^2\left(45° - \frac{\varphi}{2}\right)$$ (4-3-29)

②单位台宽由车辆荷载引起的土压力 E_c

呈均匀分布,其计算公式为:

$$E_c = \gamma H_2 h \tan^2\left(45° - \frac{\varphi}{2}\right)$$ (4-3-30)

③单位台宽的总土压力 E

$$E = E_T + E_c$$ (4-3-31)

④等代土层厚度 h

$$h = \frac{\sum G}{B l_0 \gamma}$$ (4-3-32)

式中:γ——台后填土重度;

φ——土的摩擦角;

$\sum G$——布置在 $B \times l_0$ 面积内的车轮或履带重;

B——桥台计算宽度;

l_0——台后填土的破坏棱体长度,计算公式见式(4-3-33)。

$$l_0 = H_2 \tan\left(45° - \frac{\varphi}{2}\right)$$ (4-3-33)

(3)台身内力计算

①计算图式

台身按上下铰接的简支梁计算,如图4-3-72b)所示。对于有台背的桥台,因上部构造与台背间的缝隙已用砂浆或小石子混凝土填实,保证了有牢靠的支撑作用。因此,台身受弯的计算跨径为:

$$H_1 = H_0 + \frac{1}{2}c + \frac{1}{2}d \qquad\qquad (4\text{-}3\text{-}34)$$

式中：H_0——桥跨结构与支撑梁间的净距；

d——支撑梁的高度；

c——桥台背墙的高度。

对于受剪的计算跨径则取 H_0。

②内力计算

在计算截面弯矩 M 时，轴力 N 的影响忽略不计，而是放在强度验算中考虑。对于跨中截面其弯矩为：

$$M = \frac{1}{8}p_2 H_1^2 + \frac{1}{16}p_1 H_1^2 \qquad\qquad (4\text{-}3\text{-}35)$$

在台帽顶部截面的剪力为：

$$Q = \frac{1}{2}p_2' H_0 + \frac{1}{6}p_1' H_0 \qquad\qquad (4\text{-}3\text{-}36)$$

在支撑梁顶面处的剪力为：

$$Q = \frac{1}{2}p_2' H_0 + \frac{1}{3}p_1' H_0 \qquad\qquad (4\text{-}3\text{-}37)$$

式中：p_1、p_2——受弯计算跨径 H_1 处的土压力强度；

p_1'、p_2'——受剪计算跨径 H_0 处的土压力强度。

（4）截面强度验算

按《桥规》有关公式进行跨中截面的抗压强度和支点截面的抗剪强度验算。

2）桥台在本身平面内的弯曲验算

轻型桥台是一较长的平直薄墙，在竖向荷载作用下，本身平面内发生弯曲，弯曲的程度与地基的变形系数 α 有关（图4-3-73）。

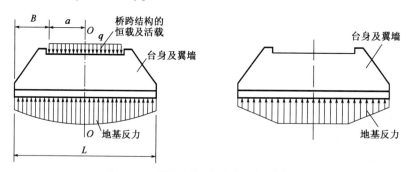

图4-3-73　桥台自重引起的基础应力分布图

当桥台长度 $L > \dfrac{4}{\alpha}$ 时，把桥台当作支承在弹性地基上的无限长梁计算；当 $L < \dfrac{1.2}{\alpha}$ 时，把桥台当作支承在弹性地基上的刚性梁计算（即不考虑桥台在本身平面内发生弯曲）；当 $\dfrac{4}{\alpha} > L > \dfrac{1.2}{\alpha}$ 时，把桥台当作支承在弹性地基上的短梁计算。在一般情况下，轻型桥台的长度大多处于于 $\dfrac{4}{\alpha}$ 和 $\dfrac{1.2}{\alpha}$ 之间，因此，这里仅介绍按短梁计算的公式。

设梁上作用着一段对称的均布荷载,则梁的最大弯矩产生在中点,其计算公式为:

$$M_{1/2} = \frac{q}{2\beta^2}\left[\frac{\cosh\beta l - 1}{\sinh\beta l + \sin\beta l}\cosh\beta a \sin\beta a + \frac{1 - \cos\beta l}{\sinh\beta l + \sin\beta l}\sinh\beta a \cos\beta a - \sinh\beta a \sin\beta a\right]$$

(4-3-38)

式中:l——基础长度;

a——桥台中心线至分布荷载边缘的距离;

β——特征系数,其计算公式见式(4-3-39)。

$$\beta = \sqrt[4]{\frac{k}{4EI}}$$

(4-3-39)

式中:k——土的弹性抗力系数,若无试验资料时,可按规范或手册采用;

E、I——桥台的弹性模量和截面惯性矩。

3)基底应力验算

桥台的基底应力为桥台本身自重引起的应力和桥跨结构的恒载及活载引起的应力之和。桥台自重引起的基底应力可按台墙因自重不致发生弯曲的假定(图4-3-73)计算。荷载引起的基底最大应力可按下式求得。

$$\sigma = \frac{q}{b}\left[\frac{\cosh\beta l + 1}{\sinh\beta l + \sin\beta l}\sinh\beta a \cos\beta a + \frac{1 + \cos\beta l}{\sinh\beta l + \sin\beta l}\cosh\beta a \sin\beta a + 1 - \cosh\beta a \cosh\beta a\right]$$

(4-3-40)

式中:b——基础宽度;

其余符号含义同前。

考点分析

本节主要有以下考点:

(1)掌握弯桥、斜桥、坡桥的受力特点与构造。

(2)熟悉连续梁桥、先简支后连续结构桥梁受力特点、构造设计。

(3)熟悉简支梁桥受力特点、构造设计。

(4)了解桥梁下部结构的设计计算方法。

(5)熟悉桥梁下部结构的类型及其构造要求。

例题解析

例1　对T形截面梁跨端及跨间横隔梁的设置,下列说法正确的是(　　)。

(A)跨端及跨间横隔梁都不需设置　　(B)跨端及跨间横隔梁都必须设置

(C)只需设置跨端横隔梁　　(D)只需设置跨间横隔梁

分析

早期的高速公路T形梁桥有采用不设跨间横隔梁的构造,主要为施工方便,设计单位认为通过了结构计算,使用没问题,但实际运营使用中病害严重。桥梁计算、验算很难完全实现任何局部构造都得到准确分析与验算,为确保桥梁设计可靠、施工方便、使用安全耐久,必须对桥梁结构构造、钢筋构造设计等做出相应规定。《桥规》第 9.3.1-1 条规定,在装配式 T 形梁桥中,应设跨端和跨间横隔梁。故本题选 B。

例 2 梁式桥按承重结构的横截面划分,下面选项错误的是( )。

    (A)板桥   (B)简支梁桥

    (C)肋板式梁桥   (D)箱形梁桥

分析

选项 B 表示桥梁体系,不符合题意。故本题选 B。

例 3 对于超静定的连续梁桥,当加大靠近支点附近的梁高而做成变截面梁时,跨中设计弯矩将( )。

    (A)降低   (B)不变

    (C)提高   (D)可能降低,也可能提高

分析

选项 A 符合超静定结构受力特点。故本题选 A。

例 4 装配式 T 形简支梁桥内配置箍筋的作用,下面说法最合适的是( )。

    (A)增大主梁的抗弯刚度

    (B)能提高主梁正截面强度

    (C)防止因混凝土收缩而导致梁表面出现裂缝

    (D)增强主梁的抗剪能力

分析

箍筋的一个主要作用是用于斜截面抗剪。故本题选 D。

例 5 对于高速公路上的多孔简支架设的梁(板)桥,为了减少伸缩缝数量并有利于行车舒适,可分联采用桥面连续构造,每一联桥梁结构在汽车荷载竖向力作用时,是按( )结构体系来计算各孔主梁内力。

    (A)连续梁   (B)简支梁

    (C)连续刚构   (D)T 形刚构

分析

一联先简支后桥面连续结构,在汽车竖向力作用下,各孔主梁仍是按简支结构体系受力。故本题选 B。

例 6 一座施工时有体系转换的连续梁桥,关于其主梁自重内力计算方法,下列选项正确的是( )。

    (A)与体系转换的情况及施工方法、顺序有关

    (B)与体系转换的情况及施工方法、顺序无关

（C）只与体系转换的情况有关，与施工方法、顺序无关

（D）只与施工方法、顺序有关，与体系转换的情况无关

分析

连续梁桥主梁自重内力计算与体系转换的情况及施工方法、顺序有关。故本题选 A。

例7　某简支梁桥计算跨径为 35m，桥面布置为：7m（净宽）+ 2 × 1.0m（人行道），横截面如下图所示，主梁沿纵向设置了 5 道横隔梁，且横隔梁刚度很大。试用偏心压力法计算在公路—I 级荷载作用下 1 号主梁的跨中截面弯矩。（已知：冲击系数为 $1 + \mu = 1.25$，公路—I 级汽车车道荷载 $q_k = 10.5 \text{kN/m}$；计算跨径为 35m 时 $P_k = 330 \text{kN}$。）

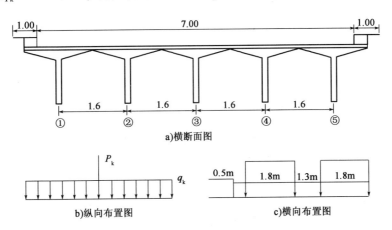

例 7 图　公路—I 级汽车车道荷载纵横向布置图

分析

由于 $\dfrac{l}{B} = \dfrac{35}{1.6 \times 5} = 4.375 > 2$，因此可按偏心压力法计算横向分布系数。

$$\sum_{i=1}^{5} a_i^2 = a_1^2 + a_2^2 + a_3^2 + a_4^2 + a_5^2 = 2 \times \left[(2 \times 1.6)^2 + 1.6^2 \right] = 25.6 \text{m}^2$$

1 号主梁的影响线竖标为：

$$\eta_{11} = \frac{1}{n} + \frac{a_1^2}{\displaystyle\sum_{i=1}^{5} a_i^1} = \frac{1}{5} + \frac{(2 \times 1.6)^2}{25.6} = 0.6$$

$$\eta_{15} = \frac{1}{n} - \frac{a_5^2}{\displaystyle\sum_{i=1}^{5} a_i^1} = \frac{1}{5} - \frac{(2 \times 1.6)^2}{25.6} = -0.2$$

绘制 1 号梁跨中荷载影响线，见例 7 解图（1）。

因此，车辆荷载的横向分布系数为：

$$m_{cq} = \frac{1}{2} \times (0.575 + 0.35 + 0.1875 - 0.0375) = 0.5375$$

计算 1 号梁跨中弯矩影响线，并加载，见例 7 解图（2）。

公路—I 级汽车车道荷载作用下，1 号梁跨中弯矩为：

$$M = m(1 + \mu)(P_k \cdot \eta + q_k \cdot \omega)$$
$$= 0.5375 \times 1.25 \times (330 \times 35/4 + 10.5 \times 35^2/8)$$
$$= 0.671875 \times (2887.5 + 1607.8125)$$
$$= 3020.3\text{kN} \cdot \text{m}$$

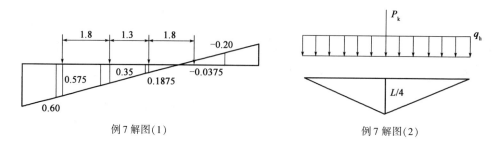

例7 解图(1)   例7 解图(2)

例8 试用图乘法(或其他合适的方法)计算图示结构中指定截面的位移,设 $EI =$ 常数,求 C 点的竖向位移 Δ_{CY} 和 A 点的转角 φ_A。

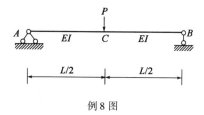

例8 图

分析

假设虚拟状态,绘制虚拟状态和实际状态弯矩图,见下图。

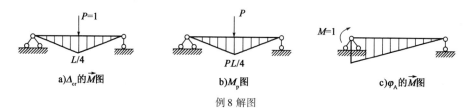

a) Δ_{cr} 的 $\overrightarrow{M}$ 图   b) M_p 图   c) φ_A 的 $\overrightarrow{M}$ 图

例8 解图

① 求 Δ_{CY}

$$\Delta_{CY} = \frac{1}{EI}\left(\frac{1}{2} \times \frac{L}{2} \times \frac{L}{4} \times \frac{PL}{6} \times 2\right) = \frac{PL^3}{48EI}(\downarrow)$$

② 求 φ_A

$$\varphi_A = \frac{\dfrac{1}{2} \times L \times \dfrac{PL}{4} \times \dfrac{1}{2}}{EI} = \frac{PL^2}{16EI}(\text{顺时针转})$$

例9 下列选项中不属于重力式桥台的是( )。

(A)双柱式桥台   (B)实体埋置式桥台

(C)八字式桥台   (D)U 形桥台

分析

双柱式桥台为轻型桥台。故本题选 A。

例 10 跨径大而墩的高度小的连续刚构桥常采用的桥墩类型是(   )。

  (A)实体重力式墩　　　　　　　　(B)水平抗推刚度较小的桥墩

  (C)水平抗推刚度较大的桥墩　　　(D)对主梁嵌固作用大的桥墩

分析

跨径大而墩的高度小的连续刚构桥要利用水平抗推刚度较小的桥墩的柔性来适应桥梁的纵向变形。故本题选 B。

例 11 重力式桥台的主要特点是依靠(   )来平衡外力而保持其稳定。

  (A)台后土压力　　　　　　　　　(B)自身重量

  (C)台内填土　　　　　　　　　　(D)锥坡填土

分析

重力式桥台主要依靠自身重量来平衡外力而保持其稳定。故本题选 B。

例 12 桥跨下部结构不包括(   )。

  (A)桥墩　　　　　　　　　　　　(B)桥台

  (C)支座系统　　　　　　　　　　(D)基础

分析

桥跨下部结构包括桥墩、桥台和基础。故本题选 C。

例 13 桥台的组成不包括(   )。

  (A)台帽　　　　　　　　　　　　(B)台身

  (C)基础　　　　　　　　　　　　(D)支座

分析

桥台由台帽、台身和基础组成。故本题选 D。

例 14 位于河流中的桥墩,其墩身横截面形状不宜采用(   )。

  (A)圆端形　　　　　　　　　　　(B)尖端形

  (C)圆形　　　　　　　　　　　　(D)矩形

分析

矩形不利于抵抗冲刷,适于无水岸墩。故本题选 D。

自 测 模 拟

(第 1~6 题为单选题)

1.为保证装配式 T 形梁各主梁之间连接成整体,共同参与受力,下列选项正确的是(   )。

(A)牛腿   (B)横隔梁

(C)桥面铺装钢筋网   (D)伸缩缝

2.对于高速公路上的多孔简支架设的梁(板)桥,为了减少伸缩缝数量并有利于行车舒适,可分联采用先简支后结构连续的体系,每一联桥梁结构在汽车荷载竖向力作用时,按( )结构体系来计算各孔主梁内力。

(A)连续梁   (B)简支梁

(C)单悬臂梁   (D)双悬臂梁

3.先简支后桥面连续构造的实质,就是将一联多孔简支上部构造在其桥面连续处施行铰接,据此,以下不正确的是( )。

(A)桥面连续处能传递水平力   (B)桥面连续处不传递弯矩

(C)桥面连续处桥面铺装是连续的   (D)桥面连续处桥面铺装是不连续的

4.下列属于轻型桥台的是( )。

(A)双柱式桥台   (B)实体埋置式桥台

(C)八字式桥台   (D)U形桥台

5.跨径大而墩的高度小的连续刚构桥常采用柔性墩来适应桥梁的纵向变形,下列选项中最合适的是( )。

(A)实体重力式墩   (B)水平抗推刚度较小的桥墩

(C)水平抗推刚度较大的桥墩   (D)对主梁嵌固作用大的桥墩

6.桥跨下部结构的含义为( )。

(A)墩台与基础   (B)墩台与支座

(C)承台与基础   (D)支座与基础

参考答案

1.B   2.D   3.A   4.A   5.B   6.A

第四节   钢结构桥梁的构造与设计

依据规范

《公路桥涵设计通用规范》(JTG D60—2015)

《公路钢结构桥梁设计规范》(JTG D64—2015)

重点知识

钢结构桥梁(简称钢桥)是指其主要承重结构及构件由钢材制造并拼接而成的桥梁结构。钢桥结构及其基本构件通常为钢板和型钢等的连接组合件。钢桥具有如下突出特点:

(1)材料性能稳定。钢材在钢厂严格、精密控制生产,组成元素含量相对准确。

(2)材料轻质高强。钢材的抗拉、抗压和抗剪强度均较高,钢材匀质、各向同性,韧性好,强度与质量比高。

(3)材料应用的安全性。钢材的延性好,受拉塑性破断极限应变通常是弹性使用极限应变的 100 倍左右,因此具有突出的安全性能(含抗震安全性能)。

(4)制造质量高。构件通常采用工厂化加工、制造,其质量有保证。

(5)建造速度快。钢桥构件的工厂制造可以和下部结构的现场施工同步,钢桥整体结构的工地装配式架设施工更节约时间。

(6)结构整体的耐久性高。除钢材和钢结构的耐久性能之外,钢桥结构相对灵活的局部切除与连接,便于结构的维修和部件的更换,由此提高结构整体的耐久性。

(7)钢桥的报废结构材料可以再次熔炼利用,有利于社会的可持续发展。

(8)钢桥存在易腐蚀、噪声大和防火性能差等缺点。

一、掌握钢桥设计的一般要求与设计计算方法

1. 钢桥设计的一般要求

钢桥为高强、轻质薄壁结构,截面和自重比混凝土桥小,跨越能力大。同时,钢桥的刚度相对较小,变形和振动比混凝土桥大。为了保证车辆行驶安全和舒适性,避免过大的变形和振动对钢桥结构产生不利的影响,钢桥必须有足够的整体刚度。规范规定,由汽车荷载引起的竖向挠度不应超过相应的容许值;当恒载引起的挠度较大时,应设预拱度。

随着桥梁跨径的不断增大,桥塔高耸化、箱梁薄壁化以及高强材料的应用,结构整体和局部的刚度下降,使得稳定问题显得比以往更为突出,因此钢桥设计必须防止结构的整体失稳以及构件或板件的局部失稳。

为了防止钢桥的横向失稳和过大的横向振动,桥梁结构应具有必要的横向刚度。特别是铁路钢桥,往往桥宽较窄、活载大、列车的蛇形运动容易产生横向振动。在特大跨度公路钢桥中,宽跨比较小,也可能出现横向失稳,特别是大跨度钢拱桥,应从构造和结构尺寸两方面保证结构的横向稳定。通常跨宽比超过 20 时,应验算桥梁结构的横向稳定。桥跨结构在施工架设时期也应保证横向和纵向的倾覆稳定性。公路钢桥规范规定,稳定系数应不小于 1.3。

钢桥设计不仅要满足使用阶段的受力和工作性能要求,而且应分析施工吊装和支座调整等受力状况,使钢桥在施工过程中满足应力和变形的要求。考虑到吊装过程中的惯性作用和其他不可预见的不利因素影响,公路钢桥规范规定,钢桥施工验算时起顶设施及结构本身都应按起顶重力增加 30% 验算。

钢桥的最大缺点是容易腐蚀。如果钢桥的设计和养护不当,将严重影响钢桥的耐久性和使用寿命。目前钢桥采用较多的防腐措施为重防腐油漆涂装或采用防腐性能好的钢材,如不锈钢或耐候钢等。

钢桥的另一缺点是容易疲劳。影响钢桥疲劳的主要因素有:钢材品质、荷载性质、应力状态、连接构造、构造细节等。钢桥的设计必须选用有足够韧性的钢材,尽可能避免由截面急剧变化等导致的应力集中和容易出现疲劳的构造细节、连接构造等。

为了提高钢桥制作与安装的工作效率,应尽可能减少构件和零件的种类,钢结构的构件设计尽可能标准化,方便同型构件互换。钢桥构件单元的尺寸和重量大小,应充分考虑运输条件、能力和吊装能力。同时,应尽可能减少工地组装或安装的工作量,减少工地连接,加快施工速度和提高结构质量。

2.钢桥的设计计算方法

目前,国内外钢桥设计主要采用容许应力法和半概率极限状态设计法两种。其中容许应力设计法,也叫使用荷载设计法,以弹性设计理论为基础,采用使用荷载计算结构指标,要求该指标不超过材料考虑统一安全系数的检验指标;该设计方法计算简便,我国铁路钢桥规范和日本钢桥设计规范采用该方法。

半概率极限状态设计法是根据不同荷载和材料与构件的统计特性,采用分项安全系数表示,该方法也被称为荷载分项系数设计法(LRFD)。我国公路钢桥规范、美国 AASHTO 规范、英国 BS5400 钢桥设计规范采用该设计方法。

由于钢桥破坏状态的复杂性,钢桥结构失效不能采用单一极限状态表达,一般应包括破坏(承载能力)极限状态和正常使用极限状态。

破坏极限状态指钢桥构件和连接的强度破坏,结构、构件丧失稳定和结构倾覆状态等,通常对应于结构或构件的最大承载能力。通常把钢桥疲劳导致的失效状态也归为破坏极限状态。

正常使用极限状态是指影响钢桥结构、构件正常使用的变形、振动、开裂和影响结构耐久性的局部损伤状态。

二、掌握钢桥的基本构造要求

为了防止钢结构在制作、运输、安装过程中出现不利的面外变形,以及钢结构的腐蚀和重复涂装作业等对钢板厚度的不利影响,规定钢板厚度不宜过薄。因此,除轧制型钢、正交异性板的闭口加劲肋、填板外,其他受力钢构件的板厚不应小于 8mm。钢桥构件设计时,构件容许最大长细比应符合表 4-4-1 的规定。

构件容许最大长细比　　　　　　　　　　　表 4-4-1

类　　别	杆　　件	长　细　比
主桁架	受压杆件、受压或受压—拉腹杆	100
	仅受拉力的试杆	130
	仅受拉力的腹杆	180
联结系构件	纵向联结系、支点处横向联结系和制动联结系的受压或受压—拉构件	130
	中间横向联结系的受压或受压—拉构件	150
	各种联结系的受拉构件	200

1. 钢板梁桥

钢板梁桥是由钢板或型钢等通过焊接、栓接或铆钉连接而成工字形截面实腹式钢梁作为主要承重结构的桥梁。钢板梁桥是中小跨径桥梁最常用的钢桥形式。

1) 钢板梁桥的结构形式

钢板梁桥的主梁通常采用工字钢、H型钢、焊接工字钢等结构形式,如图4-4-1所示,主梁与主梁之间采用横梁和纵梁相连形成整体受力结构,主梁和横梁在平面上形成梁格,因此钢板梁也被称为格子梁桥。

a)工字钢   b)H型钢   c)焊接工形梁   d)工字钢+盖梁   e)H型钢+盖梁

图4-4-1 钢板梁桥截面形式

工字钢和H型钢由工厂轧制而成,通常为等截面形式,与焊接钢梁相比,具有结构简单、造价低的特点。但是,采用工字钢和H型钢作为钢板梁桥的主梁,截面尺寸往往会受到工厂轧制能力的限制,跨越能力较小,通常在20m以下。为了提高工字钢和H型钢的跨越能力,可在上下翼板增加盖板。焊接工形梁是由上下翼板和腹板焊接而成,具有结构灵活、构造简单、受力明确、工地连接方便、单个构件重量轻等优点,适用跨径可以达到60m,是中小跨径钢梁桥最为经济和采用最多的结构形式。但是,焊接工形梁的抗扭刚度和横向抗弯刚度小,在运输和安装过程中或桥梁的宽跨比较小时,必须充分注意横向失稳问题。

钢板梁桥根据用途分为公路与铁路钢板梁桥。根据支承条件和受力特点可分为简支、连续和悬臂钢板梁桥;按桥面板形式可分为钢筋混凝土桥面板钢板梁桥、钢桥面板梁桥。依据桥面板参与主梁受力的情况又分为组合梁桥和非组合梁桥。对于钢筋混凝土桥面板组合梁桥,桥面板与钢梁通过剪力连接件连接。公路钢板梁桥主要采用钢筋混凝土桥面板,铁路钢板梁桥分为明桥面和道砟桥面钢板梁桥。

钢桥面由顶板和焊接于顶板上的纵向及横向加劲肋组成,具有自重轻、极限能力大、钢桥面建筑高度小等优点,是大跨度钢桥和建筑高度受到限制时最常用的结构形式。

如图4-4-2示,钢板梁桥上部结构主要由主梁、横向联结系、纵向联结系和桥面系组成。主梁起到整个桥梁的承重作用,把纵、横向联结系和桥面系传来的荷载传递到支座。横向联结系有实腹式梁和空腹式桁架形式,前者称为横梁,后者称为横联。横向联结系主要作用是将各个主梁连接成整体,使荷载横向分布,防止主梁侧向失稳。纵向联结系通常采用桁架式结构,其主要作用是加强桥梁整体稳定性,并与横梁共同承担横向力和扭矩。桥面系提供桥梁行车部分,把桥面荷载传递到主梁和横梁。

2) 主梁构造

(1) 主梁翼缘构造要求

主梁翼缘板的构造设计必须考虑翼缘板局部稳定和主梁弯扭屈曲,确保钢梁在制作、运输、安装和运营等各种状态下不出现翼缘板局部失稳和主梁弯扭失稳。《公路钢结构桥梁设计规范》(JTG D64—2015)规定焊接板梁受压翼缘的伸出肢宽不宜大于40cm,也不应大于其厚度的$12\sqrt{345/f_y}$倍,受拉翼缘的伸出肢宽不应大于其厚度的$16\sqrt{345/f_y}$倍。此外,翼缘面外惯性矩应满足:

$$0.1 \leqslant \frac{I_{yc}}{I_{yt}} \leqslant 10 \tag{4-4-1}$$

式中:I_{yc}、I_{yt}——分别为受压翼缘和受拉翼缘对竖轴的惯性矩。

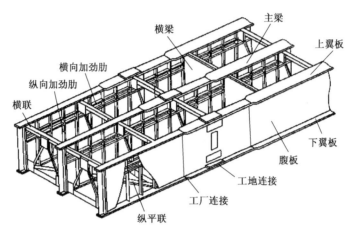

图4-4-2 钢板梁主梁构造

翼缘板应有足够宽度,以确保钢板梁不致产生整体弯扭失稳。当跨径不大(<60m)并且有足够横向连接时,翼缘宽度一般为250~650mm,跨径大者可以取较大值。当采用高强螺栓连接时,考虑到螺栓布置,翼缘板宽度不宜太宽,一般$b = (0.2 \sim 0.45)h < 600m$($h$为梁高)。从弯扭屈曲角度考虑,受压翼缘宽度可以比受拉翼缘稍宽一些。

当用外贴翼缘钢板时,其纵向截断点应延至理论截断点以外,延伸部分的焊缝长度按该板截面强度的50%计算确定,并将板端沿板宽方向做成不大于1:2的斜角。组成翼缘截面的板不宜超过两块;当纵向加劲肋连续时,应将其计入有效截面中。

翼缘板与腹板的连接可采用角焊缝,腹板两侧有效焊缝厚度之和应大于腹板厚度,也可将翼缘板与腹板的连接采用全焊透焊缝。翼缘拼接焊缝与腹板拼接焊缝错开的距离不宜小于10倍腹板厚度,且拼接不应布置在应力最大的位置。

(2)主梁腹板构造要求

在弯矩和剪力作用下,腹板同时存在弯曲正应力和剪应力,需满足强度和稳定要求。此外,腹板还应满足一定的刚度要求,以避免在荷载作用下发生过渡压曲引起腹板—翼板连接处及其附近区域的疲劳。

为提高腹板临界应力,可采取增加板厚和设置加劲肋两种方法,其中设置加劲肋效果更显著,焊接板梁中设置加劲肋时应满足《公路钢结构桥梁设计规范》(JTG D64—2015)中要求:

①与腹板对接焊缝平行的加劲肋,其距离对接焊缝应不小于10倍腹板厚度,或不小于100mm。

②与腹板对接焊缝相交的加劲肋,加劲肋及其焊缝应连续跨过腹板焊缝。

③纵向加劲肋与横向加劲肋相交时,横向加劲肋宜连续通过。

④横向加劲肋与梁的翼缘板焊接时,应将加劲肋切出不大于5倍腹板厚度的斜角。

⑤纵向加劲肋与横向加劲肋的相交处,宜焊连或栓连。

横向加劲肋(也可称为竖向加劲肋)除设置在主梁支承处和外力集中处的支承加劲肋外,还有一类是中间横向加劲肋,其主要作用是防止腹板剪切失稳,如图4-4-3所示。

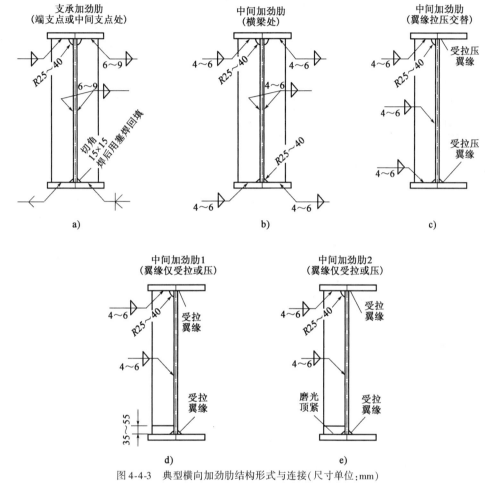

图4-4-3　典型横向加劲肋结构形式与连接(尺寸单位:mm)

设置横向加劲肋和纵向加劲肋的腹板,在正应力和剪应力作用下,可能出现两种失稳模态:当加劲肋刚度相对腹板厚度较小时,失稳模态下加劲肋随同腹板的面外变形产生弯曲,加劲肋起到增加腹板面外刚度的作用;当加劲肋刚度相对腹板厚度足够大时,加劲肋可以约束腹板面外变形,失稳状态下,腹板在加劲肋处不出现面外变形,加劲肋对腹板起到支承作用,失稳模态在加劲肋处形成节线。横向加劲肋应该具有足够刚度,当变量达到极限承载状态时,其应能够成为腹板屈曲变形波的波节,否则腹板承载力必须折减。

为了防止腹板在弯曲压应力作用下的弯压失稳,可同时设置横向加劲肋和纵向加劲肋。纵向加劲肋可与横向加劲肋设置在腹板同一侧,也可设置在不同侧,如图4-4-4所示。根据腹板稳定条件,纵向加劲肋刚度有两种方法确定:一种是要求腹板失稳荷载大于翼板屈曲荷载,要求纵向加劲肋有足够刚度,当腹板达到极限承载状态时,它应能够成为腹板变形波的波节,以腹板加劲肋围成的局部失稳荷载作为腹板失稳判别标准;另一种是当腹板达到极限承载状态时,不要求加劲肋成为腹板变形波的波节,以腹板整体失稳荷载作为腹板失稳判别标准,加劲肋刚度换算为腹板的抗弯刚度计算。

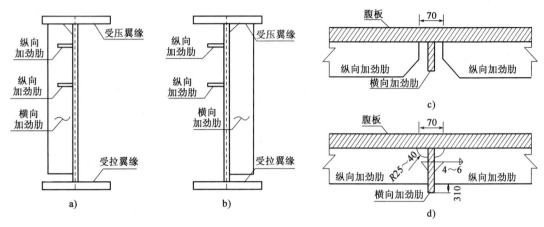

图 4-4-4　纵向加劲肋设置(尺寸单位:mm)

3)联结系构造

(1)纵向联结系构造

《公路钢结构桥梁设计规范》(JTG D64—2015)中要求翼缘上下平面内宜设纵向联结系,承受水平荷载和偏心荷载等产生的扭矩作用。纵向联结系通常通过采用节点板的结构形式实现与主梁的连接。节点板位于纵向联结系平面,焊接于腹板。平联杆件通常是在工地拼装时与主梁连接,采用高强螺栓连接于节点板上。

(2)横向联结系构造

钢板梁间应设横向联结系,并满足下列要求:

①宜与梁的上、下翼缘连接,间距不宜大于受压翼缘宽度的 30 倍。

②支承处必须设置端横梁。

③下承式钢板梁桥的横梁宜设置肋板与腹板加劲肋连接。

横向联结系的连接方式取决于横梁与主梁的相对位置。当横梁与主梁顶面同高时,横梁可搭接、对接、焊接于主梁横向加劲肋,也可连续通过主梁等多种形式。横梁上翼缘与主梁连接形式可采用连接板焊接于主梁上翼缘,也可采用螺栓搭接于主梁上翼缘,当主梁间有高差或上翼缘倾斜,横梁与主梁可采用楔形填板连接、在连接处将横梁翼缘板弯折、将主梁翼板做成倾斜等方式连接。

由于受拉翼缘疲劳强度受焊接影响较大,平纵联杆件端部的节点板可与上翼缘焊接连接,但不应与受拉的下翼缘焊接。通常,平纵联斜杆端的节点板常与腹板焊接,而横撑则焊在加劲肋上,以免降低翼缘疲劳强度。

2.钢桁梁桥

当桥梁跨度增大,板梁桥及组合梁桥所需的梁高和用钢量将增加,一般当桥梁跨度大于40m 时,采用钢桁梁结构比较经济。简支钢桁梁桥是一种最常用的铁路桥梁结构。钢桁梁也常用于吊桥、斜拉桥、拱桥等结构中。

1) 钢桁梁桥的结构形式

钢桁梁桥是由若干个平面钢桁架通过一定的连接方式形成的稳定的空间受弯结构,主要由主桁、桥面系和联结系组成,如图 4-4-5 所示。

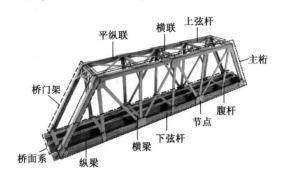

图 4-4-5　钢桁梁主梁构造

钢桁梁桥的主桁为竖向承重体系,其作用是承担竖向荷载,并将荷载通过支座传给墩台。主桁由弦杆和腹杆组成,弦杆包括上弦杆和下弦杆,连接上、下弦杆的杆件叫腹杆,按杆件方向不同分为竖腹杆和斜腹杆。弦杆与腹杆所在的平面叫主桁平面。弦杆与腹杆交汇的地方称为节点。有斜杆交汇的节点,受力和构造比较复杂,节点板尺寸也较大,通常被称为大节点。仅有竖杆和弦杆交汇的节点,受力与构造较简单,节点板尺寸也较小,通常被称为小节点。相邻两节点之间的水平距离为一个节间。

联结系分为纵向联结系和横向联结系,其作用是将主桁联结起来,使桥跨结构成为稳定的空间结构,能承担各种水平向荷载。纵向联结系设在主桁的上、下平面内,其中位于主桁上弦杆平面内的称为上平纵联,位于主桁下弦杆平面内的称为下平纵联。纵向联结系的主要作用是承受作用于桥跨结构上的横向水平荷载,此外还可以作为横向支撑以减小弦杆面外自由长度。横向联结系设在桥跨结构的横桥向平面内,其中位于钢桁梁端部的横向联结系称为端横联(在下承式桁梁桥中称为桥门架),位于钢桁梁中部的横向联结系称为中横联。桥门架设在主桁端斜杆平面内;中横联设在主桁竖杆平面内,主桁没有竖杆时,可设在主桁斜杆平面内。横向联结系的主要作用是增加钢桁梁的抗扭刚度,提高横断面的稳定性,确保各片主桁共同受力。

桥面系由桥面板和纵、横梁组成。桥面板主要作用是保证车辆与行人的行走,直接承受车辆、人群等荷载作用。纵、横梁作为桥面板的支撑结构,其作用是将桥面板承受的荷载传递给主桁,同时横梁还起到了荷载横向分布的作用。

钢桁梁桥按桥面系和主桁的相对位置可分为上承式钢桁梁桥、下承式钢桁梁桥和中承式钢桁梁桥,如图 4-4-6 所示。

2) 钢桁梁桥的布置与构造

(1) 总体布置

① 桥跨布置

钢桁梁桥按结构体系分为简支钢桁梁桥、连续钢桁梁桥和悬臂钢桁梁桥,简支钢桁梁桥和连续钢桁梁桥用得较多,悬臂钢桁梁桥现在已经很少采用。

连续钢桁梁桥是超静定结构,由于支点负弯矩的影响,与同跨度的简支梁桥相比,控制的杆件内力要小一些,所以大跨度钢梁桥采用连续梁较多。在我国铁路钢桥的标准设计中,考虑到制造的标准化程度较高,所以连续桁梁的桁高、节间长度、主桁中心距一般都采用与简支梁相同的模式。

②立面布置

按弦杆立面布置形式,主桁可分为平行弦杆桁架、曲线弦杆桁架和加劲弦杆桁架。

平行弦杆桁架通常采用等桁高布置,上、下弦杆均在顺桥向平行布置,杆件规格较为统一,节点类型较少,特别适合标准化设计和装配化施工。平行弦桁架在简支钢桁梁桥、等跨径连续钢桁梁桥中应用较多,大跨径钢桁梁斜拉桥或悬索桥主梁也多采用平行弦杆桁架,如图 4-4-7 所示。

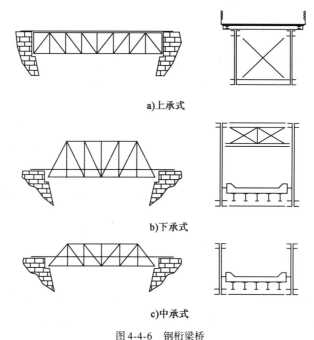

a)上承式

b)下承式

c)中承式

图 4-4-6　钢桁梁桥

曲线弦杆桁架(图 4-4-8)通常采用变桁高布置,上弦杆或下弦杆呈曲线布置,弦杆线形与结构弯矩包络图较为接近,内力分布均匀,受力较为合理。由于桁高与线形沿着纵桥向的变化,结构弦杆、腹杆的尺寸在不断变化,导致杆件类型较多,节点类型也多,桥梁施工难度增加,效率降低。

图 4-4-7　平行弦杆桁架桥

加劲弦杆桁架也称为第三弦杆桁架(图 4-4-9),桁梁主体结构为平行弦杆桁架,仅在桁梁负弯矩区设曲线加劲弦来改善结构受力,使得主桁结构设计更经济。因此,加劲弦桁架兼具平行弦杆桁架与曲线弦杆桁架的优点。加劲弦杆可以布置在平行弦杆的上方,也可以布置在支点附近平行弦杆的下方。

图4-4-8　曲线弦杆桁架桥

图4-4-9　第三弦杆钢桁架桥

③横截面布置

传统两片钢主桁是最为常见的截面布置形式,其上下各两根弦杆,在纵向通过腹杆联结成两片钢主桁,再通过横联和平联联结成稳定的空间结构,如图4-4-10a)所示。桥梁宽度不是很宽的情况下,钢桁梁桥多采用双主桁。当采用双主桁无法满足桥宽要求时,可采用三主桁形式,如图4-4-10b)所示。三主桁适用于宽桥,其横向稳定性较双主桁更好。

近些年,空间桁架在桥梁中逐渐开始应用。空间桁架最简单的断面形式为三角形截面,即截面有两根上弦杆和一根下弦杆,在纵向通过腹杆联结成下弦杆共用的两片连体钢主桁,两根上弦杆通过横向水平杆件联结,形成稳定的空间桁架结构,如图4-4-10c)所示。三角形截面的空间桁架适用于宽度较小的中小跨径桥梁,钢结构通常采用管结构。钢管材料的使用及便捷高效的施工方法,使其获得了很好的经济性。当采用三角形截面无法满足桥宽要求时,可采用梯形截面,截面上下分别有三根和两根弦杆,中间的一根上弦管为两个三角形桁架共用,两根下弦杆通过横向水平杆件联结,形成稳定的空间桁架结构,如图4-4-10d)所示。这种主桁形式在纵、横双向都形成了稳固的受力体系,且可以适应更宽的桥面要求,非常适合公路桥梁。空间桁架布置使得下层空间受限,难以适应双层桥梁的要求,下层一般不设桥面,或者只布置非机动车道或人行道。

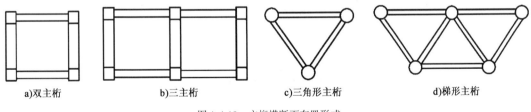

a)双主桁　　　　　b)三主桁　　　　　c)三角形主桁　　　　d)梯形主桁

图4-4-10　主桁横断面布置形式

（2）主桁构造

①主桁参数

桁架结构的基本单元是三角形,由三角形组成各种主桁图式(简称桁式)。桁式与桁高、节间长度、腹杆角度等紧密相关,必须联系在一起综合考虑。此外,桁宽须分别满足桥梁横向刚度和使用功能(铁道线路和公路车道数布置)两方面的要求。

桁高是指上、下弦杆重心间的距离,是决定桁架杆件内力和桁梁挠度的重要因素。在已建成的大桥中,3 跨及 3 跨以上的等跨连续桁梁桥,常用高跨比为 1/10 ~ 1/8。

节间长度与弦杆长度及其长细比、纵梁跨度、横梁内力、平面联结系斜撑杆长度等直接相关,节间长度不宜过大或过小。过大时会使受压弦杆稳定承载力折减过多,或者为使压杆稳定承载力满足要求须增加截面轮廓尺寸,会导致设计不经济。此外,还会引起桥面系纵梁内力增加,以至增加纵、横梁梁高。节间长度过小时,杆件刚度较大,其抵抗转动的能力越强,发生二次应力也越大。因此,在桁架中的构件不宜采用短而粗的构件。一般情况下,中小跨度的钢桁梁桥,节间长度为 8 ~ 10m;大跨度钢桥节间长度为 12 ~ 15m,甚至更长。

斜杆倾角由主桁高度与节间长度的比值决定,对腹杆用钢量和节点构造有很大影响。倾角过小,腹杆数量少,长度增大,内力较大;倾角过大,腹杆数量多,长度减小,内力较小。此外,倾角过小或过大,均使斜杆无法伸入节点中心,节点板变得很长或很高,使面外刚度很差。斜杆倾角一般不应小于 45°,且有竖杆的桁架的合理倾角为 50°左右,无竖杆的桁架的合理倾角为 60°左右。

桁宽确定须同时考虑横向刚度和使用功能要求,宽跨比分别规定为:下承式简支梁和连续桁梁的边跨不小于 1/20;连续桁梁中跨不小于 1/25。

②主桁图式

图 4-4-11 为常见桁架示意图。图 4-4-11a)是最为简洁的三角形桁式,适用于中小跨度桁架桥。跨度增大时桁高随之增加,节间长度也增加。图 4-4-11b)与 a)相比,多了竖杆。加竖杆的作用是减小节间长度,大大扩充了三角形桁式的适用范围。以上两种桁式受力明确,构造简洁,是使用频率最高的桁式。

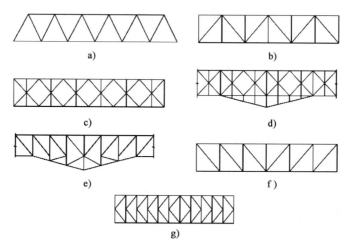

图 4-4-11 主桁常用桁式示意图

图 4-4-11c)是标准的双腹杆体系菱形桁。双腹杆体系的明显优点是,随着桁高的增加,节间长度和斜腹杆长度仍然可以保持在合理范围之内。对于这种桁式需要注意的是,端部和中间支点集中力作用处必须设大竖杆。因为只有设大竖杆才能使两个腹杆体系均衡传力。

图 4-4-11d)是在中间支点处增加了桁高的菱形桁。在中间支点处增加桁高的主要原因是边跨挠度不能满足要求,同时,伸臂安装时,梁端挠度和支点附近杆件内力都可能成为控制条件。通常,平弦桁高与跨度之比达到 1/10 时,边跨挠度就会超限。与平弦菱形桁一样,也要特

别注意大竖杆的使用。不仅支点处要设大竖杆,加劲弦端部也需设置大竖杆。

图4-4-11e)也是在支点处增加了桁高,但没有设中弦。主桁加高部分使用了菱形和K形桁式,其余为N形桁。当跨度特别大时,可采用双腹杆体系,亦可全部用K形桁式。

图4-4-11f)是N形桁。N形桁需要特别注意的是尽量做成对称结构。因为结构不对称,内力和相应的杆件截面不对称,从而增加了结构设计和制造工作量。此外,与带竖杆的三角形桁相比,N形桁的竖杆是主要受力杆件,而三角形桁的竖杆是局部受力杆件。

图4-4-11g)是K形桁,为双腹杆体系。K形桁的竖杆比菱形桁多1倍,且都是主要受力杆件;而菱形桁竖杆较少,且只有大竖杆是主要受力杆件,其他小竖杆都是局部受力杆件。

③主桁杆件

a. 弦杆截面

整体节点的弦杆几乎全都采用箱形截面,这是因为箱形杆抗压性能好,又由于弦杆是在节点外拼接,方便箱形杆件四个面的拼接。箱形截面的缺点是下弦的上翼缘板(上弦的下翼缘板)距腹杆端头很近,会严重妨碍拼接操作。用H形杆主要是为了便于节点中心的拼接操作。

图4-4-12给出了一些主桁杆件截面布置形式。图4-4-12a)为上、下弦杆和腹杆常用截面形状以及它们之间的尺寸关系。桁高H是弦杆重心之间的距离,弦杆宽度b是指内宽。上、下弦都是不对称矩形,靠外的翼缘板都向外伸出。这套截面组成有以下优点:

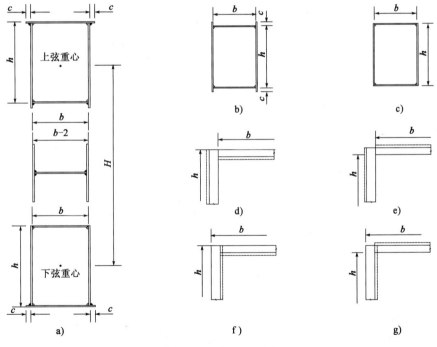

图4-4-12 弦杆截面示意

(a)除下弦杆的上翼缘为棱角焊外,其余都是普通角焊缝,为制造提供了很大的方便。

(b)竖板在节点处可以很方便地加高为节点板。

(c)翼缘板的伸出部分为连接横向联结系、横梁及上、下平联提供了方便,下翼缘还特别容易与支座连接。

(d)充分考虑了排水。

(e)腹杆外宽比弦杆内宽(亦即节点板内宽)少2mm,便于腹杆安装连接。

截面的外伸部分c,国内要求不小于30mm,但也不必太大。太小时,难以满足埋弧自动焊焊剂铺设需要;太大时,所产生的焊接收缩变形也会较大,而且难以矫正。

图4-4-12b)可适用于内力较大的腹杆,特别是支点处的竖杆和斜杆,其主要优点是可全部使用普通角焊缝。图4-4-12c)与b)相比,只是将普通角焊缝改成了棱角焊缝,其他都一样。棱角焊需要开坡口,不如普通角焊缝方便,一般不采用。

图4-4-12d)、e)、f)、g)为弦杆高度和宽度的合理控制,要求腹板和翼板板厚变化时,既不相互干扰,也不引起主桁横向联结系等的尺寸变化。其中图d)是控制外高和内宽,虚线表示厚度变化;图e)使杆件高度随翼板厚度变化而变化;图f)、g)两块板的厚度变化相互干扰,不宜采用。

b.腹杆截面

腹杆常使用箱形截面和H形截面,如图4-4-13所示。

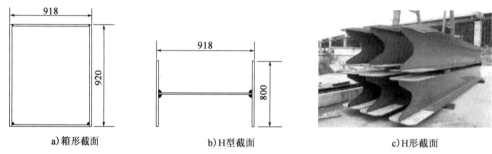

a)箱形截面　　　　b)H型截面　　　　c)H形截面

图4-4-13　东江大桥腹杆典型截面(尺寸单位:m)

从便于节点连接的角度考虑,腹杆应尽可能使用H形截面。腹杆外宽与节点板内宽应留2mm间隙,主要考虑到腹杆能够顺利插入节点板内,并达到设计位置。从受力的角度考虑,对于内力较大的腹杆,应优先考虑箱形截面。

H形斜杆端头的腹板上应开缺口,原因是进入拼接区段后,腹板轴向应力通过高强螺栓向节点板传递。杆件端部腹板应力逐渐减小到零,因此可以切去。这样做的好处是可以减小杆端的刚度,使其容易插入,栓合更紧密。

④主桁节点

主桁杆件交汇于主桁节点,同时纵联、横联、桥道系横梁通过节点实现与主桁的联结,且杆件规格不同,因此,节点的构造和受力往往比较复杂。根据制造工艺的不同,主桁节点一般可以分为外贴式节点、整体式节点和全焊节点,如图4-4-14所示。

外贴式节点的杆件可采用焊接或高强螺栓连接。通过在杆件两侧放置节点板并采用铆钉或者高强螺栓使节点板与杆件密贴实现杆件之间的连接。这类节点构造简单,拼装方便,但拼装工作量较大,且整体性较差,现在已较少采用。

整体式节点是近年来在我国钢桁梁桥建造中应用较多的一种节点形式,其通常将节点和与之相连的一侧弦杆预先在工厂焊接成整体,其节点及杆件的加劲肋同时也在工厂焊接完成,节点部分与其他各个交汇杆件则在现场通过拼接板和高强螺栓进行联结(图4-4-15中F处)。

a)外贴式

b)整体式

c)全焊节点

图 4-4-14 节点类型

这样便将构件在节点处的联结变为在节点外构件横断面之间的拼接,避免了节点处焊缝或螺栓的集中,节点力学性能得到提升。箱形截面杆件拼接处还会预留手孔(图 4-4-15 中 G 处),在杆件内部为螺栓的施工预留出操作空间。节点板边缘则采用大弧过渡及高质量的熔透焊缝(图 4-4-15 中 O 处),焊缝端部进行打磨锤击处理,以满足此处焊接疲劳性能要求。

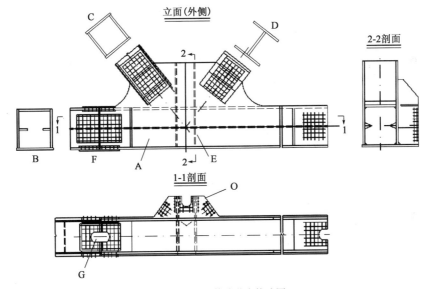

图 4-4-15 整体式节点构造图

A-整体式节点板;B-弦杆;C-受压腹杆;D-受拉腹杆;E-内部加劲肋;F-拼接板;G-手孔;O-横联接头

由于整体式节点在现场只需采用拼接板和螺栓将相应杆件拼接,其余部分均在工厂预制、焊接完成,因此可以大大提高现场的施工效率以及保证节点的施工质量。因此,整体节点具有质量可靠、精度高、现场作业量小等优点。但整体式节点也有一定的缺点,一方面整体的焊接工作量大,另一方面厚板节点板在焊接时产生的不可矫正的残余变形会使插入式斜杆、竖杆在现场拼装时高强螺栓夹紧困难。

全焊节点的杆件之间完全采用焊接联结,整体性较好。图 4-4-14c)为采用全焊节点的钢桁梁桥。

3)联结系构造

(1)横向联结系

横向联结系是连接主桁、制约主桁水平偏移的专设构件。横向联结系的设置应综合考虑主桁的横桥向稳定性、桥面净空等因素。《公路钢结构桥梁设计规范》(JTG D64—2015)规定：上承式桁梁应在两端及跨间设横向联结系；下承式桁梁应在两端设桥门架，跨间设门架式横向联结系，其间距不宜超过两个节间；开口式桁架应在每个横梁竖向平面内设置半框架。

上承式钢桁梁桥横联的设置不受桥面净空的限制，可根据结构构造与受力要求灵活布置，如图4-4-16a)所示；下承式钢桁梁桥横联的设置必须考虑桥面净空要求，通常做成扁平框架形式，如图4-4-16b)所示。当主桁较高而主桁间距较小时，还可采用双层框架形式，可减小杆件的计算长度。联结系杆件截面常采用I形、L形或T形。图4-4-16为常见的几种横联形式。

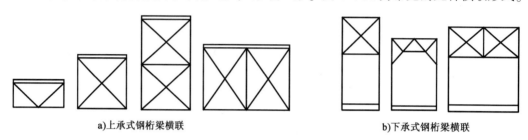

a)上承式钢桁梁横联   b)下承式钢桁梁横联

图4-4-16 横向联结系类型

桥门架(图4-4-17)通常设置在端斜杆平面内，且其刚度较中横联更大，其不仅具有横联的作用，还可将上平纵联所受的风荷载经由桥门架向支座传递。《公路钢结构桥梁设计规范》(JTG D64—2015)规定：作为桥门架腿杆的主桁斜杆或竖杆，应计算桥门架受横向力时产生的轴向力和弯矩；计算时应视桥门架为下端固定的框架。由于风力作用使桥门架所产生的轴向力的水平分力，应计入下弦杆杆力之内。

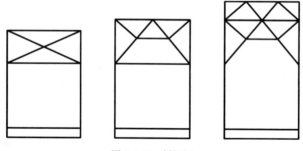

图4-4-17 桥门架

(2)纵向联结系

《公路钢结构桥梁设计规范》(JTG D64—2015)指出钢桁梁应在主桁上、下弦杆的水平面内分别设置纵向联结系。当钢桁梁桥面系置于某一纵向联结系平面内时，由于其在成桥阶段刚度较大可代替纵向联结系的作用，因此平面内可不设纵联，但施工阶段仍应设置临时纵向联结系以提高稳定性，并抵抗风荷载。当钢梁采用整体桥面时，可不设纵向联结系，采用纵、横梁桥面时，为保证结构的整体稳定及传递水平力，钢梁应设置上、下平纵联。

纵向联结系为水平桁架体系，由主桁弦杆与水平腹杆组成。通常，腹杆所受内力较小，因此截面尺寸较小，一般小于主桁杆件。腹杆的设计需依据刚度要求进行选择，截面常采用工形、L形等。

纵向联结系常见形式有三角形、交叉形、菱形、K形等，如图4-4-18所示。《公路钢结构桥梁设计规范》(JTG D64—2015)规定纵向联结系不宜采用三角形或菱形桁架,主要原因是当纵联参加主桁弦杆共同作用时,主桁弦杆受横梁的约束,导致主桁弦杆承受较大的次应力,故不宜采用。

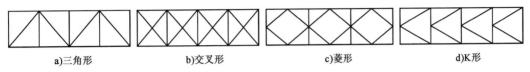

a)三角形　　　　　　b)交叉形　　　　　　c)菱形　　　　　　d)K形

图 4-4-18　平纵联图示

3. 钢箱梁桥

1)钢箱梁桥的结构形式

钢箱梁桥是指由具有箱形截面的实腹式钢梁作为主要承重结构的桥梁。典型的箱形截面梁主要由顶板、底板、腹板和加劲肋等组成(图 4-4-19),钢箱梁的顶、底板和腹板的厚度较小,是典型的闭口型薄壁结构,往往需要一定数量的加劲构件(如加劲肋、横隔板)来保证其受力性能。为此需要沿顶、底板纵向设置足够的加劲肋,横向设置横隔板。箱形截面梁的顶板又兼作桥面板之用,为了减轻重量和增加箱梁的整体性,正交异性钢桥面板的应用越来越广泛。

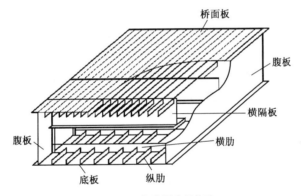

图 4-4-19　钢箱梁主梁构造

钢箱梁具有很好的受力特性,与开口截面钢板梁相比具有以下优点:翼缘宽度大,具有很大的抗弯能力,跨越能力比工形钢板梁大得多,目前钢箱梁连续梁桥的最大跨径已经达到300m。具有很大的抗弯刚度,荷载横向分配均匀,即使采用单箱结构形式,两个腹板的弯矩也相差不大,而且适合于扭矩较大的弯桥等复杂桥梁。具有很大的横向抗弯刚度,横向稳定性好,可以抵抗很大的水平力作用,省去纵向联结系,对于单箱结构不需要横向联结系。单根箱梁的整体稳定性好,便于吊装和无支架施工;并且构件数量比工形梁少,施工速度快,梁高小,适合于立交桥和建筑高度受限制的桥梁等。采用较小的梁高可以有效地缩短引桥或引道的长度,降低整体工程造价。横隔梁和加劲结构等都在箱内,外观美观。箱内为中空结构,便于布置电缆、水管、煤气管等附属设施,箱内还可以作为检修和维护的通道。

钢箱梁桥的主要结构形式如图 4-4-20 所示。图 4-4-20a)为单箱单室箱梁桥,适用于宽跨比较小的桥梁;图 4-4-20b)和 f)为双箱单室箱梁桥,适用于较大宽跨比的桥梁,是钢箱梁桥中采用最多的主梁结构形式;图 4-4-20c)为三箱单室结构形式,以其为代表的多箱单室箱梁桥,适用于更大宽跨比的桥梁,但箱梁之间的横向连接更加复杂,制作安装存在不便;图 4-4-20d)

是具有 3 个以上腹板的多室箱梁桥,由于制作安装不便,工程中很少采用;图 4-4-20e) 为斜腹板倒梯形箱梁桥,所需桥墩宽度较小;图 4-4-20g) 为扁平钢箱梁,梁高与桥宽之比很小,主要用于悬索桥、斜拉桥和拱桥等的加劲梁,梁桥中很少采用。

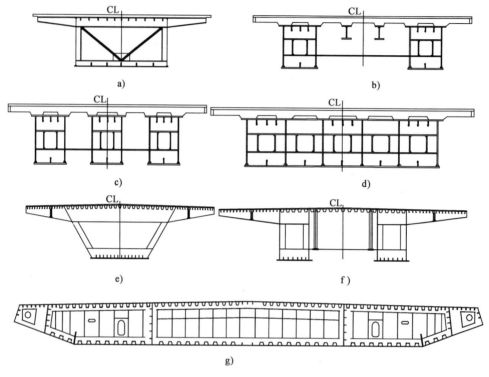

图 4-4-20 钢箱梁桥截面形式

钢箱梁根据支承条件和受力特点分为简支钢箱梁桥、连续钢箱梁桥和悬臂钢箱梁桥,钢箱梁桥尤其适合于连续梁桥。按照钢箱梁桥的平面形状分为直桥、斜桥和曲线桥。钢箱梁桥面板可以采用钢筋混凝土桥面板和钢桥面板。混凝土桥面参与钢板梁上翼缘受压,提高了桥梁的抗弯能力,从而可以节省用钢量或降低建筑高度。由于这些原因,公路桥梁工程中,钢筋混凝土桥面板钢箱梁已获得广泛的使用。通常跨径小于 60m 时采用钢筋混凝土桥面板较为经济,跨径大于 80m 时采用钢桥面板较为经济,跨径为 60~80m 时需要进行较为详细的技术与经济比较。

2)钢箱梁桥的构造与特点

钢箱梁桥的横向连接系与主梁组成箱梁桥梁格系结构。为了使横梁有较好的横向分配效果和支承纵梁,横梁要有足够的刚度。对于双箱或多箱结构钢梁桥,梁端或中间支承处设置横梁,使得各主梁受力较均匀、支承纵梁和桥面板,可以有效提高桥梁整体抗扭能力和分散支点反力,保证桥梁的整体受力和抵抗偏心荷载和风荷载等产生的扭矩。除了单箱梁桥或多幅完全分离式单箱梁桥外,必须设置端横梁。

在箱梁桥中,由于活载的偏心加载作用以及轮载直接作用于箱梁的顶板上,使得箱梁断面发生畸变和横向弯曲变形(图 4-4-21),为了减少钢箱梁的这种变形,增加整体刚度,防止过大的局部应力,需要在钢箱梁的支点处和跨间设置横隔板。

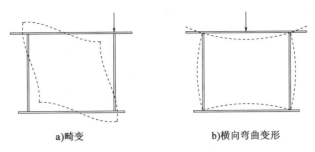

a)畸变　　　　　　　　　　　　b)横向弯曲变形

图4-4-21　箱梁畸变和横向弯曲变形

钢桥中横隔板分为中间横隔板(图4-4-22)和支点横隔板(图4-4-23),作用是限制钢箱梁的畸变和横向弯曲变形,保持一定的截面形状,对于支点横隔板还将承受支座处的局部荷载,起到分散支座反力的作用。横隔板必须具有一定的刚度,由于两种横隔板不同,其构造形式不同,采用的设计方法也不同。

a)实腹式　　　　　　　　　　　b)框架式　　　　　　　　　　　c)桁架式

图4-4-22　中间横隔板结构形式

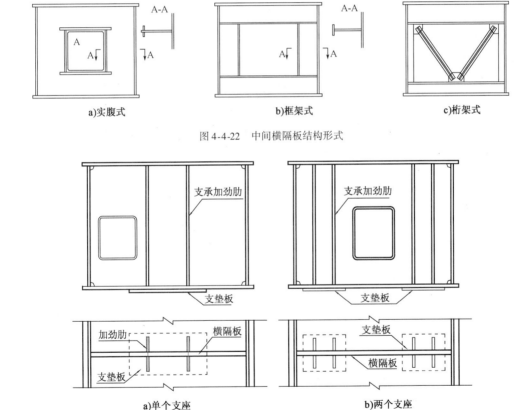

a)单个支座　　　　　　　　　　　　b)两个支座

图4-4-23　支点横隔板结构形式

箱梁腹板加劲肋设在箱的内侧,在支点处及横肋与腹板连接处应设置竖向加劲肋。水平加劲肋的数量与腹板高度和厚度有关,可设置3层以上。箱形截面梁底板一般也设置有纵、横肋,横肋与桥面板上的横肋位置一致,以组成横向连接系,纵肋布置间距较顶板间距大。

主梁加劲肋包括钢箱梁顶、底板加劲肋和腹板加劲肋;箱梁腹板加劲肋构造和设计与工形钢板梁桥基本相同。钢桥纵肋截面的基本形式有开口式和闭口式两种(图4-4-24),开口截面中有平钢板,正、偏头钢板,不等边角钢和倒T形;闭口截面中有梯形、U形、V形和Y形。开口纵肋易于工厂制造和养护,肋与肋之间的连接也较方便;闭口纵肋具有较大的抗扭刚度,屈曲稳定性也较好。肋与板的连接是从肋外侧用贴角焊缝焊接,故焊缝长度可较开口式纵肋减少一半,因而焊接变形也较小。

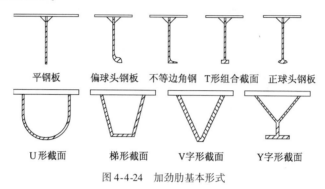

图4-4-24 加劲肋基本形式

4.钢管结构

1)一般规定

圆钢管的外径与壁厚之比不应大于$70(345/f_y)$;矩形钢管的最大外边缘尺寸与壁厚之比不应大于$30\sqrt{345/f_y}$。钢管之间对接时,可采用高强度螺栓和焊接连接,如图4-4-25a)、b)所示;对于小直径的钢管,不便采用栓接和焊接时,可采用法兰连接,如图4-4-25c)所示。当要连接的钢管轴线方向不同时,可采用节点板连接、腹杆与弦杆相贯焊连接,如图4-4-26、图4-4-27所示。

a)高强度螺栓连接　　　　b)焊接连接　　　　c)法兰连接

图4-4-25 钢管对接连接

2)构造要求

(1)钢管节点的构造应符合下列要求:

①弦杆的外部尺寸不应小于腹杆的外部尺寸。

②在弦杆与腹杆连接处不应将腹杆插入弦杆内。

③弦杆与腹杆或两腹杆轴线之间的夹角不宜小于30°。

④弦杆与腹杆的连接节点处,除搭接节点外,宜避免偏心。

⑤腹杆端部应采用自动切割机切割,腹杆壁厚小于6mm时可不切坡口。

(2)对K形及N形节点,宜采用间隙节点,不宜采用搭接节点。采用间隙节点时,腹杆间的距离不应小于两腹杆壁厚之和。

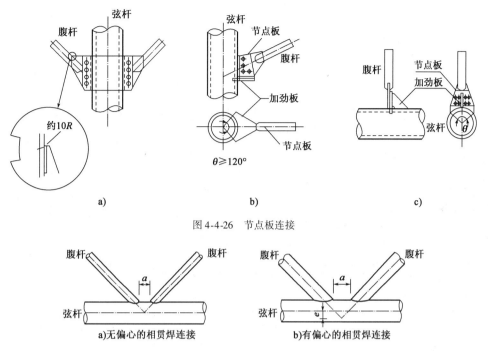

图 4-4-26 节点板连接

图 4-4-27 腹杆与弦杆相贯焊连接

（3）钢管构件在承受较大横向荷载的部位应采取适当的加劲措施。大直径钢管拱肋、桥墩在集中荷载作用下,其节点部位应设置环形加劲钢板。

（4）钢管构件,当 $d_0/t \leqslant 60$ 时可不设加劲板;设加劲板时,环形加劲钢板的间距应不大于钢管外径的 3 倍。加劲钢板构造如图 4-4-28 所示。加劲钢板的构造尺寸应符合下式规定:

$$b \geqslant \frac{d_0}{20} + 70 \tag{4-4-2}$$

$$t \geqslant \frac{b}{17} \tag{4-4-3}$$

式中:b——环形加劲钢板的宽度(mm),如图 4-4-28 所示;

t——环形加劲钢板的板厚(mm),如图 4-4-28 所示;

d_0——钢管的外径(mm)。

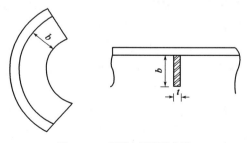

图 4-4-28 环形加劲钢板构造

（5）对长细比大的钢管构件,除应按规范要求进行抗疲劳设计外,尚应满足下列抵抗风振疲劳的构造要求。钢管外径应符合式(4-4-4)的规定。

$$d_0 \geqslant \frac{l}{30}\sqrt{\frac{8}{t}} \text{ 且 } d_0 \geqslant \frac{l}{40}$$ (4-4-4)

式中：l——构件长度或构件有效屈曲长度(m)；

   t——环形加劲钢板的板厚；

   d_0——钢管的外径(mm)。

当对构件采取了风致振动控制措施，并通过风洞试验确认了其效果，以及不直接承受风载作用时，钢管外径可不受式(4-4-4)的限制。

5. 钢塔构造要求

钢塔宜采用箱形截面，多肢钢塔宜设置横系梁。根据结构受力需要和构造要求不同，钢塔柱和混凝土塔柱的连接位置可设在承台顶、下横梁顶或上塔柱中间。钢塔宜采用高强度的钢材作为结构主材，可根据不同的应力要求选用不同强度等级的材料。可通过塔柱截面选型或附加气动装置改善钢塔的气动性能。

钢塔宜采用单室结构，截面较大时可采用多室结构。为了抗风需要，也可采用带切角的截面，或根据受力需要选用其他截面形式。

钢塔截面构造设计应满足下列要求：

(1)根据钢塔在施工中与成桥后的受力状况，确定截面高度方向上壁板的厚度。

(2)加劲肋的尺寸和间距应满足结构局部稳定的要求。

(3)壁板间、壁板与加劲肋间焊缝根据受力和构造要求确定，对机加工的节段，离端面 600 ~ 1000mm 范围内需要加大焊缝尺寸。

横隔板应对壁板提供足够的支撑刚度。在满足对壁板加劲刚度的情况下，也可采用中间大部分挖空的横肋结构。横隔板宜按 4m 间距设置。

钢塔的连接构造设计应满足下列要求：

(1)钢塔节段划分应充分考虑节段运输的方便与节段安装时的设备吊装能力。

(2)较矮的钢塔节段之间可采用焊接的方式连接。较高的钢塔宜采用高强度螺栓与端面接触共同受力的连接形式。

(3)考虑端面接触共同受力时，应在高强度螺栓拼接板上开设金属接触率检查孔。

6. 钢桥疲劳机理

自钢桥疲劳问题提出以来，各国学者对其展开了深入系统的研究，各国也制定了相应的钢桥疲劳设计规范，如美国 AASHTO 规范、英国 BS5400 规范、欧洲 Eurocode 规范等。我国颁布的《公路钢结构桥梁设计规范》(JTG D64—2015)中也对钢桥的抗疲劳设计进行了相关规定。但即使在人类对疲劳问题已有相当认识的今天，钢桥疲劳问题仍广泛存在。根据美国土木工程师协会(ASCE)1982 年的统计报告，工程结构中的疲劳断裂破坏占全部力学破坏的 80% ~ 90%。

如图 4-4-29 所示，在轴力往复循环作用下，尽管最大拉/压应力小于材料的屈服强度，但在数量级为百万次的轴力往复循环作用下，钢结构可能产生疲劳裂纹，甚至断裂。钢桥疲劳可以定义为在反复循环应力作用下，从缺陷或疵点处引发的局部微细裂纹的形成和缓慢扩展直至最后发生断裂的一种进行性破坏行为。

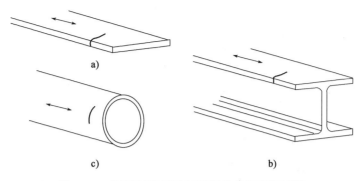

图 4-4-29 往复循环作用下典型钢构件疲劳开裂示意图

（1）疲劳裂纹扩展。疲劳断裂过程都要经历裂纹萌生、稳定扩展和失稳扩展三个主要阶段，且在疲劳断口上可观察到相应的疲劳裂纹起源区、裂纹扩展区和瞬时断裂区，如图 4-4-30 所示。裂纹往往从钢板表面或焊缝表面的初始缺陷开始萌生和扩展，早期微裂纹萌生和扩展过程较为缓慢，占疲劳寿命的绝大部分，随后裂纹扩展速度越来越快，图 4-4-31 给出三种理想初始缺陷形状下疲劳裂纹的扩展过程示意图。

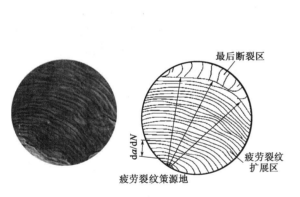

图 4-4-30 疲劳断口低倍图像

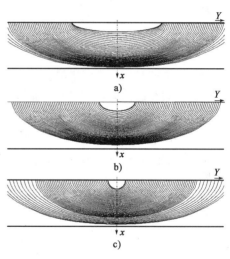

图 4-4-31 表面中裂纹扩展特征

（2）疲劳荷载与应力幅。桥梁在服役过程中不断受到车辆荷载、人群荷载、风荷载等动荷载的作用，这些随时间变化的荷载可统称为疲劳荷载。由疲劳荷载引起的结构应力称为疲劳应力，疲劳应力也是不断变化的，疲劳荷载的应力时程曲线可能是规则的，也可能是随机的。疲劳应力时程曲线中影响疲劳寿命的关键特征为应力幅和应力比，如图 4-4-32 所示为规则的应力循环形式。其中：应力幅 $\Delta\sigma = \sigma_{max} - \sigma_{min}$，应力比 $\rho = \sigma_{min}/\sigma_{max}$（此处 σ_{max} 为最大拉应力，σ_{min} 为最小应力，拉应力取正值，压应力取负值）。应力幅越大，越容易疲劳开裂；应力比越小，疲劳强度越低。焊接结构的疲劳性能直接与应力幅有关，而与应力比的关系不是非常密切。因此，疲劳设计时，可进行简化，不考虑应力比，只考虑应力幅的影响。

因此，在确定钢桥疲劳破坏荷载时，就不能如静力强度破坏和失稳破坏那样仅关心荷载的最大值及其组合，而应该关注出现频率高的较大荷载，尤其是疲劳荷载作用下的应力幅及其频率。

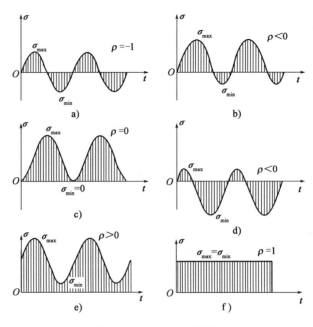

图 4-4-32　应力循环的形式

（3）应力集中影响因素。钢桥疲劳裂纹通常发生在几何形状发生突变或焊接缺陷等应力集中处。因此对构件细节的几何形状、表面状态、焊接工艺、加工过程以及使用环境等因素比较敏感。裂纹起始阶段的扩展寿命是断裂前疲劳寿命的重要组成部分，因此材料的表面物理状态和应力状态对构件的疲劳性能有重要影响。材料表面的粗糙不平、表面损伤等意味着材料表面会出现应力集中。部分构造细节不可避免地存在开孔、倒角等截面突变，如图 4-4-33 所示，荷载作用下这些部位容易出现局部应力增大的现象，即出现应力集中。

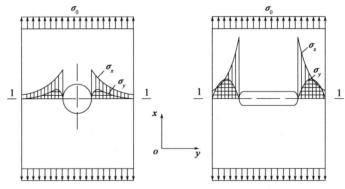

图 4-4-33　孔洞及槽孔处的应力集中现象

σ_x-沿 1-1 纵向应力；σ_y-沿 1-1 横向应力

（4）疲劳构造细节。钢桥的构造细节影响受力结构的内力和应力分布规律和大小，钢板厚度对疲劳性能的影响同样不可忽视。以正交异性钢桥面板为例，如图 4-4-34 所示，由于顶板直接承受车轮荷载，顶板与 U 形肋焊缝顶板刚度过小会引起较大的局部变形，对钢桥面板构造细节（尤其是顶板与 U 形肋焊缝细节）的疲劳性能极为不利，易导致如图 4-4-35 所示的疲劳裂纹。

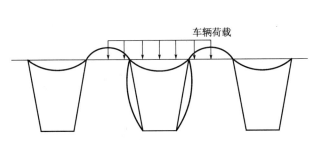

图 4-4-34 车辆荷载作用下横桥向变形

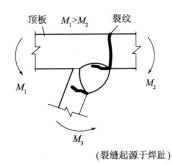

(裂缝起源于焊趾)

图 4-4-35 U 形肋与顶板焊缝受力情况

(裂缝起源于焊趾)

（5）疲劳损伤积累。钢桥的疲劳破坏属于低名义应力、高周疲劳的范畴,即构件的名义应力远远低于材料的屈服强度,疲劳破坏的循环次数较多且多在百万次以上。根据 P-M 线性损伤累积准则,构件在循环荷载作用下,各个应力幅之间相互独立,其疲劳损伤可线性累加。

在某恒定应力幅 $\Delta\sigma$ 作用下,结构疲劳开裂所需应力幅循环次数为 N_i,经历 n_i 次循环的损伤为:

$$D = \sum \frac{n_i}{N_i} \qquad (4\text{-}4\text{-}5)$$

Miner 准则假定钢结构疲劳开裂的条件为累计损伤 $D \geqslant 1$,即应力幅循环次数 $n_i \geqslant N_i$。构件的应力越小,其疲劳开裂时的循环次数 n 就越多;构件的应力越大,其疲劳开裂时的循环次数 n 越少,如图 4-4-36 所示。

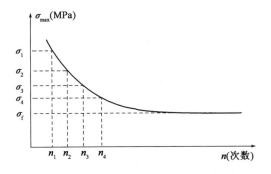

图 4-4-36 应力-疲劳开裂循环次数曲线

钢梁的结构构造、板厚、连接、成型、切割、焊接等均会影响结构的应力集中情况,各类构造细节具有不同的表面状态、焊接工艺、加工过程,因此也就具有不同的疲劳强度以及不同的 S-N 曲线。《公路钢结构桥梁设计规范》(JTG D64—2015)附录 C 详细列出了各种疲劳细节,这里仅列出其中的部分疲劳细节,见表 4-4-2。同样的板材,切割或气割后修整的材料疲劳类别 $\Delta\sigma_c$ 为 140,边缘带有浅且规则的线痕的机械气割材料或修正过边缘不连续的手工气割材料疲劳类别 $\Delta\sigma_c$ 为 125。显然,切割后修整过的板材的容许疲劳强度大于切割后带线痕的板材。同理,板厚小于 12mm 的结构的疲劳类别 $\Delta\sigma_c$ 大于板厚大于 12mm 的结构。

部 分 疲 劳 细 节　　　　　　表 4-4-2

部分细节 类别	构 造 细 节		说　明
140			切割或气割板材: 切割或机械气割后修整的材料
125			边缘带有浅且规则的线痕的机械气割材料或修整过边缘不连续的手工气割材料
80	$t \leqslant 12mm$	$\Delta\sigma$　t	纵肋通过横梁,纵肋下方挖孔
70	$t > 12mm$		

目前,钢结构普遍应用于各种类型的民用建筑中,在高层及超高层建筑中的应用则更为广泛。同混凝土结构相比,钢结构具有韧性好、强度与重量比高的优点,具有优越的抗震性能;但是,如果钢结构房屋在结构设计、材料选用、施工制作和维护上出现问题,则其优良的钢材特性将得不到充分的发挥,在地震作用下同样会造成结构的局部破坏或整体倒塌。

7. 钢桥梁抗震构造措施

桥梁抗震构造措施是根据抗震概念设计原则,一般不需要计算而对结构和非结构各部分必须采取的各种细部要求。

可按下列规定设置桥梁结构抗震体系:

①有可靠和稳定的传力途径。

②有明确、可靠的位移约束,能有效地控制结构地震位移,防止落梁。

③有明确、合理、可靠的能量耗散部位。

④应具有避免因部分结构构件的破坏而导致结构倒塌的能力。

1)一般规定

(1)允许桥梁结构各构件间发生对抗震性能有利的相对运动,以减小构件内部的地震力,但相对运动的位移量应采取限制措施。

(2)为防止桥梁结构主要构件间的连接关系失效(如落梁等),对于不同的桥梁形式应采用相应行之有效的抗震连接措施。但任何桥梁抗震措施的使用不应导致桥梁主要构件设计潜在的改变。

(3)对于进行隔震、耗能设计的桥梁,必须保证隔震、耗能装置发挥作用所需的位移量。但对位移量应采取限制措施。

2)桥梁抗震构造措施

桥梁抗震构造措施包括防落梁构造、限制位移装置、连接构造及其他构造措施等。

（1）防落梁构造

控制梁端最小边缘距。简支梁梁端至墩、台帽或盖梁边缘应有一定的距离，其最小值 a（cm）可按 $a = 70 + 0.5L$ 考虑，式中 L 是梁的计算跨径（m）。按规范规定设置防落梁系统，以防止当结构体系伴随结构构件或地基的破坏而发生无法预测的破坏时，上部结构的跌落。防落梁措施可以参考典型形式，如桥台处拉杆式防落梁构造、桥台处挡块式防落梁构造、桥墩处拉杆式防落梁构造等。连续曲梁的边墩和上部结构之间宜采用锚栓连接，防止边墩与梁脱离。

（2）限制位移装置

为防止结构相邻部件之间产生过大的相对位移，应根据桥梁的具体情况设置限制位移装置。限制位移装置可以使用与以上防落梁装置相同的结构或使用类似锚杆或销钉式限位装置。连续梁和桥面连续的简支梁（板）桥，应设置横向和纵向挡块，以防止产生较大的位移。

（3）连接构造

连续梁桥宜采取使上部结构所产生的水平地震荷载能由各个墩、台共同承担的措施，以免固定支座墩受力过大。梁桥各片梁间应加强横向连接，以提高上部结构的整体性。拱桥的横撑和斜撑应满足地震动力稳定性的要求。支座与构件之间有可靠的连接。

对于单跨简支梁桥，通常在桥台处采用板式橡胶支座，使两侧桥台共同承担水平地震力。采用板式橡胶支座的桥梁，在 E2 地震作用下，如支座抗滑性能不满足规范要求时，可选择以下措施之一：

①采用其他类型支座，根据支座类型确定抗震体系类型并按规定进行抗震设计。

②通过专项设计设置限位装置，根据是否允许支座产生相对滑动确定抗震体系类型。

地震作用下，连续梁桥固定支座水平抗震能力不满足规范要求时，可通过计算设置连接梁体和墩柱间的剪力键，由剪力键承受支座所受水平地震力。

顺桥向，对于连续梁桥或多跨简支梁桥，我国一般都在桥台处设置纵向活动支座。因此，顺桥向地震作用下，梁体纵向地震惯性力主要由桥墩承受。横桥向，如在桥台处设置横向抗震挡块，横桥向地震作用下，梁体地震惯性力按墩、台水平刚度分配，由于桥台刚度大，将承受较大的横向地震惯性力。因此桥台上的横向挡块宜设计为在 E2 地震作用下可以破坏，以减小桥台所受横向地震力。

梁式桥一联内各桥墩刚度相差较大或相邻联基本周期相差较大时，宜采用以下方法调整一联内各墩刚度比和相邻联周期比：

①顺桥向各桥墩刚度相差较大时，宜在各墩顶设置合理剪切刚度的橡胶支座，来调整各墩的等效刚度。

②改变墩柱尺寸或构造形式。梁式桥的矮墩不宜设置固定支座，宜设置活动支座或板式橡胶支座。

考 点 分 析

本节主要有以下考点：

（1）掌握钢桥的基本构造要求。

（2）熟悉钢桥疲劳裂缝的主要类型。

（3）了解钢桥抗震构造措施。

例 题 解 析

例 1 公路钢桥设计中宜选用的钢材是（　　）。

(A)Q235 钢
(B)Q345 钢

(C)Q390 钢
(D)Q420 钢

分析

根据《公路钢结构桥梁设计规范》（JTG D64—2015）第 3.1.2 条，钢材宜选用 Q235 钢、Q345 钢、Q390 钢和 Q420 钢，其质量应分别符合《碳素结构钢》（GB/T 700—2006）和《低合金高强度结构钢》（GB/T 1591—2018）的规定。故本题选 ABCD。

例 2 除轧制型钢、正交异性板的闭口加劲肋、填板外，其他受力钢构件的板厚不应小于（　　）。

(A)6mm
(B)8mm

(C)10mm
(D)12mm

分析

根据《公路钢结构桥梁设计规范》（JTG D64—2015）第 5.1.3 条，除轧制型钢、正交异性板的闭口加劲肋、填板外，其他受力钢构件的板厚不应小于 8mm。故本题选 B。

例 3 正交异性钢桥面板纵向加劲肋宜等间距布置，不等间距布置时，最大间距不宜超过最小间距的（　　）倍。

(A)0.75 倍
(B)1.0 倍

(C)1.2 倍
(D)1.5 倍

分析

根据《公路钢结构桥梁设计规范》（JTG D64—2015）第 8.2.3 条，正交异性钢桥面板纵向加劲肋宜等间距布置，不等间距布置时，最大间距不宜超过最小间距的 1.2 倍。故本题选 C。

例 4 疲劳荷载计算模型 Ⅱ 采用双车模型，两辆模型车轴距与轴重相同。加载时，两模型车的中心距不得小于（　　）。

(A)20m
(B)30m

(C)40m
(D)50m

分析

根据《公路钢结构桥梁设计规范》（JTG D64—2015）第 5.5.2 条，疲劳荷载计算模型 Ⅱ 采用双车模型，两辆模型车轴距与轴重相同。加载时，两模型车的中心距不得小于 40m。故本题选 C。

自测模拟

(第1～5题为单选题,第6题为多选题)

1.钢板梁的主梁腹板设置加劲肋的目的是为了保证(　　)。

 (A)主梁的强度
      (B)主梁的整体稳定

 (C)腹板的局部稳定
     (D)主梁的刚度

2.钢管构件设加劲板时,环形加劲板的间距应不大于钢管外径的(　　)。

 (A)2.5倍
        (B)3倍

 (C)3.5倍
        (D)4倍

3.为提高梁在弯矩作用下的强度和刚度,应尽可能使梁的(　　)。

 (A)翼缘厚而窄
      (B)翼缘宽薄而腹板窄厚

 (C)腹板薄而宽
      (D)腹板厚而窄

4.结构或节点的疲劳强度与(　　)关系不大。

 (A)钢材种类
      (B)应力循环次数

 (C)节点的制作工艺和质量
  (D)应力集中系数

5.引起钢材疲劳破坏的荷载为(　　)

 (A)静力荷载
      (B)产生拉应力的循环荷载

 (C)冲击荷载
      (D)产生全压应力的循环荷载

6.平纵联的作用有(　　)。

 (A)承受水平荷载
     (B)横向支撑弦杆

 (C)减小弦杆在主桁平面外的自由长度
 (D)增加结构的横向抗扭刚度

参考答案

1.C 2.B 3.C 4.A 5.B 6.AC

第五节　桥涵水文

依据规范

《公路工程水文勘测设计规范》(JTG C30—2015)

《公路桥涵设计通用规范》(JTG D60—2015)

《公路桥涵地基与基础设计规范》(JTG 3363—2019)

重 点 知 识

桥涵水文属于工程水文学一类。工程水文学是水文学的一个分支,它是应用水文学的有关理论和方法,分析河流或其他水体的水文要素的变化和分布规律,为工程建设提供水文分析计算和预报成果。桥涵水文是服务于桥涵工程的规划、设计、施工、养护,主要叙述水循环从降水到径流这一过程中,关于地面径流(特别是河流中洪峰流量)的形成、观测,以设计洪峰流量为主的分析、计算,水位、冲刷深度计算等内容。

一、了解河流的特征和河段分类

1. 河流特征

1)河流的形成和分段

降落在地面上的水在重力的作用下,沿着一定的方向和路径流动,依其大小可分为江、河、溪、沟等,其间并无精确分界,统称为河流。河流流经的谷地称为河谷,河谷底部有水流的部分称为河床。受重力作用沿河床流动的水流,称为河川径流。

一般天然河流按照河谷和河床情况、冲淤程度、水情变化等特点,分为河源、上游、中游、下游和河口五段。

2)河流的基本特征

(1)河流断面

河流横断面:指与水流方向相垂直的断面(垂直于水流方向的剖面)。横断面根据形状的不同(是否有边滩)又可分为单式断面和复式断面两种。

河流纵断面:河流中沿水流方向各横断面最大水深点的连线,称为中(深)泓线,沿河流中泓线的铅垂断面(剖面)称为河流纵断面,它描述河床的沿程变化。

(2)河流长度

一般天然河流,从河源到河口沿中泓线量测的距离,称为河流长度。近似的河流长度,可依据实测 1∶50000 ~ 1∶100000 的河道地形图,沿着中泓线用分规或其他方法直接量得,但所得的河流长度比实际值小,因为地形图不能反映河道较小的弯道变化,故需作修正。

3)流域

降落到地面上的水,被高地、山岭分隔而汇集到不同的河流中,这些汇集水流的区域,称为某河流的流域(或汇水区)。流域分水线包围的平面投影面积,称为流域面积,常用符号 F 表示,单位为 km^2。

流域是河水补给的源地,流域的特征直接影响河川径流的形成和变化过程。流域特征一般分为两类,即几何特征与自然地理特征。

(1)几何特征

流域的几何特征主要指流域面积和流域形状。流域是河流供水的区域,如其他条件相同,则流域面积的大小决定着汇集的水量多少,一般河流的水量总是从河源到河口越往下游越丰富。在相同的自然地理条件下,流域面积越大,径流量就越大,而且流域对径流变化的调节作用也越大,因而洪水涨落比较平缓;流域面积越小,则径流量越小,洪水涨落较为急剧。流域形状主要影响流域内径流汇集的时间长短。

(2)自然地理特征

自然地理特征包括流域的地理位置和地形,流域的气候条件,流域的植物覆盖,流域的土壤、地质构造,流域的湖泊率、沼泽率以及河网密度。

4)河流(河段)分类

(1)根据河流气候分类:北方河流、南方河流。

(2)根据径流年内分配分类:雨水补给、雨雪混合补给、冰雪混合补给。

(3)根据多种指标分类:山区河流(峡谷河段、开阔河段),平原河流(顺直微弯河段、弯曲河段、分汊河段、游荡河段),半山区河流(山前变迁河段、冲积漫流河段)。

(4)按照河床的稳定程度分类:稳定河段、次稳定河段、不稳定河段。

2. 径流特征

径流指降落到流域表面上的降水,在重力的作用下,由地面与地下流入河槽,最后流出流域出口断面的水流。径流按其对河流的补给方式可分为地面径流和地下径流。地面径流是指经由流域地表面汇入河槽而流过出流断面的径流。地下径流是指以地下水形式补给河流的径流。

1)径流形成过程

流域上自降水开始到水量流出河流出口断面为止的整个物理过程,称为径流形成过程。

(1)降水过程

降水是径流形成的主要因素,降水的特征不同,它所形成的洪水的特性也不同,常把降水狭义地看作降雨。降水要素(特征)主要有:

①降水量:指一定时段内降落在某一面积上的总水量,以 mm 计。

②降水历时:指一场降水从开始到结束持续的时间,以 min 或 h 计。

③降水强度:简称雨强,指单位时间内的降水量,以 mm/min 或 mm/h 计。

(2)流域蓄渗过程

流域中的降水并不全部直接产生径流,而是首先损耗于:植物截留,下渗、填洼,蒸发。

(3)坡面漫流过程

流域蓄渗过程完成以后,剩余雨水沿着坡面流动,称为坡面漫流。客观上,坡面漫流的过程也伴随着入渗、降雨和蒸发过程,这是一个复杂的过程。

(4)河槽集流

坡面上的雨水经过坡面漫流注入河网,汇入河槽,并沿着河槽向下游流动到达出口断面。

2)影响径流的主要自然因素

(1)气候因素

气候气候因素中的降水(雨)和蒸发是影响径流的最重要因素。

(2)下垫面因素

①地形:流域地形特征,如地面高程、坡度、切割程度等,直接影响汇流过程。

②土壤和地质:主要是通过入渗和地下水埋藏条件而影响径流。

③植被与湖沼:主要是通过对入渗、蒸发及降水的影响而影响径流。

④湖沼:通过多流域需水量的调节作用,影响径流的变化。

⑤流域形状和面积:不仅影响径流量的大小,而且还影响径流的过程及其变化。

(3)人类活动

人类活动对径流的影响,包括量和质两个方面。对量的影响,主要是通过工程措施和农林措施对水循环过程的干扰,以改变蒸发与径流的比例及地面径流和地下径流的比例,如修建水利工程、跨流域调水等。对质的影响,主要是人类生活和生产对水资源的污染。

二、了解综合考虑水文、地质、气象、水利、通航、环境等影响因素,合理选择桥位

1.桥位选择的一般规定

桥涵位布置的规定详见《公路桥涵设计通用规范》(JTG D60—2015),一般规定有:

(1)桥位选择应对各个可比选方案进行详细的调查和勘测,对复杂的大桥、特大桥,应进行必要的物探和钻探;既应考虑当前现状,也应征求有关部门的意见,经全面分析论证,确定推荐方案。

(2)桥位选择应从国民经济发展和国防需要出发,并在整体布局上宜与铁路、水利、航运、城建等方面的规划互相协调配合;注意保护文物、环境和军事设施等;同时还要照顾群众利益,少占良田,少拆迁有价值的建筑物。

(3)高速公路、一级公路的特大、大、中桥桥位线形应符合路线布设要求。一般公路上的桥位,原则上应服从路线走向,桥、路综合考虑,注意位于弯、坡、斜处的桥梁设计和施工的难度。在适当的范围内,根据河段水文、地形、工程地质条件等特点进行综合比较确定。

(4)对水文、工程地质和技术复杂的特大桥桥位,应在已定路线大方向的前提下,根据河流的形态特征、水文、工程地质、通航要求和施工条件以及地方工农业发展规划等,在较大范围内做全面的技术、经济比较确定。

(5)跨河位置、布孔方案等应征求水利、航运等部门的意见。

2.桥位选择的要求和特点

1)一般地区桥位选择的要求

(1)桥位选择在水文方面应符合下列规定:

①应选择在河道顺直、稳定、滩地较高、较窄且河槽能通过大部分设计流量的河段上。不宜选在不稳定的河汊、河床冲淤严重、水流汇合口、急弯、卡口、古河道以及易形成流冰、流木阻塞的河段上。

②应注意河道的演变和避免因建桥对天然河道的影响。

③桥位轴线宜与中、高洪水位时的流向正交;如不可能,当斜角大于5°时,则应在孔径和基础设计时考虑其影响。

④桥位与水流斜交,应避免在引道上游形成水袋;当不可避免时,应采取相应措施。

(2)桥位选择在地形地貌方面应符合下列规定:

①应尽量选在两岸有山嘴或高地等河岸稳固便于接线的较开阔的河段。

②上、下游不应有山嘴、石梁、沙洲等,以免影响水流畅通。

③应尽量避免地面、地下有重要设施拆迁。

④应考虑施工场地布置、材料运输等方面的要求。

(3)桥位选择在地质方面应符合下列规定:

①应选在基岩和坚硬土层外露或埋藏较浅、地质条件简单、地基稳定处。

②不宜选在活动性断层、滑坡、泥石流、强岩溶等不良地质的地段。

(4)桥位选择在通航方面应符合下列规定:

①应选在通航比较稳定、顺直且具有足够通航水深的河段上,如航道不稳定,应考虑河道变迁的影响。

②应离开险滩、浅滩、急弯、卡口、汇流口和水工设施、码头、港口作业区和船舶锚地。

③在通航期内,桥轴线应与主流正交,当斜交时,桥轴线的法线与主流交角不宜大于5°,否则应增大通航孔的跨径。

2)各类河段桥位选择的要求和特点

(1)山区峡谷河段:桥孔不得压缩水流,宜选在可以一孔跨越处;否则,宜选在水深较浅、流速较缓的开阔河段上。

(2)平原顺直微弯河段:宜选在河槽与河谷方向一致、河槽流量较大处;桥轴线宜与河岸线正交;墩台基础深度必须考虑河槽内边滩下移的影响。

(3)平原弯曲河段:一般应选在主槽流向和河流的总趋势一致的、比较长的河段上。

(4)平原分汊河段:一般应选在分汊点以上;若江心洲稳定,可选在江心洲或洲尾两汊深泓线汇合点以下。

(5)平原宽滩河段:宜选在河滩地势较高、河槽居中、稳定、顺直和滩槽流量比较小的河段上;当滩、槽流量比较大且滩内汊流距主槽较远时,宜选在河滩地势有利于分流的河段上,采用一河多桥方案;如桥位上游有村镇,宜选在村镇的上游。

(6)平原游荡河段:宜选在两岸土质较好或有固定依托的稳定河段上。

(7)山前变迁河段:宜选在两岸与河槽相对比较稳定的束窄河段上;当必须跨越扩散段时,应选在摆动范围比较小的河段上,桥轴线宜与洪水总趋势正交。

(8)山前冲积漫流河段:宜选在上游狭窄段或下游收缩段上;当必须通过中游扩散段时,宜采用一河多桥方案,且使各桥桥位大致在同一等高线上。

(9)潮汐河口河段:应避开涌潮区段和滩岸、凹岸多变区段;潮汐河段上游段的桥位、桥孔设计可按天然状态下的设计方法进行;位于潮汐河段下游段和中间段的桥梁,桥孔长度可按天然状态下桥孔净长度,再加大5% ~15%来考虑。

3)特殊地区桥位选择的要求和特点

(1)泥石流地区桥位选择应符合下列规定:

①在强烈泥石流地区,桥位应采取绕避方案。

②对于一般泥石流沟,应选在沟床固定、主流稳定、水流顺直处,宜与主流正交。

③不应选在沟床纵坡由陡变缓,断面扩大和缩小及弯道处。

④路线通过泥石流堆积扇群时,应避开扇腰、扇顶部位,而宜选在扇缘及其尾部。

⑤线路应沿等高线定线,桥梁分散设置。

⑥路线通过泥石流堆积扇群时,宜在各沟山口建桥或切各扇缘设桥。

(2)岩溶地区桥位选择应符合下列规定:

①尽量避开岩溶发育严重地区,在岩溶轻微处选择桥位。

②尽量选在岩层完整、洞穴顶板较厚处。

③线路通过岩溶地区构造破碎带时,应避开破碎带或尽量使桥位垂直破碎带(或以较小斜交角)通过,必须避开巨大洞室和大竖井。

④不宜选在可溶岩层与非可溶岩层的接触带,应选在非可溶岩层上。

⑤不宜选在岩溶丘陵区峰间谷地的漏斗、落水溶洞、溶泉、地下通道及暗河露头处。

⑥暗河范围内不宜建桥。

(3)水库地区桥位选择应符合下列规定:

①应考虑因修建水库而引起的河流状态的变化及可能产生的各种不利因素。

②在水库上游回水影响范围,桥位宜选在库面较窄、岸坡稳定、泥沙沉积较少的地段。

③在封冻地区,桥位不应选在回水末端、容易形成冰坝的地段。

④在水坝下游,桥位应离开坝址有相当距离,必须考虑坝下集中冲刷的影响。

(4)黄土地区桥位选择应符合下列规定:

①应选在沟岸较低、冲沟较窄、抗冲性强、较为稳定处,并应注意沟底冲刷和沟岸保护。

②应避开黄土陷穴、溶洞和陷穴易于崩解、潜蚀、顶冲以及发育不稳定地段。

三、熟悉水位、流速、流量、设计洪水频率、设计水位、通航水位、设计流量计算及桥面高程确定

1. 河流比降(‰)的计算

任意河段两端(水面或河底)的高差 ΔH 称为落差。河段比降:单位河长的落差称为河流纵比降或河流比降,简称比降,用%或‰表示。河流比降包括水面比降及河底比降。

某一河段比降,可按下式计算:

$$i = \frac{H_2 - H_1}{l} = \frac{\Delta H}{l} \qquad (4\text{-}5\text{-}1)$$

式中:i——河段的比降;

H_1、H_2——分别为河段下游端和上游端的高程(水面或河底的高程)(m);

l——河段长度(m);

ΔH——落差,以水面落差计算的 i 为水面比降,以河底落差计算的 i 为河底比降。

河流比降自河源向河口逐渐减小,沿程各河段的比降都不相同。河底比降的沿程变化是不均匀的,可近似看作分段均匀,呈折线形,全河流比降用平均比降 $\bar{i}$(‰)表示。

2. 径流的度量单位和表示方法

1)流量 Q(m³/s)

单位时间内流过断面的水体体积,常用单位为 m³/s。把瞬时流量按时间求平均值,可得到某时段的平均流量,如日平均流量、月平均流量、年平均流量和多年平均流量等。

2）径流总量 $W(m^3)$

某时段 T 内流过断面的总径流体积，常用单位为 m^3、km^3 或亿 m^3 等。

$$W = Q \cdot T \qquad (4\text{-}5\text{-}2)$$

3）径流深 $Y(mm)$

径流总量平均分布在流域面积 (F) 上的水深，常用单位为 mm。

$$Y = \frac{W}{1000F} \qquad (4\text{-}5\text{-}3)$$

4）径流模数 $M(L/s \cdot km^2)$

单位流域面积上所"产生"的"流量"，常用单位为 $L/(s \cdot km^2)$，计算式为：

$$M = \frac{1000Q}{F} \qquad (4\text{-}5\text{-}4)$$

5）径流系数 α

某时段所形成径流深 $Y(mm)$ 与降水量 $X(mm)$ 的比值，以%表示，计算式为：

$$\alpha = \frac{Y}{X} \qquad (4\text{-}5\text{-}5)$$

6）蒸发量 $Z(mm)$

用水量平衡法根据降水量和径流深来求蒸发量：

$$Z = X - Y \qquad (4\text{-}5\text{-}6)$$

3. 流速的测算

1）水位观测

（1）水位：指河流、湖泊、水库及海洋等水体的自由水面的高程，以 m 计。

（2）基面：目前，我国统一规定用青岛验潮站的黄海平均海平面作为水准基面。

（3）观测设备：通常用水尺和自记水位计。

（4）观测内容：基本水尺和比降水尺的水位。

2）流速测量

天然河流过水断面上各点的流速分布并不一致，一般是由河岸向河心、河底向水面逐渐增大。流速测量方法有流速仪法和浮标法两种。

（1）流速仪测流速

流速仪是一种专门测定水流速度的仪器，常用的流速仪有旋杯式和旋桨式两种，测得流速为点流速。

$$v = a + bn \qquad (4\text{-}5\text{-}7)$$

式中：a——仪器所测定的试验常数，相当于流速仪开始转动时的流速(m/s)；

b——流速仪系数，具体由仪器说明书鉴定而得；

n——旋杯或旋桨在一定时间内的转速，即由流速仪计数器上读数推算得到的每秒旋杯（桨）所转圈数。

采用流速仪测流速时，应在测流断面上布置适当数量的测深垂线，从测深垂线中选出一部分作为测速垂线。测出各条垂线的水深和起点距，再沿测速垂线布置若干测点，用流速仪逐点测出流速，并计算各测速垂线的垂线平均流速 v_{mi}。可按各测速垂线上的测点数目，用下式计算：

$$\begin{cases} \text{五点法}: v_{\mathrm{m}} = \dfrac{1}{10}(v_{0.0} + 3v_{0.2} + 3v_{0.6} + 2v_{0.8} + v_{1.0}) \\[2mm] \text{三点法}: v_{\mathrm{m}} = \dfrac{1}{3}(v_{0.2} + v_{0.6} + v_{0.8}) \\[2mm] \text{二点法}: v_{\mathrm{m}} = \dfrac{1}{2}(v_{0.2} + v_{0.8}) \\[2mm] \text{一点法}: v_{\mathrm{m}} = v_{0.6} \end{cases} \quad (4\text{-}5\text{-}8)$$

式中：　　v_{m}——垂线平均流速(m/s)；

$v_{0.0}$、$v_{1.0}$——水面及河底的测点实测流速(m/s)；

$v_{0.2}$、$v_{0.6}$、$v_{0.8}$——水面以下0.2、0.6、0.8倍垂线水深处测点的实测流速(m/s)，水深均由水面垂直向下计算。

测速垂线的分布、垂线上测速点分布根据相关规范执行。

(2)浮标法测流速

凡能漂浮在水面上的物体都可以制成浮标，例如芦苇、木板、植物杆等。浮标测流速的主要工作是观测浮标漂移速度，测量水道横断面，以此来推估断面流量。由于用浮标法测量得到的是一般水面流速，其值比垂线平均流速大，因此计算出的断面流量比实际流量大，称虚流量，用Q_{f}表示。虚流量乘以浮标系数($K_{\mathrm{f}} = 0.8 \sim 0.9$)得到实际流量，即$Q = Q_{\mathrm{f}} \cdot K_{\mathrm{f}}$。

3)流量测算

流量测算需先测过水断面，再测流速分布，而后才能计算流速及流量。河流中流量与水位具有一定的关系，某一水位下可测得相应的过水面积及流速分布，并可计算出相应于此水位下的流量。流量的测算可按下列步骤进行：

(1)断面测算

先测水位，再沿水面宽度取若干点测水深，由此可得河底高程，连接各测深点，即可绘出过水断面；通过地形测量，还可绘出河谷地形图。测量其水深的垂线称为测深垂线，最少测深垂线数n按相关规范选取。

(2)流速测算

按前面所述方法先测量点流速并计算垂线平均流速$v_{\mathrm{m}i}$，然后计算两相邻测速垂线间的算术平均值流速v_i(称为部分面积平均流速)。岸边或死水边的部分面积平均流速，可由相邻垂线平均流速适当折减，按式(4-5-9)计算，其中死水边$\alpha = 0.6$，斜坡岸边$\alpha = 0.7$，不平整陡坡岸边$\alpha = 0.8$，光滑陡岸$\alpha = 0.9$。中间部分的部分面积平均流速按式(4-5-10)计算。

$$v_i = \alpha v_{\mathrm{m}i} \quad (4\text{-}5\text{-}9)$$

$$v_i = \frac{1}{2}(v_{\mathrm{m}i-1} + v_{\mathrm{m}i}) \quad (4\text{-}5\text{-}10)$$

(3)流量及其他水力要素计算

计算通过各部分面积的流量Q_i(称为部分流量)：

$$Q_i = A_i v_i \quad (4\text{-}5\text{-}11)$$

全断面流量面积A、流量Q及断面平均流速v、水面宽度B分别如下：

$$Q = \sum_{i=1}^{n} Q_i \qquad (4-5-12)$$

$$A = \sum A_i \qquad (4-5-13)$$

$$v = \frac{Q}{A} \qquad (4-5-14)$$

$$h = \frac{A}{B} \qquad (4-5-15)$$

（4）流向测定

流向测定的目的：全面观察水流在桥位区的变化情况，并通过图解法确定水流总流向与桥轴线之法向的交角，即可确定桥位是正交还是斜交。流向一般采用浮标施测，有条件的可采用流向仪、流向器施测。当采用浮标观测流向时可与浮标测速同时进行，施测时应选择在无风或风力较小的天气进行。

用浮标法测流向的方法：首先用经纬仪或平板仪观测确定每一浮标在某时段内通过桥位断面先后所处的不同位置，得出桥位断面上该浮标在此流线上的流速方向；然后在桥位断面上计算每个浮标所代表的部分过水面积和部分流量；再根据每个浮标的部分流量大小及方向，进行矢量合成，最后确定总流向。

（5）水位—流量关系曲线

河流中的流量随水位变化，表明水位和流量有密切的关系。在断面形状、河床糙率和水面比降不变的条件下，过水面积 A 和断面平均流速 v 都是水位 H 的函数，即 $A = f_1(H)$，$v = f_2(H)$；而流量 $Q = Av$，所以流量也是水位的函数，即 $Q = f(H)$。以水位为纵坐标，流量为横坐标，将相应的水位和流量点绘在坐标纸上，通过点群中心的曲线即为水位—流量关系曲线。为了相互校核，可将 $Q = f(H)$、$A = f_1(H)$、$v = f_2(H)$ 三条曲线绘在同一张坐标纸上。

4）形态调查法流速、流量的确定

根据水文断面处比较可靠的洪水位，可按均匀流谢才—满宁公式计算流速和流量。若是单式断面，可用式（4-5-16）、式（4-5-17）计算全断面的平均流速和流量；若是复式断面，可以用式（4-5-16）分别计算左、右河滩与河槽各过水断面的平均流速，然后用式（4-5-18）计算全断面的流量。复式断面的全断面平均流速是用式（4-5-17）反算，此时的 A 为全断面的过水面积：

$$v = \frac{1}{n} R^{\frac{2}{3}} I^{\frac{1}{2}} \qquad (4-5-16)$$

$$Q = vA \qquad (4-5-17)$$

$$Q = v_c A_c + \sum v_t A_t \qquad (4-5-18)$$

4. 设计洪水分析与计算

1）河川水文现象特性及分析方法

河川水文现象特性：周期性、地区性、随机性。

河川水文现象的分析方法：成因分析法、地区归纳法、水文统计法。

2）水文统计的基本概念

（1）累积频率与重现期

累积频率：等量或超量（等于或大于）值出现的次数与总次数的比值，称为该特征值的累积频率。在水文计算中,等于和大于某一数值的水文要素特征值(流量、水位等)出现的次数与总次数的比值,称为该特征值的累积频率,以符号 P 表示。

重现期:等量或超量随机变量在多年观测期中平均多少年或多少次可能再现的时距,称为重现期,简称多少年一遇或多少次一遇,用 T 表示,以年为单位。

重现期与累积频率的关系为:

$$T(x \geq x_i) = \frac{1}{p(x \geq x_i)} \tag{4-5-19}$$

$$T(x \leq x_i) = \frac{1}{1 - p(x \geq x_i)} \tag{4-5-20}$$

对洪水而言($p \leq 50\%$):

$$T = \frac{1}{p} \tag{4-5-21}$$

对枯水而言($p \geq 50\%$):

$$T = \frac{1}{1 - p} \tag{4-5-22}$$

(2)设计洪水频率

设计洪水频率:桥涵工程中,以一定的洪水累积频率来作为设计标准,称为设计洪水频率(设计洪水频率根据规范来选取)。

设计洪水流量:与设计频率对应的洪水流量。

3)利用实测流量系列推求设计流量

(1)资料的审查

用于分析与计算的洪水资料必须进行可靠性、一致性、代表性、独立性的审查。

(2)资料的整理

①经相关分析插补延长后,具有 20 年以上的观测资料时,按连续系列推求规定频率的流量。

②具有连续或不连续 20 年以上观测资料,同时还具有洪水调查(或文献考证)资料时,按不连续系列推算规定频率的流量。

③无观测(或较少)资料时,可通过形态调查法根据调查的历史洪水推算设计流量。也可根据水文要素的分布规律,用经验公式和等值线图推算设计流量。

(3)系列的插补、延长和转换

①相关分析法

年最大流量系列之间变量的统计相关,一般采用直线相关分析。相关分析的内容包括判定变量间是否存在相关关系,若存在,计算其相关系数,以判断相关的密切程度;确定变量间的数量关系——回归方程或相关线;根据自变量的值,预报或延长、插补倚变量的值,并对该估值进行误差分析。为了保证插补和延长的流量资料具有一定的精度,要求两系列相对应的流量资料不宜过少(至少 10 对以上),插补和延长年数不宜超过已有对应资料的实测年限,外延部分最好不要超过实测范围的 30% ~ 50%。

以 x_i、y_i 分别表示两个相关系列中随机变量的对应值,n 表示其对应值的个数,根据最小

二乘法的原理:

y 倚 x 的相关直线为:

$$y - \bar{y} = r \frac{\sigma_y}{\sigma_x}(x - \bar{x})$$ (4-5-23)

x 倚 y 的相关直线为:

$$x - \bar{x} = r \frac{\sigma_x}{\sigma_y}(y - \bar{y})$$ (4-5-24)

$$r = \frac{\sum_{i=1}^{n}(x_i - \bar{x})(y_i - \bar{y})}{\sqrt{\sum_{i=1}^{n}(x_i - \bar{x})^2 \sum_{i=1}^{n}(y_i - \bar{y})^2}} = \frac{\sum_{i=1}^{n}(K_{xi} - 1)(K_{yi} - 1)}{\sqrt{\sum_{i=1}^{n}(K_{xi} - 1)^2 \sum_{i=1}^{n}(K_{yi} - 1)^2}}$$ (4-5-25)

式中: $\bar{x}$、$\bar{y}$——分别为系列 x、y 的均值;

　　σ_x、σ_y——分别为系列 x、y 的均方差;

　　　　r——相关系数。

相关系数 r 的性质有:

a. 两变量之间存在着直线函数关系,为完全相关,此时,相关系数 $r = \pm 1$。

b. 若两个变量之间不存在直线相关,则为零相关,此时,相关系数 $r = 0$。

c. 当相关系数 r 介于 0 和 ± 1 之间时,表明两变量之间存在着直线相关,为统计相关,只有相关系数足够大时,才能表明相关程度密切。因为,在桥涵水文计算中,采用 r 绝对值大于或等于 0.8,即以 0.8 作为相关系数的最低界限值。

②面积比拟法

位于同一河流的上、下游,当满足桥位水文计算断面的汇水面积与水文站的汇水面积之差小于水文站汇水面积的20%,且不大于1000km²,汇水区的暴雨分布较均匀,区间无分洪、滞洪时,可按下式计算桥位断面的流量。

$$Q_{桥} = Q_{水} \left(\frac{F_{桥}}{F_{水}} \right)^n$$ (4-5-26)

式中: $Q_{桥}$、$F_{桥}$——桥位水文计算断面的洪水流量(m^3/s)和汇水面积(km^2);

　　$Q_{水}$、$F_{水}$——水文断面的实测最大洪水流量(m^3/s)和汇水面积(km^2);

　　　　n——面积指数,按地区经验值取用,一般为 0.5 ~ 0.8。

③水位与流量关系曲线法

当实测洪水位系列长于实测洪水流量系列,或缺测洪水流量年份有实测洪水位资料时,宜建立实测水位与流量关系曲线。

(4)根据观测资料推求设计流量

进行水文分析计算时,实测洪水流量系列不宜少于 20 年,且应有历史洪水调查和考证成果。

历史洪水一般为特大洪水,实测系列中也可能有特大洪水,特大洪水指比一般洪水大得多的稀遇洪水,相应的流量为 Q_N。资料中存在特大洪水时,样本系列为非简单随机样本,必须对特大洪水进行处理。处理的目的是提高代表性,构成连续系列。

①Q_N 发生的三种情况:实测系列之内,由观测得到;实测系列之外,由调查或考证得到;一部分在实测之内,一部分在实测之外。

②处理的内容:经验频率的计算(p_N 为特大洪水的频率,p_n 为一般洪水的频率);处理后统计参数 $\overline{Q}_N$、C_{vN}、C_{sN} 的计算。

a. 经验频率的计算

对连续系列,可按式(4-5-27)估算:

$$p = \frac{m}{n+1} \times 100\% \qquad (4\text{-}5\text{-}27)$$

式中:p——实测系列洪峰流量的经验频率(%);

m——实测洪峰流量系列按递减(从大到小)排序的序位;

n——实测洪峰流量系列项数(年数)。

对不连续系列,经验频率估算有两种方法。

设调查及实测(包括空位)的总年数为 N 年,连续实测期为 n 年,共有 a 次特大洪水,其中有 1 次发生在实测期,$a-1$ 次是历史特大洪水。

分别处理法:

一般洪水频率 $\qquad\qquad p_m = \frac{m}{n+1} \times 100\% \qquad (4\text{-}5\text{-}28)$

特大洪水频率 $\qquad\qquad p_M = \frac{M}{N+1} \times 100\% \qquad (4\text{-}5\text{-}29)$

统一处理法:

特大洪水频率 $\qquad\qquad p_M = \frac{M}{N+1} \times 100\% \qquad (4\text{-}5\text{-}30)$

一般洪水频率 $\qquad p_m = \left[\frac{a}{N+1} + \left(1 - \frac{a}{N+1}\right)\frac{m-l}{n-l+1} \right] \times 100\% \qquad (4\text{-}5\text{-}31)$

式中:p_m——实测系列第 m 项的经验频率;

m——实测系列一般洪水由大到小排列的序号,$m = l+1, \cdots, n$;

p_M——特大洪水第 M 序号的经验频率,$M = 1, \cdots, a$;

N——自最远的调查考证年份至今的年数;

l——实测系列中按特大洪水流量处理的项数。

b. 皮尔逊Ⅲ型曲线

在水文统计法中,大多采用皮尔逊Ⅲ型(P-Ⅲ)曲线,作为近似于水文现象总体的理论频率曲线线型。在实际计算中,通常是根据样本,选择与经验频率点群配合最好的 P-Ⅲ 型曲线作为总体的理论频率曲线,用以满足实际水文计算的需要。方程为:

$$x_P = (\Phi C_v + 1)\overline{x} = K_P \overline{x} \qquad (4\text{-}5\text{-}32)$$

式中:x_P——频率为 P 的随机变量;

Φ——离均系数,$\Phi = \dfrac{K_P - 1}{C_v} = \dfrac{x_P - \overline{x}}{C_v \overline{x}} = \dfrac{x_P - \overline{x}}{\sigma} = f(P, C_s)$,这是频率 P 和偏态系数 C_s 的函数,为了便于实际应用,制成离均系数 Φ 值表,可供查阅;

K_{P}——模比系数，$K_{\mathrm{P}} = \dfrac{x_{\mathrm{P}}}{\overline{x}} = \Phi C_{\mathrm{v}} + 1$，可根据拟定的比值 $\dfrac{C_{\mathrm{s}}}{C_{\mathrm{v}}}$ 制成模比系数 K_{P} 值表，可查阅

《公路桥涵设计手册·桥位设计》等书。

对于年最大流量系列，公式(4-5-32)可写成：

$$Q_{\mathrm{P}} = (\Phi C_{\mathrm{v}} + 1)\overline{Q} = K_{\mathrm{P}}\overline{Q} \tag{4-5-33}$$

式中：Q_{P}——频率为 P 的洪峰流量($\mathrm{m^3/s}$)；

$\overline{Q}$——平均流量($\mathrm{m^3/s}$)。

c. 统计参数

一个随机变量系列的频率密度曲线和频率分布曲线的形状和方程，可以用几个数值特征值来反应，这些数值特征值称为统计参数。水文计算中常用的统计参数有系列均值 $\overline{x}$、变差系数 C_{v}、偏态系数 C_{s}。

d. 设计流量的推算步骤

求矩适线法(目估适线法)步骤如下：

(a)计算经验累积频率，绘制经验点。

将流量系列降序排列(从大到小)，计算经验频率，在几率格纸上绘制经验点据(横坐标为频率，纵坐标为变量)。

(b)初选理论频率曲线的三参数。

利用矩法公式计算 $\overline{x}$、C_{v}，并在 $C_{\mathrm{s}} = (2 \sim 4)C_{\mathrm{v}}$ 范围内假定 C_{s}，作为理论频率曲线三参数的初选值。理论频率曲线选 P-Ⅲ型。

(c)适线法选定三参数。

根据初估的三参数，计算 x_{P}，在同一张坐标纸上绘制第一条理论线，观察理论线与经验点据配合的情况，若不理想，调整参数值，一般主要调整 C_{s}，也可适当调整 $\overline{x}$、C_{v}，进行反复3次左右适线，选定与经验点配合最好的理论线。

(d)根据三参数推算规定频率的设计流量。

用选定理论频率曲线的三参数，推算规定频率的设计流量，即 $Q_{\mathrm{P}} = \overline{Q}(1 + Cv\Phi_{\mathrm{P}})$，其中，$\Phi_{\mathrm{P}}$ 为频率 $p(\%)$ 时的离均系数。

5. 桥位断面处的设计流量与水位

水文断面包括水文站实测断面、洪水调查处断面，桥位断面指路线轴线与水流正交时的断面。如果水文断面与桥位断面不在同一处，则需将在水文断面获得的设计流量和设计水位转移至桥位断面。

1)设计流量的转移

(1)当水文断面处与桥位断面处的流域面积差满足 $\left|(F' - F)/F\right| \leqslant 5\%$ 时，水文断面处的流量 Q'_{P} 可直接作为桥位断面处的设计流量，即 $Q_{\mathrm{P}} = Q'_{\mathrm{P}}$。

(2)当水文断面处与桥位断面处的流域面积差大于5%，小于20%时，可按下式进行计算：

$$Q_{\mathrm{P}} = \left(\frac{F}{F'}\right)^{n} Q'_{\mathrm{P}} \tag{4-5-34}$$

式中：F'、Q'_p——水文断面处的流域面积和规定频率的设计流量；

$\quad\quad F$、Q_p——桥位断面处的流域面积和规定频率的设计流量；

$\quad\quad n$——面积指数，一般取 $0.5 \sim 0.7$。

（3）当水文断面处与桥位断面处的流域面积差 >20% 时，上式计算的结果误差较大，应结合实际情况，分析后慎用。

2）设计水位的转移

（1）在水文断面处与桥位断面处的流域面积相差不超过 5% 时，可利用水文断面处规定频率的设计流量 Q'_p 所对应的水位 H'_p，通过洪水比降法推算桥位断面的设计水位。

$$H_p = H'_p \pm I \cdot L \tag{4-5-35}$$

式中：I——洪水比降，以小数计，当水文断面在桥位断面上游时，取负号；反之，当桥位在上游时，取正号；

$\quad\quad L$——水文断面至桥位断面沿河流中泓线的水平距离。

（2）根据桥位处实测断面水文资料，绘制水位—流量关系曲线，利用已知设计流量用形态断面法反推设计水位。同时应结合上下游的历史洪水位和河段洪水比降调查资料进行分析修正。

（3）当桥位上下游有卡口、人工建筑物等对水位有影响时，可利用河段水面曲线计算法推算桥位断面处的设计水位。

6. 桥面中心和引道路堤最低设计高程

桥面中心和引道路堤最低设计高程，是从水力学、水文学角度提出的最低建筑高程界限。桥面设计高程和引道路堤设计高程应综合考虑桥面纵向坡度、排水和两岸路线接线高程等因素后分别确定，但必须高于或等于本节确立的桥面中心最低高程和引道路堤最低设计高程。

1）桥面中心最低高程

桥面中心最低高程按河流不通航和通航两种情况分别确定。

对于不通航河流，当按设计水位推算桥面中心最低高程时，需考虑桥孔压缩水流后的桥下壅水、波浪高度、水拱、局部股流壅高、河弯超高和河床淤积等引起的桥下水位增高。关于流冰、水拱、局部股流壅高、河弯超高和河床淤积等引起的桥下水位增高，目前尚无成熟的计算公式，可根据调查和实测确定。在计算中必须详细分析影响桥下水位增高的各个因素是否确实存在，并客观、合理地组合，不可随意加入。

（1）不通航河流

①按设计水位计算桥面中心最低高程：

$$H_{min} = H_S + \sum \Delta h + \Delta h_j + \Delta h_0 \tag{4-5-36}$$

式中：H_{min}——桥面中心最低高程（m）；

$\quad\quad H_S$——设计水位高程（m）；

$\quad\quad \sum \Delta h$——根据河流的具体情况，酌情考虑壅水、浪高、水拱、局部股流壅高（水拱与局部股流壅高不能同时考虑且取其大者）、河弯超高、床面淤高、漂浮物等诸因素的总和（m）；

$\quad\quad \Delta h_j$——桥下净空安全值，见表 4-5-1；

Δh_0——桥梁上部构造建筑安全值(包括桥面铺装高度)(m),由上部构造设计或标准图定。

不通航河流桥下净空安全值 Δh_j　　　　　　　　　表 4-5-1

桥 梁 部 位	按设计水位计算要求的 桥下净空安全值(m)	按最高流冰水位计算的 桥下净空安全值(m)
梁底	0.50	0.75
支座垫石顶面	0.25	0.50
拱脚	按注 1 要求办理	0.25

注:1. 无铰拱的拱脚,允许被设计洪水淹没,淹没高度一般不超过拱圈矢高的2/3;拱顶底面至设计水位的净高不小于1m。

　　2. 山区河流水位变化大,桥下净空安全值可适当加大。

②按流冰水位计算桥面中心最低高程(北方寒冷地区):

$$H_{min} = H_{SB} + \Delta h_j + \Delta h_0 \tag{4-5-37}$$

式中:H_{SB}——设计最高流冰水位(m),应考虑床面淤高;

其他符号意义同前。

(2)通航河流

通航河流的桥面中心最低高程除应满足不通航河流的要求外,同时还应满足下式要求:

$$H_{min} = H_{tn} + H_M + \Delta h_0 \tag{4-5-38}$$

式中:H_{tn}——设计最高通航水位(m),采用表 4-5-2 规定的各级洪水重现期水位;

H_M——通航净空高度(m),查表 4-5-3;

其他符号意义同前。

天然河流设计最高通航水位标准　　　　　　　　　表 4-5-2

航道等级	一 ~ 三	四、五	六、七
洪水重现期(年)	20	10	5

注:1. 山区河流如经多年水文资料查证,出现高于设计最高通航水位历时很短,则根据具体情况,三级航道标准可降为10 年一遇,四、五级航道可降为 5 年一遇,六、七级航道可按 2 ~ 3 年一遇标准执行。

　　2. 设计最低通航水位根据《内河通航标准》(GB 50139—2014)确定。

天然和渠化河流水上过河建筑物通航净空尺寸(单位:m)　　　　表 4-5-3

航 道 等 级	净高 H_M (m)	单向通航孔			双向通航孔		
		净宽 B_M(m)	上底宽 b(m)	侧高 h(m)	净宽 B_M(m)	上底宽 b(m)	侧高 h(m)
Ⅰ-(1)	24.0	200	150	7.0	400	350	7.0
Ⅰ-(2)	18.0	160	120	7.0	320	280	7.0
Ⅰ-(3)		110	82	8.0	220	192	8.0
Ⅱ-(1)	18.0	145	108	6.0	290	253	6.0
Ⅱ-(2)		105	78	8.0	210	183	8.0
Ⅱ-(3)	10.0	75	56	6.0	150	131	6.0
Ⅲ-(1)	18.0☆ 10.0	100	75	6.0	200	175	6.0

航 道 等 级	净高 H_M（m）	单向通航孔			双向通航孔		
		净宽 B_M(m)	上底宽 b(m)	侧高 h(m)	净宽 B_M(m)	上底宽 b(m)	侧高 h(m)
Ⅲ-(2)	10.0	75	56	6.0	150	131	6.0
Ⅲ-(3)		55	41	6.0	110	96	6.0
Ⅳ-(1)		75	61	4.0	150	136	4.0
Ⅳ-(2)	8.0	60	49	4.0	120	109	4.0
Ⅳ-(3)		45	36	5.0	90	81	5.0
Ⅳ-(4)							
Ⅴ-(1)	8.0	55	44	4.5	110	99	4.5
Ⅴ-(2)	8.0 或 5.0▲	40	32	5.5 或 3.5▲	80	72	5.5 或 3.5▲
Ⅴ-(3)							
Ⅵ-(1)	4.5	25	18	3.4	40	33	3.4
Ⅵ-(2)	6.0			4.0			4.0
Ⅶ-(1)	3.5	20	15	2.8	32	27	2.8
Ⅶ-(2)	4.0						

注:1. 角注☆的尺度仅适用于长江;角注▲的尺度仅适用于通航拖带船队的河流。

　　2. 当水上过河建筑物的法线方向与水流方向的交角大于5°,且横向流速大于0.3m/s时,通航净宽需适当加大;当横向流速大于0.8m/s时,应一跨过河或在通航水域中不设置墩柱。

　　3. 当水上过河建筑物的墩柱附近可能出现碍航紊流时,通航净宽值应适当加大。

2)桥下壅水计算

壅水值的大小与桥孔设计关系密切,建桥后桥前壅水高度应不危及两岸农田、村镇和堤坝的安全。

(1)桥前最大壅水高度 ΔZ

水流通过桥孔时,由于桥梁墩台和桥头引道对过水面积的压缩,从而形成桥前壅水。桥前壅水最大值的位置,有导流堤时在导流堤上游端部附近;无导流堤时,在桥前1倍的桥长处,或按式(4-5-39)计算。

有导流堤时桥前最大壅水高度 ΔZ 可按下式计算:

$$\Delta Z = \eta(\bar{v}_M^2 - \bar{v}_0^2) \qquad (4\text{-}5\text{-}39)$$

式中:η——系数,与水流进入桥孔的阻力有关,见表4-5-4;

　　　$\bar{v}_M$——桥下平均流速(m/s),可按表4-5-5采用;

　　　$\bar{v}_0$——天然断面平均流速(m/s),$\bar{v}_0 = \dfrac{Q_P}{A}$。

$\boldsymbol{\eta}$ 值 表　　　　　　　　表4-5-4

河滩路堤阻断流量与设计流量 Q_P 比值(%)	<10	11~30	31~50	>50
η	0.05	0.07	0.10	0.15

桥下平均流速表　　　　表 4-5-5

土　质	土　壤　类　别	桥下平均流速
松软土	淤泥、细砂、淤泥质黏土	$\bar{v}_M = \bar{v}_{0M}$
中等土	粗砂、砾石、小卵石亚黏土和黏土	$\bar{v}_M = \dfrac{1}{2}\left(\dfrac{Q_P}{A_j} + \bar{v}_{0M}\right)$
密实土	大卵石、大漂石、黏土	$\bar{v}_M = \dfrac{Q_P}{A_j}$

(2)桥下壅水高度 $\Delta Z'$

一般情况下可采用 $\Delta Z' = \dfrac{1}{2}\Delta Z$；当河床坚实不易冲刷时，$\Delta Z' = \Delta Z$；当河床松软易于冲刷时，$\Delta Z' = 0$。

(3)壅水曲线全长

壅水曲线全长为：

$$L = \frac{2\Delta Z}{I} \tag{4-5-40}$$

式中：I——洪水比降，以小数计；

　　　其他符号意义同前。

7. 桥长设计与孔跨布置

桥长计算需要按照《公路工程水文勘测设计规范》(JTG　C30—2015)中规定进行计算，如果桥梁较长，则需要对桥梁进行分孔，桥梁的使用效果以及施工难度与各孔跨径有十分密切的联系，且各孔的跨径也影响到桥梁的总造价。正确合理的桥孔设计是确保桥梁工程质量与控制成本的关键因素之一。

1)桥孔设计应考虑的因素

影响桥孔设计的因素很多，桥孔设计首先应满足排洪和输沙的要求，即保证设计洪水以内的各级洪水及其所挟带的泥沙能从桥下顺利通过，并满足通航、流水、流木及其他漂浮物通过。从安全和经济两方面着眼，同时应考虑桥孔长度、桥前壅水和桥下冲刷的相互影响。还应考虑桥位上下游已建或拟建的水利工程、通航码头和管线等引起的河床演变对桥孔的影响。

建桥后引起的桥前壅水高度、流势变化和河床变形，应在安全允许范围之内。跨越河口、海湾及海岛之间的桥梁，必须保证在潮汐、海浪、风暴潮、海流及河底泥沙运动等各种海洋水文条件影响下，正常使用和满足通航的要求。

2)按设计洪水流量和桥位河段的特性进行设计计算

(1)桥孔最小净长 L_j 的计算

沿着设计水位的水面线，两桥台前缘之间(埋入式桥台则为两桥台护坡坡面之间)的水面宽度，称为桥孔长度 L。扣除全部桥墩宽度(仍沿原水面线)后，则称为桥孔净长 L_j。

《公路工程水文勘测设计规范》(JTG　C30—2015)中规定，对于峡谷型河段上的桥梁，仅要求按地形布置桥孔，一般可不作桥孔长度计算；对其他各类河段上的桥梁，可按以下公式计算桥孔最小净长 L_j。

①开阔、顺直微弯、分汊、弯曲河段及滩、槽可分的不稳定河段,按下式计算:

$$L_j = K\left(\frac{Q_P}{Q_c}\right)^n B_c \tag{4-5-41}$$

式中:L_j——最小桥孔净长(m);

$\quad Q_P$——设计流量(m^3/s);

$\quad Q_c$——设计水位下天然河槽流量(m^3/s);

$\quad B_c$——天然河槽宽度(m);

$\quad K、n$——系数和指数,其值按表 4-5-6 采用。

K、n 值 表

表 4-5-6

河 段 类 型	K	n
开阔、顺直微弯河段	0.84	0.90
分汊、弯曲河段	0.95	0.87
滩、槽可分的不稳定河段	0.69	1.59

②宽滩河段,按下式计算:

$$L_j = \frac{Q_P}{\beta q_c} \tag{4-5-42}$$

$$\beta = 1.19\left(\frac{Q_c}{Q_t}\right)^{0.10} \tag{4-5-43}$$

式中:q_c——河槽平均单宽流量(m^2/s);

$\quad \beta$——水流压缩系数;

$\quad Q_t$——河滩流量(m^3/s)。

③滩、槽难分的不稳定河段,按下式计算:

$$L_j = C_P \cdot B_0 \tag{4-5-44}$$

$$B_c = 16.07\left(\frac{\overline{Q}^{0.24}}{\overline{d}^{0.3}}\right) \tag{4-5-45}$$

$$C_P = \left(\frac{Q_P}{Q_{2\%}}\right)^{0.33} \tag{4-5-46}$$

式中:B_0——基本河槽宽度(m);

$\quad \overline{Q}$——年最大流量平均值(m^3/s);

$\quad \overline{d}$——河床泥沙平均粒径(m);

$\quad C_P$——洪水频率系数;

$\quad Q_{2\%}$——频率为 2% 的洪水流量(m^3/s)。

④桥孔设计长度,除应满足上述公式计算的最小净长外,尚应结合桥位地形、桥前壅水、冲刷深度、河床地质等情况,做出不同桥长的技术经济比较,综合论证后确定。

（2）桥孔布设

从河流和水文的角度考虑，必须针对河段特点布设桥孔，但公路勘测设计时，桥孔布设还要和路线方案及公路平、纵断面设计统一考虑。

①桥孔布设应与天然河流断面流量分配相适应。在稳定性河段上，左右河滩桥孔长度之比应近似与左右河滩流量之比相当；在次稳定和不稳定河段上，桥孔布设必须考虑河床变形和流量分布变化趋势的影响。桥孔一般不压缩河槽，可适当压缩河滩。

②在内河通航的河段上，通航孔布设应符合《内河通航标准》（GB 50139—2014）的规定，并应充分考虑河床演变和不同水位所引起的航道变化。通航海轮桥梁的桥孔布设应符合《海轮航道通航标准》（JTS 180-3—2018）的规定。

③河流中泓线上不宜布设桥墩，在断层、陷穴、溶洞、滑坡等不良地质地段也不宜布设桥墩。

④在有流冰、流木的河段上，桥孔应适当放大。

⑤山区河流的桥孔布设宜符合以下要求：

a. 峡谷河段：一般宜单孔跨越峡谷急流。桥面高程根据设计洪水位，结合两岸地形和路线等条件确定。

b. 开阔河段：可适当压缩河滩。河滩路堤宜与洪水主流流向正交，否则应增设调治工程。

⑥平原河流的桥孔布设应符合以下要求：

a. 顺直微弯河段：桥孔和墩台布设应考虑河槽内边滩下移及主槽在河槽内摆动的影响。

b. 弯曲（蜿蜒）河段：通过河床演变调查，预测河弯发展和深泓变化，考虑河槽凹岸水流集中冲刷发展和凸岸淤积等对桥孔及墩台的影响。

c. 分汊河段：在滩槽较稳定的分汊河段上，若多年流量分配基本稳定，可考虑布设一河多桥。桥孔布设应预计各汊流流量分配比例的变化，设置同流量分配相对应的导流构造物。

d. 宽滩河段：可根据桥位上下游主流趋势及深泓线摆动范围布设桥孔，允许对河滩有适当压缩，但应注意壅水对上游的影响。若河汊稳定又不宜导入桥孔时，可考虑修建一河多桥。

e. 游荡河段：桥孔不宜过多压缩河床，应结合当地治理规划，辅以调治工程，在深泓线可能摆动的范围内，不宜设置桥墩。

⑦山前区河流桥孔布设应符合以下要求：

a. 冲积漫流河段：宜在河流上游狭窄段或下游收缩段跨越。若在河床宽阔、水流具有显著分支处跨越，可采用一河多桥方案，并应在各桥间采用相应的分流和防护措施。桥下净空应考虑河床淤积的影响。

b. 变迁性河段：允许桥孔较大地压缩河滩，但要辅以适当的调治工程。桥轴线应与河岸线或洪水总趋势正交，河滩路堤不宜设置小桥和涵洞。当采用一河多桥方案时，则应堵截邻近主河槽的支汊。

四、熟悉天然冲刷、一般冲刷、局部冲刷的计算方法,以及桥梁墩台基底最小埋置深度的确定

冲刷计算的目的是确定桥下最大冲刷深度,并确定桥梁墩台基础最小埋置深度,从水力水文的角度,为既安全又经济的墩台基础设计提供重要的依据。

桥梁墩台冲刷深度应根据地区特点、河段特性、水文与泥沙特征、河床地质等情况采用相应的公式计算,必要时可利用实测、调查资料验算,分析论证后选用合理的计算成果。

1.桥下一般冲刷的计算公式

桥梁墩台冲刷包括河床自然演变冲刷、一般冲刷和局部冲刷三部分。在确定基础埋深时,应根据桥位河段情况,取其不利组合作为基础埋深的依据。

河床演变是十分复杂的自然过程,自然演变冲刷到目前尚无可靠的定量计算方法,可通过断面资料分析确定。对于河床逐年自然下切的变形,可通过调查或利用各年河床断面、河段地形图等资料,分析逐年下切程度,估算桥梁使用期内自然下切的深度。对于河槽横向变动引起的自然演变冲刷,宜在桥位河段内选用对计算冲刷不利的断面作为计算断面,而对于既有涉河工程引起的河床变形,可收集已有分析资料、动床模型试验成果预测,或采用相应公式计算确定。

在河上建桥后,由于桥梁压缩水流,致使桥下流速增大,水流挟沙能力增强,在桥下产生冲刷。随着冲刷的发展,桥下河床加深,过水面积加大,流速逐渐下降;待达到新的输沙平衡状态,或桥下流速降低到河床质的允许不冲刷流速时,冲刷即行停止。这种由于建桥后压缩水流而在桥下河床全断面内发生的普通冲刷,称为一般冲刷。一般冲刷深度 h_{p} 系指桥下河床在一般冲刷完成后从设计水位算起的最大垂线水深。

1)非黏性土河床一般冲刷

《公路工程水文勘测设计规范》(JTG C30—2015)对 64-2 计算式予以简化,形成 64-2 简化式。同样,该规范对 64-1 计算式进行了修正,形成 64-1 修正式。

(1)河槽部分

①64-2 简化式

$$h_{\mathrm{P}} = 1.04 \left(A_{\mathrm{d}} \frac{Q_2}{Q_{\mathrm{c}}} \right)^{0.90} \left[\frac{B_{\mathrm{c}}}{(1-\lambda)\mu B_2} \right]^{0.66} \cdot h_{\mathrm{cm}} \qquad (4\text{-}5\text{-}47)$$

式中:h_{P}——桥下一般冲刷后的最大水深(m);

Q_2——桥下河槽部分通过的设计流量($\mathrm{m^3/s}$),当桥下河槽能扩宽至全桥(桥孔压缩水流

很大,且河滩土质易冲刷)时,$Q_2 = Q_{\mathrm{P}}$;当桥下河槽不能扩宽时,$Q_2 = \dfrac{Q_{\mathrm{c}}}{Q_{\mathrm{c}} + Q_{\mathrm{t1}}} Q_{\mathrm{P}}$;

Q_{c}——天然状态下河槽流量($\mathrm{m^3/s}$);

Q_{t1}——天然状态下桥下河滩部分通过的流量($\mathrm{m^3/s}$);

B_2——建桥后桥下断面河槽宽度(m),一般情况下 $B_2 = L$(两桥台前缘间的桥孔长度);

只有当桥孔压缩部分河滩,而桥下河槽又不能扩宽时,$B_2 = B_{\mathrm{c}}$;

B_{c}——天然状态下河槽宽度(m);

λ——设计水位下,在 B_2 宽度范围内,桥墩阻水总面积与过水面积的比值;

μ——桥墩水流侧向压缩系数,按表4-5-7确定;

h_{cm}——桥下河槽最大水深(m);

桥墩水流侧向压缩系数 μ 值

表4-5-7

设计流速 v_s(m/s)	单孔净跨径 L_0(m)								
	≤10	13	16	20	25	30	35	40	45
<1	1.00	1.00	1.00	1.00	1.00	1.00	1.00	1.00	1.00
1.0	0.96	0.97	0.98	0.99	0.99	0.99	0.99	0.99	0.99
1.5	0.96	0.96	0.97	0.97	0.98	0.98	0.99	0.99	0.99
2.0	0.93	0.94	0.95	0.97	0.97	0.98	0.98	0.98	0.98
2.5	0.90	0.93	0.94	0.96	0.96	0.97	0.97	0.98	0.98
3.0	0.89	0.91	0.93	0.95	0.96	0.96	0.96	0.97	0.98
3.5	0.87	0.90	0.92	0.94	0.95	0.96	0.96	0.97	0.97
≥4.0	0.85	0.88	0.91	0.93	0.94	0.95	0.96	0.96	0.97

注:1. 系数 μ 是指墩台侧面因旋涡形成滞留区而减少过水面积的折减系数。

2. 当单孔净跨径 $L_0 > 45$m 时,可按 $\mu = 1 - 0.375\dfrac{v_s}{L_0}$ 计算。对不等跨的桥孔,可采用各孔 μ 值的平均值。单孔净跨径 $L_0 > 200$m 时,取 $\mu \approx 1.0$。

A_d——单宽流量集中系数,对变迁、游荡、宽滩河段,当 $A_d > 1.8$ 时,其值可采用 1.8。

②64-1 修正式

$$h_P = \left[\frac{A\dfrac{Q_2}{\mu B_{cj}} \left(\dfrac{h_{cm}}{h_{cq}}\right)^{\frac{5}{3}}}{E\,\overline{d_c}^{\frac{1}{6}}} \right]^{\frac{3}{5}} \tag{4-5-48}$$

式中:B_{cj}——桥下河槽部分桥孔过水净宽(m),当桥下河槽扩宽至全桥时即为全桥桥孔过水净宽,即 $B_{cj} = L_j$;

h_{cq}——桥下冲刷前河槽平均水深(m);

$\overline{d_c}$——河槽泥沙平均粒径(mm);

E——与汛期含沙量有关的系数,按表4-5-8选用。

与汛期含沙量有关的系数 E 值

表4-5-8

含沙量 ρ(kg/m³)	<1.0	1~10	>10
E	0.46	0.66	0.86

注:含沙量 ρ 采用历年汛期月最大含沙量平均值。

(2)河滩部分

$$h_P = \left[\frac{\dfrac{Q_1}{\mu B_{tj}} \left(\dfrac{h_{tm}}{h_{tq}}\right)^{\frac{5}{3}}}{v_{H1}} \right]^{\frac{5}{6}} \tag{4-5-49}$$

式中:Q_1——桥下河滩部分通过的设计流量(m³/s);

$$Q_1 = \frac{Q_{t1}}{Q_c + Q_{t1}} Q_P$$

623

h_{tm}——桥下河滩最大水深(m);

h_{tq}——桥下河滩平均水深(m);

B_{tj}——河滩部分桥孔净长(m);

v_{H1}——河滩水深 1m 时非黏性土不冲刷流速(m/s),按规表 4-5-9 定选用。

水深 1m 时非黏性土不冲刷流速

表 4-5-9

河床泥沙		$\overline{d}$(mm)	v_{H1}(m/s)	河床泥沙		$\overline{d}$(mm)	v_{H1}(m/s)
沙	细	0.05 ~ 0.25	0.35 ~ 0.32	卵石	小	20 ~ 40	1.50 ~ 2.00
	中	0.25 ~ 0.50	0.32 ~ 0.40		中	40 ~ 60	2.00 ~ 2.30
	粗	0.50 ~ 2.00	0.40 ~ 0.60		大	60 ~ 200	2.30 ~ 3.60
圆砾	小	2.00 ~ 5.00	0.60 ~ 0.90	漂石	小	200 ~ 400	3.60 ~ 4.70
	中	5.00 ~ 10.00	0.90 ~ 1.20		中	400 ~ 800	4.70 ~ 6.00
	大	10 ~ 20	1.20 ~ 1.50		大	>800	>6.00

2)黏性土河床的一般冲刷

(1)河槽部分

$$h_P = \left[\frac{A_d \dfrac{Q_2}{\mu B_{cj}} \left(\dfrac{h_{cm}}{h_{cq}}\right)^{\frac{5}{3}}}{0.33\left(\dfrac{1}{I_L}\right)} \right]^{\frac{5}{8}} \tag{4-5-50}$$

式中:A_d——单宽流量集中系数,取 $A = 1.0 \sim 1.2$;

I_L——冲刷坑范围内黏性土液性指数,适用范围为 $0.16 \sim 0.19$;

其他符号意义同前。

(2)河滩部分

$$h_P = \left[\frac{A_d \dfrac{Q_1}{\mu B_{tj}} \left(\dfrac{h_{tm}}{h_{tq}}\right)^{\frac{5}{3}}}{0.33\left(\dfrac{1}{I_L}\right)} \right]^{\frac{6}{7}} \tag{4-5-51}$$

式中符号意义同前。

2. 墩台局部冲刷

流向桥墩的水流受到桥墩阻挡,桥墩周围的水流结构发生急剧变化,水流的绕流使流线严重弯曲,床面附近形成螺旋形水流,剧烈淘刷桥墩周围,特别是迎水面的河床泥沙,形成冲刷坑的现象,称为局部冲刷。《公路工程水文勘测设计规范》(JTG C30—2015)用原 65-2 式。

1)非黏性土河床的桥墩局部冲刷

规范 65-2 式:

当 $v \leqslant v_0$ 时

$$h_b = K_\xi K_{\eta 2} B_1^{0.6} h_P^{0.15} \left(\frac{v - v_0'}{v_0}\right) \tag{4-5-52}$$

当 $v > v_0$ 时

$$h_b = K_\xi K_{\eta 2} B_1^{0.6} h_P^{0.15} \left(\frac{v - v_0'}{v_0} \right)^{n_2} \tag{4-5-53}$$

式中：h_b——桥墩局部冲刷深度（m）；

$\quad K_\xi$——墩形系数，根据相关文献选取；

$\quad B_1$——桥墩计算宽度（m），根据相关文献选取；

$\quad K_{\eta 2}$——河床颗粒影响系数，$K_{\eta 2} = \dfrac{0.0023}{\overline{d}^{2.2}} + 0.375\, \overline{d}^{0.24}$；

$\quad h_P$——一般冲刷后的最大水深（m）；

$\quad \overline{d}$——河床泥沙平均粒径（mm）；

$\quad v$——一般冲刷后墩前行进流速（m/s）；

$\quad v_0$——河床泥沙起动流速（m/s），$v_0 = 0.28(\overline{d} + 0.7)^{0.5}$；

$\quad v_0'$——墩前泥沙始冲流速（m/s），$v_0' = 0.12(\overline{d} + 0.5)^{0.55}$；

$\quad n_2$——指数，$n_2 = \left(\dfrac{v_0}{v} \right)^{0.23 + 0.191 \lg \overline{d}}$。

2）黏性土河床桥墩的局部冲刷

当$\dfrac{h_P}{B_1} \leqslant 2.5$时

$$h_b = 0.83 K_\xi B_1^{0.6} I_L^{1.25} v \tag{4-5-54}$$

当$\dfrac{h_P}{B_1} > 2.5$时

$$h_b = 0.55 K_\xi B_1^{0.6} h_P^{0.1} I_L^{1.0} v \tag{4-5-55}$$

式中：I_L——冲刷坑范围内黏性土液性指数，适用范围为 0.16～1.48；

其他符号意义同前。

3. 墩台基底最小埋置深度的确定

在确定桥梁墩台基础埋置深度时，除应根据桥位河段具体情况，取河床自然演变冲刷、一般冲刷和局部冲刷的不利组合确定外，尚应符合《公路桥涵地基与基础设计规范》（JTG D63—2019）的相关规定。

非岩石河床墩台基底埋深安全值，可按表 4-5-10 确定。

基底埋深安全值（m）　　　　　　　　　　　　　　　表 4-5-10

总冲刷深度（m）		0	5	10	15	20
安全值	大桥、中桥、小桥（不铺砌）	1.5	2.0	2.5	3.0	3.5
	特大桥	2.0	2.5	3.0	3.5	4.0

注：1. 总冲刷深度为自河床面算起的河床自然演变冲刷、一般冲刷与局部冲刷深度之和。

　　2. 表列数字为墩台基底埋入总冲刷深度以下的最小值。设计流量、水位和原始断面资料无十分把握或河床演变尚不能获得准确资料时，其值可适当加大。

　　3. 桥位上下游有已建桥梁或属旧桥改建时，应调查旧桥的特大洪水冲刷情况，新桥墩台基础埋置深度应在旧桥最大冲刷深度上酌加必要的安全值。

岩石河床墩台基底最小埋置深度，应考虑岩石的可能冲刷，根据岩石的坚硬程度，胶结物类别，风化程度，节理、裂隙、节理发育情况等，按《公路工程水文勘测设计规范》（JTG C30—2015）附录 D 分析确定。

位于河槽的桥台,当其最大冲刷深度小于桥墩总冲刷深度时,桥台基底的埋深应与桥墩基底高程相同;位于河滩的桥台,对河槽摆动的不稳定河流,桥台基底高程应与桥墩相同;对稳定河流,桥台基底高程可按桥台冲刷计算结果确定。

桥台锥坡基脚埋置深度应考虑冲刷的影响。当位于稳定、次稳定河段的河滩上时,基脚底面应在一般冲刷线以下至少0.50m;当桥台位于不稳定河流的河滩上时,基脚底面应在一般冲刷线以下至少1m。

考点分析

本节主要有以下考点:

(1)河流与河段(山区河流分为峡谷河段、开阔河段,平原河流分为顺直微弯河段、分汊河段、弯曲河段、宽滩河段、游荡河段);河流特征(河流断面、河流长度、河流比降等);流域特征:几何特征(流域面积、流域长度、流域形状)和自然地理特征(地理位置和地形、流域的气候条件等);河川径流形成的四个阶段:降水过程、流域蓄渗过程、坡面漫流过程、河槽集流;径流的影响因素:气候要素、下垫面因素和人类活动。

(2)桥位选择的一般规定;一般地区桥位选择在水文、地形地貌、工程地质和通航等方面的要求;各类河段桥位选择的要求和特点;特殊地区桥位选择的要求和特点。

(3)河川水文现象的特性:周期性、地区性、随机性;河川水文现象分析研究方法:成因分析法、地区归纳法、水文统计法;水文统计的基本概念:累积频率、重现期、设计洪水频率;相关分析、求矩适线法;水文断面处设计流量的推算:根据观测资料推算设计流量、根据地区经验公式推算设计流量;桥位断面处设计流量的推算;桥位断面处设计水位的推算;桥面中心最低高程计算;桥下壅水计算。

(4)天然冲刷、一般冲刷、局部冲刷的概念;桥下一般冲刷的计算;墩台局部冲刷的计算;墩台基底最小埋置深度。

例 题 解 析

例1 [2019年单选题]高速公路上特大桥的设计洪水频率标准是( )。

(A)1/300   (B)1/100

(C)1/50   (D)1/25

分析

根据《公路工程水文勘测设计规范》(JTG C30—2015)第1.0.8条,高速公路特大桥设计洪水频率取1/300。故本题选A。

例2 [2019年单选题]关于山区河流的公路桥梁桥孔布设,以下说法错误的是( )。

(A)峡谷河段宜单孔跨越

(B)开阔河段应尽量压缩河滩

(C)河滩路堤与洪水主流斜交时应增设调治工程

(D)地质条件允许时,沿河纵向桥应尽量设置在山坡坡脚

分析

根据《公路工程水文勘测设计规范》(JTG C30—2015)第7.3.6条,山区河流的桥孔布设应符合下列规定:①峡谷河段宜单孔跨越。桥面设计高程应根据设计洪水位,并结合两岸地形和路线等条件确定;②在开阔河段可适当压缩河滩,河滩路堤宜与洪水主流流向正交,斜交时应增设调治工程;③山区沿河纵向桥,宜提高线位,将沿河纵向桥设置在山坡坡脚,避开水面或少占水面。故本题选B。

例3 [2019年单选题]在滩槽明显的平原区不稳定河段,需建一座公路桥梁,桥位处河槽宽31m,设计流量530m³/s,其中河槽流量320m³/s,该桥按设计流量计算的桥孔最小净长度为(   )。

(A)31m   (B)41m   (C)46m   (D)48m

分析

根据《公路工程水文勘测设计规范》(JTG C30—2015)第7.2.1条第2款,滩槽明显的不稳定河段,查表7.2.1得$k_q = 0.69$,$n_3 = 1.59$。

$$L_j = K_q \left(\frac{Q_p}{Q_c}\right)^{n_3} B_c = 0.69 \times \left(\frac{530}{320}\right)^{1.59} \times 31 = 47.7 \text{m}。$$ 故本题选D。

例4 [2019年单选题]不通航河流的设计水位高程为26.00m,壅水、浪高等因素的影响高度0.50m,桥梁上部结构梁高1.50m、平均桥面铺装厚度0.15m,不考虑桥面横坡的影响,桥面最低高程是(   )。

(A)28.65m   (B)28.5m   (C)28.15m   (D)28.00m

分析

根据《公路工程水文勘测设计规范》(JTG C30—2015)第7.4.1条,按设计水位计算桥面最低高程时,其中净空安全值取0.5m,则

$$H_{min} = H_s + \sum \Delta h + \Delta h_j + \Delta h_0 = 26 + 0.5 + 0.5 + 1.5 + 0.15 = 28.65 \text{m}$$

故本题选A。

例5 [2019年单选题]某公路桥梁单孔净跨径$L = 49.2$m,所跨河流河床地质为非黏性土,设计流速v_s为5m/s,采用64-2简化式计算河槽部分一般冲刷时,桥墩水流侧向压缩系数宜取(   )。

(A)0.96   (B)0.097

(C)0.098   (D)0.99

分析

根据《公路工程水文勘测设计规范》(JTG C30—2015)第8.3.1条,本题桥梁单孔净跨径$L_0 = 49.2$m,查表8.3.1-1中的注2,当单孔净跨径大于45m时,压缩系数为:

627

$$\mu = 1 - 0.375 \frac{v_s}{L_0} = 1 - 0.375 \frac{5}{49.2} = 0.96$$

故本题选 A。

例 6 [2019 年多选题]桥涵设计流量计算可以采用的方法有( )。

(A)利用历史洪水位推算

(B)利用实测洪水流量系列推算

(C)按地区经验公式及水文参数求算

(D)汇水面积大于 $150km^2$ 的河流,可按推理公式计算,相关参数取值采用当地编制的暴雨径流图表值

分析

根据《公路工程水文勘测设计规范》(JTG C30—2015)第 6.2 节、6.3 节、6.4 节。第 6.4.1 条规定,无资料地区,可按地区经验公式及水文参数求算设计流量;第 6.4.2 条规定,汇水面积小于 $100km^2$ 的河流,可按推理公式计算,公式中的参数和指数,采用各地区编制的暴雨径流图表值。故本题选 ABC。

例 7 [2019 年多选题]通航水域公路桥的桥位选择,符合规定的有( )。

(A)航道不稳定时,应考虑河道变迁的影响

(B)桥轴法线与通航主流的夹角不应大于 5°

(C)桥位应避开既有水工设施、港口作业区和船舶锚地等

(D)桥位应选在航道稳定、顺直且具有足够通航水深的河段

分析

根据《公路工程水文勘测设计规范》(JTG C30—2015)第 4.1.4 条,通航水域桥位选择应符合下列规定:①桥位应选在航道稳定、顺直且具有足够通航水深的河段上,航道不稳定时,应考虑河道变迁的影响;②桥轴线与通航主流的夹角不宜大于 5°,大于 5° 时应增大通航孔的跨径;③桥位应避开既有水工设施、港口作业区和船舶锚地等。故本题选 ACD。

例 8 [2019 年多选题]公路桥梁墩台冲刷计算应包括( )。

(A)河床自然演变冲刷

(B)桥下一般冲刷

(C)墩台局部冲刷

(D)洪水冲刷

分析

根据《公路工程水文勘测设计规范》(JTG C30—2015)第 8.1.1 条,墩台冲刷包括河床自然演变冲刷、一般冲刷和局部冲刷三部分。故本题选 ABC。

例 9 (2020 年案例题)通航河流的设计最高通航水位为 20.00m,设计水位为 25.00m,通航净空高度为 16.00m,壅水浪高等因素的影响高度为 0.50m,要求的桥下净空安全高度值为

0.50m,桥梁上部结构梁高1.50m,平均桥面铺装厚度为0.15m,该桥的桥面最低高程应该为( )。

  (A)38.65m   (B)38.15m

  (C)37.65m   (D)27.65m

分析

根据《公路工程水文勘测设计规范》(JTG C30—2015)第7.4.1条及第7.4.2条,不考虑通航时:

$$H_{\min} = H_s + \sum \Delta h + \Delta h_j + \Delta h_0 = 25.00 + 0.50 + 0.50 + (1.50 + 0.15) = 27.65 \text{m}$$

考虑通航时:

$$H_{\min} = H_{tn} + H_M + \Delta h_0 = 20.00 + 16.00 + 1.50 + 0.15 = 37.65 \text{m}$$

取大者,即37.65m。故本题选C。

例10　桥孔设计时首先应满足的要求是( )。

(A)保证通航安全

(B)保证设计洪水安全通过

(C)保证桥下河床不发生淤积

(D)保证流冰、流木的安全通过

分析

桥孔布设应满足的要求有:①满足排洪和输沙的要求,即保证设计洪水以内的各级洪水及其所挟带的泥沙能从桥下顺利通过,并满足通航、流水、流木及其他漂浮物通过;②从安全和经济两方面着眼,同时应考虑桥孔长度、桥前壅水和桥下冲刷的相互影响。还应考虑桥位上下游已建或拟建的水利工程、通航码头和管线等引起的河床演变对桥孔的影响。故本题选B。

例11　桥下断面一般冲刷现象是由于( )的结果。

(A)河床自然演变

(B)暴雨、泥石流等自然灾害

(C)水流受墩台阻挡,在墩台附近发生冲刷

(D)桥孔压缩了水流过水断面

分析

在河上建桥后,由于桥梁压缩水流,致使桥下流速增大,水流挟沙能力增强,在桥下产生冲刷。随着冲刷的发展,桥下河床加深,过水面积加大,流速逐渐下降;待达到新的输沙平衡状态,或桥下流速降低到河床质的允许不冲刷流速时,冲刷即停止。这种由于建桥后压缩水流而在桥下河床全断面内发生的普通冲刷,称为一般冲刷。故本题选D。

例12　桥下河床因建桥而引起的冲刷有( )。

  (A)自然演变冲刷   (B)一般冲刷

  (C)局部冲刷   (D)动床冲刷

分析

在河上建桥后,由于桥梁压缩水流,致使桥下流速增大,水流挟沙能力增强,在桥下产生冲刷。建桥后,流向桥墩的水流受到桥墩阻挡,桥墩周围的水流结构发生急剧变化,水流的绕流使流线严重弯曲,床面附近形成螺旋形水流,剧烈淘刷桥墩周围,特别是迎水面的河床泥沙,形成冲刷坑的现象,即局部冲刷。故本题选 BC。

例13 桥位选择在水文方面的要求有( )。

(A)应选择在稳定的古河道河段上

(B)应选择在狭窄的河道以避免桥梁过长

(C)桥位轴线宜与中、高洪水位时的流向正交

(D)桥位与水流斜交,应避免在引道上游形成水袋;若不可避免时,应采取相应措施

分析

根据《公路工程水文勘测设计规范》(JTG C30—2015)第4.1.3条,桥位选择在水文方面应符合下列规定:①桥位应选在河道顺直、稳定、较窄的河段上;②桥位选择应考虑河道的自然演变及建桥后对天然河道的影响;③桥轴线宜与中、高洪水位时流向正交。斜交时应在孔径及墩台基础设计中考虑其影响。故本题选 BCD。

自 测 模 拟

(第1~13题为单选题,第14~21题为多选题)

1.某河段上、下断面的河底高程分别为 725mm 和 425mm,河段长120km,则该河段的河道纵比降为( )。

(A)0.25 (B)2.5

(C)2.5% (D)2.5‰

2.径流的影响因素中,植被属于( )。

(A)下垫面因素 (B)气候气象因素

(C)人类活动的影响 (D)以上都不是

3.设计洪水计算首选的理论频率曲线是( )。

(A)皮尔逊Ⅰ型曲线 (B)皮尔逊型Ⅲ曲线

(C)极值Ⅰ型曲线 (D)皮尔逊Ⅱ型曲线

4.当缺乏观测资料时,根据( )推算设计流量。

(A)地区经验公式 (B)求矩适线法

(C)相关分析 (D)经验频率曲线法

5.设计洪水是指( )。

（A）符合设计标准要求的洪水

（B）设计断面的最大洪水

（C）任一频率的洪水

（D）历史最大洪水

6. 在流速较大的山区峡谷河段建桥时,桥孔的布置方式一般采用(　　　)。

　　（A）一孔跨越　　　　　　　　　（B）多孔跨越

　　（C）拱桥形式　　　　　　　　　（D）简支梁桥

7. 对于冲积漫流河段上大中桥的桥孔布设,下列要求不准确的是(　　　)。

　　（A）可采用一河一桥或一河多桥。采用一河多桥方案时,各汊流流量要给予一定的加大系数

　　（B）设计的桥孔长度可以压缩洪水的排泄及输沙宽度

　　（C）桥下净高度要考虑可能的股流自然壅高和床面淤积升高

　　（D）桥址的选择对路线的总方向影响很大,应特别重视与路线方向的配合

8. 普通不通航河段,桥面中心最低高程包括(　　　)。

①设计水位 H_s;②桥下净空高度 ΔH_j;③桥梁上部构造建筑高度 ΔH_0;④各种水面升高值之和 $\sum \Delta H$;⑤流冰或流木水位

　　（A）①②③④　　　　　　　　　（B）①②③④⑤

　　（C）②③④　　　　　　　　　　（D）②③⑤

9. 桥孔设计时首先应满足的要求是(　　　)。

　　（A）保证通航安全　　　　　　　（B）保证设计洪水安全通过

　　（C）保证桥下河床不发生淤积　　（D）保证流冰、流木的安全通过

10. 位于通航河段的桥梁,影响桥面高程的决定性因素是(　　　)。

　　（A）桥前壅水　　　　　　　　　（B）设计洪水位

　　（C）设计通航水位　　　　　　　（D）通航净空高度

11. 位于非通航河段的桥梁,影响桥面高程的决定性因素是(　　　)。

　　（A）桥前壅水　　　　　　　　　（B）设计洪水位

　　（C）河床淤积　　　　　　　　　（D）安全净空高度

12. 影响桥梁墩台局部冲刷深度的关键因素是(　　　)。

　　（A）泥沙粒径　　　　　　　　　（B）墩台形状

　　（C）桥下水深　　　　　　　　　（D）桥前流速

13. 当水流速度从小到大逐步增加时,桥下一般冲刷与局部冲刷的关系是( )。
   (A)先发生一般冲刷后发生局部冲刷
   (B)先发生局部冲刷后发生一般冲刷
   (C)一般冲刷和局部冲刷同时发生
   (D)何种冲刷先发生是随机的

14. 桥下河床因建桥而引起的冲刷有( )。
   (A)自然演变冲刷 　　　　　　(B)一般冲刷
   (C)局部冲刷 　　　　　　　　(D)动床冲刷

15. 频率曲线统计参数计算常采用的方法有( )。
   (A)求矩适线法 　　　　　　　(B)三点适线法
   (C)绘线读点补矩法 　　　　　(D)相关分析

16. 河流的基本特征包括( )。
   (A)河流长度 　　　　　　　　(B)河流断面
   (C)河流比降 　　　　　　　　(D)河网密度

17. 平原宽滩河段桥位选择的要求和特点有( )。
   (A)宜选在河滩地势较低、河槽居中的河段上
   (B)当流量比较大且滩内汊流距主槽较远时,宜选在河滩地势有利于分流的河段上
   (C)宜选在稳定、顺直和滩槽流量比较小的河段上
   (D)如桥位上游有村镇,宜选在村镇的上游

18. 岩溶地区桥位选择符合规定的有( )。
   (A)桥位宜避开强岩溶地区,选择岩溶发育轻微的区域
   (B)桥位应避开巨大洞室、大竖井和构造破碎带
   (C)桥位不宜设在非可岩溶层地带上,宜设在可岩溶层与非可岩溶层的接触带上
   (D)地下河范围内宜设桥

19. 桥孔设计应考虑的因素有( )。
   (A)设计流量及水位 　　　　　(B)通航要求
   (C)流冰流木 　　　　　　　　(D)河床冲刷

20. 进行非通航河段的桥孔设计时,应考虑( )等因素所引起的桥下水位升高。
   (A)桥前壅水 　　　　　　　　(B)波浪高度
   (C)河床淤积 　　　　　　　　(D)河湾超高

21. 影响通航河段桥面高程的主要因素是(　　)。
　(A)设计洪水位　　　　　　　(B)设计最高通航水位
　(C)通航净空高度　　　　　　(D)桥面铺装高度

参考答案

1. D　　2. A　　3. B　　4. A　　5. A　　6. A　　7. B　　8. A　　9. B

10. D　　11. B　　12. D　　13. B　　14. BC　　15. ABC　　16. ABC

17. BCD　　18. AB　　19. ABCD　　20. ABCD　　21. BC

第五章
Chapter 5

∨

隧 道 工 程

思维导图

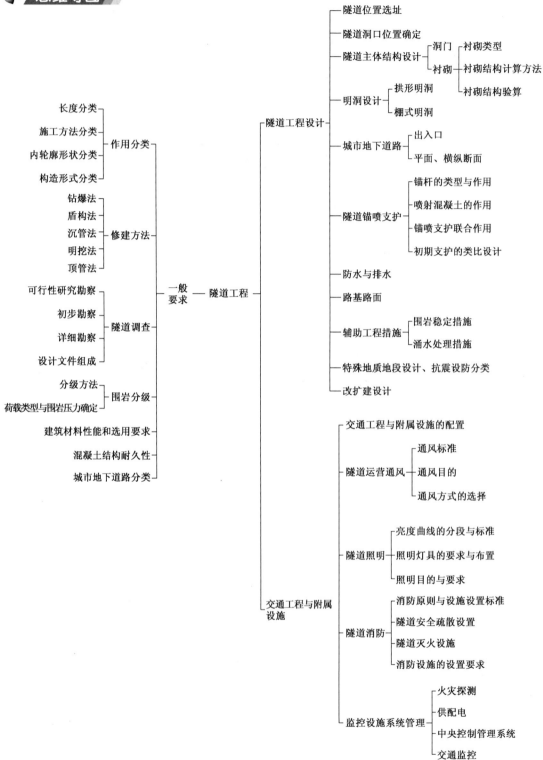

第一节　一般要求

依据规范

《公路隧道设计规范　第一册　土建工程》(JTG 3370.1—2018)

《公路隧道施工技术规范》(JTG F60—2009)

《公路隧道设计细则》(JTG/T D70—2010)

《公路隧道养护技术规范》(JTG H12—2015)

《城市地下道路工程设计规范》(CJJ 221—2015)

《盾构法隧道施工与验收规范》(GB 50446—2017)

重点知识

一、熟悉隧道功能和分类

隧道是指专门用于道路运输的地下结构工程。在公路交通建设中采用隧道方案具有改善道路线形、缩短运营里程、避免不良地质灾害等作用。随着现代化公路的发展,隧道在公路建设中,尤其在山区公路建设中起着越来越重要的作用。

公路隧道按其长度可分为四类,见表5-1-1。

公路隧道长度分类　　　　　　　　　　　表5-1-1

分类	特长隧道	长隧道	中隧道	短隧道
长度 $L(m)$	$L > 3000$	$3000 \geqslant L > 1000$	$1000 \geqslant L > 500$	$L \leqslant 500$

注:隧道长度是指两端洞口衬砌端面与隧道轴线在路面顶交点间的距离。

从修建隧道的施工方法来看,又可将隧道划分为:钻爆法施工隧道、机械法开挖隧道、明挖隧道、顶管隧道、沉管隧道、盾构隧道等。若按隧道内轮廓形状划分,隧道可分为:矩形隧道、直墙拱形隧道和曲墙拱形隧道。此外,还可按构造形式将隧道划分为:连拱隧道、分离式隧道、小净距隧道和棚洞。

我国目前所建成的公路隧道绝大部分是采用钻爆法(矿山法)施工的隧道。随着科技的发展,传统隧道修建技术在不断完善和发展的同时,出现了各种新的隧道修建技术,如盾构法、沉管隧道、明挖隧道等。

1. 盾构法

盾构法是现阶段在水底、软弱地层中修建交通隧道和地铁以及各种用途管道时广泛采用的施工方法之一。盾构法是使用"盾构"机械,在围岩中推进,一边防止土砂崩塌,一边在其内部进行开挖、衬砌作业修建隧道的方法。"盾构"机械实质上是一种可以掩护隧道施工人员在地下安全作业的掘进机器。

用盾构法修建的隧道称为盾构隧道,盾构按其功能不同又有普通盾构、机械化盾构、压匀盾构及加压泥水盾构等多种。

2. 沉管隧道

沉管隧道是在水底预先挖好沟槽,把在陆上其他地点预制的适当长度的管体,两端用临时封墙密封,制成以后用拖轮拖运到隧址指定位置上,待管段定位就绪后,往管段中注水加载,使之下沉,然后将沉设完毕的管段在水下连接起来,覆土回填,完成隧道。它是修建水底隧道常用的施工方法。

3. 明挖隧道

山区隧道工程的洞口地段和洞身覆盖过薄地段,暗挖施工地层不能形成稳定的自然拱,常采用明挖方式修建洞身衬砌,从地表面向下开挖,在预定位置修筑结构物,然后在外部回填土石来掩盖和防护衬砌,这种类似隧道的结构称为明洞。

明洞在山区道路建设中一般用于以下几方面:

(1)防护隧道洞口。当隧道洞口正面或侧面山坡高陡,为了根除落石塌方病害,一般要延长洞身修建明洞,以保证运营安全,如图 5-1-1 所示。

(2)对一些自然山坡洞口开挖后可能产生顺层滑动,以及洞口地层稳定性差、洞顶覆盖薄等不利地段,一般均在洞口设置一段明洞,利用洞顶回填支撑山坡。

(3)防治路堑病害。对边坡防护工程量大的路堑或半路堑,从根治剥蚀、落石、坍塌、流泥等病害出发,常采用明洞工程。

(4)用作引跨建筑物。如对横跨路线路堑的铁路、公路桥跨,或较为宽阔的沟谷渡槽。

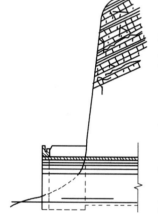

图 5-1-1　用明洞防治危岩落石

明挖法也应用在城市建设的许多方面,如城市地下道路、地铁车站、地下车库、地下商场、过街地道等。

明挖法多用于埋深小于 40m 的场合。随着埋深的增加,明挖法的投资、工期都将增大,因此,采用明挖法时要进行充分的比较。

4. 顶管隧道

顶管法施工是继盾构法施工之后发展起来的地下小断面隧道和管道施工的方法,因此,用此法施工的小断面隧道也称为顶管隧道。跟盾构机类似,顶管机也有土压平衡、水压平衡等顶管机头。顶管法适用于软土或富水软土层;无须明挖土方,对地面影响小;多用于市政工程的中小型管道施工和穿越公路、铁路、河流、地面建筑物的地下管道施工,也可用于开挖小断面隧道。

二、熟悉隧道设计应考虑的因素与设计要点

(1)隧道应根据道路等级和功能,结合隧道所处区域的地形、地质、施工、运营、管理等条件,拟订多个设计方案,进行技术、经济和环境保护等要素的比较与综合设计,充分发挥隧道的

功能。隧道设计应达到以下目标：

①保证隧道结构达到相应的设计基准期，符合耐久性要求。

②保证施工及运营过程中的安全，为使用者提供相对舒适的使用环境。

③减少对自然环境的破坏，注意节约能源，保持自然景观和人文景观相协调。

（2）应根据公路等级与隧道的功能来确定隧道平、纵线位。必须按永久性建筑来设计隧道洞门、支护衬砌、附属风道、风井、预留洞室及防排水构造物等主体结构，使其达到规定的强度、稳定性和耐久性。

（3）隧道应进行专门的防排水设计，洞内、洞口与洞外应形成完整的防排水系统。隧道衬砌及路面的防排水设计应遵照"防、排、截、堵相结合，因地制宜，综合治理"的原则，对地表水和地下水进行妥善处理。

（4）隧道路基路面的结构层次和组成材料应根据公路等级、隧道长度、交通等级、当地环境条件和材料供应等因素综合选定，应保证路面具有足够的强度、反光度、平整度、耐久性、抗滑性能、防火性能以及可维修性。

（5）隧道支护衬砌、防排水、路面等主体结构与通风、照明、供配电、消防、交通监控等运营管理设施之间的设计应相互协调，形成合理的综合设计。在隧道设计过程中，应充分重视运营管理设施的预留预埋、沟管的需求与接地系统等设计，应特别注意大型设备洞室及通风附属洞室与主体结构的关系，设计中应遵循"方便施工，方便使用"的原则，相互之间不应出现干扰。建成的隧道应能适应长期运营的需要，便于维修作业。

（6）隧道支护衬砌设计应注意体现动态设计与信息化施工。应制订监控量测方案，在隧道施工过程中应进行监控量测。应制订超前地质预报方案，隧道长度大于或等于1000m时应进行超前地质预报工作；地质条件复杂的隧道长度小于1000m时，宜进行超前地质预报工作。

（7）隧道抗震设计应达到"小震不坏，中震可修，大震不垮"的目标。在抗震设防烈度大于或等于Ⅶ度的高烈度地震区，隧道宜选择抗震有利地带通过，规避地震危险地带及抗震不利地带。

（8）隧道通过浅埋、偏压、软弱围岩、断层破碎带、岩溶、大面积淋水或涌水等不良地形与地质地段时，应采用适当的辅助施工措施。

（9）隧道设计应贯彻国家有关技术经济政策，积极慎重地推广新技术、新材料、新设备、新工艺。

（10）隧道设计必须执行国家有关国土管理、环境保护、水土保持等法规的规定。

三、熟悉城市地下道路分类、设计原则

1. 城市地下道路分类

（1）根据服务对象可分为机动车专用地下道路和机动车与行人非机动车共用地下道路。

（2）根据服务车型可分为混行车地下道路和小客车专用地下道路。

（3）按主线封闭段长度分为4类，并应符合表5-1-2的规定。

城市地下道路按主线封闭段长度分类　　　　　　　　表5-1-2

分　类	特长距离地下道路	长距离地下道路	中等距离地下道路	短距离地下道路
长度 L(m)	$L > 3000$	$3000 \geqslant L > 1000$	$1000 \geqslant L > 500$	$L \leqslant 500$

（4）根据主线封闭段长度及交通情况，按防火设计要求分为4类，并应符合表5-1-3的规定。

城市地下道路防火设计分类　　　　　　　　表5-1-3

用　途	一　类	二　类	三　类	四　类
可通行危险化学品等机动车	$L > 1500$	$1500 \geqslant L > 500$	$L \leqslant 500$	—
仅限通行非危险化学品等机动车	$L > 3000$	$3000 \geqslant L > 1500$	$1500 \geqslant L > 500$	$L \leqslant 500$

注：L 为主线封闭段的长度（m）。

2．设计原则

（1）城市地下道路设计应符合现行行业标准《城市道路工程设计规范》（CJJ 37）的规定，并应符合下列规定：

①加强对基础资料调研；与城市路网合理衔接，与区域路网规划、区域地下空间规划相结合；符合城市地下空间规划确定的深度分层、限界。

②处理好与地面交通、城市历史风貌、城市空间环境的关系；处理好与市政管线、轨道交通设施、综合管廊及地下文物等其他地下基础设施关系，合理安排集约化利用地下空间。

（2）平面、纵断面和横断面应进行综合设计，保证视距安全，确保行车安全与舒适。

（3）做好出入口位置、间距和形式的综合设计及出入口交通组织，协调与地面交通的衔接，保证地下道路主线通畅，进出交通有序，与周边路网衔接顺畅。

（4）交通设施设计应加强安全行车引导，交通设施应简洁、可视性好、易识别。

（5）路面结构应满足耐久性和稳定性的要求，采用沥青混凝土路面应具有阻燃性好、噪声低的性能。

（6）应根据结构与通风、供电、照明、监控、防灾等设施之间的协调进行综合设计。

（7）排水应与地面排水系统综合设计。

（8）应在满足安全、经济、可靠的原则下，体现节能环保，宜选用高效、低能耗的设备系统，对通风、照明等能耗较大的设备应采取全面的节能设计。

（9）应开展景观设计，洞口、洞内装饰以及风亭等美化设计应与周围城市环境相协调。

（10）应根据工程地质与周边环境，从技术、经济、工期、环境影响等方面综合比较，选择合理的结构形式和施工方法。

（11）城市地下道路结构应分别对施工阶段和使用阶段按承载能力极限状态及正常使用极限状态进行设计。

（12）城市地下道路设计应根据规划预留必要的实施条件。

四、熟悉隧道调查内容和要求

1．隧道施工前的调查

隧道调查分为施工前调查和施工中调查两个阶段，施工前调查的内容、范围、精度等应符合相应设计阶段的要求。隧道的设计通常要经过可行性研究、初步设计、施工图设计三个阶段。公路隧道勘察阶段的划分应与公路隧道设计阶段相适应,一般分为可行性研究勘察(踏勘)、初步勘察(初勘)与详细勘察(详勘)三个阶段。

(1)可行性研究勘察

公路隧道可行性研究按其工作深度分为预可行性研究和工程可行性研究。在预可行性研究中,主要侧重于收集与研究已有文献资料,而在工程可行性研究中,需在分析已有资料的基础上,通过踏勘,对各个可能方案做实地调查,并对不良地质地段等重要工点进行必要的勘探,大致查明地质情况。

(2)初步勘察

初步勘察是在批准的工程可行性研究报告推荐建设方案的基础上,在初步选定的路线内进行勘察,其任务是满足初步设计对资料的要求。根据工程地质条件,优选路线方案,在路线基本走向范围内,对可能作为隧道线位的区间进行初勘,重点勘察不良地质地段,以明确隧道能否通过或如何通过,提供编制初步设计所需的全部工程地质资料。

(3)详细勘察

详细勘察的目的是根据已批准的初步设计文件中所确定的修建原则、设计方案、技术指标等设计资料,通过详细工程地质勘察,为线位布设和编制施工图设计提供完整的工程地质资料。其任务是在初勘的基础上,进行补充校对,进一步查明沿线的工程地质条件,以及重点工程与不良地质区段的工程地质特征,为确定隧道位置的施工图设计提供详细的工程地质资料,以满足施工图设计的要求。

2. 隧道施工中的调查

隧道施工中的调查主要是核实和预测施工中遇到的地质问题,为修改设计,调整施工提供依据。其内容为根据开挖揭露的围岩情况,核定地层岩性、地质构造、地下水等,分析判定实际围岩级别;探测和预报隧道开挖前方可能出现的围岩条件,不良地质条件及其位置、性质、规模等,手段主要为洞内观测、量测和超前探测预报等,调查范围为隧道内及地面受施工影响的范围。

3. 地形、地质调查工作的规定

(1)当隧道地区存在区域性断裂构造时,特别是存在全新活动的断裂和发震断层时,应调查新构造活动的痕迹、特点和与地震活动的关系,并查明其对隧道工程的影响程度。

(2)当隧址区存在影响隧道方案的重大不良地质、特殊岩土情况时,应进一步搜集调查地质资料,综合分析,预测隧道开挖后可能出现坍方、滑动、高地应力、岩溶、突水突泥、流沙及有害气体溢出等地段,并提出相应的工程措施。

(3)水文地质条件复杂的隧道除应按一般隧道进行调查、勘探、试验外,必要时还应进行水文地质动态观测或进行专题研究。

(4)沿河傍山地段的隧道,应调查分析斜坡地质结构特征及其稳定性、水流冲刷对山体及洞身稳定的影响。

(5)濒临水库的隧道,应查明岸坡的稳定性、水库库容及水位(含浪高和壅水高)等。当隧道洞口位于岩溶洼地或冲沟谷底时,应查明洼地或谷底季节性壅水的最高水位。

五、熟悉隧道围岩分级及结构上的荷载分类和组合

1. 围岩分级

围岩分级是正确进行隧道或其他地下洞室设计、施工的基础,因而一个完善的、符合工程实践的围岩分级,对于改善隧道或其他地下洞室的结构设计、发展新的施工工艺、降低工程造价等都有十分重要的意义。

1)分级指标

公路隧道与其他地下工程相比,具有自身的一些特点,如长度大,但断面形状、尺寸的变化小,隧道位置受路线方案的控制,局部地质条件不易选择,因而地质条件变化幅度大,甚至要在较差的地质条件下进行隧道建设。从公路隧道的特点出发,围岩分级主要考虑以下几个方面:

(1)强调岩体地质特征的完整性和稳定性,避免单一的岩石强度指标的方法。

(2)分级指标应采用定性和定量指标相结合的方式。

(3)明确工程目的和内容,并提出相应的措施。

(4)分级应简明,便于使用。

(5)应考虑吸收其他围岩分级的优点,并尽量和我国其他通常围岩分级一致。

由于影响公路隧道围岩稳定性的诸因素,应该考虑的指标也是多方面的。但在实际工作中,由于测试指标的困难,出于有的影响因素不易用定量的指标加以表示,或者由于工程的要求不同,在围岩分级中要全面地反映所有的影响因素,考虑许多指标,不仅困难,从当前学科发展的技术状况来看,也是不现实的。因此,实际围岩分级主要考虑如下几个方面的指标:

(1)围岩的结构特征和完整状态。

(2)岩石的物理力学性质。

(3)地下水影响。

(4)构造应力影响。

(5)主要软弱结构面产状影响。

2)分级综合评判方法

公路隧道围岩分级综合评判方法通常采用两步分级,并按以下顺序进行。

(1)根据岩石的坚硬程度和岩体完整程度两个基本因素的定性特征和定量的岩体基本质量指标 BQ,综合进行初步分级。

$$BQ = 100 + 3R_c + 250K_v \tag{5-1-1}$$

式中:BQ——岩体基本质量指标;

R_c——岩石单轴饱和抗压强度;

K_v——岩体完整性指数。

使用式(5-1-1)时,应遵守下列限制条件:

①当 $R_c > 90K_v + 30$ 时,应以 $R_c = 90K_v + 30$ 和 K_v 代入计算 BQ 值;

②当 $K_v > 0.04R_c + 0.4$ 时,应以 $K_v = 0.04R_c + 0.4$ 和 R_c 代入计算 BQ 值。

(2)对围岩进行详细定级时,应在岩体基本质量分级基础上考虑地下水、主要软弱结构面产状、初始应力状态等因素的影响,修正岩体基本质量指标值。

围岩基本质量指标修正值$[BQ]$可按式(5-1-2)计算:

$$[BQ] = BQ - 100(K_1 + K_2 + K_3) \tag{5-1-2}$$

式中：$[BQ]$——围岩基本质量指标修正值；

　　　K_1——地下水影响修正系数；

　　　K_2——主要软弱结构面产状影响修正系数；

　　　K_3——初始应力状态修正系数。

K_1、K_2、K_3值，可分别按《公路隧道设计规范　第一册　土建工程》（JTG 3370.1—2018）附录 A 中表 A.0.3-1、表 A.0.3-2、表 A.0.3-3 确定。

根据围岩基本质量指标 BQ（或围岩基本质量指标修正值$[BQ]$）的数值范围，可将公路隧道围岩分为 6 级，具体见表 5-1-4。

公路隧道围岩级别划分 表 5-1-4

围岩级别	围岩岩体或土体主要定性特征	岩体基本质量指标 BQ 或岩体修正质量指标 $[BQ]$
I	坚硬岩，岩体完整	>550
II	坚硬岩，岩体较完整； 较坚硬岩，岩体完整	550~451
III	坚硬岩，岩体较破碎； 较坚硬岩，岩体较完整； 较软层，岩体完整，整体状或巨厚层状结构	450~351
IV	坚硬岩，岩体破碎； 较坚硬岩，岩体较破碎~破碎； 较软岩，岩体较完整~较破碎； 软岩，岩体完整~较完整	350~251
	土体：1. 压密或成岩作用的黏性土及砂性土； 　　　2. 黄土（Q_1、Q_2）； 　　　3. 一般钙质、铁质胶结的碎石土、卵石土、大块石土	
V	较软岩，岩体破碎； 软岩，岩体较破碎~破碎； 全部极软岩和全部极破碎岩	≤250
	一般第四系的半干硬至硬塑的黏性土及稍湿至潮湿的碎石土、卵石土、圆砾、角砾土及黄土（Q_3、Q_4）。非黏性土呈松散结构，黏性土及黄土呈松软结构	
VI	软塑状黏性土及潮湿、饱和粉细砂层、软土等	

注：本表不适用于特殊条件的围岩分级，如膨胀性围岩、多年冻土等。

2. 作用在隧道上的荷载

1）作用在隧道上的荷载类型及荷载组合的基本要求

作用在隧道上的荷载主要有永久荷载、可变荷载和偶然荷载（表 5-1-5）。设计隧道结构时，在隧道结构上可能同时出现的荷载，应按承载能力和满足正常使用要求的检验分别进行组合，并按最不利组合进行设计。

对于表 5-1-5 所列之外的其他特殊荷载，在荷载计算与组合时应作特殊处理。

隧 道 荷 载 分 类   表 5-1-5

编 号	荷 载 分 类		荷 载 名 称
1	永久荷载		围岩压力
2			土压力
3			结构自重力
4			结构附加恒载
5			混凝土收缩和徐变的影响力
6			水压力
7	可变荷载	基本可变荷载	公路车辆荷载,人群荷载
8			立交公路车辆荷载及其所产生的冲击力、土压力
9			立交铁路列车活载及其所产生的冲击力、土压力
10			立交渡槽流水压力
11		其他可变荷载	温度变化的影响力
12			冻胀力
13			施工荷载
14	偶然荷载		落石冲击力
15			地震力

注:编号 1~10 为主要荷载;编号 11、12、14 为附加荷载;编号 13、15 为特殊荷载。

2)永久荷载

(1)深埋隧道围岩压力

深埋隧道松散荷载垂直均布压力及水平均布压力,在不产生显著偏压及膨胀力的围岩条件下,可按《公路隧道设计规范 第一册 土建工程》(JTG 370.1—2018)第 6.2.2 条和附录 D.0.1 条的相关公式确定。

垂直均布压力按式(5-1-3)计算。

$$q = \gamma h \tag{5-1-3}$$

$$h = 0.45 \times 2^{S-1} \omega$$

式中:q——垂直均布压力(kN/m^2);

    γ——围岩重度(kN/m^3);

    h——围岩压力计算高度(m);

    S——围岩级别;

    ω——宽度影响系数,$\omega = 1 + i(B - 5)$;

    B——隧道宽度(m);

    i——隧道宽度 B 每增减 1m 时的围岩压力增减率,以 $B = 5m$ 的围岩垂直均布压力为准,按表 5-1-6 取值。

围岩压力增减率 i 取值表   表 5-1-6

隧道宽度 B(m)	$B < 5$	$5 \leq B < 14$	$14 \leq B < 25$	
围岩压力增减率 i	0.2	0.1	考虑施工过程分导洞开挖	0.07
			上下台阶法或一次性开挖	0.12

水平均布压力按表5-1-7的规定确定。

围岩水平均布压力

表5-1-7

围岩级别	Ⅰ、Ⅱ	Ⅲ	Ⅳ	Ⅴ	Ⅵ
水平均布压力	0	$<0.15q$	$(0.15\sim0.3)q$	$(0.3\sim0.5)q$	$(0.5\sim1.0)q$

（2）浅埋隧道围岩压力

①按荷载等效高度,结合地质条件和施工方法等因素确定隧道是否属于浅埋隧道:

$$H_p = (2\sim2.5)\,h_q \tag{5-1-4}$$

式中:H_p——浅埋隧道分界深度(m);

h_q——荷载等效高度(m),计算公式为 $h_q = q/\gamma$;

q——按式(5-1-3)计算的深埋垂直均布压力(kN/m²);

γ——围岩重度(kN/m³)。

对钻爆法施工的隧道,H_p 取值按围岩级别不同,Ⅰ～Ⅲ级围岩取 $H_p = 2h_q$,Ⅳ～Ⅵ级围岩取 $H_p = 2.5h_q$。

②浅埋隧道围岩压力计算:

a. 当隧道埋深 $H \leqslant h_q$ 时,荷载可视为上覆岩土的垂直均布压力:

$$q = \gamma H \tag{5-1-5}$$

式中:q——垂直均布压力(kN/m²);

γ——上覆岩土重度(kN/m³);

H——隧道埋深,即洞顶至地面的距离(m)。

此时侧向压力 e 也按均布压力考虑:

$$e = \gamma\left(H + \frac{H_t}{2}\right)\tan^2\left(45° - \frac{\phi_c}{2}\right) \tag{5-1-6}$$

式中:e——侧向均布压力(kN/m²);

ϕ_c——围岩计算摩擦角(°),其值可按表5-1-8取值;

H_t——隧道高度(m)。

围岩计算摩擦角

表5-1-8

围岩级别	Ⅰ	Ⅱ	Ⅲ	Ⅳ	Ⅴ	Ⅵ
围岩计算摩擦角(°)	>78	$70\sim78$	$60\sim70$	$50\sim60$	$40\sim50$	$30\sim40$

b. 当隧道埋深 $h_q < H \leqslant H_p$ 时,作用在支护结构上的换算均布压力 $q_{浅}$(图5-1-2)为:

$$q_{浅} = \gamma H\left(1 - H\lambda\frac{\tan\theta}{B_t}\right) \tag{5-1-7}$$

式中:$q_{浅}$——作用在支护结构上的换算均布压力(kN/m²);

B_t——隧道开挖宽度(m);

θ——滑面的摩擦角(°);

λ——侧压力系数。

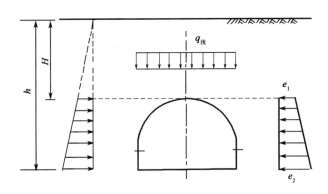

图 5-1-2　浅埋隧道围岩压力计算

式(5-1-7)中 θ、λ 取值见《公路隧道设计规范　第一册　土建工程》(JTG 3370.1—2018)附录 D。

作用在支护结构上的水平侧压力为：

$$\begin{cases} e_1 = \gamma H \lambda \\ e_2 = \gamma h \lambda \end{cases} \tag{5-1-8}$$

若将侧压力视为均布压力,则有：

$$e = 0.5(e_1 + e_2) \tag{5-1-9}$$

隧道采用明挖施工时,明洞荷载计算可参考《公路隧道设计规范　第一册　土建工程》(JTG 3370.1—2018)附录 H 的公式确定。

当隧道可能产生偏压时,应根据偏压的状态和程度采取相应的治理措施,当预期不能消除偏压影响时,应在荷载组合与分布中加以考虑。作用于隧道衬砌上的偏压力,应视地形、地质条件以及围岩的覆盖厚度确定。偏压隧道的围岩压力计算方法可按《公路隧道设计规范　第一册　土建工程》(JTG 3370.1—2018)附录 E 的公式确定。

此外,作用于洞门墙墙背的主动土压力可按库仑理论计算,当墙背仰斜或直立时,土压力采用水平方向,其值可按《公路隧道设计规范　第一册　土建工程》(JTG 3370.1—2018)附录 J 确定。

(3)其他永久荷载

隧道结构自重可按结构设计尺寸及材料标准重度计算,结构附加恒载一般应按实际情况计算。

3)可变荷载

(1)明洞上公路车辆荷载及其所产生的冲击力、土压力,应按照《公路桥涵设计通用规范》(JTG D60—2015)的有关规定计算。

(2)明洞上立交铁路列车活载及其所产生的冲击力、土压力,应按照《铁路桥涵设计规范》(TB 10002—2017)的有关规定计算。

(3)变形受约束的结构,应考虑温度变化和混凝土收缩徐变对结构的影响。

(4)最冷月份平均气温低于 −15℃地区的隧道应考虑冻胀力,冻胀力可根据当地的自然条件、围岩冬季含水率及排水条件等通过研究确定。

（5）施工荷载应根据施工阶段、施工方法和施工条件确定。

4）偶然荷载

（1）当有落石危害需检算冲击力时，可通过现场调查或有关计算验证。

（2）地震荷载应按现行《公路工程抗震规范》（JTG B02—2013）的规定计算确定。

六、熟悉隧道工程建筑材料性能和选用要求

1. 隧道建筑材料的要求

（1）隧道建筑材料应符合结构承载能力、正常使用和耐久性的要求，符合抗冻、抗渗和抗侵蚀的需要。

（2）隧道衬砌防水应充分利用衬砌混凝土结构的自防水能力，其抗渗等级不低于 P8。

（3）当处于特殊腐蚀性环境时，混凝土和水泥砂浆应采用具有抗侵蚀性能的特种水泥和集料配制，其抗侵蚀性能的要求视水的侵蚀特征确定。

（4）最冷月份平均气温低于 −15°C 的地区及受冻害影响的隧道，混凝土及水泥砂浆的强度等级应适当提高，防水混凝土的抗渗等级也应提高。

（5）喷射混凝土的强度等级不应低于 C20；钢筋混凝土结构的混凝土的强度等级不应低于 C25；预应力混凝土结构的混凝土的强度等级不应低于 C30。

（6）根据不同的料源情况，在保证结构需要的前提下，做到因地制宜、就地取材。

2. 混凝土和砌体所用材料的要求

（1）不应使用碱活性集料配制混凝土。

（2）钢筋混凝土构件中，钢筋的技术条件应符合现行《钢筋混凝土用钢》（GB 1499）的规定。

（3）片石强度等级不应低于 MU40，块石强度等级不应低于 MU60，混凝土砌块强度等级不应低于 MU20。禁止采用有裂缝和易风化的石材。

（4）片石混凝土内片石掺用量不得超过总体积的 30%。

（5）抗冻混凝土的水泥应选用硅酸盐水泥或普通硅酸盐水泥，不宜使用火山灰质硅酸盐水泥。抗冻混凝土必须掺加引气剂；水泥掺合料、外加剂的品种和数量，水灰比及含气量等应通过试验确定。

3. 喷锚支护采用材料的要求

（1）喷射混凝土优先采用硅酸盐水泥或普通硅酸盐水泥，也可采用矿渣硅酸盐水泥。

（2）集料级配宜采用连续级配。粗集料应采用坚硬耐久的碎石或卵石，不得使用碱活性材料；细集料应采用坚硬耐久的中砂或粗砂，细度模数宜大于 2.5，砂的含水率宜控制在 5% ~ 7%；喷射混凝土中的石子粒径不宜大于 16mm，喷射钢纤维混凝土中的石子粒径不宜大于 10mm。

（3）锚杆的直径宜为 20~32mm，砂浆锚杆杆体材料宜采用 HRB500、HRB400 热轧带肋钢筋；垫板材料宜采用 Q235 钢。

（4）中空锚杆材料宜用 Q345 结构用无缝钢管，杆体断后伸长率 A 不应小于 16%，并应符

合现行《结构用无缝钢管》(GB/T 8162)的规定。

(5)锚杆支护采用的各种水泥砂浆强度等级不应低于 M20。

(6)钢筋网材料可采用 HPB300 钢,直径宜为 6 ~ 12mm。

七、掌握混凝土结构耐久性设计的要求

1.隧道混凝土结构的耐久性要求

隧道混凝土结构应采取满足耐久性要求的构造设计,并遵循可检查、可维修的基本原则,主要内容包括:

(1)有利于减轻环境作用的结构形式、布置和构造。

(2)钢筋的混凝土保护层最小厚度要求。

(3)混凝土裂缝控制要求。

(4)防水、排水等构造措施。

2.钢筋的混凝土保护层

(1)对于直接接触土体浇筑的模筑钢筋混凝土衬砌,保护层厚度不应小于 70mm;对于直接接触喷射混凝土或防水板浇筑的模筑混凝土,保护层厚度不应小于 60mm;对于钢筋网喷射混凝土,钢筋网的混凝土保护层厚度不应小于 20mm。

(2)对于喷射混凝土内设置的钢架,当围岩内的环境作用等级为 C 级及以下时,钢架靠围岩一侧的混凝土保护层厚度不应小于 40mm;当围岩内的环境作用等级为 D 级及以上时,钢架靠围岩一侧的混凝土保护层厚度不应小于 60mm。临空面一侧的混凝土保护层厚度不宜小于 20mm。

3.裂缝控制

(1)隧道衬砌结构,其计算的最大裂缝宽度不应超过表 5-1-9 规定的限值。

隧道衬砌结构的最大裂缝宽度限值 表 5-1-9

环 境 类 型	环境作用等级	最大裂缝宽度限值(mm)
一般环境	I -A, I -B	0.20
	I -C	0.15
冻融环境	II -C	0.20
	II -D	0.15
	II -E	0.10

注:近海或海洋氯化物环境、除冰盐等其他氯化物环境、盐结晶环境和化学腐蚀环境等类型的最大裂缝宽度限值详见《公路工程混凝土结构耐久性设计规范》(JTG/T 3310—2019)表 7.3.1。

(2)当隧道衬砌采用素混凝土结构时,应采取有效的混凝土防裂措施。例如,在混凝土中适当添加纤维等材料,提高抗裂性。

4.构造措施

(1)隧道结构的施工缝、伸缩缝等接缝的部位,宜避开不利的环境作用;当可能遭受腐蚀性环境侵蚀时,应对接缝部位加强防排水、封堵措施,并宜采取附加防腐蚀措施。

（2）框架混凝土结构的表面形状应有利于排水，对于可能受雨淋或积水的部位宜设置倾斜面。对可能产生蓄水的部位，宜设置排水通道。排水管的出口不得紧贴混凝土构件表面，宜离开混凝土构件表面一定距离。

（3）有防水要求的钢筋混凝土构件，其每侧暴露面上表层分布钢筋的最小配筋率不宜低于 0.4%；分布钢筋的间距不宜大于 300mm。

（4）处于 D 级以下环境作用等级下的构件，受力钢筋直径不应小于 16mm；处于 D 级及以上环境作用等级下的构件，受力钢筋直径不应小于 20mm。

（5）暴露在隧道混凝土构件外的钢预埋件（吊环、紧固件、连接件等），其埋入混凝土中的锚固部分应与混凝土构件中的其他钢筋相隔离。

（6）隧道钢筋混凝土受压构件中，全部纵向受力钢筋的截面最小配筋率不应低于 0.6%；隧道钢筋混凝土受弯构件、偏心受拉和轴心受拉构件中，一侧受拉钢筋的截面最小配筋率：当混凝土强度等级为 C20、C25、C30 时，截面最小配筋率为 0.20%；当混凝土强度等级为 C40 时，截面最小配筋率为 0.25%；当混凝土强度等级为 C50 时，截面最小配筋率为 0.30%。

考 点 分 析

本节主要有以下考点：

（1）隧道功能和分类，隧道长度分类、施工方法分类、构造形式分类是比较常见的选择题。

（2）熟悉隧道调查内容和要求，对隧道的勘测设计几个阶段的划分、工作内容及要求做详细了解。

（3）隧道围岩分级综合评判要求，围岩分级综合评判方法通常采用两步分级，第一步根据岩石的坚硬程度和岩体完整程度两个基本因素的定性特征和定量的岩体基本质量指标 BQ，综合进行初步分级；第二步在岩体基本质量分级基础上考虑地下水、主要软弱结构面产状、初始应力状态等因素的影响，得出修正岩体基本质量指标值 $[BQ]$，对围岩进行详细定级。注意 BQ 或 $[BQ]$ 有较简单的计算公式，若给出相关的修正系数，则可以计算出 BQ 或 $[BQ]$，在案例题中即可对围岩作出分级。

（4）隧道结构上的荷载分类和组合。深埋隧道、浅埋隧道的围岩压力计算需掌握，已有这方面的考试案例。《公路隧道设计规范　第一册　土建工程》（JTG 3370.1—2018）提供了小净距隧道和连拱隧道围岩压力的计算方法，今后不排除出现这些计算案例题的可能。

（5）隧道工程建筑材料性能和选用要求主要是选择题。

（6）混凝土结构耐久性设计的要求。要关注《公路工程混凝土结构耐久性设计规范》（JTG/T 3310—2019）中第 7 章隧道的条文，该部分考题以选择题为主。

（7）城市地下道路分类、设计原则等基本规定。要关注《城市地下道路工程设计规范》（CJJ 221—2015）前 6 章的相关条文，该部分考题以选择题为主。

例 题 解 析

例 1 [2019 年单选题]公路长隧道的长度为( )。

（A）5000m > L > 3000m   （B）4000m ≥ L > 2000m

（C）3000m ≥ L > 1000m   （D）2000m ≥ L > 1000m

分析

熟悉隧道的分类,特别是熟悉《公路隧道设计规范 第一册 土建工程》(JTG 3370.1—2018)第 1.0.4 条中的公路隧道长度分类表。故本题选 C。

例 2 [2020 年单选题]高速公路隧道设计洪水频率标准为( )。

（A）1/300   （B）1/200

（C）1/100   （D）1/50

分析

根据《公路隧道设计规范 第一册 土建工程》(JTG 3370.1—2018)第 4.2.6 条,隧道设计洪水频率:高速公路、一级公路特长、长、中短隧道均为 1/100,二级公路长、中、短隧道均为 1/50,三级公路中、短隧道均为 1/25。故本题选 C。

例 3 城市地下道路按主线封闭段长度分类,其中长距离地下道路的长度为( )。

（A）L > 3000m   （B）3000m ≥ L > 1000m

（C）1000m ≥ L > 500m   （D）L ≤ 5500m

分析

根据《城市地下道路工程设计规范》(CJJ 221—2015)第 3.3.1 条中的城市地下道路按主线封闭段长度分类表,本题选 B。

例 4 城市地下道路设计要处理好与( )等其他地下基础设施关系,合理安排集约化利用地下空间。

（A）市政管线   （B）轨道交通设施

（C）综合管廊   （D）地下文物

分析

根据《城市地下道路工程设计规范》(CJJ 221—2015)第 3.2.1 条第 6 款,本题选 ABCD。其实此题不看规范,看到后面"其他地下基础设施"几个字,从常识上也能联想到城市地下道路与 ABCD 项全都有关系。

例 5 城市地下道路结构应分别对( )按承载能力极限状态及正常使用极限状态进行设计。

（A）施工阶段   （B）踏勘阶段

（C）初勘阶段   （D）使用阶段

分析

《城市地下道路工程设计规范》(CJJ 221—2015)第 3.2.11 条原文是"城市地下道路结构应分别对施工阶段和使用阶段按承载能力极限状态及正常使用极限状态进行设计",故本题选 AD。踏勘阶段和初勘阶段是施工前的地形地质调查阶段的内容,不要跟施工阶段和使用阶段混在一起。

例 6 城市地下道路路面结构应满足( )的要求,采用沥青混凝土路面应具有阻燃性好、噪声低的性能。

    (A)美观性   (B)经济性

    (C)耐久性   (D)稳定性

分析

《城市地下道路工程设计规范》(CJJ 221—2015)第 3.2.5 条原文是"城市地下道路路面结构应满足耐久性和稳定性的要求,采用沥青混凝土路面应具有阻燃性好、噪声低的性能",故本题选 CD。此题的 AB 选项是干扰项,因 AB 选项放到更宽泛的各工程中都适用,并不具有路面结构题目的特点。如果考生一下忘记了规范条文,此类题目,可从逻辑上做判断,也可能"蒙正确"。

例 7 公路隧道洞口段设置明洞,下列选项中( )可能是明洞结构所不具备的。

    (A)防护隧道洞口   (B)防治路堑病害

    (C)确保隧道采光充分   (D)用作引跨建筑物

分析

明洞在山区道路建设中一般用于以下几方面:

(1)防护隧道洞口。当隧道洞口正面或侧面山坡高陡,为了根除落石塌方病害,一般要延长洞身修建明洞,以保证运营安全。

(2)对一些自然山坡洞口开挖后可能产生顺层滑动,以及洞口地层稳定性差、洞顶覆盖薄等不利地段,一般均在洞口设置一段明洞,利用洞顶回填支撑山坡。

(3)防治路堑病害。对边坡防护工程量大的路堑或半路堑,从根治剥蚀、落石、坍塌、流泥等病害出发,常采用明洞工程。

(4)用作引跨建筑物。如对横跨路线路堑的铁路、公路桥跨,或较为宽阔的沟谷渡槽。故本题选 C。

例 8 公路隧道勘察阶段的划分应与公路隧道设计阶段相适应,一般分为( )阶段。

    (A)可行性研究勘察   (B)初步勘察

    (C)详细勘察   (D)水文勘察

分析

隧道的设计通常要经过可行性研究、初步设计、施工图设计三个阶段。公路隧道勘察阶段的划分应与公路隧道设计阶段相适应,一般分为可行性研究勘察(踏勘)、初步勘察(初勘)与详细勘察(详勘)三个阶段。后面一个选项是勘察工作中的具体项目。故本题选 ABC。

例9 某公路隧道设计长度为2122m,按交通运输部现行的《公路工程基本建设项目设计文件编制办法》(2007)和《公路勘测规范》(JTG C10—2007)的要求进行,其勘察文件中可不包含( )。

(A)隧道平、纵断面图 　　　　　(B)洞口平面地形图和洞口纵横断面图

(C)隧道设计说明 　　　　　　　(D)隧道防排水设计图

分析

本题主要考查隧道勘查文件的主要内容有哪些,具体内容详见现行《公路工程基本建设项目设计文件编制办法》和《公路勘测规范》(JTG C10—2007)。故本题选 CD。

例10 [2019年多选题]公路隧道设计制订的施工计划主要包括( )。

(A)总工期要求

(B)施工队伍确定

(C)合理工区的划分

(D)施工便道、弃渣场、临时设施、监控量测方案

分析

隧道设计应制订合理的施工计划。施工计划主要包括:总工期要求、施工方法的确定、合理工区的划分、辅助通道的用途、施工便道、弃渣场、临时设施、监控量测方案等。故本题选 ACD。

自测模拟

(第1~3题为单选题,第4、5题为多选题)

1.关于城市地铁施工设计方案,下面做法不正确的是( )。

(A)城区内区间的隧道线路宜采用暗挖

(B)郊区的车站可采用明挖

(C)在城市市区道路下的车站可采用盖挖逆筑法

(D)竖井施工可采用暗挖

2.某公路隧道长度为2420m,按照长度划分属于( )。

(A)长隧道 　　(B)短隧道 　　(C)中隧道 　　(D)特长隧道

3.公路隧道按照使用功能进行划分,下列不属于此类划分的是( )。

(A)铁路隧道 　　(B)公路隧道 　　(C)水运隧道 　　(D)沉管隧道

4.在岩质公路隧道勘察设计中,从实测的围岩纵波波速和横波波速可以求得的围岩指标有( )。

(A)动弹性模量 　　(B)动切性模量 　　(C)动压缩模量 　　(D)动泊松比

5.当进行隧道设计时,针对地质勘察单位提供的隧道勘察文件,设计人员要予以高度重视的洞段是(　　)。

　　(A)隧洞进出口段　　　　　　　　　(B)缓倾角围岩段

　　(C)隧洞上覆岩体最厚的洞段　　　　(D)围岩中存在节理裂隙的洞段

参考答案

1. D　　　2. A　　　3. D　　　4. AD　　　5. AD

第二节　隧道工程设计

依据规范

《公路隧道设计规范　第一册　土建工程》(JTG 3370.1—2018)

《公路工程技术标准》(JTG B01—2014)

《公路路线设计规范》(JTG D20—2017)

《城市地下道路工程设计规范》(CJJ 221—2015)

重 点 知 识

一、掌握隧道总体设计原则

(1)隧道位置应满足公路功能和发展的需要,符合路线总体要求。

(2)在地形、地貌、地质、气象、社会和人文环境等调查的基础上,综合比选隧道各轴线方案的走向、平纵线形、洞口位置、洞外接线条件等,提出推荐方案。

(3)根据公路等级和设计速度确定建筑限界,在满足隧道功能和结构受力要求的前提下,确定经济合理的隧道内轮廓。

(4)隧道洞内外平、纵线形应协调顺畅,满足行车安全和舒适要求。

(5)根据隧道长度、平面布置、交通量及其组成、环境保护和安全运营要求等,选择合理的通风方式,确定通风、照明、交通监控、防灾救援等设施的设置规模。

(6)应结合公路等级、隧道长度、施工方法、工期和运营要求,对隧道内外防排水系统、辅助通道、弃渣处理、交通工程设施、管理设施、环境保护等进行综合设计。

(7)应考虑隧道与相邻既有建筑物和规划建筑物的相互影响。

(8)隧道总体设计应考虑节能降耗、方便维修和养护。

二、掌握隧道位置选择

(1)隧道位置应选择在稳定的地层中,避免穿越工程地质和水文地质极为复杂以及严重不良地质地段。必须通过时，应采取切实可靠的工程技术措施。

（2）穿越山岭的长、特长隧道，应在较大范围地质测绘和综合地质勘探的基础上，拟订不同的越岭高程及其相应的展线方案，结合两端路线接线条件及施工、运营条件等因素，进行全面技术经济比较后，确定路线走向和隧道平面位置。

（3）路线沿河傍山地段以隧道通过时，应对长隧道方案与短隧道群或桥隧群方案、高边坡与棚洞方案进行技术经济比较。

（4）隧道洞口位置不宜设在滑坡、坍塌、岩堆、危岩落石、泥石流等不良地质地段，以及排水困难的沟谷低洼处和不稳定的悬崖陡壁下。

（5）濒临水库、沿河、沿溪的隧道，且洞口路肩设计高程应高出计算洪水位（含浪高和壅水高）不小于 0.5m，长期浸泡造成岸坡坍塌对隧道稳定有不利影响时，应采取相应的工程措施。

（6）隧道设计洪水位频率标准可按表 5-2-1 取值，当观测洪水位高于频率标准洪水位时，应按观测洪水位设计。

隧道设计水位的洪水频率标准 　　　　　　　　　　　　　　表 5-2-1

隧道类型	公路等级			
	高速公路、一级公路	二级公路	三级公路	四级公路
特长隧道	1/100	1/100	1/50	1/50
长隧道	1/100	1/50	1/50	1/25
中、短隧道	1/100	1/50	1/25	1/25

三、掌握隧道线形设计、横断面设计规定和要求

隧道几何设计主要是指隧道线形设计、纵断面设计、横断面设计三个方面。

1.隧道的线形设计

隧道作为公路路线的组成部分，其平面线形设计应满足《公路路线设计规范》（JTG D20—2017）的要求。由于隧道的维护和运营及救灾条件与洞外道路相比要求更高、难度也更大，因此，隧道在平面设计时应提高线形设计标准，原则上说隧道的平面线形应尽量采用直线，避免采用曲线；当设为曲线时，应尽可能采用不设超高的平曲线，并尽量避免在隧道内设加宽的平曲线。隧道不设超高的圆曲线最小半径应符合表 5-2-2 的规定。当由于特殊条件限制，隧道平面线形设计为需设超高的曲线时，其超高值不宜大于 4.0%，技术指标应符合《公路路线设计规范》（JTG D20—2017）的有关规定。此外，隧道的停车视距与会车视距还应符合表 5-2-3 的规定。

隧道不设超高的圆曲线最小半径（单位：m） 　　　　　　　　　　表 5-2-2

路拱	设计速度（km/h）					
	120	100	80	60	40	30
≤20%	5500	4000	2500	1500	600	350
>20%	7500	5250	3350	1900	800	450

公路停车视距与会车视距　　　　　　　　表 5-2-3

公路等级	高速公路、一级公路				二级、三级、四级公路				
设计速度（km/h）	120	100	80	60	80	60	40	30	20
停车视距（m）	210	160	110	75	110	75	40	30	20
会车视距（m）	—	—	—	—	220	150	80	60	40

对于高速公路、一级公路的隧道,应设计为上、下行分离的独立双洞。分离式隧道间的净距,宜按对两洞结构彼此不产生有害影响的原则,并结合隧道洞口接线、围岩地质条件、断面形状和尺寸、施工方法等因素确定,两洞间净距宜取 0.8～2.0 倍开挖宽度,围岩条件好的取较小值,反之取较大值。两洞跨度不同时,以较大跨度控制。

当桥隧相连、隧道相连、地形条件限制等特殊地段隧道净距不能满足 0.8～2.0 倍开挖宽度的要求时,在经充分技术论证和比较,并制订可靠技术保障措施及确保工程质量的基础上,也可采取小净距隧道或连拱隧道形式。

2.隧道的纵断面设计

隧道内的纵面线形设计应综合考虑行车安全性、营运通风规模、施工作业效率和排水要求。隧道内的纵坡形式主要有单向坡和双向坡(人字坡),一般宜采用单向坡;对地下水发育的长隧道、特长隧道可采用双向坡。纵坡变更的凸形竖曲线和凹形竖曲线的最小半径和最小长度应符合表 5-2-4 的规定。通常隧道内纵坡的变换不宜过大、过频,以保证行车安全视距和舒适性。

竖曲线最小半径和最小长度（m）　　　　　　　　表 5-2-4

设计速度（km/h）	120	100	80	60	40	30	20
凸形竖曲线最小半径	17000	10000	4500	2000	700	400	200
凹形竖曲线最小半径	6000	4500	3000	1500	700	400	200
竖曲线最小长度	100	85	70	50	35	25	20

隧道内纵坡坡率一般不应小于 0.3%,也不应大于 3%,受地形等条件限制时,高速公路、一级公路的中、短隧道纵坡坡率可适当加大,但不宜大于 4%,短于 100m 的隧道纵坡可不受此限制。

隧道洞口内外侧各 3s 设计速度行程长度范围内的平、纵线形应一致。特殊困难地段、经技术经济比较论证后,洞口内外平曲线可以采用缓和曲线,但应加强线形诱导设施。

3.隧道的横断面设计

公路隧道横断面设计内容包括以下两个方面:其一是根据道路等级确定隧道建筑限界,其二是确定净空断面大小及隧道内轮廓形状和几何尺寸。

1)隧道建筑限界设计

所谓隧道建筑限界,是指为保证隧道内各种交通的正常运行与安全,而规定在一定宽度和高度范围内不得有任何部件侵入的空间限界(图 5-2-1、图 5-2-2)。各级公路隧道建筑限界基本宽度应按表 5-2-5 执行,并符合以下规定:

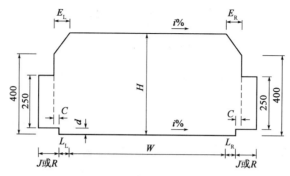

图 5-2-1 公路隧道建筑限界(尺寸单位:cm)

H-建筑限界高度;W-行车道宽度;L_L-左侧侧向宽度;L_R-右侧侧向宽度;C-余宽;J-检修道宽度;R-人行道宽度;d-检修道或人行道的高度;E_L-建筑限界左顶角宽度,包含余宽 C;E_R-建筑限界右顶角宽度,包含余宽 C

注:当 $L_L \leqslant 1m$ 时,$E_L = L_L$;当 $L_L > 1m$ 时,$E_L = 1m$。

当 $L_R \leqslant 1m$ 时,$E_R = L_R$;当 $L_R > 1m$ 时,$E_R = 1m$。

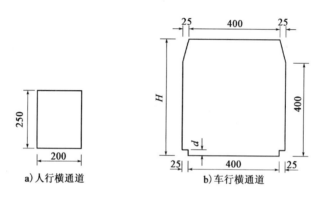

a) 人行横通道   b) 车行横通道

图 5-2-2 横通道的断面建筑限界(尺寸单位:cm)

两车道公路隧道建筑限界横断面组成及基本宽度(单位:m)   表 5-2-5

公 路 等 级	设计速度 (km/h)	车道宽度 W	侧 向 宽 度		余宽 C	检修道宽度 J 或人行道宽度 R		建筑限界 基本宽度
			左侧 L_L	右侧 L_R		左侧	右侧	
高速公路 一级公路	120	3.75×2	0.75	1.25	0.50	1.00	1.00	11.50
	100	3.75×2	0.75	1.00	0.25	0.75	0.75	10.75
	80	3.75×2	0.50	0.75	0.25	0.75	0.75	10.25
	60	3.50×2	0.50	0.75	0.25	0.75	0.75	9.75
二级公路	80	3.75×2	0.75	0.75	0.25	1.00	1.00	11.00
	60	3.50×2	0.50	0.50	0.25	1.00	1.00	10.00
三级公路	40	3.50×2	0.25	0.25	0.25	0.75	0.75	9.00
	30	3.25×2	0.25	0.25	0.25	0.75	0.75	8.50
四级公路	20	3.00×2	0.50	0.50	0.25			7.50

注:三车道、四车道隧道除增加车道数外,其他宽度同本表;增加车道的宽度不应小于 3.5m。

（1）建筑限界高度，高速公路、一级公路、二级公路取 5.0m，三级、四级公路取 4.5m。

（2）当设置检修道或人行道时，不设余宽；当不设置检修道或人行道时，应设不小于 25cm 的余宽。

（3）隧道路面横坡，当隧道为单向交通时，应取单面坡；当隧道为双向交通时，可取双面坡。坡度应根据隧道长度、平、纵线形等因素综合分析确定，一般可采用 1.5% ~ 2.0%。

（4）当路面采用单面坡时，建筑限界底边线与路面重合；当采用双面坡时，建筑限界底边线应水平置于路面最高处。

高速公路和一级公路隧道内应设置检修道。其他等级公路隧道，应根据隧道所在地区的行人密度、隧道长度、交通量及交通安全等因素确定人行道的设置。检修道或人行道宜双侧设置；检修道或人行道的宽度按表 5-2-5 规定选取。连拱隧道行车方向左侧、四级公路隧道可不设检修道或人行道，但应保留不小于 0.25m 的余宽；设计速度大于 100km/h 时，余宽应不小于 0.5m。检修道或人行道的高度可按 20 ~ 80cm 取值，并综合考虑以下因素：

（1）检修人员步行时的安全。

（2）紧急情况时，驾乘人员拿取消防设备方便。

（3）满足其下放置电缆、给水管等的空间尺寸要求。

长、特长隧道应在行车方向的右侧设置紧急停车带。紧急停车带的宽度与右侧向宽度之和不应小于 3.5m，长度应取 50m。其中有效长度不得小于 40m。紧急停车带的设置间距不宜大于 750m，并不应大于 1000m。紧急停车带的横坡取 0 ~ 1.0%。紧急停车带建筑限界的构成如图 5-2-3 所示。

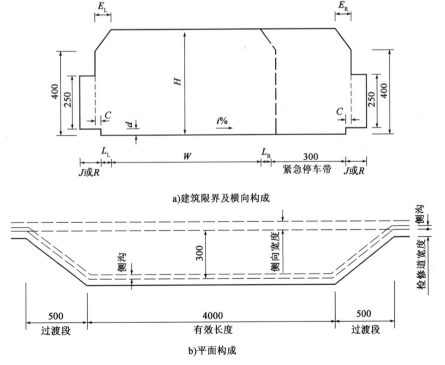

图 5-2-3　紧急停车带的建筑限界、宽度和长度（尺寸单位：m）

双向行车隧道紧急停车带应两侧交错布置,同一侧间距宜采用 800 ~ 1200mm,并不应大于 1500m。不设检修道、人行道的隧道,可不设紧急停车带,但应按 500m 间距交错设置行人避车洞,行人避车洞同一侧间距不应大于 500m,宽不应小于 1.5m、高不应小于 2.2m、深不应小于 0.75m。

2)净空断面大小、隧道内轮廓形状和几何尺寸设计

在进行净空断面大小、隧道内轮廓形状和几何尺寸设计时,除应符合隧道建筑限界的规定外,还应综合考虑洞内路面、排水设施、装饰的需要,为通风、照明、消防、监控、营运管理等设施提供安装空间,并根据围岩性质、围岩变形、施工方法等因素产生的预留富余量,来确定内轮廓形状及尺寸,以达到安全、经济、合理的目的。

一般山岭道路隧道的内轮廓形状主要为单心圆、三心圆、直墙拱形(包括圆弧拱、三心圆拱)。城市内的浅埋地道多采用矩形断面,而水下公路隧道按施工方法不同有圆形(盾构施工)、矩形(沉管法施工)等。

一般来说,对于Ⅰ ~ Ⅲ级坚硬完整围岩,当地层压力是以垂直为主、侧向压力较小时,宜选用曲率较小的边墙(甚至直墙)和曲率较大的顶拱;而对Ⅳ ~ Ⅵ级软弱破碎围岩来说,由于隧道承受的侧向压力较大,则宜选用曲率较大的边墙。然而,对于一座隧道,特别是较长的隧道,其所穿越的围岩有多种类别,如果为每种围岩都设计一种内轮廓,一座隧道的内轮廓形状将五花八门,既影响美观,也会使施工模板变换频繁而不便于施工,故《公路隧道设计规范　第一册　土建工程》(JTG 3370.1—2018)要求,对于公路等级和设计速度相同的同一条公路上的隧道断面宜采用相同的内轮廓。因此,实际设计内轮廓形状时,通常是以隧道中占整条隧道长度比例最大的那一类围岩的物理力学性质为主要的设计对象来考虑,而对其他长度比例较小的围岩类别,则是通过调整支护参数以加强或减弱支护强度来满足支护要求。

常见的山岭隧道内轮廓形状是以三心圆为基本内轮廓形状,其他形状如单心圆、直墙拱形及五心圆都可看作是由其演化而来(图 5-2-4)。内轮廓设计是通常先将内轮廓拟定为三心圆形式,再根据隧道限界,综合考虑设备、通风、受力条件等因素调整 R_1、R_2、α、β 等相关尺寸进行优化。例如,当围岩软弱破碎且水平侧向压力较大时,可适当减小 R_2 以增加左右侧墙的曲率;反之,当围岩坚硬完整且水平侧向压力较小时,可通过适当增大 R_2 以减小左右侧墙的曲率。如此经多方案反复比较和计算,使所设计的内轮廓最终达到安全、合理、经济的目的。

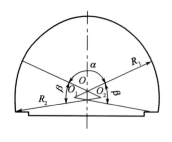
a)三心圆为隧道最基本内轮廓形状

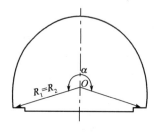
b)当 $R_1 = R_2$ 时,退化为单心圆内轮廓

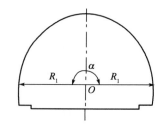
c)当 $R_2 = \infty$ 时,退化为直墙拱形内轮廓

图 5-2-4　公路隧道内轮廓形状及演化

四、掌握城市地下道路横断面、平面及纵断面设计要求

1. 城市地下道路建筑限界

城市地下道路建筑限界应为道路净高线和两侧侧向净宽边线组成的空间界线（图5-2-5）。建筑限界顶角宽度（E）不应大于机动车道或非机动车道的侧向净宽度。建筑限界组成最小值应符合表5-2-6的规定。

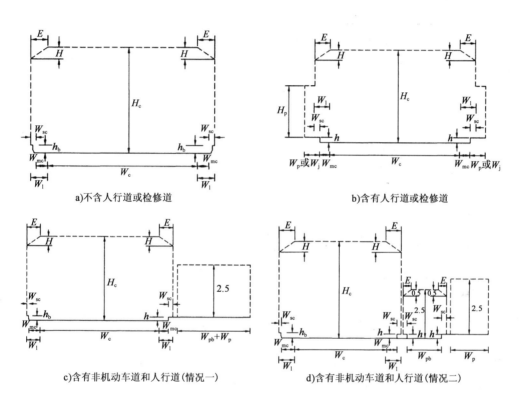

a)不含人行道或检修道　　　　b)含有人行道或检修道

c)含有非机动车道和人行道(情况一)　　　d)含有非机动车道和人行道(情况二)

图 5-2-5　城市地下道路建筑限界

建筑限界组成最小值　　　　　　　　　　表 5-2-6

建筑限界组成	路缘带宽度（W_{mc}）		安全带宽度（W_{sc}）	检修道宽度（W_j）	缘石外露高度（h）	建筑限界顶角高度（H）	
	设计速度 ≥60km/h	设计速度 <60km/h				$H_c<3.5$m	$H_c≥3.5$m
取值（m）	0.50	0.25	0.25	0.75	0.25~0.40	0.20	0.50

注：1. 当两侧设置人行道或检修道时，可不设安全带宽度。

　　2. 非机动车道路面宽度（W_{pb}）或人行道宽度（W_p）应符合现行行业标准《城市道路工程设计规范》（CJJ 37）的规定。

城市地下道路最小净高应符合表5-2-7的规定。小客车专用道最小净高应采用一般值；条件受限时可采用最小值。

城市地下道路最小净高 表 5-2-7

道 路 类 型	行驶交通类	净高(m)	
机动车道	小客车	一般值	3.4
		最小值	3.2
	各种机动车	4.5	
非机动车道	非机动车	2.5	
人行或检修道	人	2.5	

不同净高的地下道路之间衔接应做好过渡,同时应设置必要的指示、引导标志及防撞设施等。

2. 横断面

(1)地下道路横断面设计在满足建筑限界条件下,应为通风、给排水、消防、供电照明、监控、内饰装修等配套附属设施和安全疏散设施提供安装空间,通过合理布置充分利用空间,同时应预留结构变形、施工误差、路面调坡等余量。设备空间设计应满足下列原则:

①满足各自设备工艺要求。

②设备布置不得侵入建筑限界。

③应方便设备的安装和维护保养。

④设备管线宜集中布置,可设置专用管廊。

(2)城市地下道路横断面宜与相连地面道路一致,当条件受限,经技术经济论证后可压缩断面,并应符合下列规定:

①应设置宽度渐变段,渐变段长度应符合现行国家标准《道路交通标志和标线》(GB 5768)的规定。

②洞口外的3s行程内断面与地下道路内的断面应保持一致。

③当主线交通采用小客车专用道部分下穿时,两侧地面道路或周边路网应保证其他车辆分流要求,并应做好相应的交通引导和管理。

(3)城市地下道路的典型横断面宜由机动车道、路缘带等组成,根据需要可设置人行道及非机动车道,特殊断面还应包括紧急停车带以及检修道等。

(4)城市地下道路按道路用地和交通运行特征可选用单层式横断面或双层式横断面。

(5)城市地下道路不宜采用在同一通行孔布置双向交通。当断面布置困难时,对设计速度大于或等于50km/h的短距离城市地下道路,可在同一通行孔布置双向交通,但必须采用中央防撞设施进行隔离;对设计速度小于50km/h的城市地下道路,当在同一通行孔布置双向交通时,应采用中央安全隔离措施;同时,应满足运营管理安全可靠的要求。

(6)城市地下道路机动车道的宽度应符合现行行业标准《城市道路工程设计规范》(CJJ 37)的规定。当采用小客车专用道时,车行道宽度可适当压缩,应符合表5-2-8规定,一般情况下应采用一般值,条件受限时可采用最小值。

小客车专用地下道路的一条机动车道宽度　　　　表 5-2-8

设计速度（km/h）		>60	≤60
车道宽度（m）	一般值	3.50	3.25
	最小值	3.25	3.00

（7）城市地下快速路严禁在同孔内设置非机动车道或人行道。

（8）城市地下道路除快速路外，当同孔内设置非机动车或人行道时，应符合下列规定：

①非机动车道与人行道宜采取隔离措施。

②地下道路长度不宜超过500m，且不得大于1000m。

③地下道路内部空气环境应满足行人安全的要求，符合现行国家相关标准的规定。

（9）当城市地下主干路、次干路和支路同孔内需设置非机动车道或人行道时，必须在机动车道外侧设置隔离护栏。

（10）当城市地下道路检修道兼作人行道或非机动车道时，其宽度应符合现行行业标准《城市道路工程设计规范》（CJJ 37）对人行道或非机动车道的规定。

（11）当城市地下道路内部不设检修道时，侧墙下部必须设置防撞设施，防撞设施的设置应符合现行国家标准《城市道路交通设施设计规范》（GB 50688）的规定。

（12）城市地下道路的连续式紧急停车带宽度应根据设计速度、设计车型、使用功能、经济成本以及工程可实施性等方面综合论证确定。

（13）长或特长单向两车道城市地下道路宜在行车方向的右侧设置连续式紧急停车带，单向两车道的城市地下快速路应在行车方向的右侧设置连续式紧急停车带，连续式紧急停车带的最小宽度宜符合表 5-2-9 的规定。

连续式紧急停车带最小宽度　　　　表 5-2-9

车型及车道类型	一般值（m）	最小值（m）
大型车或混行车道	3.0	2.0
小客车专用车道	2.5	1.5

（14）当设置连续式紧急停车带困难时，宜设置应急停车港湾（图 5-2-6），并应符合下列规定：

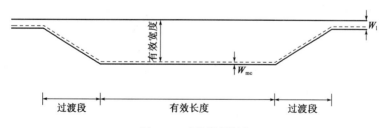

图 5-2-6　应急停车港湾

①位置不宜设置在曲线内侧等行车视距受影响路段。

②间距宜为 500m。

③有效宽度不应小于 3.0m。

④有效长度不应小于 30m，过渡段长度不应小于 5m。

（15）单向单车道的城市地下道路主线或匝道应设置连续式紧急停车带,宽度不应小于《城市地下道路工程设计规范》(CJJ 221—2015)表4.3.8规定的一般值。

3. 平面及纵断面

（1）城市地下道路平面线形布置应符合城市总体规划及路网规划要求,综合地面道路、地形地物、地质条件、地下设施、障碍物及施工方法等确定。

（2）城市地下道路纵断面线形布置应根据路网规划控制高程、道路净高、地质条件、地下管网等设施布置、道路排水、覆土厚度等要求,综合交通安全、施工工艺、建设期间工程费用与运营期间的经济效益、节能环保等因素合理确定。

（3）城市地下道路平纵横线形组合设计应满足行车视距的要求,并保持视线的连续性。

（4）城市地下道路的直线、平曲线、缓和曲线、超高、加宽等平面设计应符合现行行业标准《城市道路路线设计规范》(CJJ 193)的规定。

（5）城市地下道路纵坡宜平缓,机动车道最大纵坡度应符合表5-2-10的规定,并应符合下列规定:

①积雪和冰冻地区承担快速路功能的城市地下道路洞口敞开段最大纵坡不应大于3.5%,其他等级道路最大纵坡不应大于6%,否则应在洞口敞开段采取相应措施确保路面不积雪结冰。

②城市地下道路最小纵坡不宜小于0.3%;当条件受限纵坡小于0.3%时,应采取排水措施。

③对长度小于100m的城市地下道路纵坡可与地面道路相同。

④设置非机动车道的城市地下道路纵坡应符合现行行业标准《城市道路路线设计规范》(CJJ 193)中非机动车道要求。

地下道路机动车道最大纵坡　　　　　　　　　　　　表 5-2-10

设计速度(km/h)	80	60	50	40	30	20
一般值(%)	3	4	4.5	5	7	8
最大值(%)		5		6		8

注:除快速路等级外,受地形条件或其他特殊情况限制,经技术经济论证后,最大纵坡最大值可增加1%。

（6）城市地下道路匝道最大纵坡应符合现行行业标准《城市道路交叉口设计规程》(CJJ 152)的规定。城市地下道路坡长设置应符合现行行业标准《城市道路路线设计规范》(CJJ 193)的规定。

（7）城市地下道路洞口应在接地口处设置反坡形成排水驼峰,排水驼峰高度应根据排水重现期、地形、道路功能等级等综合确定。

（8）城市地下道路洞口内外各3s设计速度行程长度范围内的平纵线形应一致。当条件困难时,应采取安全措施。

（9）城市地下道路停车视距应符合现行行业标准《城市道路路线设计规范》(CJJ 193)的规定。进出城市地下道路洞口处的停车视距宜采用主线路段的1.5倍。当条件受限时,应对洞口过渡段进行处理。城市地下道路设置平曲线及凹形竖曲线路段,必须进行停车视距验算。

五、熟悉城市地下道路出入口设计的规定和要求

1.一般规定

（1）城市地下道路的出入口位置、间距及形式，应满足主线车流稳定、分合流处行车安全的要求，还应根据围岩等级及稳定性、地质条件等综合确定。

（2）城市地下道路的出入口应设置在主线车行道右侧，当条件受限时，入口可设置在主线左侧，并应设置辅助车道。

2.出入口间距

（1）城市地下道路的出入口间距应能保证主路交通不受分合流交通的干扰，并应为分合流交通加减速及转换车道提供安全可靠条件。

（2）城市地下道路路段上相邻两出入口端部之间的最小间距应符合表 5-2-11 的规定。

（3）地下道路入口匝道与出口匝道之间路段宜设置辅助车道，当出入口端部间距不符合表 5-2-11 要求时，应设置辅助车道，并应保证辅助车道长度满足交织要求。

城市地下道路出入口最小间距（m）　　　　　　　　　　　表 5-2-11

设计速度（km/h）	出—出	出—入	入—入	入—出
80	610	210	610	1020
60	460	160	460	760
50	390	130	390	640
40	310	110	310	510

（4）地下车库联络道应在有地块接入侧设置辅助车道，地块车库联系的出入口在接入侧布有辅助车道后，接入间距不应小于 30m（图 5-2-7）。

图 5-2-7　地下车库联络道出入口接入间距

（5）地下车库联络道与地块车库联系的出入口不应设置在进出地下车库联络道的匝道上，与匝道坡道起止线距离不宜小于 50m。

3.分合流端

（1）城市地下道路出入口的分合流端宜设置在平缓路段，不应设置在平纵组合不良路段，分合流端附近主线的平曲线、竖曲线应采用较大半径。

（2）城市地下道路主线分流鼻前的识别视距不宜小于 2 倍的主线停车视距，条件受限时不应小于 1.5 倍的主线停车视距。

（3）城市地下道路主线汇流鼻前的识别视距不应小 1.5 倍的主线停车视距。

（4）匝道接入主线入口处从汇流鼻端开始应设置与主线直行车道的隔离段，隔离段长度不应小于主线的停车视距值，隔离设施不应遮挡视线（图 5-2-8）。

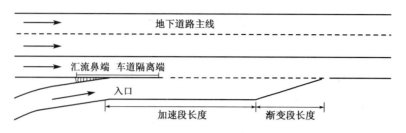

图 5-2-8　车道隔离段长度

（5）城市地下道路设计不应在驾驶人进入地下道路后的视觉变化适应范围内设置合流点，合流段的汇流鼻端与洞口的距离不应小于表 5-2-12 的规定（图 5-2-9）。

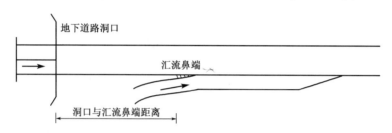

图 5-2-9　地下道路洞口与汇流鼻端距离

城市地下道路洞口与汇流鼻端最小距离　　　　　　　　　表 5-2-12

设计速度（km/h）	最小间距（m）
80	165
60	85
50	60
≤40	35

（6）城市地下道路单车道加减速车道长度不应小于表 5-2-13 的规定。

城市地下道路单车道的加减速车道长度　　　　　　　　　表 5-2-13

主线设计速度（km/h）	80	60	50	40
减速车道长度（m）	80	70	50	30
加速车道长度（m）	220	140	100	70

（7）双车道的变速车道长度宜为单车道变速车道规定长度的 1.2～1.5 倍。

（8）下坡路段减速车道和上坡路段加速车道的长度应按现行行业标准《城市道路交叉口设计规程》（CJJ 152）规定的修正系数进行修正。

（9）平行式变速车道渐变段的长度应符合现行行业标准《城市道路交叉口设计规程》（CJJ 152）的规定。

（10）城市地下道路出口接地点处与下游地面道路平面交叉口距离应符合下列规定：

①与无信号控制平面交叉口的停车线距离不宜小于 2 倍停车视距。当视线条件好、具有明显标志时，不应小于 1.5 倍停车视距。

②与信号控制交叉口的停车线距离不宜小于1.5倍停车视距,条件受限时不得小于1倍停车视距。

(11)城市地下道路出洞口与邻接地面道路出口匝道减速车道渐变段起点的距离应满足设置出口预告标志的需要。当条件受限时,不应小于1.5倍主线停车视距,并应在地下道路内提前设置预告标志(图5-2-10)。

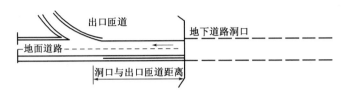

图5-2-10　地下道路出口与地面道路匝道距离

(12)当城市地下道路接地后与平面交叉口衔接时,出入口与接地点的布置应符合下列要求:

①出入口引道布置可根据条件集中布置在地面道路的中央或两侧,离路口展宽段距离较近应按转向拓宽分车道渠化。

②接地点至地面交叉口停车线距离除应满足视距要求外,应根据红灯期间车辆排队长度以及匝道与地面道路转换车道所需的交织段长度综合确定。

六、熟悉隧道洞口与洞门设计的规定和要求

隧道洞门是隧道洞口用圬工砌筑并加以建筑装饰的支挡结构物。洞门的作用在于支挡洞口正面仰坡和路堑边坡,拦截仰坡上方的少量剥落、掉块,保持边坡、仰坡的稳定,并将坡面汇水引离隧道,保证洞口路线的安全。洞门还是隧道唯一的外露部分,对它进行适当的建筑艺术处理,可起到美化环境的作用。

1. 隧道洞口位置的选择原则

洞口位置应根据地形、地质、水文等条件着重考虑边坡及仰坡的稳定,隧道工作者在实践中发现确定隧道位置宜早进洞、晚出洞。可让隧道稍长些,避免开挖高边坡路堑,这也有利于保护自然环境。当然,"早进晚出"并不是盲目地把隧道定得越长越好,而是应当着重从安全和环保方面来考虑问题。在一般情况下,这一指导思想是符合实际的。根据我国实践经验,在不同地形、地质条件下,确定隧道洞门位置时应考虑以下原则:

(1)要避开不良地质地段,如滑坡、崩塌、岩堆、危岩落石、泥石流等处。

(2)当洞口位于沟谷内时,应尽量避免设置在汇水区的中央,洞口要选在沟的一侧。

(3)位于悬崖陡壁下的洞口,一般不宜切削原山坡,当坡面及岩顶稳定,无危石存在,可贴壁进洞。否则应延伸洞口设置明洞。

(4)漫坡浅埋段洞口位置,应结合路堑地质、少占农田、弃渣、填方利用、排水条件及有利施工等因素综合分析确定。

(5)早进晚出的原则,具体落实在对洞口边坡、仰坡开挖高度的控制上,设计时大体按

表5-2-14值掌握。

（6）洞口的线路走向应尽量和该处地形等高线正交，这样可不造成一侧开挖面畸高，同时应注意避免另侧岩壁过薄，产生偏压危害。

（7）洞口最好有一方开阔平缓场所，用作施工基地。如果桥隧相连，洞口位置还要考虑相关工程的需要。

（8）受暴雨、洪水、泥石流影响时，应设置防洪设施。

（9）附近地面建筑及地下埋设物与洞口相互影响时，应采取防范措施。

洞口边坡、仰坡控制高度

表5-2-14

围岩分级	I ~ II			III		IV			V ~ VI	
边坡、仰坡坡率	贴壁	1:0.3	1:0.5	1:0.5	1:0.75	1:0.75	1:1	1:1.25	1:1.25	1:1.5
高度（m）	15	20	25	20	25	15	18	20	15	18

注：2018版隧道规范已取消此表，即不再指定边坡、仰坡的高度与坡率控制值，设计以实际分析结果为准。该表列在此处，仅供对比和参考。

2. 隧道洞门的类型及适用条件

隧道洞门的形式很多，从构造形式上大致可分为：端墙式、翼墙式、台阶式、柱式、削竹式、喇叭口式等。各种隧道洞门和明洞门的形式及特点见表5-2-15、表5-2-16。

常见隧道洞门形式及适用条件

表5-2-15

基本形式	使 用 条 件	洞门形式
端墙式	端墙式洞门俗称一字式洞门，适用于自然山坡陡峻，洞口地形开阔，岩层较为坚硬完整，山体压力很小，开挖坡度1:0.3~1:0.5的洞口地段。这种洞门具有结构简单、工程量小、施工简便的优点，在岩层较好时使用最为经济。唯洞门顶排水条件稍差，若横向山坡一侧较低时，宜开挖沟槽横向引排	
柱式	柱式洞门是从端墙式洞门发展而来的。当岩层有较大主动侧压力时，如采用端墙式洞门，则过于安全、浪费圬工，为此，区别受力大小，设计成横向不等厚、最厚部位即呈柱形的柱式洞门。柱式洞门运用于洞口地形较陡，有较大侧压力的地段，或洞口处地位狭窄，设置翼墙无良好基础时，其仰坡开挖坡度为0.75。此外，在城市、风景区，采用柱式洞门较为雄伟美观	

续上表

基本形式	使用条件	洞门形式
翼墙式	翼墙式洞门是在端墙式洞门的两侧或一侧加设翼墙(挡墙)而成。翼墙起支撑端墙及保持路堑边坡稳定的作用,同时对减少洞口开挖高度和压缩端墙宽度均为有利。由于翼墙与端墙有很大一部分面积相接触,设计时考虑其共同作用,可节省大量圬工,且能增加洞门的抗滑和抗倾覆稳定性。因此,当地质条件较差,仰坡、边坡较缓时,通常均采用翼墙式洞门	
台阶式	傍山隧道洞口,地面横坡较陡,为了适应地形,减少开挖,多采用如右图所示的台阶式洞门,亦称偏压隧道门。它在靠山侧通常设置挡墙,以降低边坡开挖高度,并压缩端墙宽度。低山坡一侧,如地质较差,地面较高,也可采用矮挡墙。选用台阶式洞门时,通常需要根据洞口地形地质条件,与采用明洞作技术经济比较	

常见隧道洞门形式及适用条件　　　　　　表 5-2-16

基本形式	适用条件及特点	洞门形式
削竹式	洞口地形开阔的浅埋隧道可设计成削竹式明洞,这种洞门形式结构简洁、美观,并能与周围环境相互协调	
喇叭口式	适用于地形、地质条件较好,洞口周围开阔,积雪地带易吹入雪的情况。模型板、配筋费事,耗资大;对车辆行驶的影响小;与周围环境相互协调	

3.隧道洞门的构造要求

(1)洞门端墙和翼墙应按挡土墙结构进行设计。洞门墙墙身最小厚度不应小于0.5m,翼墙墙身厚度不应小于0.3m。

(2)洞口仰坡与洞顶回填顶面的交线至洞门端墙墙背的水平距离不宜小于1.5m,洞顶排水沟沟底至拱顶衬砌外缘的最小厚度不应小于1.0m,洞门端墙墙顶应高出墙背回填面0.5m。

(3)洞门墙应根据实际需要设置伸缩缝、沉降缝和泄水孔。

（4）洞门端墙基础必须置于稳固地基上，并埋入地面下一定深度。埋入土质地基的深度不应小于1.0m，嵌入岩石地基的深度不应小于0.2m；基底高程应在最大冻结深度以下不小于0.25m；基底埋置深度应大于墙边各种沟、槽基底的埋置深度。

（5）地基承载力不足时，应进行加固处理。

（6）洞门结构应满足抗震要求。

4.熟悉隧道明洞设计

1）明洞的适用条件

（1）浅埋隧道，洞顶覆盖层较薄，难以用暗挖法施工者。

（2）受坍方、落石、泥石流等不良地质条件危害的隧道洞口或路堑地段。

（3）作为与公路、铁路、河沟等立体交叉的一种方法。

明洞常位于隧道两端洞口或傍山隧道，在某些情况下，当隧道中部穿过断层或其他破碎地层而离地表又不太深时，明洞可位于隧道中部，根据实际情况，亦有可能整个隧道均用明挖法修建。总之，浅埋、地质不良地段是采用明洞的基本条件。因此，大多数明洞均建于地质不良之处。

2）明洞式洞门设计的规定

（1）洞口段衬砌应采用钢筋混凝土结构。

（2）洞口段衬砌应伸出原山坡坡面或设计回填坡面不小于500mm。

（3）洞口段衬砌端面可呈直削、削竹、倒削竹或喇叭形。

（4）采用削竹式洞门时，削竹面仰斜坡率应陡于或等于原山坡坡率或设计回填坡面坡率。

（5）设计回填坡面宜按自然山坡坡度回填。采用土石回填时，坡率不宜陡于1：1，表面宜植草覆盖。

七、掌握隧道衬砌结构设计

1.隧道衬砌类型

（1）半衬砌。只做拱圈、不做边墙的衬砌称为半衬砌。岩层较坚硬、整体性较好时，可采用半衬砌。图5-2-11a）为半衬砌示意图，图5-2-11b）、c）表示落地拱。

（2）厚拱薄墙衬砌。拱脚较厚、边墙较薄的衬砌称为厚拱薄墙衬砌。对水平压力较小的洞室可采用厚拱薄墙衬砌，如图5-2-12所示。

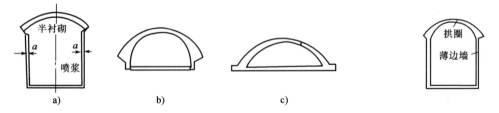

图5-2-11　半衬砌结构　　　　　　　　　　　5-2-12　厚拱薄墙衬砌

（3）直墙拱形衬砌。由拱圈、竖直边墙和底板（或仰拱）组成，是最为普遍采用的一种结构形式，如图5-2-13所示。

（4）曲墙拱形衬砌。由拱圈、曲墙和底板（或仰拱）组成，如图5-2-14所示。围岩具有较大的垂直压力和水平压力时，可采用曲墙拱形衬砌。遇洞室底部地层软弱或为膨胀性地层时，应采用底部结构为仰供的曲墙拱形衬砌，将整个衬砌围成封闭形式，以加大结构的整体刚度。

（5）离壁式衬砌。离壁式衬砌一般指拱圈和边墙与岩壁相隔离，其间空隙不做回填，仅拱脚处局部扩大延伸与岩壁顶紧的衬砌，如图5-2-15所示。

图5-2-13　直墙衬砌　　　　图5-2-14　曲墙拱形衬砌　　　　图5-2-15　离壁式衬砌

（6）喷锚衬砌。喷锚衬砌是指由喷射混凝土、钢筋网喷射混凝土、锚杆喷射混凝土或锚杆钢筋网喷射混凝土、钢纤维喷射混凝土等构成的衬砌，有时作为初期支护与混凝土衬砌形成复合式衬砌，如图5-2-16所示。

（7）装配式衬砌。由预制构件在洞内拼装而成的衬砌称为装配式衬砌，如图5-2-17所示。

（8）复合式衬砌。分两次修筑、中间加设薄膜防水层的衬砌称为复合式衬砌，如图5-2-18所示。复合式衬砌的外层常为锚喷支护，内层常为混凝土整体式衬砌。

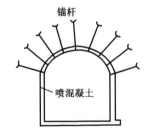

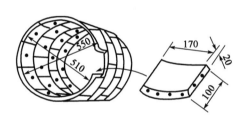
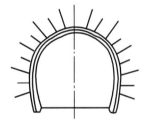

图5-2-16　喷锚衬砌　　　　图5-2-17　装配式衬砌（尺寸单位：cm）　　　　图5-2-18　复合式衬砌

2.隧道衬砌结构构造要求

（1）隧道建筑物各部结构的截面最小厚度应大于表5-2-17中的数值。

截面最小厚度（单位：mm）　　　　　　　　　　表5-2-17

建筑材料种类	隧道和明洞衬砌			洞门端墙、翼墙和洞口挡土墙
	拱圈	边墙	仰拱	
混凝土	200	200	200	300
片石混凝土	—	—	—	500

（2）钢筋混凝土构件中受力钢筋的混凝土保护层最小厚度应符合表5-2-18的规定。

混凝土保护层最小厚度(mm) 表 5-2-18

构件厚度	保护层最小厚度	
	非侵蚀性环境	侵蚀性环境
<150	根据情况确定	根据情况确定
150～300	30	40～55
301～500	35	40～60
>500	40	50～60

注:严重侵蚀性环境地段取大值,轻微侵蚀性环境地段取小值。

(3)钢筋混凝土结构构件中纵向受力钢筋的截面最小配筋率应符合表 5-2-19 的规定。

钢筋混凝土结构构件中纵向受力主钢筋的截面最小配筋率(%) 表 5-2-19

受力类型		最小配筋率			
受压构件	全部受力主钢筋	0.6			
	一侧受力主钢筋	0.2			
受弯构件、偏心受拉、轴心受拉构件一侧的受拉钢筋	钢筋种类	混凝土强度等级			
		C25	C30	C40	C50
	HPB300	0.25	0.30	0.35	0.40
	HRB400	0.20	0.20	0.25	0.30

注:1. 受压构件全部受力主钢筋最小配筋率,当采用 HRB400 钢筋时,应按表中规定减小 0.1%。
   2. 偏心受拉构件中的受拉钢筋,应按受压构件一侧受力主钢筋考虑。
   3. 受压构件的全部受力主钢筋和一侧受力主钢筋的配筋率以及轴心受拉构件和小偏心受拉构件一侧受拉钢筋的配筋率应按构件的全截面面积计算;受弯构件、大偏心受拉构件一侧受拉钢筋的配筋率应按全截面面积扣除受压翼缘面积后的截面面积计算。
   4. 当钢筋沿构件截面周边布置时,"一侧受力主钢筋"系指沿受力方向两个对边中的一边布置的受力主钢筋。

3. 整体式衬砌结构计算模型和计算方法

1)道路隧道衬砌结构计算模型

地下结构的设计方法应根据工程对象、规模、地质条件、施工方法等加以选定。目前采用的地下结构设计方法可以归纳为以下 4 种:

(1)以参照过去隧道工程实践经验进行类比为主的经验设计法。

(2)以现场量测和试验室试验为主的实用设计方法,例如以洞周位移量测值为基础的收敛-约束法。

(3)作用-反作用模型,即荷载-结构模型,例如弹性地基圆环计算和弹性地基框架计算等计算法。

(4)连续介质模型,包括解析法和数值法,数值计算法主要是有限单元法。

每种设计模型或方法各有其适用的场合,也各有自身的局限性。由于地下结构的设计受各种复杂因素的影响,因此经验设计法往往占据一定的位置。即使内力分析采用了比较严密的理论,其计算结果往往也需要用经验类比来判断和补充。以测试为主的实用设计方法常为现场人员欢迎,因为它能提供更加直观的感受,以更确切地估计地层和地下结构的稳定性和安全程度。工程技术人员在设计地下结构时,往往要同时进行多种设计方法的比较,以获得较为经济合理的设计。

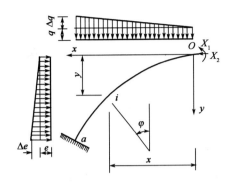

图 5-2-19　半衬砌的计算图式

2）整体式隧道衬砌结构计算方法

图 5-2-19 为半衬砌的计算图式,简化为拱圈弹性支承在岩层上的无铰拱,采用结构力学方法进行计算。

3）衬砌结构截面强度的校核

在计算衬砌各个截面的内力后,还应进行强度检算。现行规范规定:对隧道衬砌和明洞衬砌都应按破坏阶段检算构件截面强度,根据材料的极限强度计算出衬砌截面的极限承载力 N_j,使其与实际产生的截面内力 N(轴向力)相比得出各截面的实际强度安全系数 K。然后与《公路隧道设计规范　第一册　土建工程》(JTG 3370.1—2018)规定的强度安全系数比较,看是否满足要求。强度安全系数用公式表示,即

$$K = \frac{N_j}{N} \geqslant K_g \tag{5-2-1}$$

式中:K_g——《公路隧道设计规范　第一册　土建工程》(JTG 3370.1—2018)规定的强度安全系数(规定见表 5-2-20、表 5-2-21)。

混凝土和砌体结构各种荷载组合的强度安全系数　　　　表 5-2-20

破坏原因	混凝土			砌体		
	永久荷载 + 基本可变荷载	永久荷载 + 基本可变荷载 + 其他可变荷载	永久荷载 或永久荷载 + 偶然荷载	永久荷载 + 基本可变荷载	永久荷载 + 基本可变荷载 + 其他可变荷载	永久荷载 + 偶然荷载
混凝土或砌体达到抗压极限强度	2.4	2.0	1.8	2.7	2.3	2.0
混凝土达到抗拉极限强度	3.6	3.0	2.7	—	—	—

钢筋混凝土结构各种荷载组合的强度安全系数　　　　表 5-2-21

破坏原因	永久荷载或永久荷载 + 基本可变荷载	永久荷载 + 基本可变荷载 + 其他可变荷载	永久荷载 + 偶然荷载
钢筋达到极限强度或混凝土达到抗压或抗剪极限强度	2.0	1.7	1.5
混凝土达到抗拉极限强度	2.4	2.0	1.8

除检算截面的强度外,《公路隧道设计规范　第一册　土建工程》(JTG 3370.1—2018)还对轴向力的偏心距有所限制,要求混凝土构件的偏心距不应大于 0.45 倍的截面厚度,砌体的不应大于 0.3 倍截面厚度;基底偏心距,对岩石地基应不大于 1/4 墙底厚度,土质地基不应大于 1/6 墙底厚度。计算表明,对混凝土矩形截面构件,当偏心距 $e_0 < 0.2h$ 时,是抗压强度控制其承载能力,按式(5-2-2)检算抗压强度;当偏心距 $e_0 > 0.2h$ 时,是抗拉强度控制其承载能力,按式(5-2-3)检算抗拉强度。

对石砌体矩形截面结构,只要检算其抗压强度就可以了。

由于隧道衬砌截面上有弯矩和轴向力作用,故隧道衬砌和拱形明洞都属于偏心受压构件,当衬砌材料为混凝土衬砌体坊工时,其矩形截面中心及偏心受压构件的抗压强度按式(5-2-2)计算:

$$KN \leqslant \phi \alpha R_a bh \tag{5-2-2}$$

式中:K——安全系数,按表5-2-20取值;

$\quad R_a$——混凝土或砌体的抗压极限强度;

$\quad N$——轴向力(kN);

$\quad b$——截面宽度(m);

$\quad h$——截面厚度(m);

$\quad \phi$——构件纵向弯曲系数,对于隧道衬砌、明洞拱圈及墙背紧密回填的边墙,可取 $\phi = 1$,对于其他构件应根据其长细比按表5-2-22采用;

$\quad \alpha$——轴向力的偏心影响系数,按表5-2-23采用。

混凝土及砌体构件的纵向弯曲系数 表5-2-22

H/h	<4	4	6	8	10	12	14	16
纵向弯曲系数 ϕ	1.00	0.98	0.96	0.91	0.86	0.82	0.77	0.72
H/h	18	20	22	24	26	28	30	
纵向弯曲系数 ϕ	0.68	0.63	0.59	0.55	0.51	0.47	0.44	

注:1. H 为构件的高度,h 为截面短边的边长(当轴心受压时)或弯矩作用平面内的截面边长(当偏心受压时)。

2. 当 H/h 为表列数值的中间值时,ϕ 可按内插法求得。

偏 心 影 响 系 数 表5-2-23

e_0/h	α	e_0/h	α	e_0/h	α	e_0/h	α	e_0/h	α
0.00	1.000	0.10	0.954	0.20	0.750	0.30	0.480	0.40	0.236
0.02	1.000	0.12	0.923	0.22	0.698	0.32	0.426	0.42	0.199
0.04	1.000	0.14	0.886	0.24	0.645	0.34	0.374	0.44	0.170
0.06	0.996	0.16	0.845	0.26	0.590	0.36	0.324	0.46	0.142
0.08	0.979	0.18	0.799	0.28	0.535	0.38	0.278	0.48	0.123

注:1. 表中 e_0 为轴向力偏心距。

2. 表中 $\alpha = 1.000 + 0.648(e_0/h) - 12.569(e_0/h)^2 + 15.444(e_0/h)^3$。

按抗裂要求,混凝土矩形截面偏心受压构件的抗拉强度按式(5-2-3)计算:

$$KN \leqslant \frac{1.75 R_1 bh}{\dfrac{6e_0}{h} - 1} \tag{5-2-3}$$

式中:R_1——混凝土或砌体的抗拉极限强度;

$\quad e_0$——轴向力偏心距;

其他符号意义同前。

八、掌握隧道喷锚支护与复合式衬砌

1. 隧道喷锚支护的基本原理

隧道喷锚支护是以喷射混凝土、锚杆为主要支护手段,通过对围岩的监控量测指导设计与施工,使围岩成为支护体系的一部分,合理地利用围岩的自承能力,以保持围岩稳定的隧道修建方法。人们在长期实践中早已注意到,许多天然洞穴和人工开挖的坑道虽然未支护,也能长期保持稳定,这说明围岩自身具有一定的承载能力。奥地利学者 L. V. Rabcewicz 总结前人在隧道工程中累积的经验后提出一套隧道设计、施工的方法——新奥地利隧道施工法(简称新奥法)。20 世纪 60 年代,新奥法取得专利并在世界各国得到了广泛应用。我国从 20 世纪 60 年代开始研究和推广该技术,目前已成功推广应用到地下铁道、矿山坑道、地下厂房、公路、水工隧洞等地下工程中。

喷射混凝土和锚杆是新奥法的主要支护手段,此外还可辅以金属网和轻型钢拱架。与传统支护方式不同的是,采用喷锚支护可以主动加固围岩、改善围岩的应力状态;在允许围岩变形"卸压"的同时限制围岩产生有害变形。

2. 隧道喷锚支护的基本原则

喷射混凝土和锚杆支护是新奥法的主要支护手段,不能将其误解为只是在隧道中采用一种支护形式或一种隧道施工方法,而是一种新的隧道设计与施工的理念和原理。它是应用岩体力学的理论,以维护和利用围岩的自承能力为基点,采用锚杆和喷射混凝土为主要支护手段,及时地进行支护、控制围岩的变形和松弛,使围岩成为支护体系的组成部分,并通过对围岩和支护的量测监控来指导隧道设计施工的原理。其主要原理可以归纳为以下 6 条基本原则:

(1)隧道支护和围岩是整体化的结构物,围岩是承载结构的一部分,因此,应合理地利用围岩的自承能力,保持围岩稳定。

(2)以喷射混凝土、锚杆为主要支护手段,及时支护和封闭围岩,尽量避免出现二向应力状态,松动范围越小越好,以保护和发挥围岩的强度和承载能力,使围岩成为支护体系的重要组成部分。

(3)开挖作业应减少对围岩的扰动,尽量采用大断面开挖,减少围岩应力多次分布的危害,并保持隧道开挖轮廓圆顺,避免应力集中。

(4)施工中必须对围岩和支护进行观察、量测,根据量测结果及时修改初期支护参数或施工方法,合理安排施工程序,实现动态化设计。

(5)二次衬砌原则上在围岩和初期支护变形基本稳定后进行,但遇软弱围岩,特别是洞口段时,衬砌则要紧跟。

(6)在软弱围岩地段,支护应及早闭合。围岩特别软弱时,上半断面开挖完做好初期支护后,应增设临时仰拱,开挖到隧底后应及时施作仰拱。

以上原则是运用新奥法原理制定隧道开挖方法的基本指导思想。这 6 条原则相互联系,缺一不可。

实际上,新奥法的核心原则只有一条,那就是保护围岩,调动和发挥围岩的自承能力。从这一核心原则出发,可以根据隧道工程具体条件灵活地选择开挖方法、爆破技术、支护形式、支护施作时机和辅助工法(例如地层注浆)。

3. 喷锚支护的作用效果

新奥法的主要支护手段是喷射混凝土和锚杆,此外还可辅以金属网和轻型钢拱架。与以往传统支护方式不同的是,采用喷锚支护可以主动加固围岩、改善围岩的应力状态;在允许围岩变形"卸压"的同时限制围岩产生有害变形。喷射混凝土和锚杆支护的主要作用原理和效果见表5-2-24、表5-2-25。

喷射混凝土的主要作用原理和效果　　　　　　　　表5-2-24

喷射混凝土的作用效果	概　念　图
1）支承围岩 由于喷层能与围岩密贴和黏结，并给围岩表面以抗力和剪力，从而使围岩处于三向受力的有利状态，防止围岩强度恶化，此外，喷层本身的抗冲切能力可阻止不稳定块体的塌滑	
2）卸载作用 由于喷层属于柔性，能有控制地使围岩在不出现有害变形的前提下，进入一定程度的塑性，从而使围岩卸载。同时喷层的柔性也能使喷层中的弯曲应减小，有利于混凝土承载力的发挥	
3）填平补强围岩 喷射混凝土可射入围岩张开的裂隙，填充表面凹坑，使裂隙分割的岩块层面粘连在一起，保持岩块间的咬合、镶嵌作用，提高其间的黏结力、摩阻力，有利于防止围岩松动	
4）覆盖围岩表面 喷层直接粘贴岩面，形成防风化和止水的防护层，并阻止节理围岩中的填充物流失	
5）阻止围岩松动 喷层能紧跟掘进工程及时支护，早期强度高，因而能及时向围岩提供抗力，阻止围岩松动	

续上表

喷射混凝土的作用效果	概 念 图
6）分配外力 通过喷层把外力传递给锚杆、网架等，使支护结构受力均匀	

锚杆的主要作用原理和效果　　　　　　　　　　　表 5-2-25

锚杆的作用效果	概 念 图
1）支承围岩 锚杆能限制约束围岩变形，并向围岩施加压力，从而使处于二轴应力状态的洞室内表面附近的围岩保持三轴应力状态，制止围岩强度的恶化	
2）加固围岩 由于系统锚杆的加固作用，使围岩中，尤其是松动区的节理裂隙、破裂面等得以联结，因而增大了锚固区围岩的强度（c、φ 值）。锚杆对加固节理发育的岩体和围岩松动区是十分有效的	
3）提高层间摩阻力，形成"组合梁" 对于水平或缓倾斜的层状的围岩，用锚杆群能把数层岩层连在一起，增大层理间摩阻力。从结构力学观点来看，就是形成"组合梁"	

续上表

锚杆的作用效果	概 念 图
4)"悬吊"作用 所谓"悬吊"作用,是指为防止个别危岩的掉落或滑落,用锚杆将其同稳定围岩联结起来。这种作用主要表现在加固局部失稳的岩体	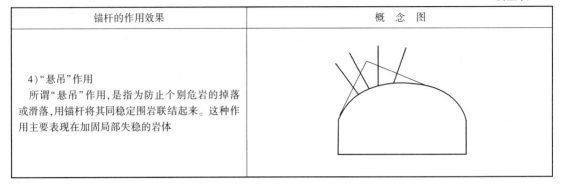

4. 复合式衬砌参数设计

(1)预设计以工程类比为主,设计时通过把本工程的地质条件与类似的已建工程进行充分分析对比,确定出本工程的预选设计方案。一般公路隧道复合式衬砌支护参数在预设计时可参考表5-2-26和表5-2-27的衬砌参数。采用锚喷支护作永久支护时,设计参数可按《公路隧道设计规范 第一册 土建工程》(JTG 3370.1—2018)附表 P.0.3 取值。对地质复杂、大跨度、超浅埋和有特殊要求的隧道,应在做充分的地质调查资料的基础上,通过数值模拟进行检算。

两车道隧道复合式衬砌设计参数
表 5-2-26

围岩级别	初 期 支 护								二次衬砌厚度(cm)	
	喷射混凝土厚度(cm)		锚杆(m)			钢筋网间距(cm)	钢架		拱、墙混凝土	仰拱混凝土
	拱、墙	仰拱	位置	长度	间距		间距(m)	截面高(cm)		
I	5	—	局部	2.0~3.0	—	—	—	—	30~35	—
II	5~8	—	局部	2.0~3.0	—	—	—	—	30~35	—
III	8~12	—	拱、墙	2.0~3.0	1.0~1.2	局部@25×25	—	—	30~35	—
IV	12~20	—	拱、墙	2.5~3.0	0.8~1.2	拱、墙@25×25	拱、墙0.8~1.2	0 或14~16	35~40	0 或35~40
V	18~28	—	拱、墙	3.0~3.5	0.6~1.0	拱、墙@20×20	拱、墙、仰拱0.6~1.0	14~22	35~50 钢筋混凝土	0 或35~50 钢筋混凝土
VI	通过试验或计算确定									

注:1.有地下水时可取大值,无地下水时可取小值。
　　2.采用钢架时,宜选用格栅钢架。
　　3.喷射混凝土厚度小于18cm时,可不设钢架。
　　4."0 或…"表示可以不设;要设时,应满足最小厚度要求。

预选设计方案通常包括以下内容:
①隧道断面形状和尺寸。

②开挖的方式、方法、主要机械设备。

③初期支护的结构和设计参数。

④二次衬砌结构参数和构筑时机。

⑤施工程序、一次掘进长度。

⑥监控量测计划。

⑦复杂地质区段必须采用的和可能采用的预支护、预加固、排水等辅助施工方法及机械设备。

三车道隧道复合式衬砌的设计参数

表 5-2-27

围岩级别	初期支护								二次衬砌厚度(cm)	
	喷射混凝土厚度(cm)		锚杆(m)			钢筋网间距(cm)	钢架		拱、墙混凝土	仰拱混凝土
	拱、墙	仰拱	位置	长度	间距		间距(m)	截面高(cm)		
Ⅰ	5～8	—	局部	2.5～3.5	—	—	—	—	35～40	—
Ⅱ	8～12	—	局部	2.5～3.5					35～40	
Ⅲ	12～20	—	拱、墙	2.5～3.5	1.0～1.2	拱、墙@25×25	拱、墙1.0～1.2	0 或14～16	35～45	
Ⅳ	16～24	—	拱、墙	3.0～3.5	0.8～1.2	拱、墙@20×20	拱、墙0.8～1.2	16～20	40～50■	0 或40～50
Ⅴ	20～30	—	拱、墙	3.5～4.0	0.5～1.0	拱、墙@20×20	拱、墙、仰拱0.5～1.0	18～22	50～60钢筋混凝土	0 或50～60钢筋混凝土
Ⅵ	通过试验或计算确定									

注:1.有地下水时可取大值,无地下水时可取小值。

2.采用钢架时,宜选用格栅钢架。

3.喷射混凝土厚度小于 18cm 时,可不设钢架。

4."0 或…"表示可以不设;要设时,应满足最小厚度要求。

5."■"可采用钢筋混凝土。

(2)对重要隧道,制订设计方案应当分阶段进行。第一阶段,把已建工程的客观条件和经验与本工程的客观条件相比较,应用工程类比法制订预选设计实施方案。第二阶段,先通过施工试验段验证预选方案是否可行,然后再制订工程实施设计方案。

(3)制订围岩监控量测方案。通过对隧道围岩动态的量测工作监控设计施工全过程,并根据量测反馈信息在需要时修改和变更实施设计方案。

九、掌握隧道防排水设计的规定和要求

1.隧道防排水的基本原则和基本要求

1)隧道防排水的基本原则

隧道防排水应遵循"防、排、截、堵结合,因地制宜,综合治理"的原则,保证隧道结构物和营运设备的正常使用和行车安全。隧道防排水设计应对地表水、地下水妥善处理,洞内外应形成一个完整通畅的防排水系统。

2）隧道防排水的基本要求

（1）高速公路、一级公路、二级公路隧道防排水应满足下列要求：

①拱部、边墙、路面、设备箱洞不渗水。路面无湿渍。

②有冻害地段的隧道衬砌背后不积水，排冰沟不冻结。

③车行、人行横通道等服务通道拱部不滴水，边墙不淌水。

（2）三级公路、四级公路隧道应做到：

①拱部、边墙不滴水，路面不积水，设备箱洞不渗水。

②有冻害地段的隧道衬砌背后不积水，排水沟不冻结。

（3）当采取防排水工程措施时，应注意保护自然环境。当隧道内渗漏水引起地表水减少，影响居民生产、生活用水时，应对围岩采取堵水措施，减少地下水的渗漏。

2. 隧道防排水的基本方法和措施

1）隧道防水措施

（1）洞外防水措施

当隧道地表沟谷、坑洼积水、渗水对隧道有影响时，宜采用疏导、勾补、铺砌和填平等处治措施。废弃的坑穴、钻孔等应填实封闭。应采取措施防止或减少隧道附近的水库、池沼、溪流、井泉水、地下水渗入隧道。

（2）洞内防水措施

①隧道采用复合式衬砌时，在初期支护与二次衬砌之间应设置防水板及无纺布。防水板应采用易于焊接的防水卷材，厚度≥1.0mm，接缝搭接长度≥100mm。所采用的无纺布密度要求≥300g/m²。

②隧道二次衬砌应满足抗渗要求。混凝土的抗渗等级不宜小于 P8。

③隧道二次衬砌的施工缝、沉降缝、伸缩缝是防渗漏水的薄弱环节。设计时常采用不同止水带、止水条等结构防水材料和构造形式。图 5-2-20 为二次衬砌施工缝、沉降缝的主要构造形式。

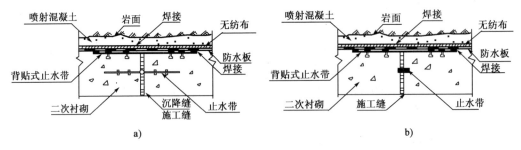

图 5-2-20　二次衬砌施工缝、沉降缝的主要构造形式

④有侵蚀性地下水时，应针对侵蚀类型，采用抗侵蚀混凝土，压注抗侵蚀浆液，或铺设抗侵蚀防水层。

⑤对于围岩破碎、涌水易坍塌地段，可采用向围岩内预注浆进行堵水加固。

⑥当隧道位于常水位以下，又不宜排泄时，隧道衬砌应采用抗水压衬砌。

2)隧道排水措施

(1)隧道内排水规定

①路面两侧应设纵向排水沟,引排营运清洗水、消防水和其他废水。

②隧道纵向排水坡宜与隧道纵坡一致。

③路侧边沟可设置为开口式明沟(图5-2-21)或暗沟(图5-2-22),当边沟为路沟时,应设沉沙池、滤水篦,其间距宜为25～30m。

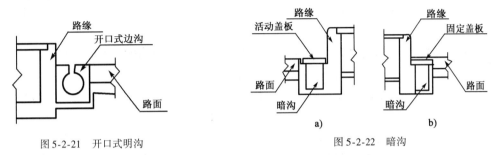

图5-2-21　开口式明沟　　　　　　　　　　图5-2-22　暗沟

④检修道或人行道的道面应考虑排水,可酌情设0.5%～1.5%的横坡,亦可在墙脚与检修道交角处设宽50mm、深30mm的纵向凹槽,以利道面清洁排水。

(2)路面结构底部排水设施的设置要求

①路面结构下宜设纵向中心水沟(管),引排地下水,中心水沟(管)断面面积应通过水力计算确定。

②中心水沟(管)(图5-2-23)纵向宜按间距50～200m设沉沙池,并根据需要设检查井。检查井间距不宜大于200m。

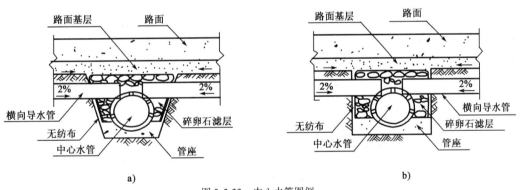

图5-2-23　中心水管图例

③横向导水管应在衬砌边墙脚穿过二次衬砌与纵向排水盲管连通,应连接至中心水沟,不设中心水沟的隧道应连接至路侧边沟;横向导水管的直径不宜小于80mm,排水坡度应不宜小于1%,横向导水管的纵向间距不宜大于10m,水量较大的地段应加密。

④路面底部应设不小于1.5%的横向排水纵坡。

⑤地下水可能产生冻结的地段,宜设中心水沟,中心水沟沟底应位于冻结深度以下,中心水沟不能满足排水和防冻要求时,可设防寒泄水洞,防寒泄水洞应置于隧道路面以下3～5m。

(3)隧道衬砌外排水设施(图5-2-24)设置要求

①在衬砌两侧边墙背后底部应设沿隧道的纵向排水盲管(沟),其管径不应小于100mm。

②防水层与初期支护之间应设置环向盲管,其纵向间距不宜大于10m,遇水量较大时,环向盲管应加密,对有集中水处,应单独设竖向盲管,环向盲管、竖向盲管的直径应不小于50mm。

③环向盲管、竖向盲管应与边墙底部的纵向排水盲管(沟)连通;纵向排水盲管(沟)应与横向导水管连通,以形成完整的纵横向排水系统;环向盲管、竖向盲管、纵向排水盲管应用无纺布包裹。

④当地下水发育,含水层明显,又有长期充分补给来源时,可利用辅助坑道排水或设置泄水洞等截、排水设施。

⑤当洞内水质有侵蚀时,应采取适当措施,防止排水造成环境污染。

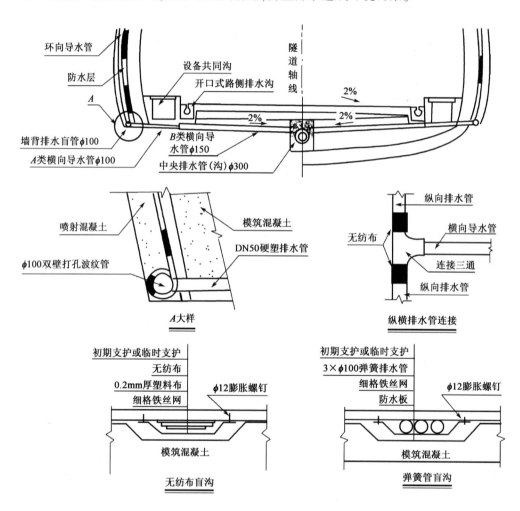

图5-2-24　衬砌背后排水措施

3. 洞口与明洞防排水

(1)隧道、辅助坑道的洞口及明洞应设置截水沟(图5-2-25)和排水沟,洞口边坡、仰坡应采取防护措施,防止地表水的下渗和冲刷。

a)　　　　　　　　　　　　　　　b)

图 5-2-25　地表截水沟的形式

（2）为防止洞外水流入隧道内，可在洞口外设置反向排水边沟或采取截流措施。

（3）明洞防排水要求

①明洞顶部应设置必要的截、排水系统。

②回填土表面宜铺设黏土隔水层，并与边仰坡夯实连接。黏土隔水层以上宜设厚度不小于 20cm 的耕植土。

③靠山侧边墙底或边墙后宜设置纵向和竖向盲沟，将水引至边墙泄水孔排出。

④砌外缘应敷设外贴式防水层。

⑤明洞与隧道接头处应做好防水处理，明洞混凝土浇筑应严格按新旧混凝土施工规则要求施作，明洞防水层应往隧道方向延伸一定长度，并做好仰坡脚与明洞填土的搭接。

十、熟悉辅助通道设计、特殊形式隧道设计的规定和要求

1. 辅助通道

（1）为满足运营通风、防灾救援或增开工作面、改善施工通风与排水条件等需要，可设置辅助通道。辅助通道包括竖井、斜井、平行通道、横通道、风道及地下机房、交叉口等。

（2）辅助通道选址应综合考虑地形、地质条件及施工和运营的需要，宜避免在岩溶发育和地下水丰富地段设置。

（3）竖井宜布置在隧道两侧，井口场地应满足提升系统布设和竖井建筑物的布置，有利空气的排放和出渣。竖井衬砌宜用复合式衬砌，可不设防水层。与井底联络通道连接处衬砌应采用复合式衬砌或整体式衬砌。竖井应设安全防护设施和检查步梯或爬梯。

（4）斜井有轨运输段宜用直线，直线段长度不宜大于 1200m；无轨运输长度不宜大于 2000m。斜井宜用马蹄形断面，断面内一侧应设宽度不小于 0.75m 人行道，另一侧应设宽度不小于 0.25m 的间隙；轨道运输时，两条轨道中心线之间的距离不应小于 0.7m；有摘挂钩作业的车场，两列列车车体的最突出部分之间的间隙不应小于 0.2m。

（5）各种提升方式的斜井倾角应符合下列规定：

①有轨箕斗提升时，不宜大于 35°；

②轨道矿车提升时，不宜大于 25°；

③胶带输送机提升时，不宜大于 15°；

④无轨运输时，不宜大于 7°。

（6）倾角大于 30° 的斜井，衬砌基础宜做成台阶状或设置基座。倾角在 15° 以上的斜井，采用轨道运输时，必须采取相应的安全措施，必须在适当位置设挡车设备，应有轨道防滑措施。

（7）单洞隧道平行通道宜设在地下水补给源一侧；双洞隧道平行通道应根据两洞间距和地形条件确定。平行通道纵坡宜与主洞纵坡一致，坑底高程宜低于隧道底面高程 0.2～0.6m。平行通道排水应与主洞隧道排水统一设计。

(8)风道宜采用整体式衬砌或复合式衬砌,内壁面应平整。风道在弯曲、变径、分岔等断面变化处宜采用连续变断面曲线连接;当采用不同断面突变连接时,应设过渡墙。风道隔板宜采用混凝土结构,与衬砌应整体连接。

(9)地下风机房衬砌结构可采用喷锚衬砌、复合式衬砌。当有吊装设备时,应采用复合式衬砌。设备安装有特殊要求时,应做特殊设计。

(10)交叉口段衬砌结构宜采用整体式衬砌或复合式衬砌,应根据需要设沉降缝。

2. 小净距隧道设计的规定

(1)应采用复合式衬砌,支护参数应根据工程类比、施工方法、计算分析综合确定。并根据现场监控量测结果调整。

(2)应根据围岩地质条件和两洞净距,对施工顺序、开挖方法、临时支护措施等提出要求,并根据中夹岩的稳定性提出中夹岩的保护或加固措施。

(3)两隧道净距在0.8倍开挖跨度以内时,小净距隧道段长度宜控制在1000m内。

3. 连拱隧道设计的规定

(1)连拱隧道中墙结构宜采用复合式中墙。

(2)应采用复合式衬砌结构,支护参数应根据工程类比、施工方法、计算分析综合确定。并根据现场监控量测结果调整。

(3)二次衬砌应采用钢筋混凝土结构。

(4)应根据围岩地质条件,以及施工中多种不利工况的结构受力和围岩稳定性分析,对施工顺序、开挖方法、临时支护措施等提出具体要求。

(5)连拱隧道有偏压时,支护参数、施工方法、施工顺序的确定应考虑偏压影响。

(6)采用整体式中墙时,中墙顶两侧纵向施工缝应高于中墙顶纵向排水管的布设位置,并采取相应的止水措施,中墙内应预埋竖向排水管,竖向排水管直径不应小于100mm,纵向间距不宜大于10m。

(7)采用复合式中墙的连拱隧道,施工中导洞轴线宜偏离中隔墙中线设置。

(8)应根据结构需要设置变形缝,两侧主洞结构变形缝和中墙结构变形缝应设置在同一断面位置。

(9)应采取有效措施,防止施工中主洞拱部水平推力对中墙结构产生不利影响。

(10)连拱段长度不宜大于500m。

4. 分岔隧道设计的规定

(1)分岔隧道洞口段路线中线平面线形宜用曲线。洞口段路线中线采用直线时,左右洞平面线形可采用满足运营安全要求的小偏角"S"形曲线逐渐分离,并满足隧道洞门前后3s设计速度行程范围内的线形一致要求,左右洞采用较小偏角"S"形曲线分离时,设计纵坡一般情况下不宜大于2%,特殊情况下不宜大于2.5%。

(2)分岔段的长度、分岔段内结构变化位置应根据围岩地质条件、左右洞线间距和施工方法等综合确定,分岔段长度不宜大于600m。

(3)分岔隧道应采用复合式衬砌,支护参数可通过工程类比或计算分析确定。

(4)应根据围岩地质条件,对施工顺序、开挖方法、临时支护措施等提具体出要求,并应进行施工中多种不利工况下的结构受力和围岩稳定性分析。

（5）分岔隧道中的连拱衬砌段、小净距衬砌段起始段 10～15m 范围，结构应适当加强，宜按降低一级围岩级别进行隧道结构设计。

（6）分岔隧道洞口浅埋地段，双向行车大跨隧道段和部分连拱隧道段可采用明洞结构。

（7）结构形式变化处应设置变形缝。

（8）衬砌结构形式变化处应设挡头墙，挡头墙应根据地质条件结合防水进行设计。

（9）分岔隧道左右洞均采用全纵向通风方式时，洞门形式应考虑左右洞口送排风窜流影响，根据《公路隧道设计规范　第一册　土建工程》(JTG 3370.1—2018)第 11.4.3 条采取相应措施。

5. 棚洞结构设计的规定

（1）棚洞结构应采用钢筋混凝土结构。

（2）拱形及半拱形棚洞主体结构应采用整体式结构。

（3）矩形棚洞应采用整体框架结构或简支结构。

（4）应根据地质情况和结构形式设沉降缝，棚洞长度大于 40m 时宜设伸缩缝。

6. 棚洞基础设计的规定

（1）棚洞基础应置于稳固的地基上。当基础位于软弱地基上时，可采取整体式钢筋混凝土底板、桩基、扩大基础、基础加深等措施。

（2）棚洞基底高程低于边沟沟底开挖高程应不小于 200mm；在有冻害地区，基底埋置深度不应小于冰结线以下 250mm。

（3）当地基外侧受水流冲刷影响时，应采取加固和防护措施。

（4）在横向斜坡地形，棚洞外侧基础埋置深度超过路面以下 3m 时，宜在路面以下设计钢筋混凝土横向水平拉杆，并锚固于内侧基础或岩体中；棚洞外侧为立柱时，可加设纵梁与相邻立柱连接。

十一、了解隧道抗震设防分类、标准及抗震措施

1. 抗震设防分类和设防标准

（1）根据公路等级、隧道重要性以及修复（抢通）的难易程度将山岭公路隧道抗震设防分为 B、C、D 三类，见表 5-2-28。

各公路隧道抗震设防类别使用范围　　　　　　　　　　　表 5-2-28

抗震设防类别	适用范围
B	（1）高速公路、一级公路隧道； （2）三车道、四车道隧道； （3）连拱隧道； （4）复杂地质条件的地下风机房洞室群
C	（1）单洞两车道的二级、三级公路隧道； （2）通风斜井、竖井及风道、平行通道
D	（1）四级公路隧道； （2）附属洞室

（2）各抗震设防类别隧道的抗震设防目标应符合表 5-2-29 的规定。

各抗震设防类别隧道的抗震设防目标　　　　　　　表 5-2-29

抗震设防类别	设防目标	
	E1 地震作用	E2 地震作用
B	地震后隧道结构应力低于弹性极限,处于弹性状态,结构无破坏,结构功能保持震前状态(性能要求1)	地震后隧道结构应力超过弹性极限,但在屈服强度以内,结构处于弹性向弹塑性状态;结构局部轻微损伤,不需维修或简单加固后可继续使用(性能要求2)
C	地震后隧道结构应力低于弹性极限,处于弹性状态,结构无破坏,结构功能保持震前状态(性能要求1)	地震后隧道结构应力超过屈服强度,未达到结构最大承载力,结构处于弹塑性状态,未失稳;结构产生损伤破坏,但不应出现局部或整体坍塌,通过修复和加固可以恢复结构功能(性能要求3)
D	地震后隧道结构应力低于弹性极限,处于弹性状态,结构无破坏,结构功能保持震前状态(性能要求1)	—

（3）B、C 类隧道宜进行 E1 和 E2 地震作用下的抗震分析和抗震验算,D 类隧道可只进行 E1 地震作用下的抗震分析和抗震验算,并应满足抗震措施要求。基本地震动峰值加速度 $0.05g$ 和 $0.10g$ 地区的 B 类、C 类和 D 类隧道,可只进行抗震措施设计。

（4）各类隧道抗震措施的设防标准,应符合下列规定:

①B 类隧道应按高于本地区地震动峰值加速度一级的要求加强其抗震措施。

②C 类隧道应按本地区地震动参数确定其抗震措施和地震作用。

③D 类隧道允许比本地区地震动参数的要求适当降低其抗震措施,但地震动峰值加速度等于 $0.05g$ 时不应降低。

2. 抗震措施

（1）隧道宜设置于抗震有利地段,不宜设在岩堆、滑坡体、泥石流沟、崩塌、围岩落石等不良地质及排水困难的沟谷低洼处或不稳定的悬崖陡壁下。

（2）隧道洞门位置的选择应结合洞门段的地形和地质条件确定,并应采取措施控制洞口仰坡和边坡的开挖高度,防止发生崩塌和滑坡等震害。

（3）在抗震设防烈度较高的地区,洞口边仰坡较陡时,宜采用明洞式洞门,并采取防止落石撞击的措施。

（4）明洞衬砌应采用钢筋混凝土结构,并沿隧道纵向设置防震缝。

（5）设计基本地震动峰值加速度大于或等于 $0.20g$ 的地区,隧道洞门端墙与衬砌环框间、端墙与洞口挡土墙或翼墙间的施工接缝处,应采取加设短钢筋或设置榫头等抗震连接措施。

（6）隧道洞口段、浅埋偏压段、深埋软弱围岩段和断层破碎带等地段的结构,其抗震加强长度应根据地形、地质条件确定抗震设防段,两端应向围岩质量较好的地段延伸,两车道及其以下隧道宜延伸 5～10m,三车道隧道及其以上隧道宜延伸 10～20m。

（7）抗震设防地段衬砌结构构造应符合下列规定:

①软弱围岩段的隧道衬砌应采用带仰拱的曲墙式衬砌。

②明暗洞交界处、软硬岩交界处及断层破碎带，宜结合沉降缝、伸缩缝综合设置防震缝。

③通道交叉口部及未经注浆加固处理的断层破碎带区段采用复合式支护结构时，二次衬砌应采用钢筋混凝土结构。

④当隧道穿越活动断层时，衬砌断面宜根据断层最大位错量评估值进行隧道断面尺寸的超挖设计。断层设防段宜设置防震缝。

十二、了解隧道特殊地质分类及设计要求

当隧道通过膨胀性围岩、岩溶、采空区、流沙、瓦斯及有害气体、黄土、高地应力区、多年冻土等特殊地质地段时，应根据具体情况，采用相应辅助工程措施，保证结构物安全和施工安全。

穿越特殊地质地段的隧道，除应进行特殊设计外，在施工中还应对地下水位变化进行观测，对围岩变形和支护衬砌结构变形或受力进行监测，当设计与实际情况不符时，应及时修正设计。

1. 膨胀性围岩

(1)宜采用圆形或接近圆形的断面。采用"先柔后刚、先让后顶、分层支护"的设计思想进行支护结构设计。

(2)可采用双层初期支护，也可在初期支护内采用可缩式钢架，锚杆宜加长、加密，长短结合。应采用复合式衬砌，二次衬砌宜采用钢筋混凝土结构，应设仰拱。

(3)预留变形量应根据围岩膨胀变形量确定，应较普通围岩地段大。

(4)应采取截、排水措施，减少围岩遇水膨胀变形。

2. 岩溶

(1)根据岩溶与隧道的位置关系，可采取跨越、加固溶洞、回填溶洞、引排截流岩溶水、清除或加固充填物、封堵地表陷坑、疏排地表水等综合治理措施。

(2)对隧道底部有充填的溶洞，应根据溶洞充填物的特征以及溶洞与隧道的位置关系，采取桩基、注浆、换填、跨越等措施进行处理。

(3)应根据实际情况对岩溶水采取截、引、排等处理措施，并应保护、疏通、恢复岩溶原有排水通道。

3. 采空区

(1)应根据采空区所处的围岩条件，采空区的类型、规模、稳定性及其与隧道的相互关系，分析相互影响，选择适宜的隧道支护结构和工程措施。

(2)隧道穿越采空区，可采取跨越、围岩加固、采空区支护结构加固、采空区封闭回填、疏排积水等措施；对穿越有害气体的采空区，应参照有害气体处治要求处理。

(3)采空区影响范围内的隧道衬砌结构宜加强，对存在有害气体的采空区，隧道衬砌应有封闭气体的能力。

(4)对隧道压覆或穿越的未开采区，应提出禁采范围。

4. 流沙

(1)穿越流沙地层的隧道，应根据流沙特性、规模、贯入度、相对密度、粒径分布、塑性指数、

地层承载力、滞水层分布、地下水压力和透水系数等因素,选择适宜的隧道支护结构和工程措施。

(2)穿越流沙地层隧道设计应符合下列规定:

①应加强地层排水,宜将地下水位降至隧道底以下 0.5m。

②应有出现流沙溢出时的封堵措施。

③对流沙溢出口附近围岩应进行加固。流沙地层围岩应采取超前加固措施。

④初期支护钢架宜封闭成环。二次衬砌应采用钢筋混凝土结构。

5.瓦斯及有害气体

(1)隧道通过含瓦斯及有害气体地层的地段,应根据气体含量、涌出量和气压,采取抽排、隔离、封闭与加固措施,进行超前探测、施工通风、气体检查等设计。

(2)衬砌采用带仰拱的复合式封闭结构,并提高二次衬砌的抗渗能力。复合式封闭结构应向不含有害气体地段延伸不小于20m。

(3)二次衬砌施工缝要进行气密性处理,其封闭瓦斯性能不应低于混凝土衬砌。采用双层模筑混凝土衬砌时,两层衬砌施工缝应错开设置,错开距离不应小于2.0m。

(4)含瓦斯地层喷射混凝土厚度不应小于150mm,二次衬砌模筑混凝土厚度不应小于400mm。

6.黄土

(1)黄土隧道应根据黄土类型和物理力学性能、黄土天然含水率、隧道断面大小和施工方法等确定衬砌结构。

(2)黄土隧道宜采用曲墙带仰拱的复合式衬砌结构,不设系统锚杆时,应加强钢架支护,并增设锁脚锚杆。二次衬砌应采用钢筋混凝土结构。

(3)位于地下水位线以下的隧道应根据黄土性质、地下水的发育特征,采取降、排、堵相结合的综合治水措施。

(4)湿陷性黄土地基可采取灰土换填、挤密桩、旋喷桩、树根桩、钢管桩等加固措施。

7.高地应力区

(1)高地应力区隧道设计的规定:

①隧道轴线与最大主应力方向水平投影夹角宜小于30°。

②隧道衬砌断面应近似圆形断面。

(2)应结合地应力大小、水文地质及围岩条件,按照硬岩段可能发生岩爆,软岩段可能发生大变形进行分级,针对不同的等级选择相应的开挖方式与防治措施。岩爆及大变形分级可参考《公路隧道设计规范 第一册 土建工程》(JTG 3370.1—2018)表 14.8.2-1 和表 14.8.2-2。

十三、了解隧道路基路面设计要求

(1)隧道路基应为稳定、密实、匀质路基。设仰拱的隧道,仰拱充填层可为路基层,其充填材料和充填要求要符合《公路隧道设计规范 第一册 土建工程》(JTG 3370.1—2018)第 5章、第 8 章的相关规定。不设仰拱的隧道,路基应为稳定的石质路基。

(2)隧道路面应具有足够的强度、平整、耐久、抗滑、耐磨等性能。高速公路、一级公路隧道宜采用沥青混合料上面层与混凝土下面层组成的复合式路面。其他等级公路隧道可采用复合式路面或水泥混凝土路面。

(3)隧道路面结构下应设排水系统。

十四、了解隧道辅助工程措施规定

隧道辅助施工措施按其功能和效果,可分为围岩稳定措施与涌水处理措施,围岩稳定措施又可分为围岩支护措施与围岩加固措施,涌水处理措施又可分为排水措施与注浆止水措施。

围岩稳定措施有:超前管棚、超前小导管、超前锚杆、超前钻孔注浆、超前水平旋喷桩、超前玻璃纤维锚杆、地表砂浆锚杆、地表注浆、锁脚锚杆、小导管径向注浆、临时支撑等。

涌水处理措施有:超前围岩预注浆堵水、围岩径向注浆堵水、超前钻孔排水、泄水洞排水、井点降水等。

十五、了解洞内预留构造物、预埋构件要求

(1)应根据隧道交通工程与设施的要求进行洞内预留、预埋及构造物设计,预留、预埋及构造物设计应与相关专业进行协调。预留洞室和预埋件应能保证隧道结构的稳定和结构强度,不得损害隧道衬砌结构的支护能力。

(2)预留洞室应避开衬砌结构变形缝和施工缝布置,避开距离不宜小于1.5m。预留洞室应做好防水设计,预留洞室内应不渗不漏。

(3)隧道内各类设施的悬挂及安装预埋件应根据其承重和耐久性要求,进行强度和防腐设计,并应符合下列规定:

①隧道内预埋件设计使用年限,应与结构设计使用年限一致。

②有承重要求的预埋件,应满足使用承载力要求。

③吊挂风机预埋件的强度应能承受不小于风机重量1.5倍的荷载。

(4)预埋在衬砌内的各种管线,应置于衬砌截面的中部,管壁距衬砌内外侧边缘不应小于100mm。

(5)应根据机电工程和消防工程需要设置电缆沟,电缆沟宜布置在两侧检修道下。电缆沟尺寸应根据隧道内电缆、消防管布置要求拟定断面形式和尺寸,应考虑便于电缆、消防管的敷设和维护。电缆沟要满足自流排水要求。

十六、了解隧道改扩建设计方案选择原则及要求

进行隧道改扩建时,除应按《公路隧道设计规范　第一册　土建工程》(JTG 3370.1—2018)第3章进行必要的调查外,尚应对既有隧道设计、施工、维修养护和运营情况等进行调查。

1.隧道改扩建方案设计

(1)隧道改扩建设计应结合路线总体设计、隧道接线条件、工程地质、既有隧道现状、交通组织、建设条件进行经济技术比较,充分利用既有隧道,合理确定改扩建形式和技术标准。

(2)增建和扩建隧道的线形和横断面设计应满足现行《公路工程技术标准》(JTG B01)和《公路隧道设计规范　第一册　土建工程》(JTG 3370.1—2018)第4章的相关规定。

（3）改扩建后对不再作为通车使用的既有隧道,宜用作维修、养护服务通道和应急疏散救援通道。疏散救援通道应能保证隧道结构的长期稳定。

2．隧道扩建

（1）扩建隧道结构实际应包括对既有隧道结构的拆除方案设计和临时支护设计,应进行扩建施工多种工况下的结构受力状态和围岩稳定性计算,衬砌结构和构造应符合《公路隧道设计规范　第一册　土建工程》(JTG 3370.1—2018)其他章节的相关规定。

（2）隧道扩建围岩压力计算应符合下列规定:

①既有隧道施工时对围岩扰动不大、施工期间未发生大变形、塌方等,且经过一定时间运营后,围岩无明显变异的段落,可参照新建隧道计算围岩压力。

②既有隧道发生过坍方的段落,应根据坍方高度及横向范围,确定围岩级别和围岩压力。

3．隧道改建

（1）隧道改建应符合下列规定:

①隧道改建应按现行《公路工程技术标准》(JTG B01)执行;当技术和经济条件限制时,可采用原有技术标准。

②既有隧道土建结构在能保证通行能力和营运安全的前提下,应尽可能利用,不宜改变既有结构和衬砌背后的排水系统。

③改建后,隧道设计行车速度与隧道前后路段设计行车速度差不应大于20km/h。

（2）隧道改建同时又有并行增建隧道时,隧道改建宜在增建隧道施工完成后实施。

4．增建隧道

（1）增建隧道结构设计应符合新建隧道的相关规定。新建隧道布置应减少对既有隧道的影响。

（2）新建隧道与既有隧道为小净距时,应按小净距隧道考虑围岩压力。

（3）增建隧道与既有隧道间设置横通道时,增建隧道设计高程应满足横通道纵坡设计要求;横通道开洞位置应避开既有隧道衬砌结构变形缝和施工缝,避开距离不宜小于2m。

十七、了解隧道施工计划制订的规定和要求

（1）施工计划应满足施工安全、经济、计划工期的要求,需在设计图纸的基础上,充分调查工程内容及相关条件等,研究这些条件和各工程内容之间的关系,就施工方法、作业组织、物资器材和设备、施工管理、安全管理、环境保护及工期等方面进行筹划。

（2）隧道的工程内容一般包括:准备工程、临时设备工程、洞口附属工程、开挖工程、弃碴工程、喷锚工程、衬砌工程、仰拱工程、防排水工程、隧道路面工程、装饰工程和其他附属工程等。如遇特殊地质条件,还有围岩稳定辅助施工措施和涌水处理措施。

（3）隧道的工程内容会因施工条件不同而有所不同。与各工程内容相关的施工条件有:隧道的工程规模、山体的地形和地质条件、隧道当地条件以及其他制约条件,如施工便道、洞口的建构筑物影响等。

（4）根据设计的隧道断面、隧道长度、规定的工期,定出适应于隧道围岩条件、当地条件的经济而安全的施工方法,再由此定出施工进度计划,然后再考虑实施此计划的要领,以及洞内、外配备的机械、设备,以利确保工程的安全施工。

（5）制定施工计划时，还要安排工作人员、资材、机械、设备等，办理用电合同手续，交涉用地，并就环境问题与当地有关人士进行事前协议。如有问题，要修改计划方案，不致产生大幅度的施工变更。

（6）施工计划主要有下列内容：

编制原则、编制依据、编制内容等，详细内容可参考《公路隧道施工技术细则》（JTG/T F60—2009）

考 点 分 析

本节主要有以下考点：

（1）影响洞室围岩稳定的主要因素

地下洞室、隧道的不同部位，岩体结构面与隧道方向的不同关系，地下工程中水的影响等，判断哪种情况更危险。

（2）围岩分级及支护、加固的设计方法

与注册岩土工程师考试类似，具体的工程设计项目可不涉及，但可出与围岩分级有关案例题，是依据现行的各种勘察、设计规范定量计算后判断，其中 BQ 与 $[BQ]$ 计算、围岩压力计算、隧道深浅埋判别是考试重点。围岩初期支护主要是指锚杆、喷射混凝土以及组合使用的钢拱架、钢筋网等，案例中注意喷层厚度的类比设计规定、钢构件的保护层厚度的计算等。

（3）新奥法的施工理念和技术要点

"新奥法是设计、施工一体化的现代先进理论方法，它应用岩体力学的理论，通过对隧道围岩变形的量测、监控，采用新型的支护结构，尽量利用围岩自承能力指导隧道设计和施工的方法。"这一论述讲出了新奥法的基本原理。其中新奥法的柔性支护、复合式衬砌支护、防排水结构、衬砌支护的类比设计长度、厚度规定等是考试的重点。目前现行的隧道设计基本上都是基于这一理论进行的，关于新奥法的知识题都可以通过以上论述的内涵回答。

（4）隧道开挖前后隧道的监控量测

隧道施工监控量测是新奥法隧道设计与施工中的重要环节，也是确保工程质量的重要措施，同时是对于判断围岩和衬砌的稳定性、保证施工安全、指导施工顺序、进行施工管理、提供设计信息的主要手段。设计中监控量测方案可包含隧道施工监控量测的必测项目与选测项目，以及各种测试项目的测试目的、测量方法与仪器设备、测试频率；各种测试项目的测点布置与传感器埋设要求等，并可以根据隧道的特点具体要求监控量测项目。

（5）隧道设计的基本要素

设计过程中，对隧道选址的原则和要求；隧道平面设计、纵断面设计、横断面设计的基本要求和方法；隧道洞门设计的基本要求和方法；隧道洞口位置的选择原则、锚喷支护的基本原理和基本原则、锚喷支护类型的选择等内容应该牢固掌握。熟悉隧道洞门各部位结构要求；隧道衬砌结构构造要求；混凝土结构耐久性设计的要求；隧道防排水设计的原则和洞内、洞外防排水系统的布置要求；特殊地质地段的辅助工程措施设计原则。了解隧道路基路面设计要求；隧道辅助工程措施规定；隧道洞内预留构造物、预埋构件要求；隧道施工计划制订的规定和要求；

隧道改扩建设计方案选择原则及要求。

(6)城市地下道路相关规定

掌握城市地下道路横断面、平面及纵断面设计要求,熟悉城市地下道路出入口设计的规定和要求。

例 题 解 析

例 1 关于隧道新奥法的设计施工,下列说法正确的是( )。

(A)支护体系设计时不考虑围岩的自承能力

(B)支护体系设计时应考虑围岩的自承能力

(C)隧道开挖后经监测围岩充分松动变形后再衬砌支护

(D)隧道开挖后经监测围岩压力充分释放后再衬砌支护

分析

新奥法的特点是在开挖面附近及时施作紧贴于围岩的薄层柔性喷射混凝土和锚杆支护,以便控制围岩的变形和应力释放,发挥围岩的自承能力。共同作用使围岩应力重分布,达到新的平衡。故本题选 B。

例 2 关于傍山隧道的设计,下列说法错误的是( )。

(A)傍山隧道一般埋藏较浅,山坡亦常有滑坡、松散堆积、泥石流等不良地质现象,地质情况较为复杂

(B)为保持山体稳定和避免偏压产生,隧道位置宜往山体内侧靠,做到宁外勿里

(C)要考虑河岸冲刷对山体和洞身稳定的影响

(D)线路沿山嘴绕行难以长期保证运营安全时,应"裁弯取直"以长隧道通过

分析

傍山隧道的主要特点之一就是产生比较明显的偏压,因此应在可能的条件下向山体内靠,做到宁里勿外。故本题选 B。其他几个选项在设计中均应考虑。

例 3 设计隧道衬砌断面主要解决的问题是( )。

(A)净空、建筑限界和跨度   (B)内轮廓线、轴线和净空

(C)内轮廓线、轴线和厚度   (D)净空、轴线和厚度

分析

衬砌断面设计:主要解决内轮廓线、轴线和厚度三个问题。故本题选 C。

例 4 越岭隧道平面位置选择设计时,下列因素不需要考虑的是( )。

(A)采用纵坡较小为好

(B)优选考虑在路线总方向上或其附近的低垭口,展线好,隧道较短

(C)虽远离线路总方向,但垭口两侧有良好的展线条件

（D）工程地质和水文地质条件良好的垭口

分析

隧道作为公路路线的组成部分,其平面线形设计应满足《公路路线设计规范》(JTG D20—2017)的要求。由于隧道的维护和运营及救灾条件与洞外道路相比要求更高、难度也更大,因此,隧道在平面设计时应提高线形设计标准,原则上说隧道的平面线形应尽量采用直线,避免采用曲线;当设为曲线时,应尽可能采用不设超高的平曲线,并尽量避免在隧道内设加宽的平曲线。越岭隧道平面位置选择设计时,除考虑以上因素外,尚需考虑:优选考虑在路线总方向上或其附近的低垭口,展线好,隧道较短;虽远离线路总方向,但垭口两侧有良好的展线条件;工程地质和水文地质条件良好的垭口。故本题选 A。

例 5　[2020 年多选题]公路隧道明洞式洞门设计应符合的规定是(　　)。

（A）洞口衬砌应采用片石混凝土结构

（B）洞顶设计的回填坡面宜按自然山坡坡度回填

（C）洞顶采用土石回填时,坡率不陡于 1:1,表面宜植草覆盖

（D）洞口段衬砌应伸出原山坡坡面或设计回填坡面不小于 500mm

分析

根据《公路隧道设计规范　第一册　土建工程》(JTG 3370.1—2018)第 7.3.4 条,其中有"洞口衬砌应采用钢筋混凝土结构",故不能选 A,其他选项均符合规范。故本题选 BCD。

例 6　[2020 年多选题]位于岩溶地段的公路隧道,隧道底部有充填的溶洞,应根据溶洞充填物的特征以及溶洞与隧道的位置关系,采取(　　)等措施进行处理。

（A）跨越　　　　　　（B）换填　　　　　　（C）注浆　　　　　　（D）开挖洞穴

分析

《公路隧道设计规范　第一册　土建工程》(JTG 3370.1—2018)第 14.3.4 条规定:对隧道底部有充填的溶洞,应根据溶洞充填物的特征以及溶洞与隧道的位置关系,采取桩基、注浆、换填、跨越等措施进行处理。故本题选 ABC。

例 7　[2020 年多选题]在进行公路隧道端墙式洞门设计时,符合规范有关规定的选项是(　　)。

（A）洞门端墙墙顶应高出墙背回填面 0.3m

（B）洞顶排水沟沟底至拱顶衬砌外缘的最小厚度不应小于 0.8m

（C）洞门墙墙身最小厚度不应小于 0.5m

（D）翼墙墙身厚度不应小于 0.3m

分析

《公路隧道设计规范　第一册　土建工程》(JTG 3370.1—2018)第 7.3.3 条规定:洞门墙墙身最小厚度不应小于 0.5m,翼墙墙身厚度不应小于 0.3m。洞顶排水沟沟底至拱顶衬砌外缘的最小厚度不应小于 1.0m;洞门端墙墙顶应高出墙背回填面 0.5m。故本题选 CD。

例 8 [2020 年多选题]公路隧道通过浅埋段、严重偏压段、自稳性差的软岩地层、断层破碎带地段时,可采取的辅助工程措施主要有( )。

（A）超前管棚、超前小导管、超前锚杆

（B）超前钻孔排水、泄水洞排水、井点降水

（C）超前钻孔注浆、超前水平旋喷桩、超前玻璃纤维锚杆

（D）地表砂浆锚杆、地表注浆、锁脚锚杆

分析

根据《公路隧道设计规范 第一册 土建工程》(JTG 3370.1—2018)第 13.1.1 条,选项 ACD 属于围岩稳定措施,选项 B 属于涌水处理措施,而题设条件中没有提涌水的问题。故本题选 ACD。

例 9 隧道施工量测方案设计中,力学测试项目包含( )。

（A）锚杆强度量测 （B）钢支撑压力量测

（C）衬砌应力量测 （D）围岩压力、衬砌压力

分析

隧道施工监控量测,分为必测项目和选测项目。必测项目包括:洞内外观察、周边收敛、拱顶下沉、地表下沉;选测项目包括:钢架内力及外力、岩体内部位移、围岩压力、两层支护间压力、锚杆轴力、支护衬砌应力、围岩弹性波速、爆破震动、渗水压力、水流量、地表下沉。

力学参数的设计属于选测项目,主要包含:锚杆轴力、钢支撑压力、衬砌应力、围岩压力、衬砌压力等隧道监控量测的内容。锚杆强度属于材料性能范畴,不属于隧道施工监控量测范畴。故本题选 BCD。

例 10 [2020 年单选题]某山岭高速公路隧道抗震设防应选择的类别是( )。

（A）A 类 （B）B 类 （C）C 类 （D）D 类

分析

《公路隧道设计规范 第一册 土建工程》(JTG 3370.1—2018)第 16.1 条的表 16.1.1 中有各公路隧道抗震设防类别使用范围。其中高速公路隧道属 B 类。故本题选 B。

例 11 [2020 年单选题]公路隧道应设置衬砌,并根据隧道围岩级别、施工条件和使用要求选择不同的衬砌形式,其中高速公路的隧道应采用( )。

（A）喷锚衬砌 （B）整体式衬砌

（C）复合式衬砌 （D）明洞衬砌

分析

《公路隧道设计规范 第一册 土建工程》(JTG 3370.1—2018)第 8.1.1 条规定:高速公路、一级公路、二级公路的隧道应采用复合式衬砌。故本题选 C。

例 12 [2020 年单选题]公路隧道采取复合式衬砌时,应在初期支护与二次衬砌之间设置防水层,防水层宜采用防水板和无纺布的组合,无纺布密度不应小于( )。

（A）100g/m² 　　（B）200g/m² 　　（C）300g/m² 　　（D）400g/m²

分析

《公路隧道设计规范　第一册　土建工程》（JTG 3370.1—2018）第10.2.2条规定：公路隧道采取复合式衬砌时，应在初期支护与二次衬砌之间设置防水层，防水层宜采用防水板和无纺布的组合，无纺布密度不应小于300g/m²。故本题选C。

例13　公路隧道喷射混凝土强度等级不应低于C20，厚度不应小于（　　）。

（A）25mm 　　（B）40mm 　　（C）50mm 　　（D）80mm

分析

《公路隧道设计规范　第一册　土建工程》（JTG 3370.1—2018）第8.2.1条规定：喷射混凝土强度等级不应低于C20，厚度不应小于50mm。故本题选C。

例14　[2019年单选题]公路隧道洞内纵向排水系统主要排放地下水、营运清洗污水及（　　）。

（A）雨水 　　（B）雪水 　　（C）洪水 　　（D）消防污水

分析

路面两侧应设纵向排水沟，引排营运清洗水、消防水和其他废水。故本题选D。

例15　[2019年单选题]通过瓦斯地层的公路隧道，含瓦斯地层的喷射混凝土厚度不应小于（　　）。

（A）20cm 　　（B）15cm 　　（C）10cm 　　（D）8cm

分析

《公路隧道设计规范　第一册　土建工程》（JTG 3370.1—2018）第14.6.4条规定：含瓦斯地层的喷射混凝土厚度不应小于150mm，二次模筑混凝土衬砌厚度不应小于400mm。故本题选B。

例16　隧道路面连续配筋混凝土面层配筋，当纵向和横向钢筋设在面层上部时，均应采用单层布置，纵向钢筋的净保护层厚度不应小于（　　），横向钢筋应位于纵向钢筋以下。

（A）30mm 　　（B）40mm 　　（C）50mm 　　（D）45mm

分析

《公路隧道设计规范　第一册　土建工程》（JTG 3370.1—2018）第15.3.5条规定：纵向和横向钢筋设在面层上部时，均应采用单层布置，纵向钢筋的净保护层厚度不应小于50mm，横向钢筋应位于纵向钢筋以下。故本题选C。

例17　改扩建后对不再作为通车使用的既有隧道，若既有隧道结构能长期稳定，则既有隧道宜用作（　　）。

（A）当地居民的人行通道 　　　　（B）维修服务通道

（C）养护服务通道 　　　　　　　（D）应急疏散救援通道

分析

《公路隧道设计规范 第一册 土建工程》(JTG 3370.1—2018)第 17.2.9 条规定:改扩建后对不再作为通车使用的既有隧道,宜用作维修、养护服务通道和应急疏散救援通道。疏散救援通道应能保证隧道结构的长期稳定。故本题选 BCD。

例 18 隧道洞内外平、纵线形应协调顺畅,以满足( )的要求。

（A）人文环境　　　（B）施工安全　　　（C）行车安全　　　（D）驾乘舒适

分析

《公路隧道设计规范 第一册 土建工程》(JTG 3370.1—2018)第 4.1.3 条规定:隧道洞内外平、纵线形应协调顺畅,满足行车安全和舒适要求。

人文环境和施工安全与平、纵线形协调顺畅无关,是干扰项。故本题选 CD。

例 19 ［2019 年多选题］公路隧道采用的全长黏结型锚杆有( )。

（A）快硬水泥卷端头锚杆　　　（B）早强水泥砂浆锚杆
（C）中空注浆锚杆　　　　　　（D）自钻式注浆锚杆

分析

全长黏结锚杆需要注浆,而端头锚固锚杆只需用锚固剂对锚杆端头进行锚固,选项 A 是端头锚杆,其他为全长黏结锚杆,本题选 BCD。

例 20 ［2019 年多选题］公路隧道洞口位置的选择,符合要求的有( )。

（A）洞口的边坡及仰坡必须保证稳定
（B）洞口位置应设于山坡稳定、地质条件较好处
（C）位于悬崖陡壁下的洞口,可切削山坡直接进洞
（D）漫坡地段的洞口位置,应结合洞外路堑地质、弃渣、排水及施工等因素综合分析确定

分析

洞口位于悬岩陡壁时,不应切削原山坡,故本题选 ABD。

例 21 ［2019 年多选题］黄土地区的公路隧道衬砌结构设计应考虑( )。

（A）地表冲沟　　（B）黄土分类　　（C）物理力学性能　　（D）施工方法

分析

《公路隧道设计规范 第一册 土建工程》(JTG 3370.1—2018)第 14.7.1 条规定:黄土隧道应根据黄土类型和物理力学性能、黄土天然含水率、隧道断面大小和施工方法等确定衬砌结构。故本题选 BCD。

例 22 ［2019 年多选题］岩爆地段公路隧道初期支护可采用( )。

（A）喷射混凝土　　（B）系统锚杆　　（C）钢筋网　　　　（D）拱架

分析

轻微岩爆和中等岩爆地段隧道初期支护可采用钢筋网喷射混凝土或纤维喷射混凝土、系

统锚杆、超前锚杆、增设钢架和对掌子面及附近围岩喷洒水等综合处置措施。选项中的喷、锚、网、架都在处置措施内。故本题选 ABCD。

例23 [2019年多选题]组成公路隧道复合式衬砌的有( )。

(A)铺防水板 (B)初期支护

(C)二次衬砌 (D)中间防水层

分析

复合式衬砌是由初期支护、二次衬砌及中间防水层组合而成的衬砌形式,故本题答案选 BCD。

例24 [2019年案例题]某高速公路设计标准为双向四车道,按分线设分离式隧道,设计车速120km/h隧道长度13km,考虑电缆沟、排水沟等因素,左右侧检修道宽为1.0m,高度25cm,则隧道的建筑限界净宽为( )。

(A)11.50m (B)11.00m (C)10.75m (D)10.25m

分析

根据《公路隧道设计规范 第一册 土建工程》(JTG 3370.1—2018)的规定,行车道宽度 $W=3.75\times2=7.50\text{m}$,$L_R=1.25\text{m}$,$L_L=0.75\text{m}$,检修道 $J=1.0\times2=2.0\text{m}$,因此隧道的建筑限界净宽 $=7.50+1.25+0.75+2.0=11.50\text{m}$。故本题选 A。

例25 [2019年案例题]某山区高速公路设计速度80km/h,采用双向四车道技术标准,拟建一处特长隧道,单洞建筑限宽10.25m,该处代表性围岩级别为 Ⅲ 级。开挖增加宽度1m,从安全、经济合理的角度综合考虑,该隧道双洞间接近计算值的最小净距是( )。

(A)10m (B)15m (C)25m (D)30m

分析

考虑双洞互不产生有害影响的净距一般为2倍开挖洞径,可知隧道双洞间接近2倍最小净距的计算值为 $2\times(10.25+1+1)=24.50\text{m}$,可取25m。故本题选 C。

请考生注意,《公路隧道设计规范 第一册 土建工程》(JTG 3370.1—2018)不再对净距作具体要求,但需根据地质条件和净距对施工方法提出要求,并提出中夹岩的保护或加固措施。

例26 [2019案例题改编]某濒临水库地区高速公路拟建一处长隧道,经外业勘测,该处50年一遇洪水位为776.52m,百年一遇洪水位为778.12m,调查走访发现最高洪水位为782.52m(含波浪和壅水高)。隧道洞口路肩设计高程应采用( )。

(A)778.62m (B)779.12m (C)783.02m (D)783.52m

分析

根据《公路隧道设计规范 第一册 土建工程》(JTG 3370.1—2018)第4.2.5条和第4.2.6条,濒临水库地区的隧道,其洞口路肩设计高程应高出水库计算洪水位(含浪高和壅水高)不小于0.5m,当观测洪水高于标准值时,应按观测洪水设计;本题按观测洪水位取

782.52m,因此隧道洞口路肩设计高程 $H = 782.52 + 0.5 = 783.02$m。故本题选 C。

（本题根据 2019 年案例题改编,使之更符合 2018 版公路隧道设计规范）

例 27 ［2020 年案例题］某公路 IV 级围岩中的单线隧道,拟采用钻爆法进行施工。某断面衬砌结构顶部埋深为 160m(属深埋隧道),隧道开挖宽度为 12m,围岩的重度为 24kN/m^3,不考虑偏压等影响,则该隧道衬砌所受到的围岩水平均布压力合理的是(   )。

（A）15kPa   （B）21kPa   （C）35kPa   （D）60kPa

分析

根据《公路隧道设计规范 第一册 土建工程》(JTG 3370.1—2018)第 6.2.2 条,对于深埋隧道,有:

(1) $s = 4, B = 12$m, $\omega = 1 + i(B - 5) = 1 + 0.1 \times (12 - 5) = 1.7$

$h = 0.45 \times 2^{s-1} \omega = 0.45 \times 2^{4-1} \times 1.7 = 6.12$m

(2) $\gamma = 24$kN/m^3,垂直压力 $q = \gamma h = 24 \times 6.12 \doteq 146$kPa

(3) 水平压力:查表 6.2.2.3,为 0.15 ~ 0.3 倍的垂直压力,即水平压力为 22 ~ 44kPa,在此范围中的只有 35kPa 合适。故本题选 C。

例 28 ［2019 案例题改编］某隧道洞口位于零开挖处,其土层厚 2.20m,下伏砂岩,最大冻结线为地表下 2.0m。洞门墙基础埋深不应小于(   )。

（A）1.0m   （B）2.0m   （C）2.25m   （D）2.4m

分析

根据《公路隧道设计规范 第一册 土建工程》(JTG 3370.1—2018)第 7.3.3 条,洞门墙基础必须置于稳固地基上,并埋入地面下一定深度,埋入土质地基的深度不应小于 1.0m,嵌入岩石地基的深度不应小于 0.2m;基底高程应在最大冻结线以下不小于 0.25m;地基为冻胀土层时,应进行防冻胀处理。基底埋置深度应大于墙边各种沟、槽基底的埋置深度。本题嵌入砂岩的埋深为 2.20 + 0.20 = 2.40m,最大冻结线控制埋深时为 2.00 + 0.25 = 2.25m,取最大埋深 2.40m。故本题选 D。

（本题根据 2019 年案例题改编,使之符合 2018 版公路隧道设计规范。请注意:2004 版规范"嵌入岩石地基的深度不应小于 0.5m",2018 版规范改为"嵌入岩石地基的深度不应小于 0.2m"）

例 29 ［2020 年案例题］某公路隧道衬砌结构采用复合式衬砌,其中一段 V 级围岩衬砌的初期支护采用锚喷支护,内设 I -20b 工字钢拱架(工字钢厚度为 200mm),该初期支护喷射混凝土的厚度至少应为(   )。

（A）22cm   （B）24cm   （C）26cm   （D）28cm

分析

根据《公路隧道设计规范 第一册 土建工程》(JTG 3370.1—2018)第 8.2.7 条,钢架与围岩之间的混凝土保护层厚度不应小于 40mm;临空一侧的混凝土保护层厚度不应小于

20mm。当采用喷锚单层衬砌时,临空一侧的混凝土保护层厚度不应小于40mm,因此初期支护喷射混凝土的厚度至少为20(工字钢厚度)+2+4=26cm。故本题选C。

(此题2019年也考了)

例30 [2020年案例题]某公路隧道围岩为坚硬岩石,岩体较完整,岩石单轴抗压强度为26MPa,洞最大切向应力为20MPa,则围岩的岩爆分级应是( )。

(A)Ⅰ (B)Ⅱ (C)Ⅲ (D)Ⅳ

分析

根据《公路隧道设计规范 第一册 土建工程》(JTG 3370.1—2018)第14.8.2条:

单轴抗压强度 $R_b=26$MPa,最大切向应力 $\sigma_{imax}=20$MPa,$\sigma_{imax}/R_b=20/26=0.77$。

查表14.8.2-1,为强烈岩爆,分级名称为Ⅲ。故本题选C。

例31 [案例题]某双向四车道城市地下道路,设两个通行孔,在同一通行孔布置2条同向交通车道。设计车速50km/h,主线封闭段的长度为800m,单车道宽3.25m,考虑电缆沟、排水沟等因素,左、右侧检修道宽为0.75m,安全带宽0.25m,路缘带宽0.25m,缘石外露高度0.25m,则地下道路的建筑限界净宽为( )。

(A)8.0m (B)8.5m (C)9.0m (D)9.5m

分析

根据《城市地下道路工程设计规范》(CJJ 221—2015)第3.5.1条,行车道宽度 $W_C=3.25\times2=6.5$m,左右检修道宽度 $W_j=0.75\times2=1.5$m,左右路缘带宽度 $W_{mc}=0.25\times2=0.50$m。因此隧道的建筑限界净宽 =6.50+1.50+0.50=8.50m。故本题选B。

(注意检修道宽度中包含了安全带宽)

例32 [案例题]某城市地下道路设计速度60km/h,为直线平面线形,停车视距75m,其出洞口与邻接地面道路出口匝道减速车道渐变段起点的距离(见下图),因受条件限制,不满足设置出口预告标志的需要,只好在地下道路内提前设置预告标志。这种条件下,地下道路出口与地面道路匝道渐变段起点的距离至少应为( )。

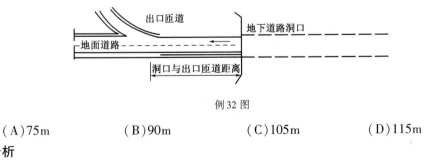

例32图

(A)75m (B)90m (C)105m (D)115m

分析

根据《城市地下道路工程设计规范》(CJJ 221—2015)第6.5.2条:"城市地下道路出洞口与邻接地面道路出口匝道减速车道渐变段起点的距离应满足设置出口预告标志的需要。当条件受限时,不应小于1.5倍主线停车视距,并应在地下道路内提前设置预告标志。"本题条件下,洞口与匝道渐变线起点的距离不应小于 1.5 倍停车视距,即 $75 \times 1.5 = 112.5\text{m}$。故本题选 D。

例 33 [案例题]某城市地下道路设计速度 60km/h,为直线平面线形,离出洞口 100m 开始的纵坡为 3%,此坡度一直到延伸洞外的地面,则洞外地面的变坡点离洞口至少应为(　　)。

　　(A)40m　　　　　(B)50m　　　　　(C)30m　　　　　(D)20m

分析

根据《城市地下道路工程设计规范》(CJJ 221—2015)第 5.2.6 条:"城市地下道路洞口内外各 3s 设计速度行程长度范围内的平纵线形应一致。当条件困难时,应采取安全措施"。题设条件是设计速度 60km/h,算成 3s 行程长度是 50m。即出洞后要 50m 才能变坡。故本题选 B。

例 34 [案例题]某两车道公路隧道,埋深 100m,围岩重度为 22kN/m³,岩石单轴饱和抗压强度为 35MPa,岩体和岩石的弹性纵波速度分别为 3200m/s 和 4200m/s,有淋雨状出水,水压为 0.2MPa,结构面走向与洞轴线夹角为 65°,结构面倾角为 80°,围岩初始应力低。此段隧道的围岩级别为(　　)。

　　(A)Ⅱ　　　　　(B)Ⅲ　　　　　(C)Ⅳ　　　　　(D)Ⅴ

分析

根据《公路隧道设计规范　第一册　土建工程》(JTG 3370.1—2018)第 3.6 条及附录 A.0.2 条和 A.0.3 条,可得:

① $K_v = \left(\dfrac{v_{pm}}{v_{pr}}\right)^2 = \left(\dfrac{3200}{4200}\right)^2 = 0.58$

$R_c = 35\text{MPa}$

围岩基本质量指标 $BQ = 100 + 3R_c + 250K_v = 100 + 105 + 145 = 350$

②岩体修正质量指标 $[BQ] = BQ - 100(K_1 + K_2 + K_3)$

K_1 为地下水修正系数,据 $BQ = 350$,淋雨状出水水压为 0.2MPa,查规范附录表 A.0.3-1,$K_1 = 0.4 \sim 0.6$。

K_2 为主要软弱结构面产状修正系数,查规范附录表 A.0.3-2,$K_2 = 0 \sim 0.2$。

K_3 初始应力状态修正系数,由于初始应力很低,故 $K_3 = 0$。

将查表的 3 个值代入上式,得:$[BQ] = 270 \sim 310$。

③查规范表 3.6.4,为Ⅳ级围岩。

故本题选 C。

自测模拟

(第 1～4 题为单选题)

1.隧道洞口位置的选择中,下列说法错误的是(　　)。

　　(A)洞口应该尽量避免不良地质现象,设置在山体稳定的地方

（B）洞口不宜设置在沟谷低洼处或汇水沟处

（C）隧道洞口应尽量不破坏山体的稳定性,以确保施工和运营安全

（D）隧道洞口的埋深较浅,对地面建筑物不会有很大影响

2. 在下列围岩级别地段,隧道宜设置曲线形的仰拱为(　　)。

（A）Ⅲ级及以下　　　　　　　　　　（B）Ⅳ级

（C）Ⅳ级及以下　　　　　　　　　　（D）Ⅱ级

3. 对于影响洞室稳定性围岩压力的因素,下列选项正确的是(　　)。

（A）一般情况下岩体的完整性和软弱结构面的分布比岩石强度影响更大

（B）支护结构形式和刚度对围岩压力的影响与支护时间无关

（C）洞室埋深越大,围岩压力越大

（D）地下水的活动状况有时对洞室稳定性有显著影响

4. 某公路隧道通过Ⅲ级围岩,采用矿山法施工,开挖尺寸如图所示,围岩重度 $\gamma = 22\text{kN/m}^3$,计算摩擦角 $\varphi = 50°$,隧道埋深 $H = 12\text{m}$。

（1）从埋置深度来看,该隧道属于(　　)。

（A）深埋隧道

（B）浅埋隧道

（2）该隧道的竖向围岩压力为(　　)。

（A）118.8kPa

（B）59.4kPa

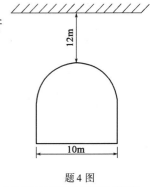

题4图

参考答案

1. D　　2. C　　3. B　　4.(1)A,(2)B

第三节　交通工程与附属设施设计

依据规范

《公路隧道设计规范　第一册　土建工程》(JTG 3370.1—2018)

《公路隧道设计规范　第二册　交通工程与附属设施》(JTG D70/2—2014)

《公路隧道照明设计细则》(JTG/T D70/2-01—2014)

《公路隧道通风设计细则》(JTG/T D70/2-02—2014)

《公路交通安全设施设计规范》(JTG D81—2017)

《公路隧道交通工程设计规范》(JTG/T D71—2004)

重 点 知 识

一、掌握隧道交通工程与附属设施配置等级的规定和要求

1.公路隧道交通工程与附属设施设计相关规定

(1)交通安全设施、桥架、支架、线槽应按远期设计年限预测交通量进行设计。

(2)通风设施、照明设施应根据预测交通量统筹设计,可分期实施。

(3)交通监控设施、紧急呼叫设施、火灾探测报警设施、中央控制管理系统的设计年度取值不应低于隧道计划通车年后第 5 年。

(4)消防灭火设施设计年度取值不应低于隧道计划通车年后第 10 年。

(5)通道应根据隧道土建设计情况进行配置。

(6)供配电设施应与其他用电设施的配置状况相适应,且应预留适当负荷容量。

(7)接地与防雷设施、线缆应与其他设施的配置状况相适应。

(8)应按远期设计年限预测交通量设计各类设施的预留预埋设施。

2.隧道交通工程与附属设施的配置等级

公路隧道交通工程与附属设施的配置等级应根据隧道单洞长度和设计年度预测隧道单洞年平均日交通量两个因素。按图 5-3-1 划分为 A + 、A、B、C、D 五级。

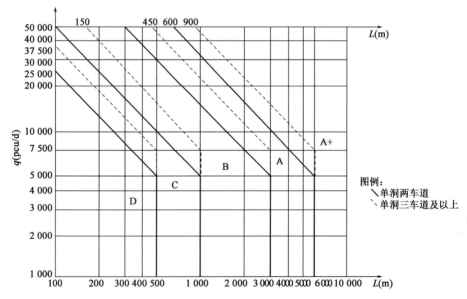

图 5-3-1　隧道交通工程与附属设施分级图

注:q-隧道单洞年平均日交通量(折合小客车);L-隧道单洞长度(m)

3.隧道交通工程与附属设施配置等级标准

公路隧道交通工程与附属设施配置等级标准应满足表 5-3-1 ~ 表 5-3-3 的要求。

高速公路隧道交通工程与附属设施配置表 表 5-3-1

设 施 名 称		各类设施分级				
		A +	A	B	C	D
交通安全设施		按规范(JTG D70/2—2014)第 4 章规定设置				
通风设施	风机	按规范(JTG D70/2—2014)第 5 章规定设置				
	能见度检测器	★	★		▲	—
	CO 检测器	★	★		▲	—
	NO$_2$ 检测器				▲	—
	风速风向检测器	★	★	★	▲	
照明设施	灯具	按规范(JTG D70/2—2014)第 6 章规定设置				
	亮度检测器	★	★	★		—
交通监控设施	车辆检测器	★	★		▲	
	视频事件检测器	★	★		▲	
	摄像机			★		
	可变信息标志	★	★	▲	▲	
	可变限速标志	★	★		▲	
	交通信号灯	★	★	★		—
	车道指示器			★	★	▲
	交通区域控制单元	★	★	▲	▲	
紧急呼叫设施	紧急电话	★	★	★	▲	
	隧道广播	★	★	★	▲	
火灾探测报警设施	火灾探测器			★	▲	
	手动报警按钮				▲	—
	火灾声光警报器	按规范(JTG D70/2—2014)第 9 章规定设置				
消防设施与通道	灭火器					
	消火栓				—	
	固定式水成膜泡沫灭火装置				—	
	通道	按规范(JTG D70/2—2014)第 10 章规定设置				
中央控制管理设施	计算机设备	★	★	★	▲	—
	显示设备	★	★	★	▲	—
	控制台	★	★	★	▲	—
供配电设施		根据以上用电设施配置情况设置				
接地与防雷设施		根据以上用电设施配置情况设置				
线缆及相关设施		根据以上各类设施配置情况设置				

注:1. " ":必须设;"★":应设;" ":宜设;"▲":可设;"—":不作要求。

2. 采用机械通风的隧道,应按表中所列要求设置能见度检测器、CO 检测器、NO$_2$ 检测器、风速风向检测器;不采用机械通风的隧道则不作要求。

3. 长度小于 500m 的高速公路隧道,可不设消火栓系统及固定式水成膜泡沫灭火装置。

701

一级公路隧道交通工程设施配置表　　　　　　　　　表 5-3-2

设施名称		各类设施分级				
		A+	A	B	C	D
交通安全设施		按规范(JTG D70/2—2014)第4章规定设置				
通风设施	风机	按规范(JTG D70/2—2014)第5章规定设置				
	能见度检测器	★	★	▲	—	—
	CO 检测器	★	★	▲	—	—
	NO₂ 检测器			▲	—	—
	风速风向检测器	★	★	▲	—	—
照明设施	灯具	按规范(JTG D70/2—2014)第6章规定设置				
	亮度检测器	★	★	▲	—	—
交通监控设施	车辆检测器	★		▲	—	—
	视频事件检测器	★	★	▲	—	—
	摄像机			★		
	可变信息标志	★	★	▲	—	—
	可变限速标志	★	★	▲	—	—
	交通信号灯	★	★		▲	—
	车道指示器		★		▲	—
	交通区域控制单元	★	★	▲	▲	—
紧急呼叫设施	紧急电话	★	★	▲	—	—
	隧道广播	★	★	▲	—	—
火灾探测报警设施	火灾探测器	★	★			
	手动报警按钮				—	—
	火灾声光警报器	按规范(JTG D70/2—2014)第9章规定设置				
消防设施与通道	灭火器					
	消火栓				—	—
	固定式水成膜泡沫灭火装置				—	—
	通道	按规范(JTG D70/2—2014)第10章规定设置				
中央控制管理设施	计算机设备	★	★	▲	—	—
	显示设备	★	★	▲	—	—
	控制台	★	★	▲	—	—
供配电设施		根据以上用电设施配置情况设置				
接地与防雷设施		根据以上用电设施配置情况设置				
线缆及相关设施		根据以上各类设施配置情况设置				

注:1.“　”:必须设;“★”:应设;“　”:宜设;“▲”:可设;“—”:不作要求。

2. 采用机械通风的隧道,应按表中所列要求设置能见度检测器、CO 检测器、NO₂ 检测器、风速风向检测器;不采用机械通风的隧道则不作要求。

3. 长度小于800m 的一级公路隧道,可不设消火栓系统及固定式水成膜泡沫灭火装置。

二级及二级以下公路隧道交通工程设施配置表　　　　表 5-3-3

设施名称			各类设施分级				
			A+	A	B	C	D
交通安全设施			按规范(JTG D70/2—2014)第 4 章规定设置				
通风设施	风机		按规范(JTG D70/2—2014)第 5 章规定设置				
	能见度检测器		★		▲	—	—
	CO 检测器		★	▲	—	—	—
	NO₂ 检测器				▲	—	—
	风速风向检测器			▲	—	—	—
照明设施	灯具		按规范(JTG D70/2—2014)第 6 章规定设置				
	亮度检测器			▲	—	—	—
交通监控设施	车辆检测器				▲	—	—
	视频事件检测器						
	摄像机		★	★		▲	—
	可变信息标志		▲	▲	▲		
	可变限速标志		▲	▲	▲		
	交通信号灯		★	★	▲		
	车道指示器		★	★	▲		
	交通区域控制单元				▲		
紧急呼叫设施	紧急电话		★		▲		
	有线广播			▲	▲		
火灾探测报警设施	火灾探测器		★		▲		
	手动报警按钮		★		▲		
	火灾声光警报器		按规范(JTG D70/2—2014)第 9 章规定设置				
消防设施与通道	灭火器						
	消火栓					—	—
	固定式水成膜泡沫灭火装置					—	—
	通道		按规范(JTG D70/2—2014)第 10 章规定设置				
中央控制管理设施	计算机设备				▲	—	—
	显示设备				▲	—	—
	控制台				▲	—	—
供配电设施			根据以上用电设施配置情况设置				
接地与防雷设施			根据以上用电设施配置情况设置				
线缆及相关设施			根据以上各类设施配置情况设置				

注:1. "　":必须设;"★":应设;"　":宜设;"▲":可设;"—":不作要求。
　　2. 单洞单向通行时,监控设施、火灾探测与报警设施可降一级配置。
　　3. 采用机械通风的隧道,应按表中所列要求设置能见度检测器、CO 检测器、NO₂ 检测器、风速风向检测器;不采用机械通风的隧道则不作要求。
　　4. 长度小于 1 000m 的二级及二级以下公路隧道,可不设消火栓系统及固定式水成膜泡沫灭火装置。

二、熟悉隧道交通安全设施

（1）隧道交通安全设施的设计内容应包括交通标志、标线、轮廓标的设计。交通安全设施设计应简洁明晰、视认性好，应能规范、诱导、指示车辆在隧道区域内安全行驶。未设置照明的隧道应加强设置视线诱导设施。

（2）隧道交通标志有：信息标志、开车灯标志、限高标志、限宽标志、限速标志、紧急电话指示标志、消防设备指示标志、人行横通道指示标志、车行横通道指示标志、疏散指示标志、隧道出口距离预告标志、紧急停车带标志、紧急停车带位置提示标志、公告信息标志、指路标志等。

（3）线形诱导标的设计应符合下列规定：

①平曲线半径小于一般最小半径的曲线隧道，应设置线形诱导标。

②线形诱导标应设于隧道侧壁，设置间距可为 1/3 停车视距，并应保证驾驶员在曲线范围内能同时看到不少 3 块线形诱导标。

（4）标线的设计应符合下列规定：

①隧道内的车行道边缘线、车行道分界线可采用振荡标线。

②单洞双向交通隧道的车行道分界线宜采用振荡标线。

③隧道内禁止跨越同向车行道分界线，在入口端应向洞外延伸 150m；在出口端应向洞外延伸 100m。

④设置交通信号灯的隧道，入口前应设置停止线。

⑤洞口联络通道应进行渠化。

⑥标线涂料宜采用热熔型反光涂料。

（5）隧道内应设置双向轮廓标，轮廓标应同时设置于隧道侧壁和检修道边缘。轮廓标的设置间距宜为 6~15m，宜与突起路标设置于相同横断面。设置在隧道侧壁上的轮廓标，安装中心位置与路面边缘高差宜为 70cm。

三、熟悉隧道营运通风的规定和要求

1. 隧道营运通风的目的和要求

车辆在隧道中行驶的过程中，会排放出大量的有害气体（如 CO、CO_2、NO_2、SO_2 及烟雾等），一方面致使洞内空气恶化，不仅会影响驾乘人员的舒适感，还会对其身体健康造成损害，另一方面洞内大量烟雾使能见度降低，给行车安全带来直接威胁。因此，通风的目的就是：对有害气体（主要是 CO）进行稀释，保证隧洞内卫生条件；对烟雾进行稀释，保证隧洞内行车安全；对异味进行稀释，提高隧道内行车的舒适性。

CO 设计浓度可按表 5-3-4 取值。交通阻滞（隧道内各车道均以怠速行驶，平均车速为 10km/h）时，阻滞段的平均 CO 设计浓度可取 $150cm^3/m^3$，同时经历时间不宜超过 20min。阻滞段的计算长度不宜大于 1km。长度大于 1km 的隧道可不考虑交通阻滞。

CO 设 计 浓 度 δ   表 5-3-4

隧道长度（m）	≤1000	>3000
$\delta(cm^3/m^3)$	150	100

注：隧道长度为 1000~3000m 时，可按插入法取值。

人车混合通行的隧道,其 CO 设计浓度应不大于 $70cm^3/m^3$。

当采用显色指数 $33 \leqslant R_a \leqslant 60$、相关色温 2000~3000K 的钠光源时,烟尘设计浓度 K 应按表 5-3-5 取值。

烟 尘 设 计 浓 度 表 5-3-5

设计速度 v_t(km/h)	≥90	$60 \leqslant v_t < 90$	$50 \leqslant v_t < 60$	$30 < v_t < 50$	$10 \leqslant v_t \leqslant 30$
烟尘设计浓度 $K(\mathrm{m}^{-1})$	0.0065	0.0070	0.0075	0.0090	0.0120

当采用显色指数 $R_a \geqslant 65$、相关色温 3300~6000K 的荧光灯、LED 灯光源时,烟尘设计浓度 K 应按表 5-3-6 取值。

烟 尘 设 计 浓 度 表 5-3-6

设计速度 v_t(km/h)	≥90	$60 \leqslant v_t < 90$	$50 \leqslant v_t < 60$	$30 < v_t < 50$	$10 \leqslant v_t \leqslant 30$
烟尘设计浓度 $K(\mathrm{m}^{-1})$	0.0050	0.0065	0.0070	0.0075	0.0120

隧道空间最小换气频率不应低于 3 次/h。

单向交通隧道的设计风速不宜大于 10m/s,特殊情况不应大于 12m/s。双向交通隧道的设计风速不应大于 8m/s。行人与车辆混合通行的隧道设计风速不应大于 7m/s。

通风设计时必须考虑火灾对策,长度大于 1500m 且交通量大的隧道应考虑排烟措施。采用纵向排烟的公路隧道火灾规模为 20MW 时,临界排烟风速为 2~3m/s;火灾规模为 30MW 时,临界排烟风速为 3~4m/s。

隧道排烟风机在环境温度 250℃ 情况下,连续正常运行时间不应小于 60min。

2. 隧道营运通风方式的选择

隧道通风方式按送风形态、空气流动状态、送风原理等划分可分为自然通风和机械通风两种方式。机械通风又可分为纵向式通风、半横向式通风和横向式通风,如图 5-3-2 所示。

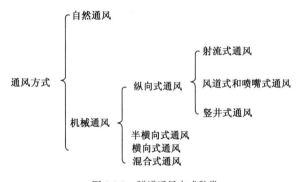

图 5-3-2　隧道通风方式种类

隧道选择哪一种通风方式,应根据隧道长度、车流量的大小、纵坡坡率、海拔高度、车辆组成、设计时速等因素综合比选来确定。其中隧道长度、车流量的大小是影响隧道通风方式的主要因素。

1) 自然通风

这种透风方式不设置专门的通风设备,是利用存在于洞口间的自然压力差或汽车行驶时活塞作用产生的交通风力,达到通风目的。自然通风方式一般只适用于短隧道,且车流量较小的情况。下列经验公式可作为选择自然通风的判据:

$$\begin{cases} LN \geqslant 6 \times 10^5 & (双向行车) \\ LN \geqslant 2 \times 10^6 & (单向行车) \end{cases} \qquad (5\text{-}3\text{-}1)$$

式中：L——隧道长度(m)；

N——车流量(辆/日)。

当 L 与 N 的乘积大于等于 6×10^5(双向行车)或 2×10^6(单向行车)时，必须考虑机械通风。采用交通风进行通风的隧道，其风流在出口处或多或少地要受自然风的影响。单向交通的隧道，如果风是从出口吹进隧道内部，则会对交通风的速度起削减作用。由于交通风的作用较自然风大，因此单向交通隧道即使隧道相当长，也有足够的通风能力。由于各种风的方向和参数的差异，在自然风方向、隧道内风向以及交通方向之间存在着不同的组合方式。

2)射流式纵向通风

纵向式通风是从一个洞口直接引进新鲜空气，由另一洞口排出污染空气的方式。射流式纵向通风是将射流式风机设置于车道的吊顶部，吸入隧道内的部分空气，并以 30m/s 左右的速度喷射吹出，用以升压，使空气加速，达到通风的目的，见图 5-3-3。射流式风机可根据需要，沿隧道纵向以适当间隔吊设数组。隧道内沿纵向流动的空气速度，可以认为从入口到出口都是匀速的。此种通风方式，空气的污染浓度由入口向出口方向呈直线增加。射流式通风经济，设备费用少，但噪声较大，洞内发生火灾时救援较困难。

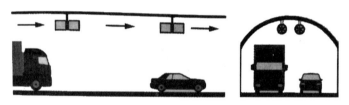

图 5-3-3　射流式纵向通风设置形式

当隧道长度较长时，可以采用分段射流通风，即在洞身设置竖井，将长隧道分成若干段，形成竖井式纵向通风。

3)横向式通风

横向式通风，如图 5-3-4 所示。风在隧道的横断面方向流动，一般不发生纵向流动，因此有害气体的浓度在隧道轴线方向的分布均匀。该通风方式有利于控制火灾和处理雾霾，是通风能力最大的通风系统。由于这种通风系统需要建双向通风管道，占用较多的隧道面积，造价最高，通常只有对交通量特别大、安全性要求特别高的重要公路隧道才采用这种通风方式。

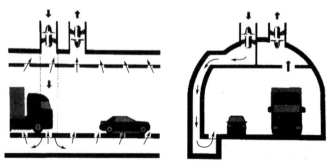

图 5-3-4　横向式通风设置形式

4）半横向式通风

半横向式通风（图5-3-5），可使隧道内的污染浓度大体上接近一致。送风式半横向通风是半横向通风的标准形式，新鲜空气经送风机直接吹向汽车的排气孔高度附近，将排气直接稀释，这对后车很有利。如果有行人时，人可以吸到最新鲜的空气。污染空气是在隧道上部扩散，经过两端洞门排出洞外。半横向式通风，因仅设置排风道或送风道，所以较横向通风更为经济。

图5-3-5　半横向式通风设置形式

5）混合式通风

根据隧道的具体条件和特殊需要，由竖井与上述各种通风方式组合成为最合理的通风系统。隧道各主要通风方式的特点见表5-3-7。

隧道各主要通风方式的特点　　　　　　　　表5-3-7

通风方式	纵向式通风				半横向式通风		全横向式通风
代表形式	射流风机式	洞口集中送入式	洞口集中排出式	竖井送排式	送风半横向式	排风半横向式	全横向式
基本特征	受迫气流沿隧道纵向流动				由隧道通风道送风或排风，由洞口沿隧道纵向排风或抽风		按照上排下送的方式分别设送排风道，通风风流在隧道内作横向流动
形式特征	由射流风机群升压	由喷口送风升压	洞口两端进风、中间集中排风	由喷口送风升压	由送风道送风	由送风道排风	
排烟效果	不好	不好	一般	一般	较好	较好	有效排烟
工程造价	低	一般	一般	一般	较高	较高	高
技术难度	不难	一般	一般	稍难	稍难	稍难	难
运营维护	费用低	一般	一般	一般	较高	较高	费用高
适用长度　单向交通	2500m	2500m	2000m	不限	3000m	3000m	不限
适用长度　双向交通	1500m 左右	1500m 左右	3000m 左右		3000m 左右	3000m 左右	不限

四、熟悉隧道照明的规定和要求

1.隧道照明的目的与评价照明质量的主要指标

1)隧道照明的目的

汽车驾驶员在白天从明亮的环境接近、进入和通过隧道过程中,由于人眼对光线亮度"适应的滞后现象",将发生种种特殊的视觉问题。如由于隧道内、外的亮度差别极大,所以,从隧道外部去看照明很不充分的隧道入口会看到黑洞(长隧道)及黑框(短隧道)现象。而当汽车穿过较暗的隧道接近出口时,由于通过出口看到的外部亮度极高,出口看上去是个亮洞,出现极强的眩光,驾驶员在这种极强的眩光效应下会感到十分不舒服。因此,对长度大于100m的公路隧道一般应设电光照明,以利行车安全。

2)评价隧道照明质量的指标

衡量隧道照明的主要指标为路面亮度和路面亮度的均匀度,而亮度的均匀度又分为路面亮度总均匀度(U_0)和路面亮度纵向均匀度(U_1)。表5-3-8、表5-3-9给出了隧道照明设计对路面亮度总均匀度(U_0)和路面亮度纵向均匀度(U_1)的要求。

路面亮度总均匀度 U_0 表5-3-8

设计交通量 $N[\text{veh}/(\text{h}\cdot\text{ln})]$		U_0
单向交通	双向交通	
≥1200	≥650	0.4
≤350	≤180	0.3

注:当交通量在其中间值时,可按插入法取值。

路面亮度纵向均匀度 U_1 表5-3-9

设计交通量 $N[\text{veh}/(\text{h}\cdot\text{ln})]$		U_1
单向交通	双向交通	
≥1200	≥650	0.6
≤350	≤180	0.5

注:当交通量在其中间值时,可按插入法取值。

2.隧道照明段落划分及各段亮度标准

由于电光照明成本是昂贵的,一条长100m的隧道,按照理论的方法设计照明设施,其照明成本与隧道总成本比经常是很高的,这就要求能找到一种成本低、安全,又有保证的办法。

一种可行的方法就是将隧道划分若干照明区段,根据现场调查确定洞外亮度、设计车速、交通方式、车流量、空气透过率等,然后确定中间段所需亮度水平。按视觉适应规律、洞外与中间段亮度差以及亮度递减速率沿行车方向将隧道分为入口段、若干过渡段、中间段以及出口段。《公路隧道设计规范　第一册　土建工程》(JTG 3370.1—2018)对相应各段的长度和亮度标准水平作出了具体规定。

1)入口段照明

隧道入口段亮度可按式(5-3-2)计算。

$$L_{th} = k \cdot L_{20}(S) \tag{5-3-2}$$

式中：L_{th}——入口段亮度（cd/m²）；

　　　k——入口段亮度折减系数，可按表 5-3-10 取值；

　　$L_{20}(S)$——洞外亮度（cd/m²）。

入口段亮度折减系数 k　　　　　　　　　　　　表 5-3-10

设计交通量 $N[\text{veh}/(\text{h}\cdot\text{ln})]$		计算行车速度 v_t（km/h）				
单向交通	双向交通	120	100	80	60	20～40
≥1200	≥650	0.070	0.045	0.035	0.022	0.012
≤350	≤180	0.050	0.035	0.025	0.015	0.010

注：当交通量在其中间值时，可按插入法取值。

2）过渡段照明

过渡段由 TR_1、TR_2、TR_3 三个照明段组成，与之对应的亮度可按表 5-3-11 取值。

过 渡 段 亮 度　　　　　　　　　　　　表 5-3-11

照明段	TR_1	TR_2	TR_3
亮度	$L_{tr1} = 0.3L_{th}$	$L_{tr2} = 0.1L_{th}$	$L_{tr3} = 0.035L_{th}$

各过渡段的长度可按表 5-3-12 取值。

过渡段长度 D_{tr} 计算表（单位：m）　　　　　　　　　　　　表 5-3-12

设计速度 v_t（km/h）	D_{tr1}			D_{tr2}	D_{tr3}
	隧道内净空高度 h（m）				
	6	7	8		
120	139	137	135	133	200
100	108	106	103	111	167
80	74	72	70	89	133
60	46	44	42	67	100
40	26	26	26	44	67

3）中间段照明

隧道中间段亮度可按表 5-3-13 取值。

中间段亮度表 L_{in}（单位：cd/m²）　　　　　　　　　　　　表 5-3-13

设计速度 v_t（km/h）	L_{in}		
	单向交通		
	$N \geq 1200\text{veh}/(\text{h}\cdot\text{ln})$	$350\text{veh}/(\text{h}\cdot\text{ln}) < N < 1200\text{veh}/(\text{h}\cdot\text{ln})$	$N \leq 350\text{veh}/(\text{h}\cdot\text{ln})$
	双向交通		
	$N \geq 650\text{veh}/(\text{h}\cdot\text{ln})$	$180\text{veh}/(\text{h}\cdot\text{ln}) < N < 650\text{veh}/(\text{h}\cdot\text{ln})$	$N \leq 180\text{veh}/(\text{h}\cdot\text{ln})$
120	10.0	6.0	4.5
100	6.5	4.5	3.0
80	3.5	2.5	1.5

设计速度 v_t (km/h)	L_{in}		
	单向交通		
	$N \geqslant 1200\text{veh}/(\text{h} \cdot \text{ln})$	$350\text{veh}/(\text{h} \cdot \text{ln}) < N < 1200\text{veh}/(\text{h} \cdot \text{ln})$	$N \leqslant 350\text{veh}/(\text{h} \cdot \text{ln})$
	双向交通		
	$N \geqslant 650\text{veh}/(\text{h} \cdot \text{ln})$	$180\text{veh}/(\text{h} \cdot \text{ln}) < N < 650\text{veh}/(\text{h} \cdot \text{ln})$	$N \leqslant 180\text{veh}/(\text{h} \cdot \text{ln})$
60	2.0	1.5	1.0
20 ~ 40	1.0	1.0	1.0

注:1. 当设计速度为100km/h时,中间段亮度可按80km/h对应亮度取值。

2. 当设计速度为120km/h时,中间段亮度可按100km/h对应亮度取值。

单向交通 $350\text{veh}/(\text{h} \cdot \text{ln}) < N \leqslant 1200\text{veh}/(\text{h} \cdot \text{ln})$,双向交通 $180\text{veh}/(\text{h} \cdot \text{ln}) < N \leqslant 650\text{veh}/(\text{h} \cdot \text{ln})$,且通过隧道的行车时间超过135s时,可按表5-3-13的80%的取值。

对于人车混合通行的隧道,其中间段亮度不得低于 $2.0\text{cd}/\text{m}^2$。隧道内紧急停车带宜采用荧光灯光源,其照明度应大于 $7\text{cd}/\text{m}^2$,隧道内连接通道亮度大于 $2\text{cd}/\text{m}^2$。

4)出口段照明

(1)在单向交通隧道中,出口端宜划分为 EX_1 和 EX_2 两个照明段,每段长度宜为30m。EX_1 的亮度取中间段亮度的3倍,EX_2 的亮度取中间段亮度的5倍。

(2)在双向交通隧道中,可不设出口段照明。

3. 照明灯具的要求和照明控制方法

1)隧道照明光源选择要求

隧道照明多选择效率高及透雾性能较好的高压钠灯。对于短隧道、柴油车较少的城镇附近隧道、应急停车带、人行横洞、车行横洞可选用显色指数较高的荧光灯,同时还要求光源使用寿命应不小于10000h。

就照明灯具来说,应满足以下技术要求。

(1)防护等级应不低于IP65(IP65的含义是:防尘达到6级,无尘埃进入;防水达到5级,任何方向喷水无有害影响)。

(2)应具有适合公路隧道特点的防眩装置。

(3)灯具配件安装应易于操作,便于更换灯泡和附件,并能调整安装角度。

(4)零部件应具有良好的防腐性能。

2)隧道内灯具的布置要求

(1)灯具不得侵入隧道建筑界限。

(2)隧道两侧墙面2m高度范围内,宜铺设反射率不小于0.7的墙面材料。

(3)灯具布设应满足闪烁频率低于2.5Hz或高于15Hz的要求。

(4)中间段灯具的平面布置形式可采用单光带布置、两侧交错布置或两侧对称布置。

3)隧道照明控制

隧道照明控制应根据洞外亮度和交通量变化分级调整入口段、过渡段、出口段的照明亮度。入口段、过渡段、出口段照明亮度调整可按表5-3-14和表5-3-15取值。

白天调光　　　　　　　　　　　　　　　　　　　　　　表 5-3-14

分　级		亮　　度	分　级		亮　　度
I	晴天	$L_{20}(S)$	III	阴天	$0.25L_{20}(S)$
II	云天	$0.5L_{20}(S)$	IV	重阴	$0.13L_{20}(S)$

夜间调光　　　　　　　　　　　　　　　　　　　　　　表 5-3-15

分　级	亮　　度	分　级	亮　　度
交通量较大	与 L_{in} 相等	交通量较小	$0.5L_{in}$，但不小于 $1cd/m^2$

五、熟悉隧道消防设施设计的规定和要求

1. 消防设施与通道设计应遵循的原则

(1)以人员逃生为主,车辆疏散、财产保全、灭火为辅。

(2)以自救为主,外部救援为辅。

2. 消防灭火设施

(1)消防灭火设施设计内容应包括灭火器、消火栓、固定式水成膜泡沫灭火装置、隧道消防给水设施及其他设施等。

(2)灭火器设计应符合下列规定:

①公路隧道内灭火器宜选用磷酸铵盐干粉手提式灭火器,灭火剂充装量不应小于5kg,且不应大于8kg。

②单洞双车道公路隧道应在隧道一侧设置灭火器,单洞三车道公路隧道宜在隧道两侧交错设置灭火器,单洞四车道公路隧道应在隧道两侧交错设置灭火器,灭火器单侧设置间距不应大于50m。

③灭火器应成组设置在灭火器箱内,每组所设灭火器具数宜为2~3具,灭火器箱门上应注明"灭火器"字样。

(3)消火栓设计应符合下列规定:

①消火栓应成组安装在消防箱内,消防箱宜固定安装在隧道沿行车方向的右侧壁消防洞室内,单洞双向通行隧道可按单侧布设。单洞双车道公路隧道消火栓间距不应大于50m,单洞三车道、四车道公路隧道消火栓间距不应大于40m。

②隧道内宜选用减压稳压型消火栓,消火栓栓口直径应为65mm,水枪喷嘴口径不应小于19mm,水带长度不应超过30m。

③消火栓的水枪充实水柱长度不应小于10m。消火栓栓口处的出水压力大于0.5MPa时,应设置减压设备。

(4)固定式水成膜泡沫灭火装置设计应符合下列规定:

①固定式水成膜泡沫灭火装置宜选用环保型3%型水成膜泡沫液,泡沫罐宜选用不锈钢材质罐体,容积宜为30L。

②固定式水成膜泡沫灭火装置中的消防卷盘应选用长25m、口径19mm的胶管,泡沫枪应

为带开关的吸气型泡沫枪,口径宜为9mm。

③固定式水成膜泡沫灭火装置的泡沫混合液流量不应小于30L/min,连续供给时间不应小于20min,射程不应小于6m。

④固定式水成膜泡沫灭火装置宜与消火栓一同安装于消防洞室内。

(5)隧道消防用水可采用市政自来水、地下水或地表水,当采用地表水时,应有保证枯水期时消防用水的措施。

(6)隧道消防用水量应按发生一次火灾的灭火用水量确定,且不应小于表5-3-16的规定值。

隧道消防用水量 表5-3-16

隧道长度 L_{en} (m)	隧道内消火栓一次 灭火用水量(L/s)	同时使用水枪数量 (支)	火灾延续时间 (h)	用水量 (m^3)
$L_{en}<1000$	15	3	2	108
$1000 \leqslant L_{en}<3000$	20	4	3	216
$L_{en} \geqslant 3000$	20	4	4	288

注:每支水枪最小流量为5L/s。

六、了解交通监控设施设计的规定和要求

(1)交通监控设施设计内容应包括交通监测设施、交通控制及诱导设施的设计。

(2)交通监测设施应具备检测隧道内交通信息、车辆运行状况、监视隧道交通运营状态的功能。其涉及的主要设计内容有:车辆检测器设置、视频事件检测器的设计、摄像机设置和视频监视控制设备的设置等。

(3)交通控制及诱导设施应具备收集和处理交通信息,并传送给中央控制室计算机,同时接收中央控制室计算机传来的有关信息或指令,进行控制与诱导的功能。其涉及的主要设计内容有:交通信号灯的设计、车道指示器的设计、可变信息标志的设计、可变限速标志的设计、交通区域控制单元的设计等。

七、了解火灾探测报警设施设计的规定和要求

(1)火灾探测报警设施设计内容应包括报警区域和探测区域的划分、火灾探测器、手动报警按钮、火灾报警控制器、火灾声光警报器的设计等。

(2)火灾探测报警设施设计应注重火灾检测的灵敏性、准确性、实时性、可靠性。

(3)隧道内设置的火灾探测报警设备的防护等级不应低于IP65。

八、了解供配电设施设计的规定和要求

(1)供配电设施设计内容包括供电设施和配电设施的设计。

(2)供配电设施设计应遵循下列原则:

①系统构成应简单明确、电能损失小、便于管理和维护。

②应根据工程特点、规模和发展规划、做到近远期结合。

（3）应采用符合国家现行有关标准的先进、环保、可靠的电气产品。

九、了解中央控制管理系统设计的规定和要求

（1）中央控制管理系统设计主要内容应包括管理体制、系统功能与控制方式、中央控制室设施及软件的设计。

（2）中央控制管理系统设计应以保障公路隧道管理服务水平为原则。

（3）管理体制设计包括：隧道管理机构的功能、设置位置、设施配置、人员配置，应根据隧道规模、交通量、隧道集中程度、隧道所在位置、管理人员生活附属设施及运营管理成本等因素进行设计。

（4）系统功能与控制方式，即中央控制管理系统的功能和可采用的多级控制方式或集中控制方式。

（5）中央控制室设施的功能包括：交通监控计算机功能、通风及照明控制计算机功能、紧急呼叫计算机功能、火灾报警及消防控制计算机功能、电力监控计算机功能、视频事件检测计算机功能、图形计算机功能、管理计算机功能。

（6）中央控制管理软件有系统软件和应用软件。要求原始数据保存时间不应少于 1 年，统计数据保存时间不应少于 1 年，视频数据保存时间不应少于 30d。

考 点 分 析

本节主要有以下考点：

（1）掌握隧道交通工程与附属设施配置等级的规定和要求。需掌握查图、查表的案例题。

（2）熟悉隧道交通安全设施、通风设施、照明设施、消防设施设计的规定和要求。掌握隧道运营通风、照明的主要要求和标准，其中隧道照明的区段划分、照明区段的亮度设计标准和长度设计是考试的主要内容。

（3）了解隧道交通监控设施、火灾探测报警设施、供配电设施、中央控制管理系统设计的规定和要求，估计以选择题为主。

例 题 解 析

例 1　关于隧道通风设计，主要是为了满足隧道运行的目的是（　　）。

（A）卫生条件和行车安全　　　　　（B）医疗条件和卫生条件

（C）卫生条件和行人安全　　　　　（D）行车安全和救援方便

分析

车辆在隧道内行驶的过程中，会排放出大量的有害气体（如 CO、CO_2、NO_2、SO_2 及烟雾等），一方面致使洞内空气恶化，不仅会影响驾乘人员的舒适感，还会对其身体健康造成损害，另一方面洞内大量烟雾使能见度降低，给行车安全带来直接威胁。因此，通风的目的就是：对有害气体（主要是 CO）进行稀释，保证隧洞内卫生条件；对烟雾进行稀释，保证隧洞内行车安

全;对异味进行稀释,提高隧道内行车的舒适性。故本题选 A。

例 2 某正常通行公路隧道长 1500m,设计通风时 CO 设计浓度可以取(   )。

(A)150cm^3/m^3 (B)130cm^3/m^3

(C)115cm^3/m^3 (D)100cm^3/m^3

分析

根据《公路隧道设计规范 第二册 交通工程与附属设施》(JTG D70/2—2014)第 5.2.1 条,对于正常通行的隧道,其 CO 设计浓度应按下表取值。

CO 设 计 浓 度 δ

例 2 表

隧道长度(m)	≤1000	>3000
δ(cm^3/m^3)	150	100

注:隧道长度为 1000~3000m 时,可按插入法取值。

该隧道长度 1000m<1500m<3000m,采用内插法可得到 CO 设计浓度最高可取 133cm^3/m^3,所以可取 130cm^3/m^3。故本题选 B。

例 3 某山区公路隧道,常年多雾,交通中重车比例较大,选择照明光源时应优选(   )。

(A)高压钠灯   (B)荧光灯   (C)LED 灯   (D)白炽灯

分析

隧道照明多选择效率高及透雾性能较好的高压钠灯。对于短隧道、柴油车较少的城镇附近隧道、应急停车带、人行横洞、车行横洞可选用显色指数较高的荧光灯,同时还要求光源使用寿命应不小于 10000h。根据该隧道的特点可知,需要优先选用效率高及透雾性能较好的高压钠灯。故本题选 A。

例 4 隧道通风设计时,确定隧道通风方式的主要因素有(   )。

(A)隧道长度   (B)车流量的大小   (C)纵坡坡率   (D)海拔高度

分析

隧道选择哪一种通风方式应根据隧道长度、车流量的大小、纵坡坡率、海拔高度、车辆组成、设计时速等因素综合比选来确定。其中隧道长度、车流量的大小是影响隧道通风方式的主要因素。故本题选 AB。

例 5 [2019 年单选题]人车混合通行的公路隧道设计风速不应大于(   )。

(A)7m/s   (B)8m/s   (C)9m/s   (D)10m/s

分析

单项交通隧道的设计风速不宜大于 10.0m/s,特殊情况不应大于 12.0m/s;双向交通隧道的设计风速不应大于 8.0m/s;人车混合通行的隧道设计风速不应大于 7.0m/s。故本题选 A。

例 6 [2019 年单选题]公路隧道照明设计中,双车道单向交通量大于 2400 辆/h 时,路面亮度总均匀度应不低于(　　)。

(A)0.2　　　　　　(B)0.3　　　　　　(C)0.4　　　　　　(D)0.5

分析

双向交通量大于等于650辆/h,路面亮度总均匀度不低于0.4。故本题选C。

例7　下列长度为(　　)的公路隧道内应设置疏散指示标志。

(A)350m　　　　　(B)400m　　　　　(C)450m　　　　　(D)600m

分析

根据《公路隧道设计规范　第二册　交通工程与附属设施》(JTG D70/2—2014)第4.2.9条,长度大于500m的公路隧道内应设置疏散指示标志。故本题选D。

例8　公路隧道内紧急停车带标志应设置于紧急停车带入口前(　　)左右。

(A)1m　　　　　　(B)5m　　　　　　(C)10m　　　　　　(D)15m

分析

《公路隧道设计规范　第二册　交通工程与附属设施》(JTG D70/2—2014)第4.2.11条要求,公路隧道内紧急停车带标志应设置于紧急停车带入口前5m左右。故本题选B。

例9　[2020年单选题]根据公路隧道设计规范规定,二级公路隧道应设置照明的最小长度是(　　)。

(A)500m　　　　　(B)800m　　　　　(C)1000m　　　　(D)1500m

分析

《公路隧道设计规范　第二册　交通工程与附属设施》(JTG D70/2—2014)第6.1.4条规定,$L > 1000$m的二级公路隧道应设置照明,长度500m$< L \leqslant 1000$m的二级公路隧道宜设置照明。注意"应"和"宜"的区别。故本题选D。

例10　交通监控设施、紧急呼叫设施、火灾探测报警设施、中央控制管理系统的设计年度取值不应低于隧道计划通车年后第(　　)年。

(A)2　　　　　　　(B)3　　　　　　　(C)4　　　　　　　(D)5

分析

《公路隧道设计规范　第二册　交通工程与附属设施》(JTG D70/2—2014)第3.0.1条规定,交通监控设施、紧急呼叫设施、火灾探测报警设施、中央控制管理系统的设计年度取值不应低于隧道计划通车年后第5年。故本题选D。

例11　下列隧道内摄像机直线段设置的间距,符合规范要求的有(　　)。

(A)130m　　　　　(B)140m　　　　　(C)160m　　　　　(D)170m

分析

《公路隧道设计规范　第二册　交通工程与附属设施》(JTG D70/2—2014)第7.2.3条规定,隧道内摄像机直线段设置间距不应大于150m,曲线段设置间距可根据实际情况适当减小。

故本题选 AB。

例 12 隧道消防灭火设施设计内容包括( )及其他设施等。

（A）灭火器 （B）固定式水成膜泡沫灭火装置

（C）消火栓 （D）隧道消防给水设施

分析

根据《公路隧道设计规范 第二册 交通工程与附属设施》(JTG D70/2—2014)第 10.2.1 条,消防灭火设施设计内容应包括灭火器、消火栓、固定式水成膜泡沫灭火装置、隧道消防给水设施及其他设施等。故本题选 ABCD。

例 13 隧道消防设施与通道设计应遵循的原则为( )。

（A）以人员逃生为主 （B）以灭火为主

（C）以自救为主 （D）以外部救援为主

分析

根据《公路隧道设计规范 第二册 交通工程与附属设施》(JTG D70/2—2014)第 10.1.2 条,消防设施与通道设计应遵循以下原则:以人员逃生为主,车辆疏散、财产保全、灭火为辅;以自救为主,外部救援为辅。故本题选 AC。(从常识角度分析,也能想到以逃生、自救为主)

例 14 [案例题]某双向四车道高速公路,设双洞分离式隧道,单洞两车道隧道长度为 4160m,近期(2035 年)预测年平均日交通量为 23656pcu/d,则按公路隧道交通工程与附属设施等级分级,应定为( )。

（A）C 级 （B）A + 级 （C）A 级 （D）B 级

分析

根据《公路隧道设计规范 第二册 交通工程与附属设施》(JTG D70/2—2014)第 3.0.2 条,以及题目所给的隧道单洞长度和设计年度预测隧道单洞年平均日交通量,查图 3.0.2(公路隧道交通工程与附属设施分级图),可知应定为 A + 级。故本题选 B。

例 15 [案例题]某单向两车道隧道长 1km,采用全射流纵向通风方式,通风环境检测的设施除安装了风速风向检测器 1 套和 NO_2 检测器 2 套以外,还需安装( )。

（A）CO 检测器 1 套和能见度检测器 2 套

（B）瓦斯检测仪 2 套和瓦斯检测仪 2 套

（C）瓦斯检测仪 1 套和能见度检测器 1 套

（D）CO 检测器 2 套和能见度检测器 1 套

分析

根据《公路隧道设计规范 第二册 交通工程与附属设施》(JTG D70/2—2014)第 5.6.2 条,瓦斯检测仪属于有害气体隧道的施工检测设备,排除选项 BC,选项 D 的数量有误。故本题选 A。

例16 [2020年案例题]某城市过境双车道二级公路隧道长1680m,隧道路面宽8.5m,设双侧人行道1.25m,隧道总宽为11.0m,则该隧道通风设计风速是(　　)。

(A)不宜大于10.0m/s　　　　　　(B)不应大于12.0m/s

(C)不应大于8.0m/s　　　　　　(D)不应大于7.0m/s

分析

该隧道设有双侧人行道,属于行人与车辆混合通行的隧道,根据《公路隧道设计规范　第二册　交通工程与附属设施》(JTGD 70/2—2014)第5.3.1条,设计风速不应大于7m/s。故本题选D。

自　测　模　拟

(第1～3题为单选题,第4、5题为多选题)

1. 在附属设施设计中,从通风效果和灾害救援的角度来看(　　)。

(A)半横向通风优于全横向通风

(B)在单向交通隧道中参与纵向式通风最好

(C)纵向式通风优于半横向式通风

(D)全横向式通风最好

2. 对单向行驶的高速公路隧道,其车流量 N 与隧道长度 L 的乘积满足(　　)时,可采用自然通风。

(A) $LN \geqslant 2.0 \times 10^5$ 　　　　　　(B) $LN < 2.0 \times 10^5$

(C) $LN > 2.0 \times 10^5$ 　　　　　　(D) $LN \leqslant 2.0 \times 10^5$

3. 属于隧道内照明质量的是(　　)。

①路面平均亮度;②路面亮度均匀度;③眩光限制;④隧道平面线形;⑤诱导性。

(A)①②③④⑤　　(B)①②④⑤　　(C)①③④⑤　　(D)①②③⑤

4. 公路隧道照明设计,按照《公路隧道设计规范　第二册　交通工程与附属设施》(JTG D70/2—2014)一般划分为(　　)。

(A)入口段　　　(B)若干过渡段　　　(C)中间段　　　(D)出口段

5. 在进行隧道的通风设计时,计算需风量的依据有(　　)。

(A)稀释 CO 浓度　　(B)稀释烟尘浓度　　(C)稀释 CH_4 浓度　　(D)稀释粉尘浓度

参考答案

1. D　　　2. B　　　3. D　　　4. ABCD　　　5. AB

第六章

Chapter 6

$\vee$

交 叉 工 程

思维导图

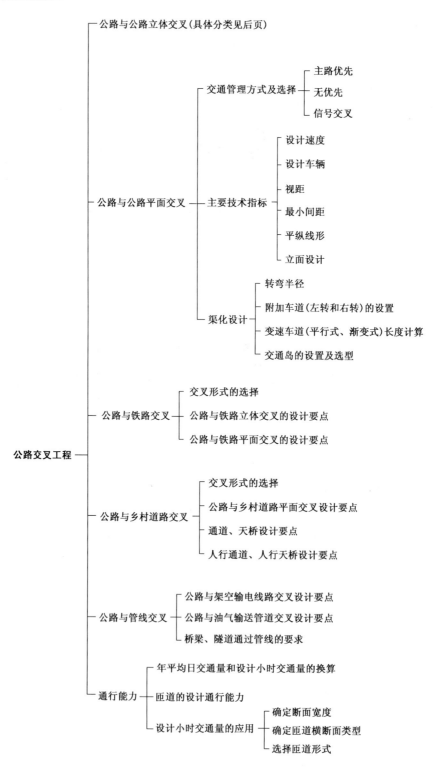

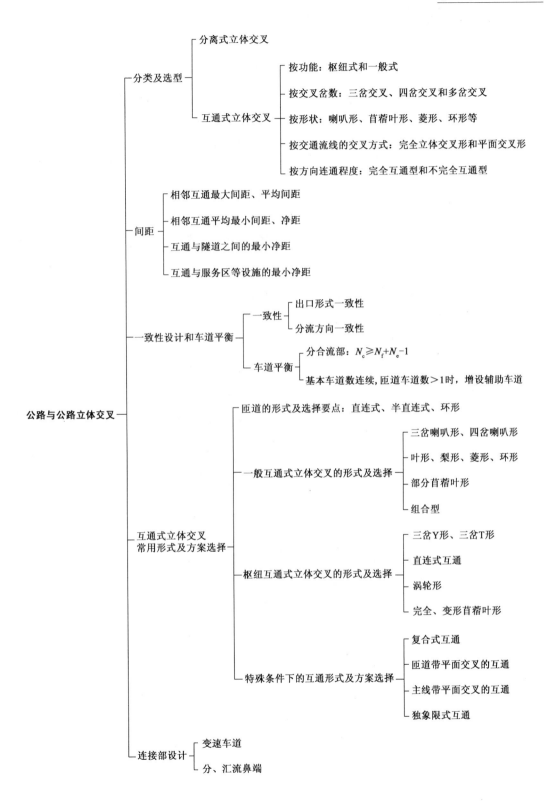

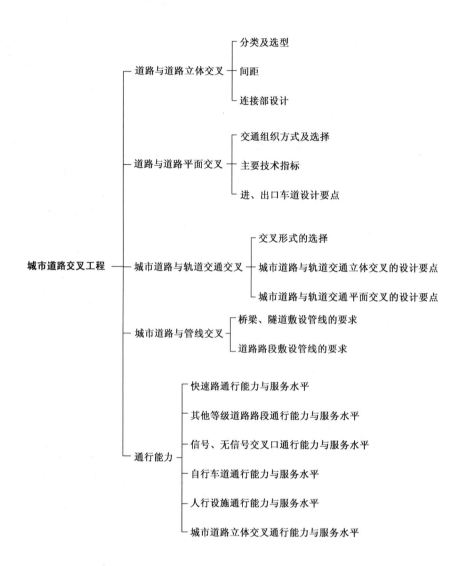

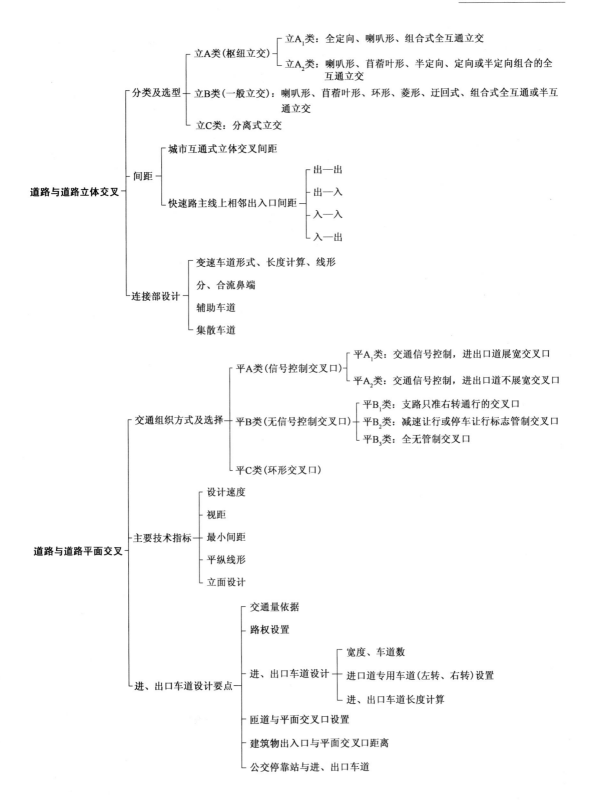

复习笔记

第一节　一般要求

依据规范

《公路工程技术标准》(JTG B01—2014)

　　9　路线交叉

《公路路线设计规范》(JTG D20—2017)

　　10　公路与公路平面交叉

　　11　公路与公路立体交叉

《公路立体交叉设计细则》

　　3　功能与分类

《城市道路工程技术规范》(GB 51286—2018)

　　3.4　交叉

《城市道路工程设计规范》(CJJ 37—2012)(2016 年版)

　　7　道路与道路交叉

《城市道路路线设计规范》(CJJ 193—2012)

　　9　道路与道路交叉

《城市道路交叉口设计规程》(CJJ 152—2010)

　　3　基本规定

重点知识

　　道路网中存在大量的交叉工程,总体上可分为道路与道路交叉、道路与其他工程交叉。根据交叉道路通过交叉点的空间位置、被交叉工程的性质、交通流是否需要进行转换等条件的不同,交叉口可以分为不同类型的交叉。设计时,在道路交叉点需要考虑交叉道路与被交叉工程的关系,同时也要考虑它们之间的相互影响、地形地质等条件制约,并综合分析技术、经济及环境效益等因素,保证交叉道路功能的实现。因此,在交叉点需要确定选用何种类型的交叉工程,这也是交叉设计的首要环节。本节重点介绍道路与道路交叉的相关内容,与铁路、乡村道路、管线等交叉的分类及类型选择见本章第五、六节。

一、掌握公路和城市道路交叉工程分类体系及各类交叉设置要点

　　《公路工程技术标准》(JTG B01—2014)将路线交叉分为六大类,分别是:

　　(1)公路与公路平面交叉。

　　(2)公路与公路立体交叉。

　　(3)公路与铁路相交叉。

　　(4)公路与乡村道路相交叉。

(5)公路与管线相交叉。

(6)动物通道。

《城市道路工程设计规范》(CJJ 37—2012)(2016 年版)将交叉分为道路与道路交叉、道路与轨道交通线路交叉。

(1)道路与道路交叉:可分为平面交叉和立体交叉。

(2)道路与轨道交通线路交叉:可分为平面交叉和立体交叉。

1. 公路与公路平面交叉的分类

平面交叉根据相交道路的条件和渠化方式的不同,可以划分为多种形式。

1)按相交道路的条数分类

(1)三路交叉:从交叉口向外分成三条道路,多为一条道路终止后连接另一条贯通道路,如图 6-1-1a)所示,或三条道路汇集于一点形成,如图 6-1-1b)所示。

(2)四路交叉:从交叉口向外分成四条道路,多为两条道路交叉贯通形成,如图 6-1-1c)所示。

(3)五路交叉:从交叉口向外分成五条道路,如图 6-1-1g)所示。

2)按交叉形式分类

(1)T 形交叉:相交道路交角为 90°或在 90°±15°范围内的三路交叉,如图 6-1-1a)所示。

(2)Y 形交叉:夹角小于 75°或大于 105°的三路交叉,如图 6-1-1b)所示。

(3)十字交叉:相交道路夹角 90°或在 90°±15°范围内的四路交叉,如图 6-1-1c)所示。

(4)X 形交叉:相交道路交角小于 75°或大于 105°的四路交叉,如图 6-1-1d)所示。

(5)错位交叉:从相反方向终止于一条贯通道路而形成两个距离很近的 T 形交叉组成的交叉,如图 6-1-1h)所示。

(6)斜交错位交叉:由两个 Y 形交叉组成的错位交叉,如图 6-1-1j)所示。

(7)折角式交叉:十字交叉中有一交角小于 75°,如图 6-1-1e)所示。

(8)环形交叉:在交叉口中央设置较大的圆形或其他形状中心岛,绕岛车辆一律按逆时针方向行驶的交叉形式,如图 6-1-1i)所示。

3)按渠化方式分类

平面交叉口渠化设计可采用加铺转角、设置转弯车道、加宽路口和设置交通岛等方式。

(1)加铺转角方式。交叉口用适当半径的单圆曲线或复曲线平顺连接相交道路的路基和路面,如图 6-1-2 所示,其中 a)为十字形、b)为 T 形、c)为 X 形、d)为 Y 形,适用于车速低,交通量小,转弯车辆少的三级、四级公路或地方道路,若斜交不大时,也可用于转弯交通量较小的主要道路与次要道路交叉。

(2)设置转弯车道方式。通过设置导流岛、分隔岛及划分车道等措施,使单向右转或双向左、右转车流以较大半径分道行驶的平面交叉,如图 6-1-3 所示,适用于车速较高,转弯车辆较多的一般道路。

(3)加宽路口方式。为使转弯车辆不影响其他车辆的正常行驶,在交叉口连接部增设变速车道和转弯车道的平面交叉。这种交叉可以单增右转或左转车道,也可以同时增设左、右转弯车道,如图 6-1-4 所示,适用于交通量较大、转弯车辆较多的一级、二级公路和城市主干路。设计时主要解决扩宽的车道数和位置,同时也要满足视距和转角曲线半径的要求。

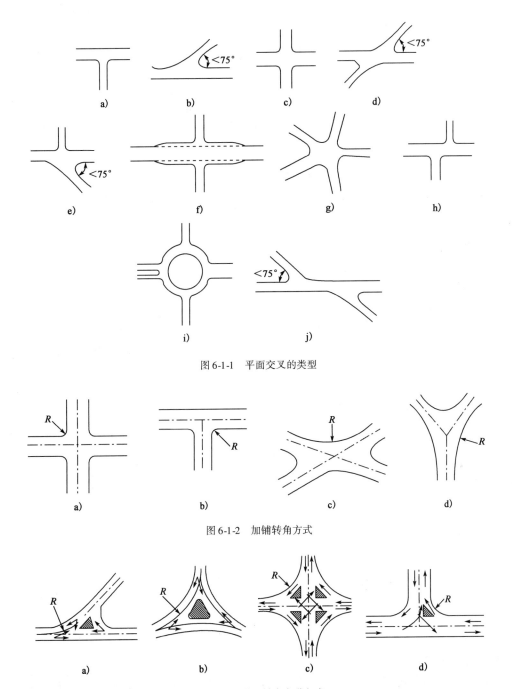

图 6-1-1 平面交叉的类型

图 6-1-2 加铺转角方式

图 6-1-3 设置转弯车道方式

（4）设置交通岛方式。如在交叉口中央设置中心岛，用环道组织渠化交通，使进入环道的所有车辆一律按逆时针方向绕岛单向行驶，直至所要去的路口离岛驶出的平面交叉，俗称转盘，如图 6-1-5 所示，适用于多条道路相交或转弯交通量较大，且地形较平坦的交叉口。在快速道路和交通量大的干线道路、有大量非机动车和行人交通的道路、位于斜坡较大地形的道路以及桥头引道上均不宜采用该种方式。

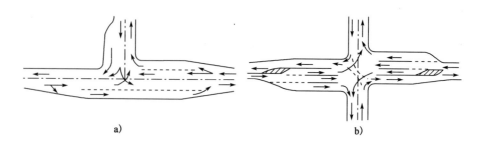

图 6-1-4　加宽路口与设置转弯车道方式

另外,公路与公路平面交叉还可按交通管理方式分类,城市道路与道路交叉可按交通组织方式分类,将在本章第三节阐述。

2. 公路与公路立体交叉的分类

公路立体交叉可分为分离式立体交叉和互通式立体交叉。

1) 分离式立体交叉

仅设一座跨线构造物(跨线桥或地道),使相交道路在空间上分离,上、下道路间无匝道连接的交叉形式(图 6-1-6)。这种类型的立体交叉,结构简单,占地少,造价低,其作用是保证直行车辆的畅通,但相交道路的车辆不能转弯行驶。适用于高速公路或城市快速路与低等级道路之间的交叉。

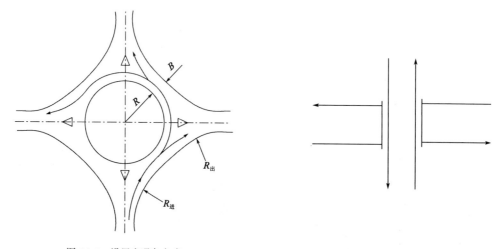

图 6-1-5　设置交通岛方式

图 6-1-6　分离式立体交叉

2) 互通式立体交叉

不仅设跨线构造物使相交道路在空间上分离,而且上、下道路之间采用相互完全(或部分)连通的交叉方式。这种类型的交叉可使车辆转弯行驶,全部或部分消灭冲突点,各方向行车干扰小,行车安全、迅速,通行能力大。与分离式立体交叉相比,其结构复杂,构造物多,占地大,造价高。

互通式立体交叉按功能不同可分为一般互通式立体交叉和枢纽互通式立体交叉两种基本类型,并可根据交叉岔数、交叉形状、交叉方式和方向连通程度等按下列规定分类:

（1）按交叉岔数可分为三岔交叉、四岔交叉和多岔交叉互通式立体交叉。当交叉岔数超过四岔时，均称为多岔交叉。

（2）按互通式立体交叉的**形状**可分为喇叭形［图6-1-7a)］、苜蓿叶形［图6-1-7b)］、菱形、环形、叶形［图6-1-7c)］、T形、Y形和涡轮形［图6-1-7d)］互通式立体交叉等。

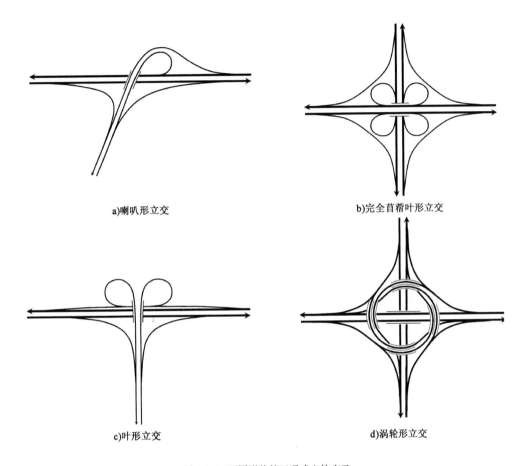

a)喇叭形立交　　　　　　　　　　b)完全苜蓿叶形立交

c)叶形立交　　　　　　　　　　d)涡轮形立交

图6-1-7　不同形状的互通式立体交叉

（3）按交通流线的**交叉方式**，可分为完全立体交叉型和平面交叉型互通式立体交叉。

完全立体交叉型即所有交通流线之间的交叉均为立体交叉；平面交叉型则在部分交通流线之间存在平面交叉。

完全立体交叉型的车流轨迹线全部在空间分离，各转弯方向都有专用匝道，无冲突点，行车安全、迅速，通行能力较大。其代表形式有三岔喇叭形、叶形、梨形、Y形、完全苜蓿叶形、变形苜蓿叶形、涡轮形等。

平面交叉型相交道路的车流轨迹线之间存在平面交叉。一般用于主要道路与次要道路相交，当个别方向的交通量很小或分期修改，或用地受限、无设置匝道收费站要求时，在满足通行能力的条件下可采用。代表形式有四岔单喇叭形［图6-1-8a)］、部分苜蓿叶形［图6-1-8b)］、菱形［图6-1-8c)］、环形［图6-1-8d)］等。

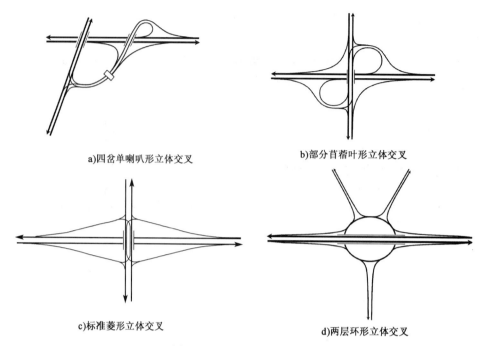

a)四岔单喇叭形立体交叉   b)部分苜蓿叶形立体交叉

c)标准菱形立体交叉   d)两层环形立体交叉

图 6-1-8 平面交叉型立体交叉

（4）按方向连通程度可分为完全互通型和不完全互通型互通式立体交叉。

完全互通型即所有交通流方向均被连通，各交通流之间可以是完全立体交叉，也可以是平面交叉。不完全互通型则尚有部分交通流方向未被连通，即缺省部分交通流线（图 6-1-9）。交通流线数目 N 与交叉岔数 n 之间具有如下关系：

$$N = n(n-1) \tag{6-1-1}$$

图 6-1-9 不完全互通型立体交叉

二、了解公路和城市道路交叉工程类型选择的主要依据

1. 公路与公路交叉类型的选择

1）平面交叉与立体交叉的选择

设置立体交叉应符合下列规定：

（1）高速公路与各级公路交叉必须采用立体交叉。

（2）一级公路与交通量大的其他公路交叉应采用立体交叉。

（3）二级、三级、四级公路间的交叉，直行交通量大时或有条件的地点，宜采用立体交叉。

公路立体交叉的采用和类型选择，应根据节点在路网系统中的地位和功能确定，并应综合考虑交叉公路的等级、功能和接入控制要求等因素。

2）互通式立体交叉与分离式立体交叉的选择

（1）符合下列条件时应设置互通式立体交叉：

①高速公路间及其同一级公路相交处。

②高速公路、一级公路同通往县级以上城市、重要的政治或经济中心的主要公路相交处。

③高速公路、一级公路同通往重要工矿区、港口、机场、车站和游览胜地等的主要公路相交处。

④高速公路同通往重要交通源的公路相交而使该公路成为其支线。

⑤承担干线功能的一级公路间及其与其他干线公路和集散公路相交。

⑥一级公路上，当平面交叉的通行能力不能满足需要或出现频繁的交通事故。

⑦由于地形或场地条件等原因设置互通式立体交叉的综合效益大于设置平面交叉。

（2）符合下列条件时应设置分离式立体交叉：

①高速公路同其他各级公路交叉，除因交通转换而设置互通式立体交叉外，均必须设置分离式立体交叉。

②承担干线功能的一级公路同其他各级公路的交叉，除因交通转换需要而设互通式立体交叉外，为减少平面交叉，且相交的公路又不能截断时，应采用分离式立体交叉。

③二级、三级、四级公路间的交叉，直行交通量很大或地形条件适宜，且不考虑交通转换时，可设置分离式立体交叉。

3）互通式立体交叉类型的选择

互通式立体交叉类型的选择应符合下列规定：

（1）被交叉公路为双车道公路或具集散功能的一级公路的互通式立体交叉，宜采用一般互通式立体交叉。

（2）高速公路之间、高速公路与具干线功能的一级公路之间或具干线功能的一级公路之间相交叉的互通式立体交叉，宜采用枢纽互通式立体交叉。

（3）设置匝道收费站的互通式立体交叉可按一般互通式立体交叉设计。

（4）一般互通式立体交叉可采用平面交叉型。

（5）枢纽互通式立体交叉宜采用完全立体交叉型。

（6）当个别方向无交通转换需求，或虽存在少量交通转换需求但完全连通特别困难时，可采用不完全互通型，未连通方向的交通转换功能应通过路网交通组织由邻近节点承担，并应与完全互通型综合比较论证后确定。

（7）有条件时，被交叉公路宜采用上跨方式。

4）平面交叉类型的选择

平面交叉应根据相交公路的功能、技术等级、区域路网的现状和规划，以及交叉区域地形、地貌条件等合理设置。

（1）平面交叉形式应根据公路网规划、地形和地质条件、相交公路的公路功能、技术等级、

731

交通量、交通管理方式和用地条件等确定。

（2）平面交叉选型应综合考虑相交公路功能、技术等级、交通量、交通管理方式、用地条件和工程造价等因素，选用主要公路或主要交通流畅通、冲突点少、冲突区小的形式。

（3）平面交叉岔数不应多于四条；岔数多于四条时应采用环形交叉。新建公路不应直接与已建的四岔或四岔以上的平面交叉相连接。环形交叉的岔数不宜多于五条，有条件实行"入口让路"规则管理时，应采用"入口让路"环形交叉。

（4）平面交叉的交角宜为直角。斜交时，其锐角应不小于70°；受地形条件或其他特殊情况限制时，应大于45°。新建公路与等级较低的既有公路交角小于70°时，应对次要公路在交叉前后一定范围实施局部改线。

（5）二级及二级以上公路的平面交叉必须进行渠化设计；三级公路的平面交叉应进行渠化设计；四级公路的平面交叉宜进行渠化设计。渠化设计应根据交叉形式、交通管理方式以及转向交通量、设计速度等因素，采用加铺转角、加宽路口、设置转弯车道和交通岛等方式。

2. 城市道路与城市道路交叉类型选择的依据

1）平面交叉与立体交叉的选择

（1）道路与道路交叉可分为平面交叉和立体交叉，交叉形式应根据相交道路的等级和功能、交通流量和流向、地形和地质等要求，进行技术、经济及环境效益的综合分析，合理确定。

（2）立体交叉的设置应符合下列规定：

①快速路与所有道路相交时，必须采用立体交叉。

②主干路与主干路相交，当交通量较大，对平面交叉采取改善措施、调整交通组织仍不能满足通行能力要求时，宜设置立体交叉，并应妥善解决设置立体交叉后对邻近平面交叉口的影响。

当道路与高速铁路、客运专线、铁路车站、铁路编组站、全封闭运行的城市轨道交通线路交叉时，必须设置立体交叉；行驶轨或无轨电车的道路与铁路交叉时，必须设置立体交叉。

当通过主—主交叉口的预测总交通量不超过12000pcu/h时，不宜采用立体交叉形式。

2）平面交叉类型的选择

（1）平面交叉口的形式有十字形、T形、Y形、X形、环形交叉、多路交叉、错位交叉、畸形交叉等。通常采用最多的是十字形，形式简单，交通组织方便，适用范围广。由于交叉口形状在规划阶段已大体确定，设计阶段应在不影响总体布局的前提下予以优化调整。

（2）新建平面交叉口不得出现超过四叉的多路交叉口、错位交叉口、畸形交叉口以及交角小于70°（特殊困难时为45°）的斜交交叉口。已有的错位交叉口、畸形交叉口应加强交通组织与管理，并尽可能加以改造。

（3）环形交叉口适用多路交汇或转弯交通量较均衡的交叉口，相邻道路中心线间夹角宜大致相等。常规环形交叉口不宜用于城市干道交叉口。坡向交叉口的道路，纵坡度大于或等于3%时，不宜采用环形平面交叉。

城市道路立体交叉类型的选择见本章第四节相关内容。

考 点 分 析

本节主要有以下考点：

（1）道路与道路交叉的分类　道路与道路交叉分为平面交叉和立体交叉。平面交叉按不同特点分类有哪些类型。立体交叉分为互通式立体交叉和分离式立体交叉，互通式立体交叉按不同特点又有哪些类型，如何区分不同类型的互通式立体交叉。

（2）道路与道路立体交叉的设置条件　注意设置条件时用词的区分，如"必须、应、宜、可"。

（3）道路与道路平面交叉类型的选择　不同类型的平面交叉有何特点，如何选择。

（4）道路与道路立体交叉类型的选择　不同类型的立体交叉有何特点，如何选择。

例 题 解 析

例1　[2020年单选题]两条公路交叉时，下列有关应设置互通式立体交叉的情形，符合《公路工程技术标准》(JTG B01—2014)规定的是(　　)。

（A）高速公路与支线公路相交时

（B）两条二级公路相交时

（C）高速公路与连接其他重要交通源的连接线公路相交时

（D）二级公路采用平面交叉冲突交通量较大时

分析

根据《公路工程技术标准》(JTG B01—2014)第9.2.2条，可知本题选C。另外，《公路路线设计规范》(JTG D20—2017)也有两条公路相交设置互通式立体交叉的条件，与标准的规定略有不同，需注意题目中是按哪本规范要求进行答题。

例2　[2019年单选题]路线交叉中公路与公路交叉分为(　　)。

（A）互通式立体交叉和分离式立体交叉

（B）平面交叉和立体交叉

（C）平面交叉和互通式立体交叉

（D）平面交叉和分离式立体交叉

分析

根据《公路工程技术标准》(JTG B01—2014)第9章，公路与公路交叉分为平面交叉和立体交叉。故本题选B。

例3　[2019年单选题]公路与公路立体交叉可分为(　　)。

（A）互通式立体交叉和分离式立体交叉

（B）上跨式立体交叉和下穿式立体交叉

(C)两层式立体交叉和多层式立体交叉

(D)一般互通式立体交叉和枢纽互通式立体交叉

分析

根据《公路工程技术标准》(JTG B01—2014)第 9.2.2 条、《公路路线设计规范》(JTG D20—2017)第 11.1.1 条,公路与公路立体交叉分为互通式立体交叉和分离式立体交叉。故本题选 A。

例 4 [2019 年多选题]互通式立体交叉按交叉岔数可分为(　　)。

(A)三岔交叉　　　(B)完全互通型　　　(C)多岔交叉　　　(D)不完全互通型

分析

根据《公路立体交叉设计细则》(JTG/T D21—2014)第 3.2.2 条第 1 款,按交叉岔数可分为三岔交叉、四岔交叉和多岔交叉互通式立体交叉。故本题选 AC。

例 5 [2019 年多选题]城市道路交叉分为平面交叉和立体交叉,确定交叉形式的主要根据有(　　)。

(A)相交道路的等级和功能　　　(B)交通流量和流向

(C)地形和地质条件　　　(D)气象条件

分析

根据《城市道路路线设计规范》(CJJ 193—2012)第 9.1.2 条,道路与道路交叉可分为平面交叉和立体交叉,交叉形式应根据相交道路的等级和功能、交通流量和流向、地形和地质等要求,进行技术、经济及环境效益的综合分析,合理确定。故本题选 ABC。

例 6 以下选项不属于公路路线交叉的是(　　)。

(A)公路与乡村道路交叉　　　(B)公路与管线等交叉

(C)公路与航道交叉　　　(D)动物通道

分析

根据《公路工程技术标准》(JTG B01—2014),路线交叉分为公路与公路平面交叉、公路与公路立体交叉、公路与铁路相交叉、公路与乡村道路相交叉、公路与管线等相交叉、动物通道。公路一般以桥梁上跨或隧道下穿通航水域,不属于路线交叉。故本题选 C。

例 7 不符合设置立体交叉规定的是(　　)。

(A)一级公路同交通量大的其他公路交叉应采用立体交叉

(B)二级公路之间的交叉,直行交通量大时应采用立体交叉

(C)高速公路与各级公路相交必须采用立体交叉

(D)二级公路与三级公路交叉,有条件的地点宜采用立体交叉

分析

根据《公路路线设计规范》(JTG D20—2017)第 11.1.1 条,公路与公路立体交叉分为互通式立体交叉和分离式立体交叉,设置立体交叉应符合下列规定:

①高速公路与各级公路相交必须采用立体交叉。

②一级公路同交通量大的其他公路交叉应采用立体交叉。

③二级、三级公路间的交叉，直行交通量大时或有条件的地点宜采用立体交叉。

这里需注意规范"必须、应、宜、可"的用词界定。故本题选 B。

例 8　公路立体交叉设计控制要素包括(　　)。

(A)设计车辆　　　　　(B)视距　　　　　(C)建筑限界　　　　　(D)技术等级

分析

根据《公路立体交叉设计细则》(JTG/T D21—2014)第 4.1.1 条,公路立体交叉设计的控制要素应包括设计车辆、设计速度、视距、交通量、服务水平和建筑限界等。故本题选 ABC。

例 9　下图平面交叉设计所采用的渠化设计方式属于(　　)。

(A)加宽路口　　　　　　　　　　　(B)设置导流岛

(C)设置转弯车道　　　　　　　　　(D)加宽路口与设置转弯车道

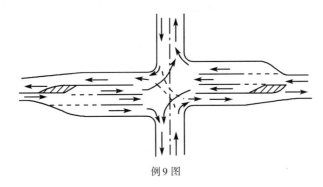

例 9 图

分析

根据《公路路线设计规范》(JTG D20—2017)第 10.1.6 条条文说明中图 10-2。故本题选 D。

例 10　下列互通式立体交叉属于完全立体交叉型互通式立体交叉的是(　　)。

(A)环形　　　　　　　　　　　　　(B)菱形

(C)部分苜蓿叶形　　　　　　　　　(D)三岔单喇叭形

分析

根据《公路立体交叉设计细则》(JTG/T D21—2014)第 3.2.2 条,完全立体交叉型即所有交通流线之间的交叉均为立体交叉;平面交叉型则在部分交通流线之间存在平面交叉。前三种类型的互通式立体交叉均存在部分交通流线的平面交叉。故本题选 D。

例 11　城市道路交叉口中不宜选用常规环形交叉口的情况有(　　)。

(A)位于斜坡大于 3%的地形　　　　　(B)交通量大的城市干道

(C)某一转弯交通量大的交叉口　　　　(D)多路交叉

分析

根据《城市道路交叉口设计规程》(CJJ 152—2010)第4.6.1条,环形交叉口适用多路交汇或转弯交通量较均衡的交叉口,相邻道路中心线间夹角宜大致相等。常规环形交叉口不宜用于城市干道交叉口。坡向交叉口的道路,纵坡度大于或等于3%时,不宜采用环形平面交叉。故本题选ABC。

自 测 模 拟

(第1~5题为单选题,第6~8题为多选题)

1. 关于互通式和分离式立体交叉的设置条件,下列说法正确的是( )。
   (A)高速公路同通往重要交通源的公路相交应设置互通式立体交叉
   (B)二级公路上,当平面交叉口出现频繁的交通事故时应设置互通式立体交叉
   (C)一级公路为减少平面交叉,应采用分离式立体交叉
   (D)二级公路间的交叉,直行交通量大且不考虑交通转换时,可设分离式立体交叉

2. 确定公路互通式立体交叉的位置,首先要考虑的因素是( )。
   (A)主线和被交叉公路的条件,如主线技术指标
   (B)路网分布与路网系统的主要节点
   (C)地质和地形条件
   (D)用地、规划、景观和环保等社会和环境因素

3. 五岔交叉的完全互通型立体交叉应有( )条交通流线。
   (A)25　　　　　　(B)24　　　　　　(C)20　　　　　　(D)18

4. 下列各种条件下的互通式立体交叉属于枢纽互通式立体交叉的是( )。
   (A)高速公路之间　　　　　　　　(B)高速公路与一级公路之间
   (C)一级公路与一级公路之间　　　　(D)高速公路与地方道路之间

5. 关于互通式立体交叉的选型,下列说法正确的是( )。
   (A)枢纽互通式立体交叉宜采用完全立体交叉型
   (B)一般互通式立体交叉应采用平面交叉型
   (C)三岔交叉立体宜采用一般互通式立体交叉
   (D)有条件时,被交叉公路宜采用下穿方式

6. 公路与公路交叉时,符合立体交叉设置规定的是( )。
   (A)在荒漠地区交通量较小的前提下,高速公路主线上可设置平面交叉
   (B)具有干线功能的一级公路相互交叉必须采用立体交叉

(C)高速公路与四级公路相交必须采用立体交叉

(D)二级与三级公路交叉,直行交通量大时,宜采用立体交叉

7.道路平面交叉时,如果交叉角度较小,会导致的不利情形有(　　)。

(A)交叉口需要的面积较大　　　　　(B)视线受到限制

(C)冲突点增加　　　　　　　　　　(D)行驶不安全

8.互通式立体交叉按交通流线的交叉方式,可分为(　　)。

(A)完全互通型　　　　　　　　　　(B)完全立体交叉型

(C)不完全互通型　　　　　　　　　(D)平面交叉型

参考答案

1. D　　　2. B　　　3. C　　　4. A　　　5. A　　　6. CD　　　7. ABD　　　8. BD

第二节　服务水平与通行能力

依据规范

《公路路线设计规范》(JTG D20—2017)

　　3　公路通行能力

《公路立体交叉设计细则》(JTG/T D21—2014)

　　4.5　交通量与服务水平

　　6.3　匝道形式

　　7.3　匝道横断面类型的选用

《城市道路工程设计规范》(CJJ 37—2012)(2016 年版)

　　4　通行能力和服务水平

《城市道路交叉口设计规程》(CJJ 152—2010)

　　5.6　服务水平与通行能力

重 点 知 识

服务水平是用路者在不同的交通流状况下,所能得到的速度、舒适性、经济性等方面的服务程度,亦即公路在某种交通条件下为驾驶者和乘客所能提供的运行服务质量。服务水平通常由饱和度、速度、交通密度、行驶自由度、交通中断情况、舒适性和便利程度等来描述和衡量。

通行能力是指公路设施在正常的公路条件、交通条件和驾驶行为等情况下,在一定的时段

(通常取 1h)内可能通过设施的最大车辆数。将这些条件用服务水平标准来衡量时,就得到各级服务水平下的服务交通量。公路通行能力反映了公路设施所能疏导交通流的能力,是公路规划、设计和运营管理的重要参数。

一、掌握公路互通式立体交叉匝道、分流区、合流区、交织区和集散道的设计服务水平

1. 公路相关规定

1)基本概念

通行能力根据使用性质和要求,通常定义为以下三种形式:

(1)基准通行能力。在基准的道路、交通、控制和环境条件下,均匀路段的一条车道或特定横断面上,特定时段内所能通过的最大小时流率,通常以 pcu/(h·ln)[辆标准小客车/(小时·车道)]或 pcu/h(辆标准小客车/小时)为单位。

(2)设计通行能力。在预计的道路、交通、控制和环境管制条件下,条件基本一致的一条车道或特定横断面上,在所选用的设计服务水平下,特定时段内所能通过的最大小时流率,通常以 pcu/(h·ln)或 pcu/h 为单位。因此,设计通行能力与选取的服务水平级别有关。

(3)实际通行能力。在实际或预计的道路、交通、控制和环境条件下,已知公路设施的某车道或特定横断面上,特定时段内所能通过的最大小时流率,通常以 veh/(h·ln)[辆自然车/(小时·车道)]或 veh/h(辆自然车/小时)为单位。其含义是设计或评价某一具体路段时,根据该设施具体的公路几何构造、交通条件以及交通管理水平,对不同服务水平下的服务交通量(如基准通行能力或设计通行能力)按实际公路条件、交通条件等进行相应修正后的小时流率。

公路设计应进行通行能力和服务水平的分析与评价,使服务水平保持协调均衡,并应符合下列规定:

(1)高速公路、一级公路的路段和互通式立体交叉的匝道、分合流区段、交织区及收费站等设施必须进行通行能力和服务水平的分析与评价。

(2)二级、三级公路的路段和一级公路、二级干线公路的平面交叉,应进行通行能力和服务水平的分析与评价。

(3)二级集散公路、三级公路的平面交叉,宜进行通行能力和服务水平的分析与评价。

高速公路、一级公路的通行能力和服务水平分析评价应分方向进行,二级、三级公路应按双向整体交通流进行。三级及以上公路的连续上坡路段,应单独进行通行能力和服务水平的分析与评价。

2)设计小时交通量

公路设计小时交通量宜采用年第 30 位小时交通量,也可根据当地公路小时交通量的变化特征,采用年第 20 ~ 40 位小时之间最为经济合理时位的交通量。

高速公路和一级公路设计交通量预测年限为 20 年;二级、三级公路设计交通量预测年限为 15 年。设计交通量预测年限的起算年为该项目的计划通车年。设计交通量的预测应充分考虑走廊带范围内远期社会、经济的发展规划和综合运输体系的影响。

（1）公路平面交叉

平面交叉设计应以预测的交通量为基本依据。设计所采用的交通量应为设计小时交通量。

（2）公路立体交叉

①在工程可行性研究阶段，公路立体交叉方案设计可采用年平均日交通量。年平均日交通量应采用主线交通量预测年限或立体交叉建成通车后第20年的预测交通量。

②在设计阶段，公路立体交叉设计应采用设计小时交通量。

设计小时交通量（DDHV）按下式计算：

$$DDHV = AADT \times D \times K \tag{6-2-1}$$

式中：DDHV——设计小时交通量（pcu/h）；

　　 AADT——年平均日交通量（pcu/d）；

　　　　 D——方向不均系数（%），根据当地交通量观测资料确定，当资料缺乏时，可在50% ~ 60%范围内选取；

　　　　 K——设计小时交通量系数（%），为选定时位的小时交通量与年平均日交通量的比值，根据交叉公路功能、交通量、地区气候和地形等条件确定。分为近郊和城间两大类别，取值范围为8% ~ 17.5%，具体取值见《公路路线设计规范》（JTG D20—2017）表3.3.4。

需要注意的是：这里DDHV的单位是pcu/h，与《公路路线设计规范》（JTG D20—2017）中的规定不同。

③互通式立体交叉设计应提供节点交通量分布图，明确各方向和各路段的设计小时交通量（图6-2-1）。

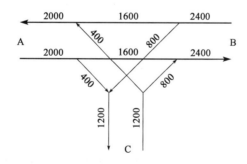

图6-2-1　某三岔互通式立体交叉交通流量分布图（单位：pcu/h）

3）基本路段的设计通行能力和服务水平

高速公路、一级公路路段设计通行能力的计算是按单向单车道进行计算的，单位为 veh/（h·ln）；二级、三级公路路段设计通行能力的计算是按双向双车道进行计算的，单位为 veh/h。各级公路设计通行能力计算和服务水平划分见路线章节相关内容。

4）互通式立体交叉范围的通行能力与服务水平

公路立体交叉范围内的交叉公路、匝道、分流区、合流区、交织区和集散道的服务水平分为六级。交叉公路设计服务水平应按相应公路功能及等级选取；匝道、分流区、合流区、交织区和集散道的设计服务水平可比主线低一级，但不应低于四级。

互通式立体交叉匝道、分合流区和交织区的通行能力应分别进行计算确定。互通式立体交叉分合流区的通行能力应根据设计速度、主线侧两车道流量、匝道流量、变速车道长度等因素确定。互通式立体交叉交织区的通行能力应根据设计速度、车道数、交织区构型、交织流量比和交织段长度等因素确定。

2. 城市道路相关规定

根据道路设施和交通实体的不同,通行能力可分为机动车道通行能力、非机动车道通行能力和人行设施通行能力。从规划设计和运营的角度,通行能力可分为基本通行能力、实际通行能力和设计通行能力三种。

(1)基本通行能力是指在一定的时段,在理想的道路、交通、控制和环境条件下,道路的一条车道或一均匀段或一交叉路口,期望能通过人或车辆的合理的最大小时流率。

(2)实际通行能力是指在一定的时段,在具体的道路、交通、控制和环境条件下,道路的一条车道或一均匀段上或一交叉路口,期望能通过人或车辆的合理的最大小时流率。

(3)设计通行能力是指在一定时段,在具体的道路、交通、控制及环境条件下,一条车道或一均匀段上或一交叉路口,对应设计服务水平下的最大服务交通流率。

各级道路设计交通量的预测年限应符合下列规定:

(1)各级道路设计交通量的预测年限:快速路、主干路应为20年;次干路应为15年;支路宜为10～15年。

(2)设计交通量预测年限的起算年应为该项目可行性研究报告中的计划通车年。

交叉口设计年限应与城市道路的设计年限一致。组成交叉口的各条道路等级不同时,以等级较高道路的设计年限为准。

二、熟悉公路互通式立体交叉匝道基本路段的设计通行能力

1. 公路相关规定

当设计服务水平采用四级时,匝道基本路段单车道和双车道的设计通行能力可按表6-2-1取值。

匝道基本路段的设计通行能力 表6-2-1

匝道设计速度(km/h)		80	70	60	50	40	35	30
设计通行能力(pcu/h)	单车道	1500	1400	1300	1200	1000	900	800
	双车道	2900	2600	2300	2000	1700	1500	1300

互通式立体交叉设置收费站时,其匝道通行能力应根据该收费站的通行能力确定;不设收费站时,应根据匝道与被交公路连接处的平面交叉的通行能力确定。

2. 城市道路相关规定

1)快速路通行能力与服务水平

快速路应根据交通流行驶特征分为基本路段、分合流区和交织区,应分别采用相应的通行能力和服务水平。

2)信号交叉口

信号交叉口服务水平分级应符合表6-2-2的规定,新建道路应按三级服务水平设计。

信号交叉口服务水平分级　　　　　表 6-2-2

指　　标	服　务　水　平			
	一级	二级	三级	四级
控制延误(s/veh)	<30	30～50	50～60	>60
负荷度 V/C	<0.6	0.6～0.8	0.8～0.9	>0.9
排队长度(m)	<30	30～80	80～100	>100

3）无信号交叉口

无信号交叉口可分为次要道路停车让行交叉口、全部道路停车让行交叉口和环形交叉口三种形式。次要道路停车让行交叉口通行能力应保证次要道路上车辆可利用的穿越空档能满足次要道路上的交通需求。

4）交叉口自行车道通行能力与服务水平

信号交叉口进口道一条自行车道的设计通行能力可取为 800～1000veh/h。

交叉口自行车道服务水平分级应符合表 6-2-3 的规定,设计时宜采用三级服务水平。

交叉口自行车道服务水平分级　　　　　表 6-2-3

指　　标	服　务　水　平			
	一级	二级	三级	四级
停车延误时间(s)	<40	40～60	60～90	>90
通过交叉口骑行速度(km/h)	>13	9～13	6～9	4～6
负荷度	<0.7	0.7～0.8	0.8～0.9	>0.9
路口停车率(%)	<30	30～40	40～50	>50
占用道路面积(m²)	6～8	4～6	2～4	<2

5）人行设施通行能力与服务水平

人行设施的基本通行能力和设计通行能力应符合表 6-2-4 的规定。**行人较多的重要区域**设计通行能力宜采用低值,非重要区域宜采用高值。

人行设施基本通行能力和设计通行能力　　　　　表 6-2-4

人行设施类型	基本通行能力	设计通行能力
人行道,人/(h·m)	2400	1800～2100
人行横道,人/(hg·m)	2700	2000～2400
人行天桥,人/(h·m)	2400	1800～2000
人行地道,人/(h·m)	2400	1440～1640
车站码头的人行天桥、人行地道,人/(h·m)	1850	1400

注:hg 为绿灯时间。

人行道服务水平分级应符合表6-2-5的规定,设计时宜采用三级服务水平。

人行道服务水平分级 表6-2-5

指　　标	服　务　水　平			
	一级	二级	三级	四级
人均占用面积(m²)	>2.0	1.2~2.0	0.5~1.2	<0.5
人均纵向间距(m)	>2.5	1.8~2.5	1.4~1.8	<1.4
人均横向间距(m)	>1.0	0.8~1.0	0.7~0.8	<0.7
步行速度(m/s)	>1.1	1.0~1.1	0.8~1.0	<0.8
最大服务交通量[人/(h·m)]	1580	2500	2940	3600

6)城市道路立体交叉通行能力与服务水平

城市道路立体交叉通行能力分为可能通行能力和设计通行能力,设计通行能力等于可能通行能力(N_p)乘以α(即服务交通量与可能通行能力的比率)。

立体交叉主线一条车道可能通行能力可采用表6-2-6的数值。

主线一条车道可能通行能力 表6-2-6

设计速度(km/h)	40	50	60	70	80	100	120
可能通行能力(pcu/h)	2020	2050	1950	1870	1800	1760	1720

立体交叉匝道一条车道可能通行能力可采用表6-2-7的数值。

匝道一条车道可能通行能力 表6-2-7

设计速度(km/h)	20~25	30	40	50	60
可能通行能力(pcu/h)	1550 (1400~1250)	1650 (1550~1450)	1700	1730	1750

注:括号内为机非立体交叉(其直行非机动车流量为1000~2000pcu/h),考虑非机动车影响时的取值。当非机动车流量小于1000pcu/h时,可在括号内上限值与机非分行值之间内插求得;当流量为3000~5000pcu/h时,每增加1000pcu/h,括号内下限值应再降低7%。

若当地有可靠的平均车头时距观测值,也可由下式计算主线或匝道一条车道的可能通行能力:

$$N_p = \frac{3600}{t_i} \tag{6-2-2}$$

式中:N_p——一条车道可能通行能力(pcu/h);

t_i——连续小客车车流平均车头时距(s/pcu)。

城市道路立体交叉主线及其匝道的服务水平可划分为四个等级,服务水平标准分级应符合表6-2-8的规定。

立体交叉服务水平标准

表 6-2-8

等 级		交通运行特征	（服务交通量/可能通行能力）比率 α						
			设计速度（km/h）						
			100	80	60	50	40	30	20
I	I 1	自由流,行车自由度大	0.33	0.29	0.26	0.24	—	—	—
	I 2	自由流,行车自由度适中	0.56	0.50	0.43	0.40	0.37	—	—
II	II 1	接近自由流,变换车道或超车自由度受到一定限制	0.76	0.69	0.62	0.58	0.55	0.51	—
	II 2	行车自由度受限,车速有所下降	0.91	0.82	0.75	0.71	0.67	0.63	0.59
III		饱和车流,行车没有自由度	1.00						
IV		拥塞状况,强制车流	无意义						

立 A_1、立 A_2 类立体交叉宜采用服务水平 II 1 级,立 B 类立体交叉服务水平可采用 II 2 级。一般匝道服务水平宜采用 II 2 级,定向匝道服务水平宜采用 II 1 级。对个别线形受限制的立 A_2、立 B 类立体交叉的匝道,经论证确有困难时,可采用 III 级。

立交设计通行能力应为组成该立体交叉的主线直行车道、转向匝道设计通行能力的组合值,与服务水平采用等级相关。不同形式的立体交叉宜符合下列规定:

（1）苜蓿叶形立体交叉设计通行能力

①直行车道无附加车道情况:

$$N = (n_1 - 2)N_{S1} + (n_2 - 2)N_{S2} + 4N_R \tag{6-2-3}$$

式中:N——立体交叉总的设计通行能力（pcu/h）;

N_{S1}、N_{S2}——立体交叉两条相交道路各自一条直行车道设计通行能力（pcu/h）;

n_1、n_2——立体交叉两条相交道路各自进入立体交叉的车道条数;

N_R——一条匝道设计通行能力（pcu/h）。

②直行车道设有附加车道情况:

$$N = n_1 N_{S1} + n_2 N_{S2} \tag{6-2-4}$$

（2）环形立体交叉设计通行能力

①一方向直行车道穿越（或跨越）环道时（无附加车道）:

$$N = (m - 2)N_{S1} + N_r \tag{6-2-5}$$

式中:m——穿越（或跨越）环道的直行车道车道数;

N_{S1}——穿越（或跨越）环道的直行车道一条车道设计通行能力（pcu/h）;

N_r——环道设计通行能力（pcu/h）。机非分行的环道设计通行能力取 2000～2700pcu/h,车道为 4 条时,取上限值,车道为 3 条时,取下限值。

②两方向直行车道分别上跨、下穿环道时（无附加车道）:

$$N = (n_1 - 2) N_{S1} + (n_2 - 2) N_{S2} + N_r \tag{6-2-6}$$

③一方向直行车道穿越(或跨越)环道时(有附加车道):

$$N = n_1 N_{S1} + N_r \tag{6-2-7}$$

④两方向直行车道分别上跨、下穿环道时(有附加车道):

$$N = n_1 N_{S1} + n_2 N_{S2} \tag{6-2-8}$$

(3)喇叭形立体交叉设计通行能力

①无附加车道(A、B 面进入立体交叉的直行车道无附加车道):

$$N = (n - m_1) N_S + m_1 N_R \tag{6-2-9}$$

式中:n——直行车道数;

m_1——C 面进口车道数;

N_S——一条直行车道设计通行能力(pcu/h);

N_R——一条匝道设计通行能力(pcu/h)。

②有附加车道(C 面进口车道数大于 A、B 面附加车道数):

$$N = [n - (m_1 - m_2)] N_S + (m_1 - m_2) N_R \tag{6-2-10}$$

式中:m_2——附加车道数。

③有附加车道(C 面进口车道数小于或等于 A、B 面附加车道数):

$$N = n N_S \tag{6-2-11}$$

三、设计小时交通量的应用

设计小时交通量是确定公路等级、评价公路运行状态和服务水平的重要参数。设计小时交通量越小,公路的建设规模就越小,建设费用也就越低。但是,不恰当地降低设计小时交通量会使公路的交通条件恶化、交通阻塞和交通事故增多,公路的综合经济效益降低。

1. 确定断面宽度

根据机动车、非机动车、行人设计小时交通量和相应的设计通行能力可以确定道路车道数、非机动车车道数、人行设施宽度等。

2. 确定匝道横断面类型

根据匝道的设计小时交通量与其设计通行能力可以确定匝道横断面的类型,具体内容见本章第四节。

单向匝道横断面类型和变速车道的车道数,以及对向匝道各单向车道数及横断面类型宜根据匝道设计速度、设计小时交通量和匝道长度由表6-2-9选取。

当匝道设计小时交通量小于单车道设计通行能力,但匝道采用双车道时,变速车道宜取单车道;当匝道设计小时交通量大于或等于单车道设计通行能力时,变速车道应取双车道。

当减速车道上游或加速车道下游的主线设计小时交通量接近主线设计通行能力时,应对分、合流区通行能力进行验算,当不能满足设计通行能力要求时,宜增加变速车道长度或车道数。必要时,可调整匝道横断面类型。

单向匝道横断面类型和变速车道的车道数选择条件　　　　表6-2-9

匝道设计速度（km/h）	80	70	60	50	40	35	30	匝道长度（m）	匝道横断面类型	变速车道的车道数
匝道设计小时交通量 *DDHV*（pcu/h）	*DDHV* <400	*DDHV* <400	*DDHV* <400	*DDHV* <400	*DDHV* <400	*DDHV* <400	*DDHV* <400	≤500	I	单车道
								>500	II	单车道
	400≤ *DDHV* <1500	400≤ *DDHV* <1400	400≤ *DDHV* <1300	400≤ *DDHV* <1200	400≤ *DDHV* <1100	400≤ *DDHV* <900	400≤ *DDHV* <800	≤350	I	单车道
								>350	II	单车道
	1500≤ *DDHV* <1800	1400≤ *DDHV* <1700	1300≤ *DDHV* <1600	1200≤ *DDHV* <1500	1000≤ *DDHV* <1400	900≤ *DDHV* <1350	800≤ *DDHV* <1300	不限	II	双车道
	1800≤ *DDHV* ≤2900	1700≤ *DDHV* ≤2600	1600≤ *DDHV* ≤2300	1500≤ *DDHV* ≤2000	1400≤ *DDHV* ≤1700	1350≤ *DDHV* ≤1500	—	不限	III	双车道

注：匝道长度指分、合流鼻端之间的长度。

3．选择匝道形式

左转弯匝道形式应根据匝道设计小时交通量 *DDHV* 确定，并应符合下列规定：

（1）当 *DDHV*≥1500pcu/h 时，左转弯匝道宜选用内转弯半直连式。

（2）当 1000pcu/h≤*DDHV*<1500pcu/h 时，宜选用外转弯半直连式，也可选用内转弯半直连式。

（3）当 *DDHV*<1000pcu/h 时，可选用环形、外转弯半直连式或迂回型半直连式。

（4）当各左转弯匝道 *DDHV*<1000pcu/h，且有部分匝道需采用半直连式时，交通量较大者或出口匝道宜选用半直连式。

考 点 分 析

本节主要有以下考点：

（1）匝道基本路段的设计通行能力　不同设计速度、不同车道数条件下匝道的设计通行能力，是匝道通行能力分析和匝道形式选择的基础，往往作为判断条件使用。

（2）设计小时交通量的应用　应用是本节的重要考点，主要分为以下几个方面：一是利用设计小时交通量与设计通行能力确定机动车车道数、非机动车、人行设施的断面宽度；二是利用匝道设计速度、设计小时交通量和匝道长度选择匝道的横断面类型；三是根据匝道设计小时交通量的大小选择匝道的形式。另外，还可以根据不同方向的交通量大小，判断主次交通流，确定匝道连接方式。

例 题 解 析

例1 [2020年单选题]位于重要地区的城市主干路某灯控平面交叉路口,预测通过其中一方向的人行过街交通总量为3100人/h,假设该方向人行横道设计通行能力为800人/(h·m),不考虑其他因素的干扰,符合规范规定的人行横道宽度是( )。(结果取整数)

(A)3m　　　　　(B)4m　　　　　(C)5m　　　　　(D)6m

分析

根据《城市道路工程设计规范》(CJJ 37—2012)(2016年版)第9.2.4条第3款:"人行横道的宽度应根据过街行人数量及信号控制方案确定""宜以1m为单位增减"。人行横道宽度 = 3100/800 = 3.875,结果取整数为4m。故本题选B。

例2 [2020年案例题]高速公路互通式立体交叉某匝道设计速度为40km/h,设计小时交通量为580pcu/h,分、合流鼻端桩号分别为AK0 + 132.510和AK0 + 450.310。根据规范规定,该匝道宜选用( )。

(A)Ⅰ型——单向单车道匝道

(B)Ⅱ型——无紧急停车带的单向双车道匝道

(C)Ⅲ型——有紧急停车带的单向双车道匝道

(D)Ⅳ型——对向分隔式双车道匝道

分析

根据《公路立体交叉设计细则》(JTG/T D21—2014)第7.3.1条第1款:

匝道长度 = AK0 + 450.310 − AK0 + 132.510 = 317.8m

匝道设计速度为40km/h;设计小时交通量 $DDHV$ 为580pcu/h,400pcu/h ≤ $DDHV$ ≤ 1100pcu/h;匝道长度317.8m < 350m,根据表7.3.1可知,匝道横断面类型应选择Ⅰ型即单向单车道匝道。

故本题选A。

例3 [2020年案例题]某高速公路互通式立体交叉,其中一条双向匝道年平均日交通量 $AADT$ 为10000cu/d,方向不均匀系数 D 为60%,设计小时交通量系数为0.10,则该方向匝道设计小时交通量 $DDHV$ 为( )。

(A)400pcu/d　　　　　　　　　　(B)500pcu/d

(C)600pcu/d　　　　　　　　　　(D)1000pcu/d

分析

根据《公路立体交叉设计细则》(JTG/T D21—2014)第4.5.2条:

$DDHV = AADT \times D \times K = 10000 \times 60\% \times 0.1 = 600 \text{pcu/h}$

故本题选C。

例4　[2020年案例题]某高速公路互通式立体交叉4条匝道的设计小时交通量和设计速度见下表,设计服务水平为四级,若各匝道均采用单车道,不满足基本路段设计通行能力要求的匝道是(　　)。

匝道名称	A	B	C	D
设计小时交通量(pcu/h)	1150	800	1150	800
设计速度	40	40	60	60

(A)A匝道　　　　　(B)B匝道　　　　　(C)C匝道　　　　　(D)D匝道

分析

根据《公路立体交叉设计细则》(JTG/T D21—2014)第4.5.4条,设计速度为40km/h、60km/h的单车道匝道基本路段的设计通行能力分别为1000pcu/h、1300pcu/h。

A匝道设计小时交通量1150pcu/h>1000pcu/h,不满足基本路段设计通行能力。故本题选A。

例5　[2020年案例题]两条城市快速路设计速度为80km/h,其相交处设置立体交叉如下图所示。定向、半定向匝道的设计速度为50km/h,其他匝道设计速度为40km/h。根据下表中的交通量及匝道长度,计算Z1、Z4、Z6匝道图中所示断面处的车道数,并说明选择依据和理由。(　　)

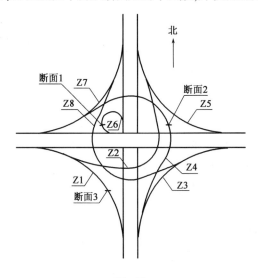

例5图

例5表(1)

名称	前进口			北进口			西进口			东进口		
方向	左	直	右	左	直	右	左	直	右	左	直	右
高峰小时交通量 (pcu/h)	887	2542	934	926	2431	1010	928	2193	1191	543	2298	845

例 5 表（2）

匝道名称	Z1	Z4	Z6
匝道长度	213	340	252

（A）Z1 单车道,Z4 单车道,Z6 单车道
（B）Z1 双车道,Z4 单车道,Z6 单车道
（C）Z1 单车道,Z4 双车道,Z6 单车道
（D）Z1 双车道,Z4 双车道,Z6 单车道

分析

根据《城市道路交叉口设计规程》（CJJ 152—2010）第 5.6.2 条,Z1、Z4 匝道设计速度为 50km/h,可能通行能力为 1730pcu/h;Z6 匝道设计速度为 40km/h,可能通行能力为 1700pcu/h。

根据《城市道路交叉口设计规程》（CJJ 152—2010）第 5.6.4 条,立 A_1、A_2 类立体交叉宜采用服务水平 II1 级,一般匝道服务水平宜采用 II2 级,定向匝道服务水平宜采用 II1 级。两条城市快速路相立体交叉交类型为立 A_1 类,Z1 为定向匝道,Z4 为半定向匝道,服务水平宜采用 II1 级,设计速度为 50km/h,取比率 $a=0.58$;Z6 为一般匝道,服务水平宜采用 II2 级,设计速度为 40km/h,取比率 $a=0.67$。Z1、Z4 匝道单车道设计通行能力为 $1730×0.58=1003$pcu/h,Z6 匝道单车道设计通行能力为 $1700×0.67=1139$pcu/h。

根据《城市道路交叉口设计规程》（CJJ 152—2010）第 5.3.1 条第 4 款,Z1 匝道交通量 1191pcu/h >单车道匝道设计通行能力 1003pcu/h,选用双车道匝道;Z4 匝道交通量 887pcu/h < 单车道匝道设计通行能力 1003pcu/h,但匝道长度 340m >300m,选用双车道匝道;Z6 匝道交通量 543pcu/h < 单车道匝道设计通行能力 1139pcu/h,匝道长度 252m <300m,选用单车道匝道。所以,Z1 双车道,Z4 双车道,Z6 单车道。故本题选 D。

例 6 [2019 年案例题]某互通式立体交叉匝道设计服务水平采用四级,其中一条出口匝道设计速度为 40km/h,设计小时交通量为 600pcu/h,从减速车道起点到该匝道合流鼻端之间的总长度为 593m,其中减速车道全长为 245m。在下列匝道类型中,符合规范要求的匝道横断面类型为（   ）。

（A）I 型——单向单车道匝道
（B）II 型——无紧急停车带的单向双车道匝道
（C）III 型——有紧急停车带的单向双车道匝道
（D）IV 型——对向分隔式双车道匝道

分析

根据《公路立体交叉设计细则》（JTG/T D21—2014）第 7.3.1 条第 1 款,匝道横断面类型和变速车道的车道数宜根据匝道设计速度、设计小时交通量和匝道长度由表 7.3.1 选取。

本题中匝道设计速度为 40km/h;设计小时交通量为 600pcu/h;匝道长度指分、合流鼻端之间的长度。所以,匝道长度 = 593 – 245 = 348m <350m。

根据以上条件,查《公路立体交叉设计细则》（JTG/T D21—2014）表 7.3.1,可知匝道横断

面类型应选择 I 型,即单向单车道匝道。故本题选 A。

例 7 [2019 年案例题]位于重要地区的城市主干路,不考虑其他因素的干扰,预测路段单侧人行交通量为 6000 人/h。该路段单侧需要的最小人行道宽度应定为( )。(计算结果取整数)

    A. 2m   B. 3m   C. 4m   D. 5m

分析

根据《城市道路工程设计规范》(CJJ 37—2012)(2016 年版)第 4.5.1 条,人行设施的基本通行能力和设计通行能力应符合表 4.5.1 的规定。行人较多的重要区域设计通行能力宜采用低值,非重要区域宜采用高值。

根据表 4.5.1,人行道设计通行能力为 1800～2100 人/(h·m)。本题中城市主干路位于重要地区,所以人行道设计通行能力取 1800 人/(h·m)。

预测路段单侧人行交通量 6000 人/h,该路段单侧需要的最小人行道宽度为 6000÷1800≈3.3m,确定人行道宽度时应向上取整才能满足其设计通行能力要求,取整得 4m。故本题选 C。

例 8 用来评价无信号控制公路平面交叉口服务水平的参数是( )。

    (A)车流密度   (B)延误率

    (C)延误指数   (D)延误

分析

《公路路线设计规范》(JTG D20—2017)第 3.2.1 条条文说明规定,评价平面交叉(无信号控制)服务水平的主要参数是延误,收费站是用延误指数、40km/h 的二级和三级公路路段用延误率来进行服务水平的评价。故本题选 D。

例 9 公路规划和设计中,对通行能力和服务水平的分析和评价规定正确的是( )。

    (A)高速公路、一级公路的路段和互通式立体交叉的匝道及其交织区段必须分别进行通行能力的分析、评价

    (B)二级公路和一级公路的平面交叉,必须进行通行能力与服务水平的分析、评价

    (C)三级公路的路段和一级公路的平面交叉,宜进行通行能力与服务水平的分析、评价

    (D)二级公路、三级公路的立体交叉,根据其重要程度宜进行通行能力与服务水平的分析、评价

分析

《公路路线设计规范》(JTG D20—2017)第 3.1.1 条规定:①高速公路、一级公路的路段和互通式立体交叉的匝道、分合流区段、交织区及收费站等设施必须进行通行能力和服务水平的分析、评价;②二级公路、三级公路的路段和一级公路、二级干线公路的平面交叉,应进行通行能力和服务水平的分析、评价;③二级集散公路、三级公路的平面交叉,宜进行通行能力和服务水平的分析与评价。故本题选 A。

例 10 公路平面交叉设计采用的服务水平等级是( )。

（A）一级 （B）二级 （C）三级 （D）四级

分析

根据《公路路线设计规范》(JTG D20—2017)第3.2.1条条文说明,二级公路、三级公路和平面交叉采用四级服务水平设计。故本题选 D。

例 11 已知西南地区某城间高速公路预测年度的年平均日交通量为40000veh/d,方向不均匀系数为50%,该高速公路单向设计小时交通量最接近( )。

（A）1800veh/h （B）2400veh/h

（C）2600veh/h （D）5200veh/h

分析

根据《公路路线设计规范》(JTG D20—2017)第3.3.2条,高速公路、一级公路的设计小时交通量(DDHV)应按下式计算:

$$DDHV = AADT \times D \times K$$

式中:$DDHV$——单向设计小时交通量(veh/h);

$AADT$——预测年度的年平均日交通量(veh/d);

D——方向不均系数(%);

K——设计小时交通量系数(%),为选定时位的小时交通量与年平均日交通量的比例。

因为是西南城间高速,根据《公路路线设计规范》(JTG D20—2017)表3.3.4可知,设计小时交通量系数 K 为13%,所以 $DDHV = 40000 \times 50\% \times 13\% = 2600$veh/h。故本题选 C。

例 12 某喇叭形立体交叉的一个右转匝道预测年限的年平均日交通量是10000pcu/d,设计小时系数为0.10。该匝道设计速度为60km/h,长度为400m,匝道设计服务水平采用四级。则匝道横断面宜选择( )。

（A）对向分隔式双车道匝道

（B）双车道匝道(无紧急停车带,且变速车道为单车道)

（C）双车道匝道(无紧急停车带,且变速车道为双车道)

（D）双车道匝道(有紧急停车带)

分析

该喇叭形立体交叉右转匝道设计小时交通量 $DDHV = 10000 \times 0.10 = 1000$pcu/h。

根据《公路立体交叉设计细则》(JTG/T D21—2014)第7.3.1条第1款,匝道横断面类型和变速车道的车道数宜根据匝道设计速度、设计小时交通量和匝道长度由表7.3.1选取。

本题中匝道设计速度60km/h;设计小时交通量1000pcu/h;匝道长度400m>350m。

根据以上条件,查《公路立体交叉设计细则》(JTG/T D21—2014)表7.3.1,可知匝道横断面类型应选择Ⅱ型,即无紧急停车带的单向双车道匝道。

根据表7.3.1以及《公路立体交叉设计细则》(JTG/T D21—2014)第7.3.1条第2款,当匝道设计小时交通量小于单车道设计通行能力,但匝道采用双车道时,变速车道宜取单车道。

匝道设计速度 60km/h,根据《公路立体交叉设计细则》(JTG/T D21—2014)第 4.5.4 条,四级服务水平下单车道设计通行能力为 1300pcu/h。

匝道设计小时交通量 1000pcu/h < 1300pcu/h,且采用的是单向双车道匝道,则变速车道宜取单车道。

所以,匝道横断面宜选择无紧急停车带的单向双车道匝道,且变速车道为单车道。故本题选 B。

例 13　城市道路信号控制平面交叉口服务水平的评价指标包括(　　)。

(A)控制延误　　　　　　　　　(B)负荷度 V/C

(C)交通量　　　　　　　　　　(D)排队长度

分析

根据《城市道路工程设计规范》(CJJ 37—2012)(2016 年版)表 6.3,信号交叉口服务水平分为四级,评价指标包括控制延误、负荷度 V/C 和排队长度三个指标。故本题选 ABD。

自 测 模 拟

(第 1~5 题为单选题,第 6~8 题为多选题)

1. 某城市快速路双向六车道,设计速度为 80km/h,相交道路为城市主干路双向四车道,设计速度为 60km/h。相交处设置为完全苜蓿叶形枢纽互通式立体交叉,机非分行无干扰,且直行车道均设有附加车道。环形匝道设计速度均为 40km/h,右转匝道设计速度均为 50km/h。该互通立交的设计通行能力为(　　)。

(A)12288pcu/h　　　　　　　　(B)10288pcu/h

(C)8695pcu/h　　　　　　　　(D)10695pcu/h

2. 城市立 A_2 类立体交叉宜采用哪一级的服务水平,城市立 B 类立体交叉可采用的服务水平等级是(　　)。

(A)Ⅰ2,Ⅱ1　　　　　　　　　(B)Ⅰ2,Ⅱ2

(C)Ⅱ1,Ⅱ2　　　　　　　　　(D)Ⅱ2,Ⅱ2

3. 新建城市道路信号交叉口设计服务水平下的排队长度为(　　)。

(A)70~90m　　(B)80~100m　　(C)90~100m　　(D)>100m

4. 公路互通式立体交叉的匝道不设收费站时,确定其匝道通行能力的因素是(　　)。

(A)匝道的通行能力

(B)分合流区段的通行能力

(C)交织区的通行能力

(D)匝道与被交公路连接处平面交叉的通行能力

5.在工程可行性研究阶段,公路立体交叉方案设计采用的交通量是( )。
（A)年平均日交通量 　　　　　　（B)设计小时交通量
（C)高峰小时交通量 　　　　　　（D)最大服务交通量

6.影响互通式立体交叉交织区通行能力的因素有( )。
（A)设计速度 　　　　　　　　　（B)车道数
（C)交织区构型 　　　　　　　　（D)立交类型

7.关于匝道基本路段设计通行能力,说法正确的是( )。
（A)相同的设计速度下,双车道匝道的设计通行能力是单车道匝道的 2 倍
（B)匝道的设计服务水平可比主线低一级,但不应低于四级
（C)匝道三级服务水平比四级服务水平下的设计通行能力大
（D)设计速度越高,相同设计服务水平下,其设计通行能力越大

8.确定城市道路环形立体交叉设计通行能力时的影响因素有( )。
（A)有无附加车道
（B)直行车道的设计速度
（C)匝道的设计通行能力
（D)环道上的车道数

参考答案
1. A　　　2. C　　　3. B　　　4. D　　　5. A　　　6. ABC　　　7. BD　　　8. ABD

第三节　平　面　交　叉

依据规范

《公路工程技术标准》(JTG B01—2014)
　　9　路线交叉
《公路路线设计规范》(JTG D20—2017)
　　10　公路与公路平面交叉
《城市道路工程设计规范》(CJJ 37—2012) (2016 年版)
　　7.2　平面交叉
《城市道路路线设计规范》(CJJ 193—2012)
　　9.2　平面交叉

《城市道路交叉口设计规程》(CJJ 152—2010)

　　3　基本规定

　　4　平面交叉

重 点 知 识

　　平面交叉的设置应综合道路功能、技术等级及建设条件等因素统筹考虑,其设置数量与间距直接影响着道路路段的通行效率,甚至影响到周边路网的通行能力和服务水平。平面交叉设计中首先应确定交通管理方式,继而确定相应的交叉类型和几何细节设计。在交叉范围内行车安全、通行效率等涉及的制约因素比一般路段更为复杂,因此对其平、纵、视距等方面有着更严格的规定。对于交通混乱的交叉口,还应进行渠化设计,以达到行人、车辆出行安全、畅通,时空资源得以充分利用的目的。

一、掌握公路平面交叉间距、公路平面交叉范围路线线形条件和视距要求

1. 设计速度

　　交叉口的交通岛、附加车道和转角曲线等各部分几何尺寸均取决于设计速度。交叉口的设计速度与路段设计速度密切相关,二者速度差大时会因减速过大而影响行车安全,速度差小而路段车速又高时仍有行车危险,对环形交叉还有用地过大和左转绕行过长等问题。

　　(1)平面交叉范围内主要公路的设计速度,宜与路段设计速度相同。

　　(2)两相交公路的功能、等级相同或交通量相近时,平面交叉范围内的直行车道的设计速度可适当降低,但不应低于路段的70%。

　　(3)次要公路因交角等原因改线,或因条件受限采用较低的线形指标时,可适当降低设计速度。

　　(4)平面交叉转弯车道的设计速度应根据路段设计速度、交通量、交叉类型、交通管理方式和用地情况等因素综合确定。右转弯车道的设计速度不宜大于40km/h;左转弯车道的设计速度不宜大于20km/h。

　　设置分隔的右转弯车道时,其转弯设计速度不宜大于40km/h;当主要公路设计速度小于或等于60km/h时,其右转弯设计速度不宜低于其50%。

2. 设计车辆

　　平面交叉转弯曲线所采用的设计车辆及设计速度应符合下列规定:

　　(1)各级公路应根据对应设计车辆的行迹进行转弯设计,必要时应对弯道的路面加宽、转向净空等进行检验。

　　在平面交叉的转弯设计时,仍采用载重汽车的行迹进行设计控制(转弯曲线的内缘半径);必要时,应根据铰接列车等设计车辆的行迹对转弯路面的加宽、转向净空等进行检验。

　　(2)左转弯曲线应采用载重汽车的行迹控制设计,转弯设计速度宜采用5～15km/h(图6-3-1)。大型车比例很少或条件受限的公路,可采用5km/h速度时载重汽车的行迹控制设计,但左转弯内缘曲线的最小半径不应小于12.5m。

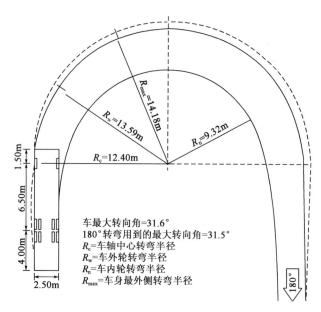

车最大转向角=31.6°
180°转弯用到的最大转向角=31.5°
R_c=车轴中心转弯半径
R_w=车外轮转弯半径
R_n=车内轮转弯半径
R_{max}=车身最外侧转弯半径

图 6-3-1　载重汽车最小转弯半径

3. 视距

1)引道视距

平面交叉每条岔路上都应提供与行驶速度相适应的引道视距,如图 6-3-2 所示。

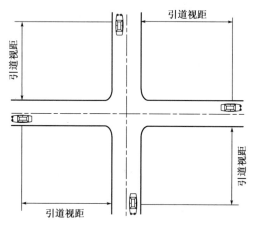

图 6-3-2　引道视距

引道视距在数值上等于停车视距,但量取标准为:视点高 1.2m,物高 0m。各种设计速度所对应的引道视距及凸形竖曲线的最小半径应符合表 6-3-1 的规定。

引道视距及相应的凸形竖曲线最小半径　　　　　　　　表 6-3-1

设计速度(km/h)	100	80	60	40	30	20
引道视距(m)	160	110	75	40	30	20
引道凸形竖曲线最小半径(m)	10700	5100	2400	700	400	200

2)通视三角区

为保证交叉口行车安全,驾驶员在进入交叉口前的一定距离内,应能看到相交道路上的行车情况,以便能及时采取措施顺利驶过或安全停车。这段必要的距离应大于或等于停车视距 S_s(图 6-3-3)。由相交道路上的停车视距所构成的三角形称为通视三角区,在该范围内不能有任何阻挡驾驶员视线的障碍物。

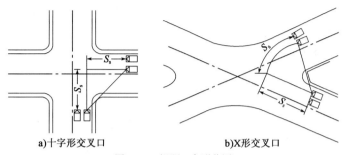

| a)十字形交叉口 | b)X形交叉口 |

图 6-3-3　视距三角形范围

3)安全交叉停车视距

条件受限不能保证由停车视距构成的通视三角区时,应保证主要公路的安全交叉停车视距和次要公路至主要公路边车道中心线 5~7m 所组成的通视三角区,如图 6-3-4 所示。安全交叉停车视距值的规定见表 6-3-2。

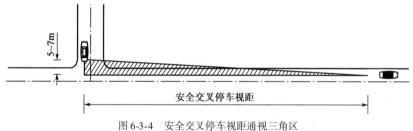

图 6-3-4　安全交叉停车视距通视三角区

公路安全交叉停车视距　　　　　　　　　　表 6-3-2

设计速度(km/h)	100	80	60	40	30	20
停车视距(m)	160	110	75	40	30	20
安全交叉停车视距(m)	250	175	115	70	55	35

4. 最小间距

平面交叉口是各类公路交通事故相对集中的区域。平面交叉口越多、间距越小,对主线运行速度和安全的影响越大。平面交叉的间距应根据公路功能、技术等级及其对行车安全、通行能力和交通延误的影响确定。

一级公路、二级公路的平面交叉最小间距应符合表 6-3-3 的规定。

公路平面交叉最小间距　　　　　　　　　　表 6-3-3

公路等级	一级公路			二级公路	
公路功能	干线公路		集散公路	干线公路	集散公路
	一般值	最小值			
间距(m)	2000	1000	500	500	300

一级公路、二级公路作为干线公路时,应优先保证干线公路的畅通,采取排除纵、横向干扰

的措施,平面交叉应保持足够大的间距,必要时可设置立体交叉。一级公路、二级公路作为集散公路时,应合理设置平面交叉,通过支路合并、加设辅道、合并部分平交口等措施,减少平面交叉的数量。

对公路沿线开发程度高的路段,应将街道或小区用户道路布置在与公路相交的支路上,或与公路平行而与公路间只提供有限出、入口的次要公路上。

5. 平面交叉范围内的平纵线形

1) 平面线形

平面线形设计应符合下列规定:

(1) 平面交叉范围内两相交公路应正交或接近正交,平面线形宜为直线或大半径圆曲线,不宜采用需设超高的圆曲线。

(2) 新建公路与等级较低的既有公路交角小于70°时,应对次要公路在交叉前后一定范围实施局部改线。

交角小于70°时,应进行平面交叉的扭正设计。图6-3-5列出了五种斜交的扭正方法。

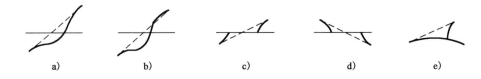

图 6-3-5   平面交叉斜交扭正示意图

图6-3-5a)和b)是对一条交叉道路的扭正改线,一般对功能等级较低的道路进行改造,使其垂直交叉。该方法的缺点是次要道路的重新定线所增加的几个曲线段会成为危险路段,应与减速措施和前置警告标志相结合。

图6-3-5c)和d)是将斜交改为错位交叉。错位交叉是指两个相距很近的反向T形交叉相连接的交叉形式。其中,图6-3-5c)为逆错位,其中次要道路的改线,提供了右连续进入,而穿越的车辆离开主路时,必须左转弯重新进入次路,对主路的干扰较大,只用于与中、小交通量的次要道路交叉。图6-3-5d)为顺错位,次路线形的连续性比图6-3-5c)好,因为穿越的车辆等待主路直行车辆的间隙安全左转进入主路后,只需右转弯重新进入次路,对主路上的直行交通干扰较小。若次路交通量较大时,需要的交织段较长,设计中应尽量避免采用错位交叉。

图6-3-5e)为道路曲线斜交的处理措施,该交叉口是曲线与其一条切线相交而成的。这种改线能改善交叉处的视线,但给转弯车辆带来的反向超高影响了车辆行驶的平顺性(尤其当圆曲线超高较大时),因此应设置足够的超高过渡段,最彻底的解决方法是避免在具有超高的曲线设置交叉口。

2) 纵面线形

纵面线形设计应符合下列规定:

(1) 平面交叉范围内,两相交公路的纵面宜平缓。纵面线形应满足停车视距的要求。

(2) 主要公路在交叉范围内的纵坡应在0.15%~3%的范围内;次要公路紧接交叉的引道部分应以0.5%~2%的上坡通往交叉(图6-3-6)。

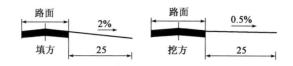

图 6-3-6　次要公路引道纵坡

（3）主要公路在交叉范围内的圆曲线设置超高时，次要公路的纵坡应服从主要公路的横坡（图 6-3-7）。

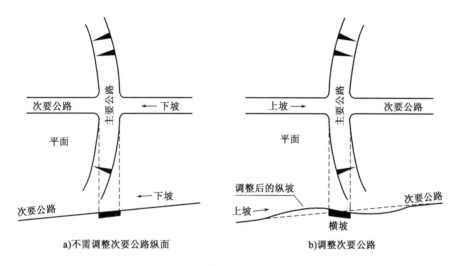

a)不需调整次要公路纵面　　　　　　　　b)调整次要公路

图 6-3-7　次要公路的纵坡服从主要公路的横坡

6. 立面设计

平面交叉的立面设计应符合下列规定：

（1）平面交叉的两相交公路共有部分的立面形式及其引道横坡，应根据两相交公路的功能、等级、平纵线形、交通管理方式等因素而定。采用"主路优先"交通管理方式的交叉，应使主要公路的横断面贯穿交叉，而调整次要公路的纵断面以适应主要公路的横断面（图 6-3-8）；当调整纵断面有困难时，应同时调整两公路的横断面（图 6-3-9）。

（2）分隔的右转弯车道或右转弯附加路面上，各处的高程和横坡应满足相交公路共有部分及其相邻局部段落的岔路的立面、转弯曲线所需的超高、整个交叉范围内的路面排水和路容的需要。

（3）平面交叉范围内的路面排水应流畅，并以此作为立面设计的主要考虑因素之一。包括隐形岛在内的任何部分的路面上不得有积水。

设计时至少应有一条公路的纵坡方向背离交叉口，有利于排水。当遇特殊地形，所有公路纵坡方向都向着交叉口时，必须在交叉口内设置雨水口和排水管道，保证符合排水要求。

在交叉口范围布置雨水口时，雨水口应设在人行横道之前或低洼处。一条公路的雨水不应流过交叉口的人行横道，或流入另一条道路，也不能使交叉口内产生积水。

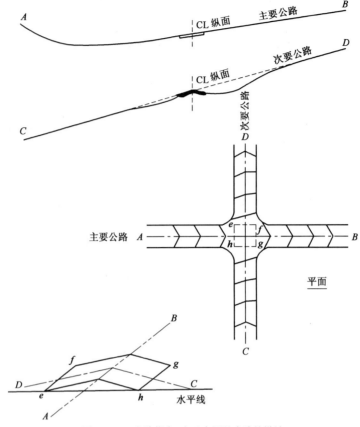

图6-3-8 "主路优先"交叉中调整次路的纵坡

二、掌握城市道路平面交叉范围路线线形条件和视距要求

1. 设计速度

城市道路中的平面交叉口多受信号控制及人行、非机动车的干扰,为保证行车安全,考虑降速行驶。平面交叉口内的设计速度宜为路段的0.5~0.7倍,直行车可取大值,转弯车可取小值。

直行机动车在绿灯信号期间除受左转车(机动车、非机动车)干扰外,较为通畅,可取高值。左转机动车受转弯半径及对向直行机动车与非机动车的干扰,车速降低较多,可取低值。右转机动车受交叉口缘石半径的控制,另外不论是否设右转专用车道,都受非机动车及行人过街等干扰,需要降速,甚至停车,可取低值。

交叉口范围内平纵线形设计和视距三角形验算,仍应采用路段的设计速度作为控制要素。

2. 设计车辆

交叉口设计车辆应与城市道路设计车辆一致。

3. 视距

平面交叉口视距三角形范围内不得有任何高出路面1.2m的妨碍驾驶员视线的障碍物。

交叉口视距三角形要求的停车视距应符合表6-3-4的规定。

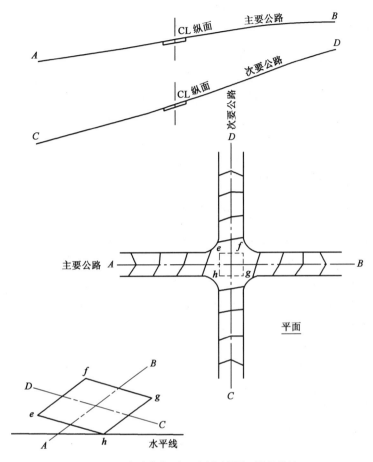

图 6-3-9　"主路优先"交叉中同时调整两路的横坡

城市道路交叉口视距三角形要求的停车视距　　　　表 6-3-4

交叉口直行车设计速度(km/h)	60	50	45	40	35	30	25	20	15	10
安全停车视距 S_s(m)	75	60	50	40	35	30	25	20	15	10

4. 最小间距

平面交叉口的间距应根据城市规模、路网规划、道路等级、设计速度、设计交通量及高峰期间最大阻车长度等确定。干路交叉口间距宜大致相等;各类交叉口最小间距应能满足转向车辆变换车道所需最短长度、满足红灯期车辆最大排队长度,以及满足进出口道总长度的要求,且不宜小于150m。

平面交叉口的间距是由规划部门制定城市道路网确定的,例如方格形的道路网,每隔800 ~ 1000m 设置接近平行的主干路。主干路之间再布置次干路、支路,并将用地分为大小适当的街坊。平面交叉口间距不宜太短,以交通功能为主的新建道路,进出口需要采取部分控制时,则可适当封闭一些支路的交叉口,以加大交叉口的间距,提高道路的行驶速度,增加通行能力。当遇到旧城区道路间距较短,如小于200m 时,可采取单向交通组织,以提高交叉口的通行能力。

同一条道路上的平面交叉口,应注意交通组织方式尽量一致。相邻交叉口的功能区不宜相互重叠。主次干路相交,其间距大致相等时,最有利于交通控制与管理。

5. 平面交叉范围内的平纵线形

交叉口范围应包括整个交叉口功能区,即所有相交道路的重叠部分和其上游和下游车道的延伸,包括拓宽和渐变段以及非机动车道、人行道和过街设施。

平面交叉口范围内的道路平面线形宜采用直线;当采用圆曲线时,其圆曲线半径宜大于不设超高的最小圆曲线半径。

平面交叉口范围内的道路纵坡不宜大于2.5%,困难情况下不应大于3.0%。山区城市道路等特殊情况,在保证行车安全的条件下可适当增加。

三、熟悉公路平面交叉的交通管理方式及选择要点

交通管理方式决定了交叉的几何构造。即交叉设计中首先应根据相交公路的功能、地位和交通特性来确定其交通管理方式,继而确定相应的交叉类型和几何细节设计。当然,在某些情况下,受场地条件限制时也有反过来决定交叉管理方式的。由此可见,交通管理方式是交叉设计的先决条件。随着交叉的交通量的增大和设施的复杂化,平面交叉中交通管理设施的作用及其被依赖的程度越趋明显。

平面交叉根据相交公路的功能、等级、交通量等可分别采用主路优先交叉、无优先交叉或信号交叉三种不同的交通管理方式。

(1)公路功能、等级、交通量有明显差别的两条公路相交,或交通量较大的T形交叉,应采用主路优先交叉的交通管理方式。

(2)相交两条公路的等级均低且交通量较小时,应采用无优先交叉的交通管理方式。

(3)下述交叉应采用信号交叉交通管理方式:

①两条交通量均大,且功能、等级相同的公路相交,难以用"主路优先"的规则管理时。

②两相交公路虽有主次之别,但交通量均较大(主要公路双向交通量大于或等于750pcu/h,次要公路单向交通量大于或等于300pcu/h),采用"主路优先"交通管理方式会出现较频繁的交通事故和过分的交通延误时。

③主要公路交通量相当大(主要公路双向交通量大于或等于900pcu/h),而次要公路尽管交通量不大,但采用"主路优先"的交通管理方式,次要公路上的车辆由于难以遇到可供驶入的主流间隙而引起不可接受的交通延误,或出现冒险驶入长度不足的主流间隙而危及安全时。

④两相交公路的交通量虽未达到上述程度,但由于有相当数量的行人和非机动车穿越交叉而引起交通延误,甚至造成阻塞或交通事故时。

⑤环形交叉的入口因交通量大而出现过多的交通延误时。

⑥位于城镇路段的平面交叉。

四、掌握城市道路平面交叉交通组织方式及交叉分类

1. 交通组织方式及交叉分类

平面交叉口的交通组织通过平面布局来组织分配各交通流的通行路径,通过交通管理来

组织分配各交通流的通行次序。城市道路平面交叉口按交通组织方式可分为信号控制交叉口、无信号控制交叉口和环形交叉口三大类五小类。

(1)平 A 类:信号控制交叉口。

平 A_1 类:交通信号控制,进出口道展宽交叉口。

平 A_2 类:交通信号控制,进出口道不展宽交叉口。

(2)平 B 类:无信号控制交叉口。

平 B_1 类:支路只准右转通行的交叉口。

平 B_2 类:减速让行或停车让行标志管制交叉口。

平 B_3 类:全无管制交叉口。

(3)平 C 类:环形交叉口。

2. 平面交叉口的选型

城市道路平面交叉口的选用类型,应符合表6-3-5的规定。

城市道路平面交叉口选型　　　　表6-3-5

平面交叉口类型	选 型	
	推荐形式	可选形式
主干路—主干路	平 A_1 类	—
主干路—次干路	平 A_1 类	—
主干路—支路	平 B_1 类	平 A_1 类
次干路—次干路	平 A_1 类	—
次干路—支路	平 B_2 类	平 A_1 类或平 B_1 类
支路—支路	平 B_2 类或平 B_3 类	平 C 类或平 A_2 类

平面交叉口应根据城市道路的布置、相交道路等级、交通组织等选择合适的类型,并应符合下列规定:

(1)主干路与主干路、主干路与次干路、次干路与次干路相交,应采用信号控制交叉口。

(2)主干路与支路相交,支路可采用右进右出的交通组织方式。

五、熟悉公路平面交叉渠化的设计要求及设计方法

三级及三级以上公路的平面交叉均应进行渠化设计。渠化设计是指运用标线、标志和实体设施以及局部展宽进口端等措施对交通流作分流和导向设计,以消除交叉口各向交通流间的相互干扰。平面交叉口渠化设计可采用加铺转角、加宽路口、设置转弯车道和交通岛等方式。

1. 转弯半径

转弯路面内缘的最小圆曲线半径和线形应符合下列规定:

(1)载重汽车在各种转弯速度情况下,路面内缘的最小圆曲线半径应根据转弯速度按表6-3-6确定。

路面内缘的超高和最小半径 表6-3-6

速度(km/h)	≤15	20	25	30	40	50	60	70
最小半径(m)	15	20(15)	25(20)	30	45	60	75	90
最小超高(%)	2	2	2	2	3	4	5	6
最大超高(%)	一般值:6,绝对值:8							

（2）转弯路面边缘线形应符合车辆转弯时的行迹,其设计应符合下列规定:

①渠化平面交叉的右转弯车道,其内侧路面边缘应采用三心圆复曲线(图6-3-10);左转弯内侧路面边缘以一单圆曲线来控制分隔岛端的边缘线。

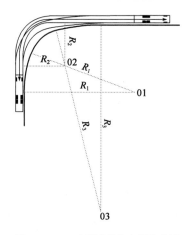

图6-3-10　三心圆曲线与车辆轨迹图

②当按铰接列车设计时,路面边缘可采用符合转弯行迹的复曲线(双圆弧复曲线,如图6-3-11所示)。

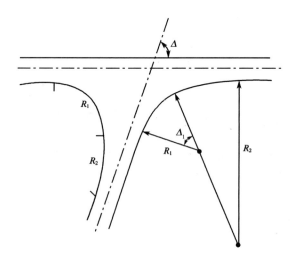

图6-3-11　铰接列车控制设计时简单交叉口的转弯设计

③非渠化平面交叉的转弯路面边缘可采用半径为15m的圆曲线。

2. 附加车道

1）右转弯附加车道

右转弯附加车道设计应符合下列规定：

（1）主要公路设计速度大于或等于 60km/h 时，应在主要公路上增设减速分流车道和加速汇流车道。

（2）两条一级公路相交或一级公路与交通量大的二级公路相交时，其右转弯运行应设置经渠化分隔的右转弯车道。

渠化的右转弯附加车道由分隔的右转弯专用车道及其两端的变速车道组成。

（3）一级公路、二级公路的平面交叉中，符合下列情况之一时应设置右转弯车道：

①斜交角接近于 70° 的锐角象限。

②交通量较大，右转弯交通会引起不合理的交通延误。

③右转弯车流中大型车比例较大。

④右转弯行驶速度大于 30km/h。

⑤互通式立体交叉连接线中的平面交叉右转弯交通量较大。

2）左转弯附加车道

左转弯附加车道设计应符合下列规定：

（1）四车道公路除左转交通量很小且对直行交通不造成阻碍或延误者外，均应在平面交叉范围内设置左转弯附加车道。

（2）二级公路符合下列情况之一时，应设置左转弯附加车道：

①与高速公路或一级公路互通式立体交叉连接线相交的平面交叉。

②非机动车较多且未设置慢车道的平面交叉。

③左转弯交通会引起交通拥阻或交通事故。

④左转弯附加车道应由渐变段、减速段和等候段组成（图 6-3-12）。左转弯等候段长度应不小于 30m。当左转弯交通量很小时，可不考虑等候长度。

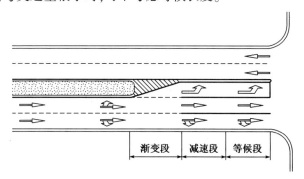

图 6-3-12　左转弯附加车道的组成

3）变速车道长度

变速车道设计应符合下列规定：

（1）变速车道的长度应根据相交公路类别、设计速度和变速条件等，按表 6-3-7 确定。

变 速 车 道 长 度 　　　　　　　　　　表 6-3-7

公路类型	设计速度（km/h）	减速车道长度（m）			加速车道长度（m）		
		（a = -2.5m/s²）			（a = 1.0m/s²）		
		至 0	至 20	至 40	从 0	从 20	从 40
主要公路	100	100	95	70	250	230	190
	80	60	50	32	140	120	80
	60	40	30	20	100	80	40
	40	20	10	—	40	20	—
次要公路	80	45	40	25	90	80	50
	60	30	20	10	65	55	25
	40	15	10	—	25	15	—
	30	10	—	—	10	—	—

注：表列变速车道长度不包括渐变段的长度。

（2）变速车道渐变段设计应符合下列规定：

①变速车道为等宽车道时（图 6-3-13），其长度应另增加表中所列的渐变段长度。

渐 变 段 长 度 　　　　　　　　　　表 6-3-8

设计速度（km/h）	100	80	60	40
渐变段长度（m）	60	50	40	30

②变速车道为非等宽渐变式时（图 6-3-14），其长度应不小于按减速时 1.0m/s 或加速时 0.6m/s 的侧移率变换车道的计算值。

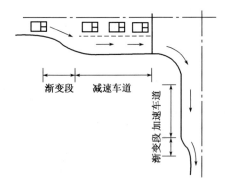

图 6-3-13　车道等宽的变速车道

③公路的设计速度大于或等于 80km/h，且直行交通量较大时，右转弯变速车道应采用附渐变段的等宽车道；其他情况宜采用渐变式变速车道。

④当直行车道的通行能力有富余，或条件受限制而难以设置应有长度的加速车道时，可采用较短的渐变式加速车道。

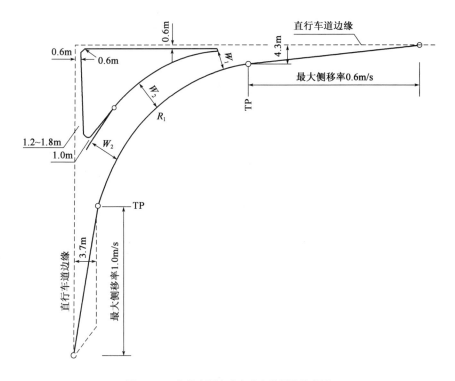

图 6-3-14　非等宽渐变式变速车道侧移示意图

3. 交通岛

1）交通岛的设置

交通岛分为导流岛（分隔同向车流）和分隔岛（分隔对向车流）两种。渠化平面交叉交通岛的设置应符合下列规定：

（1）需专辟右转弯车道时应设置导流岛（图 6-3-15）。

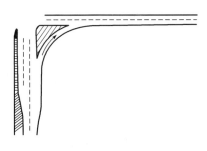

图 6-3-15　专辟右转弯车道时导流岛设置

（2）信号交叉中，左转弯为两条车道时，左转车道与同向直行车道间宜设置导流岛。

（3）左转车道与对向直行车道间应设置分隔岛。

（4）T 形交叉中，次要公路引道上的两左转弯行迹间应设置分隔岛（图 6-3-16）。

（5）对向行车道间需提供行人穿越的避险场所或需设置标志、信号立柱时，应设置分隔岛（图 6-3-17）。

765

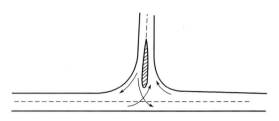

图 6-3-16　　T 形交叉两左转弯行迹间分隔岛设置

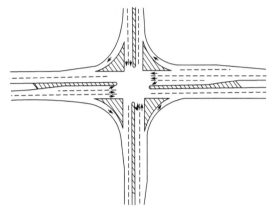

图 6-3-17　　渠化十字交叉示意图

2）交通岛的选型

交通岛按结构类型而分为实体岛、隐形岛和浅碟式岛三种。交通岛的选型应符合下列规定：

（1）当被交通岛分隔的车行道有不少于两条的车道，或虽为一条车道但设置绕避故障车辆的加宽时，或岛中需设置标志、信号柱时，应采用由缘石围成的实体岛。

设置绕避故障车辆的加宽如图 6-3-14 所示。其中，W_2 为能绕越停着车辆的单车道宽度。其目的是当遇事故和车辆故障时，避免引起交通阻塞。

（2）岛的面积较小，或不需要，或不宜采用强行分隔时，宜采用在路面上由标线示出的隐形岛。

（3）岛的面积较大时，宜采用由设置宽度不小于 0.5m 的路缘带的行车道围成的浅碟式岛。

四车道公路上采用实体岛，双车道公路上多采用隐形岛。实体岛对车流作强制性分隔，因而分隔效果好。双车道公路采用实体岛当遇事故和车辆故障时，易引起交通阻塞，尤其是在我国无硬路肩和较宽的土路肩的情况下。同时，在渠化设计的推行过程中，使用实体岛容易被撞及，反而导致交通事故。因此，双车道公路宜采用隐形岛。

六、熟悉城市道路平面交叉渠化的设计要求及设计方法

1. 设计交通量

平面交叉口机动车设计交通量应区分直行及左右转交通量。确定进口道车道数等平面设

计时,应采用高峰小时内信号周期平均到达车辆数。当确定渠化及信号相位方案时,应当用信号配时时段的高峰小时内高峰 15min 的到达车辆数。

平面交叉口非机动车设计交通量的确定方法与机动车相同。平面交叉口行人过街设计交通量应采用高峰小时内的信号周期平均到达量。

2. 路权设置

(1)信号控制交叉口

信号控制交叉口应根据交通流量、流向确定进口道车道数。进口道车道数应大于上游路段的车道数,有条件时宜分设各流向的专用车道,并应满足其交通量所需的车道数要求。

(2)让行交叉口

让行交叉口次要道路进口道宜展宽成两条车道,一条右转车道,一条直左混行车道(四岔交叉口)或左转车道(三岔交叉口)。

主要道路进口道不设停止线,车道条数可与路段一样。当为两条车道时,四岔交叉口可分别设直右、直左混行车道,三岔交叉口可分别设直行车道、直行与转弯混行车道;当为三条车道时,四岔交叉口可分别设直右、直行、直左混行车道,三岔交叉口可分别设两条直行车道、一条直行与转弯混行车道。

(3)全无管制交叉口

全无管制及让行交叉口进口道必须布设行人横道线,并设让行标志。视距不能改善的全无管制交叉口应改为停车让行交叉口或布设限速标志。

3. 车道宽度

平面交叉口一条进口车道的宽度宜为 3.25m,困难情况下最小宽度可取 3.0m;当改建交叉口用地受到限制时,一条进口车道的最小宽度可取 2.8m。转角导流交通岛右侧右转专用车道应按设计速度及转弯半径大小设置车道加宽。

出口道每条车道宽度不应小于路段车道宽度,宜为 3.50m,条件受限的改建交叉口出口道每条车道宽度不宜小于 3.25m。

4. 进口道专用车道设置

为使进口道通行能力与路段的通行能力相匹配,进口车道数应大于路段基本车道数。

1)进口道左转专用车道

当高峰 15min 内每信号周期左转车平均流量达 2 辆时,宜设左转专用车道;当每信号周期左转车平均流量达 10 辆,或需要的左转专用车道长度达 90m 时,宜设两条左转专用车道。左转交通量特别大且进口道上游路段车道数为 4 条或 4 条以上时,可设 3 条左转专用车道。

进口道左转专用车道设置可采用下列方法:

(1)展宽进口道,以便新增左转专用道。

(2)压缩较宽的中央分隔带,新辟左转车道。压缩后中央分隔带宽度对新建交叉口至少应为 2m,改建交叉口至少应为 1.5m,端部为半圆形[图 6-3-18a)]。

(3)道路中线偏移,以便新增左转专用道[图 6-3-18b)]。

(4)在原直行车道中分出左转专用车道。

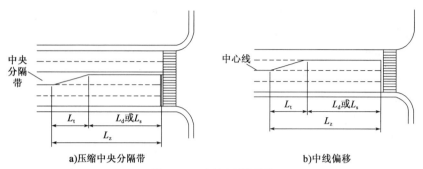

图 6-3-18 左转专用道设置

L_t-变换车道所需的渐变段长度(m);L_d-减速车道长度(m);L_s-相邻候驶车辆排队长度(m);L_z-专用左转车道最小长度(m)

2)进口道右转专用车道

进口道右转专用车道设置可采用下列方法:

(1)展宽进口道,新增右转专用道。

(2)在原直行车道中分出右转专用车道。

3)出口车道

为确保驶出交叉口车流的畅通,必须使出口道车道数能适应驶入的交通流。出口道车道数应与上游各进口道同一信号相位流入的最大进口道数匹配。条件受限的改建交叉口,可减少一条。一般情况下,出口道的车道数至少等于上游进口道的直行车道数。相邻进口道设有右转专用车道时,出口道应展宽一条右转专用出口车道。

5. 进、出口道的长度

1)进口道长度计算

进口道长度由展宽渐变段长度(L_t)与展宽段(L_d)组成(图 6-3-19)。

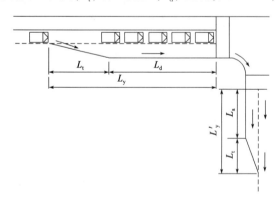

图 6-3-19 展宽设置右转专用道

渐变段长度按车辆以70%路段设计车速行驶 3s 横移一条车道时来计算确定。渐变段最小长度不应少于:支路 20m,次干路 25m,主干路 30～35m。展宽段最小长度应保证左转或右转车不受相邻等候车辆排队长度的影响。相邻候驶车辆排队长度 L_s 可由下式确定:

$$L_s = 9N \qquad\qquad (6\text{-}3\text{-}1)$$

式中:N——高峰 15min 内每信号周期的左转或右转车的排队车辆数。

768

当需设两条转弯专用车道时,展宽段长度可取一条专用车道长度的60%。无交通量资料时,展宽段最小长度不应小于:支路30~40m,次干路50~70m,主干路70~90m,与支路相交取下限,与主干路相交取上限。

确因需要在向右展宽的进口道上设置公交停靠站时,应利用展宽段的延伸段设置港湾式公交停靠站,并应增加站台长度。

2)出口道长度计算

出口道长度由展宽渐变段长度与展宽段组成(图6-3-19)。展宽段最小长度不应小于30~60m,交通量大的主干路取上限,其他可取下限。当设置公交停靠站时,再加上站台长度。渐变段最小长度不应小于20m。

6. 建筑物出入口距离平面交叉口的规定

改建交叉口附近地块或建筑物出入口应满足下列要求:

(1)主干路上,距平面交叉口停止线不应小于100m,且应右进右出。

(2)次干路上,距平面交叉口停止线不应小于80m,且应右进右出。

(3)支路上,距离与干路相交的平面交叉口停止线不应小于50m,距离同支路相交的平面交叉口不应小于30m。

7. 匝道与平面交叉口

1)出口匝道与平面交叉口

高架道路、地道或互通立交的出口匝道,靠近平面交叉口时,宜按下列要求布设:

(1)出口匝道在信号交叉口上游时,交叉口进口道的展宽应满足地面道路与匝道车流的双重要求。

(2)出口匝道左转交通量大时,宜布置在靠近平面交叉口进口道左转车道与直行车道之间的位置上(图6-3-20);反之,则宜布置在靠近右转车道与直行车道之间的位置上。

(3)出口匝道近地面段宜分成2条以上车道,按车辆出匝道后左转、右转及直行交通量的大小划分出口段的车道功能。

(4)出口匝道的端部离下游平面交叉口进口道展宽渐变段起点应大于红灯期间车辆排队长度与匝道车流与干路车流所需交织长度之和,宜大于100m;当不足100m且使匝道车流与干路车流交织困难时,可在交叉口进口道分别设置地面进口道展宽和匝道延伸部分的展宽,并设置干路左转车道、直行车道、右转车道,匝道延伸部分的左转车道、直行车道和右转车道,但此类交叉口的信号相位必须采用双向左转专用相位。

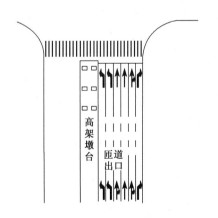

图6-3-20 左转交通量大时出口匝道的横向位置

2)入口匝道与平面交叉口

高架道路,地道或互通式立体交叉的入口匝道靠近平面交叉口时,宜按下列要求布设:

(1)进入匝道的车辆中来自上游交叉口的左转交通量大时,入口匝道宜布置在靠近左转车来向与直行车来向之间的位置上;反之,则宜布置在右转车来向与直行车来向之间的位置上。

(2)入口匝道的入口端宜布置在交叉口出口道展宽渐变段的下游,且最小距离不宜小于80m。

七、掌握城市道路平面交叉范围平面与竖向设计、公交停靠站与专用道设置、人行与非机动车过街设施设计要求

1. 平面交叉竖向设计

交叉口竖向设计应综合考虑行车舒适、排水畅通、与周围建筑物高程协调等因素,合理确定交叉口设计高程。交叉口人行横道上游、交叉口低洼处应设置雨水口,不得积水。

交叉口设计宜以相交道路中线交点的高程作为控制高程。相交道路中主要道路的纵坡度宜保持不变,次要道路纵坡度服从主要道路;若有需要,在不影响主要道路行车舒适性的前提下,可适当调整主要道路纵坡,兼顾次要道路的行车舒适性。主干路与主干路、主干路与次干路、次干路与支路相交,路脊线在两条道路中心线相交;主干路与支路相交,支路路脊线宜相交至主干路机非分隔带边线或车行道边线,此时支路纵断面可作为分段设计。

交叉口竖向设计宜采用控制网等高线法。其高程计算线网的确定有方格网法、圆心法、等分法、平行线法等几种。

2. 竖向设计的形式

交叉口竖向设计的形式,主要取决于交叉范围相交道路的纵坡、横坡及地形。以十字形交叉口为例,按其所处地形及相交道路纵坡方向,可划分为六种基本类型,如图6-3-21所示。

(1)处于凸形地形上,相交道路的纵坡方向均背离交叉口[图6-3-21a)]。设计时使交叉口的纵坡与相交道路的纵坡一致,适当调整一下接近交叉口的路段横坡,让雨水流向交叉口四个转角的街沟或路基外排除,交叉口内不需设置雨水口。

(2)处于凹形地形上,相交道路的纵坡方向都指向交叉口[图6-3-21b)]。这种形式地面水都向交叉口集中,排水比较困难,应尽量避免。若因地形限制,必要时应设置地下排水管道排水,为防止雨水汇集到交叉口中心,应适当改变相交道路的纵坡,以抬高交叉口中心高程,并在转角设置雨水口。最好在相交道路纵坡设计时,应将一条主要道路的变坡点设在远离交叉口的地方,保证有一条道路的纵坡方向能背离交叉口。

(3)处于分水线地形上,有三条道路纵坡方向背离一条指向交叉口[图6-3-21c)]。设计时应将纵坡指向交叉口的道路路脊线在交叉口处分为三个方向,相交道路的横断面不变,并在纵坡指向交叉口道路的人行横道线外设雨水口,防止雨水流入交叉口内。

(4)处于谷线地形上,有三条道路纵坡方向指向交叉口而一条背离[图6-3-21d)]。设计时,与谷线相交的道路进入交叉口之前,在纵断面上产生转折而形成过街横沟,不利于行车,应尽量使纵坡转折点离交叉口远一些,并在该处插入竖曲线。纵坡指向交叉口的人行横道线外应设置雨水口。

(5)处于斜坡地形上,相邻两条道路纵坡指向交叉口而另两条背离[图6-3-21e)]。设计时,相交道路的纵坡均不变,而将两条道路的横坡在进入交叉口前逐渐向相交道路的纵坡方向

变化,使交叉口上形成一个单向倾斜面。在纵坡指向交叉口道路的人行横道线外设雨水口。

(6)处于马鞍形地形上,相对两条道路纵坡指向交叉口而另两条背离[图 6-3-21f)]。设计时,相交道路纵、横坡都可按自然地形在交叉口内适当调整,并在纵坡指向交叉口的道路两侧设置雨水口。

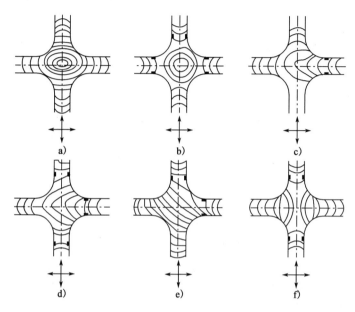

图 6-3-21　交叉口立面设计的基本形式

以上为几个典型十字形交叉口立面设计形式,对于其他不同形式的交叉口,立面设计的要求和原则是一样的。另外,立面设计的使用效果与相交道路纵坡方向的组合有很大关系,因此,如要获得交叉口理想的立面设计,应在道路纵断面设计时就考虑交叉口立面设计的要求,为其创造良好的条件。

3. 交叉口竖向设计的方法

目前对于简单的沥青路面交叉口,通常采用特征断面法;对于水泥混凝土路面交叉口和大型、复杂的沥青路面交叉口,一般采用高程图法。

(1)特征断面的确定和特征点高程的计算

交叉口的特征断面与选定的路脊线密切相关。路脊线应根据相交道路的等级和交叉角等要求而定,既要考虑行车平顺,又要考虑整个交叉口的均衡美观。

①相同(或相近)等级的道路相交时的特征断面

相同(或相近)等级的道路相交,立面设计时一般维持各自的纵坡不变,而改变它们的横坡。对于 X 形交叉口和交叉口大于 75°的 T 形交叉口,路脊线通常是对向行车轨迹的分界线,即行车道的中心线;对于斜交过大的 T 形交叉口(或称 Y 形交叉口),其路中心线不宜作为路脊线,应加以调整。

②主要道路与次要道路相交时的特征断面

主要道路与次要道路相交时,主要道路的纵横断面均维持不变,而将次要道路的双坡横断面,逐渐过渡到与主要道路纵坡相一致的单坡横断面,此时,路脊线的交点 O 移到次要道路路脊线与主要道路路面边线的交点 O_1（或 O_2）处，如图 6-3-22、图 6-3-23 所示。为适应主要道路的横断面，应适当调整次要道路的纵断面，紧接主要道路处的纵坡最好是根据主要道路的横坡、纵坡及主要道路与次要道路的交叉角计算得到的综合值（与合成坡度类似）。

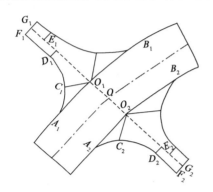

图 6-3-22 主次道路相交的四路交叉口的特征断面

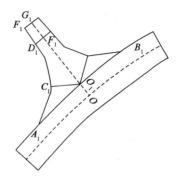

图 6-3-23 主次道路相交的三路交叉口的特征断面

③渠化右转弯车道的特征断面

对于渠化的右转弯车道或右转弯附加路面，由于右转弯曲线一般需要设置超高，其特征断面位置的确定和高程的计算与上述方法不同。渠化的右转弯车道上特征断面的位置，取决于右转弯曲线超高过渡段的起、终点位置以及与相交道路的连接。通常右转弯车道上宽度和横坡的变化处为特征断面位置。

渠化右转弯车道上各处高程和横坡应满足右转弯车道与相交道路的平顺连接、右转弯曲线设置超高以及整个交叉范围内路面排水和视觉的需要。右转弯车道上高程的计算以右转弯车道左路缘线作为设计控制。当以左路缘线高程控制设计导致右转弯车道曲线内缘出现影响视觉的"下陷"（当超高较大时）或造成边沟设计困难时，在不妨碍路面排水的前提下，应适当调整左路缘线的高程。

右转弯车道或右转弯附加路面应按表 6-3-6 设置超高。导流岛岛边长度较短（小于 30m）的转弯车道无法设置超高过渡，或者右转弯附加路面存在排水困难、路容不美观及与直行车道路面衔接困难等问题而无法设置应有的或最大超高时，可适当减小超高值，但不能低于表中的最小值。

（2）交叉口设计高程的加密

确定了路脊线和特征断面上的设计高程，就可大概反映交叉口的立面形状。对于简单的沥青路面交叉口，采用特征断面法提供交叉口特征断面的定位里程、尺寸和设计高程，由此构成交叉口高程控制。

对于水泥混凝土路面交叉口和大型、复杂的沥青路面交叉口，采用简单的特征断面法不能完整表达交叉口的立面，必须加密交叉口范围内的设计高程，即采用高程图法。加密设计高程，常用的方法是增加计算辅助线，采用高程计算线网，高程计算线网主要采用圆心法、等分法。若使用计算机辅助设计平面交叉，可采用曲面模型（如双线性孔斯曲面）进行立面设计。

①圆心法

如图 6-3-24 所示，在路脊线上，按施工要求每隔一定距离或等分定出若干点，并与转角曲线的圆心连成直线(只连到转角曲线上),即得圆心法高程计算线网。

②等分法

如图6-3-25所示,将路脊线等分为若干份,相应地把转角曲线也等分为相同份数,连接对应点,即得等分法高程计算线网。

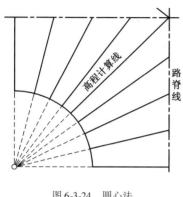

图6-3-24　圆心法

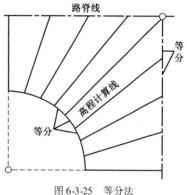

图6-3-25　等分法

每条高程计算线上高程点的数目,可根据路面宽度、施工需要来确定。对路宽、坡陡、施工精度要求高的,高程点可多些;反之,则少些。

高程计算线所在的位置就是用于计算该断面路拱设计高程的依据,而标准的路拱横断面是与车辆行驶方向垂直的,所以,应尽量使高程计算线与路拱横断面的方向一致,同时也便于计算。因此,当等级相同或相近的道路相交时,采用等分法或圆心法高程计算线网均可;主要道路与次要道路相交的交叉和渠化右转弯车道的转弯曲线处,推荐采用圆心法高程计算线网。

高程计算线上两端的设计高程可根据特征断面上特征点的高程、相交道路的纵坡及转角曲线的纵坡计算。计算线上高程点的方程与所选用的路拱形式有关,当采用直线形路拱时,可根据每条高程计算线上两端的设计高程,采用线性插值方法计算;当采用抛物线形路拱时,可采用二次或三次抛物线计算。

4. 公交停靠站与专用道设置

1)公交停靠站

(1)交叉口公交停靠站的纵坡度不应大于2%,冰雪地区不应大于1.5%;山区城市地形条件困难时,纵坡度不应大于3%,个别地段地形条件特别困难时,不得大于4%。

(2)公交停靠站应设置在交叉口的出口道。改建交叉口在出口道布设公交停靠站确有困难时,可将直行或右转公交线路的停靠站设在进口道。

(3)当公交停靠站设置在进口道,且进口道右侧有展宽增加的车道时,停靠站应设在该车道展宽段之后不少于20m处,并将公交站台与展宽车道作一体化设计;当进口道右侧无展宽增加的车道时,停靠站应在右侧车道最大排队长度再加20m处布设。

(4)公交停靠站设置在出口道,且出口道右侧展宽增加车道时,停靠站应设在展宽段向前不少于20m处;当出口道右侧无展宽时,停靠站在干路上距对向进口车道停止线不应小于50m,在支路上不应小于30m。

(5)有机动车与非机动车分隔带的道路宜沿分隔带设置港湾式停靠站,当分隔带宽度不足4m而人行道较宽时,可适当压缩人行道宽度,但该段人行道宽度缩减比例不得超过40%,

并不得小于 3m。无机动车与非机动车分隔带的道路,可沿人行道设置港湾式停靠站,该段人行道宽度缩减不得超过 40%,并不得小于 3m。

2)公交专用车道

当进口道公交车流量较大时,宜增设公交专用车道,其宽度不应小于 3m,长度不应小于 25m,公交专用道可设置于机动车道的外侧或内侧,并应符合下列原则:

(1)当无右转机动车流时,公交专用车道可直接设置至停止线。

(2)当有右转机动车流且流量不大时,公交专用车道设置至进口道右转车道末段的交织段后,交织段长度宜大于 40m。右转车受信号灯控制时,右转车道长度不应小于右转车最大排队长度加上交织段长度。无流量资料时,右转车道长度应大于 50m。

(3)当右转车流较大时,公交专用车道可布设在右转车道左侧并直接设置至停止线。

(4)当相邻交叉口间距无法满足右转车道车辆与公交车交织长度要求时,公交专用车道可直接设置至停止线。

5. 人行与非机动车过街设施

1)人行横道

人行横道设置应符合下列规定:

(1)应设置在驾驶员容易看见的位置,宜与车行道垂直,平行于路段路缘石的延长线并适当后退,在右转车辆易与行人发生冲突的交叉口,宜后退 3～4m,人行横道间的转角部分长度不应小于 6m。人行横道两侧沿路缘石 30～120m 范围内,应设置分隔栏等隔离设施,主干路取上限,支路取下限。

(2)有中央分隔带的道路,人行横道应设置在分隔带端部向后 1～2m 处。

(3)人行横道宽度应根据过街行人数量、行人信号时间等确定,顺延干路的人行横道宽度不宜小于 5m,顺延支路的人行横道宽度不宜小于 3m,宜以 1m 为单位增减。

(4)当人行横道长度大于 16m 时,应在人行横道中央设置行人二次过街安全岛,其宽度不应小于 2m,困难情况下不得小于 1.5m。可通过减窄转角交通岛、利用转角曲线范围内的扩展空间、缩减进出口车道宽度等措施设置行人二次过街安全岛。因条件限制宽度不够时,安全岛两侧人行横道可错开设置。安全岛两端的保护岛应设反光装置。

(5)穿越主、次干路的行人流量较大,可设行人过街专用信号相位,其绿灯时长应根据行人安全过街所需时间而定,绿灯信号相位间隔不宜超过 70s。

(6)当平面交叉口附近高架路下设置人行横道时,桥墩不应遮挡行人视线,并宜设置行人二次过街安全岛和专用信号。

(7)无信号管制及让行管制交叉口必须设置条纹状人行横道,并在人行横道线上游设置"让行人先行"禁令标志。对右转车无信号控制时,应在右转专用车道上游设置减速让行线,人行道边应设置"让行人先行"禁令标志。

(8)环形交叉口的人行横道宜设置在交通岛上游,并采用定时信号或按钮信号控制。环形交叉口的中心岛上不得设置人行道。

2)非机动车过街

(1)非机动车流量较大时,宜在交叉口设置独立的非机动车进出口道,并与机动车道间用设施分隔。非机动车独立进出口道宜采用与机动车一起过街的交通组织方式。

（2）左转非机动车流量较大且交叉口用地条件许可时，可采用非机动车二次过街方式，左转非机动车待行区的面积应满足非机动车停车需要，位置应保证非机动车的安全并符合其行驶轨迹的要求，且不影响其他各类交通流的通行。

八、了解城市道路环形交叉口、交叉口附属设施设计要求

1. 中心岛最小半径的确定

中心岛的形状根据交通条件可采用圆形、椭圆形、圆角菱形、卵形等。中心岛最小半径（或当量半径）应同时满足环道设计速度和最小交织长度的要求。

1）满足环道设计速度的最小半径

满足环道设计速度的中心岛最小半径可由下式确定：

$$R_1 = \frac{V^2}{127(\mu \pm i)} - \frac{b_i}{2} \tag{6-3-2}$$

式中：V——环道设计速度（km/h），环道设计速度应按相交道路中最大设计速度的50% ~ 70%计取，车速较大的，宜取较小的系数值；

μ——横向摩阻力系数，取0.14 ~ 0.18；

i——路面横坡，取1.5% ~ 2%；

b_i——内侧车道宽（含车道加宽），可取5.5m（大型车）。

中心岛最小半径与相应的环道设计速度应符合表6-3-9的规定。

环道设计速度与中心岛最小半径　　　　　　表6-3-9

环道设计速度（km/h）	20	25	30	35	40
中心岛最小半径（m）	20	25	35	50	65

2）满足最小交织长度要求的半径

最小交织长度不应小于以环道设计速度行驶4s的距离，行驶铰接车时，最小交织长度应不小于30m。最小交织长度应符合表6-3-10的规定。

最小交织长度　　　　　　表6-3-10

环道设计速度（km/h）	20	25	30	35	40
最小交织长度（m）	25	30	35	40	45

满足相邻两条道路交角间的交织段长度对应的中心岛圆弧半径 R_2 可由下式确定：

$$R_2 = \frac{360 l_g}{2\pi\omega} \tag{6-3-3}$$

式中：ω——相邻两条相交道路间的夹角（°）；

l_g——最小交织长度（m）。

2. 环道的车道数、宽度、断面布置

环道的车道数、宽度、断面布置应符合下列规定：

（1）环道的机动车道数宜为2 ~ 3条。

（2）非机动车道宽度不应小于交汇道路中的最大非机动车道的宽度，也不宜大于6m。

（3）根据交通流的情况，环道可布置为机动车与非机动车混行或分行。分行时可用分隔带、分隔物或标线分隔，分隔带宽度不应小于1m。

（4）中心岛上不应布设人行道。环道外侧人行道宽度不应小于与该段环道相邻的相交道路路段上人行道宽度。

（5）环道横断面宜设计成以环道中线为路拱脊线的两面坡，中心岛四周低洼处应布设雨水口；环道纵坡度不宜大于2%。

3. 交通岛

交通岛可分为导流岛和安全岛。交通岛不应设在竖曲线顶部。交通岛面积不宜小于7.0m²，面积窄小时，可用路面标线表示。转角交通岛兼作行人过街安全岛时，面积（包括岛端尖角标线部分）不宜小于20m²。

当需设右转专用车道而布设转角交通岛时，右转专用车道曲线半径应大于25m，并应按设计车速及曲线半径大小设置车道加宽，加宽后的车道宽度应符合表6-3-11的规定。

右转专用车道加宽后的宽度（单位：m）   表6-3-11

曲线半径（m）	设计车辆	
	大型车	小型
25 ~ 30	5.0	4.0
>30	4.5	3.75

导流岛端部应醒目，并在外形上能诱导车辆前进方向，必要时可兼作行人过街安全岛。导流岛的偏移距、内移距及端部圆曲线半径（图6-3-26）最小值可按表6-3-12取用。

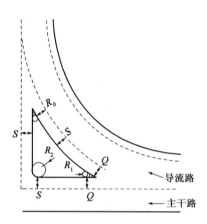

图6-3-26 偏移距、内移距及端部圆曲线半径最小值

导流岛偏移距、内移距、端部圆曲线半径最小值   表6-3-12

设计速度（km/h）	偏移距 S（m）	内移距 Q（m）	R_0（m）	R_1（m）	R_2（m）
≥50	0.50	0.75	0.5	0.5 ~ 1.0	0.5 ~ 1.5
<50	0.25	0.50			

考点分析

本节主要有以下考点：

(1)公路平面交叉按交通管理方式划分为主路优先、无优先和信号交叉三种类型,以及不同类型的选择依据。

(2)公路平面交叉的设计速度、视距、间距、平纵指标、竖向设计方法。

(3)公路平面交叉的转角、设置转弯车道的条件与方式、变速车道长度的计算、交通岛的类型及设置方法。

(4)城市道路平面交叉按交通组织方式划分为哪几类,如何选择交叉类型。

(5)城市道路平面交叉进口道不同车道路权的划分。

(6)城市道路平面交叉进、出口道的车道数、车道宽度、展宽渐变段和展宽段长度等方面的规定,以及左转、右转专用车道的设置方法。

例 题 解 析

例 1　[2020 年单选题]主线为具集散功能的一级公路时,根据标准规范规定,其平面交叉的最小间距是(　　)。

(A)300m　　　　　(B)500m　　　　　(C)1000m　　　　　(D)2000m

分析

根据《公路工程技术标准》(JTG B01—2014)第 9.1.5 条、《公路路线设计规范》(JTG D20—2017)第 10.1.7 条第 2 款,具有集散功能的一级公路,其平面交叉最小间距为 500m。故本题选 B。

例 2　[2020 年单选题]根据规范规定,在平面交叉范围内,主要公路纵坡的取值范围应为(　　)。

(A)0 ~ 3.0%　　　　　　　　　　　(B)0.5% ~ 3.0%

(C)0.15% ~ 3.0%　　　　　　　　　(D)0.25% ~ 3.0%

分析

根据《公路路线设计规范》(JTG D20—2017)第 10.2.2 条第 2 款,主要公路在交叉范围内的纵坡应在 0.15% ~ 3% 范围内。故本题选 C。

例 3　[2020 年单选题]根据规范规定,公路平面交叉可采用的交通管理方式分为(　　)。

(A)停车让行交叉、减速让行交叉和信号交叉

(B)信号交叉、无信号交叉和渠化交叉

(C)十字交叉、T形交叉和环形交叉

(D)主路优先交叉、无优先交叉和信号交叉

分析

根据《公路路线设计规范》(JTG D20—2017)第10.1.3条,根据相交公路的功能、等级、交通量等可分别采用主路优先交叉、无优先交叉或信号交叉三种不同的交通管理方式。本题按交通管理方式进行分类。故本题选D。

例4 [2020年多选题]当设计速度为80km/h的二级公路与交通量相近的公路平面交叉,且交叉范围设计速度需适当降低,在下列各选项中,可采用的设计速度有( )。

(A)40km/h   (B)60km/h   (C)50km/h   (D)70km/h

分析

根据《公路工程技术标准》(JTG B01—2014)第9.1.2条,两相交公路技术等级或交通量相近时,平面交叉范围内的设计速度可适当降低,但不宜低于路段设计速度的70%,即80 × 0.7 = 56km/h。故本题选BD。

例5 [2020年多选题]平面交叉范围主要公路设计速度为60km/h,下列凸形竖曲线半径中,满足引道视距要求的有( )。

(A)1850m   (B)2100m   (C)2600m   (D)2800m

分析

根据《公路路线设计规范》(JTG D20—2017)第10.3.1条第2款,当设计速度为60km/h时,对应引道凸形竖曲线最小半径为2400m。故本题选CD。

例6 [2020年多选题]下列关于城市道路过街设施的设置要求,符合规范规定的是( )。

(A)平面交叉口应设置行人和非机动车过街设施

(B)穿越快速路的行人过街设施,必须采用人行天桥

(C)路段内有行人横穿道路的地方,均应设置人行横道

(D)人行横道的宽度应根据行人过街数量和信号控制方案确定

分析

根据《城市道路工程设计规范》(CJJ 37—2012)(2016年版)第9.2.5条第1款,快速路人行过街必须设置人行天桥或人行地道,故选项B错误;根据第9.2.4条第1款,路段内人行横道应布设在人流集中、通视良好的地点,故选项C错误;根据第9.2.4条第3款,人行横道的宽度应根据过街行人数量及信号控制方案确定,故选项D正确;根据第9.1.1条,行人及非机动车交通系统应安全、连续、舒适,"连续"二字表明了行人及非机动车系统在平面交叉口处不中断,应保持连续,所以应设置行人和非机动车过街设施,故选项A正确。故本题选AD。

例7 [2020年多选题]某两条城市主干路相交,采用灯控平面交叉口,下列关于该交叉口进出口的设计要求中,符合规范规定的是( )。

（A）左转专用车道长度达90m时,宜设置两条左转专用进口车道

（B）相邻进口道设有右转专用车道时,出口道应展宽一条右转专用出口车道

（C）可通过压缩较宽的中央分隔带新辟转左转进口车道,单压缩后的中央分隔带宽度至少应为1.0m

（D）当设置公交停靠站时,出口道长度由出口道展宽段和展宽渐变段组成

分析

根据《城市道路交叉口设计规程》(CJJ 152—2010)第4.2.10条,需要的左转专用车道长度达90m时,宜设两条左转专用车道,故选项A正确;根据第4.2.14条,相邻进口道设有右转专用车道时,出口道应展宽一条右转专用出口车道,故选项B正确;根据第4.2.11条第2款,压缩后中央分隔带宽度对新建交叉口至少应为2m,改建交叉口至少应为1.5m,故选项C错误;根据第4.2.16条,压缩后中央分隔带宽度对新建交叉口至少应为2m,改建交叉口至少应为1.5m,故选项C错误;"出口道长度由展宽渐变段长度与展宽段组成。……当设置公交停靠站时,再加上站台长度。"故选项D错误。故本题选AB。

例8　[2020年多选题]下列关于城市道路环形交叉口环道设计,不考虑信号灯控制,符合规范规定的是(　　)。

（A）环道的机动车道数宜为2~4条

（B）环道纵坡度不宜大于2%

（C）中心岛上不应布设人行道

（D）环道布置为机动车与非机动车分行时,可用分隔带分隔,分隔带宽度不应小于1.5m

分析

根据《城市道路交叉口设计规程》(CJJ 152—2010)第4.6.3条第1款,环道的机动车道数宜为2~3条,故选项A错误;根据第4.6.3条第6款,环道纵坡度不宜大于2%,故选项B正确;根据第4.6.3条第5款,中心岛上不应布设人行道,故选项C正确;根据第4.6.3条第4款,分隔带宽度不应小于1m,故选项D错误。故本题选BC。

例9　[2020年案例题]某城市主干路,设计速度为60km/h,在信号控制平面交叉口进口道设置一条宽为3.25m的右转专用车道,高峰15min内每信号周期右转车的排队数为9辆,则进口展宽右转专用车道的设置长度为(　　)。（取整数）

（A）111m　　　　　　（B）116m　　　　　　（C）125m　　　　　　（D）131m

分析

根据《城市道路交叉口设计规程》(CJJ 152—2010)第4.2.13条,展宽右转专用道的长度包括展宽渐变段长度 L_t 和展宽段长度 L_d。

渐变段长度按车辆以70%路段设计车速行驶3s横移一条车道时来计算确定,且主干路不应小于30~35m, $L_t = 60 \times 0.7 \times 3/3.6 = 35\text{m}$。

展宽段长度 L_d 应保证右转车不受相邻候驶车辆排队长度的影响,且满足信号周期内右转车的排队车辆数, $L_d = 9 \times 9 = 81\text{m}$。

进口道右转专用道的设置长度为 35 + 81 = 116m。

故本题选 B。

例 10 [2019 年单选题]公路功能、等级、交通量有明显差别的两条公路平面相交时,交通管理方式应采用(　　)。

(A)主路优先交叉　　　　　　　　　(B)无优先交叉

(C)环形交叉　　　　　　　　　　　(D)信号交叉

分析

根据《公路路线设计规范》(JTG D20—2017)第 10.1.3 条第 1 款,公路功能、等级、交通量有明显差别的两条公路相交,或交通量较大的 T 形交叉,应采用主路优先交叉的交通管理方式。故本题选 A。

例 11 [2019 年单选题]两相交公路的技术等级或交通量相近时,平面交叉范围内的设计速度不宜低于路段设计速度的(　　)。

(A)50%　　　　　(B)60%　　　　　(C)70%　　　　　(D)80%

分析

根据《公路工程技术标准》(JTG B01—2014)第 9.1.4 条,两相交公路的技术等级或交通量相近时,平面交叉范围内的设计速度可适当降低,但不宜低于路段设计速度的 70%。故本题选 C。

例 12 [2019 年单选题]确定城市道路平面交叉口渠化及信号相位方案时,应采用信号配时时段的(　　)。

(A)高峰小时内的到达车辆数

(B)设计小时内的到达车辆数

(C)年第 30 位设计小时内的到达车辆数

(D)高峰小时内高峰 15min 的到达车辆数

分析

根据《城市道路交叉口设计规程》(CJJ 152—2010)第 4.2.1 条,平面交叉口机动车设计交通量应区分直行及左右转交通量。确定进口道车道数等平面设计时,应采用高峰小时内信号周期平均到达车辆数。当确定渠化及信号相位方案时,应当用信号配时时段的高峰小时内高峰 15min 的到达车辆数。故本题选 D。

例 13 [2019 年单选题]城市道路平面交叉口范围内的设计速度宜为路段的(　　)。

(A)0.3 ~ 0.6 倍　　　　　　　　　(B)0.4 ~ 0.6 倍

(C)0.4 ~ 0.7 倍　　　　　　　　　(D)0.5 ~ 0.7 倍

分析

根据《城市道路工程设计规范》(CJJ 37—2012)(2016 年版)第 3.2.4 条、《城市道路路线设计规范》(CJJ 193—2012)第 9.2.6 条、《城市道路交叉口设计规程》(CJJ 152—2010)第

3.3.3 条,平面交叉口内的设计速度宜为路段的 0.5~0.7 倍。故本题选 D。

例 14 [2019 年单选题]位于城市主干路的地块或建筑物出入口距平面交叉口停车线不应小于( )。

(A)30m (B)50m (C)80m (D)100m

分析

根据《城市道路交叉口设计规程》(CJJ 152—2010)第 4.2.17 条第 1 款,改建交叉口附近地块或建筑物出入口应满足下列要求:主干路上,距平面交叉口停止线不应小于 100m,且应右进右出。故本题选 D。

例 15 [2019 年单选题]城市道路人行横道宽度应根据过街行人数量、行人信号时间等确定,顺延干路的人行横道宽度不宜小于( )。

(A)3.0m (B)4.0m (C)5.0m (D)6.0m

分析

根据《城市道路交叉口设计规程》(CJJ 152—2010)第 4.5.4 条第 3 款,人行横道宽度应根据过街行人数量、行人信号时间等确定,顺延干路的人行横道宽度不宜小于 5m,顺延支路的人行横道宽度不宜小于 3m,宜以 1m 为单位增减。故本题选 C。

例 16 [2019 年单选题]城市道路平面交叉口渠化范围内设置的实体交通岛,其面积不宜小于( )。

(A)5.0m² (B)7.0m² (C)9.0m² (D)11.0m²

分析

根据《城市道路交叉口设计规程》(CJJ 152—2010)第 4.7.4 条,交通岛可分为导流岛和安全岛。交通岛不应设在竖曲线顶部。交通岛面积不宜小于 7.0m²,面积窄小时,可用路面标线表示。转角交通岛兼作行人过街安全岛时,面积(包括岛端尖角标线部分)不宜小于 20m²。故本题选 B。

例 17 [2019 年多选题]确定平面交叉的交通管理方式时,主要应根据相交公路的( )。

(A)公路功能 (B)技术等级 (C)公路景观 (D)交通量

分析

根据《公路工程技术标准》(JTG B01—2014)第 9.1.2 条,平面交叉的交通管理方式分为主路优先、无优先交叉和信号交叉三种,应根据相交公路的公路功能、技术等级、交通量等确定所采用的方式。故本题选 ABD。

例 18 [2019 年多选题]下列各级公路中,平面交叉应进行渠化设计的有( )。

(A)一级公路 (B)二级公路
(C)三级公路 (D)四级公路

分析

根据《公路工程技术标准》(JTG B01—2014)第9.1.6条,三级及三级以上公路的平面交叉均应进行渠化设计。故本题选ABC。

例19 [2019年多选题]城市道路平面交叉口设计中,设置进口道左转专用车道的合适方法有( )。

(A)展宽进口道,以便新增左转专用车道

(B)道路中线偏移,以便新增左转专用车道

(C)压缩非机动车道宽度,以便新增左转专用车道

(D)压缩较宽的中央分隔带,以便新增左转专用车道

分析

根据《城市道路交叉口设计规程》(CJJ 152—2010)第4.2.11条,进口道左转专用车道设置可采用下列方法:

①展宽进口道,以便新增左转专用道。

②压缩较宽的中央分隔带,新辟左转车道。压缩后中央分隔带宽度对新建交叉口至少应为2m,改建交叉口至少应为1.5m,端部为半圆形。

③道路中线偏移,以便新增左转专用道。

④在原直行车道中分出左转专用车道。

故本题选ABD。

例20 [2019年多选题]城市道路平面交叉口范围竖向设计中,合适的雨水口设置位置有( )。

(A)无障碍坡道位置   (B)交叉口低洼处

(C)交叉口人行横道上游   (D)交叉口人行横道中间处

分析

根据《城市道路交叉口设计规程》(CJJ 152—2010)第4.3.6条,交叉口竖向设计宜采用控制网等高线法。交叉口人行横道上游、交叉口低洼处应设置雨水口,不得积水。故本题选BC。

例21 [2019年案例题]某T形平面交叉,主路为具集散功能的一级公路,设计速度采用80km/h。在选择支路与主路的交点位置时,有4个方案可供选择,各交点平面交叉范围内的主路纵坡及与相邻平面交叉的距离见下表。在各交点方案中,从技术指标分析,合适的方案为( )。

交点方案	主路纵坡(%)	与相邻平面交叉距离(m)
(A)交点1	0.5	1020
(B)交点2	2.0	280
(C)交点3	3.1	580
(D)交点4	3.5	2100

分析

根据《公路路线设计规范》(JTG D20—2017)第10.1.7条第2款,可知具集散功能的一级公路的平面交叉最小间距为500m。平面交叉间距符合要求的有选项A、C、D。

根据《公路路线设计规范》(JTG D20—2017)第10.2.2条第2款,主要公路在交叉范围内的纵坡应在0.15%~3%的范围内;次要公路紧接交叉的引道部分应以0.5%~2%的上坡通往交叉。主要公路纵坡在0.15%~3%范围内的只有选项A。故本题选A。

例22 [2019年案例题]城市道路平面交叉口视距三角形范围内,不得有任何高出路面1.2m的妨碍驾驶员视线的障碍物。两条设计速度均为50km/h的城市道路相交,下列视距三角形图示和尺寸标注正确的是( )。

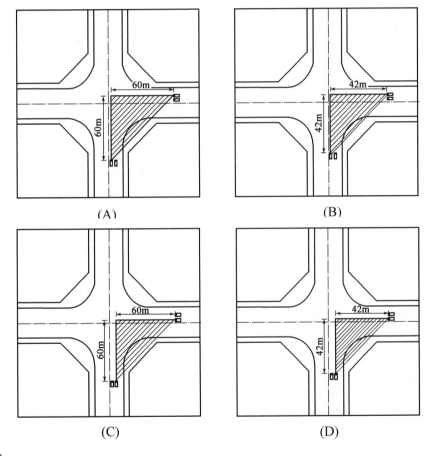

分析

根据《城市道路交叉口设计规程》(CJJ 152—2010)第3.3.3条,可知在交叉口视距三角形验算时,进口道直行车设计速度应与相应道路设计速度一致。所以本题在确定平面交叉口视距三角形的范围时,所有进口道直行车设计速度均取50km/h。

根据《城市道路交叉口设计规程》(CJJ 152—2010)第4.3.3条中表4.3.3,可知安全停车视距S_s均等于60m。选项A、C符合要求。

根据《城市道路交叉口设计规程》(CJJ 152—2010)第4.3.3条中图4.3.3,可知选项C符合要求。故本题选C。

例23 两条公路平面相交,主要公路双向交通量为580pcu/h,次要公路单向交通量为160pcu/h,有较多数量的行人和非机动车穿越而经常引发交通事故,此平面交口应采用的交通管理方式是( )。

(A)主路优先交叉   (B)无优先交叉
(C)信号交叉   (D)无信号交叉

分析

根据《公路路线设计规范》(JTG D20—2017)第10.1.3条,两相交公路的交通量虽然未达到设置信号控制的程度,但由于有相当数量的行人和非机动车穿越交叉而引起交通延误,甚至造成阻塞或交通事故时,应采用信号交叉管理方式。故本题选C。

例24 某公路设计速度为100km/h,直行交通量较大,右转弯减速车道为等宽车道,车速为20km/h,设计应采用的减速变速车道长度为( )。

(A)155m   (B)95m   (C)160m   (D)150m

分析

根据《公路路线设计规范》(JTG D20—2017)第10.5.3条,参照表10.5.3-1,减速车道长度为95m。另外,根据第10.5.3条第2款规定,减速车道为等宽车道时,应增加渐变段长度60m。故本题选A。

例25 城市道路主干线与次干线、主干线与支路平面交叉的推荐形式分别为( )。

(A)平 A_1 类;平 A_2 类   (B)平 A_1 类;平 B_1 类
(C)平 A_2 类;平 A_2 类   (D)平 A_2 类;平 B_1 类

分析

《城市道路工程设计规范》(CJJ 37—2012)(2016年版)第7.2.2条规定了不同等级城市道路间平面交叉的推荐形式。故本题选B。

例26 新建公路与低等级既有公路斜交角很小时,改善方式为( )。

(A)改变新建公路线形,使交角大于70°
(B)局部改移次要公路引道,使交角大于45°
(C)局部改移次要公路引道,使交角大于70°
(D)如果交叉角度不小于45°,则不需要改善

分析

根据《公路路线设计规范》(JTG D20—2017)第10.2.1条,新建公路与等级较低的既有公路交角小于70°时,应过次要公路在交叉前后一定范围内实施局部改线。故本题选C。

例27 某城市主干路道路平面交叉口在东向西进口道设置一条右转专用道,已知路段设

计速度为60km/h,高峰15min内每信号周期右转车的排队车辆数为8辆,直行排队车辆数为5辆,展宽右转专用道的长度最接近于( )。

(A)100m (B)107m (C)110m (D)115m

分析

根据《城市道路交叉口设计规程》(CJJ 152—2010)第4.2.13条,展宽右转专用道的长度包括渐变段长度L_t和展宽段长度L_d。

渐变段长度按车辆以70%路段设计车速行驶3s横移一条车道时来计算确定,且不小于30～35m。$L_t = 60 \times 0.7 \times 3/3.6 = 35m$。

展宽段长度L_d应保证右转车不受相邻候驶车辆排队长度的影响,且满足信号周期内右转车的排队车辆数,$L_d = 9 \times 8 = 72m$。

所以展宽右转专用道的长度为107m。故本题选B。

例28 交叉口竖向设计时,确定高程计算线网的方法有( )。

(A)方格网法 (B)圆心法 (C)等分法 (D)三角网法

分析

根据《城市道路交叉口设计规程》(CJJ 152—2010)第4.3.5条、第4.3.6条条文说明,交叉口竖向设计宜采用等高线法,其高程计算线网的确定有方格网法、圆心法、等分法、平行线法等几种。故本题选ABC。

例29 公路平面交叉口交通岛按结构类型可分为( )。

(A)导流岛 (B)实体岛 (C)隐形岛 (D)浅碟岛

分析

根据《公路路线设计规范》(JTG D20—2017)第10.5.4条条文说明,将交通岛按结构类型而分为实体岛、隐形岛和浅碟岛三种,并规定了一般情况下的使用情形。故本题选BCD。

自测模拟

(第1～10题为单选题,第11～15题为多选题)

1. 城市道路平面交叉按交通组织方式可以分为( )。

(A)渠化、部分渠化、非渠化

(B)设置专用左转车道、实行交通管制、变左转为右转

(C)信号控制交叉、无信号控制交叉、环形交叉口

(D)信号控制交叉、主路优先交叉、无优先交叉

2. 设计速度为60km/h的城市道路主干路在平面交叉中直行车辆设计速度取值最为合理的是( )。

(A)20km/h (B)30km/h (C)40km/h (D)50km/h

3.在公路平面交叉设计中,当直行车辆的通行能力有较大富裕且行驶速度较低,或条件受限制而难以设置足够长度的加速车道时,可采用较短的渐变式加速车道,此时其长度应不短于( )。

 (A)60m   (B)50m   (C)40m   (D)30m

4.渠化平面交叉的右转弯车道,其内侧路面边缘应采用( )。

 (A)三心圆复曲线   (B)双心圆复曲线

 (C)单圆曲线   (D)卵形曲线

5.城市道路信号控制交叉口设计时,当高峰15min内每信号周期内左转车平均流量达12辆,左转专用车道宜设( )。

 (A)1 条   (B)2 条   (C)3 条   (D)4 条

6.公路平面交叉设计中首先应根据相交公路的功能、地位和交通特性来确定( )。

 (A)交叉类型   (B)几何设计

 (C)用地范围   (D)交通管理方式

7.下列公路平面交叉中,应采用信号交叉交通管理方式的是( )。

 (A)环形交叉口的出口因交通量大而出现交通延误时

 (B)位于城镇路段的平面交叉

 (C)交通量较大的 T 形交叉

 (D)平面交叉口出现交通事故时

8.下列公路平面交叉中,应采用无优先交叉交通管理方式的是( )。

 (A)四级公路与四级公路交叉

 (B)一级公路与四级公路交叉

 (C)一级公路与一级公路交叉

 (D)环形交叉口

9.关于公路平面交叉中右转弯附加车道设计,下列说法正确的是( )。

 (A)主要公路设计速度为80km/h 时,次要公路上应增设加速汇流车道

 (B)一级公路与一级公路相交时,应设置经渠化分隔的右转弯车道

 (C)二级公路与三级公路相交时,应设置右转弯车道

 (D)右转弯车流中大型车比例较大时,应设置右转弯车道

10.确定城市道路平面交叉左转专用车道数的依据是( )。

 (A)高峰小时内信号周期到达左转车辆数

 (B)高峰小时内信号周期平均到达左转车辆数

 (C)高峰15min 内每信号周期到达左转车辆数

 (D)高峰15min 内每信号周期平均到达左转车辆数

11. 在交叉口进口道设置左转专用车道时,可采用的方法有( )。
(A)展宽进口道 (B)压缩中央分隔带
(C)道路中线偏移 (D)压缩人行道

12. 公路平面交叉设计中,交通岛按功能可分为( )。
(A)导流岛 (B)分隔岛 (C)实体岛 (D)隐形岛

13. 合理设置公路平面交叉的影响因素包括( )。
(A)相交公路的功能 (B)技术等级
(C)经济与环境因素 (D)交叉区域地形、地貌条件

14. 下列选项属于城市道路平面交叉中的平 B 类交叉口的是( )。
(A)支路只准右转通行的交叉口
(B)减速让行或停车让行标志管制交叉口
(C)全无管制交叉口
(D)环形交叉口

15. 关于城市道路平面交叉口出口道车道数的规定,下列说法正确的是( )。
(A)出口道车道数应与上游各进口道同一信号相位流入的进口道车道数之和相匹配
(B)相邻进口道设有右转专用车道时,出口道应展宽一条右转专用出口车道
(C)出口道的车道数至少等于上游进口道的直行车道数
(D)出口道的车道数至少等于上游进口道的左转和右转车道数之和

参考答案

1. C 2. C 3. B 4. A 5. B 6. D 7. B 8. A 9. B
10. D 11. ABC 12. AB 13. ABD 14. ABC 15. BC

第四节 立 体 交 叉

依据规范

《公路工程技术标准》(JTG B01—2014)
 9 路线交叉
《公路路线设计规范》(JTG D20—2017)
 11 公路与公路立体交叉
《公路立体交叉设计细则》(JTG/T D21—2014)

重 点 知 识

道路立体交叉应通过建立空间立体交叉形态,为交叉公路的直行交通提供连续流的运行条件。当立体交叉具有交通转换功能时,应通过设置匝道为交叉道路之间的交通转换提供运行条件。立体交叉的采用和类型选择,应根据节点在路网系统中的地位和功能确定,并应综合考虑交叉公路的等级、功能和接入控制要求等因素。立体交叉设计时应遵循多因素、系统性、一致性、连续性等原则,首先应综合分析路网节点、前后构造物间距、平纵线形、地形地质等因素选定交叉位置;然后根据交通量分布及其组成,确定交通流线主次、匝道形式、匝道车道数及匝道连接方式,尤其是左转匝道的确定;最后进行连接部等细部几何设计。

一、掌握公路互通式立体交叉间距规定

在一条道路上或一个区域内,立体交叉之间以及立体交叉与其他设施之间应有适当的距离,以使立体交叉分布均衡,功能发挥得当,相互间无干扰,获得技术上、经济上的合理性。

互通式立体交叉之间的间距是指相邻互通各自交叉中心之间的距离;互通式立体交叉之间的净距是指互通式立体交叉加速车道渐变段终点至下一相邻互通减速车道渐变段起点之间的距离(图 6-4-1)。

1. 互通式立体交叉之间的最大间距

高速公路相邻互通式立体交叉的间距不宜大于 30km,西部荒漠戈壁、草原地区和人口稀疏的山区可增大至 40km;超过时,应设置与主线立体分离的“U 形转弯”设施。

2. 互通式立体交叉之间的平均间距

大城市、重要工业园区附近的高速公路,其互通式立体交叉的平均间距宜为 5 ~ 10km;其他地区宜为 15 ~ 25km。

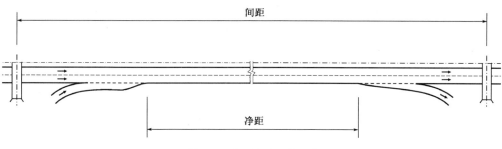

图 6-4-1　间距与净距的区别

3. 互通式立体交叉之间的最小间距

高速公路相邻互通式立体交叉的最小间距,不宜小于 4km。因路网结构或其他特殊情况限制,经论证相邻互通式立体交叉的间距需适当减小时,其上一互通式立体交叉加速车道渐变段终点至下一互通式立体交叉的减速车道渐变段起点间的距离(即净距),不得小于 1000m,且应进行专项交通工程设计,设置完善、醒目的标志、标线和警示、诱导设施;小于 1000m 且经论证必须设置时,应将两者合并设置为复合式互通式立体交叉。

复合式互通式立体交叉的交织段长度不应小于 600m,其连接可采用下列三种方式:

(1)采用辅助车道将两处互通式立体交叉的相邻出入口直接连通(图 6-4-2)。

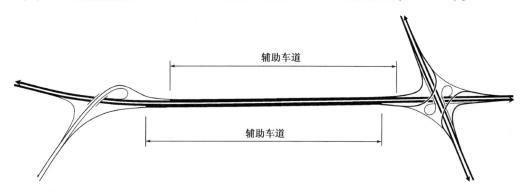

图 6-4-2　辅助车道相连的复合式互通式立体交叉示例

(2)当相邻互通式立体交叉的间距不能满足辅助车道的设置要求时,采用与主线分隔的集散车道将主线一侧所有的出口和入口连通(图 6-4-3)。

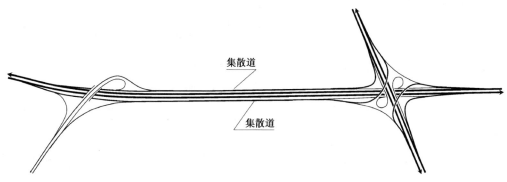

图 6-4-3　集散车道相连的复合式互通式立体交叉示例

（3）当相邻互通式立体交叉因距离过近设置集散道困难时,可采用匝道相连的方式构成复合式互通式立体交叉(图6-4-4)。当交织长度不能满足设计通行能力要求时,可采用匝道之间立体交叉等方式减少交织交通量或消除交织区(分离车道)。

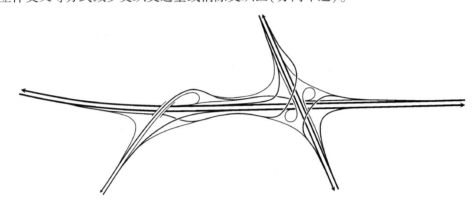

图6-4-4　匝道相连的复合式互通式立体交叉示例

非高速公路互通式立体交叉的最小间距,可参照高速公路的规定执行。受路网结构或其他特殊情况限制,经论证间距可适当减小,但相邻互通之间的净距不应小于表6-4-1的规定。

条件受限时互通式立体交叉的最小净距　　　　　　　　表6-4-1

主线设计速度(km/h)		120	100	80	60
互通式立体交叉之间最小净距(m)	主线单向双车道	800	700	650	600
	主线单向三车道	1000	900	800	700
	主线单向四车道	1200	1100	1000	900

4.互通式立体交叉与隧道之间的最小净距

1)隧道出口

隧道出口与前方互通式立体交叉间的距离,应满足设置出口预告标志的需要;条件受限制时,隧道出口至前方互通式立体交叉出口起点的距离不应小于1000m,当受现场条件限制时,间距可适当减小,但隧道与前方主线出口之间的净距不宜小于表6-4-2的规定值,且应在隧道入口前或隧道内设置预告标志。

隧道与前方主线出口之间的最小净距　　　　　　　　表6-4-2

主线设计速度(km/h)		120	100	80	60
最小净距(m)	主线单向双车道	500	400	300	250
	主线单向三车道	700	600	450	350
	主线单向四车道	1000	800	600	500

2)隧道进口

互通式立体交叉加速车道渐变段终点至前方隧道进口的距离(以m计)以不小于设计速度(以km/h计)的1倍长度为宜(图6-4-5)。

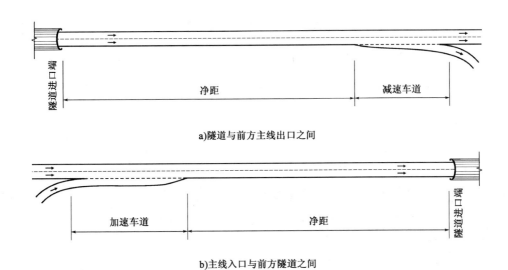

a)隧道与前方主线出口之间

b)主线入口与前方隧道之间

图6-4-5　隧道出口、入口与互通式立体交叉之间的净距示意图

5. 互通式立体交叉与服务区、停车区、客运汽车停靠站之间的最小净距

互通式立体交叉与服务区、停车区、客运汽车停靠站之间的距离应能满足设置出口预告标志的需要。条件受限制时,间距可适当减小,但上一入口终点至下一个出口起点的距离不应小于1000m;小于1000m且经论证必须设置时,应按复合式互通式立体交叉的方式处理。

二、掌握城市道路互通式立体交叉相邻出入口间距

1. 城市快速路出入口间距

城市快速路出入口间距应能保证主线交通不受分合流交通的干扰,并应为分合流交通加减速及转换车道提供安全、可靠的条件。

快速路路段上相邻两出入口端部之间的距离,应大于或等于表6-4-3规定的值。

快速路出入口最小间距　　　　　　　　　　　　　　　　　　　表6-4-3

主线设计车速 （km/h）	出入口形式			
	$\overset{L}{\longleftrightarrow}$	$\overset{L}{\longleftrightarrow}$	$\overset{L}{\longleftrightarrow}$	$\overset{L}{\longleftrightarrow}$
100	760	260	760	1270
80	610	210	610	1020
60	460	160	460	760

2. 城市互通式立体交叉间距

一般情况下,从改善道路行驶条件,节约投资分析,相邻互通式立交的间距宜满足表6-4-4的规定。

城市互通式立体交叉最小间距 表6-4-4

相邻互通式立体交叉的类型	最小间距（km）	
	市区	郊区
一般立体交叉与一般立体交叉相邻	1.8(1.5)	3.3
一般立体交叉与枢纽立体交叉相邻	2.4	3.9
枢纽立体交叉与枢纽立体交叉相邻	3.0	4.5

注：括号内数值为最小控制值。

当受路网结构或其他条件限制的情况下，相邻互通式立体交叉的最小间距应满足上游立体交叉加速车道渐变段终点至下游立体交叉减速车道渐变段起点之间的距离不得小于500m，且应满足设置交通标志的距离要求；当立体交叉间距仍小于上述规定的最小值，且经论证必须设置时，应将两者合并为组合式互通式立体交叉，并设置集散车道。

3.相邻匝道出入口之间的最小净距

城市道路互通立交相邻匝道出入口之间的最小净距 L 如图6-4-6所示。

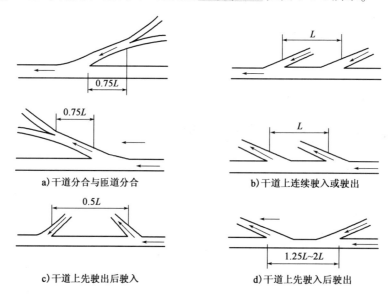

a)干道分合与匝道分合
b)干道上连续驶入或驶出
c)干道上先驶出后驶入
d)干道上先驶入后驶出

图6-4-6 匝道口最小净距

相邻匝道口最小净距 L 应符合表6-4-5的要求。

相邻匝道口最小净距 L 表6-4-5

距离 L (m)	干道设计速度（km/h）					
	120	100	80	60	50	40
极限值	165	140	110	80	70	55
一般值	330	280	220	160	140	110

注：图6-4-6 b)、d)所示情况不宜采用极限值。

匝道出入口之间最小净距还应满足下列要求：

（1）相邻驶入或驶出匝道之间的间距还应考虑变速道长度及标志之间需要的距离，并按最长需要距离决定取用值。

（2）驶入匝道紧接着又驶出匝道的情况下［图6-4-49d)］,枢纽立体交叉匝道间距取上限,一般立体交叉取下限;并应根据交织交通量计算其交织所需长度,按最长需要距离决定取用值。对于延伸交织长度不能达到足够通行能力或是苜蓿叶立体交叉相邻环形匝道,应设置集散车道。

4.城市地下道路相关设施间距

城市地下道路因其特殊的行驶空间,影响到建设成本、分合流端视距、进出洞口的驾驶行为等,使得城市地下道路分合流端、进洞、出洞、出入口间距等方面也有不同的规定。城市地下道路的出入口应设置在主线车行道右侧,当条件受限时,入口可设置在主线左侧,并应设置辅助车道。

1）出入口间距

城市地下道路的出入口间距应能保证主路交通不受分合流交通的干扰,并应为分合流交通加减速及转换车道提供安全、可靠的条件。城市地下道路路段上相邻两出入口端部之间的最小间距应符合表6-4-6的规定。

城市地下道路出入口最小间距(单位:m)　　　　　　　表6-4-6

设计速度(km/h)	出—出	出—入	入—入	入—出
80	610	210	610	1020
60	460	160	460	760
50	390	130	390	640
40	310	110	310	510

地下道路入口匝道与出口匝道之间的路段宜设置辅助车道,当出入口端部间距不符合表6-4-6要求时,应设置辅助车道,并应保证辅助车道长度满足交织要求。

2）分合流端

（1）分流端

城市地下道路主线分流鼻前的识别视距不宜小于2倍的主线停车视距,条件受限时不应小于1.5倍的主线停车视距。

（2）合流端

城市地下道路主线汇流鼻前的识别视距不应小于1.5倍的主线停车视距。匝道接入主线入口处从汇流鼻端开始应设置与主线直行车道的隔离段,如图6-4-7所示。隔离段长度不应小于主线的停车视距值,隔离设施不应遮挡视线。

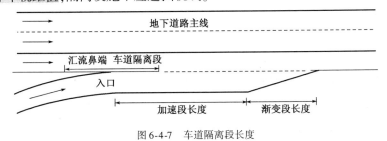

图6-4-7　车道隔离段长度

　　城市地下道路设计不应在驾驶员进入地下道路后的视觉变化适应范围内设置合流点,合流段的**汇流鼻端与洞口的距离**(图6-4-8)不应小于表6-4-7的规定。

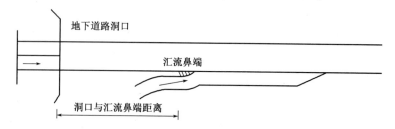

图6-4-8　地下道路洞口与汇流鼻端距离

城市地下道路洞口与汇流鼻端最小距离　　　　　　表6-4-7

设计速度(km/h)	最小间距(m)	设计速度(km/h)	最小间距(m)
80	165	50	60
60	85	≤40	35

　　3)出洞口与相关设施间距

　　(1)出洞口与地面道路平面交叉的间距

　　城市地下道路出口接地点处与下游地面道路平面交叉口的距离应符合下列规定:

　　①与无信号控制平面交叉口的停车线距离**不宜小于2倍停车视距**。当视线条件好、具有明显标志时,**不应小于1.5倍停车视距**。

　　②与信号控制交叉口的停车线距离**不宜小于1.5倍停车视距**,条件受限时**不得小于1倍停车距离**。

　　接地点至地面交叉口停车线的距离除应满足视距要求外,还应根据红灯期间车辆排队长度以及匝道与地面道路转换车道所需的交织段长度综合确定。

　　(2)出洞口与地面道路匝道出口的间距

　　城市地下道路出洞口与邻接地面道路出口匝道减速车道渐变段起点的距离应满足设置出口预告标志的需要(图6-4-9)。当条件受限时,**不应小于1.5倍主线停车视距**,并应在地下道路内提前设置预告标志。

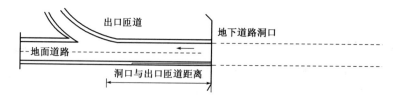

图6-4-9　地下道路出口与地面道路匝道距离

三、掌握公路交叉范围主线线形条件

1. 设计速度

(1)交叉公路设计速度

公路立体交叉范围内,交叉公路设计速度应采用基本路段的设计速度。当交叉公路在象限内转弯时,在互通式立体交叉范围内的设计速度可适当降低,但与相邻路段设计速度差不应大于20km/h。

（2）匝道设计速度

互通式立体交叉的匝道设计速度应符合表6-4-8的规定。

匝道设计速度　　　　　　　　　　　　　　　　表6-4-8

匝道类型		直连式	半直连式	环形匝道
匝道设计速度 （km/h）	枢纽互通式立体交叉	80、70、60、50	80、70、60、50、40	40
	一般互通式立体交叉	60、50、40	60、50、40	40、35、30

注：右转弯匝道、直连式或半直连式左转弯匝道宜采用上限或中间值。

2. 视距

1）主线、匝道停车视距

交叉公路基本路段的视距应采用相应等级公路规定的停车视距。

匝道全长范围内的停车视距应不小于表6-4-9的规定。

匝道停车视距　　　　　　　　　　　　　　　　表6-4-9

匝道设计速度（km/h）		80	70	60	50	40	35	30
停车视距（m）	一般地区	110	95	75	65	40	35	30
	积雪冰冻地区	135	120	100	70	45	35	30

2）分流鼻前识别视距

在分流鼻端之前宜采用表6-4-10规定的识别视距,当条件受限时,识别视距不应小于1.25倍的停车视距。识别视距的视认对象为路面标线,采用的视高为1.2m,物高为0。

识　别　视　距　　　　　　　　　　　　　　　　表6-4-10

设计速度（km/h）	120	100	80	60
识别视距（m）	350～460	290～380	230～300	170～240

3）汇流鼻前通视三角区

汇流鼻前,匝道与主线间应具有如图6-4-10所示的通视三角区。

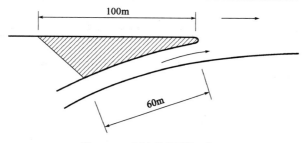

图6-4-10　汇流鼻前通视三角区

匝道出口位置应明显,易于识别,宜将出口分流鼻设置在跨线桥前;当设置在跨线桥后时,匝道出口至跨线桥的距离不应小于 150m。

3. 主线平纵线形

主线圆曲线最小半径的控制,实质为控制弯道外侧变速车道连接部的横坡差,以提高车辆运行的安全性。主线最大纵坡的控制,主要为流出主线的车辆提供平稳减速的运行条件,对于流入主线的车辆则有利于平稳加速和安全合流。

互通式立体交叉范围内主线线形指标应符合表 6-4-11 的规定。

互通式立体交叉范围内主线线形指标 表 6-4-11

设计速度(km/h)		120	100	80	60
最小圆曲线半径(m)	一般值	2000	1500	1100	500
	极限值	1500	1000	700	350
最小竖曲线半径(m)	凸形 一般值	45000	25000	12000	6000
	凸形 极限值	23000	15000	6000	3000
	凹形 一般值	16000	12000	8000	4000
	凹形 极限值	12000	8000	4000	2000
最大纵坡(%)	一般值	2	2	3	4.5(4)
	最大值	2	3	4(3.5)	5.5(4.5)

注:当主要公路以较大的下坡进入互通式立体交叉,且所接的减速车道为下坡,同时,后随的匝道线形指标较低时,主要公路的纵坡不得大于括号内的值。

分流鼻前的一定范围内,有条件时应采用满足识别视距的凸形竖曲线最小半径,见表 6-4-12。在设计时若遇到特殊情况或困难,少数指标可采用"极限值",但应有保证行驶安全的弥补措施。

分流鼻前满足识别视距的凸形竖曲线最小半径 表 6-4-12

主线设计速度(km/h)	120	100	80	60
凸形竖曲线最小半径(m)	29000	17000	8000	4000

主线竖曲线半径的控制范围如图 6-4-11 所示。

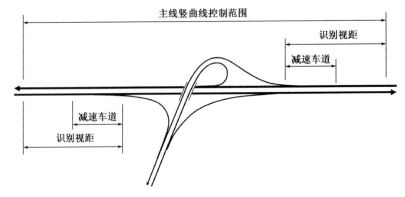

图 6-4-11 主线竖曲线半径控制范围示意图

四、掌握城市道路交叉范围主线线形条件

1. 设计速度

立体交叉范围的设计速度应根据主路设计速度、立体交叉等级和匝道形式确定。主路应采用相应道路等级的设计速度。快速路主路为保证全线运行的安全性、连续性和畅通性，其设计速度应不低于路段的设计速度。其他等级道路，在与两端道路运行特征和通行能力相匹配的条件下，经论证可适当降低立体交叉范围主线的设计速度。

立体交叉匝道设计速度宜为相应道路设计速度的50%～70%，定向匝道、半定向匝道取上限，一般匝道取下限。菱形立体交叉的平面交叉部分可采用平面交叉的设计速度。环形立体交叉的环道设计速度可采用环形平面交叉的设计速度。

2. 视距

主路分流鼻端之前的识别视距不应小于1.25倍的主路停车视距，匝道汇流鼻端前应满足通视三角区和匝道停车视距的要求。

匝道停车视距不应小于表6-4-13的规定。匝道平曲线内侧宜采用视距包络线作为视距界限。

城市互通式立体交叉匝道停车视距 表6-4-13

匝道设计速度 （km/h）	80	70	60	50	40	35	30	25	20
停车视距 （m）	110	90	70	55	40	35	30	25	20

对凸形竖曲线和在立体交叉桥下的凹形竖曲线应校核行车视距。验算时物高宜为0.1m；目高在凸形竖曲线上宜为1.2m，在凹形竖曲线宜采用2.2m。

3. 主线平纵线形

互通式立体交叉范围内主路的平纵线形不应低于路段标准，并应具有良好的通视条件。

互通式立体交叉范围受匝道设置及进出口影响，为提高行驶安全性，在进出立体交叉匝道的主路路段，其线形设计应采用比路段高的技术指标。公路在互通式立体交叉范围内主线形指标的规定比路段线形指标提高很多。由于城市道路立体交叉及进出口间距较密，交通运行状态与公路不一致，建设条件制约因素较多，很难按公路规定值实施，有条件时尽量取高值。分离式立体交叉主线可不受立体交叉范围线形指标要求的控制。

互通式立体交叉区域应具有良好的通视条件。识别视距为驾驶员发现前方互通式立体交叉的出口，按规定行车轨迹驶离主线，从而防止误行，避免撞及分流鼻端，而应保证的对出口位置的判断视距（其物高为0）。判断出口时，驾驶员应看到分流鼻端的标线，故物高为0。因此，在确定凸形曲线半径时应注意，出口处应满足最小1.25倍的主路停车视距。

五、掌握互通式立体交叉一致性设计和车道平衡设计原则

1. 一致性设计

互通式立体交叉设计时应符合一致性原则。一致性是指公路立体交叉形式、几何构造及

信息分布等应与驾驶员期望相一致,并应与车辆行驶动力特征相适应。

1)出口形式的一致性

高速公路宜采用相对一致的出口形式(图6-4-12)。有条件时,分流端部宜统一设置于交叉点之前,并宜采用单一的出口方式。

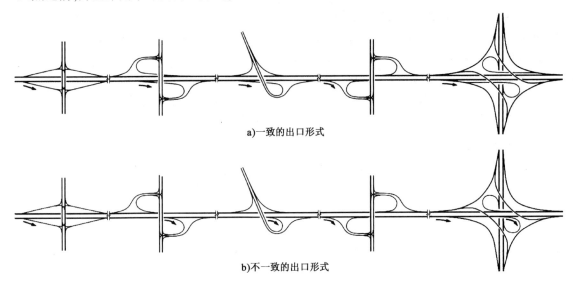

a)一致的出口形式

b)不一致的出口形式

图6-4-12 出口形式的一致性示意图

2)分流方向的一致性

当分流交通量主次分明时,次交通应采用一致的分流方向(图6-4-13)。次交通流宜统一于主交通流的右侧分流,不应采用左右交替分流的方式。

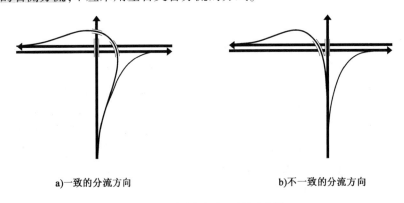

a)一致的分流方向   b)不一致的分流方向

图6-4-13 分流方向的一致性示意图

2. 车道的连续性

互通式立体交叉应保证主交通流方向基本车道的连续性。根据主交通流的分布,交叉形态及车道布置应符合下列规定:

(1)当直行交通为主交通流时,应保持原有的交叉形态[图6-4-14a)]。

(2)当主交通流在交叉象限内转弯,且其交通流线为同一高速公路的延续时,该转弯交通流线宜按主线设计,原直行交通流线宜按匝道设计[图6-4-14b)、c)]。

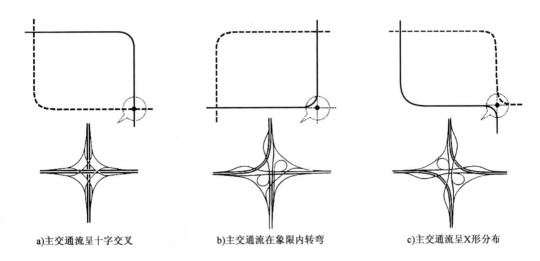

a)主交通流呈十字交叉　　　　　　b)主交通流在象限内转弯　　　　　　c)主交通流呈X形分布

图6-4-14 主交通流方向车道的连续性示意图

当两条高速公路形成错位交叉的互通式立体交叉时(图6-4-15),共用路段的车道布置符合下列规定:

(1)共用路段长度大于3km时,可按整体式横断面设计,共用路段的基本车道数应根据该路段的设计小时交通量确定,且相对于相邻的车道布置所增加的基本车道数不应超过一条。

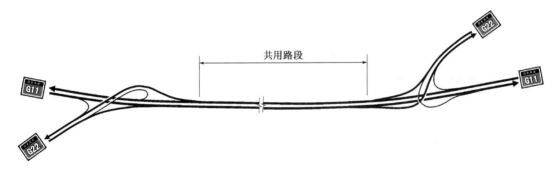

图6-4-15 错位交叉的共用路段示意图

(2)共用路段长度小于或等于3km时,或共用路段需增加的基本车道数超过一条时,两条高速公路的直行道应分开设置,并应保持各自直行车道的连续性。

3.车道平衡

高速公路应在全长范围内或重要节点之间的较长路段内保持固定基本车道数。相邻的两路段间,一个方向行车道上的基本车道数的变化不得大于1。

高速公路上,主线与匝道的分、汇流处应保持车道数的平衡,即图6-4-16所示的各部分的车道数应满足下式的规定:

$$N_C \geqslant N_F + N_E - 1 \qquad\qquad (6\text{-}4\text{-}1)$$

式中:N_C——分流前或汇流后的主线车道数;

N_F——分流后或汇流前的主线车道数；

N_E——匝道车道数。

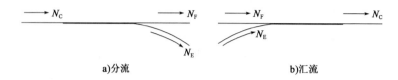

a)分流　　　　　　　　　　　b)汇流

图 6-4-16　分、汇流处的车道数平衡示意图

汇流处的车道平衡如图 6-4-17 所示。

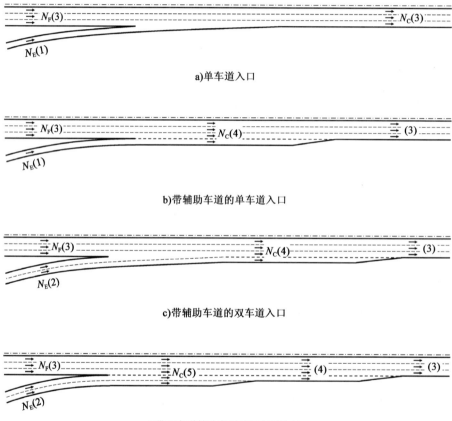

a)单车道入口

b)带辅助车道的单车道入口

c)带辅助车道的双车道入口

d)带双车道辅助车道的双车道入口

图 6-4-17　汇流处的车道平衡示意图

分流处的车道平衡如图 6-4-18 所示。

高速公路保持基本车道数 N_B 连续的路段，当互通式立体交叉的匝道车道数 $N_E > 1$ 时，出、入口应增设辅助车道(图 6-4-19)。

互通式立体交叉既要保持基本车道的连续性，又要在分汇流处保持车道平衡(图 6-4-20)。

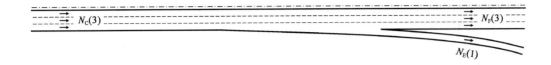

a)单车道出口

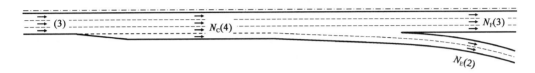

b)带辅助车道的双车道出口

图 6-4-18 分流处的车道平衡示意图

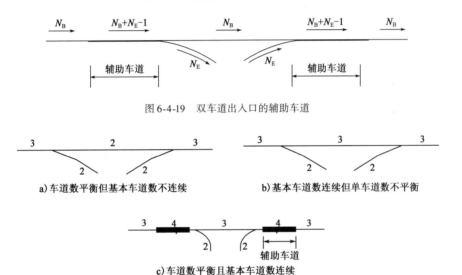

图 6-4-19 双车道出入口的辅助车道

a)车道数平衡但基本车道数不连续　　　　b)基本车道数连续但单车道数不平衡

c)车道数平衡且基本车道数连续

图 6-4-20 基本车道数连续与车道平衡示意图

六、掌握公路匝道形式、互通式立体交叉常用形式及方案选择要点

1.互通式立体交叉形式选择的一般规定

互通式立体交叉的形式应符合下列基本规定：

（1）匝道形式应与交通量相适应,交通量相对较大的匝道宜选用运行速度相对较高、绕行距离相对较短的形式。

（2）匝道线性及其连接方式宜使驾驶员通过几何构造即易于感知和识别路线走向等信息。

（3）有条件时,被交叉公路宜采用上跨方式。

（4）匝道布局宜紧凑,与现场地形和地物相适应;并应与周围环境相协调,有利于对噪声

801

和空气污染的控制。

设置收费站时,互通式立体交叉形式的选择应考虑收费管理因素,并符合下列规定:

(1)收费站宜集中设置,当为四岔交叉时,可采用连接匝道与主线和被交叉公路形成三岔交叉(如双喇叭形),如图 6-4-21 所示。

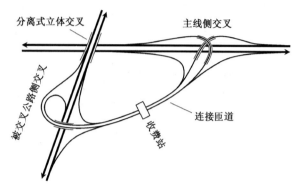

图 6-4-21　四岔交叉的收费站集中设置示意图

(2)当交通量集中导致通行能力不足或收费服务水平不足时,可结合现场条件、管理费用及投资效益等,经综合比较后采用收费分散设置的互通式立体交叉。

2. 匝道的形式及选择要点

1)匝道基本形式

匝道可分为直连式、半直连式和环形等基本形式。

(1)直连式匝道

直连式匝道是指车辆按转弯方向直接驶出和驶入的匝道。右转弯时为右出右进,左转弯时为左出左进,如图 6-4-22 所示。

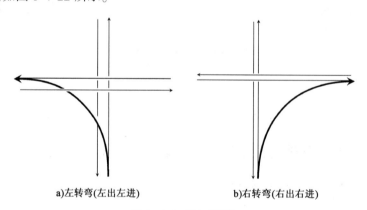

a)左转弯(左出左进)　　　　b)右转弯(右出右进)

图 6-4-22　直连式匝道

(2)半直连式匝道

半直连式匝道是指车辆未按或未完全按转弯方向直接驶出或驶入的匝道。

根据匝道两端的连接方式,左转弯半直连式可分为右出左进、左出右进和右出右进等形式,如图 6-4-23 所示。

根据车辆行驶轨迹,半直连式可分为内转弯半直连式、外转弯半直连式和迂回型半直连式等。

a)右出右进　　　　b)右出左进　　　　c)左出右进

图 6-4-23　半直连式匝道

（3）环形匝道

环形匝道（图 6-4-24）是指左转弯的车辆向右运行约 270°转弯进入相交道路的匝道。

2）匝道形式选择的要点

（1）基本规定

①右转弯匝道宜采用直连式。

②单车道左转弯匝道可采用环形。

（2）三岔以上（四岔或多岔）交叉左转弯匝道形式的选择

三岔以上的交叉左转弯匝道宜采用右出右进半直连式，不宜采用右出左进半直连式、左出右进半直连式和直连式。

（3）三岔交叉左转弯匝道形式的选择

①左转弯出口匝道形式的选择

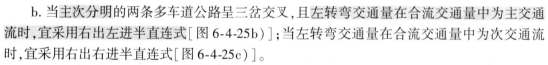

图 6-4-24　环形匝道

三岔交叉左转弯出口匝道形式的采用应符合下列规定：

a. 当交通量大小相当的两条多车道公路呈三岔交叉时，宜采用直连式[图 6-4-25a）]。

b. 当主次分明的两条多车道公路呈三岔交叉，且左转弯交通量在合流交通量中为主交通流时，宜采用右出左进半直连式[图 6-4-25b）]；当左转弯交通量在合流交通量中为次交通流时，宜采用右出右进半直连式[图 6-4-25c）]。

c. 当被交叉公路为双车道公路，或被交叉公路交通量较小时，可采用右出左进半直连式或环形。

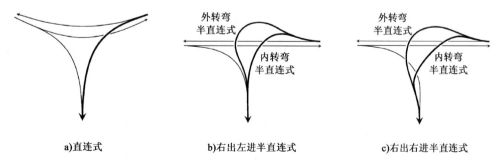

a)直连式　　　　b)右出左进半直连式　　　　c)右出右进半直连式

图 6-4-25　三岔交叉左转弯出口匝道形式

②左转弯入口匝道形式的选择

三岔交叉左转弯入口匝道形式的采用应符合下列规定：

a.当交通量大小相当的两条多车道公路呈三岔交叉时,宜采用直连式[图6-4-26a)]。

b.当主次分明的两条多车道公路呈三岔交叉,且左转弯交通量在分流交通量中为主交通流时,宜采用左出右进半直连式[图6-4-26b)]；当左转弯交通量在分流交通量中为次交通流时,宜采用右出右进半直连式[图6-4-26c)]。

c.当被交叉公路为双车道公路,或被交叉公路交通量较小时,可采用左出右进半直连式或环形。

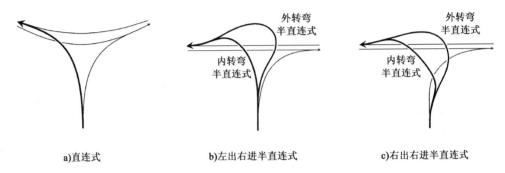

| a)直连式 | b)左出右进半直连式 | c)右出右进半直连式 |

图6-4-26 三岔交叉左转弯入口匝道形式

(4)左转弯匝道形式与匝道设计小时交通量的关系

左转弯匝道形式应根据匝道设计小时交通 $DDHV$ 确定,并应符合下列规定：

a.当 $DDHV \geqslant 1500 \text{pcu/h}$ 时,左转弯匝道宜选用内转弯半直连式。

b.当 $1000 \text{pcu/h} \leqslant DDHV < 1500 \text{pcu/h}$ 时,宜选用外转弯半直连式,也可选用内转弯半直连式。

c.当 $DDHV < 1000 \text{pcu/h}$ 时,可选用环形、外转弯半直连式或迂回型半直连式。

d.当各左转弯匝道 $DDHV < 1000 \text{pcu/h}$,且有部分匝道需采用半直连式时,交通量较大者或出口匝道宜选用半直连式。

3)连续分、合流匝道的连接方式

当连续有两条或两条以上的匝道与主线连接时,连续分、合流连接方式的采用应符合表6-4-14的规定。

连续分、合流连接方式
表6-4-14

连接方式	连续分流	连续合流	合分流	分合流
宜采用的方式				
条件受限时可采用的方式			—	—

3. 一般互通式立体交叉的常用形式及选择要点

1)三岔喇叭形

当三岔交叉至少有一条左转弯匝道的交通量小于单车道匝道设计通行能力时可选用三岔喇叭形。交叉类型的选用应符合以下规定：

(1)当左转弯出口匝道交通量大于单车道匝道设计通行能力时,应选用 A 型[图6-4-27a)]。

(2)当左转弯交通量均小于单车道匝道设计通行能力时,宜选用 A 型。

(3)当左转弯入口匝道交通量大于单车道匝道设计通行能力时,宜选用 B 型[图6-4-27b)]。

(4)当左转弯交通量均小于单车道匝道设计通行能力时,且左转弯入口匝道交通量相对较大或受现场条件限制时,可选用 B 型。

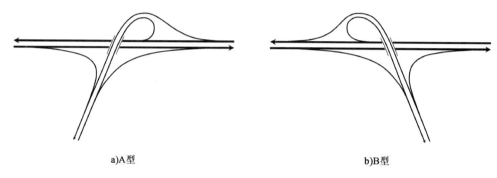

a)A型　　　　　　　　　　　　　　b)B型

图6-4-27　三岔喇叭形互通式立体交叉

2)叶形

当三岔交叉左转弯交通量均小于单车道匝道设计通行能力时,或被交叉公路远期将延伸形成四岔交叉且规划为苜蓿叶形时,可采用叶形(图6-4-28)。

3)梨形

当三岔交叉各左转弯交通量大小相当,且主线侧用地受限时,可采用梨形(图6-4-29)。

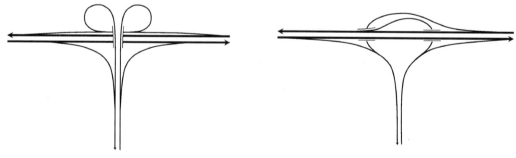

图6-4-28　叶形互通式立体交叉　　　　　　图6-4-29　梨形互通式立体交叉

4)四岔喇叭形

当四岔交叉集中设置匝道收费站时,可选用四岔喇叭形。交叉形式的选用宜符合下列规定：

(1)当被交叉公路侧采用平面交叉满足设计通行能力要求时,可选用四岔单喇叭形[图6-4-30a)]。

（2）当被交叉公路侧采用平面交叉不能满足设计通行能力要求时,可根据现场条件选用双喇叭形或喇叭＋T形(需设置两处跨线构造物)[图6-4-30b)、c)]。

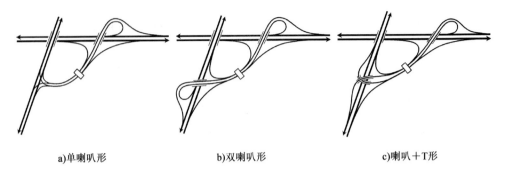

a)单喇叭形　　　　　　　b)双喇叭形　　　　　　　c)喇叭＋T形

图6-4-30　四岔喇叭形互通式立体交叉

5)部分苜蓿叶形

当部分象限用地受限,四岔交叉可选用部分苜蓿叶形,交叉类型的选用应符合以下规定:

（1）当各匝道交通量大小相当或出口匝道交通量相对较大时,宜选用 A 型[图6-4-31a)]。

（2）当受现场条件限制或入口匝道交通量相对较大时,可选用 B 型[图6-4-31b)]。

（3）当被交叉公路单侧受现场条件限制设置匝道困难时,可选用 AB 型[图6-4-31c)]。

（4）交叉类型的选用应同时考虑平面交叉的交通量分布和设计通行能力要求等因素。

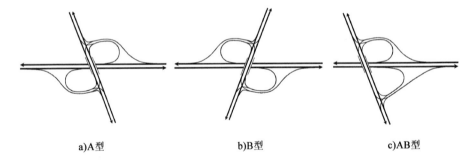

a)A型　　　　　　　　　b)B型　　　　　　　　　c)AB型

图6-4-31　部分苜蓿叶形互通式立体交叉

当部分苜蓿叶形平面交叉不能满足设计通行能力要求,或无设置匝道收费站要求时,可选用六匝道部分苜蓿叶形(图6-4-32)。B 型和 AB 型主线侧的连续出口宜予合并。

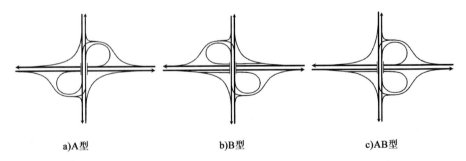

a)A型　　　　　　　　　b)B型　　　　　　　　　c)AB型

图6-4-32　六匝道苜蓿叶形互通式立体交叉

6)菱形

当用地受限时,四岔交叉可选用菱形,交叉形式的选用宜符合以下规定:

(1)当平面交叉满足设计通行能力要求时,可选用标准菱形[图6-4-33a)]。

(2)当标准菱形的平面交叉不能满足设计通行能力时,可选用单向通行的分裂菱形[图6-4-33b)]。

(3)当两被交叉公路距离较小且在交叉附近相互连通时,可在两被交叉公路单侧设置半菱形,共同形成双向通行的分裂菱形[图6-4-33c)]。

(4)当交叉公路主次明显且设置信号灯时,可采用单点式菱形[图6-4-33d)]。

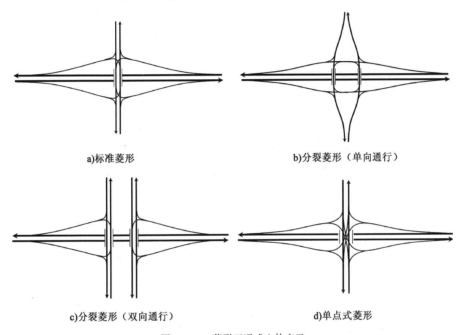

a)标准菱形 b)分裂菱形(单向通行)

c)分裂菱形(双向通行) d)单点式菱形

图6-4-33 菱形互通式立体交叉

7)环形

当匝道之间或匝道与被交叉公路之间采用交织交叉方式满足设计通行能力要求时,四岔或多岔立体交叉可采用环形(图6-4-34)。

8)组合型

当匝道布局受到现场条件的限制或因通行能力需要时,可根据交通量分布采用不同类型匝道构成的组合型(图6-4-35)。

4.枢纽互通式立体交叉的常用形式及选择要点

1)三岔Y形

当三个方向交通量大小相当的两条高速公路呈三岔交叉时,宜采用左转弯匝道均为直连式的三岔Y形(图6-4-36)。各匝道可按高速公路的延续路段设计。

2)三岔T形

当主次分明的两条高速公路呈三岔交叉时,可根据转弯交通量大小,按匝道选用原则选用不同的匝道形式,构成不同形式的三岔T形(图6-4-37)。

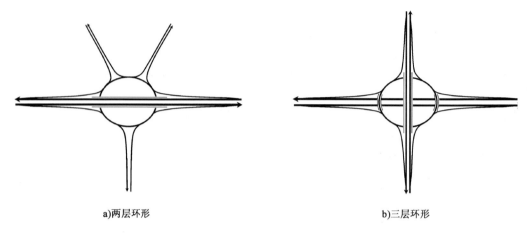

a)两层环形   b)三层环形

图 6-4-34   环形互通式立体交叉

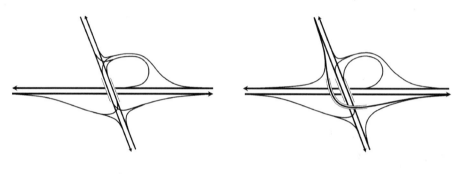

a) 部分苜蓿叶+菱形   b) 部分苜蓿叶+菱形+半直连式匝道

图 6-4-35   组合型互通式立体交叉示例

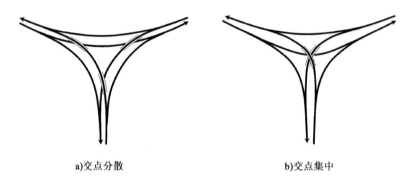

a)交点分散   b)交点集中

图 6-4-36   三岔 Y 形互通式立体交叉

3）直连式互通式立体交叉

当四岔交叉各转弯交通量均大于或等于 1500pcu/h 时,宜采用左转弯匝道均为内转弯半直连式的直连式互通式立体交叉(图 6-4-38)。

4）涡轮形

当四岔交叉各左转弯交通量大小相当,且小于 1500pcu/h 时,可采用左转弯匝道均为外转弯半直连式的涡轮形(图 6-4-39)。

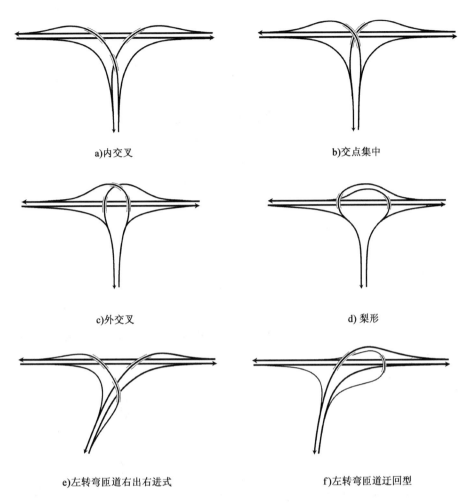

a)内交叉 b)交点集中

c)外交叉 d) 梨形

e)左转弯匝道右出右进式 f)左转弯匝道迂回型

图 6-4-37 三岔 T 形互通式立体交叉

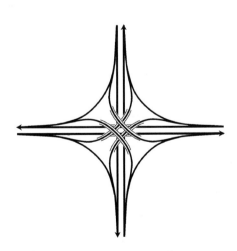

图 6-4-38 直连式互通式立体交叉

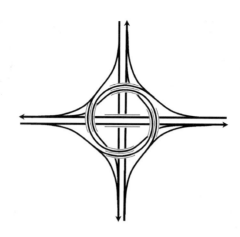

图 6-4-39　涡轮形互通式立体交叉

5）完全苜蓿叶形

当四岔交叉各转弯交通量均小于单车道设计通行能力时,可采用 4 条左转弯匝道均为环形的完全苜蓿叶形[图 6-4-40a)]。

当交叉公路为高速公路或具干线功能的一级公路,或交织交通量大于 500pcu/h 时,应设置集散道将两环形匝道之间的交织区与交叉公路直行车道隔离[图 6-4-40b)]。

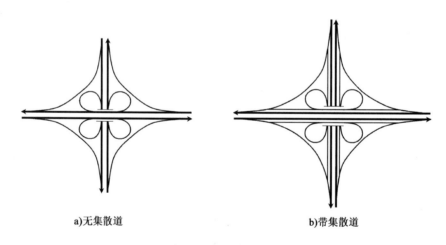

a)无集散道　　　　　　　　　　　　　　　　b)带集散道

图 6-4-40　完全苜蓿叶形互通式立体交叉

6）变形苜蓿叶形

当四岔交叉各转弯交通量相差较大时,可根据转弯交通量大小,按匝道选用原则分别选用不同的匝道形式,构成不同形式的变形苜蓿叶形(图 6-4-41)。

5.特殊条件下的互通式立体交叉形式及方案选择

1）匝道带平面交叉的互通式立体交叉

当受现场条件限制且交叉冲突交通量小于 500pcu/h 时,可采用匝道带平面交叉的互通式立体交叉(图 6-4-42)。

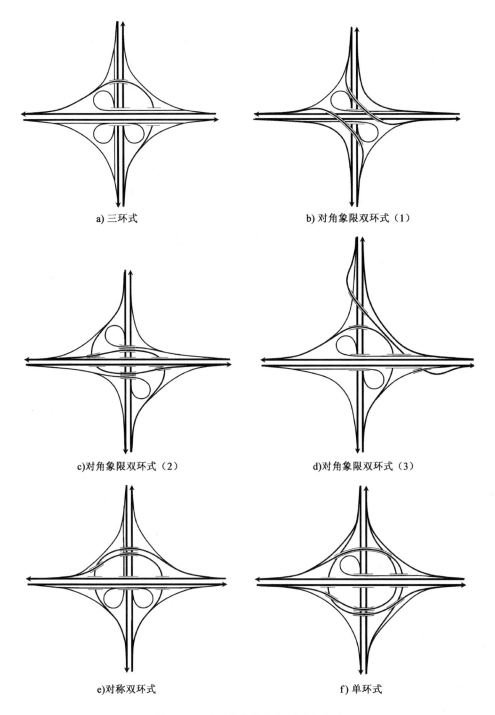

a) 三环式   b) 对角象限双环式（1）

c)对角象限双环式（2）   d)对角象限双环式（3）

e)对称双环式   f) 单环式

图 6-4-41　变形苜蓿叶形互通式立体交叉

2）主线带平面交叉的互通式立体交叉

当主线为非全部控制出入的公路,且采用平面交叉不能满足设计通行能力要求时,可根据交通量大小及分布仅设部分立体交叉匝道,形成主线带平面交叉的互通式立体交叉(图6-4-43)。

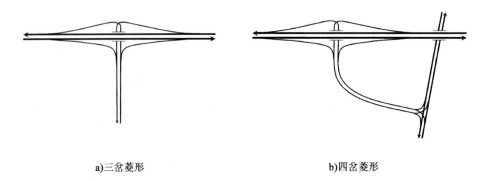

a)三岔菱形   b)四岔菱形

图 6-4-42   匝道带平面交叉的互通式立体交叉示例

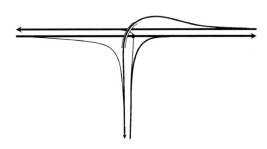

图 6-4-43   主线带平面交叉的互通式立体交叉示例

3)独象限式互通式立体交叉

当主线为非全部控制出入的公路,因地形限制主线与被交叉公路之间的交叉采用平面交叉困难时,可以采用独象限式互通式立体交叉(图 6-4-44)。

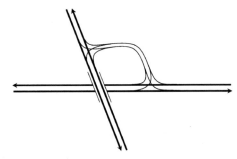

图 6-4-44   独象限式互通式立体交叉示例

七、掌握城市道路立体交叉分类及选型要点

1. 城市道路立体交叉分类

立体交叉口应根据相交道路等级、直行及转向(主要是左转)车流行驶特征、非机动车对机动车干扰等进行分类。城市道路立体交叉分为三大类:

(1)立 A 类:枢纽立体交叉

立 A_1 类:主要形式为全定向、喇叭形、组合式全互通式立体交叉;宜在城市外围区域采用。

立 A_2 类:主要形式为喇叭形、苜蓿叶形、半定向、定向或半定向组合的全互通式立体交叉。

宜在城市外围与中心区之间区域采用。

（2）立B类：一般立体交叉

主要形式为喇叭形、苜蓿叶形、环形、菱形、迂回式、组合式全互通或半互通式立体交叉。宜在城市中心区域采用。

（3）立C类：分离式立体交叉

城市道路立体交叉主要类型及交通流行驶特征宜符合表6-4-15的规定。

城市道路立体交叉口类型及交通流行驶特征　　表6-4-15

立体交叉口类型	主线直行车流行驶特征	转向车流行驶特征	非机动车及行人干扰情况
立A类（枢纽立体交叉）	连续快速行驶	较少交织、无平面交叉	机非分行，无干扰
立B类（一般立体交叉）	主要道路连续快速行驶，次要道路存在交织或平面交叉	部分转向交通存在交织或平面交叉	主要道路机非分行，无干扰；次要道路机非混行，有干扰
立C类（分离式立体交叉）	连续行驶	不提供转向功能	—

2. 城市道路立体交叉选型

城市道路立体交叉口选型应根据交叉口在道路网中的地位、作用、相交道路的等级，结合交通需求和控制条件确定，并应符合表6-4-16的规定。

城市道路立体交叉口选型　　表6-4-16

立体交叉口类型	选型	
	推荐形式	可选形式
快速路—快速路	立A₁类	—
快速路—主干路	立B类	立A₂类、立C类
快速路—次干路	立C类	立B类
快速路—支路	—	立C类
主干路—主干路	—	立B类

注：当城市道路与公路相交时，高速公路按快速路、一级公路按主干路、二级和三级公路按次干路、四级公路按支路，确定与公路相交的城市道路交叉口类型。

城市道路互通式立体交叉选型时除应按表6-4-16的规定选择立体交叉类型外，还应根据交通需求和周围环境限制条件等因素，并按下列规定确定具体立体交叉形式：

（1）枢纽立体交叉应选择全定向、半定向、组合型等立体交叉形式。一般立体交叉可选择全苜蓿叶形、部分苜蓿叶形、喇叭形、菱形以及环形或组合型等立体交叉形式。

（2）直行和转弯交通量均较大并需高速度集散车辆的快速路与快速路相交的枢纽立体交叉，应选用全定向型或半定向型立体交叉；左转弯交通量差别较大的枢纽立体交叉，可选用组合型立体交叉。

（3）相交道路等级相差较大，且转弯交通量不大的一般立体交叉，可选用菱形、部分苜蓿叶形或喇叭形立体交叉形式。

（4）城市中不宜选用占地较大的全苜蓿叶形立体交叉；如需设置同侧的环形左转匝道时，应在两相邻左转环形匝道间设置集散车道。

（5）左转交通量较大的立体交叉不应选用环形立体交叉。

八、熟悉公路互通式立体交叉匝道横断面组成、类型及选择条件

匝道车道数及横断面类型应根据匝道设计小时交通量、交通组成、设计速度、服务水平及超车需要等确定。

1．匝道横断面组成

匝道横断面应由车道、路缘带、硬路肩和土路肩等组成，各组成部分的宽度应符合下列规定：

（1）当匝道设计速度小于 70km/h 时，车道宽度应采用 3.50m；当匝道设计速度大于或等于 70km/h 时，应采用 3.75m。

（2）路缘带宽度应采用 0.50m。

（3）设紧急停车带的单向双车道匝道，左侧硬路肩宽度宜采用 0.75m；其余类型的匝道应采用 1.00m。

（4）当设紧急停车带时，右侧硬路肩宽度宜采用 3.00m，条件受限时可适当减小，但单向单车道和单向双车道匝道宽度不应小于 1.50m，对向分隔式双车道匝道不应小于 2.00m；当不设紧急停车带时，可采用 1.00m。

（5）土路肩宽度宜采用 0.75m；当条件受限时，可采用 0.50m。

（6）对向分隔式双车道匝道的中央分隔带宽度不应小于 1.00m。

2．匝道横断面的类型

（1）Ⅰ型——单向单车道匝道，其中 α 为圆曲线路段加宽值（图 6-4-45）。

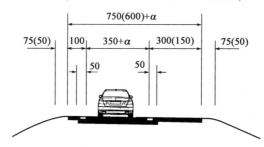

图 6-4-45　Ⅰ型——单向单车道匝道（尺寸单位：cm）

（2）Ⅱ型——无紧急停车带的单向双车道匝道，可用作对向非分隔双车道匝道（图 6-4-46）。

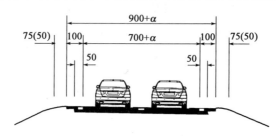

图 6-4-46　Ⅱ型——无紧急停车带的单向双车道匝道（尺寸单位：cm）

（3）Ⅲ型——有紧急停车带的单向双车道匝道（图6-4-47）。

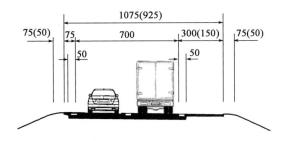

图6-4-47　Ⅲ型——有紧急停车带的单向双车道匝道（尺寸单位：cm）

（4）Ⅳ型——对向分隔式双车道匝道，其中 α、β 为圆曲线路段加宽值（图6-4-48）。

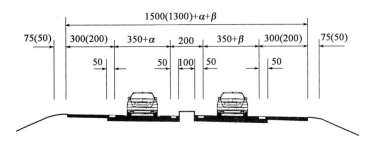

图6-4-48　Ⅳ型——对向分隔式双车道匝道（尺寸单位：cm）

（5）当匝道按高速公路延续路段设计时，应采用高速公路分离式断面。

公路互通式立体交叉匝道横断面类型的选用见本章第二节相关内容。

九、熟悉城市道路互通式立体交叉匝道横断面组成、类型及选择条件

1. 匝道横断面组成

城市道路立体交叉匝道横断面应由车道、路缘带、停车带和防撞护栏或路肩组成。

（1）车行道宽度

车行道宽应根据车道数、车型及设计速度确定，机动车车道宽度应符合表6-4-17 的规定。单车道匝道必须设停车带，停车带含一侧路缘带宽度应为 2.75m；当为小型汽车专用匝道时可为 2.0m。

机动车车道宽度　　　　　　　表6-4-17

车型及行驶状态	设计速度（km/h）	车道宽度（m）
大型汽车或大小型汽车混行	≥60	3.75
	<60	3.5（3.25）
小型汽车专用道	≥60	3.5
	<60	3.25（3.0）

注：括号内数值为设计速度不超过40km/h时，或在困难情况下可采用的最小宽度值。

（2）其他组成部分宽度

匝道横断面组成中，分隔带、路缘带、侧向净宽、安全带、分车带最小宽度应符合表6-4-18 的规定。其中，分车带由分隔带及两侧路缘带组成，侧向净宽包括路缘带与安全带的宽度。机

非混行匝道车行道宽应增加非机动车车道宽度，一般机动车道与非机动车道应采用物理分隔。

分车带最小宽度 表 6-4-18

分车带类别	中间带			两侧带		
设计速度 V(km/h)	70～80	50～60	≤40	70～80	50～60	≤40
分隔带最小宽度 W_{dm}(m)	1.5	1.5	1.5	1.5	1.5	1.5
路缘带最小宽度 W_{mc}(m)	0.5	0.5	0.25	0.5	0.5	0.25
安全带最小宽度 W_{sc}(m)	0.5	0.25	0.25	0.25	0.25	0.25
最小侧向净宽 W_1(m)	1	0.75	0.5	0.75	0.75	0.5
分车带最小宽度 W_{sm}(m)	2.5	2.5	2	—	—	—

2. 匝道横断面的类型

匝道横断面布置宜符合表 6-4-19 中的图示要求。

匝道横断面布置 表 6-4-19

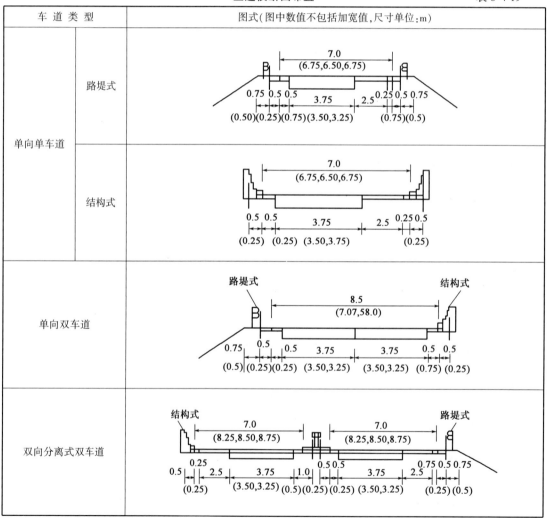

车 道 类 型	图式(图中数值不包括加宽值，尺寸单位:m)
单向单车道 路堤式	
单向单车道 结构式	
单向双车道	
双向分离式双车道	

3. 匝道横断面形式的选择

（1）单向交通匝道横断面形式应采用单幅式断面，双向交通匝道横断面形式应采用双向分离式断面。

（2）双车道匝道设置应符合下列条件：

①交通量超过单车道匝道设计通行能力。

②在单车道匝道和匝道出入口通行能力满足交通量要求，但遇以下情况之一仍应采用双车道匝道，且宜采用画线方式控制出入口为一车道：

a. 匝道长度大于300m。

b. 预计匝道上或匝道和街道连接处的管制（如信号灯控制）可能形成车辆排队，需增加蓄车空间。

c. 纵坡采用极限值的陡坡匝道。

城市道路立体交叉匝道设计通行能力见本章第二节相关内容。

十、熟悉公路互通式立体交叉变速车道、辅助车道和集散道设计要点

1. 变速车道

匝道与主线之间的连接部应设置变速车道（图6-4-49）。变速车道的组成应包括渐变段、变速段（减速或加速段）和鼻端等，当车道不平衡时，应设置辅助车道。渐变段宽度达到"一个车道宽"的断面称为分（汇）流点；变速车道和主线两者的铺面分岔点称为分（汇）流鼻。

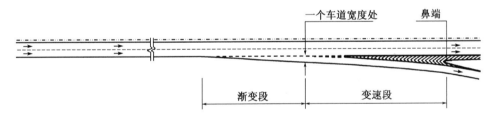

图6-4-49　变速车道的组成示意图

1）变速车道横断面

变速车道横断面（图6-4-50）各组成部分的宽度应符合下列规定：

（1）变速车道的车道宽度宜采用匝道车道宽度。

（2）变速车道与主线直行车道之间宜设置路缘带，宽度可采用0.5m。

（3）右侧硬路肩宽度宜采用主线与匝道硬路肩中较宽者的宽度。当条件受限时，右侧硬路肩宽度可适当减窄，但不应小于1.5m。

2）变速车道的形式

变速车道的形式包括直接式和平行式两种。减速车道的形式应根据主线几何条件和车道平衡要求等确定，加速车道的形式应根据几何条件、交通量大小和车道平衡要求等确定。变速车道形式的选择应符合以下规定：

（1）变速车道为单车道时，减速车道宜采用直接式，加速车道宜采用平行式；变速车道为双车道时，加、减速车道均应采用直接式。

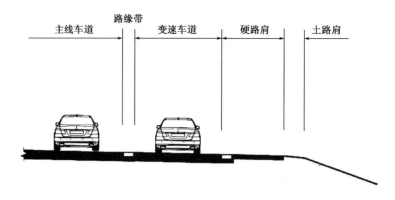

图 6-4-50　变速车道一个车道宽处的横面段示意图

（2）主线为左偏并接近圆曲线最小半径的一般值时,其右方的减速车道应为平行式（图 6-4-51）,且应缩短渐变段（将缩短的长度补在平行段上）。

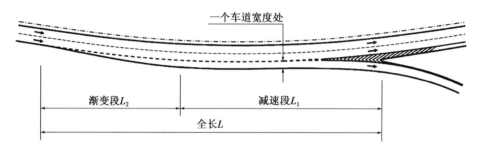

图 6-4-51　单车道平行式减速车道

（3）减速车道接小半径环形匝道时宜采用平行式。

（4）当流入和直行交通量小,且加速车道全长利用率较小时,单车道加速车道可采用直接式（图 6-4-52）。

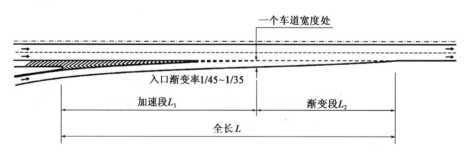

图 6-4-52　单车道直接式加速车道

（5）当主线圆曲线半径小于或等于圆曲线最小半径的一般值时,且设置直接式困难时,曲线外侧双车道加速车道（图 6-4-53）可采用平行式。

3）变速车道的长度

变速车道各路段最小长度及出入口最大渐变率应符合表 6-4-20 的规定。

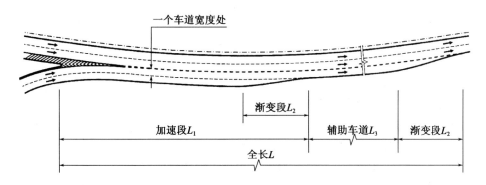

图 6-4-53　双车道直接式加速车道

变速车道长度及有关参数　　　　　　　　表 6-4-20

变速车道类别		主线设计速度（km/h）	变速车道长度 L_1（m）	渐变段长度 L_2（m）	出入口渐变率	辅助车道长度 L_3（m）	全长 L（m）
减速车道	单车道	120	145	100	1/25	—	245
		100	125	90	1/22.5	—	215
		80	110	80	1/20	—	190
		60	95	70	1/17.5	—	165
	双车道	120	225	90	1/22.5	300	615
		100	190	80	1/20	250	520
		80	170	70	1/17.5	200	440
		60	140	60	1/15	180	380
加速车道	单车道	120	230	90（180）	1/45	—	320（410）
		100	200	80（160）	1/40	—	280（360）
		80	180	70（160）	1/40	—	250（340）
		60	155	60（140）	1/35	—	215（295）
	双车道	120	400	180	1/45	400	980
		100	350	160	1/40	350	860
		80	310	150	1/37.5	300	760
		60	270	140	1/35	250	660

注：括号内数值为直接式单车道加速车道的渐变段长度或全长，平行式采用括号外的值。

在下列情况下应对变速车道长度进行调整：

（1）当变速车道位于纵坡大于2%的路段时，应按表6-4-21规定的系数对变速车道长度进行修正。

（2）当减速车道纵坡小于2%但紧接主线纵坡大于4%的下坡路段时，减速车道长度宜采用1.1~1.2的系数进行修正。

（3）当匝道基本路段设计速度小于40km/h时，减速车道最小长度宜按高一个主线设计速度档次的变速车道长度取值。

坡道上变速车道长度的修正系数　　　　　　　表 6-4-21

主线纵坡 $i(\%)$		$2 < i \leqslant 3$	$3 < i \leqslant 4$	$i > 4$
修正系数	下坡减速车道	1.10	1.20	1.30
	上坡加速车道	1.20	1.30	1.40

(4)当双车道匝道采用单车道加速车道时,加速车道的长度应增加 10~20m。

4)主线为曲线时变速车道的线形

主线为曲线时变速车道的线形应符合下列规定:

(1)平行式变速车道与主线相依部分应采用与主线相同的曲率。

(2)当为同向曲线时,线形分岔点 CP(渐变至一个车道宽度那一起或终点)以外宜采用卵形回旋线或复合回旋线,如图 6-4-54a)所示;当为反向曲线时,则 CP 以外宜采用 S 形回旋线,如图 6-4-54b)所示;当主线的圆曲线半径大于 2000m 时,可采用完整的回旋线。

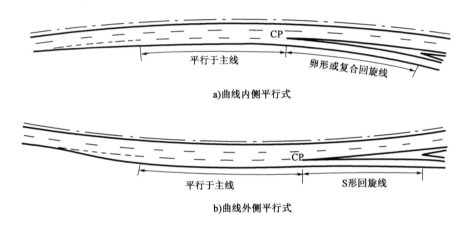

a)曲线内侧平行式

b)曲线外侧平行式

图 6-4-54　曲线段平行式变速车道的线形

(3)直接式变速车道直至分、汇流鼻的全长范围内应采用与主线相同的线形。

(4)曲线外侧的直接式变速车道,当主线为设置大于 3% 超高的左弯曲线时,或因其他原因而不便在接近分、汇流鼻附近采用主线相同的线形时,可在主线边车道外缘线和匝道车道内缘线的距离为 3.5m 的点至分、汇流鼻端范围内采用 S 形回旋线向匝道线形过渡,如图 6-4-55 所示。

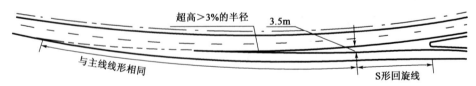

图 6-4-55　主线设置超高大于 3% 的左弯曲线直接式变速车道的线形

2. 鼻端构造

1)合流鼻端

合流鼻端不应设偏置。

2）分流鼻端

分流鼻端应设偏置，鼻端的设置应符合下列规定：

（1）减速车道分流鼻端，主线侧可按偏置值 C_1 控制，匝道侧可按偏置加宽值 C_2 控制（图6-4-56）。

偏置值 C_1 是指外侧行车道边缘线以外包括硬路肩宽度的路面加宽值；偏置加宽值 C_2 则是左侧硬路肩以外的路面加宽值。

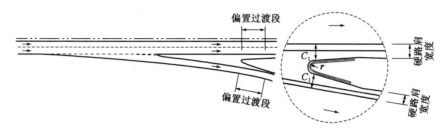

图6-4-56 偏置值 C_1 和偏置加宽值 C_2 示意图

（2）在主线相互分流鼻端，鼻端两侧均可按偏置值 C_1 控制。

（3）在匝道相互分流鼻端，左匝道侧可按偏置值 C_1 控制，右匝道侧可按偏置加宽值 C_2 控制。

（4）主线侧合分流连接部辅助车道的鼻端应按变速车道鼻端设计。

（5）互通式立体交叉集散道与主线之间的鼻端应按变速车道鼻端设计，匝道与集散道之间的鼻端宜按匝道相互分、合流鼻端设计。

偏置值及偏置加宽值不应小于表6-4-22 的规定值。当硬路肩宽度大于或等于表中规定的偏置值时，偏置值可采用硬路肩宽度。

分流鼻端最小偏置值及偏置加宽值 　　　　　　　表6-4-22

分 流 类 型	最小偏置值 C_1（m）	最小偏置加宽值 C_2（m）
减速车道分流	3.0	0.6
主线相互分流	1.8	—
匝道相互分流	2.5	0.6

分流鼻端与护栏端部之间应安装防撞垫等缓冲设施，其距离应符合以下规定：

（1）当分流鼻端位于路基段，且土路肩上设置防撞护栏时，护栏端部距分流鼻端之间的距离应大于6m。

（2）当分流鼻端位于构造物路段，或路面外缘设置刚性护栏时，护栏端部应从常规分流鼻端位置后移6~10m。

3．辅助车道

主线侧合分流连接部的辅助车道宽度宜采用与主线直行车道相同的宽度，与主线直行车道间可不设路缘带。辅助车道右侧硬路肩宽度宜与主线基本路段的右侧硬路肩相同，当条件受限时，可适当减窄，但宽度不应小于1.5m。

主线侧合、分流连接部的辅助车道长度不应小于表6-4-23 的规定值，当主线单向基本车道数大于3 车道或匝道中有双车道时，不应小于一般值。

主线侧合、分流连接部的辅助车道最小长度 表 6-4-23

主线设计速度(km/h)		120	100	80	60
车辆车道 最小长度(m)	一般值	1200	1100	1000	800
	极限值	1000	900	800	700

4. 集散道

互通式立体交叉集散道线形设计可采用匝道设计速度及相关技术指标。集散道横断面(图 6-4-57)设计应符合下列规定:

(1)互通式立体交叉集散道车道数及横断面类型的选择宜按匝道横断面的有关规定执行。

(2)集散道与主线之间应设置分隔带,分隔带宽度不宜小于 2.0m。

(3)主线在设有集散道路段应维持原有硬路肩的宽度。

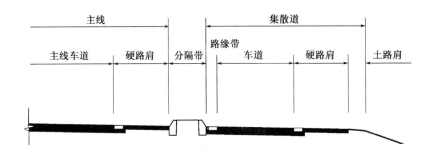

图 6-4-57 集散道横断面示意图

十一、熟悉城市道路互通式立体交叉变速车道、辅助车道和集散道设计要点

1. 变速车道

变速车道分为直接式和平行式两种。减速车道宜采用直接式,加速车道宜采用平行式。

变速车道长度为加速或减速车道长度与过渡段长度之和,应根据主线设计速度采用大于表 6-4-24 所列值。

变速车道长度及出、入口渐变率 表 6-4-24

主线设计速度(km/h)		120	100	80	60	50	40
除宽度缓和部分外的减速车道 规定长度(m)	1 车道	100	90	80	70	50	30
	2 车道	150	130	110	90	—	—
除宽度缓和部分外的加速车道 规定长度(m)	1 车道	200	180	160	120	90	50
	2 车道	300	260	220	160	—	—
宽度缓和路段长度(m)	1 车道	70	60	50	45	40	40
出口角度	1 车道	1/25		1/20		1/15	
	2 车道						
入口角度	1 车道	1/40		1/30		1/20	
	2 车道						

下坡路段的减速车道和上坡路段的加速车道,其长度应按表 6-4-25 所列修正系数予以修正。

变速车道长的修正系数　　　　　表 6-4-25

纵坡度(%)	$0 < i \leqslant 2$	$2 < i \leqslant 3$	$3 < i \leqslant 4$	$4 < i \leqslant 6$
下坡减速车道修正系数	1.00	1.10	1.20	1.30
上坡加速车道修正系数	1.00	1.20	1.30	1.40

变速车道横断面位置应自主线的路缘带外侧算起,一条变速车道宽度应为 3.5m。变速车道外侧应另加路缘带,当与高速公路相接时为紧急停车带。

2. 鼻端

立 A_1 类立体交叉主线与驶出匝道的出口分流点处,当需给误行车辆提供返回余地时,行车道边缘宜设偏置加宽,并应采用圆弧连接主线和匝道路面的边缘。偏置加宽值和楔形端部鼻端半径应符合表 6-4-26 的规定。高架结构段可不设偏置加宽。

分流点处偏置值与端部半径　　　　　表 6-4-26

分流方向	主线偏置值 C_1(m)	匝道偏置值 C_2(m)	鼻端半径 r(m)
驶离主线	≥3.0	0.6 ~ 1.0	0.6 ~ 1.0
主线相互分岔	1.8		0.6 ~ 1.0

3. 辅助车道

(1)辅助车道用于互通式立体交叉分、合流段。辅助车道的宽度应与直行车道相同。

(2)在设置双车道匝道的分、合流处,应增设辅助车道。辅助车道长度(包括渐变段)在分流端宜为 1000m,且不得小于 600m,在合流端宜为 600m。辅助车道过渡段渐变率应大于或等于 1/50。

(3)当前一个互通式立体交叉的加速车道末端至下一个互通式立体交叉的减速车道的起点之间的距离小于 500m 时,应设辅助车道连接。

4. 集散车道

(1)当有下列情况之一,可考虑设置集散车道:

①通过车道交通量大,需要分离。

②两个以上出口分流岛端部靠得很近。

③三个以上出入口分流岛端部靠得近。

④所需要交织长度得不到保证。

⑤因交通标志密集而不能用标志诱导。

(2)集散车道可为单车道和双车道,每条集散车道的宽度宜为 3.5m。与主路间设有分隔设施的集散车道,其车道数不应少于 2 条。

十二、熟悉公路和城市道路互通式立体交叉出口匝道线形设计要点

1. 公路出口匝道

(1)在分流鼻端处,出口匝道平曲线的曲率半径不宜小于表 6-4-27 的规定。

分流鼻端处出口匝道平曲线的最小曲率半径 表 6-4-27

主线设计速度（km/h）		120	100	80	60
匝道最小曲率半径（m）	一般值	350	300	250	200
	极限值	300	250	200	150

（2）从**分流鼻端至匝道控制曲线起点**路段，出口匝道应按**运行速度过渡段设计**（图 6-4-58）。运行速度过渡段上任一点的平曲线曲率半径不宜小于由图 6-4-59 查取的曲率半径值，当线形设置困难时，可按低一级主线设计速度取值。

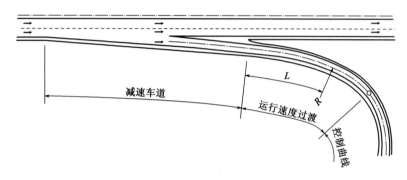

图 6-4-58 出口匝道运行速度过渡段示意图

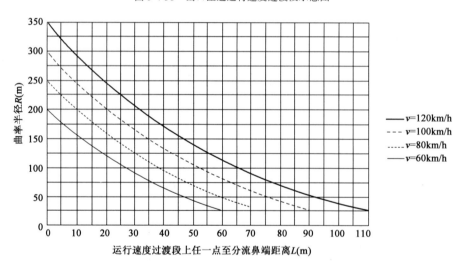

图 6-4-59 运行速度过渡段上任一点的平曲线最小曲率半径

（3）在分流鼻端附近，出口匝道回旋线参数不宜小于表 6-4-28 的规定值，长度不宜小于超高过渡所需要的最小长度。当按匝道基本路段设计速度选取的回旋线最小参数大于表中规定值时，应按匝道设计速度取值。

分流鼻端附近出口匝道回旋线最小参数 表 6-4-28

主线设计速度（km/h）		120	100	80	60
匝道回旋线最小参数（m）	一般值	100	80	70	60
	极限值	80	70	60	40

2. 城市道路出口匝道

驶出匝道出口端部,在减速车道终点,应设置缓和曲线,如图6-4-60所示。

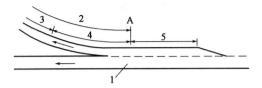

图6-4-60　匝道出口端部缓和曲线

1-主线;2-匝道;3-圆曲线;4-回旋线;5-减速车道;A-分流点

分流点的曲率半径与回旋线参数应符合表6-4-29的规定。

分流点的曲率半径与回旋线参数　　　　　　　　　　　表6-4-29

主线设计速度 (km/h)	分流点的行驶速度 (km/h)	分流点的最小曲半径 (m)	回旋参数 A(m)	
			一般值	低限值
120	80	250	110	100
	60	150	70	65
100	55	120	60	55
80	50	100	50	45
60	≤40	70	35	30

考 点 分 析

本节主要有以下考点:

(1)公路互通式立体交叉之间的最大间距、平均间距、最小净距的规定;互通式立体交叉与其他设施及隧道之间的距离要求。

(2)互通式立体交叉一致性,包括出口形式一致性、分流方向一致性;主线与匝道的分、汇流处应保持车道数的平衡,即分流前或汇流后的主线车道数≥分流后或汇流前的主线车道数+匝道车道数−1。

(3)公路互通式立体交叉匝道的形式及选择要点;一般互通式立体交叉的常用形式及选择要点;枢纽互通式立体交叉的常用形式及选择要点。在选择匝道形式时要考虑匝道交通量的大小及主次交通流的区分。

(4)城市道路立体交叉的类型、交通流行驶特征以及城市道路立体交叉口选型的规定。

(5)城市道路快速路主线相邻出入口最小间距的规定,城市互通式立体交叉的间距要求,相邻匝道出入口之间的最小净距,城市地下道路各设施之间的间距要求(如进洞口与合流端间距、合流端隔离车道长度、出洞口与平交或匝道出口间距等)。

(6)互通式立体交叉连接部包括变速车道的组成及加、减速车道的设计要点(如形式选择、长度计算、变速车道的线形),分、合流鼻端的设计要点(如偏置和偏置加宽的设置和取值),分流点的曲率半径与回旋线参数的要求。

例 题 解 析

例 1 [2020 年单选题]设计速度为 120km/h 的双向六车道高速公路,当相邻互通式立体交叉分别独立设置时,相互之间的最小净距是(   )。

(A)800m   (B)900m   (C)1000m   (D)1200m

分析

根据《公路立体交叉设计细则》(JTG/T D21—2014)第 5.4.4 条第 1 款,设计速度 120km/h,主线为单向三车道的互通立体交叉之间的最小净距为 1000m。故本题选 C。

例 2 [2020 年单选题]在高速公路出口匝道的下列几种分流形式中,不符合一致性原则的是(   )。

(A)于高速公路右侧分流
(B)左、右侧交替分流
(C)于交叉点之间分流
(D)采用单一的出口方式

分析

根据《公路立体交叉设计细则》(JTG/T D21—2014)第 5.6.1 条第 1 款,有条件时,分流端部宜统一设置与交叉点之前,并宜采用单一的出口方式,选项 C、D 符合一致性;第 5.6.1 条第 2 款,次交通流宜统一于主交通流的右侧分流,不应采用左、右交替分流的方式,选项 A 符合一致性。故本题选 B。

例 3 [2020 年多选题]下列关于城市立交设计中集散车道的设置条件,符合规范规定的是(   )。

(A)两个以上出入口分流端部靠得近时,可设置集散车道
(B)所需要交织长度得不到保证时,可设置集散车道
(C)通过车道交通量大,需要分离时,可设置集散车道
(D)集散车道可为单车道,每条车道宽度应为 3.75m

分析

根据《城市道路交叉口设计规程》(CJJ 152—2010)第 5.5.4 条第 1 款,可考虑设置集散车道的情况包括:通过车道交通量大,需要分离;两个以上出口分流岛端部靠得近;所需要交织长度得不到保证。故选项 A 不符合规定,选项 B、C 符合规定。根据第 5.5.4 条第 2 款,集散车道可为单车道或双车道,每条车道宽度应为 3.5m,故选项 D 不符合规定。故本题选 BC。

例 4 [2020 年多选题]下列各项为单车道直接式减速车道出口渐变率,其中符合公路有关规范规定的有(   )。

（A）1/12.5 　　　　　　　　　　（B）1/15.0

（C）1/22.5 　　　　　　　　　　（D）1/25.0

分析

根据《公路路线设计规范》（JTG D20—2017）第11.3.8条第4款，单车道直接式减速车道出口渐变率的范围为 $1/25 \sim 1/17.5$，所以选项C、D符合规定。《公路立体交叉设计细则》（JTG/T D21—2014）中相应图表也有同样的规定。故本题选CD。

例5 ［2020年案例题］下列为某高速公路合流连接部车道布置示意图，其中不符合车道平衡原则的是（　　）。

分析

根据《公路路线设计规范》（JTG D20—2006）第11.4.2条，高速公路上，主线与匝道的分、汇流处应保持车道数的平衡，应满足下式的规定：

$$N_C \geqslant N_F + N_E - 1$$

式中：N_C——分流前或汇流后的主线车道数；

　　　N_F——分流后或汇流前的主线车道数；

　　　N_E——匝道车道数。

方案A：$N_F = 3, N_E = 1, N_C = 3, N_C = N_F + N_E - 1$；

方案B：$N_F = 3, N_E = 1, N_C = 4, N_C > N_F + N_E - 1$；

方案C：$N_F = 3, N_E = 2, N_C = 4, N_C = N_F + N_E - 1$；

方案D：$N_F = 3, N_E = 2, N_C = 3, N_C < N_F + N_E - 1$。

选项D不符合车道平衡原则。故本题选D。

例6 ［2020年案例题］某城市道路枢纽立体交叉，其中一条主路设计速度为80km/h，设置先驶入后驶出的单车道匝道出入口,加减速车道均采用平行式,加速车道位于主路纵坡为 +3.0% 的路段,减速车道位于主路纵坡为 −2.5% 的路段。不考虑其他因素影响,则该相邻匝道出入口之间的最小净距及匝道出口、入口变速车道的最小长度为(   )。并说明选择依据和理由。

 (A)275m,130m,210m

 (B)340m,130m,210m

 (C)380m,138m,242m

 (D)440m,138m,242m

分析

根据《城市道路交叉口设计规程》(CJJ 152—2010)第 5.3.5 条第 6 款,设计速度为 80km/h 时,先驶入后驶出匝道口最小净距为 $1.25L \sim 2L$,且 L 不宜取极限值,所以取一般值 220m。另外,驶入匝道紧接着有驶出匝道的情况下,枢纽立体交叉匝道间距取上限,本题城市立体交叉为枢纽立体交叉,所以取 $2L$,则匝道出入口之间的最小净距 $= 2 \times 220 = 440m$。

根据《城市道路交叉口设计规程》(CJJ 152—2010)第 5.5.3 条第 3 款中表 5.5.3-1 可知,单车道匝道出口即减速车道长度为 80m;减速车道位于主路纵坡为 −2.5% 的路段,查表 5.5.3-2 可知修正系数为 1.1,所以修正后减速车道长度为 $80 \times 1.1 = 88m$。过渡段长度为 50m。匝道出口变速车道的最小长度 $= 50 + 88 = 138m$。

根据《城市道路交叉口设计规程》(CJJ 152—2010)第 5.5.3 条第 3 款中表 5.5.3-1 可知,单车道匝道入口即加速车道长度为 160m;加速车道位于主路纵坡为 +3.0% 的路段,查表 5.5.3-2 可知修正系数为 1.2,所以修正后加速车道长度为 $160 \times 1.2 = 192m$。过渡段长度为 50m。匝道入口变速车道的最小长度 $= 50 + 192 = 242m$。

且 $440 > 138 + 242$,能够满足设置要求。故本题选 D。

例 7 [2020 年案例题]某城市快速路位于非积雪冰冻地区,设计速度为 100km/h,设立体交叉处受用地条件限制,其中一条匝道最小圆曲线半径为 35m,如下图所示,则出口匝道端部与匝道圆曲线相接的缓和曲线长度 L(取整数)为(   )。$[L = (V_0^2 - V_1^2)/2a$,V_0 为通过分流点的行驶速度,V_1 为通过匝道最小半径设计速度,减速度 $a = 1m/s^2]$

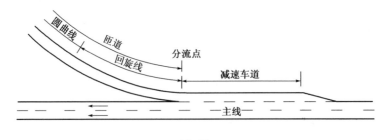

例 7 图

 (A)62m   (B)70m

 (C)82m   (D)86m

分析

根据《城市道路交叉口设计规程》(CJJ 152—2010)第5.3.5条第4款,设计速度为100km/h,分流点的行驶速度为55km/h。

根据《城市道路交叉口设计规程》(CJJ 152—2010)第5.3.2条第1款可知,非积雪冰冻地区匝道最小圆曲线半径为35m时,设计速度为30km/h。

$$L = (V_0^2 - V_{01}^2)/2a = [(55/3.6)^2 - (30/3.6)^2]/(2 \times 1) = 82m$$

故本题选C。

例8 [2020年案例题]某城市地下快速路,主线设计速度为60km/h,地下道路出洞后紧接地面道路,在其下游布置单车道平行式出口匝道,如下图所示。已知匝道鼻端设计速度为40km/h,变速车道为4%的上坡段,计算条件受限时,该地下道路出洞口与邻接出口匝道鼻端的最小距离L为(   )。并请说明选择依据和理由。(计算结果取整)

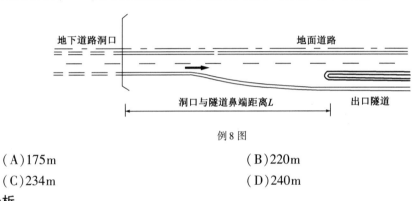

例8图

(A)175m (B)220m

(C)234m (D)240m

分析

根据《城市地下道路工程设计规范》(CJJ 221—2015)第6.5.2条,条件受限时,出洞口与邻接地面道路出口匝道减速车道渐变段起点的距离不应小于1.5倍主线停车视距。主线设计速度为60km/h,查《城市道路工程设计规范》(CJJ 37—2012)(2016年版)第6.2.7条表6.7.2得到对应的停车视距为70m。所以,出洞口与邻接地面道路出口匝道减速车道渐变段起点的最小距离为70 × 1.5 = 105m。

根据《城市道路交叉口设计规程》(CJJ 152—2010)第5.5.3条第3款表5.5.3-1,主线设计速度60km/h,单车道匝道出口即减速车道长度为70m;变速车道为4%的上坡段,查表5.5.3-2可知不需要进行修正。过渡段长度为45m。匝道出口变速车道的最小长度 = 45 + 70 = 115m。

出洞口与邻接出口匝道鼻端的最小距离 L = 105m + 115 = 220m。

故本题选B。

例9 [2019年单选题]公路设计时,一般情况下相邻互通式立体交叉的最大间距不宜大于(   )。

(A)15km (B)20km

(C)30km (D)40km

分析

根据《公路工程技术标准》(JTG B01—2014)第9.2.4条第2款,相邻互通式立体交叉的最大间距不宜大于30km。在人烟稀少地区,其间距可适当加大,但应在适当位置设置"U形转弯"设施。故本题选C。

例10 [2019年单选题]公路设计中,相邻互通立体交叉间距小于规定的最小值,且经论证必须设置时,应将两互通式立体交叉合并设置为(　　)。

(A)一般互通式立体交叉

(B)枢纽互通式立体交叉

(C)多岔交叉互通式立体交叉

(D)复合式互通式立体交叉

分析

根据《公路工程技术标准》(JTG B01—2014)第9.2.4条第1款,相邻互通式立体交叉的间距小于上述规定的1000m最小值,且经论证必须设置时,应将两互通式立体交叉合并设置为复合式互通式立体交叉。故本题选D。

例11 [2019年单选题]在设置双车道匝道的城市互通式立体交叉分、合流处,为了保持基本车道数连续和车道数平衡,应增设(　　)。

(A)加速车道

(B)减速车道

(C)集散车道

(D)辅助车道

分析

根据《城市道路交叉口设计规程》(CJJ 152—2010)第5.4.3条,在设置双车道匝道的分、合流处,应增设辅助车道。故本题选D。

例12 [2019年单选题]城市道路相邻互通式立体交叉的最小间距应满足上游立体交叉加速车道渐变段终点至下游立体交叉减速车道渐变段起点之间的距离不得小于(　　)。

(A)500m　　　　　　　　　　　　(B)800m

(C)1000m　　　　　　　　　　　　(D)1200m

分析

根据《城市道路路线设计规范》(CJJ 193—2012)第9.3.3条,相邻互通式立体交叉的最小间距应满足上游立体交叉加速车道渐变段终点至下游立体交叉减速车道渐变段起点之间的距离不得小于500m,且应满足设置交通标志的距离要求;市区范围立体交叉最小间距不宜小于1.5km。故本题选A。

例13 [2019年案例题]某互通式立体交叉合流连接部的4个初步方案如下图所示(括号中数字为车道数)。在各方案中,不符合合流连接部车道平衡原则的方案是(　　)。

(A)
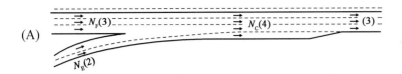

方案一

(B)

方案二

(C)
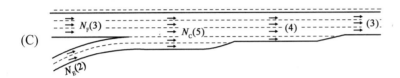

方案三

(D)
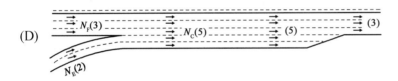

分析

根据《公路路线设计规范》(JTG D20—2006)第11.4.2条,高速公路上,主线与匝道的分、汇流处应保持车道数的平衡,应满足下式的规定:

$$N_C \geq N_F + N_E - 1$$

式中:N_C——分流前或汇流后的主线车道数;

N_F——分流后或汇流前的主线车道数;

N_E——匝道车道数。

方案 A:$N_F = 3$,$N_E = 2$,$N_C = 4$,$N_C = N_F + N_E - 1$;

方案 B:$N_F = 3$,$N_E = 2$,$N_C = 3$,$N_C < N_F + N_E - 1$;

方案 C:$N_F = 3$,$N_E = 2$,$N_C = 5$,$N_C > N_F + N_E - 1$;

方案 D:$N_F = 3$,$N_E = 2$,$N_C = 5$,$N_C > N_F + N_E - 1$。

不符合要求的为选项 B。故本题选 B。

例 14 [2019 年案例题]某三岔一般互通式立体交叉,匝道设计服务水平采用四级,设计速度采用 40km/h,根据下图交通量分布情况,初拟 4 个方案。根据左转弯交通量大小及分布,方案中与交通量分布最适应的为(　　)。

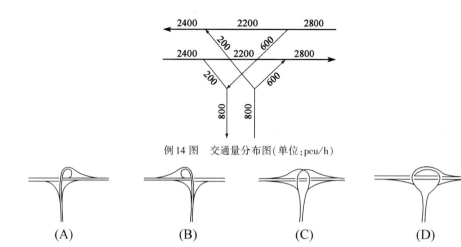

例14图　交通量分布图(单位:pcu/h)

(A)　　　　　　(B)　　　　　　(C)　　　　　　(D)

分析

匝道设计服务水平采用四级,设计速度采用 40km/h,根据《公路立体交叉设计细则》(JTG/T D21—2014)第4.5.4条,可知单车道匝道设计通行能力为 1000pcu/h。

题目中互通立交为三岔一般互通式立体交叉,根据《公路立体交叉设计细则》(JTG/T D21—2014)第6.4.1条第3款,当左转弯交通量均小于单车道匝道设计通行能力时,宜选用 A 型。

本题中两左转弯交通量分别为 600pcu/h、200pcu/h,均小于单车道匝道设计通行能力为 1000pcu/h,宜选用 A 型即方案 A。故本题选 A。

例15　[2019年案例题]城市道路立体交叉范围内与主路设有分隔设施的集散车道,根据规范规定,集散车道的设计速度为40km/h,流量为300pcu/h,那么集散道路的最小宽度是(　　)。

(A)4.0m　　　　　(B)6.5m　　　　　(C)7.0m　　　　　(D)7.5m

分析

根据《城市道路路线设计规范》(CJJ 193—2012)第5.3.6条,集散车道可为单车道和双车道,每条集散车道的宽度宜为3.5m。与主路间设有分隔设施的集散车道,其车道数不应少于2条。本题中集散车道与主路设有分隔设施,所以集散车道取双车道,每条集散车道的宽度为3.5m。

根据《城市道路路线设计规范》(CJJ 193—2012)第5.3.6条条文说明,集散车道路面宽度为车行道宽度加两侧路缘带宽度。

根据《城市道路路线设计规范》(CJJ 193—2012)第5.3.4条第2款,可知40km/h设计速度下,路缘带宽度最小值为0.25m。

集散车道的最小宽度 =0.25 +7 +0.25 =7.5m。故本题选 D。

例16　[2019年案例题]城市快速路路段内基本车道保持一致,其分流处,主线单向为3车道,匝道为单向2车道,如下图所示。如果要保持主线车道平衡、连续,那么,分流处主路的车道数 N_c 应不小于(　　)。

例16图

（A）3条　　　　　（B）4条　　　　　（C）5条　　　　　（D）6条

分析

根据《城市道路交叉口设计规程》（CJJ 152—2010）第5.4.2条,在城市快速路的全长或较长的路段内基本车道数应保持一致,相邻两段同一方向的增减必须符合基本车道数连续和车道数平衡原则,每次增减不得多于一条,分、合流处应按下式进行计算：

$$N_c \geq N_f + N_e - 1$$

式中：N_c——分流前或汇流后的主线车道数；

N_f——分流后或汇流前的主线车道数；

N_e——匝道车道数。

本题中,$N_f = 3$,$N_e = 2$,根据$N_c \geq 3 + 2 - 1 = 4$,所以$N_c \geq 4$。分流处主路的车道数N_c应不小于4条。故本题选B。

例17 [2019年案例题]某一城市道路立体交叉,主路设计速度为80km/h,采用单车道平行式入口形式,其加速车道正好处于纵坡度为2.3%的上坡路段,过渡段长度为50m。那么,该段变速车道长度为（　　）。并简单画出单车道匝道平行式入口示意图。

（A）160m　　　　（B）210m　　　　（C）226m　　　　（D）242m

分析

根据《城市道路交叉口设计规程》（CJJ 152—2010）第5.5.3条第3款,变速车道长度为加速或减速车道长度与过渡段长度之和。

本题中主路设计速度为80km/h,变速车道为单车道平行式入口形式,查表5.5.3-1,可知加速车道长度取160m。

加速车道正好处于纵坡度为2.3%的上坡路段,查表5.5.3-2,上坡加速车道修正系数为1.2。加速车道长度 $= 160 \times 1.2 = 192m$。

又知过渡段长度为50m,所以该段变速车道长 $= 192 + 50 = 242m$。故本题选D。

单车道匝道平行式入口示意图可参照下图进行绘制。

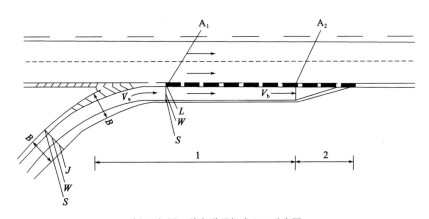

例17解图　单车道平行式入口示意图

A_1-并流点；A_2-汇合点；B-单车道匝道宽度；W-车道宽；S-路缘带宽；J-紧急停车带宽；L-出入口标线宽；1-加速段；2-渐变段

例18 当三岔交叉各左转弯交通量大小相当,且主线侧用地受限时,可采用的立体交叉形式是(   )。

　　(A)叶形　　　　　(B)喇叭形　　　　　(C)梨形　　　　　(D)半苜蓿叶形

分析

　　根据《公路立体交叉设计细则》(JTG/T D21—2014)第6.4.5条,当三岔交叉各左转弯交通量大小相当,且主线侧用地受限时,可采用梨形,故本题选C。立体交叉形式的选择是一个非常重要的知识点,还需注意细则中其他立体交叉选形的特点。

例19 从一致性设计原则考虑,下列设计中属于良好设计方案的是(   )。

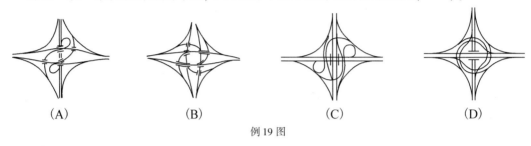

　　(A)　　　　　　　(B)　　　　　　　(C)　　　　　　　(D)

例19图

分析

　　根据《公路立体交叉设计细则》(JTG/T D21—2014)第6.3.5条,短距离内连续分流和连续合流容易造成驾驶员误判或对主线直行交通流造成影响。另外,第5.6.2条规定,次交通流应采用一致的分流方向,不应采用左、右侧交替分流的方式。故本题选C。

例20 根据高速公路互通式立体交叉基本车道数连续和车道数平衡的原则,图中a、b、c、d、e段的车道数满足基本车道数连续与车道数平衡原则的是(   )。

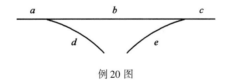

例20图

　　(A)$a=4,b=2,c=4,d=2,e=2$(a、c段包含1条辅助车道)

　　(B)$a=3,b=3,c=3,d=2,e=1$(a、c段为基本路段)

　　(C)$a=4,b=3,c=4,d=2,e=2$(a、c段包含1条辅助车道)

　　(D)$a=4,b=3,c=4,d=1,e=1$(a、c段为基本路段)

分析

　　基本车道数连续与车道数平衡原则见《公路路线设计规范》(JTG D20—2017)第11.4节、《公路立体交叉设计细则》(JTG/T D21—2014)第5.8节的规定。选项A中,a与b之间车道数减少了2,虽然满足$N_c \geqslant N_f + N_e - 1$,但不满足两个相邻路段间相邻车道数变化不得大于1的规定,选项A错误;选项B中a、b、c之间虽然满足基本车道数连续,但不满足车道数平衡,选项B错误;选项C既满足基本车道数连续,又满足车道数平衡,选项C正确;选项D中a、c为基本路段,所以不满足基本车道数连续,所以选项D错误。故本题选C。

例 21　互通式立体交叉加速车道渐变段终点至前方隧道进口的距离(以 m 计)宜不小于设计速度(以 km/h 计)的(　　)。

(A)1 倍　　　　　(B)1.25 倍　　　　　(C)1.5 倍　　　　　(D)2 倍

分析

根据《公路路线设计规范》(JTG D20—2017)第 11.1.6 条,互通式立体交叉加速车道渐变段终点至前方隧道进口的距离(以 m 计)以不小于设计速度(以 km/h 计)的 1 倍长度为宜。故本题选 A。

例 22　如下图所示,设计速度为 80km/h 的城市道路干道上先驶出后驶入的相邻匝道口距离的一般值要求为(　　)。

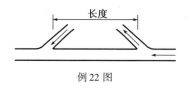

例 22 图

(A)220m　　　　　(B)210m　　　　　(C)165m　　　　　(D)110m

分析

根据《城市道路交叉口设计规程》(CJJ 152—2010)第 5.3.5 条第 6 款,城市道路干道上先驶入后驶出的匝道口最小间距一般值为 0.5 倍的相邻匝道口最小净距 L,设计速度为 80km/h 的先驶出后驶入的匝道口最小净距 L 的一般值为 220m,故本题选 D。

例 23　已知某公路立体交叉主线设计速度为 120km/h,匝道基本路段设计速度为 80km/h,分流鼻端出口匝道凸型竖曲线最小半径一般值应为(　　)。

(A)2000m　　　　　(B)3000m　　　　　(C)3500m　　　　　(D)4500m

分析

根据《公路立体交叉设计细则》(JTG/T D21—2014)第 8.4.5 条,在分流鼻端附近,当按匝道基本路段设计速度选取的竖曲线最小半径大于表 8.4.5 中值时,应按匝道设计速度取值,查《公路立体交叉设计细则》(JTG/T D21—2014)表 8.3.3 可知。故本题选 D。

例 24　某公路互通式立体交叉主线设计速度为 100km/h,主线出口减速车道为单车道直接式,主线入口加速车道为单车道平行式,匝道均为单车道,下列设计符合要求的是(　　)。

(A)下坡纵坡 3%,减速车道 140m,渐变段长度 90m

(B)下坡纵坡 3%,加速车道 200m,渐变段长度 80m

(C)上坡纵坡 4%,减速车道 130m,渐变段长度 95m

(D)上坡纵坡 4%,加速车道 240m,渐变段长度 90m

分析

下坡减速车道和上坡加速车道,主线纵坡超过 2% 时需要修正。主线设计速度 100km/h,最大纵坡 3%,排除选项 C、D。选项 B 为下坡加速,不需要修正,查《公路立体交叉设计细则》(JTG/T D21—2014)表 10.2.5,加速车道、渐变段长度满足要求;选项 A,下坡 3% 减速车道长度应进行修正,长度应不小于 $125 \times 1.1 = 137.5\mathrm{m}$,选项 A 满足长度要求。故本题选 AB。

例 25 关于城市道路互通立交匝道,下列说法正确的是( )。

(A)匝道平曲线可由一条圆曲线和两条缓和曲线组成,也可由两条缓和曲线直接衔接

(B)匝道平曲线内侧宜采用视距包络线作为视距界限

(C)匝道纵断面线形应平缓,不宜采用断背纵坡线

(D)设计速度条件下,当匝道平曲线半径引起的离心力不能由正常路拱横坡和正常轮胎摩阻力所平衡时,应设置反向横坡

分析

根据《城市道路交叉口设计规程》(CJJ 152—2010)第 5.3 节,设计速度条件下,当匝道平曲线半径引起的离心力不能由正常路拱横坡和正常轮胎摩阻力所平衡时,应取消反向横坡,应采用单向路拱和设置超高横坡,所以选项 D 错误。故本题选 ABC。

例 26 三岔交叉时,当被交叉公路为双车道公路,或被交叉公路交通量较小时,左转弯出口匝道形式可采用( )。

(A)左出右进半直连式

(B)环形

(C)右出左进半直连式

(D)右出右进半直连式

分析

根据《公路立体交叉设计细则》(JTG/T D21—2014)第 6.3.2 条,当被交叉公路为双车道公路,或被交叉公路交通量较小时,左转弯出口匝道可采用右出左进半直连式或环形。故本题选 BC。

例 27 下列关于变速车道横断面的规定,下列说法正确的是( )。

(A)变速车道的车道宽度宜和主线车道宽度相同

(B)变速车道与主线直行车道之间宜设置路缘带

(C)右侧硬路肩宽度宜采用匝道硬路肩的宽度

(D)右侧硬路肩宽度不应小于 1.5m

分析

根据《公路立体交叉设计细则》(JTG/T D21—2014)第 10.2.2 条,变速车道的宽度宜采用匝道车道宽度,选项 A 错误;右侧硬路肩宜采用主线与匝道硬路肩中较宽者的宽度,选项 C 错误。故本题选 BD。

例 28 关于分流鼻端偏置的设置,下列说法正确的是( )。

(A)在主线相互分流鼻端,鼻端两侧均可按偏置加宽值控制

(B)在匝道相互分流鼻端,左匝道可按偏置值控制,右侧匝道可按偏置加宽值控制

(C)减速车道分流鼻端,主线侧可按偏置值控制,匝道侧可按偏置加宽值控制

(D)匝道与集散车道之间的鼻端宜按变速车道鼻端设计

分析

根据《公路立体交叉设计细则》(JTG/T D21—2014)第10.9节,在主线相互分流鼻端,鼻端两侧均可按偏置值控制,选项A错误;匝道与集散车道之间的鼻端宜按匝道相互分、合流鼻端设计,选项D错误。故本题选BC。

自测模拟

(第1~10题为单选题,第11~15题为多选题)

1. 城市道路立体交叉范围内,主路设计速度的选用(　　)。
   (A)应为路段的0.5~0.7倍　　　　　(B)应为路段的0.4~0.7倍
   (C)宜与路段一致　　　　　　　　　(D)应与路段一致

2. 在城市道路立交中,不属于立A$_2$类立体交叉主要形式的是(　　)。
   (A)全定向　　　(B)半定向　　　(C)喇叭形　　　(D)苜蓿叶形

3. 下图为某城市道路双车道匝道平行式入口,汇流点是图示中的(　　)。

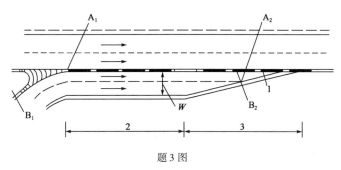

题3图

   (A)A$_1$　　　　　(B)A$_2$　　　　　(C)B$_1$　　　　　(D)B$_2$

4. 公路互通式立体交叉汇流鼻前的通视三角区中,主线与匝道距汇流鼻端的长度分别为(　　)。
   (A)100m和50m　　　　　　　　(B)100m和60m
   (C)120m和60m　　　　　　　　(D)120m和80m

5. 某公路一般互通式立体交叉主线设计速度为100km/h,其匝道上的相邻出口之间的最小距离要求是(　　)。
   (A)150m　　　(B)160m　　　(C)180m　　　(D)200m

6. 当四岔交叉各左转弯交通量大小相当且均小于1500pcu/h时,可采用的立体交叉形式为(　　)。

（A）左转弯匝道均为迂回形半直连式的涡轮形

（B）左转弯匝道均为内转弯直连式的涡轮形

（C）左转弯匝道均为内转弯半直连式的涡轮形

（D）左转弯匝道均为外转弯半直连式的涡轮形

7. 下列选项中,属于城市道路一般互通式立体交叉的是( )。

（A）喇叭形、苜蓿叶形、分离式

（B）喇叭形、环形、全定向

（C）苜蓿叶形、环形、菱形

（D）苜蓿叶形、半定向、全定向

8. 公路匝道基本路段的视距应采用( )。

（A）停车视距 （B）会车视距

（C）超车视距 （D）识别视距

9. 图中所示的左转匝道形式为( )。

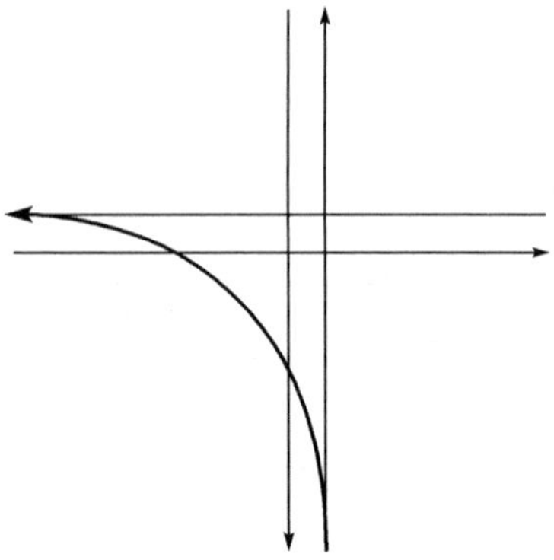

题9图

（A）直连式 （B）内转弯半直连式

（C）外转弯半直连式 （D）左出右进半直连式

10. 当公路立交匝道出口设置在跨线桥后时,匝道出口至跨线桥的距离不应小于( )。

（A）100m （B）150m （C）200m （D）250m

11. 公路立体交叉主线为曲线,平行式变速车道同匝道的连接段为同向曲线时,线形分岔点 CP 以外宜采用的曲线形式是( )。

（A）卵形回旋线 （B）S 形回旋线

（C）复合回旋线 （D）完整的回旋线

12. 关于公路互通式立体交叉出入口的形式,下列说法正确的是( )。

(A)出入口的形式分为直接式或平行式两种

(B)直接式出入口出入路线顺畅、驾驶操作单一、方便

(C)平行式出入口的渐变段有一线形转折,因而驾驶操作有些别扭

(D)平行式出入口不容易辨别,对出口识别不利

13. 关于设置集散车道和辅助车道说法,下列选项正确的是(　　)。

(A)高速公路保持基本车道数连续的路段,当互通式立体交叉的匝道车道数大于1时,出、入口应增设集散车道

(B)复合式互通式立体交叉的交织段可采用辅助车道将两处互通式立体交叉的相邻出入口直接连通

(C)复合式互通式立体交叉的交织段可采用与主线分隔的集散车道将主线一侧的所有出口和入口连通

(D)匝道与集散连接部宜按匝道相互分合流设计

14. 当四岔交叉集中设置匝道收费站,且被交叉公路侧采用平面交叉不能满足设计通行能力时,互通式立体交叉可选用(　　)。

(A)单喇叭形　　　　　　　　　(B)喇叭 + 平交

(C)双喇叭形　　　　　　　　　(D)喇叭 + T 形

15. 关于公路互通立交变速车道形式的选择,下列做法正确的是(　　)。

(A)变速车道为单车道时,减速车道宜采用平行式

(B)变速车道为双车道时,加、减速车道均应采用直接式

(C)主线为左偏并接近圆曲线最小半径的一般值时,右方的减速车道应为平行式

(D)减速车道接小半径环形匝道时,宜采用平行式

参考答案

1. D　　2. A　　3. A　　4. B　　5. B　　6. D　　7. C　　8. A　　9. A

10. B　　11. AC　　12. ABC　　13. BCD　　14. CD　　15. BCD

第五节　公路与铁路、管线等交叉

依据规范

《公路工程技术标准》(JTG B01—2014)

9　路线交叉

《公路路线设计规范》(JTG D20—2017)

12　公路与铁路、乡村道路、管线交叉

重 点 知 识

公路与铁路、乡村道路及管线交叉是交叉工程的重要组成部分。公路与铁路、管线交叉不需要考虑交通转换,与乡村道路的转换的交通量也较小,所以在设计时重点从安全方面考虑,同时考虑建设成本和运营后养护的便利性,如交叉角度、平纵指标、视距、道口铺面等控制要素。

一、熟悉公路与铁路的交叉形式及设计要点

公路与铁路交叉形式的选择应根据公路和铁路的等级、交通量(年客货运量)、安全、经济等因素综合确定。原则上应考虑设置立体交叉。

公路与铁路交叉设计年限应同时符合公路规划交通量预测年限、铁路设计年限规定的要求。对规划中的项目,必须有批准的规划修建年限,以确定预留交叉方式与条件。

1. 公路与铁路交叉形式的选择

公路与铁路交叉,符合下列情况之一时必须设置立体交叉:

(1)高速公路、一级公路与铁路相交叉时,必须设置立体交叉。

(2)高速铁路、城际铁路和路段旅客列车设计速度为 140km/h 及以上的铁路与公路相交时,必须设置立体交叉。

公路与铁路交叉,符合下列情况之一时应设置立体交叉:

(1)Ⅰ级铁路与公路交叉。

(2)铁路路段旅客列车设计速度大于或等于 120km/h 的地段与公路交叉。

(3)铁路与二级公路相交叉。

(4)由于铁路调车作业对公路上行驶的车辆造成严重延误。

(5)受地形等条件限制,采用平面交叉会危及行车安全。

(6)结合地形或桥涵构造物情况,具备设置立体交叉的条件。

2. 公路与铁路立体交叉的设计要点

1)平、纵线形设计要点

公路与铁路立体交叉的平、纵面设计应符合下列要求:

(1)公路与铁路立体交叉宜选在双方线形均为直线的地段,或平、纵线形技术指标高且通视良好的地段。

(2)公路与铁路立体交叉以正交为宜,受地形条件或其他特殊情况限制必须斜交时,应结合公路、铁路的线形条件,尽量设置较大的交叉角度。

(3)高速公路、一级公路与铁路交叉,在考虑铁路对立交桥设置要求的同时,其立体交叉位置应符合该路段公路平、纵线形设计总体布局,使线形连续、均衡、顺适,不得在该局部地段降低技术指标。

(4)公路与铁路立体交叉的改建工程,应根据公路网规划确定公路技术等级、交叉位置

等。由于改善交叉角或移位而改线时,其路线的平、纵技术指标不得低于相衔接路段的一般值,更不得采用相应公路技术等级的最小值。

(5)公路与铁路立体交叉的公路引道范围内,不得设置公路平面交叉。

(6)公路与铁路立体交叉范围内的公路视距要求为:高速公路、一级公路应满足停车视距,二级、三级、四级公路应满足会车视距。

2)公路上跨铁路时的设计要点

公路上跨铁路时,其设计应符合下列要求:

(1)公路跨线桥的跨径与净高必须符合 1435mm 标准轨距铁路建筑限界的规定。

(2)公路跨线桥的跨径与布孔应根据地形、地质、桥下净空、铁路排水体系、沿铁路敷设的专用管线位置等综合确定。

(3)公路上跨电气化铁路时,其跨线桥结构形式应按不中断电力输送的施工工艺与方法确定,避免危及公路施工和铁路行车的安全。

(4)公路跨线桥及其引道的排水系统应自成体系。跨线桥桥面雨水不得直接排至铁路建筑限界范围内。

(5)四车道及其以上的公路上跨铁路时,考虑到公路、铁路弯、坡、斜及超高等因素,应对跨线桥四个周边的铁路建筑限界予以检核。

(6)公路跨线桥应设防撞护栏和防落网。

3)铁路上跨公路时的设计要点

铁路上跨公路时,其设计应符合下列要求:

(1)铁路跨线桥的跨径与净高必须符合道路建筑限界的规定。

(2)铁路在跨越二级、三级、四级公路时,严禁在行车道上设置中墩。铁路跨越四车道高速公路、一级公路时,不得在中间带设置中墩。铁路跨越六车道及以上高速公路、一级公路,必须在中间带设置中墩时,中墩两侧必须设防撞护栏,并留足设置防撞护栏和护栏缓冲变形的安全距离。

(3)铁路跨线桥所跨越的宽度应包括该路段公路标准横断面宽度及其所附属的变速车道、爬坡车道、边沟等的宽度。

(4)铁路跨线桥的跨径与布孔应留有足够的侧向余宽,不得将墩、台设置在公路边沟、排水沟以内,并满足公路视距和对前方公路识别的要求,不能满足公路视距与对前方公路识别要求时,应设置边孔。

(5)铁路跨越公路时,其铁路跨线桥应设置防落网。

(6)铁路跨线桥及其引道的排水系统应自成体系,跨线桥桥面雨水不得直接排至公路建筑限界范围内。

3. 公路与铁路平面交叉的设计要点

1)交叉角度

公路与铁路平面相交时,宜为正交;必须斜交时,交叉角度应大于45°。

2)视距

汽车驾驶者侧向最小瞭望视距是指汽车驾驶者在距道口相当于该级公路停车视距并不小于 50m 处,应能看到两侧铁路上火车的范围,如图 6-5-1 所示。

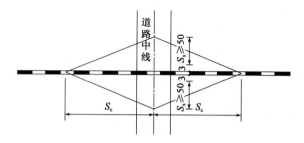

图 6-5-1　道口视距三角形

道口应设置在汽车瞭望视距不小于表 6-5-1 规定值的地点,并应符合下列要求:

(1)道口不得设置在铁路站场、道岔、桥头、隧道洞口及有调车作业的地段附近。

(2)受地形等条件限制,汽车在距铁路最外侧钢轨 5m 处停车后,汽车驾驶者的侧向瞭望视距小于表 6-5-1 规定的道口必须设置看守。

汽 车 瞭 望 视 距　　　　　　　　　表 6-5-1

路段旅客列车设计行车速度(km/h)	120	100	80
汽车瞭望视距(m)	400	340	270

表中道口侧向视距按停车视距 50m 计算的,公路停车视距大于 50m 时,应另行计算确定。

3)平、纵设计

道口附近的铁路路线以直线为宜。公路路线宜为直线,道口两侧公路的直线长度,从最外侧钢轨算起,不应小于 50m。

道口两侧公路的水平路段长度(不包括竖曲线),从铁路最外侧钢轨外侧算起,不应小于 16m,乡村道路不应小于 10m。紧接水平路段的公路纵坡,不应大于 3%,当受地形条件及其他特殊情况限制时,不得大于 5%。对于重车驶向道口一侧的公路下坡路段,紧邻道口水平路段的纵坡不应大于 3%。

4)道口铺面

道口应设置坚固、平整、稳定且易于翻修的铺砌层,其长度应延伸至钢轨以外 2.0m;道口两侧公路在距铁路钢轨外侧 20m 范围内,宜铺筑沥青或水泥混凝土路面;道口铺砌宽度和公路引道宽度均不应小于相交公路的路基宽度。

4. 公路与铁路平行相邻时的设计要求

铁路与公路平行相邻时,铁路用地界与高速公路用地界间距不宜小于 30m,与一级、二级公路用地界间距不应小于 15m,与三级、四级公路用地界间距不应小于 5m。

二、熟悉公路与乡村道路的交叉设计要点

公路与乡村道路交叉设置应符合下列规定:

(1)高速公路与乡村道路相交叉必须设置通道或天桥。

(2)一级公路与乡村道路相交叉宜设置通道或天桥。

(3)二级、三级公路与乡村道路相交叉应设置平面交叉,四级公路与乡村道路相交宜设置平面交叉,地形条件有利或公路交通量大时宜设置通道或天桥。

（4）二级及二级以上公路位于**城镇或人口稠密的村落或学校**附近时，宜设置专供行人横向通行的**人行通道或人行天桥**。

1. 公路与乡村道路平面交叉设计要点

1）乡村道路改线的条件

符合下列情况时，应对乡村道路进行改线，且改线段平、纵技术指标不应低于四级公路的最小值。

（1）交叉的锐角小于60°。

（2）按规划或交叉总体设计对交叉予以合并或调整交叉位置。

（3）交叉处的地形、地质、视距或原乡村道路平面线形不适宜设置交叉。

（4）改造原平面交叉其工程量增加较大。

2）平面交叉设计要点

公路与乡村道路平面交叉设计应符合下列规定：

（1）交叉角度。平面交叉以正交为宜。当必须斜交时，其交叉的锐角应不小于70°；受地形条件或其他特殊情况限制时，应**不小于60°**。

（2）平面线形。交叉处公路两侧的乡村道路直线长度应各**不小于20m**。

（3）纵面线形。交叉处公路两侧的乡村道路应分别设置**不小于10m**的水平段或缓坡段，缓坡段的纵坡应**不大于2%**。紧接水平段或缓坡段的纵坡**不应大于3%**，困难地段**不应大于6%**。

（4）视距。平面交叉处应使驾驶者在距交叉**20m处**，能看到两侧二级、三级公路相应停车视距并不小于50m范围内的汽车，如图6-5-2所示。视线范围内不得有障碍物。

（5）铺装。经常有履带耕作机械通行时，交叉范围内的公路路面、路肩应进行加固，且公路路基边缘外侧的乡村道路应各设置**不小于10m**的加固段。

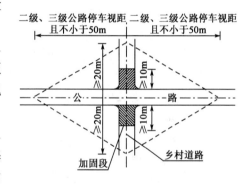

图6-5-2　乡村道路平面交叉视距三角形和加固段

2. 通道、天桥设计要点

1）通道

通道设计应符合下列要求：

（1）通道的间隔以**400m**左右为宜。农业机械化程度高的地区和人烟稀少地区间隔宜适当加大。

（2）通道的交叉角以90°为宜。必须斜交时，其交叉的锐角应不小于60°；受地形条件或其他特殊情况限制时，应**不小于45°**。

（3）通道处的乡村道路平面线形宜为直线。其两侧的直线长度应**不小于20m**。

（4）通道处的乡村道路纵面线形应为直坡，坡度宜**不大于3%**，构造物**不得设于凹形竖曲线底部**。通道应采用自流排水方式做好排水设计。

（5）通道的最小净空应根据通行车辆不同按表6-5-2的数值采用，必要时可加大桥下净空。

通 道 净 空 要 求 表 6-5-2

净高	通行拖拉机、畜力车时	≥2.70m
	通行农用汽车时	≥3.20m
净宽	按交通量和通行农业机械类型选用	≥4.00m
	通道过长或敷设排水渠时	视情况增宽

2）天桥

天桥设计应符合下列要求：

（1）主要公路为路堑地段或地形条件有利时可设置天桥，并以正交为宜，其主要技术指标可参照四级公路相关标准执行，桥面净宽应不小于4.5m。

（2）天桥的车道荷载等级应不低于公路—Ⅱ级，并设置限载标志。

（3）跨越高速公路、一级公路的天桥，应设防撞护栏和防落网。

（4）天桥的桥面雨水不得直接排至公路路面。

3．人行通道、人行天桥设计要点

1）人行通道

人行通道设计应符合下列规定：

（1）人行通道的最小净高应不小于2.2m，最小净宽应不小于4.00m。

（2）下穿高速公路、一级公路的人行通道应利用中间带设置采光井。

（3）人行通道除设梯道外，应视情况设置坡道，其坡度不应陡于1:8。

（4）人行通道必须做好排水设计，不得因积水影响通行。

2）人行天桥

人行天桥设计应符合下列规定：

（1）人行天桥的净宽应不小于3m。

（2）人群荷载应不小于$3kN/m^2$，行人密集地区应不小于$3.5kN/m^2$。

（3）人行天桥除设梯道外，有条件时应设置坡道，其坡度不应陡于1:4。

（4）跨越高速公路、一级公路的人行天桥，应设防落网。

三、熟悉公路与管线的交叉设计要点

1．架空输电线路

1）交叉角度

公路与架空输电线路相交，以正交为宜。必须斜交时，其交叉的锐角应大于45°。

2）垂直距离

公路从架空输电线路下穿过时，应从导线最大弧垂点与杆塔间通过，并使输电线路导线与公路交叉处距路面的垂直距离不小于表6-5-3的规定值。

架空输电线路导线与路面的垂直距离，应根据导线运行温度情况或覆冰无风情况求得的最大弧垂，以及根据最大风速情况或覆冰情况求得的最大风偏进行计算确定。

架空输电线路导线距路面的最小垂直距离 表 6-5-3

| 架空输电线路标称电压(kV) | 35～110 | 154～220 | 330 | 500 | 750 | 1000 | | ±800 直流 |
						单回路	双回路逆相序	
与路面最小垂直距离(m)	7.0	8.0	9.0	14.0	19.5	27.0	25.0	21.5

3)水平距离

架空输电线路与公路交叉或平行时,杆(塔)内缘距离公路边沟的最小水平距离应符合表 6-5-4 的规定。

架空输电线路杆(塔)内缘距公路边沟外侧的最小水平距离 表 6-5-4

标称电压(kV)		35～110	220	330	500	750	1000	±800 直流
交叉(m)		8				10	15	15
平行	开阔地区(m)	最高杆(塔)高度						
	受限制地区(m)	5	5	6	8 高速公路 15	10 高速公路 20	单回路 15 双回路 13	12

注:标称电压 1000kV、±800kV 直流输电线路与公路平行时的数值为边导线至公路边沟外侧的水平距离。

2. 油气输送管道

1)交叉角度

公路与油气输送管道相交时,以正交为宜。必须斜交时,其交叉的锐角不宜小于 30°。

2)下穿保护

(1)油气输送管道与各级公路相交叉且采用下穿方式时,应设置地下通道(涵)或套管。

(2)穿越公路的地下专用通道(涵)的埋置深度,除应符合石油天然气行业标准的荷载相关规定外,尚应符合《公路桥涵设计通用规范》(JTG D60—2015)的有关规定,并按所穿越公路的车辆荷载等级进行验算。穿越公路的保护套管其顶面距路面底基层的底面应不小于 1.0m。

3)管线通过桥梁、隧道的要求

(1)严禁有毒有害、易燃易爆、高压等管线设施利用公路桥梁跨越河流。输送有毒有害、易燃易爆物质的管线穿(跨)越河流时,管线距特大桥、大桥、中桥的距离应不小于 100m;距小桥的距离,应不小于 50m。

(2)严禁有毒有害、易燃易爆、高温高压等管线设施通过公路隧道。

四、熟悉公路与铁路并行段的相关要求及设计要点

1. 公铁并行分类

(1)公铁路基并行:公路与铁路均以路基形式实现并行,包括公铁路堤并行、公铁路堑并行和公铁路堑与路堤并行(图 6-5-3)。

(2)公铁桥梁并行:公路与铁路均以桥梁形式实现并行(图 6-5-4)。

(3)公铁路基与桥梁并行:公路与铁路以公路路基和铁路桥梁或以铁路路基和公路桥梁的形式实现并行(图 6-5-5)。

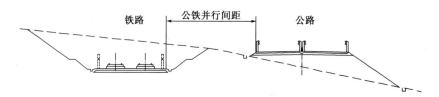

图 6-5-3　公铁路堑与路堤并行示例

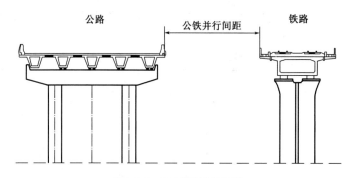

图 6-5-4　公铁桥梁并行示例

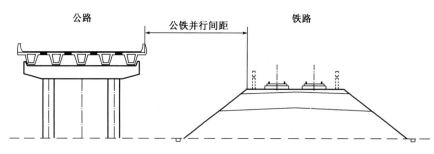

图 6-5-5　公铁路基与桥梁并行示例

2. 公铁并行分级

按照不同等级的公路与铁路并行,公铁并行分为 5 个技术等级,见表 6-5-5。

公 铁 并 行 分 级　　　　　表 6-5-5

类　　　型	高速铁路 或设计速度等于 200km/h 的 城际铁路	设计速度小于 200km/h 的城际铁路 或重载铁路或 I 级、II 级铁路	III 级、IV 级铁路
高速公路或设计速度 等于 100km/h 的一级公路	I 级	II 级	II 级
设计速度小于 100km/h 的 一级公路或二级公路	II 级	III 级	IV 级
三级公路或四级公路	III 级	IV 级	V 级

3. 公铁并行间距

各级公铁并行间距应符合表 6-5-6 的规定,并符合下列规定:

(1)一般情况下,公铁并行间距不宜小于一般值;若小于一般值时,应对公铁并行进行交通安全性评价。

（2）公铁并行位于平缓路段，受条件限制时，其间距应大于极限值。

（3）公铁并行位于陡坡路段，受条件限制时，其间距不应小于最小值；困难条件下，经综合技术经济论证，其间距可小于最小值，但应大于极限值，并且应进行工程安全风险评估、交通安全性评价、防灾与救援评价。

公 铁 并 行 间 距　　　　　　表 6-5-6

项　目	公铁并行等级				
	Ⅰ级	Ⅱ级	Ⅲ级	Ⅳ级	Ⅴ级
一般值	50	40	35	25	20
最小值	35	30	25	15	10
极限值	20	15	15	10	5

考 点 分 析

本节主要有以下考点：

（1）公路与铁路交叉形式的选择；公路与铁路立体交叉的设计要点；公路与铁路平面交叉的设计要点。

（2）公路与乡村道路交叉形式的选择；平面交叉的设计要点；通道、天桥的设计要点；人行通道和人行天桥的设计要点。

（3）公路与管线（架空线路、油气管道等）交叉的设计要点。

（4）公铁并行等级的划分及间距要求

例 题 解 析

例 1　[2020 年单选题]某一级公路下穿 210kV 架空输电线路，交叉角度为 90°，符合规范规定的输电线距路面的最小垂直距离是（　　）。

（A）7.0m　　　　（B）8.0m　　　　（C）9.0m　　　　（D）10.0m

分析

根据《公路路线设计规范》（JTG D20—2017）第 12.5.2 条，架空输电线路标称电压为 154 ~ 220kV 时，距路面最小垂直距离为 8.0m。故本题选 B。

例 2　[2019 年多选题]公路与乡村道路相交叉时，净高不小于 2.70m 的车行通道，通行的有（　　）。

（A）汽车　　　　（B）拖拉机　　　　（C）畜力车　　　　（D）自行车

分析

根据《公路路线设计规范》（JTG D20—2017）第 12.4.4 条第 5 款，当通行拖拉机和畜力车时净高要求大于或等于 2.70m。故本题选 BC。

例 3 公路与铁路平面交叉时,交叉角度最小应大于( )。
（A）30°   （B）45°
（C）60°   （D）70°
分析

根据《公路工程技术标准》(JTG B01—2014)第 9.3.5 条,公路、铁路平面相交时,宜为正交;必须斜交时,交叉角度应大于 45°。故本题选 B。

例 4 公路从 220kV 的架空送电线路下穿时,应从导线最大弧垂与杆塔间通过,架空送电线路距路面的最小垂直距离是( )。
（A）7m   （B）8m
（C）9m   （D）14m
分析

根据《公路路线设计规范》(JTG D20—2017)第 12.5.2 条,当架空数显线路标称电压为 154~220kV 时,距路面最小垂直距离为 8m。故本题选 B。

例 5 关于公路与铁路立体交叉范围内的公路视距要求,只需满足停车视距的要求的是( )。
（A）高速公路   （B）一级公路
（C）二级公路   （D）专用公路
分析

根据《公路路线设计规范》(JTG D20—2017)第 12.2.4 条,公路与铁路立体交叉范围内的公路视距要求为:高速公路、一级公路应满足停车视距,二级、三级、四级公路应满足会车视距。故本题选 AB。

例 6 关于管线与各级公路交叉的要求,下列说法正确的是( )。
（A）与高速公路、一级公路相交时,应设置地下通道(涵)或套管
（B）与高速公路、一级公路相交时,必须设置地下专用通道
（C）与二级、三级、四级公路相交时可设置保护套管等措施
（D）与二级、三级、四级公路相交时应设置保护套管等措施
分析

根据《公路路线设计规范》(JTG D20—2017)第 12.5.6 条条文说明,本次修订在《公路工程技术标准》(JTG B01—2014)对应修订成果的基础上,综合考虑当前管道施工工艺和技术的发展(主要是顶管法施工工艺),无论是管道施工期间,还是后期检查与维护,均无须开挖公路路基,对公路正常通行影响小等情况,明确要求管线与高速公路、一级公路交叉时可采用专用通道(涵)或套管等方式。故本题选 AD。

自测模拟

（第1~4题为单选题，第5~6题为多选题）

1.公路与铁路平面交叉时,道口两侧紧接水平路段的公路纵坡不应大于(　　)。
　　(A)2.0%　　　　　(B)2.5%　　　　　(C)3.0%　　　　　(D)3.5%

2.铁路跨越公路时,其铁路跨线桥上应设置(　　)。
　　(A)防撞护栏　　　　　　　　　　(B)声屏障
　　(C)隔离栅　　　　　　　　　　　(D)防落网

3.公路从架空送电线路下方穿过时,穿过的位置应设在(　　)。
　　(A)导线最大弧垂处
　　(B)导线最大弧垂与杆塔间
　　(C)紧贴杆塔处
　　(D)任何位置穿过都一样

4.穿越公路的原油、天然气输送管道的保护套管顶面距离路面底基层的底面应不小于
(　　)。
　　(A)0.5m　　　　　(B)1.0m　　　　　(C)1.5m　　　　　(D)2.0m

5.公路与乡村道路交叉时,关于平面交叉设计说法正确的有(　　)。
　　(A)交叉处公路两侧的乡村道路直线长度应各不小于20m
　　(B)交叉处公路两侧的乡村道路设置缓坡段的纵坡应不大于2%
　　(C)受地形条件限制时,交叉角度应不小于60°
　　(D)交叉范围内的路肩必须进行加固

6.计算确定架空输电线路导线与路面垂直距离的依据是(　　)。
　　(A)最大弧垂
　　(B)最大弧垂偏角
　　(C)最大风偏
　　(D)最高气温

参考答案
1. C　　　2. D　　　3. B　　　4. B　　　5. ABC　　　6. AC

第六节　城市道路与轨道交通、管线交叉

《城市道路工程设计规范》(CJJ 37—2012)(2016 年版)

　　8　道路与轨道交通线路交叉

　13.1　一般规定

《城市道路路线设计规范》(CJJ 193—2012)

　　10　道路与轨道交通线路交叉

《城市道路交叉口设计规程》(CJJ 152—2010)

　　6　道路与铁路交叉

重 点 知 识

　　城市道路与轨道交通、管线交叉是城市道路交叉的重要组成部分,其不需要考虑交通转换,设计时重点从安全与交通效率方面考虑,同时考虑建设成本和运营期间的养护成本。

一、掌握城市道路与轨道交通的设计要求

　　城市道路与轨道交通线路交叉可分为平面交叉和立体交叉两种。交叉形式应根据道路和轨道交通线路的性质、等级、交通量、地形条件、安全要求以及经济、社会效益等因素确定,应优先采用立体交叉。

　　1. 城市道路与轨道交通线路交叉形式的选择

　　道路与轨道交通线路交叉,符合下列条件之一者必须设置立体交叉:

　　(1)快速路与轨道交通线路交叉。

　　(2)主干路、次干路、支路与高速铁路、客运专线、铁路车站、铁路编组场的交叉。

　　(3)行驶有轨电车或无轨电车的道路与铁路交叉。

　　(4)主干路、次干路、支路与除有轨电车道外的城市轨道交通交叉。

　　道路与铁路交叉,符合下列条件之一者应设置立体交叉:

　　(1)主干路、次干路、支路与路段旅客列车设计行车速度大于或等于 120km/h 的铁路交叉。

　　(2)主干路、次干路、支路与道口交通量大或铁路调车作业繁忙的铁路相交。

　　(3)当受地形等条件限制,采用平面交叉将危及行车安全的道口。

　　符合下列条件之一者宜设置立体交叉:

　　(1)当道口的机动车流量不大,但非机动车和行人流量较大时,宜设置人行立体交叉或人非合用的立体交叉。

　　(2)主干路与设置有轨电车的道路交叉,宜采用立体交叉。

2. 城市道路与轨道交通线路立体交叉设计要点

立体交叉形式可采用道路上跨或下穿两种。按具体情况也可采用机动车道上跨、非机动车道下穿轨道交通的组合形式。

1）平面交叉口位置

引道范围内不设平面交叉口。引道以外设平面交叉口时，应设有不小于50m长的平面交叉口缓坡段，其坡度不宜大于2%。

2）人行道

立体交叉处，道路车行道宽度不应减窄，人行道宽度可根据行人流量计算确定，但每侧人行道宽度不应小于1.5m（当汽车专用道路与铁路立体交叉时，可不设人行道）。立交桥引道或地道引道衔接部分应设置过渡段。

3）排水

立体交叉内应形成完整通畅的排水系统，且应符合下列规定：

（1）对立交桥下的地面水，宜采用自流排除。当不能自流排除时，可修建蓄水池调蓄排水或设泵站排水。

（2）对道路下穿式立体交叉的地道排水，引道两端纵坡的起点处应设倒坡，并在道路两侧采取截水措施，减少坡底聚水量。对纵坡大于2%的坡段内，不宜设雨水口，应在最低点集中收水，雨水口数量应按设计流量计算确定。

（3）纵坡最低点的位置不宜设在地道洞体内，宜设在洞外引道上。当采用泵站排水时，最低点位置宜与泵站位置设在洞体外的同一侧。

3. 城市道路与轨道交通线路平面交叉的设计要点

1）平面交叉位置

当次干路、支路与铁路支线、地方铁路、工业企业铁路交叉时，可设置平面交叉道口。但车站内、桥梁、隧道两端及进站信号机外100m范围内不应设置平面交叉道口，铁路曲线地段以及通视不良路段不宜设置平面交叉道口。

2）视距

原理同公路规范要求，见公路相关内容。

3）平纵线形

（1）交叉角度

道路与铁路平面交叉宜设计为正交，斜交时其交叉角应大于45°。

（2）平面线形

通过道口的道路平面线形应为直线。从最外侧钢轨外缘算起的道路直线段最小长度不应小于50m，困难条件下不得小于30m。

（3）纵面线形

道口两侧应设平台，并应符合下列规定：

①自最外侧钢轨外至最近竖曲线切点间的平台长度，通行铰接车和拖挂车的道口不应小于20m，通行普通汽车的道口不应小于16m。

②平台纵坡度不应大于0.5%。

③紧接道口平台两端的道路纵坡度不应大于表6-6-1的规定值。

紧接道口平台两端的道路纵坡度(%) 表6-6-1

道路种类	机动车与非机动车混合车道	机动车道
一般值	2.5	3.0
极限值	3.5	5.0

4)道口铺面

(1)铺面高程

道口处有两股或两股以上铁路线时,不宜有轨面高程差。困难条件下两线轨面高程差不应大于10cm;线间距大于5m的并肩道口中,相邻两线轨面高程形成的道路纵坡度不应大于2%。

(2)铺面宽度

道口铺面宽度不应小于相交道路车行道和人行道宽度之和。困难条件下,人行道部分铺面宽度可按高峰小时人流量确定。但每侧宽度不得小于1.5m。特殊情况还应符合下列规定:

①利用边沟排水的道路,道口宽度应与道路路基同宽。

②当道口宽度超过20m,不能采用标准栏木时,应与铁路有关部门协商处理。有困难时可局部变更道路横断面形式以增加栏木支撑点,但不得压缩各种车行道与人行道宽度。断面变更处两端应按规定设过渡段。

③道口铺面沿道路方向的铺砌长度应延伸至最外侧钢轨外0.5~2.0m。

(3)铺面材料

道路铺面应选用钢筋混凝土预制板或料石等坚固耐用、平整、稳定且易于翻修的材料。道口范围的道路路面设计标准应与交叉道路路段标准相同。

5)道口安全防护设施

(1)有人看守道口应设置道口看守房,并应设置电力照明以及栏木、有线或无线通信、道口自动通知、道口自动信号、遮断信号等安全预警设备。

(2)无人看守道口应设置警示标志,并应根据需要设置道口自动信号和道口监护设施。

(3)道口两侧的道路上除应按规定设置护桩外,还应设置交通标志、路面标线、立面标志,电气化铁路的道口应在道路上设置限界架。

二、掌握城市道路与管线交叉设计要求

1.桥梁、隧道敷设管线的要求

桥上或隧道内的管线敷设应符合下列规定:

(1)不得在桥上敷设污水管、压力大于0.4MPa的燃气管和其他可燃、有毒或腐蚀性的液体、气体管。条件许可时,在桥梁敷设的电信电缆、热力管、给水管、电压不高于10kV的配电电缆、压力不大于0.4MPa的燃气管必须采取有效的安全防护措施。

(2)严禁在隧道内敷设电压高于10kV的配电电缆、燃气管及其他可燃、有毒或腐蚀性液体、气体管。

2.道路路段敷设管线的要求

(1)地下管线宜优先考虑布置在非车行道下,不得沿快速路主路车行道下纵向敷设。当其他等级道路车行道下敷设管线时,井盖不应影响行车安全性和舒适性,且宜布置在车辆轮迹范围之外。人行道上井盖等地面设施不应影响行人通行。

(2)各类管线应按规划要求预埋过街管道,过街管道规模宜适当并留有发展余地。重要交叉口宜设置过街共用管沟。在建成后的快速路、主干路下实施过街管道时,宜采用非开挖施工技术。

(3)各种地下管线的埋设深度、结构强度和沟槽回填土的压实度应满足道路施工荷载与路面行车荷载的要求。

考 点 分 析

本节主要有以下考点:

(1)城市道路与轨道交通线路的交叉形式如何选择;城市道路与轨道交通线路立体交叉的设计要点;城市道路与轨道交通线路平面交叉的设计要点。

(2)城市道路桥梁、隧道的管线敷设要求。

例 题 解 析

例 1 [2019年多选题]城市桥梁上不得敷设(　　　)。

(A)污水管线

(B)电力、电信管线

(C)压力大于0.4MPa的燃气管线

(D)可燃、有毒或腐蚀性的液、气体管线

分析

根据《城市道路工程设计规范》(CJJ 37—2012)(2016年版)第13.1.3条,不得在桥上敷设污水管、压力大于0.4MPa的燃气管和其他可燃、有毒或腐蚀性的液体、气体管。条件许可时,在桥梁敷设的电信电缆、热力管、给水管、电压不高于10kV的配电电缆、压力不大于0.4MPa的燃气管必须采取有效的安全防护措施。故本题选ACD。

例 2 [2019年多选题]城市道路与轨道交通线路交叉时,必须设置立体交叉的情况有(　　　)。

(A)快速路与轨道交通线路交叉

(B)主干路、次干路、支路与高速铁路、客运专线、铁路车站、铁路编组场的交叉

(C)次干路、支路与城市有轨电车交叉

(D)行驶有轨电车或无轨电车的道路与铁路交叉

分析

根据《城市道路路线设计规范》（CJJ 193—2012）第 13.1.3 条，道路与轨道交通线路交叉，符合下列条件之一者必须设置立体交叉：

① 快速路与轨道交通线路交叉。

② 主干路、次干路、支路与高速铁路、客运专线、铁路车站、铁路编组场的交叉。

③ 行驶有轨电车或无轨电车的道路与铁路交叉。

④ 主干路、次干路、支路与除有轨电车道外的城市轨道交通交叉。

故本题选 ABD。

例 3 在无人值守或设置自动信号的平交道口，路段旅客列车设计行车速度为 80km/h 时，机动车驾驶员侧向的最小瞭望视距是( )。

（A）340m （B）270m （C）240m （D）190m

分析

根据《城市道路工程设计规范》（CJJ 37—2012）（2016 年版）第 8.3.4 条。故本题选 B。

自 测 模 拟

（第 1~2 题为单选题，第 3 题为多选题）

1. 城市道路与铁路立体交叉，引道以外设平面交叉口时，应设平面交叉口缓坡段，其长度应不小于( )。

（A）40m （B）50m （C）60m （D）70m

2. 城市各级道路与( )交叉，可不设置立体交叉。

（A）轻轨 （B）单轨 （C）有轨电车 （D）地铁

3. 可以在城市隧道内敷设的管线有( )。

（A）6kV 的配电电缆 （B）给水管

（C）电信电缆 （D）压力为 0.2MPa 的燃气管

参考答案

1. B 2. C 3. ABC

第七章

Chapter 7

交通工程及沿线设施

思维导图

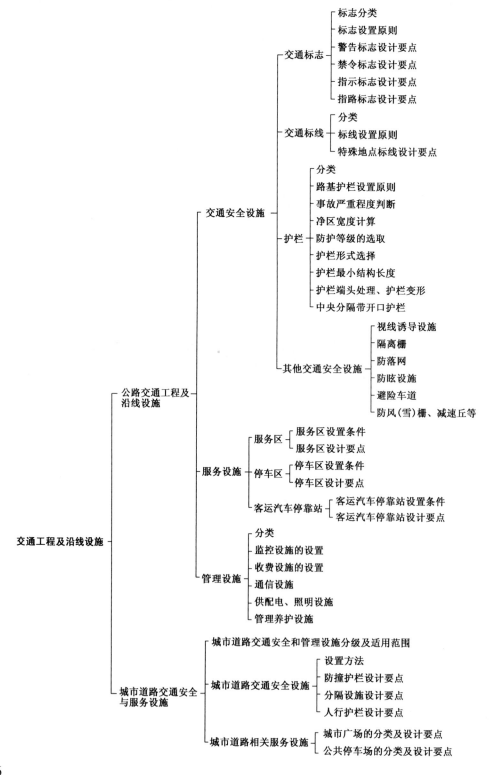

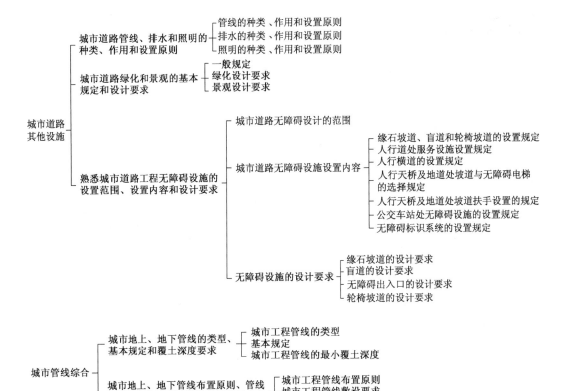

复习笔记

第一节 一 般 规 定

依据规范

《公路工程技术标准》(JTG B01—2014)

　　10　交通工程及沿线设施

《城市道路工程设计规范》(CJJ 37—2012)

　　14　交通安全和管理设施

重 点 知 识

　　公路交通工程及沿线设施是公路的重要组成部分,其建设规模与技术标准对于发挥公路功能、保障行车安全、提高服务水平和通行能力都有非常重要的作用,要求根据公路网规划、公路的功能、等级、交通量、运营条件等综合论证确定。

　　城市道路交通安全和管理设施是维护交通秩序、预防和减少交通事故、发挥城市道路运输效率的基础设施。交通安全和管理设施的建设规模与技术标准应结合国内生产实际的需要和适度超前;同时要相互匹配,协调发展,形成统一的整体,防止追求过高的技术标准或者随意降低技术标准。

1. 公路交通工程及沿线设施的一般规定

　　(1)交通工程及沿线设施的建设规模与标准应根据公路网规划、公路的功能、等级、交通量、运营条件等综合论证确定。

　　(2)交通工程及沿线设施总体设计应符合公路总体设计的要求,相互匹配,协调充分发挥公路的整体效益。

　　(3)交通工程及沿线设施应按照"保障安全、提供服务、利于管理"的原则进行设计。

　　(4)交通工程及沿线设施包括交通安全设施、服务设施和管理设施三种,各项设施应按统筹协调、总体设计的原则设置,并应结合交通量的增长与技术发展状况等逐步补充、完善。

　　(5)对于改扩建工程,交通工程及沿线设施应配合公路主体工程的改扩建方案,提供配套的交通工程及沿线设施的设计和施工组织方案。

2. 城市道路交通安全和管理设施

　　(1)交通安全和管理设施的设计应确保交通"有序、安全、畅通、低公害"。各项设施应统筹规划、总体设计,并结合城市路网的建设情况等逐步补充、完善。

　　(2)道路交通安全和管理设施设计应与道路同步规划,同步设计,并应与当地城市规划和交通管理部门相协调和配合。

　　(3)新建交通安全和管理设施应与现有设施协调和匹配,必要时应对现有设施进行调整和完善。

（4）交通安全和管理设施等级分为A、B、C、D四级，各级道路交通安全和管理设施等级与适用范围应符合表7-1-1的规定。

城市道路交通安全和管理设施等级与适用范围　　　　表 7-1-1

交通安全和管理设施等级	适 用 范 围
A	快速路、中、长、特长隧道及特大型桥梁
B	主干路
C	次干路
D	支路

考 点 分 析

（1）交通工程及沿线设施包含的种类、设计原则。

（2）城市道路交通安全和管理设施的等级划分与适用范围。

例 题 解 析

例1　［2019年单选题］根据交通安全和管理设施等级的规定，城市道路中长隧道适用的等级是（　　）。

（A）A 级　　　　　（B）B 级　　　　　（C）C 级　　　　　（D）D 级

分析

根据《城市道路工程设计规范》（CJJ 37—2012）第14.1.4条，可知 A 级的适用范围为快速路，中、长、特长隧道及特大型桥梁。故本题选 A。

例2　关于公路交通工程及沿线设施的设计，下列说法错误的是（　　）。

（A）确定某公路交通工程及沿线设施的建设规模与标准时，应考虑该公路的功能、等级、交通量、运营条件，而与公路网规划无关

（B）交通工程及沿线设施总体设计应符合公路总体设计的要求

（C）交通工程及沿线设施的设计应遵循"保障安全、提供服务、利于管理"的原则

（D）进行公路交通工程及沿线设施的配置，最重要的是做好前期的总体规划设计

分析

根据《公路工程技术标准》（JTG B01—2014）第10.1.1条，交通工程及沿线设施的建设规模与标准应根据公路网规划、公路的功能、等级、交通量、运营条件等综合论证确定。故本题选 A。

例3　城市道路交通安全和管理设施共分为四级，交通性主干路应选用（　　）。

（A）A 级　　　　　（B）B 级　　　　　（C）C 级　　　　　（D）D 级

分析

根据《城市道路工程设计规范》(CJJ 37—2012)第 14.2.2 条条文说明,B 级配置是供交通性主干路、次干路而作的规定。故本题选 B。

例 4 城市道路交通安全和管理设施设计应与道路( )。

(A)同步规划
(B)同步设计
(C)同步建设
(D)同步投入使用

分析

根据《城市道路工程设计规范》(CJJ 37—2012)第 14.1.2 条,交通安全和管理设施设计应与道路同步规划,同步设计,并应与当地城市规划和交通管理部门相协调和配合。注意此题的主语是"交通安全和管理设施设计"。故本题选 AB。

自 测 模 拟

(第 1、2 题为单选题,第 3 ~ 5 题为多选题)

1. 城市道路交通安全及管理设施分为 4 个等级,在设计中、长隧道时,其交通安全及管理设施等级应为( )。

(A)A 级　　　　(B)B 级　　　　(C)C 级　　　　(D)D 级

2. 对于改扩建工程,交通工程及沿线设施应配合公路主体工程的改扩建方案,提供配套的交通工程及沿线设施的设计和( )。

(A)交通安全分析
(B)施工组织方案
(C)交通组织方案
(D)施工组织设计

3. A 级城市道路交通安全和管理设施适用于( )。

(A)快速路　　　(B)主干路　　　(C)特大桥　　　(D)中隧道

4. 城市交通安全和管理设施的设计应确保交通( )。

(A)有序
(B)安全
(C)畅通
(D)低公害

5. 公路交通工程及沿线设施的设计原则是( )。

(A)保障安全
(B)提供服务
(C)提升效率
(D)利于管理

参考答案

1. A　　　　2. B　　　　3. ACD　　　　4. ABCD　　　　5. ABD

第二节　交通安全设施

依据规范

《公路工程技术标准》(JTG B01—2014)

    10　交通工程及沿线设施

《公路交通安全设施设计规范》(JTG D81—2017)

    1　总则

    4　交通标志

    5　交通标线

    6　护栏和栏杆

    7　视线诱导设施

    8　隔离栅

    9　防落网

    10　防眩设施

    11　避险车道

    12　其他交通安全设施

《公路交通标志和标线设置规范》(JTG D82—2009)

    2　总体要求

    3　警告标志

    4　禁令标志

    5　指示标志

    6　高速公路指路标志和其他标志

    7　一般公路指路标志和其他标志

    8　纵向标线

    9　横向标线

    10　其他标线

《城市道路工程设计规范》(CJJ 37—2012) (2016 年版)

    14　交通安全和管理设施

《城市道路交通设施设计规范》(GB 50688—2011)

    1　总则

    7.2　防撞护栏

    7.5　人行护栏

    7.6　分隔设施

重 点 知 识

交通安全设施是公路设计的重要组成部分,在一定程度上可以弥补线形设计上的不足,保障行车安全。

城市道路交通安全和管理设施是维护交通秩序、预防和减少交通事故、发挥城市道路运输效率的基础设施,是"以人为本""方便群众"的具体体现,也是反映城市交通建设、管理水平和文明程度的一个重要方面。

一、掌握公路交通安全设施的种类、作用、基本规定和设置要求

1.基本规定

(1)公路交通安全设施必须与公路土建工程同时设计、同时施工、同时投入生产和使用。

(2)公路交通安全设施设计应坚持以人为本、预防为主、系统设计、重点突出的原则。

(3)公路交通安全设施应结合路网与公路技术条件、地形条件、交通条件、环境条件进行总体设计,交通安全设施之间、交通安全设施与公路土建工程和其他设施之间应互相协调、配合使用。

(4)公路交通安全设施的总体设计应在重复收集项目及所在路网规划、技术规定、设计图纸和交通安全评价结论,以及现场调研的基础上进行。

2.作用与功能

为满足公路使用者安全行车的需要,公路交通安全设施要具有四类使用功能,分别为主动引导、被动防护、全时保障、隔离封闭。其中,主动引导、全时保障、隔离封闭设施可以起到事故预防的作用,有效避免交通事故的发生,而被动防护设施的合理设置可以有效降低事故的严重程度。公路交通安全设施在设计时,对于已开展公路交通安全评价的项目,建议以评价结论为基础;未开展公路交通安全评价的项目,需要进行交通安全综合分析。从公路使用者的角度出发,要优先设置主动引导设施,根据实际需要,合理设置被动防护设施,以充分体现驾驶人及其他公路使用者的需求,为其安全、便捷、舒适的出行提供多方面的支持和保障。

3.公路交通安全设施的种类

公路交通安全设施设计内容包括交通标志、交通标线(含突起路标)、护栏和栏杆、视线诱导设施、隔离栅、防落网、防眩设施、避险车道和其他交通安全设施(含防风栅、防雪栅、积雪标杆、限高架、减速丘和凸面镜)等。

4.设置条件

交通安全设施应根据公路功能、交通组成、公路环境、运营条件等设置,以满足交通安全管理与服务的需求。

(1)公路应设置完善的交通标志和标线,并应符合下列规定:

①交通标志、标线应总体布局、合理设置,重要信息应重复设置或连续设置。

②交通标志的位置应保证其视认性,与其他标志或设施不应相互遮挡。

③交通标志与标线应根据实际需求配合使用,应互为补充、含义一致,并与其他设施相

协调。

（2）公路路侧护栏设置应符合下列规定：

①公路路侧净区的宽度不足时，应按护栏设置原则确定是否设置护栏。

②桥梁与高路堤路段必须设置路侧护栏。

③路侧有悬崖、深谷、深沟、江河湖泊等路段应设置路侧护栏。

④高速公路和作为干线的一级公路，整体式断面中间带宽度小于或等于 12m 时，必须连续设置中央分隔带护栏。

⑤应根据车辆驶出路外可能造成的伤害程度，结合公路设计速度、几何指标、交通量、交通组成等因素合理确定护栏防护等级。

⑥不同形式的护栏相接时应进行过渡设计。

（3）轮廓标的设置应符合下列规定：

①高速公路、一级公路的主线及其互通式立体交叉，服务区、停车区等处的进出匝道、连接道、中央分隔带开口以及避险车道等应连续设置轮廓标。

②二级及二级以下公路的视距不良路段、车道数或车道宽度有变化的路段及连续急弯陡坡路段宜设置轮廓标，其他路段视需要可设置轮廓标。

③隧道内应设置轮廓标。

（4）公路隔离栅设置应符合下列规定：

①高速公路、一级公路需要控制出入的路段两侧宜连续设置，也可利用天然屏障间隔设置。

②其他公路可根据需要设置。

（5）公路防落网设置应符合下列规定：

①公路跨越铁路、通航河流、交通量较大的其他公路时。

②公路路堑边坡可能有落石并影响交通安全的路段。

（6）高速公路和一级公路应根据需要设置防眩设施。

（7）连续长、陡下坡路段设置避险车道时，应设置配套的标志、标线及隔离、防护、缓冲等安全设施。

（8）为集散公路的一级公路，整体式断面中间带应设置隔离设施。

（9）风、雪、沙等危及公路行车安全的路段，应设置防风栅、防雪（沙）栅、积雪标杆等安全设施。

二、掌握城市道路交通安全设施的种类、作用、基本规定和设置要求

1. 城市道路交通安全设施的种类

城市道路交通安全设施主要包括交通标志、交通标线、防护设施。防护设施包括防撞护栏、防撞垫、人行护栏、分隔设施、隔离栅、防落物网、防眩设施和声屏障等。

2. 城市道路交通安全设施的设置方法

（1）当交通安全和管理设施等级为 A 级时，应配置系统完善的标志、标线、隔离和防护设施，并应符合下列规定：

①中间带必须连续设置中央分隔护栏和必需的防眩设施。

②桥梁与高路堤路段必须设置路侧护栏。

③互通式立交及其周边路网应连续设置预告、指路、禁令等标志。

④分合流路段宜连续设置反光突起路标。

⑤进出口分流三角端应有醒目的提示和防撞设施。

（2）当交通安全和管理设施等级为 B 级时，应配置完善的标志、标线、隔离和防护设施，并应符合下列规定：

①当主干路无中间带时，应连续设置中间分隔设施；当无两侧带时，两侧应连续设置机动车与非机动车分隔设施。

②当次干路无中间带时，宜连续设置中间分隔设施；当无两侧带时，两侧宜连续设置机动车与非机动车分隔设施。

③桥梁与高路堤路段必须设置路侧护栏。

④互通式立交及其周边地区路网应设置指路、禁令等标志。

⑤隔离设施的端头应有明显的提示。

⑥平面交叉口应进行交通渠化、人车隔离和设置交通信号灯；支路接入应有限制措施。

（3）当交通安全和管理设施等级为 C 级时，应配置较完善的标志、标线、隔离和防护设施，并应符合下列规定：

①主干路宜连续设置中间分隔设施。

②主、次干路无分隔设施的路段必须施画路面中心线。

③桥梁与高路堤应设置路侧护栏。

④平面交叉口应进行交通渠化，并应设置交通信号灯；宜设置行人和机动车、非机动车分隔设施。

（4）当交通安全和管理设施等级为 D 级时，应配置较完善的标志、标线；宜设置分隔和防护设施；平面交叉口宜进行交通渠化，并宜设置行人和机动车、非机动车分隔设施。

（5）其他情况下配置的交通安全设施，应符合下列规定：

①在冰、雪、风、沙、坠石、有雾路段等危及运行安全处，应设置警告、禁令标志、视线诱导标、反光突起路标等交通安全设施。

②对窄路、急弯、陡坡、视线不良、临崖、临水等危险路段，应设置视线诱导、警告、禁令标志和安全防护设施。

③当学校、幼儿园、医院、养老院门前附近的道路，没有过街设施时，应施画人行横道线，设置提示标志，必要时应设置交通信号灯。

④铁路与道路平面交叉的道口，应设置警示灯、警告和禁令标志以及安全防护设施。对无人值守的铁路道口，应在距道口一定距离设置警告和禁令标志。

⑤道路上跨铁路时，应按铁路的要求设置相应防护设施。

⑥快速路、主干路两侧的交通噪声超过现行《声环境质量标准》（GB 3096）的规定时，应有消减噪声的措施。

道路两侧和隔离带上的绿化、广告牌、管线等不得遮挡路灯、交通信号灯、交通标志。

三、掌握公路交通标志、标线、防护设施及其他附属设施的设置内容、作用、分类分级、技术指标和设计要求

1. 交通标志

1）交通标志的作用

（1）控制和疏导交通

交通标志对道路和桥梁上的交通流起着调节、控制和疏导的作用。另外，它还是实施交通组织的重要的必备设施。

（2）维护交通秩序

道路交通标志提醒车辆和行人在通行上所应注意的问题，指导其正确的交通行为，这对维护交通秩序、确保交通安全和畅通起着重要的作用。

（3）提供交通信息

交通标志能预告行人和车辆驾驶人员前方某一桥梁、某一路段和某一地点的地理或环境状况，警告人们注意危险，以便提前采取相应的防范措施。

（4）指引行进方向

交通标志可以明确地表示方向和地名、沿途主要城镇村庄以及旅游胜地、名胜古迹和距离，减少驾乘人员和行人因路线不明而产生犹豫、疑虑、焦躁和烦恼等情绪，减少不必要的减速、停车与驻足。

（5）执行法规的依据

交通标志既是交通参与或者进行合法交通活动的依据，又是执法人员纠正交通违章、处理交通事故、制定事故责任的依据。

2）交通标志的分类

交通标志从不同的角度可以划分为不同的类型，具体的分类如图 7-2-1 所示。

3）交通标志的设置原则

（1）公路交通标志应以不熟悉周围路网体系但对出行路线有所规划的公路使用者为设计对象，为其提供清晰、明确、简洁的信息。

（2）交通标志应针对具体路段情况，在交通安全综合分析的基础上进行系统布局和综合设置，与路段的实际交通运行状况相匹配。同一位置的交通标志数量不宜过多，交通标志之间不得相互矛盾。

（3）警告标志应设置在公路本身及沿线环境存在影响行车安全且不易被发现的危险地点，并应在充分论证的基础上设置，不得过量使用。

（4）禁令标志应设置在需要明确禁止或限制车辆、行人交通行为的路段起点附近醒目的位置。其中限制速度标志应综合考虑公路功能、技术等级、路侧开发程度、路线几何特征、运行速度、交通运行、交通事故和环境等因素，在交通安全综合分析的基础上，确定是否设置以及限速值和限速标志的形式，经主管部门认可后实施设置。

（5）指示标志应根据交通流组织和交通管理的需要，在驾驶人、行人容易产生迷惑处或必须遵守行驶规定处设置。

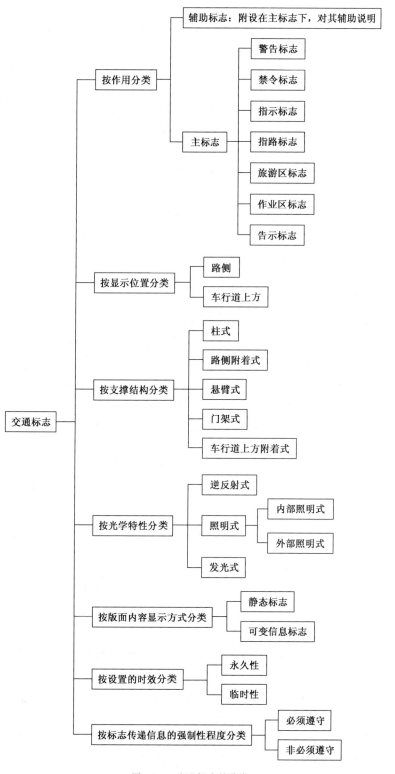

图 7-2-1 交通标志的分类

（6）指路标志应根据路网一体化的原则进行整体布局，做到信息关联有序，不得出现信息不足、不当或过载的现象。应根据公路功能、交通流向和沿线城镇分布等情况，依距离、人口和社会经济发展程度，优先选取交通需求较大的信息指示。

（7）旅游区标志设置时应根据旅游景区的级别、路网情况等合理确定指引范围。当旅游区标志与其他交通标志冲突时，其他交通标志具有优先设置权限。

（8）告示标志的设置，不得影响警告、禁令、指示和指路标志的设置和视认。

（9）公路平面交叉处的交通标志应在综合考虑平面交叉的交通管理方式、物理形式、相交公路技术等级、交通流向等因素的基础上，遵循路权明晰、渠化合理、导向明确、安全有序的原则，合理确定不同交通标志综合设置方案，并与交通标线相互配合，引导车辆有序通过。

（10）除特殊情况外，交通标志应设置在公路前进方向的车行道上方或右侧，其他位置的交通标志应仅视为正常位置的补充。交通标志设置具体位置应符合现行《道路交通标志和标线》（GB 5768）的规定，对于单向车道数大于或等于三条、交通量较大、大型车辆较多、视认条件不良等设置条件，应根据交通工程原理对交通标志的具体设置位置进行计算论证。

4）交通标志设置位置

（1）除特殊情况外，交通标志宜设置在车辆前进方向的右侧或车行道上方。当单向公路车道数大于或等于 3 条、交通量较大、大型车辆较多或公路线形影响右侧标志的视认性时，可在车辆前进方的左侧（即中央分隔带处）重复设置。交通标志的设置不得影响公路的停车视距。

（2）交通标志的设置位置应考虑公路宽度、车辆的运行速度、驾驶人的反应能力等因素。交通标志之间应保持合理的间距，设计速度大于或等于 80km/h 的公路交通标志之间的间隔不宜小于 60m，其他公路交通标志之间的间隔不宜小于 30m。如需在保持最小间隔的标志之间增设新的标志，则宜采用互不遮挡的支撑结构形式。

（3）交通标志宜单独设置，如因条件限制需要并列设置时，应符合下列规定：

①应对交通标志所提供的信息进行排序，优先保留禁令和指示标志。

②安装在同一支撑结构上的标志不应超过 4 个，并应按禁令、指示、警告的顺序，先上后下、先左后右排列。

③原则上应避免不同种类的标志并设。解除限制速度标志、解除禁止超车标志、路口优先通行标志、会车先行标志、会车让行标志、停车让行标志、减速让行标志应单独设置。如条件受限制无法一单独设置时，同一支撑结构上最多不应超过两种标志。

④根据实际需要交通标志可嵌套使用，同一版面中嵌套的禁令或指示标志的数量不宜多于 4 种；高速公路、隧道、特大桥路段的入口处，同一版面中的禁令或指示标志的数量不应多于6 种。

（4）公路交通标志的任何部分不得侵入公路建筑限界以内，路侧柱式交通标志的安装高度应考虑其板面规格、所在位置的线形特点、是否有行人通行等因素，根据表 7-2-1 的规定选取。设置在小型车比例较大的公路上时，标志板下缘距路面的高度可根据实际情况减小，但不宜小于 120cm。设置在有行人、非机动车通行的公路路侧时，设置高度应大于 180cm。悬臂、门架式等悬空标志净空高度应预留 20 ~ 50cm 的余量。

标志板下缘距路面的高度(单位:cm)　　　　　　　　　　　　表 7-2-1

标 志 分 类		路侧柱式、附着式	悬臂式、门架式、高架附着式
主标志	警告标志	150~250	应符合公路建筑限界的要求;高速公路,一、二级公路不小于500;三、四级公路不小于450
	禁令标志		
	指示标志		
	指路标志		
辅助标志		应符合公路建筑限界的要求	

(5)除特殊规定外,标志安装应使其板面垂直于行车方向,视实际情况调整其水平或俯仰角度:

①路侧标志应尽量减少标志板面对驾驶人的眩光。

②标志安装角度宜根据设置地点公路的平、竖曲线线形进行调整。

③路侧标志应尽可能与公路中线垂直或成一定角度。其中,禁令和指示标志为0°~45°;指路和警告标志为0°~10°,如图7-2-2所示。

④门架、悬臂、车行道上方附着式标志的版面应垂直于公路行车方向,并且版面宜前倾0°~15°。

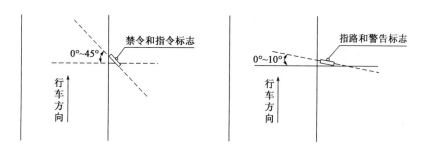

a)路侧禁令和指示标志　　　　　　　　b)路侧指路和警告标志

图 7-2-2　标志安装角度示意图

5)交通标志版面布置

(1)指路标志上使用的箭头应以一定角度反映车辆的行驶方一向:

①门架式标志或跨线桥上附着式标志的箭头,用来指示车道的用途或行驶目的地时,箭头应向下,见图7-2-3a)。指示车辆前进方向而非专指某一车道时,箭头应向上,图7-2-3b);用来指示出口方向时,箭头角度应能反映出口车道的方向角度。

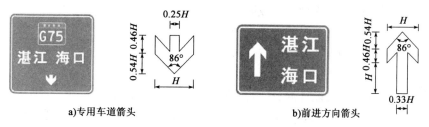

a)专用车道箭头　　　　　　　　　　b)前进方向箭头

图 7-2-3　专用车道箭头与前进方向箭头示意图

②路侧安装的指路标志,表示直行方向的箭头应指向上方,表示转向方向的箭头应与转向车道的方向角度保持一致。上下同时出现向上和向左、向右的三个箭头时,应按向上、向左和向右的顺序排列,其中指向上、左的箭头应放置在最左侧,指向右侧的箭头应放置在最右侧;左右同时出现向上和向左、向右的三个箭头时,应按向左、向上和向右的顺序排列。

(2)各类交通标志的板面规格和文字大小,除特殊规定外,应根据设计速度来确定,见表7-2-2。

标志版面与设计速度的关系   表7-2-2

设计速度(km/h)		120、100	80	60、40	30、20
警告标志	三角形边长(cm)	130	110	90	70
禁令标志	圆形外径(cm)	120	100	80	60
	三角形边长(cm)	—	—	90	70
	八角形外径(cm)	—	—	80	60
	区域限制和解除标志长方形边长(cm×cm)	—	—	120×170	90×130
指示标志	圆形外径(cm)	120	100	80	60
	正方形边长(cm)	120	100	80	60
	长方形边长(cm×cm)	190×140	160×120	140×100	—
	单行线标志长方形边长(cm×cm)	120×60	100×50	80×40	60×30
	会车先行标志正方形边长(cm)	—	—	80	60
指路标志	汉字高度(cm)	60~70	50~60	35~50	25~30
	公路编号标志中的字母标识符、数字及出口编号标识中的数字高度(cm)	40~50	35~40	35~30	15~20

当路段运行速度与设计之速度之差大于20km/h时,宜按运行速度对交通标志的板面规格及视认性加以检验。设置在中央分隔带内的警告、禁令、指示标志,设置空间受限制时,如果采用柱式支撑结构,则标志板而可采用最小值。

6)标志支撑方式

交通标志支撑方式应根据交通量、车型构成、运行速度、公路宽度、车道数、沿线构造物分布以及路侧条件等因素综合确定,并尽可能经济、美观。

警告、禁令、指示标志和小尺寸指路标志宜采用单柱式支撑方式,中、大型指路标志可采用双柱或多柱式支撑方式。

当符合下列条件时,交通标志应采用悬臂式或门架式等悬空支撑方式:

(1)路侧交通标志视认受到遮挡或影响。

(2)路侧交通标志影响视距或交通安全。

(3)路侧空间受限,无法安装柱式交通标志。

(4)单向有三条或三条以上车道。

(5)交通量达到或接近设计通行能力,或大型车辆所占比例很大。

(6)枢纽型互通式立体交叉、形式复杂或出口间距较近的互通式立体交叉的出口指引标志。

(7)互通式立体交叉出口匝道为多车道,或左向出口。

（8）平面交叉预告和告知标志。

（9）车道变换频繁的路段。

（10）交通标志设置较为密集的路段。

（11）位于城市区域的高速公路路段。

7）反光膜等级选择

交通标志选择反光膜等级时应遵循下列原则：

（1）背景环境影响大、行驶速度快、交通量大的公路宜采用等级高的反光膜。

（2）交通量小的公路，根据实际情况可选用较其他公路等级低的反光膜。

（3）交通复杂、多车道、横断面变化、视距不良、观察角过大等特殊路段的禁令、警告标志，宜采用比同一条公路其他交通标志等级高的反光膜。

（4）门架式、悬臂式等悬空类交通标志，宜采用比路侧交通标志等级高的反光膜。

（5）受雨雾等不良天气影响路段的交通标志，宜采用等级高的反光膜。

在下列情况下设置的禁令、指示、警告标志，宜采用 V 类反光膜：

（1）高速公路、一级公路主线小半径曲线及立体交叉小半径匝道路段。

（2）交通较为复杂、视距不良、观察角过大的交叉口或路段。

（3）单向有三条或三条以上车道时。

（4）公路横断面发生变化时。

（5）大型车辆所占比例很大时。

8）警告标志设置要点

除特殊规定外，警告标志的颜色均为黄底、黑边、黑图案，形状为等边三角形或矩形，其中三角形顶角朝上。

（1）设置数量

①警告标志不得过量使用。同一地点需要设置两个或两个以上警告标志时，原则上只设置其中最需要的一个。如必须将两个或两个以上的警告标志并设时，应将提醒驾驶人危险主因的标志设置在上部或左侧。

②二级及二级以上公路可根据需要设置有关告示标志或线形诱导标，以减少有关的警告标志。

（2）设置位置

除特殊规定外，警告标志到危险地点起点的距离可根据其类型参考表 7-2-3 并结合现场条件确定。如所在位置不具备设置条件时，警告标志可适当移位。

警告标志设置位置　　　　　　　　　　　　　　　　　　　　表 7-2-3

速度 * （km/h）	警告标志到危险地点起点的距离（m）													
	大交通量时需车辆 减速、变换车道的标志	需要车辆降低到下列规定速度（km/h）的标志												
		0	10	20	30	40	50	60	70	80	90	100	110
40	85	＊＊	＊＊	＊＊	＊＊	—	—	—	—	—	—	—	—
50	120	＊＊	＊＊	＊＊	＊＊	＊＊	—	—	—	—	—	—	—
60	150	30	＊＊	＊＊	＊＊	＊＊	—	—	—	—	—	—	—
70	185	50	40	30	＊＊	＊＊	＊＊	＊＊	—	—	—	—	—

续上表

速度* (km/h)	警告标志到危险地点起点的距离(m)											
	大交通量时需车辆 减速、变换车道的标志	需要车辆降低到下列规定速度(km/h)的标志										
		0	10	20	30	40	50	60	70	80	90	100	110
80	220	80	60	55	50	40	30	＊＊	＊＊	—	—	—	
90	255	110	90	80	70	60	40	＊＊	＊＊	＊＊	—	—	
100	290	130	120	115	110	100	90	70	60	40	＊＊	—	
110	320	170	160	150	140	130	120	110	90	70	50	＊＊	—
120	360	200	190	185	180	170	160	140	130	110	90	60	40

注:＊速度通常采用设计速度,也可考虑所处路段的最高限制速度或运行速度。

　　＊＊无建议值,应根据现场条件和其他标志的设置情况来确定警告标志的设置位置。

（3）急弯路标志

在设计速度小于60km/h的公路上,应根据设计速度、曲线半径、停车视距和曲线转角等情况判定向左(或向右)急弯路标志的设置位置。

①曲线半径或停车视距小于表7-2-4规定值时,应设置急弯路标志。

②圆曲线半径大于或等于表7-2-4规定值,但小于或等于现行《公路工程技术标准》(JTG B01)规定的一般最小半径,且路线转角大于或等于45°时,应设置急弯路标志。

③标志到急弯路起点的距离可按表7-2-3选取,但不得进入相邻的圆曲线内。

④急弯路标志可根据需要与有关标志联合使用,并与标线相配合。

急弯路标志设置条件 　　　　　　表7-2-4

设计速度(km/h)	圆曲线半径(m)	停车视距(m)
20	20	20
30	45	30
40	80	40

（4）交叉路口标志

①公路交叉路口标志分为10种。两相交公路间不能保证由停车视距构成的通视三角区,或存在其他辨识困难时,应设置交叉路口标志。

②已设置信号灯控制的平面交叉口,或已设置大型指路标志、减速让行标志或停车让行标志的交叉口,可不再设置交叉路口标志。

（5）隧道标志及隧道开车灯标志

①在长度小于或等于500m的公路隧道入口前,应设置隧道标志[图7-2-4b)]。长度大于500m的隧道应设置相关的指路标志[图7-2-4a)]。

②在无照明或照明不足的隧道入口前,应设置隧道开车灯标志。

③隧道标志和隧道开车灯标志只需设置一个。

a)地点指引标志　　　　b)警告标志

图7-2-4　不同长度隧道标志的设置

9)禁令标志设置要点

除个别标志外,禁令标志的颜色为白底、红圈、红杠、黑图案,图案压杠。禁令标志的形状为圆形、矩形、八角形、顶角向下的等边三角形。

(1)设置位置

在需要明确禁止或限制车辆、行人交通行为的路段起点前,应设置有关禁令标志。

两个或两个以上禁令标志并设时,应按禁止、限制的严厉程度,或按对公路安全的影响程度,将相对较重要的禁令标志设置在上部或左侧。

(2)禁止超车、解除禁止超车标志

凡在双向两车道公路或其他中央隔离设施的公路上,超车视距不能得到满足,车辆跨越车道分界线实施超车行驶,可能危及对向车辆安全的路段;或车道数减少,路基宽度缩窄,进入隧道口前的路段等,车辆实施超越行动可能危及其他车辆安全的路段,应设置禁止超车标志。

解除禁止超车标志必须与禁止超车标志联合使用。

(3)限制速度、解除限制速度标志

相邻路段的限速值差值不宜超过 20km/h,限制速度标志可与警告标志联合使用。

在限速路段终点处,应设置解除限制速度标志或新的限制速度标志。

(4)停车让行、减速让行标志

非信号控制的公路平面交叉口,在支线或次线上,应设置减速让行或停车让行标志。

选择停车让行标志或减速让行标志应符合主路优先通行的原则:

①公路功能、等级、交通量有明显差别的两条公路相交,或交通量较大的 T 形交叉,如两相交公路的通视三角区能得到保证,则次要公路与主要公路交会处应设置减速让行标志;否则次要公路应设置停车让行标志或设置强制停车及减速设施。当主要公路受条件限制而难以设置应有长度的加速车道时,在其入口附近宜设置减速让行标志。

②当两条相交公路的技术等级均低且交通量较小时,应在行政等级低的被交公路上设置减速让行标志;如两条公路的行政等级相同,则相交公路所有方向均宜设置停车让行标志。

③在环形交叉口所有入口处适当位置,应设置减速让行标志。

10)指示标志设置要点

除特殊规定外,指示标志的颜色为蓝底、白图案,形状分为圆形、长方形和正方形。

(1)设置位置

根据交通流组织和交通管理的需要,应在下列驾驶人、行人容易产生迷惑处或必须遵守行驶规定处设置指示标志:需要指出前方的行驶方向时;需要指导驾驶人的驾驶行为时;需要指出每个车道的使用目的时;需要指出与路权有关的优先行驶权时。

(2)最低限速标志

最低限速标志应与最高限速标志一起设置,不应独立设置。最高限速标志居上,最低限速标志居下;或最高限速标志居左,最低限速标志居右。

(3)路口优先通行标志

以停车让行标志或减速让行标志控制公路交叉口通行权时,可在有优先通行权的干路路口醒目位置设置路口优先通行标志。

11)指路标志设置要点

指路标志信息依据重要程度、道路等级、服务功能等因素可分为 A 层、B 层和 C 层信息。A 层信息:指高速公路、国道、城市快速路,直辖市、省会、自治区首府等控制性城市,及其他本区域内相对重要的信息。B层信息:指省道、城市主干路、县及县级市,及其他本区域内相对较重要的信息。C层信息:指县道、乡道、城市次干路、支路、乡、镇、村,及其他本区域内的一般信息。

(1)高速公路指路标志

以匝道收费站为界,除特殊规定外,高速公路主线及相连的匝道指路标志应为绿底、白字、白边框、绿色衬边;收费站以外的匝道及被交道路的指路标志版面颜色应为蓝底、白字、白边框、蓝色衬边。

高速公路指路标志按照标志的功能可分为路径指引、沿线信息指引、沿线设施指引标志,其他标志包括旅游区标志及告示标志等。

高速公路互通式立体交叉、服务区、停车区指路标志的设置,分别以减速车道渐变段起点和加速车道渐变段终点为前、后基准点。高速公路主线设置的指路标志所显示的距离,应指其与相关互通式立体交叉或服务区、停车区等沿线设施的前基准点的间距。

在距互通式立体交叉前基准点2km、1km、500m 和0m 处,应分别设置2km、1km、500m出口预告标志和出口预告(行动点)标志。当因互通式立体交叉、桥梁、隧道等因素没有位置设置时,经严格论证可取消2km 出口预告标志,其他出口预告标志必须设置。

(2)一般公路指路标志

一般公路指路标志按照标志的功能可分为路径指引、地点指引、沿线设施指引、公路信息指引标志,其他标志包括旅游区标志及告示标志等。

对于公路沿线跨越河流、湖泊、海峡等长度大于1000m 的桥梁,长度大于500m 的隧道,大型枢纽互通式立体交叉等交通设施,可独立设置著名地点标志。版面内容应包括有关设施名称,桥梁和隧道应标明其长度,可四舍五入精确到百米。

2.交通标线

1)交通标线的作用

(1)实行交通分离

可实行车辆与行人的分离,机动车与非机动车的分离。在机动车中,实行大型车与小型车的分离,上行车与下行车的分离,转弯车与直行车的分离等。此类标记为车行道中心线、车道分界线、导向车道线、人行横道线和导向箭头等。

(2)渠化交叉路口交通

可在平交路口组织渠化交通,引导行人和各种车辆按标线所示位置、方向、路线行进,以疏导交通流,减少冲突点,控制冲突角,提高路口的通行能力,保障交通安全。此类标记如导流标线、中心圈、左转弯导向线、停车线、减速(或停车)让行线等。

(3)提示前方路况,保障交通安全

可将前方道路状况和特点明显化,并将其主要方面突现出来,以引起驾驶人员的特别注意,同时起到了指引作用和警示作用,利于确保行车安全。此类标记如路面文字标记、导向箭头、立面标记、车行道边缘线、突起路标和路边线轮廓标等。

(4)守法和执法的依据

标线既是交通行为规范的具体化和形象化,又可以其为据对交通违章与交通事故进行公正的处理,既是遵守交通法规的依据,又是执行交通法规的依据。

2）交通标线的分类

道路交通标线的颜色为白色、黄色、蓝色或橙色,路面图形标记中可出现红色或黑色的图案或文字。交通标线从不同的角度可以划分为多种类型,按设置方式划分为纵向标线、横向标线和其他标线;按形态划分为线条、字符、突起路标和轮廓标;按功能划分为指示标线、禁止标线和警告标线(图7-2-5)。

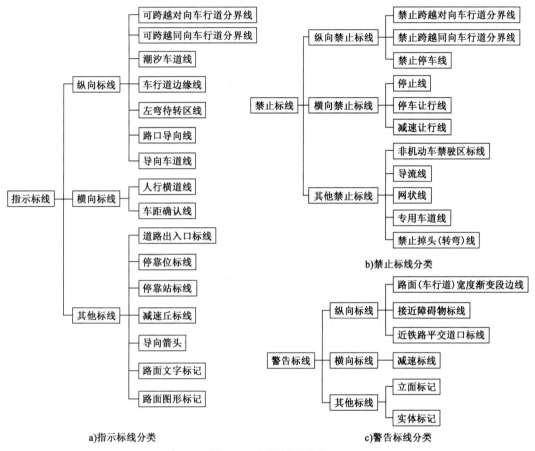

图7-2-5 交通标线的分类

3）设置原则

一般路段的交通标线设计应符合下列规定:

（1）高速公路和一级公路的一般路段应设置车行道边缘线、同向车行道分界线;二级及三级以下公路、除单车道外,应设置对向车行道分界线;二级及二级以下公路的下列路段应设置车行道边缘线:

①公路的窄桥及其上下游路段。

②采用最低公路设计指标的曲线段及其上下游路段。

③交通流发生合流或分流的路段。

④路面宽度发生变化的路段。

⑤路侧障碍物距车行道较近的路段。

⑥经常出现大雾等影响安全行车天气的路段。

⑦机动车或行人较多的机非混行路段。

(2)二级公路设置慢车道时,应设置对向车行道分界线、同向车行道分界线和车行道边缘线。

(3)车行道边缘线应设置于公路两侧紧靠车行道的硬路肩内,未设置硬路肩的公路车行道边缘线应设置于公路两侧紧靠车行道的外边缘处。同向车行道分界线应设置于同向行驶的车行道分界处。

特殊路段的交通标线设计应符合下列规定:

(1)经常出现强侧向风的桥梁路段、隧道出入口路段、急弯陡坡路段、平面交叉驶入路段、接近人行横道线的路段,应设置禁止跨越同向车行道分界线。

(2)隧道出入口路段宜作为独立的设计单元,交通标线的设计应与交通标志、护栏、视线诱导等设施统筹考虑,综合设置。

(3)当公路中心或车行道中有上跨桥梁的桥墩、中央分隔带端头、标志杆柱及其他可能对行车安全构成威胁的障碍物时,应设置接近障碍物标线。

(4)在靠近公路建筑限界范围的跨线桥、渡槽等的墩柱立面、隧道洞口侧墙端面及其他障碍物立面上,中央分隔墩、收费岛、实体安全岛或导流岛、灯座、标志基座及其他可能对行车安全构成威胁的立体实物表面上,应设置立面标记或实体标记。

(5)学校、幼儿园、医院、养老院门前的公路没有行人过街设施的,宜施画人行横道线。

(6)在公路宽度或车行道数量发生变化的路段应设置过渡标线。

(7)需要车辆减速的路段可设置纵向或横向减速标线。

(8)设置减速丘的路段,应在减速丘前设置减速丘标线。

(9)穿城公路交通标线的设置除应满足本规范的要求外,尚应考虑城市道路交通标线的设置要求。

互通式立体交叉、服务区、停车区出入口交通标线的设计应符合下列规定:

(1)互通式立体交叉、服务区、停车区出入口交通标线应准确反映交通流组织的原则,公路出入口路段(加减速车道)适当位置宜设置禁止跨越同向车行道分界线。

(2)互通式立体交叉、服务区、停车区出入口处,应设置导向箭头,箭头的规格、重复次数应符合现行《道路交通标志和标线》(GB 5768)的规定。出口导向箭头应以减速车道渐变点为基准点,入口导向箭头应以加速车道起点为基准点。

(3)服务区、停车区场区范围内,应根据场区交通组织设计及功能规划,分别设置停车位标线、车行道分界线、导向箭头等交通标线。

平面交叉渠化标线的设计应符合下列规定:

(1)三级及三级以上公路之间形成的平面交叉应进行渠化设计,并设置渠化标线,有条件时宜设置渠化岛,路缘石高度不宜超过10cm;其他公路形成的平面交叉应设置与停车或减速让行标志配合使用的让行线。

(2)平面交叉渠化标线应结合平面交叉实际情况和交通流实际特点进行设计。

收费广场交通标线的设计应符合下列规定:

(1)进入收费广场应设置减速标线,各条减速标线的设置间距应根据驶入速度、广场长度经计算确定。收费岛迎车流方向应设置收费岛地面标线,收费岛上应设置实体标记、收费广场出口端可设置部分同向车行道分界线。

（2）设置 ETC 车道的收费广场,应在 ETC 车道内设置 ETC 车道路面文字和标记,并配合设置有关指示和禁令标志。

（3）单向收费车道数大于 5 条的收费广场宜在交通组织分析的基础上单独设计。

突起路标的设置宜符合下列规定:

（1）下列情况下,宜在路面标线的一侧设置突起路标,并不得侵入车行道内:

①高速公路的车行道边缘线上。

②一级及一级以下公路隧道的车行道边缘线上。

③一级公路互通式立体交叉、服务区、停车区路段的车行道边缘线上。

④互通式立体交叉匝道出入口路段。

（2）隧道的车行道分界线上宜设置突起路标。

4）交通标线宽度

交通标线宽度宜符合表 7-2-5 的规定。

路面标线宽度 表 7-2-5

设计速度（km/h）		车行道边缘线（cm）	同向车行道分界线（cm）	对向车行道分界线（cm）
120、100		20	15	—
80、60	高速、一级公路	20	15	—
	二级公路	15	10	15
40、30		15	10	15
20	双车道	10	—	10
	单车道	10	—	10

5）标线的厚度

标线的厚度应根据其种类、使用位置和施工工艺从表 7-2-6 中选取。

标线的厚度范围 表 7-2-6

序号	标线种类		标线厚度范围（mm）	备注
1	热熔型	普通型、反光型	0.7~2.5	干膜
		突起型	3~7	干膜。若有基线,基线的厚度为 1~2mm
2	双组分		0.4~2.5	干膜
3	水性		0.3~0.8	湿膜
4	树脂防滑型		4~5	骨材粒径 2.0~3.3mm
5	预成型标线带		0.3~2.5	—

6）路面（车行道）宽度渐变段标线

当车行道数量减少时,应以渐变段过渡。在车行道数量减少的一侧,应施画车行道边缘线。渐变段长度宜符合下式的规定:

$$L = \begin{cases} \dfrac{v^2 W}{155} & (v \leq 60\text{km/h}) \\ 0.625vW & (v > 60\text{km/h}) \end{cases}$$

式中:L——渐变度的长度(m);

　　　v——设计速度(km/h);

　　　W——缩减宽度(m);

当按上式计算结果大于表 7-2-7 所示最小值时,采用计算结果作为实际渐变段长度,反之采用表 7-2-7 所示最小值作为实际渐变段长度。

渐变段长度最小值

表 7-2-7

设计速度 v(km/h)	最小值(m)	设计速度 v(km/h)	最小值(m)
20	20	60	40
30	25	80	85
40	30	>80	100

7)路面文字标记

路面文字标记应按由近到远的顺序排列,字数不宜超过 3 个,设置规格应符合表 7-2-8 的规定。最高限速值应按一个文字处理。

公路路面文字标记规格

表 7-2-8

设计速度(km/h)	字高(cm)	字宽(cm)	纵向间距(cm)
120、100	900	300	600
80、60	600	200	400
40、30、20	300	100	200

8)人行横道线

(1)当附近有过街天桥或地下通道时,其前后 200m 范围内,不宜设置人行横道线。

(2)视距受限制的路段及急弯陡坡等危险路段和车行道宽度渐变路段,不应设置人行横道线。

(3)人行横道线的设置间距根据实际需要确定,但路段上设置的人行横道线之间的距离宜大于 150m。

9)导向箭头

互通式立体交叉出入口处,应设置导向箭头。出口导向箭头的规格、重复设置次数可参考表 7-2-9 选取。出口导向箭头应以减速车道渐变点为基准点,间距 50m。入口导向箭头应以加速车道起点为基准点,视加速车道长度而定,可设三组或两组。

导向箭头的尺寸及设置次数

表 7-2-9

设计速度(km/h)	120、100	80、60	40、30、20
导向箭头的长度(m)	9	6	3
导向箭头的设置次数	≥3	3	≥2

平面交叉处导向箭头的规格、重复设置次数可参考表 7-2-9 选取。

10)隧道出入口路段

隧道出入口路段的交通标线设计应符合下列规定:

(1)隧道入口应设置立面标记;宽度小于路基或桥梁的隧道入口前 30～50m 范围的右侧

硬路肩内应设置导流线;隧道入口前150m范围应设置禁止跨越同向车行道分界线,线宽与车行道分界线一致;可根据需要设置振动型减速标线或彩色防滑标线。

(2)隧道出口后100m范围应设置禁止跨越同向车行道分界线,线宽与车行道分界线一致;隧道出口后一定长度的硬路肩可设置导流线;可根据需要设置彩色防滑标线。

3.护栏

护栏是一种纵向吸能结构,通过自体变形或车辆爬高来吸收碰撞能量,从而改变车辆行驶方向,阻止车辆越出路外或进入对向车道,最大限度地减少对驾乘人员的伤害。

1)护栏的作用

(1)阻止车辆越出路外或穿越中央分隔带闯入对向车道。

(2)防止车辆从护栏板下钻出,或将护栏板冲断。

(3)应能使车辆恢复到正常行驶方向。

(4)发生碰撞时,对乘客的损伤程度最小。

(5)能诱导驾驶员的视线。

2)护栏的分类

(1)按其在公路中的纵向设置位置,可分为路基护栏和桥梁护栏。

(2)按其在公路中的横向设置位置,可分为路侧护栏和中央分隔带护栏。

(3)根据碰撞后的变形程度,可分为刚性护栏、半刚性护栏和柔性护栏,主要代表形式分别为混凝土护栏、波形梁护栏和缆索护栏,钢背木护栏属于半刚性护栏。

(4)防护等级按设计能量分为八级,从低到高的防护代码为C、B、A、SB、SA、SS、HB、HA。

3)事故严重程度的判断

公路实际净区宽度与计算净区宽度不同时,应在交通安全综合分析的基础上,按照驶出路外或驶入对向车行道事故的风险确定是否设置护栏。确定风险应综合考虑驶出路外或驶入对向车行道的可能性以及事故严重程度等因素。

驶出事故的严重程度和运行速度、路侧条件有关,可分成低、中、高三个等级。

(1)路侧计算净区宽度范围内有高速铁路、高速公路、高压输电线塔、危险品储藏仓库等设施时,事故严重程度等级为高,必须设置护栏。

(2)路侧计算净区宽度范围内有下列情况时,事故严重程度等级为中,应设置护栏:

①二级及二级以上公路边坡坡度和路堤高度在图7-2-6的Ⅰ区、Ⅱ区阴影范围之内的路段,三级、四级公路路侧有深度30m以上的悬崖、深谷、深沟等的路段。

②有江、河、湖、海、沼泽等水深1.5m以上水域的路段。

③有Ⅰ级铁路、一级公路等。

④高速公路、一级公路路外设有车辆不能安全越过的照明灯、摄像机、交通标志、声屏障、上跨桥梁的桥墩或桥台、隧道入口处的检修道或洞门等设施的路段。

(3)路侧计算净区宽度范围内有下列情况时,事故严重程度等级为低,宜设置护栏:

①二级及二级以上公路边坡坡度和路堤高度在图7-2-3的Ⅲ区阴影范围之内的路段,三级、四级公路边坡坡度和路堤高度在图7-2-3的Ⅰ区阴影范围之内的路段。

②二级及二级以上公路路侧边沟无盖板、车辆无法安全越过的挖方路段。

③高出路面或开挖的边坡坡面有30cm以上的混凝土砌体或大孤石等障碍物。

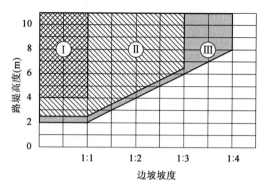

图7-2-6　边坡坡度、路堤高度与设置护栏的关系

④出口匝道的三角地带有障碍物。

（4）高速公路和作为干线的一级公路，整体式断面中间带宽度小于或等于12m，或者12m宽度范围内有障碍物时，**必须设置**中央分隔带护栏。中央分隔带事故严重程度可根据下列条件确定：

①中央分隔带宽度小于2.5m且采用整体式护栏形式时，事故严重程度等级为高。

②符合下列条件时，事故严重程度等级为中：

a. 对双向6车道高速公路，或未设置左侧硬路肩的双向8车道及以上高速公路，中央分隔带宽度小于2.5m并采用分设式护栏形式，同时中央分隔带内设有车辆不能安全穿越的障碍物的路段。

b. 对双向6车道及以上一级公路，中央分隔带宽度小于2.5m并采用分设式护栏形式，同时中央分隔带内设有车辆不能安全穿越的障碍物的路段。

c. 不符合本条以上规定的条件时，事故严重程度为低。

（5）作为集散的**一级公路**，整体式断面中间带应设置保障行车安全的隔离设施。根据交通安全综合分析结果，可考虑是否设置中央分隔带护栏。

（6）高速公路和一级公路采用分离式断面时，**行车方向左侧应按路侧护栏设置**。一级公路平面交叉两端设置中央分隔带护栏和绿化设施时，不得影响通视三角区停车视距。

4）防护等级的选取

设置路基护栏的**防护等级**应符合表7-2-10的规定。

路基护栏防护等级的选取　　　　　　　　　　　表7-2-10

公　路　等　级	设计速度（km/h）	事故严重程度等级		
		低	中	高
高速公路	120	三（A、Am）级	四（SB、SBm）级	六（SS、SSm）级
	100、80			五（SA、SAm）级
一级公路	60	二（B、Bm）级	三（A、Am）级	四（SB、SBm）级
二级公路	80、60		三（A）级	
三级公路、四级公路	40	一（C）级	二（B）级	三（A）级
	30、20		一（C）级	二（B）级

注：括号内为护栏防护等级的代码。

存在下列情况时,导致事故发生可能性增加或后果更严重的路段,宜在表 7-2-10 的防护等级上提高 1 个等级:

(1)二级及二级以上公路纵坡等于或接近于现行《公路工程技术标准》(JTG B01)规定的最大纵坡值的下坡路段;二级及二级以上公路圆曲线半径等于或接近于现行《公路工程技术标准》(JTG B01)规定的最小半径的路段外侧。

(2)设计交通量中,总质量大于或等于 25t 的车辆自然数所占比例大于 20% 时。

年平均日设计交通量(AADT)小于 2000 辆小客车且设计速度小于或等于 60km/h 的公路,宜进行交通安全及经济综合分析,确定是否设置护栏及护栏的防护等级。需要设置护栏时,其防护等级可在表 7-2-10 的基础上降低 1 个等级,但不得低于(C)级。

5)护栏形式的选择

护栏形式选择还应考虑护栏材料的通用性、护栏的成本和养护方便性、沿线的环境等因素。

(1)通用性。个别地点特殊需要的护栏需定制、加工。如在平面交叉转弯车道外侧、回头曲线外侧等转弯半径很小的地方,如果使用波形梁护栏,需要定制、加工。

(2)成本。发生事故后,柔性或半刚性护栏比刚性或高强度葫芦栏需要更多的养护。交通量大、事故频发的路段,事故养护成本将成为必须考虑的因素,刚性护栏是较好的选择方案。

有些路面养护时没有铣刨路面,导致路面养护后护栏高度不足。在新设护栏时就要考虑这种影响,采用护栏高度富余或护栏高度可变的形式,降低路面养护造成的影响。

(3)美观。美观通常不是选择护栏形式的控制因素,但旅游公路或对景观要求高的公路可选择外观自然、能与周边环境融为一体又具有相应防护等级的护栏形式。

因设置护栏对提升公路景观不大,因此旅游公路或对景观要求高的公路,要尽量寻找可以替代护栏的措施,如设置浅碟形边沟或挖方路段边沟上设盖板等。经论证,需要设置护栏时,其外观要力求简洁、减少装饰并充分考虑通透性,降低刚性护栏的存在感,护栏色彩要与构造物及周边环境相协调。

(4)环境。护栏的选择还要考虑沿线的环境腐蚀程度、气象条件和其对视距的影响等,如积雪地区要考虑除雪的方便性。

大型车辆所占比例较大的路段,除位于冬季风雪较大的地区外,中央分隔带护栏宜使用混凝土护栏。冬季风雪较大的地区,宜选择少阻雪的护栏形式,风雪较大的路段,混凝土护栏因容易阻雪,因此不适合使用。

6)护栏最小结构长度

护栏最小长度由两个方面决定:一是从车辆驶出路外的轨迹、计算净区宽度范围内障碍物位置,来确定需要的长度;二是护栏发挥整体作用的最小结构长度,见表 7-2-11。护栏最小结构长度应同时满足以上两个要求。

护栏最小结构长度 表 7-2-11

公 路 等 级	护 栏 类 型	最小长度(m)
高速公路、一级公路	波形梁护栏	70
	混凝土护栏	36
	缆索护栏	300

公 路 等 级	护栏类型	最小长度(m)
二级公路	波形梁护栏	48
	混凝土护栏	24
	缆索护栏	120
三级公路、四级公路	波形梁护栏	28
	混凝土护栏	12
	缆索护栏	120

相邻两段护栏的间距小于护栏最小结构长度时宜连续设置。

通过过渡段连接的两种形式护栏的长度之和不应小于两种形式护栏的最小结构长度的大值。不同防护等级或不同结构形式的护栏之间连接时,应进行过渡段设计,护栏过渡段的防护等级应不低于所连接护栏中较低的防护等级。

7)护栏端头处理

迎交通流的护栏端头应按下列方法进行外展或设置缓冲设施:

(1)外展至土路肩宽度范围外;当具备条件时,宜外展至计算净区宽度外。

(2)位于填挖交界时,应外展并埋入挖方路段不构成障碍物的土体内。

(3)当无法外展时,高速公路、一级公路及作为干线的二级公路应按规定设置防撞端头,或在护栏端头前设置防撞垫;作为集散的二级公路及三级、四级公路宜采用地锚式端头,并进行警示提醒或设置立面标记。

(4)作为干线的二级公路,宜考虑车辆碰撞对向车行道护栏下游端头的可能性。

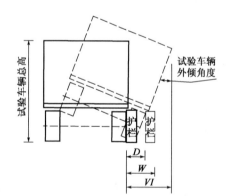

D-护栏最大横向动态变形值;W-护栏最大横向动态位移外延值;VI-实车足尺碰撞试验测出的车辆最大动态外倾值

图 7-2-7　护栏变形参数示意图

8)护栏变形

选择护栏形式时,应首先考虑护栏受碰撞后的变形量。路侧或中央分隔带护栏面距其防护的障碍物的距离,应大于护栏最大横向动态位移外延值(W)或车辆最大动态外倾当量值(VI_n)。护栏变形参数示意图如图 7-2-7 所示。

护栏最大横向动态位移外延值(W)或车辆最大动态外倾当量值(VI_n)的选择应根据防护车型和障碍物来确定。当防护的障碍物低于护栏高度时,宜选择护栏最大横向动态位移外延值(W);当防护的障碍物高于护栏高度、公路主要行驶车型为大型车辆时,应选择车辆最大动态外倾当量值(VI_n)。

车辆最大动态外倾当量值(VI_n)是 VI 按照车辆总高 4.2m 换算后的车辆最大动态外倾值。

9)中央分隔带开口护栏

中央分隔带开口护栏设置应遵循下列原则:

(1)高速公路的中央分隔带开口必须设置中央分隔带护栏。

（2）作为次要干线的一级公路在禁止车辆掉头的中央分隔带开口处可设置中央分隔带开口护栏。

（3）中央分隔带开口护栏宜设置在中央分隔带开口处的公路中心线位置，设置长度应能有效封闭中央分隔带开口。

（4）中央分隔带开口护栏的高度应与中央分隔带护栏的高度协调一致。

（5）中央分隔带开口护栏上部应设置轮廓标或反射体，颜色和设置高度宜与中央分隔带保持一致。

（6）位于有防眩要求路段的中央分隔带开口护栏宜设置防眩设施。

中央分隔带开口护栏防护等级宜与相邻路段保持一致。线形良好路段经论证可低于相邻路段1～2个等级，但高速公路中央分隔带开口护栏不得低于三（Am）级。

选取中央分隔带开口护栏形式时，应符合下列规定：

（1）应有效地阻止非紧急车辆在中央分隔带开口处的通行。

（2）中央分隔带开口护栏应方便开启与关闭、具有可移动性，宜在10min内开启10m及以上的长度。

（3）与相邻中央分隔带护栏能合理过渡。

（4）中央分隔带开口活动护栏的两固定端应安装牢固，连接部分应具有防盗功能。

10）净区宽度的计算

净区宽度可分为计算净区宽度和实际净区宽度。

（1）计算净区宽度

计算净区宽度应根据公路平面线形指标状况、路基填挖情况、运行速度确定，并符合下列规定：

①直线段计算净区宽度宜根据路基的填方、挖方情况分别由图7-2-8和图7-2-9确定。

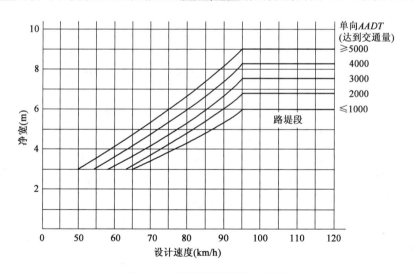

图7-2-8　填方直线段计算净区宽度

②曲线段计算净区宽度宜采用相同路基类型对应的直线段计算净区宽度乘以调整系数 F_c 进行修正，其中 F_c 由图7-2-10查得。

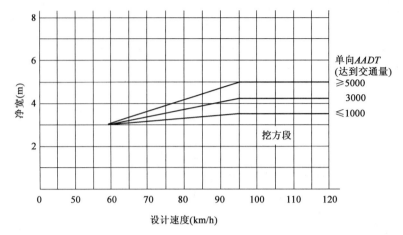

图7-2-9 挖方直线段计算净区宽度

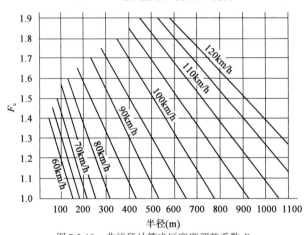

图7-2-10 曲线段计算净区宽度调整系数 F_c

（2）实际净区宽度

实际净区宽度应为从外侧车行道边缘线开始，向公路外侧延伸的平缓、无障碍物区域的有效宽度，包括硬路肩、土路肩及可利用的路侧边坡，并应符合下列规定：

①当路侧边坡坡度缓于1∶6时，有效宽度为整个边坡坡面宽度。

②当路侧边坡坡度在1∶4和1∶6之间时，有效宽度为整个边坡坡面宽度的1/2。

③当路侧边坡坡度大于1∶4时，边坡上不能行车，不作为有效宽度。

④路侧存在未设盖板的砌石边沟、排水沟区域时，不作为有效宽度。

⑤路侧存在不可移除的行道树、花坛、标志立柱或其他障碍物时，不作为有效宽度。

4. 视线诱导设施

1）作用

公路视线诱导设施属于主动引导设施，对提高夜间的行车安全水平有重要作用，在条件允许时，可以适当地增加设置，以发挥其节能、价廉的优点。

2）分类

视线诱导设施主要包括轮廓标、合流诱导标、线形诱导标、隧道轮廓带、示警桩、示警墩、道

884

口标柱等设施。各类视线诱导设施在设置时,要注意相互协调、避免相互影响。

3)设置原则

(1)轮廓标

轮廓标的设置应符合下列规定:

①高速公路、一级公路的主线及其互通式立体交叉、服务区、停车区等处的进出匝道和连接道及避险车道应全线连续设置轮廓标,中央分隔带开口路段应连续设置轮廓标。二级及二级以下公路的视距不良路段、设计速度大于或等于60km/h的路段、车道数或车行道宽度有变化的路段及连续急弯陡坡路段宜设置轮廓标,其他路段视需要可设置轮廓标。

②隧道侧壁应设置双向轮廓标。隧道内设有高出路面的检修道时,在检修道顶部靠近车行道方向的端部或检修道侧壁应增设轮廓标。

③轮廓标应在公路前进方向左、右侧对称设置。高速公路、一级公路,按行车方向配置白色反射体的轮廓标应安装于公路右侧,配置黄色反射体的轮廓标应安装于中央分隔带。二级及二级以下公路,按行车方向配置的左右两侧的轮廓标均为白色。避险车道轮廓标颜色为红色。隧道路段、二级及二级以下公路,轮廓标宜设置为双面反光形式。

④直线路段轮廓标设置间距不应超过50m,曲线路段轮廓标设置间距不应大于表7-2-12的规定。公路路基宽度、车道数量有变化的路段及竖曲线路段,可适当加密轮廓标的间隔。

曲线路段轮廓标的设置间距 表7-2-12

曲线半径(m)	≤89	90~179	180~274	275~374	375~999	1000~1999	≥2000
设置间距(m)	8	12	16	24	32	40	48

⑤设置于隧道检修道上的轮廓标应保持同一高度,设置于其他位置的轮廓标反射器中心高度宜为60~75cm。有特殊需要时,经论证可采用其他高度。

⑥在设置轮廓标的基础上,可辅助设置其他形式的轮廓显示设施,如在护栏立柱上粘贴反光膜等。

⑦安装轮廓标时,反射体应面向交通流,其表面法线应与公路中心线成0°~25°的角度。

⑧在线形条件复杂的路段应设置反光性能较高、反射体尺寸较大的轮廓标。

(2)合流诱导标

注意合流标志用于提醒驾驶人前方有车辆汇入,注意车辆运行状态。标志设置于主线适当位置,到合流点的距离可按表7-2-3选取。合流诱导标的设置应满足交通标志的有关规定。

(3)线形诱导标

①当需要指出公路轮廓时,宜按表7-2-13的规定在平曲线外侧设置线形诱导标。位于中央分隔带端部及渠化设施端部的线形诱导标,应为竖向设置。

线形诱导标的最大设置间距 表7-2-13

设计速度(km/h)	120	100	80	60	40	30	20
设置间距(m)	105	80	55	37	20	15	10

②线形诱导标的设置,应根据曲线半径、曲线长度、偏角大小确定。偏角小于或等于7°的曲线路段,可在曲线中点位置设一块线形诱导标;偏角大于7°、曲线较长的弯道,可根据需要

设置若干块线形诱导标,并应保证驾驶人在曲线范围内连续看到不少于 3 块线形诱导标。

③第 1、2 块线形诱导标可根据需要设置为单层或双层。

④双车道公路可并设两个方向的线形诱导标。

⑤设置线形诱导标后,可不再设置公路平面线形警告标志。

(4)隧道轮廓带

隧道轮廓带的设置应符合下列规定:

①特长隧道、长隧道可每隔 500m 设置一处隧道轮廓带。视距不良等特殊路段宜适当加密。

②无照明的二级及二级以下公路隧道可视需要设置隧道轮廓带。

③紧急停车带前适当位置宜设置隧道轮廓带。

④隧道轮廓带的颜色宜采用白色,宽度宜为 15 ~ 20cm。

⑤隧道轮廓带应避免产生眩光。

(5)示警桩(墩)

三级、四级公路达不到护栏设置标准但存在一定危险因素的路段,宜设置示警桩、示警墩等设施,示警桩、示警墩的颜色应为黄黑相间。

(6)道口标柱

未设置相应指路标志或警告标志的公路沿线较小平面交叉两侧应设置道口标柱,道口标柱的颜色应为红白相间。

5. 隔离栅

1)作用

隔离栅应能阻止行人、动物误入高速公路、需要控制出入的一级公路。它可有效地排除横向干扰,避免由此产生的交通延误或交通事故,保障公路的通行安全和效益的发挥。

隔离栅应根据地形进行设置,隔离栅的高度不宜低于 1.5m;在动物身高不超过 50cm 等人烟稀少的荒漠地区,经分析论证后隔离栅高度可降低 10 ~ 20cm。靠近城镇区域的隔离栅高度不宜低于 1.8m。

2)分类

隔离栅可选用焊接网、刺钢丝网、编织网、钢板网、隔离墙、绿篱、刺钢丝网和绿篱相结合等。设计时应根据隔离封闭的功能要求,对其性能、造价、美观性、与公路周围景观的协调性、施工条件及养护维修等因素进行综合比较。

3)设置原则

除符合下列条件之一的路段外,高速公路、需要控制出入的一级公路沿线两侧必须连续设置隔离栅,其他公路可根据需要设置:

(1)路侧有水面宽度超过 6m 且深度超过 1.5m 的水渠、池塘、湖泊等天然屏障的路段。

(2)高度大于 1.5m 的路肩挡土墙或砌石等陡坎的填方路段。

(3)桥梁、隧道等构造物,除桥头、洞口需与路基隔离栅连接以外的路段。

(4)挖方高度超过 20m 且坡度大于 70° 的路段。

隔离栅遇桥梁、通道、车行和人行涵洞时,应在桥头锥坡或端墙处进行围封;隔离栅遇跨径小于 2m 的涵洞时可直接跨越,跨越处应进行围封。

隔离栅的中心线可沿公路用地范围界限以内 20 ~ 50cm 处设置。在进出高速公路、需要控制出入的一级公路的适当位置可设置便于开启的隔离栅活动门。

高速公路、需要控制出入的一级公路在行人、动物无法误入分离式路基内侧中间区域时，可仅在分离式路基外侧设置隔离栅；在行人、动物可误入分离式路基内侧中间区域的条件下，应在分离式路基内侧需要的位置设置隔离栅。

隔离栅的网孔尺寸可根据公路沿线动物的体型进行选择，最小网孔不宜小于 50mm × 50mm。隔离栅的结构设计应考虑风荷载作用下自身的强度和刚度。

6. 防落网

1）作用

防落网应能阻止公路上的落物进入饮用水保护区、铁路、高速公路、需要控制出入的一级公路等建筑限界以内，或阻止挖方路段落石进入公路建筑限界以内。

2）分类

防落网包括防落物网和防落石网。防落物按网片形式可分为钢板网、编织网、电焊网、实体板等。

3）设置原则

防落物网设置应符合下列要求：

（1）上跨饮用水水源保护区、铁路、高速公路、需要控制出入的一级公路的车行或人行构造物两侧均应设置防落物网。

（2）公路跨越通航河流、交通量较大的其他公路时，应设置防落物网。

（3）需要设置防落物网的桥梁采用分离式结构时，应在桥梁内侧设置防落物网。

（4）防落物网应进行防腐和防雷接地处理，防雷接地的电阻应小于 10Ω。

（5）防落物网的设置范围为下穿铁路、公路等被保护区的宽度（当上跨构造物与公路斜交时，应取斜交宽度）并各向路外延长 10～20m，其中上跨铁路的防落物网的设置范围还应符合相关规定。

防落物网距桥面的高度不宜低于 1.8m。

防落石网设置应符合下列要求：

（1）根据路堑边坡的地质条件和土体、岩石的稳定性，在高速公路或一级公路建筑限界内有可能落石，经落石安全性评价对公路行车安全产生影响的路段，应对可能产生落石的危岩进行处理或设置防落石网，二级及二级以下公路有可能落石并影响交通安全的路段，可根据需要设置防落石网。

（2）防落石网应充分考虑地形条件、地质条件、危岩分布范围、落石运动途径及与公路工程的相互关系等因素后加以设置。防落石网宜设置在缓坡平台或紧邻公路的坡脚宽缓场地附近，通过数值计算确定落石的冲击动能、弹跳高度和运动速度，并选取满足防护强度和高度要求的防落石网。

7. 防眩设施

1）作用

防眩设施是指防止夜间行车受对向车辆前照灯炫目影响的设施。防眩设施可以有效地遮挡对向车辆前照灯的眩光，也能满足横向通视好、能看到斜前方，对驾驶人心理影响小。

防眩设施应按部分遮光原理设计,直线路段遮光角不小于 8°,平、竖曲线路段遮光角为 8°～15°,计算防眩设施的眩光距离采用120m。

2)分类

防眩设施主要包括防眩板、防眩网和植树防眩等形式。

3)设置原则

高速公路、一级公路中央分隔带宽度小于 9m 且符合下列条件之一者,宜设置防眩设施:

(1)夜间交通量较大,且设计交通量中,大型货车和大型客车自然交通量之和所占比例大于或等于 15% 的路段。

(2)设置超高的圆曲线路段。

(3)凹形竖曲线半径等于或接近于现行《公路工程技术标准》(JTG B01)规定的最小半径值的路段。

(4)公路路基横断面为分离式断面,上下车行道高差小于或等于 2m 时。

(5)与相邻公路、铁路或交叉公路、铁路有严重眩光影响的路段。

(6)连拱隧道进出口附近。

非控制出入的一级公路平面交叉、中央分隔带开口两侧各100m(设计速度 80km/h)或60m(设计速度 60km/h)范围内可逐渐降低防眩设施的高度,由正常高度逐步过渡到开口处的0 高度,否则不应设置防眩设施。穿村镇路段不宜设置防眩设施。

公路沿线有连续照明设施的路段,可不设置防眩设施。在干旱地区,中央分隔带宽度小于3m 的路段不宜采用植树防眩。

防眩设施连续设置时应符合下列规定:

(1)应避免在两段防眩设施中间留有短距离不设置防眩设施的间隙。

(2)各结构段应相互独立,每一结构段的长度不宜大于 12m。

(3)结构形式、设置高度、设置位置发生变化时应设置渐变过渡段,过渡段长度以50m 为宜。

8. 避险车道

避险车道是指在行车道外侧增设的、供制动失效车辆驶离、减速停车、自救的专用车道。

1)避险车道的相关设施

(1)避险车道应设置交通标志、标线、轮廓标等交通安全设施。

(2)高速公路避险车道宜设置照明、监控等管理设施,其他等级公路根据需要可设置照明、监控等管理设施。各等级公路的避险车道应在适当位置设置救援电话告示标志。

(3)避险车道应设置完备的排水系统。

2)设置原则

(1)设置位置

在连续下坡路段,应根据车辆组成、坡度、坡长、平曲线等公路线形和交通特征以及交通事故等因素,在货车因长时间连续制动而制动失效风险高的路段结合路侧环境确定是否设置避险车道以及具体设置位置。

避险车道宜设置在连续下坡路段右侧视距良好、车辆不能安全转弯的主线平曲线之前或路侧人口稠密区之前的路段。避险车道宜沿较小半径的平曲线路段的切线方向,如设置在直线或大半径曲线路段时,避险车道与主线的夹角宜小于 5°。

避险车道的设置位置及形式宜结合地形、线形条件确定,设置位置处宜避开桥梁,并应避开隧道。

(2)几何设计

避险车道入口之前识别视距要求参照互通分流鼻端前的识别视距。条件受限制时,识别视距应大于 1.25 倍的主线停车视距。

避险车道制动床的宽度宜为 4 ~ 6m。高速公路宜设置救援车道,救援车道的宽度宜为 5.5m,救援车道与制动床间应设置具有反光性能的隔离设施。

避险车道制动床的长度应根据车辆驶入速度、避险车道纵坡及坡床材料综合确定。

避险车道制动床的长度应根据失控车辆的驶入速度、纵坡及坡床材料综合确定,计算公式见下式。驶入速度参考值见表 7-2-14,不同材料的滚动阻力系数 R 值见表 7-2-15。

$$L = \frac{v^2}{254 \times (R + G)}$$

式中:L——避险车道制动床长度(m);

　　v——车辆驶入避险车道制动床时的速度(km/h);

　　R——滚动阻力系数;

　　G——坡度(百分数)除以 100。

不同等级公路避险车道制动床设计入口速度建议值　　　　　表 7-2-14

公路等级	入口速度(km/h)	公路等级	入口速度(km/h)
高速公路、一级公路	100 ~ 120	三级、四级公路	60 ~ 80
二级公路	80 ~ 100		

不同材料的滚动阻力系数 R 值　　　　　表 7-2-15

表面材料	R 值	表面材料	R 值
硅酸盐水泥混凝土	0.01	松散的碎料	0.05
沥青混凝土	0.012	松散的砂砾	0.1
密实的砂砾	0.015	砂	0.15
松散的砂质泥土	0.037	豆砾石	0.25

避险车道制动床材料宜采用具有较高滚动阻力系数、陷落度较好、不易板结和被雨水冲刷的卵(砾)石材料,材料粒径以 2 ~ 4cm 为宜。避险车道制动床末端应增设防撞桶、废轮胎等缓冲装置或设施。

在避险车道长度不能满足要求时,经论证可在制动床中段以后适当位置设置阻拦索或消能设施,阻拦索或消能设施的安全性应经过实车试验验证。阻拦索或消能设施宜进行防盗处理。

9. 其他交通安全设施

1)防风栅

公路上路侧横风与公路轴线交角大于30°,且符合下列条件之一时,可在路侧上风侧设置防风栅:

(1)设计速度大于或等于 80km/h 的公路上常年存在风力大于七级的路段。

(2)设计速度小于 80km/h 的公路上常年存在风力大于八级的路段。

（3）隧道洞口、垭口、大桥等路段，瞬时风速大于表7-2-16的规定值时。

行 车 安 全 风 速 表 7-2-16

公路设计速度（km/h）	100	80	60	40	20
风速（m/s）	15	17	19	20	20

2）防雪栅

公路防雪栅设计应符合下列规定：

（1）防雪栅设计应有效降低风吹雪对车行道上车辆的不利影响，同时兼顾对公路路基的防护。

（2）防雪栅应设置在公路迎风一侧。当地形开阔、积雪量过大、风力很大时，可设置多排防雪栅。

在风吹雪量较大且持续时间长、风向变化不大的路段，可设置固定式防雪栅。在风向多变、风力大、雪量多的路段，可采用移动式防雪栅。

3）积雪标杆

公路积雪标杆设计应符合下列规定：

（1）公路积雪标杆宜设置在公路土路肩上，设置位置不得侵入公路建筑限界以内。

（2）积雪标杆的设置间距可参考轮廓标的设置间距。

降雪量较大、持续时间长且积雪覆盖车行道的公路路段，可设置积雪标杆。

4）公路限高架

公路限高架设计应遵循下列原则：

（1）公路上跨桥梁或隧道内净空高度小于4.5m时可设置防撞限高架，上跨桥梁或隧道内净空高度小于2.5m时宜设置防撞限高架。在进入上述路段的路线交叉入口处适当位置，宜同时设置限高要求相同的警示限高架。

（2）根据交通运营管理的规定，需要限制通行车辆的高度时，可设置防撞或警示限高架。

（3）限高架应与限高标志配合使用，限高架下缘距离路面高度不得小于限高标志限定的高度值。根据需要，可配置车辆超高监测预警系统。

（4）限高架可根据需要设计为高度可调节的结构。

警示限高架与上跨桥梁或隧道的距离应满足驾驶人反应距离与制动距离需求，防撞限高架与上跨桥梁或隧道的距离应满足车辆碰撞后运行速度的制动距离需求。

5）减速丘

减速丘可用于三级、四级公路进入城镇、村庄的路段，或者进入干线的支路上。减速丘的设置应全断面铺设，并设置相应的减速丘标志、标线、建议速度或限制速度标志。

6）凸面镜

凸面镜可用于公路会车视距不足的小半径弯道外侧。凸面镜宜与视线诱导设施配合使用。

四、掌握城市道路防护设施及其他附属设施的设置内容、作用、分类分级、技术指标和设计要求

交通标志、标线、防眩设施、隔离栅等城市道路交通安全设施与公路的规定在本质上是相似的，这里重点介绍城市道路交通安全设施中的防撞护栏、人行护栏和分隔设施。

1.防撞护栏

（1）护栏分类

路侧防撞护栏防护等级分为六级，防护代码分别为 B、A、SB、SA、SS、HB。

（2）护栏形式选择

城市道路应根据环境、气候、城市景观及对视距的影响等因素，采用不同防护等级的混凝土护栏、波形梁护栏、金属梁柱式护栏或组合式护栏，并宜符合下列规定：

①大型车辆所占比例较大的路段，中央分隔带护栏宜采用混凝土护栏。

②对景观有特殊要求的桥梁或城市道路宜选用金属梁柱式护栏或组合式护栏。

③钢结构桥梁及需减小桥梁恒载时，宜采用金属梁柱式护栏。

④当道路弯道、交叉口、出入口等处的防撞护栏影响驾驶员视距时，宜采用通透性较好的金属梁柱式护栏、组合式护栏或波形梁护栏。

⑤冬季风雪较大地区，可选用少阻雪的护栏形式。

（3）路侧防撞护栏的设置

路侧防撞护栏的设置应符合下列规定：

①快速路路侧防撞护栏防护等级的确定应符合表 7-2-17 的规定。

快速路路侧防撞护栏防护等级　　表 7-2-17

使 用 条 件	设计速度（km/h）			
	100、80	60	50、40	30、20
一般路段、匝道、通道、涵洞	A	B	B	B
桥头引道、隧道洞口连接线；车辆越出路外可能发生重大事故的路段和匝道	SB	A	B	B
高挡墙、临水临空路段；车辆越出路外可能发生二次事故的路段和匝道	SA	SB	A	B
邻近其他快速路、高速公路、人流密集区域的路段；车辆越出路外可能发生重大二次事故的路段和匝道	SS	SA	SB	A

注：表中 50km/h、40km/h、30km/h 和 20km/h 为匝道设计速度。

②主干路、次干路与支路特殊路段路侧防撞护栏防护等级的确定应符合表 7-2-18 的规定。

主干路、次干路及支路特殊路段路侧防撞护栏防护等级　　表 7-2-18

使 用 条 件	设计速度（km/h）		
	60	50、40	30、20
不设人行道的涵洞、通道	B	B	—
桥头引道、隧道洞口连接线；车辆越出路外可能发生重大事故的路段和匝道	A	B	B
高挡墙、临水临空路段；车辆越出路外可能发生二次事故的路段和匝道	SB	A	B
邻近快速路、高速公路、人流密集区域的路段；车辆越出路外可能发生重大二次事故的路段和匝道	SA	SB	A

③邻近饮用水水源保护区、铁路、轨道交通、危险品仓储、高压输电线塔及电站等需要特殊防护的路段,经综合论证应在符合表7-2-17或表7-2-18规定的防护等级基础上提高1个及以上等级。

(4)中央分隔带护栏的设置

中央分隔带护栏的设置应符合下列规定:

①快速路中央分隔带护栏的防撞等级应符合表7-2-19的规定。

快速路中央分隔带护栏防撞等级的适用条件 表7-2-19

使 用 条 件	设计速度(km/h)		
	100	80	60
一般路段	SBm	Am	Bm
小半径弯道、中央分隔带有桥墩及其他构造物等特殊防护路段	SAm	SBm	Am

②设计速度大于或等于50km/h的主干路中央分隔带宜设置防撞护栏。主干路中央分隔带护栏的防撞等级应符合表7-2-20的规定。

快速路中央分隔带护栏防撞等级的适用条件 表7-2-20

使 用 条 件	设计速度(km/h)
	60、50
一般路段	Bm
小半径弯道、中央分隔带有桥墩及其他构造物等特殊防护路段	Am

(5)活动护栏

活动护栏的设置应符合下列规定:

①快速路的中央分隔带开口处,应设置活动护栏。

②活动护栏的防撞等级宜与其所在路段中央分隔带护栏的防撞等级一致。

③活动护栏应与中央分隔带护栏衔接,并在衔接处做安全性处理。

2. 人行护栏

(1)人行护栏的设置条件

下列位置应设置人行护栏:

①人行道与一侧地面存在高差,有行人跌落危险的,应设人行护栏。

②桥梁的人行道外侧,应设置人行护栏。

③车站、码头、人行天桥和地道的出入口、商业中心等人流汇聚区的车道边,应设置人行护栏。

④交叉口人行道边及其他需要防止行人穿越机动车道的路边,宜设置人行护栏,但在人行横道处应断开。

⑤在非全封闭路段天桥和地道的梯道口附近无公共交通停靠站时宜在道路两侧设人行护栏,护栏的长度宜大于200m。天桥和地道的梯道口附近有公共交通停靠站时,宜在路中设分隔栏杆,分隔栏杆的净高不宜低于1.10m。

(2)人行护栏设计要点

人行护栏的设计应符合下列规定:

①道路人行护栏的净高不宜低于1.10m,并不得低于0.90m。

②桥梁临空侧的人行护栏净高不应低于1.10m,当桥梁临空侧为人非混行道或非机动车道时,护栏的净高不应低于1.40m。兼具桥梁防撞护栏与人行护栏功能的护栏,应同时满足两者技术要求。

③人行护栏不宜采用有蹬踏面的结构。有跌落危险处栏杆的垂直杆件间净距不应大于0.11m;当栏杆结合花盆设置时,必须有防止花盆坠落的措施。

④人行护栏应以坚固、耐久的材料制作。有跌落危险或一侧有快速机动车通行的人行护栏的结构验算竖向荷载应为1.2kN/m,水平向外荷载应为1.0kN/m,两者不同时作用;桥梁、人行天桥上的人行护栏的结构验算竖向荷载应为1.2kN/m,水平向外荷载应为2.5kN/m,两者应分别计算,不同时作用,且不与其他可变作用叠加。

⑤人行护栏的样式应与桥梁、道路、周围建筑风格协调一致。

⑥人行护栏的结构形式应便于安装,易于维修,材料应环保。

⑦机动车道两侧的人行护栏上不应安装广告。

3. 分隔设施

(1)分隔设施的设置条件

下列位置应设置分隔设施:

①双向六车道及以上的道路,当无中央分隔带且不设防撞护栏时,应在中间带设分隔栏杆,栏杆净高不宜低于1.10m;在有行人穿行的断口处,应逐渐降低护栏高度,且不高于0.70m,降低后的长度不应小于停车视距;断口处应设置分隔柱。

②双向四车道及以上的道路,机动车道和非机动车道为一幅路设计,应在机动车道和非机动车道之间设置分隔栏杆。

③非机动车流量达到饱和或机动车有随意在路边停车现象时,机动车道和非机动车道为一幅路断面,宜在机动车道和非机动车道之间设置分隔栏杆。

④机动车道和非机动车道为共板断面,路口功能区范围宜设非机动车和机动车分隔栏杆;在路口设置时,应避免设置分隔栏杆后妨碍转弯和掉头车辆的行驶。

⑤非机动车道和人行道为共板断面,宜在非机动车道和人行道之间设置分隔栏杆。

⑥非机动车道高于边侧地面有跌落危险时,应在非机动车道边侧设置分隔栏杆。

⑦人行道和绿地之间可根据情况设置分隔栏杆。

⑧人行道和停车场、设施带之间,需要进行功能分区的位置可设置分隔栏杆。

⑨交叉路口人行道边缘、行人汇聚点的边缘可设置分隔柱。

(2)分隔设施设计要点

分隔设施的设计应符合下列规定:

①分隔设施的高度应根据需要确定;分隔柱的间距宜为1.3～1.5m。

②分隔设施的结构应坚固耐用、便于安装、易于维修,宜为组装式。

③分隔设施的颜色宜醒目;没有照明设施的地方,分隔设施表面应能反光。

④分隔栏杆在符合设置的路段应连续设置,不应留有断口。

考 点 分 析

(1)公路交通标志、标线、护栏的分类及设置原则。

(2)净区宽度的计算,如何确定护栏的设计方案(是否设置、形式选择、确定防护等级、最小长度要求等)。

(3)城市道路不同等级交通安全和管理设施的设置要求。

(4)城市道路防撞护栏形式的选择及等级设置要求;人行护栏、分隔设施的设置条件和设计要点。

例 题 解 析

例 1 [2020年单选题]根据《公路交通安全设施设计规范》(JTG D81—2017)规定,避险车道制动床宜采用具有较高滚动阻力系数、陷落度较好、不宜板结和被雨水冲刷的卵(砾)石材料,材料粒径宜为(   )。

(A)0.5~1.0cm   (B)1.0~1.5cm

(C)2.0~4.0cm   (D)4.5~5.5cm

分析

根据《公路交通安全设施设计规范》(JTG D81—2017)第11.2.7条,材料粒径以2~4cm为宜,故本题选C。

例 2 [2020年单选题]根据《公路交通安全设施设计规范》(JTG D81—2017)规定,高速公路设计速度为100km/h,中央分隔带宽度小于2.5且采用整体式护栏形式时,应采用的路基护栏防护等级为(   )。

(A)三(Am)级   (B)四(SBm)级   (C)五(SAm)级   (D)四(SSm)级

分析

根据《公路交通安全设施设计规范》(JTG D81—2017)第6.2.6条,中央分隔带宽度小于2.5m且采用整体式护栏形式时,事故严重程度等级为高。由第6.2.10条可知,高速公路设计速度为100km/h,当事故严重程度等级为高时,中央分隔带护栏应采用五(SAm)级。故本题选C。

例 3 [2020年多选题]根据《高速公路交通工程及沿线设施设计通用规范》(JTG D80—2006)规定,高速公路路侧护栏防撞等级为4级(SA)时,路侧情况为车辆越出路外可能发生严重事故路段及(   )。

(A)桥头引道段   (B)隧道洞口接线段

(C)地形陡峭路段   (D)高挡墙的路段

分析

根据《高速公路交通工程及沿线设施设计通用规范》(JTG D80—2006)第5.8.3条可知,

高速公路路侧护栏防撞等级为 4 级(SA)时,路侧情况为车辆越出路外可能发生严重事故路段及地形陡峭、高挡墙的路段。故本题选 CD。

例 4 [2020 年多选题]根据《公路交通安全设施设计规范》(JTG D81—2017)规定,高速公路设计速度为 120km/h,桥梁采用整体式上部结构并安装六(SS、SSm)级桥梁护栏,该桥梁最可能是跨越了( )。

(A)湖泊   (B)公路、铁路路段

(C)饮用水源一级保护区   (D)城市经济开发区

分析

根据《公路交通安全设施设计规范》(JTG D81—2017)第 6.3.2 条可知,高速公路设计速度 120km/h,当跨越公路、铁路或饮用水源一级保护区等路段的桥梁,应采用六(SS、SSm)级。故本题选 BC。

例 5 [2020 年多选题]下列关于城市道路交通主标志的分类,符合规范规定的是( )。

(A)禁令和警告标志   (B)指路和指示标志

(C)旅游区和作业区标志   (D)车辆种类标志

分析

根据《城市道路交通标志和标线设置规范》(GB 51038—2015)第 4.1.1 条,主标志包括禁令标志、警告标志、指路标志、指示标志、旅游区标志、作业区标志、告示标志,可知本题选 ABC。

例 6 [2019 年单选题] 对城市快速路中交通安全设施的设置,描述正确的是( )。

(A)中间带应连续设置中央分隔护栏和必需的防眩设施

(B)中间带必须连续设置中央分隔护栏和必需的防眩设施

(C)互通式立交及其周边路网须连续设置预告、指路、禁令等标志

(D)互通式立交及其周边路网宜连续设置预告、指路、禁令等标志

分析

根据《城市道路工程设计规范》(CJJ 37—2012)第 14.1.4 条,可知快速路上交通安全和管理设施选用 A 级。根据第 14.2.1 条可知:

当交通安全和管理设施等级为 A 级时,应配置系统完善的标志、标线、隔离和防护设施,并应符合下列规定:

(1)中间带必须连续设置中央分隔护栏和必需的防眩设施。

(2)桥梁与高路堤路段必须设置路侧护栏。

(3)互通式立交及其周边路网应连续设置预告、指路、禁令等标志。

(4)分合流路段宜连续设置反光突起路标。

(5)进出口分流三角端应有醒目的提示和防撞设施。

故本题选 B。本题重点考察必须、应、宜等词。

例 7 在进行道路交通标志的布设时,设计者的假想对象是( )。

(A)具有中等驾驶水平的驾驶员

(B)不熟悉周围路网体系的驾驶员

(C)经统计分析得到的可能会做出危险驾驶行为的驾驶员

(D)经统计分析得到的可能会做出错误判断的乘客

分析

根据《公路交通安全设施设计规范》(JTG D81—2017)第 4.2.1 条,公路交通标志应以不熟悉周围路网体系但对出行路线有所规划的公路使用者为设计对象,为其提供清晰、明确、简洁的信息。而驾驶员的驾驶水平、危险驾驶行为是路线设计的参考依据。故本题选 B。

例 8 下列选项中,不属于交通标线作用的是( )。

(A)引导车辆前进方向 (B)提高路口通行能力

(C)提示前方道路状况 (D)警告前方交通危险

分析

交通标线的主要作用有实行交通分离、渠化交叉路口交通、提示前方路况,保障交通安全和守法、执法的依据。而"警告前方交通危险"是交通标志的主要作用之一。故本题选 D。

例 9 某三块板城市道路设计时未考虑设置中央分隔带,为严格禁止车辆跨线超车或压线行驶,应该在道路中心设置的交通标线是( )。

(A)中心单虚线 (B)双黄实线

(C)单黄实线 (D)黄色虚实线

分析

双黄实线一般设置于单方向有两条或两条以上机动车道而没有设置实体中央分隔带的道路上。故本题选 B。

例 10 某公路设计速度 100km/h,单向年平均日交通量约为 4000veh/d,在弯道半径为 500m 的填方路段上,其计算净区宽度最接近( )。

(A)4.5m (B)8.2m

(C)12.4m (D)15.6m

分析

根据《公路交通安全设施设计规范》(JTG D81—2017)附录 A 净区宽度计算方法计算可得填方曲线段净区宽度。

由附录 A 可知,设计速度 100km/h,单向平均日交通量为 4000veh/d 所对应的填方直线段计算净区宽度约为 8.2m,由附录 A 可知半径 500m 的曲线段计算净区宽度调整系数 F_c 约为 1.51。曲线段计算净区宽度 = 相同路基类型对应的直线段计算净区宽度×调整系数 F_c = 8.2m×1.51 = 12.382m。故本题选 C。

例 11 如果事故严重程度等级为中,则路侧计算净区范围内出现的情况是( )。

(A)有水深 2m 沿河路段

(B)二级公路路侧边沟无盖板、车辆无法安全越过的挖方路段

(C)三级公路路侧有深度约 35m 深谷的路段

(D)高速公路出口匝道三角地带有障碍物

分析

路侧计算净区宽度范围内有下列情况时,事故严重程度等级为中:

(1)二级及二级以上公路边坡坡度和路堤高度在Ⅰ区、Ⅱ区阴影范围之内的路段,三级、四级公路路侧有深度 30m 以上的悬崖、深谷、深沟等的路段。

(2)有江、河、湖、海、沼泽等水深 1.5m 以上水域的路段。

(3)有Ⅰ级铁路、一级公路等。

(4)高速公路、一级公路路外设有车辆不能安全越过的照明灯、摄像机、交通标志、声屏障、上跨桥梁的桥墩或桥台、隧道入口处的检修道或洞门等设施的路段。故本题选 AC。

例 12 交通标志应采用悬臂式或门架式等悬空支撑方式的是( )。

(A)单向两条或两条以上车道

(B)车道变换频繁的路段

(C)交通标志设置较为密集的路段

(D)交通量达到设计通行能力,或小型车所占比例很大

分析

合理选择交通标志的支撑结构,是保证交通标志视认性、有效性的基础。A 选项错误,应为单向三条或三条以上车道;D 选项错误,应为交通量达到设计通行能力,或大型车辆所占比例很大。具体内容见《公路交通安全设施设计规范》(JTG D81—2017)第 4.5.2 条规定。故本题选 BC。

例 13 轮廓标应按行车方向设置,正确设置公路轮廓标的是( )。

(A)高速公路、一级公路右侧安装黄色反射体的轮廓标

(B)高速公路、一级公路左侧安装白色反射体的轮廓标

(C)三级公路左右两侧均安装白色反射体的轮廓标

(D)避险车道左右两侧安装红色反射体的轮廓标

分析

《公路交通安全设施设计规范》(JTG D81—2017)第 7.2.1 条规定了关于轮廓标的设置原则。轮廓标应在公路前进方向左右侧对称设置。高速公路、一级公路,按行车方向配置白色反射体的轮廓标应安装于公路右侧,配置黄色反射体的轮廓标应安装于中央分隔带,故 AB 错。二级及二级以下公路,按行车方向配置的左右两侧轮廓标均为白色,故 C 正确。避险车道轮廓标颜色为红色,故 D 对。隧道路段、二级及二级以下公路,轮廓标宜设置为双面反光形式。故本题选 CD。

例14 当城市交通安全设施等级为 C 级时,应配置较完善的标志、标线、隔离和防护设施,下列说法正确的是( )。

(A)桥梁与高填方路段应设置路侧护栏

(B)平面交叉口进行完善的渠化设计后,可不设置交通信号灯

(C)主、次干路无分隔设施路段必须施画路面中心线

(D)主干路应连续设置中间分隔设施

分析

根据《城市道路工程设计规范》(CJJ 37—2012)(2016 版)第 14.2.3 条,当城市交通安全设施等级为 C 级时,应配置较完善的标志、标线、隔离和防护设施,并应符合下列规定:

(1)主干路宜连续设置中间分隔设施。

(2)主、次干路无分隔设施的路段必须施画路面中心线。

(3)桥梁与高路堤应设置路侧护栏。

(4)平面交叉口应进行交通渠化,并应设置交通信号灯;宜设置行人和机动车、非机动车分隔设施。BD 错误,故本题选 AC。

例15 关于警告标志的设置,下列说法正确的是( )。

(A)同一地点需要设置两个或两个以上警告标志时,最好都设置

(B)同时设置两个警告标志时,将提醒驾驶人危险主因的标志设置在下部

(C)除特殊规定外,颜色为黄底、黑边、黑图案

(D)形状为等边三角形或矩形,三角形顶角朝上

分析

公路及沿线环境存在影响行车安全且不易被发现的危险地点时,经论证后可设置警告标志。同一地点需要设置两个或两个以上警告标志时,原则上只设置最需要的一个;如必须设两个及以上警告标志时,将提醒驾驶人危险主因的标志设置在上部或左侧。故本题选 CD。

自 测 模 拟

(第 1~6 题为单选题,第 7~10 题为多选题)

1.关于交通安全设施说法正确的是( )。

(A)交通标志的设计应遵循功能性、系统性、一致性、协调性的原则

(B)高速公路一般路段车行道边缘线的线宽为 10cm 或 15cm

(C)为了尽可能保障行车安全,护栏设置得越多越好

(D)合流诱导标和线性诱导标均属于指路标志

2.需要控制出入的一级公路交通工程及沿线设施设计,在确定隔离栅设置位置时,可不设置隔离栅的情况是( )。

(A)路侧有池塘的路段 　　　　(B)桥隧路段

(C)路侧有挡土墙的路段　　　　　　　　(D)挖方路段

3. 关于交通标志的规定,下列规定正确的是( )。

　(A)在条件受限时,解除限速标志、解除禁止超车标志、会车让行标志可设置在同一支撑结构上

　(B)选择限速值时,应根据路段的具体情况,在交通安全分析的基础上,可选用小于设计速度的限速值

　(C)在高速公路上若其他标志过多,为避免重复设置,立体交叉行驶路线标志可代替立交的出口预告和出口标志

　(D)路侧标志应尽可能与公路中线垂直或成一定角度,限制速度标志在特殊情况下可设置成50°

4. 城市交通安全设施等级分为 A、B、C、D 四级,其中 B 级的适用范围为( )。

　(A)城市快速路　　　　　　　　　　(B)交通性主干路、次干路

　(C)集散性、服务性的主干路、次干路　(D)次干路与支路的连接线

5. 公路交通安全设施设计应优先设置( )。

　(A)主动引导　　　(B)被动防护　　　(C)全时保障　　　(D)隔离封闭

6. 互通式立体交叉出口导向箭头的基准点是( )。

　(A)分流鼻端　　　　　　　　　　　(B)减速车道渐变点

　(C)渐变段中点　　　　　　　　　　(D)减速车道中点

7. 某一级公路中央分隔带宽度小于9m,宜设置防眩设施的路段有( )。

　(A)穿越村镇的路段

　(B)连拱隧道进出口附近

　(C)公路路基横断面为分离式断面,上下行车道高差小于或等于2m 时

　(D)沿线有连续照明设施的路段

8. 关于避险车道的设置,下列说法正确的是( )。

　(A)避险车道应具有较好的视认性,识别视距是指车辆距引道入口的距离

　(B)避险车道制动床的长度主要根据失控车辆的驶入速度、纵坡、坡床材料确定

　(C)避险车道制动床集料厚度不应低于 1000mm,且应在 20~40m 长的距离内从制动床入口处的 75mm 深度逐渐过渡到完整厚度

　(D)制动床两侧应设置轮廓标,救援车道右侧可不设置轮廓标

9. 交通标志因条件限制需并列设置时,需对交通标志所提供的信息进行排序,优先保留( )。

(A)禁令标志　　　　(B)警告标志　　　　(C)指路标志　　　　(D)指示标志

10.城市道路设置护栏时,宜选用金属梁柱式护栏的情形有( )。
(A)对景观有特殊要求的桥梁或城市道路
(B)钢结构桥梁及需减小桥梁恒载时
(C)当道路弯道、交叉口、出入口等处的防撞护栏影响驾驶员视距时
(D)大型车辆所占比例较大的路段

参考答案

1. A 　　2. B 　　3. B 　　4. B 　　5. A 　　6. B 　　7. BC 　　8. BD 　　9. AD 　　10. ABC

第三节　服务设施

依据规范

《公路工程技术标准》(JTG B01—2014)
　　10.3　服务设施
《公路路线设计规范》(JTG D20—2017)
　　13.3　服务区、停车区
　　13.4　客运汽车停靠站
《高速公路交通工程及沿线设施设计通用规范》(JTG D80—2006)
　　6　服务设施
《城市道路工程设计规范》(CJJ 37—2012)(2016 年版)
　　11　公共停车场和城市广场

重 点 知 识

服务设施是公路交通运输体系的基本组成部分,是体现公路交通文化的窗口。服务设施应依据路网规划、公路服务水平和交通量的增长情况,全省或区域内总体规划,区分功能和规模大小,有重点、分层次地分期建设。

城市广场是指与城市道路相连接的社会公共用地部分,是车辆和行人交通的枢纽场所,或是城市居民社会活动和政治活动的中心。在大型公共建筑、交通枢纽、人流车流量大的广场等处均应布置适当容量的公共停车场。公共停车场的规模应按服务对象、交通特征等因素确定。

一、掌握公路管理设施的种类、作用和设置条件

1.公路服务设施的种类

服务设施包括服务区、停车区和客运汽车停靠站。

2.服务设施的位置

服务区、停车区的位置应根据区域路网、建设条件、景观和环保要求等规划和布设。客运汽车停靠站的位置宜根据地区公路交通规划、公路沿线城镇分布、出行需求布设。

3.服务区的设置

服务区设置应符合下列规定：

(1)高速公路应设置服务区,作为干线的一、二级公路宜设置服务区。服务区平均间距宜为50km；当沿线城镇分布稀疏,水、电等供给困难时,可增大服务区间距。

(2)高速公路服务区应设置停车场、加油站、车辆维修站、公共厕所、室内外休息区、餐饮、商品零售点等设施。根据公路环境和需求可设置人员住宿、车辆加水等设施。

(3)作为干线的一、二级公路服务区宜设置停车场、加油站、公共厕所、室外休息点等设施,有条件时可设置餐饮、商品零售点、车辆加水等设施。

4.停车区的设置

停车区设置应符合下列规定：

(1)高速公路应设置停车区,作为干线的一、二级公路宜设置停车区。停车区可在服务区之间布设一处或多处,停车区与服务区或停车区之间的间距宜为15～25km。

(2)停车区应设置停车场、公共厕所、室外休息区等设施。

5.服务区、停车区设计要点

服务区、停车区的建设规模应根据公路设计交通量、交通组成、自然环境、用地条件等因素确定。停车场、餐饮等的建筑面积可按预测的第10年交通量设计,用地及其预留、预埋等相关工程应按预测的第20年交通量设计。

1)平纵线形

服务区范围内的主线线形指标应符合互通式立体交叉范围内的主线线形指标的要求。停车区范围内的主线线形指标应符合表7-3-1的规定。

停车区范围内的主线线形指标　　　　　　　　　　表7-3-1

设计速度（km/h）		120	100	80	60
最小圆曲线半径(m)	一般值	1500	1000	700	500
	极限值	1200	850	600	400
最小凸形竖曲线半径(m)	一般值	45000	25000	12000	6000
	极限值	23000	15000	6000	3000
最小凹形竖曲线半径(m)	一般值	16000	12000	8000	4000
	极限值	12000	8000	4000	2000
最大纵坡(%)	一般值	2	3	4	4.5
	最大值	3	4	5	5.5

注:纵坡应选用一般值以上的指标；在地形受限、条件特殊情况下,可采用最大值。

2)总体布置

服务区的布设宜采用分离式,可对称布置或非对称布置。地形条件适宜时,可采用集中式或其他形式;停车区的布设宜采用分离式,但无须对称布置。

服务区、停车区总体布置应符合下列要求:

(1)服务区、停车区一般几何布置应包括加(减)速车道、连接匝道、贯穿车道、停车场等,如图7-3-1所示。

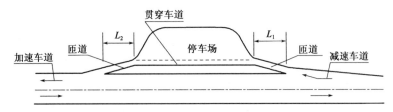

图7-3-1 服务区、停车区的匝道、贯穿车道布置示意图

L_1-减速车道一侧匝道最小长度;L_2-加速车道一侧匝道最小长度

(2)服务区、停车区匝道的设计速度宜采用40km/h,条件受限时不应小于30km/h。

(3)匝道的最小长度应符合表7-3-2的规定。

匝道的最小长度 表7-3-2

主线设计速度(km/h)		120	100	≤80
减速车道一侧 L_1(m)	一般值	110	90	80
	极限值	80	70	60
加速车道一侧 L_2(m)	一般值	80	70	60
	极限值	60	60	60

(4)匝道及加、减速车道几何设计应符合互通式立体交叉的相关规定。

(5)贯穿车道几何设计应符合下列规定:

①贯穿车道的设计速度宜采用30km/h。

②贯穿车道应采用单向单车道,行车道3.5m,左右侧路缘带各宽0.50m。

③贯穿车道纵面设计应综合考虑停车场高程及排水需要。

二级公路的服务区、停车区、观景台,根据功能、服务交通量、场地条件等,可采用设置出入匝道和加减速车道的典型形式,也可采用不设置匝道、与主线布置成整体式的简易形式。简易形式的服务区、停车区、观景台布置应符合下列规定:

(1)服务区、停车区、观景台范围内的主线纵坡不应大于2.5%,主线行车道与停车场用侧分隔带或路面标线区分。

(2)停车场的两侧应设置长度相同的加、减速区段,布置图参照客运汽车停靠站,其长度根据侧分隔带宽度,按表7-3-5中主线设计速度对应的渐变率要求确定。

(3)停车场沿主线的纵向最小长度宜大于30m。

6. 客运汽车停靠站的设置

作为集散的一、二级公路和三、四级公路可根据需要设置加油站、公共厕所及客运汽车停靠站等设施。客运汽车停靠站应设置车辆停靠和乘客候车设施,可与服务区结合设置。

高速公路主线侧不应设置客运汽车停靠站。

7. 客运汽车停靠站设计要点

1）平纵线性

客运汽车停靠站范围内主线的最大纵坡应不大于 2%，地形特别困难时应不大于 3%。主线平曲线、竖曲线指标应符合表 7-3-3 的规定。

客运汽车停靠站范围内的主线线形指标　　　　表 7-3-3

设计速度（km/h）	100	80	60	≤40
最小圆曲线半径（m）	800	500	250	150
最小凸形竖曲线半径（m）	10000	4500	2000	1000
最小凹形竖曲线半径（m）	4500	3000	1500	1000

2）总体布置

一级公路主线侧客运汽车停靠站布置应包括渐变段、加（减）速车道、停留车道等，其布置如图 7-3-2 所示，并应符合下列规定：

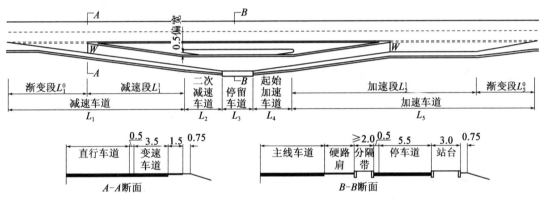

图 7-3-2　一级公路客运汽车停靠站示意图（尺寸单位：m）

（1）停靠区与主线右侧硬路肩之间必须用侧分隔带或护栏隔开。

（2）变速车道及其渐变段长度，停留车道长度应不小于表 7-3-4 的规定。

一级公路客运汽车停靠站变速车道、停留车道长度　　　　表 7-3-4

	主线设计速度（km/h）	100	80	60
减速车道 L_1	渐变段 L_1^0（1/20）（m）	70	70	70
	减速段 L_1^1（m）	100	90	70
	二次减速车道 L_2（m）	50	50	40
	停留车道 L_3（m）	30	30	20
	（二次）起始加速车道 L_4（m）	40	40	30
加速车道 L_5	加速段 L_5^1（m）	130	110	80
	渐变段 L_5^0（m）	65	60	50

（3）侧分隔带宽应不小于 2.0m，变速车道右侧硬路肩 1.50m，停留车道宽应不小于 5.5m，站台宽 3.0m。

二级及二级以下公路主线侧客运汽车停靠站的布置应包括加（减）速区段、停留车道等，

如图 7-3-3 所示,并应符合下列规定:

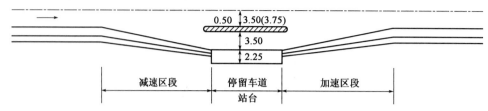

图 7-3-3　二级及二级以下公路客运汽车停靠站示意图(尺寸单位:m)

(1)停靠区与道路行车道之间用路面标线区分。

(2)站台前停靠区两侧设置长度相等的加、减速区段,其长度应符合表 7-3-5 的规定。

二级及二级以下公路客运汽车停靠站变速区段长度　　　　　表 7-3-5

主线设计速度(km/h)	80	60	40	30	20
渐变率	1/15	1/12.5	1/10	1/7.5	1/5
加、减速区段长(m)	60	50	40	30	20

(3)停留车道长度为 15m。

(4)相邻行车道边缘线的分隔带(标线)、停留车道、站台宽度依次为 0.5m、3.5m、2.25m。

二、掌握城市广场、公共停车场的种类、作用和设计要求

城市广场和公共停车场的位置、规模应符合城市规划布局和道路交通组织需要,合理布置。

1. 城市广场

1)分类

城市广场按其性质、用途可分为公共活动广场、集散广场、交通广场、纪念性广场与商业广场等。

2)设计原则

(1)广场设计应按城市总体规划确定的性质、功能和用地范围,结合交通特征、地形、自然环境等进行,应处理好与毗连道路及主要建筑物出入口的衔接,以及和四周建筑物协调,并应体现广场的艺术风貌。各类广场设计的一般原则如下:

①公共活动广场多布置在城市中心地区,作为城市政治、文化活动中心及群众集会场所。应根据群众集会、游行检阅、节日联欢的规模,容纳人数来估算需要场地,并适当考虑绿化及通道用地。

②集散广场为布置在火车站、港口码头、飞机场、体育馆以及展览馆等大型公共建筑物前面的广场,是人流、车辆集散停留较多的广场。

③交通广场设在交通频繁的多条道路交叉的大型交叉口或交汇地点的广场,有组织与分散车流的功能。

④纪念性广场应以纪念性建筑物为主。

⑤商业广场应以人行活动为主,合理布置商业、人流活动区。

(2)广场设计应按高峰时间人流量、车流量确定场地面积,按人车分流的原则,合理布置人流、车流的进出通道、公共交通停靠站及停车等设施。

3）广场竖向设计

（1）竖向设计应根据平面布置、地形、周围主要建筑物及道路高程、排水等要求进行，并兼顾广场整体布置的美观。

（2）广场设计坡度宜为 0.3% ~ 3.0%。地形困难时，可建成阶梯式。

（3）与广场相连接的道路纵坡宜为 0.5% ~ 2.0%。困难时纵坡不应大于 7.0%，积雪及寒冷地区不应大于 5.0%。

（4）出入口处应设置纵坡小于或等于 2.0% 的缓坡段。

4）出入口设计

广场与道路衔接的出入口设计应满足行车视距的要求。

5）交通安全设施

广场应布置分隔、导流等设施，并应配置完善的交通标识系统。

6）排水

广场排水应结合地形、广场面积、排水设施，采用单向或多向排水，且应满足城市防洪、排涝的要求。

2. 公共停车场

1）停车场分类

停车场根据停放车辆的类型分为机动车停车场和非机动车停车场；根据停放车辆的场地分为路上停车场和路外停车场；根据服务对象分为公用停车场和专用停车场。这里介绍的是停放机动车和非机动车的公共停车场。

2）机动车停车场设计要点

（1）机动车停车场设计应根据使用要求分区、分车型设计。如有特殊车型，应按实际车辆外廓尺寸进行设计。

（2）机动车停车场内车位布置可按纵向或横向排列分组安排，每组停车不应超过 50veh。当各组之间无通道时，应留出大于或等于 6m 的防火通道。

（3）机动车停车场的出入口不宜设在主干路上，可设在次干路或支路上，并应远离交叉口；不得设在人行横道、公共交通停靠站及桥隧引道处。出入口的缘石转弯曲线切点距铁路道口的最外侧钢轨外缘不应小于30m，距人行天桥和人行地道的梯道口不应小于50m。

（4）停车场出入口位置及数量应根据停车容量及交通组织确定，且不应少于 2 个，其净距宜大于 30m；条件困难或停车容量小于 50veh 时，可设一个出入口，但其进出口应满足双向行驶的要求。

（5）停车场进出口净宽，单向通行的不应小于 5m，双向通行的不应小于 7m。

（6）停车场出入口应有良好的通视条件，视距三角形范围内的障碍物应清除。

（7）停车场的竖向设计应与排水相结合，坡度宜为 0.3% ~ 3.0%。

（8）机动车停车场出入口及停车场内应设置指明通道和停车位的交通标志、标线。

3）非机动车停车场设计要点

非机动车停车场的设计应符合下列规定：

（1）非机动车停车场出入口不宜少于 2 个。出入口宽度宜为 2.5m ~ 3.5m。场内停车区应分组安排，每组场地长度宜为 15 ~ 20m。

（2）非机动车停车场坡度宜为 0.3% ~4.0%。停车区宜有车棚、存车支架等设施。

考 点 分 析

（1）服务区、停车区、客运汽车停靠站的设置条件。
（2）城市广场的类别、城市广场的竖向设计。
（3）机动车停车场出入口的布置及设计。

例 题 解 析

例1 [2020 年多选题]根据《高速公路交通工程及沿线设施设计通用规范》(JTG D80—2006)规定,高速公路服务区、停车区的建设规模应根据公路设计交通量、交通组成、自然环境、用地条件等因素确定。下列应按预测的第 20 年交通量设计的项目有（   ）。

（A）停车场建筑
（B）用地
（C）预留、预埋等相关工程
（D）餐饮建筑

分析

根据《高速公路交通工程及沿线设施设计通用规范》(JTG D80—2006)第 6.1.2 条,停车场、餐饮等的建筑面积可按预测的第 10 年交通量设计,但用地及其预留、预埋等相关工程应按预测的第 20 年交通量设计。故本题选 BC。

例2 [2019 年案例题]某城市广场与拟建道路相连,广场高于道路,广场中心竖向高程为 58.80m,无特殊控制条件。根据广场竖向设计要求,距离广场中心 120m 处,与广场边缘相连的道路宜控制的高程范围是（   ）。

（A）56.40 ~58.20m
（B）55.20 ~58.44m
（C）52.80 ~58.20m
（D）50.40 ~58.44m

分析

根据《城市道路工程设计规范》(CJJ 37—2012)第 11.3.4 条第 2 款,广场设计坡度宜为 0.3% ~3.0%。

广场中心竖向高程为 58.80m,与广场边缘相连的道路控制高程值最大宜为:58.80 - 120 × 0.3% =58.44m。

与广场边缘相连的道路控制高程最小值宜为:58.80 - 120 ×3% =55.20m。

故本题选 B。

例3 设计一条干线一级公路的服务区时,不需要考虑设置的设施是（   ）。

（A）停车场 （B）加油站 （C）商品零售点 （D）宾馆

分析

根据《公路工程技术标准》(JTG B01—2014)第 10.3.3 条第 3 款,作为干线的一、二级公路服务区宜设置停车场、加油站、公共厕所、室外休息点等设施。有条件时可设置餐饮、商品零售点、车辆加水等设施。而人员住宿的设施是高速公路服务区根据公路环境和需求可以考虑设置的。故本题选 D。

例 4　我国东北某城市欲建一座纪念性广场,该广场拟与市政道路相连接。该广场的连接道路在竖向设计时纵坡坡度最大可以取(　　)。

（A）2.0%　　　　（B）3.0%　　　　（C）5.0%　　　　（D）7.0%

分析

根据《城市道路工程设计规范》(CJJ 37—2012)第 11.3.4 条第 3 款,与广场相连接的道路纵坡宜为 0.5% ~ 2.0%。困难时纵坡不应大于 7.0%,积雪及寒冷地区不应大于 5.0%。故本题选 C。

例 5　机动车停车场的进出口净宽,单向通行的和双向通行的分别不应小于(　　)。

（A）3.5m,6.5m　　（B）4.5m,6.5m　　（C）5m,7m　　（D）5m,7.5m

分析

根据《城市道路工程设计规范》(CJJ 37—2012)第 11.2.5 条第 5 款,机动车停车场的进出口净宽,单向通行的不应小于 5m,双向通行的不应小于 7m。故本题选 C。

例 6　布置在火车站前面,且人流、车流集散停留较多的广场属于(　　)。

（A）公共活动广场　　　　　　　　（B）集散广场

（C）交通广场　　　　　　　　　　（D）商业广场

分析

根据《城市道路工程设计规范》(CJJ 37—2012)第 11.3.2 条条文说明规定,集散广场为布置在火车站、港口码头、飞机场、体育馆以及展览馆等大型公共建筑物前面的广场,是人流、车流集散停留较多的广场。故本题选 B。

例 7　公路服务设施包括(　　)。

（A）服务区　　　　　　　　　　　（B）停车区

（C）监控设施　　　　　　　　　　（D）客运汽车停靠站

分析

根据《公路工程技术标准》(JTG B01—2014)第 10.3.1 条,服务设施包括服务区、停车区和客运汽车站。监控设施属于管理设施,故本题选 ABD。

自 测 模 拟

(第 1~4 题为单选题,第 5、6 题为多选题)

1.服务区初期停车场、餐饮等设施的建筑面积依据的预测交通量年限是(　　)。

(A)5年　　　　　　(B)10年　　　　　　(C)15年　　　　　　(D)20年

2. 下列关于服务区的规定,说法正确的是( )。
(A)服务区与停车区之间的平均间距不宜大于50km
(B)服务区的布设可采用分离式或集中式
(C)服务区用地面积包含服务区出入口加减速车道的用地
(D)客运停靠站不可与服务区结合设置

3. 客运停靠站范围内主线的最大纵坡,在地形特别困难时应不大于( )。
(A)2%　　　　　　(B)3%　　　　　　(C)3.5%　　　　　　(D)4%

4. 城市广场设计应按下列哪个因素确定场地面积? ( )。
(A)周末人流量、车流量　　　　　　(B)年平均日人流量、车流量
(C)工作日人流量、车流量　　　　　　(D)高峰时间人流量、车流量

5. 对于机动车停车场出入口位置的确定,下列说法正确的是( )。
(A)不宜设在次干路上,并应远离交叉口
(B)不得设在人行横道处
(C)距人行天桥的梯道口不应小于50m
(D)不得设在公交车站处

6. 关于客运停靠站的设置规定,下列说法正确的是( )。
(A)客运汽车停靠站可与服务区结合设置
(B)高速公路主线侧可设置客运汽车停靠站
(C)一级公路主线侧可设置客运汽车停靠站
(D)客运汽车停靠站可设置在公路收费站前的连接线上

参考答案
1. B　　2. B　　3. B　　4. D　　5. BCD　　6. ACD

第四节　管　理　设　施

依据规范

《公路工程技术标准》(JTG B01—2014)
　　10.4　管理设施
《公路路线设计规范》(JTG D20—2017)

重 点 知 识

公路管理设施应体现出管理和服务的功能,更好地为公路使用者服务,是保障公路正常运营的重要条件,其管理、监控、收费、通信、配电、照明和养护等设施均为管理设施中的子设施。城市道路管理设施主要包括交通信号灯和交通监控系统,管理设施配置的种类和要求按照交通安全和管理设施等级进行配置。

一、掌握公路管理设施的种类、作用和设置条件

1. 公路管理设施的种类及一般规定

管理设施包括监控、收费、通信、供配电、照明和管理养护等设施,应符合下列规定:

(1)高速公路应设置监控、收费、通信、供配电、照明和管理养护设施,其他等级的公路可根据需求设置。

(2)监控、收费、通信、供配电、照明和管理养护等设施应根据交通量进行总体设计、分期实施,并据此实施基础工程、地下管线及预留预埋工程等。

2. 监控设施的设置

监控设施应符合下列规定:

(1)监控设施分为 A、B、C、D 四个等级。

①A 级:应全线设置视频监视、动态信息发布及交通诱导设施,结合收费站、特大桥、隧道前、互通式立交、服务区等重点或有特殊需求路段,设置交通事件检测、交通量检测、环境信息检测、匝道控制设施。实现全线的全程监控、动态信息发布和交通诱导。

②B 级:应在收费站、特大桥、互通式立交、服务区等重点或有特殊需求路段,设置视频监控、交通事件检测、交通量检测、环境信息检测、匝道控制、动态信息发布及交通诱导设施。实现全线的重点监控、动态信息发布和交通诱导。

③C 级:宜在特大桥、服务区、客运汽车停靠站、公路平面交叉口等重点或有特殊需求路段,设置视频监视、交通事件检测、交通量检测、动态信息发布及交通诱导设施。

④D 级:可在特大桥、加油站、客运汽车停靠站、主要公路平面交叉口等重点或有特殊需求路段,设置交通量检测、现场交通信息提示及交通诱导设施。

(2)各等级监控设施的适用范围可依据表 7-4-1 确定。

各等级监控设施的适用范围 表 7-4-1

监控设施等级	适 用 范 围	监控设施等级	适 用 范 围
A	高速公路(全程监控)	C	干线一级、二级公路
B	高速公路(分段监控)	D	集散公路、支线公路

(3)当桥梁、隧道设置结构监测、养护监测等设施时,应与路段的监控设施统一规划设计,协调管理。

(4)监控系统的各项设备的设计交通量应符合表 7-4-2 的规定。

监控系统各项设备的设计交通量 表 7-4-2

设 备 名 称	设计交通量
监控系统机电设备及其外场设备基础	预测的第 5 年交通量
管道及桥梁、隧道等构造物区段的外场设备基础	预测的第 20 年交通量

(5)监控系统模式可采用集中式或分布式。

(6)监控系统控制方式分为主线控制、匝道控制和通道控制。

3.收费设施的设置

(1)收费设施应符合下列规定:

①收费设施应与公路设计采用的服务水平相协调。收费广场出口和入口的收费车道数均不应小于 2 条。新建收费设施应同步建设 ETC 车道。

②收费系统机电设备可按开通后的第 15 年交通量配置;收费岛、收费广场、地下通道、收费大棚等设施宜按开通后第 15 年的交通量配置;收费广场用地、站房用地、建筑和土方工程用地应按开通后第 20 年的交通量实施。

③客车应采用分车型收费方式,货车宜采用计重收费方式。

(2)收费制式应根据公路路网、地区特点、建设与管理等因素论证后确定,可采用开放式、封闭式或混合式。

(3)收费方式应根据收费系统的建设规模、运行管理、联网收费等具体条件,可采用半自动收费、自动收费或不停车收费。

(4)收费站几何设计。

①平纵线形

收费站广场几何指标应符合下列规定:

a.主线收费站广场:平曲线指标应符合互通式立体交叉区主线线形指标的规定,竖曲线指标不应小于主线纵断面设计指标一般值的规定。收费站广场中心线两侧最小各 100m 范围内,纵坡坡度不应大于 2%。

b.匝道收费站广场:平曲线半径不得小于 200m,竖曲线半径不得小于 800m。收费站广场中心线两侧水泥混凝土路面范围内,纵坡坡度不宜大于 2%,条件受限时不应大于 3%。

c.收费站广场的横坡宜为 1.5%,需要排水时可为 2.0%。

②收费站广场设计

收费站广场的设计应符合下列规定:

a.公路收费站广场应避免设置在凹形竖曲线的底部。

b. 收费站广场几何布置如图 7-4-1 所示,收费岛前后水泥混凝土路面长度 L_0 应符合表 7-4-3 的规定。

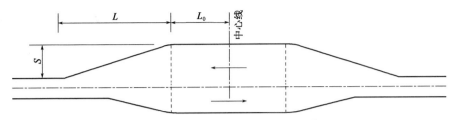

图 7-4-1 收费站广场布置与两端过渡示意图

L-收缩段长度;S-收缩段宽度

收费岛前后水泥混凝土路面的最小长度 L_0(单位:m)   表 7-4-3

收费广场位置		匝道上	主线上
收费方式	单向	30	50
	双向	25	40

c. 收费站广场两端渐变段过渡应符合表 7-4-4 的要求。

收费广场两端行车道过渡渐变率   表 7-4-4

收费广场位置	匝道上	主线上
广场渐变率(L/S)	4~6,极限值为 3	6~8

d. 匝道收费站广场中心线至匝道分岔点的距离不宜小于 100m,且不应小于 75m;至被交道路平交点的距离不宜小于 150m,不能满足时,应增加设置等待车道。

e. 收费站广场的跨度应包括收费车道、收费道、路肩(或路缘带)的宽度。收费岛间的车道宽度宜为 3.2m,ETC 车道的宽度应为 3.5m,超宽车道的宽度宜为 4.5m。收费岛的宽度宜为 2.2m,硬路肩宽度应不小于 0.5m。

4. 通信设施

通信设施应符合下列规定:

(1)通信设施应满足监控、收费和管理等业务需求,结合路网统一规划、统一标准、统一体制,提供语音、数据、图像信息服务平台。

(2)高速公路的通信管道应按远期规划设计。通信管道敷设容量应综合考虑交通专网需求、社会租赁需求和扩容要求确定。省与省之间应保证一条用于干线联网的通信管道。

5. 供配电、照明设施

供配电、照明设施应符合下列规定:

(1)应根据公路特点、系统规模、负荷性质、用电量、电源条件、电网发展规划,在满足近期要求的同时,兼顾远期发展需要,合理确定外部电源、自备应急电源的供配电系统方案。

(2)高压输电线路工程应结合工程特点、规模和远期发展状况,施工临时用电和运营永久性用电相结合实施。

(3)收费广场、服务区广场、避险车道、检测点(站)等应设置照明设施,位于城市出入口路段的互通式立体交叉、特大桥、机场高速公路、环城高速公路可设置照明设施。

(4)不同区域的照明应符合以下规定：

①服务区的停车场宜设置高杆灯照明，照度宜为 15～30lx，均匀度应大于 0.3。

②收费广场车道数大于或等于 12 时宜设置高杆灯照明；小于 12 时宜设置中杆灯照明，其照度宜为 20～40lx，均匀度应大于 0.4。

③收费天棚应设车道照明，照度宜为 30～50lx。

6. 管理养护设施

(1)管理中心、管理分中心、管理站(所)宜结合公路管理需求设置。

(2)养护设施应根据公路养护业务需求设置养护工区和道班房。高速公路宜设置养护工区，其他等级公路宜设置道班房。

(3)公路管理养护管理设施宜结合地形和业务范围选址合建。

(4)公路管理房屋建筑应布局合理、经济适用、环保节能，与周围环境相协调。房屋建筑规模宜根据设计交通量确定。

二、掌握城市道路管理设施的种类、作用、基本规定和总体设计要求

1. 基本规定

(1)当交通安全和管理设施等级为 A 级时，应配置完善的信息采集、交通异常自动判断、交通监视、诱导、主线及匝道控制、信息处理及发布等设施。

(2)当交通安全和管理设施等级为 B 级时，宜配置基本的信息采集、交通监视、简易信息处理及发布等监控设施。平面交叉口信号灯形成路网的区域，可采用线控和区域控制。

(3)当交通安全和管理设施等级为 C 级时，在交通繁杂路段、交叉口应设置交通监视装置和信号控制设施。

(4)当交通安全和管理设施等级为 D 级时，可视交通状况设置信号灯等设施。

2. 交通信号灯

1)信号灯设置

(1)城市道路的平面交叉口设置交通信号灯的条件，应根据路口情况、交通流量以及交通事故率等因素确定。

(2)城市道路的特大桥、长大隧道等路段，可根据交通组织要求或设施养护要求设置车道信号灯。可变车道、收费口和检查通道应设置车道信号灯。

(3)全封闭道路中实施控制的匝道，应设置匝道控制信号灯。

(4)道路交叉口的交通信号周期不宜大于 180s。

(5)交通信号灯设置倒计时显示时，其颜色应与被计时的信号灯一致。

2)交通信号控制系统

(1)城市主干路交通信号灯宜实施绿波协调控制。

(2)协调控制范围内的各路口交通信号配时参数，应根据交通流量和流向确定，并满足区域协调控制的要求。

(3)交通信号控制系统应设置监控中心。交通信号控制系统应具有下列功能：①对各信号灯进行远程监视和控制；②对各信号灯配时参数进行远程配置；③对各信号灯设备进行故障

监测和报警;④实施协调控制。

3.交通监控系统

交通监控系统应由监控中心、外场监控设施和信息传输网络等组成,应具备信息采集、分析处理、信息发布和交通控制管理,以及与其他信息系统的信息交换和资源共享等全部或部分功能。

1)交通监控系统的**等级分类**

交通监控系统配置按道路或路网的性质和监控系统特性划分不同等级,等级分类应符合表 7-4-5 的规定。

交通监控系统等级分类 表 7-4-5

交通监控系统等级	Ⅰ级	Ⅱ级	Ⅲ级	Ⅳ级
适用范围	城市中、长、特长隧道	城市特大桥梁和城市快速路	主干路和次干路	支路

2)信息采集设施

信息采集设施主要应由交通参数检测器、摄像机、气象检测仪等构成。

(1)Ⅰ级交通监控系统的设备配置应全路段连续设置交通参数检测器,摄像机等设施,实行全路段全覆盖监控。在城市中、长、特长隧道等特殊路段应设置完善的紧急报警设施。

(2)Ⅱ级交通监控系统的设备配置应全路段设置交通参数检测器、摄像机等设施,实行全路段监控。在交通量大的互通立交、出入匝道宜全覆盖设置。

(3)Ⅲ级交通监控系统的设备配置应在道路主要交叉口、互通式立交等重点区段,设置交通参数检测器、摄像机等监控设施。

(4)Ⅳ级交通监控系统的设备配置可根据需求,在道路主要交叉口设置摄像机等监控设施。

3)信息发布和控制设施

信息发布和控制设施主要应由可变信息标志、可变限速标志、交通信号控制设施等构成。

(1)Ⅰ级交通监控系统的设备配置应在道路沿线及相关路段设置能够及时发布诱导信息,以疏解常发性交通拥挤所必需的可变信息标志、可变限速标志等信息发布设施。在道路沿线、入口匝道等特殊路段应布设满足交通控制管理需求的交通信号灯、车道信号灯、匝道开放/关闭可变信息标志等设施。有特别需要可增设交通违法事件检测记录设备。

(2)Ⅱ级交通监控系统的设备配置应在道路沿线及相关路段设置能够及时发布诱导信息并疏解常发性交通拥挤所必需的可变信息标志、可变限速标志等信息发布设施。在常发性拥挤路段周边的入口匝道和需要实行交通控制的入口匝道应布设满足交通控制管理需求的匝道开放/关闭可变信息标志等交通控制设施,同时辅以设置匝道周围道路的可变信息标志。有特别需要时,可增设交通违法事件检测记录设备。

(3)Ⅲ级交通监控系统的设备配置应在连接快速路入口处前方的道路沿线设置可变信息标志。在其他易发生交通拥堵路段可设置能够及时发布诱导信息的可变信息标志。

(4)Ⅳ级交通监控系统的设备配置可根据总体交通信息发布和控制规划要求布设信息发布和控制设施。

（1）监控设施的等级划分及适用范围。

（2）确定收费设施建设规模的交通量依据。

（3）公路不同区域的照明要求。

（4）交通信号灯的配置要求；交通监控系统等级的划分及不同等级条件下相应设施的配置。

┌───┐
│   例 题 解 析   │
└───┘

例1　[2020年单选题]按城市道路或路网的性质和监控系统特性，交通监控系统配置分级中，Ⅰ级与Ⅱ级的主要区别为是否设置（　　　）。

（A）信息发布设施　　　　　　　（B）交通控制设施

（C）紧急报警设施　　　　　　　（D）交通违法事件检测记录设施

分析

根据《城市道路交通设施设计规范》（GB 50688—2011）第9.4.2条、第9.4.3条、第9.5.2条和第9.5.3条可知本题选C。

例2　[2019年单选题] 收费系统机电设备可按公路开通运营后的交通量配置，其开通运营年限为（　　　）。

　A. 10 年　　　　　　B. 15 年　　　　　　C. 20 年　　　　　　D. 25 年

分析

根据《公路工程技术标准》（JTG B01—2014）第10.4.3条第3款，收费系统机电设备可按开通后的第15年交通量配置；收费岛、收费广场、地下通道、收费大棚等设施宜按开通后第15年的交通量配置；收费广场用地、站房用地、建筑和土方工程用地应按开通后第20年的交通量实施。故本题选B。

例3　收费广场车道数小于12时宜设置的照明方式是（　　　）。

（A）混合杆灯照明　　　　　　　（B）低杆灯照明

（C）中杆灯照明　　　　　　　　（D）高杆灯照明

分析

根据《高速公路交通工程及沿线设施设计通用规范》（JTG D80—2006）第7.6.12条，收费广场车道数大于或等于12时宜设高杆灯照明，小于12时宜设中杆灯照明，其照度宜为20～40lx，均匀度应大于0.4。故本题选C。

例4　通信管道敷设容量应综合考虑（　　　）。

(A)交通专网需求 　　　　　　(B)社会租赁需求
(C)扩容要求 　　　　　　　　(D)工程造价

分析

根据《公路工程技术标准》(JTG B01—2014)第10.4.4条第2款,通信管道敷设容量应综合考虑交通专网需求、社会租赁需求和扩容要求确定,省与省之间应保证一条用于干线联网的通信管道。故本题选ABC。

自测模拟

(第1、2题为单选题,第3、4题为多选题)

1. 某高速公路在收费站、特大桥、隧道前、互通式立交、服务区等重点或有特殊需求路段,设置视频监视、交通事件检测、交通量检测、环境信息检测、匝道控制、动态信息发布及交通诱导设施,实现全线的重点监控、动态信息发布和交通诱导。这种情况下监控设施属于(　　　　)。

(A)A级　　　　　(B)B级　　　　　(C)C级　　　　　(D)D级

2. 监控、收费、通信、供配电、照明和管理养护等设施进行总体设计、分期实施时应依据的因素是(　　　　)。

(A)建设投资　　　(B)交通量　　　(C)环境要求　　　(D)用地条件

3. 公路上应设置照明设施的位置有(　　　　)。
(A)收费广场 　　　　　　　　(B)避险车道
(C)互通立交 　　　　　　　　(D)机场高速公路

4. 城市道路上应设置车道信号灯的位置有(　　　　)。
(A)长大隧道　　　(B)可变车道　　　(C)检查通道　　　(D)收费口

参考答案

1. B　　2. B　　3. AB　　4. BCD

第五节　城市道路其他设施

依据规范

《城市道路工程设计规范》(CJJ 37—2012)(2016年版)
　15　管线、排水和照明

重 点 知 识

一、掌握城市道路管线、排水和照明的种类、作用和设置原则

1. 管线的种类、作用和设置原则

(1)管线的种类与作用

城市管线是指城市范围内供水、排水、燃气、热力、电力、通信、广播电视、工业等管线及其附属设施,是保障城市运行的重要基础设施和"生命线"。城市道路管线按工程管线性能和用途划分为:

①给水管道:包括工业给水、生活给水、消防给水等管道。

②排水沟管:包括工业污水(废水)、生活污水、雨水、降低地下水等管道和明沟。

③电力线路:包括高压输电、高低压配电、生产用电、电车用电等线路。

④电信线路:包括市内电话、长途电话、电报、有线广播,有线电视等线路。

⑤热力管道:包括蒸汽、热水等管道。

⑥可燃或助燃气体管道:包括煤气、乙炔、氧气等管道。

⑦空气管道:包括新鲜空气、压缩空气等管道。

⑧灰渣管道:包括排泥、排灰、排渣、排尾矿等管道。

⑨城市垃圾输送管道。

⑩液体燃料管道包括石油、酒精等管道。

⑪工业生产专用管道：主要是工业生产上用的管道，如氯气管道，以及化工专用的管道等。

道路工程设计应满足各类管线工程的要求，管线工程与道路工程应同步规划、同步设计。

（2）管线工程设置原则

①管线类别、管线走向、规模容量、预留接口和敷设方式应满足城市总体规划和管线工程专业规划的要求，并为远期发展适当留有余地。

②应统筹安排各类管线，合理分配管道走廊，合理处理管线交叉，满足相关专业技术规范的要求。

③地上杆线宜设置在道路设施带内。架空管线不得侵入道路建筑限界，距离地面高度应符合相关专业技术规范的规定。地下管线除支管接口外，其余部分不应超出道路红线范围。

④地下管线宜优先考虑布置在非车行道下，不得沿快速路主路车行道下纵向敷设。当其他等级道路车行道下敷设管线时，井盖不应影响行车安全性和舒适性，且宜布置在车辆轮迹范围之外。人行道上井盖等地面设施不应影响行人通行。

⑤各类管线应按规划要求预埋过街管道，过街管道规模宜适当并留有发展余地。重要交叉口宜设置过街共用管沟。在建成后的快速路、主干路下实施过街管道时，宜采用非开挖施工技术。

⑥当管线不便于分别直埋敷设且条件许可时，可建设综合管沟。综合管沟应符合各类管线的专业技术要求和消防、环保、景观、交通等方面的要求，且便于管理维护。

⑦各种地下管线的埋设深度、结构强度和沟槽回填土的压实度应满足道路施工荷载与路面行车荷载的要求。

⑧对道路范围内输送流体的管渠系统，应采取防止渗漏措施。对输送腐蚀性流体的管渠系统还应采取耐腐蚀措施。

2. 排水的种类、作用和设置原则

（1）排水的种类与作用

城市排水包括排除城市污水和雨水。在实行污水、雨水分流制的情况下，污水由排水管道收集，送至污水处理后，排入水体或回收利用；雨水径流由排水管道收集后，就近排入水体。

将城市污水收集输送到污水处理厂经处理后再排放，可以起到改善和保护环境，消除污水危害的作用；洪涝灾害已经成为影响城市发展的主要因素之一。兴建排水设施就能减少洪涝灾害的影响，做好城市排涝；排水设施收集污水消除了污水危害，对预防和控制各种传染病和"公害病"，保障人民健康和造福子孙后代具有深远意义；污水经处理后形成再生水可回用于城市，这是节约用水和解决水资源短缺的重要手段。

（2）排水设置原则

①城市道路排水设计应根据区域排水规划、道路设计和沿线地形环境条件，综合考虑道路排水方式。城市建成区内道路排水应采用管道形式，城市外围道路可采用边沟排水。在满足道路基本功能的前提下，应达到相关规划提出的低影响开发控制目标与指标要求。

②道路的地面水必须采取可靠的措施,迅速排除。

③当道路的地下水可能对道路造成不良影响时,应采取适当的排除或阻隔措施。道路结构层内可根据需要采取适当的排水或隔水措施。

④城市道路排水设计重现期、径流系数等设计参数应按现行《室外排水设计规范》(GB 50014)中的相关规定执行。

⑤道路雨水口的形式、设置间距和泄水能力应满足道路排水要求。雨水口的布置方式应确保有效收集雨水,雨水不应流入路口范围,不应横向流过车行道,不应由路面流入桥面或隧道。一般路段应按适当间距设置雨水口,路面低洼点应设置雨水口,易积水地段的雨水口宜适当加大泄水能力。

⑥边坡底部应设置边沟等排水设施,路堑边坡顶部必要时应设置截水沟。

⑦隧道内当需将结构渗漏水、地面冲洗废水和消防废水等排至洞外时,应设置排水设施;当洞外水可能进入隧道内时,洞口上方应设置截水、排水设施。

3. 照明的种类、作用和设置原则

(1)照明的种类与作用

道路照明分类根据道路的使用功能,城市道路照明分为主要供机动车使用的机动车道照明和交会区照明以主要供行人使用的人行道照明。

(2)照明设置原则

①道路照明应采用安全可靠、技术先进、经济合理、节能环保、维修方便的设施。

②道路照明应满足平均亮度(照度)、亮度(照度)均匀度和眩光限制指标的要求。此外,道路照明设施还应有良好的诱导性。

③曲线路段、平面交叉、立体交叉、铁路道口、广场、停车场、桥梁、坡道等特殊地点应比平直路段连续照明的亮度(照度)高、眩光限制严、诱导性好。

④道路照明布灯方式应根据道路横断面形式、宽度、照明要求等进行布置;对有特殊要求的机场、航道、铁路、天文台等附近区域,道路照明还应满足相关专业的要求。

⑤道路照明应根据所在地区的地理位置和季节变化合理确定开关灯时间,并应根据天空亮度变化进行必要修正。宜采用光控和时控相结合的智能控制方式,有条件时宜采用集中控制系统。

⑥照明光源应选择高光效、长寿命、节能及环保的产品。

⑦道路照明设施应满足白天的路容景观要求;灯杆灯具的色彩和造型应与道路景观相协调。

⑧除居住区和少数有特殊要求的道路以外,深夜宜有降低路面亮度(照度)的节能措施。

二、熟悉城市道路绿化和景观的基本规定和设计要求

1. 一般规定

(1)绿化和景观设计应符合交通安全、环境保护、城市美化等要求,量力而行,并应与沿线城市风貌协调一致。

(2)绿化和景观设施不得进入道路建筑限界,不得进入交叉口视距三角形,不得干扰标志标线、遮挡信号灯以及道路照明,不得有碍于交通安全和畅通。

(3)绿化和景观设计应处理好与道路照明、交通设施、地上杆线、地下管线的关系。

(4)道路设计时,宜保留有价值的原有树木,对古树名木应予以保护。

2. 绿化设计要求

(1)绿化设计应包括路侧带、中间分隔带、两侧分隔带、立体交叉、平面交叉、广场、停车场以及道路用地范围内边角空地等处的绿化。绿化应根据城市性质、道路功能、自然条件、城市环境等,合理地进行设计。

(2)道路绿化设计应符合下列规定:

①道路绿化设计应选择种植位置、种植形式、种植规模,采用适当的树种、草皮、花卉。绿化布置应将乔木、灌木与花卉相结合,层次鲜明。

②道路绿化应选择能适应当地自然条件和城市复杂环境的地方性树种,应避免不适合植物生长的异地移植。设置雨水调蓄设施的道路绿化用地内植物宜根据水分条件、径流雨水水质等进行选择,宜选择耐淹、耐污等能力较强的植物。

③对宽度小于1.5m分隔带,不宜种植乔木。对快速路的中间分隔带上,不宜种植乔木。

④主、次干路中间分车绿带和交通岛绿地不应布置成开放式绿地。

⑤被人行横道或道路出入口断开的分车绿带,其端部应满足停车视距要求。

(3)广场绿化应根据广场性质、规模及功能进行设计。结合交通导流设施,可采用封闭式种植。对休憩绿地,可采用开敞式种植,并可相应布置建筑小品、座椅、水池和林荫小路等。

(4)停车场绿化应有利于汽车集散、人车分隔、保证安全、不影响夜间照明,并应改善环境,为车辆遮阳。

3. 景观设计要求

(1)道路景观的设计应符合下列规定:

①快速路及标志性道路应反映城市形象。景观设施尺度宜大气、简洁明快,绿化配置强调统一,道路范围视线开阔。应以车行者视觉感受为主。

②立交选型应兼顾城市景观要求,立交范围的景观设计应突出识别性,体现城市特点。

③主干路、次干路及快速路的辅路应反映区域特色。景观设施宜简化、尺度适中、道路范围视线良好,兼顾车行者和步行者视觉感受。

④次干路应反映街道特色和商业文化氛围。景观设施宜多样化,绿化配置多层次且不强调统一。尺度应以行人视觉感受为主,兼顾车行者视觉感受。

⑤支路应反映社区生活场景、街道的生活氛围。景观设施小品宜生活化,绿化配置宜生动活泼,多样化,应以自然种植方式为主。

⑥滨水道路应以亲水性和休闲服务为主,有条件时,在道路和水岸之间宜布置绿地,保护河岸原始的景观。

⑦风景区道路应避免大量挖填,应保护天然植被,景观设计应以借景为主,宜将道路和自然风景融为整体。

⑧步行街应以宜人尺度设置各种景观要素。景观设施应以休闲、舒适为主,绿化配置应多样化,铺砌宜选用地方材料。

⑨道路范围内的各种设施应符合整体景观的要求,宜进行一体化设计,集约化布置。

⑩公交站台应提供宜人的候车环境,宜强调识别性并与周边环境相协调。

(2)桥梁景观的设计应符合下列规定:

①跨江河的大桥应结合自然环境和城市空间进行设计,宜展示桥梁的结构之美,注重其与整体环境和谐。

②跨线桥梁应结合道路景观和街道建筑景观进行设计,应体现轻巧、空透。注重其细部设计。涂装色彩应与环境相协调。

③人行天桥应体现结构轻盈,造型美观。

④桥头广场、公共雕塑、桥名牌、栏杆、灯具和铺装等桥梁附属设施,宜统一设计。

(3)隧道景观的设计应符合下列规定:

① 洞门设计应突出标志性,便于记忆,并应与周边景观和谐统一。

②洞身内部应考虑车行者视觉感受,装饰应自然简洁。

三、熟悉城市道路工程无障碍设施的设置范围、设置内容和设计要求

1. 城市道路无障碍设计的范围

(1)城市道路无障碍设计的范围包括城市各级道路、城镇主要道路、步行街、旅游景点与城市景观带的周边道路。

(2)城市道路、桥梁、隧道、立体交叉中人行系统均应进行无障碍设计,无障碍设施应沿行人通行路径布置。

(3)人行系统中的无障碍设计主要包括人行道、人行横道、人行天桥及地道、公交车站。

2. 城市道路无障碍设施设置内容

1)缘石坡道、盲道和轮椅坡道的设置规定见表 7-5-1

缘石坡道、盲道和轮椅坡道的设置规定   表 7-5-1

设施	设 置 规 定
缘石坡道	①人行道在各种路口、各种出入口位置必须设置缘石坡道; ②人行横道两端必须设置缘石坡道
盲道	①城市主要商业街、步行街的人行道应设置盲道,人行天桥及地道出入口处应设置提示盲道,设置于人行道中的行进盲道应与人行天桥及地道出入口处的提示盲道相连接; ②视觉障碍者集中区域周边道路应设置盲道; ③坡道的上下坡边缘处应设置提示盲道; ④道路周边场所、建筑等出入口设置的盲道应与道路盲道相衔接; ⑤距每段台阶与坡道的起点与终点 250～500mm 处应设提示盲道,其长度应与坡道、梯道相对应
轮椅坡道	①人行道设置台阶处,应同时设置轮椅坡道; ②轮椅坡道的设置应避免干扰行人通行及其他设施的使用

2)人行道处服务设施设置规定

(1)服务设施的设置应为残障人士提供方便。

(2)宜为视觉障碍者提供触摸及音响一体化信息服务设施。

(3)设置屏幕信息服务设施,宜为听觉障碍者提供屏幕手语及字幕信息服务。

（4）低位服务设施的设置，应方便乘轮椅者使用。

（5）设置休息座椅时，应设置轮椅停留空间。

3）人行横道的设置规定

人行横道宽度应满足轮椅通行需求；人行横道安全岛的形式应方便乘轮椅者使用；城市中心区及视觉障碍者集中区域的人行横道，应配置过街音响提示装置。

4）人行天桥及地道处坡道与无障碍电梯的选择规定

（1）要求满足轮椅通行需求的人行天桥及地道处宜设置坡道，当设置坡道有困难时，应设置无障碍电梯。

（2）坡道的净宽度不应小于2.00m。

（3）坡道的坡度不应大于1:12。

（4）弧线形坡道的坡度，应以弧线内缘的坡度进行计算。

（5）坡道的高度每升高1.50m时，应设深度不小于2.00m的中间平台。

（6）坡道的坡面应平整、防滑。

5）人行天桥及地道处坡道扶手设置的规定

（1）人行天桥及地道在坡道的两侧应设扶手，扶手宜设上、下两层。

（2）在栏杆下方宜设置安全阻挡措施。

（3）扶手起点水平段宜安装盲文铭牌。

（4）当人行天桥及地道无法满足轮椅通行需求时，宜考虑地面安全通行。

（5）人行天桥桥下的三角区净空高度小于2.00m时，应安装防护设施，并应在防护设施外设置提示盲道。

6）公交车站处无障碍设施的设置规定

（1）公交车站处站台有效通行宽度不应小于1.50m；在车道之间的分隔带设公交车站时应方便乘轮椅者使用。

（2）站台距路缘石250~500mm处应设置提示盲道，其长度应与公交车站的长度相对应；人行道中设有盲道系统时，应与公交车站的盲道相连接。

（3）设置盲文站牌或语音提示服务设施，盲文站牌的位置、高度、形式与内容应方便视觉障碍者的使用。

7）无障碍标识系统的设置规定

（1）无障碍设施位置不明显时，应设置相应的无障碍标识系统。

（2）无障碍标志牌应沿行人通行路径布置，构成标识引导系统。

（3）无障碍标志牌的布置应与其他交通标志牌相协调。

3. 无障碍设施的设计要求

1）缘石坡道的设计要求

（1）缘石坡道的坡面应平整、防滑；缘石坡道的坡口与车行道之间宜没有高差；当有高差时，高出车行道的地面不应大于10mm；宜优先选用全宽式单面坡缘石坡道。

（2）全宽式单面坡缘石坡道的坡度不应大于1:20；三面坡缘石坡道正面及侧面的坡度不应大于1:12；其他形式的缘石坡道的坡度均不应大于1:12。

（3）全宽式单面坡缘石坡道的宽度应与人行道宽度相同；三面坡缘石坡道的正面坡道宽度不应小于 1.20m；其他形式的缘石坡道的坡口宽度均不应小于 1.50m。

2）盲道的设计要求

盲道按其使用功能可分为行进盲道和提示盲道；盲道的纹路应凸出路面 4mm 高；盲道铺设应连续，应避开树木（穴）、电线杆、拉线等障碍物，其他设施不得占用盲道；盲道的颜色宜与相邻的人行道铺面的颜色形成对比，并与周围景观相协调，宜采用中黄色；盲道型材表面应防滑。

（1）行进盲道

行进盲道应与人行道的走向一致；行进盲道的宽度宜为 250～500mm；行进盲道宜在距围墙、花台、绿化带 250～500mm 处设置；行进盲道宜在距树池边缘 250～500mm 处设置；如无树池，行进盲道与路缘石上沿在同一水平面时，距路缘石不应小于 500mm，行进盲道比路缘石上沿低时，距路缘石不应小于 250mm；盲道应避开非机动车停放的位置。

（2）提示盲道

行进盲道在起点、终点、转弯处及其他有需要处应设提示盲道，当盲道的宽度不大于300mm 时，提示盲道的宽度应大于行进盲道的宽度。

3）无障碍出入口的设计要求

无障碍出入口包括平坡出入口、同时设置台阶和轮椅坡道的出入口、同时设置台阶和升降平台的出入口 3 种类别。

无障碍出入口的地面应平整、防滑；室外地面滤水算子的孔洞宽度不应大于 15mm；同时设置台阶和升降平台的出入口只宜应用于受场地限制无法改造坡道的工程。除平坡出入口外，在门完全开启的状态下，建筑物无障碍出入口的平台的净深度不应小于 1.50m；建筑物无障碍出入口的门厅、过厅如设置两道门，门扇同时开启时两道门的间距不应小于 1.50m；建筑物无障碍出入口的上方应设置雨棚。

无障碍出入口的轮椅坡道及平坡出入口的坡度应符合：平坡出入口的地面坡度不应大于1:20，当场地条件比较好时，不宜大于 1:30；同时设置台阶和轮椅坡道的出入口，轮椅坡道的坡度应符合轮椅坡道的有关规定。

4）轮椅坡道的设计要求

轮椅坡道宜设计成直线形、直角形或折返形。轮椅坡道的净宽度不应小于 1.00m，无障碍出人口的轮椅坡道净宽度不应小于 1.20m。轮椅坡道的高度超过 300mm 且坡度大于 1:20时，应在两侧设置扶手，坡道与休息平台的扶手应保持连贯，扶手应符合规范的规定。轮椅坡道的最大高度和水平长度应符合表 7-5-2 的规定。

轮椅坡道的最大高度和水平长度　　　　　　　　　　　　　表 7-5-2

坡度	1:20	1:16	1:12	1:10	1:8
最大高度（m）	1.20	0.90	0.75	0.60	0.30
水平长度（m）	24.00	14.40	9.00	6.00	2.40

轮椅坡道的坡面应平整、防滑、无反光。轮椅坡道起点、终点和中间休息平台的水平长度不应小于 1.50m。轮椅坡道临空侧应设置安全阻挡措施。轮椅坡道应设置无障碍标志。

考点分析

本节主要有以下考点：

(1)城市道路管线、排水和照明的种类、作用和设置原则　主要掌握管线、排水和照明的设置原则。

(2)城市道路绿化和景观的基本规定和设计要求　主要熟悉道路绿化要求与景观设计要求。

(3)无障碍设计　主要应熟悉缘石坡道、盲道、轮椅坡道等无障碍设施的设置规定及其具体的设计要求,若给出一个无障碍设计图,应能分析其中存在的问题与错误。

例题解析

例1　[2020年多选题]下列关于城市道路无障碍缘石坡道的设计要求,符合规范规定的是(　　)。

(A)采用全宽式单面坡缘石坡道时,其坡度不应大于1∶20

(B)人行道在各种路口、各种出入口位置必须设置缘石坡道

(C)采用三面坡缘石坡道时,其正面坡道坡口宽度不应小于1.0m

(D)宜优先选用全宽式单面坡缘石坡道,其宽度应与人行道宽度相同

分析

根据《无障碍设计规范》(GB 50763—2012)第3.1.2条,全宽式单面坡缘石坡道的坡度不应大于1∶20,选项A符合;根据《无障碍设计规范》(GB 50763—2012)第4.2.1条,人行道在各种路口、各种出入口位置必须设置缘石坡道,选项B符合;根据《无障碍设计规范》(GB 50763—2012)第3.1.3条,全宽式单面坡缘石坡道的宽度应与人行道宽度相同;三面坡缘石坡道的正面坡道宽度不应小于1.20m,根据第3.1.1条,宜优先选用全宽式单面坡缘石坡道;选项C不符合,选项D符合。故本题选ABD。

例2　[2019年多选题]城市道路无障碍设计缘石坡道的坡度应符合(　　)。

(A)全宽式单面坡缘石坡道的坡度不应大于1∶20

(B)三面坡缘石坡道正面及侧面的坡度不应大于1∶12

(C)其他形式的缘石坡道的坡度均不应大于1∶12

(D)有条件地区的缘石坡度可为1∶10

分析

依据《无障碍设计规范》(GB 50763—2012)第3.1.2条,全宽式单面坡缘石坡道的坡度不应大于1∶20;三面坡缘石坡道正面及侧面的坡度不应大于1∶12;其他形式的缘石坡道的坡度均不应大于1∶12。故本题选ABC。

例3 ［2019年案例题］下图为无障碍设施设计图。在以下选项中,不符合规范规定的是（　　）。

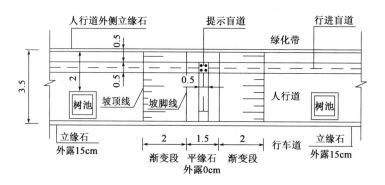

例3图(尺寸单位:m)

(A)缘石坡道的坡度　　　　　　　　(B)全宽式单面坡宽度

(C)行进盲道宽度　　　　　　　　　(D)提示盲道宽度

分析

依据《无障碍设计规范》(GB 50763—2012),该图示为全宽式单面坡缘石坡道。

根据第3.1.2条,全宽式单面坡缘石坡道的坡度不应大于1:20,坡度为0.15/2 = 1:13.3,大于1:20,选项A不满足要求规范要求。

根据第3.1.3条,全宽式单面坡缘石坡道的宽度应与人行道宽度相同,选项B符合规范要求。

根据第3.2.2条,行进盲道的宽度宜为250~500mm,选项C符合规范要求。

根据第3.2.3条,提示盲道的宽度大于300mm,选项D符合规范要求。

故本题选A。

例4　关于管线的布置,符合规范要求的有(　　)。

(A)地下管线所有部分均不应超出道路红线范围

(B)架空管线不得侵入道路建筑限界

(C)地上杆线宜设置在道路设施带内

(D)地下管线宜优先考虑布置在非机动车道下

分析

根据《城市道路工程设计规范》(CJJ 37—2012)第15.2.2条第3、4款,地上杆线宜设置在道路设施带内。架空管线不得侵入道路建筑限界,距离地面高度应符合相关专业技术规范的规定。地下管线除支管接口外,其余部分不应超出道路红线范围。地下管线宜优先考虑布置在非车行道下,不得沿快速路主路车行道下纵向敷设。当其他等级道路车行道下敷设管线时,井盖不应影响行车安全性和舒适性,且宜布置在车辆轮迹范围之外。人行道上井盖等地面设施不应影响行人通行。故本题选BC。

例5　关于道路绿化设计,符合规范要求的有(　　　)。

（A）对宽度小于1.5m分隔带,不宜种植乔木

（B）对快速路的中间分隔带上,不宜种植乔木

（C）被人行横道或道路出入口断开的分车绿带,其端部应满足会车视距要求

（D）主、次干路中间分车绿带和交通岛绿地不应布置成开放式绿地

分析

根据《城市道路工程设计规范》(CJJ 37—2012)第16.2.2条第5款,被人行横道或道路出入口断开的分车绿带,其端部应满足停车视距要求,选项C错误;选项A、B符合第16.2.2条第3款规定。选项D符合第16.2.2条第4款规定。故本题选ABD。

例6　盲道设计时,在行进盲道在起点、终点、转弯处及其他有需要处应设(　　　)的提示盲道。

（A）条形　　　　　　　　　　　（B）圆形

（C）方形　　　　　　　　　　　（D）菱形

分析

圆形比较符合盲人触感,《无障碍设计规范》(GB 50763—2012)对提示盲道的触感圆点规格有明确要求。故本题选B。

例7　城市道路人行道设计时,人行道在各种路口、各种出入口位置必须设置的无障碍设施是(　　　)。

（A）标志　　　　　　　　　　　（B）缘石坡道

（C）指示灯　　　　　　　　　　（D）斑马线

分析

依据《无障碍设计规范》(GB 50763—2012)规定,人行道在各种路口、各种出入口位置必须设置缘石坡道。标志、指示灯、斑马线均不是无障碍设施。故本题选B。

例8　城市中心、商业区、居住区及公共建筑设置的人行天桥与人行地道,应设坡道和提示盲道;当设坡道有困难时应设置的无障碍设施是(　　　)。

（A）楼梯　　　　　　　　　　　（B）扶手

（C）无障碍电梯　　　　　　　　（D）自动扶梯

分析

依据《无障碍设计规范》(GB 50763—2012)规定,要求满足轮椅通行需求的人行天桥及地道处宜设置坡道,当设置坡道有困难时,应设置无障碍电梯。楼梯、扶手、自动扶梯均不能替代坡道以满足相关需求。故本题选C。

例9　城市道路设计中,无障碍设施的设计一般包括有(　　　)。

（A）盲道　　　　　　　　　　　（B）缘石坡道

（C）轮椅坡道　　　　　　　　　（D）自动扶梯

分析

自动扶梯是非残疾人使用的设施,残疾人应使用无障碍电梯,选项 D 错误。盲道、缘石坡道、轮椅坡道均属于残疾人使用的设施,属于无障碍设施的设计。故本题选 ABC。

自测模拟

(第 1~4 题为单选题,第 5、6 题为多选题)

1. 新建道路应按规划位置敷设所需管线,敷设方式宜为( )。
   (A)地铺敷设　　　　　　　　　　　　(B)埋地敷设
   (C)架空敷设　　　　　　　　　　　　(D)管廊敷设

2. 道路照明应满足的指标不包括( )。
   (A)平均亮度(照度)　　　　　　　　　(B)亮度(照度)均匀度
   (C)眩光限制　　　　　　　　　　　　(D)环境比

3. 某轮椅坡道的最大高度为 1m,其水平长度应大于( )。
   (A)16m　　　　　　　　　　　　　　(B)17.6m
   (C)19.2m　　　　　　　　　　　　　(D)20m

4. 人行道没有树池,行进盲道与路缘石上沿在同一水平面时,行进盲道距离缘石不应小于
   ( )。
   (A)0.10m　　　　　　　　　　　　　(B)0.20m
   (C)0.30m　　　　　　　　　　　　　(D)0.50m

5. 城市道路排水设计应根据( )综合考虑道路排水方式。
   (A)道路施工　　　　　　　　　　　　(B)道路设计
   (C)区域排水规划　　　　　　　　　　(D)沿线地形环境条件

6. 城市道路人行系统中的无障碍设计的范围地点包括( )。
   (A)人行横道　　　　　　　　　　　　(B)人行天桥及地道
   (C)公交车站　　　　　　　　　　　　(D)城市广场

参考答案

1. B　　2. D　　3. B　　4. D　　5. BCD　　6. ABC

第六节 城市管线综合

《城市工程管线综合规划规范》(GB 50289—2016)

    4.1 直埋、保护管及管沟敷设

  5 架空敷设

《城市道路工程设计规范》(CJJ 37—2012)(2016 年版)

    15.1 一般规定

    15.2 管线

重 点 知 识

城市管线综合设计是城市道路设计中的重要组成部分。城市中有各种工程管线,它们的性能和用途各不相同,承担设计和施工的也不是同一部门,建设时间又常有先后。在城市规划设计中,对各种工程管线的空间位置进行综合规划,可以防止和解决城市建设中各种工程管线之间,管线与建筑物、构筑物之间可能发生的矛盾,并给将来建设的工程管线预留出空间,以促进城市工程建设和管理工作科学有序地进行。

一、熟悉城市地上、地下管线的类型,基本规定和覆土深度要求

1. 城市工程管线的类型

城市工程管线种类多而复杂,根据性能和用途、输送方式、敷设方式、弯曲程度等有不同的分类。按工程管线敷设方式分类有架空线、地铺管线、地埋管线。

(1)架空线:指通过地面支撑设施在空中布线的工程管线。如架空电力线,架空电话线。

(2)地铺管线:指在地面铺设明沟或盖板明沟的工程管线,如雨水沟渠,地面各种轨道。

(3)地埋管线:指在地面以下有一定覆土深度的工程管线,根据覆土深度不同,地下管线不可分为深埋和浅埋两类。划分深埋和浅埋主要决定于有水的管道和含有水分的管道在寒冷的情况下是否怕冰冻;土壤冰冻的深度。所谓深埋,是指管道的覆土深度大于 1.5m 者,如我国北方的土壤冰冻线较深,给水、排水、湿煤气等管道属于深埋一类;热力管道、电信管道、电力电缆等不受冰冻的影响,可埋设较浅,属于浅埋一类。

2. 基本规定

(1)城市工程管线综合规划的主要内容应包括:协调各工程管线布局;确定工程管线的敷设方式;确定工程管线敷设的排列顺序和位置,确定相邻工程管线的水平间距、交叉工程管线

的垂直间距;确定地下敷设的工程管线控制高程和覆土深度等。

(2)城市工程管线综合规划应能够指导各工程管线的工程设计,并应满足工程管线的施工、运行和维护的要求。

(3)城市工程管线宜地下敷设,当架空敷设可能危及人身财产安全或对城市景观造成严重影响时应采取直埋、保护管、管沟或综合管廊等方式地下敷设。

(4)工程管线的平面位置和竖向位置均应采用城市统一的坐标系统和高程系统。

(5)工程管线综合规划应符合下列规定:

①工程管线应按城市规划道路网布置。

②各工程管线应结合用地规划优化布局。

③工程管线综合规划应充分利用现状管线及线位。

④工程管线应避开地震断裂带、沉陷区以及滑坡危险地带等不良地质条件区。

(6)区域工程管线应避开城市建成区,且应与城市空间布局和交通廊道相协调,在城市用地规划中控制管线廊道。

(7)编制工程管线综合规划时,应减少管线在道路交叉口处交叉。当工程管线竖向位置发生矛盾时,宜按下列规定处理:

①压力管线宜避让重力流管线。

②易弯曲管线宜避让不易弯曲管线。

③分支管线宜避让主干管线。

④小管径管线宜避让大管径管线。

⑤临时管线宜避让永久管线。

3. 城市工程管线的最小覆土深度

严寒或寒冷地区给水、排水、再生水、直埋电力及湿燃气等工程管线应根据土壤冰冻深度确定管线覆土深度;非直埋电力、通信、热力及干燃气等工程管线以及严寒或寒冷地区以外地区的工程管线应根据土壤性质和地面承受荷载的大小确定管线的覆土深度。

工程管线的最小覆土深度应符合表 7-6-1 的规定。当受条件限制不能满足要求时,可采取安全措施减少其最小覆土深度。

工程管线的最小覆土深度(单位:m) 表 7-6-1

管 线 名 称		给水管线	排水管线	再生水管线	电力管线		通信管线		直埋热力管线	燃气管线	管沟
					直埋	保护管	直埋及塑料、混凝土保护管	钢保护管			
最小覆土深度	非机动车道(含人行道)	0.60	0.60	0.60	0.70	0.50	0.60	0.50	0.70	0.60	—
	机动车道	0.70	0.70	0.70	1.00	0.50	0.90	0.60	1.00	0.90	0.50

注:聚乙烯给水管线机动车道下的覆土深度不宜小于 1.00m。

二、熟悉城市地上、地下管线布置原则,管线间及管线与建(构)筑物之间的最小水平净距及垂直净距要求

1. 城市工程管线布置原则

(1)工程管线应按城市规划道路网布置;各工程管线应结合用地规划优化布局;工程管线应充分利用现状管线及线位。

(2)工程管线应避开地震断裂带、沉陷区以及滑坡危险地带等不良地质条件区。

(3)区域工程管线应避开城市建成区,且应与城市空间布局和交通廊道相协调,在城市用地规划中控制管线廊道。

(4)管线带的布置应与道路或建筑红线平行。同一管线不宜自道路一侧转到另一侧。

(5)减少与铁路、道路的交叉,若交叉时应正交,若斜交不得小于45°。

(6)在满足生产、安全、检修的条件下节约用地,工程管线可共架、共沟布置。

(7)工程管线共沟敷设原则:热力管不与电力、通信电缆和压力管道共沟;排水管道布置在沟底;腐蚀性介质管道的标高要低于其他管线;易燃、易爆、有毒、有腐蚀的管道不能共沟敷设,严禁与消防水管共沟敷设;凡可能产生互相影响的管线,均不应共沟敷设。

2. 城市工程管线敷设要求

管线类别、管线走向、规模容量、预留接口和敷设方式应满足城市总体规划和管线工程专业规划的要求,并为远期发展适当留有余地,且应统筹安排各类管线,合理分配管道走廊,合理处理管线交叉,满足相关专业技术规范的要求。

1)架空敷设要求

(1)沿城市道路架空敷设的工程管线,其线位应根据规划道路的横断面确定,并不应影响道路交通、居民安全以及工程管线的正常运行。

(2)架空敷设的工程管线应与相关规划结合,节约用地并减小对城市景观的影响。

(3)架空线线杆宜设置在人行道上距路缘石不大于1.0m的位置,有分隔带的道路,架空线线杆可布置在分隔带内,并应满足道路建筑限界要求。

(4)架空电力线与架空通信线宜分别架设在道路两侧。

(5)架空电力线及通信线同杆架设应符合下列规定:

①高压电力线可采用多回线同杆架设。

②中、低压配电线可同杆架设。

③高压与中、低压配电线同杆架设时,应进行绝缘配合的论证。

④中、低压电力线与通信线同杆架设应采取绝缘、屏蔽等安全措施。

(6)架空金属管线与架空输电线、电气化铁路的馈电线交叉时,应采取接地保护措施。

(7)工程管线跨越河流时,宜采用管道桥或利用交通桥梁进行架设,并应符合下列规定:

①利用交通桥梁跨越河流的燃气管线压力不应大于0.4MPa。

②工程管线利用桥梁跨越河流时,其规划设计应与桥梁设计相结合。

2)地下敷设要求

(1)工程管线应根据道路的规划横断面布置在人行道或非机动车道下面。位置受限制

时,可布置在机动车道或绿化带下面。

（2）工程管线在道路下面的规划位置宜相对固定,分支线少、埋深大、检修周期短和损坏时对建筑物基础安全有影响的工程管线应远离建筑物。工程管线从道路红线向道路中心线方向平行布置的次序宜为:电力、通信、给水（配水）、燃气（配气）、热力、燃气（输气）、给水（输水）、再生水、污水、雨水。

（3）工程管线在庭院内由建筑线向外方向平行布置的顺序,应根据工程管线的性质和埋设深度确定,其布置次序宜为:电力、通信、污水、雨水、给水、燃气、热力、再生水。

（4）沿城市道路规划的工程管线应与道路中心线平行,其主干线应靠近分支管线多的一侧。工程管线不宜从道路一侧转到另一侧。道路红线宽度超过40m的城市干道宜两侧布置配水、配气、通信、电力和排水管线。

（5）各种工程管线不应在垂直方向上重叠敷设。

（6）沿铁路、公路敷设的工程管线应与铁路、公路线路平行。工程管线与铁路、公路交叉时宜采用垂直交叉方式布置;受条件限制时,其交叉角宜大于60°。

（7）河底敷设的工程管线应选择在稳定河段,管线高程应按不妨碍河道的整治和管线安全的原则确定,并应符合下列规定:

①在Ⅰ级~Ⅴ级航道下面敷设,其顶部高程应在远期规划航道底高程2.0m以下。

②在Ⅵ级、Ⅶ级航道下面敷设,其顶部高程应在远期规划航道底高程1.0m以下。

③在其他河道下面敷设,其顶部高程应在河道底设计高程0.5m以下。

3. 管线间及管线与其他建（构）筑物之间的最小水平净距及垂直净距

1）管线间及管线与其他建（构）筑物之间的最小水平净距

地下敷设时,工程管线之间及其与建（构）筑物之间的最小水平净距应符合表7-6-2的规定。当受道路宽度、断面以及现状工程管线位置等因素限制难以满足要求时,应根据实际情况采取安全措施后减少其最小水平净距。压力大于1.6MPa的燃气管线与其他管线的水平净距应按现行《城镇燃气设计规范》（GB 50028）执行。工程管线与综合管廊最小水平净距应按现行《城市综合管廊工程技术规范》（GB 50838）执行。

对于埋深大于建（构）筑物基础的工程管线,其与建（构）筑物之间的最小水平距离应按下式计算,并折算成水平净距后与表7-6-2的数值比较,采用其较大值。

$$L = \frac{H-h}{\tan\alpha} + \frac{B}{2} \tag{7-6-1}$$

式中:L——管线中心至建（构）筑物基础水平距离（m）;

H——管线敷设深度（m）;

h——建（构）筑物基础底砌置深度（m）;

B——沟槽开挖宽度（m）;

α——土壤内摩擦角（°）。

架空敷设时,架空管线之间及其与建（构）筑物之间的最小水平净距应符合表7-6-3的规定。

表 7-6-2

工程管线之间及其与建（构）筑物之间的最小水平净距（单位：m）

序号	管线及建（构）筑物名称		1 建（构）筑物	2 给水管线 d≤200mm	2 给水管线 d>200mm	3 污水,雨水管线	4 再生水管线	5 燃气 低压	5 燃气 中压 B	5 燃气 中压 A	5 燃气 次高压 B	5 燃气 次高压 A	6 直埋热力管线	7 电力 直埋	7 电力 保护管	8 通信 直埋	8 通信 管道,通道	9 管沟	10 乔木	11 灌木	12 通信照明及<10kV	12 高压铁塔基础边 ≤35kV	12 高压铁塔基础边 >35kV	13 道路侧石边缘	14 有轨电车钢轨	15 铁路钢轨（或坡脚）
1	建（构）筑物		—	1.0	3.0	2.5	1.0	0.7	1.0	1.5	5.0	13.5	3.0	0.6		1.0	1.5	0.5	—	—	—	—	—	—	—	—
2	给水管线	d≤200mm	1.0	—		1.0	0.5	0.5	0.5	0.5	0.5	0.5	1.5	0.5		1.0	1.0	1.5	1.5	1.0	0.5	3.0	1.5	1.5	2.0	5.0
2	给水管线	d>200mm	3.0		—	1.5	0.5	0.5	0.5	0.5	0.5	0.5	1.5	0.5		1.0	1.0	1.5	1.5	1.0	0.5	3.0	1.5	1.5	2.0	5.0
3	污水,雨水管线		2.5	1.0	1.5	—	0.5	1.0	1.2	1.2	1.5	2.0	1.5	0.5		1.0	1.0	1.5	1.5	1.0	0.5	1.5		1.5	2.0	5.0
4	再生水管线		1.0	0.5	0.5	0.5	—						1.0	0.5		1.0	1.0	1.0	1.0	1.0	0.5			0.5	2.0	
5	燃气管线 低压 B	P<0.01MPa	0.7	0.5		1.0		DN≤300mm 0.4　DN>300mm 0.5			0.5	1.0	1.0	0.5	1.0	0.5	1.0	1.5	0.75		1.0	2.0		1.5	2.0	5.0
5	燃气管线 中压 B	0.01MPa≤P≤0.2MPa	1.0	0.5																						
5	燃气管线 中压 A	0.2MPa<P≤0.4MPa	1.5	0.5		1.2																				
5	燃气管线 次高压 B	0.4MPa<P≤0.8MPa	5.0	0.5		1.5					1.0	1.5	1.5	1.0		1.0		2.0	1.2		1.0	2.0	2.5	1.5	2.0	5.0
5	燃气管线 次高压 A	0.8MPa<P≤1.6MPa	13.5	0.5							1.5	2.0	2.0	1.5		1.0		4.0			1.0			1.5	2.0	
6	直埋热力管线		3.0	1.5		1.5	1.0				1.5	2.0	—	2.0		1.0	1.0	2.0	1.5	1.5	1.0	5.0		1.5	2.0	5.0
7	电力管线	直埋	0.6	0.5		0.5	0.5	0.5			1.0	1.5	2.0	0.25	0.1	<35kV 0.5　≥35kV 2.0	1.0	0.5	1.0	0.7	1.0	(3.0 ≤330kV)　(5.0 >330kV)		1.5	2.0	10.0（非电气化 3.0）
7	电力管线	保护管	0.6	0.5		0.5	0.5			1.0			2.0	0.1	0.1											

续上表

序号	管线及建(构)筑物名称		1 建(构)筑物	2 给水管线 d≤200mm	2 给水管线 d>200mm	3 污水、雨水管线	4 再生水管线	5 燃气管线 低压	5 中压 B	5 中压 A	5 次高压 B	5 次高压 A	6 直埋热力管线	7 电力管线 直埋	7 保护管	8 通信管线 直埋	8 管道、通道	9 管沟	10 乔木	11 灌木	12 地上杆柱 通信照明及<10kV	12 高压铁塔基础边 ≤35kV	12 >35kV	13 道路侧石边缘	14 有轨电车钢轨	15 铁路钢轨(或坡脚)
8	通信管线	直埋	1.0	0.5	1.0	1.0	1.0	0.5		1.0		1.5	1.0	<35kV 0.5 / ≥35kV 2.0		—	0.5	1.0	1.5	1.0	0.5	0.5	2.5	1.5	2.0	2.0
8	通信管线	管道、通道	1.5	1.0	1.0	1.5	1.5	1.0		1.0		1.5	1.5	0.7		0.5	—	1.0	1.5	1.0	0.5	3.0	3.0	1.5	2.0	5.0
9	管沟		0.5	1.5	1.5	1.5	1.0	1.0		1.5	2.0	4.0	1.5	1.0		1.5	1.0	—	1.5	1.0	1.0	3.0	3.0	1.5	2.0	5.0
10	乔木		—	1.5	1.5	1.5	1.0	1.2		1.2		1.2	1.5	1.0		1.5	1.5	—			1.0	3.0	3.0	0.5		
11	灌木		—	1.0	1.0	1.0	0.5	0.75					1.5			1.0	1.0				1.0			0.5		
12	地下杆柱	通信照明及<10kV	—	0.5	0.5	0.5	0.5	1.0		1.0			1.0	1.0		0.5	0.5	1.0								
12	地下杆柱 高压塔基础边	≤35kV	—	3.0	3.0	1.5	3.0	1.0		1.0		2.0	3.0(> 330kV 5.0)	2.0		0.5	0.5	1.5	3.0							
12		>35kV	—							2.0		5.0					2.5	3.0			0.5					
13	道路侧石边缘		—	1.5	1.5	1.5	1.5	1.5		1.5		2.5	1.5	1.5		1.5	1.5	1.5		0.5	0.5					
14	有轨电车钢轨		—	2.0	2.0	2.0	2.0	2.0		2.0			2.0	2.0		2.0	2.0	2.0								
15	铁路钢轨(或坡脚)		—	5.0	5.0	5.0	5.0	5.0		5.0			5.0	10.0(非电气化 3.0)		2.0	2.0	3.0								

注:1. 地上杆柱与建(构)筑物最小水平净距应符合现行国家标准《城市工程管线综合规划规范》(GB 50289)表 5.0.8 的规定。

2. 管线距建筑物距离,除次高压燃气管道为其至建筑物外墙面外均为其至建筑物基础,当次高压燃气管道采取有效的安全防护措施或增加管壁厚度时,管道距建筑物外墙面不应小于 3.0m。

3. 地下燃气管线与铁塔基础边的水平净距,还应符合现行国家标准《城镇燃气设计规范》(GB 50028)地下燃气管线和交流电力线接地体净距的规定。

4. 燃气管线采用聚乙烯管材时,燃气管线与热力管线的最小水平净距应按现行行业标准《聚乙烯燃气管道工程技术规程》(CJJ 63)执行。

5. 直埋蒸汽管道与乔木最小水平间距为 2.0m。

架空管线之间及其与建(构)筑物之间的最小水平净距(单位:m)　表 7-6-3

名　　称		建(构)筑物 (凸出部分)	通信线	电力线	燃气管道	其他管道
电力线	3kV 以下边导线	1.0	1.0	2.5	1.5	1.5
	3~10kV 边导线	1.5	2.0	2.5	2.0	2.0
	35~66kV 边导线	3.0	4.0	5.0	4.0	4.0
	110kV 边导线	4.0	4.0	5.0	4.0	4.0
	220kV 边导线	5.0	5.0	7.0	5.0	5.0
	330kV 边导线	6.0	6.0	9.0	6.0	6.0
	500kV 边导线	8.5	8.0	13.0	7.5	6.5
	750kV 边导线	11.0	10.0	16.0	9.5	9.5
通信线		2.0	—	—	—	—

注:架空电力线与其他管线及建(构)筑物的最小水平净距为最大计算风偏情况下的净距。

2)工程管线间的最小垂直净距

当工程管线交叉敷设时,管线自地表面向下的排列顺序宜为:通信、电力、燃气、热力、给水、再生水、雨水、污水。给水、再生水和排水管线应按自上而下的顺序敷设。工程管线交叉点高程应根据排水等重力流管线的高程确定。

地下敷设时,工程管线交叉时的最小垂直净距,应符合表 7-6-4 的规定。当受现状工程管线等因素限制难以满足要求时,应根据实际情况采取安全措施后减少其最小垂直净距。

工程管线交叉时的最小垂直净距(单位:m)　表 7-6-4

序号	管线名称		给水 管线	污水、雨水 管线	热力 管线	燃气 管线	通信管线		电力管线		再生水 管线
							直埋	保护管 及通道	直埋	保护管	
1	给水管线		0.15								
2	污水、雨水管线		0.40	0.15							
3	热力管线		0.15	0.15	0.15						
4	燃气管线		0.15	0.15	0.15	0.15					
5	通信 管线	直埋	0.50	0.50	0.25	0.50	0.25	0.25			
		保护管、通道	0.15	0.15	0.25	0.15	0.25	0.25			
6	电力 管线	直埋	0.50*	0.50*	0.50*	0.50*	0.50*	0.50*	0.50*	0.25	
		保护管	0.25	0.25	0.25	0.25	0.25	0.25	0.25	0.25	
7	再生水管线		0.50	0.40	0.15	0.15	0.15	0.15	0.50*	0.25	0.15
8	管沟		0.15	0.15	0.15	0.15	0.25	0.25	0.50*	0.25	0.15
9	涵洞(基底)		0.15	0.15	0.15	0.15	0.25	0.25	0.50*	0.25	0.15
10	电车(轨底)		1.00	1.00	1.00	1.00	1.00	1.00	1.00	1.00	1.00
11	铁路(轨底)		1.00	1.20	1.20	1.00	1.50	1.50	1.00	1.00	1.00

注:1. *用隔板分隔时不得小于 0.25m。

　　2.燃气管线采用聚乙烯管材时,燃气管线与热力管线的最小垂直净距应按现行行业标准《聚乙烯燃气管道工程技术规程》(CJJ 63)执行。

　　3.铁路为时速大于或等于 200km/h 客运专线时,铁路(轨底)与其他管线最小垂直净距为 1.50m。

架空敷设时,架空管线之间及其与建(构)筑物之间的最小垂直净距应符合表 7-6-5 的规定。高压架空电力线路规划走廊宽度可按表 7-6-6 确定。

架空管线之间及其与建(构)筑物之间的最小垂直净距(单位:m)　　　表 7-6-5

名　称		建(构)筑物	地面	公路	电车道(路面)	铁路(轨顶)		通信线	燃气管道 $P \le 1.6MPa$	其他管道
						标准轨	电气轨			
电力线	3kV 以下	3.0	6.0	6.0	9.0	7.5	11.5	1.0	1.5	1.5
	3~10kV	3.0	6.5	7.0	9.0	7.5	11.5	2.0	3.0	2.0
	35kV	4.0	7.0	7.0	10.0	7.5	11.5	3.0	4.0	3.0
	66kV	5.0	7.0	7.0	10.0	7.5	11.5	3.0	4.0	3.0
	110kV	5.0	7.0	7.0	10.0	7.5	11.5	3.0	4.0	3.0
	220kV	6.0	7.5	8.0	11.0	8.5	12.5	4.0	5.0	4.0
	330kV	7.0	8.5	9.0	12.0	9.5	13.5	5.0	6.0	5.0
	500kV	9.0	14.0	14.0	16.0	14.0	16.0	8.5	7.5	6.5
	750kV	11.5	19.5	19.5	21.5	19.5	21.5	12.0	9.5	8.5
通信线		1.5	(4.5)5.5	(3.0)5.5	9.0	7.5	11.5	0.6	1.5	1.0
燃气管道 $P \le 1.6MPa$		0.6	5.5	5.5	9.0	6.0	10.5	1.5	0.3	0.3
其他管道		0.6	4.5	4.5	9.0	6.0	10.5	1.0	0.3	0.25

注:1. 架空电力线及架空通信线与建(构)物及其他管线的最小垂直净距为最大计算弧垂情况下的净距。

2. 括号内为特指与道路平行,但不跨越道路时的高度。

高压架空电力线路规划走廊宽度(单杆单回或单杆多回)　　　表 7-6-6

线路电压等级(kV)	走廊宽度(m)	线路电压等级(kV)	走廊宽度(m)
1000(750)	90~110	220	30~40
500	60~75	66,110	15~25
330	35~45	35	15~20

考 点 分 析

本节主要有以下考点:

(1)城市地上、地下管线的类型　主要了解按敷设方式划分类型,重点熟悉确定管线覆土深度应考虑的因素。

(2)城市地上、地下管线布置原则　应重点熟悉。

(3)管线间及管线与其他建(构)筑物之间的最小水平距离及垂直净距　对于埋深大于建(构)筑物基础的工程管线,其与建(构)筑物之间的最小水平距离的计算应熟练掌握,并学会查取相关规范表格。

例 题 解 析

例1 ［2020年多选题］下列关于城市道路管线工程采用综合管廊敷设的适用条件,符合规范规定的是( )。

(A)高强度集中开发区域、重要的公共空间

(B)交通流量大或地下管线密集的城市道路

(C)道路宽度难以满足直埋多种管线的路段

(D)宜开挖的路面地段

分析

根据《城市工程管线综合规划规范》(GB 50289—2016)第4.2.1条,当遇下列情况之一时,工程管线宜采用综合管廊敷设:①交通流量大或地下管线密集的城市道路以及配合地铁、地下道路、城市地下综合体等工程建设地段;②高强度集中开发区域、重要的公共空间;③道路宽度难以满足直埋或架空敷设多种管线的路段;④道路与铁路或河流的交叉处或管线复杂的道路交叉口;⑤不宜开挖路面的地段。故本题选ABC。

例2 ［2020年案例题］某城市道路车行道下敷设右热力管线,管外径为250mm,敷设深度为1.4m,现拟敷设给水管线与该热力管线相交叉,给水管外径为350mm,请问无其他措施时,计算给水管线最小敷设深度为多少? 并说明选择的依据和理由。(敷设深度为路面至管线外底距离)

(A)1.00m　　　　　　　　(B)1.55m

(C)1.90m　　　　　　　　(D)2.15m

分析

(1)根据《城市工程管线综合规划规范》(GB 50289—2016)第4.1.12条,给水管线布置在热力管线之下。

(2)根据《城市工程管线综合规划规范》(GB 50289—2016)第4.1.14条,热力管线与给水管线最小垂直净距为0.15m。

(3)最小敷设深度为:1.4 +0.15 +0.35 =1.9m。故本题选C。

例3 ［2019年单选题］对城市工程管线与建(构)筑物之间的最小水平净距要求最大的是( )。

(A)污水管线　　　　　　　(B)给水管线

(C)热力管线　　　　　　　(D)高压燃气管线

分析

依据《城市工程管线综合规划规范》(GB 50289—2016)表4.19可知,最大的是高压燃气管线,其值要求达到13.5m。故本题选D。

例4 ［2019年多选题］影响确定城市热力、电信、电力电缆工程管线敷设土深度的因素包括( )。

(A)土壤性质 　　　　　　　　(B)冰冻深度

(C)地面承受荷载的大小 　　　　(D)管道材料

分析

依据《城市工程管线综合规划规范》(GB 50289—2016)第4.1.1条,严寒或寒冷地区给水、排水、再生水、直埋电力及湿燃气等工程管线应根据土壤冰冻深度确定管线覆土深度;非直埋电力、通信、热力及干燃气等工程管线以及严寒或寒冷地区以外地区的工程管线应根据土壤性质和地面承受荷载的大小确定管线的覆土深度。故本题选AC。

例5 ［2019年案例题］城市工程污水管线敷设深度为6m,污水管线开挖管沟宽度为2m,相邻建筑物基础底砌置深度为4m。在不考虑其他因素情况下,污水管线中心与建筑物基础之间的最小水平距离应为( )。(土壤内摩擦角为α,$\tan\alpha = 0.45$)

(A)2.5m 　　　　　　　　　　(B)3.5m

(C)4.4m 　　　　　　　　　　(D)5.4m

分析

依据《城市工程管线综合规划规范》(GB 50289—2016)第4.1.11条规定,计算管线中心与天桥基础的水平距离:

$$L = \frac{H-h}{\tan\alpha} + \frac{B}{2} = \frac{6-4}{0.45} + \frac{2}{2} = 5.44\text{m}$$

查《城市工程管线综合规划规范》(GB 50289—2016)表4.1.9,污水管与建筑物最小水平净距为2.5m。两者取较大值。故本题选D。

例6 城市道路管线按照埋设方式分为架空管线、地埋管线、地铺管线,对于地埋管线,以( )深为界分为深埋管线和浅埋管线。

(A)1.0m 　　　　　　　　　　(B)1.5m

(C)2.0m 　　　　　　　　　　(D)2.5m

分析

本题考察地下埋设管道深埋和浅埋的分界点,这点在前面重点知识有提到,所谓深埋,是指管道的覆土深度大于1.5m者。故本题选B。

例7 拟修建一条城市道路,道路为双向四车道,路宽约20m,则埋设直径150mm的给水管与建筑物的最小水平间距是( )。

(A)0.5m 　　　　　　　　　　(B)1.0m

(C)1.5m 　　　　　　　　　　(D)2.0m

分析

根据表7-6-2可看到,给水管的直径为150mm,小于200mm,对应表格找出,此时给水管与建筑物的最小间距为1.0m。故本题选B。

自测模拟

(第1~7题为单选题,第8~10题为多选题)

1. 根据道路的规划工程管线横断面应布置在(　　)下面。
   (A)人行道或绿化带　　　　　　　(B)机动车道或绿化带
   (C)人行道或非机动车道　　　　　(D)机动车道或非机动车道

2. 沿城市道路规划的工程管线应与道路中心线平行,其主干线应靠近(　　)的一侧。
   (A)分支管线多　　　　　　　　　(B)地势高
   (C)居民点多　　　　　　　　　　(D)行人少

3. 工程管线从道路红线向道路中心线方向平行布置的次序宜为(　　)。
   (A)电力、通信、给水(配水)、燃气(配气)、热力、燃气(输气)
   (B)电力、通信、热力、给水(配水)、燃气(配气)、燃气(输气)
   (C)给水(配水)、电力、通信、燃气(配气)、燃气(输气)、热力
   (D)通信、电力、给水(配水)、燃气(配气)、燃气(输气)、热力

4. 在寒冷的地区,非直埋电力、通信、热力及干燃气等工程管线应根据(　　)来确定管线的覆土深度。
   (A)土壤性质和地面承受荷载的大小　　(B)土壤冰冻深度
   (C)管线的种类　　　　　　　　　　　(D)室外温度

5. 下列关于城市管线地下敷设要求的说法,不符合规范要求的是(　　)。
   (A)工程管线应和道路中心线平行
   (B)工程管线不宜从道路一侧转到道路另一侧
   (C)各种工程管线不应在垂直方向上重叠敷设
   (D)工程管线宜布置在机动车道下面

6. 下列关于架空敷设管线布置的说法,不符合规范要求的是(　　)。
   (A)同一类性质的工程管线宜合杆架设
   (B)架空线杆应设置在人行道上距离路缘石不大于1m的位置
   (C)有分车带的道路,架空线线杆不可布置在分车带内
   (D)工程管线跨越河流时,宜采用管道桥

7. 当两条给水管线交叉时,这两条管线的垂直净距至少为(　　)。
   (A)0.10m　　　　　　　　　　　　(B)0.15m
   (C)0.2m　　　　　　　　　　　　　(D)0.25m

8. 城市道路管线地下敷设的方式包括(　　　)。

(A)直埋　　　　　　　　　　(B)管沟

(C)综合管廊　　　　　　　　(D)地铺

9. 道路红线宽度超过 40m 的城市干道宜两侧布置(　　　)管线。

(A)热力　　　　　　　　　　(B)配气

(C)通信　　　　　　　　　　(D)电力

参考答案

1. C　　2. A　　3. A　　4. A　　5. D　　6. C　　7. B　　8. ABC　　9. BCD

第八章

Chapter 8

公路勘测与工程地质勘察

思维导图

```
                  ┌ 公路勘测的基本    ┌ 公路勘测的基本要求
                  │ 要求和内容       └ 公路勘测的主要内容(准备工作及现场踏勘,路线勘测与调查,路基、路面勘测与调查)
                  │
                  │ 公路控制测量、地形测绘、  ┌ 公路控制测量(平面控制测量、高程控制测量、资料提交)
                  │ 路线敷设的基本技术       ┼ 地形测绘(一般规定、图根控制测量、地形图测绘、资料提交)
         公路勘测 ┤                         └ 路线敷设(中线敷设方法、中线敷设位置、中桩桩位精度、断链及处理)
                  │
                  │ 公路勘测各阶段勘测的   ┌ 初测(准备工作、现场踏勘、控制测量、地形图测绘、路线勘测与调查)
                  │ 基本内容、要求和方法   └ 定测(准备工作、路线中线敷设、中桩高程测量、横断面测量)
                  │
                  │ 航空摄影测量、   ┌ 航空摄影测量(航空摄影、航测外业、航测内业、资料提交)
                  └ 数字地面模型    │
                                   └ 数字地面模型(一般规定、数据获取、数据编辑和预处理、DTM构建、DTM成果应用、资料提交)


                                                          ┌ 一般路基
                              ┌ 基本内容  ┌ 预可勘察  ┌ 路线  │
                              │           ┼ 工可勘察  ┼ 路基  ┼ 高路基、陡坡路基
                              │           ┼ 初步勘察  ┼ 桥涵  ┼ 深路堑
                              │           └ 详细勘察  └ 隧道  │
                              │                                └ 支挡工程
                              │
                              │           ┌ 工程地质条件划分
                              │ 技术要求  ┼ 岩石分类
                              │           └ 土的分类
                              │
                              │                              ┌ 预可勘察:资料分析、遥感工程地质解译、现场踏勘调查
                    公路工程 ┤ 勘察各阶段的勘察技术         ┼ 工可勘察:资料收集、工程地质调绘、勘探
                              │                              ┼ 初步勘察:遥感解译、工程地质调绘、钻探、物探、原位测试
                              │                              └ 详细勘察:钻探、测试、调绘、物探、简易勘探
                              │
                              │           ┌ 工程地质调绘
                              │ 勘察方法  ┼ 工程地质勘探:挖探、钻探、物探
                              │           ┼ 原位测试
                              │           └ 室内试验
           工程地质勘察 ┤
                              │           ┌ 工程重要性等级
                              │ 勘察等级  ┼ 场地复杂程度等级
                              │           └ 岩土条件复杂程度等级
                              │
                              │           ┌ 可行性研究勘察
                              │ 勘察阶段  ┼ 初步勘察
                              │           └ 详细勘察
                              │
                              │              ┌ 可行性研究勘察
                              │ 城市道路工程 ┼ 初步勘察
                    市政工程 ┤              └ 详细勘察:勘探点间距、勘探点布置、勘探孔深度、取样和测试
                              │
                              │              ┌ 可行性研究勘察
                              │ 城市桥涵工程 ┼ 初步勘察
                              │              └ 详细勘察:勘探点布置、勘探孔深度、勘探孔数量
                              │
                              │              ┌ 可行性研究勘察
                              │ 城市隧道工程 ┼ 初步勘察
                              └              └ 详细勘察:勘探点布置、勘探点间距、勘探孔深度、取样和测试
```

第一节　公 路 勘 测

重 点 知 识

　　公路勘测是采用测量、调查等手段,采集、搜集路线所经地区的社会现状、经济发展、人文景观、地形、地质、气象等资料,进行必要的计算、绘制图表,以取得满足公路设计需要的空间数据、信息,并根据要求提供相应勘测成果的活动。

一、掌握公路勘测的基本要求和内容

1. 公路勘测的基本要求

　　公路勘测工作是公路工程设计的依据和基础,而工程设计又是施工的依据和基础,所以公路勘测质量的好坏对整个公路建设质量起着决定性的作用。

　　(1)应严格遵守国家法律、法规,遵照执行交通运输部等发布的行业标准、规范。公路勘测中,必须以严谨认真的态度,深入调查和研究,实事求是,精心勘测,注重技术经济效益,兼顾环境和社会影响,确保勘测、调查资料完整、真实,满足相应勘测设计阶段的要求。

　　(2)公路勘测在有条件时,应尽量利用航空摄影测量、地面立体摄影测量和已有的航测资料,并在技术成熟的情况下,优先选用先进仪器和最新测设手段,以提高测设速度和质量,提高测设效益。

　　(3)公路勘测须推行全面质量管理,一切野外资料、各种原始记录和计算成果应及时严格检查,有完善的签字制度并层层负责。勘测工作完成后,应组织有关单位进行验收。

　　(4)各种测量标志(控制测量桩、路线控制桩)的规格、书写、埋设、固定等,应符合《公路勘测规范》(JTG C10—2017)的要求。勘测中使用的名词、符号及图表格式,应按交通运输部现行的有关规定执行。地形图式,按国家测绘局制定的现行图式表示,如有补充,应增绘图例。

　　(5)各勘测记录手簿应字迹清晰,签署完备,所用符号及记录格式应符合《公路勘测设计规范》(JTG C10—2017)的有关规定。

（6）各种测量仪器和设备，是测量人员不可缺少的生产工具，野外工作中要注意保管和爱护测量仪器，贵重的精密仪器在使用前一定要认真阅读使用说明书，按规定的方法操作，平时应加强保养和维护，按规定定期检校。严禁使用未按规定检校或检校不合格的仪器。

2. 公路勘测的主要内容

公路设计一般分阶段进行，针对不同阶段的公路设计如预可阶段、工可阶段、初步设计、施工图设计等不同阶段，相应的公路勘测工作的深度也不同，主要内容包括平面控制测量、高程控制测量、地形测量、路线定线与放线、中桩测量及横断面测量以及路基、路面、桥隧等的勘测与调查等。每个阶段的公路外业勘测工作分成若干专业组进行，一般分为路线、路基路面、桥涵、隧道、交叉、临时工程和经济调查组等。

1）准备工作及现场踏勘

公路勘测前，应进行勘测的准备工作。根据勘测需要，搜集与项目有关的技术、经济、社会、自然条件以及测绘等资料，并根据项目工程可行性研究初步拟定的路线起终点、中间控制点及路线基本走向，在地形图上进行研究，拟定勘测方案。根据初步确定的勘测方案编写项目工作大纲，并相应确定组织机构和人员分工。

确定初步拟定的勘测方案后，勘察设计人员进驻项目现场，对工程现场进行踏勘。现场踏勘过程中，将纸上布设的路线方案进行实地对照，对路线的主要控制点、可能干扰的设施、不良地质、地形复杂段落、重要大桥、隧道、互通式立体交叉等位置进行详细踏勘，并结合沿线的城镇规划，寻找技术可行、方案较优的路线布设方案。

2）路线勘测与调查

路线外业勘测的工作顺序一般为：纸上定线→现场踏勘→优化方案→征求意见→确定方案→路线中桩放样→勘测与调查→内业整理→资料提交。

路线布设依据工程可行性研究确定的路线走廊、控制点，结合 1∶2000、1∶10000 地形图，考虑沿线地形、地貌、地物、水文、地质等自然地理条件，以及地方的发展规划、路网布局、互通式立体交叉布设的场地条件、隧道、大桥桥位、环境保护等因素，初步拟定路线方案，经现场进行检查核对之后进一步调整优化，并利用路线软件进行平、纵、横设计检验，对技术可行、实施可能的路段进行多方案的线位布设和初步筛选，反复优化形成最终的路线方案。

路线先敷设路线中桩，随后各专业进行勘测与调查。根据测量的公路等级，路线中线敷设可选用 GPS RTK 坐标放线法、全站仪坐标放线法以及经纬仪极坐标法等方法。中桩高程测量一般采用水准测量方法，在测量精度有保证时，也可采用全站仪三角高程测量方法和 GPS RTK 测量方法，并起闭于路线高程控制点。横断面测量一般采用 GPS RTK 方法，或采用手持式无棱镜激光测距仪法、全站仪、经纬仪视距法、水准仪皮尺法，逐桩施测，测量宽度应满足路基及排水设计需要。

3）路基、路面勘测与调查

（1）路基

路基勘测与调查的主要内容有：①对路线所在地区已建公路的工作状态、常见病害、防护形式及效果进行调查，收集路基设计的成功经验；②根据地质、水文调查资料，分析确定各路段土的类型及其干湿状态；③根据初拟的路线平纵面线形，针对地形、地貌特点，开展地质调查，必要时布置地质勘探工作，为路线采取路堤和桥梁方式的技术经济比较及设置路基防护措施提供依据；④根据区域地质条件，对路线经过的特殊地质、不良地质开展调查，并进行必要的地质勘探；⑤搜集有关气象、气候、地下水等资料，分析拟定综合排水措施；⑥调查风吹雪和风吹沙对路基的影响程度；⑦对路基填料的来源、性质、征用方式及运输条件和征地进行调查；⑧对防护工程的设置位置及条件进行勘测与调查；⑨线外取、弃土场勘测与调查，并征询当地政府意见，取得协议或纪要。

（2）路面

路面勘测与调查的主要内容有：①核定工程可行性研究的交通量及其组成，必要时进行详细的轴载及其交通组成调查，为路面设计提供可靠依据；②收集已有道路的设计、施工、养护等有关资料，进行各种路面结构类型下的营运与养护费用调查，以便做出路面经济技术比较，为方案比选提供依据；③搜集有关气象、气候等资料，分析对路面可能产生不良影响的因素，研究防范措施；④公路改扩建项目应对旧路弯沉、压实度、含水量、现有病害等进行检测，根据检测结果确定补强设计方案；⑤对当地常用路面材料进行产地、产量、开采运输条件、价格等调查。

4）桥涵勘测与调查

桥涵设计人员应会同路线、地质专业人员共同选定大桥和特大桥桥位。一般大、中桥位原则上应服从路线走向和线形要求，特大桥既要考虑桥位及桥上线形的合理性，又要尽量做到路线与桥梁的相互配合和协调。

桥涵勘测与调查的主要内容有：①收集沿线有关水文、气象、流冰、流木、农田排灌、河网规划等资料，并征求水利、防汛等部门对桥涵的具体意见；②调查桥位上、下游历史洪水位、发生的时间及历时、多年平均水位、常水位、最低水位、通航水位和漂浮物、河道变迁、上下游水工建筑物及水利规划等资料，以便根据设计流量和洪水位，综合考虑桥梁、路堤高度和路堤防护工程的位置；③根据路线走向，对桥位进行必要的方案比较踏勘，有价值地比较桥位，开展与推荐桥位同等深度的勘测，以便在设计阶段进行桥位方案比较；④搜集或测绘大桥及特殊中桥桥位平面图，比例尺为 1:500 ~ 1:2000，其范围应能满足桥梁布孔、桥头引道和调治构造物布置的需要；⑤实地放出桥轴线和引道，进行纵、横断面测量；⑥充分利用地形图圈绘汇水面积，通过现场核对进行修正、补充，然后计算流量，确定孔径和形式；⑦利用沿线原有桥涵资料，验证流量及孔径的正确性；⑧配合地质人员，对桥位及桥头地质情况进行地质调查，并提出地质勘探要求。

5）隧道勘测与调查

隧道平面布设主要服从路线总体走向，隧道位置根据隧址区地形、地质工程条件、环境、造价等因素综合确定，在综合考虑线形指标及工程造价的前提下，通过实地勘察，充分研究隧道所处地域的地形、地质情况，主要考虑隧道进出口地形条件、隧址区工程地质条件、营运管理设施场地等因素；隧道纵断面应综合考虑隧道长度、主要施工方向、通风、排水、洞口位置以及隧道进出口接线等因素。

隧道外业勘测应测绘隧道洞口大比例尺地形图，收集气象资料，进行地形、地质、工程环境、施工条件等调查，并按要求进行钻探、物探、测试等，根据地质勘察资料对隧道围岩分级；调查区域内地质灾害分布情况，根据现场踏勘情况拟定隧道位置及布置方案，对隧道进出口进行纵、横断面测量，现场核查地形、地质条件，调查弃渣场地的条件和安全情况。

6）路线交叉勘测与调查

路线交叉包括公路与铁路、公路、乡村道路、管线等的交叉。路线与铁路交叉时，应调查铁路名称、等级、轨道数、运行情况、交叉位置地名、交叉处铁路里程、铁路路侧附属设施、排水条件以及铁路的技术标准、发展规划等，并测量交叉点铁路轨顶高程、交叉角度、路基宽度及铁路路线纵坡等，拟定采用上跨或下穿的交叉形式；与公路交叉时，应调查相交公路的等级及发展规划、路面结构、地形、地物、排水等条件，并测量交叉角度、交叉点高程、相交公路的纵、横断面等，拟定交叉形式；与乡村道路交叉时，应调查农田基本建设、综合治理和发展改造规划，并征询地方意见，取得协议或纪要，据以确定交叉位置、净高、净宽标准等；与现有各种管线交叉时，应调查并测量交叉角度、地面高程、地下埋置深度等，拟定交叉位置和形式，并与所属单位协商。

选定互通式立体交叉位置时，应对地形、地质、水文条件、水利设施等进行调查和勘探，并测绘交叉方式，确定立交桥的跨径和形式，取得地方政府及有关部门的意见。在工程可行性研究确定的互通式立体交叉数量和位置基础上，从公路网布局、经济效益、交通安全等方案上进一步分析论证，调查被交道路的等级、技术状况、交通量、主要车型、发展规划，预测近期和远期交通量以及分流与合流交通量，作为确定互通式立体交叉的形式、立交桥净空、互通匝道设计标准的依据。

7）临时工程调查

临时工程调查的主要内容有：①调查沿线可供施工利用的已有道路情况和应修建的施工便桥、便道的位置及长度，利用原有公路作为施工便道，应征询公路主管部门的意见；②调查沿线施工场地的位置、条件；③调查沿线电力、电信线路、供水情况。

8）工程经济调查

工程经济调查的主要内容有：①调查沿线筑路材料料场的位置、生产规模及工艺、产品种类及规格、产品质量、产量、价格、供应地点、上路距离、运输方式等，各种材料均取样试验，确定其物理力学及化学指标；②以行政乡为单位，对本项目需要征用的土地进行调查；③调查需要拆迁的各类建筑物的位置、结构状况和数量；④调查需要拆迁的电力、电信及其他管线的归属、属性和数量，并会同主管部门现场勘察，协商处理方案；⑤调查沿线砍树、挖根、除草的位置、数量、疏密程度；⑥按照工程概算编制的需要，收集基础资料。

应对沿线筑路材料的供应状况、性质等进行调查，拟定料场采集后的复垦措施，大型自采料场应测绘 1：1000 ～ 1：5000 地形图及纵、横断面图。

应对占用土地数量、性质和种类进行调查。

应对各种拆迁建筑物数量、性质、归属、拆迁费用、到路线的距离进行勘测调查，必要时会同主管部门现场勘察，协商处理方案。

应对沿线伐树、挖根、除草的位置、数量、疏密程度等进行调查。

概算资料调查应符合《公路工程建设项目概算预算编制办法》（JTG 3830—2018）的有关规定，满足初步设计概算编制的需要，包括概算编制的原则及依据、材料价格、有关税额、相关费用等。

二、熟悉公路控制测量、地形测绘、路线敷设的基本技术

1. 公路控制测量

1）平面控制测量

（1）平面控制测量应采用 GPS 测量、导线测量、三角测量或三边测量方法进行。

（2）各级公路和桥梁、隧道平面控制测量的等级不得低于表 8-1-1 的规定

平面控制测量等级选用

表 8-1-1

高架桥、路线控制测量	多跨桥梁总长 L（m）	单跨桥梁 L_K（m）	隧道贯通长度 L_G（m）	测 量 等 级
—	$L \geqslant 3000$	$L_K \geqslant 500$	$L_G \geqslant 6000$	二等
—	$2000 \leqslant L < 3000$	$300 \leqslant L_K < 500$	$3000 \leqslant L_G < 6000$	三等
高架桥	$1000 \leqslant L < 2000$	$150 \leqslant L_K < 300$	$1000 \leqslant L_G < 3000$	四等
高速公路、一级公路	$L < 1000$	$L_K < 150$	$L_G < 1000$	一级
二级、三级、四级公路	—	—	—	二级

（3）选择路线平面控制测量坐标系时，应使测区内投影长度变形值不大于 2.5cm/km；大型构造物平面控制测量坐标系，其投影长度变形值不应大于 1cm/km。投影分带位置不应选择在大型构造物处。

（4）平面控制点布设时，四等及以上平面控制网中相邻点之间的距离不得小于 500m，一级、二级平面控制网中相邻点之间的距离在平原、微丘区不得小于 200m，重丘、山岭区不得小于 100m，最大距离不应大于平均边长的 2 倍。路线平面控制点距路线中心线的距离应大于 50m，宜小于 300m，每一点至少应有一相邻点通视。特大型构造物每一端应埋设 2 个以上平面控制点。

（5）一级以上平面控制测量平差计算应采用严密平差法，二级可采用近似平差法。平差后应提供最弱点点位中误差、最弱相邻点边长相对中误差、单位权中误差、测角中误差，附（闭）合导线应提供角度闭合差、坐标闭合差、全长相对闭合差等精度数据。

2）高程控制测量

（1）高程控制测量应采用水准测量或三角高程测量的方法进行。在进行水准测量有困难的山岭地带和沼泽、水网地区，可采用光电测距三角高程或 GPS 高程替代水准高程，但必须有足够的三角高程点和 GPS 高程点与等级水准点进行联测。

（2）同一个公路项目应采用同一个高程系统，并应与相邻项目高程系统相衔接。

（3）各级公路及构造物的高程控制测量等级不得低于表 8-1-2 的规定。

高程控制测量等级选用

表 8-1-2

高架桥、路线控制测量	多跨桥梁总长 L（m）	单跨桥梁 L_K（m）	隧道贯通长度 L_G（m）	测 量 等 级
—	$L \geqslant 3000$	$L_K \geqslant 500$	$L_G \geqslant 6000$	二等
—	$1000 \leqslant L < 3000$	$150 \leqslant L_K < 500$	$3000 \leqslant L_G < 6000$	三等
高架桥、高速公路、一级公路	$L < 1000$	$L_K < 150$	$L_G < 3000$	四等
二级、三级、四级公路	—	—	—	五等

（4）高程控制点布设时，路线高程控制点相邻点间的距离以 $1 \sim 1.5$km 为宜，特大型构造物每一端应埋设 2 个（含 2 个）以上高程控制点。高程控制点距路线中心线的距离应大于 50m，宜小于 300m。

（5）高程控制测量采用水准测量时,其主要技术要求应符合表 8-1-3 的规定。高程控制测量采用光电测距三角高程测量时,其主要技术要求应符合表 8-1-4 的规定

水准测量的主要技术要求　　　　表 8-1-3

测 量 等 级	往返较差、附合或环线闭合差（mm）		检测已测测段高差之差（mm）
	平原、微丘	重丘、山岭	
二等	$\leq 4\sqrt{l}$	$\leq 4\sqrt{l}$	$\leq 6\sqrt{L_i}$
三等	$\leq 12\sqrt{l}$	$\leq 3.5\sqrt{n}$ 或 $\leq 15\sqrt{l}$	$\leq 20\sqrt{L_i}$
四等	$\leq 20\sqrt{l}$	$\leq 6.0\sqrt{n}$ 或 $\leq 25\sqrt{l}$	$\leq 30\sqrt{L_i}$
五等	$\leq 30\sqrt{l}$	$\leq 45\sqrt{l}$	$\leq 40\sqrt{L_i}$

注:计算往返较差时,l 为水准点间的路线长度(km)。计算附合或环线闭合差时,l 为附合或环线的路线长度(km)。n 为测站数。L_i 为检测段长度(km),小于 1km 时按 1km 计算。

光电测距三角高程测量的主要技术要求　　　　表 8-1-4

测量等级	测回内同向观测高差较差（mm）	同向测回间高差较差（mm）	对向观测高差较差（mm）	附合或环线闭合差（mm）
四等	$\leq 8\sqrt{D}$	$\leq 10\sqrt{D}$	$\leq 40\sqrt{D}$	$\leq 20\sqrt{\sum D}$
五等	$\leq 8\sqrt{D}$	$\leq 15\sqrt{D}$	$\leq 60\sqrt{D}$	$\leq 30\sqrt{\sum D}$

注:D 为测距边长度,以 km 计。

（6）各等级高程控制测量均应计算路线(或环线)闭合差,线路往、返测量时应计算每公里观测高差偶然中误差 $M_\triangle$,光电测距三角高程测量应计算对向观测高差互差值。四等以上高程控制测量应采用严密平差法进行计算,并应计算最弱点高程中误差、每公里观测高差中误差 M_W。

3）资料提交

控制测量应提交以下测量及计算资料:

（1）技术设计书。

（2）点之记(含固定桩志表)。

（3）仪器检验报告。

（4）原始记录手簿。

（5）控制测量计算书。

（6）平面控制网联测及布网略图。

（7）高程控制测量联测及路线示意图。

（8）作业自检报告。

（9）检查验收意见。

（10）技术总结。

（11）所有资料的电子文档。

2. 地形测绘

1）一般规定

（1）测图比例尺应根据设计阶段、工程性质及地形、地貌等因素按表 8-1-5 选用。

地形图比例尺的选用　　　　　　　　　　　　　表 8-1-5

设计阶段或工程性质	比 例 尺	设计阶段或工程性质	比 例 尺
工程可行性研究	1：10000	施工图设计	1：1000、1：2000、1：5000
初步设计、技术设计	1：2000、1：5000	重要工点	1：500

（2）地形图的基本等高距应符合表 8-1-6 的规定。

地形图的基本等高距　　　　　　　　　　　　　表 8-1-6

地 形 类 别	不同比例尺的基本等高距（m）			
	1：500	1：1000	1：2000	1：5000
平原	0.5	0.5	1.0	1.0
微丘	0.5	1.0	1.0	2.0
重丘	1.0	1.0	2.0	5.0
山岭	1.0	2.0	2.0	5.0

（3）公路地形图的注记符号宜以路线前进方向的左侧正方向为上。

2）图根控制测量

（1）图根导线测量应闭合或附合于路线控制点上，当需要加密时，图根控制不宜超过两次附合；条件受限制时，可布设支导线，但支导线的边数不得超过 3 条。

（2）图根点的点位中误差应不大于所测比例尺图上 0.1mm，高程中误差应不大于测图基本等高距的 1/10。

（3）图根点应设定标志，标志可采用木桩或混凝土桩，点位应视野开阔，相邻点应相互通视。

（4）图根点高程可采用水准测量、光电测距三角高程测量或 GPS RTK 测量等满足精度要求的方法。当基本等高距为 0.5m 时，应采用图根水准测量。

（5）采用 GPS RTK 施测图根点的平面、高程时，要求基准站与流动站（所求的图根点）应始终保持同步锁定 5 颗以上卫星，几何精度因子 GDOP 值应小于 6，流动站至基准站的距离应小于 5km。求解转换参数的高等级控制点应大于 4 个，并应包含整个作业区间，均匀分布于作业区域的周围；流动站至最近的高等级控制点应小于 2km；图根点不应外推。天线高应于测前、测后各量测 1 次，2 次互差不得超过 3mm。在作业区间内，至少应检核 2 个以上的高级控制点。

（6）图根测量应进行平差，角度计算取位至秒，边长、坐标和高程计算取位至毫米，最终坐标和高程取位至厘米。

3）地形图测绘

（1）地形图测绘方法有大平板仪测绘法、经纬仪小平板联测法、全站仪测绘法、航空摄影测量法、GPS 实时动态定位技术（即 RTK 技术）测绘法。实测地形图可选用测记法或测绘法。采用测记法时应绘制草图，并对各种地物、地貌特征赋予唯一代码。

（2）距离测量可采用视距法或光电测距法。

（3）地形图测量时，仪器对中误差应小于图上 0.05mm；当以较远一点标定方向，用其他点进行检核时，检核偏差不应大于图上 0.3mm；当检查另一测站高程时，其较差不应大于 1/5 基本等高距。

（4）当采用 GPS RTK 法测量时，流动站至基准站的距离应小于10km，在作业区间内，至少应检核1个高级控制点。

（5）高程注记点的分布应力求均匀，其间距宜符合表8-1-7的规定。

地形图上高程注记点的间距

表8-1-7

比例尺	1：500	1：1000	1：2000	1：5000
高程注记点间距（m）	≤15	≤30	≤50	≤100

注：平坦及地形简单地区可放宽至1.5倍，地形变化较大的地区应适当加密。

（6）基本等高距为 0.5m 时，高程注记点应注记至 0.01m；基本等高距大于 0.5m 时，可注记至 0.1m。

（7）地形图应标示建筑物、独立地物、水系及水工设施、管线、交通设施、境界、植被等各类地物、地貌要素以及各类控制点、地理名称等。地物、地貌各项要素的标示方法和取舍原则应符合国家测绘局制定的现行图式的规定，还应充分考虑公路工程的专业特点，满足设计及施工对于地形图的要求。

（8）水下地形图测绘时，水面高程测量的精度应达到五等水准测量的精度要求，并应记录测量时间、测时水位高程。

4）资料提交

地形图测绘应提交下列资料：

（1）技术设计书。

（2）图根控制测量记录手簿。

（3）图根控制测量计算书。

（4）地形图。

（5）地形图分幅图。

（6）地形图测量自检报告。

（7）地形图检查验收报告。

（8）技术总结。

3．路线敷设

1）中线敷设方法

路线中线敷设可采用极坐标法、GPS RTK 法、链距法、偏角法、支距法等方法进行。高速公路，一级、二级公路宜采用极坐标法、GPS RTK 法，直线段可采用链距法，但链距长度不应超过 200m。

2）中线敷设位置

（1）需要钉设的中桩包括：路线的起终点桩、公里桩、百米桩、平曲线控制（主点桩）、桥梁或隧道中轴线控制桩以及按桩距要求根据地形、地物、地质需要设置的加桩等。

（2）路线经过下列位置应设加桩：路线纵、横向地形变化处；路线与其他线状物交叉处；拆迁建筑物处；桥梁、涵洞、隧道等构造物处；土质变化及不良地质地段起、终点处；道路轮廓及交叉中心；省、地（市）、县级行政区划分界处；改、扩建公路地形特征点、构造物和路面面层类型变化处。

（3）路线中桩间距，应不大于表 8-1-8 的规定。

中桩间距   表 8-1-8

直　线（m）		曲　　线（m）			
平原、微丘	重丘、山岭	不设超高的曲线	$R > 60$	$30 < R < 60$	$R < 30$
50	25	25	20	10	5

注：表中 R 为平曲线半径（m）。

3）中桩桩位精度

中桩桩位精度应符合表 8-1-9 的规定。

中桩平面桩位精度   表 8-1-9

公　路　等　级	中桩位置中误差（cm）		桩位检测之差（cm）	
	平原、微丘	重丘、山岭	平原、微丘	重丘、山岭
高速公路，一、二级公路	$\leq \pm 5$	$\leq \pm 10$	≤ 10	≤ 20
三级及三级以下公路	$\leq \pm 10$	$\leq \pm 15$	≤ 20	≤ 30

4）断链及处理

在丈量过程中，出现桩号与实际里程不符的现象叫断链。断链的原因主要有：

（1）公路设有分离式路基和整体式路基，分离式路基变为整体式路基的接头点。

（2）线路测定后局部改线（包括方案比较线）。

（3）不同测量队分段测量。

（4）由于计算和丈量发生错误造成。

断链桩宜设于直线段，不宜设在桥梁、隧道、立体交叉等构造物范围之内。断链桩上应标明换算里程及增减长度。断链有"长链"和"短链"之分，当路线桩号长于地面实际里程时叫短链，反之则叫长链。其桩号写法举例如下：

　　长链：K22 + 110 = K21 + 120.21　　　长链 989.79m

　　短链：K3 + 157 = K3 + 207　　　　　短链 50m

三、熟悉公路勘测各阶段勘测的基本内容、要求和方法

1. 初测

初测是初步设计阶段的外业勘测工作。初测的目的是根据计划任务书确定的修建原则和路线基本走向，通过现场对各有价值方案的勘测，从中确定采用的路线，搜集编制初步设计文件的资料。初测的基本内容与要求有：

1）准备工作

应根据初测需要，搜集与项目相关的技术、经济、社会、自然条件以及测绘等资料。应根据批复的工程可行性研究初步拟定的路线起终点、中间控制点及路线基本走向，在地形图、数字地面模型或航测像片上进行研究，拟定勘测方案。应根据初步确定的勘测方案编写工作大纲和技术设计书。

2）现场踏勘

应根据准备阶段确定的初拟勘测方案，对工程现场进行踏勘。现场踏勘过程中，应根据项

目特点及自然、地理、社会环境调整并确定勘测方法与勘测方案。

3）控制测量

各级公路的平面与高程控制测量等级选定、精度指标应按规定执行。应根据公路等级、路线所在地区的地形和作业条件、拟投入的仪器设备、高级控制点的数量和分布位置等，确定测量控制网的布网方式和作业方式。二级及二级以上公路必须进行平面与高程控制测量；三级、四级公路宜进行平面控制测量，应进行高程控制测量。

4）地形图测绘

各等级公路均应根据需要进行地形图测绘。地形图比例尺、等高距的选择、精度要求应按规定执行。测图方式应根据所在地区的地形、地物和植被覆盖情况、公路等级及所具备的经济、技术条件等因素综合确定。地形图测绘范围应根据公路等级、地形条件及设计需要合理确定，应能满足方案比选及构造物布置的需要。

5）路线勘测与调查

纸上定线时，应首先将具有特殊要求的位置和设施标注于地形图上。一般位置的平面和高程可从图上判读，对需要特殊控制的地段应进行实地放桩，根据需要进行纵、横断面测量，绘制纵、横断面图。越岭路线需进行纵坡控制的地段，应在地形图上进行放坡，并将放坡点标示于图上。

现场定线一般只适用于三级、四级公路的线路选取。现场定线前应在地形图上确定控制点、绕避点，选择路线通过的最佳位置。选设的交点和转点应进行护桩并按照二级平面控制测量的要求测定角度和长度。越岭路线或受纵坡控制的路段，应进行放坡试线。

应根据专业调查的需要进行中桩放样，并对初步确定的人工构造物的位置、交角、类型及尺寸进行现场核查。

6）路基、路面及排水勘测与调查

应对影响路基、路面及排水设计的相关因素和条件进行调查，内容包括沿线的气象、水文、水系、地质、土质、植被、水利设施的现状与规划等。

应对沿线地质情况以及特殊地质、不良地质的位置、特征，地形地貌的成因、性质、发展规律及对路基、路面的影响进行调查。

应对附近既有工程路基路面材料、结构形式及使用情况进行调查。

应对取弃土场的位置与条件进行勘测与调查。

应对防护工程的设置位置及条件进行勘测与调查，地质条件特别复杂、防护工程规模较大的工点，应进行控制测量并测绘 1∶500～1∶2000 的地形图。

7）小桥涵勘测与调查

小桥、漫水桥以及复杂涵洞、改沟工程、人工排灌渠道等，应放桩并实测高程与断面。当地形及水文条件简单时，可在 1∶2000 地形图上查取或采用数字地面模型内插获取，但应进行现场校对。

小桥涵（漫水桥、过水路面、倒虹吸、渡槽）的勘测，应实地调查小桥涵区域的自然条件、桥涵位上游汇水区地表特征，现场核对拟定小桥涵的设计参数。

调查拟建小桥涵址的上、下游附近原有小桥涵的设计和使用情况。改建工程的小桥涵，应查明原有桥涵现状及可利用程度。

8）大、中桥勘测与调查

应搜集与大、中桥测设相关的水文、地质、气象、流冰、流木、通航要求等资料。

应现场核查研究工程可行性研究所推荐的桥位方案。调查桥位所在区域的农田水利、地形、地质、地貌、生态环境、地物分布等情况。应调查河流的形态特征、地质、通航要求、施工条件以及地方工、农业发展规划等。

初测阶段可不专门布设桥梁平面和高程控制网，但在布设路线控制网时每岸应各布设必要的控制点，布设的控制点应纳入路线控制测量进行施测。

桥位地形图、水下地形图测绘范围应能满足方案比较和桥梁布孔的需要，桥位地形图还应满足桥头引道和调治构造物布置的需要。桥位地形图、水下地形图的测绘应符合规定，并包含河流形态、航标和船筏走行线等内容。

应实地放出桥梁轴线、引道位置，并进行纵、横断面测量。桥位方案确定后应进行水文调查、测量、分析和论证。跨河位置、布孔方案等应征求水利、航运等部门的意见。

9）隧道勘测与调查

初测阶段可不专门布设隧道平面和高程控制网，但在布设路线控制网时每端应各布设必要的控制点，并纳入路线控制测量进行施测。

隧道地形图测绘范围应满足隧道洞口选择和设置的需要，并应考虑辅助工程需要，洞口地形图比例尺宜为 1∶500。

应在拟定的概略隧址范围内，对初拟隧道轴线、洞口位置及相应连接线进行勘测与调查。应实地放出洞口附近的中线，并现场核查和测绘洞口纵、横断面。隧道洞身段应根据地质勘察及钻探需要现场放桩。

应搜集与调查隧址自然地理、环境状态、地形、地质、水文、气象、地震等资料。

应对弃渣场地的条件和安全情况进行调查。

10）路线交叉勘测与调查

大型或复杂的交叉应进行平面和高程控制测量，并根据需要测绘比例尺为 1∶500～1∶5000 的地形图。

公路与公路交叉应调查相交公路的名称、相关区域的路网规划、交叉位置、地名及里程、修建时间、公路等级、技术标准、路面结构类型、排水和防护工程情况及其在路网中的作用。补充调查相交公路的交通量、交通组成。测量交叉角度、交叉点高程、纵坡坡度、路基宽度、路面宽度及厚度。

公路与铁路交叉应调查铁路名称、等级、轨道数、运行情况、交叉位置地名、与铁路交叉处里程、铁路路侧附属设施、排水条件以及铁路的技术标准、规划等。测量交叉点铁路轨顶高程、交叉角度及路基宽度。

公路与乡村道路交叉应调查相交道路的性质、路面结构、排水条件、交通量及规划。测量路基宽度、路面宽度及路面高程。

公路与管线交叉应测量公路与管线交叉的位置、交叉角度、交叉点悬高或埋置深度、杆塔高度以及受影响的长度。调查管线的种类、技术标准、型号、规格、用途、编号、敷设时间等。

互通式立体交叉、分离式立体交叉、复杂的平面交叉应实地放出交叉桩，测量交叉桩号、交叉角度和地面高程。

各种交叉的位置、交叉形式、相交道路改移方案等,均应征求地方政府或主管部门的意见。

11)沿线设施勘测与调查

应现场调查拟建沿线设施位置的地形、地貌、地物、植被、水文、地质等自然条件及与各类设施设置相关的技术条件。重要的沿线设施场地应测绘比例尺为 1∶500～1∶2000 的地形图。

12)环境保护调查

应调查当地园林工程和适种植被情况、沿线既有道路环保工程实际情况、沿线国家生态保护区与野生动物保护区的情况、沿线水源保护区和湿地的情况、拟建公路可能对当地的生态环境造成的影响。

13)临时工程勘测与调查

应对可利用的临时工程进行勘测与调查,包括可供利用的道路、供电、供水、电信等设施的状况。应对为满足工程需要修建或架设的临时工程进行勘测与调查。应调查沿线施工场地的位置及条件。

14)工程经济调查

应对沿线筑路材料的供应状况、性质等进行调查,拟定料场采集后的复垦措施,大型自采料场应测绘 1∶1000～1∶5000 地形图及纵、横断面图。

应对占用土地数量、性质和种类进行调查。

应对各种拆迁建筑物数量、性质、归属、拆迁费用、到路线的距离进行勘测调查,必要时会同主管部门现场勘察,协商处理方案。

应对沿线伐树、挖根、除草的位置、数量、疏密程度等进行调查。

概算资料调查应符合《公路工程建设项目概算预算编制办法》(JTG 3830—2018)的有关规定,满足初步设计概算编制的需要,包括概算编制的原则及依据、材料价格、有关税额、相关费用等。

15)内业工作

应对各项外业资料进行检查、复核和签署,对测绘资料进行限差检查并按规定进行计算,对测绘成果进行精度分析和评价。应对勘测成果进行内部自检和验收。应按专业分类编绘(制)外业勘测成果图表并编制勘测报告。当方案调整时,应补充相应各项勘测调查资料。

16)资料提交

(1)初测应提交的资料包括测量成果及计算等资料。

(2)各种调查、勘测原始记录及检验资料。

(3)勘测报告及有关协议、纪要文件。

(4)根据设计需要编制的各种图表、说明资料。

2.定测

定线测量是指施工图设计阶段的外业勘测和调查工作。其具体任务是根据上级批准的初步设计,具体核实路线方案,实际标定路线或放线,并进行详细测量和调查工作。定测的基本内容与要求有:

1)准备工作

应搜集工程可行性研究、初设阶段勘测、设计的有关资料以及审查、批复意见。应根据任务的内容、规模和仪器设备情况,拟定勘测方案。应对初步设计所搜集的资料进行现场核查。

应对沿线地形、地貌及地物的变化情况进行核查。应对初测阶段施测的路线平面、高程控制测量进行全面检查,当检测成果与初测成果的较差符合限差要求,并且控制点分布可以满足设计要求时,应采用原成果,否则应对整个控制网进行复测或重测,并应重新进行平差计算。

2)路线中线敷设

实地选定路线或实地放线(纸上定线时),进行测角、量距、中线测设、桩志固定等工作。

3)中桩高程测量

中桩高程测量应起闭于路线高程控制点上,高程测至桩志处的地面,其测量误差应符合表 8-1-10 的规定。中桩高程应取位至厘米。沿线需要特殊控制的建筑物、管线、铁路轨顶等,应按规定测出其高程,其 2 次测量之差不应超过 2cm。

中桩高程测量精度　　　　　　　表 8-1-10

公 路 等 级	闭 合 差(mm)	两次测量之差(cm)
高速公路,一级、二级公路	$\leqslant 30\sqrt{L}$	$\leqslant 5$
三级及三级以下公路	$\leqslant 50\sqrt{L}$	$\leqslant 10$

注:L 为高程测量的路线长度(km)。

4)横断面测量

横断面测量的宽度应满足路基及排水设计、附属物设置等需要。横断面方向应与路线中线切线垂直,横断面中的距离、高差的读数应取位至 0.1m,检测互差限差应符合表 8-1-11 的规定。

横断面检测互差限差　　　　　　　表 8-1-11

公 路 等 级	距离(m)	高差(m)
高速公路,一级、二级公路	$\leqslant L/100 + 0.1$	$\leqslant h/100 + L/200 + 0.1$
三级及以下公路	$\leqslant L/50 + 0.1$	$\leqslant h/50 + L/100 + 0.1$

注:1. L 为测点至中桩的水平距离(m);
　　2. h 为测点至中桩的高差(m)。

5)地形图测绘

应对地形图进行现场核对。地形、地物发生变化的路段,应予修测;地形图范围不能满足设计要求时,应进行补测;变化较大时,应予重测。修测或补测地形图的技术要求应符合规定。

6)路基、路面及排水勘测与调查

应对初测收集的资料实地进行核查,并进行补充和完善。

应调查沿线筑路材料的种类、产地、储量、运距、采运条件及其有关的物理力学性质。

应调查沿线农田水利设施的现状、特点、发展规划,农田表土的性质及厚度等对路基、路面的影响。应调查沿线水系的分布及相互关系,地表水、地下水、裂隙水等的位置、流量、流向和流速,泉眼的位置和流量。公路通过农田、洼地时,应调查地表水的积水深度、积水时间。应对路段所经过地区水文、地质、气象、自然条件、土质的适种性等进行勘测调查。

应现场确定路基边坡防护工程的位置、起讫桩号、防护长度和形式。设置防护工程的路段,应实地放出构造物轴线,进行高程测量和横断面测量。

应实地确定改移工程的起讫桩号,敷设改移工程的轴线桩,并进行纵、横断面测量。改移工程的轴线应与路线控制测量联测。改移河道、主干沟渠及等级公路工程,应测绘比例尺为

1:500~1:2000 的地形图,测绘范围应满足设计要求。

应对该地区既有路面或相似路面的施工技术、施工控制、面层构造和材料、路面现状等进行调查。

应对该地区已有的排水设施工作情况进行实地调查。确定排水设施的形式、横断面尺寸、加固措施,并测量起讫桩号、长度、进出口位置。需进行特殊设计的集水、排水、输水工程设施,应实地放出轴线,进行纵、横断面测量,并根据需要,测绘比例尺为 1:500~1:2000 的地形图。

7)小桥涵勘测与调查

应对初测调查的各项内容进行核实并进一步补充。应实地进行形态断面、河床比降、特征水位和汇水面积等测量工作。应实地放出小桥涵中桩,并实测沟渠与路线的交角及桥涵纵断面。地形复杂的小桥涵,应在路线中线两侧或河床两侧各施测一个或几个断面,其测量范围应能满足涵底纵坡和进出水口设计、布置桥孔、调治防护工程、计算开挖土石方数量等的需要。

8)大、中桥勘测与调查

应根据批准的初步设计方案和审批意见,在初测的基础上进行详细的调查、测量和水文计算,对初步设计的有关资料进行核查和补充。

应根据控制测量的规定和表 8-1-12 的要求,建立满足大桥、特大桥设计精度要求的平面和高程控制网。

桥轴线相对中误差 表 8-1-12

测 量 等 级	桥轴线相对中误差	测 量 等 级	桥轴线相对中误差
二等	≤1/150000	一级	≤1/40000
三等	≤1/100000	二级	≤1/20000
四等	≤1/60000		

应对初测时测绘的地形图进行核查和完善,地形图测绘范围、内容和精度应满足施工图设计需要。

应进行桥轴线纵断面和引道测量,测量范围应能满足设计桥梁孔径、桥头引道和调治构造物布置的需要。

宜在桥位上、下游各选一个断面进行形态断面测量,测量要求与桥轴线测量的要求相同。

9)隧道勘测与调查

应对隧道所在位置的地形、工程地质、水文地质、环境等内容进行核实和补充调查。应根据控制测量的规定,建立满足隧道设计的平面和高程控制网。应在洞口位置前后各 50m 实放中桩,并根据地形变化情况进行加桩,桩距不应大于 10m。所有中桩均应进行横断面测量。分离隧道连接线起讫点宜测至分离式路基与整体式路基汇合处以外 100m。应对初测地形图进行现场核对和必要的修测和补测,地形图的范围应能满足地质调绘和其他设计需要。应根据设计需要,对通风、照明、供电、通信、信号、标志、运营管理设施、环保、弃渣场地等进行相应的工程调查。

10)路线交叉勘测与调查

应对初测所调查的内容进行核实并进一步补充调查。互通式立体交叉除应进行主线勘测外,还应进行匝道和连接线测量,其技术要求应与路线测量的要求相同。对交叉道路、管线的交叉角度、交叉点高程、纵坡坡度等要素重新进行测量。各种交叉的位置、形式、相交道路改移方案等均应与相关部门签订协议。

11）沿线设施勘测与调查

应对初测调查的内容进行核查和补充，管理设施、服务设施处的地形、地物如有变化，应修测或补测地形图。应实地核实沿线设施的总体布局、项目、形式、规模、用地及设置的位置。应对管理设施、服务设施的连接路线、加减速车道的中线进行实地放样，并进行纵、横断面测量。应对沿线安全设施设置的位置、类型、起讫桩号或长度进行调查。

12）环境保护调查

应对初测阶段调查的有关环境保护的内容进行核实并进一步补充。

13）临时工程勘测与调查

应对初测阶段调查的有关临时工程勘测调查的内容进行核实并进一步补充。对需要修建的施工便桥、便道应进行放样，进行纵、横断面测量并进行相关内容的勘测调查。当需要架设公路临时电力、电信线路时，应调查相适应的规格种类，并实测其长度。进一步落实施工场地的位置并签订相应的协议。

14）工程经济调查

（1）沿线筑路材料的调查

对初步设计确定的料场应逐一核查，并进行进一步的勘测及补充调查。对所有调查的料场应进行比较，根据材料需要量确定采用料场。对大型料场进行必要的勘探与试验。

（2）占地勘测与调查

沿线应编绘用地图。调查各类土地常种作物和近三年平均产量，调查统计独立果树和价值较高树木的株数、直径、数量及产量。

（3）拆迁建筑物以及砍树、挖根、除草等的调查

应调查拆迁建筑物位置、范围尺寸、结构类型。应调查需拆迁的建筑设施、重要管线、铁路、水利等工程，当与文物古迹等发生干扰时应与其分管部门协商，落实处理方案和工程措施。调查沿线砍树、挖根、除草的路段长度，并结合工程设计的需要确定工程数量。

（4）应在初测调查的基础上对预算资料进行核实和补充调查。

15）内业工作

应对各项外业资料进行检查、复核和签署，检查、复核内容包括测量方法的正确性、野外计算的正确性、记录的完整性等，检查各项勘测调查项目、内容及详细程度是否满足施工图设计的要求。对于向有关部门搜集的资料，应检查、分析其是否齐全、可靠、适用、正确。对地形复杂的路线、不良地质地段、大型桥隧、立体交叉等地段的勘测调查资料，必须进行现场核对。

16）资料提交

（1）控制测量检测、补测或复测记录、计算和成果资料，地形图补充测量资料。

（2）各种调查、勘测原始记录、图纸及资料。

（3）各专业勘测调查的质量检查及分析评定资料。

（4）外业勘测说明书及有关协议和文件。

（5）根据设计需要编制的各种图表、说明资料。

四、了解航空摄影测量、数字地面模型等的基本要求和内容

1. 航空摄影测量

1）航空摄影

公路航空摄影应结合路线沿线的地形起伏情况和成图精度要求，合理选择镜头焦距。航空摄影比例尺应根据表 8-1-13 选用，对地形图精度要求高的工程宜选择较大值。

航 摄 比 例 尺   表 8-1-13

成图比例尺	航摄比例尺	成图比例尺	航摄比例尺
1：500	1：2000 ~ 1：3000	1：2000	1：8000 ~ 1：12000
1：1000	1：4000 ~ 1：6000	1：5000	1：20000 ~ 1：30000

航空摄影范围横向每侧应覆盖成图区域以外一个航带 20% 以上的宽度，纵向各向外延伸 2 ~ 3 条摄影基线。进行航带设计时，宜采用 1：50000 地形图。

飞行质量与摄影质量应符合《公路勘测规范》（JTG C10—2007）的规定。

2）航测外业

像控点宜布设在航向三片重叠范围内和旁向重叠中线附近，应尽量公用。分别布点时控制范围在像片上所裂开的垂直距离不得大于 20mm。位于自由边的像控点连线应能控制住测图范围。平原、微丘区测图时，像片高程控制点应采用全野外布点。像控点距像片边缘应大于 15mm，离方位线的距离应大于 45mm，离开通过像主点且垂直于方位线的距离不得大于 15mm。

全野外布点、单航带布点、航带首末端点间的间隔基线数、区域网布点、像控点的选刺、像片调绘等应符合《公路勘测规范》（JTG C10—2007）的规定。

3）航测内业

内业加密点相对于最近野外控制点的平面和高程中误差、野外像控点的转点与内业加密点的选定、全数字摄影测量系统作业中各项限差、影像图的应用与制作应符合《公路勘测规范》（JTG C10—2007）的规定。

4）资料提交

（1）航带设计应提交下列成果资料：

①公路路线方案地理位置图，图中以经纬度标注出航摄区域范围。

②航带设计略图，图中以适当比例尺绘制摄区 1：50000（或 1：25000、1：10000）地形图图幅结合图，注明图号，在结合图中概略标出各航摄分区范围并标注分区号。

③航带设计采用的航空摄影比例尺、设计用图比例尺、航空摄影仪像幅尺寸、航片的航向及旁向重叠度等基本参数。

④航带设计的路线名称、路线总长、航空摄影分区数，各航空摄影分区的航带数及航带长、航空摄影面积和基本像片数，整个摄区的航带总数及航带总长、航空摄影总面积和基本像片总数。

（2）航空摄影应提交下列成果资料：

①航空摄影实施情况报告书。

②航空摄影仪检定数据。

③航空摄影成果的移交清单及质量状况记录。

④航空摄影底片。

⑤航空摄影像片索引图。

⑥航空摄影像片。

(3)航测外业应提交下列成果资料:

①技术设计。

②观测手簿或原始观测数据磁盘。

③控制像片、调绘像片及结合图。

④计算手簿、像控点联测略图、检查验收报告。

⑤技术总结。

(4)航测内业应提交下列资料:

①像片类:控制刺点片、野外调绘片、作业涤纶正片或扫描像片数据。

②资料类:航测外业控制测量及像片联测成果、加密成果、图幅设计资料、路线方案资料、图历簿、检查记录、技术设计书、数据电子文档、检测成果及技术总结等。

③图纸类:地形图、影像图、路线方案及控制导线图、加密点位略图、分幅略图等。

2.数字地面模型

1)一般规定

公路数字地面模型应能满足任意点或断面的地面高程插值计算,等高线生成,距离、坡度、面积、体积的量算以及路线平面图、地形透视图的制图等要求。

基础数据的精度应符合以下要求:

以摄影测量为数据源生成的数字地面模型(DTM),其高程插值相对于邻近高程控制点的高程中误差应满足《公路勘测规范》(JTG C10—2007)的规定。以地形图数字化为数据源生成的DTM,其高程插值相对于原地形图的高程误差不得超过原图等高距的1/2。以野外实测数据生成的DTM,其高程插值相对于最近高程控制点的高程中误差应满足《公路勘测规范》(JTG C10—2007)的规定。

各分区DTM接边时,不应出现漏洞、重叠,其起始、结尾坐标数据应吻合,接边误差不得大于高程插值中误差的2倍。满足精度要求范围内的接边误差应在编辑时予以修正。

DTM产品的属性质量和数据处理精度应按随机抽样法进行评定。

2)数据获取

数据点采样应根据地形起伏变化的实际情况采点,应优先采集测区内地形特征线和地形特征点,不得遗漏对构建DTM的精度起决定作用的地形三维特征信息。

当采用摄影测量方法进行数据采集时,植被覆盖严重或阴影严重地区应实地补测地面三维数据。当采用地形图数字化方法进行数据采集时,应检查已有的数字化地形图文件中各种地形、地物要素表示的方式。当采用野外实测方法进行数据采集时,可采用全站仪、光电测距仪、三维激光扫描或GPS RTK等方式采集地形、地物的三维坐标及属性信息。利用地形图数据库数据时,应对数据库中数据的来源、内容、性质、比例尺及精度等进行检查。三维地形数据文件应记录地形及地物的多种属性信息,并包含采样点的坐标(X、Y、Z)信息。

地形、地物数据均应赋予具有统一格式的特征信息码。数据文件中原始采样数据宜以美国信息交换标准代码(ASCII 码)记录。采样点间距应符合《公路勘测规范》(JTG C10—2007)的规定。

地物点、地形特征线或其他精度要求较高的数据点,当采用摄影测量或地形图数字化方法采集时,应按离散点方式逐点采集。

3)数据编辑和预处理

数据录入应采用文件交换方式,并进行字符检校,少量的可采用人工键入,但应进行校核。数据编辑时,应对原始采样数据进行粗差检查与剔除。数据预处理时,应对通过不同数据源所获取的各种数据进行坐标统一归算、数据分类、统一格式与编码、数据文件的综合(分割)和接边处理,并按数据类别进行数据规格化管理或建立数据库。

4)DTM 构建

公路数字地面模型宜采用考虑地形特征点、线三维信息的三角网模型(TIN)或格网与三角网的混合模型(GRID + TIN)的方式构建。构建数字地面模型时,应考虑对地形特征线、断裂线和地物的处理。

DTM 构建应符合以下要求:

(1)采用三角网构建 DTM 时,应对预生成的三角网进行优化处理,消除 DTM 内的平三角形以及边界处的异常大三角形。

(2)当用混合建模方法时,应将利用规则格网方式采集的地形点按矩形格网模型构网,局部细节模型应采用三角网模型。

5)DTM 成果应用

数字地面模型应用于施工图测设阶段时,原始三维地面数据必须野外实测采集。DTM 高程插值中误差应不大于 $\pm 0.2m$。

采用数字地面模型计算公路纵、横断面时,中桩桩距和横断面取值间距应符合表 8-1-14 的规定。横断面地面线的宽度应满足公路设计的需要。

纵、横断面插值间距 表 8-1-14

设 计 阶 段		中 桩 桩 距(m)	横断面取点间距(m)
初步设计	方案比选	20 ~ 50	5 ~ 10
	优化设计	10 ~ 30	2 ~ 5
施工图设计		5 ~ 20	1 ~ 2

等高线可通过三角网模型或矩形格网与三角网的混合模型进行等值线自动追踪生成。

6)资料提交

(1)技术设计书。

(2)原始采样资料。

(3)记录及检查手簿。

(4)采集数据说明文件。

(5)属性数据的分类编码。

(6)DTM 产品成果及记录格式说明。

(7)产品检查报告。

(8)技术总结。

考 点 分 析

本节主要有以下考点：

(1)公路勘测的基本要求和内容　应掌握外业勘测的基本要点和公路勘测的主要内容。

(2)公路控制测量、地形测绘、路线敷设　主要熟悉规范的基本技术规定。

(3)公路勘测各阶段勘测的基本内容、要求和方法　主要熟悉在初测与定测的两个阶段中，各个作业组勘测的主要基本内容、规定要求以及勘测方法。

例 题 解 析

例1　下列选项中，符合规范要求的是(　　)。

(A)各种勘测仪具必须按规定进行复测

(B)测量精度以中误差为衡量指标，极限误差为中误差的两倍

(C)测量数据记录不得更改和转抄

(D)各设计阶段当进行同等深度方案比较时，应对各方案进行勘察与调查

分析

根据《公路勘测规范》(JTG C10—2007)第1.0.6条，各种勘测仪具必须按计量规定进行检定，选项A错误。根据第3.2.2条第2款，测量数据记录不得涂改、擦改和转抄，选项C错误。根据第1.0.3条，各设计阶段当进行同等深度方案比较时，应进行同等深度勘测，选项D错误。选项B符合《公路勘测规范》(JTG C10—2007)第1.0.5条规定。故本题选B。

例2　关于平面控制点布设最小距离的规定，符合规范要求的是(　　)。

(A)一平面控制网中相邻点之间的距离在平原、微丘区不得小于300m

(B)二级平面控制网中相邻点之间的距离重丘、山岭区不得小于200m

(C)三等平面控制网中相邻点之间的距离不得小于800m

(D)四等平面控制网中相邻点之间的距离不得小于500m

分析

根据《公路勘测规范》(JTG C10—2007)第4.1.2条第1款，四等及以上平面控制网中相邻点之间的距离不得小于500m，一级、二级平面控制网中相邻点之间的距离在平原、微丘区不得小于200m，重丘、山岭区不得小于100m，最大距离不应大于平均边长的2倍。故本题选D。

例3　跨河水准测量时，当跨越视线长度达到3200m时，应采用的高程控制测量的方法是(　　)。

(A)直接读数法　　　　　　　　　(B)光学测微法

(C)倾斜螺旋法　　　　　　　　　(D)测距三角高程法

分析

根据《公路勘测规范》(JTG C10—2007)第4.2.4条中表4.2.4-4,跨越视线长度为1500～3500m,高程控制测量的方法应选测距三角高程法。故本题选D。

例4 某断链桩 K2 + 230 = K2 + 320,表示路线(   )。

(A)长链 90m   (B)短链 90m   (C)长链 230m   (D)短链 320m

分析

K2 + 230 小于 K2 + 320,故为短链,(K2 + 230) − (K2 + 320) = 90m。故本题选 B。

例5 中桩高程测量应起闭于路线高程控制点上,高程测至桩志处的地面,高速公路的中桩高程测量闭合应小于或等于(   )。

(A)$20\sqrt{L}$ (B)$30\sqrt{L}$ (C)$40\sqrt{L}$ (D)$50\sqrt{L}$

分析

根据《公路勘测规范》(JTG C10—2007)表9.3.1,高速公路,一级、二级公路的中桩高程测量闭合应≤$30\sqrt{L}$。故本题选 B。

例6 平面控制测量应采用的方法有(   )。

(A)GPS 测量   (B)精密水平仪测量

(C)三角测量   (D)导线测量

分析

根据《公路勘测规范》(JTG C10—2007)第3.2.2条第2款,平面控制测量应采用 GPS 测量、导线测量、三角测量或三边测量方法进行。故本题选 ACD。

例7 控制测量应提交的测量及计算资料有(   )。

(A)仪器检验报告   (B)平面控制网联测及布网略图

(C)点之记   (D)图根控制测量计算书

分析

根据《公路勘测规范》(JTG C10—2007)第4.3条,控制测量应提交以下测量及计算资料:①技术设计书;②点之记(含固定桩志表);③仪器检验报告;④原始记录手簿;⑤控制测量计算书;⑥平面控制网联测及布网略图;⑦高程控制测量联测及路线示意图;⑧作业自检报告;⑨检查验收意见;⑩技术总结;⑪所有资料的电子文档。故本题选 ABC。

例8 地形图测绘应提交的资料有(   )。

(A)图根控制测量记录手簿   (B)地形图测量自检报告

(C)地形图分幅图   (D)高程控制测量联测及路线示意图

分析

根据《公路勘测规范》(JTG C10—2007)第5.6条,地形图测绘应提交下列资料:①技术设计书;②图根控制测量记录手簿;③图根控制测量计算书;④地形图;⑤地形图分幅图;⑥地形图测量自检报告;⑦地形图检查验收报告;⑧技术总结。故本题选 ABC。

自测模拟

（第 1~5 题为单选题,第 6~8 题为多选题）

1. 路线外业勘测的工作内容包括:①纸上定线;②优化方案;③现场踏勘;④勘测与调查;⑤路线中桩放样。正确的工序是(　　)。

(A)①②③⑤④　　　(B)②①③④⑤　　　(C)③①②⑤④　　　(D)①③②⑤④

2. 某拱桥,单孔跨径为 420m,其平面控制测量的等级应不低于(　　)。

(A)一级　　　(B)二等　　　(C)三等　　　(D)四等

3. 某隧道贯通长度为 2800m,其高程控制测量的等级应不低于(　　)。

(A)二等　　　(B)三等　　　(C)四等　　　(D)五等

4. 某公路起点里程为 K1 + 200,终点里程为 K9 + 300,其中,K5 + 200 = K5 + 100,路线总长是(　　)。

(A)8000m　　　(B)8100m　　　(C)8200m　　　(D)9200m

5. 当基本等高距为 0.5m 时,图根点高程的测量应采用(　　)。

(A)水准测量　　　　　　　　(B)光电测距三角高程测量
(C)GPS RTK 测量　　　　　　(D)经纬仪视距三角高程测量

6. 初测时,必须进行平面与高程控制测量的公路有(　　)。

(A)山岭地区高速公路　　　　(B)山岭地区一级公路
(C)丘陵地区二级公路　　　　(D)平原地区三级公路

7. 关于定测阶段的隧道勘测与调查,符合规范要求的有(　　)。

(A)应在洞口位置前后各 100m 实放中桩,并根据地形变化情况进行加桩,桩距不应大于 20m
(B)所有中桩均应进行横断面测量
(C)分离隧道连接线起讫点宜测至分离式路基与整体式路基汇合处以外 100m
(D)应根据控制测量的规定,建立满足隧道设计的平面和高程控制网

8. 关于定测阶段的地形图测绘,符合规范要求的有(　　)。

(A)应对地形图进行现场核对
(B)地形、地物发生变化的路段,应予补测

（C）地形图范围不能满足设计要求时，应进行修测

（D）地形图变化较大时，应予重测

第二节　工程地质勘察

依据规范

《公路工程地质勘察规范》（JTG C20—2011）

《市政工程勘察规范》（CJJ 56—2012）

重 点 知 识

工程地质勘察是为满足工程设计、施工、特殊性岩土和不良地质处治的需要，采用各勘察技术、方法，对建筑场地的工程地质条件进行综合调查、研究、分析、评价以及编制工程地质勘察报告的全过程。

公路工程和市政工程地质勘察必须根据基本建设程序各阶段要求的深度开展工作，结合现场地形地质条件、工程结构设置以及不同勘察手段的特性等，统筹考虑，综合确定勘察方法及勘察工作量。工程地质勘察应按工程地质调绘、勘探测试，地质资料综合分析及报告编制的程序开展工作，正确反映工程建设场地的工程地质条件，为工程建设提供资料完整、评价正确的工程地质勘察报告。

一、掌握公路工程地质勘察的基本内容及各类勘察技术基本要求

1. 公路工程地质勘察的基本内容

公路工程地质勘察可分为预可行性研究阶段工程地质勘察（简称预可勘察）、工程可行性研究阶段工程地质勘察（简称工可勘察）、初步设计阶段工程地质勘察（简称初步勘察）和施工图设计阶段工程地质勘察（简称详细勘察）四个阶段。

工程可行性研究阶段工程地质勘察的基本内容有：

（1）了解各路线走廊或通道的地形地貌、地层岩性、地质构造、水文地质条件、地震动参数、不良地质和特殊性岩土的类型、分布及发育规律。

（2）初步查明沿线水库、矿区的分布情况及其与路线的关系。

（3）初步查明控制路线及工程方案的不良地质和特殊性岩土的类型、性质、分布范围及发育规律。

（4）初步查明技术复杂大桥桥位的地层岩性、地质构造、河床及岸坡的稳定性、不良地质

和特殊性岩土的类型、性质、分布范围及发育规律。

（5）初步查明长隧道及特长隧道隧址的地层岩性,地质构造,水文地质条件,隧道围岩分级,进出口地带斜坡的稳定性,不良地质和特殊性岩土的类型、性质、分布范围及发育规律。

（6）对控制路线方案的越岭地段、区域性断裂通过的峡谷、区域性储水构造,初步查明其地层岩性、地质构造、水文地质条件及潜在不良地质的类型、规模、发育条件。

（7）初步查明筑路材料的分布、开采、运输条件以及工程用水的水质、水源情况。

（8）评价各路线走廊或通道的工程地质条件,分析存在的工程地质问题。

（9）编制工程可行性研究阶段工程地质勘察报告。

初步设计阶段和施工图设计阶段工程地质勘察的基本内容有：

1）路线

（1）地形地貌、地层岩性、地质构造、水文地质条件。

（2）不良地质和特殊性岩土的成因、类型、性质和分布范围。

（3）区域性断裂、活动性断层、区域性储水构造、水库及河流等地表水体、可供开采和利用的矿体的发育情况。

（4）斜坡或挖方路段的地质结构,有无控制边坡稳定的外倾结构面,工程项目实施有无诱发或加剧不良地质的可能性。

（5）陡坡路堤、高填路段的地质结构,有无影响基底稳定的软弱地层。

（6）大桥及特大桥、长隧道及特长隧道等控制性工程通过地段的工程地质条件和主要工程地质问题。

2）一般路基

（1）地形地貌的成因、类型、分布、形态特征和地表植被情况。

（2）地层岩性、地质构造、岩石的风化程度、边坡的岩体类型和结构类型。

（3）层理、节理、断裂、软弱夹层等结构面的产状、规模、倾向路基的情况。

（4）覆盖层的厚度、土质类型、密实度、含水状态和物理力学性质。

（5）不良地质和特殊性岩土的分布范围、性质。

（6）地下水和地表水发育情况及腐蚀性。

3）高路堤

（1）高填路段的地貌类型、地形的起伏变化情况及横向坡度。

（2）地基的土层结构、厚度、状态、密实度及软弱地层的发育情况。

（3）基岩的埋深和起伏变化情况。

（4）岩层产状、岩石的风化程度和岩体的节理发育程度。

（5）地基岩土的物理力学性质和地基承载力。

（6）地表水的类型、埋深、分布和水质。

（7）基底的稳定性。

4）深路堑

（1）挖方路段的地貌类型、地形起伏变化情况及横向坡度、斜坡的自然稳定状况。

（2）斜坡上覆盖层厚度、土质类型、地层结构、含水状态、胶结程度和密实度。

（3）覆盖层与基岩接触面的形态特征及起伏变化情况。

（4）基岩的岩性及其组合情况、岩石的风化程度和边坡岩体的结构类型。

（5）层理、节理、断层、软弱夹层等结构面的产状、规模及其倾向路基的情况。

（6）岩、土的物理力学性质，控制边坡稳定的结构面的抗剪强度。

（7）地下水的出露位置、流量、动态特征及对边坡稳定的影响。

（8）地表水的类型、分布、径流及对边坡稳定性的影响。

（9）深路堑边坡的稳定性。

5）支挡工程

（1）支挡路段的地形地貌特征、斜坡坡度和自然稳定状况。

（2）支挡路段层理、节理、断层、软弱夹层等结构面的产状、规模和发育情况。

（3）支挡工程地基的地层结构、岩土类型及其物理力学性质。

（4）地下水的类型、分布及其对边坡稳定的影响。

（5）不良地质和特殊性岩土的发育情况。

（6）支挡工程地基的承载力和锚固条件。

6）桥梁

（1）地貌的成因、类型、形态特征、河流及沟谷岸坡的稳定状况和地震动参数。

（2）褶皱的类型、规模、形态特征、产状及其与桥位的关系。

（3）断裂的类型、分布、规模、产状、活动性，破碎带宽度、物质组成及胶结程度。

（4）覆盖层的厚度、土质类型、分布范围、地层结构、密实度和含水状态。

（5）基岩的埋深、起伏形态，地层及其岩性组合，岩石的风化程度及节理发育程度。

（6）地基岩土的物理力学性质及承载力。

（7）特殊性岩土和不良地质的类型、分布及性质。

（8）地下水的类型、分布、水质和环境水的腐蚀性。

（9）水下地形的起伏形态、冲刷和淤积情况以及河床的稳定性。

（10）深基坑开挖对周围环境可能产生的不利影响。

（11）桥梁通过气田、煤层、采空区时，有害气体对工程建设的影响。

7）隧道

（1）地形地貌、地层岩性、水文地质条件、地震动参数。

（2）褶皱的类型、规模、形态特征。

（3）断裂的类型、规模、产状，破碎带宽度、物质组成、胶结程度、活动性。

（4）隧道围岩岩体的完整性、风化程度、围岩等级。

（5）隧道进出口地带的地质结构、自然稳定状况、隧道施工诱发滑坡等地质灾害的可能性。

（6）隧道浅埋段覆盖层的厚度、岩体的风化程度、含水状态及稳定性。

（7）水库、河流、煤层、采空区、气田、含盐地层、膨胀性地层、有害矿体及富含放射性物质的地层的发育情况。

（8）不良地质和特殊性岩土的类型、分布、性质。

（9）深埋隧道及构造应力集中地段的地温、围岩产生岩爆或大变形的可能性。

（10）岩溶、断裂、地表水体发育地段产生突水、突泥及塌方冒顶的可能性。

（11）傍山隧道存在偏压的可能性及其危害。

（12）洞门基底的地质条件、地基岩土的物理力学性质和承载力。

（13）地下水的类型、分布、水质、涌水量。

（14）平行导洞、斜井、竖井等辅助坑道的工程地质条件。

2. 公路工程地质各类勘察技术的基本要求

1）工程地质条件划分

工程地质条件可分为复杂、较复杂和简单三种。

（1）符合下列条件之一的，为复杂工程地质条件：地形地貌复杂；岩土种类多，性质变化大，基岩面起伏变化剧烈；特殊性岩土和不良地质强烈发育；抗震危险地段；地下水对工程有显著影响，水文地质条件复杂。

（2）符合下列条件之一的，为较复杂工程地质条件：地形地貌较复杂；岩土种类较多，性质变化较大，基岩面起伏变化较大；特殊性岩土和不良地质较发育；抗震不利地段；地下水对工程有影响，水文地质条件较复杂。

（3）符合下列条件之一的，为简单工程地质条件：地形地貌简单；岩土种类单一，性质变化不大，基岩面平缓；特殊性岩土和不良地质不发育；抗震有利地段；地下水对工程无影响，水文地质条件简单。

符合上述两个及以上者，宜按最不利条件确定工程地质条件复杂程度。对地质条件复杂或有特殊要求的工程，应进行专项研究。

2）岩石的分类

（1）岩石坚硬程度应按表 8-2-1 划分。

岩石坚硬程度划分　　　　　　　　　　表 8-2-1

岩石单轴饱和抗压强度 R_c（MPa）	$R_c > 60$	$60 \geqslant R_c > 30$	$30 \geqslant R_c > 15$	$15 \geqslant R_c > 5$	$R_c \leqslant 5$
坚硬程度	坚硬岩	较坚硬岩	较软岩	软岩	极软岩

（2）岩体完整程度应按表 8-2-2 划分。

岩体完整程度划分　　　　　　　　　　表 8-2-2

名称	结构面发育程度		主要结构面结合程度	主要结构面类型	相应结构类型
	组数	平均间距（m）			
完整	1～2	>1.0	好或一般	节理、裂隙、层面	整体状或巨厚层状结构
较完整	1～2	>1.0	差	节理、裂隙、层面	块状或厚层状结构
	2～3	1.0～0.4	好或一般		块状结构
较破碎	2～3	1.0～0.4	差	节理、裂隙、层面、小断层	裂隙块状或中厚层状结构
	>3	0.4～0.2	好		镶嵌破碎结构
			一般		中、薄层状结构
破碎	>3	0.4～0.2	差	各种类型结构面	裂隙块状结构
		<0.2	一般或差		碎裂状结构
极破碎	无序		很差		散体状结构

注：平均间距指主要结构面（1～2 组）间距的平均值，所谓主要结构面是指岩体内相对发育，即张开度较大、充填物较差、成组性较好的结构面。

（3）岩体完整程度的定量指标,应采用岩体完整性系数 K_v。K_v 应采用实测值,无条件取得实测值时,可用岩体体积节理数 J_v 按表8-2-3确定对应的 K_v 值。

J_v 与 K_v 对照表   表 8-2-3

J_v（条/m²）	< 3	3 ~ 10	10 ~ 20	20 ~ 35	> 35
K_v	> 0.75	0.75 ~ 0.55	0.55 ~ 0.35	0.35 ~ 0.15	< 0.15

注:岩体体积节理数 J_v 按《公路工程地质勘察规范》(JTG C20—2011)附录 A 确定。

（4）岩体完整性系数 K_v 与岩体完整程度的对应关系可按表8-2-4确定。

K_v 与按表8-2-2确定的岩体完整程度的对应关系   表 8-2-4

K_v	> 0.75	0.75 ~ 0.55	0.55 ~ 0.35	0.35 ~ 0.15	< 0.15
岩体完整程度	完整	较完整	较破碎	破碎	极破碎

注:岩体完整性系数 K_v 按《公路工程地质勘察规范》(JTG C20—2011)附录 A 确定。

（5）结构面结合程度宜按表8-2-5划分。

结构面结合程度划分   表 8-2-5

结合程度	好	一般	差	很差
结构面特征	张开度小于 1mm,无充填物。 张开度 1 ~ 3mm,为硅质或铁质胶结。 张开度大于 3mm,结构面粗糙,为硅质胶结	张开度 1 ~ 3mm,为钙质或泥质胶结。 张开度大于 3mm,结构面粗糙,为铁质或钙质胶结	张开度 1 ~ 3mm,结构面平直,为泥质、泥质和钙质胶结。 张开度大于 3mm,多为泥质或岩屑充填	泥质充填或泥夹岩屑充填,充填物厚度大于起伏差

（6）岩石风化程度可按表8-2-6划分。当波速比 K_v、风化系数 K_f 及野外特征与表列不对应时,岩石风化程度宜综合判定。

岩石风化程度划分   表 8-2-6

风化程度	野 外 特 征	风化程度参数指标	
		波速比 k_v	风化系数 k_f
未风化	岩质新鲜,偶见风化痕迹	0.9 ~ 1.0	0.9 ~ 1.0
微风化	结构基本未变,仅节理面有渲染或略有变色,有少量风化裂隙	0.8 ~ 0.9	0.8 ~ 0.9
中风化	结构部分破坏,沿节理面有次生矿物,风化裂隙发育,岩体被切割成岩块。用镐难挖,岩芯钻方可钻进	0.6 ~ 0.8	0.4 ~ 0.8
强风化	结构大部分破坏,矿物成分已显著变化,风化裂隙很发育,岩体破碎,用镐可挖,干钻不易钻进	0.4 ~ 0.6	< 0.4
全风化	结构基本破坏,但尚可辨认,有残余结构强度,可用镐挖,干钻可钻进	0.2 ~ 0.4	—

注:1. 波速比 k_v 为风化岩石弹性纵波速度与新鲜岩石弹性纵波速度之比。
　　2. 风化系数 k_f 为风化岩石与新鲜岩石的单轴饱和抗压强度之比。

（7）岩体节理发育程度应按表8-2-7划分。

岩体节理发育程度划分　　　　　　　　　　　　　　　　表 8-2-7

节理间距 $d(\text{mm})$	$d>400$	$200<d\leqslant400$	$20<d\leqslant200$	$d\leqslant20$
节理发育程度	不发育	发育	很发育	极发育

（8）岩层厚度分类应按表 8-2-8 确定。

岩层厚度分类　　　　　　　　　　　　　　　　表 8-2-8

单层厚度 $h(\text{m})$	$h>1.0$	$0.5<h\leqslant1.0$	$0.1<h\leqslant0.5$	$h\leqslant0.1$
岩层厚度分类	巨厚层	厚层	中厚层	薄层

（9）岩石的描述应包括地质年代、岩石名称、颜色、主要矿物、结构、构造和风化程度等。

（10）岩体的描述应包括结构面、结构体和岩层厚度，并应满足以下要求：结构面应描述其类型、性质、产状、间距、密度、结合程度和含水状况等；结构体应描述其形状和规模等。

3）土的分类

（1）土可根据其地质成因分为残积土、坡积土、崩积土、冲积土、洪积土、风积土、湖积土、海积土和冰积土等。

（2）土可根据其所具有的工程地质特性分为黄土、冻土、膨胀土、盐渍土、软土、红黏土和填土等。

（3）土可根据颗粒成分分为碎石土、砂土、粉土和黏性土。

（4）碎石土的密实度，宜根据圆锥动力触探锤击数按表 8-2-9 和表 8-2-10 确定。

碎石土密实度划分（一）　　　　　　　　　　　　　表 8-2-9

重型圆锥动力触探锤击数 $N_{63.5}$	$N_{63.5}>20$	$10<N_{63.5}\leqslant20$	$5<N_{63.5}\leqslant10$	$N_{63.5}\leqslant5$
密实度	密实	中密	稍密	松散

注：本表适用于平均粒径小于或等于 50mm，且最大粒径不超过 100mm 的碎石土。

碎石土密实度划分（二）　　　　　　　　　　　　　表 8-2-10

超重型圆锥动力触探锤击数 N_{120}	$N_{120}>11$	$6<N_{120}\leqslant11$	$3<N_{120}\leqslant6$	$N_{120}\leqslant3$
密实度	密实	中密	稍密	松散

注：本表适用于平均粒径大于 50mm，或最大粒径大于 100mm 的碎石土。

（5）碎石土的密实度可根据其野外特征按表 8-2-11 鉴别。

碎石土密实度野外鉴别　　　　　　　　　　　　　表 8-2-11

密实度	骨架颗粒含量和排列	可 挖 性	可 钻 性
密实	骨架颗粒质量大于总质量的70%，呈交错排列，连续接触	锹镐挖掘困难，用撬棍方能松动，并壁较稳定	钻进极困难，冲击钻探时，钻杆、吊锤跳动剧烈，孔壁较稳定
中密	骨架颗粒质量为总质量的60%~70%，呈交错排列，大部分接触	锹镐可挖掘，并壁有掉块现象，从并壁取出大颗粒处，能保持颗粒凹面形状	钻进较困难，冲击钻探时，钻杆、吊锤跳动不剧烈，孔壁有坍塌现象
稍密	骨架颗粒质量为总质量的55%~60%，排列混乱，大部分不接触	锹镐可挖掘，并壁易坍塌，从井壁取出大颗粒后，立即塌落	钻进较容易，冲击钻探时，钻杆稍有跳动，孔壁易坍塌
松散	骨架颗粒质量小于总质量的55%，排列十分混乱，绝大部分不接触	锹镐可挖掘，并壁极易坍塌	钻进很容易，冲击钻探时，钻杆无跳动，孔壁极易坍塌

注：密实度应按表中所列各项特征综合确定。

（6）砂土的密实度应按表 8-2-12 划分。

砂土密实度划分 表 8-2-12

标准贯入试验锤击数实测值 N	$N>30$	$15<N\leqslant30$	$10<N\leqslant15$	$N\leqslant10$
密实度	密实	中密	稍密	松散

（7）粉土的密实度应按表 8-2-13 划分。

粉土密实度划分 表 8-2-13

密 实 度	孔隙比 e	密 实 度	孔隙比 e
密实	$e<0.75$	稍密	$e>0.90$
中密	$0.75\leqslant e\leqslant0.90$		

（8）黏性土的压缩性应按表 8-2-14 划分。

黏性土压缩性划分 表 8-2-14

压 缩 性	压缩系数 $a_{0.1\sim0.2}$（MPa^{-1}）	压 缩 性	压缩系数 $a_{0.1\sim0.2}$（MPa^{-1}）
低压缩性	$a_{0.1\sim0.2}<0.1$	高压缩性	$a_{0.1\sim0.2}\geqslant0.5$
中压缩性	$0.1\leqslant a_{0.1\sim0.2}<0.5$		

注：表中 $a_{0.1\sim0.2}$ 为 $0.1\sim0.2$MPa 压力范围内的压缩系数。

（9）砂土的湿度应按表 8-2-15 划分。

砂土的湿度划分 表 8-2-15

湿 度	饱和度 S_r（%）	湿 度	饱和度 S_r（%）
稍湿	$S_r\leqslant50$	饱和	$S_r>80$
潮湿	$50<S_r\leqslant80$		

（10）粉土的湿度应按表 8-2-16 划分。

粉土的湿度划分 表 8-2-16

湿 度	天然含水率 w（%）	湿 度	天然含水率 w（%）
稍湿	$w<20$	很湿	$w>30$
湿	$20\leqslant w\leqslant30$		

（11）黏性土的状态应按表 8-2-17 划分。

黏性土的状态划分 表 8-2-17

状 态	液性指数 I_L	状 态	液性指数 I_L
坚硬	$I_L\leqslant0$	软塑	$0.75<I_L\leqslant1.0$
硬塑	$0<I_L\leqslant0.25$	流塑	$I_L>1.0$
可塑	$0.25<I_L\leqslant0.75$		

（12）黏性土可按表8-2-18划分。

黏 性 土 划 分 　　　　　　　　　　　　表8-2-18

黏性土分类	地 质 年 代
老黏性土	第四纪晚更新世（Q_3）及以前
一般黏性土	第四纪全更新世（Q_4）文化期以前
新近沉积黏性土	第四纪全更新世（Q_4）文化期以来

（13）土的描述应包括名称、地质年代和成因类型，并应符合下列规定：

①碎石土应描述颜色、颗粒级配、颗粒形状、碎石成分、风化程度、充填物的类型、充填程度和密实度等。

②砂土应描述颜色、颗粒级配、颗粒形状、矿物成分、黏粒含量、湿度和密实度等。

③粉土应描述颜色、湿度、密实度、含有物等。

④黏性土应描述颜色、状态、含有物等。

⑤特殊性土除应描述上述相应土类规定的内容外，尚应描述其特殊成分和特殊性质。

二、熟悉工程项目勘察各阶段的勘察要求以及所使用的基本技术

1）预可勘察阶段

（1）预可勘察应了解公路建设项目所处区域的工程地质条件及存在的工程地质问题，为编制预可行性研究报告提供工程地质资料。

（2）预可勘察应充分收集区域地质、地震、气象、水文、采矿、灾害防治与评估等资料，采用资料分析、遥感工程地质解译、现场踏勘调查等方法，对各路线走廊带或通道的工程地质条件进行研究。

2）工可勘察阶段

（1）工可勘察应初步查明公路沿线的工程地质条件和对公路建设规模有影响的工程地质问题，为编制工程可行性研究报告提供工程地质资料。

（2）工可勘察应以资料收集和工程地质调绘为主，辅以必要的勘探手段，对项目建设各工程方案的工程地质条件进行研究。

3）初步勘察阶段

（1）初步勘察应基本查明公路沿线及各类构筑物建设场地的工程地质条件，为工程方案比选及初步设计文件编制提供工程地质资料。

（2）初步勘察应与路线和各类构筑物的方案设计相结合，根据现场地形地质条件，采用遥感解译、工程地质调绘、钻探、物探、原位测试等手段相结合的综合勘察方法，对路线及各类构筑物工程建设场地的工程地质条件进行勘察。

（3）初步勘察应对工程项目建设可能诱发的地质灾害和环境工程地质问题进行分析、预测，评估其对公路工程和环境的影响。

4）详细勘察阶段

（1）详细勘察应查明公路沿线及各类构筑物建设场地的工程地质条件，为施工图设计提供工程地质资料。

（2）详细勘察应充分利用初勘取得的各项地质资料，采用以钻探、测试为主，调绘、物探、简易勘探等手段为辅的综合勘察方法，对路线及各类构筑物建设场地的工程地质条件进行勘察。

三、了解各种勘察方法的基本要求和内容

1. 工程地质调绘

工程地质调绘是指通过现场观察、量测和描述，对工程建设场地的工程地质条件进行调查研究，并将有关的地质要素以图例、符号表示在地形图上的勘察方法。

1）基本要求

（1）工程地质调绘应与路线及沿线工程结构相结合，为路线方案比选、工程场地选址以及勘探、测试工作量的拟定等提供依据。

（2）工程地质调绘应充分收集、分析勘察区既有的各种地质资料，结合必要的遥感解译及勘探手段进行。对控制路线方案或影响工程结构设置的地质界线，应采用追索法、穿越法进行工程地质调绘。

（3）工程地质调绘底图的比例尺不应小于工程地质图成图的比例尺。

（4）工程地质调绘采用的地层单位应与公路基本建设程序各阶段的工作内容、深度和成图比例尺相适应，按表 8-2-19 选用。

地层单位划分表　　　　　　　　　　　　　　　　表 8-2-19

勘察阶段	预可勘察	工可勘察	初步勘察	详细勘察
地层单位	群、组	群、组	组、岩性段	组、岩性段

（5）工程地质调绘应沿路线及其两侧的带状范围进行，调绘宽度应满足工程方案比选及工程地质分析评价的要求。

（6）工程地质调绘点在图上的密度为每 100mm×100mm 不得少于 4 个。

（7）工程地质调绘点应布置在地貌单元的边界、地层接触线、断层、地下水出露点、特殊性岩土及不良地质体的界线、具有代表性的节理和岩层露头，以及大桥、特大桥、长隧道、特长隧道、高填深挖路段等部位。

（8）工程地质调绘图上的地质界线与实际地质界线的误差在图上的距离不应大于 3mm。对控制路线位置、工程设计方案、工程结构设置的不良地质和特殊性岩土地段，地质点和地质界线应采用仪器测绘。

（9）图上宽度大于 2mm 的地质现象应予以调绘。对公路工程有影响的滑坡、崩塌、断层、软弱夹层等地质现象，在图上的宽度不足 2mm 时，宜采用扩大比例尺表示，并标注其实际数据。

（10）需判明环境水、土的腐蚀性以及岩土的性质时，应采集样品进行分析。

（11）工程地质调绘应提交文字说明、工程地质平面图、综合地层柱状图、工程地质断面图、照片以及相关调查图表等。

2）主要内容

（1）地形地貌的成因、类型、分布、规模、形态特征等。

（2）地层的成因、年代、层序、厚度、岩性和岩石的风化程度等。

（3）地质构造的类型、产状、规模、分布范围等。

（4）地下水的类型、埋深、赋存、补给、排泄和径流条件，以及水系、井、泉的分布位置、高程和动态特征等。

（5）特殊性岩土的类型、分布范围及工程地质性质等。

（6）不良地质的类型、分布范围、规模、形成条件、发生与发展的规律等。

（7）既有工程的使用情况等。

2. 工程地质勘探

工程地质勘探是指为查明工程地质条件而进行的钻探、物探和坑（槽、硐）探等工作的总称。工程地质勘探在工程地质调绘的基础上进行。采用的勘探方法及勘探工作量应根据现场地形地质条件、工程结构设置、勘探的目的和要求等综合确定。

1）工程地质勘探点布设

（1）应采用全站仪、GPS 等工程测量仪器布设工程地质勘探点。

（2）勘探点位置定位误差：陆地不应大于 0.1m；水中不宜大于 0.5m；当水深流急，固定钻船困难时，不应大于 1.0m，并应在套管固定后核测孔位。

（3）勘探点地面孔口高程误差：陆地不应大于 0.01m；水中不应大于 0.1m；钻孔中地层分层误差不宜大于 0.1m。受潮汐影响的桥位，孔口高程测量应进行实际孔深换算。

（4）勘探完成后，应复测勘探点的平面位置及高程。勘探点的位置应以坐标和里程桩号表示，并做好测量记录。

2）挖探

（1）探坑（井）、探槽的深度不宜超过地下水位，竖井和平硐的深度、长度和断面尺寸等应根据工程地质勘探的目的和要求确定。

（2）坑（井）探、槽探和硐探提供的成果资料应包括文字描述、断面图、展示图和代表性部位的照片等。

3）钻探

（1）钻机类型、钻探工艺和取样方法应根据现场地形地质条件和勘探的目的确定，并详细记录、认真分析钻探资料和岩芯情况。

（2）钻孔深度应根据构筑物的类型、规模以及水文地质和工程地质评价的需要确定。

（3）钻探应根据地层条件、取芯和取样要求，严格控制钻进的回次长度，钻进回次长度不得大于岩芯管长度。

（4）岩芯采取率在完整的岩层中不宜小于 90%，在强风化岩层中不宜小于 65%，黏性土层中不宜小于 85%，砂类土层中不宜小于 65%，破碎岩层、碎石土层中不宜小于 50%，断层破碎带等重点研究孔段宜提高岩芯采取率，并不得遗漏对工程有重要影响的软弱夹层和滑动面等。

（5）岩芯应按采集的先后在现场按从上到下、从左到右顺序排列。每回次钻进采集的岩芯应填写岩芯卡片，标明工点名称、钻孔编号、岩芯采集的深度，岩芯采取率、钻进回次编号和必要的地质描述，并留存全孔岩芯彩色照片。

（6）高边坡、特大桥、特长隧道、地质情况复杂的工点以及不良地质路段，宜选择代表性钻孔采集的岩芯装箱保存。

（7）钻孔孔径除应满足岩土试验对取样的要求外，尚应结合原位测试、水文地质试验、地应力测量等要求确定。

（8）钻探现场记录应按钻进回次及时填写,详细描述地层、地下水、岩芯采取率和钻进过程中的异常情况等。

（9）采取的岩石、土、水样应具有代表性,原状样品在运输和保管过程中应采取措施,保持密封,不得扰动。

（10）用作长期观测的钻孔应做好维护,对交通、环境、安全有影响的钻孔应按相关规定进行封孔作业。

（11）钻探应提供现场原始记录、钻孔柱状图和照片等。

4）物探

（1）采用物探方法时,应具备下列条件:

①被探测的地质体与周围介质之间具有明显的物性差异。

②被探测的地质体具有一定的规模和埋藏深度,具备相应的施工和观测条件。

③干扰背景不影响有效信号的观测和识别。

④不利的地形、地物不致影响正常的推断、解释。

（2）采用的物探方法和技术参数应结合现场地形、地球物理条件和勘探的目的,在方法试验的基础上确定。

（3）物探成果的解释应与其他勘探资料相互对比,综合分析,并有钻探加以印证。

（4）物探应提供现场原始记录、物探解释图、照片等。

3. 原位测试

原位测试是指为研究岩土体的工程特性,在现场原地层中进行的有关岩土体物理力学指标的各种测试方法的总称。原位测试应结合地区经验在综合分析的基础上提供岩土参数。原位测试提供现场原始记录、原位测试曲线图表、照片等。原位测试方法可根据勘察目的、岩土条件及测试方法的适用性等按表8-2-20选用。

原位测试常用方法适用范围一览表

表8-2-20

测 试 方 法	适用的岩土类别							取得的岩土参数				
	岩石	碎石土	砂土	粉土	黏性土	软土	填土	剖面分层	物理状态	强度参数	承载力	液化判别
载荷板试验(PLT)	△	○	○	○	○	○	○			△	○	
现场直剪试验(FDST)	○	○		△	△	◇	◇			○		
十字板剪切试验(VST)				△	△	○				○	△	
标准贯入试验(SPT)			○	△	△	◇	△	△	△		△	○
动力触探试验(DPT)		○	○	△	△	◇	△	△	◇		△	
静力触探试验(CPT)			△	△	△	○	△	○	△	△	△	○
旁压试验			○	△	△	△	△			△	△	
扁铲侧胀试验			△	△	△	○		△	△	△	△	
地应力测试	△											

注:○-很适用;△-适用;◇-较适用。

4. 室内试验

（1）室内试验应根据工程要求和岩土类型选择岩石试验、土工试验、岩土矿物分析、水质分析等试验项目和试验方法。

（2）室内试验应符合《公路土工试验规程》（JTG 3430—2020）、《公路工程岩石试验规程》（JTG E41—2005）等相关标准的规定。

（3）工程地质勘察宜在工地设置试验室，无条件设置工地试验室时，试样不得因长时间存放或长距离运输影响试验数据的真实性。

四、掌握市政工程勘察的基本要求

1. 基本规定

1）市政工程勘察等级

市政工程勘察应根据市政工程的重要性、场地复杂程度和岩土条件复杂程度进行等级划分。

（1）市政工程的重要性等级应结合项目特点，按表8-2-21划分。

表 8-2-21

市政工程重要性等级划分

工程类别		一　级	二　级	三　级
道路工程		快速路和主干路	次干路	支路、公交场站和城市广场的道路与地面工程
桥涵工程		特大桥、大桥	除一级、三级之外的城市桥涵	小桥、涵洞及人行地下通道
隧道工程		均按一级	—	—
室外管道工程	顶管或定向钻方法施工	均按一级	—	—
	明挖法施工	$z>8m$	$5m \leq z \leq 8m$	$z<5m$
给排水厂站工程		大型、中型厂站	小型厂站	—
堤岸工程		桩式堤岸和桩基加固的混合式堤岸	圬工结构或钢筋混凝土结构的天然地基堤岸	土堤

注：1. 根据设计路面高程与原地面高程的相对关系，道路工程可分为一般路基、高路堤、陡坡路堤和路堑。高路堤、陡坡路堤和路堑的工程重要性等级宜在表8-2-21基础上提高一级。

　　2. z 为管道工程基坑开挖深度。

（2）市政工程的场地复杂程度等级宜按表8-2-22划分。

表 8-2-22

场地复杂程度等级

等级	场地复杂程度	划分依据
一级	复杂	地形地貌复杂；抗震危险地段；不良地质作用强烈发育；地质环境已经或可能受到强烈破坏；地下水对工程的影响大；周边环境条件复杂
二级	中等复杂	地形地貌较复杂；抗震不利地段；不良地质作用一般发育；地质环境已经或可能受到一般破坏；地下水对工程的影响一般；周边环境条件中等复杂
三级	简单	地形地貌简单；抗震一般或有利地段；不良地质作用不发育；地质环境基本未受破坏；地下水对工程无影响；周边环境条件简单

注：1. 等级划分只需满足划分依据中任何一个条件即可。

　　2. 从一级开始，向二级、三级推定，以最先满足的为准。

(3)市政工程的岩土条件复杂程度宜按表8-2-23划分。

岩土条件复杂程度等级　　　　　　　　　　　表8-2-23

等级	岩土条件复杂程度	划分依据
一级	复杂	岩土种类多,很不均匀;围岩或地基、边坡的岩土性质变化大;存在需进行专门治理的特殊性岩土
二级	中等复杂	岩土种类较多,不均匀;围岩或地基、边坡的岩土性质变化较大;特殊性岩土不需要专门治理
三级	简单	岩土种类单一,均匀;围岩或地基、边坡的岩土性质变化不大;无特殊性岩土

注:1.等级划分只需满足划分依据中任何一个条件即可;
　　2.从一级开始,向二级、三级推定,以最先满足的为准。

(4)市政工程的勘察等级可按表8-2-24划分。

市政工程的勘察等级　　　　　　　　　　　表8-2-24

等级	划分条件
甲级	在工程重要性等级、场地复杂程度等级、岩土条件复杂程度等级中有一项或多项为一级的
乙级	除甲级和丙级以外的勘察项目
丙级	工程重要性等级、场地复杂程度等级、岩土条件复杂程度等级均为三级

2)专项勘察

(1)对工程周边重要建(构)筑物或对工程建设有重要影响的地下设施,应进行专项勘察,并应查明其埋藏、分布情况,分析其与拟建市政工程之间的相互影响。

(2)对重要工程,当水文地质条件对工程评价或工程降水有重大影响或需论证工程使用期间水位变化和抗浮设计水位建议值时,应进行专门的水文地质勘察。

(3)对既有市政基础设施的改扩建工程,当需评估既有地基基础的工程状态、分析其再利用性能时,应进行专项勘察。

2.勘察阶段划分与基本工作内容

市政工程勘察宜按可行性研究勘察、初步勘察、详细勘察三个阶段开展工作,并可根据施工阶段的需要进行施工勘察。市政工程勘察应根据不同的勘察阶段、工程类别和重要性、场地及岩土条件的复杂程度、设计要求,确定勘察方案和提交勘察成果。

1)可行性研究勘察

可行性研究勘察应对拟建场地的稳定性和工程建设的适宜性做出评价,并应以搜集资料、工程地质测绘和调查为主,必要时应进行适当的勘探、测试及试验。工作内容应包括:

(1)搜集区域地质、构造、地震、水文、气象、地形、地貌等资料。

(2)了解场地的工程地质条件和水文地质条件概况。

(3)调查拟建场区及周边环境条件。

(4)分析不良地质作用和场地稳定性,划分抗震地段类别。

(5)评价拟建场地工程建设的适宜性。

(6)存在两个或以上拟选场地时,进行比选分析。

2)初步勘察

初步勘察宜在可行性研究勘察的基础上,初步查明拟建场地的岩土工程条件,提出初步设计所需的建议及岩土参数。工作内容应包括:

(1)初步查明拟建场地不良地质作用的分布、规模、成因、发展趋势等。

(2)初步查明场地岩土体地质年代、成因、结构及其工程性质。

(3)初步查明地下水的埋藏条件、动态变化规律以及和地表水的补排关系。

(4)初步判定水和土对工程材料的腐蚀性。

(5)初步查明特殊性岩土的工程性质并对其进行相应的评价。

(6)初步评价场地和地基的地震效应。

(7)对可能采用的地基基础方案、围岩及边坡稳定性进行初步分析评价。

3)详细勘察

详细勘察应针对工程特点和场地岩土条件,进行岩土工程分析与评价,提供设计和施工所需的岩土参数及有关结论和建议。工作内容应包括:

(1)查明拟建场地不良地质作用的分布、规模、成因,分析发展趋势,评价其对拟建场地的影响,提出防治措施的建议。

(2)查明场地地层结构及其物理、力学性质。

(3)查明特殊性岩土、河湖沟坑及暗浜的分布范围,调查工程周边环境条件,分析评价其对设计与施工的影响。

(4)查明地下水埋藏条件及其和地表水的补排关系,提供地下水位动态变化规律,根据需要分析评价其对工程的影响。

(5)判定水、土对工程材料的腐蚀性。

(6)对场地和地基的地震效应进行评价,提供抗震设计所需的有关参数。

(7)根据需要,对地基工程性质、围岩分级及稳定性、边坡稳定性等进行分析与评价。

(8)对设计与施工中的岩土工程问题进行分析评价,提供岩土工程技术建议和相关岩土参数。

3. 城市道路工程

城市道路勘察应对沿线路基的稳定性和岩土条件做出工程评价,并为路基设计、不良地质作用的防治、特殊性岩土的治理等提供必要的岩土参数和建议。城市既有道路改扩建工程及病害治理时,对原路面结构及原路开裂、翻浆、隆陷等缺陷地段,应通过专项工作并采用综合勘察方法,分析病害原因,提出防治措施的建议。

1)可行性研究勘察

可行性研究勘察应通过搜集资料、现场踏勘,辅以必要的勘探测试工作,调查道路沿线工程地质条件、水文地质条件及不良地质作用,评价场地稳定性和适宜性。

2)初步勘察

(1)初步勘察应初步查明道路沿线的工程地质和水文地质条件,为路基类型选择及不良地质作用的防治提供依据。

(2)初步勘察勘探点的间距宜根据道路分类、场地及岩土条件的复杂程度按表8-2-25确定。公交场站和城市广场的道路与地面勘探点间距宜为 $100 \sim 200\mathrm{m}$。对场地及岩土条件特别复杂的区段,可加密勘探点,并应布置控制性横剖面。

初步勘察勘探点间距(单位:m)   表 8-2-25

场地及岩土条件复杂等级	一 般 路 基	高路堤、陡坡路堤	路堑、支挡结构
一级	150 ~ 300	100 ~ 150	100 ~ 150
二级	300 ~ 500	150 ~ 300	150 ~ 250
三级	400 ~ 600	300 ~ 500	250 ~ 400

(3)初步勘察勘探孔的深度应满足路基地基稳定性分析、变形计算、地基处理方案比选的要求。

3)详细勘察

(1)详细勘察应根据确定的道路设计方案、设计对勘察的技术要求,为道路设计、路基处理、道路施工等提供详细的岩土参数,并做出分析、评价,提出相关建议。

(2)详细勘察勘探点的布置应符合下列规定:

①道路勘探点宜沿道路中线布置。当一般路基的道路宽度大于 50m、其他路基形式的道路宽度大于 30m 时,宜在道路两侧交错布置勘探点。当路基岩土条件特别复杂时,应布置横剖面。

②详细勘察勘探点的间距可根据道路分类、场地和岩土条件的复杂程度按表 8-2-26 确定。公交场站和城市广场的道路与地面可按方格网布置勘探点,勘探点间距宜为 50 ~ 100m。

详细勘察勘探点间距(单位:m)   表 8-2-26

场地及岩土条件复杂等级	一 般 路 基	高路堤、陡坡路堤	路堑、支挡结构
一级	50 ~ 100	30 ~ 50	30 ~ 50
二级	100 ~ 200	50 ~ 100	50 ~ 75
三级	200 ~ 300	100 ~ 200	75 ~ 150

③每个地貌单元、不同地貌单元交界部位、相同地貌内的不同工程地质单元均应布置勘探点,在微地貌和地层变化较大的地段应予以加密。

④路堑、陡坡路堤及支挡工程的勘察,应在代表性的区段布设工程地质横断面,每条横断面上的勘探点不应少于 2 个。

⑤当线路通过沟、浜、湮埋的沟坑和古河道等地段时,勘探点的间距宜控制在 20 ~ 40m,控制边界线勘探点间距可适当加密。

(3)详细勘察勘探孔深度应符合下列规定:

①一般路基、公交场站和城市广场的道路与地面的勘探孔深度宜达到原地面以下 5m,在挖方地段宜达到路面设计高程以下 4m;当分布有填土、软土和可液化土层等特殊性岩土时,勘探孔应适当加深;在勘探深度内遇基岩时,应有勘探孔(井)钻(挖)入基岩一定深度,查明基岩风化特征。其他勘探孔(井)可钻(挖)入基岩适当深度。

②高路堤勘探孔的深度应满足稳定性分析评价要求,控制性勘探孔应满足变形计算的要求。

③陡坡路堤、路堑、支挡工程的勘探孔深度应满足稳定性分析评价和地基处理的要求。

(4)详细勘察的取样和测试工作应符合下列规定:

①一般路基的钻孔应采取土样;高路堤、陡坡路堤、路堑、支挡结构采取的土样和进行原位测试的勘探孔数量不应少于勘探孔总数的1/2;控制性勘探孔的比例不应少于勘探孔总数的1/3。

②采取土样的竖向间距应按地基的均匀性和代表性确定,在原地面或路面设计高程以下1.5m和软土地区原地面或路面设计高程以下3m的深度范围内,取土间距宜为0.5m,上述深度以下的取土间距可适当放宽。

③划分路基土类别和路基干湿类型时,应进行颗粒分析及天然含水量、液限、塑限试验。

④软土地区高路堤宜进行标准固结试验、静三轴压缩试验(不固结不排水)、无侧限抗压强度试验、承载比(CBR)试验或十字板剪切试验。

⑤对路堑、下沉广场等挖方工程,需要时应进行水文地质试验。

⑥对高路堤、陡坡路堤等填方工程,需要时宜对填筑土料进行击实试验。

4.城市桥涵工程

城市桥涵勘察应对地基做出岩土工程评价,为地基方案选择及基础设计提供工程地质依据和必要的设计参数,并提出相应的建议。

1)可行性研究勘察

可行性研究勘察应以搜集资料、工程地质调查和测绘为主,在特大桥、大桥的主要墩台部位宜进行适当的勘探工作。

2)初步勘察

(1)初步勘察应初步查明拟建场地的工程地质及水文地质条件,评价拟建地段的稳定性。

(2)初步勘察勘探线应与桥梁的轴线方向一致,勘探点宜布置在桥梁轴线两侧可能建造墩台的部位。对特大桥的主桥,每个墩台勘探点不宜少于1个;对其他桥梁,可采取隔墩台或隔墩台交叉布置勘探点。

(3)采取土试样和进行原位测试的勘探孔数量宜占勘探孔总数的1/3～1/2。

(4)控制性勘探孔的勘探深度应满足地基基础方案比选和地基稳定性、变形计算的要求,一般性勘探孔应满足查明地基持力层和软弱下卧土层分布的要求。

(5)对于岩溶、土洞、采空区,应采用物探、钻探、井探、槽探相结合的综合勘察手段。

3)详细勘察

(1)详细勘察应查明地基的岩土工程条件,提供地基基础设计、地基处理与加固、不良地质作用防治与特殊性岩土治理的建议和相关岩土技术参数。

(2)**勘探点的布置应符合下列规定:**

①对特大桥的主桥,每个墩台勘探点不应少于2个;对其他桥梁,宜逐墩台布置勘探点,岩土条件复杂程度等级为三级时可隔墩台布点。

②对人行天桥主桥可逐墩台布点,梯道可隔墩台布点,梯脚部位应布置勘探点。

③城市涵洞和人行地下通道的勘探点间距宜为20～35m,单个涵洞、人行地下通道的勘探点不应少于2个,当场地或岩土条件复杂程度为一级时应适当增加勘探点。

④相邻勘探点揭示的地层变化较大、影响基础设计和施工方案的选择时,应适当增加勘探点数量。

(3)**勘探孔深度应符合下列规定:**

①当拟采用天然地基时,勘探孔深度应能控制地基主要受力层;一般性勘探孔应达到基底下 0.5~1.0 倍的基础宽度,且不应小于 5m;控制性勘探孔的深度应超过地基变形计算深度;对覆盖层较薄的岩质地基,勘探孔深度应达到可能的持力层(或埋置深度)以下 3~5m。

②当拟采用桩基时,控制性勘探孔应穿透桩端平面以下压缩层厚度;一般性勘探孔深度宜达到预计桩端以下 3~5 倍桩径,且不应小于 3m,对于大直径桩不应小于 5m;嵌岩桩的控制性勘探孔应深入预计嵌岩面以下 3~5 倍桩径,一般性勘探孔应深入预计嵌岩面以下 1~3 倍桩径,并应穿过溶洞、破碎带,达到稳定地层。

③当采用沉井基础时,勘探孔深度应根据沉井刃脚埋深和地质条件确定,宜达到沉井刃脚以下 0.5~1.0 倍沉井直径(宽度),并不应小于 5m。

(4)详细勘察阶段,控制性勘探孔数量不应少于勘探孔总数的 1/3;采取土试样和进行原位测试的勘探孔数量不应少于勘探孔总数的 1/2;当勘探孔总数少于 3 个时,每个勘探孔均应取样或进行原位测试。

5. 城市隧道工程

城市隧道勘察应根据设计阶段的任务、目的和要求,采用综合勘察方法,评价隧道围岩地质条件、围岩稳定性以及进出洞口、竖(斜)井、横洞、风道等特殊部位的工程地质条件,提供设计、施工相关的岩土参数。对煤层、矿体、膨胀岩土、黄土、采空区、岩溶区等不良地质作用发育区和特殊性岩土分布地段,应查明其类型、性质、范围及其发生和发展情况,评价其对隧道的影响程度,并提出防治建议。当采用矿山法、新奥法、盾构掘进机法、全断面隧道掘进机(TBM)法施工时,陆域段的勘探点应布置在隧道边线外侧 3~5m,水域段的勘探点应布置在隧道外侧 6~10m,勘探点宜交错布置。对地质条件或岩土条件特别复杂的地段,应在详勘工作基础上,针对隧道施工方法的专门要求,进行施工勘察。城市隧道工程勘察时,应专项调查沿线重要建(构)筑物的基础类型、结构形式和使用状态,并分析隧道工程建设与周边重要建(构)筑物、地下设施之间的相互影响。

1)可行性研究勘察

(1)可行性研究勘察应以搜集资料、现场调查为主,辅以必要的勘探、测试工作,了解隧址段工程地质及水文地质条件,尤其是地质构造、不良地质作用、特殊性岩土的发育情况,初步评价对隧道的影响。当存在两个或以上拟选场地时,应进行隧址的可行性比选。

(2)工程地质测绘比例尺宜为 1:2000~1:5000。山岭隧道的测绘范围宜为线位两侧各 200~300m,地(水)下隧道的测绘范围宜为线位两侧 300~500m。

(3)勘探点间距宜为 400~500m。在松散地层中,勘探孔深度应达到拟建隧道结构底板下 2.5 倍隧道高度,且不应小于 20m。在微风化~中等风化岩石中,勘探孔深度应达到拟建隧道结构底板下,且不应小于 8m。遇岩溶、土洞、暗河等应穿透并根据需要加深。

2)初步勘察

(1)初步勘察应为初步设计和施工方法的选择提供岩土参数和相关建议。

(2)初步勘察方法以地质调查和测绘为主,辅以代表性钻探测试工作。城市山岭隧道,应采用以地质调查和测绘及物探为主的勘探方法。

(3)工程地质测绘比例尺洞身段宜为 1:1000~1:2000,隧洞口边坡影响范围宜为 1:500,断面图宜为 1:100~1:200。

（4）物探方法的选择和物探测线的布置应根据隧道的地质条件、地形、地貌及周边环境条件综合确定。分离式隧道应沿隧道轴线布置不少于 1 条测线;洞口处应布置不少于 3 条横测线;不同的地质体或构造类型,应布置 2 ~ 3 条测线。

（5）勘探点的数量和位置应根据区域地质资料分析、地质调查和测绘及物探结果确定。对于地质条件复杂的隧道,勘探点数量不应少于 5 个,长、特长隧道勘探点间距为 200 ~ 300m,隧道口宜布置勘探点。

（6）在松散地层中,一般性勘探孔应进入隧道底板以下不小于 1.5 倍隧道高度,控制性勘探孔应进入隧道底板以下不小于 2.5 倍隧道高度;在微风化及中等风化岩石中应进入隧道底板以下,且不宜小于 1.0 倍隧道高度。遇岩溶、土洞、暗河等,应穿透并根据需要加深。

（7）初步勘察的取样及测试工作应符合下列规定:

①采取土样和进行原位测试的勘探孔数量不应少于勘探孔总数的 2/3。

②山岭隧道钻孔均应进行波速测试。

③当水文地质条件复杂时,应进行水文地质试验。

④深埋山岭隧道应进行地应力测试。

3）详细勘察

（1）详细勘察应针对工程特点和场地岩土条件开展工作,为施工图设计和施工提供所需的岩土参数及相关建议。

（2）详细勘察应以钻探、坑探、槽探和井探为主,并辅以必要的物探工作。

（3）详细勘察的勘探点布置应符合下列规定:

①隧道洞口及纵断面最低部位应布置勘探点。

②地质构造复杂地段、岩体破碎带应布置勘探点。

③地下水丰富、水文地质条件复杂的地段应布置勘探点。

④竖（斜）井、导坑、横洞等辅助通道应布置勘探点。

（4）详细勘察的勘探点间距应符合下列规定:

①对于山岭隧道,在地质条件简单、岩性单一、无构造影响的洞身段,勘探点间距宜为 100 ~ 150m;岩土条件复杂的洞身段,勘探点间距宜为 50 ~ 100m;隧道口应根据岩土条件复杂程度布置横断面。

②对于松散地层中隧道,场地及岩土条件复杂时,勘探点间距应为 10 ~ 30m;场地及岩土条件中等复杂时,勘探点间距应为 30 ~ 40m;场地及岩土条件简单时,勘探点间距应为 40 ~ 50m。

（5）详细勘察的勘探孔深度应符合下列规定:

①在松散地层中的一般性勘探孔宜进入隧道底板以下不小于 1.5 倍隧道高度,控制性勘探孔宜进入隧道底板以下不小于 2.5 倍隧道高度。

②在微风化及中等风化岩石中勘探孔深度应进入隧道底板以下 0.5 倍隧道高度且不小于 5m。遇岩溶、土洞、暗河等,应穿透并根据需要加深。

（6）详细勘察的取样及测试工作应符合下列规定:

①采取土样和进行原位测试的勘探孔数量不应少于勘探孔总数的 1/2,控制性勘探孔数量不应少于勘探孔总数的 1/3。

②山岭隧道应选取代表性钻孔进行波速测试。

③当水文地质条件复杂时,应进行专门水文地质试验。

考 点 分 析

本节主要有以下考点:

(1)工程地质勘察基本内容 掌握公路工程地质勘察四个阶段的勘察内容,尤其是路线、路基、桥涵、隧道的地质勘测内容。

(2)工程地质勘察基本技术 掌握公路工程地质勘察四个阶段使用的勘察技术、勘察方法。

(3)工程地质勘察方法 了解工程地质调绘、工程地质勘探、原位测试和室内试验的主要内容和基本要求。

(4)市政工程勘察要求 掌握市政工程勘察等级划分,理解专项勘察采用的必要性,城市道路工程、桥涵工程和隧道工程可行性研究勘察、初步勘察、详细勘察三个阶段的勘察要求,尤其是详细勘察阶段的要求。

例 题 解 析

例1 [2019年单选题]场地及岩土条件为一级的城市主干路,一般路基路段进行详细勘察的勘探点间距为( )。

(A)150~200m   (B)100~150m

(C)50~100m   (D)30~50m

分析

根据《市政工程勘察规范》(CJJ 56—2012)第5.4.2条,详细勘察勘探点的间距可根据道路分类、场地和岩土条件的复杂程度确定,场地及岩土条件复杂程度为一级时,一般路基勘探点间距为50~100m,高路堤、陡坡路堤为30~50m,路堑、支挡结构为30~50m。故本题选C。

例2 某市政道路工程拟修建一条城市主干路,该市政工程重要性等级为( )。

(A)一级   (B)二级

(C)三级   (D)四级

分析

根据《市政工程勘察规范》(CJJ 56—2012)第3.0.1条,主干路的重要性等级为一级。故本题选A。

例3 下列选项描述为较复杂工程地质条件的是( )。

(A)岩土种类多,性质变化大,基岩面起伏变化剧烈

(B)岩土种类单一,性质变化不大,基岩面平缓

（C）地下水对工程无影响,水文地质条件简单

（D）抗震不利地段

分析

根据《公路工程地质勘察规范》(JTG C20—2011)第3.1.3条,选项A为工程地质条件复杂,选项B和选项C为工程地质条件简单。故本题选D。

例4　某岩石的波速比和风化系数皆为0.5,该岩石的风化程度为(　　)。

（A）微风化　　　　（B）中风化　　　　（C）强风化　　　　（D）全风化

分析

根据《公路工程地质勘察规范》(JTG C20—2011)第3.2.6条,中风化程度相应的岩石风化程度指标波速比 $K_v=0.6\sim0.8$、风化系数 $K_f=0.4\sim0.8$;强风化程度相应的波速比 $K_v=0.4\sim0.6$、风化系数 $K_f<0.4$,综合知该岩石的风化程度为强风化。故本题选C。

例5　公路工程地质勘探常用的勘探方式有(　　)。

（A）钻探　　　　（B）触探　　　　（C）挖探　　　　（D）物探

分析

根据《公路工程地质勘察规范》(JTG C20—2011)第3.6节,公路工程地质勘探常用的勘探方式有挖探、钻探、物探。故本题选ACD。

例6　关于工程地质调绘,下列说法正确的有(　　)。

（A）工程地质图上的地质界线与实际地质界线的误差在图上的距离不应大于3mm

（B）图上宽度大于2mm的地质现象应予以调绘

（C）工程地质调绘底图的比例尺不应小于工程地质图成图的比例尺

（D）工程地质调绘点在图上的密度每100mm×100mm不得多于4个

分析

根据《公路工程地质勘察规范》(JTG C20—2011)第3.5.7条,选项D错误,工程地质调绘点在图上的密度每100mm×100mm不得少于4个。故本题选ABC。

例7　某城市桥梁进行详细勘察,下列勘探点的布置符合规范规定的有(　　)。

（A）特大桥的主桥,每个墩台勘探点不应少于2个

（B）大中桥的主桥,可隔墩台布点

（C）岩土条件复杂程度等级为二级时宜逐墩台布点

（D）岩土条件复杂程度等级为三级时可隔墩台布点

分析

根据《市政工程勘察规范》(CJJ 56—2012)第6.4.2条,对特大桥的主桥,每个墩台勘探点不应少于2个;对其他桥梁,宜逐墩台布置勘探点,岩土条件复杂程度等级为三级时可隔墩台布点。故本题选ACD。

例8 城市隧道详细勘察的勘探孔深应符合( )。

(A)在松散地层中的一般性勘探孔宜进入隧道底板以下不小于1.5倍隧道高度

(B)在松散地层中的控制性勘探孔宜进入隧道底板以下不小于2.5倍隧道高度

(C)在微风化岩石中勘探孔深度应进入隧道底板以下0.5倍隧道高度

(D)在中风化岩石中勘探孔深度应进入隧道底板以下1.0倍隧道高度

分析

根据《市政工程勘察规范》(CJJ 56—2012)第7.4.5条,在松散地层中的一般性勘探孔宜进入隧道底板以下不小于1.5倍隧道高度,控制性勘探孔宜进入隧道底板以下不小于2.5倍隧道高度。在微风化及中等风化岩石中勘探孔深度应进入隧道底板以下0.5倍隧道高度且不小于5m。遇岩溶、土洞、暗河等,应穿透并根据需要加深。故本题选AB。

自 测 模 拟

(第1~4题为单选题,第5~7题为多选题)

1. 公路工程地质勘察的四个阶段为( )。

(A)预可勘察、初步勘察、技术勘察、详细勘察

(B)工可勘察、初步勘察、专项勘察、详细勘察

(C)预可勘察、工可勘察、初步勘察、详细勘察

(D)预可勘察、工可勘察、初步勘察、专项勘察

2. 公路工程预可勘察的目的是( )。

(A)了解公路建设项目所在区域的工程地质条件及存在的工程地质问题

(B)初步查明公路沿线的工程地质条件和对公路建设规模有影响的工程地质问题

(C)基本查明公路沿线及各类构筑物建设场地的工程地质条件

(D)查明公路沿线及各类构筑物建设场地的工程地质条件

3. 偏离初步设计线位较远的路线应补充工程地质调绘,补充调绘的比例尺为( )。

(A)1:1000　　　(B)1:2000　　　(C)1:3000　　　(D)1:4000

4. 根据冻结状态的持续时间分类,多年冻土的持续时间是( )。

(A)不到1年　　　　　　　　　(B)1年及以上

(C)1~2年　　　　　　　　　　(D)2年及以上

5. 根据《市政工程勘察规范》(CJJ 56—2012)的规定,市政工程勘察阶段划分为( )。

(A)专项勘察　　　　　　　　　(B)工可勘察

(C)初步勘察　　　　　　　　　(D)详细勘察

6.公路路线初勘应查明的内容包括( )。

(A)当地建筑材料的分布状况和采购运输条件

(B)地形地貌、地层岩性、地质构造、水文地质条件

(C)不良地质和特殊性岩土的成因、类型、性质和分布范围

(D)陡坡路堤、高填路段的地质结构,有无影响基底稳定的软弱地层

7.关于公路路线工程地质调绘,下列说法正确的有( )。

(A)二级及以上公路,应进行路线工程地质调绘

(B)三级及以下公路,可仅进行路线工程地质调查

(C)工程地质条件复杂时,宜进行路线工程地质调绘

(D)工程地质条件简单时,可仅进行路线工程地质调查

8.城市道路详细勘察时,勘探点布置符合规定的有( )。

(A)道路勘探点宜沿道路中线布置

(B)一般路基的道路宽度大于30m时,宜在道路两侧交错布置勘探点

(C)路堑、陡坡路堤及支挡工程的勘察,每条横断面上的勘探点不应少于2个

(D)当线路通过沟、浜、湮埋的沟坑和古河道等地段时,勘探点的间距宜控制在20～40m

参考答案

1. C 2. A 3. B 4. D 5. BCD 6. BCD 7. AC 8. ACD

第章

Chapter 9

∨

公路项目安全性评价

思维导图

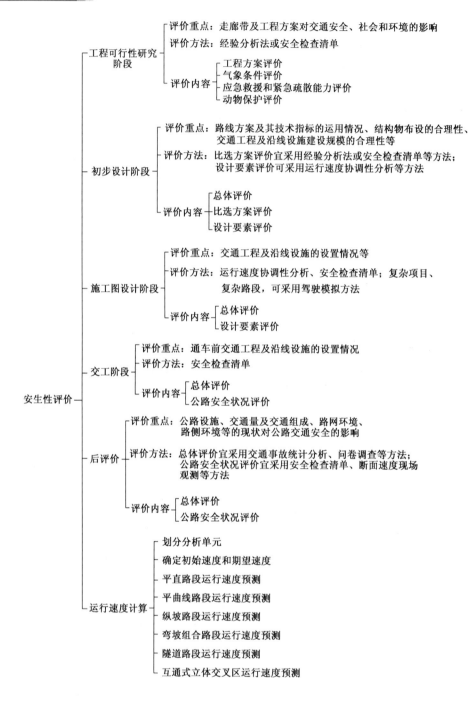

依据规范

《公路项目安全性评价规范》(JTG B05—2015)

1　总则

2　术语

3　工程可行性研究阶段

4　初步设计阶段

5　施工图设计阶段

6　交工阶段

7　后评价

重 点 知 识

公路项目安全性评价对完善公路设施、改善交通安全环境、提升公路交通安全水平起到了重要作用。安全性评价从项目建设的时间角度划分为五个阶段,不同阶段安全性评价的重点有所不同,初步设计与施工图设计阶段安全性评价的基础是运行速度的预测计算,运行速度计算的准确性对安全性评价结论影响很大。

一、掌握公路项目安全性评价的基本原理和基本内容

公路项目安全性评价是指从公路使用者的角度,按一定的评价程序,采用定性和定量的方法,对公路交通安全进行全面、系统的分析与评价。在公路交通行业也称为公路安全性评价、交通安全评价、行车安全评价,或简称为安全性评价、安全评价、安全评估。其中,"安全性"指在工程质量满足国家相关技术标准的前提下,为公路使用者提供有利于交通安全的公路、设施和交通环境。

公路项目安全性评价的核心为评价公路及其设施和交通环境等对交通安全的影响,目的是通过评价提供有利于交通安全的条件,从而减少交通事故,降低交通事故危害程度,提高安全水平。

公路项目安全性评价,在国外也称道路安全审计(Road Safety Audit,RSA),起源于英国,随后澳大利亚、新西兰、丹麦、荷兰、美国等国家相继实施。根据国际惯例和国内进行安全性评价的实践经验,为了使评价结论客观公正,安全性评价通常由业主单位或相关管理单位委托第三方单位承担。第三方单位通常指具有公路行业相关资质,且与本项目设计、施工、监理等无直接利益关系的单位。

目前我国《公路项目安全性评价规范》(JTG B05—2015)适用于高速公路、一级公路、二级公路和三级公路。按照评价时间阶段的不同,分为工程可行性研究阶段、初步设计阶段、施工图设计阶段、交工阶段和后评价。

安全性评价包括工作流程、评价阶段、评价对象、评价方法、评价重点、评价内容、评价结论、评价费用、法律责任、评价人员管理等方面。这些既涉及技术问题又涉及管理问题。根据

987

国内外经验,工作流程可分为八步:

第一步:确定安全性评价项目;

第二步:业主选择安全性评价项目承担单位;

第三步:召开项目启动会议;

第四步:室内审核相关资料和文件;

第五步:现场勘察采集相关数据;

第六步:实施评价并编制安全性评价报告;

第七步:安全性评价报告评审;

第八步:安全性评价报告修改、存档与业主单位回应。

以上"八步"评价方法是进行安全性评价的一般步骤。实际工作中,业主与安全性评价项目组可对安全性评价的流程进行协商,按照实际情况进行调整。

二、熟悉公路项目工程可行性研究、初步设计、施工图设计阶段安全性评价的基本要求、主要内容以及所使用的主要方法

1.工程可行性研究阶段

本阶段评价重点应为走廊带及工程方案对交通安全、社会和环境的影响。新建公路应针对同深度比选的走廊带方案进行评价。

本阶段宜采用经验分析法或安全检查清单进行评价。

(1)工程方案评价。

①应根据地形条件、交通组成等,评价工程建设对交通安全的影响。

②应根据预测交通量,评价路线起讫点与其他公路的连接方式、交通组织等对交通安全的影响。

③应评价急弯陡坡、连续上坡、连续长陡下坡,路侧有悬崖、深谷、深沟、江河湖泊等危险路段对交通安全的影响。

④应评价特大桥、特长隧道等大型构造物的选址、规模和安全运营需求等对交通安全的影响。

⑤应根据路网条件、出入交通量及沿线城镇布局等,评价互通式立体交叉选址、形式,相邻互通式立体交叉之间,互通式立体交叉与隧道等大型构造物以及管理、服务设施之间关系等对交通安全的影响。

⑥应根据地形条件、主线技术指标、相交公路状况、预测交通量等,评价平面交叉的选址、形式、交通组织及交叉口间距等对交通安全的影响。

⑦应评价与项目交叉或邻近的铁路、油气管道、高压输电线路等对交通安全的影响。

⑧应根据穿越村镇、居民区、牧区、林区等情况,评价路侧干扰等对交通安全的影响。

(2)应根据降雨、冰冻、积雪、雾、侧风等自然气象条件,评价气象条件对交通安全的影响。

(3)应评价在发生自然灾害或严重交通事故而造成交通中断时,路线方案与相关路网配合进行应急救援和紧急疏散的能力。

(4)应根据动物活动区及动物迁徙路线,评价设置隔离栅或动物通道的必要性。

2. 初步设计阶段

本阶段评价重点应为路线方案及其技术指标的运用情况、结构物布设的合理性、交通工程及沿线设施建设规模的合理性等。评价时应进行总体评价、比选方案评价和设计要素评价。比选方案评价针对各同深度比选方案进行,设计要素评价针对推荐方案进行。

比选方案评价宜采用经验分析法或安全检查清单等方法。设计要素评价可采用运行速度协调性分析等方法。

1) 总体评价

(1) 应根据技术标准、地形、地质、气候条件、预测交通量及其交通组成、大型构造物分布等,评价公路项目特点对交通安全的影响。

(2) 应对工程可行性研究批复中与交通安全相关意见的执行情况进行核查。

(3) 当工程可行性研究阶段进行过安全性评价时,应对安全性评价意见的响应情况进行核查。

2) 比选方案评价

(1) 应评价各方案存在的急弯陡坡、连续上坡、连续长陡下坡,以及路侧有悬崖、深谷、深沟、江河湖泊等危险路段对交通安全的影响。

(2) 应评价各方案设置的特大桥、特长隧道及隧道群、互通式立体交叉、重要平交路口、服务设施等与路线总体布局的协调性及其对交通安全的影响。

(3) 应评价不利气象或环境对各方案交通安全的影响。

3) 设计要素评价

(1) 运行速度协调性评价

设计速度 80km/h 及以下的公路应进行运行速度协调性评价。对于设计速度为 80km/h 及以下公路,由于局部路段线形指标较低,可能导致运行速度协调性不良。

① 运行速度协调性评价应包括相邻路段运行速度协调性评价和同一路段运行速度与设计速度协调性评价。

② 相邻路段运行速度协调性采用相邻路段运行速度差值的绝对值 $|\Delta v_{85}|$ 及运行速度梯度的绝对值 $|\Delta I_v|$ 进行评价。相邻路段运行速度协调性评价标准应符合表 9-0-1 的规定。

相邻路段运行速度协调性评价标准

表 9-0-1

相邻路段运行速度协调性	评 价 标 准	对策与建议
高速公路、一级公路		
好	$|\Delta v_{85}| < 10km/h$ 且 $|\Delta I_v| \leqslant 10km/(h \cdot m)$	—
较好	$10km/h \leqslant |\Delta v_{85}| < 20km/h$ 且 $|\Delta I_v| \leqslant 10km/(h \cdot m)$	相邻路段为减速时,宜对相邻路段平纵面设计进行优化,或采取安全改善措施
不良	$|\Delta v_{85}| \geqslant 20km/h$ 或 $|\Delta I_v| > 10km/(h \cdot m)$	相邻路段为减速时,应调整相邻路段平纵面设计;当调整困难时,应采取安全改善措施
二级公路、三级公路		
好	$|\Delta v_{85}| < 20km/h$ 且 $|\Delta I_v| \leqslant 15km/(h \cdot m)$	—
不良	$|\Delta v_{85}| \geqslant 20km/h$ 或 $|\Delta I_v| > 15km/(h \cdot m)$	相邻路段为减速时,应调整相邻路段平纵面设计,或采取安全改善措施

根据相邻路段运行速度协调性评价经验,当相邻路段运行速度为加速时,一般认为对安全的影响不大;而相邻路段运行速度为减速且短距离内减速幅度大时,一般认为过大减速度影响安全,需要进行分析。

运行速度梯度是指一定长度(采用 100m)路段的运行速度变化值,体现了运行速度在一定长度区间内的变化敏感程度,是对相邻路段运行速度协调性评价指标的补充。

运行速度梯度绝对值$|\Delta I_v|$采用式(9-0-1)进行计算:

$$|\Delta I_v| = \frac{|\Delta v_{85}|}{L} \times 100 \tag{9-0-1}$$

式中:$|\Delta I_v|$——运行速度梯度绝对值$[km/(h \cdot m)]$;

$\quad |\Delta v_{85}|$——分析单元起点、终点运行速度差值的绝对值(km/h);

$\quad L$——分析单元路段长度(m)。

③运行速度与设计速度协调性采用同一路段运行速度与设计速度的差值进行评价。当差值大于 20km/h 时,应根据运行速度对该路段的相关技术指标进行评价。

(2)路线评价

①公路平面评价应符合下列规定:

a. 应根据运行速度,对采用接近最小半径的圆曲线进行评价。

当采用运行速度评价时,圆曲线半径采用式(9-0-2)进行计算:

$$R = \frac{v_{85}^2}{127(\mu + i)} \tag{9-0-2}$$

式中:R——路段运行速度要求的圆曲线半径(m);

$\quad v_{85}$——运行速度(km/h);

$\quad \mu$——横向力系数;

$\quad i$——路拱横坡度(%)。

不同运行速度与横向力系数的关系见表9-0-2。

运行速度与横向力系数关系一览表   表 9-0-2

运行速度 v_{85}(km/h)	120	100	80	60	40	30	20
横向力系数 μ	0.10	0.12	0.13	0.15	0.15	0.16	0.17

b. 宜结合运行速度、视觉条件等,对回旋线参数及长度、曲线间直线长度、平曲线长度进行评价。

c. 应对回头曲线前后线形的连续性和均衡性、回头曲线间距等进行评价。

d. 宜对卵形曲线、复合曲线等特殊曲线进行评价。

②视距评价应符合下列规定:

a. 高速公路、一级公路应对停车视距进行评价;二级公路、三级公路应对停车视距、会车视距和超车视距进行评价。

b. 高速公路、一级公路以及大型车比例较高的二级公路、三级公路,尚应采用货车的停车视距对相关路段进行评价。

相关路段一般包括可能多发事故的曲线、出口匝道端部、车道数减少处、桥墩附近的交叉口、位于或接近凸形竖曲线的交叉口等路段。

c.宜采用运行速度对停车视距、会车视距、超车视距进行评价。

③公路纵断面评价应符合下列规定：

a.应对连续上坡、连续下坡进行评价。

b.宜根据运行速度对采用接近最小半径或最小长度的竖曲线进行评价。

④公路横断面评价应符合下列规定：

a.当横断面宽度、车道数等发生变化时，应对横断面过渡渐变段的设置位置、长度进行评价。

b.对连续上坡路段，应根据预测交通量及交通组成、服务水平、运行速度等对爬坡车道设置的必要性和设置位置进行评价。

c.对连续长陡下坡路段，应根据预测交通量及交通组成、地形条件、服务设施的分布情况等，对避险车道设置的必要性、设置位置和数量进行评价。

d.高速公路和一级公路右侧硬路肩宽度小于2.5m时，应对设置紧急停车带的有效长度、宽度、间距及其出入口过渡段进行评价。

e.非机动车和行人交通需求大的路段，宜对其路侧干扰情况、非机动车道和人行道设置情况进行评价。

f.非机动车、行人密集的公路和城市出入口的公路，宜评价混合交通对交通安全的影响。

g.改扩建公路尚应对主线分、合流的位置及其车道数平衡进行评价。

⑤路侧评价应符合下列规定：

a.应根据运行速度，对路侧净区宽度和路侧危险程度进行评价。

路侧净区宽度的确定见第七章相关内容。

b.应对是否采取路侧防护或改移路侧障碍物等处理措施进行评价。

常用的处理措施包括去除路侧净区内的障碍物；重新设计障碍物，使失控车辆能安全越过；将障碍物移至不易被失控车辆碰撞的位置；通过采用解体消能设施或结构减少失控车辆撞击的严重程度。

在以上四种措施不能实施而导致驶出路外车辆产生的事故严重程度高于碰撞护栏的严重程度时，考虑设置护栏或缓冲设施。如因条件限制不能实施上述方案，则需要对障碍物加以视线诱导和警示。

⑥桥梁评价应符合下列规定：

a.应结合桥位条件评价桥梁引线及桥梁路段的线形设计对交通安全的影响。

b.当桥梁引线横断面宽度与桥梁横断面宽度不同时，应对设置衔接过渡段及过渡段长度进行评价。

c.当长大桥梁未设置硬路肩时，应根据交通安全需要对设置紧急停车带的必要性进行评价。

d.上跨桥梁应评价桥梁墩台及上部结构对视距的影响。

⑦隧道评价应符合下列规定：

a.宜采用运行速度对隧道洞口内外的线形一致性进行评价。

b.当隧道洞口设置竖曲线时，应评价其对排水的影响。

隧道洞口附近设置竖曲线,特别是竖曲线上纵坡接近平坡时,往往会造成排水不良。

c. 应对隧道洞口外接线横断面与隧道横断面的衔接过渡方式进行评价。

d. 应采用运行速度对曲线隧道的视距进行评价。

e. 应评价洞口朝向、洞门形式等对交通安全的影响。

⑧互通式立体交叉评价应符合下列规定:

a. 应根据交叉公路地形、主线及被交道路平面和纵面线形指标,以及转向交通量等因素,对互通式立体交叉选址及形式进行评价。

b. 应对互通式立体交叉之间的间距及互通式立体交叉与服务区、隧道、主线收费站等之间的间距进行评价。

c. 应根据相交公路等级、转向交通量、地形条件、收费方式等,对互通式立体交叉出、入口形式进行评价。

d. 当主线运行速度与设计速度差值大于 20km/h 时,应按运行速度对互通式立体交叉的视距、相邻出入口间距和加减速车道长度等进行评价。

e. 可根据互通式立体交叉规模、交通量等,对通行能力和服务水平等进行评价。

⑨平面交叉评价应符合下列规定:

a. 应根据地形、主线平面和纵面线形、路网布局及交叉公路状况等,对平面交叉位置及间距进行评价。间距较小的平面交叉尚应对合并设置的可行性进行评价。

b. 应根据转向交通量大小、交叉公路等级、交通管理方式以及相邻道路的分布情况等,对平面交叉的形式进行评价。

c. 应按运行速度对采取的速度控制和交通管理措施进行评价。

d. 应结合交通管理方式和运行速度,对平面交叉通视三角区的通视情况进行评价。

当交叉口无控制或采用次路减速让行交通管理方式时,评价一般采用运行速度计算通视三角区。若通视三角区内存在阻碍通视的物体(包括建筑物、行道树等绿化工程、交通工程、路侧安全设施等),则通视三角区需要改善通视条件或清除障碍物。

当采用次路停车让行交通管理方式时,理想的通视三角区是各引道均能提供按运行速度计算的停车视距。若条件受限不能保证由停车视距所围成的通视三角区,则需保证主要公路的安全交叉停车视距和次要公路至主要公路车道中心线距离 5～7m 所构成的三角区通视。

当采用信号交叉交通管理方式时,美国《公路与城市道路几何设计政策》要求每个进口道的停止线前的第一辆车能够被其他方向进口道的第一辆车驾驶人看到。同时需检查左转的车辆有足够的视距和时间完成左转。当在一个相位内能同时左转和直行时,主路左转车辆需保证能够看清前面的左转车辆并保持安全距离,同时需要注意对向来车,使对向车辆有足够的距离停车。当位于中央分隔带的墩、柱等影响左转车辆视距时,需考虑设置左转保护相位,使左转的车辆有足够的视距和时间完成左转;当右转车辆在直行红灯期间仍可以通行,或夜间、非高峰时间采用闪光警告信号灯(主路黄闪灯、次路红闪灯)时,需按停车让行方式检查相应的通视三角区。

⑩交通工程及沿线设施评价应符合下列规定:

a. 应根据交通量及交通组成、线形条件、运行速度、气候条件等因素,对安全设施中标志、标线、护栏、视线诱导设施、防眩设施等的设计原则、设置类型等与主体工程的适应性进行评价。

b. 服务区、停车区评价应符合下列规定：

（a）应根据沿线服务设施的总体布局、交通量及交通组成、重要构造物、连续纵坡等,对服务区、停车区的位置和间距进行评价。

（b）应根据交通量及交通组成、规划占地等,对服务区、停车区的规模进行评价。

（c）应采用运行速度,对服务区、停车区匝道出入口线形、视距、加（减）速车道长度等进行评价。

c. 收费站评价应符合下列规定：

（a）应根据地形条件,交通量及交通组成,匝道收费站与匝道分流点、合流点、平交口的间距,主线收费站与隧道的间距等,对收费站设置位置进行评价。

（b）位于连续长陡下坡坡底、匝道坡底、急弯后的收费站,应对调整其位置的可能性进行评价。条件受限时,应对安全防护设施和速度控制设施进行评价。

（c）应按大型车运行速度及大型车停车视距对主线收费站和匝道收费站路段的通视情况进行评价。

d. 应对检查站、超限检测站等设施的设置位置、视距及出入口等进行评价。

e. 应根据公路等级、交通量及其组成、重要构造物、气象灾害多发路段的分布、连续纵坡等,并考虑互联网及可持续发展的要求,对监控设施的设计原则、设置数量、设置形式等进行评价。

3. 施工图设计阶段

本阶段评价重点为交通工程及沿线设施的设置情况等。评价时进行总体评价和设计要素评价。采用一阶段施工图设计或初步设计阶段未进行安全性评价的公路项目,其设计要素评价还应按初步设计阶段评价的有关规定执行。

本阶段宜采用运行速度协调性分析、安全检查清单等评价方法。对复杂项目、复杂路段,可采用驾驶模拟方法对线形设计协调性、交通安全设施等进行评价。

1）总体评价

（1）应对公路项目特点进行分析,并应符合初步设计关于公路项目特点分析的有关规定。

（2）应对初步设计批复中与交通安全相关意见的执行情况进行核查。

（3）当初步设计阶段进行过安全性评价时,应对安全性评价意见的响应情况进行核查。

2）设计要素评价

（1）路线评价

①超高设计评价应符合下列规定：

a. 在圆曲线半径不变的前提下,应按运行速度对采用的超高值进行评价。

当采用路段运行速度计算的超高值大于设计速度对应的超高值时,需综合考虑各种相关因素,对加大超高值或维持原设计超高值,以及增加速度控制设施等方案进行分析和比较。

超高横坡度采用式（9-0-3）进行计算：

$$i = \frac{v_{85}^2}{127R} - f \tag{9-0-3}$$

式中：i——超高横坡度（%）；

v_{85}——运行速度计算值(km/h);

R——圆曲线半径(m);

f——路面与轮胎之间的横向摩阻系数。

b.应根据公路等级、区域气候条件以及交通组成等因素,对采用的最大超高值进行评价。

c.大型车比例较高的公路,应考虑不同车型间的速度差,以及大坡度下坡对超高值的影响,对采用的超高值进行评价。

大坡度下坡与圆曲线组合在一起时,拖挂车等大型车辆的行驶稳定性将受到不利影响。当半拖挂车在下坡路段实施制动时,货物位移作用使得车辆后轴支撑的侧向力减小,当车辆的运行速度接近曲线上的最大安全速度时,后轮可能偏离轨迹,导致车辆翻转。为了抵消大坡度下坡与圆曲线组合时对拖挂车稳定性造成的不利影响,位于大坡度下坡路段(一般纵坡坡度大于3%)的圆曲线超高值需适当提高。提出大坡度下坡路段超高值按式(9-0-4)计算:

$$E_{min} = E + \frac{i_{纵} + E}{6} \tag{9-0-4}$$

式中:E_{min}——大坡度下坡路段的最小超高值;

$i_{纵}$——纵向坡度,取绝对值;

E——按非大坡度下坡路段设计的超高值。

②设置圆曲线加宽时,应根据交通组成对加宽值和加宽形式进行评价。

③应根据气候条件、地形条件和交通组成,采用运行速度对公路合成坡度进行评价。

④对设计有爬坡车道的路段,应对爬坡车道的长度、宽度、紧急停车带的位置和数量,以及相关标志、标线等内容进行评价。

⑤对设计有避险车道的路段,应对其设置位置、数量和间距进行评价,并对避险车道的引道、平面线形、纵面线形、横断面宽度、长度和坡度、制动坡床材料、排水、端部处理以及交通安全设施和管理设施等进行评价。

避险车道的引道入口保证视距良好,紧急情况下驾驶人可清晰地看到避险车道的全部线形。避险车道引道与制动砂床的交线,与进入避险车道车辆的行驶方向垂直,以保证车辆前轮可以同时进入制动砂床,避免因两侧车轮摩擦力不均而导致在避险车道入口发生侧翻事故。根据工程经验,避险车道引道采用直接式减速车道的设计方法,流出角与主线的夹角尽可能小,通常要求小于5°,最大不大于10°。

避险车道平面尽量避免采用曲线线形。避险车道的纵面线形(制动坡床)最好采用直线单坡。避险车道的长度包含分流段长度、变坡竖曲线长度及制动坡床长度,其中制动坡床长度是起到实际减速作用的长度。

常用的制动坡床材料为砂、砾石、碎石、卵石。制动坡床料坑深度一般为50~100cm。为减少车辆进入制动坡床时的冲击,在坡床起始端30~60m内,将料坑深度由10cm过渡到全深。

为保证车辆和驾驶人的安全,避险车道端部设置防撞墙和缓冲设施。一般在避险车道的端部防撞墙前设置集料堆、防撞沙桶或废旧轮胎等。防撞墙和缓冲设施不能代替避险车道的有效制动长度。

（2）路基和路面评价

①不同路面材料衔接或路面抗滑能力易下降的路段,宜对提高路面抗滑能力所采取的措施进行评价。

②应对中央分隔带开口的设置位置进行评价。

③排水设施评价应符合下列规定:

a.当边沟或排水沟处于计算路侧净区宽度范围以内时,应对其采用形式进行评价。

b.强降雨地区,宜对路面的排水形式,以及凹形竖曲线底部、超高路段、超高过渡段的排水设施进行评价。

路线纵坡为平坡或接近平坡时,超高渐变段可能导致排水不畅,特别是S形平曲线公切点附近的超高渐变段易形成平坡,影响交通安全。为消除或缓解平坡段的排水问题,评价时除检查排水设计外,还需注意对于以上问题考虑采用较大的超高渐变率,尽量缩短可能的平坡段长度,或增设一道至多道路拱线,以减小水流长度,从而达到减少路面积水的效果。

（3）桥梁和涵洞评价

①应根据上跨本项目桥梁的桥墩台与路侧净区的关系,评价其设置位置对交通安全的影响。

②宜根据运行速度,结合桥梁纵、横坡度设置等情况,对桥面铺装抗滑的改善措施进行评价。

③宜根据降雨强度和桥梁纵坡评价桥面泄水孔的泄水能力,并评价桥面泄水对桥下车辆和行人通行的影响。

④当桥梁位于大风多发地段时,应评价侧风对桥面交通安全的影响。

⑤长大桥梁设置应急救援中央分隔带开口时,应对其设置位置进行评价。

⑥当涵洞洞口位于计算路侧净区宽度范围内且路侧未设置护栏时,应评价涵洞洞口形式对交通安全的影响。

（4）隧道评价

①应对车行横通道或人行横通道的设置位置、设置数量和角度进行评价。

②当隧道内外路面抗滑能力存在差异时,宜对隧道洞口抗滑的改善措施进行评价。

③宜评价隧道照明、通风、消防和监控设施对交通安全的影响。

④隧道应急救援评价应符合下列规定:

a.宜根据隧道洞口线形、视距等,评价分离式隧道洞口交换联络车道的设置位置及其辅助设施等对交通安全的影响。

b.宜对长隧道、特长隧道和隧道群的应急救援条件进行评价。

（5）互通式立体交叉评价

①应评价出口匝道分流鼻端至匝道控制曲线起点路段的长度,及其平曲线半径对交通安全的影响。

控制曲线即线形指标按照基本路段设计速度控制的曲线。由于分流鼻端至控制曲线之间存在较大的运行速度差,从分流鼻端至匝道控制曲线起点路段设计适当的长度,可以实现运行速度连续、均衡降低。为了使过渡段上运行速度的变化控制在一个合理的范围内,运行速度过渡段上任意一点的平曲线曲率半径需要与运行速度相适应,以避免驾驶人急打转向盘或紧急制动而导致安全问题。

②应对匝道运行速度协调性进行评价。相邻路段运行速度差值的绝对值或匝道控制曲线处运行速度预测值与匝道设计速度之差大于 20km/h 时,协调性不良。

③视距评价应符合下列规定:

a. 宜根据运行速度对匝道基本路段的视距进行评价。

b. 应根据运行速度,对分流鼻端、合流鼻端的通视情况进行评价。

对互通式立体交叉分流鼻端、合流鼻端的通视情况进行评价时,通常按图 9-0-1 计算运行速度对应的行程长度,并对围成的通视三角区内的通视情况进行评价。

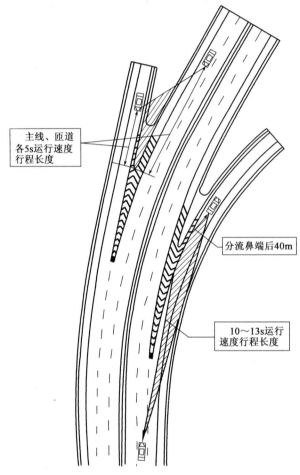

主线、匝道各5s运行速度行程长度

分流鼻端后40m

10~13s运行速度行程长度

图 9-0-1 互通式立体交叉视距参数图

④匝道出、入口评价应符合下列规定:

a. 应根据运行速度,对主线的相邻出口或入口之间、匝道的相邻出口或入口之间、主线的出口至前方相邻入口之间的距离进行评价。

b. 应根据主线运行速度以及匝道车道数、主线纵坡,对加(减)速车道长度进行评价。

(6)平面交叉评价

①宜对平面交叉设置的加(减)速车道和转弯附加车道进行评价。

a.加(减)速车道宜按运行速度、交叉角度等,对其长度、宽度、纵坡,以及渐变段的宽度、长度等几何设计指标进行评价。

b.宜根据平面交叉交通管理方式,按运行速度对左转弯附加车道长度和右转弯车道半径进行评价。

②宜根据公路等级及交通量等,对渠化设计中各方向车道数的合理性进行评价。

③宜对平面交叉采用的交通管理方式进行评价。

(7)交通工程及沿线设施评价

①交通标志评价应符合下列规定

a.应对标志的设置位置进行评价。宜根据运行速度对警告标志距危险点的距离进行评价。

b.应对标志信息的合理性,指路标志信息的连续性、有效性及信息量进行评价。

c.应结合运行速度对标志尺寸和标志字高进行评价。

d.宜评价标志的反光强度等级与光线、气候条件及运行速度的适应性。

e.应根据车道数、交通组成和标志的设置位置,对标志的支撑方式进行评价。

多车道公路设置标志时,考虑内侧车道可能被外侧车道大型车辆遮挡视线的情况,一般在内侧行车道上方或采用门架式支撑结构增设必要的标志。

f.设置于计算路侧净区范围内的标志,应对其基础和立柱的防护设施进行评价。

g.应评价标志与标线对同一信息内容表述的一致性。

②交通标线评价应符合下列规定:

a.应对标线的宽度、形式、颜色、反光等级等进行评价

b.应对路中设置的桥墩、隧道洞口、标志立柱等设置的立面标记进行评价。

c.应对减速标线或减速路面的设置位置、设置长度进行评价。

d.宜对行车道边缘隆声带或振动标线进行评价。

e.应对突起路标的位置和间距进行评价。

③应对轮廓标、线形诱导标志等视线诱导设施设置的位置和间距进行评价。

④护栏评价应符合下列规定:

a.高填方、路侧邻水或邻崖等险要路段,邻近村庄路段,与其他道路、铁路、油气管道并行路段,陡坡急弯路段等,应对其路侧采取的防护设施进行评价。

b.应对护栏设置起点、终点、最小长度、最小间距和护栏端头处理方式进行评价。

c.应对桥梁、隧道等构造物与其连接线护栏的衔接与过渡,以及不同刚度护栏之间的衔接与过渡设计进行评价。

d.应根据中央分隔带宽度、交通组成、运行速度,以及陡坡急弯等线形条件,对中央分隔带护栏的防护等级和形式进行评价。

e.应对中央分隔带开口护栏的防护等级、形式、设置位置进行评价。

f.路中或中央分隔带中存在桥墩(柱)等刚性固定物时,应对护栏的设置形式进行评价。

g.设有非机动车道和人行道的路段和桥梁,宜对其隔离设施进行评价。

⑤宜评价服务区、停车区内部服务设施、内部车道及停车场等的布局设计和交通组织对交通安全的影响。

⑥客运汽车停靠站路段,宜对其设置位置、加(减)速车道长度等进行评价。

⑦连续上坡路段、连续长陡下坡路段、长下坡接小半径曲线路段、长大隧道群路段、桥隧相连路段、隧道与互通式立体交叉相连路段、气象灾害多发路段、路侧干扰严重路段、路侧险要路段等,应对其交通工程及沿线设施的综合设置进行评价。

⑧宜对限速方案进行评价,并应符合下列规定:

a.宜根据项目等级、功能、交通量及交通组成、横断面宽度等,对采用的限速方式进行评价。

b.宜根据线形条件、运行速度等,对采用的限速值进行评价。对受公路几何线形、构造物、路侧干扰和不利气象条件等严重影响路段的限速值,宜进行重点评价。

4. 运行速度的计算方法

初步设计阶段和施工图设计阶段公路运行速度预测方法按照公路等级的不同,分为高速公路、一级公路、二级与三级公路三大类,这里仅介绍高速公路运行速度的计算方法。

1)分析单元的划分

宜将公路划分为平直路段、平曲线路段、纵坡路段、弯坡组合路段、隧道路段和互通式立体交叉路段等分析单元。

(1)平直路段、纵坡路段、弯坡组合路段划分宜符合表9-0-3的规定。

分析路段单元划分　　　　　　　　　表9-0-3

车　　型	纵　断　面	平　　面	
		半径>1000m	半径≤1000m
小型车或大型车	坡度<3%	长度>200m 平直路段; 长度≤200m 短平直路段	平曲线路段
	坡度≥3%	纵坡路段	弯坡组合路段

(2)隧道路段宜为距离驶入隧道洞口前200m至驶出隧道洞口外100m。

(3)互通式立体交叉区主线路段宜为减速车道渐变段起点至加速车道渐变段终点,匝道路段宜为匝道与主线连接点到匝道终点。

2)初始速度和期望速度

(1)初始运行速度 v_0 宜根据设计速度按表9-0-4确定。

初始运行速度(单位:km/h)　　　　　　　　表9-0-4

设计速度		120	100	80	60
初始运行速度 v_0	小型车	120	100	80	60
	大型车	80	75	65	50

(2)期望速度 v_e 宜按表9-0-5确定。

期望速度(单位:km/h)　　　　　　　　　表9-0-5

设计速度		100 或 120	80	60
期望速度 v_e	小型车	120	110	90
	大型车	80	80	75

（3）推荐加速度 a 宜按表9-0-6确定。

推荐加速度（单位：m/s^2）　　　　　　　　　　　　　　表9-0-6

车型	a_{min}	a_{max}
小型车	0.15	0.50
大型车	0.20	0.25

（4）小型车最低运行速度不宜低于50km/h，大型车最低运行速度不宜低于50km/h。

3）平直路段运行速度预测

在平直线段，当初始运行速度 v_0 小于期望运行速度时为变加速过程，直至达到稳定的期望车速后匀速行驶。

（1）当分段后的平直路段长度大于200m时，平直路段终点的运行速度模型宜按照式（9-0-5）确定：

$$v_{out} = 3.6\sqrt{\left(\frac{v_{in}}{3.6}\right)^2 + 2as} \qquad (9\text{-}0\text{-}5)$$

式中：v_{out}——平直路段终点速度（km/h）；

　　　v_{in}——平直路段起点速度（km/h）；

　　　s——平直路段长度（m）；

　　　a——车辆加速度（m/s^2），按照式（9-0-6）计算：

$$a = a_{min} + (a_{max} - a_{min})\left(1 - \frac{v_{in}}{v_e}\right) \qquad (9\text{-}0\text{-}6)$$

　　　a_{max}——最大加速度（m/s^2）；

　　　a_{min}——最小加速度（m/s^2）；

　　　v_e——期望速度（km/h）。

（2）当分段后的平直路段长度不大于200m时，宜视为短平直路段。该路段起终点的运行速度保持不变。

4）平曲线路段运行速度预测

根据分析单元的衔接形式可分为入口直线—曲线、入口曲线—曲线、出口曲线—直线、出口曲线—曲线四种方式。宜从曲中点分段，分别对曲中点和曲线出口的运行速度进行预测。曲线中点和曲线出口运行速度可按表9-0-7中的模型预测计算。

平曲线路段运行速度预测模型　　　　　　　　　　　　　　表9-0-7

平曲线连接形式	车　型	预　测　模　型
入口直线—曲线	小型车	$v_{middle} = -24.212 + 0.834v_{in} + 5.729\ln R_{now}$
	大型车	$v_{middle} = -9.432 + 0.963v_{in} + 1.522\ln R_{now}$
入口曲线—曲线	小型车	$v_{middle} = 1.277 + 0.942v_{in} + 6.19\ln R_{now} - 5.959\ln R_{back}$
	大型车	$v_{middle} = -24.472 + 0.990v_{in} + 3.629\ln R_{now}$
出口曲线—直线	小型车	$v_{out} = 11.946 + 0.908v_{middle}$
	大型车	$v_{out} = 5.217 + 0.926v_{middle}$

续上表

平曲线连接形式	车　型	预测模型
出口曲线—曲线	小型车	$v_{out} = -11.299 + 0.936v_{middle} - 2.060\ln R_{now} + 5.203\ln R_{front}$
	大型车	$v_{out} = 5.899 + 0.925v_{middle} - 1.005\ln R_{now} + 0.329\ln R_{front}$

注:1. v_{middle}:曲中点的运行速度(km/h)。

　　2. v_{out}:曲线出口的运行速度(km/h)。

　　3. R_{front}:即将驶入的曲线半径(m)。

　　4. R_{now}:所在曲线半径(m)。

　　5. R_{back}:驶入所在曲线前的曲线半径(m)。

5) 纵坡路段运行速度预测

纵坡路段终点的运行速度宜按表 9-0-8 中的模型折算。

纵坡路段运行速度折算模型　　　　表 9-0-8

纵　　坡		运行速度调整值	
		小型车	大型车
上坡	坡度≥3% 且坡度≤4%	每1000m 降低 5km/h,直至最低运行速度	每1000m 降低 10km/h,直至最低运行速度
	坡度 >4%	每1000m 降低 8km/h,直至最低运行速度	每1000m 降低 20km/h,直至最低运行速度
下坡	坡度≥3% 且坡度≤4%	每500m 增加 10km/h,直至期望速度	每500m 增加 7.5km/h,直至期望速度
	坡度 >4%	每500m 增加 20km/h,直至期望速度	每500m 增加 15km/h,直至期望速度

6) 弯坡组合路段运行速度预测

根据分析单元的衔接形式可分为入口直线—曲线、入口曲线—曲线、出口曲线—直线、出口曲线—曲线四种方式。宜从曲中点分段,分别对曲中点和曲线出口的运行速度进行预测。曲线中点和曲线出口运行速度可按表 9-0-9 中的模型预测计算。

弯坡组合路段运行速度预测模型　　　　表 9-0-9

弯坡组合形式	车　型	预测模型
入口直线—曲线	小型车	$v_{middle} = -31.67 + 0.547v_{in} + 11.71\ln R_{now} - 0.176I_{now1}$
	大型车	$v_{middle} = 1.782 + 0.859v_{in} - 0.51I_{now1} + 1.196\ln R_{now}$
入口曲线—曲线	小型车	$v_{middle} = 0.750 + 0.802v_{in} + 2.717\ln R_{now} - 0.281I_{now1}$
	大型车	$v_{middle} = 1.798 + 0.248\ln R_{now} + 0.977v_{in} - 0.133I_{now1} + 0.23\ln R_{back}$
出口曲线—直线	小型车	$v_{out} = 27.294 + 0.720v_{middle} - 1.444I_{now2}$
	大型车	$v_{out} = 13.490 + 0.797v_{middle} - 0.6971I_{now2}$
出口曲线—曲线	小型车	$v_{out} = 1.819 + 0.839v_{middle} + 1.427\ln R_{now} + 0.782\ln R_{front} - 0.48I_{now2}$
	大型车	$v_{out} = 26.837 + 0.109\ln R_{front} - 3.039\ln R_{now} - 0.594I_{now2} + 0.830v_{middle}$

注:1. 表中 $R \in [250,1000]$,且 $I \in [3\%,6\%]$。

　　2. v_{in}、v_{middle}、v_{out} 为曲线入口运行速度、曲中点运行速度、曲线出口运行速度(km/h)。

　　3. R_{back}、R_{now}、R_{front} 为驶入所在曲线前的曲线半径、所在曲线半径、即将驶入的曲线半径(m)。

　　4. I_{now1}、I_{now2} 为曲线前后两段的不同坡度(%),上坡为正、下坡为负。将带正负号但不带百分号的坡度值代入公式,
　　　如上坡"4%"代入数值"4",下坡"-4%"代入数值"-4"。

　　5. 若前半段或后半段含有两个不同纵坡值,则取纵坡坡度加权平均值代入公式。

7）隧道路段运行速度预测

隧道路段运行速度宜按表9-0-10中的模型预测。

隧道路段运行速度预测模型　　　　　　　　　　表9-0-10

车　型	特　征　点	预　测　模　型
小型车	隧道洞口	$v_1 = 0.99v_{in} - 11.07$
	隧道内	$v_2 = 0.81v_{in} + 8.22$
	驶出隧道洞口外100m	$v_3 = 0.74v_{in} + 16.43$
大型车	隧道洞口	$v_1 = 0.98v_{in} - 6.56$
	隧道内	$v_2 = 0.85v_{in} + 3.89$
	驶出隧道洞口外100m	$v_3 = 0.45v_{in} + 42.61$

注：1. 表中v_{in}为距离驶入隧道洞口200m衔接路段单元的速度（km/h）。

　　2. 除短隧道按照短平直路段计算外，其他隧道均按上述模型计算。

　　3. 相邻隧道出口与入口间距小于200m的隧道群，可视为同一个隧道路段。

8）互通式立体交叉区运行速度预测

（1）主线路段运行速度宜在不考虑划分互通式立体交叉分析单元之前的运行速度预测基础上，按表9-0-11进行折减。

互通式立体交叉主线路段运行速度折减值　　　　　　表9-0-11

车型	小型车	大型车
最大折减值（km/h）	-8	-5

（2）匝道路段运行速度宜根据项目所在地区类似公路项目观测确定，或按二级、三级公路运行速度预测的有关规定执行。匝道路段的初始运行速度宜采用分流鼻端通过速度。

三、了解公路项目交工、后评价阶段的一般要求和评价方法

1. 交工阶段

本阶段评价重点应为通车前交通工程及沿线设施的设置情况。安全性评价应在工程质量验收合格的前提下，进行总体评价和公路安全状况评价。

公路安全状况评价应进行公路现场踏勘和实地驾驶，宜采用安全检查清单等方法进行评价。

1）总体评价

（1）应分析公路项目的特点，评价其对交通安全的影响。

（2）应对设计审查中与交通安全相关意见的执行情况进行核查。

（3）当在设计阶段进行过安全性评价时，应对安全性评价意见的响应情况进行核查。

2）公路安全状况评价

（1）路线评价

①应根据实地驾驶状况，对路线平、纵线形的连续性和协调性以及横断面过渡的顺畅性进行评价。

②应根据实地驾驶状况，对公路平面、纵断面视距进行评价。

（2）路基和路面评价

①应对路侧障碍物的处理情况进行评价。

②应对路基、路面排水设施进行评价。

③应对中央分隔带开口的设置位置和视距进行评价。

（3）桥梁评价

①当存在桥头急弯路段时，应对相关的标志、标线、速度控制设施等进行评价。

②应对桥梁护栏与路基护栏衔接过渡段进行评价。

③应根据实地驾驶状况评价上跨本项目的桥梁的墩台和上部结构对本项目公路视距的影响。

④当上跨本项目的桥梁的桥墩台位于计算路侧净区内时，应对桥墩台的防护设施进行评价。

⑤应对与侧风相关的标志和速度控制设施等进行评价。

（4）隧道评价

①应根据实地驾驶状况，对隧道洞口段线形连续性及其视距进行评价。

②应对隧道进出口路面的防滑过渡进行评价。

③应对隧道洞口检修道端头与洞外护栏的衔接过渡进行评价。

④应根据实地驾驶状况，评价隧道照明的实际效果，并对洞口眩光的情况进行评价。

⑤宜对隧道监控、通风、消防等设施的设置情况进行评价。

⑥人车混行的隧道，应对保护行人和非机动车的安全设施进行评价。

（5）互通式立体交叉评价

①应根据实地驾驶状况，对分、合流鼻端的通视情况，以及加（减）速车道长度匝道的速度协调性进行评价。

②应根据实地驾驶状况，对互通式立体交叉出口标志信息进行评价。

（6）平面交叉评价

①应根据实地驾驶状况，对通视三角区的通视情况进行评价。

②应对交通管理方式及交通组织措施进行评价。

③应对与行人和非机动车相关的标志、标线等交通安全设施进行评价。

（7）交通工程及沿线设施评价

①标志评价应符合下列规定：

a.应对标志的设置效果和位置进行现场评价。

b.应根据路网情况和实地驾驶状况，对标志信息的准确性、连续性进行评价。

c.应对标志的信息量进行评价。

d.应对标志与对应标线信息的一致性进行评价。

e.应评价树木、边坡绿化、构筑物、广告牌等对标志视认效果的影响。

f.应根据实地驾驶状况评价标志在夜间的视认效果。

②标线评价应符合下列规定：

a.应根据实地驾驶状况，对标线在夜间的视认和诱导效果进行评价。

b.应对位于中央分隔带或计算路侧净区内的桥墩、隧道洞口、设施立柱等设置的立面标记进行评价。

c. 应对禁止超车路段的标线设置情况进行评价。

③护栏评价应符合下列规定：

a. 应对护栏的设置情况进行评价。

b. 应对分流鼻端的防撞设施进行评价。

c. 高填方、路侧邻水或邻崖等险要路段，邻近村庄路段，与其他道路、铁路、油气管道并行路段，陡坡急弯路段等，应对其路侧采取的防护设施进行评价。

④防眩设施评价应符合下列规定：

a. 应对防眩设施的设置情况进行评价。

评价时注意高速公路和一级公路的分离式路基与整体式路基衔接过渡路段的防眩设施需适当延长；一级公路中央分隔带开口两侧的防眩设施高度需在一定范围内逐步降低。

b. 应在夜间检查防眩板的防眩效果。

⑤应检查视线诱导设施在夜间的诱导效果。

⑥当公路跨越铁路、通航河流、交通量较大的其他公路时，应对其桥梁的防落网进行评价。

⑦应对爬坡车道和避险车道的交通安全设施和管理设施进行评价。

⑧宜对路段的监控设施的设置情况进行评价。

⑨应根据实地驾驶状况对收费站的交通安全设施和管理设施进行评价。

⑩应对服务区、停车区内的标志和标线进行评价。

⑪应对港湾式紧急停车带的交通安全设施进行评价。

⑫连续上坡路段、连续长陡下坡路段、长下坡接小半径曲线路段、长大隧道群路段、桥隧相连路段、隧道与互通式立体交叉相连路段、气象灾害多发路段、路侧干扰严重路段、路侧险要路段等，应对其交通工程及沿线设施的综合设置进行评价。

⑬可对限速方案进行评价，重点评价受公路几何线形、构造物、路侧干扰和气象条件等影响的受限路段限速值。

2. 后评价

公路建设项目后评价通常是在公路建成通车5年以上并通过竣工验收后进行。另外，部分公路项目有进行通车后安全性评价的需求，如通车一段时间后，受路网条件、交通量、路侧条件、交通事故等的影响，公路的安全状况发生较大变化时，或者在竣工验收、大中修、改扩建时的安全性评价同样适用。

评价重点应为公路设施、交通量及交通组成、路网环境、路侧环境等的现状对公路交通安全的影响。评价时应进行总体评价和公路安全状况评价。总体评价应在调研和资料收集的基础上，进行交通事故分析；公路安全状况评价应进行公路现场调查、速度观测与评价，提出安全改进的建议和对策。

总体评价宜采用交通事故统计分析、问卷调查等方法。公路安全状况评价宜采用安全检查清单、断面速度现场观测等方法。

1) 总体评价

(1) 应根据交通量及交通组成、公路环境、安全管理、气候条件、交通事故等，评价公路运营后的交通运行特点对交通安全的影响。

(2) 应调研运营情况、交通事故主要原因、交通事故频发路段和交通安全管理等方面的情况。

（3）应进行资料收集,资料的质量、数量和时效应满足评价要求。收集资料宜包括下列内容:

①与安全性评价相关的现行标准。

②近3年及以上的交通量和交通组成等统计资料。

③近3年及以上的交通事故详细资料,包括事故发生的时间、地点、天气状况、事故形态、事故原因、伤亡人数、事故车型等信息。

④相关设计文件,包括施工图或竣工图。

⑤交工或竣工验收中与交通安全相关的资料。

⑥其他可用于安全性评价的资料。

（4）宜进行公路使用者问卷调查,主要调查安全运营需求、安全管理措施的效果,以及对安全改善的建议等。

（5）交通事故分析应符合下列规定:

①应对交通事故次数、伤亡人数、经济损失等进行统计,分析交通事故变化的趋势。

②应对交通事故发生的时间分布、空间分布、形态分布、原因分布、气候特征等进行分析,总结交通事故的统计规律。

③应根据交通事故的空间分布对事故频发路段进行鉴别,确定其起、终点范围,并分析事故频发原因。

④宜对典型的重大、特大交通事故进行个案分析。

（6）可对与应急救援相关的公路设施和应急预案进行评价。

2）公路安全状况评价

（1）应进行公路安全状况现场调查。现场调查应符合下列规定:

①应沿公路双方向进行连续摄像或拍照,对公路状况进行记录。

②应重点调查事故频发路段。

③事故频发路段或拟进行速度控制的路段应进行断面速度现场观测。

④一级公路、二级公路、三级公路,应对行人和非机动车等路侧干扰情况进行调查。

（2）路线评价

①应根据现场观测数据确定代表车型的运行速度,评价运行速度与设计速度协调性。

②应根据实地驾驶状况对平、纵面线形的连续性和视距进行评价。

③二级公路、三级公路,应根据实际的交通组成对小半径圆曲线路段的加宽值进行评价。

（3）路基和路面评价

①应对公路建筑限界进行评价。

②应对位于计算净区范围之内的路侧障碍物进行评价。

③侧滑和尾随相撞事故频发的路段,应对其路面抗滑能力进行评价。

④应对中央分隔带开口的设置位置和视距进行评价。

⑤应对排水设施的养护状况及其排水能力进行评价。

（4）桥梁评价

①应评价桥梁与桥梁引线的线形协调性。当存在桥头急弯路段时,应对相关的标志、标

线、速度控制设施等进行评价。

②应对桥梁护栏与路基护栏衔接过渡段进行评价。

③应根据实地驾驶状况评价上跨本项目的桥梁的桥墩台和上部结构对本项目公路视距的影响。

④当上跨本项目的桥梁的桥墩台位于计算路侧净区内时,应对桥墩台的防护设施进行评价。

⑤应检查桥头接线处、桥梁伸缩缝处是否存在影响交通安全的跳车现象。

⑥应检查桥梁是否会出现易湿滑或结冰的现象。

⑦桥上设人行道或非机动车道时,应检查其与行车道的隔离设施。

⑧应对与侧风相关的标志和速度控制设施等进行评价。

(5)隧道评价

①应根据实地驾驶状况对隧道洞口段线形连续性及其视距进行评价。

②应对隧道洞内、外衔接路段的路面抗滑能力及过渡进行评价。

③应对隧道洞口横断面变化及其防护设施的衔接与过渡进行评价。

④应根据实地驾驶状况评价隧道洞口亮度及照明过渡对交通安全的影响。无照明设施的隧道,应检查视线诱导设施的设置情况。

⑤宜对隧道监控、通风、消防等设施的设置情况进行评价。

⑥人车混行的隧道,应对保护行人和非机动车的安全设施进行评价。

(6)互通式立体交叉评价

①应对互通式立体交叉之间,以及互通式立体交叉与服务区、停车区、隧道等的间距进行评价。

②应根据实地驾驶状况和运行速度,对分、合流鼻端的通视情况进行评价。

③应根据实地驾驶状况和运行速度,评价出口匝道分流鼻端至匝道控制曲线起点路段的长度和速度过渡对交通安全的影响。

④应对车道数平衡,以及加(减)速车道、辅助车道、交织区长度进行评价。

⑤应根据实地驾驶状况,对互通式立体交叉出口标志信息进行评价。

(7)平面交叉评价

①应通过现场观测,评价平面交叉的位置、形式、交叉角度、间距等对交通安全的影响。

②应结合运行速度,对通视三角区的通视情况进行检查和评价。

③应对交通渠化设施,以及与行人和非机动车相关的标志、标线等交通安全设施进行评价。

④宜根据相交公路等级、直行和转弯车辆比例、历史交通事故情况等,对转弯车道和附加车道进行评价。

⑤宜根据平面交叉转向交通量和现场条件,对采用的交通管理方式及交通组织措施进行评价。

(8)交通工程及沿线设施评价

①按照交工阶段评价要求对标志、标线、护栏、防眩设施、视线诱导设施、防落网进行评价。

②管理设施评价应符合下列规定:

a.宜对路段的监控、照明设施的设置情况进行评价。

b.宜检查收费站的通行能力、收费车道设置数量等。

c.位于急弯之后或下坡坡底的收费站,应对其视距、速度控制设施、收费亭防撞设施等进行评价。

③服务设施评价应符合下列规定:

a.应根据运行速度,对服务区、停车区分流和合流匝道的识别视距、加(减)速车道长度等进行评价。

b.宜根据实际交通量及交通组成等,对服务区、停车区的容量、内部车道布设、内部服务设施布设情况等进行评价。

c.应对客运汽车停靠站的设置位置、加(减)速车道、隔离设施等进行评价。

④连续上坡路段、连续长陡下坡路段、长下坡接小半径曲线路段、长大隧道群路段、桥隧相连路段、隧道与互通式立体交叉相连路段、气象灾害多发路段、路侧干扰严重路段、路侧险要路段等,应对其交通工程及沿线设施的综合设置进行评价。

⑤当限速方案难以满足交通安全或通行效率需求时,可结合运营需求、公路条件、运行速度、交通安全状况等对限速方案进行评价。

考 点 分 析

本章主要有以下考点:

(1)不同阶段安全性评价的重点以及评价方法的选择。

(2)相邻路段运行速度协调性评价标准及运行速度计算。

(3)初步设计、施工图设计阶段的设计要素评价。

例 题 解 析

例1 施工图阶段公路项目安全性评价的重点是( )。

(A)交通量及交通组成、路侧环境的现状对公路交通安全的影响

(B)交通工程及沿线设施的设置情况

(C)交通工程及沿线设施建设规模的合理性

(D)通车后交通工程及沿线设施的设置情况

分析

根据《公路项目安全性评价规范》(JTG B05—2015)第5.1.1条,本阶段评价重点为交通工程及沿线设施的设置情况等。故本题选B。

例2 某高速公路中两相邻路段小型车运行速度差值的绝对值为15.6km/h,运行速度梯度的绝对值为12.5km/(h·m),则该路段的运行速度协调性评价结论是( )。

(A)好 (B)较好 (C)一般 (D)不良

分析

《公路项目安全性评价规范》(JTG B05—2015)第4.5.1条第3款,当$|\Delta v_{85}|\geq 20$km/h 或 $|\Delta I_v| > 10$km/(h·m)时,相邻路段运行速度协调性为不良。故本题选 D。

例3 下列评价内容中,属于初步设计阶段公路项目安全性评价内容的是( )。
(A)根据运行速度,对采用接近最小半径的圆曲线进行评价
(B)在圆曲线半径不变的前提下,应按运行速度对采用的超高值进行评价
(C)对车行横通道或人行横通道的设置位置、设置数量和角度进行评价
(D)对路侧障碍物的处理情况进行评价

分析

根据《公路项目安全性评价规范》(JTG B05—2015)第5.4.1条、5.4.4条,B、C选项为施工图阶段安全性评价内容;根据第6.4.2条,D选项属于交工阶段安全性评价内容。故本题选 A。

例4 下列各等级公路中,应进行运行速度协调性评价的有( )。
(A)设计速度100km/h的高速公路
(B)设计速度80km/h的高速公路
(C)设计速度80km/h的一级公路
(D)设计速度60km/h的二级公路

分析

《公路项目安全性评价规范》(JTG B05—2015)第4.5.1条,设计速度80km/h及以下的公路应进行运行速度协调性评价。故本题选 BCD。

例5 宜采用安全检查清单的方法进行公路项目安全性评价的有( )。
(A)初步设计阶段的比选方案评价
(B)初步设计阶段的设计要素评价
(C)后评价阶段的总体评价
(D)交工阶段的公路安全状况评价

分析

《公路项目安全性评价规范》(JTG B05—2015)第4.2.1、4.2.2条,比选方案评价宜采用经验分析法或安全检查清单等方法,设计要素评价可采用运行速度协调性分析等方法,A选项正确、B选项错误。第6.2.1条,公路安全状况评价宜采用安全检查清单等方法进行评价,D选项正确。第7.2.1条,总体评价宜采用交通事故统计分析、问卷调查等方法,C选项错误。故本题选 AD。

自测模拟

(第1~3题为单选题,第4、5题为多选题)

1.公路项目安全性评价中,需要评价设置动物通道必要性的阶段是( )。
(A)工程可行性研究阶段
(B)初步设计阶段
(C)施工图设计阶段
(D)交工阶段

2. 某高速公路设计速度 100km/h,交点 JD15 处平曲线的最大运行速度为 120km/h,最大超高取 4%。根据运行速度,该处圆曲线的最小半径为(　　)。

　　(A)920m　　　　　(B)810m　　　　　(C)680m　　　　　(D)500m

3. 公路平面交叉口进行安全性评价时,交叉口采用次路减速让行的交通管理方式。对该交叉口进行视距评价时,下列说法正确的是(　　)。

　　(A)主路左转车辆需保证能够看清前面的左转车辆并保持安全距离

　　(B)停止线前的第一辆车能够被其他方向进口道的第一辆车驾驶人看到

　　(C)保证主要公路的安全交叉停车视距和次要公路至主要公路车道中心线距离 5~7m 所构成的三角区通视

　　(D)采用运行速度计算的通视三角区内无阻碍通视的物体

4. 关于运行速度协调性评价的说法,正确的是(　　)。

　　(A)运行速度协调性评价应包括相邻路段运行速度协调性评价和同一路段运行速度与设计速度协调性评价

　　(B)当相邻路段运行速度为加速时,一般认为过大的加速度影响安全,需要进行分析

　　(C)运行速度梯度体现了运行速度在一定时间内的变化敏感程度

　　(D)高速公路相邻路段协调性评价结果分为好、较好、不良三种类型

5. 对避险车道进行安全性评价时,下列说法正确的是(　　)。

　　(A)避险车道引道与制动砂床的交线,与进入避险车道车辆的行驶方向应斜交,保证车辆前轮可以不同时进入制动砂床,便于制动控制

　　(B)避险车道的变坡竖曲线及制动坡床长度是起到实际减速作用的长度

　　(C)在坡床起始端 30~60m 内,将料坑深度由 10cm 过渡到全深

　　(D)防撞墙和缓冲设施不能代替避险车道的有效制动长度

参考答案

1. A　　　2. B　　　3. D　　　4. AD　　　5. CD

第十章

Chapter 10

道路工程施工组织
与概预算

思维导图

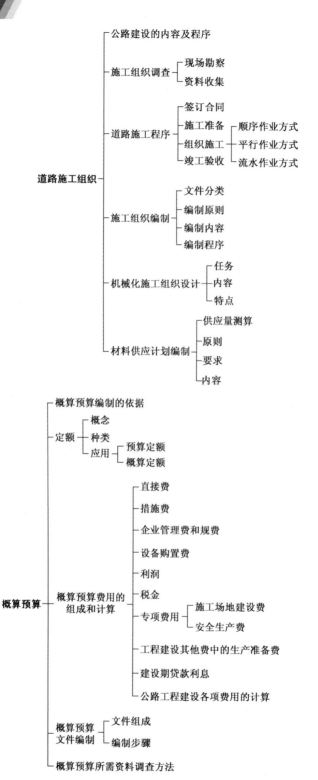

第一节　道路施工组织

依据规范

《公路建设监督管理办法》(交通部令[2006]6 号)

《公路工程基本建设项目设计文件编制办法》(交公路发[2007]358 号)

《公路工程基本建设项目设计文件图表示例》(交公路发[2007]358 号)

《公路路基施工技术规范》(JTG/T 3610—2019)

《公路路面基层施工技术细则》(JTG/T F20—2015)

《公路桥涵施工技术规范》(JTG/T 3650—2020)

《公路工程施工安全技术规范》(JTG F90—2015)

重 点 知 识

一、了解公路建设内容及程序

1. 公路建设的内容

公路建设的内容按其任务与分工不同可以分为以下三方面。

1)公路工程的小修、保养

公路工程构造物在长期使用过程中,通过定期和不定期的维修保养,减小因受到行车和自然因素的作用而不断产生的损坏,保证正常使用,保持运输生产不间断地进行,使原有生产能力得到维持。

2)公路工程大、中修与技术改造

公路工程使用到一定年限,某些组成部分就会丧失功能,这时就需要进行大、中修这种固定资产的更新,其一般与公路的技术改造相结合进行(如局部改线,改造不符合标准路的段,提高路面等级等)。通过大、中修与技术改造来提高公路的通行能力,实现固定资产简单再生产和部分扩大再生产。

3)公路工程基本建设

公路基本建设活动的内容构成主要有建筑安装工程(建筑工程,如路基、路面、桥梁、隧道、防护工程、沿线设施等;设备安装工程,如高速公路、大型桥梁所需各种机械、设备、仪器的安装、测试等),设备、工具、器具的购置和其他基本建设工作(如勘察、设计及与之有关的调查和技术研究工作,征用土地、青苗补偿和安置补助工作等)三个方面。

2. 公路建设的程序

《公路建设监督管理办法》第 9 条对政府投资公路建设项目的实施,第 10 条对企业投资公路建设项目的实施,规定了具体程序,政府投资公路建设项目程序的主要内容如下:

(1)根据规划,编制项目建议书。

(2)根据批准的项目建议书,进行工程可行性研究,编制可行性研究报告。

(3)根据批准的可行性研究报告,编制初步设计文件。

(4)根据批准的初步设计文件,编制施工图设计文件。

(5)根据批准的施工图设计文件,组织项目招标。

(6)根据国家有关规定,进行征地拆迁等施工前准备工作,并向交通主管部门申报施工许可。

(7)根据批准的项目施工许可,组织项目实施。

(8)项目完工后,编制竣工图表、工程决算和竣工财务决算,办理项目交、竣工验收和财产移交手续。

(9)竣工验收合格后,组织项目后评价。

企业投资公路建设项目的实施程序将上述内容的前三点改为:根据规划,编制工程可行性研究报告;组织投资人招标工作,依法确定投资人;投资人编制项目申请报告,按规定报项目审批部门核准;根据核准的项目申请报告,编制初步设计文件,其中涉及公共利益、公众安全、工程建设强制性标准的内容应当按项目隶属关系报交通主管部门审查。

政府投资的公路建设程序细化内容如图 10-1-1 所示。

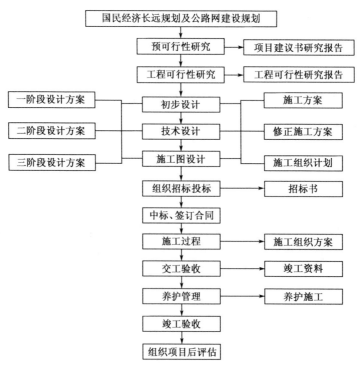

图 10-1-1　公路建设的程序图

二、了解道路施工组织调查

1. 现场勘查

在设计阶段,由外业勘测中勘测队的调查组来完成对路线、桥位、大型土石方地段、材料采集加工场地等处的现场勘测调查。其内容如下：

（1）施工现场及沿线的地形地貌。对于公路沿线,大、中型桥位,附属加工等施工现场,应结合勘察测绘平面图进行定性的描述。

（2）施工现场的地上障碍及地下埋设物。

2.资料收集

1）施工单位和施工组织方式

明确施工单位,事先考察施工单位的施工能力(即可投入的人力、机械、设备及其他施工手段)。对实行招标、投标的工程,在设计阶段一般不能明确施工单位,设计单位应从设计角度出发,提出最为合理的意见,作为编制概算预算的依据。

2）气象资料

气象资料应与工程所在地气象部门联系,抄录工程所在地的气温、季风、雨量、积雪、冻深、雨季等有关资料。

3）水文地质资料

水文地质资料可向工程所在地的水文地质部门或向测量队的桥涵组、地质组抄录一些主要内容,包括:地质构造、土质类别、地基土承载能力、地震等级;地下水位、水量、水质、洪水位。

4）技术经济情况

（1）施工现场(沿线)附近可以利用的场地,可供租用或支援的房屋情况。

（2）对工程所需的外购材料应列表详细调查,并由提供材料的单位盖章证明。

（3）加工料的料场、加工场位置、供应数量、运距等情况。

（4）当地能够雇用或支援建设的劳动力数量以及技术水平。

5）运输情况

应分别了解施工单位自办运输及可提供的运力(指可能参加施工运输的运力,包括汽车、拖拉机、畜力车等)状况,应对筑路材料的运输途径、转运情况、运杂费标准等进行调查。除车辆调查外,尚应对施工便道情况进行调查。

6）供水、供电、通信情况

了解施工用水水源、供水量、水压、输水管道长度。了解供电线路的电容量、电压、可供施工用的用电量及接线位置,可临时供电的线路和变电设备的要求等。通过调查确定施工动力类别的构成。

7）生活供应与其他

了解粮、煤、副食品供应地点;调查医疗保健情况等。

三、了解道路施工程序

施工程序包括接受施工任务、签订工程合同、施工准备工作、组织施工和竣工验收等各个阶段。

1.签订工程承包合同

施工企业接受施工任务通常有三种方式:一是上级主管单位统一接受任务,安排计划下达;二是经主管部门同意,自行对外接受的任务;三是参加投标,中标而得的任务。接受施工任务,是以签订工程合同加以肯定的。建筑安装企业,凡接受工程项目,都必须同建设单位签订工程合同,明确各自的经济技术责任。合同一经签订,即具有法律效力,双方要严格履行合同。

2.施工准备工作

1)技术准备

(1)熟悉、核对设计文件、图纸及有关资料。

(2)补充调查资料。

(3)编制实施性施工组织设计、施工预算。

(4)组织人员进场,做好后勤准备工作。

2)施工现场准备

依据设计文件及已编制的实施性施工组织设计,做好施工现场准备工作。

(1)测出占地范围,征用土地,拆迁房屋、电信设备等各种障碍物。

(2)平整场地,做好施工放样。

(3)修建便桥、便道,搭盖工棚,修建大型临时设施(预制场、机修厂、沥青加工场、混凝土搅拌站等)。

(4)料场布置,供水、供电设备等的安装。

(5)各种施工物资资源的调查与准备,包括建筑材料、构件、施工机械、机具设备、工具等的货源安排、进场堆放、入库、保管及安全工作。

(6)建立工地试验室,进行各种建筑材料和土质的试验,为施工提供可靠依据。

(7)施工机构设置、施工队伍集结、进场及开工前的政治思想工作及安全技术教育。

3.组织施工

施工单位做好施工准备并报请批准后,才能正式组织施工。施工时要严格按照施工图纸进行,如需变动,应事先取得建设单位或监理工程师同意。要按照施工组织设计确定的施工顺序、施工方法以及进度要求,科学地、合理地组织施工,而且对施工过程要注意全面质量管理及成本控制。

组织施工时应具有以下基本文件:①设计文件;②施工规范和技术操作规程;③各种定额;④施工图预算;⑤施工组织设计;⑥公路工程质量检验评定标准和施工验收规范。

施工组织的基本方式分为顺序作业组织方式、平行作业组织方式和流水作业组织方式。

1)顺序作业组织方式

顺序作业指按工艺流程和施工程序(步骤)确定的先后顺序进行施工操作。其主要特点如下:

(1)没有充分利用工作面进行施工,(总)工期较长。

(2)每天投入施工的劳动力、材料和机具的种类比较少,有利于资源供应的组织工作。

(3)施工现场的组织、管理比较简单。

(4)不强调分工协作,若由一个作业队完成全部施工任务,不能实现专业化生产,不利于提高劳动生产率;若按工艺专业化原则成立专业作业队(班组),各专业队是间歇作业,不能连续作业,材料供应也是间歇供应,劳动力和材料的使用可能不均衡。

2)平行作业组织方式

平行作业即是针对线形工程的作业面长的特点,根据工程或技术的需要,可划分为几段

(或几个点),分别同时按先后程序组织施工的作业方式。其主要特点如下:

(1)充分利用了工作面进行施工,(总)工期较短。

(2)每天同时投入施工的劳动力、材料和机具数量较大,材料供应特别集中,所需作业班组很多,影响资源供应的组织工作。

(3)当各工作面之间需共用某种资源时,施工现场的组织管理比较复杂,协调工作量大。

(4)不强调分工协作,各作业单位都是间歇作业,此点与顺序作业法相同。

3)流水作业组织方式

以施工专业化为基础,将不同工程对象的同一施工工序交给专业施工队(组)执行,各专业队(组)在统一计划安排下,依次在各个作业面上完成指定的操作。该组织方式最适合资源受限情况下的工程,其主要特点如下:

(1)必须按工艺专业化原则成立专业作业队(班组),实现了专业化生产,有利于提高劳动生产率,保证工程质量。

(2)专业化作业队能够连续作业,相邻作业队的施工时间能最大限度地搭接。

(3)尽可能(即科学)地利用了工作面进行施工,工期比较短。

(4)每天投入的资源量较为均衡,有利于资源供应的组织工作。

(5)需要较强的组织管理能力。

流水施工组织方式实质上是同一施工过程(工序或班组)顺序施工,不同的施工过程平行施工。该方式还可细分为有节拍流水(固定节拍即等节拍、异节拍即成倍节拍和分别流水)与无节拍流水。流水参数分为空间参数(工作面、施工段 m 和施工层 r 等)、时间参数(流水节拍 t、流水步距 K 和流水工期 T 等)和工艺参数(施工过程数 n 等)。

对于施工组织,还可以将基本施工组织方式进行综合运用。形成平行流水作业法、平行顺序作业法和立体交叉平行流水作业法等。

4. 竣工验收(公路工程中实际是指交工验收)

所有建设项目和单位工程都要按照设计文件所规定的内容全部建完,完工后以批准的设计文件为依据,根据国家有关规定,评定质量等级,进行竣工验收,并经监理工程师签认。

四、了解施工组织设计文件编制原则

1. 施工组织设计文件的分类

施工组织设计按所起作用的不同分为两大类:一类是属于设计文件的组成部分,其中按设计阶段之不同,可分为初步设计阶段的"施工方案",三阶段设计中技术设计阶段的"修正施工方案"和不论几阶段(一、两、三阶段)设计都应当要进行施工图设计的施工组织计划(注:根据交公路发〔2007〕358号文件规定,设计人员主要从事这部分施工组织设计文件的编制);另一类是属于指导施工的技术经济文件,即实施性施工组织设计或称为施工组织设计,由施工单位编制,其中又可分为施工组织总设计、单位工程施工组织设计和分部分项工程施工组织设计。

2. 编制施工组织设计文件的原则

(1)严格执行基本建设程序和施工程序。

(2)科学地安排施工顺序。

（3）采用先进的施工技术和设备。

（4）应用科学的计划方法制定最合理的施工组织方案。

（5）落实季节性施工的措施,确保全年连续施工。

（6）确保工程质量和施工安全。

（7）节约基建费用,降低工程成本。

3. 设计阶段的施工组织设计文件内容

根据《公路工程基本建设项目设计文件编制办法》规定,施工组织设计文件按组成不同,可分为以下几类:

1)施工方案

（1）施工方案说明。

（2）人工、主要材料及机具、设备安排表。

（3）工程概略进度图(根据劳动力、施工期限、施工条件及施工方案进行概略安排)。

（4）临时工程一览表。

2)修正施工方案

采用三阶段设计的工程,在技术设计阶段应提出修正的施工方案。修正施工方案应根据初步设计的审批意见和需要进一步解决的问题进行编制。修正施工方案解决问题的深度和提交文件的内容,介于施工方案和施工组织计划之间。

3)施工组织计划

在施工图设计时(即使是一阶段设计也是作施工图设计),对应的是编制施工组织计划,其内容如下:

（1）说明。

①初步设计(或技术设计)审批意见的执行情况。

②施工组织、施工期限,主要工程的施工方法、工期、进度及措施。

③劳动力计划及主要施工机具的使用安排。

④主要材料供应、运输方案及临时工程安排。

⑤对缺水、风沙、高原、严寒等地区以及冬季、雨季施工所采取的措施。

⑥施工准备工作的意见(如拆迁,用地,修建便道、便桥、临时房屋,架设临时电力、电信设施等)。

（2）工程进度图(包括劳动力计划安排)。

（3）主要材料计划表(包括型号、规格及数量)。

（4）主要施工机具、设备计划表。

（5）临时工程表(包括通往工地、料场、仓库等的便道、便桥及电力、电信设施等)。

（6）重点工程施工场地布置图,绘出仓库、工棚、便道、便桥、运输路线、构件预制场地、沥青(或水泥)混凝土拌和场地、材料堆放场地等工程和生活设施的位置。

（7）重点工程施工进度图。

4. 编制施工组织设计的程序

实施性施工组织设计主要有施工方案、进度计划、资源计划(工料机等)和施工平面图这四大基本内容,编制程序如图 10-1-2 所示。

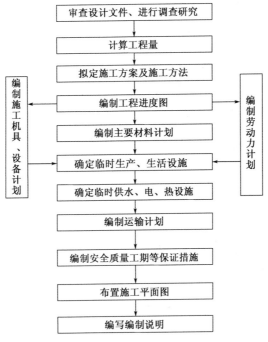

图 10-1-2 施工组织设计的编制程序

五、了解机械化施工组织设计内容和特点

1. 机械化施工组织设计的任务

机械化施工组织设计的关键是在公路工程施工组织设计的原则范围内,或配合其他各方面组织的完成,以机械化施工本身的特点降低外界影响因素,如天气变化和材料供应等,使机械化施工的作业效率更高,保证机械作业的最大使用率,从而缩短工期、增效减亏。机械化施工组织设计的主要任务如下:

(1)合理选用机械,力求最大限度地发挥机械的效能。

(2)针对不同的施工方案和施工条件,确保机械组合的最佳配备。

(3)进行机械化施工平面组织设计,合理布设机位和运行线路,避免机械运行与操作冲突,保证施工顺畅和安全。

(4)制定合理的机械维修及保养计划,提高设备利用率,保证机械化施工的连续性。

(5)核定机械作业量,确定机械种类和需要量,安排机械使用计划及作业调配计划。

(6)合理进行关键工作的施工组织计划,力求提高生产率,缩短作业工期。

2. 机械化施工组织设计的内容

对整个工程项目而言,机械化施工组织设计的具体内容分机械化施工总体计划和分部分项工程计划。

1)机械化施工总体计划内容

(1)施工计划总工期。

（2）重点工程的机械施工方案和方法。

（3）机械化施工的步骤和操作规程、相关的机械管理人员。

（4）机械最佳配置、各季度计划台班数量。

（5）机械施工平面设置与机械占地布设。

（6）确定机械施工的总体进度计划。

2）机械化施工分部分项工程计划内容

（1）分部分项工程日进度计划图表。

（2）工程项目机械配合施工的安排计划（施工方法、机械种类）。

（3）机械施工技术、安全保证措施。

（4）机械检修、保养计划和措施。

（5）机械的临时占地布设和现场平面组织措施。

3. 机械化施工组织特点

机械化施工有两种形式，即单机作业和综合机械化作业。无论采用哪种方式作业，机械化施工组织都具有以下特点：

（1）施工机械能够完成人力不及或具有一定风险的施工作业。

（2）施工机械可从根本上改变劳动条件，提高生产率。

（3）施工机械可大幅度提高劳动生产率。

（4）施工机械具有机动灵活的特点，可以长时间连续作业。机械化作业的活动范围大，有效工作半径长，移动方便、迅速，可以针对作业量较大的施工任务长时间连续作业，还能适应流动性大的施工。

六、了解材料供应计划编制方法

材料供应计划即各类材料的实际进场计划，是项目材料管理部门组织材料采购、加工订货、运输、仓储等材料管理工作的行动指南，是根据施工进度和材料的现场加工周期所提出的最晚进场计划。材料采购供应计划主要有年度采购供应计划、季度采购供应计划、月采购供应计划；如果计划期内有任务变化，还应该编制变更计划。

1. 材料供应量的测算

$$材料供应量 = 材料需用量 + 期末储备量 - 期初库存量 \qquad (10\text{-}1\text{-}1)$$

式中，期末储备量主要是由供应方式和现场条件决定，一般情况可按下列公式计算：

$$某项材料储备量 = 某项材料的日需用量 \times (该项材料的供应间隔天数 + 运输天数 +$$
$$入库检验天数 + 生产前准备天数) \qquad (10\text{-}1\text{-}2)$$

2. 材料供应计划的编制原则

（1）实行配套供应，对各分部分项工程所需的材料品种、数量、规格、时间及地点，组织配套供应，不能缺项，不能颠倒。

（2）实行承包责任制，明确供求双方的责任与义务，以及奖惩规定，签订材料供应合同，以确保施工项目顺利进行。

（3）材料供应计划在执行过程中，当遇到设计修改、生产或施工工艺变更时，应作相应的调整和修订,但必须有书面依据,要制订相应的措施,并及时通告有关部门,要妥善处理并积极解决材料的余缺,以避免和减少损失。

3. 材料供应计划的编制要求

(1)A类物资供应计划:应当由项目物资部经理根据月度申请计划和施工现场、加工场地、加工周期和供应周期分别报出。供应计划一式二份,公司物资部计划责任师一份,交各专业责任师按计划时间要求供应到指定地点。

(2)B类物资供应计划:应当由项目物资部经理根据审批的申请计划和工程部门提供的现场实际使用时间、供应周期直接编制。

(3)C类物资在进场前按物资供应周期直接编制采购计划进场。

4. 材料供应计划的编制内容

材料供应计划的编制,要注意从数量、品种、时间等方面进行平衡,以达到配套供应、均衡施工。计划中要明确物资的类别、名称、品种(型号)、规格、数量、进场时间、交货地点、验收人和编制日期、编制依据、送达日期、编制人、审核人、审批人。

在材料供应计划执行过程中,应定期或不定期地进行检查,以便及时发现问题及时处理解决。检查的主要内容包括:供应计划落实的情况、材料采购情况、订货合同执行情况、主要材料的消耗情况、主要材料的储备及周转情况等。

考 点 分 析

本节主要有以下考点:

(1)公路工程建设的基本程序和施工组织方式的分类及特点,特别是流水施工组织。

(2)施工组织设计的分类、编制原则与主要内容。要求在了解上述施工组织设计基本知识的基础上,重点掌握机械和材料的施工组织的内容与特点。

本节难点是施工组织方式的类型、特点以及如何组织流水施工等。

例 题 解 析

例1　公路大、中修工程和改建工程一般编制的施工组织设计的名称是(　　　)。

　(A)施工方案　　　　　　　　　(B)修正施工方案

　(C)施工组织计划　　　　　　　(D)实施性施工组织设计

分析

根据《公路工程基本建设项目设计文件编制办法》第2.0.1条,公路基本建设项目,一般采用两阶段设计,对于技术简单、方案明确的小型建设项目,可采用一阶段设计;对于大、中修工程和改建公路小型建设项目,可采用一阶段施工图设计,即编制施工组织计划。故本题选C。

例 2 施工组织设计的基本内容中,用于指导施工过程的进行并控制施工节点的是( )。

(A)工程项目概况　　　　　　　(B)各种资源需求计划
(C)施工进度计划　　　　　　　(D)施工总平面布置图

分析

工程项目概况不属于施工组织设计的基本内容,其他 3 个选项都是施工组织设计的基本内容,但只有施工进度计划能反映工作时间和工作间的逻辑关系,也就能控制施工节点。故本题选 C。

例 3 编制施工组织设计过程中,计算工程量的下一步是( )。

(A)编制施工总进度计划　　　　(B)绘制施工平面图
(C)编制资源需求量计划　　　　(D)拟定项目施工方案

分析

根据图 8-1-2 计算工程量的下一步是拟定施工方案。故本题选 D。

例 4 在基本施工组织方式中,流水施工过程与顺序作业法、平行作业法在利用工作面方面的特点是( )。

(A)充分利用工作面　　　　　　(B)科学利用工作面
(C)没充分利用工作面　　　　　(D)利用工作面最差

分析

充分利用工作面是平行作业法的特点,没充分利用工作面和利用工作面最差是顺序作业法的特点,科学利用工作面是流水作业法的特点。故本题选 B。

例 5 某流水施工组织中,$m=4$,$n=3$,$t_A=2$ 天,$t_B=8$ 天,$t_C=4$ 天,在资源充足的条件下流水工期最短的流水组织方式是( )。

(A)固定节拍流水　　　　　　　(B)成倍节拍流水
(C)分别流水　　　　　　　　　(D)无节拍流水

分析

由于施工过程 A、B、C 的流水节拍彼此不相等是异节拍流水,分别为 2、8、4,有互成倍数的关系,在资源充足条件下组织成倍节拍流水比分别流水工期更短。故本题选 B。

例 6 公路施工进度计划的表示方法是( )。

(A)网络图　　　　　　　　　　(B)横道图
(C)垂直图　　　　　　　　　　(D)鱼刺图

分析

鱼刺图主要用于工程质量控制,其他 3 个选项都是进度计划的表示方法。故本题选 ABC。

例 7 [2019 年多选题]公路隧道设计制定的施工计划主要包括( )。

（A）总工期要求

（B）施工队伍确定

（C）合理工区的划分

（D）施工便道、弃渣场、临时设施、监控量测方案

分析

根据《公路隧道设计规范 第一册 土建工程》（JTG 3370.1—2018）第4.7.1条，施工计划主要应包括工期、施工方法、工区划分、临时设施、施工便道、弃渣场、污水处理和监控量测方案、超前地质预报的要求等。故本题选ACD。（注：2019年考试要求使用2004版规范解答。此处采用2018版规范解答。新旧规范的规定基本一致）

自 测 模 拟

（第1~4题为单选题，第5题为多选题）

1. 多跨桥梁的桥梁基础由于受到专业设备数量的限制，只能采用的施工作业组织方式是（ ）。

    （A）顺序作业法   （B）平行作业法

    （C）流水作业法   （D）垂直作业法

2. 编制施工组织设计过程中，编制资源需求量计划的上一步是（ ）。

    （A）编制施工总进度计划   （B）绘制施工平面图

    （C）编制资源运输计划   （D）拟定项目施工方案

3. 道路施工的程序是（ ）。

    （A）签订工程合同→接受施工任务→施工准备工作→组织施工→竣工验收

    （B）施工准备工作→接受施工任务→签订工程合同→组织施工→竣工验收

    （C）接受施工任务→签订工程合同→施工准备工作→组织施工→竣工验收

    （D）接受施工任务→施工准备工作→签订工程合同→组织施工→竣工验收

4. 既是施工组织设计的组成部分，也是编制各项资源需求和进场计划依据的是（ ）。

    （A）计算工程量   （B）施工总平面布置图

    （C）施工进度计划   （D）材料运输计划

5. 下列选项中属于流水施工参数的有（ ）。

    （A）空间参数   （B）工艺参数   （C）时间参数   （D）分段参数

参考答案

1. C   2. A   3. C   4. C   5. ABC

第二节　道路工程概预算

依据规范

《公路工程建设项目概算预算编制办法》(JTG 3830—2018)

《公路工程概算定额》(JTG/T 3831—2018)

《公路工程预算定额》(JTG/T 3832—2018)

《公路工程机械台班费用定额》(JTG/T 3833—2018)

重 点 知 识

一、了解概算预算的编制依据

公路工程概算预算编制前应全面了解工程所在地的建设条件,掌握各种基础资料,正确引用规定的定额、取费标准、材料及设备价格。在编制时严格按照国家的方针、政策和有关制度,符合公路设计规范和施工技术规范。

《公路工程建设项目概算预算编制办法》(JTG 3830—2018)第2.2节编制依据规定,设计概算/施工图预算编制依据应包含下列内容(概算预算有两点有区别,下面第4、5项斜线后楷体字为预算要求):

(1)国家发布的有关法律、法规等。系指编制概算预算中所必须遵循的国家、交通运输部和地方主管部门颁布的有关法令性文件或规定等。

(2)本办法及配套定额[注:文中的"本办法"均指《公路工程建设项目概算预算编制办法》(JTG 3830—2018)]。配套定额即第2.1.1条的规定:《公路工程概算定额》(JTG/T 3831)、《公路工程预算定额》(JTG/T 3832)规定的人工、材料与设备、机械台班消耗量和按本办法规定的概算、预算编制时工程所在地的人工费工日单价、材料预算单价和施工机械台班单价计算出工程项目的工、料、机费用,并按本办法的规定计算各项费用。

(3)工程所在地省级交通运输主管部门发布的补充规定和定额等。

(4)可行性研究报告的批(核)准文件(修正概算时为初步设计批复文件)等有关资料。(概算要求的内容)/批准的初步设计文件(或技术设计文件,若有)等有关资料(楷体字为预算要求的内容)。

(5)初步设计(或技术设计)图纸/施工图设计图纸等设计文件、工程施工方案(含施工组织设计)。施工组织设计资料包括:工程中的开竣工日期、施工方案、主要工程项目的进度要求、材料开采与堆放地点,大型临时设施的规模、建设地点和施工方法等。

(6)工程所在地的人工、材料与设备、施工机械价格等。

（7）有关合同、协议等。

（8）其他有关资料。包括当地自然条件及其变化规律，如气温、雨季、冬季、洪水季节及规律、风雪、冰冻、地质、水源等。还有其他工程及沿线设施，如既有建筑物的拆迁，与水利、电信、铁路的干扰及解决措施，清除场地、管理养护及服务设施等。

二、了解定额的种类及应用方法

1. 定额概念

定额是企业在生产经营活动过程中，在一定的条件下，对人力、物力、财力的使用和消耗，经过科学的测定、分析、计算，确定一些合理的数学指标，作为管理和生产所应遵守或达到的标准；简而言之，是在合理的劳动组织和合理地使用材料和机械的条件下，预先规定完成单位合格产品所消耗资源数量和费用的标准，属于计价依据的主要内容之一。定额按计价依据的作用分工程消耗量定额和费用定额两部分。公路工程消耗量定额指《公路工程预算定额》《公路工程概算定额》及《公路工程估算指标》等；公路工程费用定额是指《公路工程机械台班费用定额》《公路工程建设项目概算预算编制办法》和《公路工程建设项目投资估算编制办法》中规定的各项费用定额和费率。

2. 定额种类

（1）按定额反映的实物消耗内容分类，如图10-2-1所示。

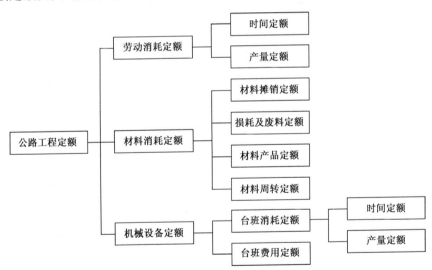

图 10-2-1　按定额反映的实物消耗内容分类

（2）按使用要求分类，如图10-2-2所示。

（3）按编制单位和执行定额的范围不同分类。工程建设定额可分为全国统一定额、行业统一定额、地区统一定额、企业定额和补充定额五种。

（4）按专业不同分类。各个不同专业都分别有相应的主管部门颁发的在本系统使用的定额，如：建筑安装工程定额、设备安装工程定额、给水排水工程定额、公路工程定额、铁路工程定额、水利水电工程定额、水运工程定额、井巷工程定额等。

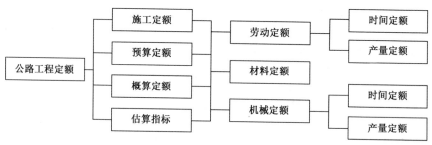

图 10-2-2　定额按使用要求分类

3．定额的应用

1）预算定额的应用

现行的《公路工程预算定额》(JTG/T 3832—2018)共分为上、下两册。内容包括路基工程、路面工程、隧道工程、桥涵工程、交通工程及沿线设施、绿化及环境保护工程、临时工程、材料采集及加工、材料运输共 9 章及附录。

《公路工程预算定额》的组成部分包括：颁发定额的文件、总说明、总目录、各类工程的章说明、节说明、定额表和附录 7 部分。《公路工程预算定额》的应用包括以下 3 种方法。

(1)直接套用：当设计要求、结构形式、施工工艺、施工机械等与定额条件完全相符合时，可直接套用定额。在应用定额编制预算文件时，绝大多数项目属于直接套用定额这种情况。应用时可特别关注预算定额中的总说明、各章节说明、定额表的附注及工程内容等。

(2)换算：当设计要求与定额条件不完全相符时则不可直接套用定额，应根据定额的规定进行换算。一般包括以下几种情况：

①就地浇筑钢筋混凝土梁用的支架及拱圈用的拱盔、支架，如确因施工安排达不到规定的周转次数时，可根据具体情况进行换算并按规定计算回收，其余工程一般不予抽换。

②设计采用的混凝土及砂浆强度等级或水泥强度等级与定额所列强度等级不同时，可按配合比表进行换算。但实际施工配合比材料用量与定额配合比表用量不同时，除配合比表中允许换算者外，均不得调整。

③钢筋工程中，当设计用光圆钢筋和带肋钢筋的比例与定额比例不同时，可进行换算。

(3)补充：当设计要求与预算定额条件完全不相符，或由于设计采用新材料、新工艺，在定额中无这类项目时，即属于定额缺项时，可编制补充定额。

2）概算定额的应用

现行的《公路工程概算定额》(JTG/T 3831—2018)共分为上、下两册。内容包括路基工程、路面工程、隧道工程、桥涵工程、交通工程及沿线设施、绿化及环境保护工程、临时工程共 7 章。

《公路工程概算定额》的组成部分包括：颁发定额的文件、总说明、总目录、各类工程的章说明、节说明和定额表 6 部分。与《公路工程预算定额》类似，《公路工程概算定额》的应用方法可分为定额的直接套用，定额的换算和定额的补充。

三、了解公路概算预算各部分费用的组成和计算

1．公路概预算费用组成

《公路工程建设项目概算预算编制办法》(JTG 3830—2018)第 3.1 节规定了建筑安装工

程费的组成。建筑安装工程费包括直接费、设备购置费、措施费、企业管理费、规费、利润、税金和专项费用。建筑安装工程费除专项费用外,其他均按"价税分离"计价规则计算,即各项费用均以不含增值税可抵扣进项税额的价格(费率)进行计算,具体要素价格适用增值税税率执行财税部门的相关规定。定额建筑安装工程费包括定额直接费、定额设备购置费的40%、措施费、企业管理费、规费、利润、税金和专项费用,定额直接费包括定额人工费、定额材料费、定额施工机械使用费。

定额人工费、定额材料费、定额施工机械使用费以及定额设备购置费均按《公路工程预算定额》(JTG/T 3832—2018)附录四"定额人工、材料、设备单价表"及《公路工程机械台班费用定额》(JTG/T 3833—2018)中规定的人工、材料、设备、机械的相应基价计算的定额费用。

公路概预算费用组成如图10-2-3所示。俗称的间接费的是由企业管理费和规费组成。

2. 直接费的组成和计算

直接费指施工过程中耗费的构成工程实体和有助于工程形成的各项费用,包括人工费、材料费、施工机械使用费。(注:直接费不含措施费)

1)人工费

人工费指列入概算、预算定额的直接从事建筑安装工程施工的生产工人开支的各项费用。包括:①计时工资或计件工资;②津贴、补贴;③特殊情况下支付的工资。

人工费以概算、预算定额人工工日数乘以综合工日单价计算。人工费标准按照本地区公路建设项目的人工工资统计情况以及公路建设劳务市场情况进行综合分析、确定人工工日单价。人工工日单价由省级交通运输主管部门制定发布,并适时进行动态调整。

2)材料费

材料费指施工过程中耗用的构成工程实体的原材料、辅助材料、构配件、零件、半成品或成品算(注:材料范围),按工程所在地的材料价格计算的费用(注:价格确定的原则)。

材料预算价格 =(材料原价 + 运杂费)×(1 + 场外运输损耗率)×(1 + 采购及保管费率)− 包装品回收价格

(1)各种材料原价按下列规定计算:①外购材料:外购材料价格参照本行政区域内交通运输主管部门发布的价格和按调查的市场价格进行综合取定;②自采材料:自采的砂、石、黏土等材料,按定额中开采单价加辅助生产间接费和矿产资源税(如有)计算。

(2)运杂费:指材料自供应地点至工地仓库(施工地点存放材料的地方)的费用,包括装卸费、运费,如果发生,还应计囤存费及其他杂费(如过磅、标签、支撑加固、路桥通行等费用)。

(3)采购及保管费:指在组织采购、保管过程中所需的各项费用及工地仓库的材料储存损耗。材料采购及保管费,以材料的原价加运杂费及场外运输损耗的合计数为基数,乘以采购及保管费率计算。钢材的采购及保管费费率为0.75%;燃料、爆破材料为3.26%,其余材料为2.06%;商品水泥混凝土、沥青混合料和各类稳定土混合料、外购的构件、成品及半成品的预算价格计算方法与材料相同。商品水泥混凝土、沥青混合料和各类稳定土混合料不计采购及保管费,外购的构件、成品及半成品的采购及保管费费率为0.42%。

建筑安装工程费
- 直接费
  - 人工费
  - 材料费
  - 施工机械使用费
- 设备购置费
- 措施费
  - 冬季施工增加费
  - 雨季施工增加费
  - 夜间施工增加费
  - 特殊地区施工增加费
    - 高原地区施工增加费
    - 风沙地区施工增加费
    - 沿海地区施工增加费
  - 行车干扰施工增加费
  - 施工辅助费
  - 工地转移费
- 企业管理费
  - 基本费用
  - 主副食运费补贴
  - 职工探亲路费
  - 职工取暖补贴
  - 财务费用
- 规费
  - 养老保险费
  - 失业保险费
  - 医疗保险费
  - 工伤保险费
  - 住房公积金
- 利润
- 税金
- 专项费用
  - 施工场地建设费
  - 安全生产费

概（预）算总金额
- 建筑安装工程费
- 土地使用及拆迁补偿费
- 工程建设其他费
  - 建设项目管理费
    - 建设单位（业主）管理费
    - 建设项目信息化费
    - 工程监理费
    - 设计文件审查费
    - 竣（交）工验收试验检测费
  - 研究试验费
  - 建设项目前期工作费
  - 专项评价（估）费
  - 联合试运转费
  - 生产准备费
    - 工器具购置费
    - 办公和生活用家具购置费
    - 生产人员培训费
    - 应急保通设备购置费
  - 工程保通管理费
  - 工程保险费
  - 其他相关费用
- 预备费
  - 基本预备费
  - 价差预备费
- 建设期贷款利息

图 10-2-3 公路概（预）算费用组成图

3）施工机械使用费

施工机械使用费指系列入概算、预算定额的工程机械和工程仪器仪表台班数量,按相应的施工机械台班费用定额计算的费用等。

(1)工程机械使用费:机械台班预算价格应按《公路工程机械台班费用定额》(JTG/T 3833—2018)计算,机械台班单价由不变费用和可变费用组成。不变费用包括折旧费、检修费、维护费、安拆辅助费等;可变费用包括机上人员人工费、动力燃料费、车船税。可变费用中的人工工日数及动力燃料消耗量,应以机械台班费用定额中的数值为准。台班人工费工日单价同生产工人人工费单价。动力燃料费用则按材料费的计算规定计算。

(2)工程仪器仪表使用费:指机电工程施工作业所发生的仪器仪表使用费,以施工仪器仪表台班耗用量乘以施工仪器仪表台班单价计算(注:工程仪器仪表使用费是新版增加内容)。工程仪器仪表台班预算价格应按《公路工程机械台班费用定额》(JTG/T 3833—2018)计算。台班人工费工日单价同生产工人人工费单价。动力燃料费用则按材料费的计算规定计算。

3. 措施费的组成和计算(旧版为其他工程费)

图 8-2-3 表示措施费包括冬季施工增加费、雨季施工增加费、夜间施工增加费、特殊地区施工增加费、行车干扰施工增加费、施工辅助费、工地转移费共 7 项(注:旧版的安全及文明施工措施费和部分临时设施费调整到专项费用的安全生产费和施工场地建设费中)。

1）冬季施工增加费

冬季施工增加费以各类工程的定额人工费与定额施工机械使用费之和为基数,即:

$$冬季施工增加费 = \sum 各类工程的(定额人工费 + 定额施工机械使用费) \times$$
$$冬季施工增加费费率(\%) \tag{10-2-1}$$

为了简化计算,采用全年平均摊销的方法,即不论是否在冬季施工,均按规定的取费标准计取冬季施工增加费。一条路线穿过两个以上的气温区时,可分段计算或按各区的工程量比例求得全线的平均增加率,计算冬季施工增加费。费率按工程所在地的气温区和工程类别选用。绿化工程不计冬季施工增加费。

2）雨季施工增加费

雨季施工增加费以各类工程的定额人工费与定额施工机械使用费之和为基数,即:

$$雨季施工增加费 = \sum 各类工程的(定额人工费 + 定额施工机械使用费) \times$$
$$雨季施工增加费费率(\%) \tag{10-2-2}$$

根据各类工程的特点选定各雨量区和雨季区的取费标准,采用全年平均摊销的方法,即不论是否在雨季施工,均按规定的取费标准计取雨季施工增加费。一条线路通过不同的雨量区和雨季区时,应分别计算雨季施工措施费或按工程量比例求得平均的增加率,计算全线雨季施工增加费。室内和隧道洞内工程及设备安装工程不计雨季施工增加费。费率按工程所在地的雨量区、雨季期和工程类别选用。

3）夜间施工增加费

夜间施工增加费指根据设计、施工技术规范和合理的施工组织要求,必须在夜间施工或必须昼夜连续施工而发生的夜班补助费、夜间施工降效、施工照明设备摊销及照明用电等费用。夜间施工增加费以夜间施工工程项目的定额人工费与定额施工机械使用费之和为基数,即:

夜间施工增加费 = ∑ 夜间施工工程项目的(定额人工费 + 定额施工机械使用费) ×

夜间施工增加费费率(%)　　　　　　　(10-2-3)

4)特殊地区施工增加费

(1)高原地区施工增加费:指在海拔 2000m 以上地区施工,由于受气候、气压的影响致使人工、机械效率降低而增加的费用。高原地区施工增加费以各类工程的定额人工费与定额施工机械使用费之和为计算基数,即:

高原地区施工增加费 = ∑ 各类工程的(定额人工费 + 定额施工机械使用费) ×

高原地区施工增加费费率(%)　　　　　(10-2-4)

一条线路通过两个以上(含两个)不同的海拔高度分区时,应分别计算高原地区施工增加费或按工程量比例求得平均的增加率,计算全线高原地区施工增加费。

(2)风沙地区施工增加费:包括防风、防沙及气候影响的措施费,人工、机械效率降低增加的费用,以及积沙、风蚀的清理修复等费用。风沙地区施工增加费以各类工程的定额人工费与定额施工机械使用费之和为计算基数,即:

风沙地区施工增加费 = ∑ 各类工程的(定额人工费 + 定额施工机械使用费) ×

风沙地区施工增加费费率(%)　　　　　(10-2-5)

一条线路穿过两个以上不同风沙区时,按路线长度经过不同的风沙区加权计算项目全线风沙地区施工增加费。

(3)沿海地区施工增加费:以构造物Ⅱ、构造物Ⅲ、技术复杂大桥、钢材及钢结构四种工程类别的各类工程的定额人工费与定额施工机械使用费之和为计算基数,即:

沿海地区施工增加费 = ∑ 四类工程的(定额人工费 + 定额施工机械使用费) ×

沿海地区工程施工增加费费率(%)　　　(10-2-6)

5)行车干扰施工增加费

行车干扰施工增加费以受行车影响部分的工程项目的定额人工费与定额施工机械使用费之和为计算基数,即:

行车干扰施工增加费 = ∑ 受行车影响部分的工程项目的(定额人工费 +

定额施工机械使用费) × 行车干扰施工增加费费率(%)　(10-2-7)

新建工程、中断交通进行封闭施工或为保证交通正常通行而修建保通便道的改扩建工程,不计行车干扰施工增加费。

6)施工辅助费

施工辅助费包括生产工具用具使用费、检验试验费和工程定位复测、工程点交、场地清理等费用。

生产工具用具使用费指施工所需不属于固定资产的生产工具、检验、试验用具等的购置、摊销和维修费,以及支付给工人自备工具的补贴费。检验试验费指施工企业对建筑材料、构件和建筑安装工程进行一般鉴定、检查所发生的费用。高填方和软基沉降监测、高边坡稳定监测、桥梁施工监测、隧道施工监控量测、超前地质预报等施工监控费含在施工辅助费中,不得另行计算。施工辅助费以各类工程的定额直接费之和为计算基数,即:

$$施工辅助费 = \sum 各类工程的定额直接费 \times 施工辅助费费率（\%） \tag{10-2-8}$$

7）工地转移费

工地转移费指施工企业迁至新工地的搬迁费用。工地转移费以各类工程的定额人工费与定额施工机械使用费之和为计算基数，即：

$$工地转移费 = \sum 各类工程的（定额人工费 + 定额施工机械使用费）\times$$
$$工地转移费费率（\%） \tag{10-2-9}$$

高速公路、一级公路及独立大桥、独立隧道项目转移距离按省会城市至工地的里程计算；二级及二级以下公路项目转移距离按地级城市所在地至工地的里程计。

8）措施费的费率选取依据——公路工程项目的工程类别

上述所有措施费中的费率需根据不同的工程类别分别确定其费率进行计算，企业管理费也需要根据工程类别确定费率。公路工程类别划分如下：

（1）土方：指人工及机械施工的土方工程、路基掺灰、路基换填及台背回填。

（2）石方：指人工及机械施工的石方工程。

（3）运输：指用汽车、拖拉机、机动翻斗车、船舶等运送土石方、路面基层和面层混合料、水泥混凝土及预制构件、绿化苗木等。

（4）路面：指路面所有结构层工程、路面附属工程、便道以及特殊路基处理（不含特殊路基处理中的圬工构造物）。

（5）隧道：指隧道土建工程（不含隧道的钢材及钢结构）。

（6）构造物Ⅰ：指砍树挖根、拆除工程、排水、防护、特殊路基处理中的圬工构造物、涵洞、交通安全设施、拌和站（楼）安拆工程、便桥、便涵、临时电力和电信设施、临时轨道、临时码头、绿化工程等工程。

（7）构造物Ⅱ：指小桥、中桥、大桥、特大桥工程。

（8）构造物Ⅲ：指商品水泥混凝土的浇筑、商品沥青混合料和各类商品稳定土混合料的铺筑、外购混凝土构件、设备安装工程等。

（9）技术复杂大桥：指钢管拱桥、斜拉桥、悬索桥、单孔跨径在120m以上（含120m）和基础水深在10m以上（含10m）的大桥主桥部分的基础、下部和上部工程（不含桥梁的钢材及钢结构）。

（10）钢材及钢结构：指所有工程的钢材及钢结构等工程。

9）辅助生产间接费

辅助生产间接费指由施工单位自行开采加工的砂、石等材料及施工单位自办的人工装卸和运输的间接费。辅助生产间接费按定额人工费的3%计。该项费用并入材料预算单价内构成材料费，不直接出现在概预算中。

4. 企业管理费和规费的组成和计算

1）企业管理费

企业管理费由基本费用、主副食运输补贴、职工探亲路费、职工取暖补贴和财务费用五项组成。

（1）基本费用：指建筑安装企业组织施工生产和经营管理所需的费用。其内容包括管理人员工资、办公费、差旅交通费、固定资产使用费、工具用具使用费、劳动保险费、职工福利费

（新增）、劳动保护费（新增）、工会经费、职工教育经费、保险费、工程保险费、工程排污费、税金（是企业交的，不是项目的增值税）等。基本费用以各类工程的定额直接费之和为计算基数，即：

$$基本费用 = \sum 各类工程的定额直接费 \times 基本费用费率（\%） \qquad (10\text{-}2\text{-}10)$$

（2）主副食运费补贴：指施工企业在远离城镇及乡村的野外施工购买生活必需品所需增加的费用。主副食运费补贴以各类工程的定额直接费之和为计算基数，即：

$$主副食运费补贴 = \sum 各类工程的定额直接费 \times 主副食运费补贴费率（\%） \qquad (10\text{-}2\text{-}11)$$

（3）职工探亲路费：指按照有关规定发放给施工企业职工在探亲期间发生的往返车船费和途中住宿费等费用。职工探亲路费以各类工程的定额直接费之和为计算基数，即：

$$职工探亲路费 = \sum 各类工程的定额直接费 \times 职工探亲路费费率（\%） \qquad (10\text{-}2\text{-}12)$$

（4）职工取暖补贴：指按规定发放给施工企业职工的冬季取暖费和职工在施工现场设置的临时取暖设施的费用。职工取暖补贴以各类工程的定额直接费之和为计算基数，即：

$$职工取暖补贴 = \sum 各类工程的定额直接费 \times 职工取暖补贴费率（\%） \qquad (10\text{-}2\text{-}13)$$

（5）财务费用：指施工企业为筹集资金提供投标担保、预付款担保、履约担保、职工工资支付担保等发生的各项费用，包括企业经营期间发生的短期贷款利息净支出、汇兑净损失、调剂外汇手续费、金融机构手续费，以及企业筹集资金发生的其他财务费用。财务费用以各类工程的定额直接费之和为计算基数，即：

$$财务费用 = \sum 各类工程的定额直接费 \times 财务费用费率（\%） \qquad (10\text{-}2\text{-}14)$$

2）规费

规费包括：养老保险费、失业保险费、医疗保险费（含生育保险费）、住房公积金和工伤保险费等。各项费用以各类工程的人工费之和为计算基数，按国家或工程所在地法律、法规、规章、规程规定的标准计算，即：

$$规费 = \sum 各类工程的人工费 \times 规费费率（\%） \qquad (10\text{-}2\text{-}15)$$

5. 设备购置费

设备购置费指为满足公路初期运营、管理需要购置的构成固定资产标准的设备和虽低于固定资产标准但属于设计明确列入设备清单的设备的费用，包括渡口设备，隧道照明、消防、通风的动力设备，公路收费、监控、通信、路网运行监测、供配电及照明设备等。

（1）设备购置费应列出计划购置的清单（包括设备的规格、型号、数量），以设备预算价计入。

（2）设备购置费包括设备原价、运杂费、运输保险费、采购及保管费，各种税费按编制期有关部门规定计算。

（3）需要安装的设备，按建筑安装工程费的有关规定计算设备的安装工程费。

6. 利润的组成和计算

利润指施工企业完成所承包工程获得的盈利，按定额直接费及措施费、企业管理费之和的7.42%计算。

利润 = (工程定额直接费 + 工程措施费 + 企业管理费) × 利润率 7.42(%)　　　(10-2-16)

7. 税金的计算

税金指国家税法规定应计入建筑安装工程造价的增值税销项税额。

税金 = (直接费 + 设备购置费 + 措施费 + 企业管理费 + 规费 + 利润) × 增值税税率

(10-2-17)

增值税税率在营改增时为 11%，2019 年 4 月 1 日后改为 9%。

8. 专项费用

专项费用包括施工场地建设费和安全生产费。

1) 施工场地建设费包括以下内容：

(1) 按照工地建设标准化要求进行承包人驻地、工地试验室建设，钢筋集中加工、混合料集中拌制、构件集中预制等所需的办公、生活居住房屋(包括职工家属房屋及探亲房屋)、公用房屋(如广播室、文体活动室、医疗室等)和生产用房屋(如仓库、加工厂、加工棚、发电站、变电站、空压机站、停机棚、值班室等)等费用。

(2) 包括场区平整(山岭重丘区的土石方工程除外)、场地硬化、排水、绿化、标志、污水处理设施、围墙隔离设施等的费用，不包括钢筋加工的机械设备、混合料拌和设备及安拆、预制构件台座、预应力张拉设备、起重及养护设备，以及概算、预算定额中临时工程的费用。

(3) 包括以上范围内的各种临时工作便道(含汽车、人力车道)、人行便道，工地临时用水、用电的水管支线和电线支线，临时构筑物(如水井、水塔等)、其他小型临时设施等的搭设或租赁、维修、拆除、清理的费用；但不包括红线范围内贯通便道、进出场的临时道路、保通便道。

(4) 工地试验室所发生的属于固定资产的试验设备和仪器等折旧、维修或租赁费用。

(5) 施工扬尘污染防治措施费：指裸露的施工场地覆盖防尘网、施工便道和施工场地洒水或喷洒抑尘剂，运输车辆的苫盖和冲洗、环境敏感区设置围挡，防尘标识设置，环境监控与检测等所需要的费用。

(6) 文明施工、职工健康生活的费用：施工场地建设费以施工场地计费基数，按施工场地建设费费率表的费率，以累进法计算。施工场地计费基数为定额建筑安装工程费扣除专项费。

2) 安全生产费

安全生产费包括完善、改造和维护安全设施设备费用，配备、维护、保养应急救援器材、设备费用，开展重大危险源和事故隐患评估和整改费用，安全生产检查、评价、咨询费用，配备和更新现场作业人员安全防护用品支出，安全生产宣传、教育、培训费用，安全设施及特种设备检测检验费用，施工安全风险评估，应急演练等有关工作及其他与安全生产直接相关的费用。

安全生产费按建筑安装工程费乘以安全生产费费率计算，费率按不少于 1.5% 计取。

以上第 2~8 项属于建筑安装工程费，是第一部分。第二部分为土地使用及拆迁补偿，第三部分为工程建设其他费，第四部分为预备费，第五部分为建设期贷款利息。

9. 第三部分工程建设其他费中的生产准备费

生产准备费指为保证新建、改扩建项目交付使用后满足正常的运行、管理发生的工器具购置、办公和生活用家具购置、生产人员培训、应急保通设备购置等费用。

(1) 工器具购置费指建设项目交付使用后为满足初期正常运营必须购置的第一套不构

成固定资产的设备、仪器、仪表、工卡模具、器具、工作台(框、架、柜)等的费用,**不包括构成固定资产的设备、工器具及备品、备件,及已列入设备费中的专用工具和备品、备件。**工器具购置费由设计单位列出计划购置清单(包括规格、型号、数量),计算方法同设备购置费。

(2)办公和生活用家具购置费指新建、改扩建工程项目,为保证初期正常生产、使用和管理所购置的办公和生活用家具、用具的费用,包括行政、生产部门的办公室、会议室、资料档案室、阅览室、宿舍及生活福利设施等的家具、用具。办公和生活用家具购置费按"办公和生活用家具购置费标准表"的规定计算。

(3)生产人员培训费指为保证生产的正常运行,在工程交工验收交付使用前对运营部门生产人员和管理人员进行培训所需的费用,包括培训人员的工资、工资性津贴、职工福利费、差旅交通费、劳动保护费、培训及教学实习费等。该费用按设计定员和 3000 元/人的标准计算。

(4)应急保通设备购置费指新建、改扩建工程项目,为满足初期正常营运,购置保障抢修保通、应急处置,**且构成固定资产的设备所需的费用。**该费用由设计单位列出计划购置清单,计算方法同设备购置费。

10. 第五部分建设期贷款利息

建设期贷款利息指工程项目使用的贷款部分在建设期内应计取的贷款利息,包括各种金融机构贷款、建设债券和外汇贷款等利息。

利息计算方法:根据不同的资金来源分年度投资计算所需支付的利息。计算公式如下:

建设期贷款利息 = Σ(上年末付息贷款本息累计 + 本年度付息贷款额/2) × 年利率

(10-2-18)

11. 公路工程建设各项费用的计算

公路工程建设各项费用的计算参见表 10-2-1。

公路工程建设各项费用的计算程序及计算方式　　　　　　　　表 10-2-1

序号	项　目	说明及计算式
(一)	定额直接费	Σ人工消耗量×人工基价 + Σ(材料消耗量×材料基价 + 机械台班消耗量×机械台班基价)
(二)	定额设备购置费	Σ设备购置数量×设备基价
(三)	直接费	Σ人工消耗量×人工单价 + Σ(材料消耗量×材料预算单价 + 机械台班消耗量×机械台班预算单价)
(四)	设备购置费	Σ设备购置数量×预算单价
(五)	措施费	(一)×施工辅助费费率 + 定额人工费和定额施工机械使用费之和×其余措施费综合费率
(六)	企业管理费	(一)×企业管理费综合费率
(七)	规费	各类工程人工费(含施工机械人工费)×规费综合费率
(八)	利润	[(一) + (五) + (六)]×利润率
(九)	税金	[(三) + (四) + (五) + (六) + (七) + (八)]×增值税税率
(十)	专项费用	
	施工场地建设费	[(一) + (二)×40% + (五) + (六) + (七) + (八) + (九)]×累进费率

序号	项　目	说明及计算式
	安全生产费	建筑安装工程费(不含安全生产费本身)×(≥1.5%)
(十一)	定额建筑安装工程费	(一)+(二)×40%+(五)+(六)+(七)+(八)+(九)+(十)
(十二)	建筑安装工程费	(三)+(四)+(五)+(六)+(七)+(八)+(九)+(十)
(十三)	土地使用及拆迁补偿费	按规定计算
(十四)	工程建设其他费	
	建设项目管理费	
	建设单位(业主)管理费	(十一)×累进费率
	建设项目信息化费	(十一)×累进费率
	工程监理费	(十一)×累进费率
	设计文件审查费	(十一)×累进费率
	竣(交)工验收试验检测费	按规定计算
	研究试验费	
	建设项目前期工作费	(十一)×累进费率
	专项评价(估)费	按规定计算
	联合试运转费	(十一)×费率
	生产准备费	
	工器具购置费	按规定计算
	办公和生活用家具购置费	按规定计算
	生产人员培训费	按规定计算
	应急保通设备购置费	
	工程保通管理费	按规定计算
	工程保险费	[(十二)-(四)]×费率
	其他相关费用	
(十五)	预备费	
	基本预备费	[(十二)+(十三)+(十四)]×费率
	价差预备费	(十二)×费率
(十六)	建设期贷款利息	
(十七)	公路基本造价	(十二)+(十三)+(十四)+(十五)+(十六)

四、了解公路概算预算文件的编制

1. 公路概算预算文件的组成

《公路工程建设项目概算预算编制办法》(JTG 3830—2018)第2.3节规定了概算预算文件的组成。概算、预算文件应由封面、扉页、目录、编制说明及全部计算表格组成。封面和扉页应按现行《公路工程基本建设项目设计文件编制办法》中的规定制作。扉页的次页和目录应按本办法附录A的规定制作。编制说明应包括下列内容：

（1）建设项目设计文件的依据。

（2）编制范围、工程概况等。

（3）采用的定额、费用标准，人工、材料与设备、施工机械台班预算单价的依据或来源，新增工艺的单价分析等。

（4）有关的协议书、会议纪要的主要内容。

（5）概算、预算总金额，人工、钢材、水泥、沥青等的总量。

（6）各设计方案的经济比较。

（7）项目综合经济技术指标统计，对比分析本阶段与上阶段工程数量、造价的变化情况。

（8）其他有关费用计算项及计价依据的说明。

（9）采用的公路工程造价软件名称及版本号。

（10）其他需要说明的问题。

概算、预算的材料与设备、施工机械台班单价及各项费用的计算均应通过规定的统一表格表述，表格样式应符合本办法附录 A 的规定。概算、预算文件可按不同的需要分为甲、乙组文件，并应符合相关的规定，甲组文件和乙组文件组成参见图 10-2-4。

甲组文件：
- 编制说明
- 项目前后阶段费用对比表
- 建设项目属性及技术经济信息表（00 表）
- 总概（预）算汇总表（01-1 表）
- 总概（预）算人工、主要材料、施工机械台班数量汇总表（02-1 表）
- 总概（预）算表（01 表）
- 人工、主要材料、施工机械台班数量汇总表（02 表）
- 建筑安装工程费计算表（03 表）
- 综合费率计算表（04 表）
- 综合费计算表（04-1 表）
- 设备费计算表（05 表）
- 专项费用计算表（06 表）
- 土地使用及拆迁补偿费计算表（07 表）
- 工程建设其他费计算表（08 表）
- 人工、材料、施工机械台班单价汇总表（09 表）

a）甲组文件

乙组文件：
- 分项工程概（预）算计算数据表（21-1 表）
- 分项工程概（预）算表（21-2 表）
- 材料预算单价计算表（22 表）
- 自采材料料场价格计算表（23-1 表）
- 材料自办运输单位运费计算表（23-2 表）
- 施工机械台班单价计算表（24 表）
- 辅助生产人工、材料、施工机械台班单位数量表（25 表）

b）乙组文件

图 10-2-4　公路概算预算文件的组成

2. 公路概算预算文件编制的步骤

公路概算预算文件编制的步骤如图 10-2-5 所示。

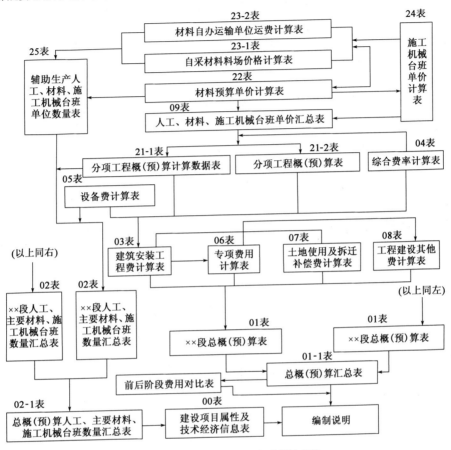

图 10-2-5 公路概算预算文件编制的步骤

五、了解公路概算预算所需资料的调查方法

概算预算资料的调查一般在公路工程外业勘察时同时进行。原则上凡对施工生产有影响的一切因素都必须调查,主要是筑路材料的来源(沿线料场及有无自采材料),材料运输方式及运距,运费标准,占用土地的补偿费、安置费及拆迁补偿费、沿线可利用房屋及劳动力供应情况等。

考 点 分 析

本节主要有以下考点:

(1)道路工程概算预算的编制依据。

(2)了解定额、费用等基本概念和建筑安装费中各项费用的组成及计算。建筑安装总费用可出案例题(参考自测模拟中的第 3 题)。

(3)公路概算预算文件的组成和编制步骤。

重点和难点是概算预算各部分费用的组成与计算。

例 题 解 析

例 1 下列不属于施工图预算编制依据的是( )。

(A)工程量清单

(B)施工图设计文件

(C)施工组织设计

(D)有关的政策法规

分析

工程量清单是投标报价的编制依据,其他 3 个选项都属于编制预算的依据。故本题选 A。

例 2 在编制公路工程概(预)算计算计价工程量时,挖方数量的计算依据是( )。

(A)设计断面松方体积

(B)设计断面压实体积

(C)设计断面混合体积

(D)设计断面天然密实体积

分析

根据《公路工程预算定额》第一章第一节说明,路基土石方的开挖、装卸、运输是按天然密实体积计算,填方和利用方则是按压实体积计算。故本题选 D。

例 3 某公司购买一批材料,已知材料未含税原价 2500 元/t,现购买 5t,装卸费 800 元,其他杂费 500 元,运输费 2000 元,包装回收价值为 200 元,采购及保管费率 2%,则该批材料的预算价格是( )。

(A)15906 元   (B)15916 元   (C)16322.5 元   (D)17773.5 元

分析

材料预算价格 = (材料原价 + 运杂费) × (1 + 场外运输损耗率) × (1 + 采购及保管费率) − 包装品回收价格

材料预算价格 = [2500 × 5 + (800 + 2000 + 500)] × (1 + 0) × (1 + 2%) − 200 = 15916 元。故本题选 B。

本题还可以问采购及保管费是多少:保管费 = [2500 × 5 + (800 + 2000 + 500)] × 2% = 316 元。

例 4 [2019 年单选题]在批准的公路建设项目可行性研究报告投资估算允许浮动幅度范围内,作为控制基本建设项目投资最高限额的是( )。

(A)初步设计概算

(B)施工图预算

(C)工程结算

(D)竣工决算

分析

《公路工程建设项目概算预算编制办法》(JTG 3830—2018)第 1.0.3 条规定,经批准后的概算应是建设项目投资的最高限额。故本题选 A。

例 5　[2019 年单选题]根据《公路工程建设项目概算预算编制办法》,建设项目交付使用后为满足初期正常运营必须购置的第一套不构成固定资产的费用是(　　)。(注:此题略有改编)

(A)设备购置费　　　　　　　　　(B)工器具购置费

(C)生活用家具购置费　　　　　　(D)办公室家具购置费

分析

根据《公路工程建设项目概算预算编制办法》(JTG 3830—2018)第 3.3.7 条第 1 款,3.3.7 的第 1 点,工器具购置费指建设项目交付使用后为满足初期正常运营必须购置的第一套不构成固定资产的设备、仪器、仪表、工卡模具、器具、工作台(框、架、柜)等的费用。故本题选 B。A 选项设备购置费是构成固定资产的费用。

例 6　某新建项目建设期为 3 年,第一年贷款 3000 万元,第二年贷款 2000 万元,第三年贷款 1000 万元,贷款年利率 7%,则建设期前两年应计利息之和是(　　)。

(A)392.35 万元　　　　　　　　　(B)416.25 万元

(C)567.65 万元　　　　　　　　　(D)624.05 万元

分析

建设期贷款利息 = $\sum$(上年末付息贷款本息累计 + 本年度付息贷款额/2)×年利率

第一年建设期贷款利息 = (0 + 3000/2)×7% = 105 万元

第二年建设期贷款利息 = (3000 + 105 + 2000/2)×7% = 287.35 万元

建设期前两年应计利息之和 = 105 + 287.35 = 392.35 万元

故本题选 A。

例 7　下列应列入直接费的选项有(　　)。

(A)计时工资或计件工资　　　　　(B)生产工人探亲工资

(C)生产工人的教育经费　　　　　(D)生产工人的高空津贴

分析

人工费内容包括计时工资或计件工资、津贴、补贴、特殊情况下支付的工资。选项 B 属于特殊情况下支付的工资,选项 C 属于企业管理费。生产工人的高空津贴属于津贴。故本题选 ABD。

例 8　计算费率涉及以各类工程的定额人工费和定额机械使用费之和为计算基数的选项有(　　)。

(A)沿海地区施工增加费　　　　　(B)夜间施工增加费

(C)高原地区施工增加费　　　　　(D)冬季施工增加费

分析

沿海地区施工增加费是以构造物Ⅱ、构造物Ⅲ、技术复杂大桥、钢材及钢结构四种类别工程的定额人工费和定额机械使用费之和为计算基数。夜间施工增加费按夜间施工工程项目的构造物Ⅱ、构造物Ⅲ、技术复杂大桥、钢材及钢结构四种类别工程的定额人工费和定额机械使用费之和为计算基数。AB 两项都不是各项工程。高原地区施工增加费和冬季施工增加费都是以各类工程(含土方到钢材及钢结构工程类别)的定额人工费和定额机械使用费之和为计算基数。故本题选 CD。

例 9 规费是指按国家或工程所在地法律、法规、规章、规程规定施工企业必须缴纳的费用,包括( )。

(A)劳动保险费 　　　　　　　　　　(B)工伤保险费

(C)医疗保险费 　　　　　　　　　　(D)失业保险费

分析

规费包括:养老保险费、失业保险费、医疗保险费、住房公积金和工伤保险费等,劳动保险费属于企业的管理费用。故本题选 BCD。

例 10 [2019 年多选题]根据《公路工程建设项目概算预算编制办法》,建筑安装工程费的构成包括( )。(注:此题略有改编)

(A)直接费 　　　(B)间接费 　　　(C)规费 　　　(D)税金

分析

参见图 10-2-3,因规费包含在间接费中,故本题选 ABD。

例 11 [2019 年多选题]根据《公路工程建设项目概算预算编制办法》,企业管理费的组成包括( )。(注:此题略有改编)

(A)临时设施费 　　　　　　　　　　(B)职工探亲费

(C)职工取暖补贴 　　　　　　　　　(D)财务费用

分析

企业管理费由基本费用、主副食运费补贴、职工探亲路费、职工取暖补贴和财务费用五项组成,见图 10-2-3。故本题选 BCD。

例 12 [2020 年多选题]根据《公路工程建设项目概算预算编制办法》的规定,概(预)算总金额包括( )。

(A)建筑安装工程费 　　　　　　　　(B)生产准备费

(C)工程建设其他费 　　　　　　　　(D)预备费

分析

生产准备费属于工程建设其他费。此时要选大概念,不选小概念,选项 B 不能选。概(预)算总金额由建安费、土地使用及拆迁补偿费、工程建设其他费、预备费、建设期贷款利息组成。故本题选 ACD。

自测模拟

(第 1~4 题为单选题,第 5 题为多选题)

1. 在定额应用时,关于定额换算的说法错误的是(　　)。
   (A)水泥混凝土强度等级与定额不同时,可以进行换算
   (B)设计用光圆钢筋和带肋钢筋的比例与定额比例不同时,可以进行换算
   (C)就地浇筑钢筋混凝土梁用的支架因施工安排达不到规定的周转次数时,可以进行换算
   (D)施工组织与定额规定不同时,可以进行换算

2. 对采购来的高强度等级水泥进行强度试验,以鉴定它的质量,检验过程支出的各种费用应计入(　　)。
   (A)建安工程措施费　　　　　　　　(B)研究试验费
   (C)建安工程直接费　　　　　　　　(D)建安工程企业管理费

3. 某路基工程人工费为59840 元,定额人工费为60000 元;材料费为120566 元;定额材料费为130000 元;机械使用费为83334 元,定额机械使用费为90000 元;施工辅助费率综合为2.12%,其余措施费综合费率为16.6%,规费费率为10%,企业管理费综合费率为8%,利润率7.42%,增值税税率为9%,该项目的建筑安装工程费是(　　)。
   (A)353062 元　　　　　　　　　　(B)376843 元
   (C)387053 元　　　　　　　　　　(D)390548 元

4. 特殊施工期(冬季、雨季)增加费的计取是(　　)。
   (A)按冬季、雨季施工期规定费率计取　(B)按实际发生费用计取
   (C)按定额费率常年计取,包干使用　　(D)按测算费用计取

5. 编制公路工程概算预算文件在计算建筑安装工程费之前,必须先完成的表格有(　　)。
   (A)设备费计算表(05 表)
   (B)措施费、企业管理费和规费综合费率计算表(04 表)
   (C)辅助生产人工、材料、机械台班单价数量表(25 表)
   (D)人工、材料、机械台班单价汇总表(09 表)

参考答案

1. D　　　2. A　　　3. C　　　4. C　　　5. ABD

第 3 题的解析过程如下:

①定额直接费 = 6 + 13 + 9 = 28 万元 = 280000 元

②直接费 = 59840 + 120566 + 83334 = 263740 元

③措施费 = 定额直接费 × 施工辅助费费率 + 定额人工费与定额施工机械使用费之和 × 其余措施费综合费率 = 280000 × 2.12% + (60000 + 90000) × 16.6% = 5936 + 24900 = 30836 元

④企业管理费 = 定额直接费 × 企业管理费综合费率 = 280000 × 8% = 22400 元

⑤规费 = 各类工程人工费 × 规费综合费率 = 59840 × 10% = 5984 元

⑥利润 = (定额直接费 + 措施费 + 企业管理费) × 利润率 = (60000 + 30836 + 22400) × 7.42%
$$= 113236 × 7.42\% = 8402 \text{ 元}$$

⑦增值税税金 = (直接费 + 设备购置费 + 措施费 + 企业管理费 + 规费 + 利润) × 9%
$$= (263740 + 0 + 30836 + 22400 + 5984 + 8402) × 9\% = 331362 × 9\%$$
$$= 29823 \text{ 元}$$

⑧查办法表 3.1.11,费率为 5.338%,则

施工场地建设费 = (定额建筑安装工程费 – 专项费用)

$$= (定额直接费 + 定额设备购置费 × 40\% + 措施费 + 企业管理费 +$$
$$\quad 规费 + 利润 + 税金) × 累进费率$$
$$= (280000 + 0 + 30836 + 22400 + 5984 + 8402 + 29823) × 5.338\%$$
$$= 377445 × 5.338\% = 20148 \text{ 元}$$

⑨安全生产费 = 建筑安装工程费(不含安全生产费本身) × (≥1.5%)

$$= (直接费 + 设备购置费 + 措施费 + 企业管理费 + 规费 + 利润 + 税金 +$$
$$\quad 施工场地建设费) × 1.5\%$$
$$= (263740 + 0 + 30836 + 22400 + 5984 + 8402 + 29823 + 20148) × 1.5\%$$
$$= 381333 × 1.5\% = 5720 \text{ 元}$$

⑩建安工程费 = 直接费 + 设备购置费 + 措施费 + 企管费 + 规费 + 利润 + 税金 + 专项费用
$$= 263740 + 0 + 30836 + 22400 + 5984 + 8402 + 29823 + 20148 + 5720$$
$$= 387053 \text{ 元}$$

附录

勘察设计注册土木工程师(道路工程)执业资格
专业考试时间分配、题量、分值及题型特点

1. 考试时间分配、题量及分值

勘察设计注册土木工程师(道路工程)执业资格专业考试分 2 天,每天上、下午各 3 个小时。第一天为专业知识考试,第二天为专业案例考试。

第一天,专业知识考试,上、下午各 85 题,选答 70 题,多选无效。其中单选题 50 题,选答 40 题,每题 1 分;多选题 35 题,选答 30 题,每题 2 分。如单选题作答题量超过 40 题,或多选题作答题量超过 30 题,则按题目序号从小到大的顺序分别对单选题作答的前 40 题、多选题作答的前 30 题进行机读。上、下午合计计分,试卷满分为 200 分。

第二天,专业案例考试,上、下午各 30 题,选答 25 题,多选无效。如作答题量超过 25 题,则按题目序号从小到大的顺序对作答的前 25 题进行机读和人工评分。每题 2 分,上、下午合计计分,试卷满分为 100 分。

2. 题型特点

考题由知识题、综合能力题、简单计算题、连锁计算题及案例分析题组成,连锁计算题中各小题的计算结果一般不株连。

参 考 文 献

[1] 凌天清.道路工程[M].3版.北京:人民交通出版社股份有限公司,2016.

[2] 全国勘察设计注册工程师道路工程专业管理委员会.勘察设计注册土木工程师(道路工程)资格考试用书:下册:专业知识[M].北京:人民交通出版社,2009.

[3] 孙家驷.道路勘测设计[M].3版.北京:人民交通出版社股份有限公司,2015.

[4] 许金良,等.道路勘测设计[M].5版.北京:人民交通出版社股份有限公司,2018.

[5] 黄晓明.路基路面工程[M].5版.北京:人民交通出版社股份有限公司,2017.

[6] 范立础.桥梁工程:上册[M].2版.北京:人民交通出版社,2012.

[7] 周水兴.桥梁工程[M].2版.重庆:重庆大学出版社,2011.

[8] 关宝树.隧道工程设计要点集[M].北京:人民交通出版社,2003.

[9] 李宁可,曹文贵,刘生.隧道设计与施工百问[M].北京:人民交通出版社,2004.

[10] 孙家驷.道路立交规划与设计[M].北京:人民交通出版社,2009.

[11] 刘子剑.互通式立体交叉设计原理与应用[M].北京:人民交通出版社股份有限公司,2015.

[12] 李祝龙.公路环境与景观设计咨询要点[M].北京:人民交通出版社,2011.

[13] 王首绪,等.公路施工组织及概预算[M].4版.北京:人民交通出版社股份有限公司,2020.